2014煤炭企业管理创新成果

2014 Coal Enterprise Management Innovation Achievement

◎ 中国煤炭工业协会编

企业管理出版社
ENTERPRISE MANAGEMENT PUBLISHING HOUSE

图书在版编目（CIP）数据

2014煤炭企业管理创新成果 / 中国煤炭工业协会编. ——北京：企业管理出版社，2015.1

ISBN 978-7-5164-1006-6

Ⅰ.①2… Ⅱ.①中… Ⅲ.①煤炭企业-工业企业管理-经验-中国-2014 Ⅳ.①F426.21

中国版本图书馆 CIP 数据核字（2014）第 308283 号

书　　名：	2014煤炭企业管理创新成果
作　　者：	中国煤炭工业协会
责任编辑：	尤颖　田天
书　　号：	ISBN 978-7-5164-1006-6
出版发行：	企业管理出版社
地　　址：	北京市海淀区紫竹院南路17号　邮　编：100048
网　　址：	http://www.emph.cn
电　　话：	总编室(010)68701719　发行部(010)68701816　编辑部(010)68414643
电子信箱：	80147@sina.com
印　　刷：	北京楠萍印刷有限公司
经　　销：	新华书店
规　　格：	185毫米×260毫米　16开本　47.75印张　1045千字
版　　次：	2015年1月第1版　2015年1月第1次印刷
定　　价：	180.00元

版权所有　翻印必究·印装有误　负责调换

2014 煤炭企业管理创新成果
编 委 会

主　任：王显政
副主任：梁嘉琨　路耀华　赵岸青　彭建勋
　　　　姜智敏　孙之鹏　田　会　解宏绪
　　　　刘　峰　王虹桥
主　编：梁嘉琨
副主编：解宏绪
编　辑：李石坚　李迎春　杨建华　铁旭初
　　　　薛洁琼　张　磊　孙忠男

前　言

管理是企业发展的永恒主题，创新是企业发展的不竭动力。面对复杂多变的国内外宏观经济形势，广大煤炭企业按照党中央、国务院的部署要求，以科学发展为主题，以转变经济发展方式为主线，以提升煤炭工业发展的科学化水平为主攻方向，抓住企业结构调整和转型升级的有利时机，切实推动创新驱动发展战略，不断提升企业管理创新水平。特别针对2014年以来煤炭行业出现的严重困难，广大煤炭企业积极应对挑战，向管理要效益，以创新求突破，深入研究并实践了战略管理、风险管控、知识管理、全面计划管理、社会责任管理等管理热点、难点问题，取得了较为明显的经济效益和社会效益，具有广泛的推广和应用价值。

一是信息技术全面融入现代管理，进一步丰富了企业管理手段。随着信息技术在企业生产经营中的广泛应用，挖掘数据信息的管理创新价值，再造企业生产流程与管理体系，给企业现代化管理带来了颠覆性的变革。中煤集团创造的《大型集团企业综合管理信息系统集中管控模式的构建和推广应用》通过搭建覆盖财务、销售、采购、库存、设备、项目等多项业务的综合管控信息平台，提升集团管控力。郑煤集团创造的《基于信息化的煤业集团人力资源系统管理》通过构建现代化人力资源信息系统，降低公司人力资源管理投入和管理成本。

二是践行企业社会责任，努力实现多方共赢。履行社会责任是企业应尽的义务。对社会负责任的企业，能赢得更多的社会尊重，获得更大的发展空间。广大煤炭企业认真贯彻国家、社会和经济发展政策，强化生态文明、社会责任和可持续发展，认真推广绿色、低碳、安全、清洁生产技术，取得了突出的成绩。兖矿集团创造的《煤炭行业环境友好矿区评价体系构建及创新实践》从驱动力、行为、绩效三个方面提出并构建实施了"环境友好矿区"的评价方法和指标权重。潞安集团创造的《大型煤炭企业提升绿色低碳竞争力的创新与实践》进行了提升绿色低碳竞争力的创新和实践探索。冀中能源邯矿集团创造的《环境综合治理管理体系在煤矿生产中的应用与实践》着眼于构建环境综合治理管理体系。

三是依据战略定位整合优势资源，推动企业转型升级。企业发展战略是关系企业发展的整体性、长期性和基本性的谋略，制定清晰的发展战略，有助于煤炭企业调整产业结构、转变发展方式、推动产业升级。新汶矿业集团创造的《新矿特色创新发展战略的研究与实践》通过提出"3321"集团管控战略，优化产业发展战略、创新商业模式，为企业快速转型发展提供了持续动力。兖矿集团创造的《基于价值链整合优化提升的兖矿集团管控模式创新研究》通过优化整合产业链，实现企业提质增效，进入良性发展轨道的目标。

四是加强绩效管理，提升企业和员工实现工作目标的能力。绩效管理是企业管理的重要内容，企业的发展离不开好的绩效管理，有效的绩效管理可以把企业的战略、资源、业务和行动有机结合起来，有助于提升企业的竞争力。神华煤制油公司创造的《基于全面预算管理的目标绩效激励体系的构建与实施》通过建立全过程管控的绩效考核激励机制，使预算管理与价值管理达到无缝链接。开滦集团创造的《大型煤炭企业职能管理部门绩效评价体系的构建和实施》建立全新的各职能部门个性考核指标体系，提高对业绩考核的针对性和激励性。

五是通过成本管控提高财务运作水平，达到降本增效。企业成本管控是企业内部控制的重要方面，是企业管理的重要组成部分。当前煤炭行业脱困工作正在深入推进，煤炭企业应当率先从自身挖潜，加强成本管控，降本增效，提升企业市场竞争力。中煤进出口公司创造的《大型煤炭企业成本管控成熟度研究与实践》搭建了要素维、流程维、支持维的三维度成本管理成熟度模型。平煤神马集团创造的《煤炭企业成本控制审计评价体系研究与实践》通过对企业成本管控、核算、对标等实证分析，提出煤炭企业成本控制内部评价指标体系。

六是强化基础管理，促进企业管理的科学化和规范化。基础管理是企业管理的根基，加强企业管理必须从基础工作抓起，实现基础管理的标准业管理的根基,加强企业管理必须从基础工作抓起,实现基础管理的标准化、规范化和智能化。山西焦煤霍州煤电集团汾河焦煤公司创造的《煤炭企业的VOEC管理体系构建与实施》运用管理信息系统成功实现了生产一线职工的班清班结的全面精细化管理。河南能源永煤公司创造的《主导要素精准化并行控制安全管理体系的构建与实施》通过建立精准数学函数模型,计算安全生产稳定指数,及时发布预警信息,有效消除了安全隐患。

七是探索适合自身特色的商业管理模式,引领企业创新发展。创新是支撑和引领企业结构调整和产业优化升级的原动力,坚持管理创新驱动发展,从根本上改变管理工作的方式,实现企业跨越式发展,促进煤炭行业的健康发展。山东能源集团创造的《传统煤炭企业打造能源综合解决服务商的转型升级管理》提出了"能源综合解决方案供应商"的商业模式新理念,由卖产品向卖服务模式的转变,实现了企业价值的最大化。中国太原煤炭交易中心创造的《煤炭交易模式创新及电子交易平台的构建》搭建了涵盖交易、物流、金融和信息服务的煤炭现货交易服务平台,为交易者提供全方位、一站式服务,提升核心竞争力。

中国煤炭工业协会组织编辑出版的《2014煤炭企业管理创新成果》旨在深入贯彻落实《国务院关于促进煤炭行业平稳运行的意见》(国办发〔2013〕104号)和煤炭行业脱困工作有关精神,进一步做好煤炭企业先进管理经验的推广和指导工作。由于时间仓促,书中缺点和错误在所难免,我们诚恳地希望广大读者批评指正,同时也希望对煤炭企业的管理创新工作提出宝贵的意见,以便我们改进工作,进一步把煤炭企业管理现代化创新成果的发布、推广宣传工作做得更细更实。

编者
2014年12月

中国煤炭工业协会文件

中煤协会综合〔2014〕124号

关于发布和推广 2014 年
煤炭企业管理现代化创新成果的通知

各会员单位：

为深入贯彻落实《国务院办公厅关于促进煤炭行业平稳运行的意见》（国办发〔2013〕104号）精神，全面总结推广煤炭企业管理创新经验，进一步提升煤炭企业自主创新能力和管理现代化水平。根据中国煤炭工业协会《关于组织申报2014年煤炭企业管理现代化创新成果的通知》（中煤协会综合〔2014〕17号）要求，经组织推荐、形式审查、专家评议、社会公示等程序，并由全国煤炭企业管理现代化创新成果领导小组审定通过，共有184项成果获得"2014年煤炭企业管理现代化创新成果奖"，其中特等奖2项，一等奖13项，二等奖58项，三等奖111项，现予以发布（名单详见附件）。

全国煤炭企业管理现代化创新成果审定工作是在全国煤炭行业坚持开展多年的一项品牌活动。本届管理创新成果涉及煤炭企业管理创新的各个领域，突出反映了近年来煤炭企业管理创新水平和发展趋势。这些成果创造了显著的经济效益和社会效益，具有示范借鉴作用和推广应用价值。希望广大会员单位认真组织推广和应用优秀管理创新成果，全面提升企业管理水平。

煤炭企业管理现代化创新成果属行业级管理科学的研究成果。请各获奖单位根据国务院国有资产监督管理委员会《关于进一步组织做好全国企业管理现代化创新成果有关工作的通知》（国资改革函〔2003〕62号）精神，参照《国家科学技术奖励条例》（国务院2003年第396号令）和《国家科学技术奖励条例实施细则》（科学技术部1999年第1号令），结合本地区、本企业实际情况，对成果创造单位和个人给予适当奖励。

附件：2014年煤炭企业管理现代化创新成果获奖名单

中国煤炭工业协会
2014年10月22日

附件：

2014年煤炭企业管理现代化创新成果获奖名单

等级	成果名称	申报单位	主要创造人	参与创造人				
特等	大型集团企业综合管理信息系统集中管控模式的构建和推广应用	中国中煤能源集团有限公司	都基安	张国平 殷恋飞 刘卓识	陈建新 雷东升	柴乔林 郑 文	吴 军 贺敏静	王 乐 谢明铮
特等	煤炭行业环境友好矿区评价体系构建及创新实践	兖矿集团有限公司	李希勇 尹明德	杨继贤 王公华	殷 馨 李 斌	任 毅 张国良	赵青春 杨 军	刘福河 王 峰
一等	基于全面预算管理的目标绩效激励体系的构建与实施	中国神华煤制油化工有限公司	石光华 宋 艳	张 勇 万国杰	张俊江 李春雷	冀全梅 孔祥臣	王琴娟 卢卫民	高 琦 李鹏来
一等	大型煤炭企业成本管控成熟度研究与实践	中国煤炭进出口公司	黄忠国 邹文堂	赵树业	王姝娥	朱传科		
一等	环境综合治理管理体系在煤矿生产中的应用与实践	冀中能源邯郸矿业集团有限公司	班士杰 苗贞然	王呈祥	朱 达			
一等	大型煤炭企业职能管理部门绩效评价体系的构建和实施	开滦（集团）有限责任公司	张文学 冬伯文	张志友 高志强	李树兴 王瑞海	龚立新 王素贤	李改革 朱 江	潘继元 孙广利
一等	煤炭交易模式创新及电子交易平台的构建	中国（太原）煤炭交易中心	曲剑午 阎世春	申彦杰 高江文	李 伟 王 渊	那一平 郝 乐	白有茂 张 乾	杨小平 王 政
一等	煤炭企业VOEC管理体系的构建与实施	山西焦煤霍州煤电汾河焦煤股份有限公司三交河煤矿	卫学林 马 勇	杨惠斌 王克勤	韩 磊 高志鹏	张志忠 薛高建	何国强 张小亮	牛希星 孙海涛
一等	大型煤炭企业提升绿色低碳竞争力的创新与实践	山西潞安矿业（集团）有限责任公司	李晋平 翟 红	杨广玉 冯敏捷	王东飞 田文香	张路刚 高子伟	王 魏 马泽锋	杨 威 郭沁东
一等	传统煤炭企业打造能源综合解决服务商的转型升级管理	山东能源集团有限公司	卜昌森 王 勇	李正明	崔振浩	李会战		
一等	新矿特色创新发展战略的研究与实践	山东能源新汶矿业集团有限责任公司	张 文	葛茂新 谭永新	陈传海 孙兆秀	刘元明 韩 琨	赵志勇	苗 健
一等	基于价值链整合优化提升的集团管控模式创新研究	兖矿集团有限公司	张新文	许金新 赵 健	徐西超	王 鹏	马 磊	李 猛
一等	主导要素精准化并行控制安全管理体系的构建与实施	河南能源永煤集团股份有限公司	曹志安 胡宏军	戚志伟 仝铁军	郭云川 龚 鹏	田 立 杨德印	史春光	许 栋
一等	煤炭企业成本控制审计评价体系研究与实践	中国平煤神马能源化工集团有限公司	徐建明 盛 开	林 东 黄 磊	高 峰 柏 科	赵全山 宋银来	孙春升 韩 梅	胡建华 李 佳
一等	基于信息化的煤业集团人力资源系统管理	郑州煤炭工业（集团）有限责任公司	任胜岳 赵洪建	陈志忠 郭永贵	郭俊军 杜青锋	尚会勤 周东海	张绍伟 刘永有	王东伟 杨 艳
二等	大型煤炭综合能源企业产运销一体化调运信息化管理平台的建设与运行	中国神华能源股份有限公司	郝 贵 金志刚	马 军 白志军	解春生 马 俊	刘长春 李韩英	兰 力 张 强	李 宁
二等	大型露天煤矿"五六七八"班组管理的探索与实践	中国神华能源股份有限公司哈尔乌素露天煤矿	李 军 奥 博	李雁峰 郭聪夏	闫永礼 战 飞	潘建国 张 越	郝国平 贾东学	马晓敏 李 鹏

等级	成果名称	申报单位	主要创造人	参与创造人				
二等	政治本质安全体系构建与实践	神华国能集团有限公司	李丽军 张有方	薛 军	卢 同			
二等	安全风险预控管理体系在选煤厂的研究与应用	中煤平朔集团有限公司	徐志远 赵 虎	李富春 苑 伟	袁耀武 肖 鹏	赵 灿 赵志峰	郭连仓 刘志德	王新煜
二等	TnP&PM设备全面规范化与生产预防性维护管理体系的构建与实施	中煤平朔集团有限公司	王东发 李全喜	陈庆旺	杜 龙	范 宇	张睿杰	
二等	管理提升模型的研究与应用	中煤集团上海大屯能源股份有限公司	义宝厚 许之前	姜 华 段建军	李志祥 任艳杰	崔 瞳 马 靖	郑静静 许吉明	李桂华
二等	企业文化体系建设研究与实践	中煤集团上海大屯能源股份有限公司	义宝厚 姜 华	李占福 崔 瞳	张 进 戚良登	李志祥 李震奇	马 靖 王晓东	张学农
二等	煤炭建筑企业价值管理探索与实践	中煤建设集团有限公司	王文章					
二等	基于TRIZ的技术创新管理体系的构建与应用	中煤张家口煤矿机械有限责任公司	郑民惠 张志卫	韩效寿 康韶光	张彩霞 单玉新	刘国良	翁永清	苗俊田
二等	煤炭企业以效益为中心的契约化管理体系建设	陕西南梁矿业有限公司	张光耀	高静波				
二等	煤机企业成本控制评价与改进	中国煤炭科工集团有限公司	王一玫	佘晓梅 单体恩 陈利明	杜耀波 海 涛	唐东萍 杨志军	孙 林 刘建华	高 峰 梁 湘
二等	"三软"煤层安全、绿色开采管理体系构建与实施	国投煤炭郑州能源开发有限公司	刘子晓 苏瑞锋	桑培森 王云涛	高 剑 李要锋	王 彬 卜向峰	都世锋 王玉峰	王向楠 张 帅
二等	煤炭企业财务精细化管控体系的构建与实施	冀中能源峰峰集团有限公司	张建峰 夏学英	高文赞	程宏滨	周 涛	窦如军	李高峰
二等	以点检制为核心的全面规范化设备管理体系构建与实施	冀中能源井陉矿业集团有限公司	李明朝 孙保敬	王延艇	乔矿生	祁雪来	王云峰	
二等	以增强企业竞争力为导向的对标工作机制的建立与运行	冀中能源井陉矿业集团有限公司	李明朝 李春生	辛保文	赵来朋			
二等	推进两化深度融合 加快煤炭产业优化升级的创新实践	开滦(集团)有限责任公司	裴 华 付贵祥	王满福 王硕鹏	韩建国 李 敬	毛雅军 毕孝君	王晓琪 王 卓	仲伟超 陈英琦
二等	煤炭企业"三按"管理体系的构建与实施	开滦(集团)有限责任公司	张文学 裴 华	李建民 王永瑞	李树兴 刘连富	刘双勇 长建强	汤守会 郑丽红	郑晓东 甘 泉
二等	以信息平台为基础的动态经营调度系统的构建与实施	开滦集团国际物流有限责任公司	张文学 张 文	张子春 李景刚	白松波 闫玉荣	赵玉芝 王利国	温永平 刘延文	蒋 冕 刘伟佳
二等	推行"五全管理"提高企业核心竞争力的实践	山西焦煤汾西矿业(集团)有限责任公司	李贵生 高汾勤	汪潜峰 郝树根	贾进锋 张新治	张启禄 王裕照	马步才 程仁先	王清亮 李虎广
二等	煤矿"三违"人员现象及心理援助管理的实践	大同煤业股份有限公司 燕子山矿	冯 超 张久儒	王 强 刘 刚	杨月和 薛向英	秦明利 王凤艮	吴文剑 郝 莹	王 璐

等级	成果名称	申报单位	主要创造人	参与创造人				
二等	PCHVF绩效管理体系的探索与实践	山西晋城无烟煤矿业集团有限责任公司寺河煤矿	牛保炉 刘 军	杨赛峰 张 燕	闫 旭	靳文军	王青亮	王剑强
二等	企业法律事务信息化系统的创新与实践	山西晋城无烟煤矿业集团有限责任公司寺河煤矿	牛保炉 刘 军	许国泰 李亚飞	王世清 成向阳	崔晓兵 何晋平	闫 旭 王慧芳	杨赛峰 司悠悠
二等	国有大型煤炭集团打造现代化矿井建设"升级版"的创新与实践	山西潞安矿业（集团）有限责任公司	李晋平 孙玉福	王志清 张路刚	刘海滨 彭景跃	修成智 申志勇	郭成刚 郑 伟	郭日平
二等	大型煤炭集团企业洗选及储装运系统设备安全管理体系创新与实践	山西潞安矿业（集团）有限责任公司	刘克功 白宏峰	靳志强 刘 坤	李卫东 刘兰芳	陈亚平 陈广其	李书善 赵晓艳	李利风 宋 丽
二等	国有煤炭企业构建立体化创新发展模式的探索与实践	山西潞安矿业（集团）有限责任公司王庄煤矿	崔树江 宋卫军	吴效东 张路刚	张日林 侯志丽	汪健民 武宇经	李宗涛 杨校宏	郭成刚 郭森赟
二等	基于价值链的煤炭企业内部市场化管理体系构建与实施	山西潞安集团司马煤业有限公司	王建强 曾金元	成 瑜 刘 伟	李金华 魏 鹏	朱庆斌 郝 明	张丽娟 琚斌峰	王国锋 霍石磊
二等	构建煤矿特色安全文化的探索与实践	铁法煤业（集团）有限责任公司晓南矿	张 军 高春生	张金玉 段 彬	石振文 孟 厦	林式巨 王 曦	张国旭 关有利	李恩越 关明杰
二等	原煤生产成本预测数学模型构建与应用	黑龙江龙煤矿业集团股份有限公司鹤岗分公司	孙成坤 孙丕云	王贵军	李金龙	严祥武	王延彬	
二等	大型企业集团完善董事会运行机制的实践与探索	山东能源集团有限公司	卜昌森 李位民	李绍进 韩福生	刘国昌	明志国	刘英峰	冯晓艳
二等	国家认定企业技术中心体制建设管理创新研究与应用	山东能源新汶矿业集团有限责任公司	张 文 庞继禄	刘元明 孙本波	巩华刚 刘志钧	袁清国 刘媛媛	苗 健 李 强	张功厚 韩 琨
二等	完善、深化、普及市场化管理打造集团管控新模式	山东能源新汶矿业集团有限责任公司	张 文 葛茂新	朱 昊	孙立民	桑林林		
二等	新汶矿业集团新型生态工业发展模式创新与实践	山东能源新汶矿业集团有限责任公司	张 文 佟 强	辛恒奇 夏 慧	王忠刚 刘树森	田 伟 刘 佳	潘 哲	单绍磊
二等	基于金融创新的供应链一体化管理	山东能源新汶矿业集团物资供销有限责任公司	李 健	王培忠	贾振超	秦喜庆		
二等	资源型企业以持续发展为目标的全面责任管理	山东能源新汶矿业集团有限责任公司华丰煤矿	唐 军 许兴胜	陈 涛	曹 林			
二等	以流程闭合控制为核心的煤矿安全管理模式	山东能源枣庄矿业（集团）有限责任公司柴里煤矿	徐永和 杨传常	李 文 杨关艳	杨 明 陈向晓	顾洪利 齐电生	冯路平 曹士喜	陈福辉
二等	"五层级"运营管控体系的创建与应用	山东能源枣庄矿业（集团）有限责任公司田陈煤矿	曹允钦	董汉伟 徐延鹏	吴靖军	王明贤	董红建	李 方
二等	三环五级流程管控体系在煤炭企业中的构建及应用	山东能源枣庄矿业（集团）付村煤业有限公司	徐亚民 韩 涛	商祥君 李 强	贾广水 张 昆	蒋建刚 徐 晗	宋照峰	杨 涵

等级	成果名称	申报单位	主要创造人	参与创造人				
二等	资源型企业以价值创新为导向的竞争策略	山东能源淄博矿业集团有限责任公司	张寿利 孙中辉	李景慧 李 琦	刁兴建	马忠德	王利民	王德龙
二等	煤炭企业廉洁风险防控体系的构建与实施	山东能源肥城曹庄煤矿有限公司	李明君 褚衍稳	颜 晓 赵素红	冯乃水	李 丽	马 俊	许 伟
二等	煤炭企业加快转型发展打造产业升级版的实践研究	兖矿集团有限公司	李希勇	许金新 路 涛	徐西超	朱建国	韩钟琦	李 彬
二等	面向"双服务"的"人本和谐型"工会管理实践与探索	河南能源化工集团有限公司工会委员会	邓文兴 潘明祥	宋录生 李 涛	杨 枫 王冬梅	陈松涛 潘德方	李宗庆 侯欣立	曹其跃 王晓歌
二等	基于追溯对冲机制的安全生产约束因子数值评价系统设计与应用	永城煤电控股集团有限公司	曹志安 戚志伟	张云生 杨浩基	王瑞海 姜福领	吴 林 郝旭军	景自中 林 旭	黄学志 石 磊
二等	选煤厂内部市场化管理模式构建	永城煤电控股集团有限公司	上官书民 金 新	孙 乾 李文慧	李 英 牛海棠	余光辉 卢尚刚	储瑞斌	周 展
二等	大型煤矿积极安全管理模式研究与实施	永城煤电控股集团有限公司	王 珏 邢顶门	陈群忠 李红涛	张四新 孙宏权	牛遂旺 于春晓	王华辉	吴 晨
二等	契合市场实时需求煤炭洗选模式的构建与实施	永城煤电控股集团有限公司	孙 乾 汤秋林	李兆忠 张小刚	薛占强 张 丹	杨 明 傅 平	李 英	杨 丽
二等	基于价值链的物资管理模式在煤矿中的研究与应用	永城煤电控股集团有限公司	宁 兵 孙国栋	何东升	郝明月	黄文建		
二等	煤矿物资全过程闭合管理	永煤集团股份有限公司	王太绂 郑向民	王中华 徐显锋	李志友 冯建洋	安忠林 徐振杰	马玉武	仲前成
二等	以需求分析为导向的多元岗位培训模式创建	永煤集团股份有限公司	胡宏军 郭云川	田 立 黄 鑫	许 栋 吕雅洁	史春光 杨功超	李中伟	龚 鹏
二等	基于内部市场的全面绩效评价与激励体系在煤炭企业中的应用	河南大有能源股份有限公司杨村煤矿	周立春 张新芳	于拴友 张 轶	郭纪功 李春霞	王世遗 荆 伟	张向阳 吴宇鹏	杨 帆 赵 剑
二等	煤炭成本费用管控的创新实践	义煤集团宜阳义络煤业有限责任公司	张许乐 董志强	陈松泉 任海军	姚红军 黄绍光	付万里 王珂辉	范咏梅 梅 阳	安超军 陈姝珺
二等	煤矿班组标准分值的构建与应用	焦作煤业（集团）有限责任公司赵固二矿	张长合 张五星	明根永 张建庄	冯秀强 邓小艳	朱鹏飞 杜秀珍	刘永杰 程艳敏	何宏伟 王国运
二等	煤炭企业成本预警管理方案设计与应用	平顶山天安煤业股份有限公司二矿	宋合聚 秦海清	杨 灿 王凤艳	刘照辉 范跃利	吴 龙 谢璐璐	裴君雷 孟朝阳	秦 鹏 翟金凯
二等	煤炭企业以经营风险防范为目标的内控管理	平顶山天安煤业股份有限公司十矿	郝相龙 闫学太	韩发堂 安秀荣	许伟功 刘 新	牛大伟 刘会丽	孙相谦 郜丽娜	杜思远 任建强
二等	煤炭物资供应企业资金风险控制与管理	中国平煤神马能源化工集团有限责任公司物资供应分公司	杨新民 孙 洲	蒋自立 孙瑞红	高 轩 丁亚凯	马影华 赵文龙	梁 艳 杨森森	李 晶 黄 鑫
二等	基于医疗服务流程优化的数字化医院建设	平煤神马医疗集团总医院	王明君 孙晓维	张允春 李磊锋	刘汝涛 张 廷	杨 媚 刘克涛	黄 炜 朱文东	靳中旗 张俊华
二等	物料回收管理信息系统在煤矿企业中的推广及应用	河南神火煤电股份有限公司新庄煤矿	刘永俊 朱心亮	唐文星 刘凯凯	李振川 王康康	刘亚东 尉成洁	常进泽 乔志伟	栗书涛 唐怀磊

等级	成果名称	申报单位	主要创造人	参与创造人				
二等	煤矿企业全员技术创新管理体系构建与实践	四川华蓥山广能（集团）有限责任公司	王灿华 梁一勋	刘富安 冯宗华	卓 军 李 健	符明华	王显银	王焕明
二等	大成本管理观在煤炭企业中的应用	陕西煤业股份有限公司	王晓刚 朱 炜	朱 清				
三等	项目组合管理模式在煤制油、煤化工项目管理中的应用	中国神华煤制油化工有限公司	赵岫华 万国杰	谢舜敏 孙延辉	姜兴剑 戴 红	孙学英 马玉伟	张培杰 朱秀丽	孔祥臣 赵宇新
三等	战略导向的"三级四步"培训管理体系构建与实施	神华宁夏煤业集团煤炭化学工业分公司	刘玉奇	席导成 吴兴国	高克霞 牟艳春	胡学兴 张 民	李 杰 吕正忠	张 勤 李莲蓉
三等	平朔矿区水、暖、电动力系统绿色管理体系研究与实践	中煤平朔集团有限公司	王喜贵 李 强	李进荣 张永春	贺振伟 孙 胜	刘建宇 尹士明	张雪松 卞明明	孙志军 郭秀萍
三等	煤矿精益生产管理成本控制研究与应用	中煤集团上海大屯能源股份有限公司	毛中华 宋忠应	李顺文 吴学群	袁显芳 谢瑞刚	李和伟 张春香	郭成志 王保旭	祝令锦 杨体华
三等	经营业绩考核体系创新研究	中煤北京煤矿机械有限责任公司	樊 蕾 李 鹏	钱建钢 贾 斌	朱永明	郭良山	高双友	张立青
三等	煤机装备产业园项目管理模式的探索与实施	中煤张家口煤矿机械有限责任公司	宋金铎 吴冬梅	高全明 梁 硕	杨文弟	任永霞	张丽霞	张晓利
三等	企业科技创新管理体系的构建与实施	中煤张家口煤矿机械有限责任公司	李国平	陈光红	郁海滨	祖冬梅	王家丽	
三等	集团管控模式下煤炭勘查设计企业人力资源管理信息化创新	中煤科工集团北京华宇工程有限公司	张洪志 周 鹏	余向荣 鞠 宁	彭丽霞 张军帅	程贤军 王海宁	王新平 孟令晶	王国亭
三等	安全可视化系统在煤矿安全管理上的创新与实践	国投新集能源股份有限公司	毕昌虎 马道局	王 军	丁从师	叶元辉	史升元	
三等	地质保障体系创新与实践	国投新集能源股份有限公司	梁 袁 傅先杰	王厚柱 张要田	廉法宪 王作路	陈新宏 杜少能	胡文雄	周学年
三等	运用多种资金管控手段与融资策略提高大型企业集团资金管理水平的探索与实践	冀中能源集团有限责任公司	王社平 张建公	李笑文 陈志敏	王玉江 杨军涛	周绍瑞 李艳芳	康红霞 武 玉	张天水 尹 波
三等	三级联动管理机制的构建与实施	冀中能源峰峰集团有限公司	刘存玉 方盛友	付希堂 闫明亮	潘雷坤 柴 晨	王晓峰 田金英	张贵军 魏晓丽	许一博
三等	设备动态监控管理体系"整形"的构建与实施	冀中能源邯郸矿业集团有限公司	班士杰 成 昆	苗贞然 王雁茹	陈海永 徐淑丽	朱建利 杨智杰	贾明泉 宋 毅	王福泉 柴风雷
三等	效能监察融入材料精细化管控的实践	冀中能源邯郸矿业集团有限公司	班士杰 苗贞然	王呈祥	朱 达			
三等	资源枯竭型矿井经营风险预警体系的构建	冀中能源邯郸矿业集团有限公司	班士杰 苗贞然	王呈祥	朱 达			
三等	循环经济集成体系的构建与实施	冀中能源邯郸矿业集团有限公司	白忠胜 胡海江	班士杰 王增如	刘希军 马 俊	郑志辰 胡丽君	葛习强	周奕朝
三等	"五精"管理样板矿建设实践	冀中能源股份有限公司邯郸云驾岭矿	刘俊明 李世波	柴连银 石伟红	马永忠	李清华	郝 磊	施彤辉
三等	煤炭企业精细化成本管控体系构建与实施	冀中能源张家口矿业集团有限公司	赵生山 李永海	张忠江	孙力秋			

等级	成果名称	申报单位	主要创造人	参与创造人			
三等	"六位一体"绩效管理体系构建与实施	冀中能源张家口矿业集团有限公司	谢德瑜 李永海	赵生山	张忠江	孙力秋	
三等	对混合所有制经济的实践与应用	冀中能源国际物流集团有限公司	何树芳 姚广达	霍 森	杜长飞	韩 珂	
三等	基于全面预算体系下成本管控模式的构建与应用	冀中能源井陉矿业集团有限公司	李明朝 封建明	吴京波	刘 帅	张卫东	徐 丽
三等	大型煤炭企业提质降本增效管控体系的构建与实施	开滦(集团)有限责任公司	张文学 裴 华	冬伯文 赵林根	张志芳 张 凯	张志友 李改革	郝常安 潘继元 龚立新 朱 江
三等	实施资金分类预算提高资金高效运营的创新实践	开滦(集团)有限责任公司	张志芳 郝常安	董养利 张雪峰	王志超 王力峥	时 强 张 勇	周爱云 吉振杰 韩丽辉 贺凤霞
三等	构建专家人才管理体系推进企业转型发展的探索实践	开滦(集团)有限责任公司	张文学 裴 华	庞学东 曹英军	张志友 杨秀义	赵景华 张彩军	梁 刚 陈雄飞 陈国强 耿银田
三等	大型企业集团法律纠纷案件应对机制的构建与实施	开滦(集团)有限责任公司	冬伯文 霍志斌	张柏林 王秀卓	易灿辉 申甜甜	周纯伟 李杰峰	周美辰 胡雪松 甄 涛 董若溪
三等	大型煤炭企业集团的精细化对标管理	开滦(集团)有限责任公司	张文学 裴 华	冬伯文 许忠辉	高焕民 高志强	李树兴 高福国	龚立新 赵林根
三等	大型企业集团财务风险管控、创新与应对	开滦(集团)有限责任公司	张文学 张志芳	郝常安 侯利燕	曾红亮 张月楠	李先兵 王 宇	武卫军 项绍进 李红娟 石磊林
三等	创新物流商业模式构建物流增长体系	开滦(集团)有限责任公司	吴爱民 聂树生	齐志满 李新平	王淑杰 徐英竹	高伯瑞 吕振威	周洪枫 宋晓芝 贺凤霞 温永平
三等	煤炭企业定员目标责任制"三标管理"新模式的构建与应用	开滦(集团)有限责任公司	裴 华 庞学东	张志友 田福民	赵景华 孙军保	梁 刚 赵长涛	石海涛 李峰松 李春勇 杨雪松
三等	专业技术人才管理体系的构建与实施	山西焦煤集团公司有限责任公司杜儿坪矿	王建鹏 李瑞琪	王敬仁 王东建	崔宇英 王春香	梁建辉 张连光	王俊虎 梁争钢 李德鹏 曹天慧
三等	建设"星级"矿井的探索与实践	山西西山煤电股份有限公司马兰矿	薛润根 宋传校	张卫平 赵晓忠	薛泽龙 张文成	赵荣峰 李慧东	尹忠明 李鹏飞 赵鸿生 左海钧
三等	煤炭企业走动式管理的实践	山西焦煤霍州煤电集团有限责任公司辛置煤矿	常纪民 孟泽峰	王刘群	任 伟	成 洁	杜 洋
三等	煤炭企业安全网格化管理的探索与实践	大同煤矿集团有限责任公司马脊梁矿	李俊成 胡永刚	顾根龙 薛 瑜	章明旺 王治国	赵 俊 李春芳	张宏斌 任占伟 邱满田 张 永
三等	"双基"建设管理在煤矿企业管理中的实施	大同煤矿集团有限责任公司马脊梁矿	李俊成 胡永刚	章明旺 芦顺希	顾根龙 刘建国	赵 俊 李志明	李占红 杨文林 张宏斌 闫世和
三等	兼并重组整合矿井项目档案管理模式的探索与实践	山西晋煤集团坪上煤业有限公司	王文林 秦建中	张建华	张晓侠	王 茜	焦 娟
三等	煤炭企业综治维稳工作的创新实践	山西晋城蓝焰煤业股份有限公司古书院矿	王晋明	赵红勇 田 云	刘刚林 赵文婷	郭学功	李爱茹 王 欣
三等	企业安全文化创新与实践	山西潞安矿业(集团)有限责任公司	石金娥 郭一宏	王志强	肖焱焱		

等级	成果名称	申报单位	主要创造人	参与创造人
三等	大型能化集团节能降耗增效管理体系的构建	山西潞安矿业（集团）有限责任公司	盛团秀 李 芳	赵耀仲 刘娟娟 马飞仙 张彦禹 栗少卿 洪 鹏
三等	国有大型煤炭企业生态文明环境建设创新与实践	山西潞安环保能源开发股份有限公司常村煤矿	元建兴 张云彬	孟繁信 程 炜 崔俊英 倪丽萍 赵春林 司丽娜 焦海燕 裴淑丽 秦凤卫 姜 冲
三等	构建"012345"金字塔式安全文化体系的实践	山西潞安集团余吾煤业有限责任公司	王彦凯 冯卫星	王宏刚 赵 剑 王 云
三等	物资供应保障平台的构建与应用	山西潞安集团司马煤业有限公司	王建强 王安伟	曾金元 闫保奇 李金华 王庆福 王慧明 张丽娟 权丽新 琚斌峰 张 超 王 帅
三等	平衡计分卡在医院绩效考核中的应用	山西潞安矿业（集团）有限责任公司总医院	杨建业 王红星	李显平 牛德科 张延科 张 娟
三等	信息化和企业营销深度融合创新与实践	山西潞安矿业（集团）煤炭运销总公司	许立华 李旭芳	吴爱萍 侯 森 李 曹
三等	建筑施工企业"360安全卫士"工作法的应用	山西潞安工程有限公司	姚旭明 赵岗飞	侯全平 李 晋 李 娜
三等	合同能源管理的探索与应用	山西煤炭进出口集团科技发展有限责任公司	平建明 郭五平	陈丽娜 姜丽君 王常兴 闫晓明
三等	八位一体高效操作运营系统的创建和应用	山煤国际能源集团华远有限公司	曹文海 张宇峰	原小静 张 超 郝 刚 徐凯丽 贾丽萍 吴俊明 师明德 刘国强
三等	"3331"管理体系在企业安全管理中的应用	山西省长治经坊煤业有限公司	李广俊 郭继平	王 琦 景剑峰 成一伟 宋大伟 付中华 宋 宁 丁立东
三等	利用MES系统提升煤炭企业运销管理	内蒙古伊泰煤炭股份有限公司	马 焌 杜建飞	周立明 杨 健 王盘利 王变宏 王宏来 袁艳平 陈向东 杨志攀
三等	煤矿"五五六"安全预控管理探索与实践	淮南矿业（集团）有限责任公司张集煤矿	胡少银	朱德信 孙月庚 张继兵 高勤宽 何世清 王 杰 王 睿 蒋光勇 钟 亚 李多权
三等	矿井综合自动化系统建设的创新实践	淮北矿业股份有限公司祁南煤矿	臧明甫 赵 凯	马 永 郭文义 李 龙 姚卫彪 汪彦峰 武加宝 朱争光 张 亮 刘 衍 周 晋
三等	以科区安全自主管理支撑矿井安全发展实践	淮北矿业股份有限公司孙瞳煤矿	程新明 刘险峰	丁 亚 傅 军 刘 伟 李祥法 刘传宝 葛均明 马玉平 王建文
三等	"五位一体"班组长人才梯级培养系统建设	淮北杨柳煤业有限公司	许永康 姜 卫	
三等	统一会计核算办法提升财务管理水平的创新实践	山东能源集团有限公司	刘德华 张 波	徐立波 于志东 赵红秀 王 猛
三等	基于供应链优化的中国矿用物资网建设	山东能源国际贸易有限公司	苏 群 宋成玉	王 冰 郭 宁
三等	煤炭企业从对标管理到实现卓越绩效的探索与实践	山东能源新汶矿业集团有限公司	张 文	葛茂新 袁秋新 周 明 朱 昊 许宝学 孙 汶 张丽华 巩克朋
三等	全面风险管控体系构建及实施路径研究与探讨	山东能源新汶矿业集团有限公司	程 伟 郭信英	葛茂新 陈传海 孟庆合 王 同 酒海霞
三等	人才多通道职业发展机制实践研究	山东能源新汶矿业集团有限公司	张 文 尹承东	马 智 石性刚 符志铮 张 磊

等级	成果名称	申报单位	主要创造人	参与创造人
三等	企业内部控制流程管理体系建设与实施	山东能源新矿集团（伊犁）能源开发有限责任公司	张 文 葛茂新	程 伟 朱 昊 亓会平 王贯东 崔正民 高 平 杨西栋 韩 琨 钟 林
三等	比价督查管理在现代企业中的创新应用	山东新巨龙能源有限责任公司	刘玉果 刘 文	薛允华 董 超
三等	实施"六精一化"管理体系打造安全高效矿井	山东能源新汶矿业集团有限责任公司鄂庄煤矿	靳 锋 张 健	卓正玉 亓增海 刘曙光
三等	基于核心能力建设的煤炭企业知识管理	山东能源新汶矿业集团有限责任公司华丰煤矿	唐 军 许兴胜	陈 涛 曹 林
三等	以价值管理为导向的企业成本管控体系建设	山东能源新汶矿业集团有限责任公司华丰煤矿	唐 军 李 文	许兴胜 曹 林 倪 明
三等	技术托管矿井模式探索与实践	山东矿业管理技术服务集团有限公司	刘 良 王 振	周 旭 徐成亮 刘兆伟 王卫东 房少宗 赵 娜 徐 川 宁尚提 许 娟
三等	"三层级两维度"考核制度的实践应用	山东能源枣庄矿业（集团）有限责任公司	满慎刚 田传宝	王明义 提文科 孟宪宝 陈雪斐 罗 忠 李继恭
三等	以"轻资产、市场化、精用工、均量高"为特征的内涵发展 新模式构建	山东能源淄博矿业集团有限责任公司	张寿利 孙中辉	李景慧 刁兴建 马忠德 王利民 王德龙
三等	基于内部市场化管理的对标管理体系构建	山东能源淄博矿业集团有限责任公司	张益学	孙中辉 刘 华 刘 光 吕法玉
三等	资源枯竭型企业商业模式创新与实践研究	山东能源淄博矿业集团有限责任公司	孙清华 宋旭波	李树新 寇春霞 刘 华 张 博 李金亮
三等	基于托管运营为核心的轻资产管理实践	山东能源淄博矿业集团内蒙古双欣矿业有限公司	吴龙泉 徐瑞涛	袁智财 刘春华
三等	以重塑员工安全心智模式为主线 提升煤矿行业安全风险管控水平	山东能源肥城矿业集团梁宝寺能源有限责任公司	张 强 李建峰	张 斌 范玉浩 时 勘 赵树华 魏庆军 徐丽霞 郝 坤 侯国庆 吴秀菊 董宜成
三等	以能效对标为核心的节能管理体系的构建与实施	山东能源肥城曹庄煤矿有限公司	李明君 崔建忠	许 伟 赵素红 陈 飞 杨英达 马衍豪 徐 进
三等	以提升诚信履职能力为导向的层级管理	山东能源肥矿集团平阴铝业有限公司	史兴华 白庆涛	周龙水 廉裕航 王明海 张红军 张兴广 王建华 孟祥珂 张 琪
三等	改制企业标准化管理流程再造与实施	山东能源肥城新陶阳业有限责任公司	尚振涛	吕龙海 张敬岳 刘 美 武 峰 李 刚 孙继军 刘 霞
三等	实施创新驱动战略推动企业转型升级	山东能源龙口矿业集团有限公司	袁景安 张若祥	崔常兴 刘惠傲 栾青松 隋 岩 朱晓军
三等	实施"6＋5"转型发展模式的创新实践	山东能源龙口矿业集团有限公司	袁景安 张若祥	杨跃林 刘惠傲 栾青松 隋 岩 朱晓军
三等	煤炭企业党建精细管控体系的构建与实践	兖州煤业股份有限公司济宁三号煤矿	盛春海 唐大庆	郭延文 张华伟 李 杰 曹慧元 丁 伟 刘 波 梁西忠

等级	成果名称	申报单位	主要创造人	参与创造人				
三等	资源节约型矿井建设探索与实践	兖州煤业股份有限公司杨村煤矿	王道广	王秀芝 王化恩 梁 岩	王远金 孙启波	汪广华 薛 珊	董自民 李金泉	王 猛 李云龙
三等	大型企业集团社会保险管理信息化的创新与应用	河南能源化工集团有限公司	申顺更 孟智慧	任 雷 刘 砥	薛海龙 刘俊阁	韩长青 叶 飞	刘 挺	方海亮
三等	大型国有煤炭企业干部内部交流的探索与实践	永城煤电控股集团有限公司	曹志安 上官书民	张明华 谭永豪	孟振亚 马 瑞	任 雷 李 凯	陶 鹏 徐艳丽	李中伟 张 培
三等	煤矿规范化管理系统的构建与实施	永城煤电控股集团有限公司	李顺峰 陈群忠	韩 彦 张 鑫	金 新 余光辉	李红涛 刘 军	张志辉	卢尚刚
三等	基于"点检和组织智商"设备维检平台的构建与实施	永城煤电控股集团有限公司	祝学斌 杨周阳	王丹平	杨鹏飞	刘东东	刘 刚	
三等	"1234"成本管控体系在煤化工企业的建立与应用	永城煤电控股集团有限公司	崔发科 姜宏安	米 翔 张 洁	方勇进	杜清源	夏正峰	岳伟娜
三等	煤炭企业成本费用预控管理体系的建立与实践	永城煤电控股集团有限公司	杨青松 孙广建	张贵军 任志国	郑建林 刘金龙	余光辉 刘振江	李 昕 关素娟	赵勋辉 邵丽华
三等	目标管理在煤炭企业成本控制上的应用	永煤集团股份有限公司	王太续 郑向民	李志友	仲前成	徐显锋		
三等	选煤厂隐患可视化管理与评价机制的建立与实施	永煤集团股份有限公司	郑长科 蔡湘辉	张 军 吴永莉	张 卡 谢勇敢	马 瑞	周 展	王 萌
三等	全方位对标考核的构建与实施	永煤集团股份有限公司	郑长科 张 军	凌立伟 朱敬华	周 展 马玉武	马 瑞	牛海棠	袁华春
三等	基于网络信息化的煤矿物流管理	河南大有能源股份有限公司千秋煤矿	杨运峰 陈丕栋	聂振伟 李延民	潘艳鹏 李志勇	赵 剑 赵艳玲	梁 涛	
三等	煤炭建设企业三体系一体化管理创新	义煤集团永兴工程有限责任公司	李社勋 王喜亭	张富伟	杨明魁	刘金娜	耿宝艳	李艳丽
三等	大型煤炭集团矩阵式成本管控体系研究与应用	焦作煤业(集团)有限责任公司	杨春华 郭利坤	张克正 张超伟	秦志强 张 雷	王 冰 王 璐	马国红	杜佩林
三等	高突矿井"四优四评"成本管控模式的实践与应用	河南焦煤能源有限公司古汉山矿	袁德铸 毌绪勇	杨春华 赵海珍	张克正 王文欢	张超伟 陈会峰	褚占友 李艳飞	孙海波
三等	煤矿材料成本全过程动态控制模式的构建与实践	焦作煤业(集团)有限责任公司赵固二矿	张长合 张五星	明根永 邓小艳	刘永杰 朱鹏飞	贺伟锋 王春林	冯秀强 余四祥	张复宝 王 卫
三等	基于内部市场化的选煤厂车间质量管理工作标准及考核研究	焦作煤业(集团)有限责任公司赵固二矿选煤厂	任建民 樊合高	龚信源 曹继亮	李新茹 田向东	贾文攀 刘明清	王 怀	尹新斌
三等	选煤厂动态模拟考核模式的构建与实施	鹤壁煤业(集团)有限责任公司	冯修民 王团委	郭明霞 石 楠	王文杰 王一冰	秦艳俊 邱 强	尹乐东 樊晓涛	王利红 胡秀玲
三等	多维度精细化考核管理体系的创立与实践	鹤壁煤电股份有限公司第九煤矿	张发明 焦培福	柴振兵 王 萌	吴国强	李 霞	梁建敏	李 敏
三等	代储代销采购管理模式的创立与实践	鹤壁煤业(集团)有限责任公司物资供应分公司	冯修民 左友堂	郭学培 李喜英	王 波 赵 琛	李慧珍 李艳坤	贾建新	孙玉民

等级	成果名称	申报单位	主要创造人	参与创造人				
三等	大型煤化工企业人才队伍梯队建设的探索与实践	河南省中原大化集团有限责任公司	谢剑军 王啸宙	晁忠谱 李振海	康 乐 苏书岭	任许娜 孟 净	王翠民 都社彩	吉耀杰
三等	以事前预防与过程控制为主,事后救济为辅的合同法律风险防控体系的构建与实践	河南省中原大化集团有限责任公司	张红习 耿 健	来凤娟	徐 娜			
三等	"五清五结"经济运行在内部市场化管理中的应用	安阳化学工业集团有限责任公司	付文龙 丁明华	贾艳霞 张玉国	王军杰 王友萍	王立欣 乔智力	乔智娟 徐四军	李文清 张栓成
三等	创建"可视化、流程化、图表化"安全检修管理体系	安阳化学工业集团有限责任公司	高 恒 荆民哲	王一鸣 崔广松	付文龙 吴江丽	宋志远 朱广卿	张文革 张连飞	金兴玲 毛运秋
三等	复杂条件下煤矿质量标准化动态管理	平顶山天安煤业股份有限公司一矿	岳殿召 程同军	杨平怀 马 军	韩春晓 张国胜	焦振营 向长军	孙自立 宋小鹏	张胜利 王 磊
三等	煤炭企业应对市场形势的提质增效管理	平顶山天安煤业股份有限公司六矿	张革委 宋伟毅	郑跃华 欧爱民	马伊安 任文涛	童 柯 张新芝	刘慧勋 郭瑞玲	冉中均 梁 青
三等	基于客户需求为目标的煤炭质量管理	平顶山天安煤业股份有限公司十矿	郝相龙 闫学太	韩发堂 刘会丽	牛大伟 刘清林	杜思远 吴勇轶	刘玉华 梁锡佳	安秀荣 陶书亮
三等	"三动"管理工作法在煤炭企业文化建设中的应用	河南平禹煤电有限责任公司	蔡林森 王长平	苏红伟 尚 勇	张志明 李栋梁	赵庚学 胡利军	郭黎明 孙亚辉	马万里 赵莉君
三等	职工安全行为规范体系的建设与实践	河南平禹煤电有限责任公司	蔡林森 王长平	苏红伟 李栋梁	张志明 靳艳霞	郭黎明 赵军超	马万里 庞要娟	尚 勇 赵莉君
三等	以塑造监理企业AAA级信用品牌为目标的核心竞争力建设	河南兴平工程管理有限公司	张允春 洪 源	刘汝涛 李晓峰	刘自鑫 尚巧玲	武 浩 刘 洋	张晨英 王 臻	李军伟 王晓璐
三等	矿区铁路人力资源优化管理与绩效考核机制的构建与实施	郑州煤炭工业(集团)有限责任公司铁路运输处	冯禄松 陈顺生	张新州 付旭国	郅宏伟 王永锋	王华伟 景有军	金佩著 王利军	杨 颖 卢延杰
三等	"三全一保"安全质量管理体系在煤矿企业中的构建与实施	河南神火煤电股份有限公司新庄煤矿	韩良政 张增书	卢 江 王修辉	李文杰 侯保青	孙 振 克金奎	赵 霖 曹 贯	刘亚东 张 钦
三等	以标准化为核心的安全信息化管理系统建设	重庆松藻煤电有限责任公司石壕煤矿	许 刚 涂善敏	王 伟 李克伦	张小龙 陈 蕾	黄小于	唐 冲	田海波
三等	基建矿井安全文化建设探索	四川省煤炭产业集团纳雍县聂家寨黔阳煤矿	陈 彬 颜久博					
三等	"矫龙"文化体系的建设与研究	陕西黄陵二号煤矿有限公司	赵应升 张建彬	范京道 丁增平	梅方义 王计昆	梁 平 官 贺	齐安民 杨百平	张海峰
三等	机制创新驱动下的煤炭企业人力资源管理变革	陕西陕煤陕北矿业有限公司	李强林 庞军峰					
三等	彬煤ERP管理系统的构建	彬县煤炭有限责任公司	何万盈 李 卜	胡少博	冯江鹏	王尊营	郑亚强	计 成

目录 CONTENTS

特等奖

2　大型集团企业综合管理信息系统集中管控模式的构建和推广应用
　　中国中煤能源集团有限公司

16　煤炭行业环境友好矿区评价体系构建及创新实践
　　兖矿集团有限公司

一等奖

34　基于全面预算管理的目标绩效激励体系的构建与实施
　　中国神华煤制油化工有限公司

44　大型煤炭企业成本管控成熟度研究与实践
　　中国煤炭进出口公司

55　环境综合治理管理体系在煤矿生产中的应用与实践
　　冀中能源邯郸矿业集团有限公司

61　大型煤炭企业职能管理部门绩效评价体系的构建和实施
　　开滦（集团）有限责任公司

68　煤炭交易模式创新及电子交易平台的构建
　　中国（太原）煤炭交易中心

80　煤炭企业 VOEC 管理体系的构建与实施
　　山西焦煤霍州煤电汾河焦煤股份有限公司三交河煤矿

92　大型煤炭企业提升绿色低碳竞争力的创新与实践
　　山西潞安矿业（集团）有限责任公司

104　传统煤炭企业打造能源综合解决服务商的转型升级管理
　　山东能源集团有限公司

113　新矿特色创新发展战略的研究与实践
　　山东能源新汶矿业集团有限责任公司

125　基于价值链整合优化提升的集团管控模式创新研究
　　兖矿集团有限公司

134　主导要素精准化并行控制安全管理体系的构建与实施
　　河南能源永煤集团股份有限公司

145　煤炭企业成本控制审计评价体系研究与实践
　　中国平煤神马能源化工集团有限责任公司

163　基于信息化的煤业集团人力资源系统管理
　　郑州煤炭工业（集团）有限责任公司

二等奖

172　大型煤炭综合能源企业产运销一体化调运信息化管理平台的建设与运行
　　中国神华能源股份有限公司

183　大型露天煤矿"五六七八"班组管理的探索与实践
　　中国神华能源股份有限公司哈尔乌素露天煤矿

192　政治本质安全体系构建与实践
　　神华国能集团有限公司

202　安全风险预控管理体系在选煤厂的研究与应用
　　中煤平朔集团有限公司

211　TnP&PM 设备全面规范化与生产预防性维护管理体系的构建与实施
　　中煤平朔集团有限公司

220　管理提升模型的研究与应用
　　中煤集团上海大屯能源股份有限公司

228　企业文化体系建设研究与实践
　　中煤集团上海大屯能源股份有限公司

240　煤炭建筑企业价值管理探索与实践
　　中煤建设集团有限公司

250　基于TRIZ的技术创新管理体系的构建与应用
　　中煤张家口煤矿机械有限责任公司

259　煤炭企业以效益为中心的契约化管理体系建设
　　陕西南梁矿业有限公司

267　煤机企业成本控制评价与改进
　　中国煤炭科工集团有限公司

281　"三软"煤层安全、绿色开采管理体系构建与实施
　　国投煤炭郑州能源开发有限公司

289　煤炭企业财务精细化管控体系的构建与实施
　　冀中能源峰峰集团有限公司

298　以点检制为核心的全面规范化设备管理体系构建与实施
　　冀中能源井陉矿业集团有限公司

305　以增强企业竞争力为导向的对标工作机制的建立与运行
　　冀中能源井陉矿业集团有限公司

314　推进两化深度融合　加快煤炭产业优化升级的创新实践
　　开滦（集团）有限责任公司

318　煤炭企业"三按"管理体系的构建与实施
　　开滦（集团）有限责任公司

328　以信息平台为基础的动态经营调度系统的构建与实施
　　开滦集团国际物流有限责任公司

335　推行"五全管理"提高企业核心竞争力的实践
　　山西焦煤汾西矿业（集团）有限责任公司

345　煤矿"三违"人员现象及心理援助管理的实践
　　大同煤业股份有限公司燕子山矿

358　PCHVF绩效管理体系的探索与实践
　　山西晋城无烟煤矿业集团有限责任公司寺河煤矿

365　企业法律事务信息化系统的创新与实践
　　　山西晋城无烟煤矿业集团有限责任公司寺河煤矿

371　国有大型煤炭集团打造现代化矿井建设"升级版"的实践与创新
　　　山西潞安矿业（集团）有限责任公司

382　大型煤炭集团企业洗选及储装运系统设备安全管理体系创新与实践
　　　山西潞安矿业（集团）有限责任公司

391　国有煤炭企业构建立体化创新发展模式的探索与实践
　　　山西潞安矿业（集团）有限责任公司王庄煤矿

401　基于价值链的煤炭企业内部市场化管理体系构建与实施
　　　山西潞安集团司马煤业有限公司

415　构建煤矿特色安全文化的探索与实践
　　　铁法煤业（集团）有限责任公司晓南矿

423　原煤生产成本预测数学模型构建与应用
　　　黑龙江龙煤矿业集团股份有限公司鹤岗分公司

436　大型企业集团完善董事会运行机制的实践与探索
　　　山东能源集团有限公司

443　国家认定企业技术中心体制建设管理创新研究与应用
　　　山东能源新汶矿业集团有限责任公司

454　完善、深化、普及市场化管理　打造集团管控新模式
　　　山东能源新汶矿业集团有限责任公司

461　新汶矿业集团新型生态工业发展模式创新与实践
　　　山东能源新汶矿业集团有限责任公司

473　基于金融创新的供应链一体化管理
　　　山东能源新汶矿业集团物资供销有限责任公司

479　资源型企业以持续发展为目标的全面责任管理
　　　山东能源新汶矿业集团有限责任公司华丰煤矿

491　以流程闭合控制为核心的煤矿安全管理模式
　　　山东能源枣庄矿业（集团）有限责任公司柴里煤矿

503　"五层级"运营管控体系的创建与应用
　　　山东能源枣庄矿业（集团）有限责任公司田陈煤矿

513　三环五级流程管控体系在煤炭企业中的构建及应用
　　　山东能源枣庄矿业（集团）付村煤业有限公司

524　资源型企业以价值创新为导向的竞争策略
　　　山东能源淄博矿业集团有限责任公司

533　煤炭企业廉洁风险防控体系的构建与实施
　　　山东能源肥城曹庄煤矿有限公司

543　煤炭企业加快转型发展打造产业升级版的实践研究
　　　兖矿集团有限公司

555　面向"双服务"的"人本和谐型"工会管理实践与探索
　　　河南能源化工集团有限公司工会委员会

565　基于追溯对冲机制的安全生产约束因子数值评价系统设计与应用
　　　永城煤电控股集团有限公司

577　选煤厂内部市场化管理模式构建
　　　永城煤电控股集团有限公司

591　大型煤矿积极安全管理模式研究与实施
　　　永城煤电控股集团有限公司

605　契合市场实时需求煤炭洗选模式的构建与实施
　　　永城煤电控股集团有限公司

613　基于价值链的物资管理模式在煤矿中的研究与应用
　　　永城煤电控股集团有限公司

621　煤矿物资全过程闭合管理
　　　永煤集团股份有限公司

631　以需求分析为导向的多元岗位培训模式创建
　　　永煤集团股份有限公司

639　基于内部市场的全面绩效评价与激励体系在煤炭企业中的应用
　　　河南大有能源股份有限公司杨村煤矿

649　煤炭成本费用管控的创新实践
　　　义煤集团宜阳义络煤业有限责任公司

658　煤矿班组标准分值的构建与应用
　　　焦作煤业（集团）有限责任公司赵固二矿

663 煤炭企业成本预警管理方案设计与应用
　　平顶山天安煤业股份有限公司二矿

673 煤炭企业以经营风险防范为目标的内控管理
　　平顶山天安煤业股份有限公司十矿

682 煤炭物资供应企业资金风险控制与管理
　　中国平煤神马能源化工集团有限责任公司物资供应分公司

692 基于医疗服务流程优化的数字化医院建设
　　平煤神马医疗集团总医院

703 物料回收管理信息系统在煤矿企业中的推广及应用
　　河南神火煤电股份有限公司新庄煤矿

708 煤矿企业全员技术创新管理体系构建与实践
　　四川华蓥山广能（集团）有限责任公司

717 大成本管理观在煤炭企业中的应用
　　陕西煤业股份有限公司

725 附表1：2002-2014年煤炭企业行业级及国家级管理现代化创新成果获奖情况

726 附表2：2008-2014年煤炭企业管理现代化创新成果简述（行业一等奖）

2014煤炭企业管理创新成果
特等奖

大型集团企业综合管理信息系统集中管控模式的构建和推广应用

中国中煤能源集团有限公司

中国中煤能源集团有限公司（简称中煤集团）是国务院国资委管理的国有重点骨干企业，前身是1982年7月成立的中国煤炭进出口总公司。主要从事煤炭生产贸易、煤化工、坑口发电、煤矿建设、煤机制造以及相关工程技术服务等。

截至2013年底，中煤集团共有全资公司、控股和均股子公司52户，境外机构4户，资产总额2815亿元，从业人员11万人。

中煤集团是中国第二大煤炭生产企业、第一大煤机制造企业、第一大矿建企业，原煤产量连续六年过亿吨。现有煤矿46座，总产能2.39亿吨，矿区主要分布在山西、江苏、黑龙江、陕西、内蒙古和新疆等省、自治区；拥有洗煤厂28座，洗选能力2.53亿吨。

2006年12月19日集团控股的中煤能源在香港联交所上市，2008年2月1日回归A股。下属上海能源在A股上市。

2013年中煤集团完成原煤产量1.92亿吨，煤炭销售量1.94亿吨，实现利润56.1亿元。

一、大型集团企业综合管理信息系统集中管控模式产生的背景

2008年以前，中煤集团信息化建设刚刚起步，各单位信息化水平参差不齐，管理类信息系统品牌各异（包括用友、金蝶、浪潮、SAP等），数据缺乏共享性，管理规范缺乏有效手段支撑。当时中煤集团主要的七个业务板块中在财务核算科目、流程和规则尚不统一，吨煤成本确认困难；集团集中采购模式尚在论证；煤炭大营销体系内的业务链缺乏系统支撑，结算效率低下，数据精度不足；部分企业应收账款管理流程不规范，应收账款的确认和回收存在困难。

鉴于上述问题，2008年，中煤集团根据国家关于建设煤炭大基地、发展煤炭大集团的部署要求，提出建设新型的、先进的、具有较强竞争力的亿吨级煤炭大集团的战略目标，并结合中央"以信息化带动工业化，以工业化促进信息化"的有关

精神，紧紧围绕企业发展战略目标和核心业务启动了综合管理信息系统的建设工作。

在系统可研阶段，中煤集团紧紧围绕集团公司新体制、新目标、新思路，注重"信息化建设与提高管理水平紧密结合，提升技术水平与提高经济效益紧密结合"的"双结合"，认真分析当时自身实际情况和管理基础，编制了可研报告，明确了项目建设的目标和具体要求，通过了国资委及其他外部专家的评审。

系统建设初期核心思想如下：

1.系统要能规范多级化管理，要能提升核心业务支持流程管理

通过系统实施来统一和规范集团总部、股份总部、各二级公司及下属企业的核心业务支持流程，从而提高中煤集团整体管理水平。

2.系统要能集成应用发挥整体协同效应

通过 Oracle EBS 电子商务套件的标准集成关系及与外部系统的整合，实现中煤集团内部全业务链的流程的强化和数据的集成，使财务与其他业务数据得到整合，支持中煤集团进行科学化管理、专业化经营、协同化运作，以此提高整体运营效率。

3.能满足中煤集团长期发展需要

建立可满足中煤集团在未来业务发展需要的信息系统，为业务持续稳定增长和组织的成长提供有力的系统支持，有助于制定煤炭生产与贸易、煤化工、煤机制造、煤矿建设和其他等板块的长期发展战略。

二、大型集团企业综合管理信息系统集中管控模式的内涵

中煤集团的"大型集团企业综合管理信息系统集中管控模式"，就是要在集团公司层面建设集中财务管理平台、集中煤炭销售管理平台、集中物资采购管理平台为内容，对其他业务板块进行统一规划和设计，突破传统分布式部署的信息化建设模式，大胆采用多业态集中部署。系统功能涉及财务、采购、贸易、库存、设备及项目管理等功能。

系统建设引入了国际知名的成熟的商业平台 Oracle EBS 电子商务套件，该平台基于 SOA 技术架构，易于扩展和集成，数据模型统一，业务单元采用模块化设计，系统各项功能以软件标准功能为基础，按照集团多业态的自身行业特点进行深度开发和改造优化。

通过本系统的建设，为中煤集团建立了统一集中、规范智能、灵活高效的财务管理平台、物资采购平台、煤炭运销平台，实现了全集团范围内财务管理、采购管理、煤炭大营销的一体化运营，在满足统一性、安全性、高效性、扩展性和实际业务需求的前提下，发挥信息化系统统一管理、高效运营、信息共享、业务整合的战略性价值，成功实现复杂多元化、多业态大型集团企业的大集中管理模式的构建和推广应用。

三、大型集团企业综合管理信息系统集中管控模式的应用与推广

基于大型集团企业综合管理信息系统集中管控模式的思想，中煤集团在系统建

设过程中参考全球领先经验规划了符合中煤集团实际情况的总体业务蓝图，制定了系统建设的关键技术策略，通过严谨的项目实施方法，完成了集中管控模式的落地。截至目前，系统已实现集团内部全资及控股企业的全覆盖，成功实现横向多业务协同应用，纵向多级化管控。本项目在应用规模、建设速度和实际效果方面，国内尚属首例，应用成效非常突出。不仅推动了中煤集团管理水平的快速提升，也为中煤集团提升社会影响力起到了积极作用。

1.总体业务蓝图

本项目根据对中煤集团核心业务的宏观分析结合实际调研情况，绘制了未来中煤集团总体业务蓝图，为系统的应用架构设计指明了方向，如图1所示。

中煤集团总体业务蓝图参考了全球先进业务能力模型，它包括企业分析与决策支持能力、企业经营管理能力以及各专业板块业务能力三个部分。对于蓝图的总体定位，中煤集团的实施重点是财务管理、采购管理、销售管理、库存管理、设备管理、项目管理、流程生产制造计划、离散生产制造等几个方面关键业务能力的系统实施（图中标为深灰色的部分）。对于其他业务流程的信息系统支持，则通过现有或未来的专业系统予以实现。

中煤集团总体业务蓝图旨在强化中煤集团内部全业务链的流程和数据的集成，整合财务与其他业务数据，规范和支持中煤集团总部、各专业板块下级单位的财务管理、采购管理、销售管理、库存管理、设备管理、项目管理等关键业务流程，从而提高中煤集团集中管控水平，更好地支持中煤集团核心业务的快速发展。

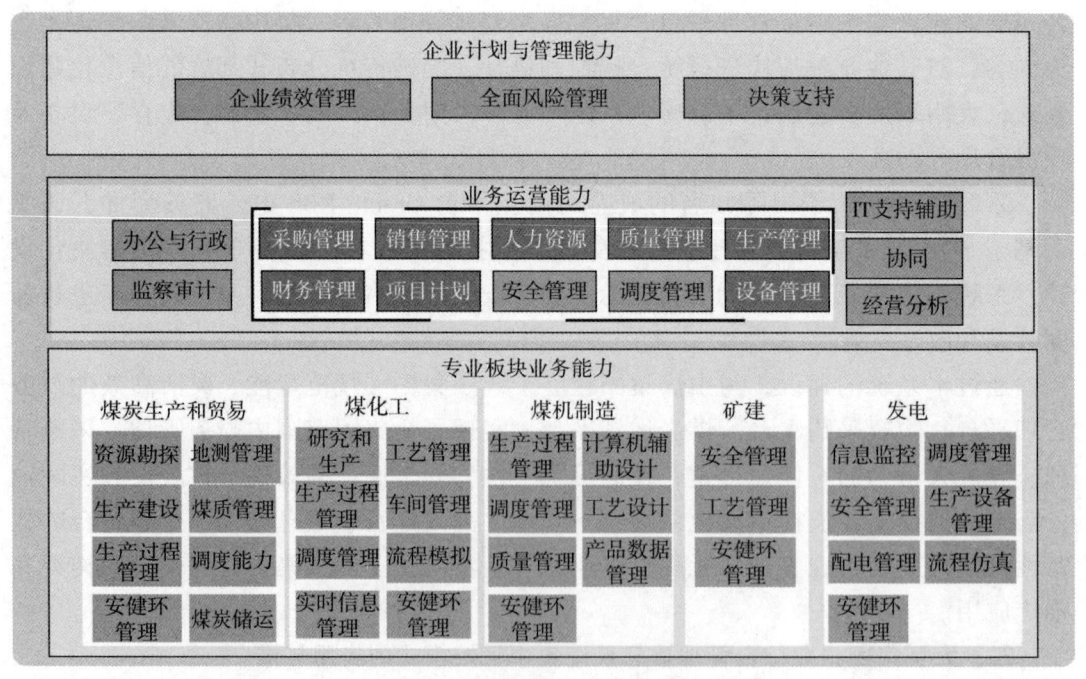

图1　中煤集团总体业务蓝图

（1）财务管理解决方案。通过 Oracle 财务管理模块及海波龙合并报表系统的实施，提高全集团财务信息化程度。加快中煤集团财务管理从核算职能向财务管理、分析职能转变的财务管理包括：总账管理、应收管理、应付管理、网上报销、资产管理、现金管理、海波龙财务报表合并系统。

（2）煤炭销售管理解决方案。通过 Oracle 销售、采购、库存、质量等管理模块的实施，实现煤炭销售管理职能向以客户为中心的订单驱动方式转型的销售管理包括：客户管理、价格管理、订单管理和发运管理等。

（3）物资采购管理解决方案。通过 Oracle 采购管理模块的实施，建立采购集中管理平台，实现完整的物料管理、采购计划管理、供应商管理、采购寻源、采购订单管理、库存管理。

（4）项目管理解决方案。通过 ORACLE 项目管理系统实施，以及与财务系统、物资管理系统、预算系统的集成，支持中煤集团的投资项目管理中的关键需求，主要包括投资计划、过程监控、竣工决算的管理。

（5）设备管理解决方案。通过 Oracle 企业资产管理、自助维修工单申请等模块的实施，实现向全生命周期的资产设备管理的转型。Oracle 的企业资产管理包括：设备台账管理、设备维修计划管理、设备维修工单管理及缺陷故障管理等。

（6）离散生产制造解决方案。Oracle 离散制造解决方案可帮助企业管理离散制造过程的整个产品生命周期，包括从最初的产品设计和加工工艺设计、在制品生产、成本管理和质量管理。因此，此解决方案主要适用于煤机制造业务。

（7）流程生产制造解决方案。Oracle 流程生产制造解决方案可帮助企业管理流程制造过程中整个产品的生命周期，包括从新产品开发到发布，从计划到生产，从抽检到质量跟踪，帮助客户进行全方位的业务管理。因此，本解决方案主要适用于煤化工业务。

（8）系统与其他周边系统的整合方案。系统与中煤集团现有周边系统整合目标：通过建设，建成统一、集成的集团信息管理平台，用以规范与提升核心业务支持流程管理，进而通过信息系统整合发挥整体协同效应，最终满足中煤集团的长期发展战略对信息系统的需要。

2.关键技术策略

（1）大集中生产服务器部署方案。本项目采用集团总部大集中的物理部署方式，保证了应用系统的安全、高效、可持续的运行。中煤集团规划了符合中煤集团的长期发展战略的服务器部署方案，在 3-5 年时间内能够满足系统的使用需要，并且能够支持在此硬件方案上应用新的系统模块，或支持一定数量增长的用户的使用。在不改变系统技术架构的情况下，通过添加 CPU、内存等就可以实现系统性能的线性扩展，满足未来生产环境变化后用户的使用需要，同时满足中煤集团总部性能需求和最小的 IT 成本投入的要求。

（2）全球标准模板和推广策略。大集中系统的建立是中煤集团实现集中管控的基础，通过打造适时的、标准规范的全集团综合管理信息管理平台，促使流程规范化、数据标准化、内控管理规范化三大目标的实现。作为集团系统概念性的总体规划与设计，全球标准模板概括了系统设计、实施和维护阶段的组织、配置和开发活动的基础。标准模板覆盖多种标准维度，凡是需要实现集团统一标准化的业务流程、主数据和组织结构等内容都囊括其中，并且还定义了全局性参数、接口程序、数据转换、功能增强以及标准报表需求。

（3）分层次的系统应用设计方案。中煤集团系统从四个管理层面上提供不同的系统解决方案。对于贯穿集团总部和各二级公司的核心业务支持业务，即人力资源管理、财务资金管理、物资采购管理和销售管理，根据总部的管控需求，集中开发集团管理层面的全球标准模板，并定义针对二、三、四级公司子模板变异的刚性要求。通过全球标准模板，强化并支持了集团总部在人力资源管理、财务资金管理、物资采购管理和销售管理方面的核心管理职能，保障了集团总部的管理模式得以贯穿各二级公司，实现集团价值最大化，如图2所示。

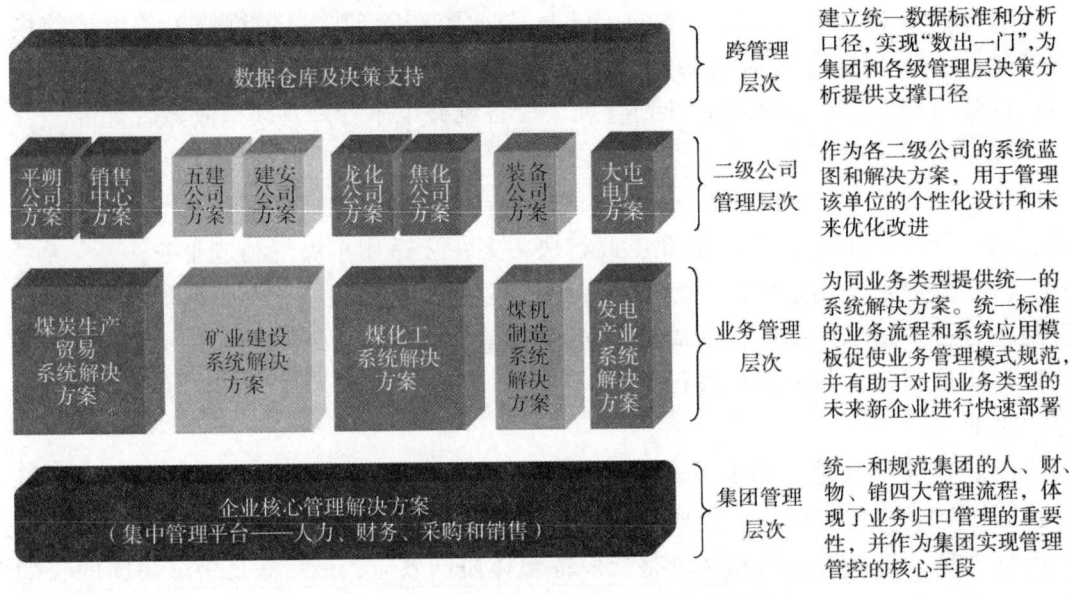

图2　四级管理层次的系统应用设计方案图

（4）集中设计和测试模式。鉴于中煤集团统一业务流程和业务数据标准化的模板要求，在蓝图设计和系统实现阶段采取了各上线单位内部用户集中办公方式，共同完成系统蓝图设计、系统配置和测试工作。在最终上线准备阶段，各内部用户分散返回各公司，开展上线准备阶段的工作，如最终用户培训、模拟数据转换、上线检查和系统试运行等工作。

（5）数据标准化策略。在集团信息标准化委员会下，成立专门数据标准化管理组，负责制定、发布和维护各项数据标准。各上线范围内二级单位严格遵循总部在数据标准化要求的前提下，进行数据的全面收集和清理工作，并在上线前实现数据标准化的要求。

中煤集团实施的数据标准化范围包括了财务管理、物资采购管理、人力资源管理、销售管理、设备管理、项目管理以及物资库存管理等方面的数据。因此，在中煤集团项目的实施和推广期间，项目组需要和相关各业务条线的数据标准化管理小组建立紧密的协同合作关系，一起制定满足集团业务需求和标准化规范要求以及符合系统设计理念的数据标准。

（6）系统访问安全管理策略。为保障使用系统企业的信息安全与审计合规性，中煤集团建立起一整套围绕授权组织管理、角色管理、用户授权生命周期管理等一系列运转良好的系统访问授权管理制度及审批流程，保障了系统的访问安全。

（7）系统客户化开发策略。中煤集团在系统实施过程中指定了一系列开发原则，保证了客户化开发程序的高效管理。

原则一：充分考虑到未来系统升级的影响。

原则二：减少全新功能模块开发。

原则三：推行集团统一的接口、报表和单据，对同类型的开发对象减少不必要的个性化需求。

原则四：每项客户化开发需求需要设定需求所有人。

3.系统上线实施

（1）实施方法论。在中煤集团建设实施中，采用并遵循了埃森哲-Oracle实施方法论，ADM-Oracle。ADM-Oracle方法论是结合了埃森哲项目交付方法论以及Oracle公司总结出来的一整套Oracle Business Model（OBM）项目实施方法论以及辅助工具体系，促使Oracle项目的实施更简单、更有效的一套完整的快速实施方法。它优化了在实施过程中对时间、质量和资源的有效使用等方面的控制，可以大大地缩短项目的实施周期。

①明确的实施阶段和步骤保证项目计划和进度，加速项目的实施。ADM-ORACLE提供了面向过程的、清晰和简明的项目计划，在实施Oracle的整个过程中提供一步一步的指导。ADM-Oracle将复杂的实施过程明确分为5个实施阶段，形成具有里程碑的路线图，使项目的实施进度和计划有了可以依靠的依据。

中煤集团按照此标准将每一个子项目均分为五个实施阶段：项目准备阶段、业务蓝图设计阶段、系统实现阶段、最终准备阶段以及系统上线支持阶段。通过5个阶段的划分，减少了实施过程中重复的工作，理顺了各项工作内容的关系，从而减少项目的实施时间，加速项目的向前推进。

②量化的关键工作内容和明确的主要成果保障了项目的实施质量。ADM-Oracle方法论在每个实施阶段都制定了一系列的工作内容，并用不同类型的文档记录每个阶段的工作。作为主要的实施成果，除建立的ADM-Oracle系统外，全部过程文档，包括各种报告、测试记录等都作为实施内容的成果进行保留，以形成每个阶段实施工作的里程碑。通过各种有迹可循的工作成果，保证项目实施的质量，使

项目的实施能够时刻保持在可控的范围内。

③持续的培训保证项目各相关者能够掌握知识和变革管理的内容，提高项目实施质量，加速项目向前推进。通过各个阶段持续的培训使最终用户、项目小组及各方参与人员充分了解支持、掌握使用和深入理解业务处理流程。通过持续不断的培训，使关键用户迅速掌握了系统技术，项目管理方法，提高了组织协调能力；使最终用户快速掌握日常业务的系统操作，了解了基础知识，减少了抵触程序，提高了工作效率。此外，通过变革管理和报表分析等相关培训，使高层领导了解了系统实施带来的企业组织上、架构上、业务上、管理上的变化，提高了对概念的理解，从而有效推动实施工作的进行。因此中煤集团依照ADM-Oracle方法论中培训的相关内容，提高了项目实施质量，加速了项目的成功。

（2）项目组织。中煤集团建设项目组织架构按照"两级三层管理"模式设立，两级分别为总部和二级实施单位两个层级，总部和各实施单位分别成立领导组织和实施组织，便于实施中沟通、汇报和决策。中煤集团项目实施的组织结构如图3所示。

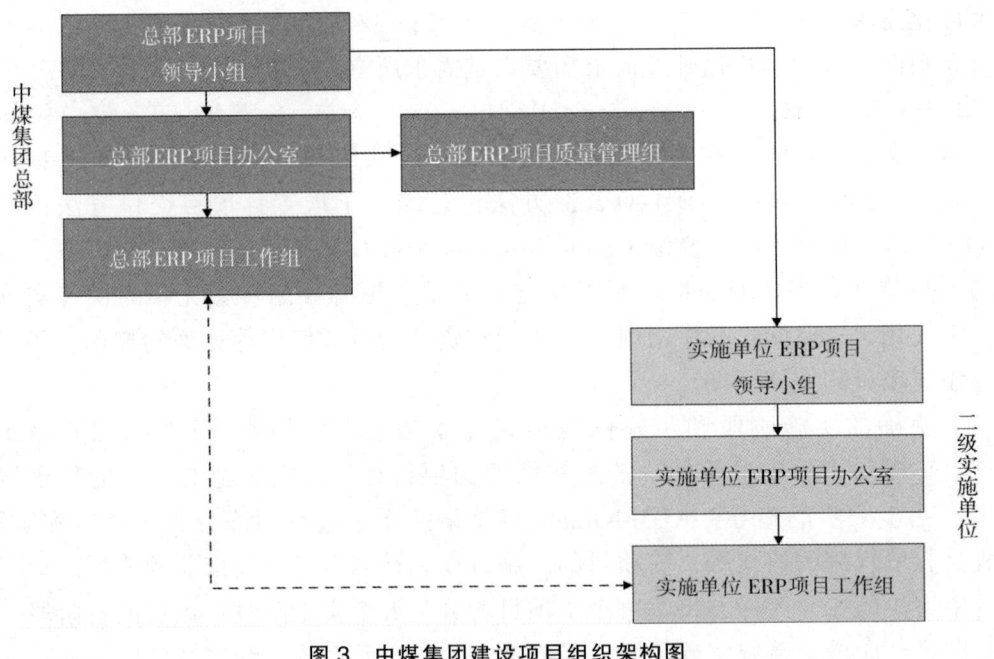

图3　中煤集团建设项目组织架构图

在建设时，采用了分批建设策略，尤其是集中财务管理平台的建设和推广实施涉及的实施单位数量多，因此按企业规模和重要性分成两类实施项目组。

第一类为主要实施单位，将按总部项目组要求派遣若干名内部顾问到总部项目组全职参与项目实施。这些内部顾问在完成系统测试阶段以后，将返回到各单位组织最终用户培训和上线准备工作。

第二类则在关键实施阶段安排关键用户参与，其主要任务是围绕与本地的数据收集和清理，最终用户培训、系统上线准备以及系统开发工作。对于规模较小的试点，可以考虑由同一区域并同业务类型的主要试点单位提供最终用户培训。中煤集团总部项目组织架构如图4所示。

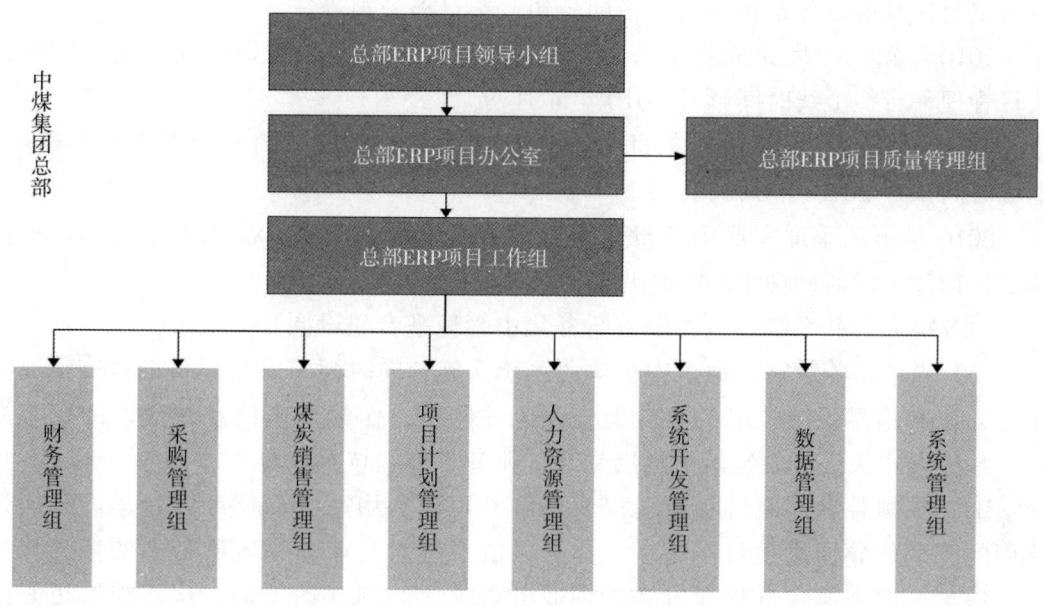

图4　中煤集团总部项目组织架构图

根据现场实施工作的特点，各二级单位根据本单位实际情况，建立现场项目组织架构。

对于主要实施单位，其功能小组成员为全职的内部顾问参与到项目建设整体过程。至于其他实施单位，其功能小组成员为兼职的关键用户，仅参与项目实施的关键阶段任务。

总部项目组总体规划、推动和监控实施过程，并统一调配资源，支持二级实施单位实施工作。同时，从系统设计方面而言，总部项目组作为监督者，确保在统一的平台上，各二级实施单位严格遵循全球标准模板原则和规范要求，实现共性和个性相结合的解决方案。

对于二级实施单位项目，除了总部派驻现场代表和承建方的咨询顾问外，实施单位需要配备相应的实施人员，参与及开展各项工作。建议各实施单位尽早落实内部顾问，并保持人员的连续稳定性。

（3）实施范围。为了达到集中管控的目的，项目的实施范围包括中煤集团全部全资及控股企业。

（4）实施计划。在项目建设中，按阶段分成批次实施，其范围包括了物资采购集中管理平台、煤炭销售集中管理平台和财务集中管理平台，以及在平朔公司试点实施的库存管理、设备管理及项目管理平台。

在 2009 年底建立起集中销售管理平台和集中财务管理平台。主要集中财务管理平台的试点单位包括集团总部、股份总部、煤炭生产销售大营销体系为主的平朔公司、秦皇岛等二级公司、龙化公司和上海能源公司。主要集中销售管理平台的实施单位包括股份总部销售中心、平朔公司、秦皇岛公司等。

2010 年第二季度完成集中采购管理平台、平朔公司的物资库存、设备管理和项目管理平台，上线时间预计 2010 年 4 月初。

2010 年第二季度完成第二批集中财务管理平台和集中销售管理平台的推广，上线时间预计 2010 年 6 月初。

2010 年第三季度完成第三批集中财务管理平台推广，以及集中采购管理平台推广，预计上线时间 2010 年 10 月初。

财务报表合并系统建设将随着财务集中管理平台建设同步开展。

(5) 人才培养策略。通过中煤集团系统实施，同时为中煤集团打造多支精通于业务知识和信息系统技能的复合型专业人才队伍，作为未来信息化建设的核心力量。这些人才队伍组成包括了各层领导、业务骨干和技术人员。

①各层领导参与项目实施，深入了解并正确利用系统支持经营管理。集团各层面的管理领导通过项目实施期，充分了解系统对其业务领域所带来的信息化支撑，深刻理解企业信息化建设和管理业务需求之间的互动关系，从而能够更好的利用先进的管理工具和手段，为企业实现管理优化或业务转型，实现企业战略目标。

②组建联合实施团队，积极参与实施，打造熟悉企业业务和熟练技能的复合型人才队伍。总部项目组安排了多名骨干用户和技术人员，通过联合实施团队的方式积极参与到项目的实施，累积经验和熟悉掌握技能，从而打造一支熟悉企业业务、熟练掌握信息化手段，提供系统支持的内部顾问队伍，以及熟练掌握各种信息技术，具有丰富系统管理和维护经验的技术支持队伍。随着完成二级公司项目的实施，内部顾问成功成长，从纯业务骨干转变为熟悉企业运营流程及掌握系统功能的专业 IT 业务骨干。

这些复合型人才队伍，不单熟悉中煤集团各业务板块的经营层业务和系统功能，而且还对如何结合业务需求和信息化系统解决方案有深刻理解。这些"懂业务、通技术、会管理"的复合型人才队伍，将形成促进中煤集团未来信息化建设和业务快速发展的团队力量之一。

四、大型集团企业综合管理信息系统集中管控模式的效果评价

本项目上线运行以后，建立了具有中煤特色的集成统一的系统应用平台，优化、规范了企业管理流程及标准，有效增强了企业内部、各单位之间的协作沟通，快速提升了企业的整体管理水平，为企业培养了一批懂行业、懂系统、懂业务的复合型人才。项目建设过程中管理模式的创新不仅创造了管理价值，同时也产生了良好的社会效益。

1. 管理价值体现

(1) 多业态大集中部署，横向业务协同，纵向多级化管控。本项目以 Oracle EBS 为统一平台，在中煤集团多业态模式下进行大集中部署，服务器在总部数据中心，所属企业通过桌面电脑浏览器访问总部服务器进行业务处理。通过这种多业态的大集中部署模式，有力支撑了中煤集团 CC155 工程的构想，即：横向支撑了中煤集团煤炭生产及贸易、煤化工、发电、煤机制造和矿建等五大业务板块多业务协同应用，从纵向上支撑集团公司财务、资金、采购、煤炭贸易、人力资源五大管控核心，综合效益明显。

①横向来看，建立了集团公司内部企业之间的横向交易平台。建立了跨区域、跨单位的大营销协作平台，提高了煤炭贸易链条中的财务结算效率和信息传递效率；建立起企业内部的财务业务一体化平台，提高了企业的财务风险控制能力；建立了煤炭生产企业以基建项目管理、设备管理、采购管理为核心的设备资产生命周期管理体系，为煤炭生产企业的安全生产和成本控制奠定了基础。

②纵向来看，有效提高了集团公司管控能力，极大降低了整体经营风险。统一了集团财务、采购、煤炭贸易的业务流程规范，提高了以财务为核心的集团管控能力；快速推进了集中采购组织成立和业务运营，规范了采购流程、构建供应商和采购业务的两级集中管理体系，实现了高绩效采购；强化了资金管理，既降低了集团公司融资产生的财务费用，也降低了全集团各企业经营活动中的资金风险。

(2) 统一规划，顶层设计，分业务规范管理。本系统建设时按照统一规划、分步实施的原则，在项目建设初期强化顶层设计，在项目实施过程中分业务领域进行规范管理。通过系统的实施，在中煤集团内部建立起一个系统、规范、快捷的管理平台，覆盖全集团经营管理的核心内容，解决了各所属企业间、企业内部各部门间信息流通不畅、重复工作的问题，建立了共享的信息管理平台，实现了管理一体化、流程规范化、信息的标准化，促进了中煤集团的管理更上一个台阶。

①建立了统一、集中的财务管理平台。本系统通过搭建财务业务一体化集中管控平台，借助先进的管理思想为集团财务管理提供了丰富的财务管理手段。实现了中煤集团多组织、多层次的财务核算体系，不仅满足了对各级组织日常财务核算和财务管理需要，而且在处理业务信息的同时记录财务核算信息，强化了业务数据与财务数据的紧密集成，提高了经营信息对业务数据的追溯能力和公司全局经营绩效分析的深度和广度，提高了业务与财务信息的透明度和准确性，实现了"三流合一"，为集团决策支持提供了更为可靠的依据。

通过集中统一的系统平台，统一了会计科目、核算流程、管控权限、凭证体系、报告体系、账簿体系、报表格式、会计期间、折旧方式、计价方式、成本核算方法等方面的统一规范和集中管理，从"数据集中、核算集中、管理集中"三个层次上强化了统一财务管理体系的可控性，又兼顾各企业自身业务特点和实际需要，开创出一种既可以满足企业内部细化核算的目标，又可以适应多种财务集中管理的应用模式。

②建立了统一、多级管控的集采管理平台。搭建了支撑集团集中采购模式的集采平台，系统覆盖物资需求、物料、计划、采购、订单、库存等物资采购的全流程管理。实现了两级集中采购、统一标准、统一规范，整个系统各种技术标准及业务规范保持一致；实现了对物资编码、供应商信息等基础信息支持公司相关编码标准的统一和规范管理；实现了供应商实行分级管理，确定两级供应商管理名录，建立统一科学的评价体系，培养战略供应商，实施供应商动态管理。

③建立了全业务链贯通的煤炭贸易管理平台。引入"订单驱动"的销售模式，在以客户为中心的基础上，努力实现自由资源价值最大化。在业务有效贯通实现煤炭产品从坑口—铁路运输—上下游港口—装卸船的全业务链，并能随销售模式的变化而进行灵活的调整。

系统支持运销业务营销计划制订及分解、销售订单、库存管理、销售发货、费用结算、售后服务、报表分析等全过程的管理，系统提供了很好的流程配置功能，能够实现公司根据自己的实际情况自定义业务流程，同时在管理意图变革时实时调整流程。

系统提供分级授权、有限授权功能，能共享市场供需信息、价格行情、变化趋势和阶段性缺口需求动态，让信息变成所属企业有目的的营销方向。

系统具有很好的预警机制，能够按照预先设定的预警条件及时提醒管理者业务风险。

（3）跨单位业务协同应用，核心业务一体化运营。本系统实施能充分利用中煤集团在系统建设方面所积累的经验，在现有成熟系统基础上，解决信息孤岛问题，便于加强集团层面的数据分析。

有机整合目前正在使用的各种应用系统，实现财务集中核算、集中资金管理、科目层级的预算控制、银行账户的电子收付、联机自动开具增值税发票等需求。实现不同系统间的数据共享和多维度的数据分析，建立Oracle系统为主，其他周边系统为辅助的统一的信息管理平台。

①高效集采管控模式，"三位一体"快速落地。中煤集团集采信息化实施落地的过程中，通过采购中心组织机构的设立、业务流程建立、信息化的建设"三位一体"同步执行，使得集采管控模式高效快速落地。这也有别于以往的模式，先构建组织机构，然后确定业务流程，最后再开始信息化建设。在"三位一体"创新思想的指导下，项目组克服重重困难，保障了集采管控模式在全集团信息化建设的及时落地，为后续的集采推广夯下坚实基础。高效集采管控模式主要体现在以下几个方面：

一是统分结合的采购模式。在全集团实行统分结合的采购模式，在满足集团集中采购管理的原则下，能根据企业实际运作情况，灵活采购，提供企业的运作效率，降低采购成本，如图5所示。

建立"统分结合，战略优先"的物料采购策略

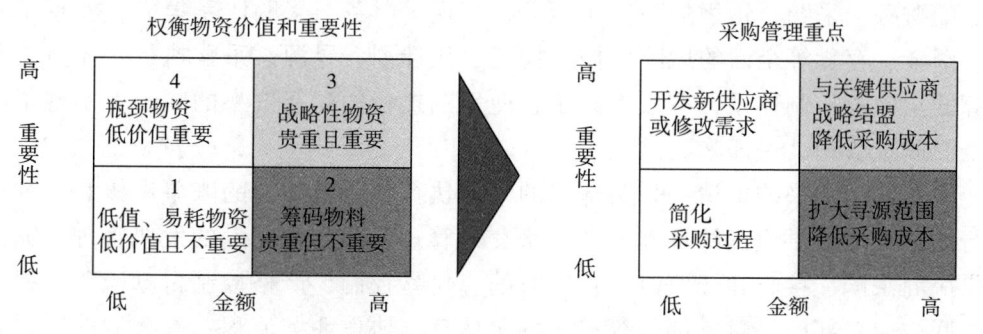

图5 "统分结合，战略优先"的采购模式示意图

以"采购目录"落实采购策略，以"采购目录"为核心管理采购业务：在全集团的采购模式、采购寻源、采购绩效关注要点等方面，建立明确的策略，并通过"采购目录"管理的方式，全面融入信息化平台。从三级单位或四级使用单位提报采购计划，直至采购寻源、采购执行，到供应商绩效管理。

二是通过"六大步骤、两个平衡"，提高集采管理的精度和效率。通过对全采购流程的把控，实现库存最优化，工作效率最佳化。全面提升集采的高精度、高效率的管理。从计划的编报、汇总、寻源、采购执行、仓储管理到付款，全流程控制，并把平衡利库和平衡工作融入到全集团信息化平台，如图6所示。

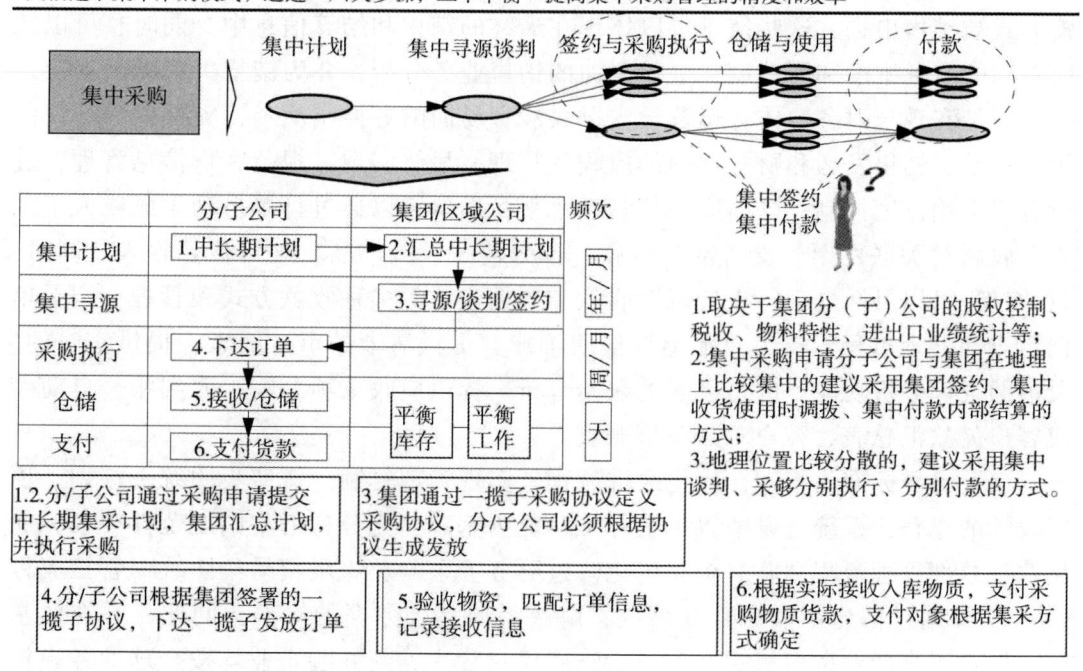

图6 "六大步骤、两个平衡"采购模式示意图

三是完善集采过程，实现与财务的一体化运营和全流程控制体系。实现了企业核心的财务、采购、销售的一体化运营，实现了财务与采购体系集成，实现了对内控、资金、存货等全面的风险监控。构建了从计划、寻源、采购执行、质量管理到结算的全流程控制体系，有效提高了企业采购执行的运行效率的同时，实现了物资的全面质量管理，保证采购品质。

业务部门的采购申请、采购部门的采购执行和财务部门的账单审核和付款可以进行统一灵活的供应商结算和长期往来交易管理；快速而精确的发票管理，完整贯穿供应商采购、接收和开票流程；实时的应付款控制，严格控制付款流程，提高效率；联合业务部门、财务部门等充分共享信息、协作业务流程；整合后的应付管理流程将实现物流、资金流和信息流的"三流"统一，并使得业务流程更加自动化和集成化，从而达到降低成本提高利润的经营目标。

②全业务贯通的煤炭营销体系。构建从销售计划、订单发放、调运调整监控、煤质检验到销售结算的全业务贯通的煤炭营销体系，包括全业务节点全面覆盖、全业务流程控制。

一是建立集中式营销体系，规范业务运作，提高效率。实现集中贸易管理，集中客户管理。在集中客户关系管理基础上构建闭环营销计划，并通过销售管理解决方案和进出口管理解决方案实现营销计划，规范煤炭营销业务，提高企业效率。

二是对销售全业务链条流程进行追踪和处理。对销售计划、销售订单、订单执行进行追踪，完整记录整个销售网络中的所有物流、信息流状况。每个煤种从最初的生产发运到最终的销售再到客户的整体流程中，不同的煤种以多种贸易方式和运输方式被销售出去，这些信息可以体现在最终的销售和结算信息中。同时，可以按照不同的业务维度和颗粒度，进行全面的销售业务分析，并为销售决策提供支持。

三是实现与财务一体化运营。支撑煤炭贸易向财务控制演示，支持业务部门的销售订单、销售发运和财务部门的应收款管理，最终实现：规范客户信息管理，进行客户信用额度控制；提高应收款管理水平，发票可以通过订单自动生成或人工录入，收款时关联发票，支持部分收款、部分清账，按产品、项目核算收入。同时，收款过程可以灵活处理：支持现金收款和票据收款等多种收款方式和管理；记录单据历史和处理过程，支持总账追溯至明细账，提供清晰的审计线索；提供实时的、灵活的查询分析功能，进行灵活的账龄分析，提供应收款项总账、明细账，自动生成客户欠款汇总表、客户对账单等账表。

(4) 突显标准化管理，优化改进流程，实现管理复制。按照集团统一规划、顶层设计的思路，系统建设中以系统标准功能为基础，充分考虑集团规范性要求，优化改进总部管理流程900多个，优化改进财务、采购及煤炭贸易集团统一管控流程91个，并通过搭建主数据管理系统，解决系统基础数据的标准化问题，并在此基础上构建了全球业务模板，在项目后续建设过程中，新并购企业均按全球业务模板进行构建和实施，有效实现了集团总部管理要求的快速复制。

基于集团统一的标准化体系运作，构建了统一的多组织层次架构，制定了中煤集团物资编码规则及其分类标准、供应商编码规则及其分类标准、客户编码规则及其分类标准、财务科目编码规则、库存组织编码规则，统一了计量单位，高质量的基础主数据标准体系，有效地实现了物资采购、库存管理、设备管理、产品销售以及财务管理等业务环节之间综合信息共享的真实度，对完善采购价格管理体系、仓储管理体系以及物流配送体系的建设，推动企业物资采购供应向供应链管理转型具有举足轻重的作用。

集团公司内部包括：煤炭生产企业、煤炭贸易企业、煤矿建设企业级煤机制造企业等四大业务领域。通过打造适时的、标准规范的全球业务模板，实现流程规范化、数据标准化、内控管理规范化三大目标，有效地管理和推广集团的管理规范要求，建立相应的全球标准模板。

2. 产生的社会效益

中煤集团通过建设 ERP 系统，快速提升了信息化管理水平和集团管控力度。多次获得国资委及煤炭工业协会的表扬。促进了企业发展方式的转变，有力地保障了集团公司战略发展目标的实现。在 2011 年国资委信息化水平评价中，实现从 C 级到 A 级的跨越，在全部中央企业中排名第 15 位。2010 年底，中煤集团荣获中国煤炭工业协会"信息化示范企业奖"，中煤集团下属企业大屯公司、平朔公司也分获"信息化先进单位奖"，同时中煤集团 ERP 系统获得计世传媒集团"信息化建设项目成就奖"。

通过 ERP 系统推广应用，中煤集团各业务工作也得到了相关监管机构的表扬。2010 和 2011 两个年度中煤集团财务决算都获得国家财政部通报表扬；2011 年度中煤股份公司获得香港会计师公会颁发的"企业管制最佳进步奖"；2012 年 9 月在中央企业资金管理、招投标、采购业务内部控制情况专项检查中，中煤集团 ERP 系统采购管理平台的应用推广在促进采购风险控制等方面，受到国资委监事会专项检查组的好评。

随着中煤集团 ERP 系统的建成，在煤炭行业形成了示范作用，自 2010 年后，国内多家煤炭企业纷纷来中煤集团学习信息化取得的成就，为中煤集团在行业中的地位和知名度提升奠定了基础。

(成果创造人：都基安　张国平　陈建新　柴乔林　吴军　王乐　殷恋飞　雷东升　郑文　贺敏静　谢明铮　刘卓识)

煤炭行业环境友好矿区评价体系构建及创新实践

兖矿集团有限公司

兖矿集团有限公司是山东省属特大型能源企业，资产总额1916亿元，名列2013中国企业500强第122位。兖矿集团围绕建设"优势突出、核心竞争力强的国际化企业集团"战略目标，在区域布局上，加快建设山东本部、陕蒙、贵州、新疆和澳大利亚、加拿大"四基地两新区"。在产业转型升级上，初步建成世界一流的清洁能源基地、铝型材加工基地、国内先进的煤化工基地、机电成套装备制造基地，形成煤化工、煤电铝、机电成套装备制造三个非煤"百亿级"产业群。兖矿集团是我国唯一一家拥有境内外四地上市平台的企业，获得第二届中国工业大奖、全国优秀企业（金马奖）、全国"走出去"先进企业、煤炭工业环境友好示范矿区、中国最具影响力企业等荣誉，被大公国际评估公司评估为"AAA"级信用企业。

一、选题

1.研究背景

工业革命以来，经济快速发展给人类社会创造了巨额物质财富，同时也带来了一些负面效应，导致经济社会发展过程中出现一些与环境"不友好"的现象，从而环境污染、生态破坏、能源危机和资源短缺等一系列全球性问题威胁着人类的生存与发展。人们在深刻反思传统经济发展模式的基础上，提出了经济与环境双赢的环境友好企业发展模式。在市场经济条件下，环境友好首先是工业企业的环境友好。煤炭工业在我国工业经济中占有举足轻重的地位，因此，在我国环境友好的一个重要方面就是煤炭矿区环境友好。伴随着环境友好发展的历程，国内外学者针对环境友好开展了大量的课题研究，取得了丰硕的成果。但是，研究成果多集中在环境友好的概念、内涵的一般探讨层面，或者初步的评价体系构建和方法选择方面，对环境友好承担较大责任的煤炭矿区环境友好方面的研究成果较少。对环境友好矿区发展模式定量评价的理论与方法研究尚未真正开展起来，没有一套普遍认可的综合评价体系与方法。因此，本文的研究重点就是分析构建一套具有较好普适性的环境友好矿区评价体系，并以M煤矿为例进行应用研究。

2.研究意义

(1) 构建环境友好矿区的评价体系。本文旨在通过构建环境友好矿区评价体系，为环境友好矿区的评价提供科学的、务实可行的理论和方法。

(2) 为环境友好矿区评价提供模板。本文以煤炭工业为研究对象，构建煤炭工业特色的环境友好矿区的评价体系，为煤炭工业顶层设计以及评价环境友好矿区评价体系提供参考，为煤炭企业创建环境友好矿区提供依据和参考模板。

3.研究目标和方法

(1) 主要研究目标：一是界定环境友好矿区概念和内涵，二是构建环境友好矿区评价体系，三是设计环境友好矿区评价方法并确定权重。

(2) 主要研究方法：一是文献和实地调查法。运用文献调查法收集国内外有关环境友好方面的研究文献、数据资料等；运用实地调查法了解煤炭企业尤其是兖矿集团的环境友好矿区建设情况及相关数据资料。

二是过程分析法和系统集成法。基于手段-目的理论，运用过程分析法和系统集成方法，分析环境友好矿区的构成要素及关联关系，构建环境友好矿区的理论框架和构建环境友好矿区的评价体系。

三是层次分析法和专家评价法。在环境友好矿区评价体系研究方面，主要运用层次分析法确定各级评价指标的权重，运用层次分析法和专家评价法对环境友好矿区建设水平进行评价。

4.研究内容、方案

一是界定环境友好矿区的概念和内涵。运用文献调查法和实地调查法，结合环境友好的基本内容，科学界定环境友好矿区的概念和内涵。

二是研究并构建环境友好矿区评价体系。运用系统分析法，依据环境生态学、循环经济、工业可持续发展等理论，借鉴SCP分析框架和平衡记分卡方法，构建环境友好矿区评价指标。

三是选择环境友好矿区评价方法和确定指标权重。运用层次分析法，确定各指标的权重，将层次分析法、专家评价法和加权平均法相结合，对环境友好矿区进行评价。

四是环境友好矿区评价体系的应用研究。运用环境友好矿区评价体系和评价方法，对M煤矿环境友好矿区水平进行评价，并依据评价提出针对M煤矿的改进建议。

二、环境友好矿区评价体系构建

1. 环境友好评价研究综述

考虑煤炭矿区的特点，本文对环境友好矿区的概念界定为：通过矿区经济与资源、生态、环境协调发展，实现与环境友好相处的煤炭矿区。其内涵表现为：前提条件是绿色发展、低碳发展、循环发展；主要目标是经济效益好、资源消耗低、环境污染少、生态破坏小；主要路径是采用清洁生产和循环经济等新技术，转变经济发展方式、推动产业结构优化升级；主要措施是管理创新、技术进步。本文用环境友好矿区指数的概念来表征环境友好矿区状态。

2.环境友好矿区评价体系构建的理论依据

SCP分析是通过实证研究的手段，认为结构、行为和绩效之间存在因果关系，即市场结构决定企业行为，企业行为影响企业绩效，即S→C→P框架。平衡记分卡方法下设立的考核指标既包括了对过去业绩的考核，也包括了对未来业绩的考核。

依据SCP分析框架，本文认为，环境友好型矿区的经济、资源和环境方面的绩效受矿区行为的影响，而行为又受到矿区环境和制度等的影响。借鉴平衡计分卡的思想，环境友好型矿区不仅要关注输出结果的衡量，还应重视导致未来结果的现在行为和环境等方面的评价。借鉴循环经济3R原则，清洁生产整体预防的思想，本文认为，环境友好矿区评价应体现系统性、预防性和长远战略性。

3.环境友好矿区评价体系框架构建

基于以上理论，本文构建了包含"驱动力—行为—绩效"三个环节的环境友好矿区评价指标逻辑体系，这一体系既包括了对过去绩效的考核，也包括了对影响未来绩效的企业行为和环境的考核。绩效体现的是环境友好矿区在经济、资源和环境方面的输出结果，行为体现的是环境友好矿区在经济发展、资源利用、环境保护等方面所作出的行为，驱动力体现的是环境友好矿区的管理和技术两个方面（见表1）。

表1 环境友好型矿区指标体系评价表

目标层O	准则层A	指标层B	策略层C	单位	指标属性	指标类型	满意值	标准值	指标出处
环境友好矿区指数	绩效	经济绩效	净资产收益率	%	正向	定量	30%	10%	宋洋(2010)
			销售利润率	%	正向	定量	28%	7%	同上
		资源绩效	采区回采率	%	正向	定量	90	75	Ⅰ,崔方瑜,等(2011)
			吨原煤生产综合能耗	kg标煤/t	负向	定量	6	12	Ⅱ,吴玫玫,等(2010)
			吨原煤生产电耗	kWh/t	负向	定量	25	60	Ⅰ
			原煤生产水耗	m³/t	负向	定量	0.2	0.4	同上
			选煤电力单耗	kWh/t	负向	定量	6	10	同上
			选煤补水量	m³/t	负向	定量	0.1	0.15	同上
			节能量	t标煤	正向	定量	超额完成10%	*	自建
		环境绩效	主要污染物排放浓度	mg/l	负向	定量	低于标准20%	*	Ⅱ,吴玫玫,等(2010)
			环保约束性指标排放量	t	负向	定量	低于指标20%	*	Ⅱ
			噪声	dB(A)	负向	定量	低于限值20%	*	Ⅱ,吴玫玫,等(2010)

续表

目标层 O	准则层 A	指标层 B	策略层 C	单位	指标属性	指标类型	满意值	标准值	指标出处
环境友好矿区指数	绩效	环境绩效	煤矸石无害化处置情况			定性			Ⅱ
			辐射源照射有效剂量	mSv/a	负向	定量	3	5	同上
			员工和周边居民对矿区环境的满意度	%	正向	定量	100	60	Ⅲ,Ⅱ
		生态绩效	矿区土地塌陷率	m²/万 t	负向	定量	1000	4000	崔方瑜,等(2011),陈龙乾等(2002)
			采煤塌陷地治理率	%	正向	定量	100	60	Ⅰ,崔方瑜,等(2011)
			工厂区绿化覆盖率	%	正向	定量	40	15	Ⅰ,Ⅱ,吴玫玫,等(2010)
	行为	煤炭开采与加工	综合机械化采煤比例	%	正向	定量	90	70	Ⅰ
			绿色开采设计与工艺			定性			同上
			原煤入选率	%	正向	定量	100	60	同上
			贮煤设备工艺及装备			定性			同上
			煤炭装运			定性			同上
		煤炭资源综合利用	循环经济、资源综合利用等规划及实施情况			定性			自建
			产业链完善度			定性			自建
			矿井水循环利用率	%	正向	定量	100	60	Ⅰ,崔方瑜,等(2011),宋洋(2010)
			煤矸石利用率	%	正向	定量	100	60	Ⅰ,Ⅲ,崔方瑜,等(2011)
			抽采瓦斯利用率	%	正向	定量	100	60	Ⅰ
		环保设施运行	环保设施与工艺			定性			Ⅱ
			环保设施运行率	%	正向	定量	100	90	同上
			放射源和辐射装置使用			定性			同上
			三年内重大环境污染事故和环境事件发生情况			定性			同上
	驱动力	管理	环境资源法律法规标准			定性			Ⅰ
			环保管理和监测机构			定性			Ⅰ,Ⅱ,宋洋(2010)
			环境资源管理制度和计划			定性			Ⅰ,Ⅱ

续表

目标层 O	准则层 A	指标层 B	策略层 C	单位	指标属性	指标类型	满意值	标准值	指标出处
环境友好矿区指数	驱动力	管理	ISO14001环境管理体系认证			定性			Ⅰ,Ⅱ,吴玫玫,等(2010),宋洋(2010)
			突发环境事故应急预案			定性			自建
			原始记录、统计台账和计量管理			定性			Ⅱ
			环保培训和宣传情况			定性			同上
			清洁生产审核			定性			Ⅲ,Ⅱ
		技术	科研项目投资中环保项目比重	%	正向	定量	20	3	自建
			环保从业人员中具有职称人员比重	%	正向	定量	50	30	宋洋(2010)
			环保从业人员中具有大专以上学历者比重	%	正向	定量	20	10	自建

注：本研究设定的满意值视同100分，设定的标准值视同60分；定性指标采用专家打分法；* 表示完成地方政府下达的指标或排放标准；Ⅰ表示清洁生产标准—煤炭采选业 HJ446-2008；Ⅱ表示国家环境友好企业标准-2003；Ⅲ表示综合类生态工业园区标准（HJ/T 274-2009）。

综合各类文献中关于综合指数的最终评判原则，设计出一个评价环境友好矿区水平即环境友好矿区指数的分级标准（见表2）。

表2 环境友好矿区分级标准

等级	分值	等级说明
卓越环境友好矿区	90-100（含90）	环境友好矿区指数非常高
先进环境友好矿区	80-90（含80）	环境友好矿区指数高
良好环境友好矿区	70-80（含70）	环境友好矿区指数较高
一般环境友好矿区	60-70（含60）	环境友好矿区指数一般
较差环境友好矿区	0-60	环境友好矿区指数较差

三、环境友好矿区评价方法选择和指标权重确定

1. 评价方法选择

总结环境友好评价主要研究成果，其权重确定的主要方法有主观的层次分析法或专家打分法，以及客观的熵权法。考虑本文构建的评价指标体系是多层次、多指标、多目标的综合评价体系，既有客观指标，又有主观指标，既有正指标，也有逆指标（越小越好指标），因此本文采用层次分析法确定指标的权重。

对评价指标体系中定量指标采用二手资料调研和现场数据收集相结合的方法获取；对定性指标的评价采用专家打分法，邀请煤炭企业主管部门、科研院所5位专家进行评价；对评价指标体系中的定量指标，采集企业相关数据得到。

对环境友好矿区评价体系中各指标权重，采用层次分析法加以确定。将层次分析法确定的权重与运用无量纲化方法得出的指标值进行加权平均计算，得出环境友好矿区的各级指标得分。用公式表示如下：

$$S=\sum_{i}\sum_{j}\sum_{l}(\alpha_{ijl}\times C_{ijl})\tag{公式1}$$

上式中：S表示目标层（即环境友好矿区评价指数）；i表示准则层；j表示指标层；l表示策略层；α_{ijl}表示策略层相对于目标层的权重；C_{ijl}表示策略层的具体分值。

α_{ijl}权重数值由层次分析法获取，C_{ijl}数值分定量和定性指标两种情况：定量指标通过文献调查法、实地调查法获取，定性指标通过特尔菲法获取。

本文运用层次分析法确定环境友好矿区评价指标的权重，并构建了"满意值-标准值"无量纲化方法，对指标进行无量纲化处理，将层次分析法确定的权重与"满意值-标准值"无量纲化方法得出的指标值进行加权平均计算，得出环境友好矿区的各级指标得分。

2.环境友好矿区评价指标的权重分析

本文运用AHP法确定权重。邀请专家对指标进行两两比较的相对重要性打分，评分采用指数标度法，向22位专家发放德尔菲问卷，回收22份。专家的构成中，学术专家10位，煤炭企业工作者4位，政府环保部门工作者4位，煤炭行业专家4位。运用YAAHP软件将专家的判断结果输入计算程序，在专家群决策结果中，判断矩阵用加权几何平均法得出权重，并通过了一致性检验。得到各指标权重（见表3）。

表3 环境友好矿区指数评价的各指标权重结果

目标层S	一级指标层A 权重	二级指标层B	相对于上级的权重	三级指标层C	相对于上级的权重	相对于目标层S的权重
环境友好矿区指数	绩效（A1）0.2685	经济绩效（B1）	0.1409	净资产收益率（C1）	0.4457	0.0169
				销售利润率（C2）	0.5543	0.0210
		资源绩效（B2）	0.2837	采区回采率（C3）	0.1166	0.0089
				吨原煤生产综合能耗（C4）	0.1298	0.0099
				吨原煤生产电耗（C5）	0.1298	0.0099
				吨原煤生产水耗（C6）	0.1406	0.0107
				选煤电力单耗（C7）	0.1388	0.0106
				选煤补水量（C8）	0.1447	0.0110
				节能量（C9）	0.1997	0.0152

续表

目标层S	一级指标层A 权重	二级指标层B	相对于上级的权重	三级指标层C	相对于上级的权重	相对于目标层S的权重
环境友好矿区指数	绩效（A1）0.2685	环境绩效（B3）	0.2837	主要污染物排放浓度（C10）	0.1282	0.0098
				环保约束性指标排放量（C11）	0.1730	0.0132
				噪声（C12）	0.1308	0.0100
				煤矸石无害化处置情况（C13）	0.1466	0.0112
				辐射源照射有效剂量（C14）	0.2017	0.0154
				员工和周边居民对矿区环境的满意度（C15）	0.2198	0.0167
		生态绩效（B4）	0.2916	矿区土地塌陷率（C16）	0.2481	0.0194
				采煤塌陷地治理率（C17）	0.4179	0.0327
				工厂区绿化覆盖率（C18）	0.3340	0.0262
	行为（A2）0.2872	煤炭开采与加工（B5）	0.2205	综合机械化采煤比例（C19）	0.1527	0.0097
				绿色开采设计与工艺（C20）	0.2434	0.0154
				原煤入选率（C21）	0.2208	0.0140
				贮煤设备工艺及装备（C22）	0.2153	0.0136
				煤炭装运（C23）	0.1679	0.0106
		煤炭资源综合利用（B6）	0.3686	循环经济、资源综合利用等规划及实施情况（C24）	0.1742	0.0184
				产业链完善度（C25）	0.1910	0.0202
				矿井水循环利用率（C26）	0.2277	0.0241
				煤矸石利用率（C27）	0.2187	0.0232
				抽采瓦斯利用率（C28）	0.1884	0.0199
		环保设施运行（B7）	0.4109	环保设施与工艺（C29）	0.1988	0.0235
				环保设施运行率（C30）	0.2541	0.0300
				放射源和辐射装置使用（C31）	0.2450	0.0289
				三年内重大环境污染事故和环境事件发生情况（C32）	0.3020	0.0356

续表

目标层 S	一级指标层 A 权重	二级指标层 B	相对于上级的权重	三级指标层 C	相对于上级的权重	相对于目标层 S 的权重
驱动力（A3）0.4443		管理（B8）	0.4322	环境资源法律法规标准（C33）	0.1104	0.0212
				环保管理和监测机构（C34）	0.1174	0.0225
				环境资源管理制度和计划（C35）	0.1182	0.0227
				ISO14001环境管理体系认证（C36）	0.1295	0.0249
				突发环境事故应急预案（C37）	0.1651	0.0317
				原始记录、统计台账和计量管理（C38）	0.1109	0.0213
				环保培训和宣传情况（C39）	0.1161	0.0223
				清洁生产审核和能源审计（C40）	0.1324	0.0254
		技术（B9）	0.5678	科研项目中环保项目比重（C41）	0.2906	0.0733
				环保从业人员中具有各类职称人员比重（C42）	0.3940	0.0994
				环保从业人员中具有大专及以上学历者比重（C43）	0.3154	0.0796

注：各级指标均通过一致性检验。

从表3可看出，各级指标相对于上级指标的权重有所差别。

一级指标层的绩效（A1）、行为（A2）和驱动力（A3）相对于目标层的环境友好矿区指数的权重分别为0.2685、0.2872、0.4443，显示驱动力针对环境友好矿区的建设最重要，行为次之，绩效排第三，表明环境友好矿区建设首先要从驱动力源头抓起，并进行过程控制，而不能只注重结果。

二级指标层中，在绩效类、行为类、驱动力类三类指标中，各自权重最高的指标分别是生态绩效（B4）、环保设施运行（B7）、技术（B9）。

三级指标相对于目标层来讲，环保从业人员中具有各类职称人员所占比重（C42）权重最高，为0.0994。

3.指标的无量纲化处理方法

由于环境友好矿区的评价指标的单位（量纲）不同，有定性指标和定量指标，为消除量纲影响，对评价指标进行无量纲化处理。无量钢化处理方法主要有直线型无量纲化方法、折线型无量纲化方法、曲线型无量纲化方法。

考虑到本文针对每个指标采用标准化方法后形成0~100的分值，并针对每个指标设定了满意值（该满意值视同100分）和标准值（该标准值视同60分），因此需要对正向和负向的不同量纲指标进行无量纲化处理。依据指标的类型，设定以下相应的无量纲化处理方法。

（1）正向指标无量纲化方法

$$\bar{x}=\begin{cases}100 & \text{if } x \geq x^{100}\\ \max((x-x^{60})\times\dfrac{100-60}{x^{100}-x^{60}}+60, 0) & \text{if } x < x^{100}\end{cases} \quad \text{（公式2）}$$

$\bar{x}$表示无量纲化后的指标值，x表示该指标的原始值，x^{100}表示该指标设定的最大值，x^{60}表示该指标设定的视同60分的标准值。

（2）负向指标无量纲化方法

$$\bar{x}=\begin{cases}100 & \text{if } x < x^{100}\\ \max((x^{60}-x)\times\dfrac{100-60}{x^{60}-x^{100}}+60, 0) & \text{if } x \geq x^{100}\end{cases} \quad \text{（公式3）}$$

变量同上式所示。

四、环境友好矿区评价应用研究——以M煤矿为例

本文以M煤矿为例，研究从2009年至2012年M煤矿环境友好矿区指数的动态变化。运用本文构建的无量纲化处理方法，对原始指标进行无量纲化处理。考虑到兖州矿区的矿井属于低瓦斯矿井，对抽采瓦斯利用率（C28）指标进行缺失处理，隶属于煤炭资源综合利用（B6）的其余指标C24、C25、C26、C27的权重进行归一化处理，得到新的权重依次为0.2146、0.2353、0.2806、0.2695。依据各指标权重和无量纲化数值，运用加权算术平均方法得到M煤矿2009年至2012年间各层次指标的表现，以及综合的环境友好矿区指数水平。

1. M煤矿环境友好矿区三级指标层的动态表现

M煤矿1个三级指标做缺失处理，还有42个指标。从42个三级指标无量纲化后的动态表现可以看出，11个指标，四年连续100分；18个指标呈逐年上升态势；2个指标四年保持不变；11个指标呈现有升有降波动现象；没有指标呈现逐年下降趋势（见表4）。

表4 M煤矿环境友好矿区三级指标无量纲化后的动态表现

三级指标	2009	2010	2011	2012
净资产收益率（C1）	68	95	83	65
销售利润率（C2）	95	100	93	64
采区回采率（C3）	80	76	78	74
吨原煤生产综合能耗（C4）	100	100	100	100
吨原煤生产电耗（C5）	100	100	100	100
吨原煤生产水耗（C6）	88	98	100	100

续表

三级指标	2009	2010	2011	2012
选煤电力单耗（C7）	80	100	100	100
选煤补水量（C8）	76	92	100	100
节能量（C9）	71	100	64	66
主要污染物排放浓度（C10）	100	100	100	100
环保约束性指标排放量（C11）	75	98	71	95
噪声（C12）	100	100	86	100
煤矸石无害化处置情况（C13）	61	66	66	69
辐射源照射有效剂量（C14）	100	100	100	100
员工和周边居民对矿区环境的满意度（C15）	80	86	91	95
矿区土地塌陷率（C16）	100	100	100	100
采煤塌陷地治理率（C17）	100	100	100	100
工厂区绿化覆盖率（C18）	100	100	100	100
综合机械化采煤比例（C19）	100	100	100	100
绿色开采设计与工艺（C20）	80	84	90	92
原煤入选率（C21）	54	57	62	65
贮煤设备工艺及装备（C22）	60	60	66	66
煤炭装运（C23）	75	75	76	77
循环经济、资源综合利用等规划及实施情况（C24）	70	70	75	75
产业链完善度（C25）	70	70	70	70
矿井水循环利用率（C26）	95	95	95	95
煤矸石利用率（C27）	100	100	100	100
环保设施与工艺（C29）	94	96	97	98
环保设施运行率（C30）	100	100	100	100
放射源和辐射装置使用（C31）	94	93	97	96
三年内重大环境污染事故和环境事件发生情况（C32）	100	100	100	100
环境资源法律法规标准（C33）	91	95	93	92
环保管理和监测机构（C34）	89	90	93	94
环境资源管理制度和计划（C35）	85	87	86	90
ISO14001环境管理体系认证（C36）	95	97	98	98

续表

三级指标	2009	2010	2011	2012
突发环境事故应急预案（C37）	80	82	86	87
原始记录、统计台账和计量管理（C38）	75	85	90	91
环保培训和宣传情况（C39）	86	91	90	94
清洁生产审核和能源审计（C40）	90	87	85	95
科研项目中环保项目比重（C41）	79	95	93	100
环保从业人员中具有各类职称人员比重（C42）	78	84	86	90
环保从业人员中具有大专及以上学历者比重（C43）	66	68	73	74

2. M 煤矿环境友好矿区建设建议

通过分析 M 煤矿的环境友好矿区水平的评价结果，M 煤矿目前存在的主要问题有：资源综合利用水平不高，循环经济产业链不完善；煤炭贮装运系统有待进一步改进；环保设施运营模式存在缺陷，从业人员待遇较低；绿色发展空间大，资源回收率还有提高空间；对降低能耗的科技投入有待加强，能耗减低仍有余量。针对上述问题，提出改进建议如下：

（1）提高资源综合利用水平，完善循环经济产业链。煤矸石填充塌陷地是传统做法，但不是最经济最环保的方法，煤矸石自身属于资源，可以以更高附加值进行综合利用。矿井水利用途径与方式有待进一步优化。因此应该加强煤矸石综合利用、矿井水循环利用等方面的新技术研究与应用，提高资源综合利用水平，完善循环经济产业链，提高企业抗风险能力。

（2）以产煤不见煤为目标，建设绿色贮装运系统。目前，兖州矿区贮煤场全部是露天贮煤，采用喷水降尘等措施，属于达标级别，距离国内先进水平相差较远，有必要升级改造，实现采煤不见煤。建立专业汽运和水运队伍，或对相关运输公司统一要求，规范管理，实现绿色运输。

（3）建立管运分开的经营模式，实现环保设施运营专业化。创新经营模式，管理和运营分开，煤炭企业内部组建专业的环保设施运营队伍或者委托外部运营公司负责环保设施运营，煤炭企业设立专职部门对污水处理运营，可提高环保设施运营专业化能力。

（4）加强绿色发展研究，提高资源回收率。企业应加大提高资源回收率方面的研究，提高绿色开采含金量。推行清洁生产，提高原煤入选率，从根本上控制煤烟污染。

（5）提高科技投入，加快新能源应用。煤炭开采随着矿井开采深度增加，能耗和物耗都会增加，节能压力逐年提高，应从新能源应用角度降低能耗。

五、研究成果分析

1. 促进了兖州矿区"三位一体"式环境友好模式的形成

本课题中环境友好矿区评价体系的应用促进了管控创新体系、产业结构优化体系和技术支撑体系三个方面联成一个整体。而环境友好矿区指标评价体系是发挥出"三位一体"环境友好矿区模式的内部各要素和体系间的有机协调和运作的关键环节。三大支撑体系高效发生作用时,就显露出其能量,环境友好矿区建设就会获得持续不断的动力,企业就会在可持续发展的道路上健康成长。

(1) 搭建国际化环境管理平台。公司建立并运行 GB/T24001-2004 环境管理体系和 GB/T23331-2012 能源管理体系,从组织领导、制度保障、目标责任、监督考核、信息化建设、对标管理等方面,强化体系有效运行。

(2) 形成了产业结构优化体系。环境友好产业结构的形成主要通过结构优化调整,关停淘汰落后产能产业与产品;发展低能耗、低污染、高附加值的环境友好型产业与产品。

(3) 技术支撑体系。兖矿集团环境友好矿区的技术支撑体系主要依托的技术有矿井水、生活污水处理与零排放技术,煤矸石无害化处置与资源化利用技术,煤炭开采塌陷预防与生态恢复技术和高硫煤资源化技术。

2. 促进了兖州矿区绿色生产格局的形成

(1) 绿色开采。

①提高资源回收率。坚持绿色开采煤炭资源,以高效综放开采为主,注重厚薄配采、边角煤开采、充填开采、提高资源回收率,2013 年采区回收率达到 81.17%。

②控制温室气体排放。坚持煤与瓦斯共采,把瓦斯治理工作放在降低温室气体排放的首要位置,强措施、重管理、严培训、提技能,多维联控防治瓦斯。

③预防土地塌陷。公司井下煤矸分离及充填开采工作稳步推进,逐步实现矸石不上井,在提高煤炭资源回收率的同时,也最大程度地预防、减少了土地塌陷。2013 年,充填矸石 10 万吨,置换煤炭资源 13.5 万吨。

(2) 清洁生产。以"节能、降耗、减污、增效"为核心理念,开展热平衡、水平衡、电平衡测试,实施清洁生产方案,加强产品单耗定额管理,严格各生产工序能耗控制,优化生产系统运行参数,提高各类耗能设备运行效率,全面推行清洁生产。

(3) 低碳转化。实施选煤厂浮选系统改造,开展工业信息环网构建与应用,实现"原煤全入选,煤泥全入浮",降低了煤泥灰分,提高精煤回收率,减少煤矸石伴随煤炭产品的无效运输,降低燃煤污染物排放。发展洁净煤发电,整合热力资源,发挥热电联产的综合效益。深化煤化工技术,走煤炭深加工之路,促进煤炭由以燃料为主向燃料与煤基化工原材料并举方向转变,实现煤炭的清洁高效利用。

(4) 资源利用。公司煤泥、煤矸石等低热值资源用于综合利用电厂燃料,其余煤矸石及粉煤灰用于建材厂、修筑公路和充填塌陷地等,综合利用率达到 100%。大力提升用水效益,工业产值取水量 5.6 立方米/万元。公司矿井水和生活污水经过深度处理后用于热电厂冷却水、洗煤厂循环水等，回用率分别达到95%和65%。

3.提高了煤炭矿区环境友好评价科学性

本文构建的评价体系是在界定环境友好矿区概念和内涵的基础上，包含了过去、现在和未来三个环节的指标。构建评价体系时采用了层次分析法和"满意值-标准值"无量纲化方法。本文以M煤矿为例，进行实践检验。该评价体系构建程序合理，方法可续，通过实践检验，证实该评价体系是实用的。

六、效益分析

1.经济效益分析

该研究成果的应用促进了兖州矿区各矿井纵向和横向对标竞赛，产生了明显的经济效益。本成果经济效益主要表现在管理自身的效益体现和通过管理促进技术进步创造的效益两个方面。

（1）管理产生的经济效益。

①本成果对节能量贡献率。指标体系中吨原煤生产综合能耗、吨原煤生产电耗、选煤电力单耗等指标最终反应在节能量指标上。对节能量起作用的三个因素分别是结构节能、技术节能和管理节能。据资料显示管理节能对节能量贡献率达到15%–30%，采用专家打分法认定，M煤矿和兖州矿区环境友好矿区评价体系的应用对节能贡献率为10%。

②节能量确定。本研究成果已经在兖州矿区进行了应用，兖州煤业是兖州矿区重要组成部分，其节能量从上交所发布的该公司社会责任报告获取，因此用兖州煤业节能量测算该成果管理效益。

③吨标准煤价格确定。一是我国节能减排工作目标提出，节能量交易市场价格在500—800元/吨标准煤。二是山东烟台两家公司2013年10月交易节能量单价240元/吨标准煤。三是据报道，中央财政奖励标准有望从240元/吨标准煤大幅提升至500元/吨标准煤左右。本研究吨标准煤价格确定为500元。

④管理效益计算（见表5）。

表5 管理效益表

	单位	2009	2010	2011	2012	2013	合计
成果范围节能量	吨标准煤	15790	12008	12746	13300	8579	62423
节能量贡献率	%	10	10	10	10	10	10
吨标准煤价格	元	500	500	500	500	500	500
本成果管理效益	万元	78.95	60.04	63.73	66.5	42.895	312.115

（2）主要技术应用产生的经济效益。通过评价体系应用促进了各矿纵向和横向对标，也促进了技术的推广和应用，主要技术应用产生的效益如下：

①采空区处理矿井水技术应用经济效益分析（见表6）。
矿井水井下复用量：从企业主管部门获取。
节约水资源费：水资源费按每吨水0.6元计算。
节约矿井水处理费用：矿井水处理直接费用按每吨0.4元计算。
节约矿井水提升电费：提升电费按0.9元每吨水计算。
井下矿井水处理设施费用：井下处理需要费用按0.2元每吨水计算。
综合得到矿井水井下复用效益1.7元/吨。

表6 矿井水井下复用效益表

	单位	2009	2010	2011	2012	2013	合计
矿井水井下复用量	吨	410	430	435	454	460	2189
井下复用单位效益	元/m³	1.7	1.7	1.7	1.7	1.7	1.7
井下复用效益	万元	69.7	73.1	73.95	77.18	78.2	372.13

②含悬浮物矿井水处理技术应用经济效益分析（见表7）。矿井水新增复用量从企业主管部门获取，每立方米水费按0.6元计算。

表7 矿井水井下复用效益表

	单位	2009	2010	2011	2012	2013	合计
矿井水新增复用量	吨	570	610	595	614	640	3029
复用单位效益	元/m³	0.6	0.6	0.6	0.6	0.6	0.6
矿井水复用效益	万元	34.2	36.6	35.7	36.84	38.4	181.74

③环境质量提高，减少排污费缴纳效益。本研究开展以来，在不增加药剂等处理费用的情况，通过加强管理，污染物处理成本逐年下降。本计算不考虑污染物处理成本下降带来的效益，在此仅计算减少排污费产生的效益。用下面公式计算：

$$污染物减排效益 = \frac{地方政府允许排放量 - 企业实际排放量}{污染物当量值} \times 当量征收标准 \times 100\% \quad 公式（4）$$

式中：污染物当量值查相关国家相关标准，COD当量值为1，二氧化硫当量值为0.95；地方政府允许排放量用总量指标，从企业主管部门获取；企业实际排放量从社会责任报告获取。每一当量征收标准查国家相关标准，其中废气污染当量征收标准为0.6元，污水污染当量征收标准为0.7元。

兖州矿区污水中污染物主要有COD和氨氮，其中氨氮排放量较少，本研究以COD为计算依据。废气中污染物主要有二氧化硫和氮氧化物，其中氮氧化物2012年开始监测，不在本研究范围内，本文以二氧化硫为计算依据（见表8、表9）。

表 8 废气排污费效益表

	单位	2009	2010	2011	2012	2013	合计
二氧化硫总量指标	吨	240.5	2819.44	6385.32	6385.32	6385.32	22215.9
二氧化硫排放量	吨	130.37	2466	5529.2	5039.2	5266.2	18430.97
废气排污费效益	万元	7	22.3	54	85	70.7	239

表 9 污水排污费效益表

	单位	2009	2010	2011	2012	2013	合计
COD 总量指标	吨	441.8	450.8	747.2	747.2	747.2	3134
COD 排放量	吨	172	198.5	380.68	460	331.47	1543.65
废水排污费效益	万元	16.2	15.1	22	17.2	25	95.5

④煤矸石井下回填技术应用效益分析（见表10）。

A. 节省矸石运输费用计算。

井下运输费：排矸皮带运输和轨道运输，约 5 元/t。

矿井提升费：副井提矸平均费用 7 元/t。

地面运输费：工业场地至地面矸石山（或塌陷区回填处）费用按 13 元/t。

综合以上三项费用，综合费用按 25 元/t。

B. 充填巷出煤经济效益计算，本研究按照每吨煤利润 50 元计算。

C. 减少矸石占地，按 10 万/亩计算。

表 10 矸石井下充填效益表

	单位	2009	2010	2011	2012	2013	合计
矸石充填量	万吨	10	20	16	22	10	78
置换煤量	万吨	9	16	15	19	13.5	72.5
减少占地	亩	5	9	8	10	5	37
节约矸石运输费	万元	250	500	400	550	250	1950
置换煤炭效益	万元	450	800	750	950	675	3625
减少占地费用	万元	50	90	80	100	50	370
矸石井下填充效益	万元	750	1390	1230	1600	975	5945

⑤溴化锂制冷技术应用经济效益分析。溴化锂冷水机组 2011 年开始运行，2001-2013 年节约电费分别为 30 万元、49 万元、45 万元，该费用由电表计量直接计算得来。

⑥主要技术应用效益汇总（见表11）。

表 11 主要技术应用效益汇总表

	单位	2009	2010	2011	2012	2013	合计
矿井水井下复用效益	万元	69.7	73.1	73.95	77.18	78.2	372.13
废气排污费效益	万元	7	22.3	54	85	70.7	239
污水排污费效益	万元	16.2	15.1	22	17.2	25	95.5
矸石井下填充效益	万元	750	1390	1230	1600	975	5945
溴化锂制冷应用效益	万元	----	----	30	49	45	124
技术应用效益汇总	万元	842.9	1500.5	1409.95	1828.38	1193.9	6775.63

（3）经济效益汇总（见表12）。

表 12 经济效益汇总表

	单位	2009	2010	2011	2012	2013	合计
管理效益	万元	78.95	60.04	63.73	66.5	42.895	312.115
技术应用效益	万元	842.9	1500.5	1409.95	1828.38	1193.9	6775.63
本成果效益汇总	万元	921.85	1560.54	1473.68	1894.88	1236.795	7087.745

本成果实施以来，共获得经济效益7087.745万元。

2.社会效益分析

（1）环境治理与生态恢复改善了煤矿企业和周围村庄之间的关系。

（2）矿井水综合利用减少了地下水取水量，有效地维持了原生的水文地质环境，有利于缓解矿区水资源短缺的矛盾。

（3）矿井水深度处理技术、煤炭开采塌陷预防与生态恢复技术等多种环境治理生态恢复技术的突破推动了煤炭行业环保技术进步。

（4）综合利用产业发展和环保设施建设为富余劳动力提供了就业岗位。

3.环境效益分析

（1）污染物排放总量维持在较低水平。兖州矿区煤炭产量逐年递增，主要污染物排放量维持在较低水平。

（2）污染物排放浓度达到全国最好标准。通过污染治理设施改造升级，兖矿集团主要污染物 SO_2、COD 排放浓度分别能够达到 50mg/l、20mg/l 以下。

（3）资源综合利用率明显提高。2013年矿井水复用率达到95.52%，生活污水复用率达到65.35%。煤矸石、煤泥综合利用率达到了100%。

（4）生态环境得到恢复性治理。污水回用实现少采用地下水，对防止水源枯竭，维持地下水的良性循环具有积极作用。煤泥、煤矸石综合利用，可以减少占用土地，减少对环境的污染、改变了矿区黑乱脏的形象。矸石井下充填可以构筑矸石井下支撑结构体，有效控制地表下沉，大幅度的减少地面沉陷。利用矸石充填塌陷地，复垦后可重建为农田，有效地恢复了生态环境。

（5）节能和资源节约效益显著。超额完成地方政府下达的节能量指标，原煤生产能耗逐年下降。南屯煤矿、济三煤矿被国家能源局确定为全国煤炭行业节能示范试点企业。

（6）环境友好矿区建设取得重大成果。兖矿集团先后被授予山东省节能突出贡献企业、中国节能减排十大功勋企业、低碳中国突出贡献企业、煤炭工业节能减排先进企业等荣誉，本部八对矿井被授予环境友好企业，兖州煤业被授予环境友好示范矿区。

七、结论与创新点

1. 研究结论

（1）界定环境友好矿区概念和内涵。本文对环境友好矿区的概念界定为通过矿区经济与资源、生态、环境协调发展，实现与环境友好相处的煤炭矿区。其内涵表现为：前提条件是绿色发展、低碳发展、循环发展；主要目标是经济效益好、资源消耗低、环境污染少、生态破坏小；主要路径是采用清洁生产和循环经济等新技术，转变经济发展方式、推动产业结构优化升级；主要措施是管理创新、技术进步。本文用环境友好矿区指数的概念来表征环境友好矿区状态。

（2）构建"驱动力、行为、绩效"三环节的环境友好矿区评价体系。依据SCP分析框架和平衡计分卡的思想，环境友好型矿区不仅要关注输出结果的衡量，还应重视现在行为和环境等方面的评价。因此，本文构建了包含"驱动力、行为、绩效"三个环节的共计43个指标构成三层次环境友好矿区评价体系。

（3）层次分析法和"满意值–标准值"无量纲化方法相结合的环境友好矿区评价方法。运用层次分析法确定环境友好矿区评价指标的权重，构建了"满意值–标准值"无量纲化方法，对指标进行无量纲化处理。将权重与无量纲化的指标值进行加权平均计算，得出环境友好矿区的各级指标得分。

（4）煤炭企业应优化产业结构，提高资源综合利用水平。运用构建的环境友好矿区评价体系和方法，对M煤矿从2009年至2012年环境友好状况进行评价，并对M煤矿环境友好矿区建设提出了相关建议。

（5）本研究在兖州矿区推广取得的成果主要包括促进了兖州矿区"三位一体"式环境友好模式和绿色生产格局的形成，提高了煤炭矿区环境友好评价科学性，促进了全行业环境友好和生态文明矿区建设工作等。

2. 创新点

（1）首次提出环境友好矿区的概念，并分析环境友好矿区的内涵。

（2）从驱动力、行为、绩效的事物发展的过程视角，构建了集成"驱动力—行为—绩效"三个环节的环境友好矿区评价体系。

（3）在指标的无量纲化处理方法，设定满意值和标准值双限标准，依据指标的正向和负向等不同类型，设定双限型无量纲化处理方法。

（成果创造人：李希勇　尹明德　杨继贤　殷馨　任毅　赵青春　刘福河　王公华　李斌　张国良　杨军　王峰）

2014煤炭企业管理创新成果

一等奖

基于全面预算管理的目标绩效激励体系的构建与实施

中国神华煤制油化工有限公司

中国神华煤制油化工有限公司（以下简称煤制油化工公司）是神华集团所属全资子公司，公司前身为中国神华煤制油有限公司，成立于2003年6月。公司主要从事以煤制油与煤化工业务为主的与煤炭清洁转化利用相关的业务。

煤制油化工公司本部设综合办公室、规划计划部、财务资产部、人力资源部、内控审计部、法律事务部、工程管理部、生产管理部、安健环部、科技管理部、纪检监察部及党群工作部等12个职能管理部门，北京工程分公司、北京研究院、上海研究院、鄂尔多斯煤制油分公司、包头煤化工公司、榆林化工分公司、新疆煤化工分公司7家分公司；神华吐鲁番公司一家全资子公司；神木化工公司、咸阳化工公司、神华煤制油研究中心有限公司、神华-GE合资公司4家控股子公司；以30%的股权参股神木汇森凉水井矿业有限责任公司；全面代管神华包头煤化工有限责任公司、神华呼伦贝尔洁净煤公司。

一、基于全面预算管理的目标绩效激励体系的构建与实施背景

创建"五型企业"（本质安全型、质量效益型、节约环保型、创新驱动型、和谐发展型）是神华集团公司党组和董事会在2006年做出的重大战略决策，是神华集团深入贯彻落实科学发展观，坚持走新型工业化道路的重要实践。几年来，煤制油化工公司认真贯彻实施，积极推动"五型企业"建设工作，取得了较大进展，通过公司上下共同努力，"五型企业"建设工作有序进行，公司经营管理水平总体上有了显著提高。

但是目前公司面临的处境是：一方面我国煤炭行业市场低迷，为煤化工企业迎来发展契机的同时，也带来了更加激烈的市场竞争。要想在市场竞争中脱颖而出，打造出色的执行力是提升公司核心竞争力的本质切入点；另一方面，随着国资委进一步深化经济增加值（EVA）考核力度，企业对价值管理的需求也逐步凸显出来。因此加强公司基础管理，深入挖掘管理潜力，打造公司一流执行力，保证生产经营的平稳运行是公司需尽快解决的主要问题。

煤制油化工公司进行"五型企业"建设以来，已逐步围绕集团"五型企业"建设目标建立起一套适应于煤制油化工公司的绩效考核指标体系。公司按照由"结果导向"向"过程导向"进行考核的绩效管理思路，2011年启动了季度绩效评价，通过设置季度绩效评价指标实现过程管理、精细化管理、标准化管理。但是通过一段时间的实施，发现虽然增加了季度评价过程，实现了部分过程控制功能，但考核指标的调整不及时，对于运营管理中存在的潜在问题不能及时地发现和整改，一定程度上给全过程管理留下了空缺，并且过程控制所占比重较少影响到考核的目标。更为重要的是在考核与激励的结合方面缺乏以业绩为导向的奖励分配机制，奖金分配与业绩表现没有紧密联系，影响了员工工作热情。

二、基于全面预算管理的目标绩效激励体系的主要内涵

基于全面预算管理的目标绩效激励体系，是以全面预算管理为出发点，实现全面过程管控的绩效考核激励方式，即按照不同阶段的管理需求，将经营管理目标全面分解，设置月度、季度、年度全过程考核，依靠全面预算管理这一工具实施强预算、强计划、强考核，从工资总额中拨出一定比例进行即时奖励的目标绩效激励体系，综合提升绩效考评效用，推进公司"五型企业"建设。

全面预算管理的绩效考评，是通过一系列的政策、标准、程序、指标和方法对预算执行情况、预算管理情况进行检查核实，并衡量其作用和有效性，对当期的预算管理做出综合评定，为公司实施奖惩提供依据和为改进全面预算管理提出建议与意见。绩效考核的"绩"是指公司经营业绩，"效"是指公司的经营效益。业绩是经营或管理行为的结果与表现。业绩管理是依据组织体系，通过公司本部与所属公司、所属公司与员工之间达成的业绩契约的履行、双向互动沟通及评价而进行的管理。

而在全面预算管理绩效考核中激励机制的设计进一步激发了广大员工的积极性和主动性。由于人的行为是由动机决定的，而人的动机又是由人的需要引发的，因此要通过分析了解员工的具体需要，将其转化为目标激励因素，激发全体员工的动机，引导员工行为。

基于全面预算管理的目标绩效激励体系的构建正是结合了公司管理需求、公司价值创造的内在驱动力以及员工需求下建立的全过程目标管控模式。

三、构建基于全面预算管理的目标绩效激励体系的主要做法

基于全面预算管理的目标绩效激励体系是一项系统工程，尤其涉及员工的薪酬调整，更是要慎重。煤制油化工公司本着积极慎重、大胆稳妥、重点突破、逐步推进的思路，依据《神华集团公司"五型企业"建设绩效考评管理办法》，结合公司实际情况，制定《关于调整煤制油化工公司绩效考核方式的方案》，梳理管理重点和工作流程，构建基于全面预算管理的月度、季度、年度目标绩效激励体系。

1. 策划目标绩效激励体系方案

公司对"五型企业"建设问题进行了专题研究，共同研讨煤制油化工公司"五

型企业"建设体系，明确了煤制油化工公司绩效考核方式调整方向、目标与措施，初步形成《关于调整煤制油化工公司绩效考核方式的方案》（以下简称方案）。

本方案搭建起以强化公司职能部门管理，加强公司执行力建设，正确引导公司经营行为，实现可持续发展为基本目标，以公平公正为月度目标，以过程控制为季度目标，以结果导向为年终考核目标，以落实执行力建设为激励目标的绩效管理方向标的绩效考核目标结构。

（1）把握积极稳妥原则，确定体系构建进程。构建基于全面预算管理的目标绩效激励体系，既是煤制油化工公司管控体系的重大变革，又涉及员工（尤其是各所属公司基层人员）的切身利益，必须坚持"积极稳妥、扎实推进"的原则。为此，公司将构建进程分为三步：第一步，由公司内控审计部形成《关于调整煤制油化工公司绩效考核方式的方案》，首先在公司本部进行宣贯并征求所属公司意见；第二步，通过一段时间的试运行，使考核流程及绩效奖金分配方式存在的问题充分暴露出来，明确内控管理部门、业务职能部门和所属公司之间的责权分配；第三步，根据方案和试运行过程中暴露的问题形成《中国神华煤制油化工公司"五型企业"建设暨绩效考核办法》，协同工资发放的相关管理部门进行即时兑付绩效奖金。

（2）牢固树立价值创造理念，确定绩效考核原则。煤制油化工公司在公司原有绩效考核管理办法和年终经营业绩责任书的考核基础上，进一步落实绩效优先、兼顾公平的考核原则，按照经营目标的不同性质设置月度考核、季度考核和年度考核的时间节点。考核指标的设置是实现经营目标的合理路径设计，因此要求考核指标的设置方面应遵循价值创造原则，指标可控原则、简明性原则、可量化原则以及可验证原则。

价值创造原则是指指标行为事件可以创造额外价值或者节约成本；指标可控原则是指指标行为事件在本单位权责范围内，可以通过管控行为在一段时间内对事件的发生进展情况形成控制；简明性原则要求指标行为事件简单、清晰、明确；可量化原则是指指标行为事件完成与否或者完成是否达到标准可衡量；可验证原则是指指标行为事件是非定性事件，可以事实为依据进行验证。

2.构建目标绩效激励体系方案

建立本方案的基本目标是通过强化公司职能部门管理，加强公司执行力建设，正确引导公司经营行为，实现可持续发展。通过研究确立了以公平公正为月度目标，以过程控制为季度目标，以结果导向为年终考核目标，以执行力建设为最终目标的绩效管理方向，结合EVA价值创造点对公司可控价值点进行管理提升，重点包括：产品产量，利润总额，单位成本，管理费用，安全生产，项目管理，业务管理等。前四项是当下价值，后三项是未来价值，并且令价值点与员工收入系统建立起联动关系。

（1）确立全面预算管理内容，夯实绩效考核基础。为有效平衡公司内外部资源，提高各类资产的有效利用率，煤制油化工公司将凡是与目标计划有关的经济业务事项，以及各所属单位会计核算相关的事项，都通过预算加以反映，并注意各项预算之间的协调平衡。各单位预算编制包括了科研项目、建设项目、生产经营和管理费用等事项，在成本费用预算中除了要列示预计成本费用项目之外，还明细列示了营业费用、人工成本预算（包含所有员工、劳务工、正式工）、制造费用、维检安全支出、设备修理支出、专项资金提取情况等事项。主要业务预算包含各单位的经营指标和技术指标的完成情况等内容。预算贯穿了公司本部范围经营管理活动的各个方面，通过绩效考核实行了事前计划、事中控制、事后分析的全方位、全过程管理。

（2）突出公司经营战略，合理设置月度考核指标。为了实现业务从计划到预算再到执行的单向不可逆，公司将对"量、本、利"的控制作为对所属公司的每月基本管控内容，按照每月生产计划节点进行考核。根据所属公司性质的不同特点，生产类企业考核"产品产量"和"利润总额"指标，非生产类企业考核"成本费用控制"指标。通过对量本利指标的控制和考核，判断各所属公司经营管理是否有效率，保证全面目标的实现。

（3）强化过程管理，全面设置季度考核指标。过程管控的目的是为了提升管理水平，提高管理的绩效和执行力，保证公司发展目标和年度重点工作有效贯彻和层层分解落实。基于这个目的，加强过程监督，建立全过程跟踪督导机制成为必要保障。

公司各职能管理部门按照考核指标设置原则，将年终考核目标层层分解，管控重点放在对生产经营过程中制度、规定、要求等执行有效的落实情况，设置了月度考核、季度考核、年终考核指标，实现管理与经营目标之间的平衡（见表1）。

表1 目标绩效考核指标体系

考核周期	考核内容	考核指标
月度考核	量本利	产品产量指标
		利润总额指标
		费用控制指标
季度考核	季度绩效考核指标	基本考核指标
		部门管控指标
年终考核	《五型企业建设经营业绩考核责任书》	质量效益型指标
		本质安全型指标
		资源节约型指标
		科技创新型指标
		和谐发展型指标

季度考核按照成本控制和过程控制目标设置了基本考核指标和部门管控指标。基本考核指标根据所属公司不同业务性质，设置不同指标。部门管控指标由公司本部各业务职能部门根据管理需要进行设置。

生产类企业的季度基本考核指标（见表2）包括了安全责任事故指标和生产消耗指标；非生产类企业的季度基本考核指标（见表3）包括了安全责任事故指标、专项工作计划。

表2 生产类企业季度绩效考核指标

考核指标	目标值	责任部门	考核方法
安全责任事故	考核标准	安健环部	否决指标
本安体系建设	季度下达目标		是否达标
生产消耗指标	季度下达目标	生产管理部	化工三剂及化学品定额管理、技术经济指标、节能指标；按照是否达标方式考核。
管控指标	需督办、落实的重点工作任务	各部门	完成与否或达标与否

表3 非生产类企业季度绩效考核指标

考核指标	目标值	责任部门	考评方法
安全责任事故	考核标准	安健环部	否决指标
本安体系建设	季度下达目标		按照考核标准进行考评
专项工作计划	季度下达目标	工程管理部规划计划部科技管理部生产管理部	完成与否
管控指标	需督办、落实的重点工作任务	各部门	完成与否

安全责任事故指标强调从源头上消除或减少危险，管理重点在整体安全效用上，对全过程、全人员、全方位进行管理考核，使各单位在整体上保持最佳安全状态运行。公司安健环部将保证和提高人的行为安全的能力管理、安全技术管理能力、安全信息管理能力和安全管理创新能力的管理理念贯穿到各考核指标中。安全责任事故指标作为整个体系中的唯一一项否决项指标，分层实施月度、季度考核，认真开展月度本安绩效评价，其评价结果占煤制油化工公司本安体系权重的50%。

生产消耗指标是公司从环境保护、社会责任和成本控制的角度出发，对利用资源保护环境提出的生产方式、管理体制方面的具体要求。生产消耗指标是生产类企业成本控制的核心指标，经过考核阶段的摸索，公司生产管理部进一步完善了生产消耗考核指标，对生产企业的化工三剂及化学品定额管理、吨产品煤耗、吨产品综合能耗、吨产品水耗以及对标管理和达标管理进行月度评分季度综合的管理模式，通过多种手段提高资源利用效率，实现资源的综合利用。

煤制油化工公司非生产类企业包含了工程公司、上海研究院和在生产准备期的新疆、榆林公司。按照不同公司的工作重点，由工程管理部对工程公司、新疆公司和榆林公司的工程建设工作设置专项工作计划考核指标；由科技管理部对研究院的科研工作设置季度专项工作计划考核指标。公司本部和各非生产企业通过分工合作，强化管理，明确季度工作内容、进度、目标、验收标准及成果，实现了技术创新质量、水平的跨越。

部门管控指标是发挥煤制油化工公司本部部门专业管理职能的平台和工具，按照"约束机制"和"牵引机制"进行设置，各职能管理部门管控指标设计主要依据管理制度、执行标准、行为规范、工作要求等进行管理行为的约束，整体绩效考核机制的设计则是对工作结果的激励和牵引，从而形成规范化管理，见表4。职能管理部门建立了包含综合办管控、规划计划管控、财务资产管控、人力资源管控、内控审计管控、法律事务管控、工程管理管控、生产管理管控、科技管理管控、纪检监察管控等十一项管控项目。每个单项管控指标下，都独立形成各自业务的考核指标量纲。

表4 部门管控指标设置方式

	部门管控指标设置方式		
考核模式	管控指标作为扣分项，各部门按管控职能内容综合设置一项指标。除生产管理部外，各部门权重相同，每项指标扣分上限分值为5分，生产管理部扣分上限为10分。对一个单位管控指标综合扣分上限设定为30分。		
	是否完成	部门所设指标为单一事件的，以是否完成为标准，完不成即扣分。	
	是否达标	部门单独设置考核体系的，应统一设定分数标准，完成任务达到标准即管控指标不扣分。（各部门设置配套的指标细则作为支撑）	
与原年终评价的区别	管控指标强调对管理要求的行为事件的落实和执行力的考核，以是否完成或者是否达标为判断和衡量的标准。		
	原年终评价指标强调各分（子）公司整体的横向比较，对管理要求完成的行为事件的质量、水平的综合评价。		
管控指标示例	指标	评价标准	主责部门
	内控审计管控指标	审计报告发出一个月内，有未整改完成问题事项，按未完成数量扣分（是否完成）。	内控审计部

(4) 年终考核目标牵引，全面体现年度经营成果。为了将年度考核指标与季度考核指标加以区别，年度绩效考核指标以各类企业阶段性运营成果为主。年度绩效考核的内容由煤制油化工公司总裁与各所属单位签订绩效考核责任书的方式予以明确。主要包括质量效益型指标、本质安全型指标、资源节约型指标、科技创新型指标和和谐发展型指标。

质量效益型指标考核经营指标和基建指标两方面内容。本质安全型指标不仅考核所属公司的事故情况，根据年度工作重点将安全隐患治理、经济本安建设及非计划停车等方面全面纳入年度考核范围。资源节约型指标从优化资源配置的角度，健全环保体系,明确责任。本质安全型指标与资源节约型指标为扣减指标,完成不加分,完不成扣分。科技创新型指标对所属公司的申请专利数量和科研项目完成情况进行考核。和谐发展型指标通过公司党建信息化系统进行实时考核,实现了政治本安工作的日常化管控。

(5)依据业务工作特点,合理设置分值权重。在月度考核指标中,产品产量指标、利润总额指标、生产消耗指标、专项工作计划指标等单项指标的满分均为100分,完成预算值即可得到100分,完不成预算值则得到相应的百分比分数(见表5)。

表 5　目标绩效考核指标体系分值

考核周期	考核指标	考核方式	分值
月度考核	产品产量指标	完成百分比	100
	利润总额指标	完成百分比	100
	费用控制指标	完成百分比	100
季度考核	基本考核指标(专项工作计划)	完成百分比或是否完成	
	部门管控指标	是否完成	
年终考核	年终责任状考核	完成百分比或是否完成	120
		亮点事项	

季度基本考核指标中,安全责任事故作为否决项指标,不设置分数上限,直接与全额季度绩效奖金挂钩,按照事故等级扣除相应比例的季度绩效奖金。生产消耗指标设置化工三剂及化学品定额管理、达标管理、对标管理、技术经济指标和节能指标五项子指标,总分为100分。每个单项指标为20分,按月评分,取季度三个月的加权平均值。

为了将部门管控指标考核统一到同一标准,单项管控指标分值为5分,管控指标为60分,共11项指标,最多扣到30分;各部门可以按照自身管理需求设置部门管控分数,同时根据业务管理特点将部门管控分数与单项管控指标的分数通过得分百分比或者对接原则进行对接。管控指标得分中,每扣1分对应扣管控指标全额绩效奖金2%,绩效奖金扣减上限为管控指标绩效奖金全额的60%。

(6)考核结果与奖金全面挂钩,科学测定奖金比例。设计激励机制的目的是为了处理员工需求、动机、组织目标和行为四者间的关系协调,是前述考核工作的重要保障。为了落实绩效优先、兼顾公平的原则,各所属公司取工资总额一定比例作为考核激励绩效奖金。

在考核与奖金挂钩的过程中,公司解决了三个技术问题:

一是根据考核指标权重对月度、季度及年度考核指标设置绩效奖金结构。各所属公司绩效奖金在整体上分为季度绩效奖金与年终绩效奖金两部分，与季度及年度绩效考核情况直接挂钩。季度绩效奖金按季度考核指标进一步划分为各单项指标奖金，其中"产品产量指标"和"利润总额指标"单项奖金按十二个月等分，根据月度考核情况予以兑现；其他考核指标按季度进行考核，第一至三季度根据季度考核情况予以兑现，年终绩效奖金根据年终绩效考评结果和第四季度考核结果一并予以兑现，对于年终预估考核结果出现较大负差的，将在下一年度第一季度予以扣除。

二是平滑发放各月奖金总额。为了平衡绩效奖金的每月平滑发放，公司设置了绩效奖金"预发"的发放规则。预发是指在未进行考核的情况下，将该月（季）的绩效奖金全额进行发放。具体为：月度指标奖金首次为预发当月全额绩效奖金，次月兑付上月的考核结果奖金。如1月的月度考核指标奖金为全额兑付，2月的奖金按照1月的实际生产结果进行考核兑付。季度指标奖金中，首季度为预发，次季度兑付上季度的考核结果奖金。如第一季度的季度考核指标奖金在第一季度的三个月中全额兑付，第二季度的季度奖金实际兑付第一季度的考核结果。

三是以利润增加值为基础的分配控制体系。对于到了年底12月仍未完成的产品产量指标所扣奖金，利润总额指标所扣奖金、生产消耗指标所扣奖金及四个季度的部门管控指标所扣奖金、年终责任状考核所扣奖金按照企业类别归集到各自的共享绩效奖金池中，参与奖金再分配。

生产类企业65%共享绩效奖金的分配按照公司实际利润值与责任状利润考核值相比的增长率重新计算各公司应分配奖金额，作为超额完成利润指标的正激励奖金。剩余的35%由薪酬及绩效考核委员将依据各单位在绩效自评报告中提出的2-3项在年度的经营管理中创造价值的好的做法或事项进行确认，或由委员会成员提议并确认。非生产类企业的奖金再分配主要由亮点事项确认作为分配依据。

3.优化目标绩效激励体系流程

在目标绩效考核体系实施过程中，公司通过一段时间的试运行，明确了考核指标设置流程、考核流程、考核结果公示、考核结果申诉流程、奖金分配流程等关键业务工作流程。

绩效考核工作由公司内控审计部发起组织，各指标管理部门予以配合。即由各指标管理部门提出考核指标、指标值、考核标准及考核结果，内控审计部根据考核结果提出绩效奖金分配方案并提交审批。上述管理流程，均通过《考核指标表》《绩效考核综合评价奖金分配审批表》等表单形式予以固化。月度、季度考核结果通过公司生产经营分析会、公司公告、公司内网绩效考核专栏等多种渠道予以公布。

由于部门管控指标的设置在公司管理中是一种管理创新行为，各部门指标管理还存在着不完善、不科学、不合理的现象，各部门考核指标、考核标准等驱动因素需不断完善。因此在考核结果公布后，增设了考核申诉流程，对于指标管理部门考核不规范的行为进行申诉。由于月度考核指标为刚性指标，其结果不设置申诉机制。季度考核结果申诉由各所属公司向指标管理部门提出考核结果申诉，指标管理部门提出处理意见并对需要作出调整的考核结果反馈至内控审计部，内控审计部根据最终申诉后结果核算绩效奖金。

四、构建基于全面预算管理的目标绩效激励体系取得的成果

1. 促进了集团战略的显现化

首先，煤制油化工公司的目标绩效考核激励体系综合考虑了安全、质量、效益、科技创新等各种因素，将考核结果与过程相结合，倡导安全至上，重视管控水平提高等理念，将公司使命、价值观与愿景、战略转化为不同阶段的绩效指标并分解给公司的每一个员工，将实现指标的行动计划与指标联系起来并配置资源，确保计划、指标与战略目标的实现；其次，目标绩效考核管理也是进行绩效指导与反馈的重要工具，它能持续地对公司各个层面的绩效实施监控、实现沟通，以确保整体业绩达成，促进战略目标实现；最后基于全面预算管理的目标绩效激励体系还是考核评价的工具，它与薪酬等人力资源政策有效地结合能够实现合理的绩效回报，以激励全体员工，提高员工实现绩效目标的积极性与主动性。

2. 实现了利益相关者价值最大化

公司经营的首要目标是要实现利益相关者价值最大化，但是任何一个企业要想获得长期和最终的价值实现，就必须关注其利益相关者利益。煤制油化工公司基于全面预算管理的目标绩效激励体系至少体现了三个利益相关者的价值关注点。

一是社会。煤制油化工公司安健环部要求各所属公司加强环保设施的运营和维护，二氧化硫、COD等排放量不可超出目标浓度，单位煤耗、水耗不可超出规定水平，体现了社会责任的担当，积极响应了国家节能减排的要求。

二是对国家科技创新水平的努力推动。作为一家高科技煤化工企业，煤制油化工公司高度重视科技创新能力的提升，要求各所属公司科研项目验收、研发投入等达到一定比例，为煤化工行业科技水平的提升做出积极努力。

三是通过对纪检监察和党群工作的管控建设维系党对企业的领导地位。

3. 改善了内部运营，引导公司管理品质的不断提升

制度与流程等的规范化是实现公司运营目标的重要保障，关注价值创造就必然要求煤制油化工公司去关注上述内部运作系统，认真思考为什么要进行变革，在什么时候进行变革，变革对于价值创造的实践意义是什么。它的真正意义在于帮助煤制油化工公司有目的地去实现内部运作的规范化，去制定综合的、循序渐进的内部运营变革步骤。煤制油化工公司季度部门管控指标是对这一作用的最好诠释，如设备管理、招投标管理、审计报告整改等指标都有明确的评价标准，不但在指标上要求各所属公司必须达到，而且有明确的细则指导各所属公司如何执行，从而引导各所属公司认真领会本部的管理思想，科学执行管理流程，达到公司整体管理水平同步提升的目的。

4. 员工积极性与主动性得到充分调动

激励作用的原因在于它将员工的贡献与收获紧密的结合，使每个班组、每个个

人与煤制油化工公司的战略目标都紧紧相连，个人价值和煤制油化工公司的价值得到有效结合，通过满足自身需要的驱动力，来调动员工工作的积极性与主动性，引导他们关注自身工作绩效，从而使公司整体经营目标最终实现。煤制油化工公司将目标绩效考核与薪酬等绩效回报联系起来，能充分调动员工工作的积极性与主动性。

5.搭建了企业内部沟通的良好平台

在煤制油化工公司的实际运作中，有许多跨部门的流程存在，这些流程目标的实现需要若干部门有效配合才能完成。在这种情况下，部门间的协作就显得十分重要。"年度经营业绩考核"从煤制油化工公司的总体战略出发并借助流程对战略的驱动力推导考核指标，将其层层分解到公司、部门和员工，形成了煤制油化工公司的纵向目标链；"季度部门管控指标"在实现年度目标时，形成了目标的横向联系，在制定考核目标的支持行动计划时，充分考虑部门间协作。部门管控指标中对绩效改进的建议和绩效申诉机制的设置打开了公司本部与各所属公司在工作协作上的有效路径，长期运行将会形成开放的、重沟通的组织文化。

通过为期一年多的考核体系实践，在国内外化工市场需求萎缩、价格下降的情况下，2013年煤制油化工公司实现了营业收入1474051.02万元，比2012年增长3.8%；在EVA考核导向的引导下，资本保值增值率为176.62%，比2012年增长了44.97%，较好地完成了国有资产保值增值的目标。

（成果创造人：石光华　宋　艳　张　勇　张俊江　冀全梅　王琴娟　高　琦　万国杰　李春雷　孔祥臣　卢卫民　李鹏来）

大型煤炭企业成本管控成熟度研究与实践

中国煤炭进出口公司

中国煤炭进出口公司（以下简称中煤进出口公司）是中国中煤能源集团有限公司下属的全资二级子公司。前身为1988年11月30日在北京成立的中国煤炭进出口有限公司，主要从事煤炭贸易。经过2003年及2007年两次大的整合，通过煤炭资源整合和矿井兼并，转型为以煤炭生产经营为主的企业，主营业务包括：煤炭生产与销售、煤炭及相关项目开发建设、管理运营、地方煤炭资源整合、海外煤炭资源开发。2013年，生产原煤2479.2万吨，商品煤销售2366.4万吨，营业收入821032万元，利润总额23332.4万元，上缴所得税12290万元。

一、大型煤炭企业成本管控成熟度的研究与实施背景

1.应对行业变局，渡过行业严冬的需要

成本管控直接关系企业的兴衰成败，是企业的"生死线"。过去由于煤炭行业长期处于卖方市场状态，煤炭企业更多关注产量和安全，在成本管控方面还有较大的提升空间。2012年以来，由于国内经济增长减速，煤炭下游行业经营困难，煤炭产能过剩，市场持续疲软，库存积压严重，销售价格持续下滑。2013年煤炭全行业形势更加严峻，九成上市煤企业绩跳水，内忧外患，四面楚歌，煤炭黄金十年已告终结，行业未来面临深度调整。加之国家对环保的加大投入和对新能源的重视，煤炭行业过去的政策优势正在丧失。我国煤炭行业的盈利能力出现下滑趋势，投入即利润的时代即将结束，煤炭行业必须承受住深度调整的阵痛，才能实现行业的健康稳定发展。面对煤炭市场持续疲软，煤炭产能过剩，煤炭价格持续下降，煤炭企业应对市场的根本出路就在于加强成本管控活动，降本增效，提升企业价格竞争力。

2.加强过程管理，提升管理能力的需要

中煤进出口公司经历了两次重大的整合和兼并，由煤炭贸易为主的公司转型为以煤炭生产经营为主的企业，由于转型跨度很大导致的管理理念差异以及人才、资金、管理模式、异地管理等问题，中煤进出口公司在安全管理、生产管理、成本管控体系建设等方面存在诸多不足，特别是成本管控体系是整个公司运行的短板。中煤进出口公司在成本管控上还存在着一些亟待解决的问题，主要表现在以下三个方面：

（1）成本管控要素不够明确。成本管控要素和环节不够明确，没有系统研究和分析企业的价值链和成本驱动因素，没有严格成本控制标准，缺乏各类定额标准，成本管控活动处于一种就事论事的盲目状态。

（2）成本管控责任落实不够到位。公司本部和下属子公司对成本管控责任纵向配置脱节，相互之间没有形成一种成本管控的双向责任和考核机制，公司本部与下属子公司两级职能部门没有对成本管控责任进行横向配置，下属子公司的成本管控责任没有有效落实到部门和岗位，成本管控的业绩评价与激励机制不能有效发挥作用。

（3）成本管控流程不够全面。成本管控过程中的计划、执行与考核脱节，成本预测、成本计划、成本控制、成本分析、成本考核等管控环节不能够形成一体化的运作机制，成本管控基本停留在传统的算账、报账型成本管理模式。

因此，以成本管控入手，加强过程管理，有助于中煤进出口公司顺利实现管理提升，有助于企业提升经济效益和竞争力。

3.加强成本管控，促使战略落地的需要

中煤进出口公司自2007年业务转型以来高速发展，6年间子公司增加到15个，公司对下属公司的管控模式处于由战略管控型向操作管控型的探索转变过程中，公司本部和下属企业的集分权关系不明确，公司各层级管理的权限、区域公司及部门职能、岗位职责及其业务流程不明晰，弱化了公司的经营监管力度；公司总部的管控能力建设不足，对基层的业务指导和监督监管能力有待进一步加强，导致中煤进出口公司在安全管理、生产管理、成本管控体系建设等方面与业内先进企业相比存在一定的差距，许多专业和职能的管理体系没有实现闭环控制，比如成本计划与控制、专项资金管理、全面预算管理、合同管理等，特别是成本管控体系是整个公司运行的短板。在战略成本管理思想的框架下，系统地研究和构建一套适合中煤进出口公司运行实际的成本管控体系是中煤进出口公司管理体系建设的迫切需要，形成具有中煤进出口公司实践特色的成本管控理念与管控体系，必将有助于中煤进出口公司成本管控体系的建立与运行。

二、大型煤炭企业提升成本管控成熟度的内涵和主要做法

中煤进出口公司以促使公司战略落地，加强成本管控为目标，以能力成熟度模型为方法论，通过构建成本管理能力成熟度模型，应用模型对企业进行成本管控成熟度测评，指引企业进行成熟度提升和管理提升，为公司平稳渡过行业危机、为抓住行业下一波的发展浪潮奠定坚实的基础。

1.能力成熟度与CMM模型

能力成熟度理论来源于软件管理工程以及质量管理的实践。20世纪70年代中期，美国国防部立题专门研究软件管理工程，开始了软件管理工程过程能力成熟度的研究。1979年，克劳士比在《质量免费》中提出了质量成熟度方格，阐释了质量管理中过程管理的步骤和评价标准，被视作成熟度理论和能力成熟度模型的起源。卡耐基美隆大学于1991年发表了能力成熟度CMM模型。经过不断延展CMM内涵与适用性，如今的CMM模式包含了系统工程、软体工程、整合产品与流程发展，以及委外作业四个专业

领域。能力成熟度模型（CMM）通过对被管理对象在定义、实施、度量、控制和改善全过程实践中各个发展阶段的描述，进行相应的评价和改善。其核心是把管理活动视为一个过程，并根据这一原则进行过程监控和研究，以使其更加科学化、标准化，使企业能够更好地实现商业目标。能力成熟度模型是具体的管理理论与成熟度理论相结合的工具。根据成本管控成熟度模型CMM的定义，每个一级关键过程域可划分为若干个名为共同特点的二级关键域，共同特点规定了一些关键实践，当这些关键实践得到认真执行时，二级关键过程域的目标得以实现。这些关键实践定义为三级关键活动。

2.成本管控成熟度模型搭建原则

（1）过程管理原则：成本管控成熟度的内在逻辑是以过程保证结果，因此评价全程体现的是过程管理而非结果考核，以过程指标为主。

（2）科学性原则：模型的构建过程中，充分体现科学性，体现在方法科学，在统一的战略成本体系中实现了作业成本法和成本企划的部分融合；过程科学，涵盖了成本事前、事中、事后的全过程。

（3）系统性原则：成本管理系统本身是企业管理系统内部一个特色鲜明的子系统，在构建模型过程中，采取系统论的观点，将成本管理活动放在成本管理系统中，放在整个企业管理系统中综合分析，实现全局优化。

（4）适用性与可操作性原则：模型的构建符合煤炭行业和中煤进出口公司实际情况，具有现实的可适用性；同时，模型是中煤进出口公司成本管理实践的总结和提炼，具有极强的可操作性，能有效的落地并指导成本管理实践。

（5）可持续改进型原则：模型可以指导煤炭行业企业在某一成熟度等级内不断提升成本管理水平，实现成本管控成熟度等级提升，循环往复，实现成本管理工作的持续改进。

3.模型搭建

（1）确立成本管控成熟度等级。依据成熟度模型，结合美国管理学家克劳士比《质量管理成熟度方格》，将成本管控成熟度划分为以下五个等级：

第一级，初始级。初始级是成本管控成熟度的最低程度。该等级下企业组织内部缺乏整体的成本管理意识，成本管理活动随意性高，缺乏成本管理的相关机制和体系，缺乏必要的成本管理工具，成本管理工作处于被动、无序的混沌状态，结果处于不明确和随机状态，往往取决于领导和关键岗位人员的个人素质和能力，对外界因素缺乏抗干扰能力。

第二级，可重复级。处于该级别的企业组织内部开始出现了成本管理意识，开始建立成本管理相关规范，推行成本管控相关手段，但还不够系统和全面，处于探索阶段。

第三级，规范级。处于该级别的企业组织内部形成了良好的成本氛围，成本意识明显；企业成本管理主动性显著提高，但经常出现形式主义现象；制定了规范的成本管理体系，成本管理手段贯穿于各个业务环节；成本管理活动有章可循，成本管理部门和岗位各司其职，全面成本管理逐步开展，但管理眼界基本局限于企业内部；有基本的成本管理系统，成本管理数据可知。

第四级，管理级。处于该级别的企业组织内部成本氛围非常好，积极创新成本控制手段，成本管理成为习惯；构建了完善的成本管控体系，促使业务在成本可控的前提下高速发展；深入开展精细化管理，将所有成本相关因素都纳入管理范畴；对所有成本动因进行了深入分析并制定了应变措施，能够快速反应以减小外部干扰；构建了成本管理系统，成本执行可控。

第五级，优化级。处于该级别的企业组织成为高效的成本控制型组织，不断实现成本管理创新；组织内部有着业内最优的成本管理实践，指导业务高效运行；在全面精细化基础上，能够有效识别成本动因的关键性，做到适时取舍；成本管理形成了具有自我改进和创新的特色模式；构建了成本数据库实现经验的快速沉淀，支持对业务成本管控的持续优化。

成本管控成熟度级别提升定义（见图1）。

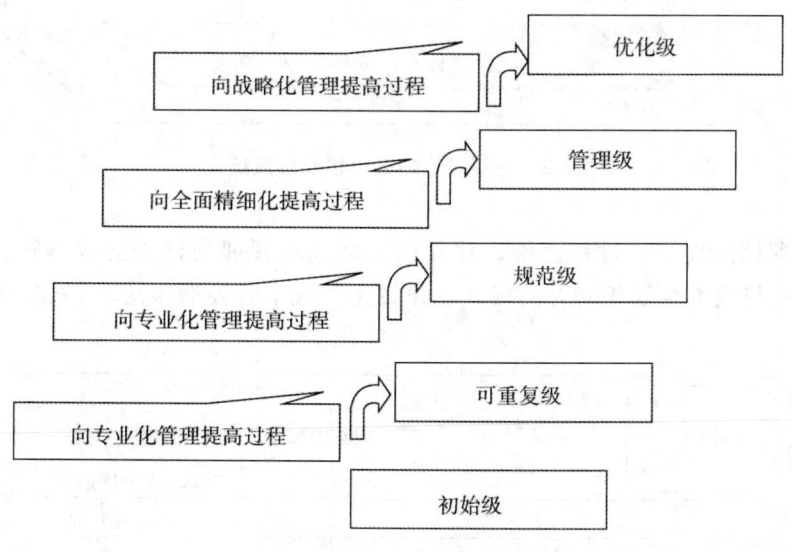

图1　成本管控成熟度模型级别提升过程

（2）确立模型维度。随着成本管理环境的变化与发展，企业成本管理最终表现为多维的范畴。成本管理不仅仅局限在企业内部价值链，还应贯穿于外部价值链；不仅关注产品的制造过程，还要贯穿产品的研发、设计、试制和售后服务，以及企业各项经营策划的全过程；不仅要计量、核算已发生的历史成本，而且还要应计量、预测尚未发生的成本；不仅要分析本企业成本管理状况，而且还应进行竞争对手的成本分析和行业的价值链分析；不仅要关注短期成本管理效果，更应立足于长期，从战略发展的层度来设计、管理成本。与此相适应，成本管理的内涵也应由物质产品成本扩展到非物质产品成本，如人力资源成本、资本成本、服务成本、产权成本和环境成本等。在市场经济环境下，企业应树立成本的系统管理观念，将企业的成本管理工作视为一项系统工程，强调整体与全局，对企业成本管理的对象、内容、方法进行全方位的分析研究。构建多维成本管理观，是企业成本管理的发展要求。

成本管控成熟度模型通过借鉴国内外成本控制理论的最新成果及实践应用，研究企业过往成本管理模式与实践经验，结合中煤进出口公司的成本管控实际和管理短板，从解决问题的角度，确定了模型的三个维度。

①成本管控要素维：价值链维（见图2）。根据中煤进出口公司核心价值链分解，成本管控关键核心要素包括：采购、生产（采、掘、机、运、通）、库存、销售和财务管理。

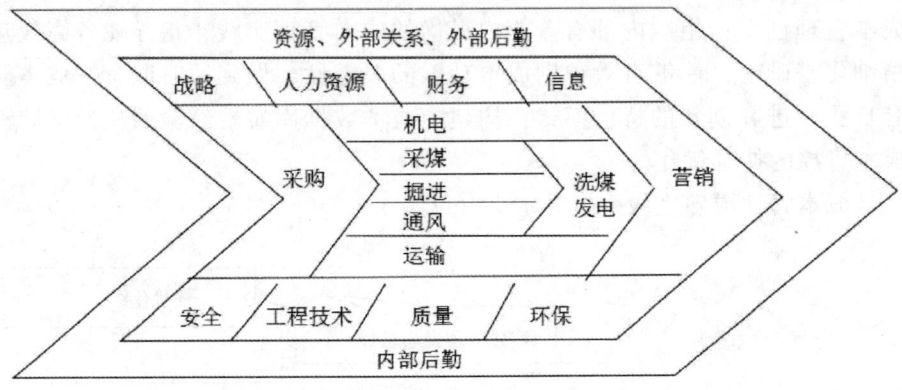

图2　中煤进出口公司核心价值链

②成本管控流程维：过程链维。建立以战略成本管理为核心的成本管控体系，确立成本作业法与成本企划相融合的模式，设计出"成本管控七步法"，见图3。

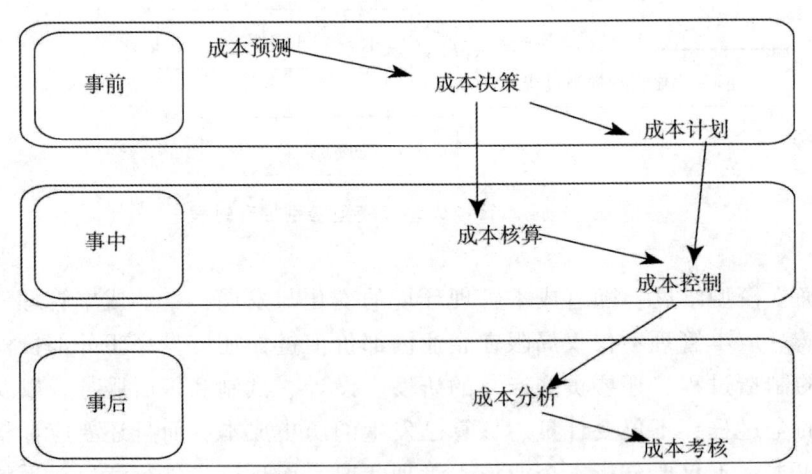

图3　成本管控七步法

③成本管控支持链：管理基础平台。包括成本组织、成本人员、制度与流程、系统与信息工具、定额管理。其中，成本组织、成本人员、制度与流程是企业开展成本管控工作的基础和前提；系统与信息工具是促使成本信息可见、可控、可优化的必要工具；定额管理是成本管控的基础性工作。

（3）确定模型等级和关键域。确立成立管理成熟度各级关键域与关键活动，就是对成熟度的评价因素进行识别，并将能够体现成本管理水平的复杂因素分解成比较简单，容易被认识和度量的基本单元，从错综复杂的关系中找出因素之间本质的联系，在众多的影响中抓住主要矛盾，建立一套科学、客观、实用的成本管控成熟度评价体系。成本管控成熟度体系是由一系列相互联系、能敏感反应成本管理状况及存在的问题的关键域和关键活动构成的有机整体。相关指标的选取和确定，应遵循以下原则：科学性、系统性、优化性、相对独立性、可比性和可预测性。

根据成本管控成熟度模型的三个维度，为了对中煤进出口下属企业进行有效评价，确立了十二个一级关键域，分别是：成本管理七步法（①成本预测、②成本决策、③成本计划、④成本核算、⑤成本控制、⑥成本分析、⑦成本考核）、⑧成本组织管理、⑨成本人员管理、⑩制度与流程管理、⑪定额管理、⑫信息化管理。

初始级不包含任何一级关键域，根据初始级的定义，处于初始级的企业成本管理工作处于无序、混沌状态，缺乏管理过程保障，主要靠领导和关键岗位人员的素质和能力开展成本管理。可重复级包括成本组织管理、成本人员管理和制度流程管理三个一级关键域，处在这一等级的企业开始了建立成本规范，开展成本管控的探索，必须有相应的成本组织、人员、制度流程予以支持和配合，才能使得成本管理规范和成本管控手段得以落地，避免走入形式化的误区。规范级包含定额管理，处于规范级的企业已经建立了较为规范的成本管理体系，成本管控手段已经贯穿到各个业务环节，需要做好定额管理这一成本管理尤其是作业成本管理的基础性工作，为成本管控效果的改善和成本管控成熟度的提升夯实基础。管理级包括成本管理七步法和信息化管理，处于管理级的企业构建了完善的成本管控体系并积极创新成本管控手段，可以通过成本管理七步法进一步加强成本管控，通过信息化管理实现所有成本信息的可见、可控，从而为实现成本控制持续优化奠定坚实的基础。优化级是理想状态，不包括任何一级关键域，企业可以通过把所有一级关键域做到极致的方式达到优化级。

根据成熟度模型的定义，每个一级关键过程域可划分为若干个名为共同特点的二级关键域，共同特点规定了一些关键实践，当这些关键实践得到认真执行时，二级关键过程域的目标得以实现。这些关键实践定义为三级关键活动。根据成熟度理论的要求，将12项一级关键域分解为43项二级关键任务域以及158项三级关键活动。并确定将主体、职责、管理标准、定额依据作为评价活动的共同特点，当这些共同特点的关键实践得到认真执行时，才能确保二级关键过程域的目标得以实现。

（4）搭建模型。成本管控成熟度模型（见图4）提供了成本管理七步法、五大基础支持条件、五大价值链核心要素的成熟度框架，中煤进出口公司在此框架下构建了全面的成本管控成熟度评价体系。一是将现有的财务职能纳入到"成本管理过程"领域并进行细化，将企业信息系统、相关制度、成本组织及人员以及各项定额标准纳入到管理基础平台，形成12项一级关键过程域，43项二级关键任务域以及158项三级关键活动。

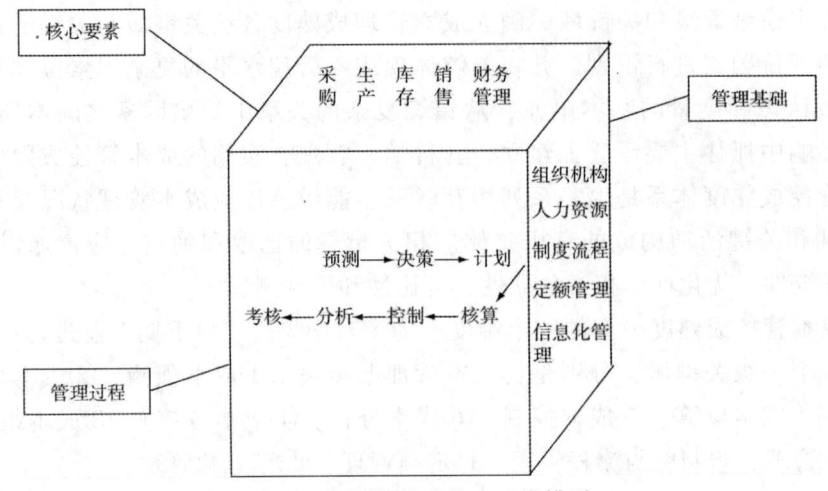

图4　成本管控成熟度三维模型

模型特点与适用范围：成本管控成熟度模型建立了一个以煤炭行业价值链分析为基础，以"成本管控七步法"为核心，以企业管理基础平台为支持，融合作业成本法和成本企划的战略成本管控平台。应用该模型对煤炭行业企业进行测评，可以有效的辨识其成本管控成熟度等级，识别其与行业先进水平的差距所在，同时挖掘企业成本管控工作的亮点，为下一步先进经验的复制推广和管理提升提供了依据和指南。

成本管控成熟度模型适用于煤炭行业企业，若用于非煤炭行业企业，应根据行业价值链、企业价值链和行业竞争状况等方面的具体特点，对模型进行针对性的修改和调整。

4.评价标准及评价活动

2012年底，中煤进出口公司组织专家评价组，有效地开展了对5家试点单位成本管控成熟度的评价工作。专家评价组成员通过实地调查、穿行测试、相关人员访谈、书面资料搜集与阅览等途径，独立地作出客观判断。8名专家分别评价各自专业范围的成熟度模块，采取一名专家评价，专家组所有成员讨论，最后协商一致通过的方式，既体现了专家的独立、客观与专业性，又最大程度地集思广益，保证了评价结果的科学性和全面性。同时，成立了协调小组，在一些主观性较强的关键活动评价的过程中，严格把握统一尺度，保证了评价的公正性。

本次评价过程中，12个关键域分别归类到成本成熟度等级的可重复级、规范级和管理级，其中，可重复级着重关注企业最具共性的基础平台——组织、人员、制度流程，规范级关注企业各项定额管理工作，管理级则关注企业成本管理七步法与企业信息化管理的开展情况。评价采取先定等级，同等级再比小分的方式。可重复级维度综合水平达不到较差的，降至初始级；可重复级维度综合水平为较好及以上的，升至规范级；规范级维度综合水平为好以上的，升至管理级；管理级维度综合水平为很好的，升至优化级。

5.评价结果及分析

被测试的五家单位，都没有能够达到成本管控规范级的程度。即组织内部形成良好的氛围，基层员工成本管控意识强，成本管控的措施已经贯穿各业务环节；其中A和B公司还未能有效开展对管控责任主体履职的考核工作，同时还未建立完善的、贯穿各业务环节成本管控措施，只能满足成本管控可重复级的要求，即组织内部意识到需要实施成本管控，高层积极、有意识地推行成本管控手段，公司已经建立初步标准和规范；C、D、E公司的成本管控体系尚未建立，不能满足成本管控可重复级别的要求，降级至成本管控初始级，即组织内部还未形成成本管控的意识，缺乏成本管控的相关机制和体系，成本管控呈现无序状态（见表1）。

表1 成本管控成熟度测评结果

排名	单位名称	等级平均分	成熟度等级	总分
1	中煤进出口A煤矿	2.29	可重复级	391
2	中煤进出口B煤矿	1.90	可重复级	281
3	中煤进出口C煤矿	0.64	初始级	231
4	中煤进出口D煤矿	0.35	初始级	214
5	中煤进出口E煤矿	0.87	初始级	206

三、大型煤炭企业成本管控成熟度的实践和效果

1.成本管理提升规划

通过成本管控能力成熟度测试，挖掘出中煤进出口公司成本管理工作存在以下三类主要问题：一是成本管控基础平台建设缺失，表现在成本管控主体责任不够明确，相关标准和制度的缺失导致成本管控无法可依，现有的成本管控相关制度大多流于形式，缺乏实用性和可操作性，成本管控工作重结果分析、考核，轻过程控制、管理；二是价值链主要环节，如采购、生产、库存等环节成本管控工作不够到位；三是成本管控工作随意性大，尚未应用科学的、系统的成本管控方法。

测试过程中也进行了亮点挖掘：中煤进出口A煤矿不仅成立了公司层面成本控制工作组，同时明确了成本管控工作组和牵头部门职责，并在此基础上建立和完善了包括《劳动定员测算方案》《材料配件、材料控制考核办法》《材料消耗定额》以及《流动资金定额管理办法》在内的一整套较为健全的成本管控机制，经提炼和总结后在各煤矿进行推广。

针对评价结果及五家煤矿的现状，提出了为期一年的成本管控成熟度提升规划：一是大力建设成本管控基础平台。中煤进出口公司对被评价单位提出了落实成本管控的责任主体，建立及明确成本管控组织和职责，有效地分解成本管控目标至部门和岗位，从制度流程入手完善现有的标准（制度）体系建设；有效地开展对责任主体的成本管理过程（履职）的绩效考核工作等明确的提升建议和管理措施；二是全面加强和改善采购、生产、库存、销售等环节的成本管控工作。结合公司正在开展的降本增效、产运销衔接、精细化管理等管理提升活动，把改善核心价值链环节的成本管控作为管

理提升的关键环节;三是推广"成本七步法",促进成本管控工作的科学性和系统性。

2.成本管控成熟度管理提升实践

基于成本管控成熟度测试的过程及结果指引,五家煤矿分别针对各自成本管控成熟度方面存在的不足,进行了针对性的管理提升工作。

(1)成本管控基础平台是五家煤矿共同的薄弱环节,从2013年开始,五家企业均成立了由一把手为组长的成本管理领导小组,将过去分散到各个部门的成本管理工作集中到成本管理领导小组进行统一指挥和协调,并通过成本管理领导小组,加强了对各部门成本管理工作的考核;在系统、深入的工作分析前提下,增加了专职的成本管理岗位和人员,推动成本管控工作走向专业化、精细化;对涉及成本管理的相关规章制度进行清理和汇编,对大量过时的、可操作性不强的规章制度进行了删减,对缺失的规章制度进行了增补,逐步建立起一套成体系的成本管理制度体系。

(2)根据提升成本管控成熟度的要求,中煤进出口公司成立统一的采购中心,对所属生产企业实行集中采购、集中供应,在山西朔州、大同区域成立物资供应站。通过规模采购优势降低采购成本,提高物资采购质量,通过集中供应优势,逐步取代各矿厂大仓库,整合人财物资源,减少库存量,降低库存成本。此外,B企业建立了以Kraljic矩阵为基础的分类采购体系,这是一套采购风险评价、采购利润评价相结合的战略采购体系,实现了在保证战略采购优先的前提下,达到采购成本最优化。

(3)根据成本管控成熟度测试中显示的库存总量过大,分类、结构不合理的现状,各煤矿对库存进行了相应的清理和优化。其中A煤矿对库存的调整优化最为全面系统。A煤矿在全矿范围对现代库存管理的观念和方法进行了大力宣贯,转变了职工过去"库存就是仓库管理"的陈旧观念;从整体上调整优化了库存系统,在ERP系统中实现了企业库存系统与中煤进出口公司集中采购系统的无缝对接,做到战略库存及时到位,耗用库存自动补货;对各项库存进行了重分类,在保证安全生产的前提下,大大压缩了库存总量,优化了库存结构;通过建立相关的定额并执行到位,以及开展修旧利废工作,减小了库存的消耗。

(4)生产始终是煤炭工作最中心的环节,也是成本管控的重中之重。针对成本管控成熟度揭示的各煤矿重视安全生产、相对轻视生产过程中成本管控的现状,各煤矿在煤炭生产各个环节开展了降本增效的专项活动。中煤进出口公司从2013初开始,设立区域设计中心,全面开展开拓延深设计优化,巷道断面、支护方式及支护参数优化,生产布局优化工作,实现科技降本,在保证安全生产的前提下,有效避免了工程质量过剩,降低了人工机械成本和材料成本,从而实现了从源头降本增效。其中2013年D煤矿与中国矿业大学合作,对大同地区的近距离煤层的开采进行专题研究论证,率先提出并实际完成了近距离薄煤层掘进巷道的断面优化设计,通过沿底掘进,把掘进巷道高度从原设计的2.7米降低到目前的2.2米,巷道高度降低后支护材料投入减少333万元,掘进劳务支出减少639万元。机电方面,各煤矿开始加强线路的无功补偿管理,逐步采用变频控制技术,使用节能型设备,进行降容改造,减少电能损耗。

(5)根据成本管控成熟度测试显示,各煤矿的销售工作仍然沿袭卖方市场阶段的等靠要的习惯，在销售成本控制不够严格的同时，销售在市场开拓方面的力度远远不够。2013年，各煤矿依据成本管控成熟度模型的要求，对销售工作进行了整改。其中B煤矿大力加强销售部在计量方面的准确性，成立了煤质领导小组和煤质抽查小组，对煤质进行严格的考核；全力开拓市场，积极发展新客户，通过长期合同，锁定预期收益；强化装运管理、协调路企关系，保证了交货的及时和稳定。通过大力加强销售，销售费用合理增长，实现了营业收入和利润在行业环境恶化的背景下稳定增长。

（6）根据成本管控成熟度测试显示，大部分煤矿定额管理处于空白状态，使得成本管控缺失基础要件，经过一年的努力和整改，所有煤矿都已经建立起劳动定额、流动资金定额和管理费用定额。其中A煤矿在2012年的基础上，进一步完善了消耗定额、储备定额和设备定额，建立其较完整的定额管理体系，并在此基础上开始推行作业成本管理，为从深层次发掘成本动因，从而降低成本打下了基础。

（7）成本管控成熟度模型对成本管控方法的科学性提出了更高的要求，各煤矿根据自身情况，分阶段分步骤的改进自身成本管控方法。其中A煤矿和B煤矿通过全面推进预算管理工作，促进成本管控方法科学化。通过预算的编制、执行、分析、评估和考核工作，将成本管控各个环节纳入预算控制范围，严格控制无预算成本支出。按照各项成本的开支范围、标准和用途做好预算工作，严格履行各项程序。建立起以班组核算为基础、车间核算为桥梁、矿级核算为指导的核算体系，并将成本指标层层分解到车间、班组和个人，从而形成了全员参与、全过程控制的成本目标责保体系，实现了成本核算与全员目标管理紧密结合，还实行了全员目标考核。

3.成本管控成熟度管理提升效果

通过成本管控成熟度测评及为期一年的成本管理提升，截至2013年底，各家煤矿整体成本管控成熟度均已达到可重复级标准，部分煤矿已接近规范级标准，成本管控能力得到全面的提升，主要表现在以下四个方面：

（1）成本得到有效控制。五家煤矿的吨煤费用成本、外包劳务费用、管理费用、销售费用等主要成本构成均得到一定程度的下降，优化设计节约资金、材料节约资金等得到较大幅度的提升，总成本得到了切实的降低；在保证安全生产的前提下，安全成本、外包劳务占比相对下降，技改成本、销售费用占比相对上升，成本结构得以优化。

（2）提高进出口公司成本管理各项工作的成熟度，包括成本意识成熟、组织成熟、方法成熟、风控成熟和效果成熟。

①意识成熟。转变成本只是财务部门事后考核工具的陈旧观念，树立全面成本管理观念，使全员、全面、全过程成本思想协调一致；充分认识到经济与效益的关系，以一次性投资节约、全寿命经济性、达到综合效益最大化为立足点；做到成本管理工作高层领导重视并模范执行，中层领导积极推动并做好部门间协调，成本专职管理人员与时俱进不断提高，成本管理原则成为所有员工工作的行为准则。

②组织成熟。改变成本管理工作零散归口各个部门，并且主要精力放在财务事后核算和结果考核的局面，将成本管理工作统筹到相应的管理部门，落实到具体的岗位，

对成本目标进行有效分解后,对各部门的成本控制工作进行全过程监督和考核;组织内部信息沟通充分、协调到位;除了刚性的规章制度流程,也通过柔性的方法,如共同的价值观和成本文化,提升成本管理工作的效率。

③方法成熟。成本管理的方法既符合企业当前的实际,又能推动企业未来成本管理工作的提高;方法本身应该科学,在运用目标成本和作业成本法进行决策时,必须先做好定额管理等基础工作;应用某项方法时进行多方位全面分析,例如成本动因分析中,在结构性、执行性、作业性三个方面进行全方位挖掘;成本目标的确定科学合理,分解落实到位,实施严格的责任成本制度;各种方法的运用强调时效性,实时管理,同时加强历史数据管理为未来决策提供依据。

④风控成熟。成本管理实现由内向外扩展,从关注企业内部资源耗损转向关注外部市场变化,综合运用风险回避、风险降低、风险转移、风险应急等措施,有效减小损失,并充分利用风险因素获取收益。

⑤效果成熟。成本管控成熟度是以过程保证结果的,因此效果成熟度实质上是过程成熟度;在决策、设计、生产等各个阶段,通过全局优化的过程管理,达成成本战略目标。

(3) 有效实现了管理提升。通过提升成本管控成熟度,各煤矿的成本管控的责任主体得到落实,成本管控组织和职责得以明确,成本管控目标有效地分解至部门和岗位并得到有效考核,成本管控制度流程标准体系得以建立;科学的成本管控方法得以逐步推广。通过成本管控,改变了只重视管理结果,不重视管理过程;只对管理结果进行事后考核,不对管理过程进行系统的优化和监控的落后管理方法,建立起过程管理的框架,使得各煤矿的基础管理工作得到有效的提升。

(4) 加强和改善了中煤进出口公司对下属煤矿的管控能力。通过中煤进出口公司和下属煤矿一年的成本管理提升,基本建立起一套战略成本管控体系,大大强化了中煤进出口公司对下属煤矿的管控能力,有效地夯实了公司成本管控职能,确保了公司战略尤其是成本战略落地;以成本管控为抓手,加强对下属公司的财务垂直管控,实现产业链的高效协同和公司管控意志的落实;以成本管控为抓手,建立全面风险管理系统,使企业在变幻的市场环境中稳定发展;可以借鉴先进管理经验,实现全面的管理提升,为公司未来进一步发展提供深层次的动力源。

通过成本管控成熟度测评以及随后的管理提升,有效地提高了中煤进出口公司下属煤矿的成本管控成熟度,再次印证了成本管控成熟度模型的科学性。

(成果创造人:黄忠国 邹文堂 赵树业 王姝娥 朱传科)

环境综合治理管理体系在煤矿生产中的应用与实践

冀中能源邯郸矿业集团有限公司

冀中能源邯郸矿业集团有限公司（以下简称邯矿集团）是冀中能源集团有限公司的子公司，其前身为邯郸矿务局，成立于1958年。2003年，邯郸矿务局完成了公司制改造，邯郸矿业集团有限公司成立。邯矿集团已经形成邯郸、保定和山西三大矿区的生产格局，是一家以煤炭采选加工销售为主业，发电、焦化、物流等多元发展、跨地区、跨行业、跨所有制的大型国有企业。

一、环境综合治理管理体系的实施背景

开展环境综合治理管理是提高企业市场竞争力、推动环境、大气污染治理、节能减排工作的最佳途径，是实现经济、社会和环境效益的统一，是企业的根本要求和最终归宿。同时，环境管理生产又是一个系统工程，一方面通过工艺改造、设备更新、废弃物回收利用等途径，实现"节能、降耗、减污、增效"，从而降低生产成本，提高企业的综合效益；另一方面可以提高企业的管理水平，提高包括管理人员、工程技术人员、操作工人在内的所有员工在经济观念、环境意识、参与管理意识、技术水平、职业道德等方面的素质。环境治理管理还可有效改善操作工人的劳动环境和操作条件，减轻生产过程对员工健康的影响，为企业树立良好的社会形象，促使公众对其产品的支持，提高企业的市场竞争力。开展环境管理将给企业带来不可估量的经济、社会和环境效益。

二、环境综合治理管理体系的主要内涵

近年来，康城煤矿2#煤储量严重枯竭，已进入最后的采空区复采、边角煤残采回收收尾阶段，煤炭生产能力受到很大限制，为谋求企业稳定和正常生产经营，提高企业管理水平，康城煤矿成立了《康城煤矿环境管理体系领导小组》，在全矿广泛开展环境管理形势任务和职工意识教育、增强全员管理意识的基础上，及时制定了《康城煤矿环境生产管理制度及标准》《康城煤矿环境治理目标及工作计划》和《康城煤矿环境生产管理合理化建议奖励标准》。通过实施环境管理生产体系，实施低能耗、低污染、低排放为主要特征的低碳发展，可以实现经济的可持续发展，可以有效地控制环境污染，大大减轻末端治理的费用，提高生产效率，树立良好的企业形象；可以提高

企业自身的管理水平和市场竞争能力。

三、环境综合治理管理体系的主要做法

按照煤矿环境综合治理管理体系技术标准和工作程序，康城煤矿按筹划和组织、预评估、评估、方案产生和筛选、可行性分析、方案实施、持续环境治理七个阶段进行。康城煤矿企管科、生产科、技术科、后勤科、材料科、计划科、财务科和洗煤厂负责七个阶段工作程序审核。

1. 环境综合治理第一阶段：筹划和组织

筹划和组织是企业进行环境管理生产审核工作的第一个阶段，目的是通过宣传教育使企业的领导和职工对环境管理有一个初步的、比较正确的认识，消除思想上和观念上的障碍；了解环境管理审核的工作内容、要求及其工作程序。本阶段工作的重点是取得企业高层领导的支持和参与，组建环境管理生产审核工作小组，制定审核工作计划和宣传。

康城煤矿首先对审核小组进行环境治理审核的知识培训，聘请环境管理审核师向矿内的中层以上管理人员宣讲环境管理审核的来源、环境管理国内外的现状、环境管理法律法规和环境管理审核的基本知识，要求每个生产车间都要有专人负责环境管理审核工作，按照环境治理管理审核7个阶段工作程序、35个工作步骤，企业如何从8个方面去分析问题，充分运用环境管理审核3个思路找到能源消耗高、资源浪费严重、污染物产生量大的部位。其次，引导矿内的广大职工如何针对本职工作提出环境管理合理化方案，找到环境管理审核方案，进行方案产生初步分析和汇总，并且制定环境管理审核工作计划。康城煤矿审核小组根据制定的审核工作计划，严格按照环境管理审核方法要求，认真按时开展相应的审核工作，确保审核工作按计划完成。

2. 环境综合治理第二阶段：预评估

在预评估阶段，对矿生产状况、主要工艺流程、设备水平及维护情况、环保状况、三废的循环利用情况、管理状况进行了全面的调查。

确定环境管理目标应考虑的因素：环境保护法规、标准；环境管理体系标准、程序；区域总量控制规定；煤矿发展远景和规划要求；国内外同行业的水平和本矿存在的差距；审核重点生产工艺技术水平和设备能力；煤矿的能力；其他，如煤矿升级、落实某项行动计划等。

确定环境管理目标应考虑的原则：容易被人理解、易于接受、且易于实现；可以度量、具有灵活性，可以根据需要和矿实际情况作适当调整；有激励作用，有明显的效益；符合煤矿经营总目标；能减轻对环境的危害程度；能明显减少废物处理费用；能减少物耗、能耗、水耗和降低生产成本；具有回收价值的副产品，有经济效益；防治污染措施易于落实，最好能争取到优惠条件和贷款（或赠款）；产品在今后的国内外市场上具有竞争力；最终是通过对生产记录原始数据分析，发现环境管理的潜力和机会，确定矿井审核重点。

3. 环境综合治理第三阶段：评估

评估是环境管理审核的初始阶段，是发现问题和解决问题的起点，本轮环境管理

审核工作中,审核小组成员对全矿进行了现状调研和考查,根据调查分析出的废物产生及流失部位,从环境管理审核的八个方面着手,分析废物产生的原因,根据各个部门环境管理的潜力和机会,设置环境管理目标,同时对发现的问题找出对策,对产生的简单易行的无/低费环境管理方案给予实施。

针对矿审核重点对象,在康城煤矿进行实际考察,并根据输入输出物流、物料平衡等相关资料,分析废弃物产生的原因。发现了物料流失的环节,找出了废弃物产生的原因,为环境管理方案的产生提供依据。

4.环境综合治理第四阶段:方案产生和筛选

方案产生和筛选是企业进行环境管理审核工作的第四个阶段。本阶段的目的是通过方案的产生、筛选、研制,为下一阶段的可行性分析提供足够的中/高费环境管理方案。本阶段的工作重点是根据评估阶段的结果,制定审核重点的环境管理方案;在分类汇总基础上,经过筛选确定出一个中/高费方案供下一阶段进行可行性分析,环境管理方案直接关系到矿环境治理管理审核的成效,在分类汇总基础上,审核小组对这些方案进行了整理汇总,根据矿实际情况确定投资金额,以确定无/低费方案、中/高费方案,并对筛选的中/高费方案进行方案的初步研制。

5.环境综合治理第五阶段:方案可行性分析

本阶段是对环境治理的中/高费方案进行分析和评估,对方案的技术、经济、环境效益进行具体分析。

根据环境治理管理方案的筛选结果及矿的发展计划,确定了本次环境治理管理审核过程中产生的四个高费方案将全部实施,对其进行了技术、环境、市场调查和经济评估,以得到最佳的、可实施的环境管理方案。

6.环境综合治理第六阶段:方案实施

方案实施是根据所提出的可行的环境治理管理方案实施的过程。通过可行的高费环境管理方案的实施,可以使企业实现技术进步,取得明显的环境效益,同时获得经济效益。通过评估已实施环境治理管理方案的阶段成果,激励促进企业持续环境管理。主要工作重点是总结已实施环境管理方案的成果、统筹规划推荐方案的实施。

(1)组织方案实施(统筹规划、筹措资金、实施方案)。
(2)汇总实施的中费方案成果(经济、环境效益)。
(3)验证已实施的高费方案的成果(经济、环境效益和综合评价)。
(4)分析总结已实施的方案对组织的影响(实施成效对比宣传)。

康城煤矿自2013年开展环境综合治理管理审核管理工作以来,进行人员责任分工,制定了环境管理工作计划,向全矿职工进行了环境管理宣传,发动广大职工积极参与,以康城煤矿矿井、洗煤厂、储煤场和锅炉作为审核重点,共提出方案23条,其中中费方案19条,高费方案4条,目前已全部实施。

7.持续环境综合治理管理

持续环境治理管理的目的是使该项工作在企业内长期、持续地推行下去。其工作重点是建立推行和管理环境管理工作的组织机构、建立促进实施环境治理管理的管理制度及制定持续环境治理管理计划。由于环境治理管理是动态的、相对的和连续的，只有循序渐进，不断解决遇到的问题，才能够不断地深化和完善环境管理工作。应采用环境治理管理理念开展技术创新和攻关，为解决资源有限性和未来日益增长的原材料和能源需求提供解决途径；应建立推行环境管理的合理管理体系，包括改善有关的实用技术，建立人力培训规划机制，开展国际科技交流合作，建立有关的信息数据库；要通过实施环境管理，提高全体职工对环境管理的认识，最终实现可持续发展的目标。

从环境管理自身的特点看，环境治理管理是一个相对的概念，是一个持续不断的创新过程。为了有效地将环境管理审核有组织、有计划地继续推行下去，环境管理审核小组制定了持续环境管理审核计划，并详细列出拟实施中/高费方案实施进度表。持续环境管理审核计划见表1。

表1 持续环境管理计划

名称	主要内容	开始时间	结束时间	负责部门
持续环境管理审核工作计划	1.总结本次环境管理审核经验。继续收集资料，确定审核重点，确定新的环境管理目标	2014.1	2014.12	环境管理办公室
	2.对审核重点进行实测，进行物料和能量平衡，了解重要的工艺参数	2014.3	2014.5	
	3.评估与分析废弃物产生原因，广泛产生和汇总方案，对方案进行分析和筛选，实施无/低费方案	2014.5	2014.9	
	4.对初步可行的中/高费方案进行可行性分析，制订方案实施计划	2014.9	2014.12	
	5.对所推荐的方案进行组织及计划实施	2014.2	--	
审核方案的实施计划	1.继续发现和实施无/低费，并将效果明显的无/低费方案制度化	2012.6	2012.10	环境治理管理办公室
	2.将有关人员培训的环境管理方案列入康城煤矿职工培训计划			
	3.中/高费方案的实施按计划进行			

四、环境综合治理管理体系的实施效果

由已实施环境治理管理方案的总结可知，康城煤矿取得了显著的经济效益和环境效益。环境治理管理审核提出的方案全部实施后，康城煤矿可实现年减少煤粉尘排放量1219.5t，减少废水产生量1.6万m³，减少电耗187.52万kwh，年节约锅炉燃煤13000t。而且还可以减少CO_2排放量3.4万t左右，减少SO_2排放210t左右，年可产生经济效益828.12万元。主要环境治理管理方案的实施：

1. 储煤场建立挡风抑尘墙

康城煤矿目前储煤场为敞开式作业，虽有喷淋系统，但遇大风天气易产生二次扬尘，不仅污染了道路和生活区的环境，也造成了大量的煤流失，同时也造成了水资源的浪费。因此，康城煤矿结合环境要求与经营现状，在煤场安装了抑尘挡风墙。审核小组从技术、环境、经济等角度对本方案进行了可行性分析。

露天储煤场煤粉尘在装卸过程中的产污系数为3.53–6.41Kg/t煤/年，煤粉尘在堆存过程中产污系数为1.48–2.02Kg/t煤/年。使用挡风抑尘墙后，按80%的减尘率计算，当煤场年储量为45万吨时，在装卸过程中会产生1588.5–2884.5t粉尘，其中60%–80%的粉尘会被吹走，即953.1–2307.6t；在堆积过程中产生666–909t粉尘，其中40%–50%的粉尘会被吹走，即266.4–454.5t，以上两部分累计产生1219.5–2762.1吨的煤粉尘流失。两部分累计产生最少1219.5吨的煤粉尘流失。每年可节约61万元（每吨煤按售价500元/吨）的煤粉尘流失。

$P_1=1219.5×500=61$ 万元

2. 矿区集中供热改造

该治理项目实施后，热源由陶二矸石热电厂提供。一是取消了康城煤矿矿区现有的多台中小型低效（实际热效率一般在60%左右）高排放供热锅炉，其中康城煤矿工业广场2台2.8MW热水采暖锅炉，2台4t/蒸汽锅炉；社区2台2.8MW热水锅炉；二是避免了矿区新增中小型低效高排放供热锅炉，按矿区供热负荷至少需设2台4.2MW热水采暖锅炉。

由于陶二矸石热电厂配置的是高效（实际热效率为85%左右）循环流化床锅炉，燃用发热量为3000 kcal/kg左右的中煤、煤泥及煤矸石等低热值混合燃料，因此，每年不仅可以节省优质烟煤（中小型供热锅炉燃料一般为Ⅱ类烟煤，发热量在4500~4800kcal/kg之间）约1.3万t，约合标准煤0.87万t，而且还可以减少CO_2排放量3.4万t左右，减少SO_2排放210t左右。另外每年还可以节省运行电耗24万kWh左右（供暖锅炉按每天运行16h计，换热站按每天运行24h计）。同时大幅提高了冬季供热运行的稳定性和供热质量，改善了职工的工作、生活、居住环境。

$P_2=13000×500=650$ 万元

3. 中央泵房高效卧潜排水系统改造

环境管理小组在审核矿井生产中发现，康城煤矿原-100中央泵房整体运行效率低、水仓容量较小、设备老化，耗电量高，同时，也存在安全隐患。因此经过矿领导和审核小组的考察研究决定使用卧潜排水系统。使用-100中央泵房高效卧潜排水系统后，最大限度提高了水仓容量，矿井80%以上涌水量由此排水系统排出，整体排水运行效率比-100水平老泵房提高5%（检验报告）。解决了老泵房运行效率低、耗电量高的问题，同时，由于水仓容量增加，提高了矿井水储量，全矿水泵房开泵时间可进行合理调整，最大限度降低高峰段用电量。

-100卧潜排水泵房共安装4台YQ725-371/14型高效泵，每台水泵电机额定功率710kW，正常运行2台可满足矿井排水，而-100水平老泵房正常运行3台MD450-

60X6型水泵，才能满足矿井排水，每台电机额定功率680kW，排水泵房整体系统节电量为：

$D=(P1×η1×t1×n1)-(P2×η2×t2×n2)$

$=(680×70\%×10×365×3)-(710×75\%×10×365×2)$

$=521.22-388.72=132.5$ 万 kwh，折合标煤 162.8t。

电价以 0.7 元/kwh 算，则每年节约电费为：

$P_3=132.5$ 万 kWh×0.7 元/kwh=92.75 万元

4.主井强力皮带变频调速技术

皮带电控系统原配套有三台安川公司变频器产品。由于三台电机之间没有反馈，出力不平衡，三台变频器的运行电流有较大差距，造成状态不够稳定、皮带运行时间长，浪费电能。彻底解决这个问题的方法是改变最初的设计方案，增加电机速度反馈信号，使三台变频器工作在主从运行模式。为此审核小组提出整个系统的备用转换方案，采用三台西门子 6SE70 变频器，与原有的安川变频器可以相互切换，PLC 控制部分和上位监控机进行局部升级。

节电计算如下：

$D=(W前-W后)$

$=(3×I×U×10-3×1.732×β×T×10-4-3×I1×U1×10-3×1.732×β×T1×10-4)$

$=(3×140×380×10-3×1.732×0.85×2667×10-4-3×180×380×10-3×1.732×0.85×1600×10-4)=13.44$ 万千瓦时

电价以 0.7 元/kwh 算，则每年节约电费为：

$P_4=13.44$ 万 kWh×0.7 元/kwh=10 万元。

5.其他中费方案

减少材料支出、全面预算管理、劳动用工管理、提高全员职工素质、设备更新、水电管理、技术改造等。

年可节电 8.5 万千瓦时

电价以 0.7 元/kwh 算，则每年节约电费为：

$P_5=8.5$ 万 kWh×0.7 元/kwh=14.37 万元。

以上创效，按照相关因素合成计算法（PCP）计算，环境管理中、高费项目取得年 828.12 万元效益。

$$Ep=\sum_{a=1}^{n}Sa-F-H-(\sum_{b=1}^{n}+I)=P_1+P_2+P_3+P_4+P_5=61+650+92.75+10+14.37=828.12 \text{万元}$$

（成果创造人：班士杰　苗贞然　王呈祥　朱　达）

大型煤炭企业职能管理部门绩效评价体系的构建和实施

开滦（集团）有限责任公司

开滦（集团）有限责任公司是河北省人民政府国资委监管的特大型煤炭企业。始建于1878年，已有135年的历史，创造了多个中国近代工业的第一，享有"中国煤炭工业源头""北方民族工业的摇篮"等盛誉。

开滦集团地处环渤海经济区腹地，与京、津相毗邻，是一个集煤炭生产、洗选加工、煤化工、现代物流、金融服务、装备制造、文化旅游、节能环保等多产业并举的大型企业集团。已形成五大区域、七大战略基地，分布在河北唐山、河北张家口蔚州、内蒙古鄂尔多斯、新疆准东、山西介休和国外加拿大盖森地区。集团下辖43个分公司、61个子公司，拥有1个能源化工上市公司，目前集团公司总部部门共有44个，其中职能部门27个，具有管理职能的直属机构11个，行业管理部门3个。

到2012年期末，开滦集团总资产645亿元，在册员工73669人，离退休人员85343人。2013年开滦集团公司在世界500强中的排名第415位，在中国500强企业排名第75位，在中国煤炭企业排名第6位。

一、构建职能部门绩效评价机制的背景

开滦集团公司是煤炭行业中首先推行实施绩效评价管理的企业。早在2001年，随着企业的公司制改造，建立了现代企业制度，在煤炭企业中率先实施了全面预算管理和全面绩效评价管理，建立了所属子分公司和集团总部部门的绩效考核机制，并将绩效评价管理和全面预算管理、薪酬管理有机结合，形成了独具开滦特点的"预算管理、绩效评价管理、薪酬管理"三位一体经营管控机制，为企业的发展和经济健康稳定运行奠定了基础，发挥了关键作用。

但如何科学有效评价职能部门工作业绩问题，始终是企业推行全面绩效评价管理的难点和重点。由于职能管理部门工作的复杂性，在对职能部门业绩考核方面始终存在"目标难明确、指标难量化、数据难收集、评分难公平、结果难应用"等难题。过去开滦集团公司对职能部门的业绩考核一直采用"评议打分、排序分档、按档付薪"的方法，这种考核方法的特点是简单易行，拉开了考核的档次，但也存在明显的不足

和问题：一是考核的针对性较差，对部门工作业绩的考核笼统采用评议打分的方式不能客观反映部门主要工作职能的完成情况。二是考核的实效性不强，采取评议打分的方式往往情感因素较大，缺少客观的标准，打分结果拉不开差距，只能根据排序强行分档拉开考核档次，由于打分结果差距很小、各档次薪酬差距较大，处于二档、三档部门往往感到不平衡，也直接影响这些部门的积极性。

另据调查，目前国内大型国企在对职能部门业绩考核上也普遍存在以上难题，职能部门业绩考核问题均未得到较好的解决，主要表现为：一是一些企业职能部门业绩考核机制缺失，部门绩效优劣不作区分，部门缺少优化工作绩效的动力，尤其会挫伤职能重要、工作繁杂的大部室的积极性；二是部分企业对职能部门人为划分一类、二类等几类部室，不同类别的部室设计不同薪酬标准。这种做法的主要不足是，缺少能上能下的考核机制，一旦确定为一类部室，不管其职能履行效果怎样，永远都是拿高薪，三类部室永远垫底。另外部门类别的划定确认难度大，被划定在后几类的部室意见纷纷，一定程度上影响工作积极性，尤其在国有大型煤炭企业难以推行；三是一些企业采取评议打分的方式，基本做法和开滦集团做法相似。

为克服职能部门业绩考核工作存在的不足和缺陷，进一步提高业绩考核工作的科学性、针对性及实效性，开滦集团公司近两年在职能部门业绩考核指标的设立方面进行了深入的探索和实践，创新性地构建了全新的职能部门业绩考核指标体系及考核机制，根据职能部门的主要工作职责，建立了各职能部门的个性考核指标体系，提高了对职能部门业绩考核的针对性、实效性和激励性，通过近两年的实施和完善，收到了较好的效果。

二、构建职能部门绩效考核机制的理论依据

1. 目标管理法

目标管理法（Management By Objectives，MBO）由 Peter Drucke 在 1954 年《管理实务》（the practice of management）一书中首先提出的。倡导自我控制观念与目标管理方法，促进层级间、科组间的沟通与联系，使组织成员都有一致努力的方向。

目标管理法强调组织成员的自我控制。其基本思想为：以主管与员工事先确定的目标及其实现程度作为依据和衡量标准，对员工个人绩效、团队绩效和总体绩效进行考核评价。这个目标是根据组织的目标，层层分解到部门再到个人。管理者以工作目标来管理下属，管理者在事先和下属商定彼此可以接受的目标，即充分授权下属，让下属有充分的自由选择最有效达成目标的手段。事后，管理者再以原定目标与下属实际执行成果相核对，决定纠正、调整和惩罚的行动，以确保目标的达成。

2. 层次分析法

层次分析法（The Analytic Hierarchy Process）是美国匹兹堡大学塞替（T.L. Saaty）教授提出来的。这是一种定性和定量相结合的、系统化的、层次化的分析方法，是对人们主观判断作形式的表达、处理与客观描述，它聚定量和定性于一体，通过判断矩阵计算出相对权重后，要进行判断矩阵的一致性检验，克服两两相比的不足。它将复杂问题分解成各个组合因素，又将这些因素按支配关系组成递阶的层次结构，通过两两比较的方式确定层次中诸因素的相对重要性，然后综合考核者的判断，确定考核方案相对重要性的总排序，对测评指标体系和权重体系的确定更为合理；对人进行评价时，采用两两比较法，可以提高测评准确性；对结果进行分析处理时，可以对测评人评判结果的逻辑性、合理性进行辨别和筛选。

3.关键绩效指标法

关键绩效指标法（Key Performance Indicator，KPI）是实施绩效考核的一种常用的工具，对企业环境及战略进行研究，找出影响企业发展的关键要素和指标。

在建立关键绩效指标时，通常由企业高层对企业未来成功的关键达成共识，在确定企业未来发展战略之后，通过"鱼骨图"对每个成功的关键业务重点及相关的绩效标准和所占比重进行分析。最后根据该职位的任职资格要求对与其相应的绩效标准进行再分解，确定对应于该职位的关键绩效指标。其优点是相对简单，利于操作。

因此，本文综合运用目标管理法、平衡计分卡、关键绩效指标这三种方法来设定绩效目标计划，采用目标管理法的思路，按照从上到下的顺序，将组织战略层层分解，形成部门、个人的目标。首先应用平衡计分卡，将组织的战略进行分解和平衡，形成组织的目标和衡量方法，然后综合应用平衡计分卡和关键绩效指标法，确定部门和个人的绩效目标和衡量方法。

4.关键成功因素

关键成功因素是指与某一行业相联系的，对公司成功起决定作用的因素。关键成功因素往往并不单是一些财务指标，通常是在某些决定性方面有显著的优势而反映出较好的财务指标。绩效评估系统应对这些决定性因素加以量化，尽管量化有些关键成功因素比较困难。值得注意的是，不同的行业，不同的企业关键成功因素各不相同，而且随着竞争状况及其他环境因素的变化，各个企业的关键成功因素在不同的阶段也各不相同。一般来讲，在一定时期内，每个企业的关键成功因素很少超过3-4个，而且常常是1-2个最为重要。因素过多往往适得其反。企业的管理者必须对本企业的关键成功因素进行准确判断，抓住能导致本企业成功的最为重要的因素。

三、开滦集团公司职能部门绩效评价体系的构成及运行方法

1.绩效评价指标体系的构成

开滦集团职能部门绩效考核指标体系由共性指标、个性指标、履职及作风建设指标、及特殊加分事项、责任减分事项几部分组成，共性指标、个性指标、履职和作风建设指标所占的权重分别为40%、45%、15%。

（1）共性指标。共性指标是指考核各部门的共同指标，主要由集团公司的主要经济指标构成，体现部门绩效和集团公司整体经营成果挂钩的职能。共性指标的构成具体为：利润总额、原煤产量、营业收入、综合成本及全员效率五项指标，基本分为100分。其指标、指标基本分（权重）、负责评价的部门见表1。

（2）个性指标。部门个性指标根据部门主要工作职责，结合集团公司战略规划、预算（计划）目标研究确定。个性指标体现职能部门主要工作成果，是职能部门业绩考核的核心指标，根据职能部门主要工作职能，构建具体明确的个性指标体系，是职

表 1 共性指标构成表

被评价部门	评价指标	基本分	评价主体（指标提供部门）
集团公司总部职能部门	利润总额（万元）	25	财务部
	原煤产量（万吨）	20	企业管理部
	营业收入（万元）	20	财务部
	综合成本（元/吨）	20	财务部
	全员效率（吨/人）	15	人力资源部
	合计	100	—

能部门业绩考核工作的关键。职能部门个性指标的确定原则及方法是：

①个性指标确定的原则。首先个性指标的设定必须遵循 SMART 原则，即：具体明确、可以衡量、可以实现、体现主要工作职能、有明确实现期限。二是定量与定性相结合的原则，以定量为主的原则，能量化的指标尽量量化。三是统一和规范的原则，各职能部门的个性指标设 6-10 个，其中定性指标不超过 30%，基本分为 100 分。

②个性指标确定的方法和程序。个性指标的确定方法就是将部门当年主要工作进一步具体、细分、量化。其确定的程序是按照由下到上、由上到下的程序，首先职能部门根据自身工作职能及当年重点工作，按照指标确定的原则，确定 6-10 项具体个性指标，经集团主管领导审核后报集团绩效评价工作办公室，办公室组织相关部门对各部门上报的个性指标进行审核，审核的内容主要是个性指标是否反映部门主要工作职能、指标的目标值是否合理、在指标的设定上是否避重就轻等现象，审核结果反馈给各部门进行完善，最后提交董事长办公会审议后正式下达。

③个性指标的分类。由于各职能部门个性指标的差异性较大，各项指标实现的难易程度、对生产经营的影响大小都有不同，为体现考核的公平性，将个性指标分为综合类指标和一般类指标，对综合类指标给予适当的加分系数。综合类指标，是指直接关系集团公司生产经营、安全和战略规划的综合性指标，指标控制涉及的环节和部门较多，实现难度较大，对集团生产经营影响较大的指标。一般类指标，是指在综合指标以外的、部门工作的量化指标。综合指标的确定采用专家组评定的方法（德尔菲法），专家组由集团公司领导、职能部门负责人组成、二级公司负责人组成。

④各职能部门个性指标构成。

（3）履职和作风建设指标。履职及作风建设指标体现职能部门的总体工作状态，为定性分析指标。其评价要点及权重见表 2。

（4）评价指标目标值及实现值的提供及审核。

①共性指标（集团主要经济指标）。目标值及完成值根据集团公司预算（计划）目标及实际完成情况确定，由指标主管部门进行审核。

②个性指标。个性指标为集团公司预算（计划）类指标的，目标值和完成值由部门提供，财务部（主管部门）核实确认。

表2　履职及作风将设指标评价内容表

评价要点	评价内容	基本分
部门履职情况 （40分）	履行基本职能、职责情况。	20
	参与集团公司安全生产、经营及发展等重点工作情况。	10
	落实党政会议交办工作情况及领导临时交办工作情况	10
工作作风 （30分）	对工作业务严肃、认真的态度。	15
	工作效率及积极进取状况。	15
部门间团结协作 （20分）	部门之间相互支持、团结情况；部门间友好沟通和协调情况；协作质量情况。	20
遵章守纪 （5分）	遵守企业的各项规章制度及国家各项法律法规情况。	5
文明保洁 （5分）	服务热情、文明情况；整洁卫生情况；员工精神风貌情况等。	5

注：评价主体为集团公司领导（班子成员、副总工程师、总经理助理、业务总监）、机关各部门负责人、二级公司负责人。

个性指标为部门自己统计类指标的，目标值和完成值由被考核部门提供，集团公司主管领导审核，报集团公司机关部门绩效考核领导小组审核确认。

个性指标为定性指标的，年初目标及年底完成情况由被考核部门提供，集团公司主管领导审核，报集团公司机关部门绩效考核领导小组审核确认。

个性指标为满意度类指标的，其目标值由集团公司统一规定，完成情况由机关党工委牵头，企业管理部、人力资源部等相关部门配合，通过量表形式进行测评。

2.绩效评价指标的考核方式及计分方法

开滦集团对职能部门的绩效评价采用年度评价、年度兑现、月份预支的方法。年度职能部门绩效综合得分由集团公司主要经济指标得分、部门个性指标得分、部门履职及作风建设指标得分三部分构成。各构成部分得分占总分的比例为4：4.5：1.5。计算公式为：年度某部门绩效综合得分= [集团公司主要经济指标实得分（百分制）×40%+部门个性指标实得分（百分制）×45%+部门履职及作风建设指标实得分（百分制）×15%] −部门责任事项减分+特殊荣誉加分。

①共性指标计分。利润总额、原煤产量、营业收入、综合成本及全员效率五项指标，均使用幅度计分法计算。单项指标减分时，指标最低得分以减完基本分为止；加分时，指标最高得分以基本分2倍为限，但五项指标加总得分不得超过120分。

②个性指标计分。对个性指标的评价方式与计分方法是考核的关键，由于各部门之间个性指标差异较大，有定量的、有定性的，完成的难易程度、统计口径等都有不同，这就需要根据每项指标的具体情况，制定详细具体、相对统一、公平合理的考核方式和计分方法。开滦集团对职能部门个性指标的计分方法基本有以下几种方式：

一是对定量指标的计分方法一般采用幅度计分法，根据实际完成值较基准值的增减幅度，按一定的计分标准计分。

二是对定性指标的计分采用由集团公司领导、机关部门负责人、二级公司主要负责人三个层面针对定性指标的完成情况进行无记名赋分,并按三个层面评价平均得分及6∶2∶2的比例关系,计算每项指标实际得分。

三是对某些特殊指标,不适合以上方法计分的,根据指标的实际情况制定单独的计分标准。如:要求必须100%完成的量化指标,即基准值就是最高值;有明确时间规定必须完成施工验收或跑办手续的工程项目等。对这些指标不适合按幅度或打分的方法计分,直接明确按要求完成给予多少加分、完不成直接减多少分。

四是考虑到各项个性指标实现的难易程度、统计口径及程序的不同,对综合指标和一般指标规定不同的限分规定和调整系数。综合指标得分最高不超过其基本分值的1.3倍,最低不限;一般指标赋分最高不超过其基本分值的1.1倍,最低不限。另外对综合指标增加1.2倍的调整系数。

③履职和作风建设指标计分。年底各部门按评价要点提交部门年度述职报告,统一上网公布。然后由集团公司领导、部门负责人、二级公司主要负责人为各部门进行无记名赋分,并按三个层面平均得分及6∶2∶2的比例关系,计算各部门实际得分。

④特殊荣誉加分标准。为鼓励职能部门在本业务范围内创先争优、争创一流的积极性,对获得国家级以上荣誉称号或奖励的,给予组织牵头部门年终绩效考核加2分/项次。国家级标准的认定,参考《中华人民共和国国务院的组织机构及其行政级别详解》,按如下范围执行:由中共中央、国务院、全国人大、人民政协、中纪委直接表彰以及由中共中央办公厅、国务院办公厅、中组部、中宣部等中央和国家部门代其表彰的。

⑤责任事项减分标准。在考核周期内,对因工作失误或违反规定造成责任事项,被人力资源部组织处理的,或由纪委监察部、审计部、保卫部及安全监察部通报处理的责任部门,扣减其当年绩效得分5分/项次。

3.绩效评价结果的使用

对各职能部门的业绩考核结果直接和职能部门各职级人员的年薪挂钩,作为部门年薪兑现的依据。部门员工年薪总额=年薪标准×部门绩效评价综合得分系数。某部门绩效评价综合得分系数=某部门绩效评价综合得分/所有职能部门平均绩效评价综合得分。

每月部门管技人员预支薪酬的计发,与集团公司主要经济指标(即部门共性指标)得分多少挂钩浮动。当月共性指标得分等于或高于100分时,按规定月度预支薪酬额度足额支付,低于100分时,按实际完成幅度支付月度薪酬。

四、构建职能部门绩效评价机制的实施效果

新的考核机制实施两年来,在加强职能部门业绩考核工作的针对性、激励性,提高职能部门工作积极性和满意度等方面都收到了明显的效果。

1.提高了职能部门业绩考核工作的针对性,促进了部门工作的提高

部门个性指标是对部门主要工作的进一步具体和细化,对个性指标的考核过程,也就是对各部门工作进行督导、反馈的过程,有效促进了各部门工作的主动性和紧迫性,避免了过去职能部门"干好干坏一个样"的心态,促使各部门以更加积极主动的心态谋划、督导、落实本部门的各项重点工作。

2.考核结果拉开了差距,提高了职能部门业绩考核的激励性

未设立个性指标之前,对各职能部门的考核采取笼统打分的方式,各部门的考核结果拉不开差距,在41个职能部门中,最高得分与最低得分只有5分左右差距,激励作用较差;将个性指标纳入对职能部门的考核后,考核结果明显拉开了差距,最高得分与最低得分的差距达到18分左右,按综合得分系数(计薪系数)算,最高系数为1.08(即108%),最低系数为0.93(即93%),最高最低相差15个百分点。业绩考核的激励作用明显提高。

3.提高了职能部门对业绩考核工作的满意度,促进了各部门间的和谐团结关系

原来对各职能部门的考核结果拉不开差距,为了分开档次,规定排序前10名的为一档,年薪兑现按年薪标准100%兑现;排序后10名的为三档,年薪兑现按年薪标准的80%兑现;中间的为二档,年薪兑现按年薪标准的90%兑现。由于分档线上下几个部门,考核得分差距很小,但年薪差距较大,容易造成有些部门的不解和不满。采取新的考核方式后,取消了以前强行分档的做法,年薪兑现直接和考核得分挂钩,各部门考核得分的差距也相对均衡合理,各部门对考核的方法和结果也相对容易接受和满意,也促进了各部门之间的和谐和团结,提高了各部门工作的积极性。

(成果创造人:张文学　冬伯文　张志友　李树兴　龚立新　李改革　潘继元　高志强　王瑞海　王素贤　朱　江　孙广利)

煤炭交易模式创新及电子交易平台的构建

中国（太原）煤炭交易中心

中国（太原）煤炭交易中心是由山西省人民政府于2006年11月向国务院申请筹建，国务院于2007年5月批准成立的，同年9月由省内主流煤焦生产企业和国内各大电力消费企业发起共同出资9.4亿元人民币，于2007年10月在国家工商总局注册成立了中国太原煤炭交易中心有限公司。2008年8月，山西省人民政府决定中国（太原）煤炭交易中心为省政府直属、正厅级建制、自收自支的事业单位。

一、构建煤炭交易模式创新及电子交易平台的必要性和重要性

1. 构建煤炭交易模式创新及电子交易平台的背景

中国（太原）煤炭交易中心是根据《国务院关于促进煤炭工业健康发展的若干意见》（国发[2005]18号）关于"加快建立以全国煤炭交易中心为主体，以区域市场为补充，以网络技术为平台，有利于政府宏观调控，市场主体自由交易的现代化煤炭交易体系"的要求，由山西省人民政府于2006年11月向国务院申请筹建。国务院在征求国家发改委、商务部、铁道部、交通部、工商总局、国务院发展研究中心意见的基础上于2007年5月批准成立的。2008年8月，山西省机构编制委员会决定中国（太原）煤炭交易中心为省政府直属、正厅级建制、自收自支的事业单位。同时，撤消原山西省煤炭工业局所属的山西省煤炭销售办公室，其职能和人员成建制划转交易中心；将山西省煤炭运销集团所属的太原煤炭交易市场的原有职能划入交易中心。

中国（太原）煤炭交易中心位于太原市长风商务区北端，建设用地660亩，总建筑面积21万平方米，包括煤炭交易、国际展览和国际会议三大功能，分两期建设。其中，一期工程建筑面积达10万平方米，投资10亿元人民币，建设煤炭交易和国际展览两大功能，已于2010年底竣工。目前，中国（太原）煤炭交易中心对于改革我国煤炭订货方式，创新煤炭流通体制机制，建立完善煤炭交易体系和公开、公平、公正的市场竞争秩序中发挥了重要作用。同时，也为山西扩大开放，招商引资，拉动内需，展示形象，调整产业结构，实现"三个发展"提供了平台。

中国（太原）煤炭交易中心作为目前国内唯一的冠以"中国"字号的全国煤炭交易中心，本着高起点设计、规范化运行的原则，紧紧围绕建设全国性煤炭交易主体市场的工作目标，搭建了公平、公开、公正操作，优质、文明、高效服务的电子交易平

台；健全了汇集信息、撮合交易、发现价格、规避风险、延伸服务五大功能，最大限度地为煤炭产运需客户提供交易平台、增加交易机会、降低交易成本、提高交易效率，力争在最短的时间内把交易中心建设成为立足山西、面向全国、走向世界的大宗煤炭贸易中心和现代化交易平台，成为连接"三西"（山西、陕西、内蒙西部）与全国、跨区域衔接煤炭产运需的煤炭资源配置与分拨中心，成为政府和行业监管与调控的公共服务窗口。

2. 构建煤炭交易模式创新及电子交易平台的必要性和重要性

我国煤炭市场具有"分散生产、集中消费"特征，全国供给方有2万多家企业，消费方主要是电力、钢铁、建材、化工四大行业。煤炭交易中心建成后，可为交易各方搭建统一开放、竞争有序的交易平台，避免暗箱操作，创造平等交易的市场环境，从而达到合理发现煤炭价格、降低交易费用、实现交易与引导煤炭供需平衡的目的。目前国内煤炭市场化程度比较高，煤炭交易主要有两种：一是大企业与客户合同交易；二是市场交易，合同交易中很大一部分价格随行就市。因此总体来看，煤炭交易主要是市场交易，目前全国大部分地区的煤炭价格都是比较统一的。一些煤质差异较大且存在明显交通瓶颈的地方煤炭价格会低一些，比如贵州。中国（太原）煤炭交易中心煤炭交易平台的开发能够使交易更加透明化、市场化，在一定程度上消除地区价格差异，此外还可以起到市场风向标的作用，更直观地反映出市场供求关系。

中国（太原）煤炭交易中心这样的一个全国性煤炭交易平台的建立，将为国家改革煤炭订货方式，创新煤炭流通体制，建立完善的现代煤炭交易体系和公开、公平、公正的市场竞争秩序，促进煤炭工业可持续发展发挥着重要作用：

（1）煤炭电子交易是社会发展的必然要求。国家"十一五"信息化建设规划指出："要以信息化带动工业化，充分利用信息技术与网络技术，改造传统产业"。煤炭电子交易的发展不仅为产、运、需企业增加了新的经营内容，也为企业注入了新的动力和活力，不仅能大幅度提高企业生产、经营效率，而且还能够有效降低销售成本，对引导煤炭企业煤炭生产、需求企业煤炭采购具有重要的意义。

（2）有助于建立新型煤炭经济关系。煤炭电子交易平台建设是从流通领域入手，触动煤炭产、运、销、需各方利益，进而形成社会主义市场经济条件下新型煤炭经济关系的突破口，其建设对保障煤炭工业持续发展，维护国家能源安全意义重大。

（3）有助于建立"公开、公平、公正"的市场交易环境。我国煤炭市场具有"分散生产、集中消费"的特征，供给方有两万多个企业，消费方主要是电力、冶金、化工、建材四大行业。煤炭电子交易平台可为交易各方搭建统一开放、竞争有序的交易平台，创造平等的市场环境。

（4）有助于合理配置和高效利用铁路等交通运输资源。煤炭电子交易平台的建立可为铁路部门合理安排运力、减少中间交易环节提供一个市场对接的平台，完全符合当前国家推动物流业发展的政策导向，进而对推动现行煤炭产供销体制的变革、实现社会供应链的一体化、提高企业经济效益有重要作用。

（5）有利于提高我国煤炭企业在国际煤炭市场的话语权。我国年出口煤炭8000万吨左右，位居世界第3位，焦炭出口占世界总贸易量的57%，是唯一在世界能源贸易中占据主导地位的资源，也是唯一有国际话语权的能源产品。随着煤炭电子交易平台建成，国内外煤炭市场将实现无缝接轨，这对形成煤炭的"中国价格"，增强我国煤炭产品的国际话语权具有重要意义。

综上所述，"中国（太原）煤炭交易中心煤炭电子交易平台"的建设是经济发展的需要、社会发展的需要、也是煤炭市场发展的需要，同时也是国家、省委、省政府政策和规划的要求，其建设对于优化煤炭产业结构，合理配置煤炭资源，发现煤炭价格、规避风险、简化交易流程、增加交易机会、提高交易效率、降低交易成本都起着十分重要的作用。因此，本项目的建设十分必要，而且是完全可行。

3.国内现状

近年来全国的多个地方涌现出了一批电子商务型的煤炭交易中心，这些煤炭交易中心分布在全国多个省份，分散于煤炭流通链中的不同环节，其中既有煤炭产生的交易中心如内蒙古煤炭交易中心，也包括煤炭消费地的交易中心如广州华南煤炭交易中心、鲁中煤炭交易中心，还有依托运输优势而建立的交易中心如秦皇岛煤炭交易中心、宁波进口煤炭交易中心、天津天保大宗煤炭交易市场。目前还有多家煤炭交易中心在筹建之中，煤炭电子交易市场蓬勃发展。

目前这些煤炭电子交易市场主要以现货交易为主，能够有效地提高煤炭交易效率、增加交易机会、降低交易成本、降低交易风险、稳定市场秩序，对于实现我国煤炭的供需平衡，保持国民经济快速、稳定增长的能源需求，发挥重要作用。虽然这些煤炭交易中心或煤炭交易市场的建设热情高涨，但其市场体系普遍存在一些功能的局限和缺陷，需要不断改进和完善，主要表现在：

（1）交易模式与交易方式单一。我国煤炭电子交易市场的交易模式和交易方式单一，有待进一步拓展。目前，我国煤炭电子交易中心采用的主要交易模式为期现货交易，相对于传统的煤炭交易模式，在交易模式上未有突破。在交易方式上，多以邀约应约形式为主。

（2）价格发现功能较弱。交易的关键在于确定价格，市场的演化也是为了寻找更好的发现价格的途径。我国煤炭市场经历了计划定价向市场定价的转变，目前煤炭基本上随行就市，但如何有效定价仍是难题，绝大多数煤炭交易双方仍然采用双边谈判的传统定价方式。合理发现煤炭交易的价格，促进煤炭交易的理性发展应是煤炭电子交易中心的首要责任和功能。由于煤炭本身品种和品质多样化，加上生产地的多样化和运输方式的多样化以及市场需求状况的多样化，煤炭交易价格很难确定，从而导致我国这个世界上最大的煤炭产销国家至今也没有具有指导意义的国家煤炭价格，可以说我国煤炭市场体系尚未有效发现煤炭的交易价格。

（3）相应支撑体系缺乏。煤炭交易的顺利完成以及合同履约率的提高，是煤炭市场稳定的前提和基础。煤炭交易如果不能顺利完成将会严重威胁到合约的严肃性，合同的履约情况也会间接影响到交易中心的信誉度。物流、仓储是煤炭产业中至关重要的环节和利益相关者，受条件所限目前我国绝大多数煤炭交易中心并没有建立交割库，与此同时由于我国目前大宗物品物流能力依旧薄弱，特别是现代化的、智能化的大宗物资的物流节点、通道建设并不完善，信息化建设依旧薄弱，与交易中心对接困难较大，因而目前各交易中心连基本的物流服务都难以保证和满足，更不要提全方位的、个性化的物流服务。仓储、物流体系的缺失，严重阻碍了煤炭电子交易中心的发展。

二、电子交易平台交易体系设计

针对目前我国煤炭交易中心电子交易平台中普遍存在的以上不足，中国（太原）煤炭交易中心对我国煤炭交易模式、交易服务体系和支撑体系进行了详细的分析和调研，从交易方式和交易模式、煤炭交易和物流联动监测、煤炭价格指数对电子交易平台的交易体系进行了设计。

1.交易方式和交易模式设计

中国（太原）煤炭交易中心电子交易平台在开发之初，通过对省内煤炭供需企业的调研和对省外交易中心的考察，针对纯市场化交易、传统订货会交易、铁路运力计划衔接所涉及的所有业务设计了交易流程，整个交易流程支持多样化的交易方式，以满足差异化的交易习惯和个性化的交易需求。

电子交易平台采用了挂牌、竞价、邀约、现货四种交易方式和日常、年度、专场三种交易模式，保证煤炭交易的公开、公平、公正，以降低交易成本，提高交易效率，而且打破了时间界限，形成了永不闭幕的煤炭交易。

（1）交易类型。中国（太原）煤炭交易中心电子交易平台设计了一对一、一对多、多对多等多种交易类型。

①一对一交易：一个交易商通过报单方式卖出/买入煤炭商品，另一个交易商采用应单方式进行交易，主要应用在邀约交易模式中。

②一对多交易：一个交易商通过报单方式卖出/买入煤炭商品，两个及两个以上交易商采用应单方式进行交易，主要应用在挂牌、竞价交易模式中。

③多对多交易：两个及两个以上交易商通过报单方式卖出/买入煤炭商品，两个及两个以上交易商在同一时段内采用应单方式进行交易，主要应用在挂牌、竞价交易模式中。

（2）交易方式。

①挂牌交易：交易商将拟出售或购买的煤炭商品以固定价格在交易中心电子交易平台挂牌公布，有意购买或出售的交易商采取应单的方式进行交易，交易系统按照"时间优先"原则撮合成交。

②竞价交易：交易商采用电子报单方式，公布拟出售或采购的煤炭商品的相关信息及交易底价，其他交易商以竞买或竞卖的方式轮番出价，交易系统按照"价格优先、时间优先"原则撮合成交。

③邀约交易：为了承继多年来形成的年度煤炭订货、月度及日常铁路运力衔接模式，并逐渐由传统交易模式向现代交易方式过渡而设立的一种交易方式。此方式以销售企业为邀约发起方，参与交易的双方按照自主协商原则进行交易。邀约交易根据邀约对象和交易方式的不同又可分以下5种：

A.公路邀约（挂牌）：以公路运输煤炭为交易对象，由卖方采用以固定价格报单、买方应单的方式进行撮合交易，并生成相应的煤炭买卖合同，经买卖双方确认后，由卖方所属的归口单位和交易中心依次逐级对合同进行审核。

B.公路邀约（竞价）：以公路运输煤炭为交易对象，由卖方采用以交易底价报单、多个买方进行竞价应单的方式进行撮合交易，并生成煤炭买卖合同，由卖方所属的归口单位和煤炭交易中心依次逐级对合同进行审批。

C.省内铁路邀约：以铁路运输煤炭作为交易对象，由卖方采用以固定价格报单、买方应单的方式进行撮合交易，并生成相应的合同，经买卖双方确认后，由卖方所属的归口单位和煤炭交易中心依次逐级对合同进行审核。

D.铁路月度邀约：为匹配铁路月度运输计划专门设置的交易模式。由卖方报单、买方应单，归口管理单位审核申报、交易中心审核、铁路部门核准、回传核准信息、收取相关费用等业务流程组成。

E.铁路日常邀约：为衔接铁路部门运力调整和补充运输计划设置的交易模式。由卖方报单、买方应单，归口管理单位审核申报、交易中心审核、铁路部门核准、回传核准信息、收取相关费用等业务流程组成。

④协商交易：由交易中心安排时间、提供场所，交易双方就相关合同要素进行面对面或网上协商，通过交易中心签订交易合同，达成交易。

（3）煤炭现货交易模式。根据山西省煤炭流通现状及特点，中国（太原）煤炭交易中心电子交易平台设计了三种煤炭现货交易模式。

①年度交易：结合传统的年度煤炭供需集中协商订货的交易方式，基于交易中心电子交易平台实现场内场外相结合的集中交易，组织煤炭生产、经营和消费企业集中进行年度省内重点工业用煤交易、全国重点煤炭产运需衔接交易等年度集中交易活动，签订年度交易合同。

②日常交易：交易商在交易中心规定的开市时间内，依据铁路运力和公路煤炭运销票据发放工作，由交易商自主选择挂牌、竞价、月度及日常邀约等交易方式开展交易活动。

③专场交易：交易中心根据市场情况和企业需要，定期或不定期按煤种或企业组织的专项交易活动，从而起到活跃市场、产品推广、企业宣传等作用。

2.物流联动体系设计

物流是广义煤炭交易过程中不可缺少的一个环节，目前国内煤炭交易中心受我国大宗物品物流条件所限，无法提供全方位的、个性化的物流服务。针对这个问题，中国（太原）煤炭交易中心电子交易平台基于物联网技术，设计了物流联动体系，将铁路发煤站和公路集运站的储、装、运状态实时传输至煤炭交易中心，并与地理信息系统相结合，实现了煤炭交易与物流联动的动态监管，在拓展煤炭交易中心功能方面进行了有益和卓有成效的尝试，实现了中国（太原）煤炭交易中心从狭义煤炭交易中心向广义煤炭交易中心职能的过渡。

3.主产地煤炭价格指数

由于煤炭本身品种和品质多样化，加上生产地的多样化和运输方式的多样化以及市场需求状况的多样化，煤炭交易价格很难确定。针对我国长期以来缺乏能够及时、客观、全面地反映我国煤炭主产地价格水平和变化情况的价格指数的不足，中国（太原）煤炭交易中心电子交易平台提出了一种以主产地为特征的煤炭价格指数计算方法，从而促进了煤炭市场化定价机制的建设。

三、电子交易平台设计需求及技术方案

电子交易平台是一个大型的、面向多用户的在线交易平台，在满足煤炭交易的业务模式基础上，在技术设计方面还需要满足可靠性强、稳定性强、安全性高、实时响应、数据吞吐量大、可扩展性强和技术先进等要求。

中国（太原）煤炭交易中心电子交易平台，它需要整合仓库、银行、第三方支付、煤炭生产企业、贸易商、加工企业和终端用户，实现煤炭的实时在线交易和资金监管、支付和货物交收。交易商只要在网上轻松点击，就可实现对煤炭资源的挂牌、摘牌，资金的在线支付、收款、现货的及时交收等系列操作，实现了资金流、信息流、物流的高度整合和贯通，建立了高效、便捷的网上贸易和供应链金融新渠道。

1.电子交易平台建设目标

通过构建包括电子交易系统、交易管理系统、金融结算系统的一体化电子交易平台，全面支撑电子交易平台各项业务开展。以电子交易平台为纽带，以煤炭购销合同的履约为主线，以增值服务平台的业务实现为支撑，实现工作流程的系统化、规范化、科学化，提高综合管理能力和水平，提高创新能力和盈利能力，提升平台核心竞争力。通过平台信息化的建设，全面整合物流、信息流和资金流，构造更加高效的交易管理系统以支撑业务的开展；平台信息化系统的规划及建设要具有一定的前瞻性，能满足企业未来业务发展的需要，并能随企业业务变化而快速调整。

2.电子交易平台设计原则

电子交易平台主要基于以下关键原则进行设计：

（1）实用性与安全性原则。以实际需求为基础，不片面追求技术的先进性，确保应用系统的简单、易用，为平台提供实用、操作简便的应用系统。

（2）充分考虑平台的安全性，如：访问安全性、操作安全性、数据安全性。

（3）先进性和成熟性相结合原则。尽可能采用最先进的技术、方法、软件、硬件和网络平台，确保系统的先进性，同时兼顾成熟性，使系统成熟而且可靠。

（4）分步实施、边建边用。从业务应用需求的实际出发，在建设策略上区分轻重缓急，率先整合和建设涉及平台各业务部门日常工作所需的基础性、全局性的业务应用系统和信息资源库，分步实施、边建边用，以点带面，不断充实，发挥资金投入的最大效益。

3.电子交易平台网络架构

煤炭交易平台的网络和硬件系统设计采用双冗余结构，从底层硬件平台、核心网络和互联网接入均采用完全主、备冗余设计，充分保证了交易平台的高可用性、高稳定性。

安全体系建设中的安全基础防御设施建设包括：防火墙、防毒墙、网络防病毒

系统、防DDos攻击、安全审计、安全评估、入侵防御、风险预警系统、网页防篡改等。

"中国（太原）煤炭交易中心IDC数据中心"所属机房是由中国太原煤炭交易中心有限公司投资建设，于2011年正式建成投入使用，其主要承载交易中心煤炭现货交易系统、楼宇智能化系统的运营，机房总占地面积400平方米，中国电信线路、中国联通线路、中国移动多运营商线路接入，数据中心建设均严格按照国家A类数据中心标准建造，配备了高端网络设备和先进完善的机房设施，可为交易商、用户提供高品质的交易服务。

机房采用了千兆接入、万兆核心的双归属架构设计，确保系统无单点故障；采用20M中国电信和20M中国联通的双链路接入，使得双负载相结合，从而保证了南、北方用户快速的访问速度；数据专线资源采用了SDH+MSTP的中国电信、中国联通、中国移动多运营商接入手段，这些技术的使用从硬件和网络基础平台上保障了网上交易平台的可靠和稳定。

4.电子交易平台软件体系结构

电子交易平台采用先进的、基于.NET平台的三层分布式应用体系架构，将用户界面、业务逻辑与数据资源进行分离。在客户端的具体实现上根据不同的应用场景采用不同的技术实现策略，即：对包括系统配置、业务应用等部署灵活、使用简便的应用场景，采用以浏览器为主的实现方式；对与复杂业务系统创建相关的模块，采用集成到统一的、集成平台的客户端实现方式；对于编辑、维护操作复杂的模块，采用标准Windows应用的实现方式。应用支撑平台采用Browser/Application Server/DataBase Server三层分布式应用体系架构，组件分布在客户端、应用服务器、数据库服务器三个层中。

煤炭电子交易平台由交易系统、交易管理系统、金融结算系统组成。

（1）煤炭电子交易系统。煤炭电子交易系统是煤炭现货电子交易平台的核心系统。系统的设计采用成熟、可靠、实用的产品方案，并完全依据国际、国内的相关标准进行设计，支持各种工业标准如XML、WebServices等，并充分考虑与银行、第三方数字认证等机构的接口，以满足煤炭交易平台的整体要求。

交易系统是交易商进行煤炭交易以及归口单位进行计划审批管理的系统，交易商在系统中可以进行煤炭交易、交收、资金结算、行情查询、信息维护等操作，归口单位用户登录后可以对归口单位下属的各交易商的交易合同和铁路计划进行审批，并提报到上级归口单位审批。

（2）交易管理系统。交易管理系统主要用于交易中心对煤炭交易以及铁路运输计划进行审批和管理，交易中心管理用户在系统中可以进行交易商管理、资金管理、挂牌交易管理、竞价交易管理、邀约交易管理、审批流程管理、交收管理、交易查询、交易统计报表、业务基础信息维护、系统维护、交易投诉等操作。

（3）结算系统。结算系统是指根据交易结果和交易中心有关规定对会员交易保证金、手续费、交收货款及其他有关款项进行计算、划拨的业务活动。

5. 关键技术

电子交易平台的应用系统基于微软公司的 Visual Studio.Net 开发工具开发，后台数据库采用了 Oracle 10i 数据库管理系统。为了保证系统安全、可靠和稳定的运行，系统中集成运用了负载均衡、虚拟化、电子签名、电子印章和二维码防伪识别技术，从而保障了交易系统的高可用性和高稳定性。

(1) Visual Studio.NET 开发工具。Visual Studio .NET，是 Microsoft 的第二代开发工具，用于构建和部署功能强大而安全的连接 Microsoft.NET 的软件。这种开发工具能提高软件开发人员的效率，使设计师能够更好地科学管理开发过程以及支持开放式的 web service 架构，和支持 22 种第三方开发语言。Visual Studio .NET 是微软提出的下一代互联网构想，在这一构想中，计算将超越网络浏览，进入一个更为先进的互联网平台和极为丰富的软件服务的新世界。作为一场技术革命的核心工具，VisualStudio .NET 以它优异的技术内涵为业界认可和推崇。

(2) Oracle 技术。考虑到交易平台中数据量大、并发操作多、实时性要求高的特点，因而交易平台的后台采用 Oracle 11g 数据库。该数据库是当前世界上最流行的大型关系数据库之一，支持 32 位、64 位 Windows、HP-UNIX 和 Linux 等多种操作系统，拥有广泛的用户和大量的应用案例。

(3) CA 身份认证技术。鉴于交易平台中涉及到众多煤炭企业的重要信息，为了保障交易平台用户信息的安全性，在交易平台中使用了 CA 身份认证技术。其作用主要有：验证交易双方身份的真实性；维护交易数据的保密性；保证交易信息的完整性。

出于交易安全性考虑，中国（太原）煤炭交易中心煤炭电子交易系统增加数字证书身份认证、交易系统用户、归口单位及交易中心人员对业务流程的数字签名处理和电子印章应用，从而保证煤炭电子交易系统安全、防止数据被篡改等，并且保证电子合同和协议的法律效力，提高了系统在线交易的安全与可信度。

(4) 电子签章技术。为保证电子交易的可靠性和可信度，防止抵赖情况的发生，电子交易平台中使用了电子签章技术对交易的可信性进行确认。

在电子交易平台中，所有的电子合同与订单均需加盖相关人电子印章，并且盖章时严格按照既定流程执行。

(5) 二维码电子合同验证技术。为了能够快速地对交易平台所生成的电子合同的真实性和有效性进行验证，在交易平台中采用了基于二维码电子合同在线验证技术，从而实现了对电子合同的快速验证。

基于二维码电子合同在线验证技术是将合同的唯一标识信息生产二维码图片，利用二维码包含信息量大及可识读的特性，以二维码图片作为方位载体，通过手机发送彩信方式或互联网提交方式进行在线验证，进而得到查询结果，从而实现合同真伪信息的在线实时查询，并且保证了后续查询结果的可靠性。主要分为生产防伪载体和验伪两部分。

(6) JQuery 自动完成技术。所谓自动完成是指根据用户输入的信息，给出包含这些信息的下拉列表供用户选择。

JQuery 是继 Prototype 之后的一个优秀的 JavaScript 框架，这个框架在诸多方面简化了使用 JavaScript 操作客户端 DOM 元素的方式，能够快速、简洁、很轻易地处理 HTML 文档、控制事件、给页面添加动画和 Ajax 效果，很好地实现了自动完成技术。

（7）Ajax 技术。Ajax 是一种用于创建更好、更快以及交互性更强的 Web 应用程序的技术。它使浏览器可以为用户提供更为自然的浏览体验。Ajax 的核心是 JavaScript 对象 XmlHttpRequest，它是一种支持异步请求的技术，可以使用 JavaScript 向服务器提出请求并处理响应，而不阻塞用户。

6. 解决的关键技术

在已有的基础业务支撑平台之上，根据煤炭行业特有的业务逻辑和技术标准，结合工作流引擎和传统电子商务交易引擎，搭建大宗交易煤炭电商平台。其中涉及解决的关键技术有工作流引擎、二维码与 CA 认证结合使用，JQuery 自动完成技术等。

（1）工作流引擎。将煤炭交易过程中的各种抽象的工作流程通过可视化、图形化的流程设计器转换为具体的、自动化的工作流模型，即工作流程的过程定义，然后通过工作流引擎解释工作流模型，并按定义好的流程驱动工作流程，实现业务审批流程的自动化，使得管理制度更加规范、高效。工作流引擎具有和其他应用系统集成的接口。

（2）CA 认证与二维码的结合使用。在电子商务中，CA 主要通过公私钥加解密的方法来实现网上安全的信息交换与安全交易，并根据公私钥签发数字证书、制作电子签章等来确保电子商务活动中交易双方的身份信息。

而二维码信息验证技术是利用二维码包含信息量大及可识读的特性，以二维码图片作为方位载体写入各类标识信息，通过扫描得到查询结果，从而实现验证信息的实时查询，并且保证了后续查询结果的可靠性。

CA 的优势是安全性十分良好，缺点是只能进行身份验证；二维码技术保证了存储的信息量以及可验证性，缺点是没有身份认证，不能保证信息来源。将 CA 技术和二维码信息验证技术结合利用的思路，可以完美解决二者各自的缺点，在保证信息高储量基础的同时保证信息来源的绝对安全和可靠，并可以进行身份验证。

7. 系统性能指标

由于本平台基于当前先进的软件和硬件技术设计并开发，系统的结构性好、灵活性强、性能稳定，并具有很强的可靠性、可扩展性、可维护性、可移植性。平台的主要性能指标如下：

（1）交易下单响应时间≤3 秒。
（2）本系统客户端发出请求并得到服务器响应经历的总体时间为 1 秒。
（3）即时行情延迟时间≤3 秒。
（4）在线实时交易用户并发数量不少于 500 个。
（5）撮合速度（交易峰值速度）≥100 笔/秒。
（6）结算时间小于 30 分钟。
（7）服务器的 CPU 利用率为：2%~3%；内存利用率为：2%~3%；磁盘利用率为：1%~2%；网络宽带利用率为：5%~6%。

四、电子交易平台的效益分析

中国（太原）煤炭交易中心煤炭电子交易平台充分运用先进的电子商务技术促进煤炭交易行为的市场化、降低煤炭交易成本，为煤炭交易提供公开、公正、公平、便捷和规避风险的电子交易平台，提高交易的安全性，使之成为融煤（焦）炭交易、货款结算、合同担保、融资服务、运输仓储、物流配送、信息咨询、会展商务等多种服务为一体的煤焦商品交易市场，在价格信息、交易量等方面对全国具有较强的影响作用，并为用户提供了稳定、可靠、性能卓越的煤炭电子交易平台。

1. 电子交易平台的技术成熟程度

从交易中心自身环境来看，交易中心已经建立了一整套自上而下的信息化组织管理机制和规章制度，拥有一定数量的信息设备。从政策环境来看，项目建设符合国家、省、市政策和发展规划，并且有当地政府的大力支持。从IT技术现状来看，计算机网络技术、存储技术、安全防护技术已经相当成熟，软件开发技术也比较完善，有相关案例可以借鉴，并且目前相关产品的性价比也已经较高，完全可以支持构筑一个高效的煤炭电子交易体系。

在统一支撑平台的基础之上，以统一的业务和技术标准，建立服务于煤炭电子交易系统、客户信用评价系统、交易门户网站等应用系统的业务框架，支撑煤炭电子化交易、交收、金融结算以及信息展示，将一些最新技术包括二维码电子合同验证技术、二维码凭证识别技术、JQuery自动完成技术、电子证书认证技术等应用到了交易平台中，而且在实际开发当中根据交易中心实际煤炭交易的特点，针对一些技术又做了相应的创新改进，保证了系统的安全性，又增强了用户的体验感，系统目前运行稳定。

2. 国内外同类技术比较

（1）与国内同类技术比较。目前，国内已有多家煤炭交易平台，如秦皇岛煤炭现货电子交易平台、内蒙古煤炭交易中心交易平台等多家来自全国各地的煤炭交易平台，大部分煤炭交易平台处于起步阶段，注册交易商、成交量较少，交易模式、电子金融服务产品单一，缺乏安全保障系统等特点。

中国（太原）煤炭交易中心电子交易平台于2012年2月23日正式上线，属第三方服务平台，平台采取挂牌交易、邀约交易等网络模式，实现网上交易与实物交割同步进行，建立企业、省、全国三级储备体系。2012年2月23日~2014年5月31日煤炭现货累计交易24.91亿吨，交易金额15930.95亿元，无论注册交易商还是成交数量已远超出国内同类煤炭交易平台。

交易平台包括门户网站、电子交易系统、金融服务系统、数据网络和安全保障等系统。煤炭现货交易平台的设计遵从以下五项原则：一是第三方服务的功能定位；二是个性化、私密性设计；三是灵活多样的功能选择；四是方便快捷的交易手段；五是严格的风险控制机制。

与国内同类平台项目相比，本项目的优越性在于：

（1）平台提供了方便快捷、灵活多样的交易模式，包括现货交易、邀约交易、竞价交易模式等综合性电子交易模式，加快了现代电子交易模式在煤炭交易中的应用和发展速度。

（2）平台为交易商提供了强大的金融服务功能，包括金融结算、供应链融资、金融创新产品等一系列服务，通过与银行系统对接，还可建立结算与金融监管体系，在有效保证交易商资金账户安全的前提下实现资金实时划转，提高资金周转率，为交易商节约资金成本；同时实现动态核算煤炭交易成本，保证交易各方及时掌握交易信息。

（3）平台采用更为先进的安全保障系统。数据网络和安全保障系统为煤炭电子交易平台提供了安全、可靠、先进的网络硬件设备，可实现防病毒、防攻击、防篡改、防泄密四大功能，还可提供电子认证、数字证书发放、数字签名、密钥管理、电子印章等多项服务，达到自主可控、主动防御的目的。

（4）平台采用严格的数据验证模式，首次在电子合同中采用了二维码防伪识别技术，以便交易商通过手机、平板等移动设备快速识别合同真伪。

（5）平台提供了强大的数据统计分析汇总功能。通过平台的数据统计分析功能，能够及时、客观、全面地反映以山西为代表的煤炭实时交易情况和主产地煤炭价格水平及变化情况，帮助煤炭供需企业及时了解煤炭价格变化趋势、引导供需企业合理定价、公平交易。

（6）平台运用虚拟化的手段将软硬件资源整合成一个云服务中心对外提供服务，减少了资源的浪费。

（2）与国外同类技术比较。国外一些发达国家煤炭交易模式与国内差异较大，国外以期货交易为主，现货交易市场规模很小。在交易模式应用以及数据资源整合方面，国内还存在较大的差距，将来还需要向国外发达国家多汲取先进的技术和管理经验，进一步加强信息资源整合力度。比如煤炭期货交易模式在国外已经使用很久，而在国内还在起步阶段。

3.电子交易平台的经济效益

交易中心电子交易系统自 2012 年 2 月 23 日上线以来，当年交易总量 6.72 亿吨，交易金额 4612.35 亿元。其中，邀约交易 6.55 亿吨，交易金额 4500.67 亿元；挂牌交易 1655.28 万吨，交易金额 111.68 亿元（不含公路）；2013 年交易总量达 13.04 亿吨，交易金额 8518.14 亿元。其中：铁路煤炭交易量 8.70 亿吨，交易金额 6100.96 亿元；公路煤炭交易量 4.34 亿吨，交易金额 2417.18 亿元。

以年交易煤炭 10 亿吨为例，按照 0.2 元/吨的交易费计算，交易中心电子交易系统可为煤炭交易中心创收 2 亿元；按照平均 400 元/吨煤计算，交易平台每年有 4000 亿资金流转，同时由于煤炭交易中心交易平台运行，对煤炭市场定价将起到决定性影响，按照每吨煤提高 5%的销售价，每年可为煤炭市场赢得 200 亿元效益增长；由于采用电子交易系统，可为煤炭交易双方节省 30%的交易成本，预计每年节省 15 亿交易成本；交易中心电子交易系统投入运行后，将极大优化煤炭运力和仓储成本，提高运力调度效率，加速煤炭流通周转能力，减少因煤炭堆放导致的消耗，有力应对不可预测的自然灾害导致的煤炭市场影响；交易中心电子交易系统投入运行后，将为煤炭期货交易的发展奠定基础，按照国家三大期货市场资金放大效应，根据一般交易所 5%的交收比例，10亿吨煤炭产量入市交易，就可带来200亿吨煤炭的交易量，可使得煤炭产运需企业、金融机构、贸易商从煤炭交易中各取所需，或套期保值、规避风险，或市场博弈、争取高额回报，同时也为政府带来巨大的税收收入。

4.电子交易平台的社会效益分析

交易中心在国家改革煤炭订货方式，创新煤炭流通体制机制，建立完善煤炭电子交易平台和三公原则的市场竞争秩序中发挥重要作用。同时，也为山西扩大开放，招商引资，拉动内需，展示形象，调整产业结构，实现"三个发展"提供平台。随着交易平台的逐步完善，还将不断增加服务内容、延伸服务领域、提升服务水平，较短的时间里把中国（太原）煤炭交易中心建设成为"立足山西、面向全国、走向世界"的现代化大宗煤炭商品交易市场，提升山西煤炭品牌，促进山西现代物流服务业和金融市场的发展。通过立足山西，面向全国，整合国内供应链及其价格体系，进而跻身世界最大的商品交易所行列，提升国际能源市场的话语权和定价权，维护国内煤炭企业的根本利益和合法权益。借助中心的电子交易平台实现交易煤炭从传统商务模式向新型商务运作模式的转变，通过科学严谨的交易规则和便捷周到的延伸服务，实现交易中的可持续发展。

（成果创造人：曲剑午　阎世春　申彦杰　李　伟　那一平　白有茂　杨小平　高江文　王　渊　郝　乐　张　乾　王　政）

煤炭企业 VOEC 管理体系的构建与实施

山西焦煤霍州煤电汾河焦煤股份有限公司三交河煤矿

山西焦煤霍州煤电集团汾河焦煤股份有限公司三交河煤矿，始建于1971年，1997年12月13日由地方国营整体划转霍州煤电集团公司。矿井位于霍西煤田西南部，属低瓦斯矿井，井田内共有三层可采煤层，自上而下依次为2#、10#、11#煤，可采储量1.3亿吨，年原煤生产能力400万吨。矿井建有配套选煤厂一座，于2005年9月投产，年入洗能力300万吨，主要入洗矿井2#原煤，产品为10级中灰、低硫1/3焦精煤和4200大卡动力煤。全矿现有职工在册人数3256人。矿井先后获得安全质量标准化国标一级矿井、全国煤炭工业行业级安全高效矿井、中国煤炭工业协会"安全高效特级矿井"、煤炭工业"双十佳煤矿"、山西省一级标准化矿井、国家级安全质量标准化矿井、山西省现代化矿井、山西省煤矿安全文化建设示范企业、山西省劳动模范集体奖状等荣誉称号。

一、VOEC 管理体系的研究背景

1.课题的提出

根据《国民经济和社会发展第十二个五年规划纲要》和《能源发展"十二五"规划》精神，由国家能源局编制并发布的《煤炭工业发展"十二五"规划》中明确提出"十二五"期间"提高管理能力，建设大型现代化煤矿"的要求。霍州煤电集团积极响应并提出战略规划。由于传统粗放式管理带来的资源浪费、效率低下、分配不均、环境应变差、成本居高不下等问题是制约企业快速发展以及削弱企业核心竞争力的重要原因，所以在"十二五"期间，霍州煤电集团在一方面引进一流的现代化技术装备强化企业硬实力的同时，另一方面必须大力提高企业的现代化管理水平增强企业的软实力。

目前，三交河煤矿已成为霍州煤电集团的龙头企业，2012年全年利润达到了10亿多元，企业在"十二五"期间的发展将对霍州煤电集团的战略规划产生重要影响，如何进一步提升管理水平，建设成霍州煤电集团最具代表性的现代化大型煤炭企业，是三交河煤矿今后发展的重要课题。近年来，三交河煤矿得到了快速发展，企业的生产装备、安全设施和办公条件等硬件设施得到了巨大提升，但在企业管理水平、人员素质和文化环境等软件方面严重滞后，整体上未能快速提高以适应企业的发展，急需

开展全面精细化管理来促进现代化大型煤炭企业的建设,这主要体现在以下几个方面:

(1) 井下生产管理需进一步提高。三交河煤矿现有两个回采工作面,一个准备工作面和七个开掘工作面,在生产工作面的管理中缺乏精细化管理,未能形成工程质量的标准化管理要求,存在诸多安全隐患。

三交河煤矿的主要产品是低硫1/3焦精煤,已注册"丰"字牌商标,产品质量受到业界广泛好评,但产品质量的稳定性始终存在波动,煤质达标率低于90%,仍有较大的提升空间。所以急需通过在生产过程中开展全面精细化管理来提升和稳定产品质量。只有在原煤生产过程中抓好每一个环节,才能真正从源头控制好块煤率、含矸率、水分、灰分等指标,保持产品的良好品质。

(2) 材料成本控制需进一步深化。三交河煤矿的产能在400万t/a,吨煤成本一直徘徊在380元/t左右,由于三交河煤矿的井田开拓方式为立井、斜井和平硐混合式开拓方式,开采方法为走向长壁式综合机械化采煤法,全部垮落法管理顶板,所以吨煤成本费用有所偏高,仍存在极大的提升空间。三交河煤矿现有职工3000多人,设备采用租赁式管理,人工成本和设备租赁费用比较固定且变动不大,所以吨煤成本的偏高应主要来自各项材料费用的增加。合理分析煤矿各项材料成本的发生,制定精细化的材料成本管控措施,对三交河煤矿的煤炭生产成本控制具有重要意义。

(3) 安全质量建设需进一步完善。三交河煤矿的煤炭地质条件复杂程度相对较低,但随着开采深度的逐渐增加,战线的不断拉长,在通风、瓦斯、煤尘和电气设备管理等方面均存在管理标准不完善现象,所以生产环节存在的安全风险将不断增多,年安全严重隐患查处在20起以上,重大"三违"年均8起。面对此类风险的增加,三交河煤矿不能仅仅以《山西省安全质量标准化标准》为基础开展安全生产管理,必须在此基础上结合企业的自身特点制定更加完善和系统的三交河煤矿安全生产质量标准化体系。为了有效降低煤炭生产的安全风险,三交河煤矿的安全质量标准化体系必须深入,体现精细化管理特点。

(4) 内部市场管理需进一步加强。三交河煤矿在霍州煤电管理模式创新框架下,在企业内部积极开展了市场化建设,企业内部形成三个交易市场,使内部市场经营模式渗透到了矿区每一个角落。但是随着外部环境的变化,由于内部市场未能完全实现职工的"班清班结",所以企业职工在内部市场化建设过程中所受到的激励水平没有得到进一步提升,井下一线职工的作业率低于80%,劳动生产率低于50吨/人,三交河煤炭的内部市场化水平需要进一步深化才能满足企业的全面精细化管理需要。

综上所述,三交河煤矿近几年的快速发展所带来的生产能力提升与管理水平提升之间存在着较大差距,而且这种矛盾越来越突出,影响到企业的整体协调发展和现代化企业建设。为了满足企业的现实发展需要,实现企业"软、硬件"的匹配,达到"十二五"规划期内成为霍州煤电集团最具代表性的大型现代化煤炭企业的目标,三交河煤矿急需开展全面精细化管理研究,通过构建适合自己的全面精细化管理模式来促进企业的生产、经营和安全等各项管理工作。

2.课题研究主要目标

三交河煤矿为满足企业不断发展的需要，逐步实现现代化大型煤炭企业建设目标，适时提出开展全面精细化管理工作。在研究适合三交河煤矿全面精细化管理体系构建和实施的过程中，三交河煤矿管理层立足企业生产实际情况，结合自身管理实践积累，总结并提出VOEC管理法，践行"理论来源于实践，并指导于实践"的科学发展观思想。按照项目研究的背景，煤炭企业的VOEC管理体系构建与实施的主要目标具体如下：

（1）构建三交河煤矿全面精细化管理体系，重点满足企业快速发展过程中，对井下生产管理提升的需要、材料成本控制的需要、安全质量标准化建设的需要，全方位提升企业的管理水平，推进企业逐步实现现代化煤炭企业建设目标。

（2）研究OEC管理法在煤炭企业的应用，结合三交河煤矿开展全面精细化管理的需要，提出如何在煤炭企业构建全面精细化管理的目标系统、日清控制系统和有效激励机制，完成OEC管理法的应用创新。

（3）通过基于OEC管理法的全面精细化管理体系构建，整合三交河煤矿的内部市场化建设成果、成本控制管理创新成果、机电设备管理创新成果等，在实现企业各项管理工作精细化的基础上，理顺现有管理体系，明确各级管理活动的目标和职责。

（4）在研究OEC管理模式并整合现有管理方法的基础上，提出VOEC管理法，将原来的日清控制体系拓展为班清班结控制体系，同时结合企业的内部市场化建设成果，由过去对职工生产活动的班清班结，过渡到对职工生产价值的班清班结，充分激发企业职工的工作热情，提升管理绩效。

（5）研究VOEC管理法基于信息化平台的实施，通过现有信息化平台构建，将整合后的全面精细化管理体系，有步骤有规划地在企业中推广深入，全面提升企业的劳动生产效率、成本控制效果、安全生产水平和质量标准化建设。

二、VOEC管理体系的内涵

"VOEC"管理法，即基于价值量化的全面精细化管理体系，其中"V"代表Value（价值）、"O"代表Overall（全方位）、"E"代表Everyone（每人）、Everything（每件事）、Every day（每天），"C"代表Control（控制）、Clear（清理）；目的在于使企业通过基于价值量化的全面精细化管理建设来促进煤炭生产、安全和成本控制等各项工作的提升，最终将煤炭企业由过去的粗放式管理转变为集约式管理，达到现代化大型煤炭企业的管理要求。

VOEC管理体系基于工作目标管理，班清班结管理和价值量化激励三个维度进行构建，如图1所示，将煤炭企业的生产管理、安全管理、成本管理和质量标准化管理全面纳入。其中：工作目标管理体系是核心，首先建立目标细化分解体系，对煤炭企业的各项生产活动目标进行细分，其次在目标细分基础上，构建职工的操作标准规范体系加以实现，最后针对目标完成情况和标准规范的落实情况构建管理制度进行保障；班清班结管理体系是手段，通过设计生产目标、安全目标、成本目标和质量标准化目标的班清班结管理流程，使各项任务目标的工作结果实现量化结算；价值量化激励体系是保障，在工作结果的班清班结量化基础上，设计生产结果价值量化、安全结果价值量化、成本目标价值量化和质量目标价值量化的流程及方法，主要实现各项任务目标的工作价值量化结算。最后，基于信息化手段给出煤炭企业 VOEC 管理体系的实现过程和方法，完成煤炭企业的全面精细化管理体系建设和实施。

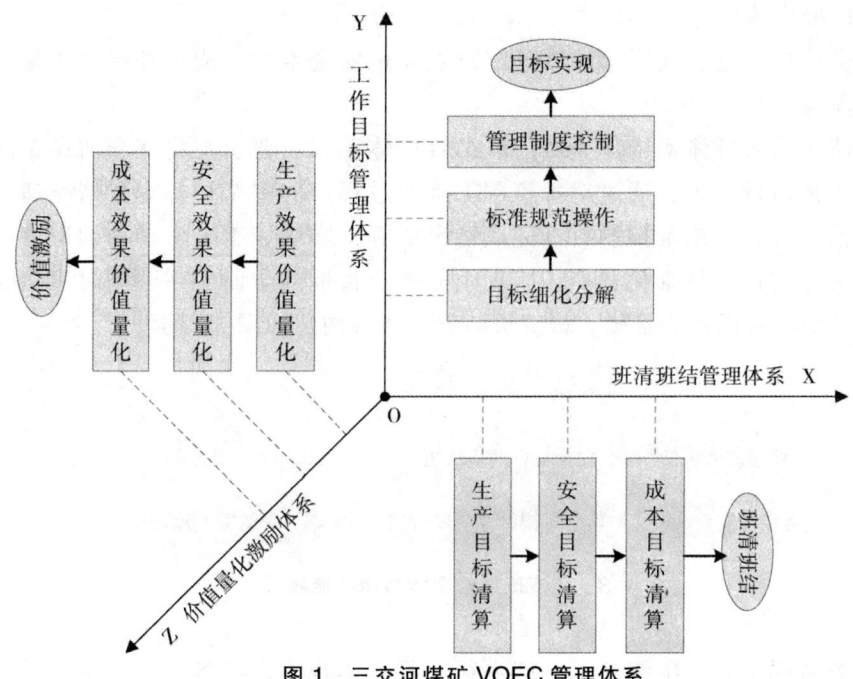

图1 三交河煤矿 VOEC 管理体系

三、VOEC 管理体系的主要内容及创新点

1. VOEC 管理体系的主要内容

（1）工作目标管理体系构建。工作目标管理体系，主要负责将三交河煤矿年度企业目标层层分解为部门科室和区队目标，再将目标深入细化到每个班组的职工日常工作中，通过制定相关标准规范明确职工生产活动中的正确操作，再配合管理制度严格控制职工对各种标准规范的执行，最终保证企业各项生产管理目标的实现，达到目标的精细化管理要求。工作目标管理体系构建如图2所示。

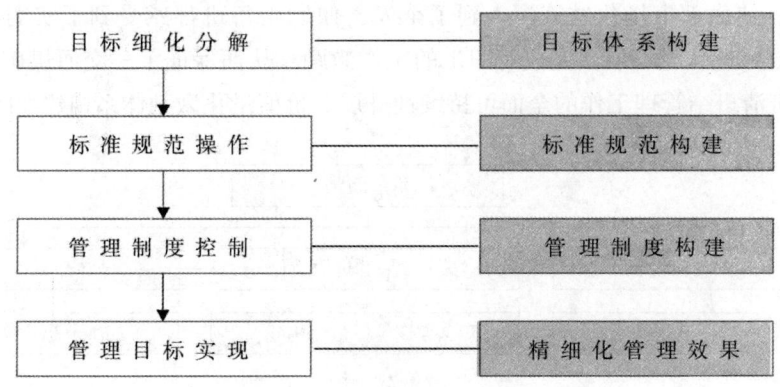

图2 工作目标管理体系构建

目标体系构建关键：围绕井下生产一线，重点体现安全生产目标、成本控制目标和质量标准化目标三个方面的要求。

标准规范构建关键：围绕目标体系，重点体现安全生产标准规范、成本控制标准规范和质量标准化的规范。

管理制度构建关键：围绕标准体系，重点体现安全生产、成本控制和质量标准化三个方面达标与否的管理措施。

（2）班清班结管理体系构建。班清班结管理体系，主要负责将三交河煤矿的精细化目标深入贯彻执行下去，通过对每班职工生产过程中的安全目标完成情况清算、生产目标完成情况清算和成本控制目标完成情况清算，实现职工日常活动的班清班结管理，目的是通过过程的精细化管控，实现企业各项目标的全面实现，同时班结管理也是职工生产活动不断提升的基础。班清班结管理体系构建如图3所示。

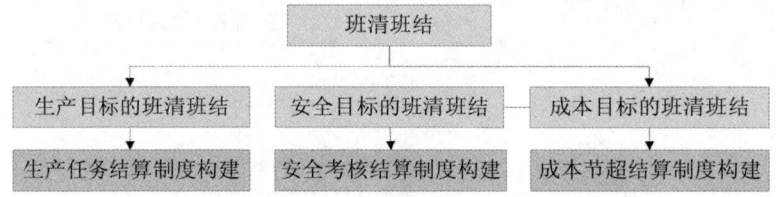

图3　班清班结管理体系构建流程

生产任务结算关键：围绕井下生产一线，重点体现生产任务完成数量和质量间的结算关系。

安全考核结算关键：围绕井下生产一线，重点体现整个生产过程是否安全达标以及对应的结算关系。

成本节超结算关键：围绕井下生产一线，重点体现整个生产活动中对各项成本控制的达标情况以及结算关系。

（3）价值量化激励体系构建。价值量化激励体系，主要负责激发职工工作积极性，将三交河煤矿的精细化管理工作不断深入推进。在职工班清班结管理过程中，传统的生产结果计量无法直接看到收入情况，所以不能很好地对职工形成激励作用。基于价值量化的班清班结管理，使内部市场化结算深入到了个人，使职工每班都感受到了实实在在的收入变化，最大效果地从经济层面完成对职工的工作激励，从而保证了三交河煤矿目标精细化管理工作和班清班结管理工作的全面可持续性开展。价值量化激励体系构建如图4所示。

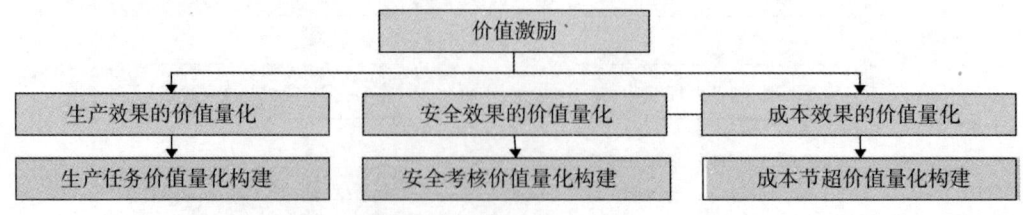

图4　价值量化激励体系构建

生产任务价值量化关键：深入内部市场化工作，重点体现生产任务完成效果的价值计算和收入分配间的关系。

安全考核价值量化关键：深入内部市场化工作，重点体现整个生产过程是否安全达标以及对应的奖惩关系。

成本节超价值量化关键：深入内部市场化工作，重点体现整个生产活动中对各项成本控制的达标情况以及奖罚关系。

（4）基于信息化的 VOEC 管理法实现。信息化建设是一个企业迈向现代化管理的重要标志，通过生产过程的信息化以及班清班结的信息化进一步深化 VOEC 管理体系。根据实时监测煤矿安全情况和生产队组的工作情况，对生产信息、安全信息、成本信息以及质量信息的采集、录入等程序形成了完善的信息化管理体系，进而使管理与生产紧密的结合，实现了"管控一体化"，不仅对生产过程起到了技术支撑作用，还提供了管理的手段，促进了煤矿的全面精细化管理建设。

2.VOEC 管理体系的主要创新点

三交河煤矿结合自身特点，以全面精细化管理理论为指导，在深入研究"OEC"管理模式的基础上，联系企业的内部市场化建设、质量标准化建设和信息化建设等管理工作的亮点和特色，在三交河煤矿研究构建并实施煤炭企业的"VOEC"管理体系，主要创新点：

（1）在"OEC"全方位精细化管理法基础上，进一步将"V"价值量化整合进入，构成"VOEC"管理法，使原来职工的生产结果"班清班结"进一步深化为职工创造价值的"班清班结"，突出了多劳多得的经济驱动作用，充分调动了职工的工作积极性，是对"OEC"管理法的与时俱进和深入创新。

（2）在煤炭企业构建基于价值量化的全面精细化管理体系，将内部市场化管理整合进入企业的全面精细化管理体系中，这是对煤炭企业近几年内部市场化建设成果和精细化管理成果的深入总结与提升，突破了两项管理活动在企业中长期独立运作的管理态势。

（3）通过构建三交河煤矿基于价值量化的全面精细化管理模式，建立了煤矿的安全质量标准化体系、工作岗位操作标准化体系和成本控制标准化体系，完成了企业各项精细化管控标准与规范的制定工作。

四、VOEC 管理体系的实施

三交河煤矿 VOEC 管理体系构建与实施的最终目标是通过开展企业的全面精细化管理工作，整体提升企业的管理水平，增强企业的软实力，逐步成为技术先进、管理科学的现代化煤炭企业。

1.VOEC 管理体系的实施思路

三交河煤矿为了将 VOEC 管理法在整个企业的所有部门都进行贯彻实施，必须坚持有步骤、有计划的推广工作，所以三交河煤矿 VOEC 管理法在实施过程中提出的总体思路是"突显、扩大、深化"六字方针。

（1）突显：就是要突出现场、紧贴现场。现场是精细化管理的源泉，要围绕现场制定精细化管理的各项政策、制度，探索新的模式，将精细化管理贯穿于现场生产的全过程，用精细化管理思路、方法解决现场出现的各种问题，务求实效。

（2）扩大：就是要以点带面，放大效应。要固化、提升三交河煤矿精细化管理的成功经验和先进做法，以点带面，在企业实现全面精细化管理。同时要不断拓展、延伸、丰富精细化管理内涵，放大效应，放大效果，通过精细化管理实现员工行为素质上的提升，实现矿井向本质安全型的转变。

（3）深化：就是要敢于超越提升。要立足新起点，找出精细化管理"瓶颈"，敢于否定自我，善于超越自我，大胆创新，持续改进，深化成果，以精细化促进三交河煤矿管理水平的全面提升。

2.VOEC管理体系的实施步骤

（1）第一阶段：样板区队构建。区队所辖班组是煤矿组织体系中的基础单元，据统计，煤炭企业90%的安全事故和80%的成本费用都发生在班组，所以班组是安全生产的核心，是创造经济效益的原点，也是煤炭企业精细化管理的起点和落脚点。三交河煤矿在VOEC管理体系构建过程中首先通过样本区队的构建完成采掘生产班组建设，并以样板区队为基础带动所有井下生产区队的全面精细化管理建设，使采掘区队真正实现安全自主化、作业流程化、工序标准化、设备材料定置化、岗位改进自动化、结算市场化的班清班结管理。三交河煤矿样板区队全面精细化管理建设方案：

①建设对象：综掘×××队和综采×××队。

②建设周期：2012年××月~2012年××月

③建设目标：生产进度达到××××；质量标准化达××××；安全生产达到××××；成本控制达到××××。

④建设过程：构建完善的区队OEC管理体系；实现区队的生产任务班清班结管理；实现区队的职工酬劳班清班结管理；总结评价和改进提高。

⑤建设效果：总的经济指标、效率指标、规范程度、素养提升；区队的管理水平提升；职工的工作积极性提升。

⑥关键环节：

A.建设标准化的班组。标准工程、标准产品，要用标准化操作来保证。在创建过程中，各班组要在以往工作的基础上，抓好岗位作业标准化，通过开展系统分析，工序分析，动作分析，系统性地研究有无不合理、有无浪费、有无不均衡的作业方法和步骤，通过优化，形成标准系统、标准工序、标准动作，实现"人机"和谐，提高工作效率。

B.建设安全生产型班组和员工。要加强安全技能培训，积极开展员工安全自主培训活动，提高员工现场操作技能。要丰富安全管理方法，通过开展事故系统追查、隐患处理会诊与安全信息闭合管理、安全预想、安全经验讲述等工作，提高员工安全防范能力和隐患处理能力。要注重员工安全行为的规范化，通过积极开展手指口述、走动式管理等，规范员工作业行为，实现动态达标。

C.建立班组交流机制。开展班组长经验交流座谈会、开展技能大赛和优秀员工评先等活动，优化集成班组现场管理中的成功经验，做到成果共享，让好的经验和技能得以传承发扬。鼓励员工在优化工作方法上献计献策，实现作业过程的简易化、高效化。

（2）第二阶段：生产部门全面推广。样板区队的 VOEC 管理实施经验总结并推广，其他生产部门按照各自的工作特点和要求，以 VOEC 管理体系的基本框架为指导，补充完善自身所需的各项制度和标准。三交河煤矿在 VOEC 管理体系推广过程中，重点以井下生产部门为核心展开工作，成立 VOEC 管理法推广领导小组，由矿领导亲自督导，完善生产部门的全面精细化管理工作。三交河煤矿生产部门 VOEC 管理法推广建设方案：

①建设对象：三交河主要生产部门。

②建设周期：2012 年××月~2012 年××月

③建设目标：生产部门的生产进度达到××××；生产部门的质量标准化达××××；生产部门的安全生产达到××××；生产部门的成本控制达到××××。

④建设过程：生产部门结合自身特点构建完善的 OEC 管理体系；实现部门的生产任务班清班结管理；实现部门的职工酬劳班清班结管理；总结评价和改进提高。

⑤建设效果：总的经济指标、效率指标、规范程度、素养提升；全部生产部门的管理水平提升；生产部门职工的工作积极性提升。

⑥关键环节：

A.目标管理体系。各生产部门根据样本区队 VOEC 管理体系的实施经验，结合自身实际特点构建适合自己的目标管理体系，只有目标正确才能展开全面精细化管理工作。

B.进行岗位价值精细管理。岗位价值精细管理是将企业的盈利目标透过区队落实到岗位上，使得企业的核算单元下移，实现班清班结的职工岗位目标精细管理，所以必须深入进行生产班组的岗位价值核算。

C.深化内部市场结算管理。各生产部门开展 VOEC 全面精细化管理，最终实现职工的班清班结管理和班清班结核算，所有生产部门必须制定符合自己工作环境要求的生产活动价值核算办法，才能做到公平合理的结算。

（3）第三阶段：全矿所有部门推广贯彻。生产部门的 VOEC 管理实施经验总结并推广，其他非生产部门或单位按照各自的工作特点和要求，以 VOEC 管理体系的基本框架为指导，补充完善自身所需的各项制度和标准。三交河煤矿在 VOEC 管理体系全面推广过程中，坚持由主业向辅业，由生产单位向非生产单位的过渡，通过 VOEC 管理法推广领导小组的严格督导和定期检查，构建并完善企业全面的精细化管理体系。三交河煤矿全面的 VOEC 管理法推广建设方案：

①建设对象：三交河所有部门单位。

②建设周期：2012 年××月~2012 年××月

③建设目标：各部门的生产任务进度达到××××；各部门的工作质量标准化程度达到××××；各部门的安全生产达到××××；各部门的成本控制达到××××。

④建设过程：各部门结合自身特点构建完善的 OEC 管理体系；实现各部门的生产任务班清班结管理；实现各部门的职工酬劳班清班结管理；总结评价和改进提高。

⑤建设效果：总的经济指标、效率指标、规范程度、素养提升；全矿各个部门的管理水平较过去有不同程度的提升；全矿各个部门职工的工作积极性比以往有所提升。

⑥关键环节：

A.煤矿 VOEC 全方位精细化管理体系在设计完成基础上，通过精细化管理样板区队和部门的建设，成立 VOEC 管理体系构建组织机构、VOEC 管理领导小组、VOEC 管理体系考评办公室、VOEC 管理体系联络员，负责指导精细化管理向全矿推行。

B.建立精细化管理工作的监督、执行、奖惩等制度建设，保证精细化管理工作的长久开展。

C.设置精细化管理工作的专项经费，保证管理体系的良好运转。

D.制定精细化管理推行时间表，要求煤矿相关部门制定自己实现全方位精细化管理的进度安排，按照时间进行考核。

E.建设 VOEC 全面精细化管理的综合信息化实施平台。管理信息平台是定额价格测算、内部市场结算、大量数据准确处理以及领导科学决策等工作的重要系统支撑。采用信息化技术手段，建立与内部市场相关的业务系统，利用数矿中心对各个信息化系统和决策分析系统进行整合，实现信息共享，消除"信息孤岛"，达到信息化建设辅助与支撑内部市场化的要求。信息平台构建必须包括内部市场管理、安全评价管理、单项工程管理、设备运维管理、区队物资管理、人力资源管理、办公桌面管理等七个软件系统。

3.VOEC 管理体系的持续改进

三交河煤矿在逐步有序的实施 VOEC 全面精细化管理过程中，也在不断地按照 PDCA 循环法对每个实施阶段所产生的问题进行总结、改进和提升（见图5），逐步使 VOEC 管理法走向成熟完善，更加适合三交河煤矿的实际发展需要。三交河煤矿经过三个阶段的实施步骤，不仅保障了新的管理方法在企业中成功得到运用开展，而且也使新的管理方法在三交河煤矿更加成熟完善。

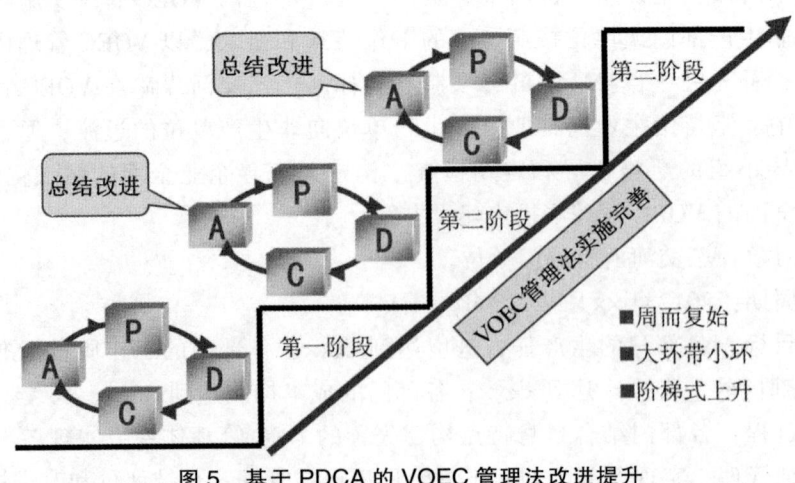

图5 基于 PDCA 的 VOEC 管理法改进提升

五、VOEC 管理体系的实施效果

三交河煤矿通过 VOEC 全面精细化管理体系的构建和实施，提高了企业的精细化管理水平，使企业的生产管理、安全管理、成本控制和质量标准化管理较过去有了较大提高，整合了企业包含内部市场化在内的诸多管理办法，使企业的管理体系更加清晰明确，为今后的管理体系完善奠定了坚实的基础。同时 VOEC 全面精细化管理体系通过基于价值量化的班清班结管理，充分调动了企业职工的工作积极性，理顺了目标激励的路径，使内部市场化深入到了每个职工个体，直接将工作目标和工作价值划上了等号，全面将企业目标落实到了每个人的身上，实现了"人人有目标，人人有责任"的管理氛围。

1.应用情况及社会评价

全面精细化管理是煤炭企业发展的必然趋势，也是提升管理水平的重要途径。本项目通过对三交河煤矿的 VOEC 全面精细化管理体系的构建和实施研究，具有重要理论价值和应用价值。

在理论层面，基于价值量化的全面精细化管理模式，不仅是对海尔创造的"OEC"全方位精细化管理法的应用提升，而且是对我国煤炭企业内部市场化建设工作的深入提高，将内部市场化建设成果整合进入企业的精细化管理，进一步推进了煤炭精细化管理理论的研究。

在应用层面，三交河煤矿通过一年多的"VOEC"管理法构建和实施，取得了显著的效果和效益，这体现在三交河煤矿从内到外的环境改变，从上到下的素质改变，以及企业整体的生产效率快速提高，吨煤成本显著降低，工程质量优良率不断提升等方面，并且按照 VOEC 管理法的实施步骤和可持续提高策略，三交河煤矿在今后的全面精细化管理中将不断深入，更多的精细化管理特点和特色也会不断凸现，直接价值和间接价值会持续增长。

基于三交河煤矿的 VOEC 全面精细化管理体系和方法，由于结合了当前煤炭企业的生产管理实际和特点，管理法的体系和框架在其他煤炭企业具有较强的适应性，所以未来能够在霍州煤电集团和我国其他的煤炭企业进行推广应用，将能够创造更多的经济价值和社会价值。

2.社会与经济效益分析

三交河煤矿通过 VOEC 全面精细化管理体系的构建和实施，完善和提高了企业的精细化管理水平，使企业的生产管理、安全管理、成本控制和质量标准化管理较过去有了较大提高；整合了企业包含内部市场化在内的诸多管理办法，使企业的管理体系更加清晰明确，为今后的管理体系完善奠定了坚实的基础。同时 VOEC 全面精细化管理体系通过基于价值量化的班清班结管理，充分调动了企业职工的工作积极性，理顺了目标激励的路径，使内部市场化深入到了每个职工个体，直接将工作目标和工作价值划上了等号，全面将企业目标落实到了每个人的身上，实现了"人人有目标，人人有责任"的管理氛围。随着 VOEC 全面精细化管理体系在三交河煤矿的实施，各种效益和效果不断凸显，具体体现在以下几个方面。

（1）规范化、标准化稳步推进。基于《山西省安全质量标准化标准》，结合三交河煤矿自身情况建立了"三交河煤矿的安全生产标准化体系"。"三交河煤矿质量标准化体系"完善了煤矿安全生产及规范作业的制度，为煤矿安全生产及提高煤矿作业质量提供了制度保障。通过建立深入个人在工作环境下的一举一动的标准制度，促进了煤矿向制度规范精细化迈进。

（2）生产成本费用的持续降低。实行 VOEC 管理体系后，三交河煤矿从上至下各部门、各区队（车间）、各岗位，直至每个员工以经营主体身份自我经营、自我管理，千方百计地提高产量、工作质量和降低成本，追求自身效益的最大化，这种体系增强了内部市场化中各级市场主体的增值意识和节约意识，使得各环节的效益提高与成本控制变消极为积极、变主动为被动，形成了"人人为成本而算，人人为效益而干"的局面。同时，各级市场主体自身效益最大化的总和形成了企业整体效益的最大化。据统计，自 2011 年 VOEC 管理体系初建，内部市场管理运行以来，2012 年原煤成本为 290.43 元/吨，比上年同期的 314.29 元/吨降低 23.86 元/吨，降幅为 7.59%；2011 年利润为 90767.18 万元，比上年同期的 42803.35 万元增加 47963.83 万元，增幅为 112.06%。2012 年原煤成本为 290.43 元/吨，2013 年上半年为 234.05 元/吨，原煤成本持续降低，在同类煤矿中首屈一指。

（3）材料库存的不断优化。三交河煤矿区队领料规则是区队以"433"比例出库，即上、中、下旬依次材料出库率为当月材料计划的 40%、30%、30%，同时通过成本动态监控小组及区队内部管控机制实时跟踪区队实际材料消耗，提高区队物资计划的准确性，逐步取消各区队的小仓库，降低材料存储率和减少材料库存成本，防止资金积压。

（4）生产效率的稳步提升。通过班清班结的管理，充分激发了一线职工的工作热情，促使各单位、岗位自发地合理安排工序，优化劳动力资源配置，激发职工工作积极性，劳动效率明显提高。2013 年全员劳动生产率比 2012 年提高 9.3%。

（5）工程质量标准化水平的提升。通过煤矿的全面精细化管理的推进，井下生产单位的工程质量水平有了较大改观，采煤区队的巷道质量优良率 2013 年比 2012 年提升 20%，开拓掘进区队的巷道质量优良率 2013 年比 2012 年提升 40%，原煤质量也有了较大提升，水分和含矸率都稳定在产品质量标准线下，其他井下单项工程质量保持在良好以上。

（6）强化了基础单位管理。随着 VOEC 管理体系的推进及内部市场管理在区队内部深化，区队和班组生产经营自主权扩大，区队和班组管理从传统的以生产为中心转变为以效益为中心。区队和班组管理层逐步树立起了效益观念，以效益衡量自己的贡献，围绕效益组织生产。在市场机制调节下，区队和班组实现了高度的自我经营、自我发展、自我管理、自我约束。同时，区队以此为契机集中精力努力从事区队内部管理建设，制定区队内部价格目录、班组结算、绩效考核、收益分配、安全质量标准化等相关管理制度，理顺了区队基础管理，实现区队内部市场管理的科学化、规范化。

（7）安全隐患和安全违章显著降低。在 VOEC 管理体系的班清班结管理过程中，职工安全目标落实到人，存在的各种安全问题都直接当天结算，深刻激发了职工的安全行为意识，使三交河井下安全隐患和安全违章显著降低。2013年比2012年同比降低50%，重大违章持续8个月没有发生一起，矿井整个安全质量标准化工作得到稳步提升。

（8）提升了职工整体素质，职工思想观念发生根本性转变。通过开展全员培训，使员工从思想上形成了精细化的思维方式。三交河煤矿整个矿区环境得到较大改观，井上职工衣着得体，交通有序，环境整洁，井下职工穿戴整齐，行走规范，文明礼让。工作中职工认真细心，能够自主按照精细化的要求认真做好每一件"小事"，树立了"细节决定成败"的工作理念。

（9）提升了信息化水平。三交河煤矿的VOEC管理体系基于信息化平台实现了班清班结信息的传递、计算、汇总和发布，即通过建设7个内部市场管理相关业务系统，以1个数矿中心为基础，构建内部市场管理综合信息化平台，辅助并支撑内部市场管理。三交河煤矿信息化覆盖机电科、劳资科、计划科、企管科等主要管理科室，企业管理信息化水平得到整体提升。同时实现不同层次、不同部门系统间的信息交流与共享，消除"信息孤岛""信息浪费"和"信息断层"，优化资源配置，使信息能够准确畅通地传递，从而提高决策的正确率，从整体上提高企业的经营效率，使煤炭企业全面精细化管理体系得到应用和深化。

（10）推进煤炭行业企业文化建设。优秀的企业文化是企业生存与发展的基础，是企业管理的灵魂并且已经成为大型煤炭集团登上国际舞台的重要因素之一。通过建立VOEC管理体系，深化企业改革，提高了企业内部凝聚力和外部竞争力。通过企业文化的不断深入建设，必将引发企业巨大的经济力、发展力。

（11）提升煤炭企业形象。VOEC管理体系是在以人为本的核心下推行全面精细化管理，不断改善职工的工作以及生活环境，形成了良好的学习氛围，转变了煤炭行业粗放式经营方式，改变了煤炭行业传统形象，树立了煤炭行业新形象。

（成果创造人：卫学林　马　勇　杨惠斌　韩　磊　张志忠　何国强　牛希星　王克勤　高志鹏　薛高建　张小亮　孙海涛）

大型煤炭企业提升绿色低碳竞争力的创新与实践

山西潞安矿业（集团）有限责任公司

山西潞安矿业（集团）有限责任公司（以下简称潞安集团），位于山西省长治市，成立于1959年1月1日，是全国第一个现代化矿务局，山西省七大国有重点煤炭企业集团之一，是国家重要的优质动力煤和喷吹煤生产基地。目前，集团总资产1442亿元，拥有子分公司75个，两次获全国"五一"劳动奖状，两次被评为"中国十大最具影响力企业"。

近年来，潞安集团坚持以煤为基、多元发展，按照国家转变经济增长方式和山西转型跨越发展战略部署，贯彻落实"国家创新驱动发展战略山西行动计划"和"山西省低碳创新行动计划"，以"黑色煤炭绿色发展、高碳能源低碳发展、资源型产业循环发展"为主题，以煤炭资源清洁利用和能源梯级利用为主线，以关键技术突破为抓手，以循环园区建设为载体，以重点工程和示范项目为标志，着力构建了具有潞安特色的高端化、低碳化、国际化、创新型、循环型、效益型"三化三型"发展新模式，在打造煤基绿色清洁能源基地和低碳创新发展高地上实现了新突破，实现了战略引领向价值引领转型、资源依赖型向创新驱动型转型、高碳能源向低碳利用转型。

一、大型煤炭企业提升绿色低碳竞争力的创新与实践的实施背景

1.大型煤炭企业提升绿色低碳竞争力是国家优化产业结构、建设生态文明的战略需要

当前，世界正面临经济发展与节能环保的双重任务和压力，大力发展以绿色为导向的新能源、新材料、节能环保等低碳产业，加快推进节能减排，推动绿色循环低碳发展，成为当今经济社会发展的主题和新一轮国际竞争的战略制高点。特别是随着国家治理雾霾力度的不断加大，以及一系列环保政策的相继出台，形成了企业向"低碳化""绿色化"转型的倒逼机制。只有走节能、高效的低碳发展之路，才能实现企业的转型升级和可持续发展。作为大型能源企业，必须顺应世界经济发展潮流，以高瞻远瞩的战略眼光和更加敏锐的战略思维，积极把节能减排、低碳发展放在企业战略发展的高度，统筹企业战略布局，大力发展循环经济，实现资源综合利用、循环利用，推动产业结构优化升级，促进企业跨越式、高端化发展，切实担负起国有大型企业应有的经济责任和社会责任，为生态文明建设作出新贡献。

2. 大型煤炭企业提升绿色低碳竞争力是山西综改试验区转型跨越发展的客观要求

山西作为全国重要的能源和原材料供应基地，长期以来形成了"一煤独大"、结构单一的产业发展格局，严重制约了全省经济社会的可持续发展。面对经济举步维艰的实际，2009年以来，新一届省委省政府从全省战略高度出发，启动实施了"转型综改试验区"工作，先后取得国务院"转型综改试验区"获准和"转型综改试验总体方案"批复，开启了山西转型跨越发展的新征程。山西转型综改试验区建设，核心任务是破解"以煤为基、多元发展"的体制机制障碍和要素瓶颈，最关键是要打好循环经济这张牌，走好高端化发展的路子。潞安集团作为省属大型煤炭集团和山西的传统优势企业，要想在新的市场竞争中赢得主动、获得生存与发展，必须牢牢把握山西综改试验区和国家循环经济试点省建设的战略机遇，紧紧围绕企业的重点领域、重点产业进行战略调整和布局优化，积极把绿色、循环、低碳发展作为企业发展的新动力、新模式和新路径，进一步构建完善科学、高效运行的产业发展新模式，实现企业高碳资源低碳发展、黑色煤炭绿色发展、资源型产业循环发展，促进企业转型跨越发展。

3. 大型煤炭企业提升绿色低碳竞争力是潞安"三地一新"发展战略的必然选择

近年来，潞安集团认真按照国家和山西加快推进产业结构调整和转变企业发展方式的总体部署，依托战略致胜，大力实施以"建设亿吨煤炭新基地、打造产业发展新高地、开创幸福潞安新天地、全面建设既强又大国际化新潞安"为核心的"三地一新"发展战略，坚持"以煤为基、多元发展"，积极构建了煤炭、煤基合成油、煤电一体化"三大主导产业"，现代焦化和硝基肥料与硝基化工"两大传统产业"和装备制造、建筑建材、现代农业、光伏、贸易物流、金融服务"六大辅助产业"的"326"产业发展体系，实现了企业由单一煤炭生产向多产业综合发展的转型升级，不断成长为跨区域、跨行业、跨所有制的绿色新型能源企业集团。提升绿色低碳竞争力是企业面向世界、面向未来的核心竞争力和可持续发展能力。作为世界500强企业，面对日益激烈的市场竞争形势，必须牢固树立绿色循环发展的理念，大胆吸收和引进国内外的先进技术、工艺、装备，加快推进资源安全高效开采和循环清洁利用，进一步健全绿色循环经济体系，持续提升企业的核心竞争力和综合实力，永葆企业的可持续发展。

二、大型煤炭企业提升绿色低碳竞争力的创新与实践的内涵和主要做法

潞安集团紧紧围绕"三地一新"发展战略，大力发展战略性新兴产业，全面推进传统产业升级，持续开展绿色低碳关联技术攻关，逐步形成了以"黑色煤炭绿色发展、高碳能源低碳发展、资源型产业循环发展"为主题、以"三化三型"为特征、以"六条路径"为主线、以"五大保障体系"为支撑，具有潞安特色的绿色低碳发展新模式，有效提升了发展的层次和品位，增强了企业的核心竞争力，为打造煤炭经济升级版企业奠定了坚实的基础。

黑色煤炭绿色发展、高碳能源低碳发展、资源型产业循环发展：即通过实施集约高效开采、"三下"压煤充填开采、矸石等废弃资源综合利用等，促进经济效益、社会效益、生态效益高度统一，实现黑色煤炭绿色发展；通过发展煤基合成油、煤电一体化产业，升级优化现代焦化和硝基肥料与硝基化工产业，推进上下游产业耦合，重点构建高端油品及高端精细化学品体系，使产业走向高端、产品趋向终端，实现高碳能源低碳发展；坚持以技术领先、高端循环、绿色发展为标志，建设循环经济园区，率先在山西科技创新城布局构建"一中心、三平台、四基地"，实现资源型产业循环发展。

三化三型：即确立以"高端化、低碳化、国际化"和"循环型、创新型、效益型"为特征的"三化三型"绿色循环经济发展方针。

五大保障体系：构建以"组织保障、平台保障、人才保障、资金保障、机制保障"为支撑的五大绿色低碳发展保障体系。

1.坚持走绿色开采之路，围绕资源回收最大化和环境损害最小化，着力推进煤炭和伴生物的共采与资源化利用

绿色开采是煤炭产业清洁、安全、低碳、高效发展的源头环节。在实践中，潞安集团坚持最大程度地减少开采活动对环境的破坏，实现资源回收最大化和环境损害最小化。

（1）全力提高煤炭资源回收率。积极开发大型矿井建设及边角地块、残留煤柱煤炭复采技术，以及复杂地质条件下煤与伴生资源安全高效、资源节约、环境友好开采技术，坚持选用先进支护技术和回采工艺，从源头上减少矸石排放。成功攻克了5米厚小煤柱开采技术，使煤炭采区回收率提高了5%-8%，达到85%以上；在全国首次成功应用厚煤层沿空留巷技术，有效降低了万吨掘进率和掘进成本，实现了上隅角瓦斯的可控和无煤柱开采，提高了煤炭回收率；临时支护快速掘进关键技术实现新突破。通过优化提升掘锚一体化、凿岩台车、机载式临时支护等新工艺、新设备，以及巷道布置方式，实现了两个工作面共用一条巷，突破了制约高效掘进的"瓶颈"环节。成功实施了"掘支锚连续平行作业一体化关键技术和装备"科技攻关，煤巷掘进突破1000米/月，达到国际领先水平；在国内率先成功实施7.2m大采高综合配套技术，厚煤层一次采全高技术攻关取得重大突破，构建了松软煤层高瓦斯条件下安全高效清洁生产新模式，继续保持了潞安在全国煤炭行业采煤技术的领先优势。

（2）实施保水开采、煤水共采。一方面，坚持优化采掘系统，最大程度减少岩溶水的开采量，使采煤过程对水环境的破坏影响降到最小。另一方面，矿井全部配套建设大于水排放总量的水处理厂，矿井水处理率100%，复用率达到97%。集团漳村煤矿采用磁分离水体净化为核心的矿井水处理技术，建成了一座污水处理能力为600m³/h的井下生态净化水中心，做到了矿井水井下就地处理就地利用和清水入仓、清水上井，达到国际先进水平。

（3）实施煤气共采。推广"U"型、"U+高抽"型和"U+高抽+低抽"型工作面布置方式，以及CO_2预裂增透快速抽采技术、井下区域预抽和模块化抽采、松软低渗透煤层地面井等实用型新技术，完善"采前预抽、边采边抽、采空区抽放"的立体化抽放，形成以高抽岩巷、裂隙带抽采和地面抽采为重点的井上下立体化瓦斯抽采新模式。潞安集团与北京蓝色以太公司采用BOT合作方式，在高河能源建成了目前全球规模最大、装机容量最大、瓦斯利用率最高的乏风氧化发电项目，项目年处理乏风量8126万m³，年供电能力达2亿kW·h，每年减排$CO_2$140万吨。"十二五"以来，累计利用低浓度

瓦斯 2772.81 万 m^3，发电 6841.03 万 $kW \cdot h$。

（4）实施煤矸石资源化利用。"十二五"以来，累计矸石制砖 3 亿标块，矸石发电 85.64 亿 $kW \cdot h$，消化利用煤矸石 573.63 万吨。特别是开展的"煤矸石高值化利用技术研究"是国家"863"项目，已完成中试示范，通过分解提取煤矸石中的硅、铝、碳等有价元素，生产高附加值的絮凝剂、白炭黑和高品质建材产品。

（5）打造自动化矿井、建设数字化矿山、构建感知化矿区。潞安集团紧紧围绕"建设自动化矿井、打造数字化矿山、构建感知化矿区"，整体推进井上、下的立体化集约高效建设，全面加快新井集约高效、旧井减人提效步伐，实现了自动化矿井自动化管理，数字化矿山用数字说话，构建了"环节最简、系统最优、用人最少、安全最好、效率最高"的集约高效生产新模式。

（6）探索实施井下充填开采技术及地面环境综合治理。积极探索适合潞安矿区特点的巷道矸石充填、膏体充填、超高水材料充填等井下充填与条带开采技术，开展充填不迁村的工业性试验。同时，实施矸石山综合治理和采煤塌陷区景观生态再造，先后完成五阳、石圪节、王庄、常村、漳村等废弃煤矸石山的整体规划、生态重建与景观恢复，使昔日的矸石山变成了风景优美的生态景观。

2.坚持走绿色利用之路，发挥潞安煤的品种、质量、品牌等优势，推进煤炭分级分质清洁高效利用

煤炭的绿色利用是高碳能源低碳化利用的重要体现。潞安集团的煤炭品种全、质量优、品牌好，绿色利用具有独特的优势。

（1）实施煤炭洗选提质工程。主体矿井全部建设有配套的模块化洗煤厂，采用重介洗煤工艺，原煤入洗率达到100%，减少煤炭的灰分、硫分与矸石，减排二氧化硫，实现了由卖原煤向卖洗精煤、由卖"粗粮"向卖"细粮"的转变。

（2）开发优质动力煤。通过超超临界燃煤、循环流化床燃烧等国际先进的燃煤发电技术，达到煤的清洁高效燃烧，提高煤的利用率。潞安的低硫低灰高热值动力煤外供国内大型电厂，低热值煤用于发展自营电厂和煤电一体化项目，实现了分质高效利用。集团充分发挥潞安煤低硫、低磷、低灰、高发热量，以及市场信誉好、价格稳定、被电厂誉为"细粮"的优势，打响了"潞安环保低硫煤"的品牌，打造了中国优质低硫环保动力煤基地，2014 年动力煤产量将达到 5700 万吨。

（3）开发高炉喷吹煤。潞安集团具有自主知识产权的贫煤、贫瘦煤高炉喷吹技术，研发的高炉喷吹煤是高炉混合喷吹或单独喷吹的理想原料，被认定为高新技术产品，喷吹煤与焦炭置换比达到 1:0.9，是订立国标的基准。2013 年潞安集团喷吹煤产量达到 1680 万吨，2014 年将达到 1800 万吨以上，继续保持了全煤行业的领先优势，打造了中国乃至世界最大的喷吹煤基地。

（4）开发煤化工原料煤。利用煤气化技术，通过全方位的工艺优化和系统集成，潞安集团将高硫煤由"燃料"转化为"原料"，用于煤基合成油和硝基肥料与硝基化工，实现了焦煤、瘦煤、肥煤、气煤等炼焦煤、配焦煤用于发展现代焦化产业，副产品焦炉煤气用作发展新型煤化工的原料，目前，集团正全力构建全国第一个高硫煤煤

基多联产清洁利用基地。

3.坚持走绿色转化之路，以煤炭转化带动产业转型，推动产业走向高端、产品趋向终端，实现资源价值最大化、环境效益最优化

潞安集团坚持以高端转化带动高端转型，深度转化促进深度转型，着力打造体现转型高度、具有明显竞争优势和特色的上下游一体化发展的高端产业群，使产业走向高端、产品趋向终端，实现了资源价值最大化、环境效益最优化。

(1) 将煤转化为电。潞安集团积极上马坑口电厂和低热值煤电厂，同电力企业合作，积极推进煤电联营，发展煤电一体化产业。潞安与大唐、华电、国电、格盟国际签订了煤炭供需长期协议，合同供煤总量为3180万吨；与格盟国际签订《煤电联营项目合作协议》，协议总装机容量1202万KW，总煤矿产能3030万吨/年，目前，项目已取得国资委批复，各项工作正在加快推进中；与协鑫合作实施了"晋电送苏"煤电一体化项目；与华能山西分公司合作实施了左权电厂项目；建成了容海、余吾等多座低热值煤综合利用电厂。

(2) 将煤转化为高端油品。经过多年的发展，潞安集团构建了三个煤制油项目板块。一是21万吨/年煤基合成油示范厂，是全国唯一一个采用钴基、铁基两种催化剂进行煤制油的项目，目前全系统实现了装置的长周期高负荷安全稳定运行。生产的煤基合成柴油十六烷值高达70，硫含量仅为0.05ppm，远低于欧V标准的10ppm；二是180万吨/年高硫煤清洁利用油化电热一体化示范项目。该项目是山西省转型综改标杆项目，是世界上第一个"低水、低碳、低能耗"与"高技术集成、高效能循环、高品位体现"的"三低三高"资源综合利用项目。在项目建设和运营上，潞安集团积极引用EPC和BOO模式，累计引进投资63.72亿元。项目建设中，着力推进技术创新、产品创新、集成创新，实现了世界第一个开展甲烷与二氧化碳重整技术工业化生产、全国第一家进行钴基固定床F-T合成技术工业化生产、全国第一个"三高"煤气化技术突破等10个国际、国内第一；三是甲醇改油示范工程。潞安集团同山西煤化所合作，利用具有自主知识产权的钴基催化剂F-T合成技术进行甲醇改油，生产F-T油和高端化学品，首套30万吨/年焦炉气甲醇装置改造项目建成投运，探索出了一条传统煤化工向新型现代煤化工升级转型、低端产品向高端产品升级增值的新路子。

(3) 将煤转化为高端精细化学品。潞安集团通过先进技术，将煤转化为高端精细化学品。全国第一个利用自主研发的短程精馏工艺技术生产高熔点F-T蜡装置投产，打破了国内高端蜡市场长期被进口蜡垄断的局面；世界第一个利用富含α烯烃的费托合成轻质油生产PAO高档润滑油装置投产，突破了壳牌、雪佛龙等少数几家跨国企业的技术壁垒；全国第一个利用正构烷烃生产正构溶剂油、无芳溶剂油装置投产，填补了国内空白。

(4) 将煤转化为传统煤化工产品。着力推进现代焦化和天脊集团硝基肥料与硝基化工产业的转型升级。将煤炭转化为焦化产品、硝基肥料和硝基化工产品。天脊集团苯胺、硝酸等多个新建重点化工项目相继建成投运，新研发的稳定性复合肥料、水溶性肥料等稳步投入市场，实现了传统化肥向精细化工的升级增值。

4.坚持走循环园区之路,通过产业嫁接耦合、上下游链接,以高端循环带动传统循环

潞安集团将循环园区建设作为推进绿色低碳发展的重要承载,突出"五个注重",体现"三个功能",发挥"三个效应",重点推进"四大循环经济园区"建设。

(1)突出五个注重。一是注重增强自主创新能力和自主品牌建设,把园区建设建立在科技引领、创新驱动的基础上;二是注重产业集聚发展和资源集约利用,把园区建设建立在提高质量和效益上;三是注重资源节约和环境保护,把园区建设建立在资源节约、环境友好、绿色增长的基础上;四是注重两化融合和产业耦合,把园区建设建立在一体化发展的基础上;五是注重发挥人力资源优势,把园区建设建立在人力资源充分利用、各种人才合理配置的基础上。

(2)体现三个功能。一是体现集聚功能,使园区共享人、财、物、信息和组织资源;二是体现孵化功能,使园区成为高新技术成果转化的孵化器、传统产业转型升级的孵化器;三是体现辐射功能,使园区对周边产业和区域经济具有带动和辐射作用。

(3)发挥三个效应。一是示范效应,使园区在技术创新、管理创新、商业模式创新等方面发挥示范带头作用;二是窗口效应,将园区打造成技术交流的窗口、人才引进的窗口、走向国际化的窗口;三是边际效应,园区内实现新兴产业与传统产业协同发展,横向耦合、纵向闭合,以主导产业带动关联产业产生边际效应,实现资源价值、经济效益、社会效益和生态效益的最大化。

(4)重点推进"四大循环经济园区"建设。

——重点推进高河煤电一体化园区建设。高河电厂一期 2×600MW 低热值发电项目选用超超临界高效煤粉炉,燃料以洗中煤和煤泥为主,每年消耗低热值煤约 370 万吨,所发电量通过晋东南—南阳—荆门交流特高压输电线路,输往湖北市场。目前,项目已取得山西省发改委"路条",正在紧张施工中;年产 600 万吨的高河能源已建成投产。

——重点推进余吾煤炭综合利用循环经济园区建设。园区由低位循环区和高端循环区两部分组成。低位循环区,主要包括余吾煤业、选煤厂、矸石电厂、低浓度瓦斯发电站、循环水处理厂等生产单元,目前所有项目已建成投运;高端循环区,主要包括化学品加工、油品加工、IGCC 电站、1830 化肥生产线等生产单元,并全部实现正常有序运行。在低位循环的基础上,发展高端循环,实现了立体化、高效化循环,整个园区每年节约标煤 99.3 万吨。

——重点推进高硫煤生产清洁能源及精细化学品园区建设。园区包括铁基催化剂制油、钴基催化剂制油、现代焦化、2×13.5 万 KW 矸石发电厂等四个板块,是世界第一个高技术集成、高效能循环、高品位展示、低水、低碳、低能耗"三高三低"资源综合利用循环经济园区。目前,现代焦化和 2×13.5 万 KW 矸石发电厂已建成投运,其他项目正在有序建设中。

——开展忻州煤油一体化现代煤化工循环园区建设。国家规划发展 3000 万吨煤制油和山西省打造晋北煤化工基地,以及国家从 2018 年起实施国 V 标准,为潞安推进煤基合成油产业化提供了宝贵的政策机遇。潞安在全面加快推进 180 万吨高硫煤清洁利用油化电热一体化示范项目的同时,依托忻州地区丰富的煤炭资源和潞安煤化工的人

才技术优势，加快布局忻州煤油一体化园区项目，积极推进高端油品和高端精细化学品开发，构建具有明显竞争优势和特色的高端煤基合成油产业。项目总规模为：煤炭产量2000万吨/年，油品及化学品产量400万吨/年以及余热发电。主要产品为高标号汽油、柴油、航空煤油、润滑油基础油、无芳溶剂油、高熔点费托蜡等燃料及化学品。

5. 坚持走节能减排之路，通过实施技术节能、管理节能、工程节能、全员节能，努力实现排放最小化、能效最大化

节能减排是煤炭企业转型升级的必然要求，贯穿在企业绿色低碳发展的全过程。围绕节能减排，主要抓好"四个节能"：

(1) 大力推进技术节能。"十二五"以来，潞安集团重点推广应用了矿井乏风余热综合利用技术和空压机余热回收技术、低浓度瓦斯发电技术、光伏发电等多项节能新技术。特别是采用煤基多联产工艺技术，CO_2减排效果非常明显。以消耗900万吨煤炭作为基准，燃煤发电项目年CO_2排放量为2250万吨，单一煤制油技术的180万吨/年项目年CO_2排放量为1980万吨，潞安煤制油多联产技术的180万吨/年项目年CO_2排放量为1260万吨。潞安集团与中科院上海高研院联合开展甲烷与二氧化碳重整利用项目研究，催化剂和反应器技术达到国际先进水平，重整后生成一氧化碳和氢气，成为F-T合成的原料气，实现了二氧化碳资源的规模化高效转化。

(2) 稳步推进管理节能。"十二五"以来，潞安集团安排节能技改资金8.82亿元，先后实施了锅炉及余热余压回收利用、电机系统节能、能量系统优化等五大重点节能改造工程，年节约标准煤11.7万吨。其中，投资1.3亿元，重点推进了煤基合成油油水分离及尾气回收节能技改项目、煤矿乏风催化氧化燃烧制热技术改造项目、煤基合成油蒸汽系统优化节能等7个节能技术改造项目，年节约标煤10万吨。

(3) 着力推进工程节能。潞安集团着力推动节能工作由"措施型"向"工程型"转变。天脊集团通过合成氨扩能改造项目，使合成氨年生产能力从30万吨提升到45万吨，开创了煤制合成氨扩能50%并一次成功的先例，单位能耗下降20%以上，每年节约标煤20万吨以上。先后实施"废水综合利用工程"和"废水深度处理321工程"，废水重复使用率达到95%，每年节约清洁水1140万吨，基本实现了废水零排放。煤基合成油示范园区通过富气利用、甲烷气体转化利用、合成尾气综合利用、IGCC发电等工程，年节约129.6万吨标准煤，减少排放二氧化碳41万吨、煤矸石43万吨、废气4337吨、粉尘8400吨。与中国节能集团合作实施了全省第一家光伏农业科技大棚电站工程，项目总装机规模100MW，年平均上网电量7825万kW·h，与相同发电量的火电相比，每年可减少排放$SO_2$360.95吨、$CO_2$9.75万吨、CO8.35吨、氮氧化物72.6吨、烟尘436吨，具有明显的节能、环境和社会效益。

特别是对高硫煤清洁利用油化电热一体化示范项目实施全过程、立体化、系统化的节能工程。锅炉采用高效换热器，年可节约标准煤1.5万吨；气化技术采用荷兰壳牌技术，单台日投煤3000吨，每小时生产煤气30万立方，是目前全球最大的粉煤气化炉，碳转化率达到99%；水处理采用新加坡胜科公司技术，通过空冷器代替水冷、污水经深度处理、分质回收利用等节水措施，吨油耗水小于8吨，比国内先进水平吨油

耗水10吨左右降低2吨以上；项目通过系统优化集成，综合能效达到44.87%，比南非萨索尔高5.8%，处世界领先水平；项目部分CO_2与矿井抽采的煤层气进行干重整，转化成CO和H_2，作为原料气使用，实现减排$CO_2$150万吨/年；余热蒸汽发电回收低位热能，余热蒸汽全部回收用于发电，装机能力达到115MW；合理利用空分装置生产的氮气实现焦炉干熄焦；"渣场变砖厂"，壳牌气化炉72%的灰渣作为制砖及水泥原料，剩余部分渣场填埋。

（4）积极推进全员节能。潞安集团在各基层单位和广大员工中广泛开展"五小"活动、QC成果攻关、节能知识竞赛，以及"节约一度电、节约一滴水、节约一张纸、节约一克煤、节约一分钱"等"五个一"节能活动，积极倡导绿色出行、无纸化办公，将节能行为落实到点点滴滴的工作当中，营造了"人人懂节能、人人抓节能"的良好氛围。

6.坚持走农林业碳汇之路，积极推进工业反哺农业，发展现代农业，实施产业扶贫工程

以工业反哺农业、发展现代农业、推进产业扶贫，既是资源型企业积极履行社会责任的具体体现，又是煤炭企业转型、培植新的经济增长点的必然要求，更是实施生态修复、发展农业碳汇、提升企业绿色竞争力的重要途径。围绕农业产业化，潞安集团坚持把潞安的"强企梦"和农民的"致富梦"相结合、企业优势与区域特色相结合、产业扶贫与企业转型相结合、企业经济效益与社会环境效益相结合"四个结合"，坚持以发展优势农业、绿色农业、高端农业、现代农业为方向，着力构建"三个平台"，推进"三个发展"，形成"1+3"产业布局，着力打造了具有潞安特色的公司化运作、基地化生产、集约化管理、特色化发展、生态化治理的农业产业化新模式，实现产业扶贫与企业转型发展的共赢。

（1）构建"三个平台"。即产学研一体化的科技支撑平台、与中国优质农产品协会深度对接的品牌平台和开放合作的大物流营销平台。

（2）推进"三个发展"。即彰显现代高效农业的高端发展、放大区域优势产业的优势发展和合作共赢多赢的联合发展。

（3）形成"1+3"产业布局。即重点发展油用牡丹产业，有序发展食用菌、生态醋、野樱莓系列三个辅助产业。

经过反复调研和科学论证，潞安集团将油用牡丹确定为发展现代农业的核心和主导产业。目前，已育苗2300亩，成活率98%以上；掌握了组培育苗、工厂化育苗和大田育苗等多种育苗技术；与中国农科院、中国林科院、中国农大、北京林大等16所科研院所建立了良好的合作关系；与全国油用牡丹协会建立了战略合作关系，在潞安联合建设全国油用牡丹科研基地，探索应用油用牡丹的前沿技术，推进产业发展。2014年种植规模要达到2万亩，已经同农户签定协议，土地不需要流转，明年要达到5万亩，将来要达到100~200万亩规模。按2亩/人计算，达到50万亩规模，可覆盖带动25万贫困人口在现有基础上收入翻两番，达到8000元；达到100万亩规模，可覆盖带动50万人收入翻番，可全部解决潞安扶贫六县39万贫困人口脱贫问题。

同时，发展油用牡丹生态效益也十分显著。栽植油用牡丹的地块比荒山荒地每年

每亩能减少水土流失 0.8m³，每亩油用牡丹每年能涵养水源 168m³、固碳 1.7 吨，形成 100 万亩规模后，每年可固碳 170 万吨，成为全国油用牡丹农林业碳汇基地，也会成为潞安转型发展的一个新的增长极、低碳发展的一个新标志。

7.强化五大保障体系建设

为了确保低碳发展各项工作有序推进、高效实施，潞安集团重点加强了五项保障体系建设：

(1) 组织保障。一是健全组织机构，从集团层面成立了低碳发展工作领导组，由董事长、总经理担任组长，加强工作的组织、指挥与协调；二是对集团班子成员实行"三个一"机制，即每个人都要联系一个创新项目、一所合作院校、一名行业知名专家或院士，引领带动企业走创新驱动之路；三是将各项工作进行责任分解，由集团各相关分管副总经理牵头督办、跟踪落实；四是每月组织召开一次协调会，定期通报各项工作推进情况；五是建立健全对标管理体系，通过学习借鉴，集成优势、嫁接优势，实现快速提升、系统提升，保障了各项工作的高起点、高标准、高效能推进。

(2) 平台保障。围绕低碳发展，潞安集团进一步推进产学研一体化高端合作创新平台建设，以产业链配置创新链，以创新链优化产业链，将科技创新向低碳产业链终端、价值链高端延伸。目前，潞安集团已经构建了集团本部国家级技术中心、天脊集团国家级技术中心、煤基清洁燃料与化学品省级工程技术研究中心、海外高层次人才创新创业基地等"十大开放型创新平台"。

同时，潞安集团以全面参与山西科技创新城项目建设为契机，同山西煤化所强强联合、优势嫁接，布局构建"一中心三平台四基地"（见图1）。依托"一中心三平台四基地"，潞安将推动科技创新与产业转型互为牵引、螺旋递进，形成涵盖基础研究、技术中试、工业示范和技术集成与商业化的产学研一体化技术创新链条，构建互为支撑、协同发展的国家级创新平台体系，打造全国乃至世界领先的低碳发展创新研发高地、高端人才培养集聚高地，为转型跨越发展提供强有力的科技支撑。

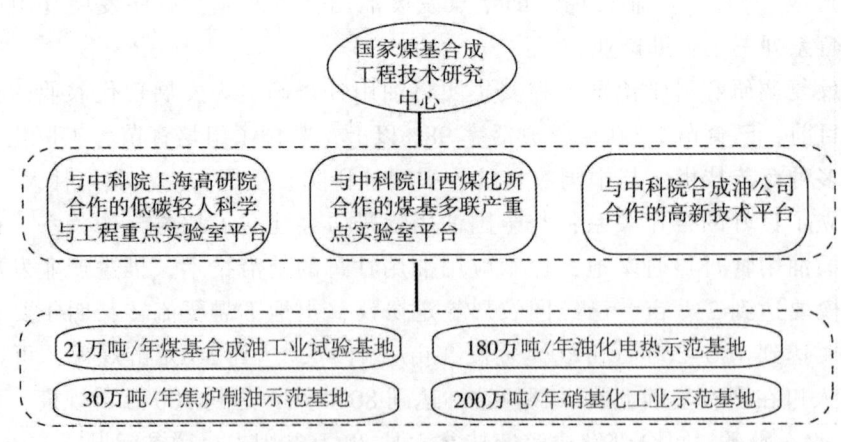

图1 "一中心三平台四基地"布局图

(3) 人才保障。潞安集团坚持人才资源是"第一资源"、人才工作是"一把手工程"的理念，着力推进经营管理、高技术和高技能三支人才队伍建设。本着"特殊人才特殊待遇，特殊贡献特别奖励"的原则，设立了"四个1000万元"人才激励基金，全面实施了专业技术人才"十百千"计划，进一步加强了高层次人才引进、高端化国际化人才培养、优秀技术人才团队建设，打造了高技术人才培育基地。特别是围绕绿色低碳发展，一是建立国内一流专家决策咨询机制，邀请一流专家为低碳项目建设"把脉会诊"；二是本着"不求所有，但求所用"的原则，充分利用中科院上海高研院、山西煤化所，以及潞安国家级博士后科研工作站等高端化的人才资源，开展技术攻关，推进低碳技术创新；三是加大专业人才的引进与培养力度，为低碳项目建设顺利实施培养专业技术人才；四是营造民主、宽容氛围，推进全员创新，真正将"创新基因"渗透到每一个员工的血脉中，最大限度发挥广大员工在低碳创新方面蕴藏的无穷智慧和巨大能量。

(4) 资金保障。潞安集团不断完善科技创新投入增长机制，2013年科技投入达到59.6亿元，达到营业收入3%。特别是在完善集资本证券融资平台，包括资产资本化、资源资本化、收益资本化三个渠道；股权多元化融资平台，包括优势产业股权多元化、优势项目股权多元化、优势客户股权多元化三个渠道；债券新型化融资平台，包括银行贷款、发行债券、新型工具三个渠道，潞安财务公司于一体的"三平台九渠道一公司"融资格局的基础上，进一步加大融资力度，为低碳项目发展提供资金保障。一是进一步推进"以项目换资金"，引进国际资本，通过EPC/BOO等模式，深化项目股权多元化合作；二是推进全省最大的保险资金合作项目，积极争取在全省首家发行永续票据，最大限度争取项目资金；三是积极探索尝试在珠海横琴新区开展融资租赁，降低融资成本；四是探索设立资本控股型公司，促进金融资本与低碳产业资本的有效融合，打造和运营"潞安资本"新品牌，为低碳发展提供资金支持。

(5) 机制保障。"现代科技+资本=先进生产力"。潞安集团全力构建完善了三种机制：一是产学研用一体化的创新成果高效转化机制，积极与国内一流科研院所、高校合作，开展技术攻关，组建技术创新联盟，推进自主创新、集成创新和引进消化吸收再创新，抢占技术创新的制高点，促进技术创新成果转化成现实生产力；二是"技术创新+商业模式创新"的协同发展机制。比如，积极推进以优势项目换技术、换资金，实现了"利益共享、风险共担"；积极推进与中科院上海高研院、山西煤化所分别联合，组建两个技术公司，探索将具有自主知识产权的钴基催化技术、低碳转化技术等高端创新成果进行商业化运营；三是"实体经济+现代服务"的延伸发展机制，实现各项生产要素的最优化配置，创造出新的业态和商业模式，发挥出最大的效能，取得最大的经济效益、社会效益和生态效益，进一步将绿色、低碳、循环发展转化为现实生产力、核心竞争力。

三、大型煤炭企业提升绿色低碳竞争力的创新与实践的主要成效

1.取得了良好的经济、环境和社会效益

(1) 经济效益显著增强。企业连续实现高起点上的新跨越。2011年，排名全国

500强第84位,成为营业收入、资产总额"双千亿"企业;2012年,煤炭产量达到8008万吨,营业收入1710亿元,实现利润26亿元;2013年,顺利进入世界500强,位列第430位,当年煤炭产量达到8878万吨,营业收入1985亿元,企业综合实力明显增强。

(2)环境效益明显提升。通过提升绿色低碳竞争力,企业单位工业增加值综合能耗降到2.237吨标煤/万元,万元产值SO_2排放量达到0.0033吨,万元产值(烟尘+粉尘)排放量达到0.004吨,矿区锅炉烟尘排放达标率为100%,矿井抽放瓦斯利用率达到90%,焦炉煤气利用率达到97%,工业废水达标排放率为100%,工业废水回用率达到97%,煤矸石综合利用率达到100%,粉煤灰综合利用率为100%。塌陷地回填复垦率达到75%,环境保护投资占企业产值比达到2.5%,新建矿山塌陷地回填复垦率达到90%,矿区绿化覆盖率达到41.9%。完成减少和利用废渣、废水、废气3000多万吨,增加效益2.69亿元,实现了矿区环境的香化、亮化、美化、净化、园林化。

(3)社会效益充分显现。坚持高标准定位"绿色发展、低碳发展、循环发展",努力追求资源效益最大化和社会环境效益最优化,受到了党和国家领导人、科技部、山西省委省政府等各级领导的高度关注。近年来,先后获得"中国节能减排功勋企业""中国能源绿色企业50佳"、煤炭工业"节能减排先进企业"、"山西省节能突出贡献企业"等荣誉称号,成为"联合国清洁煤技术示范和推广企业"。

2.增强了企业的核心竞争力

(1)创新能力显著提升。坚持产学研用相结合,自主创新与集成创新相结合,大力推进采煤主导技术、绿色开采技术等技术创新,特厚煤层安全开采关键装备及自动化技术获国家科技进步二等奖,贫煤、贫瘦煤高炉喷吹技术获国家科技进步二等奖,达到世界领先水平,成为中国煤炭系统唯一的国家级"高新技术企业"。大力推进煤基合成油技术创新,自主开发了高熔点费托蜡、PAO润滑油、无芳溶剂油等高端油品,成为世界唯一掌握铁基、钴基两种催化剂工艺进行煤制油的企业。大力推进创新体系建设,建立了产学研用一体化的创新成果高效转化机制、"技术创新+商业模式创新"的协同发展机制和"实体经济+现代服务"的延伸发展机制"三大创新机制",布局构建了"一中心三平台四基地"创新格局,形成了涵盖基础研究、技术中试、工业示范和技术集成与商业化的产学研一体化技术创新体系。先后获得"国家火炬计划重点高新技术企业""山西省知识产权优势企业培育工程首批企业"等多项荣誉称号。

(2)产业竞争优势显著提升。积极调整、优化产业结构,构建了以煤基合成油为核心、融现代焦化和特色硝基化工为一体的"潞安煤化工"板块,以新兴产业带动传统产业升级增值,促进了低端循环向高端循环转变,形成了多联产、多产品、多技术、多循环、多效益、全产业链的大循环格局,实现了内部产业链和产业板块协同价值最大化。特别是以推进贸易实体化发展为目标,着力构建了油品进口、仓储、加工、销售一体化的实体贸易产业链,形成了上游抓资源保障和核心技术、中游抓项目建设和管理运营、下游抓产品开发和营销网络的煤基合成油全产业链一体化运行模式,提升了企业市场竞争力。

（3）开放程度显著提升。秉承"开放办企，共赢发展""与能人携手，和巨人同行"的理念，积极与美国 AP 公司、德国西门子公司、荷兰壳牌公司、泰国班普公司、新加坡胜科公司、中节能公司等世界知名集团，围绕企业关键项目、关键领域、关键技术，持续开展了深层次、多领域、宽范围的广泛合作，不断开创开放合作的新局面，进一步提升了企业的核心竞争优势。

3.促进了企业的可持续发展

提升绿色低碳竞争力的创新与实践，有效带动了潞安集团一大批竞争能力强、经济效益好、市场占有率高的大项目、新项目、好项目建设，为企业的转型跨越发展增添了强劲动力。同时，以绿色转化带动了产业的深度转型，逐步培育了煤炭、煤基合成油、煤电一体化三大主导产业；优化升级了特色硝基化工、现代新型焦化两大传统煤化工产业，积极推进了装备制造、建筑建材、现代农业、光伏、贸易物流、金融服务六大辅助产业，进一步推动了主业的做大、做强、做优，辅业的有度、有利、有序发展，形成了主业与辅业相互支撑、协同发展的"326"现代新型产业体系，优化了产业结构，促进了产业升级，实现了企业战略引领向价值引领转型、资源依赖型向创新驱动型转型、高碳能源向低碳利用转型的"三大转型"，为全面建设具有国际竞争力的能源品牌企业奠定了坚实基础，推动了企业的可持续发展。

（成果创造人：李晋平　翟　红　杨广玉　王东飞　张路刚　王　巍　杨　威　冯敏捷　田文香　高子伟　马泽锋　郭沁东）

传统煤炭企业打造能源综合解决服务商的转型升级管理

山东能源集团有限公司

山东能源集团有限公司是由原新汶、枣庄、淄博、肥城、临沂、龙口六家矿业集团于2010年整合重组而成的国有大型能源企业，注册资本100亿元。截至2013年底，员工总数22万人，资产总额2256亿元，拥有全资、控股及参股等各类企业416户。山东能源坚持以煤为基、适度多元，加快布局能源、装备制造、化工、现代服务及金融产业，初步形成了煤、电、油、气、运协同发展的运营格局，是世界第五、中国唯一实施海下采煤企业，拥有矿山设备再制造国家工程研究中心等2个国家级技术中心、12个省级中心，3个博士后工作站，2个"泰山学者"岗位，1个院士工作站。2013年实现原煤产量13166万吨、营业收入2297.23亿元、利润42.05亿元，分别位列煤炭行业第4位、第3位、第3位；位列2014年世界500强第305位、中国500强第53位。先后荣获中国工业大奖表彰奖、国家级企业管理创新管理成果奖、中国煤炭工业优秀企业管理奖、全国五一劳动奖章、全国循环经济工作先进单位、国家绿色矿山试点单位、全国资源综合利用"十佳单位"、全国企业文化示范基地、国家西部大开发突出贡献集体等称号。

一、打造能源综合解决方案供应商的实施背景

1. 应对单一煤炭市场饱和、效益下滑严峻形势的需要

随着国家"转方式、调结构"的不断推进，我国十多年的投资拉动的增长模式结束，煤炭行业发展出现拐点。"黄金十年"全国煤炭产量由2003年的16.67亿吨增长到2013年的36.8亿吨，再加上每年3亿吨左右的进口煤，2013年全国煤炭供给量接近40亿吨，并且约有16亿吨新增煤炭产能将在"十二五"期间释放。与产量不断增长形成鲜明对比的是，受钢材、水泥等重点用煤行业萎缩及国家强化节能减排措施等因素制约，煤炭消费量增长减缓，2013年全年消费量36.1亿吨，增速由2003年的20%降至2.6%，煤炭企业存煤近亿吨，并且我国GDP增长质量及煤炭利用效率在不断提高，每万亿元所消耗的煤炭量由2000年的1.26亿吨降到2011年的0.75亿吨以下，支撑同样规模的GDP增长所需煤炭越来越少。煤炭产量供大于求、市场饱和的局面短期内难有改观。受煤价持续下跌影响，煤炭企业成本倒挂现象严重，2013年黑龙江等

7省份煤炭企业整体亏损。另外，据中国煤炭行业协会2013年煤炭企业100强统计，21家企业亏损、77家企业净利润同比下降，百强企业净利润同比下降44.18%，煤炭行业赢利能力明显下滑、资本运营效率继续下降。在这种情况下，煤炭企业单靠从煤炭质量和价格方面的努力已是远远不够，需要更加关注如何满足市场客户个性化的能源消费需求、更好地为消费者服务上来。煤炭市场竞争已进入服务竞争时代，必须通过了解和管理客户关系中的服务要素获得新的竞争优势。

2. 满足用户能源品种多样化需求、煤炭企业建设运营方面需求多元化的需要

(1) 煤炭仍是主要能源。我国富煤、贫油、少气的资源赋存现状决定煤炭是我国重要基础能源。当前国家加快推进能源结构调整，不断降低煤炭在一次能源消费结构中的比重，但油气资源进口（石油和天然气对外依存度都在50%以上）面临国际市场供需形势等多方面因素影响，发展新能源和可再生能源面临着技术、经济等方面的制约。另外，按十八大提出的"两个一百年"奋斗目标，根据经济增速7%左右测算，煤炭消费弹性系数为0.5左右，在较长时期内煤炭占能源消费比重超过50%以上，煤炭仍将是我国能源安全战略的必然选择。

(2) 能源品种多样化需求。当前我国大力发展区域城市经济圈、加快新农村和小城镇建设，需要源源不断的能源保障。但随着建设"美丽中国"进程的不断加快，我国严格控制能源消费总量、抑制不合理能源消费，先后出台大气污染防治行动计划等多项节能减排措施，并采取发展煤制油、煤制气等措施推进煤炭的清洁利用，加强能源输配网络和储备设施建设，多渠道增加能源供应，我国能源消费由以煤为主的传统格局向煤、电、油、气、新能源、可再生能源多轮驱动转变。煤炭企业需要认真研究所在生态链系统多样化的能源消费需求变化，延伸产业链条，加快产业结构优化升级，更好的满足客户个性化的能源消费需求。

(3) "一站式"能源服务需求。随着经济社会的发展和社会分工协作，众多能源消费需求大省及钢铁、电力等主要能源消费行业，从节约用能成本、提高效率的角度出发，由过去的与能源生产商、中间商、运输商等多头合作，逐渐升级为"一站式"服务需求，希望通过减少交易环节，获取集能源生产、加工、销售、运输配送、技术支持、金融服务等一条龙服务。在这种情况下煤炭企业要赢得发展，应高度关注所在生态链系统中的价值主张，不仅需要为客户提供能源产品，还需要提供便捷的运输、能源技术服务及供应链金融服务等。

(4) 煤炭企业建设运营方面多元化需求。我国加快推动能源生产、消费、供应及技术革命，创新能源体制，打造多元化能源供给模式。这对煤炭企业创新建设运营模式、实现以煤为基、适度多元发展提出了新的要求，也为煤炭企业依托自身优势，为客户提供能源产品、生产技术及生产装备、金融服务，培育产业集群和新的经济增长点创造了条件。国内外一些企业通过推动由单一煤炭生产向煤、电、路、港、航一体化运营、由单一实体产业向产融结合转变，在严峻的宏观经济形势面前实现了平稳健康发展，为国内传统煤炭企业提供了有益借鉴。

山东能源集团从2012年3月开始，加快产业结构布局调整，大力发展能源、化

工、装备制造、现代服务四大产业，全面打造能源综合解决服务商推动传统煤炭企业转型升级发展。

二、打造能源综合解决方案供应商的内涵和主要做法

在单一煤炭市场饱和、效益下滑严峻形势下，为了满足用户能源品种多样化需求、煤炭企业建设运营方面需求多元化的需要，山东能源集团通过学习国内外企业转型升级管理的先进经验，确定打造能源综合解决服务商思路，加快调整企业战略、产业及产品结构、组织机构等企业运营关键要素，积极获取优质资源、提高能源综合服务质量，强化信息化与科技创新，实现传统煤炭企业打造能源综合解决服务商的转型升级管理目标。主要做法如下：

1.学习先进经验，促进观念转变，确定打造能源综合解决服务商思路

山东能源集团2010年组建后，制定以煤为基、适度多元发展思路，将打造现代化、国际化卓越能源企业作为发展目标，不做传统煤炭企业的"翻牌公司"。面对"黄金十年"后严峻市场形势，山东能源集团认识到传统煤炭企业单一的挖煤卖煤、增量提价的运营模式已无法适应当前市场竞争，固守原有模式已没有出路。在认真学习神华集团等企业转型升级经验基础上，从更好地开展服务管理的视角出发，依托企业的能源产业基础及先进的技术、管理等优势，确立打造能源综合解决服务商的转型发展思路。

根据这一发展思路，山东能源集团由企业主要负责人带队"走出去"学习，先后到宝钢集团、华润集团、中粮集团等大型央企、浙江物产、天津物产等地方国企及阿里巴巴、万向集团等知名民企学习企业转型升级发展的先进经验做法，感受新的运营模式为企业经营发展带来的巨大变化及对增强企业核心竞争力及提升企业盈利能力的至关重要性。在企业内部举办专题讲座和封闭培训，采取经典案例教学、边学边讨论等形式组织权属企业负责人及业务人员集中学习"十大商业思想""十二大商业基因"，了解创新运营模式等理论知识和核心构成要素，明确打造能源综合解决服务商的出发点是客户需求，以及客户细分、价值主张、渠道通路、客户关系、盈利模式、核心资源、关键业务、重要合作、成本结构等"九大构成要素"。

通过学习和培训，山东能源集团认为传统煤炭企业打造能源综合解决服务商，在盈利模式上，需要由过去靠增产提价向以满足客户综合能源需求实现企业价值转变；在服务对象上，需要由单一的产品市场向能源产品和技术服务市场拓展；在运营模式上，需要由"卖产品"向"卖服务"转变；在实现载体上，由传统煤炭企业仅向市场提供煤炭产品升级到为客户提供能源产品、技术及融资等综合性服务。

山东能源集团依托能源产业基础，加快储配渠道建设，为客户提供从"井口"向"炉口"延伸的一站式能源供应服务，打造常规能源供应服务商；依托现有煤炭产业，推进煤炭清洁利用，为城市经济圈建设提供安全、清洁、高效的能源供应，打造城市清洁能源供应服务商；依托企业在能源、化工、装备制造等方面的技术、品牌优势和专业团队，打造生产技术解决服务商；依托控股商业银行、国际贸易公司及财务公司等融资平台，打造能源供应链金融解决服务商。通过上述"四个服务商"打造能源综

合解决服务商，实现企业转型升级。

山东能源集团制定打造能源综合解决服务商实施意见，确立按照分析现状与知识培训同步、细分客户与市场定位同步、完善渠道与改进服务同步、广泛宣传与选点带面同步、创新研究与巩固提升同步的"五步"推进思路。

2.调整企业运营关键要素，为打造能源综合解决服务商创造条件

打造能源综合解决服务商是对煤炭企业传统运营模式的颠覆，山东能源集团积极做好对企业的战略、产业及产品结构、组织机构、渠道通路等企业运营关键要素进行调整，为打造能源综合解决服务商创造条件。

（1）调整企业战略，获取更多资源满足客户能源需求。山东能源集团将打造能源综合解决服务商作为企业战略规划的重心，重新梳理各产业发展规划和新的效益增长点。从发挥各产业板块聚合效能更好地为客户提供综合性能源供应的角度，找准企业打造能源综合解决服务商的优势和薄弱点，据此优化产业布局选点，并以优质动力煤、电力、煤制气、页岩油等项目为重点。先后在国外加拿大、澳大利亚、缅甸及国内陕西、内蒙古、吉林、新疆等地获取了大量资源，已建成多处千万吨矿井，并加快重点项目建设。

（2）调整产业及产品结构，为客户提供多样化能源产品和服务。打破传统煤炭企业固守的"一煤独大"产业及产品结构，以客户需求为导向，延伸产业链条，重点发展以煤、电力、油页岩炼油、铁矿等为主的能源产业，以"三机一架"、再制造、快速装车站等为主的装备制造产业，以煤制气、水煤浆等为主的化工产业，以能源生产服务、供应链金融服务等为主的现代服务产业，为客户提供多样化的能源产品和服务。2013年山东能源集团的能源、装备制造、化工、现代服务产业资产规模分别占56%、10%、16%、18%，营业收入分别占35%、8%、12%、45%。

（3）调整企业组织机构，更好地满足打造能源综合解决服务商需要。山东能源集团认识到打造能源综合解决服务商是一项系统工程，涉及企业战略、管控、人力、财务等诸多方面，事关企业改革发展大局，不仅要由企业主要领导亲自抓，还需要对企业的组织架构等进行调整，促进各种要素相互作用、相互支持，发挥协同和综合效应。山东能源集团成立以企业主要负责人为组长、其他领导班子成员为副组长、相关职能部室负责人为成员的领导小组和专业工作机构，全面负责打造能源综合解决服务商各项工作统筹推进。组建煤炭营销中心和煤炭研究院，对权属单位煤炭实行统购统销，并负责煤炭产品改性提质和清洁利用研究，更好地满足客户对各类煤炭产品需求。组建财务公司，对权属单位资金实施集中管理，提高资金使用效率。成立国际贸易公司和国泰融资租赁公司，并在新加坡、香港及上海、深圳等地区开设子公司，依托山东能源集团丰富的供销渠道及资金规模优势开展供应链金融服务和矿山设备等租赁服务。组建海外事业部统筹管理海外能源产业的布局和发展，组建内蒙盛鲁公司与贵州矿业公司两家区域性能源企业，统筹推进内蒙古与贵州各类资源项目建设。

（4）加强渠道通路建设，为客户提供便捷的能源配送服务。山东能源集团认为渠道通路是企业同客户的接口，是企业的产品和服务送达客户及客户需求反馈至企业的

主阵地，对于能源产品，便捷畅通高效的配送至关重要。山东能源集团加快物流节点和煤炭储配基地建设，以更低的物流成本、更便捷的物流服务促进营销、赢得市场。参股蒙西至华中铁路，为蒙煤外运奠定基础。建设日照港国家级储配煤基地和龙口港省级储配煤基地，实现能源储备、存储加工及物流配送一体化。加快省内外物流园区建设，鲁中煤炭交易中心、鲁北物流基地、河北张家口物流基地、上海泓舜仓储中心等相继投入使用，泰安物流园、济宁物流园建设正加快推进，通过物流节点和物流园区更好地服务于煤炭配送和周边市场消费需求。抓住铁路部门实施"百千战略"机遇，成为省内第一家开通"直达班列"的企业，并借助京杭大运河推进"铁水联运"。山东能源集团依托丰富便捷的物流节点、物流园区及铁路、航运，具备将客户需求的煤炭产品直接送达指定场地和"炉口"的配送能力，有效缩短货物在途时间，降低客户安全库存和资金占用，实现多方共赢。

3.积极获取优质资源，提高服务质量，打造能源综合解决服务商

（1）加快优势资源开发建设，打造常规能源供应服务商。

①加快优质煤炭资源开发。突出效益目标，做大煤炭产业，培育新的经济增长点。在现有年产1.2亿吨煤炭基础上，加快推进山东、陕西、内蒙、新疆等24对、核定产能6320万吨基建矿井建设。抓住煤炭市场下行时机，积极获取优质煤炭资源，在加拿大马鹿河、澳大利亚昆士兰等地区获取优质焦炭资源百亿吨；内蒙盛鲁公司成为鄂尔多斯第一家获得资源整合主体资格的国有企业，获得25亿吨优质资源。

②加快油页岩炼油产业发展。山东能源集团在掌握油页岩中颗粒炼油技术基础上，加快学习应用小颗粒炼油技术，综合收油率达80%以上，为国内收油效率最高。建设山东龙口及吉林桦甸集油页岩加工、炼油、瓦斯气体发电为一体的油页岩综合利用基地，形成年处理油页岩200万吨、年产页岩油20万吨规模，页岩油产量居全国第二位。加快"走出去"，推进缅甸页岩油炼油合作项目前期勘探工作。加强页岩油改性提质研究，进一步拓展市场，更好地满足山东胶东半岛能源需求。山东能源集团将以国家级油页岩综合利用技术研发中心和综合利用产业园区建设为指引，加快打造全国最大的油页岩炼油基地。

③加强煤炭供应服务管理。凭借自产1.3亿吨、外购1亿吨煤炭及近亿吨的综合洗选能力，山东能源集团依托专业化的煤炭电子商务平台—中国能源矿产交易中心、专业化的煤炭应用研发平台—山东能源煤炭应用研究院、专业化的煤炭储配体系—"1+3+N"煤炭物流储备配制运送网络（1个国家级煤炭储备基地、3个省级储配基地、N个省外煤炭物流节点园区），颠覆传统意义上的直接销售原煤或提供单一产品的纯"卖方"模式，通过大力实施煤炭"绿色"开采、煤炭产品深度研发，为客户提供从"井口"向"炉口"延伸的一站式煤炭供应解决服务，成为客户的外部研发中心、成本控制中心和原料方案供应中心，实现煤炭由"卖产品"向"卖服务"转型，打造煤炭供应服务商。先后与济南钢铁、莱芜钢铁进行联合攻关，使两公司气肥煤炼焦配比由原来的5%提高到20%，吨钢成本下降800元，企业的气肥煤年销量也因此增加了120万吨。

(2) 推动煤炭清洁利用,打造清洁能源供应服务商。

①实施精煤战略。针对原煤燃烧污染物排放量较高等问题,实施精煤战略,通过煤炭洗选脱硫脱硝提升产品"清洁度",有效减少煤炭燃烧过程中污染物排放量,由卖"粗粮"向卖"细粮"转变,推动煤炭清洁利用。开展选煤厂技术会诊,并实施工艺、技术和配件设施升级改造,提高原煤入洗能力和洗煤回收率,原煤入洗量增加13.47%,洗精煤产量增加17.66%,精煤回收率提高了3-5个百分点,具备年产精煤4000万吨能力。

②加快推进煤电一体化建设。按照煤炭宜煤则煤、宜化则化、宜气则气的工作思路,采取参股、控股等形式加快煤电一体化建设,由煤炭运输变为电力输送。在省内现有热电联产装机容量基础上,抓住国家发展特高压及"蒙电入鲁"机遇,在内蒙、新疆等煤炭资源富集地区规划建设超过5000万千瓦坑口电厂。加快推进内蒙盛鲁公司2×350MW综合利用热电联产项目及4×1000MW超超临界空冷机组发电项目、菏泽新巨龙2×1000MW电厂项目及枣庄、泰安生物质能发电项目前期工作。

③加快推进煤制天然气建设。加快煤炭转化项目建设,打造鄂尔多斯、呼伦贝尔为重点的蒙东、蒙西两大煤炭化工基地,推动煤炭由单一燃料向燃料与原料并重转变。积极引进战略合作者,与浙江能源集团合作开发新疆伊犁20亿立方全国最大的煤制天然气项目,2014年下半年投产运营;内蒙恒坤化工1.2亿立方LNG项目单机试车成功,实现了LNG甲烷工艺的重大突破,填补了国内空白。加快内蒙100亿立方米煤制天然气项目前期工作。

④加快推进水煤浆产业发展。加强水煤浆技术攻关,研究掌握浮选精煤制浆、水洗精煤制浆和煤泥制浆三大水煤浆生产技术系统,主持制定国家水煤浆行业标准,并建设八一煤电公司示范型水煤浆生产线及以煤泥水煤浆为燃料的全国首座新建水煤浆热电厂,建设年产75万吨的全国最大的商品水煤浆产销中心,被国家水煤浆中心制浆技术研究所确定为山东实验基地。加快推进与济南公用事业局合作,打造以城市供暖和工业供汽为主的水煤浆利用产业。

(3) 依托先进技术及装备制造能力,打造生产技术解决服务商。

①打造煤炭生产技术解决服务商。学习美国斯伦贝谢运营模式,山东能源集团依托煤炭生产领域的管理、安全、技术、人才等核心能力,采取向客户提供管理咨询、基建技改、技术服务、生产承包、整体托管等形式,为用户提供集勘探、设计、建设、生产、运营、咨询、服务、成套技术输出于一体的"全产业链"煤炭生产技术解决服务,建设"没有资源的资源开发企业"。先后在山西、陕西、内蒙、甘肃、新疆等省份,成功合作了12座矿井、托管4个采煤面生产,年原煤产量900万吨。与古交煤焦集团签订技术服务协议,不仅全面托管其下属五家煤矿,还将组织管理团队,全权负责其集团层面的管理运营,实现从单一矿井托管到整个集团托管的新突破。

②打造煤矿采掘设备生产服务商。依托采掘装备产业基础和矿山设备再制造国家工程研究中心,山东能源集团突破原有低端的单机设备生产、辅助来料加工运营模式,努力构建"研发—设计—制造—租赁—再制造—再设计"循环价值链条,由单一产品营销转变为提供设计方案、咨询论证、安装调试、智能诊断、远程维护甚至托管运营

等多元化服务。同时，聚焦装备制造、管理、融资租赁三方优势，以设备租赁为纽带，探索以设备投资入股及售后回租、产品抵押融资、设备租赁等方式，更好地满足客户对采掘技术装备多方面需求。山东煤机装备集团采取"补偿贸易"方式建设延安北铁路专用线和装车集运站项目，开展煤炭外运、洗配煤等业务。该项目由煤机装备集团负责建设装车系统及后期的运营、维护、保养，并从每吨装卸货物中提取收入，开拓盈利新模式，取得良好的经济效益和社会效益。

(4) 搭建融资平台，打造能源供应链金融解决服务商。

①为能源供应链客户提供金融服务。在风险可控的前提下，山东能源集团发挥综合授信优势，借助丰富的煤炭营销及大宗物资采购等供销渠道，利用与合作银行、国际贸易公司及企业财务公司联合搭建融资平台，面向供销商企业群提供基于国际采购、电子交易、物流监管、金融服务为一体的综合型供应链服务，使能源产业链上下游客户分享更便利的融资渠道和更低的融资成本，实现多方共赢。山东能源国际贸易公司通过提供基于国际采购、电子交易、物流监管、金融服务为一体的综合型供应链服务，2013年实现营业收入226亿元，同比增长226.5%。

②为矿山设备采购客户提供融资租赁服务。山东能源集团依托先进的采掘技术装备生产能力，在产品销售上由过去单纯的销售模式升级为销售金融一体化的租赁模式。通过经营租赁或融资租赁，租赁公司即时向能源集团付款，终端用户则逐年支付租赁费用，有效解决了供应链中下游资金问题。目前正在探索经营租赁、分成租赁、保理业务及"以租代投"等业务品种，并争取金融机构为企业量身定做适应的金融产品，逐步发展成为具有独特优势的矿山设备融资租赁服务商。国泰租赁综合实力位居国内同行业三甲。

4.强化信息化与科技创新，为打造能源综合解决服务商提供保障

山东能源集团认为，随着信息技术对市场经济的持续渗透，脱离信息技术支撑创新运营管理的几率越来越小，同时，从某种意义上说打造能源综合解决服务商是企业的一种上层建筑，离不开生产力基础，再出色的模式如果没有优秀产品和服务支撑也不可能成功，离开技术支撑就会失去活力。山东能源集团打造能源综合解决服务商，融入移动互联时代，建设集产品营销、客户消费互动、生产调度监控及产业协同聚合等线上线下一体化供销平台；发挥企业科技创新综合实力，围绕提升能源利用效率，加强能源产品的改性提质研究，更好地满足客户需求。按照总体规划、分步实施的思路，前期重点推进煤炭交易电商平台、客户关系评价系统建设及煤炭综合利用研究。

(1) 打造能源电子商务交易平台。为丰富煤炭营销渠道、满足移动互联时代客户个性化潜在消费诉求，山东能源集团建设中国矿用物资网、中国矿产资源交易中心等电子商务交易平台，为客户提供行业资讯、在线询价、竞价销售、各类解决方案、业务招标、需求反馈等多种服务，并将大宗物资采购和2万吨以下的煤炭产品交易全部实现网上运行，初步构建专注于矿产资源、清洁能源及大宗物资行业的第三方电子商务交易及服务平台。截至2013年底注册用户超过2000个，交易额突破100亿元，荣获"工信部电商集成示范工程"。积极引入物流监管和金融服务，加快与山东能源集团

ERP系统对接，建立覆盖企业各产业板块的动态监控系统，实现板块之间快速协调运作及对客户需求的快速反应。

（2）开发煤炭品质评价及比价系统和客户关系评价系统。为快速捕捉市场交易信息和客户需求信息，最大化实现客户价值，与中国煤炭科学研究院及山东大学合作开发山东能源集团煤炭品质评价及比价系统和客户关系评价系统。通过提出煤质指标对商品煤利用性能的影响及升贴水参数，建立商品煤内在价值与煤质指标关系模型，开发商品煤内在价值与指导价格比较软件系统，形成科学合理的、符合市场趋势的、具有较强市场竞争力的、客户接受度高的价格发现和制定机制。同时，针对客户关系分类不同，在合同要素、经营要素、客户能力要素、客户关系要素、市场环境要素和企业诚信要素等方面，适配价格优惠、付款结算、运输配送、综合信息等方面的服务，全面提升客户忠诚度和合作黏度。

（3）加强煤炭综合利用研究。通过引进、合作等方式网罗国内外煤炭应用行业领军人物，结合山东能源集团煤炭品种和客户需求，以冶金、电力、化工、建材等行业为定向服务目标，重点加强对冶炼精煤炼焦最佳配比方案研究、动力煤燃烧热效率提高、洁净煤利用及污染物减排技术研究、煤炭洗选及加工技术研究、咨询与技术服务，构建"人无我有、人有我优、人优我精"的产品研发体系，更好地满足客户对高质量、低成本、低排放等综合需求，打造企业核心竞争力。与武汉钢铁合作，对动力煤进行了喷吹变性实验，实现动力煤部分替代冶金煤，提高产品附加值，增加产品销量80万吨，拓展煤炭的盈利空间，推动由"以产定销、以需定销"向"引导客户消费、创造客户需求"转变。

四、打造能源综合解决方案供应商的实施效果

山东能源集团以打造能源综合解决服务商推动企业转型升级，提升了企业运营质量和效益，有效应对当前严峻的煤炭市场形势，实现了企业稳健发展，在行业内建立了企业新的竞争优势，也取得了积极的社会效益。

1. 促进了企业的管理提升

山东能源集团以打造能源综合解决服务商为总抓手，实施协同创效、创新创效、挖潜创效，推动企业的管理不断提升。加强企业供销管理，实施统一订货、计划、调运、定价、结算、市场布局，以规模优势提升了市场竞争力，并节约了管理成本。实施区域资源整合管理，组建区域性公司，对外统一协调地方关系，对内统一规划矿区建设，提升了企业与地方政府合作的话语权。推行全面市场化管理，推进由人治到法治的被动管理向由法治到文化的主动管理转变，实现了由"等领导发工资"变为"靠自己挣工资"。强化轻资产管理，在固定资产购置、非核心业务运营等方面引入社会资源，实施后勤服务社会化改革、配套设施租赁经营等形式，提高管理效率。加强"均量"管理，按照"一矿一井一面、一人一万吨、千人千万吨"的思路，建设了一批轻型示范矿井，提升人均效率。

2. 取得了良好的经济效益

山东能源集团通过为客户提供质优价廉的煤炭等产品解决方案，让客户由原来的到处"抓药凑方子"改为"吃中成药",提升了市场竞争力。2013年实现商品煤销量10195万吨,比上年同期的9609万吨,增加586万吨,增幅为6.10%。在全国煤炭形势出现跳水式下滑、煤炭企业大面积亏损的背景下,2013年实现利润42.05亿元,位列国内省管煤炭企业首位和同行业第3位,经济效益明显高于全国省管煤炭企业同行,保持了稳健发展态势。山东矿管集团依靠"煤矿生产技术解决方案服务商"模式,2013年托管矿井生产原煤900多万吨,实现收入37.46亿元、利润2.45亿元。淄矿集团埠村煤矿依托生产管理和技术优势,输出专业生产技术人员和管理团队,对外开展矿井专业化服务,依靠商业模式创新实现了由资源枯竭型企业向综合性服务企业转型发展。

3.创造了积极的社会效益

山东能源集团打造能源综合解决服务商为推动能源生产、消费、供应及技术革命、保障国家能源安全进行了有益探索,为煤炭企业度危求进、推动企业转型发展、打造煤炭经济升级版提供了积极借鉴。围绕打造能源综合解决服务商,山东能源集团大力实施"绿煤战略",推动煤炭绿色开采、绿色加工、绿色利用。建立煤矿充填开采国家工程实验室,推广"矸石充填置换煤炭技术",减少煤矸石污染,累计以矸换煤超过1500万吨,提高资源回收率;淘汰高能耗、重污染、工艺落后产能,突出抓好污水、空气污染、固体废物、噪声污染等工作,实现了污染物达标排放;开展煤矸石、粉煤灰等废弃物"变废为宝"攻关,加强废气、瓦斯、余热、矿井水、洗煤水等综合治理再利用。加快煤变电、煤变气等综合利用,为煤炭终端用户最大限度地减少了燃煤过程中污染物的排放。

(成果创造人:卜昌森　王　勇　李正明　崔振浩　李会战)

新矿特色创新发展战略的研究与实践

山东能源新汶矿业集团有限责任公司

新汶矿业集团建立于1956年,是"世界500强"企业山东能源集团有限公司最大的子公司,是以山东新巨龙、内蒙能源长城煤矿、贵州能源、新疆伊犁四大煤炭基地为基础,煤化工、装备制造、现代服务业多种产业共同发展的大型企业集团。2012年企业完成原煤产量4337万吨,实现销售收入680亿元,利税103.08亿元。2011年在中国煤炭工业100强中位列第15位,在中国企业500强中位列第172位,技术创新能力位列全国煤炭行业第9位。

一、新矿特色创新发展战略研究与实践的背景

企业发展战略研究是通过对企业的深入了解,结合企业的专长与市场发展紧密配合,研究企业发展战略,从宏观分析到可操作性的建议,让企业能清晰其本身在市场的位置,并能寻求到其发展的空间。

近年来,新矿集团立足企业实际,强化发展战略研究,坚持打造国际化新型能源企业的发展定位,以建设"千亿新矿、亿吨集团"为发展目标,以创新发展为企业发展主线,以产业升级与企业转型为发展方向,立定安全发展、绿色发展、转型发展、和谐发展,持续实施产业、资源和地域"三个集中",推动产业发展由多元化向突出核心业务、资源配置方式由业务分工指导下的条块分割向流程再造指导下的大生产配置、发展方式由强调总量增长向全面协调可持续发展"三个转变",正逐步构建起以"煤炭、煤化工、装备制造、现代服务业"为主体的产业发展新格局,企业规模迅猛发展势头强劲,煤炭产能每年千万吨规模递增。由此,提出一个新的课题:面对企业这种发展趋势,企业发展战略能否适应新形势发展的需要?是否需要创新企业发展战略?如果需要创新,从哪些方面进行创新?如何推进创新?这些都成为新矿集团创新企业发展战略,推进企业可持续发展的新课题。

创新已经成为一个国家、民族兴旺发达的关键因素,成为一个企业生存与发展的持续动力。企业创新第一位就是创新企业发展战略。企业发展战略创新就是研究制定新的企业发展战略。企业发展战略要保持相对稳定,保持相对稳定并不意味着坚持不变。企业发展战略创新是对原有的发展战略进行变革,就是为了应对内部条件或外部

环境的重大变化。任何企业发展战略都是针对外部环境与内部条件制定的。当外部环境或内部条件发生重大变化时，毫无疑问就应该调整或重新制定发展战略。我们所处的时代是变化速度空前加快的时代，中国入世又使中国企业融入了变化多端的大世界，这就使企业发展战略创新显得格外重要。在经营过程中，企业内部条件发生原来意想不到的重大变化也是常有的事，如果发生了这种变化就要调整或更新原有的发展战略。

实现企业发展战略创新，就是制定新的经营内容、新的经营手段、新的人事框架、新的管理体制、新的经营策略、新的重大措施、新的重大步骤等。本课题着重从优化产业发展战略、创新商业模式战略、人力资源发展战略三个方面进行研究与实践。

二、优化产业发展战略

"十二五"以来，新矿集团紧紧围绕国家"转方式、调结构"要求，按照《新矿集团"十二五"发展战略规划》的总体思路、战略部署，厘清了产业、资源、地域"三个集中"及产业向突出核心业务转变、资源配置方式向流程再造指导下的"大生产"配置方式转变、发展方式向全面协调可持续转变"三个转变"的发展思路，逐步打造和完善以煤炭为核心，以煤化工、装备制造、现代服务业为主体的现代化产业体系，构建贯穿煤炭产业上下游"全产业链竞争"的商业模式，形成了以"千亿新矿、亿吨集团"为目标，以打造国际化新型能源企业为定位，以四大产业板块为着力点，以创新发展为主线，以安全、绿色、转型、和谐发展为根本方式的产业升级、企业转型之路。经过近三年的发展，战略引领优势日益凸显。面对国际国内经济环境复杂多变、煤炭行业持续疲软的新形势，结合新矿集团内部环境条件的新变化，新矿集团积极应对，及时对《新矿集团"十二五"发展战略规划》进行评估和调整，优化发展战略实施路径，推动战略规划平稳落地，使产业发展战略更加符合国家产业政策，符合经济发展规律，符合新矿的客观实际。

1. 环境分析

当前和今后一个时期，企业面临的形势更为严峻、任务更加艰巨、挑战更为集中。从宏观形势看，世界经济将延续缓慢复苏态势，中国经济将长期处于"中高速增长期"，7.5%左右的"中高速增长"将成为我国经济新常态，不稳定不确定性依然存在。从行业形势看，受国家淘汰落后产能、环保政策刚性制约、进口煤炭激增、西煤东输等多重因素影响，煤炭行业进入深度调整期，面临产能过剩、供大于求、行业竞争、生态环保、政策调整的巨大压力，煤价将持续低位运行，煤炭下行压力将长期存在。从企业自身看，新矿集团地处我国东部发达地区，交通便利，距离消费市场近；省内开采煤层煤种价值高，具备稀缺性；多年来积累了丰富的人力资源，技术力量雄厚。但同时，矿区资源老化、接续产能不畅、项目建设集中、非煤产业不突出、人员安置压力大、资金需求高等也是新矿集团面临的困难与问题。

2. 产业战略定位、指导思想与原则

（1）战略定位。在山东能源集团总体发展战略定位框架下，建设国际化新型能源企业。具体是："打造四大主业、构建一个模式、立足四个根本、实现'双亿'目标"，即：打造和完善以煤炭为核心，以煤化工、装备制造、现代服务业为主体的现代化产业体系，构建贯穿煤炭产业上下游"全产业链竞争"的商业模式，立足安全、绿色、转型、和谐发展为根本方式的产业升级、企业转型之路，实现"千亿新矿、亿吨集团"目标。

(2) 指导思想。以邓小平理论和"三个代表"重要思想为指导，深入贯彻落实科学发展观，以国家产业政策为导向，按照科学布局、集约开发、安全生产、高效利用、保护环境的发展方针，牢牢把握"稳中求进"的总基调，围绕现代化产业体系建设和发展方式转变，以改造提升传统优势产业为支撑，以培育新兴产业为重点，以增强企业全面创新能力为动力，优化产业结构，打造以四大产业板块为骨干结构的产业主导力、集聚力和带动力，形成资源优势明显、生产技术先进、产业布局合理的发展格局，全面提升企业核心竞争力和可持续发展能力。

(3) 遵循的原则。

①坚持以国家产业政策和现代产业体系为导向的原则。按照市场需求，大力发展国家产业政策鼓励的高效、低耗新技术、新工艺，淘汰落后生产方式，大力构建以现代服务业等新型业态为特色的现代产业体系。

②坚持以传统优势产业升级改造为主导的原则。以煤炭为代表的传统优势产业在生产方式转变和科学管理的基础上，以优势资源的高效开发为根本，以产业链的延伸和提升为途径，努力打造、完善新型产业链条，不断提高盈利能力和核心竞争能力。

③坚持科技创新和技术进步的原则。始终把科技进步作为产业升级的第一动力，促进自主创新、集成创新和引进、消化吸收再创新，努力实现生产方式的根本性转变。

④坚持打造新矿特色的基本原则。尊重新矿发展的历史和现实，牢记经验和教训，深化在多元经营、循环经济、绿色矿山等发展方式上的成功做法，强化在资源配置中的主导作用，时刻把国有资产保值增值和职工群众生活水平提高作为根本宗旨，整合资源，突出特色，优势互补，和谐发展。

3.产业发展目标

到"十二五"末，即2015年煤炭产量达到5800万吨，企业总收入实现700亿元，利润总额实现23.9亿元。

4.保障措施

(1) 积极推进产业转型。

①煤炭产业。坚定"老区矿井转型、省内新区提升、内蒙基地崛起、新疆基地突破"的区域发展战略，推进煤炭四大基地转型。省内老区应对"后煤矿时代"危机，推进绿色开采，解放可采储量，延长矿井寿命。同时，依托装备制造、物流贸易、煤炭生产服务业，探索产业转型、人员转移方案。省内新区以高产高效为方向，增产扩能，提质增效，释放盈利空间，为企业效益提升、老区转产转移提供支撑。内蒙基地统筹推进配套转化项目，加快煤矿项目建设与改扩建，力争早日达产达效，形成区域规模发展效应。新疆基地通过引进战略合作伙伴、破解煤化工发展瓶颈，推动矿井建设与运营，将资源优势转化为竞争优势。

②煤化工产业。加快LNG和煤制天然气项目的技术攻关和产业化运营，转移煤炭

产品价值实现点。

③装备制造业。坚持制造、再制造一体化发展思路,加快推进由关键零部件再制造向成套装备再制造升级、由单一产品再制造向生产再制造装备、输出再制造技术、提供咨询认证服务等多元模式转型,构建设计、制造、租赁、再制造、再设计循环价值链条。

④现代服务业。加快推进物流贸易、信息化服务及煤炭生产服务业等生产性服务业发展,同时按照"服务跟着产业走"的发展思路,积极推进房地产、医疗卫生、教育培训、物业后勤、文化旅游等生活性服务业发展,提升配套发展水平,推动现代服务业跨越发展。

(2) 有序优化产业结构。

①继续做优做大煤炭主业。一是举全集团之力发展上海庙矿区,加快推进2个生产矿井改扩建工程和3个新井建设步伐,使上海庙矿区建设项目尽快投产达产达效,成为集团公司经济发展的重要经济支撑点。二是稳步推进伊犁3个煤矿项目建设,保障新疆伊犁煤制天然气项目顺利实施,作为"召集人",继续积极引进战略合作者,为新疆基地后续煤炭资源开发、转化利用开辟广阔发展空间。三是继续实施对符合集团发展战略且资源条件较好,储量较为丰富,证照相对齐全,有一定的盈利能力,具备扩建条件的3个民营煤矿进行收购整合。

②对不符合企业发展战略的其他非相关产业及优势不突出的企业,寻求合作和整体转让。对于煤化工等没有专业优势、投资巨大的重点非煤项目立足"召集人"的角色定位,大力引进战略伙伴,实现优势互补、竞合共赢。一是对外转让宁夏芦草井沟煤矿资产;二是退出新良油脂、泰安制药厂、康亿家石膏板厂等不擅长的行业,做到了资源的重新配置;三是积极寻找战略合作伙伴,与浙江能源集团签订《能源项目合作框架协议》,交叉持股共同开发建设新疆伊犁煤制天然气项目及其配套矿井。

(3) 推进产业升级改造。

①加大煤炭生产装备升级换代的投入。煤炭产业重型化、数字化装备的大批量投用已经完全颠覆了过去对煤炭生产的落后认识和理念。新矿煤炭生产装备升级换代的投入达到20亿元,占到煤炭产业全部投资的37.5%,占到全集团投资的18%,煤炭生产方式的转变将大大减少零打碎敲事故,提高原煤生产效率和劳动生产率;内蒙能源公司急倾斜工作面、新巨龙公司千万吨工作面的成功开采,让新矿集团在煤炭开采能力上将有新提高。

②提升洗选加工自动化水平。按照"管理信息化、系统自动化、岗位无人化"的原则,新矿集团实施的选煤厂减人提效、自动化改造,让新矿特色产业发展将步入一个新的起点。

③装备再制造重点攻关。以装备再制造为重点,积极推进对外合作,开展成套装备再制造的技术研发、技术服务、标准制定工作,着力构建装备再制造共性关键技术试验、新材料研发、成套装备工程化和产业信息化服务"四大平台",努力建成再制造示范基地,将会使新矿集团装备制造产业得到大力发展。

④现代服务业量与质的突破。新矿集团紧紧抓住当前国家"加快传统产业转型升级,推动服务业特别是现代服务业发展壮大"的有利时机,加快推动现代服务业跨越式发展,不断提升产业发展规模,打造培育成企业的亮点和经济增长点,物流贸易力争5年内突破千亿规模。

三、商业模式创新战略

商业模式创新是企业应对危机、持续发展的一个鲜明主题。创新商业模式是指在现代经营管理理论基础上,紧抓企业核心竞争力,利用手中优势资源并大胆将非优势环节外包的商业模式的总称。创新商业模式的关键在于明白企业自身的优势并着力发展使之成为企业发展的核心竞争力,同时利用市场经济条件下的产业分工体系合理地通过外包机制使企业轻装上阵。通俗地说,商业模式创新就是指企业以新的有效方式赚钱。

在所有创新之中,商业模式创新是企业最本源的创新,它是企业管理创新、技术创新的基础。好的商业模式是企业生存的根本,随着时代的发展、市场的变化,商业模式的创新是企业发展的必然选择。

近年来,新矿集团准确把握企业优势与劣势、企业需要与客户需求,自觉、自发地探索、创新适合自身实际、具有自身特色的商业模式,构建起全产业链竞争商业模式,全过程管理煤炭产业链中资源勘探开发、装备制造、物流贸易、煤炭深加工、煤炭营销各环节,做优做专煤炭产业链;通过"适度相关多元化"延伸以煤为基产业链,以煤炭产业为核心,以煤化工、装备制造、现代服务业为主体,对内闭合循环,对外链接市场,贯穿于煤炭产业上下游,各产业链条之间相互依存、相互补益、协同发展,推动由单纯煤炭生产销售向以煤为基全产业链多节点竞争转变。新矿集团通过新矿特色的商业模式创新战略,切实提升了企业管理水平和市场竞争能力。

1.打造绿色经济生产商

随着企业发展和资源开采年限延长,新矿集团正逐步进入后煤矿时代,特别是省内老区矿井开采年限超过50年,多数进入衰老期,有效资源减少;战线长,系统复杂,作业环境和生产条件变差,效率降低;人员负担沉重,成本费用骤增等矛盾突出。针对这一现实,新矿集团打破传统、创新思维,从工艺改革、技术进步、装备升级、绿色开采入手,探索绿色经济开采之路。

(1)优化设计,源头控制投入。煤矿企业最大的投资在于项目建设,项目建设的核心在于方案设计。新矿集团打破传统的生产基建分离、独立运行的模式,理顺管理体制,构建集生产、安全、技术、基建等专业为一体的"大生产格局",在项目建设初期,就对初步设计、开拓布局、系统装备、生产工艺等制定优化改进方案,提高设计方案的先进性、可靠性。仅2012年,通过设计优化,新矿集团从源头减少无效投入资金3亿元。

(2)三个换人,降低人工成本。随着企业发展积累,新矿集团人员众多与人员负担沉重的困难突出,人工成本大幅攀升,成为企业第一大成本要素。2012年,新矿集团老区矿井人工成本占综合成本的48%,最高达到66.30%。针对这一现实,新矿集团大力实施"低成本战略",采取技术换人、装备换人和管理换人"三个换人"和控制采区个数、控制采掘区队个数、控制下井工种和控制出勤班数"四个控制"措施,全面开展以提速、提质、提效、减面、减人、减系统"三提三减"活动,提高生产效率,简化生产系统,缓解生产压力,减少井下岗位和作业人员,降低人工成本,努力实现安全高效开采。

(3) 系统再造,过程降低能耗。为内部挖潜和成本控制,新矿集团打破传统生产思维模式,从流程改善入手,优化再造生产系统,降低生产过程能耗,压缩生产成本。一是确定消灭地轨、消灭小绞车、消灭架空线、消灭矿车"四消灭"目标,创建以单轨吊、无轨胶轮车等先进设备为主要运输工具的新型运输模式,积极打造"半小时运人圈";二是建立"煤矸一体化"运输模式,优化矿井煤矸分储分时分运系统,实现了排矸连续化。创新物料集中配送、集装箱式运料方式,简化运输环节,提高了运输效率;三是按照现场无人值守的标准,优化采区原煤运输系统,上全破碎、除杂和视频监控系统,实现煤流运输自动化。

(4) 绿色开采,推动可持续发展。随着国家城镇化建设步伐加快,资源开采与地表环境保护的矛盾越来越突出。新矿集团老区矿井现有可采储量中,"三下一上"压煤量占到资源储量的73%。为破解煤矿开采与生态环境保护、煤矿开采与社会经济发展、煤矿开采与能源安全保障、煤矿开采与地区社会稳定的矛盾,新矿集团转变思维方式,依靠生产方式的变革来实现煤炭企业可持续发展。为此,早在2004年就提出"充填开采、绿色生产"的发展思路,积极树立"黑色煤炭、绿色开采""高碳行业、低碳运行""资源利用、吃干榨净"等"大资源观"理念,推进绿色发展、低碳发展。本着"安全可靠、技术可行、经济合理"三项原则,着重开展了充填开采技术研究,鼓励有条件、有需求的矿井结合自身实际大胆创新研究。现已形成了原生矸石综采充填、地面矸石似膏体自流充填等"五充一选"的系统工艺,适用于普采、高档普采、综采等各种开采方式和薄煤层、中厚煤层、厚煤层等多种开采条件,能够满足充填物料多样选择和安全开采的不同需求。

2.打造煤炭产品综合解决方案供应商

新矿集团持续不断创新煤炭营销模式,并成功提出"煤炭产品综合解决方案供应商"理念,实现了四次跨越。

(1) 由初级产品销售向高附加值产品销售跨越。新矿集团开采主要煤种以气肥煤为主的炼焦配煤,经洗选加工生产的精煤等产品吨煤综合售价一直远高于原煤直接销售的价格。基于这一分析,新矿集团将生产销售高附加值精煤产品作为煤炭产品增收的战略性举措,提出"凡是能建选煤厂的矿井一律建选煤厂,不能建选煤厂的矿井,一律装备风选设备,筹建矿井必须同步配套选煤厂;凡是炼焦煤种一律不准出售原煤"的思路,持续加大选煤厂建设和技术改造力度,目前企业已有选煤厂33座,总设计洗选能力4660万吨/年,选煤厂覆盖率达到100%。同时,先后实施了跳汰、重介和浮选三次全企业层面的重大技术升级和工艺改造,提升了选煤保障能力,精煤质量和回收率大幅提高,拓展了企业利润空间。

(2) 由"以产定销"向"以需定产"跨越。煤炭企业传统的产品销售思路多为

"自己产什么就销售什么",新矿集团改变这种"以产品定客户"的被动营销模式,以客户需求为导向,充分利用现有的煤炭洗选加工资源,根据客户所在区域位置、煤炭运输等相关条件,建立多个配煤基地和配煤厂点,开展买煤-配洗-配售及内部煤炭跨矿洗选业务,生产满足客户指标要求、适销对路的煤炭产品,形成了"以需定产"的主动营销模式。

(3)由同煤种纵向价值挖潜向跨煤种横向价值增值跨越。从2012年以来,新矿集团聘请十多位国内知名选煤专家,对企业所有的17个煤种进行特性诊断和用途挖潜,摸清所有煤种的显性和隐性特性,发掘其潜在用途,并成功进行了不粘煤煤种喷吹煤实验,挖掘了动力煤的冶金功能,提高了产品附加值,拓展了产品的市场与利润空间。

(4)由传统煤炭供应商向煤炭产品综合解决方案供应商跨越。为解决气肥煤产量增加与钢铁企业炼焦需求之间的矛盾,新矿集团提出了"创造客户需求,引导客户消费"的营销理念。2011年,与济南钢铁联合技术攻关,在气肥煤炼焦配比优化方案取得重大突破,使气肥煤在配比中提高了20%左右,随后又向同类钢铁企业进行了推广。通过这一煤炭产品解决方案,极大地拓展了企业气肥煤市场空间。

3.打造服务型装备制造商

新矿集团致力于发展具备核心竞争能力、可持续发展的装备制造产业,以煤机装备制造产业为基础,积极推动装备制造业转方式、调结构,着眼于实现"三个升级",打造服务型装备制造商,以适应经济全球化和信息技术高速发展背景下装备制造业竞争模式不断进化、顾客需求复杂化、动态化的新趋势。

(1)发展定位升级。基于煤机装备制造产品同质化趋势明显、竞争战略趋同的特点,新矿集团提出装备制造和服务高度融合理念,推进传统产品制造向"产品服务系统"和"整体解决方案"转变。一是在价值实现上,由传统的以产品制造、产品生产为核心,向基于制造的服务和面向服务的制造升级,为客户提供具有丰富内涵的产品或者依托产品提供全面的服务,直至为顾客提供整体解决方案。二是在作业方式上,更加注重客户和作业者的认知和知识融合,强调"客户认知"在产品研发、制造、服务各环节的作用。三是在运作模式上,主动将客户引进产品制造、应用服务过程,主动发现顾客需求,开展针对性服务,建立具有动态稳定结构的服务型制造系统。

(2)产业结构升级。立足制造产业与再制造产业一体化发展,抓住国家"推动战略性新兴产业、先进制造业健康发展,加快传统产业转型升级"的重要机遇,加快装备制造内涵式发展、再制造实现成套技术突破。一是加快装备制造业的资源整合,兼并重组或控股、参股国内具有规模、人才、技术、市场优势的企业,壮大装备制造产业集群,构建"煤机装备、煤化工装备、再制造"产业体系。二是加快推进再制造产业发展。积极推进与装甲兵工程学院、北京首科集团的合作,构建装备再制造共性关键技术试验、新材料研发、成套设备工程化和产业信息化服务"四大平台"。三是谋划发展页岩气装备制造。加强与澳大利亚工创公司、美国GE公司的联系,学习、引进、消化、吸收页岩气装备制造的前沿技术,探索研究适合中国地质条件的页岩气开采装备,合作页岩油气装备制造,力争在页岩油气装备制造方面占有一席之地,实现由

"煤炭机械制造"向"能源机械制造"转变。

（3）盈利模式升级。以制造和再制造产品生产为依托，以构建面向客户的全面解决方案产品供应模式为目标，面向客户提供从市场调研、产品设计、制造、交付、售后服务到产品回收、再设计、再制造等产品服务系统全生命周期的价值增值活动。

4.打造保姆式生产服务商

（1）抓住机遇，发挥优势。2012年国务院服务业"十二五"规划发布，明确提出到2015年服务业GDP占比将超过工业，各级政府也将其列为重点扶持行业，必将催生生产性服务业发展的黄金时机。依托山东能源和新矿集团整体作战优势，发挥新矿集团多年来积累的丰富的煤炭技术、管理和人才优势，加快打造保姆式生产服务商。从"三软"岩层巷道支护、大倾角采煤、综采综放工作面管理，到深井开采、瓦斯治理、工作面防灭火、冲击地压防治开发矿业生产性服务业务；推销与德国合作研发的单轨吊机车辅助运输设备、具有自主知识产权的隔爆灭火设备；利用房屋建筑甲级、矿山建设总承包一级、固体勘探甲级资质开展工程包揽业务。

（2）找准定位，创新模式。新矿集团突破传统煤炭产业只有生产与销售两个盈利环节的局限，创新开展一体化、保姆式生产服务，找准定位，确立业务发展方向，构建"大煤炭生产产业链条"，提升产业价值链资源整合能力，向上追溯盈利节点形成"大生产产业链条"，向下延伸盈利节点进行产品结构调整，向内梳理降耗增盈各环节进行循环挖潜，实现了价值链条的集约、集中控制和价值环节的增值，做到"轻资产""低风险"扩张。主要形成三种产品模式：一是"卖经验"，即以咨询顾问方式提供生产诊断评估，为目标矿井提供系统改进、效率提升的综合解决方案；二是"卖技术"，即通过实施技术装备投入、生产系统升级提高煤炭产量的生产服务模式，靠为客户创造超额价值赚取利润；三是"卖管理"，即参与股权合作、承担生产运营的业务模式，全面承担矿井运营的主体管理责任，最大限度地推行科学化开采、标准化作业，实现矿井"管家式"服务。

（3）加快推进，成效明显。通过划分联合、整合、融合三个阶段，取得了显著的效益。

——初期：以新矿集团全资子公司华新建筑工程公司为平台改组为山东矿业技术管理集团公司，再以该公司为核心，以产权为纽带与11家专业化公司联合整合组建业务联盟，做大生产性服务业规模。

——中期：以绝对控股与相对控股相结合的方式组建核心公司，开展包括勘探、设计、矿建、设备安装和撤出、物资采购等主要业务，提供"保姆式"服务；与此同时，适时进行股权介入。

——后期：重点引入战略合作伙伴，建立4∶3∶3股权模式，吸收部分民营专业化公司组成上市公司，做好上市准备。

截至2012年底，已在山西、陕西、内蒙、甘肃、新疆等省份，以多种形式成功合作了12座矿井、托管4个采面生产，年产达到1350万吨。托管加股权的模式，丰富了"大煤炭生产产业链条"的内涵。

5.打造一体化新型物流贸易商

新矿集团立足物流贸易各业务流程和运作节点的价值挖潜和增值，着力打造一体化运作与盈利的新型物流贸易模式，实现了由业务专业向骨干产业的升级，收入规模超过300亿元。

（1）物资与煤炭贸易一体化发展。新矿集团在多年的物资采购、内部供应中形成了稳固的供应商群体和丰富的物流资源，与许多上、下游企业建立了稳固的合作关系，也在多年的自产煤炭营销过程中形成了庞大的客户群体、辐射全国的市场网络、卓越的营销队伍和良好的市场信誉。为充分依托、利用并放大这些优势，新矿集团先后成立了新矿集团物资供销公司和新矿国际贸易有限公司，立足企业内部市场，积极开拓国内社会市场，放眼国际市场，开展大宗物资贸易与煤炭贸易业务，形成了物资贸易与煤炭贸易"两大支撑"业务。

（2）内贸与外贸一体化发展。在国内开拓市场、培育客户、搭建贸易平台、做大贸易规模的同时，以"培育百人国贸队伍，实现百亿国贸收入"为中期目标，开展国际贸易业务，加快构建"大国贸"格局。

一是搭建多个国际贸易平台：分别在香港、巴西、阿联酋、墨西哥、南非、澳大利亚、蒙古等地设立公司和办事机构，同时在国内的上海、天津、青岛设立办事机构。

二是在国际贸易方向选择上：将围绕企业相关经营链、产业链和关系链上的煤炭、铁矿石、有色金属、大型矿山设备作为贸易重点，确保了进口物资与国内贸易市场网络的无缝衔接。

三是在国外客户的选择上：将有出口中国的良好业绩和信用记录作为必要条件。

四是在贸易方式上：采用进口商、代理商、合作商、新型赞助商等方式，与源头供应商和国内终端客户建立长期的战略贸易关系，构建形成供应商、制造商、分销商、零售商、最终用户一体化贸易体系，实现供应链条的闭合经营。

（3）贸易与物流一体化发展。为减轻受到物流企业的制约和压制，降低高额的物流费用，新矿集团成立了新矿物流公司和多个物资仓储中心，开展物资仓储、运输和配送业务。同时，引入"物资超市"模式，在国内煤炭行业率先实行"储备在厂家，代销代存在本部，派出机构到矿井，延深服务到区队"的改革，实行"经营债务"的贸易模式，以较小的资金流量支撑了数百亿的贸易规模。围绕大宗物资来源地、贸易中转地和企业发展区域进行市场布点，形成上接供货源头、中联流转环节、下达终端客户、辐射相关区域的市场网络，呈现"以铁路、转港运输为主导，汽运、运河为补充"的一体化煤炭物流格局。

（4）贸易与金融一体化发展。有物流就有资金流，有资金流就有金融操作的增盈空间。基于这一认识和判断，自2004年开始开展供应链金融服务，推动由单纯贸易向贸易与金融一体化运作、同步收益转变。

一是经营授信。依托企业巨额的银行授信，以物资供应链为纽带，通过即期托收快速回笼资金，以远期信用证、押汇、海外代付、远期结售汇等手段延期对外付款或锁定汇率。

二是开展保值业务。在上海期货交易所设立保值账户,为电解铜贸易进行保值,有效避免了价格剧烈波动带来的风险。

三是经营汇差。以香港国际有限公司为平台,开展境外人民币结算业务,变被动等待人民币升值为主动经营,实现低成本融资和汇差收益。

(5) 传统贸易与电子商务一体化发展。新矿集团以物联网技术为基础,2011年建成了煤炭贸易和物资采购2个电子商务平台。

一是煤炭贸易商务平台。通过电子商务平台,为客户提供在线查询煤炭发运计量、结算清单、煤质化验单据等会员专享服务,实现了服务前移;同时,市场煤种全部实现网上挂牌销售,部分煤种实现竞价销售。

二是物资购销电子商务平台。融合在线询价、比价、竞价、网上招标采购、供应商绩效考核、大型设备管理、信息发布等六大功能,降低企业采购成本,最大程度减少人为干预因素,实现竞价工作有序化、上线物资产品规模化。

四、人力资源发展战略

在当前知识经济蓬勃发展、科技进步日新月异的新形势下,人才资源作为第一资源,愈来愈发挥着不可替代的重要作用。"企以才立、业以才兴;企业发展、人才优先",已成为众多企业家的共识,企业之间对人才,尤其是对高层次人才、紧缺人才的竞争日趋激烈。因此,必须加强人力资源开发与管理工作,创新人力资源发展战略,创新人才工作机制,努力形成人才竞争比较优势,为企业科学发展提供人力资源支撑。

人力资源的战略管理是贯穿于提高企业效益的全过程,人力资源管理过程是与企业发展意图与目标相联系的。按照集团公司发展战略目标,制定人力资源发展战略,不断完善人力资源管理体系,提高人才队伍的综合素质和创新能力,强化各项基础工作,不断完善职工工资收入与企业经济效益挂钩机制,合理提高职工收入。

1. 人力资源需求面临的形势

面对新形势、新任务,分析目前的新矿集团人员队伍状况,无论是人员总量还是员工素质、结构等都与企业改革发展的战略要求尚有一定差距,尤其是一线职工招聘难、职业技能人才少等问题凸显。主要表现在:

一是采掘一线职工队伍招收难,逐步呈现加重趋势。根据近年来人员招聘情况显示,集团公司部分单位人员招收均不满计划,招聘难的问题日益凸显。

二是人员队伍结构不合理。截至2012年底,涉及煤炭主业的采矿、矿建等煤矿主体专业工程技术人员仅占4%;煤化工、装备制造、现代服务业等专业人才匮乏。同时,随着公司改制、资本运营等现代企业运作模式的出现,金融、法律、外贸等专业人才也亟待补充。

三是技能型人员所占比重较小、外部单位管控力度不够。目前,技师、高级技师仅占1.2%,无法满足企业对外发展需求。同时,对跨地域单位技术工人培训工作的管控尚没有好的措施。

四是高层次、高学历人才短缺。目前,新汶矿业集团公司具有高级职称的人员仅占1%;具有研究生学历的仅占0.3%;具有享受国务院政府特贴、省有突出贡献的中青年专家、泰山学者特聘教授等高级专家只有 22 人。

2.指导思想和工作原则

（1）指导思想。以邓小平理论和"三个代表"重要思想为指导，深入贯彻落实科学发展观，坚定不移地实施人才强企战略，紧密结合"千亿新矿、亿吨集团"战略发展需求，以扩大人才总量和优化人才结构为基础，以提升人才素质和发挥人才作用为根本，以高层次人才培养开发为重点，以创新人才工作机制为动力，紧紧抓住人才培养、引进和使用三大环节，统筹推进各类人才队伍建设，广聚人才智力，激发人才活力，提升人才效力，努力建设一支数量充足、素质优良、结构合理的人才队伍，为集团公司新一轮发展提供人才保证和智力支持。

（2）工作原则。

①人才优先。确立在企业发展中人才优先发展的战略布局，充分发挥人才的基础性、战略性作用，做到人才资源优先开发、人才结构优先调整、人才投资优先保证、人才制度优先创新。

②以用为本。把充分发挥各类人才的作用作为人才工作的根本任务，围绕用活用好人才来培养人才、引进人才，完善有利于优秀人才脱颖而出的竞争机制。

③高端引领。培养造就一批经营管理水平高、市场开拓能力强的优秀企业家，一批创新能力强、实践经验丰富的科技领军人才，一大批技艺精湛的高技能人才，充分发挥高层次人才在企业发展和人才队伍建设中的引领作用。

3.人力资源建设目标

突出培养高层次创新型科技人才，大力开发急需主体专业人才，统筹抓好经营管理、党群管理、专业技术和技能型人才队伍建设。到 2015 年，培养造就一支规模宏大、结构优化、布局合理、素质优良的人才队伍。

（1）人才资源总量稳步增长，队伍规模不断壮大。管理人才、专业技术人才、高技能人才总量达到 15000 人左右，基本满足集团公司发展需要。

（2）人才素质显著提高，结构进一步优化。

学历结构：到 2015 年末，在各类人才中，大学以上学历人员达到 6500 人，硕士、博士研究生学历（学位）人员的比例明显提高。

专业结构：重点培养煤矿、煤化工、装备制造、现代服务业等主体专业人才，到 2015 年末，各类主体专业人才达到 6000 人。

层次结构：注重高层次、复合型、创新型人才培养，到 2015 年末，在各类人才中，具有高中级职称人员达到 4000 人，高技能人才达到 2100 人，并积极培养一批行业级的优秀经营管理人才、科技人才、党群人才和首席技师。

4.人力资源建设主要任务

（1）大力培养引进主体专业人才。坚持主业突出、专业对口、以用为本原则，围绕建设"四大煤炭基地"，打造"煤炭、煤化工、装备制造、现代服务业"四大产业板块培养引进专业性人才，人才队伍的整体素质、创新能力和实践能力显著提升。加强集聚平台建设，全力引进本科以上学历的高校毕业生和具有高级职称、有一定实践经验和业绩的社会化专业性人才，对企业急需、紧缺的高层次人才可实行一人一策，特事特办。加强人才发展统筹规划和分类指导，建立主体专业人才开发协调机制，大规模开展知识更新培训和实践锻炼。完善人才流动配置机制，促使各类高层次人才向四大主业和省外基地流动。

（2）突出培养造就创新型科技人才。围绕提高自主创新能力，以高层次创新型科技人才为重点，努力造就一批高水平的科技领军人才、技术专家和高素质的创新团队，注重培养一线创新人才和青年科技人才。积极探索创新培训方式，突出培养科学精神、创造性思维和创新能力。加强实践培养，依托产学研合作、重大科研项目、重大工程和企业技术中心，强化领军人才、核心技术研发人才培养，形成科研人才和科研辅助人才衔接有序、梯次配备合理的结构，提高自主创新能力。创新科技管理制度，健全有利于科技人才创新的评价、使用、激励措施，进一步提高科技水平。

（3）统筹抓好各类人才队伍建设。

①加强经营管理人才队伍建设。以提高企业现代经营管理水平、适应产业结构优化升级和实施"走出去"战略的需要为重点，加快推进经营管理人才职业化、专业化，培养造就一大批具有战略发展眼光、市场开拓精神、管理创新能力的优秀企业家和一支高水平的企业经营管理人才队伍。建立市场化、外向型培养机制，按照高起点、高标准的要求，强化经营管理人才的交流培训。建立竞争上岗、公开选聘、社会招聘的市场化选聘机制，逐步实行经营管理者任期制和任期目标责任制。培养和引进一批企业发展急需的战略规划、资本运作、国际贸易、金融管理、项目管理等方面专业性人才。加强规范化管理，健全经营业绩评价指标体系，量化细化业绩考核标准，完善测评系统，定期进行考评和奖罚。

②加强党群人才队伍建设。以提高领导水平和业务能力为重点，建设一支政治坚定、勇于创新、勤政廉洁、求真务实、善于推动科学发展的高素质党群人才队伍。全面推进大规模干部教育培训工作，大力开展党建专业知识及现代企业经营管理知识培训，提高在科学决策、处理矛盾、规范工作等方面的能力，提高新形势下领导科学发展的能力。健全轮岗交流制度，实行党群工作者与经营管理者之间"双向进入、交叉任职"，加快培养复合型党群工作人才。

③加强高技能人才队伍建设。以提升职业素质和职业技能为重点，建设一支门类齐全、技艺精湛的高技能人才队伍。完善高技能人才培养培训体系，以企业为主体，职工大学、高级技校为基础，大力推行校企合作、定向培养、工学结合，构建终身培训体系，加强职业培训。建立健全"首席技师"选拔管理制度，充分发挥高端带动和引领示范作用。建立高技能人才绝技绝活师徒传承机制，加强师徒合同管理。广泛开展各种形式的技能竞赛和岗位练兵活动，提升各种职业技能的熟练度。

（成果创造人：张　文　葛茂新　陈传海　刘元明　赵志勇　苗　健　谭永新　孙兆秀　韩　琨）

基于价值链整合优化提升的集团管控模式创新研究

兖矿集团有限公司

兖矿集团是以煤炭生产销售及煤化工、电解铝及机电成套装备制造、金融投资为主导产业的山东省属特大型能源企业,2013年末资产总额1916亿元,拥有全资、控股子公司95家,分属煤业、东华、煤化、事业发展、电铝5个专业公司和贵州、山西、陕西榆林、新疆、内蒙古鄂尔多斯、澳大利亚、加拿大7个区域能化公司。控股子公司兖州煤业股份有限公司是我国煤炭行业第一个同时境内外发行股票并在香港、纽约、上海和澳大利亚四地成功上市的企业。

一、基于价值链整合优化提升的兖矿集团管控模式创新的实施背景

1.创新管控模式是应对国内外市场竞争的现实需要

当今企业间的竞争不是产品间的竞争,而是管控模式之间的竞争。兖矿集团业已进入国际化经营战略时期,内外因素和影响叠加。当前和今后一个时期,在世界经济复苏步伐缓慢、我国宏观经济下行压力加大的背景下,企业改革发展的外部环境更加复杂,经济运行的矛盾问题亟待解决,保持平稳健康发展的任务十分艰巨。面对国际国内两个市场、两种资源的复杂局面,企业要更高层次参与国内外市场竞争,必须进行管控模式创新,提升综合竞争力。

2.创新管控模式是适应调结构转方式的战略需要

当前,我国企业已经从资源的竞争、效率的竞争、品牌的竞争发展到模式的竞争。我国正处于经济转型、结构调整、经济增速减缓的阶段,部分行业、企业将会出现产能过剩和经营困难,特别是受经济周期波动影响较大的企业将面临严峻挑战。依赖于资源、外延性扩张的方式将难以持续,必须转到依赖创新驱动、内涵式发展的道路上来。面对复杂的外部环境,企业要摆脱困境并实现可持续发展,最有效的途径就是进行管控模式创新,加快发展方式转变,提高转型发展能力。

3.创新管控模式是应对当前经济危机的需要

管控模式创新是当今企业获得核心竞争力的关键。近年来受外部环境影响,煤炭价格大幅下滑,煤矿、港口、电厂煤炭库存增加,煤化工产品价格持续在低位徘徊,铝锭价格已经低于行业边际成本线,煤机制造市场竞争加剧,同时企业"两金"占用

加大，兖矿集团加快发展与资金紧张的矛盾十分突出，发展处在发生重大转折的关键考验期。面对新形势、新问题、新矛盾，要进一步强化危机意识，做好长时间应对困难局面的准备。创新管控模式，是企业应对当前困难局面、避免恶性竞争的重要途径。

二、基于价值链整合优化提升的兖矿集团管控模式创新的理论依据

近几年，管控模式创新作为知识经济时代企业竞争的高级形态，成为越来越多企业的共识，更成为理论研究的重点。

1.价值链理论

企业的价值创造是通过一系列活动构成的，这些活动可分为基本活动和辅助活动两类，基本活动包括内部后勤、生产作业、外部后勤、市场和销售、服务等；而辅助活动则包括采购、技术开发、人力资源管理和企业基础设施等。这些互不相同但又相互关联的生产经营活动，构成了一个创造价值的动态过程，即价值链。

价值链在经济活动中是无处不在的，上下游关联的企业与企业之间存在行业价值链，企业内部各业务单元的联系构成了企业的价值链，企业内部各业务单元之间也存在着价值链联结。价值链上的每一项活动的管控模式创新都会对企业最终能够实现多大的价值造成影响。

2.资源能力理论

企业是资源和能力的集合体。资源和能力是企业经营发展的基本投入要素，构成了管控模式的运行基础。管控模式的本义就是配置和运用资源以创造价值，客观上表现为各种能力。因此，管控模式的创新过程其实也是整合资源、发掘能力的过程。

整合资源的目的是运用科学方法，对不同来源、层次、结构和内容的资源，特别是对人力、组织、流程、知识、制度、关系、品牌、文化等有价值、稀缺、难以模仿、难以替代的战略资源进行综合和集成，通过优化资源配置，改善资源的产出效果和效率，发挥资源的协同效应，以提高企业的价值创造和租金获取能力。

该理论更看重企业的核心和动态能力。因此，发掘能力就是要重点发掘那些组织中的积累性学识，特别是关于如何协调不同的生产技能和有机结合多种技术流的学识，因为它们具有稀缺性、可延展性、价值性、难以模仿性；发掘那些能够整合、构建、重新配置现有能力的能力，因为它们可以应对环境的快速变化。总之，是发掘那些学习、创新、战略规划、技术、生产、营销、人力等不同形式的核心和动态能力。

3.系统理论

从系统论的角度研究管控模式创新可以分为两个方面：

一个角度是对单个企业管控模式创新要从系统的角度出发，管控模式关注企业运营的各个方面，包括对企业自身及其产品和服务的定位、选择客户、获取和利用各种必要资源、进入市场等，而且构成企业运营的各方面、各层次存在着相互联系、相互依赖的逻辑关系。因此，管控模式的创新是一个系统工程，而不是仅仅就某一环节进行改良的企业改革。在创新管控模式的过程中，应该更多地基于系统的观点，对管控模式的关键环节做出成功创新后，还要对整体管控模式进行审视，并以系统功效最大的原则作出相应的调整和创新。

从系统论的另外一个角度来看管控模式创新则是从企业与企业之间、企业与企业利益相关者之间乃至企业与环境之间都用系统的思想来分析。现代公司的发展壮大是与其相关公司、供应商、顾客、社会组织、公众以及自然环境等共同成长的。在过去，公司主要精力花在与直接竞争者有关的市场竞争中，近年来，公司则强调加强与客户和供应商的关系以及对社会责任的关注、很多情况下直接与竞争者共同形成战略联盟，共同研制大型复杂产品、共同开发新市场、互相利用对方核心资源等。

三、基于价值链整合优化提升的兖矿集团管控模式创新的基本内涵

兖矿集团按照管控模式的内涵要求，积极适应市场环境和经济形势的新变化，以转方式调结构谋发展为主线，以持续满足客户价值需求为导向，以整合优化关键业务流程及关键资源配置为重点，以绩效考评为手段，以拓宽盈利渠道为目的，优化调整产业产品结构，创新体制机制，建立符合兖矿特点、适应国际化战略要求的新型管控模式。主要是遵循"三个原则"、瞄准"四个提升"、运用"五个手段"。

1. "三个原则"

一是遵循规律，明确目标。基于产业价值链原理，紧扣管控模式构成要素，围绕客户价值实现，优化企业资源配置，提高盈利能力，创建符合市场价值规律和极具竞争优势的管控模式。

二是上下结合，分层定责。依据集团公司产业结构和组织架构特点，建立起以集团公司为引导推进主体，专业公司、能化公司为责任实施主体的管控模式创新体系。

三是突出特色，传承创新。根据国际化战略要求，在总结继承企业过去积淀的经济、管理、技术、文化优势的基础上，创新设计具有兖矿特色、符合企业自身发展的管控模式。

2. "四个提升"

一是提升整体管理水平。通过管控模式创新，促进发展方式转变，推动企业管理水平持续提升。

二是提升企业品牌形象。通过管控模式创新，打造百年基业，争创名牌产品，推动企业品牌形象持续提升。

三是提升客户价值主张。通过管控模式创新，改进服务水平，提高市场占有率，推动客户满意度、美誉度和忠诚度持续提升。

四是提升企业整体效益。通过管控模式创新，再造高效成长机制，提高经济运行质量和盈利水平，推动企业经济实力和整体竞争能力全面提升。

3. "五个手段"

一是实施产业转型升级。按照"四基地两新区"的区域布局，优化提升发展战略，主动对接国家经济布局、产业发展趋势、区域发展规划，做优做强五大产业板块。

二是实施营销增收创效。以集团效益最大化为目标，提高对产业、资源、市场高效协同的认识，加快推动营销资源整合，着力构建管控有力、内外协同、灵活高效的营销模式。

三是实施集团化物资供应。树立"大物资、大物流、大贸易"的理念，实行集约

高效供应,由单纯供应服务向对内供应服务、对外物流贸易创效并重转变,推动物资供应工作跃上国内一流、世界先进的水平。

四是实施管控体系建设。加快推进机制改革、内部市场化等一系列管理创新,推动集团管理水平的不断提升,逐步达到管理基础更强、管理效果更优、企业高质高效发展的目的。

五是实施科学技术攻关。围绕扭亏增盈,突出安全高效开采、清洁高效利用、产业产品结构调整等重点,强化科技创新,健全完善科技和人才机制,推动兖矿集团向高附加值、高科技企业转变。

四、基于价值链整合优化提升的兖矿集团管控模式创新的主要内容

1.突出提速提质提效,构建"传统产业新型化、新兴产业规模化"的发展模式

产业是企业的物质基础。兖矿集团坚持可持续发展,以加快转变发展方式为主线,积极推进产业板块转型升级,加快改造提升传统产业,大力发展高新技术、现代服务业和金融业,把产业链打造成价值链,提高了企业核心竞争力。

一是推动"三减三提"做强煤炭主业。颠覆传统办矿模式和生产组织方式,推动煤炭生产由传统的"增头增面增系统"向"减头减面减系统、提速提质提效"转变,实施采掘技术装备升级,优化采区布局和工作面设计,着力解决系统复杂、用人多、效率低的突出问题。创新省外矿井开发建设模式,以安全高效示范矿井为目标,用最先进的设备、最精简的系统、最精干的人员、最高效的管理,培育未来发展的主要经济增长极和利润源。综合分析澳洲矿井地质、区位、煤种、生产条件,扩大优势矿井产品产能,加大亏损矿井减亏增盈力度,推行精益作业管理,提高国际化运营管控能力和国际市场竞争力。

二是推动转调减增做精煤化工产业。优化煤化工产业产品定位,一手抓扭亏,一手抓发展,本部发展高附加值的深加工产品,建设精细化工基地;新区重点发展煤制油、煤制气等现代新型煤化工产业。严格落实亏损企业治理方案,对扭亏无望的企业实施破产重组。引进战略合作者,加大投资结构、资本结构、产品结构调整力度。发挥甲醇产量规模优势,积极申请推广甲醇汽油,发展甲醇深加工,提升市场话语权。

三是推动转型升级做优装备制造产业。以轻合金高端产品研发和市场开拓为突破口,加快资源整合,实施战略合作,推动转型发展,突破高端型材生产制造工艺,抢占产业发展制高点。以高端化、自动化、成套化为方向,联合科研院所开展技术攻关,推动机电产品由煤炭行业向非煤行业拓展,销售模式由单一产品销售向成套装备销售、高端战略用户合作转变,股权结构由单一国有资本向多元投资转型。

四是推动资源整合做大现代服务业。抢抓国家支持现代服务业发展的政策机遇,加快资源整合,提升产业规模,提高市场控制力,培育发展亮点和经济增长点。坚持物流与贸易并重、规模与效益并举,探索发展多边贸易、国际贸易、第三方物流,构建大物流、大贸易产业格局,借助物联网技术,探索开展国际贸易、离岸贸易、第三方物流业务,实现贸易金融一体化运作,按照公益性和产业化发展相结合的思路,探索发展健康服务、家政服务项目,提高自我造血、生存发展能力。

五是推动资本运营做活金融投资产业。摒弃高负债、低效益、粗放型的发展模式,整合平台资源,打造高端资本运营团队,推动企业由实体型向金融投资控股型跨越,实现产融结合、高效发展。研究利用上海自贸区等地区的优惠政策,筹建融资租赁公司,发挥金融杠杆作用,盘活企业存量资产。借助兖州煤业上市公司平台,通过股权增减、定向增发、配股等手段,实现资本市场最佳收益。制定存贷款最佳余额、承兑汇票收支、税务优惠政策、利用"四个筹划"工作方案,节支增收3.23亿元。

2. 突出营销增收创效,构建"管控有力、内外协同、灵活高效"的营销模式

营销是企业生产经营成果和创效能力的直接体现。营销力就是企业的竞争力,也是发展力。兖矿集团牢牢把握煤炭清洁高效利用的新要求,树立"引导客户消费、创造客户需求"理念,聚焦客户需求变化,努力提供更符合需求的产品、更高效的利用方案、更完善的售后服务,实现客户价值和企业盈利最大化。

一是在营销策略优化上,加快由信息指导型向营销效益模型转变。学习借鉴电力系统效益模型经验,按照亿吨销售规模,从区域、流向、品种、客户、价位等方面优化销售策略,调整交易结构,推动产品销售向高价位市场集中。跳出"经济周期论、市场危机论"的思维禁锢,以未来眼光思考当期举措,优化调整效益模型,由注重市场变化走势等"过去式、规律性"研究,转向用户需求变化趋势等"预见性、超前性"研究,提高了营销工作的科学性和前瞻性。

二是在品种结构调整上,加快由生产传统产品向研发高效益产品转变。以"差异化"为突破口,积极开发新品种。大力实施精煤战略,加快洗煤厂系统装备优化升级,建设"技术先进、装备一流、人员精干、运营规范、优质高效"选煤厂,提高设备运行效率和效益。抓好高硫煤的配比销售,实施煤炭改性研究,探索推广超级水煤浆代替重油,尽快形成系统科学的产品研发和配方改进方案。围绕煤炭清洁高效利用,统筹企业内部和社会两种资源,在改进炉型、升级设备、研制试剂等方面实现突破,扩展煤炭在气化、玻璃制造、瓷砖制造、高炉喷吹等方面的需求。

三是在销售渠道选择上,加快由现货交易向多元销售并重转变。整合外煤内销资源,建立国际国内一体化的营销体系,实现产品全球布局、区域互补、战略协同。整合省外营销布局,实现集团公司产品统一调配、市场布局统一规划、销售流向统一平衡、发运方式统一安排、销售合同统一签订、客户关系统一维护。整合区域煤炭市场,发挥集团公司规模、区位、品牌、销售网络的优势,选择周边运行规范的地方煤矿,采取合资建设选煤厂、包销、收购等方式,逐步将煤炭资源纳入集团公司销售体系,形成相对垄断的市场格局。利用煤业上市公司、日照储配煤基地、山东煤炭交易中心的协同作用,推行网上交易、电子订单、一键式服务,实施煤炭产品网上竞拍销售。推动气精煤期货上市,形成现货交易与期货交易并举,现场交易、进场交易、网上交易并重的多元销售渠道。依托上海中期期货公司,加强与郑州交易所、渤海交易所、大连交易所的协调,引进专业操盘手,扩大焦煤、焦炭等产品套期保值规模,探索境外煤炭产品套期保值业务,规避市场波动风险。

四是在战略联盟合作上,加快由依靠价格平衡市场向互利共赢长期合作转变。制

定战略合作优惠政策，提高直供客户、忠诚客户、大型客户比重，对战略客户给予价格优惠待遇，对远距客户给予运费优惠待遇，对每月采购量稳定的客户探索优惠补偿机制，对困难时期发运量较大的客户给予"一户一议"优惠政策。积极与路局、站台、港口签订中长期合作协议，争取铁路直通矿区，提前解决陕蒙基地运力瓶颈，配套形成5000万吨/年外运能力。加快由单纯"卖产品"向"帮增值"方向转变，由简单的"供货商"向"共做蛋糕"的合作伙伴转变。探索"市场换市场""产品换市场"战略联盟和营销模式，扩大产品销售和增盈渠道。依托现代物流手段，加快由提供"高质量"产品向提供"高附加值"服务延伸，探索互利共赢的管控模式。

五是在营销功能定位上，加快由煤炭供应商向能源综合服务商转变。树立"大能源"思维，围绕全产业链谋求发展机遇，拓展发展空间，努力为客户提供能源综合解决方案和个性化综合服务，推动企业由单一煤炭基础能源供应商，逐步打造成基础能源供应商、工业原料提供商、能源综合服务商。发挥各类资源优势，探索延伸集煤矿管理咨询、技术服务、生产承包、运营托管等为一体的"资源管家型"服务产业链；探索延伸集选煤厂技术咨询、工程设计、设备集成、工程EPC承包、项目托管运营等为一体的"项目保姆型"服务产业链；探索延伸集社会煤炭收购销售、代储代销、洗选加工、物流配送为一体的"订单服务型"销售产业链，扩大市场和增值空间，增加盈利点和盈利能力。

3.突出物资集中供应，构建"协调统一、信息共享、精干高效"的供应模式

物资供应是企业产供销价值链的重要环节，是企业堵塞漏洞、降本降耗的重要领域。兖矿集团积极创新物资供应管控模式，加快构建集团化物资供应体系，不断提升物资采购降本增效和物流贸易增收创效水平，使传统的供应链变成了增值链。

一是建立竞争性谈判机制。按照"货找源头、厂家直供、低价采购"的原则，实行物资设备主渠道采购，签订长期供销协议，实行厂家代储、按需送货。挖掘市场潜力和供应商潜力，抓好边际效益、生产成本"两项成本谈判"，将供应商剩余生产力化作双方效益，帮助供应商用足生产能力、降低生产成本，确保集团公司享有最大幅度的价格优惠及配件代储、无偿维护维修、技术技能培训等售后服务，实现集团公司效益最大化。建立竞争性谈判领导小组，研究制定竞争性谈判的管理规定，规范程序，严肃纪律，严格把关，确保竞争性谈判公正、公平、公开进行。

二是建立物资供应运行机制。加快推动市场信息、供应渠道、仓储设施、配送服务、机构人员等资源整合，健全物资集中供应管理的标准、流程和细则，实施供应站车间化管理，做到管控有力、高效协同、内外联动、响应迅速。结合集团公司多区域布局、多产业发展、多元化经营的实际，实行大宗物资供需双方定价、联合采购、共同验收的运作模式。构建集团公司统一的物资供应管理信息系统，统一物资编码、统一业务流程、统一标准规范，实现物资供应集约化管理、动态化监管、阳光化操作。

三是建立集中储配调剂机制。按照"准时、经济、安全"的原则，综合利用物流运输资源，根据需求计划实行统一配送。建设覆盖矿区的物流配送体系、相互补充的公路铁路运输体系、功能齐全的港口储装配运体系，构建一体化、集约化的物流配送机制。实行大宗物资集中仓储，健全储备物资明细台账，做到账、卡、物、资金相符。实行内部单位库存共享，加强标准化仓库建设，推广物资超市规模，扩大容量，提高代储代销数量，减少储备资金占用。建立集团公司统一的库存管理调剂制度，加大清仓利库、修旧利废和闲置资产盘活力度。

四是建立业务协同创效机制。挖掘综合物流服务需求、一体化服务需求、价值链服务需求，通过直达配送、一站式服务等方式，提升第三方物流综合服务水平。综合采用物联网技术，探索发展多边贸易、国际贸易，大力开展仓储租赁、代储代销、流通加工、物流配送等增值服务。加强与同行业、供应商、下游客户合作，采取供应商管理库存、关联贸易等形式，构筑稳定的供应链和价值链。利用公司融资平台、银行授信、采购规模等优势，拓展办理信用证、供应链金融服务等业务，构建大宗物资现货进口代理和金融产品资本运作模式，开展仓单质押、订单融资等业务，降低融资成本。采用远期信用证结算和押汇等方式，获取汇差收益，创造更多赢利点。

4.突出企业内涵发展，构建"轻资产、低成本、高效率"的经营模式

管理是企业永恒的主题。兖矿集团坚持"管理创造价值"，认真落实党的十八届三中全会精神和山东省委省政府全面深化改革的部署要求，着力破解企业行政管理色彩浓厚、机关机构臃肿、经营机制不活等突出问题，推动企业由规模扩张型向质量效益型转变，由单纯追求做大向做强做优转变。

一是实施企业管控体系改革。按照决策中心、利润中心、成本中心三级管理的总体架构，明确集团公司、专业公司、矿处单位职责定位，突出人事、资金、采购、销售、项目建设、安全技术"六条线"，区分培育期、成长期、成熟期、衰退期"四个阶段"，把握产权结构、规模当量、所处区域"三个维度"，编制实施符合兖矿实际的管控体系改革方案，推行机关大部制改革，将集团总部机关机构由目前的40个压缩至15个，总人数由1100多人减少到300人左右。逐步淡化管理人员行政级别，实行聘任制、任期制和契约化管理。

二是实施经营管理机制创新。以责权对等为前提实施简政放权，赋予专业公司经营自主权。对17家单位和厂点实行竞聘经营。健全完善市场化的经营考核和薪酬分配机制，更加注重经济效益、运营质量和个性化激励，科学设计主要指标、联责指标、项目建设指标和重点工作任务的内容及权重，增强业绩考核的科学性、激励性和可操作性。按照效益决定工资原则，锁定经营指标，工资切块预算，下放工资分配权；赋予区队、车间劳动用工自主权，增人不增资，减人不减资，充分调动基层单位减人提效、增收创效的积极性。完成物流贸易、房地产、教育培训、医疗卫生等资源初步整合。筹备组建采掘工作面设备安撤、立井设备大修、煤化工保运三个专业化队伍。

三是实施"瘦身强体"行动。实施定岗定编定员方案，通过清理非在册用工、清退违反劳动合同人员、及时办理退休等措施减少本部人员；抓住当前集团公司外部开发的"窗口期"，对省外项目实施对口支援、市场化承包，有序推进老区人员转移。按照"关、破、合、改、强、建"的思路，一企一策落实亏损企业治理责任、限期扭亏措施和考核激励政策。开展机电设备、物资存货、房产土地等清查清理工作，盘活闲置资产。

四是实施生产经营综合评价。从经营管理、规划基建、人力资源、综合管理等方面，对区域能化公司、生产经营和项目建设单位开展综合评价诊断，查找整改经营管理中的突出问题。建立月度经济运行分析制度，对经济指标完成情况实行月度排名、末位剖析。完善建设项目尽职调查、经济技术评价、论证决策制度，实行建设项目全周期考核与年度考核相结合，强化投资、工期、质量、安全"四项控制"，节约在建项目优化投资资金。

五是实施内部市场化建设。将市场机制引入企业内部，建立六级市场主体和价格、计量、结算、仲裁等市场化管理体系，以经济杠杆优化资源配置，以市场化手段推动管理升级。构建"大成本"管理格局，制定实施优化设计降成本、优化系统降成本、优化技术装备降成本、优化生产组织降成本的综合措施，实现了岗位、班组、车间（区队）、机关等各个环节降本增效。

5.突出核心技术创新，构建"以市场为导向、产学研一体化"的研发模式

科技是高附加值的商业因素，是第一生产力。近年来，兖矿集团始终把实施"科技兴企、创新驱动"战略作为增强核心竞争力的关键环节，积极提高企业自主创新能力，为企业逆势奋进、转型发展提供了有力支撑。

一是加快落实企业主体地位。结合集团管控体系建设，系统整合优化现有科技资源，发挥国家级技术中心、水煤浆气化国家工程中心、煤液化及煤化工国家重点实验室等科研平台优势和本部、上海、西安三个研发基地作用，围绕关键核心技术研发创新，以市场为导向建立产学研用一体化模式，密切产业链上下游企业之间合作，实现技术融合创新和同步开发。加强与同行业企业之间联合创新，实现强强联合、优势互补。

二是加快实施人才强企战略。创新人才工作理念，完善人才引进、培养开发、选拔任用、流动配置、激励保障体系。用市场化机制引进一批战略性新兴产业等方面的高端人才，探索实行首席科学家制度，培养引进高层次的技术研发人才和行业领军人物。根据不同人才成长规律，科学制定员工职业生涯规划。全面推行管理、技术岗位分设，加大管理技术人员轮岗交流力度，不断优化人才年龄、专业和知识结构。

三是加快核心技术研发创新。制定科技攻关中长期规划，立足产业升级和产品转型，集中力量突破制约矿井安全高效、新井快速建设、非煤改造升级的关键技术，加大对煤炭洁净利用、高效转化、精细化工、高端装备制造、高端铝型材加工等构筑未来竞争优势的技术攻关力度，培育一批具有自主知识产权的核心技术，占领市场竞争制高点。开展"国家级知识产权示范企业"培育工作，推进专利技术资本化和商业化，突出科技成果转化和应用，利用兖煤澳洲公司、国拓公司等平台，抓好综采放顶煤技术在澳大利亚商业化应用，拓展新型煤化工技术转让领域，实现由卖产品向卖技术的转变。

四是加快实施信息带动战略。加强基础工程建设，推广先进应用系统，建成了跨国跨省、专线专网、互联互通、资源共享的信息化运行平台，在全公司实现数据网络化、办公无纸化、会议远程化、安全监测监控自动化。统筹规划，运用信息技术改造提升传统产业，提高了生产自动化、智能化水平。加大在北斗导航、无线传感网络等关键技术研发上的投入，形成技术储备和转化开发体系，提高信息产业增收创效能力。

五、基于价值链整合优化提升的兖矿集团管控模式创新的实施效果

1. 经济运行质量明显提高

2013年先后清理中间供应商4600多家,节约采购资金9.3亿元。清回外部欠款1.84亿元,修旧利废5.5亿元,本部人员减少8000人,7家亏损单位实现扭亏为盈,对17家单位或厂点实行竞聘经营减亏增效1.6亿元。本部矿井仅2013年下半年挖潜增收30亿元。煤化公司同比减亏近4亿元。澳洲公司成本比上年降低15%。在建项目优化投资节约资金22.02亿元。煤炭、甲醇、铝锭综合成本分别下降94.40元/吨、301.73元/吨、937元/吨,实现降本增效54亿元,企业降本挖潜、减亏增盈的能力和成效不断增强。

2. 转方式调结构步伐加快

发展方式逐步由依靠资源消耗、规模扩张、产能增加向依靠科技进步、内涵发展和管理创新驱动转变。创新省外矿井开发建设模式,4对特大型矿井建设有序推进。新型煤化工技术研发和产业化取得积极进展,榆林100万吨煤制油项目油品装置主要界区设备安装完成;上海能源科技研发公司在大型高温与低温费托合成多联产技术、费托合成油品提质催化剂技术、天然气制油技术等方面取得突破,为煤化工产业转型发展提供了有力的技术支撑。机电成套装备制造产业转型发展步伐加快,完成了大采高液压支架、大功率掘进机等新产品研发,获得山东省煤机再制造基地称号。电铝公司积极调整产品结构,动车型材产品通过专家技术评审。

3. 经济规模当量持续增强

兖矿集团主要经济指标连续多年保持同行业先进水平。在实现煤炭生产经营总量过亿吨、营业收入过千亿"双亿"经营目标的基础上,2013年营业收入1056亿元,同比增加54亿元,增长5.38%;年末资产总额1916亿元,总资产增长率6.4%。兖矿集团位列2013年中国企业500强第122位,同比上升7位。

4. 技术研发创新成果丰硕

近年来,累计获省部级科技奖励115项次,其中一等奖7项,获奖数量及等级位列煤炭行业之首,取得授权专利183项,技术转让收益6.3亿元,技术创新对发展的支撑能力进一步提升。"煤炭安全高效开采与洁净利用技术创新工程"被评为2013年度国家科技进步二等奖。

5. 企业社会形象稳步提升

兖矿集团荣获我国工业领域最高奖项—第二届中国工业大奖,获得全国优秀企业(金马奖)、全国"走出去"先进企业、中国质量效益先进企业特别奖、"五一"劳动奖状、中国最具影响力企业等荣誉。被大公国际评估公司评估为"AAA"级信用企业。"兖矿煤"入选首届中国品牌500强名列第68位。兖州煤业成为全球第一家国际评审认定"投资级别"的煤炭上市公司,被美国标准普尔指数推为全球最具投资价值的30只股票之一,获得亚洲卓越质量奖、我国上市领域最高荣誉"中国公司治理专项奖—董事会奖"、中国证券"金紫荆奖"最具投资价值上市公司荣誉称号。

(成果创造人:张新文 许金新 徐西超 王 鹏 马 磊 李 猛 赵 健)

主导要素精准化并行控制安全管理体系的构建与实施

河南能源永煤集团股份有限公司

永煤集团股份有限公司隶属于世界500强企业河南能源化工集团，是以煤炭、化工、有色金属、装备制造、物流贸易、建筑矿建、现代服务业等产业为主的大型企业集团。永煤集团现有二级子公司102个（各级子公司270个），分布在全省15个地市及上海、贵州、内蒙、安徽、陕西等省市。永煤集团矿井供电系统主要承担永煤本部矿区生产、生活供电任务。经过20年来建设发展，目前拥有110千伏变电站6座、35千伏变电站4座、10千伏变电站19座，总容量483兆伏安，分别向五对生产矿井、煤化工、水泥厂、辅助企业区、中心居住区供电。输电线路54条，线路总长300余公里，供电面积275平方公里，年供电量约5.5亿千瓦时，最大供电负荷10万千瓦，人均劳动生产率300万度/人/年，各项安全生产经营数据位居全国重点煤炭供电企业前列。

一、主导要素精准化并行控制安全管理体系的研究与实践背景

1.煤矿供电企业特殊性的要求

由于煤矿生产的特殊性，在供电上要求十分严格。其要求供电结构合理、运行方式科学；电能质量平稳可靠；保证充足的供电量及适当余度；经济运行、技术适用。而现实状况却不尽人意，目前，我国矿井供电系统缺乏整体性的规划，设计生产能力小，虽经过多次扩容改造，也仅能满足当前生产规模，但却使得电网结构复杂；同一电压等级的供电级数多，地面变电所、井下中央变电所、采区变电所、移动变电站等场所大功率设备多且相对集中，负荷变化对供电系统影响大。加之运行环境恶劣，潮湿、粉尘多、移动型设备多，挤压碰撞多，导致事故频繁；且井下供电以电缆为主，高压电缆一般有几十公里，单相接地电流大，易拉起电弧，不易自恢复；新型电力电子设备逐渐增多谐波含量超标，自然功率因数低；供电设备技术水平参差不齐，设备多且难以统一，配合复杂，管理维护困难，经济运行性不高。仅从这些纷繁复杂的关系来看，理清矿区电网安全生产的主导要素并加以精准化并行控制，提出整改方案，是提高供电系统可靠性、保障电网安全可靠运行势在必行且事半功倍的现实选择。

2.聚类分析安全主导要素，精准把控安全生产重要节点

影响电力系统发展的指标可能很多，为深入分析电力系统的运行规律，在众多的

因素中挖掘出最具代表性和影响力的若干主导要素，有着重要的现实需求。根据已掌握的各类运行、生产技术参数，利用聚类分析法，综合多种衡量尺度对矿井供电系统相关指标群进行划分和识别，从而得到影响电力安全稳定运行的主导因素，将对矿井安全可靠供电发挥重要的作用。

根据U型曲线（即失效率曲线）及聚类分析法相关原理，积极导入安全权重等主控要素，将系统控制要素分为安全思想主导要素、安全责任主导要素、安全决策主导要素、安全理论主导要素四个方面。精准地将运行设备状况划分为三个阶段：早期故障期，偶然故障期，严重故障期。即从其设计投产初期，安全生产事故发生的概率理论值较大，事故存在间隔短、次数多的特点。随着时间的推移，各项安全规程、操作培训、防范措施、人员教育等工作逐项落实，事故发生的概率呈显著下降趋势，这段时间就是"U型曲线"的前期——曲线的下降沿。到了"U型曲线"的"盆底"平坦阶段，由于相应的安全设施已经运转良好、岗位安全规程已经得到制定和完善、操作人员专业技能进一步加强，同时经过试运行、生产阶段后，人和设备已经度过磨合期，各种安全注意事项已经得到有效掌握和控制，因而事故发生的概率较低，并将在此后一定的时间内保持平稳的态势。其间即使发生了事故，从宏观上讲不具有普遍性，只能看作是偶发和个案。当时间进入到"盆底"的某个转折点，由于企业设施设备等逐步进入故障多发期，设备故障率的增加导致安全风险增加，于是事故发生的概率呈现出急剧上升的态势，这一阶段就是"U型曲线"的后期——曲线的上升沿，事故再次进入高发期。因此，定期采集设备运行及人员状况，建立相应的U型曲线函数的数学层次结构模型及信息数据库，采取层次分析法，实施精准化的调节控制，把控安全生产关键节点，达到始终使人员设备保持最佳状态的工作状态，减少或杜绝事故发生概率。

3.简化管理层级，进行扁平化管理的必然要求

近年来，永煤公司经济总量快速发展，电网运行压力越来越大。与此相矛盾的是，矿井供电规模也日益复杂化，管理层次较多，效率不高。如何在规模扩大的同时，提高对用户、对变化的适应能力，也是进行扁平化管理模式的需要。这种扁平化管理模式不是基于组织架构的变化，而是在传统金字塔组织结构的基础上，应用现代信息处理手段达到扁平化的基本目的。即在传统层级结构的基础上，通过计算机、网络等现代介质，快速和"集群式"（在同一时点向所有对象传送信息）的方式传递指令，达到快速、准确发布指令的目的，实现信息共享，不必通过管理层次逐级传递，推行类似于计算机网络的"总线布置"企业管理方案，从而增强组织对环境变化的感应能力和快速反应能力，避免失真现象。

4.实现电网精准调控，提高电能质量的必然选择

由于矿井供电系统中的发电机、变压器和线路等设备非线性或不对称，负荷性质多变，加之调控手段不完善及运行操作、外来干扰和各种故障等原因，因此在极为恶劣的供电条件下改善电能质量，保证供电电压、电流的稳定、可靠，在谐波干扰产生的瞬间能立即将其抑制或消除，需要相关生产主导要素的分析和精准化的调控。

5.提高安全可靠性,走向高层级、一流化的需求

以国家电网 SG186 工程管理技术体系为基础,通过利用信息网络和数字技术,建设智能高效煤矿电力系统,及时把系统中有问题的元件从系统中隔离出来并且在很少或不用人为干预的情况下可以使系统迅速恢复到正常运行状态,从而几乎不中断对矿井的生产供电服务,供电可靠性将大幅提升。因此,对煤矿供电系统的主导要素实施精准化、智能化的管理、控制,是实现降低安全管理成本,提高供电系统防御多重故障,提高安全生产可靠系数的必然要求。

二、主导要素精准化并行控制安全管理体系的内涵

1.安全生产主导要素并行控制的基本内涵

充分运用现代安全管理方法的系统思想,利用安全生产主导要素控制方式对原有供电系统安全管理模式按照分系统、分结构、分权属、分流向等四方面进行重构,积极导入安全权重等主控要素,实施安全工作发展思路的跨越式变革,不但导入与之呼应的先进的系统控制要素(安全思想主导要素、安全责任主导要素、安全决策主导要素、安全理论主导要素),而且导入了先进的状态控制要素(安全行为主导要素、心智模式主导要素、安全监查主导要素、事故控制主导要素、安全预警主导要素),发展了作业环境控制要素(安全环境主导要素、安全规程主导要素),更创新导入了安全商品交易之控制要素(安全资源主导要素),具体见图 1 所示。

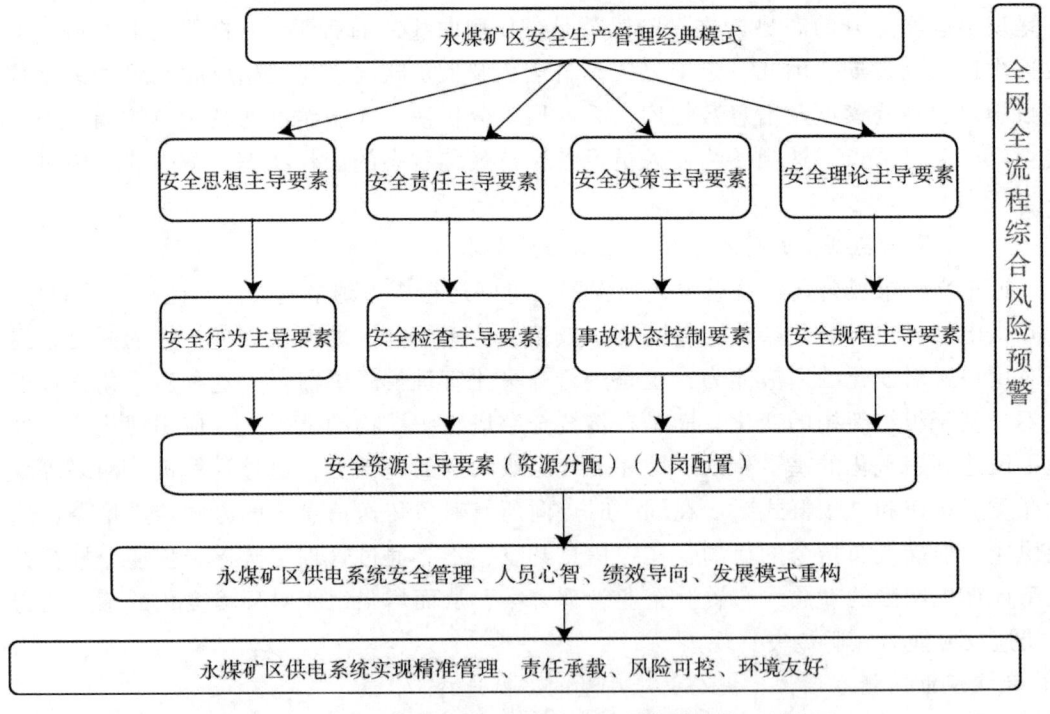

图 1　主导要素精准化并行控制安全供电管理体系结构图

其中安全商品交易之控制要素(安全资源主导要素)的导入,能使该控制方法在有效拓展安全资源的内涵和外延的基础上,深入生产企业安全管理的方方面面——从

生产系统的人、机、物、作业环境之友好界面的创建,到员工安全思想及情商、智商的培育提高;从生产企业内外部和谐关系的创建,到安全商品交易方式、交换体系的全面导入;全面对生产作业各个环节进行聚类分析和层级化精准化科学控制,使之适应与生产关键环节、作业现场环境、人员操作行为、设备运行状况相适应。

2. 主导要素精准化并行控制的安全管理体系主体架构

结合矿井供电系统各岗位描述、责任界定、权重设计和量化参数,将煤矿供电系统全流程生产、作业、安全、管理等环节聚类分层梳理成四大系统控制要素,从安全行为养成、心智模式状况和设备健康化运行等方面精准分析,科学判定存在的不安全因素,并进行差异化安全监督检查,找出人的不安全因素和物的不安全状态,确定矿区供电系统易出现事故的主导因素,精准把控生产运行的关键点和事故出现的拐点,建立相应数学函数模型,计算出安全生产稳定指数,并通过指数平滑法精准发现易发生事故的系统区域,及时发布预警信息,有效地把矿区供电系统中有问题的元件从系统中隔离出来并且在很少或不用人为干预的情况下可以使系统迅速恢复到正常运行状态,从而几乎不中断对矿井的生产供电服务,确保供电的可靠性和连续性、进而从总体上有效把控并消除生产运行环节的事故主要矛盾,实现永煤矿区供电系统人员、设备"U型曲线"平缓化目标,使整个安全生产、设备运行、人员管理较早地进入并长时间处于"U型曲线"的"稳定运行"阶段,延迟进入"事故多发"阶段,实现长周期安全稳定连续生产,见图2所示。

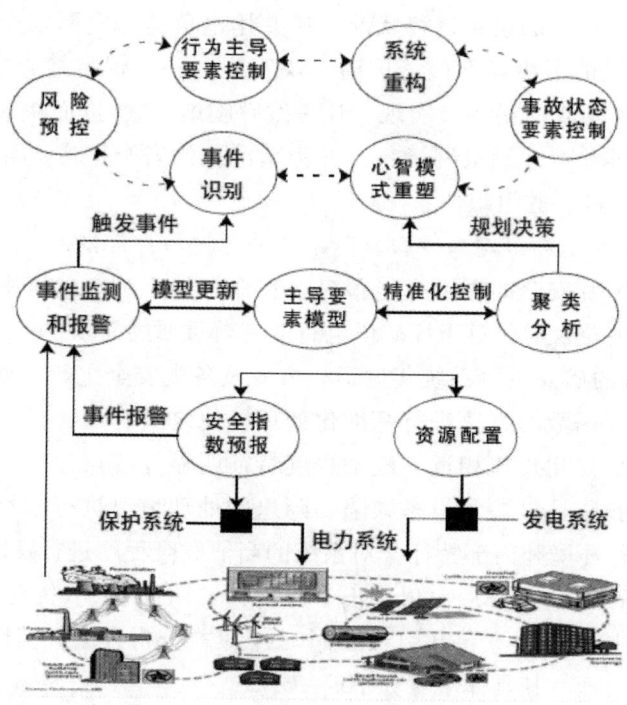

图2 采用主导要素分析法,实现电网精准调控

3.发展目标

确立与主导要素精准化并行控制模式相适应的个人和群体的价值观、信仰、态度、认知、能力、行为模式;战略性地开拓具有永煤安全资源发展特色的、以"理念先导""价值同构""环境共建"为核心的安全资源有效配置与运营的安全商品市场体系,进而营造出在企业内部"想不安全都不容易"、在员工家庭及社会"不想要安全都不行"的强势安全氛围,逐步实现"零受伤"的现代化安全管理水平,分阶段打造安全工作发展的高端态势。

三、主导要素精准化并行控制安全管理体系的主要做法

1.实施扁平化组织管理架构,为精准化并行管理奠定基础

电力企业由于受传统体制机制和复杂的历史沿革影响,企业内部安全管理交叉重叠,组织机构设置臃肿,安全管理人员膨胀,业务管理链条过长,人员工作效率低下,形成了层级多、链条长、效率低、资源分散的机制。部门之间独立性强,责权关系一致性较差,横向联系和协作复杂困难,尤其是业务扩大时产生的管理边界"真空"受组织架构和分工的影响无法做出及时调整,不仅不能满足电网日新月异的发展,而且导致相互推诿扯皮、执行力层层衰减、安全管理成本增加、效率低下,极易出现生产事故。诸如此类问题,只有通过创新管理模式、变革组织架构才能得以有效消除。

永煤集团矿井供电系统创新地将原有五级安全模式变革为两级精简模式,简化中间管理层级,即将原来的领导班子—分管领导—业务科室—专业工区—变电站班组变为安全生产调度管制中心—班组,将领导层的科学决策和工作部署快速准确的传达至生产一线,并将生产一线的设备运行状况、矿井用电负荷、电网安全、经济运行状态等信息及时有效地反馈至决策部门。同时,决策层与一线保持最直接的沟通与联系,任何措施的制定均实现双向调控,实现"让一线呼唤炮火",进而快速有效地协调电网生产管控措施和精准并行控制电网运行,并为精准化的安全生产主导要素体系的创立和高效运作,创造了良好的组织体系。

2.以聚类分析法为手段,建立"四维"系统并行控制要素体系

影响矿井供电系统安全的指标可能很多,在众多的不确定因素中挖掘出具有代表性和影响力的若干主导因素,对于煤矿供电行业有着重要的需求。

综合近15年来的矿井供电系统年度运行方式及各类安全生产、调度运行、故障异常数据,并利用特征函数的方法进行标准化处理,使之具有可比性,并将指标归入多维空间内,利用他们变化规律相近,波动程度特征明显等特点建立分析模型,直观地将设备运行工况、预防性试验和设备缺陷、隐患的处理情况进行归类,并综合矿井高压供电系统外部工作环境和内部特征,对系统的当前健康程度进行实时、动态的评定。

通过DFSS基于项目的确认(Identify)—设计(Design)—优化(Optimize)—验证(Validate)四个阶段来建立,并引入K-中心点聚类分析方法,实现了对矿区电网安全运行数据的快速处理,其具体步骤如下:

(1) 将所有待分析的安全、运行、异常相关指标作为独立的"维",并假定共有"m"维。

(2) 搜集15年不特定的n个时段的数据后,每个数据具有n个属性。—电力系统

该种指标 n 个时段的数据形成的点为簇中心，进行 k-中心聚类分析，对剩余的每个对象，计算其与簇中心的距离。

（3）该算法中对象在空间中的距离采用欧式距离描述，即：

$$d(x_i,x_j)=\sqrt{\sum_{a=1}^{p}(x_{in}-x_{ju})^2}, \qquad \text{Density}(x_i)=\sum_{j=1}^{u}\frac{d(x_i,x_j)}{\sum_{i=1}^{n}d(x_i,x_j)},$$

$$i=1,2,\cdots,n;\ j=1,2,\cdots,n. \qquad\qquad i=1,2,\cdots,n$$

3.推算出目前影响永煤矿井供电系统的众多因素中，最具代表性和影响力的四维主导要素

（1）安全思想主导要素。随着煤矿产能及自动化生产水平的提高和本部各单位用电需求不断攀升，造成永煤电网负荷快速增长，规模越来越大、网架结构越来越复杂，加之电网安全稳定运行的客观环境的改变，使得电网安全生产管理难度大大增加。同时，随着安全运行天数的累积，干部职工的安全思想意识及设备安全、可靠的运行周期会随着时间的增长有阶段性的起伏，加之各类安全风险发生的可能性及造成危害的严重性也在积聚。由于煤矿供电的特殊性、重要性、复杂性和多变性的因素，如果不能采取有效的手段加以引导、消除，那么一旦稍有不慎，后果会相当严重。

（2）安全责任主导要素。科学实验表明，由于人的注意力和精力有限，如果时间、工作任务和情绪调节上的不合理，加之很多人又用错误的方法"放松"自己，使得自身"困顿"的时间一再延长，周而复始。这样必然导致相当多的运行人员的生活及精神状态呈现的是一个下滑的曲线，大多数人进入的就是这样一种状态不能确定且不易体察的阶段，而各类安全事故的发生，绝大部分也都发生在这个阶段。这个阶段明显特征就是管理松懈、劳动纪律松弛、安全责任心不强、安全责任制不落实、违章指挥、违章操作、违反劳动纪律等情况，使得整个安全系统的反馈力、控制力、反应速度不强。

（3）安全决策主导要素。电力作为广泛利用的二次能源，电能与其他能源不一样，一般不能大规模储存。电力生产过程是连续的，发、输、变、配电和用电是在同一瞬间完成的，因此发电、供电、用电之间，必须随时保持平衡。受知识结构、认知程度及其他客观因素的影响，在涉及系统网络发展、技改工程项目、运行方式改变及事故研判决策处理等方面，往往会出现各种纰漏。

（4）安全理论主导要素。目前，各种安全理论及体系眼花缭乱，如何在其中甄别出适合本单位的安全理论，以促进企业安全管理和企业安全技术进步，正逐渐成为影响企业安全发展的重要因素。因此，根据企业发展状况及客观现实，选择一到两项先进管理理论，将差错和违章率降低到最小程度，及时发现事故苗头和征兆，将隐患消灭，是需要重点研究的课题。

通过以上计算和分析，在纷繁复杂的各类不安全要素中逐渐摸清和掌握了影响永煤矿井供电系统的各项主导要素。为在各类生产实践活动中进行有效调控，结合"U型曲线"理论，将发供用电全流程状态控制各个要素整合串联成一个环环相连的工作流程，在任何一个环节都达到制度落实、人员落实、责任落实、工作落实、管理落实、

奖罚落实，使安全管理过程和管理行为自始至终构成连续封闭的环路，从而实现"事事有人管、管理靠闭环、闭环保安全"的精准化安全管理模式，并且延伸到供电系统安全生产的方方面面。

4.实施全网全流程主导要素精准化并行控制

（1）以人员及设备精确化定位为基础，建立动静结合的人员、设备状态数据库，针对安全行为主导要素实施精准并行控制。

①结合行业实际，全面梳理了现行各项安全管理规章、制度、体系，累计完成各类技术规程、作业指导书共70余项，并将其与安全主导思想、责任及行为等安全主导要素相融合，形成了符合工作实际的《干部安全管理、员工安全操作行为规范》，确保所有安全管理及岗位操作行为均有章可循。

②与《电业安全工作规程》中规定的两种安全距离（设备不停电的安全距离，人员与带电设备之间的安全距离）相结合，编制《员工走势、坐姿、安全站位安全管理办法》，制定所有上岗人员在工作和非工作时间的43项安全站位措施，重点检查本人站位是否在安全范围之内及个人站位是否影响到本作业区域其他作业人员的正常作业或安全两个方面，确保每名职工都能够准确掌握作业时的安全站位，并严格落实于现场。各级领导检查职工对关键环节安全站位掌握情况，对掌握不清的及时进行纠正，将抽查结果纳入危险预知考核，持续提升员工安全素质。

③通过在矿井供电系统深化"手指口述""岗位描述"等安全确认制度的执行，使全员做到了工作过程规范统一、交接班流程简洁清晰、工作安排重点突出，员工从一上岗就达到了行为精确。同时，通过执行复诵制度、高压带电设备区标注巡视路线等多种手段，从细节抓起，使员工一言一行都能遵章依规，做到行为精确化。

④结合煤矿供电企业生产特点，编写下发了电网安全生产典型不安全行为100条和习惯性差错违章223条，并组织全员对照典型违章表现，深入剖析不安全行为原因，加大整改力度，提高全员的反违章能力。

⑤通过GIS定位仪对300多公里的输电线路杆塔进行定位，详细采集档距、转角度数等多个数据，及时完善输电线路地理信息系统坐标采集、照片拍摄、筛选、文件命名等，并传输到信息采集数据数据库中，准确了解巡线员巡视每一根杆塔的时间和线路上的各种情况，从而发现线路运行缺陷和存在的重要事故隐患。不仅全程监控线路巡视，时时提醒人员纠正不安全行为，而且通过线路故障巡视器及时向后台发出信号，后台对信号进行分析和处理定位故障区间，并将故障信息以短信的方式发布到检修人员手机。并将正常巡视、Ⅰ级线路巡视、Ⅱ级线路巡视、特巡点巡视贴号位置进行明确，建立相应台账，加大抽查力度，杜绝各类巡视不到位、隐蔽缺陷长期未发现等线路巡视质量不高等行为的发生，确保供电线路安全。

⑥为有效控制人员在站期间与带电设备保持足够的安全距离，同时规范变电站巡视人员各类不安全行为，以RFID（射频识别）、GPS（全球定位系统）等技术为基础，研究开发了变电站智能巡检系统，建立运行人员状态分布及设备运行状态图，实现人性化、信息化管理。此外，通过对色彩化、可视化工程及对巡视点进行视觉标记、对

带电设备进行可视化改进、对架空线路杆号牌作警示化处理等一系列措施，不仅使运行人员巡视质量和效率大幅提升，而且便于故障时快速定位故障点，缩短事故处理时间，进而全面推动企业设备的管理水平迈向精准化、可视化。

通过建立以人员及设备精确化定位为基础的安全行为主导要素控制模式，从而使永煤矿区矿井供电系统巡视管理规范化、手段信息化、分析科学化，实现了无死角、全方位、全流程把控输配电环节的各类行为的不安全因素。

（2）引入心智模式主导要素，重塑思维行为方式。

①通过对事故的调查研究表明：在生产过程中，绝大多数安全事故是由于人的行为不规范，即"三违"造成的。通过对人的心智模式的研究，得出人的行为与人的心智模式具有相关性，只有掌握人的行为规律，才能有效地减少和杜绝"三违"现象的发生，实现长治久安，建设本质安全型矿井供电系统。

②以安全行为科学和心理学的理论为基础，结合 GB/T13861-2009《生产过程危险和有害因素分类与代码》中对于心理因素的规定，将员工安全心理测评体系分为专业技术能力、倒闸操作能力、危险点分析及控制能力、安全检查能力、隐患分析能力、事故处理能力、应急救援能力、紧急救护能力、风险预知预判能力、沟通协调能力、遵章守纪能力、安全认知能力、安全执行能力、安全控制能力、安全学习能力等安全心理测试项目共15类70项，对全体员工开展安全心理测评分析，结果分别以测评指标、岗位等特征进行了统计分析，实现对员工安全生产风险管理状况的评价和考核，同时制定出有效对策，从而为安全生产管理提供科学、合理的决策依据，对预防事故的发生，保障安全生产起到较好的导向作用。

③针对对安全认识不清、定位不准、消极参与、执行力差等不良心智模式，组织开展"见-解-思-行"的循环（简称 OADI 循环）心智模式重塑工程。通过事故案例分析教育、安全事故伤残人员真人讲述及情景再现、伤残体验、3D动态仿真事故现场及微电流（安全电流以下）真身刺激，使员工真实感知事故发生的起因，感受伤残导致的生活艰难，触动其心理防线，警示违章管理和违章行为的严重后果，以启发性、警示性、疏导性的安全短信引导员工放下思想包袱，以平和的心态接受教育、重塑心智。

④以员工心理因素测评及心智模式重塑等结果为依据，综合员工个性特征、心理承受力、性格倾向及行为控制力等方面因素，进行科学的岗位调配，使心智能力高的员工能及时补充到最合适最关键的岗位上，充分发挥员工的潜能最大限度及特长优势；同时，使心智模式低的人员能清楚明了所存在的问题及指标差距，及时进行调整，实现心智重塑闭环，并完善以员工行为为导向的绩效评估体系，实现"人岗匹配，安全合一"。

（3）完善安全监查主导要素，实现安全监管网格化。

①坚持动态检查和综合检查相结合，加大检查力度。将日常检查与专项检查相结合、重点督导与隐患排查相结合，做到安全质量检查网络化，覆盖率达到100%，确保安全质量检查不留死角。

②在日常检查中坚持在优中找不足、找差距。坚持检查闭合，从现场作业、检查问题到整改处置、考核兑现、信息反馈、复查落实，所有环节都做到谁检查、谁签字、

谁负责落实，形成了由始而终的循环闭合系统，切实解决了"严不起来，落实不下去"的问题。同时，始终严谨细致地做好隐患排查治理工作，对所有排查出的隐患实行动态管理，做到时间、措施、标准、责任人"四落实"，实现检查精准化。

③基于对被考核者的工作行为进行观察、考核的行为锚定等级考核法和在群体中挑选出最好的或者最差的绩效表现者进行对标排序的交替排序法，使安全检查的结果逐一细化、量化到每一站、每一事、每一人，通过精准化的考核奖惩，强化激励和约束机制，始终保持了安全精准化管理的强势力度。

④划分管理比较松散的时间段及作业地点，加大了对"三违"的检查力度，尤其是对"盲点""盲区"进行了重点检查，使矿井供电系统任何一个时间段，任何一个作业地点，都有安全管理人员的监督检查，并定时在 OA 系统上公布检查动态及重点，通报所查出的隐患，确保了各类"三违"现象得到及时制止。

⑤实施安全检查追溯制。一般常规检查通常在一个地点或一个单位检查过后，一定时期内不会再有类似检查，难免被一些人员存侥幸心理钻空子。因此以"问题导向"为依据，哪个地点或单位问题多，即使定期的安全检查过了，只要发现新问题，立即安排专项检查。

（4）事故控制主导要素，实现电网精准并行调控。针对电网事故突发性、复杂性和瞬动性等行业特点，实施"四步四联法"实现电网动态精准调控，见图 3 所示。

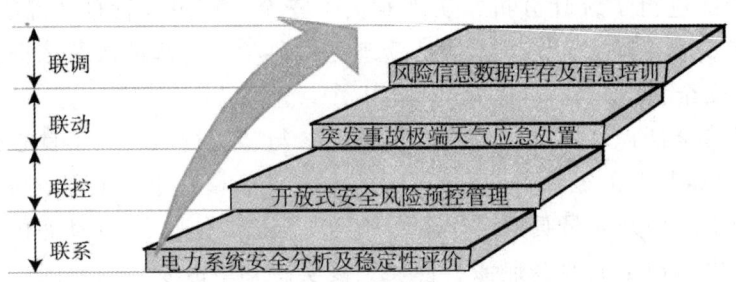

图 3 "四步四联法"示意图

①与河南省电科院开展合作，从电网基础架构、负荷预测、短路电流计算、潮流计算、电气一次安全评价、电气二次评价、高压输电线路安全评价、系统整体安全评价等 8 个方面 700 余项关键指标，完成了对永煤公司本部矿区电力系统安全分析及稳定性评价，形成永煤矿区供电系统稳态比差风险控制模型与算法，整体为精准并行控制事故主导要素提供科学的分析解决模型。

②对全处范围内 437 项任务的风险进行辨识，共辨识出危险源 1920 个，编辑了 196 个管理工序流程，修订了 238 项管理制度和标准，对 143 项重大风险任务制定了控制措施，形成了独具矿井供电企业风险预控实施手册，从根源上消除了事故及各类不安全因素。

③开展各个变电站（所）的遥测和遥信数据进行合理化安全评估和实时计算，及时提示数据异常情况，对采集的运行参数定期与数据库中的历史参数相比较分析，没有异常时根据需要定期输出相应的判断结果。发生异常时实时发出报警信息，供技术人员分析与掌握，采取主动性停电检修工作，最大限度地保证电网的正常运行。同时，

实施区域电网交互式故障侦测与自适应自愈工程,在遇到突发事故(短路、断线、停电等事故)及极端气象条件时能实现电网精准调控,瞬时隔离故障,一键操作恢复电网正常运行状态,达到故障自愈恢复的目的。

④结合永煤矿区供电系统有记录以来的各种运行异常、典型事故及国家电网公司典型事故,进行拓展编辑,建立风险信息数据库模型,采用时序法将电网复杂故障时的多重事故区分为不同的事故分区,并将每个事故分区的上下游、对应的跳闸开关、区域潮流、区域负荷等信息分析出来,可以按照事故分区相关的跳闸开关动作时间的先后顺序或按照单区域事故严重程度的顺序进行展示,生成几乎全部事故处理方案,进行归类汇总,调度人员可以参考这些方案以及潮流变化,结合实际情况,选择相应的方案,迅速准确地作出判断,进行事故处理。据此,引入3D动态仿真培训技术,真实地模拟故障时所出现的各类状况,让运行人员在平时的培训中更进一步接近实现,为精准把控事故控制主导要素提供了可靠的"人"的支撑。

5.动态发布安全风险综合指数,完善主导安全预警体系

通过对U型曲线事故概率综合预警,安全监督部门根据安全检查、安全性评价等发现的阶段性、苗头性、倾向性问题对所属单位提出安全告警,并发布矿井供电安全风险综合指数(涉及人员、设备、电网的加权平均数);生产技术部门、调度运行部门根据技术监督、设备评估、电网运行等发现的阶段性、苗头性、倾向性安全问题对所属单位提出安全告警。指数发布可分稳态、波动两种状态,当系统处于稳态时,则预警指数按周、月两种定制进行规律发布,当系统出现异常波动或有遇见性的异常时,指数发布则根据波动的剧烈程度,进行周期上的缩短,一般可实现每天发布,从整体上提高全处预警级别水平。

在发布安全告警通知书时,结合事故通报、安全生产分析和安全检查、稳定性评价、调度运行分析等提出相应的整改要求的同时,并将安全预警管理根据问题严重程度,分为A级告警和B级告警。同一部门一年内四次B级告警升为A级告警。B级告警期为2个月,A级告警期为3个月,督促积极采取有效的预防事故措施,加强对生产过程动态管理和闭环控制,达到控制重特大电网事故和人身伤亡事故。

开展周安全评估,月安全评价,将矿区供电系统分为一次、二次、输配电、调度四个专业。通过"三评两定",从基础管理、安全管理和隐患排查治理等三个方面十个项目对安全程度进行等级评价评定,找出一次、二次、调度、输配电四个系统的各类隐患以及防治措施,提前做出预测预报,并通过采取措施加强管控确保安全生产。

6.发展作业环境控制要素,为体系运转创造良好的外部环境,实现本质安全

为加强生产现场作业环境安全管理,及时准确辨识事故风险,采取合理有效的作业环境控制要素预防控制措施,实现作业环境本质安全。通过全程控制、监管生产检修作业过程,使自身具备较高的安全稳定可靠性,不对外输出并能够有效抵御外部输入事故风险,在人员失误或装置故障时,仍能保障不发生人身事故的特性。主要包括温度、湿度、洁净度、高度、宽度、粉(灰)尘、有毒有害气体、易燃易爆气体、风速、照明、噪声、气象、通道、安全防护设施、设备机具及环境工作措施等特指检修

作业区域内的环境及装置（设备、设施等）和其他空间要素。

永煤集团提出了对作业环境基本要求的"一般规定"74条、对某类危险检修作业环境提出的常规要求"通用规定"104条、典型危险检修作业提出的具体要求"特殊规定"56条的要求，覆盖所有输配电运行、检修作业。作业前，按照"不安全不工作"的要求，辨识并消除作业环境中存在的各类危险因素。作业中，因外部因素变化或检修作业本身导致作业环境的安全条件受到破坏时，应对检修作业现场环境重新进行危险辨识，采取必要措施满足本相关作业规程要求后，方可继续工作。

7.创新导入安全商品交易控制要素，实现安全市场化合理运转，有效配置安全资源

一是建立了安全信息市场。将在岗职工岗位绩效工资纳入内部市场化进行链式结算管理。安监人员对作业现场存在的隐患或问题、岗位职工的不安全行为等现象进行监督检查，并对照标准进行处罚，由相关责任人在处罚单上签字认可，作为安监人员当班安全劳务收入。同时，实行班组兼职安全员纠偏纠错有偿服务、隐患有偿收购，促进各级安监人员提高监督检查能力和现场安全管理效能。

二是强化了班组管理。内部市场化从管理上体现了分权经营思想，分系统、分专业、分层级，实现区域自主安全管理，班组管理从传统的以生产为中心转变为以安全效益为中心。班组管理层逐步树立起了安全效益观念，以效益衡量自己的贡献，围绕安全效益组织生产。班组能把精力集中在内部员工安全行为管理上，结合内部市场运作需要，制定区队内部价格目录、班组结算、绩效考核、收益分配、安全质量标准化等相关管理制度，并严格考核兑现，实现安全资源合理配置。

四、主导要素精准化并行控制安全管理体系的实施效果

一是供电能力和安全可靠性大大增强，稳定运行3072天，连续8年责任性停电事故零发生，功率因数始终稳定在0.98-0.99区间内，网架结构稳定可靠。

二是通过心智模式改变，使每名员工产生自责心理、自纠效应，有效地提高了员工的安全责任心，连续3年实现"三违"零发生。

三是通过调整劳动组织、压缩管理层级，优化经营管理流程，使得管理人员走出办公室，走到生产一线，实现问题就地解决，人均劳动生产率大幅攀升，达320万度/人·年（为同等规模煤炭企业供电人均劳动生产率的3倍）。

四是突发事件应急处置能力持续提升，实时掌握电网运行状态，预测电网运行趋势，及时发现、快速诊断故障隐患和预防故障发生；故障发生时，在没有人工干预下，能够快速隔离故障、自我恢复，避免大面积停电的发生，有效抗击了超过12级"6.3"风灾和雨雪冰冻灾害，确保电力设施安全。

五是故障处理时间大幅缩短，以线路接地故障为例，项目未实施前复杂区域多重故障的抢修复电时间长达3个小时以上。实施后，抢修时间仅需100分钟左右，极大地降低了停电时间，提高了供电可靠性，节约了抢修时间和人力资源。

（成果创造人：曹志安　胡宏军　戚志伟　郭云川　田　立　史春光　许　栋　仝铁军　龚　鹏　杨德印）

煤炭企业成本控制审计评价体系研究与实践

中国平煤神马能源化工集团有限责任公司

平顶山天安煤业股份有限公司（简称平煤股份）1998年3月成立，2006年11月23日，在上海证券交易所成功发行上市A股股票，控股股东为中国平煤神马集团。上市以来，平煤股份连续5次荣登"中证百强"（现为"金牛百强"）排行榜，同时保持上证180、沪深300和中证100指数样本股。平煤股份主要业务板块为原煤开采、煤炭洗选和煤炭销售。2012年末资产总额为208.6亿元，2012年末资产负债率为43.99%。

平顶山天安煤业股份有限公司一矿（以下简称平煤股份一矿），是新中国成立后我国自行设计兴建的第一座大型煤矿。1957年动工兴建，1959年投产。经过两次改扩建和一次技术改造，年生产能力由原设计的150万吨提高到400万吨，跨入全国特大型矿井行列。

一、煤炭企业成本控制审计评价体系研究背景

1.有利于提高煤炭企业市场竞争和应对风险能力

由于我国煤炭市场需求增速下降，煤炭产能及铁路运能持续快速增长，国内外煤炭价格倒挂出口受阻，国外煤炭资源开发势头迅猛，煤炭进口将持续增长，国内煤炭市场竞争呈加剧趋势。煤炭产品成本是市场竞争的关键，是企业赖以生存的基础。在十年快速发展时期，煤炭企业管理的主要精力放在加快扩张发展上，对加强成本管理也做了一些工作，但从煤炭企业总体看，成本控制存在的问题比较多，既有虚高和浪费现象，也有成本缺失和欠账问题。科学合理地实施成本控制，是煤炭企业平稳健康发展的内在要求，为增强企业市场竞争能力和风险应对能力奠定坚实的基础。

2.促进企业提高成本管控能力和水平

国有及国有控股煤炭企业成本管控水平差距较大，有的企业把精细管理、内部市场化管理、作业管理、对标管理等管理方法有机结合起来，构建起以技术进步和信息化建设为支撑的现代企业成本管控体系。但是从企业总体看，大多数企业的成本管控是比较粗放的。通过开展企业成本控制审计评价，能够查找成本控制的缺陷和薄弱环节，提升企业成本控制的能力和水平，使企业的生产经营活动按照预定目标和方式，在有效的控制机制下规范运作，实现企业规划目标。

3.提升企业内部审计评价理论与实践水平

目前，无论国内还是国外，企业内部审计评价的理论研究都滞后于实践需求。我国煤炭企业内部控制制度建设和评价都处于起步和探索阶段。煤炭企业成本控制是企业内部控制的重要内容，也是当前煤炭企业高度重视和广为关注的问题。本课题遵循理论研究与实践运用相结合的宗旨，根据煤炭企业成本控制特点和要求，探讨煤炭企业成本控制审计评价的理论框架和操作机制，为煤炭企业实施内部审计评价提供理论和方法支持。

二、煤炭企业成本控制审计评价体系的内涵、实施程序、评价方法、评价指标

1.煤炭企业成本控制审计评价的内涵

企业成本控制是企业内部控制的重要方面，是企业管理的重要组成部分，是企业董事会或类似权力机构对成本控制的有效性、合理性进行全面评价，形成评价结论，出具评价报告的过程。企业成本控制审计评价比企业内部控制评价更注重过程，更具可操作性。

企业成本控制审计评价不同于企业成本分析，前者着重成本控制有效性评价，查找成本控制体系的缺陷，提高成本管控水平；后者着重分析成本浪费现象，研究降低成本的措施，努力降低成本。

企业成本控制审计评价的内容应围绕企业内部控制的内部环境、风险评估、控制活动、信息与沟通、内部监督等五要素，结合企业成本控制特点，确定企业成本控制审计评价具体内容为以下六个方面：

（1）内部环境评价。主要是企业成本控制体系的组织架构、人员构成、基础工作、保障措施等。

（2）控制机制评价。主要是企业成本控制体系的管控制度、控制流程、运行机制等。

（3）控制活动评价。主要是企业成本的核算控制、预算控制、审批控制、内部市场化控制以及成本控制分析与考核等。

（4）控制风险评价。主要是企业成本控制的失控、核算失真、控制不合理等导致的控制风险。

（5）信息与沟通。主要是企业成本控制的信息系统、信息收集、信息处理、信息沟通、信息报告等。

（6）内部监督评价。主要是企业成本控制的监督机制，考核与奖惩机制等。

2.企业成本控制审计评价的实施程序

企业应当按照内部控制评价办法规定的程序，有序开展成本内部控制的评价工作，成本控制审计评价的具体组织实施工作可以授权给内部审计部门或专门机构负责。企业评价工作的一般流程如下：

（1）设置成本控制审计评价部门，制定内部评价工作方案，确定评价的对象、评价范围、评价目标、人员安排、进度安排、经费预算等。

（2）组成评价工作组，内部审计机构组建成本控制审计评价工作组要吸收企业内部相关机构熟悉情况的业务骨干参加。

（3）实施现场成本控制审计评价测试，评价工作组对被评价单位进行现场评价测试，要综合运用调查问卷、实地查验、穿行测试、访谈讨论等方法，把工作组评价与被评价单位自我评价结合起来，按照评价情况如实形成工作底稿。

（4）汇总评价结果，将工作组各专业组工作底稿和评价意见进行汇总和分析，形成工作组综合评价意见，提出整改意见。并依据工作底稿研究分析成本控制的成效与问题，研究认定成本控制的缺陷，分析确认缺陷的程度。

（5）结合企业实际情况，采用定性与定量相结合的方法，形成成本控制审计评价证据和材料。对定量指标要进行准确的计算衡量。在进行综合评价时，要考虑指标的层次性和各指标间的反馈性，运用层次分析法或网络层次分析法确定相应的指标权重，最后形成成本控制审计评价报告。

3. 煤炭企业成本控制审计标杆评价方法

煤炭企业在开展成本控制内部审计评价中，是将企业成本控制情况与行业领先企业成本控制实践活动进行对比分析和学习追赶的过程。通过标杆评价找准差距，挖掘企业内部管理潜能，提升企业成本控制水平和市场竞争力。煤炭企业成本控制设计有效性标杆对比评价内容见表1。

表1　煤炭企业成本控制设计有效性标杆对比评价内容

序号	对比项目	对比评价内容
1	成本控制体系健全性和有效性	成本控制要素健全，组织领导机构主要控制活动，重点风险控制点，信息支持手段，监督审核机制，运行机制畅通，能够发挥系统控制作用
2	成本控制活动设计的先进性和协调性	采用现代控制方法，各项控制活动的衔接与协调，具有特色的成本控制模式，成本管理基础工作
3	重大风险的防范和控制	成本控制重大风险的确认，重大风险的控制和防范，控制系统自身缺陷
4	成本控制信息与沟通	成本控制信息平台，成本控制数据库建设，成本控制主体间沟通，成本控制活动之间衔接与协调
5	成本控制监督与考核	内部监督机构，专业监督，员工监督，考核制度，激励机制，责任追究制度
6	成本控制评估和改进机制	自我评估制度，自我改进机制，组织专家评估，实施外部评估

（1）标杆对象的选择。随着煤炭企业集团产业规模的扩大、生产区域的扩展、所属单位的增加，既可以煤炭企业集团为主体选择外部成本管理标杆，进行战略管理煤炭成本对标，也可以所属单位为主体选择内部成本管理标杆进行精细成本管理对标。外部标杆与内部标杆相结合，既可拓展成本管理视野，又可推进集团内部成本的精细化管理。煤矿实施成本对标必须对标杆煤矿进行比较和选择，对其进行标杆管理分析，找出问题所在，制定对目标煤矿的研究策略。

(2)标杆对比分析与评价。内部评价工作组要对标杆指标进行差异性分析、典型性分析和综合性分析,研究确定与标杆企业的主要差距。审计评价标准,采用五级评价制,确定每级评价标准和主要特征。对定量评价指标确定每级指标值。在充分考虑评价证据适当性和可接受性的基础上,与企业充分协商、沟通,结合评价人员的工作经验和职业判断,形成评价意见和建议。

4. 煤炭企业成本控制运行标杆对比评价指标

(1)由于煤炭企业集团的主体产业是煤炭生产,主要产品是商品煤,煤炭企业集团之间针对煤炭主体产业或非煤共性业务进行成本对标的目的是考察煤炭企业集团成本管理状况在行业中所处的位置和水平,因此,成本控制运行有效性对标指标主要围绕煤炭产品来设置,且宜粗不宜细。主要包括成本价值指标和成本效益指标,可采用商品煤单位成本、原煤完全成本、原煤制造成本、吨煤管理费用、吨煤财务费用、吨煤销售费用、吨煤安全生产费用、吨煤薪酬成本等成本对标指标。煤炭企业集团成本控制对标指标体系如表2所示。

表2 煤炭企业集团成本控制运行有效性标杆对比评价指标一览表

序号	指标名称	单位	指标性质
1	商品煤单位成本	元/吨	定量指标
2	原(选)煤完全成本	元/吨	定量指标
3	原(选)煤制造成本	元/吨	定量指标
4	原(选)煤管理费用	元/吨	定量指标
5	原(选)煤财务费用	元/吨	定量指标
6	原(选)煤销售费用	元/吨	定量指标
7	原(选)煤环境资源成本	元/吨	定量指标
8	原(选)煤安全生产费	元/吨	定量指标
9	原(选)煤薪酬成本	元/吨	定量指标

(2)煤矿成本控制运行对标指标。煤炭企业成本控制运行对标指标应该是煤炭企业成本控制与成本管理水平的综合体现。由于商品煤大多由集团公司成立专门的销售机构统一对外销售,和生产矿井无关,各矿固定资产规模及新旧程度、借贷款数额多少及利息水平高低也取决于集团公司整体的经营发展战略,各矿只有建议权、没有决策权,所以集团内部各矿进行成本控制对标时不宜将由集团公司控制的商品煤单位成本、吨煤销售费用、吨煤折旧费用和吨煤财务费用作为各矿成本控制对标指标。

集团内部各矿确定成本控制审计评价对标指标的基本原则是,凡是各矿生产经营过程中有权进行支配、调节和控制的成本费用项目且统计口径基本相同的成本指标是成本控制对标的对象。煤矿成本控制运行对标指标主要包括价值指标和实物指标两大类。其中价值指标主要有吨煤制造成本、吨煤管理费用、吨煤材料成本、吨煤电力成本、吨煤薪酬成本等。实物指标主要有吨煤电力消耗、人力消耗和资源消耗等。煤矿成本控制有效性标杆对比评价指标见表3。

表3 煤矿成本控制有效性标杆对比评价指标一览表

序号	指标名称	单位	指标性质
1	原（选）煤制造成本	元/吨	定量指标
2	原（选）煤管理费用	元/吨	定量指标
3	原（选）煤材料成本	元/吨	定量指标
4	原（选）煤电力成本	元/吨	定量指标
5	原（选）煤薪酬成本	元/吨	定量指标
6	原（选）煤电耗	千瓦时/吨	定量指标
7	原煤生产效率	吨/工	定量指标
8	资源回收率	%	当年指标

三、平煤股份有限公司成本控制审计有效性评价

1.平煤股份有限公司成本控制有效性评价测试情况与结果

（1）测试总体情况。企业自评测试是企业根据指标体系和评价标准，对企业成本控制有效性进行自评测试，整个过程由审计部门负责组织，涉及到的相关部门进行配合，提供数据并打分。

企业自评测试顺利进行，在测试过程中很好地解决了统计口径、指标调整、数据统计等过程中出现的问题，得出了能够反映平煤股份成本控制有效性实际情况的内部审计评价测试结果。

（2）企业自我评价测试结果。

①各类指标评价标准。按照上述五级评价制，根据平煤股份成本控制情况，结合全国大型国有及国有煤炭企业成本水平及国家相关要求，制定了平煤股份评价的定性指标评价标准，见表4和表5。

表4 平煤股份成本评价定性指标五级评价表（标准一）

评级级别	评价分数	评价描述
卓越	90-100	成本控制非常好，达到国内或世界同业先进水平
领先	80-90	成本控制较好，达到或超过国内企业平均水平
良好	70-80	成本控制一般，相当于国内企业平均水平
追赶	60-70	成本控制明显不足，低于国内企业平均水平
起步	60分以下	成本控制非常差，有重大不足或缺陷

表5 平煤股份成本评价定量指标五级评价表（标准二）

评级级别	评价分数	评价描述
卓越	90-100	该指标投入产出效果非常好，具有可持续性
领先	80-90	该指标适应成本控制要求，合理合规
良好	70-80	该指标基本适应成本控制要求，合法合规
追赶	60-70	该指标偏高或偏低，合规但不甚合理
起步	60分以下	该指标不合理、不合规，不可持续

②各类指标打分标准。对于定性指标，由平煤股份成本控制审计评价小组根据指标要素进行打分，课题组将评价小组各个成员所打分数进行加权平均，得到各个定性指标的最终得分。

对于定量指标，按照五级评价制，以煤炭行业经济技术指标统计资料和标杆企业成本指标作参考标准，结合平煤股份成本控制状况，制订平煤股份成本控制定量指标五级评价标准，见表6。

表6 平煤股份定量指标评价标准表（标准三）

指标名称	单位	区间标准值				
		卓越 100~90	领先 90~80	良好 80~70	一般 70~60	较差 60以下
原煤电耗	kWoh/t	X≤15	15<X≤25	25<X≤35	35<X≤45	X>45
资源回收率	%	X≥85	80≤X<85	75≤X<80	70≤X<75	X<70
原煤生产效率	吨/工	X≥9	7≤X<9	4≤X<7	2≤X<4	X<2
管理费用节约	%	X≥10	5≤X<10	0≤X<5	−5≤X<0	X<−5
销售费用节约	%	X≥8	4≤X<8	0≤X<4	−4≤X<0	X<−4
财务费用节约	%	X≥5	3≤X<5	0≤X<3	−3≤X<0	X<−3
吨煤制造成本	元/吨	X≤240	240<X≤340	340<X≤440	440<X≤540	X>540
成本费用利润率	%	X≥10	6≤X<10	3≤X<6	0≤X<3	X<0
可控成本降低率	%	X≥10	5≤X<10	−3≤X<5	−8≤X<−3	X<−8
研发投入比率	%	X≥2	1≤X<2	0.5≤X<1	0.1≤X<0.5	X<0.1

（3）平煤股份有限公司成本控制定量指标有效性评价结果，见表7。

表7 平煤股份成本控制定量指标测试评价表

序号	指标名称	单位	2012年指标值	指标得分	评价级别
1	原煤电耗	kWoh/t	37	68	二星
2	资源回收率	%	81.5	83	四星
3	原煤生产效率	吨/工	4.41	72	三星
4	管理费用节约	%	3.59	77	三星
5	销售费用节约	%	0.56	72	三星
6	财务费用节约	%	0.19	71	三星
7	吨煤制造成本	元/吨	350.66	78	三星
8	成本费用利润率	%	7.74	85	四星
9	可控成本降低率	%	8.32	88	四星
10	研发投入比率	%	3.75	95	五星

注：该部分指标评价得分参照评分标准二、三。

(4) 平煤股份有限公司成本控制定性指标有效性评价企业自评结果,见表8。

表8 平煤股份成本控制定性指标测试评价表(企业自评)

序号	指标名称	指标要素	指标得分	评价级别
11	控制系统组织建设	是否建立企业成本费用管控领导机构、主管部门和组织体系、信息平台及企业成本费用内部监督和考核体系等	95.00	五星
12	控制系统制度建设	是否建立和实行成本费用管理责任制;建立和实施成本费用内部控制制度;实行成本费用支出授权审批制度;建立成本费用业务岗位责任制和考核奖惩制度等	94.60	五星
13	计量和原始记录管理	有无健全的计量管理;生产经营各环节的原始记录是否健全;生产经营成本费用数据统计是否及时准确;成本费用原始记录和统计信息归集是否实现电算化	92.20	五星
14	定额与质量管理	是否编制先进可行的劳动定额、消耗定额和费用定额;制定先进合理的作业成本和产品标准成本;制定先进合理的产品质量、作业质量和工作质量标准;编制企业定额管理、质量管理、标准管理手册	90.50	五星
15	业务流程优化	是否优化生产经营业务流程和职责分工、优化成本费用管控岗位权责分配;建立成本费用管控业务的不相容岗位相互制约和监督机制	92.17	五星
16	主要控制流程	是否建立了基于作业管理的成本核算控制系统;基于定额管理的成本费用预算控制系统;基于信息化的内部市场机制控制系统;三个主要控制系统是否融合与协调	88.20	四星
17	重点控制对象	是否明确重点控制成本费用的产品和生产环节;明确重点控制的成本费用项目和系统;明确降低成本费用主要途径和措施	92.00	五星
18	控制流程运行	是否建立了成本费用核算控制全过程、全员责任制;实施企业成本费用全面预算控制责任制;实行成本费用内部市场化管理机制;建立成本费用分析与考核制度	92.00	五星
19	推进管理体系	是否将成本费用控制理念纳入企业文化建设之中;将成本费用控制纳入各层级、各部门职责;明确企业成本费用控制主管部门和责任,主管部门制定成本费用内部控制发展规划和创新改进措施	91.20	五星
20	提升控制能力	是否参加以企业成本费用管理和控制为主题的培训班;提高员工对成本费用管控的认识度和参与度;推进企业成本费用内部控制管理制度;开展企业成本费用内部控制自我评价和改进工作	90.20	五星
21	核算控制	是否制定并严格执行企业成本费用核算制定;开展车间和作业成本核算;建立企业成本费用定期报告制度并真实反映成本管控情况	89.60	四星
22	预算控制	是否实施成本费用预算管理制度;将精细管理、对标管理等现代企业管理方法和信息化手段应用于预算控制,严格执行成本费用预算审定和调整手续	94.00	五星
23	内部市场化控制	有无建立企业内部市场化控制体系;根据定额和预算指标制定企业内部结算价格和结算方法;确定内部市场结算与成本费用核算衔接方法,发挥内部市场机制的作用	87.83	四星

续表

24	审批控制	是否建立严格的授权审批制度；明确授权审批范围和权限；成本费用预算目标、开支标准及重大立项实行集体决策和审批；建立企业成本费用内部市场纠纷仲裁机制	95.80	五星
25	薪酬增长合理性	企业员工的年平均收入，同比增长情况，与产值效率增长相比情况，与社会零售物价增长相比情况	93.60	五星
26	安全成本合理化	企业年均薪酬与当地工业企业年平均收入之比；反映企业职工收入水平与所在地收入水平及企业地位的匹配性	94.00	五星
27	资源环境成本合理性	企业成本费用管理与控制体系实施过程中各个环节和各个职能部门管理失控或操作失误导致企业风险因素增大事项	87.80	四星
28	业务核算失真	企业成本费用战略决策与战略管理失误导致企业风险因素增大事项，涉及战略合作伙伴、研发投入、内部分配等战略管理	90.00	五星
29	核算制度不当	企业成本费用核算不能如实反映产品和服务成本费用支出，有无成本费用核算数据失真、成本费用核算精细化不足、成本费用归集和分配方法不当等	93.40	五星
30	业务管理失控	按照会计法、企业会计准则和相关规定制定的企业成本费用核算制度是否存在不当，涉及成本费用构成范围、核算对象、核算项目和归集分配等方面的制度	91.60	五星
31	战略管理失误	借助企业财务信息化系统；借助企业内部控制信息化系统；建立企业生产经营全过程管理信息化系统，是否适应成本控制的要求	88.20	四星
32	信息系统建设	通过信息系统平台采集的信息是否及时处理，按照成本费用管理需要生成有序的、有价值的信息数据和改进意见，及时有效的为企业成本费用管控服务	91.20	五星
33	信息系统作用	是否建立企业成本内部控制月度预算例会制度，实施企业成本费用月度分析例会制度，成本费用控制问题与相关方及时沟通制度，成本费用内部控制重要事项报告制度等	91.00	五星
34	信息沟通制度	成本费用内部控制数据发现异常，是否及时与相关方沟通，分析差异形成原因；成本费用内部控制主管机构经常与相关职能部门联系，保障控制机制顺畅运行	92.40	五星
35	信息沟通活动	企业内部审计部门是否对成本费用内部控制进行审计评价；实施定期全面监督和专项审计监督	92.20	五星
36	内部审计监督	财务部门是否实时监控成本费用核算执行情况；物流部门是否实时监控成本费用物耗预算执行情况；生产管理部门是否实时监控产品生产完成情况等	92.00	五星
37	职能部门监督	是否建立成本费用考核制度；考核机构能否按期进行考核；坚持公开、公平、公正的考核原则	92.67	五星
38	考核制度	是否建立成本费用考核指标完成激励机制；内部模拟市场利润即成本费用降低额，是否与责任单位工资挂钩；非内部模拟市场是否实施成本费用节约奖	89.83	四星
39	激励机制	企业员工的年平均收入，同比增长情况，与产值效率增长相比情况，与社会零售物价增长相比情况	86.00	四星

注：该部分指标评价得分参照评分标准一。

2.平煤股份有限公司成本控制有效性分析与评价

(1) 测试结果汇总计算。根据对各项评价指标的细化和分解，通过企业各部门自评可以得出各个指标的得分；将各个指标得分与其权重相结合，就可以计算得出平煤股份成本控制审计评价的综合得分，见表9。

表 9 平煤股份成本控制审计评价测试结果计算表

一级指标	二级指标	三级指标	指标分值	指标权重	加权得分	评价级别
内部环境	控制系统建设	控制系统组织建设	95.00	0.0393	3.73	五星
		控制系统制度建设	94.60	0.0393	3.72	五星
	成本管理基础	计量和原始记录管理	92.20	0.0154	1.42	五星
		定额与质量管理	90.50	0.0249	2.25	五星
控制活动	控制流程	业务流程优化	92.17	0.0221	2.04	五星
		主要控制流程	88.20	0.0663	5.85	四星
	运行机制	重点控制对象	92.00	0.0373	3.43	五星
		控制流程运行	92.00	0.0124	1.14	五星
	推进机制	推进管理体系	91.20	0.0282	2.57	五星
		提升控制能力	90.20	0.0098	0.88	五星
	主要控制活动	核算控制	89.60	0.0455	4.08	四星
		预算控制	94.00	0.0455	4.28	五星
		内部市场化控制	87.83	0.0455	4.00	四星
		审批控制	95.80	0.0455	4.36	五星
	主要控制效果	原煤电耗	68.00	0.0211	1.43	二星
		资源回收率	83.00	0.0211	1.75	四星
		原煤生产效率	72.00	0.0211	1.52	三星
		管理费用节约	77.00	0.0211	1.62	三星
		销售费用节约	72.00	0.0211	1.52	三星
		财务费用节约	71.00	0.0211	1.50	三星
		吨煤制造成本	78.00	0.0260	2.03	三星
		成本费用利润率	85.00	0.0211	1.79	四星
		可控成本降低率	88.00	0.0230	2.02	四星
		研发投入比率	95.00	0.0210	2.00	五星
		薪酬成本合理性	93.60	0.0211	1.97	五星
		安全成本合理性	94.00	0.0211	1.98	五星
		资源环境成本合理性	87.80	0.0210	1.84	四星
控制风险	成本核算失真	业务核算失真	90.00	0.0263	2.37	五星
		核算制度不当	93.40	0.0263	2.46	五星
	成本管理失控	业务管理失控	91.60	0.0395	3.62	五星
		战略管理失误	88.20	0.0132	1.16	四星
信息与沟通	信息系统	信息系统建设	91.20	0.0219	2.00	五星
		信息系统作用	91.00	0.0106	0.96	五星
	信息沟通	信息沟通制度	92.40	0.0219	2.02	五星
		信息沟通活动	92.20	0.0107	0.99	五星
监督审核	监督检查	内部审计监督	92.00	0.0175	1.61	五星
		职能部门监督	92.67	0.0105	0.97	五星
	考核激励	考核制度	89.83	0.0303	2.72	四星
		激励机制	86.00	0.0134	1.15	四星
		平煤股份成本控制综合评价得分：			88.77	四星

（2）测试结果综合评价与分析。平煤股份成本控制综合评价得分为88.77分，评级为四星，处于行业领先水平。通过对各个一级指标进行加权计算，可得各个一级指标的分值。经计算，"内部环境"得分为93.52分，评级为五星卓越；"控制活动"得分为87.01分，评级为四星领先；"控制风险"得分为91.26分，评级为五星卓越；"信息与沟通"得分为91.71分，评级为五星卓越；"监督审核"得分为89.96分，评级为四星领先。其中"内部环境"得分最高，"控制活动"得分最低。

在各个二级指标中，"主要控制效果"表现相对较差，三星及以下的指标均在"主要控制效果"中，该指标加权后得分为81.77分，处于四星级的较低水平。其中原煤电耗为68分，仅处于二级水平，为全部指标中最低分值；原煤生产效率、期间费用节约、吨煤制造成本等五个指标得分在70~80分之间，为三星水平，表现较弱。其他二级指标表现优秀，均处于卓越或领先水平，见表10。

表10 平煤股份成本控制审计评价二级指标得分

指标名称	分数	指标名称	分数
控制系统建设	94.78	成本核算失真	91.83
成本管理基础	91.07	成本管理失控	90.70
控制流程	89.25	信息系统	91.08
运行机制	91.95	信息沟通	92.33
推进机制	90.79	监督检查	92.14
主要控制活动	91.87	考核激励	88.56
主要控制效果	81.77		

从各项三级指标评级分布看，评级为五星的指标有22个，占指标总数的56.41%；评级为四星的指标有11个，占指标总数的28.41%；评级为三星的指标有5个，占指标总数的12.82%；评级为二星的指标有1个，占指标总数的2.56%；评级为一星的指标为0个。

四、平煤股份一矿成本控制审计有效性评价

1.平煤股份一矿成本控制内部评价指标体系与评价标准

（1）采用五级评价制。结合大型国有煤炭企业成本管控工作实际开展情况和相关研究成果，对平煤股份一矿成本评价采取五级评价制，五个级别分别为五星级（卓越）、四星级（领先）、三星级（良好）、二星级（追赶）、一星级（起步）。各星级对应的发展水平和评价分数区间见表11。

（2）各类指标评价标准。

①定性指标评价标准。按照上述五级评价制，根据平煤股份一矿成本控制情况，结合全国大型国有及国有煤炭企业成本水平及国家相关要求，制定了平煤股份一矿评价的定性指标评价标准，见表12和表13。

表 11 平煤股份一矿成本评价结果与发展水平对应

评级结果	评级图示	发展水平	分数区间
五星级	☆☆☆☆☆	卓越	90~100
四星级	☆☆☆☆	领先	80~90
三星级	☆☆☆	良好	70~80
二星级	☆☆	追赶	60~70
一星级	☆	起步	60 分以下

表 12 平煤股份一矿成本评价定性指标五级评价表（标准一）

评级级别	评价分数	评价描述
卓越	90-100	成本控制非常好，达到国内或世界同业先进水平
领先	80-90	成本控制较好，达到或超过国内企业平均水平
良好	70-80	成本控制一般，相当于国内企业平均水平
追赶	60-70	成本控制明显不足，低于国内企业平均水平
起步	60 分以下	成本控制非常差，有重大不足或缺陷

表 13 平煤股份一矿成本评价定量指标五级评价表（标准二）

评级级别	评价分数	评价描述
卓越	90-100	该指标投入产出效果非常好，具有可持续性
领先	80-90	该指标适应成本控制要求，合理合规
良好	70-80	该指标基本适应成本控制要求，合法合规
追赶	60-70	该指标偏高或偏低，合规但不甚合理
起步	60 分以下	该指标不合理、不合规，不可持续

②定量指标评价标准。根据建立的煤矿分类标准，平煤股份一矿属于三类煤矿，根据所在类别的行业平均值，标杆企业指标值和本矿指标发展状况，综合进行分析，确定各项指标五级标准区间标准值，见表 14。

2.平煤股份一矿成本控制内部评价的实施

平煤股份一矿成本控制测试工作要实现三个目标：一是通过测试工作检验课题组制定的煤炭成本控制评价指标体系的操作性，针对测试中发现的问题，进一步修订和完善。二是通过对平煤股份一矿的测试活动，探索煤矿成本控制自我评价的具体操作方法，对平煤股份一矿成本控制活动进行探讨性咨询和评价，找出平煤股份一矿成本控制中的问题和薄弱环节，提出改进意见和建议。

表 14 平煤股份一矿成本控制定量指标区间标准表

指标名称	单位	区间标准值				
		卓越 100~90	领先 90~80	良好 80~70	一般 70~60	较差 60 以下
原煤电耗	kWoh/t	≤18	18<-≤25	25<-≤35	35<-≤45	>45
采区资源回收率	%	≥95	95>-≥90	90>-≥85	85>-≥80	<80
原煤生产效率	吨/工	>8	8>-≥6	6>-≥4	4>-≥2	<2
原煤单位制造成本	元/吨	≤240	240<-≤340	340<-≤440	440<-≤540	>540
原煤材料成本	元/吨	≤25	25<-≤30	30<-≤35	35<-≤40	>40
原煤电力成本	元/吨	≤11	11<-≤14	14<-≤21	21<-≤25	>25
原煤薪酬成本	元/吨	≤100	100<-≤130	130<-≤160	160<-≤190	>190
可控成本降低率	%	≥10	10>-≥5	5>-≥-3	-3>-≥-8	>-8
管理费用节约	%	≥10	10>-≥5	5>-≥0	0>-≥-6	<-6

平煤股份一矿成本控制审计评价测试主要是采取企业自评测试的方式。企业自评测试是企业根据指标体系和评价标准，对企业成本控制情况进行自评测试，整个过程由平煤股份一矿审计部门负责组织，涉及到的相关部门进行配合，提供数据并打分，根据指标体系和评价标准集中进行评价测试。

企业自评测试工作顺利进行，在测试过程中很好地解决了统计口径、指标调整、数据统计等过程中出现的问题，真实反映了平煤股份一矿实际情况的评价测试结果。为了成本审计评价体系的可操作性，并对定量评价指标进行了细化，根据平煤股份一矿提供的数据进行了测评分数。

（1）平煤股份一矿定量指标测试评价结果，见表 15。

表 15 平煤股份一矿成本控制定量指标测试评价表

序号	指标名称	单位	2012 年指标值	指标得分	评价级别
1	原煤电耗	kWoh/t	37.11	68	二星
2	资源回收率	%	85.7	71	三星
3	原煤生产效率	吨/工	5.465	77	三星
4	原煤单位制造成本	元/吨	354.69	79	三星
5	原煤材料成本	元/吨	25.51	89	四星
6	原煤电力成本	元/吨	14.9	79	三星
7	原煤薪酬成本	元/吨	170.88	63.6	二星
8	可控成本降低率	%	8.37	87	四星
9	管理费用节约	元/吨	15.6	95.6	五星

（2）平煤股份一矿定性评价测试结果，见表16。

表16 平煤股份一矿定性指标评价测试结果表

序号	指标名称	指标要素	指标得分	评价级别
11	控制系统组织建设	是否建立企业成本费用管控领导机构；确定企业成本费用内部控制主管机构和组织体系；建立支撑企业成本费用内部控制的信息平台；建立企业成本费用内部监督和考核体系等	94	五星
12	控制系统制度建设	是否建立和实行成本费用管理责任制；建立和实施成本费用内部控制制度；实行成本费用支出授权审批制度；建立成本费用业务岗位责任制和考核奖惩制度等	93	五星
13	计量和原始记录管理	有无健全的计量管理；生产经营各环节的原始记录是否健全；生产经营成本费用数据统计是否及时准确；成本费用原始记录和统计信息归集是否实现电算化	88	四星
14	定额与质量管理	是否编制先进可行的劳动定额、消耗定额和费用定额；制定先进合理的作业成本和产品标准成本；制定先进合理的产品质量、作业质量和工作质量标准；编制企业定额管理、质量管理、标准管理手册	90	五星
15	业务流程优化	是否优化生产经营业务流程和职责分工、优化成本费用管控岗位权责分配；建立成本费用管控业务的不相容岗位相互制约和监督机制	86	四星
16	主要控制流程	是否建立了基于作业管理的成本核算控制系统；基于定额管理的成本费用预算控制系统；基于信息化的内部市场机制控制系统；三个主要控制系统是否融合与协调	87	四星
17	重点控制对象	是否明确重点控制成本费用的产品和生产环节；明确重点控制的成本费用项目和系统；明确降低成本费用主要途径和措施	89	四星
18	控制流程运行	是否建立了成本费用核算控制全过程、全员责任制；实施企业成本费用全面预算控制责任制；实行成本费用内部市场化管理机制；建立成本费用分析与考核制度	85	四星
19	推进管理体系	是否将成本费用控制理念纳入企业文化建设之中；将成本费用控制纳入各层级、各部门职责；明确企业成本费用控制主管部门和责任，主管部门制定成本费用内部控制发展规划和创新改进措施	91	五星
20	提升控制能力	是否参加以企业成本费用管理和控制为主题的培训班；提高员工对成本费用管控的认识度和参与度；推进企业成本费用内部控制管理制度；开展企业成本费用内部控制自我评价和改进工作	80	四星

续表

21	核算控制	是否制定并严格执行企业成本费用核算制定；开展车间和作业成本核算；建立企业成本费用定期报告制度并真实反映成本费用管控情况	80	四星
22	预算控制	是否实施成本费用预算管理制度；将精细管理、对标管理等现代企业管理方法和信息化手段应用于预算控制，严格执行成本费用预算审定和调整手续	89	四星
23	内部市场化控制	有无建立企业内部市场化控制体系；根据定额和预算指标制定企业内部结算价格和结算方法；确定增值作业和非增值作业，确定作业成本中心和非增值作业成本分配方法，确定内部市场结算与成本费用核算衔接方法，发挥内部市场机制的作用	89	四星
24	审批控制	是否建立严格的授权审批制度；明确授权审批范围和权限；成本费用预算目标、开支标准及重大立项实行集体决策和审批；建立企业成本费用内部市场纠纷仲裁机制	84	四星
25	薪酬增长合理性	企业员工的年平均收入，同比增长情况，与产值效率增长相比情况，与社会零售物价增长相比情况	85	四星
26	安全成本合理化	企业安全投入占成本费用总额之比，同比增长情况，与企业安全发展的适应性	86	四星
27	资源环境成本合理性	企业资源环境成本占总成本的比重，同比增长情况；资源环境投入是否欠帐；资源环境投入是否过量导致不经济性	85	四星
28	业务核算失真	企业成本费用战略决策与战略管理失误导致企业风险因素增大事项，涉及战略合作伙伴、研发投入、内部分配等战略管理	86	四星
29	核算制度不当	企业成本费用核算不能如实反映产品和服务成本费用支出，有无成本费用核算数据失真、成本费用核算精细化不足、成本费用归集和分配方法不当等	84	四星
30	业务管理失控	按照会计法、企业会计准则和相关规定制定的企业成本费用核算制度是否存在不当，涉及成本费用构成范围、核算对象、核算项目和归集分配等方面的制度	84	四星
31	战略管理失误	借助企业财务信息化系统；借助企业内部控制信息化系统；建立企业生产经营全过程管理信息化系统，是否适应成本控制的要求	84	四星
32	信息系统建设	通过信息系统平台采集的信息是否及时处理，按照成本费用管理需要生成有序的、有价值的信息数据和改进意见，及时有效的为企业成本费用管控服务	89	四星

续表

33	信息系统作用	是否建立企业成本内部控制月度预算例会制度，实施企业成本费用月度分析例会制度，成本费用控制问题与相关方及时沟通制度，成本费用内部控制重要事项报告制度等	89	四星
34	信息沟通制度	成本费用内部控制数据发现异常，是否及时与相关方沟通，分析差异形成原因；成本费用内部控制主管机构经常与相关职能部门联系，保障控制机制顺畅运行	89	四星
35	信息沟通活动	企业内部审计部门是否对成本费用内部控制进行审计评价；实施定期全面监督和专项审计监督	91	五星
36	内部审计监督	财务部门是否实时监控成本费用核算执行情况；物流部门是否实时监控成本费用物耗预算执行情况；生产管理部门是否实时监控产品生产完成情况等	90	五星
37	职能部门监督	是否建立成本费用考核制度；考核机构能否按期进行考核；坚持公开、公平、公正的考核原则	92	五星
38	考核制度	是否建立成本费用考核指标完成激励机制；内部模拟市场利润即成本费用降低额，是否与责任单位工资挂钩；非内部模拟市场是否实施成本费用节约奖	94	五星
39	激励机制	企业员工的年平均收入，同比增长情况，与产值效率增长相比情况，与社会零售物价增长相比情况	89	四星

3. 平煤股份一矿成本控制审计评价测试结果汇总分析与评价

根据对各项评价指标的细化和分解，通过企业各部门自评可以得出各个指标的得分；将各个指标得分与其权重相结合，就可以计算得出平煤股份一矿成本控制审计评价的综合得分，见表17所示。

平煤股份一矿成本控制综合评价得分为87.06分，评级为四星，处于行业领先水平。通过对各个一级指标进行加权计算，可得各个一级指标的分值。经计算，"内部环境"得分为92.01分，评级为五星卓越；"控制活动"得分为84.71分，评级为四星领先；"控制风险"得分为84.52分，评级为四星领先；"信息与沟通"得分为89.25分，评级为四星卓越；"监督审核"得分为91.91分，评级为五星卓越。其中"内部环境"得分最高，"控制风险"得分最低。

在各个二级指标中，"主要控制效果"表现相对较差，三星及以下的指标均在"主要控制效果"中，该指标加权后得分为84.93分，处于四星级的较低水平。其中原煤电耗为63分，仅处于二级水平，为全部指标中最低分值；原煤生产效率、管理费用节约、吨煤制造成本等五个指标得分在70~80分之间，为三星水平，表现较弱。其他二级指标表现优秀，均处于卓越或领先水平，这与股份公司表现一致。见表18。

从各项三级指标评级分布看，评级为五星的指标有9个，占指标总数的23.68%；评级为四星的指标有24个，占指标总数的63.16%；评级为三星的指标有3个，占指标总数的7.9%；评级为二星的指标有2个，占指标总数的5.26%；评级为一星的指标为0个。

表 17 平煤股份一矿成本控制审计评价测试结果计算表

一级指标	二级指标	三级指标	部门自评	指标权重	综合得分	评价级别
内部环境	控制系统建设	控制系统组织建设	94	0.0393	3.69	五星
		控制系统制度建设	93	0.0393	3.65	五星
	成本管理基础	计量和原始记录管理	88	0.0154	1.36	四星
		定额与质量管理	90	0.0249	2.24	五星
控制活动	控制流程	业务流程优化	86	0.0221	1.90	四星
		主要控制流程	87	0.0663	5.77	四星
	运行机制	重点控制对象	89	0.0373	3.32	四星
		控制流程运行	85	0.0124	1.05	四星
	推进机制	推进管理体系	91	0.0282	2.57	五星
		提升控制能力	80	0.0098	0.78	四星
	主要控制活动	核算控制	80	0.0505	4.04	四星
		预算控制	89	0.0505	4.49	四星
		内部市场化控制	89	0.0505	4.49	四星
		审批控制	84	0.0505	4.24	四星
	主要控制效果	原煤电耗（露天矿 原煤综合能耗）	68	0.0220	1.50	二星
		资源回收率	71	0.0220	1.56	三星
		原煤生产效率	77	0.0220	1.69	三星
		吨煤制造成本	79	0.0220	1.74	三星
		原煤材料成本	89	0.0220	1.96	四星
		原煤电力成本	79	0.0220	1.74	三星
		原煤薪酬成本	64	0.0220	1.41	二星
		可控成本降低率	87	0.0222	1.93	四星
		管理费用节约	95.6	0.0300	2.87	五星
		薪酬增长合理性	85	0.0209	1.78	四星
		安全成本合利化	86	0.0209	1.80	四星
		资源环境成本合理性	85	0.0209	1.78	四星
控制风险	成本核算失真	业务核算失真	86	0.0263	2.26	四星
		核算制度不当	84	0.0263	2.21	四星
	成本管理失控	业务管理失控	84	0.0395	3.32	四星
		战略管理失误	84	0.0132	1.11	四星
信息与沟通	信息系统	信息系统建设	89	0.0219	1.95	四星
		信息系统作用	89	0.0106	0.94	四星
	信息沟通	信息沟通制度	89	0.0219	1.95	四星
		信息沟通活动	91	0.0107	0.97	五星
监督审核	监督检查	内部审计监督	90	0.0175	1.58	五星
		职能部门监督	92	0.0105	0.97	五星
	考核激励	考核制度	94	0.0303	2.85	五星
		激励机制	89	0.0134	1.19	四星
		平煤股份一矿成本控制综合评价得分：			87.06	四星

表 18 平煤股份一矿成本控制审计评价二级指标得分

指标名称	分数	指标名称	分数
控制系统建设	93.38	成本核算失真	84.98
成本管理基础	89.33	成本管理失控	84.06
控制流程	86.76	信息系统	89.57
运行机制	87.93	信息沟通	88.92
推进机制	88.16	监督检查	91.07
主要控制活动	85.45	考核激励	92.45
主要控制效果	84.93		

4.平煤股份一矿成本控制标杆选择与对比评价

根据平煤股份一矿成本数据，选取山东能源集团柴里煤矿作为标杆，进行对比分析见表19。

表 19 2012年平煤股份一矿成本控制审计评价与标杆企业对比表

序号	指标名称	单位	同类煤矿均值	标杆企业指标值	平煤股份一矿指标值	与同类煤矿均值相比	与标杆企业指标值相比
1	吨煤制造成本	元/吨	292.33	319.21	354.69	+	+
2	吨煤管理费用	元/吨	52.18	32.53	19.88	-	-
3	吨煤材料成本	元/吨	38.17	29.62	25.51	-	-
4	吨煤电力成本	元/吨	71.78	13.02	14.9	-	+
5	吨煤薪酬成本	元/吨	136.08	153.81	170.88	+	+
6	吨煤电耗	千瓦时/吨	28.43	24.59	37.11	+	+

柴里煤矿与平煤股份一矿在煤矿成本类型划分上属于同类型，这两者在开采年限、资源条件等方面具有共同点。由以上表格可以看出，柴里煤矿吨煤制造成本、吨煤电力成本、吨煤薪酬成本、吨煤电耗等指标均低于平煤股份一矿，平煤股份一矿可以借鉴柴里煤矿在成本管控方面的经验，以提高平煤股份一矿成本管控水平。

五、煤炭企业成本控制审计评价体系的实施效果及社会效益

1.测评结果反映了平煤股份公司和平煤股份一矿成本控制的基本情况是比较切合实际情况的

平煤股份公司和平煤股份一矿成本控制现场测评结果显示，反映成本管控工作的定性指标评价分数较高，都在80分以上，处于领先和卓越水平。反应成本管控效果的定量指标测评分数差别较大，平煤股份和平煤股份一矿指标达到五星和四星级的分别为4个和3个，大多数为三星级指标，还有1至2个二星级指标。平煤股份公司和平煤股份一矿是老国有煤炭企业，企业内部成本管理与控制具有扎实的基础工作和管控水平，测评水平给予客观的确认。由于其资源条件、开采年限和国企体制等因素制约，人员多、效率低、成本高是老国有煤炭企业的基本特征，成本控制效果的定量措施也客观真实的反映出来了。测试结果如实反映了平煤股份和平煤股份一矿成本控制的基本情况，从而表明煤炭企业成本控制审计评价体系可以反映煤炭企业实际情况的。

2.平煤股份和平煤股份一矿成本控制具有较好的执行力和有效性，保障了煤炭产品和市场竞争能力

平煤股份和平煤股份一矿成本控制审计评价测试结果显示，成本费用内部控制具有较强的执行力和有效性，根据煤炭市场形势变化，降低成本费用取得了成效，保障了企业适度的盈利水平和市场竞争能力。平煤股份一矿是已经开采54年的老矿井，多水平多工作面开采，生产环节复杂，用人多、效率低、成本高，加大成本控制力度后，原煤材料成本、薪酬成本和管理费用分别降低15%、6%和15.4%，对煤炭市场变化具有一定的应变能力，仍然是平煤股份公司的中坚力量。

3.平煤股份和平煤股份一矿成本控制审计评价测试没有发现重大控制缺陷，显示出成本控制的薄弱环节和问题

一是原煤生产效率低、薪酬成本高。2012年，平煤股份原煤生产效率为4.41吨/工，低于同行业平均水平5.46吨/工，平煤股份一矿原煤生产效率为5.465吨/工，与同行业平均水平持平。平煤股份一矿薪酬成本占制造成本的比重为48.18%，比同行业平均水平45.78%高出2.4个百分点。平煤股份一矿职工年平均收入59306元，比同行业平均水平62158元低2852元。平煤股份一矿作为平煤服务的核心骨干矿井，效率和收入低于同行业平均水平，薪酬成本及其在制造成本中所占比重高于同行业平均水平。用人多、效率低、成本高是平煤成本控制的主要问题和薄弱环节。

二是原煤生产电耗增长幅度较大。平煤股份一矿2012年原煤生产电耗37.11千瓦时/吨，比上年32.96千瓦时/吨增加4.15千瓦时/吨，增长2.59%。而原煤生产电力成本2012年为14.9元/吨，仅比2011年的14.04元/吨增加0.86元/吨，增长6.1%。原煤生产电力消耗水平与电力成本水平不相匹配。

（成果创造人：徐建明　盛　开　林　东　高　峰　赵全山　孙春升　胡建华　黄　磊　柏　科　宋银来　韩　梅　李　佳）

基于信息化的煤业集团人力资源系统管理

郑州煤炭工业（集团）有限责任公司

郑州煤炭工业（集团）有限责任公司（以下简称郑煤集团）始建于1958年，初名新密矿务局，1989年1月更名为郑州矿务局，1996年1月经原煤炭部批准改制为国有独资公司，1998年7月由隶属煤炭部下放为省管企业，2002年9月实现股权多元化。1997年11月，独家发起组建"郑州煤电股份有限公司"，1998年1月"郑州煤电"在上交所成功上市（600121），是国有煤炭企业第一股。

郑煤集团现有职工4.2万人，所辖企业分布河南郑州、平顶山、漯河、商丘以及山西平陆等地，拥有煤炭采选、电力、铝、建材、化工、物流、铁路运输、机械制造、建筑施工、餐饮等产业，形成了"以煤为主，相关多元"发展格局。郑煤集团所属矿区煤炭储量丰富，目前煤炭生产能力2700万吨，其中直管生产矿井14对，生产能力1541万吨/年；基建矿井2对，设计能力285万吨/年。

一、基于信息化的煤业集团人力资源系统管理的实施背景

1.外部背景

随着煤炭形势的变化，市场竞争日益激烈，企业间竞争不断加剧，对企业管理尤其是人员管理和成本控制提出了越来越严格的要求。人力资源管理作为直接影响企业发展和用人成本的重要因素，已经成为实现企业竞争优势的核心内容之一，它所涉及的管理范围和内容也已经远远超出了人事管理的范畴，而传统的管理理念已无法对新工作的开展产生有价值的指导意义。

郑煤集团作为河南省管大型企业，需要经常向上级主管部门汇报各类信息数据，若仍采用传统的手工操作方式处理人力资源业务和汇总企业各单位数据，不仅工作效率低下，而且极易出错，不能满足上级部门提出的"又快又准"的要求。

同时，作为企业战略规划的重要组成部分，人力资源的价值分析是人力资源战略决策的关键基础，这需要基于翔实、客观、深度分析的基础之上，凭传统的手工处理方式进行分析不易做到及时、准确。借助于人力资源管理信息系统，企业人力资源管理能够从大量的日常事务中解脱出来，促使管理者的工作重心从人事管理逐步向绩效管理、员工发展、企业人力资源战略等方面转移，使其管理意识和习惯不断发生改变，

进而在潜移默化中进行管理理念的转变更新；同时人力资源管理信息系统的信息集中存储模式、报表查询功能和各种决策分析工具，能够及时完成大量人力资源信息数据的多维度挖掘分析，为管理层进行战略决策时提供准确的咨询支持和数据依据。

2.内部背景

郑煤集团的人力资源管理存在着管理幅度大、管理层级多、用工总量多、用工形式多样化、人员差异性大等特征，日常事务性工作复杂繁重，靠传统手工操作方式或小型人事软件来完成大量的业务处理和数据维护统计，往往要占去管理人员的绝大部分精力。而且集团内部信息传递链条过长，信息延时大，容易变形，会导致事务处理周期长，准确率差。通过人力资源管理信息系统的建设，能够实现信息的集中存储，实时更新，避免了信息的延时和错误，同时将大量重复性操作交由系统完成，简化事务性工作的强度，减少人力投入和物资消耗，达到提高工作效率，降低管理成本的目的。

在没有有效管理手段的情况下，各级单位在实际业务处理时，为保护既得利益，往往会在人力资源政策制度的理解和执行上根据自身的需要违规变通，或以种种借口，采用拖延、等待的方法处理，导致同样的人力资源业务在各单位的流程也可能大相径庭。这种现象直接影响到了集团内部人力资源工作的时效性、统一性和协同性，降低了集团人力资源工作的执行力度。通过人力资源管理信息系统的实施，可有效地促进集团内部人力资源业务流程的优化和规范，并且借助系统将流程在其内部进行预置和固化，实现集团范围内人力资源业务流程的统一，保证执行标准、执行周期、处理结果的一致性，加强集团公司的人力资源管理的执行力。

二、基于信息化的煤业集团人力资源系统管理的基本内涵

近年来，郑煤集团以企业发展愿景为目标，着眼于加快企业人事、劳动、分配三项制度改革的具体要求，紧密结合企业现阶段及未来相当长时期人力资源赋存条件、管理模式、问题短板等实际，经过充分调研和科学论证，于2012年1月制定了合理、全面的人力资源管理集成化、信息化、精细化建设目标。在集团公司层面建立资源共享、信息融通、流程优化的人力资源管理平台，提高人力资源管理的信息化、科学化水平，为集团公司决策提供服务和支持，促进集团公司内外部人力资源信息共享，提高薪酬分配管控能力，为企业各项改革提供参考和借鉴，从而全面提升企业改革发展能力。

1.着力提升人力资源管理信息化水平

与第三方软件开发公司合作开发人力资源管理信息系统（WebHR），结合煤炭企业用工结构复杂、管理层级偏多、人员流动较为密集等特点，建立集团公司人力资源数据库，将全部职工各类基本信息纳入数据库管理，通过人力资源信息系统，处理几乎所有定量的问题，比如人事信息管理、员工考勤、薪资计算、合同管理、社会保险管理等等，并进行动态监督和调整。通过集中式数据库、自动处理信息、员工自助服务、外协以及服务共享，创新人力资源管理模式和方法，使各项管理更加公开、透明，达到降低成本、提高效率、改进员工服务模式的目的。

2.优化人力资源管理工作流程

对准当前煤炭企业人力资源管理分散、人员信息不完善等普遍存在的管理缺口，建立起集团公司人力资源信息的收集、分析、交流和共享机制，将企业各级单位的工资核算、医保、养老、基金、培训等各项工作实行集中、统一、透明管理，对集团公司各系统、各部门、各单位管理权限进行规范和约束，建立高效快捷、实时监控、精细有序的管理新模式，实现各类业务办理均可通过网络运行，大大降低了管理人员劳动强度，提高了工作效率。

3.推动人力资源管理效能提升

充分考虑大型煤业集团人力资源管理业务流程的复杂性和多样性，根据集团公司人力资源分布情况，对数据库进行动态调整，全面掌握人员流动情况。根据不同单位、不同岗位、不同级别用人需要，合理调剂人员余缺，对用工结构进行优化，将衰老矿井大批技术工人和管理骨干充实到新建矿井和地面单位，从而避免因人为操作导致的管理漏洞；同时根据单位用工申请，合理把握用工安排重点，需要按照程序进行完善的在系统上进行补充，对审批环节及审批顺序进行规范，避免单位私招乱雇现象发生，提高了人力资源管理绩效化水平，充分激发各类人才的工作热情和创业积极性。

4.支持重大事项决策

集团公司通过人力资源管理系统收集到最为全面、详实、准确的信息，运用多层次、多方位的报表分析功能将有用信息呈现出来，比如统计出某个工种的人数、工资、年龄结构、学历职称等，进行横向比较和纵向比较，生成分析报告，根据其所占比重进行调整，使整个决策过程更加科学合理。集团公司对重大人事任免、干部制度改革、技术专业评聘、人员定岗定编等工作进行分析和决策时，可调阅相关数据，查看具体内容和信息，对各类信息进行比较研讨，在此基础上制定科学合理的选人用人机制及劳动用工改革举措，为规范人事调动、人员任免、岗位调整、用工结构优化等敏感工作提供详尽的数据支撑。

5.提高薪酬管理的灵活性

人力资源管理系统充分考虑煤矿企业在薪资管理上的不确定性和可变性，灵活设置不同类型员工的各类薪资项目；支持集团公司不同业务板块及煤矿生产多种复杂的核算方式。薪酬方案可按煤矿的班组进行区队的二次分配与计件工资处理。利用强大的工资计算公式自定义功能，对企业员工实现薪酬多元化管理，比如对"苦、脏、累、险"和技术含量高的岗位提高奖金补贴，对生产一线职工薪酬实行优先足额发放；通过数据分析和综合比较，对薪酬实行挂钩考核，将安全、生产、经营、销售、煤质等指标与工资分配紧密挂钩，充分发挥薪酬分配的杠杆调节作用。

三、基于信息化的煤业集团人力资源系统管理的主要做法

郑煤集团坚持"以人为本"管理理念，充分征求基层单位和广大干部职工对人力资源系统开发与建设的意见、建议，按照"科学规划、统一领导、分级组织、严格标准、集约高效"的原则，在资源共享、有序开发、合理利用的指导思想下，眼睛向外，学习借鉴兖矿集团、淮南矿业、河南能化集团等兄弟单位的成功经验和先进做法，并结合实际吸收借鉴、创新完善,确保人力资源管理系统建设起点高、运行稳、服务快、效果好,探索出了一条适合大型煤业集团人力资源管理系统优化再造的新途径。主要做法和策略如下:

1. 统一思想,凝聚共识

人力资源管理信息系统的应用不仅是人力资源工作在管理方式的改变,更重要的是职工管理理念的更新,因此要避免引起职工的抗拒心理而增加系统实施的难度。郑煤集团从项目实施初期就极其重视对领导干部及员工的培训工作,从集团公司领导班子做起、从集团公司层面做起,通过党政联席会、项目协调会、机关干部座谈会等多种方式,打消顾虑、激发共鸣、统一认识。在此基础上,多次聘请外部专家到集团各单位进行现代人力资源管理理论和企业信息化理论的巡回授课,组织各单位相关人员到兖矿等信息化标兵单位参观学习,并将信息化管理列入企业文化的宣传核心内容,对集团所有员工进行宣传和推广,从上到下营造出人力资源信息化的学习和实践氛围,统一思想,更新员工尤其是领导干部的管理理念。

2. 合作研发,实现成果共享

郑煤集团高度重视人力资源管理系统软件开发项目,成立了以集团公司主要领导挂帅,劳动社保部、人力资源中心等职能部室为主的人力资源信息化工作领导小组,全面负责系统实施的组织和协调工作,定期召开会议,研究部署重大问题,指导项目开发与利用工作,妥善处理项目运用与运行中的各类疑难杂症,保证项目有条不紊推进,保证项目成果及时转化为经营成果。为加快项目开发与运营,领导小组下设立项目组,由软件公司及各相关部门抽调管理、人事、薪资、信息技术等专业人员组成,负责与软件公司配合落实各项具体工作,主要包括需求调研、计划制定、编码制定、组织架构、薪酬公式、报表设计、方案修订、进度控制、数据分析、人员培训等专项内容,全面参与集团内部人力资源管理信息系统的实施及应用。郑煤集团与软件公司签署合作协议中规定,郑煤集团负责提供煤矿企业各种规范标准、工作流程和硬件环境,软件公司提供技术支持,双方共同开发,成果共享。项目投入运行后,实现了真正意义上的资源整合、信息共享、管理高效。

3. 统筹兼顾软硬件,科学设计系统

在全新信息系统支撑下,统筹规划信息建设的软件与硬件两个方面,使之相辅相成、协调一致,促进信息系统持续优化升级。

一方面,构建安全稳定的硬件环境。郑煤集团下属单位众多、分布广泛、用户并发量大,因此人力资源管理信息系统采用了基于B/S(浏览器/服务器)的三层架构模式,系统所有的应用程序及数据统一部署在郑煤集团数据中心的服务器中,所有服务器放置在集团公司总部数据中心机房,统一管理。各单位可以在任意地点通过网络访问服务器,网络架构如图1所示。

硬件系统上应用服务器及数据库服务器都采用了先进的集群及资源动态分配的方式,在硬件方面为集团化的人力资源管理信息系统提供了高可靠性、高利用率、高安全度的运行环境。

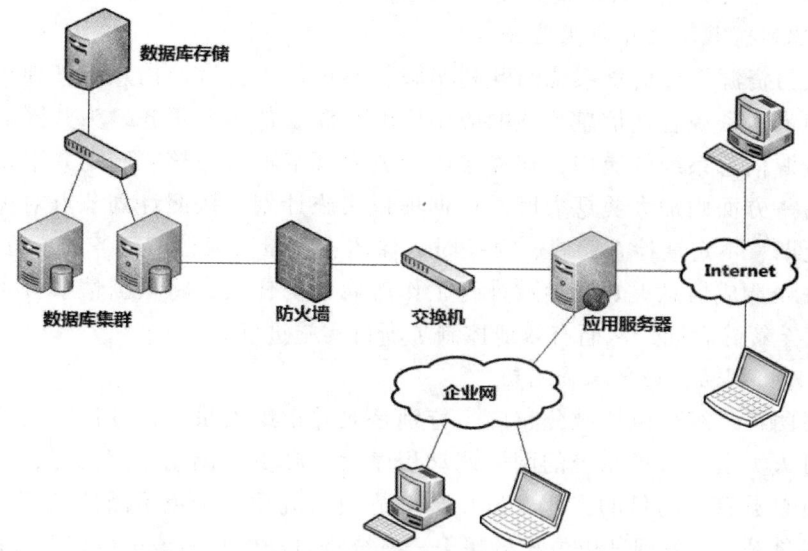

图 1 郑煤集团人力资源管理信息系统网络架构图

另一方面，设计科学合理的软件功能。作为多元化发展的大型企业集团，郑煤集团自战略重组后，其集团人力资源管控模式要求人力资源管理信息体系要对全局人力资源进行总体管控，包括统一组织管理、集中信息管理等；与分支机构之间实现人力资源体系的上下贯通，明确管理层次和管理体系，达到"集中而不集权、分散而不分权"的最终应用目标。

因此，系统主要使用技术是框架+功能模块形式，在整体框架下，随着企业的发展可以随时开发研究新的功能模块进入框架以满足企业发展的需要。现有主要功能模块：人力资源规划、人员管理、劳动合同管理、社保管理、薪酬管理及核算、考勤管理、培训管理、报表统计、业务流程管理、其他辅助功能以及系统日常管理和维护。

4.紧密协作，提高效率

郑煤集团在人力资源管理系统的建设过程中始终坚持以业务为导向，明确人力资源管理部门和业务人员是系统建设的驱动主体。强化沟通机制，通过定期会议、电子邮件等多种形式来加强业务专家和信息技术人员之间的紧密协作，共同协商解决系统实施中出现的各种问题，不断修正完善系统实施计划；同时保证在需求分析、程序开发、应用测试等建设阶段做到以满足用户需求为主要目的，避免盲目追求新奇技术，确保系统建设良好有序开展。目前，已经制定了集团统一的《郑煤集团人力资源信息标准》，涵盖了组织机构、职务体系和岗位体系等信息，尤其是岗位体系标准，将全集团人员划分到 960 个基准岗位中，为后期的集中管理和统计分析奠定了基础；制定了《人力资源管理信息系统人员基本信息填写规范及要求》，对 256 项人员信息的释义、填写内容、填写格式等都制定了统一的标准，基本完成了集团组织结构信息、4 万多人员信息等各项数据的导入；制定了《人力资源管理标准和流程》，涵盖了人力资源规划、人员管理、合同管理、薪酬管理、报表中心等内容，统一了集团各单位的人力资源管理流程，使其更符合大型企业集团管控需要。

5.进行跟踪考核，强化应用监督

随着人力资源管理信息系统的顺利实施，各单位人力资源信息化管理机制逐渐建立运行，但人力资源管理信息系统的应用广度和深度却参差不齐。为共同提高，加速推广人力资源信息系统的应用，郑煤集团一方面规范项目考核，制定并下发考核标准和细则，另一方面则加大奖惩力度。依据项目实施计划，按照计划节点对项目推广的工作进行定期、不定期检查验收，对按时、保质、保量完成推广任务的单位给予奖励；对因工作失误造成信息失真或导致推行工作滞后的责任人，将根据情节分别进行处罚或处分，甚至解除合同，从而有效地控制了项目实施进度。

6.实现网上调动，促进人员流动

郑煤集团各二级单位地域分布广，特别是兼并重组大量小矿井后，人员流动更加频繁。通过人力资源管理系统的网上调动程序大大减少了调动办理流程，并且实现了对单位人员总数管控的目的，使人员在合理范围内流动，避免了因信息不对称导致的人员失控现象。一经发现某单位人员超编，系统将自动停止向该单位调动人员。

此外，还支持批量调配业务，方便集团公司大批量的人员调配业务处理；可灵活定义人员调配类型，支持兼职、借调、交流、外派等多种任职模式；支持自定义设置调配时需要变动的相关信息项；详细记录人员调配信息、调配原因并进行统计分析；提供调配员工详细的工作交接清单；支持调配业务操作的人员履历同步更新；所有的调配、异动均可保留历史记录，人力资源管理者可以通过查询历史变动记录来了解一个员工在公司的发展轨迹，还可以根据需要生成有关员工变动的各种统计报表。如：某个员工在某段时间范围内的某个项目变动资料报表、某个员工在某段时间范围内的所有变动资料列表、某个部门/某个分公司在某段时间范围内的员工资料变动报表等。

7.设计常用报表，挖掘数据应用

人力资源管理信息系统的应用价值在于对信息数据的深入利用，而详细且完善的报表则是对信息数据挖掘分析的有效途径和工具。郑煤集团人力资源管理系统设计了强大的自定义报表工具，可自定义完成所有人力资源管理中各种复杂的人事、工资、保险等查询、统计、分组报表，清晰直观地看到相关人力资源数据信息；通过设置多条件组合的条件查询，实现多层次的报表汇总与分析功能，实现基层报表合并生成汇总报表，如各矿内部统计分析报表、集团报表的汇总、对外上报报表。

通过对报表数据的挖掘分析，掌握某一方面的特点及关键信息，为领导决策提供准确的科学依据。比如生成各单位煤矿井下主体专业的大中专毕业生分布图，掌握其数量分布、所处岗位、薪资水平、职务职称等信息，为近期人才交流和远期人才招聘提供科学依据。

8.施行在库开资，确保系统权威

信息数据的完整性是人力资源管理信息系统实现其应用价值的基础和前提。在推广阶段，郑煤集团始终将关注重点放在人员信息的完整上，确保集团范围内全体人员信息都导入系统。但在检查过程中发现，不少单位存在瞒报、漏报人员的现象。为此，郑煤集团改变工作思路，统一要求集团范围内所有人员的薪酬核算和发放必须通过人力资源系统进行,人力资源系统信息库查无此人或者信息不全的,不予核算工资。并且安排专人对各单位信息填报情况进行查看,发现不详实的给予移除处理,提高了各单位人员信息完善工作的重视程度和积极性。

9.开通短信提醒,实现全员参与

人力资源系统的建设离不开建设者的辛勤劳动,更离不开广大职工群众的理解和支持。为了使广大职工群众认识到运用信息化手段进行人力资源管理的快捷和方便,郑煤集团首先开通了工资短信提醒服务,即通过短信的方式,将职工本人的应发工资总额、各项奖金补助、各类保险扣费、应扣所得税等信息发送到本人手机上面。

10.开通人力资源微信平台,实现信息查询多样化

充分利用现有流行的信息获取方式,设立人力资源公共微信平台账户,向广大职工提供两方面信息查询:一是各项规章制度和办事流程,通过输入关键字,可以搜索到相关业务的办理流程及制度规范,方便职工办事;二是职工个人的基本信息,通过微信访问人力资源系统自助查询网页,可以查询到个人的参保信息,工资发放,奖金补贴,扣税扣费等信息,解决了部分职工因操作电脑不便和掌握信息零散的问题。

四、基于信息化的煤业集团人力资源系统管理的实施效果

郑煤集团通过人力资源管理信息系统的建设,有效地将先进的管理理念与信息技术结合,为集团战略重组后人力资源管理水平的提升提供了一个优秀的支撑平台,推动了人力资源各项变革的顺利开展,加强了企业核心竞争力,促进了集团公司业绩大幅提升和强势发展。

1.完成人力资源管理战略决策支持的跨越

人力资源管理信息系统的建设使郑煤集团完成了人力资源信息的动态集中和业务的高度协同,将人力资源部门从日常重复性事务工作中解脱出来,在全面加强集团工作管控力度的基础上,工作重心逐渐上移。借助系统的信息挖掘分析功能、商业智能工具和各种决策分析工具,人力资源部门在集团管理层决策支持方面,能够在真实数据的基础上提供及时、准确、科学、全面的分析和建设,围绕企业的战略方向,分析、部署和落实人力资源管理战略,在企业总体战略框架下开展对人力资源使用、管理、控制、监测、维护和开发的工作,确保支撑郑煤集团整体战略目标的实现,最终完成自身从"实施管理"到"决策支持"的跨越。

2.强化集团人力资源管理工作执行力度

郑煤集团人力资源管理信息系统的建设,强化了集团人力资源管理工作的执行力度,达到了"集中而不集权、分散而不分权"的最终应用目标。

一是借助于人力资源管理信息系统的实施和推广,郑煤集团完成了人力资源全业务信息化过程,集团范围内各级单位人力资源管理业务均依托于信息系统这一信息化平台完成,为强化工作执行力度提供了前提条件;二是建立了人力资源信息规范化体系,对人力资源信息的项目、内容、要求进行了统一,优化了人力资源管理业务流程,为强化工作执行力度提供了良好的"共性基础";三是通过信息集中存储和报表查询工具实现了对集团总体组织结构、人员信息、薪酬分配等重要数据的全面及时的掌控,加强了对工作执行监督力度;四是信息完全共享,集中存储,提高了人力资源管理工作的

执行效率，保证了信息数据挖掘分析的时效性、准确性；五是在共性基础上，各单位可以通过系统提供的流程灵活定制、自定义考核、薪酬动态管理等功能来满足自身的个性化需要，实现"保证共性，兼顾个性"；六是使各级单位在分层管理的框架中通过灵活的多层次立体化的分权机制和高度业务协同，实现了"管理分层、应用分散"。

3.助力人力资源结构调整

人力资源管理信息系统的建设为人力资源结构的调整提供了良好的操作平台，通过综合运用组织结构、人事管理、合同管理、薪酬管理、综合报表管理功能全面落实了"调结构、提素质"的工作思路。

首先是信息化平台的应用使调结构工作的实施范围实现了集团内部单位的全覆盖，实施过程实现了可追溯、可监督，保证了工作开展的全面性和公平性；其次借助系统定员管理功能，将集团定员指标层层分解，具体到各级单位和部门，落实了集团定员管理制度，实现了单位用工人数的可控和提前预警，做到"不该进的人坚决不进"，严控用工总量；三是系统的数据挖掘功能和各种决策分析工具，为调结构工作提供了及时准确的数据统计和决策分析工具，避免了调控单位（人员）的遗漏，保证了工作的正确导向和必要性；四是将多种用工形式进行规范，纳入统一管理，推动集团公司—成员企业—基层矿厂人员调剂平台建设，扩大人员调剂渠道，加大内部调剂力度；五是通过对薪资类别和薪资项目的个性化设置实现薪资的动态管理，落实薪酬激励体系建设，突出薪酬激励在调结构工作中的重要作用。自系统实施以来，累计调剂管理技术人员2000余人、技能工人4000人，实现了余缺互补和优势共享。

4.推动企业快速可持续发展

通过人力资源管理信息系统的建设，郑煤集团加强了人力资源管控力度，促进了集团公司战略、文化、管理体制等方面深度融合，孕育形成强大的发展态势、趋势和气势。在宏观经济形势异常严峻、能源行业经济效益大幅下滑的形势下，为推动企业快速可持续发展提供了优良的人力资源支撑，并产生了显著的经济效益和社会效益：

2013年郑煤集团用工总量比2012年减少5800人，有效缓解了人力资源总量过剩、结构性短缺矛盾，促进了人力资源的优化配置。原煤成本从2012年的455.85元/吨降低到2013年的440.88元/吨，同比下降42.72元/吨，吨煤工效由原来的3.47吨/工提高到4.01吨/工。2013年郑煤集团全员劳动生产率提高1.6%。系统投入运行以来，为集团公司节约综合管理费用270余万元，有力地促进了企业降本增效和重点管理工作的科学开展。同时，人力资源管理信息化使员工得到充分授权，实行员工自助查询，透明、简便易查的信息获取方式赢得员工对人力资源管理服务和企业管理满意度的提升，进一步增强企业的凝聚力和综合竞争力，维护了职工队伍稳定。

（成果创造人：任胜岳　赵洪建　陈志忠　郭俊军　尚会勤　张绍伟　王东伟　郭永贵　杜青锋　周东海　刘永有　杨艳）

2014 煤炭企业管理创新成果

二等奖

大型煤炭综合能源企业
产运销一体化调运信息化管理平台的建设与运行

中国神华能源股份有限公司

神华集团有限责任公司（简称神华集团）是于1995年10月经国务院批准设立的国有独资公司，是中央直管国有重要骨干企业，是以煤为基础，电力、铁路、港口、航运、煤制油与煤化工为一体，产运销一条龙经营的特大型能源企业，是我国规模最大、现代化程度最高的煤炭企业和世界上最大的煤炭经销商，在2013年度《财富》全球500强企业中排名第178位。

截至2013年底，神华集团共有全资和控股子公司21家，生产矿井70个、自营铁路1765公里、自有港口吞吐能力2.63亿吨、自有航运公司船舶30艘、自有电厂总装机容量6566万千瓦。同年，神华集团生产原煤4.96亿吨，销售商品煤6.54亿吨，自营铁路运量完成3.98亿吨，发电3354.89亿度，自有港口下水量完成1.79亿吨。长期以来，神华集团国有资本保值增值率处于行业优秀水平，年利润总额在中央直管企业中名列前茅。

一、大型煤炭综合能源企业产运销一体化调运信息化管理平台建设与运行的实施背景

1.努力建设成为具有国际竞争力的世界一流煤炭综合能源企业

2009年，在全面审视世界能源发展格局、深入分析企业内外部形势的基础上，神华集团提出"科学发展、再造神华、五年实现经济总量翻番"的奋斗目标，经过三年的不懈努力，提前两年圆满完成任务。2012年，神华集团又提出"五年再翻番，建设具有国际竞争力的世界一流煤炭综合能源企业"的宏伟目标。但是2012年以来，受世界经济持续低迷和我国宏观经济困难增多的影响，煤炭市场需求放缓、价格下滑、库存增加。煤炭价格的快速下降，使神华集团的生产经营经受了严峻考验，尤其是营业收入大幅减少，效益出现明显下滑。同时煤炭的社会库存持续增加，国内主要电厂及港口的煤炭库存量都曾一度快速上升，有些还突破了历史最高值，煤炭销售工作陷入历史罕见的困境。

在这种形势下，要实现五年再翻番，单纯依靠增加销售量显然是不够的。而且要建设具有国际竞争力的世界一流煤炭综合能源企业，也必须积极转变发展方式，通过精细化的管控来实现煤炭调运路径的优化、减少流通环节的成本，进而切实提升企业

的核心竞争力。

2.积极开拓有效途径，全面落实集团产业链的价值最大化目标

神华集团生产指挥中心是全集团生产运营的指挥协调机构，负责统一指挥调度集团矿、路、港、电、航、煤制油、煤化工各业务板块的生产运营，并协调相关单位落实生产运营计划，保障各板块以集团效益最大化为目标，高效协同、顺畅运行。按月、日计划组织煤炭生产和调运，是生产指挥中心的主要职责。以前，生产指挥中心的调度指挥系统在信息化能力建设上处在一个非常初级的阶段，集团煤炭调运方案的制定较为粗放，仅以数量的匹配来解决生产、运输和销售存在的不平衡问题，精细化程度不足、产运销脱节，尤其是没有充分考虑利润、成本、时间等调运过程中的经济要素。同时，由于缺乏科学合理的手段和工具，导致始终无法对产运销各环节做到最优化的生产安排，从而难以实现产业链价值创造的最大化目标。

为此，需要建立一个统一、集成的调运优化平台，能将生产、运输、销售等环节中各相关单位的成本、需求、售价等信息都纳入其中。同时，在此基础上还能以集团利润最大化为目标，编制出分煤种、分流向、分客户类别的煤炭调运方案，最终实现产运销协同和全局统筹优化。

3.有效平抑内部各板块间的利益冲突，切实保障产运销各环节平稳接续

神华集团是矿、路、港、电、航、煤制油、煤化工一体化运营的大型综合企业，多板块、一体化协同是其核心竞争力。但是，长期以来神华集团产运销过程中存在着各环节都只考虑自身利益而损失整体利益和效率的弊端。生产端的目的是实现产量目标，然而产出过剩可能遇到运输能力的不足；运输环节的目的是实现运量目标，然而运力计划的不确定性将导致实施过程中呈现运输的无序性；销售端的目的是实现销售目标，然而受制于铁路运力变化及运输任务匹配不合理等因素会导致销售难度的增加和市场份额的减少。产运销每个环节都有各自的目标，但都难以坚持全局观念，在一体化难以真正协同的机制下容易造成产量驱动和销售驱动之间的冲突，并最终表现为频繁波动和调整的状态。

另外，各板块为了实现自身利益目标，均设立了一些板块内部的关键计划和业务指标，由于其缺乏基于全局层面的信息处理和分析工具，各业务板块计划和指标的设置经常存在相互之间的冲突。因此，在实际操作中面对这些冲突往往需要通过牺牲全局利益的方式来换取一体化运行的平稳和顺畅，导致无法保障集团的利益最大化目标。

为了解决上述问题，负责调运的主管部门必须以集团公司的经营目标为出发点，以真实经营数据为测算基础，通过建立精细化的煤炭调运优化模型来统筹考虑产运销一体化调运网络的所有环节，从而实现资源的优化配置、方案的合理编制。当然，在方案的执行过程中也要辅以严格的监督与考评，从而确保各板块、各单位都能坚持以集团利益最大化为主旨、为导向。

4.全面创新调运方案编制方法，有效适应一体化调运网络日趋复杂的发展局面

长期以来，生产指挥中心在煤炭生产、调运计划的编制方面始终是以人工编制且主要依靠传统经验的初级阶段。神华集团一体化调运网络中有十几个煤炭生产单位、数十个装车站点、几十个煤种,铁路运输系统包括神华自有铁路、国有铁路和地方铁路,煤炭销售网络包括黄骅港、天津煤码头和数以百计的铁路沿线站点。当前,生产、运输、检修和销售等环节中规模庞大的运营信息都主要依靠人工来处理,因此编制产运销平衡的煤炭调运优化方案就显得异常复杂,甚至根本就无从谈起。

未来,随着神华集团的快速发展,煤炭生产单位分布越来越广,自有铁路运输正逐步由单一线性运输向网络化运输转变,煤炭销售网络也因业务开拓而变得更加庞杂。可见,集团的产运销一体化调运系统正在加速复杂化,人工编制一体化调运方案面临的难度越来越大。为此,集团需要更加科学合理的信息技术手段来辅助编制不同目标下的煤炭调运优化方案。通过建设产运销一体化调运优化管理平台,不仅能够实现所有数据的及时传输和处理,而且通过设定相应的参数和策略就可以计算出设定目标下的最优调运方案。

二、大型煤炭综合能源企业产运销一体化调运信息化管理平台建设与运行的内涵和做法

神华集团立足转变发展方式,建设了以神东矿区、包神、神朔、朔黄铁路和黄骅港、天津煤码头等为主体框架的煤炭调运优化管理平台。通过该平台能够优化、比选不同单位、不同煤种在不同流向的最佳调运方案,从而推动了一体化运营工作中的计划编制和日常调送的日趋精细化、集约化。主要做法包括:

1. 科学论证、精心设计,确定了煤炭调运优化管理平台建设目标和原则

(1) 加强组织领导,组建高规格的课题组。2011年6月神华集团总经理做出了"以经营利润为目标组织生产运营是转变经济发展方式的客观要求"的批示,要求尽快建立产运销一体化调运优化系统,以提高集团的调度指挥水平,创造更大的经济效益。随即,生产指挥中心通过聘请内外部专家、抽调业务骨干组成课题组,由神华集团分管运营工作的副总经理担任课题组长,生产指挥中心总经理任副组长。课题组内部细化分工,每周召开项目建设碰头会,多次邀请集团内外部专家召开专题研讨会,大量的意见和建议对项目完成发挥了重要的建设性作用。

(2) 多层次、多环节、多角度开展现状及需求分析。生产指挥中心课题组详细了解了集团一体化范围内产运销工作的现状,多次深入相关基层单位,与基层业务人员进行面对面的交流。课题组对煤炭组织单位的装车站点、装车能力、煤种、煤炭成本,煤炭运输单位的运输能力、运输瓶颈、运输价格和运输成本,港口单位的卸车和堆存能力以及销售单位的市场分布、客户类型、销售需求、销售价格、销售费用等大量信息进行了详尽的调研、分析和评估。同时,课题组经常保持与各相关部门和单位的业务沟通工作,并就调运路径的梳理、关键业务节点和销售区域的划分以及煤种的分类等重要内容达成了高度的一致性。此外,课题组还对国内外领先企业在相关领域的研究和应用状况进行了调研,尤其对必和必拓、淡水河谷等领先企业的一体化运营模式进行了深入分析和研究,更加坚定了项目研究的正确方向和重大意义。在此基础上,课题组还对运筹学领域的适用方法和先进应用实例等进行了全面深入的比较。最后,通过反复的推敲和研讨才确定了调运优化平台的建设目

标和建设原则。

(3) 立足当前、放眼未来，合理确定平台建设目标。以神华集团产运销一体化核心业务为基础，模拟以神东矿区，包神、神朔、朔黄铁路和黄骅港、天津煤码头等为主体的煤炭调运业务全流程。同时，以整个流程中各个环节的生产、经营信息为依据，产运销之间的关联关系为约束，建立基于精细化管控的煤炭调运优化管理平台。由此，充分发挥神华集团矿、电、路、港一体化，产运销一条龙的内在优势，全面实现分装车站点、分煤种、分流向、分客户类别的精细化调运。通过该平台建设，不仅能够实现运营计划编制和日常调运工作的高度协同，而且还能提高一体化调运的运营效率和经济效益，进而能够为决策支持和战略执行提供有效的保障能力。

该平台是生产指挥中心和相关基层单位进行月计划和日计划平衡的有效沟通渠道，是各项功能高度集成化、一体化的平台，是与集团产运销协同调度系统、ERP系统、销售管理系统相互兼容又独具特点的平台。因此，该平台必须能够对生产经营数据进行分析和计算，统筹优化，得出全局或者局部，不同区域、不同煤种的调运最佳方案，用以指导日常生产调度工作；能够对不同测算要求，进行不同调运方案的差异性比较和分析，为领导决策提供依据。从而，不仅能够进一步提升调度的执行力和准确率，而且还能够完善一体化调运的计划管控强度和精度。

(4) 严格要求、科学设计，认真确立平台建设的原则。

①全面集成原则。煤炭调运优化管理平台要能与正在建设中的SH217其他项目如产运销协同调度系统、ERP系统等集成，要与现有的调度报表系统集成。

②模块化原则。系统的设计要采用模块化构建，各功能模块之间可以联合运行、相互支撑，也能独立运行、互不干扰。这样的设计不仅条理清晰，而且便于工作人员的分工操作。

③协同处理原则。系统中所有的生产、运输、销售数据统一纳入一个体系进行优化，综合考虑各单位各煤种的固定和变动生产成本、外购成本、运输成本、销售成本、销售收入以及各类产运销约束条件，得到集团煤炭生产经营利润最大化的调运优化方案。

④可扩展性原则。系统在设计上既要满足当前的使用要求，又能面向未来的发展，可以不断扩展升级。如增减装车单位、装车站点、煤种、销售区域等，都可以由用户自主扩展，只要模型的运输网络不发生变化，就不需要对模型做修改。

⑤可靠性及分级管理原则。系统设计时要符合可靠性原则，尽量降低系统的故障率，以免影响调运业务工作的正常运行。系统的设计在使用上要尽量简洁方便，有利于用户的理解与操作，实用性强，效率高。系统的管理要分权限管理，针对每个角色，系统支持分配不同的使用权限。系统管理员可以根据业务需要，针对不同的用户角色设定不同的系统使用权限。

2.合理规划业务逻辑，构建煤炭调运优化模型

建立基于精细化管控的煤炭调运优化管理平台，核心是构建高效的数学模型。课题组在集团既定的产运销一体化业务逻辑关系之基础上，以精细调运、效益优化为主导，精心提取产运销过程中的关键业务要素，研究确定了煤炭产运销一体化调运优化业务的逻辑模式，包括煤炭产运销一体化链条的业务网络结构、煤种分类结构、销售区域划分、销售客户分类、生产经营指标体系以及所需相关生产经营信息等，为构建调运优化模型奠定了充分的业务逻辑基础。

(1) 评估业务分布，明确调运网络架构。在煤炭竞争日趋激烈的情况下，优质的资源和通畅的运输已经成为决定煤炭产、销规模与利润的关键所在。在过去的发展过程中，神华集团借助国家产业政策的灵活调整和国家工业化过程中能源市场的快速扩张，通过发挥自身的资源优势和区位优势完成了以神东矿区为核心、以包神、神朔、朔黄等自有铁路为主线、以黄骅港、天津煤码头为下水销售市场的纵向一体化延伸。该一体化链条大大提升了神华集团的竞争力，其产生的经济价值占到神华集团整体经济价值的2/3强。因此，课题组将煤炭调运优化管理平台所覆盖的调运网络架构确定为以神东矿区为主的一体化产业链，包括神东、包矿、榆神、杭锦、乌海和销售集团等六个煤源供应单位，包神、神朔、朔黄三条自有铁路和以黄骅港、天津煤码头为主的销售网络。

(2) 梳理业务流程，确定建模的基本要素。明确了调运网络架构后，课题组对产运销相关单位进行了多次调研，对业务全流程进行了梳理，确定了50处煤炭装车站点、13个销售区域、22个煤种、3类销售客户和3条自有铁路、9个运力限制点作为建模的基础要素，提出了产运销一体化调运优化的框架体系，见图1。

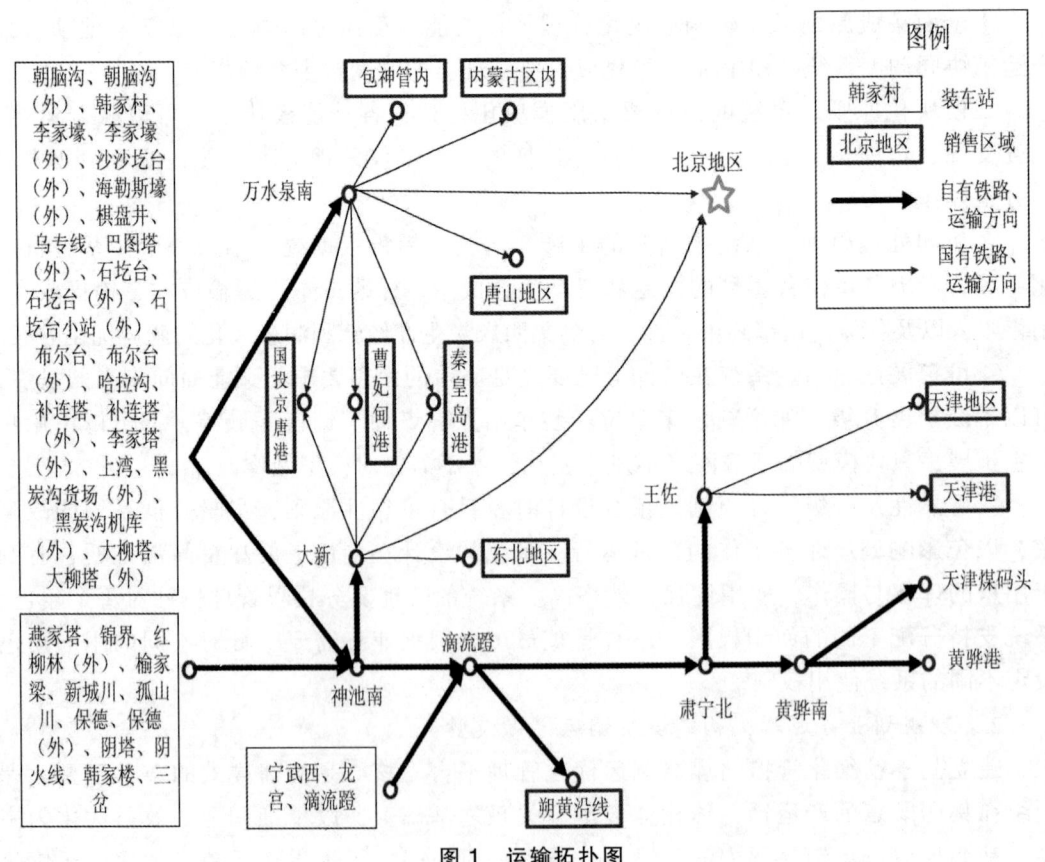

图1 运输拓扑图

系统用装车站点、所经的重要转运节点和目标销售区域表示各条运输路线。例如，"朝脑沟（外购1）—大新—北京地区"，即表示由朝脑沟将外购1煤种经包神沿东线经大柳塔、神朔的神池南、大新，再经国铁运往北京地区销售的运输路线。

图1显示了生产单位各装车站点与销售区域之间可行的运输拓扑关系。可见，同一个装车站点和销售区域存在着多条运输路径，但是不同的调运路径将产生较大的效益差别，仅从直接运距测算，大柳塔直接到黄骅港，比经包神北线至国铁到天津、秦皇岛分别缩短运输距离334公里、567公里，煤炭运输成本相差30~40元/吨。

（3）以精细化管控为出发点，确定建模所需运营信息。精细化管控，就是要改变以往只注重发运数量的做法，实现不同装车站点分煤种、分流向、分客户类别的煤炭调运管理。煤炭产运销各环节涉及的生产经营信息很多，根据模型建设的需要，课题组确定了以下的生产经营信息作为模型需要计算处理的数据：各装车站点的自产煤种、各站点自产煤吨煤完全车板成本、各装车站点预计发运自产煤总量；各装车站点外购煤种、各煤种外购量及外购吨煤完全车板成本、外购总量；各铁路主要运能限制节点通过能力上限；各段铁路的长度、单位运价、单位成本；各港口各类客户销售需求煤种、需求量、销售价格、港杂费、吨煤调进成本港口接卸能力；各直达销售区域各类客户需求煤种、需求量、销售价格、接卸能力等。

其中自产煤的完全车板成本计算相对复杂。自产煤的生产成本有两部分组成，固定成本和吨煤变动成本。固定生产成本指成本总额在一定时期和一定业务范围内，不受业务量增减变动而能保持不变的成本，包括折旧、摊销及期间费用（含销售费用、管理费用、财务费用）等，这部分成本与产煤与否及产煤数量无关。变动生产成本指成本总额随业务量的变动而呈线性变动的成本，包括直接人工成本、直接材料成本等，这部分成本随煤炭生产的数量而变动。因为各站点发运自产煤的吨煤成本将随发运量的不同而发生变化，因此为了计算准确，模型当中自产煤的生产成本是按照固定成本和变动成本来划分的，以各装车站点发运煤种边际利润来构成目标函数，根据目标函数大小来计算决定各站点的发运量。

（4）运用线性规划理论，建立煤炭调运优化数学模型。煤炭调运优化实际上就是要回答"应由各个装运点装载哪种煤，装运多少吨，经由哪条铁路运输到哪个销售区域，销售给哪类客户"这一问题。这实际上包含三个方面决策要素：单位调运周期内各煤炭生产单位在自产煤炭和外购煤炭各煤种的生产量；单位调运周期内各销售区域各类型销售客户不同种类煤炭的销售量；单位调运规划周期内经集团煤炭运输网络将煤炭由生产单位运输到各销售区域的运输方案。煤炭调运优化模型必须综合考虑这三方面决策因素科学合理地设计决策变量。

经过研究，课题组决定调运优化模型采用线性规划模型。一般而言，一个典型的运筹线性规划模型包含：决策变量、优化目标、优化约束条件以及模型求解算法四部分要素。神华集团精细化管控的煤炭调运优化管理模型这四方面要素构成原理如下：

①根据集团产运销业务网络结构、煤种结构以及客户分类结构建立调运优化决策变量。

②根据集团煤炭调运业务所考虑的生产经营指标需求建立集团效益最大化优化目标。

③根据煤炭产运销供应链网络结构，各个核心业务环节的生产经营特性、需求和能力等要素，以及调运业务操作需求建立优化约束条件。

④项目建立的一体化调运优化模型为整数规划模型，采用"分枝定界法"对模型进行求解，能快速有效的获得产运销平衡基础上的特定指标下的调运优化方案。

3. 引入冲突消减算法，灵活解决模型中产运销业务需求间的冲突

由于调运优化所需产运销各个单位的生产经营信息由各单位根据自身生产的生产经营计划以及实际生产经营情况上报至生产指挥中心，各单位在确定上报信息过程中相互之间无法做到全面及时的沟通协调，各单位难以完全兼顾到其他单位的生产经营需求，这将导致各单位提出的业务需求不匹配，产生需求冲突。例如，2012年5月份上报数据，生产端能提供609万吨神混1，但是销售端只提了254万吨的神混1需求，而销售端提出需要427万吨神混2，生产端只能提供141万吨神混2，产销存在冲突。

产运销业务需求间的冲突表现在模型中即为模型的约束条件之间的冲突，将导致上述基础优化模型无可行解，无法求得最优调运方案。为了获得最优调运方案，首先必须平衡产运销需求，消除产运销需求冲突。由于涉及的业务节点多、煤种结构复杂，完全由人力完成该项工作较为困难。为此，课题组在上述优化模型的基础上研究构建了具有业务冲突消解能力的调运优化数学模型，能够根据既定的冲突消解原则计算获得冲突消解方案，并计算获得该冲突消解方案下的最优调运模型。

冲突消解的模型求解办法：根据产运销系统业务需要，确定业务冲突消解原则；在产运销业务约束中引入冲突消解变量，对基础优化模型的约束进行改造；根据冲突消解原则设定冲突消解变量的权系数，引入冲突消解变量加权求和最小化目标函数，将基础优化模型发展为具有冲突消解能力的多目标优化模型；利用线性加权法将多目标优化模型转化为单目标优化模型，应用"分枝定界法"求解。

课题慎重确定了以下冲突消解原则：

（1）应尽量不改变各单位提出的生产经营需求，即尽量满足各单位提出的需求。

（2）特殊调运需求应优先得到满足。

（3）因目前铁路运能已经饱和，应尽量不改变铁路运能。

（4）由于煤质由地质条件决定，无法改变，因此不能改变煤源单位上报的可产煤种。

（5）目前煤矿生产的复杂性，应尽量不改变煤源单位的生产计划。

（6）相比于大客户和市场客户，长协客户的销售需求应优先得到满足。

（7）各类客户分煤种销售需求未得到满足的情况下，尽量满足总量销售需求。

上述原则实际说明，特殊调运需求的优先级最高，其次是运能限制，再次为产能需求，销售需求优先级最低，对于销售需求，长协客户需求优先于大客户和市场客户。在企业生产经营环境发生变化、消解原则需要改变的情况下，用户可以通过配置参数使模型满足新的消解原则。

4. 数学模型的信息化实现，建立煤炭调运优化管理平台

（1）坚持科学设计原则，构建层次化的软件体系架构。系统平台采取层次化的逻

辑架构，由基础支撑层、基础资源层、应用服务层以及应用环境层组成，如图2所示。各层次逻辑上相对独立，功能上组成一个完备的整体。系统采用C/S的技术实现架构，由数据服务器提供数据支持，由计算服务器仿真计算调运方案并根据请求对数据库进行相应的操作。

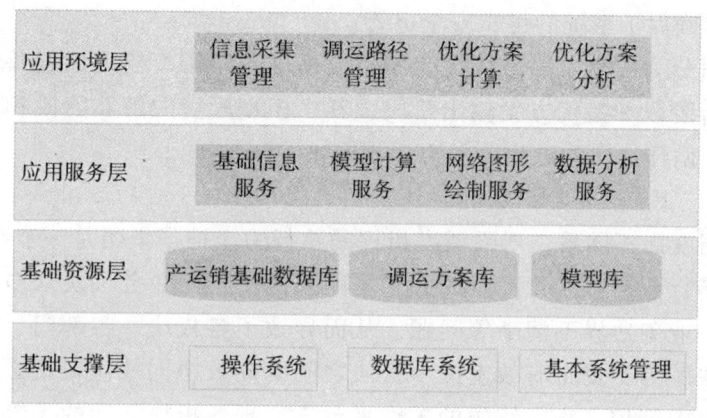

图2 系统平台体系架构示意图

基础支撑层构建在硬件平台基础之上，为整个系统提供基础的运行支持，主要通过集成市场上成熟的操作系统和软件工具来实现，包括操作系统、数据库管理系统以及基本的系统管理等。

基础资源层主要用于存放系统用到的各类资源，由产运销基础数据库、调运方案库及模型库组成。

应用服务层主要包括用于支持应用系统运行的各类服务，具体包括基础信息服务（由基础信息子系统提供）、模型计算服务（由优化模型计算子系统提供）、网络图形绘制服务（由EDrawing引擎提供）、数据分析服务（由数据分析开发包提供）等。

应用环境层通过友好的人机交互界面与用户直接交互，是应用系统与使用人员的主要接口层，是系统功能结构的直观体现，提供信息采集管理、调运路径管理、调运方案编辑、方案分析评估以及系统综合管理等功能。

（2）坚持模块化原则，分五个独立子系统实现平台功能。平台的设计坚持模块化原则，由五个子系统组成，分别为调运信息采集子系统、调运路径管理子系统、优化方案计算子系统、优化方案分析子系统和系统管理子系统。各系统之间可以联合运行、相互支撑，也能独立运行、互不干扰，这样的设计不仅条理清晰，而且便于工作人员的分工操作。

调运信息采集系统主要实现生产、运输和销售信息采集及其他相关信息的计划制定和数据管理功能，各类信息由相关单位按要求填报，平台设计中规范数据结构，将来可以方便地与SH217项目相关系统进行方便的对接；调运路径管理子系统主要实现优化方案所设计可行运输线路的数据管理功能，包括调运路线编辑、运输路线管理和利润计算器三个模块;优化方案计算子系统主要实现优化模型的设置和后台计算功能;优化方案分析子系统提供对于各次优化方案解算结果的可视化、多角度、多维度的分析,可以对煤源单位、装车站、转运路径、销售区域、客户类别和煤种等六项因素进行随意组合分析,完成对优化方案的不同层次数据挖掘;系统管理子系统主要实现系统的配置管理、用户管理等功能,系统分权限管理,针对每个角色,系统支持分配不同的使用权限,确保了系统的可靠安全运行。

系统的使用分为四个阶段,依次为模型数据准备阶段、模型配置并解算阶段、调运优化方案分析阶段和最优方案输出阶段,其中模型配置并解算阶段和调运优化方案分析阶段是一个循环迭代的过程。

5. 产销协同、上下沟通,大力推动煤炭调运优化管理平台的运用

(1) 完善调度指挥体系,增强调度指挥的执行力。神华集团是一个产运销一条龙,实施跨地区、跨行业、多元化经营的大型集团,由于集团业务板块众多,某些环节存在着权责不分、业务边界不清晰等问题,从而导致了各板块、各部门、各单位之间的扯皮和内耗现象。为了真正有效发挥多板块之间的高效协同效应,就必须在集团层面借助一个相对集中管控、集中统领的工作平台来实现各板块之间的无缝链接、同步运行、连续运转,并使之成为有机运行的整体。随着精细化管控的煤炭调运优化管理平台投入使用,为确保其正常运行,还要配套建立了一个自上而下的标准化、规范化调度指挥体系。经过不断实践,神华集团已形成了"相对集中管控、统一指挥"的一体化运营三级管理指挥体系。

煤炭调运优化管理平台投入使用后,生产指挥中心牵头对核心区一体化单位的计划制定与执行流程进行了优化如图3所示,完善了调度指挥体系,派出了驻现场的区域性联合调度办公室,在生产一线协调落实集团的调度指令。

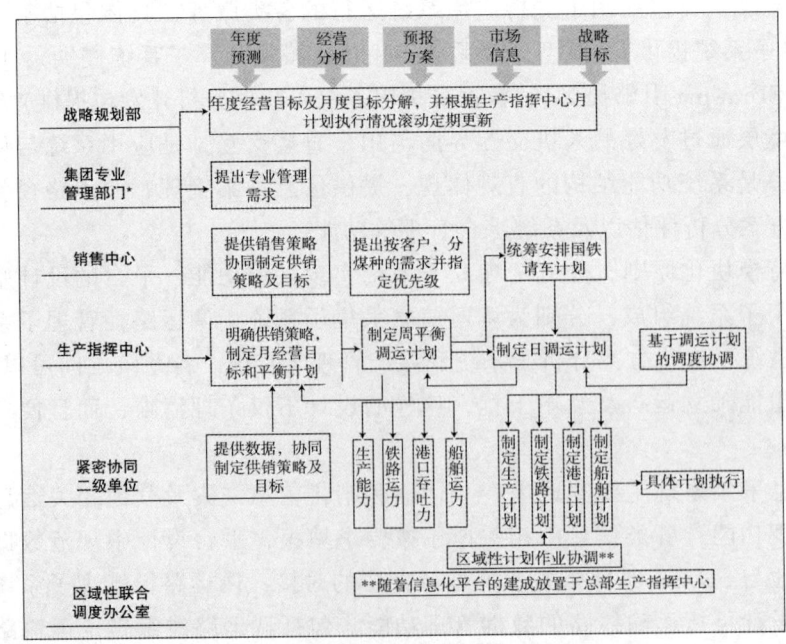

图3 核心区一体化单位的计划制定与执行流程

（2）以煤炭调运优化管理平台为抓手，完善一体化的日计划管控体系。以前，集团层面未能形成真正的一体化日计划管控体系，造成在日常调度指挥协调过程中板块间、上下游间整体协同性略差，板块间存在部分脱节现象，各作业环节的日计划（检修）安排未能紧密衔接，整体协同性不强，运营效率未实现最优。另外还经常出现局部利益与整体利益的矛盾，如神朔神木北运输效益与集团整体利益的矛盾，榆神能源公司装车量大但集团收益却不高。通过运用精细化管控的煤炭调运优化管理平台，将板块间、上下游间的问题都提前汇总，统筹协同，尤其是以一体化产业链效益最大化为目标，化解了局部利益和整体利益的矛盾，健全了一体化的日计划管控体系。

（3）健全定期数据上报机制和日会议制度，相关单位每日定时交互信息。为了使数据上报更加准确及时，课题组与相关单位的生产、调度、财务等部门的业务人员共同商议，根据各单位实际，制定了本单位的数据上报样表，并以集团文件的形式下发各单位执行，责任到人，权责明确，确保了数据上报的严肃性和准确性。

在集团调度会的基础上，每日增开神东矿区日装车运输计划协调会，对当日未完成日计划的原因进行分析，对次日的装车计划进行充分沟通，积极协调相关单位做好煤源储备和煤源组织工作，为最大化装车提供了煤源基础。细化包神管内东线、北线装车计划，对神东矿区日常运行过程中存在的问题做到及时发现、及时研究解决，提前制定了详备的调运方案，对装车煤种、分流计划、装船顺序等进行周密的铺排，强化日计划的执行和落实，以日保月，为月计划的完成奠定了基础。

（4）充分利用煤炭调运优化平台，合理调整装车组织和分流。根据平台的计算结果，包神东线的发运利润要明显优于北线发运，而且如果东线和北线存在交叉作业的装车，会造成转运成本的无谓损失。生产指挥中心合理调整包神管内的装车组织方案，坚持"压北线、保东线"的原则，在东线运力还有富余的情况下，最大程度地减少包神北线出区车进入神东中心矿区装车，有效降低了北线装车对东线装车的交叉影响。

由于神池南以东的销售利润要优于大新口销售，生产指挥中心严格控制朔黄管内卸车停时、加强黄骅港卸车清车工作，进一步加快神池南以东的车辆周转，东线平均周时由 2.78 天压缩到了 2.57 天。另外狠抓神池南回空以有效提高神池南口运量，将神池南日均运行对数由 127.6 对增加到 137.8 对，将煤炭运输向效益高的地方分流，实现了整体效益最大。

另一方面，运用煤炭调运优化平台，对外购煤和自产煤的利润进行排序，同时根据销售信息，总结什么煤种畅销且利润较高，及时将信息传递到矿区，有针对性的生产组织，实现了以利润为目标组织生产运营。

三、大型煤炭综合能源企业产运销一体化调运信息化管理平台建设与运行的实施效果

1.提升了神华集团产运销系统的盈利水平和创新能力

该项目的研究成果对于神华集团产运销系统产生了重要影响。多年来神华集团产运销系统一直以完成年计划为首要任务，专注于量的完成，而忽视了对经济效益的比

较，产运销系统始终没有引入经营的理念，调度决策因缺乏信息化手段，只能凭借日常经验进行调度指挥，在很大程度上存在着不确定性。通过建设基于精细化管控的煤炭调运优化管理平台，全面树立起了产运销系统自上而下"转变发展方式，以效益最大化为目标组织生产运营"的理念。2013年与2012年相比，在煤炭市场转为买方市场且价格严重下滑的形势下神华集团原煤生产量增长了7.8%，自有铁路运输量增长了16.1%，自有港口下水量增长了31.6%，商品煤销售量增长了8.1%。

同时，调运优化平台的运用也显著强化了各级基层单位和员工的创新意识，产运销系统各单位开始引入部分科技课题进行创新研究，进而以最新的科技成果和科技手段为调度指挥提供有效的辅助决策。

2. 提升了集团产运销一体化运营的管理水平

通过运用基于精细化管控的煤炭调运优化管理平台系统，综合产运销全流程各个环节的信息，提升了各个环节生产运营信息的透明度和经营状况的明晰度。同时站在集团的高度，统筹优化制定煤炭调运策略，使集团计划管控的模式更加集成化、精细化，有助于增强日常决策和管控的有效性，从而促进了集团生产效率和经济效率的提升。

利用基于精细化管控的煤炭调运优化管理平台，还进一步增强了调度指挥的执行力和说服力，完善了一体化的日计划管控体系，同时带动业务关系、组织结构、相关制度等逐渐向更合理高效的水平演进。而且该平台的应用将更加适应市场需求的动态变化，有助于不断提高集团的客户服务水平。

3. 推动了集团信息化建设的进程

信息化建设是转变发展方式的有力抓手，是管理提升的重要工程和有效控制的重要基础。近年来，神华集团全面启动一系列管理能力和信息化建设项目（即SH217工程），涉及计划全面预算系统、决策支持系统、ERP系统、采购管理提升、销售管理提升等大小36个项目，计划用三至五年时间，分三个阶段将神华集团打造为央企管理能力和信息化水平领先的企业之一。精细化管控的煤炭调运优化管理平台不论在业务对接还是在数据接口方面，其建设都始终和217工程的其他项目保持交互，及时互通信息，为集团的信息化建设提供了技术支撑，推动了集团信息化建设的进程。

4. 产生了良好的社会效益

精细化管控的煤炭调运优化管理平台，填补了国内煤炭企业调运优化的空白，对于我国煤炭行业而言，该项目的研究成果也会带来积极的影响。研究成果的应用将促使整个行业在激烈的市场竞争中进一步意识到管理创新和信息化建设所带来的显著优势，从而助推我国煤炭行业发展方式的转变。同时，这也将促使我国煤炭企业的一体化运营能力更加接近国际领先企业的水平，从而有助于提升我国煤炭行业在国际市场中的影响力。

(成果创造人：郝　贵　金志刚　马　军　解春生　刘长春　兰　力　李　宁　白志军　马　俊　李韩英　张　强)

大型露天煤矿"五六七八"班组管理的探索与实践

中国神华能源股份有限公司哈尔乌素露天煤矿

哈尔乌素露天煤矿隶属于中国神华能源股份有限公司,位于内蒙古自治区鄂尔多斯市准格尔旗薛家湾镇。自2008年1月建矿以来,紧紧围绕创建"中国第一、世界一流"安全高效样板露天煤矿的发展战略目标,齐心协力、真抓实干,生产、经营、安全等各项指标大幅度稳步攀升,社会效益亦逐年提高。截至2013年底,哈尔乌素露天煤矿共有员工1270人,核定生产能力达3500万吨/年。

一、大型露天煤矿"五六七八"班组管理的建设背景

企业的发展靠的是先进的生产力,企业的生存靠的是凝聚力。班组是企业的细胞,班组建设是企业各项工作的基础和落脚点,是企业改革创新、发展的重要保证,班组建设与企业的发展有着直接的、整体的、全面的利益关系。哈尔乌素露天煤矿自2008年成立以来,在深入分析自身发展的基础上,作出了"开展班组建设工作、提升基层管理水平"的重要决策,在班组建设过程中,认真落实上级管理部门提出的班组建设工作要求,逐步规范班组日常管理,建立健全班组管理制度,合理划分和设置班组级别,大力加强班组的安全工作,着力提高班组长和班组全体人员的素质,积极营造科学、民主、公开的班组工作生活环境,为打造"中国第一,世界一流"的样板露天煤矿奠定了坚实基础。

哈尔乌素露天煤矿核定产能3500万吨。现有职工人数1265人,5个生产队,10个职能部室,32个班组,班组长50名,根据班组人数等级划分,一级班组5个,二级班组9个,三级班组15个,四级班组3个。

二、大型露天煤矿"五六七八"班组管理的主要内容

哈尔乌素露天煤矿通过开展安全管理标准化示范班组创建活动工作,明确了班组建设的目标、基础、体系和支柱,并结合企业发展实际,系统梳理总结了建矿几年来班组安全建设的经验做法,形成了一套"定位清晰、体系健全、载体丰富、管理到位、民主科学",具有本矿特色的"五六七八"班组管理新模式,即:以创建"五型班组"为目标,夯实六项基础,构建七大体系,八大支柱为保证。

1.以创建五型班组为目标,全方位提升班组管理水平

建设"五型企业"是神华集团公司、准能集团公司的终极目标,建设"五型班组"

是"五型企业"的基础。哈尔乌素露天煤矿通过规范班组管理，提高班组管理水平，实现班组的管理标准化、作业规范化、操作程序化，努力将班组建设成为本质安全型、文明生产型、学习创新型、经济核算型、和谐团结型的班组。

一是建设本质安全型班组。牢固树立"以人文本、安全发展"的理念，以实现全年安全生产任务为目标，认真落实班组岗位责任制，加强安全教育培训，提高安全操作技能和安全意识，狠反"三违"行为，严格遵守劳动纪律，严格按照技术标准、工作程序、操作规程作业，全员参与危险源管理、风险评估和隐患整改，提高应急反应能力和处置能力，全面提升现场安全管理水平，将班组建设成为事事有人管、人人有专责的本质安全型班组，达到追求"零违章"，实现"零伤害、零事故"的终极目标。

二是建设文明生产型班组。牢固树立"文明生产"的理念，以职工文明管理、设备文明管理和环境文明管理为目标，积极开展文明生产宣传教育，规范员工言行举止，加强设备维护和保养，改善现场作业环境，做到设备整洁标识齐全，物品摆放整齐有序，将班组建设成为员工整体素质高、环境文明标准高、组织生产效率高的文明生产型班组。

三是建设学习创新型班组。牢固树立终身学习的理念，以培养高素质、高技能、适应性强的员工队伍为目标，积极营造良好的学习工作氛围，建设好学习型班组，不断充实和更新专业理论知识，广泛开展岗位练兵、技术比武、劳动竞赛等活动，激励员工进行各种小发明、小技改、小创新，提高员工操作技能和岗位竞争能力，将班组建设成为增强技能、提高素质的技术创新型班组。

四是建设经济核算型班组。牢固树立节约发展的理念，以加强成本核算、提高生产效益为目标，强化全员节约意识，发扬勤俭节约传统，积极开展增产节约、增收节支、合理化建议、劳动竞赛等活动，落实指标责任，加强班组考核，创新节约手段，做好资源的综合利用，降低生产能耗，提高工作质量，将班组建设成为优质、低耗、高效的成本节约型班组。

五是建设和谐团结型班组。牢固树立"和谐发展"的理念，以实现班组和谐发展为目标，坚持以人为本，注重职工素质提高和个人成长，努力形成员工之间关系和谐、工作协调、互助互爱的良好氛围，通过培育特色班组文化、加强民主管理、实施班务公开、规范员工行为等活动，促进个人与企业和谐共进、共同发展，将班组建设成为员工爱岗敬业、团结互助、奋发向上的和谐团结型班组。

2.夯实班组六项基础，实行全员全过程管理

一是组织机构。成立班组建设领导小组，全面负责班组建设工作。按照"分层管理、上下联动、分类指导、突出落实"原则，实行以党委为主，党、政、工、团分工负责，齐抓共管的组织领导体制。

在班组内设置党小组、团小组、工会小组、群众安全监督员、青年安全监督岗员、安全员、安全协管员、临时负责人、生产设备管理员、核算员。班组要有班组长后备人才。

二是规章制度。要求班组要依据自身不同的工作内容和运行机制，建立健全班组

管理制度，制度的制定要符合《哈尔乌素露天煤矿制度管理办法》文件规范要求。班组管理制度应包含班组安全生产管理制度，班组设备管理制度，经营核算制度，班组员工管理制度等内容。

三是岗位职责。班组要建立班组成员"一岗双责"，明确各岗位在完成生产任务的同时应履行的安全责任。班组要健全班组长、安全员、群众安全监督员、青年安全监督岗员、临时负责人、员工的岗位职责。

四是三大规程。贯彻执行国家《煤矿安全规程》及行业标准，其内容有安全规程、采矿技术参数标准、作业规程、操作规程等内容，涵盖了安全生产的各个环节。要求班组每个岗位成员所从事的作业及其所操作的设备、使用的工器具等都必须按照安全技术作业操作规程或相应的操作标准去执行。

五是作业标准。严格将岗位标准七个大项172个作业流程落实到班组。并要求班组要建立和健全现场管理标准、员工行为标准、岗位作业标准、设备点检标准、质量控制标准等。标准要科学、合理、适用，做到"简化、量化、程序化"。

六是台账管理。班组台账管理方面建立了两类管理台账，即静态的管理制度类台账和动态的原始记录类台账。

3.七大体系为支撑，提升班组建设的层次和水平

一是标准化体系。标准化班组创建以国家安全生产协会《安全管理标准化示范班组评定标准》为基础，并结合哈尔乌素露天煤矿班组建设考核细则，出台了《哈尔乌素露天煤矿标准化班组创建标准》。该标准把班组日常管理工作划分为两部分，即静态标准和动态标准。

二是班组会议体系。班前会是班组工作中最重要的环节之一，班前会召开的好坏直接影响本班的安全、生产任务的安排及员工工作的积极性。为了提高员工安全防范意识，力争本质安全，班组每班必须召开班前会，具体安排布置和总结上班的安全生产工作。班前会要求全体员工进行班前安全宣誓，宣誓要全体起立，声音洪亮，态度端正，精神饱满，提振士气。并要求各班组采用PPT的形式召开班前会，其主要可以使班前会所传达的设备状态、工程安排、上班注意事项、本班危险源辨识、事故案例的分析、每日一题等一目了然地呈现在员工眼前，使班组长传达更为精炼，更为规范，使员工对所传达的内容了解更为深刻，从而大大提高了班前会的召开效率。

班组要根据自身工作时间，每周确定一天为安全活动日，紧密围绕作业安全和班组安全管理开展安全活动，要求全员参加，并明确活动内容和活动主题，活动时间不低于45分钟。

班组要根据自身工作时间，每月召开一次安全专题会，研究解决作业安全中存在的主要问题。

三是职业健康、应急预案与事故处理体系。班组作业场所环境和条件符合职业健康有关法律法规、标准规范的要求。定期进行作业场所的职业危害检测，各项有害因素符合国家标准。并定期组织员工进行职业病健康体检，保留体检档案。

班组要对超标有害因素采取有效措施，制定《职业健康管理办法》，同时班组岗位

员工要熟练掌握职业危害防护的基本知识和基本技能。将可能发生急性职业危害的有毒、有害工作场所，设置有报警装置，并制定职业危害应急预案体系。配置现场急救用品、设备，设置应急撤离通道和必要的泄险区。同时也要求各班组根据班组实际工作情况，制定相应的应急预案，并配备各种防护器具。防护器具要定点存放在安全、便于取用的地方，并设有专人负责保管，定期校验和维护，确保其处于正常状态。班组岗位员工在工作时应正确佩戴和使用劳动防护用品、器具。

班组在作业场所职业危害检测点设置标识牌予以告知，并将检测结果存入职业健康档案。对存在严重职业危害的作业岗位，应按照GBZ158要求设置警示标识和警示说明。警示说明载明了职业危害的种类、后果、预防和应急救治措施。各班组员工要明确岗位工作过程中可能产生的职业危害及其后果和防护措施。班组成员要按照职业健康与安全体系文件的要求，认真履行职责做到"做所写、记所做"。

班组应按照矿应急救援体系和预案体系，结合班组特点，针对岗位存在薄弱环节和可能发生的事故，编制班组现场应急处置方案。应急处置程序、处置措施齐全、正确，并要求班组成员要熟练掌握紧急情况下的处置方法、处理程序、应急联络电话和联络方式。班组至少每年参加一次综合预案或专项预案的培训和演练，至少每半年组织一次现场应急处置方案的培训和演练，对演练效果进行评估，提出改善提案，并对应急处置方案进行修改、完善。班组对应急设备设施和物资应确定保管责任人，并进行经常性的维护、保养，确保其完好、有效、可靠。

班组按照预防和预警要求，做好事故预防工作，将事故消灭在萌芽状态。班组一旦发生事故，事故现场有关人员应当立即向班组长报告，情况紧急时，可以越级，同时应启动班组现场应急处置方案，开展事故救援。应急处置过程中，要注意妥善保护事故现场及有关证据。

班组应主动配合事故调查，查明事故发生的时间、经过、原因、人员伤亡情况及直接经济损失等。按照事故调查结果，在班组开展"四不放过"活动，汲取事故教训。

四是教育培训体系。班组要根据本班组的具体情况和上级要求，制定并实施班组安全教育和专业技能培训计划。安全教育培训主要有本安体系、危险源辨识、事故案例、应急预案等培训。专业技能培训主要有：操作规程、作业规程、作业标准等。

班组长、安全员、群众安全监督员经过岗位任职能力培训，考核合格后任职。

班组对操作岗位人员进行安全教育和操作技能培训时，要使其熟悉有关安全生产规章制度和安全操作规程，并确认其能力符合岗位要求。未经安全培训，或培训考核不合格的从业人员，不得上岗作业。

新入厂（矿）人员在上岗前经过三级安全教育培训后，班组组织其签订"师徒合同"，制定系统的训练计划，并进行指导和考核。

在新工艺、新技术、新材料、新设备设施投入使用前，班组要对有关操作岗位人员进行专门的安全教育和培训。

操作岗位人员转岗、离岗一年以上重新上岗者，要进行队、班组安全教育培训，经考核合格后，方可上岗工作。

从事特种作业的人员必须取得特种作业操作资格证书，方可上岗作业。

班组要在传统安全教育基础上，运用TWI、OJT、OffJT（现场带班、师带徒、集中脱产）等现代化方法和工具，有计划地对下属和新员工进行技能训练和现场指导，提高班组成员作业技能。班组应创新安全教育的方法和形式。

五是信息化体系。信息化是加强班组建设的有力保障，它的灵活性是创建现代班组必不可少的。通过班组信息化管理，不但能够实现班组与上级、班组与班组直接的快捷沟通、交流、共享及资料的储存，还是节约人、财、物的有利措施。班组信息化可达到管理过程的即时性、结构的虚拟性、系统的共享性。

六是考核评价体系。班组考核工作，是发现员工工作中存在的问题，分析产生问题的原因，以期得到有效的解决，促进工作进一步完善、提高的有效依据，是对员工能够更好地执行各项规章制度，促进各项工作深入开展，有效调动员工积极性、主动性、创造性的有效保障。

七是班组长管理体系。班组长应具有一定的文化程度，热爱党、热爱社会主义、热爱集体、热爱本职工作。有较强的责任心，能以身作则，敢抓善管，办事公道；熟悉生产，熟悉所管辖的设备系统和主要工种的技术业务。能凭借较高的业务水平和丰富的工作经验独立解决班组安全生产中的问题；具有一定的组织管理能力，能带领职工较好地完成生产、安全任务，积极开展好班组的各项管理工作；作风民主，关心爱护和团结同志，会做思想工作，在职工中有一定的群众基础。

班组长选拔采用公开、公平、公正原则，一是由班组全体人员民主选举，二是队领导提名，经过队领导集体研究通过后认命。

班组长"三步"汇报法、"班组大讲堂"是几年来进行班组建设工作的实践中，提练和总结出来的一种工作方法。主要锻炼班组长的逻辑思维能力、表达能力、沟通能力，实践证明这一做法简单、有效，贴近于班组建设工作的实际，受到了班组长们普遍赞扬。

4.八大支柱为保证，推动班组建设创水平、上台阶

一是安全生产管理支柱。各班组必须要牢固树立"安全第一、预防为主"的思想，严格遵守劳动纪律、作业纪律，严格执行作业标准、操作规程，杜绝"三违"，保证安全生产。严格落实安全责任制，参与本质安全体系的建设，做好危险源辨识、风险预控，提高安全意识，确保安全措施到位，减少和杜绝"三违"现象的发生，争取或探索本质安全管理体系在班组落地。做到安全、高效、优质、低耗、文明生产，按时保质保量地完成上级下达的各项生产任务。

二是机电设备管理支柱。为保障安全生产，提高设备出动率，班组每班对设备进行安全设施、设备附属油及设备运行状态的点检工作，并根据设备的运行小时数定期进行设备维护保养，保障了设备运行的最佳状态。严格执行设备、工具、备品管理制度，搞好日常维护，保证设备处于良好状态。

班组生产设施设备应满足安全生产的基本要求，班组要对生产设备设施中不安全因素及时反馈到有关部门，并能按本质安全目标要求，提出技术改造、现场改善提案，

促进企业不断提高设备设施的安全度。

三是工程（工作）质量支柱。班组工程质量管理要严格执行《哈尔乌素露天煤矿技术参数标准》，严把质量关，实行标准化、程序化作业，贯彻现场"五达标"要求，即"现场制度落实达标、环境安全达标、设备完好达标、操作程序达标、工程质量达标"，做好质量管理的基础工作。增强质量意识，搞好作业控制，严格质量检查验收制度，不断提高工作质量。

四是模拟准军事化支柱。为规范职工行为，提高职工队伍整体素质，确保"打造一流露天样板煤矿"战略目标的顺利实现，参照中国人民解放军《队列条令》《纪律条令》和《内务条令》，制定了《哈尔乌素露天煤矿模拟准军事化管理办法》，其基本任务是使每名职工明确和认真履行工作职责，大力弘扬"你能、我能、大家能、准能"的准能人精神，维护个人、单位、企业的良好形象，保证圆满完成工作生产任务。

模拟准军事化主要是对班组职工着装举止、礼节交往、服从执行、文明就餐、文明乘车、会议活动、环境卫生等方面进行了规范。

五是民主管理支柱。班组民主管理是企业民主管理的基础，是推进班组建设各项工作顺利开展的有效手段。在民主管理方面要求班组要实行班务公开制度，让班组成员参与决策、参与分配，保证班组成员行使民主权力。充分利用班务公开栏对员工比较敏感的内容进行公示，如奖金分配、绩效考核、评优评先等，使员工能够在公开栏中了解到自身进步和不足，并通过与班组成员的沟通及对自身不断强化，有效地提高班组自主管理水平。

六是党的建设支柱。班组是企业思想政治工作的落脚点，是企业最直接、最具体、最有效的思想政治工作阵地。为了加强班组党的建设，发挥党员在班组中率先垂范作用，要求班组成立以班组为中心的党小组，并有计划地经常对班组员工进行党的基本路线、改革形势、目标任务、企业理念、职业道德、社会公德和法纪教育；关心职工疾苦和思想问题，开展家访谈心、坚持"送温暖"活动；开展"创先争优""党员先锋示范班组""党员先锋示范岗""党的群众路线教育实践"等活动，在加强学习教育的基础上，引导职工树立市场观念、竞争观念、质量观念、效益观念。

七是班组文化支柱。在准能公司"七彩"企业文化指引下，打造独特的班组文化，形成爱岗敬业、诚实守信、遵章守纪、团结和谐、开拓创新的团队精神。推行"幸福员工"工程建设，改善职工的生产、生活、工作和学习环境，从而提升职工生活质量和水平。

班组以多种形式开展安全文化创建活动，逐步形成为全员所认同、共同遵守、带有本班组特点的安全价值观，逐步塑造"想安全、会安全、能安全"的本质安全型员工，打造班组及岗位长效安全生产的本质安全型班组。

八是班组活动与阵地支柱。积极开展班组建设对标、班组大讲堂、企业文化进班组、法律知识进班组等活动。通过开展这些有型多样的班组建设活动，使班组建设工作丰富多彩，推动班组建设管理水平稳步提高。

通过以上努力使哈尔乌素露天煤矿班组最终达到一个目标："岗位有职责、作业有程序、操作有标准、过程有记录、绩效有考核、改进有保障"的现代化露天煤矿班组。

三、构建大型露天煤矿"五六七八"班组管理的主要做法

1. 组织健全，上下联动，确保班组建设顺利开展

哈尔乌素露天煤矿成立了以党委牵头，行政负总责的班组建设领导小组，形成了"一把手"统一领导，企业管理部牵头，党委工作部、工会、安监站、生产技术部、机电管理部、调度部、人力资源部通力合作，对口抓、分头抓、直接抓的班组建设责任体系，各队相应成立了以支部书记为组长，队长、副队长为副组长、其他管理人员为组员的组织机构，并制定班组建设领导小组管理职责，责任明确、分工明确，形成了全矿上下齐抓共管的班组建设格局。为把班组建设工作切实落实到实处，矿级、队级管理人员实行班组包干，指导包干班组的管理工作，并定期参加包干班组的班务会，指出班组安全、生产存在的不足之处。为此各队、各班组也相应制定了管理与规划二者融为一体的班组建设管理办法，更直接、更有效地把班组建设工作层层落实到每个班组。同时矿在每月召开政工例会，讨论如何提高班组建设管理水平，通过学习和交流落实，使班组管理水平得到了提高，形成了团结奋进、谋求发展的班组建设团队。

2. 深入持久开展"五型班组"创建活动，班组整体管理水平不断提高

哈尔乌素露天煤矿根据公司"五型班组"创建活动的通知，要求各队、各班组根据本队、本班组的实际工作情况，选择其中的"一型"或"几型"作为重点建设的突破口，带动其他"型"共同进步。如：穿爆队的经济核算型；采掘队的文明生产型；运输队的和谐团结型；工务队的本质安全型；供电队的技术创新型。根据每队的五型建设，各班组也找出了适合自己班组的一型作为重点建设，如：穿爆队爆破班的经济核算型建设；采掘队运行四班的和谐团结型建设；运输队运行三班的文明生产型建设；工务队运行一班的本质安全型建设；供电队检修五班的学习创新型建设等。通过这些班组的典型引路，以点带面，整体推进，使哈尔乌素露天煤矿在"五型班组"创建活动中硕果累累。

3. 注重培训工作，整体提升全员素质

（1）加强班组长培训工作，培训方式主要以内培和外培的方式进行。内培主要由公司培训中心组织，培训内容是以班组长的任务、角色，班组长如何确立核心，班组长的高效沟通，如何发挥班组成员的专业技术，怎样打造高绩效团队以及班组长行之有效的激励等方面进行。外培主要是以学习国家级先进班组的先进经验，如：平煤的白国周"六个三"管理法、大学生班组管理法、宁煤集团"四五六"管理法、航天科技集团余梦伦班组管理法及国投塔山煤矿"人人都是班组长"管理法的管理新模式。同时还为班组长们购置由全国创争活动指导协调小组办公室指导出版的《现代班组》《班组天地》等杂志和专业书籍，为进一步提高班组长的综合素质和管理水平奠定了基础。

（2）班组员工的业务素质、技能水平与哈尔乌素露天煤矿安全、生产和质量标准化工作息息相关。因此，加强员工素质、技能培训是哈尔乌素露天煤矿一项重点工作。为此，哈尔乌素露天煤矿开展分批、分层次、分岗位的全员专业培训，如：岗位职责、安全规程、操作规程等，每次培训后再进行考试，成绩将作为员工上岗必备条件和绩

效考核的依据。通过培训提高了职工的理论和操作水平，提高了工作效率。

4.全面推行班组标准化管理，实现提升目标

哈尔乌素露天煤矿标准化班组创建以国家安全生产协会《安全管理标准化示范班组评定标准》为基础，结合班组建设考核细则，出台了《哈尔乌素露天煤矿标准化班组创建标准》，该标准把班组日常管理工作划分为两部分，即静态标准和动态标准。静态标准包括23类：安全管理目标、安全承诺书、安全规程、应急预案、主要作业内容及危险因素等；动态标准包括19类，分别是安全活动（会议）记录、安全教育记录、安全检查记录、隐患整改记录、操作技能规程学习、经济核算、劳保领用等，涉及范围广，涵盖了班组安全生产、机电管理、工资分配等方方面面，有效提升了班组自身管理水平，达到了标准化班组创建目标。

5.加大考核力度，严格奖罚，促进班组规范化管理

哈尔乌素露天煤矿建立了完整的三级评价考核体系，通过考核评价，实现了矿对队部、矿对优秀班组；队部对班组、队部对班组长；班组对员工的全方位的考核。基本做法分为五步，即"听、看、查、记、议"。"听"，即听取班组长的工作汇报和各项任务完成情况；"看"，即看规章制度、记录、台账、报表、资料等实物和室内外班容班貌、生产现场环境情况；"查"，即查规章制度、各项指标、目标是否落实到人；"记"，即考评人员对班组反映的一些问题及时记录下来，商议解决；"议"，即考评人员按"实施细则"共同评议，给予评分。综合评分达不到85分的为不合格班组，85分以上的为合格班组，达到95分及95分以上的前三名评为矿优秀班组，考核达到95分及95分以上排名第一的班组被评为标杆班组，并按其评分进行相应的奖罚。

四、大型露天煤矿"五六七八"班组管理的实施成效

1.生产效率大幅提升，跃升为全国最大露天煤矿

"五六七八"班组建设新模式的实行，极大地调动了班组的劳动积极性，通过大力开展班组劳动竞赛，2013年原煤综合单产同比提高3.7%，剥离总量同比提高11.42%，剥离效率同比提高2.4%（m^3/工）。其中，剥离量以日产46万立方米、月产1060万立方米、季产3150万立方米，再次刷新露天煤矿原煤日产、月产、季产纪录。2013年，哈尔乌素露天煤矿跃升为全国最大露天煤矿。

2.安全管理再创新水平

"五六七八"班组建设新模式强化了班组现场危险源辨识和风险预控措施落实，员工的安全意识明显增强，安全生产工作持续平稳发展。2008年建矿至今，在原煤产量每年平均攀升500吨的情况下，连续6年实现了原煤生产百万吨死亡率为零的记录，消灭了重伤以上事故，消灭了轻伤以上事故。涌现出一批国家、神华级安全生产的先进区队、优秀班组。

3.员工技能素质全面提升

通过执行"五六七八"班组建设管理，员工各方面素质得到了很大的提升，先后涌现出"全国煤炭工业百名优秀青年矿工"获得者吴连刚、关小伟；全国煤炭系统"劳动模范"李文江；神华集团"劳动模范"张清海；全国煤炭系统技术创新能手罗怀

廷等一批先进个人。

4.创新创效成果显著

哈尔乌素露天煤矿32个班组全面开展合理化建议、小改小革、修旧利废及"五小"发明创新创效活动，形成了"哈尔乌素露天煤矿北端帮运输系统优化""哈尔乌素露天煤矿非工作帮残煤回收""黑岱沟西部运输系统优化""处理采空区的爆破方法"等一大批的技术创新成果。2013年，全矿共提出合理化建议113条，完成技术革新项目9余项，直接创造效益4.4亿元。

5.特色班组建设成绩喜人

自施行"五六七八"班组建设管理以来，哈尔乌素露天煤矿特色班组创建层出不穷，取得实效。各班组根据工作实际都建立了一套独具特色管理模式；穿爆队的"四七六"管理法、工务队目标管理法、供电队"轮值班组长"等呈现了百家齐放、百家争鸣的局面。

6.安全示范班组建设与班组日常工作有机融合，建成标准化班组

将"五八三一"与哈尔乌素露天煤矿"五六七八"管理模式相融合，吸收国家级优秀单位经验，制定出标准化班组创建标准，并成立专门机构，划分责任，强力推行。将标准化融入日常管理中，实现了管理制度化、制度标准化、标准表单化、表单信息化的管理目标。

（成果创造人：李　军　奥　博　李雁峰　闫永礼　潘建国　郝国平　马晓敏　郭聪夏　战　飞　张　越　贾东学　李　鹏）

政治本质安全体系构建与实践

神华国能集团有限公司

神华国能集团有限公司是2013年1月由原神华国能集团和神华神东电力集团整合组建的。管理整合后,公司资产总额超过千亿,拥有独资、控股子分公司65家(原国能44家、原神东21家),经营区域遍布全国15个省、市、自治区。运营电厂29座(含3个风电场),装机容量近2000万千瓦;运营煤矿8对,年产能近5000万吨。

一、建设政治本质安全体系的背景及必要性

1.研究背景

企业政治本质安全体系建设,是企业在决策、生产、经营全过程中,应对不安全因素,有效预防、控制、转化和消除对可能造成企业不良影响和严重后果的不安全行为,使各种危害因素始终处于受控状态,规避风险,确保企业始终沿着健康持续的轨道运行的一种有效的管理方法,是强化企业政治风险管理,增强企业政治安全系统"免疫力",打造政治、经济、生产三位一体的大安全格局,筑牢企业安全发展防火墙的有效手段。这也是从根本上确定党对国有企业的领导,是坚持党的领导和发挥党组织政治优势的积极实践,是主动承担政治责任和社会责任的重要表现,是神华集团实现建设具有国际竞争力的世界一流煤炭综合企业战略目标、构建大安全格局、确保科学发展的必然选择。

(1)从世界经济发展潮流来看,新经济与传统经济交错发展,大有"经济一体化、资本全球化、经营精细化和社会信息化"之趋势,与此同时,给企业带来不确定风险也呈倍增态势,特别是政治因素对企业安全生产、经营管理的作用与日俱增。

(2)从国内形势来看,我国尚处在经济转型期,各种社会矛盾集中显现。国有企业,无论在哪一个领域稍有差池,便会陷入危机漩涡,严重威胁企业健康发展。政治经济生产安全关系如图1所示。

(3)从政治风险管理角度来看,大部分国有企业虽然在此方面作了一些积极探索,但尚未形成一套科学、系统的体系,难于应对复杂的、新的企业政治风险形势。为此,在2011年,神华集团党组作出了构建政治本质安全体系的重要部署,旨在形成一套系统、长远和有效的政治风险管理体系,构筑本质安全的坚强壁垒。

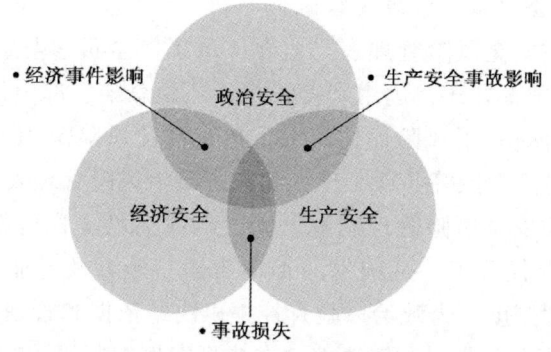

图1 政治经济生产安全关系示意图

2.建设政治本质安全体系的必要性

神华国能集团作为神华集团电力板块的新生力量和主力军,从现实发展看,还面临着诸如管理基础相对薄弱,安全风险、队伍稳定压力较大,政策环境和市场变数大等诸多现实问题,若得不到及时有效处置,极易引起政治事件。轻者影响公司内外部形象,重者威胁企业发展,甚至会导致企业偏离既定的发展轨道。之前,集团尚未建立一套有效的、系统的政治风险防范与处置体系。因此,迫切需要通过政治本质安全体系建设,为企业快速发展提供坚强的保障和有效支撑。

二、政治本质安全体系的主要内容

神华国能集团根据神华集团党组总体要求,按照神华集团政治本质安全体系建设要求,秉承"统筹推进、自上而下、上下联动、继承创新、务实管用"的工作思路,于2013年1月成功建设了一套以政治风险预控为核心,覆盖企业多层面、多领域、多环节的政治本质安全体系。该体系有9个管理模块文件,其中包括:政治风险管理表、政治风险管理制度汇编、政治风险典型案例、政治本质安全文化手册、政治本质安全体系运行考核办法和考核标准、信息化建设方案、政治本质安全体系管理手册、政治风险管理流程图、政治本质安全落地运行实施办法等9项内容。该体系具有系统性、实用性和指导性特点,见图2。

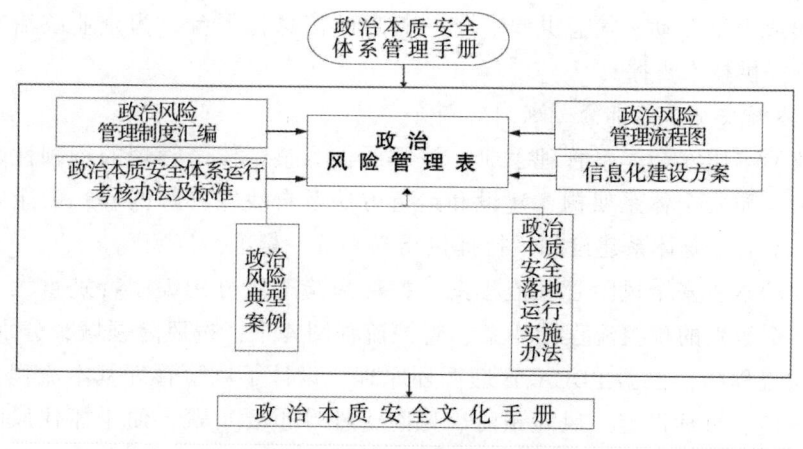

图2 政治本质安全体系框架图

1. 政治本质安全体系的常规内容简介

（1）政治本质安全风险管理表。主要采取了"全员参与、上下联动"的模式，以"海选"式风险点排查方式，运用制度查找、经验总结、部门访谈等方法，经过三轮风险源进行辨识，并进行了风险评估定级，形成政治风险源101个。从政治风险目标设定、风险预防、风险管控等各项工作，编制了政治风险管理表。

（2）政治本质安全风险管理制度汇编。在政治风险管理制度梳理过程中，明确总部及各基层单位责任分工，从国家、神华集团、地方及行业、国能集团等四个层面，汇编了382个管理制度，为政治风险管控提供决策依据和管理标准。

（3）政治本质安全典型案例选编。在典型案例编制过程中，为确保发挥指导作用，选取了某电厂有效处置全厂失电事故、某公司内退人员工资待遇引发群体性事件等神华国能集团系统内发生的重大事件，根据政治风险管控基本要求，进行案例编写。真正发挥典型案例实践和示范作用，促进政治本质安全体系落地应用。

（4）政治本质安全文化。结合企业所属行业特点、发展历程及企业文化，总结、提炼了"责任、廉洁、和谐、健康"8个字的政治本质安全理念。根据政治风险的12个领域，分别提出了确保公司政治本质安全的23条具体实践要求；选编了基层单位在处置新闻舆情、维稳、突发事件和群体性事件等方面的5个典型的文化故事。旨在通过进一步宣贯政治本质安全基本理论、政治本质安全文化理念和员工行为规范等内容，形成政治本质安全文化建设的浓厚氛围，推进企业政治本质安全文化建设的深入开展。

（5）政治本质安全体系运行考核办法和考核标准。根据神华集团要求，结合企业实际，细化各项考核指标和标准，制定了《政治本质安全体系运行考核办法和考核标准》。目的是构建企业安全发展的长效保障机制，加强企业政治风险日常管控工作，推动政治本质安全体系建设和体系的有效运行。

（6）政治本质安全体系信息化建设方案。按照"可扩展性、安全性、经济性、先进性、务实管用"原则，搭建了门户管理、职责分工、风险源管理、预控管理、风险管控等10个子系统，以及登录、查询、岗位分工等36个模块。建立了政治本质安全信息化建设的主要需求模块和基本框架，可实现政治风险辨识、预防、管控的规范化、流程化，形成上下互动、信息共享、统一管理的信息化平台，为企业政治本质安全体系有效运行提供技术支撑。

2. 政治本质安全体系部分创新内容简介

（1）政治本质安全体系管理手册。该手册作为整个体系管理的纲领性文件，主要概述了政治本质安全体系架构、建设和运行方法及自我完善等内容，为企业系统各单位开展政治本质安全体系建设和运行提供指导和统一标准。

（2）政治本质安全风险管理流程图。按照风险等级分别编制特别重大、重大、中等、一般四个级别的预控流程图4个、管控流程图4个；按风险领域，分别编制12个领域的预控流程图。根据PDCA管理循环原理，设计了风险管理基本流程，即风险识别、风险评估、目标设定、风险预防、风险管控等重要步骤，便于抓住风险管理的关键环节，有效预控、管控相关政治风险。

(3) 政治本质安全体系实施办法汇编。为指导做好体系建设、运行工作，为下一步的体系管理提供基本依据，编制了《政治风险管理实施办法》《政治风险源辨识实施办法》《政治风险评估实施办法》《政治本质安全管理制度梳理办法》《政治本质安全典型案例管理办法》等9个实施办法，体现了管控性和指导性。该汇编作为体系管理的二级文件，既对体系建设每个模块进行作业指导，又增强了体系管控功能。

三、政治本质安全体系落地运行创新与实践

神华国能集团政治本质安全体系的构建是以神华集团政治本质安全理论为指导，借鉴兄弟单位先进经验而完成。但是政治本质安全体系落地运行几乎没有任何经验可以借鉴，只能根据企业的实际情况逐渐探索。在2013年3月12日，印发党委【2013】42号文，其中包括9个模块内容的政治本质安全体系文件，组织该政治本质安全体系在65家子分公司开展试运行。随后，针对政治本质安全体系建设及试运行中，诸如政治本质安全建设重点领域和关键要素把握不准；政治风险管理概念化、扩大化问题；政治风险责任落实不到位；政治风险协同防范和管控存在盲点等问题，针对个别单位责任意识不强、政治风险目标分解不明确等共性问题，对政治本质安全体系进行升级完善，创新开发出《政治风险等级及发生几率一览表》《政治风险关键控制要素数据库》；总结提炼出了涵盖政治风险协同管控组织体系建设实践等七个方面的落地运行技术规范和保障措施，有效促进了政治本质安全体系的落地运行。

1.政治风险协同管控组织体系建设实践

(1) 协同管控的组织体系。政治风险的协同管控，就是神华国能集团通过统筹各业务部门力量，将党建、人力资源、财务、纪检监察、审计、法律、工会、职工代表民主监督、生产、经营等方面资源有机融合，充分发挥各部门在各自领域专业优势，由党建工作部门牵头、各部门各司其职做好本业务领域的政治风险预防和管控的协同机制，发挥综合管控效能。

政治风险协同管控的组织体系包括：第一，企业董事会、党委作为政治风险管理的最高决策机构；第二，企业全面风险管理委员会全面负责企业风险管控，企业纪检委、监事会、内控审计部、党建部门作为政治安全的直接管控部门；第三，各业务职能部门为相关业务领域政治风险预控的直接操作和执行部门，并且最终落实到岗位上。

在具体业务领域职责分工上，神华国能集团根据政治风险涉及的风险领域，将政治风险领域分成战略决策、安全生产、人力资源管理、新闻宣传等12个领域，建立健全了政治本质安全组织体系，明确责任部门和管理职责。各职能部门，负责各业务领域政治风险管理的落实执行工作，有力增强了政治本质安全体系落地运行的集成性、系统性、整体性，形成政治风险管理推进的整体合力。

(2) 政治本质安全体系管控目标分解。政治本质安全体系在神华国能集团基层单位试运行中，发现了以下共性问题：因认知、理解等原因，个别单位责任意识不强、政治风险目标分解不明确，导致了政治风险管控责任落实不到位的问题。针对这些问题，神华国能集团对政治本质安全体系管控目标分解的具体操作提出明确要求，将辨识出的政治风险源管控目标以及相应的管控措施，根据企业实际，分解落实到部门、

岗位、人员，层层明确管控责任及管控目标，形成一级管一级、一级对一级负责的政治风险管控模式，切实将风险管控责任落实到位，将政治风险预控纳入日常业务流程，防止发生有损企业和队伍形象的行为。

由于政治风险具有集中性的特点，在人、财、物管理人员和领导干部中，政治风险发生几率较高。为提高政治风险管控效果，神华国能集团要求各单位组织评估和甄选高风险人员，建立健全高风险人员政治本质安全承诺管理制度，强化政治风险管控目标和风险管控责任。高风险岗位承诺管理流程如下：

①企业下发高风险岗位定义及所存在的政治风险，要求相关业务部门结合实际情况进行风险辨识和分析，上报各部门高风险岗位人员名单。

②企业政治本质安全体系建设及运行项目组汇总名单，认真核查，仔细研究后提报党委会、总经理办公会或党政联席会等政治风险最高决策组织审核。

③审核后确定高风险岗位人员名单。

④结合岗位制定承诺书，明确风险岗位政治风险目标。

⑤组织高风险岗位人员签订承诺书。

⑥定期与高风险岗位人员谈话，年底组织高风险岗位人员述职述廉。

2.政治风险预警实践

神华国能集团在政治本质安全体系试运行中发现：个别基层单位政治风险预警获取预警信息的渠道不明确，目标不明确，存在预警信息不准确，预警出现扩大化、片面化倾向，对政治风险发生的可能性及动态变化掌握不清楚，不能有效预警，极有可能造成延误。针对试运行中发现的问题，神华国能集团综合考虑风险信息分类和预警分析机制，重点从两个方面进行政治风险的风险预警：全面政治风险预警和重点岗位、重点人群政治风险预警。

（1）全面政治风险预警。全面政治风险预警处理的风险信息是风险防范措施的落实情况。将防范措施的执行标准作为警戒限度，得出预警分析结果，及时纠正风险防范工作存在的问题，确保预防成效。

全面政治风险预警流程：①风险责任人明确风险发生几率，有针对性的获取风险信息。②风险信息与风险防范措施标准比对，初步评估风险。③报政治本质安全项目组办公室进行评估。④政治本质安全项目组组办公室发出预警信息。

为提高政治风险预警的针对性和有效性，神华国能集团对政治风险发生几率进行评估定级，主要是从具体业务出发，根据风险源与具体业务的关联度，对政治风险源发生几率进行评估，按照引起风险发生的几率由高到低分为四个等级进行排序定级，形成了《政治本质安全风险等级及发生几率一览表》。

在《政治本质安全风险等级及发生几率一览表》中，神华国能集团按照风险发生几率对55个政治风险源进行分级，其中一级有7个、二级有10个、三级有19个、四级有19个，详细、准确地反映政治风险源状况，有针对性地做好政治风险预警工作。

（2）重要领域和重点岗位政治风险预警。重点岗位、重点人群政治风险预警处置的风险信息是存在风险的企业政治活动信息，需要考虑流程、岗位设置、操作规范等情况，综合判断风险行为的发生，得出预警分析的结果，准确判断出发生风险行为的部门、工作环节、具体岗位和实际操作，提示相应部门纠正存在的风险行为。从风险预警信息的来源分为内部预警和外部预警。

①风险内部预警，就是在企业内部，组织重点岗位人员、重点人群，通过对生产、经济、政治等各风险领域业务执行情况内部自查，查找在目标完成、制度执行规范性方面存在的不足和偏差，评估新增风险，获取风险信息，及时进行风险预警，启动相应预案措施，消灭内部政治风险隐患。

②风险外部预警，就是在企业外部，通过关注政府职能部门、新闻媒体、社会舆论、相关企业风险信息以及神华集团发布风险预警信息等方式，加强对新闻舆情、队伍稳定、环保事件、企业社会形象损害等重要领域、重点岗位、人群政治风险关键因素的监测，掌握政治风险因素动态变化，获取风险信息并进行风险预警，及时采取有效措施实施政治风险预防和管控，消除和减小政治风险隐患对企业外部形象的负面影响。

3.政治风险预防实践

在政治本质安全体系试运行中，神华国能集团发现基层单位存在以下问题：不能完全将新闻舆情、队伍稳定、企业社会形象维护等关键业务纳入到本质安全体系运行；不能将政治风险预防措施与日常业务有效结合；风险防范不能实现全业务领域覆盖等问题，影响了政治风险预防效果。对此，神华国能集团借鉴生产管理经验，组织各单位根据实际情况，采取"点检""巡检"与重要岗位、关键环节相结合的措施，将政治风险预防融入到日常业务中，取得了良好的效果。"点检"工作倾向于对已确定政治风险源的预防，"巡检"倾向于从业务领域对政治风险隐患进行排查和预防，两者结合，构成了政治风险全覆盖的防范网络。

(1) 政治风险源"点检"。政治风险源的"点检"，是指对已经确定的政治风险源，通过对引起政治风险发生的各要素进行监控和管理，预防风险发生。"点检"手段主要通过月度自查自纠的方式进行。主要流程：由基层单位各部门政治风险管理员负责组织风险岗位人员，根据重点工作计划、政治风险源涉及的日常工作，查找和评估能够引起政治风险的重点工作事项和关键业务流程，对工作流程和环节，及时提醒和敦促，进行提前干预，切断政治风险源头，杜绝因部门业务工作引发政治风险。在政治风险源的"点检"过程中，要建立完善的政治风险源"点检"记录等管理台账，作为对已经确定政治风险源"点检"载体。政治本质安全体系建设牵头部门（党建工作部门）要加强对相关台账资料记录的检查督导，督促"点检"工作常态化，以此查找风险隐患，预防可能产生的政治风险。

(2) 政治风险"巡检"。政治风险"巡检"，是指基层单位组织相关人员在政治风险关联的业务领域，对政治风险进行动态隐患排查，实现政治风险隐患排查和管控全覆盖。"巡检"工作主要方式和手段是：风险领域所涉及相关岗位，从本岗位职责、制度执行、工作计划、具体业务流程等角度出发，排查可能引发政治风险的隐患，及时评估新增政治风险，纠正偏差行为，规范岗位人员用权行为，阻断其他非政治隐患向政治因素转化的途径。

(3) 政治风险防范与重要岗位、关键环节的融合。建立政治本质安全体系运行与业务管理工作相结合的有效途径，在人、财、物等领域 ERP 管理流程关键环节和重要岗位，融入政治风险预防和监督环节，提高重要岗位人员全力运行政治风险的防范意识，提高政治风险防范的针对性，有效防范风险发生。

4.政治风险管控实践

在政治本质安全试运行中，神华国能集团发现个别基层单位存在以下问题：新闻舆情、队伍稳定、企业社会形象维护等政治风险关键因素的日常监测和管控工作没有完全纳入到本质安全体系运行，重点领域和关键环节把握不清楚，管控措施流于形式，风险源的监测、发生几率、动态变化掌握不及时、不到位等问题，影响了政治风险管控效果。

针对上述问题，神华国能集团在政治风险管控实践中，要求基层单位采取有效措施，分别从重要领域、重点环节和关键要素以及加强政治风险管控巡视督导三个方面抓好落实，确保政治风险管控的有效性。

(1) 突出重点，以点带面促进落实。以人、财、物、新闻舆情、队伍稳定等业务领域关键岗位和重要领域政治风险管控为重点，全过程管控政治风险，实现重点带全面、以关键促整体的目的，推动政治风险管控向纵深发展。

密切关注政治风险管控措施中关于队伍稳定、新闻舆情、廉洁从政、地企关系和环保工作等关键管控措施的落实，提高风险管控效能；将新闻舆情、队伍稳定、环保、廉洁从政等重要业务领域日常工作纳入到政治风险管控措施全过程，不断提高重要业务领域制度化、流程化、规范化水平，确保关键政治风险管控措施落实到位。例如，在新闻舆情管控业务领域，要重点做好新闻舆情监测、应急处置预案演练处置工作，纳入到政治本质安全体系运行；在队伍稳定业务方面，要将做好职工思想政治工作、联系群众具体做法与政治本质安全体系有机结合，将加强"员工思想动态调研""董事长信箱""总经理工作信箱""厂长接待日"等密切职工群众的有效的特色载体做法，纳入到本质安全体系运行，提高具体工作的有效性；在纪检监察方面，要重点做好领导干部、重点岗位人员廉洁从政和用权监督，堵塞腐败漏洞；在环保方面，要将环保事件提高到政治高度认识，将环保日常工作纳入到政治本质安全体系运行，提高到更高级别对待。

(2) 政治风险关键环节管控。为提高政治风险管控的有效性，对已确定的政治风险源的管控，主要是结合管理制度、业务流程，遴选出每个政治风险源的关键管控要素，建立政治风险关键指标库加强对关键指标和环节的监控，不断提高政治风险管控效率，同时为政治风险实现信息化管理奠定基础。例如，在领导干部决策程序风险方面，要重点加强集体决策制度执行情况及相关记录指标的监督和管控；对风险岗位廉政风险方面，要重点加强对招投标程序、采购程序、财务管理制度等程序执行情况及相关记录资料的规范化情况等。

(3) 对政治风险管控进行巡视督导。政治风险管控巡视督导是促进责任岗位落实风险管控措施重要手段。针对政治风险管控工作开展情况，每半年举行一次单位自查或集中督导检查，不定期地对专项工作实施现场抽查，并将其纳入巡视督导工作范围，了解和掌握工作情况，查问题、改不足，及时调整工作部署，确保风险防范工作有效开展。

5.政治风险应急处置实践

政治风险应急处置是针对政治风险发生后处置的环节。政治风险应急预案是应对和处置政治风险事件，降低风险影响的重要环节和手段。神华国能集团在政治风险应急处置中，督促各基层单位建立健全了突发事件组织机构和各领域应急处置预案，并定期进行应急预案演练和教育培训，不断提高风险处置能力，协同各领域力量，对突发事件及时有效处置。

（1）健全突发事件协同处置预案。神华国能集团结合企业实际，根据综合应急预案演练要求，针对政治风险具体内容，建立健全群体性突发事件、新闻舆情突发事件、人身伤亡事故、环境污染事故、溃坝事故等领域应急处置预案，有效应对各种突发事件。定期开展应急预案演练和教育培训，重点加强发生突发事件后新闻舆情、队伍思想稳定、社会形象维护处置的总结工作，尤其是自身企业发生的真实案例，从中发现存在的政治风险管控漏洞，制定相应的措施，并以此为重要内容开展培训工作，使企业上下熟知突发事件的处置流程，不断提高突发事件处置能力。

各类突发事件往往是相互交叉和关联的，某领域突发事件发生极可能诱发政治风险事件或与政治风险事件同时发生。在突发事件应急处置中，神华国能集团要求企业主要负责人必须保持清醒头脑，提高政治风险敏锐性，择机启动新闻舆情、群体性上访、社会形象维护处置等应急方案，做到具体分析，统筹应对，分类处置。2013年，神华国能集团成功应对下属企业危机，化解多起基层单位舆情隐患。

（2）典型案例和流程预演实践。

①在典型案例方面，神华国能集团根据企业实际，及时选取本本企业已发生或极可能诱发政治风险的事件（事故），并且具有一定代表性、指导性较强的事例，作为典型案例，进行编写。典型案例和流程预演是从模拟、演习、实操的角度，将政治风险管理的管控流程和管控措施等研究成果与具体案例相结合，并且建立健全了典型案例的教育、示范机制，促进政治风险管理标准化、流程化、规范化，提高政治本质安全意识和政治风险管理能力，推进体系落地运行的有效措施。

②在流程预演方面，神华国能集团督导各基层单位编制政治风险预控、管控流程图。预控流程，主要通过岗位职责、业务流程、制度执行以及新闻舆情、员工思想动态、社会形象等获得风险预警信息，并制定预防控制措施，进行政治风险预防。管控流程，对获取的风险信息进行分析研判，启动政治风险管控流程，主要从新闻舆情、队伍稳定、社会形象维护以及业务领域应急管理方面进行控制。这样强化了关键环节管控，不断提高有效预防、管控风险的能力，实现对政治风险超前防范和有效处置。

6.政治本质安全文化建设实践

政治本质安全体系建设是一项系统工程，在其庞大的体系中，核心内容是风险管控。神华国能集团通过不断培育政治本质安全文化，使风险防范的意识根植于心，指导于行；通过文化的导向、凝聚、激励和约束功能，有效调动员工实施政治安全行为和参与政治安全工作的主观能动性，推动企业政治本质安全管理工作的落实和提升，形成企业政治本质安全工作开展的内在动力。

（1）提炼政治本质安全核心理念。政治本质安全核心理念是政治本质安全文化建设的核心，从企业发展历程、行业特点，形成本企业特色的政治本质安全的核心理念。例如，神华国能集团根据管理实际和发展历程，提炼了"廉洁、安全、和谐、健康"八个字的政治本质安全文化理念，并重点在12个政治风险领域进行落地实践。制作了《政治本质安全文化手册》，征集了政治本质安全文化故事40余篇，有力地促进了文化落地。

（2）政治本质安全文化的践行。神华国能集团通过发挥职能部门合力，建立本质安全文化宣贯队伍，开展研讨会、知识竞赛发行企业政治安全文化读本等文化宣贯活动，将政治本质安全文化培训融入日常业务，营造了本质安全氛围，促进员工对政治本质安全文化核心理念的理解和认同。

同时，神华国能集团通过"五步走"措施，促进企业上下自觉践行政治本质安全文化。一是建立覆盖全企业的全面风险管理体系，将风险管控体制机制融入到生产经营管理的各个层面，把风险管控工作责任分解到部门、岗位。二是强化各级领导干部风险责任意识，通过惩防并举的教育机制，强化风险责任意识，有效防范道德风险导致的腐败风险。三是将政治本质安全文化理念融入企业管理工作之中，融于危险源辨识、风险预警、本质安全管理的各项标准和措施中，确保安全管理工作的体系化、程序化、规范化和制度化。四是采用行政管理手段、法制管理手段、经济管理手段、文化建设手段、科学管理手段等方式，推行现代的安全管理模式，建立科学、规范的安全管理体系。五是按照岗位职责及操作流程，进行职责和工序分解，制定详细具体的管理标准，严格落实到岗位操作中，增强员工规范意识与能力。

7.政治本质安全运行考评研究

（1）政治本质安全体系与五型企业考核的结合。责任明确是做好政治风险管理的基础。神华国能集团将政治本质安全体系建设纳入到"五型企业"绩效考核，切实做好政治本质安全绩效考核指标的分解和落实，形成"企业—部门—岗位"逐级分解的三级绩效管理体系。例如，2013年，神华国能集团将政治本质安全体系建设纳入到二级单位"五型企业"绩效考核指标，与所属独资、控股45家子公司和分公司，签订了绩效责任书，有效促进了政治风险管理的责任落实。

（2）政治本质安全与党建工作责任制考评的结合。为进一步增强政治本质安全体系建设的主体责任，神华国能集团将政治本质安全体系建设情况纳入到党建工作责任制，进一步明确了政治本质安全体系建设的组织管理体系和主要工作内容。对原党建责任制考核进行了修订和完善，在党建责任制考核中占较高比例，确保了政治本质安全体系建设和运行工作的常态化。

四、建设政治本质安全体系取得的效果

神华国能集团建立和推行政治本质安全体系过程中，有效发挥了风险管控作用。各基层单位政治本质安全文化氛围营造浓厚，政治本质安全意识深入人心，显著增强

了重要领域、关键岗位人员的政治风险管理能力;促进了政治风险控制与企业运营业务的有机契合,保证了政治风险防范和风险管控常态化,实现了社会效益与经济效益的两促进、两提高。

1.社会效益

在社会效益方面,神华国能集团收到了两方面的显著成效:

一方面,能够及时、准确、全面、有效地掌握预警信息,及时发现政治风险隐患因素,增强工作的预见性和针对性,牢牢把握工作的主动权;把政治风险防控工作重心从事后处理转移到事前预防上来,切实把一些问题解决在基层,把一些矛盾消灭在萌芽状态,从而起到预防、控制、化解政治风险作用。2013年,成功应对神华国能集团下属企业——金马集团公司退市,有效预警并化解21次舆情隐患。

另一方面,对促进企业安全生产、经营管理,维护职工群众的合法权益,加强干部作风建设,密切企业与职工、企业与社会的联系,构建和谐的企业文化,促进队伍稳定、内部和谐、化解政治风险隐患发挥了重要作用,为创建和谐企业、构建和谐社会打下牢固的基础。

2.间接经济效益

2013年,是国能集团与神东电力两公司整合后运营的第一年,该政治本质安全体系为保障安全生产、经营管理发挥了重要作用,集团实现了六大跨越:

一是最复杂形势下安全生产达到近年最好水平。全年实现零死亡、零事故,32台机组实现零非停,按期完成15台机组A级检修和18台机组脱硫脱硝改造任务。

二是利润总额创造历史最高记录。进一步强化成本管控,挖潜增效,多措并举,年度实现利润由2012年的30.50亿元大幅增长到58.45亿元。

三是生产销售指标实现历史最大增幅。高度重视生产和营销工作,经过公司上下共同努力,发电量、煤炭产量和销量分别同比增加18.5%、46%、68%。

四是项目发展取得历史最好成绩。全年共有5个电源项目共477万千瓦装机获得核准,达到全国年度核准总容量的(4400万千瓦)的10.84%;90万吨/年煤矿获得核准,资源保有和证照办理取得积极进展。

五是工程建设达到历史最大规模。同时承担了7个项目978万千瓦工程建设任务,高质量、高效率地推进哈密、万州两大神华重点工程建设,顺利完成主要里程碑节点计划。

六是科技创新实现重大突破。具有完全自主知识产权的白马600MWCFB示范机组成功投产,取得全国电力行业关注的重大科技成果,成为神华集团科技创新工作的新亮点。

(成果创造人:李丽军 张有方 薛 军 卢 同)

安全风险预控管理体系在选煤厂的研究与应用

中煤平朔集团有限公司

中煤平朔集团有限公司煤炭洗选中心成立于2009年8月,主要负责中煤平朔集团有限公司的煤炭洗选加工,是目前平朔集团公司的主要生产单位之一。洗选中心下设六个选煤厂,分别是安太堡选煤厂、安家岭选煤厂、一号井选煤厂、二号井选煤、木瓜界选煤厂和东露天选煤厂。其中安家岭选煤厂,设备数量最多,生产工艺最复杂。

一、安全风险预控管理体系在选煤厂的研究与应用背景

1.行业背景

煤炭洗选即从原煤中将煤和矸石分离,从而获得质量不同的产品的过程。煤炭的洗选加工是提高煤炭利用率、节约运力、增加煤炭企业经济效益、减少污染物排放的经济、有效的途径,是煤炭清洁利用的基础与主导组成部分,是发展洁净煤技术的重点,对环境保护和实现我国煤炭工业的可持续发展有着重要的战略意义。

为了实现原煤入选量的大幅提升,洗选的规模和设备都必须要不断扩大和完善,伴随着生产规模的扩大,安全问题也成为急需解决的问题之一。如何防患未然及早发现危险源并进行预警和构建安全管理体系是煤矿企业普遍关注的重点问题。

2.企业需求

通过对安家岭选煤厂进行现场实际调研发现,安家岭选煤厂从2000年以来发生多起设备、人身伤亡事故。究其原因,其安全管理中主要存在以下问题:

(1)虽然建立了各种安全管理措施和制度,但是制度之间缺乏相互支撑,没有形成一套有效的安全管理体系。安家岭选煤厂通过"三标一体"等管理活动,对危险源进行了比较全面的辨识,也建立了比较全面的安全管理制度。但是构建的管理制度之间存在隔离性、分散性,没有围绕危险源形成有效的风险预控体系,这就导致了风险预控效果差,安全管理水平难以提升。

(2)安全生产管理的执行力较差,没有很好地实现全面、全员、全过程管理。安家岭选煤厂虽然建立了一系列对危险源的辨识和隐患排查的奖惩制度,但是安全管理却难以执行到位。其根源在于缺乏一套科学、完善的安全管理工作流程,没有形成安全隐患的排查、整改、复查的闭环体系,导致安全管理效果不理想。

(3) 以罚为主的事后控制效果较差，安全管理机制和方法有待创新。虽然众多煤矿类企业均提出"人人都是安全员、人人都是安全管理者"的管理理念，但却没有配套的管理机制。目前主要依靠安监人员"严看死守"的办法进行安全管理，一旦发现问题采用重罚的方式解决。这一方面导致煤矿投入大量的人力来专门查找安全隐患，使得安全管理成本居高不下，另一方面还导致安全监督检查人员与一线工作人员矛盾突出，安全管理效果不理想。同时，重罚是一种事后控制的思想，而安全管理则应强调"防患于未然"，因此应该建立安全管理提报机制，奖励安全隐患的提报人，有效激励所有人员参与到安全隐患的排查中来，形成人人参与本质安全管理的工作格局。

(4) 安全管理手段不完善，难以实现实时安全管理。目前安家岭选煤厂安全管理还停留在采用手工记录台账的方式对安全信息进行管理，但是由于选煤厂各单位专业种类繁杂、点多面广，安全隐患信息更是种类繁多难于统计和分析。因此，需要建立一套管理信息系统，便于提报隐患及监督隐患的整改过程，使得安全隐患得到及时发现、及时提报、及时整改，减少各类事故发生的可能性。

3.实施意义

从战略的高度为安家岭选煤厂构建风险预警预控安全管理体系，进而以其指导实时安全管理信息系统的开发，在开发过程中充分兼顾安家岭选煤厂的整体利益及部门协作关系。基于选煤厂实际需求开发煤矿实时全面安全管理系统，实现人员、设备、环境的有机结合和统一安全管理，打造以安全生产管理为基础的"数字化选煤厂"，切实提升安家岭选煤厂的安全管理水平，使之处在全国同行业前列。

二、安全风险预控管理体系的内涵与总体思路

1.内涵

选煤厂安全风险预控管理体系是运用系统分析方法对企业经营活动的全过程进行全方位、系统化的风险分析，确定选煤厂生产活动过程中可能发生的危害和在健康、安全、环境等方面产生的后果，通过系统化的预防管理机制，并采取有效的防范手段和控制措施，确保发生的各类安全隐患在选煤厂承受范围内的管理方法。

2.总体思路

安家岭选煤厂风险预控管理体系的研究思路，主要分为辨识风险阶段、安全风险管理模型构建阶段、体系构建阶段三个阶段，按照安全风险预控管理管什么、如何管、如何高效管的思路构建煤矿安全风险预控体系：

第一阶段，运用工作任务分析、现场观察等方法系统分析辨识和评价危险源，对煤矿企业生产活动的全过程进行风险分析，确定可能导致死亡、伤害、职业病、财产损失、工作环境破坏或这些情况组合的根源及其产生的后果，建立健全危险源等级标准体系，形成危险源数据库。

第二阶段，在危险源辨识与评级的基础上，运用事故树分析、因果分析、风险等级动态评估等方法构建安全风险预警模型，优化安全风险管理流程，建立健全安全风险如何提报、如何整改、由谁整改、由谁复查考核、如何激励改进等安全管理标准体系，形成安全文化和制度体系。

第三阶段，将计算机信息化管理技术引入安全管理。借助"面向对象的分析与设计技术"，采用 SQL Server 作为后台数据库、VS.Net2008 作为开发平台、C# 2.0 作为后台开发语言、IIS 6.0 作为 Web 应用服务器，将煤矿安全管理的各项工作融为一体，形成安全风险管理信息化系统平台。主要设计思路如图 1 所示。

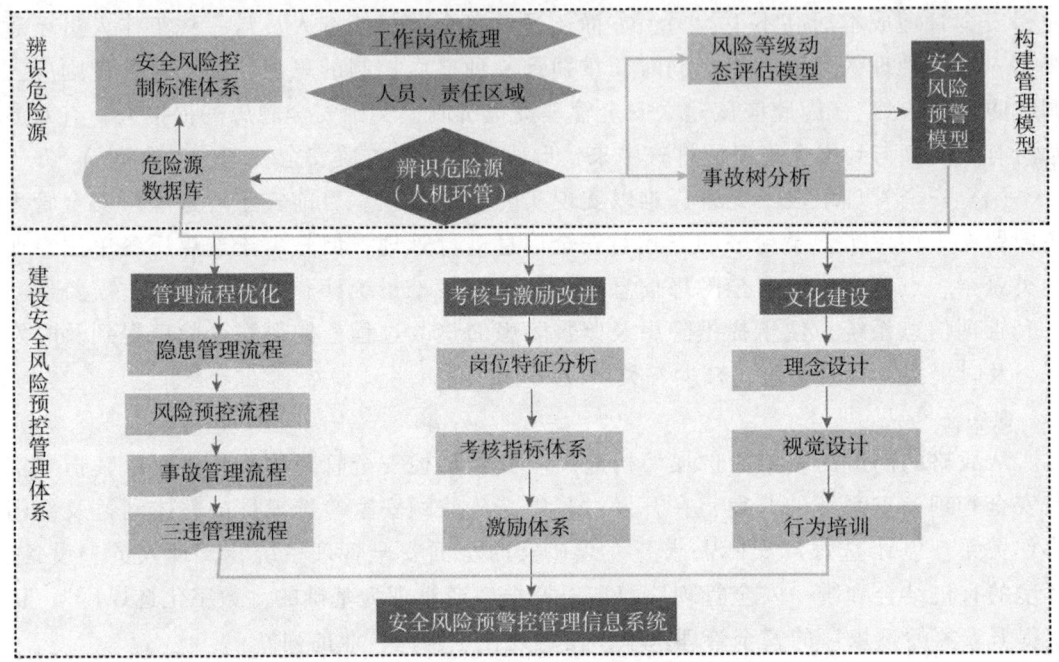

图 1　安全风险预控管理体系设计思路图

三、安全风险预控管理体系的研究内容与主要做法

根据项目内涵和研究思路，安全风险预控管理体系主要分为四大模块，分别为安全风险数据库、安全风险事故模型、安全风险管理体系及安全风险预控管理信息系统。

1.安全风险数据库

安全风险数据库包含危险源和安全（风险控制/作业）标准体系两个部分。通过科学有效的方法保障了安全风险数据库的全面性和准确性。

（1）危险源数据库。危险源是煤炭洗选作业过程中可能导致死亡、伤害、职业病、财产损失、工作环境破坏或这些情况组合的根源或状态，是发生事故的前提条件。危险源由潜在危险性、存在条件和触发因素三个要素构成，对危险源进行全面、准确的梳理和辨识，是有效安全管理的基础。

危险源辨识工作的主要任务是在安家岭选煤厂辨识安全风险危险源、界定安全风险类别、统一安全风险语言，形成安家岭选煤厂的安全风险数据库，为确定管理对象和管理责任主体提供依据信息。

通过工作任务分析、问卷调查、访谈等方法，从岗位、工艺、工作任务和人、机、环、管层面两个维度，分 5 步开展危险源辨识工作：

①梳理安家岭选煤厂的岗位设置。经过三次安家岭选煤厂岗位设置梳理的结果，最终确定安家岭选煤厂的岗位共计 73 个。

②确定各岗位的人员配置、设备配置及责任区域。通过三次系统的走访和资料收集整理，编制出涵盖岗位名称、主要设备及编号、责任区域四大块。

③针对各岗位从人、机、环、管四个维度系统辨识安全风险。

④现场危险源数据采集。对涵盖各岗位人员、设备、责任区域以及人、机、环、管方面的主要危险源的岗位安全风险信息采集表进行数据梳理，补充完善原有危险源。

⑤请现场人员针对梳理的危险源进行二次确认，深入安家岭选煤厂，现场进行危险源核对。

经过上述5步的工作，确保了危险源辨识的全面性和准确性，从而构建形成危险源数据库。

（2）安全（风险控制/作业）标准体系。安全（风险控制/作业）标准体系是煤炭洗选作业过程中，为了保证操作人员安全、准确、规范、有效地进行生产操作而制定的操作标准和规范。

鉴于安家岭选煤厂已经制定了较为完善的安全作业规程，将这些作业规程与危险源的潜在危险性、存在条件和触发因素等状况充分结合，针对不同工种的操作工，制定不同的安全风险控制标准体系，这些标准体系涵盖原煤、主厂房、装车三个生产岗位和机修、电气两个辅助岗位。每项具体岗位的标准体系则包含班前准备、岗位的通用操作、岗位操作规程和交接班作业四个部分。各部分具体的内容如下：

①班前准备。班前准备主要是规范员工上岗前的精神面貌、上岗资格、防护用品、班前会等方面，只有班前准备符合规范，才能保障安全生产的顺利进行。

②通用操作。通用操作主要是从员工工作精神状态、员工工作安全防护用品的穿戴、工作中注意事项和严禁的行为等方面进行规范，这些通用操作涉及到同种岗位，即所有员工均需遵守。

③操作规程。相对于通用操作，操作规范针对的是每个岗位具体的操作要求，对每个岗位涉及到的设备操作从开车前、运行中和停车三个方面加以规范，只有在操作过程中，明确各设备具体的操作规范，才能真正实现安全生产。

④交接班作业。交接班作业主要规范交接班地点、交接班设备情况、交接班日志、记录情况和卫生情况等工作。交接班作业行为规范是整个行为规范最后的一环，也是影响整个安全生产最后的一个不安全行为，必须严格执行操作规范，确保安全生产顺利实现。

针对上述四个方面，制定统一的安全操作标准和规范，确保安全（风险控制/作业）标准体系涵盖的全面性和准确性。

2.安全风险预控管理模型

安全风险预控管理模型是指在完成安全风险数据库建设的基础上，建立起来的系统化的预防管理机制，并采取有效的防范手段和控制措施消除各类事故隐患的管理手段。安全风险预控管理模型是安全风险预控管理体系的核心部分，主要包括事故树分析、危险源等级评估、安全预警模型三个方面。

（1）事故树分析。事故树分析的目的是找出事故或故障发生或者可能导致事故发生的主要或潜在原因，辨识出危险源的相关性，为确定安全对策提供可靠依据。

安家岭选煤厂事故和故障的梳理从两个方面进行，分别是现有事故梳理和易发生故障梳理。

①现有事故梳理。对安家岭选煤厂 2001 年到 2010 年的所有安全事故逐一进行梳理，将安全事故划分为设备和人身两类事故。根据事故树分析的思路，按照三级事故树的原则，分别对两类事故逐条梳理，层层剖析，确定导致事故危险源的关联性。

②易发生故障梳理。在安家岭选煤厂日常生产中，发生故障的比重要高于事故发生的概率，因此避免故障发生能够避免事故发生。通过对易发生故障梳理和安家岭选煤厂原煤、主厂房、装车、机修、电气五个区域的工长及操作工就各个区域易发生故障进行确认，并与前期得到的危险源数据库进行对接，确定每个危险源对事故和故障的贡献率，为后期危险源等级评估和预警的实现提供数据支撑。

另外，还通过与一线员工访谈的形式，获取了洗选作业中的易发故障及故障的诱发因素，充实了事故树分析的成果。

（2）危险源等级评估。危险源等级评估的目的是为制定危险源控制策略提供依据。与安家岭以往的安全管理中将每一危险源划入固定等级的做法不同，现在采用了危险源动态评估的思路，将危险源危机程度的提报值与临界值的接近程度、危险源对事故的贡献率、事故损失的大小三方结合，构建了危险源动态评估模型，选煤厂可以根据危险源等级动态评价的结果，制定不同危险等级的处理措施，能够有效避免事故或故障的发生，从而保障了危险源评估的动态性、科学性及实用性。安全风险等级动态评估建模思路如2所示。

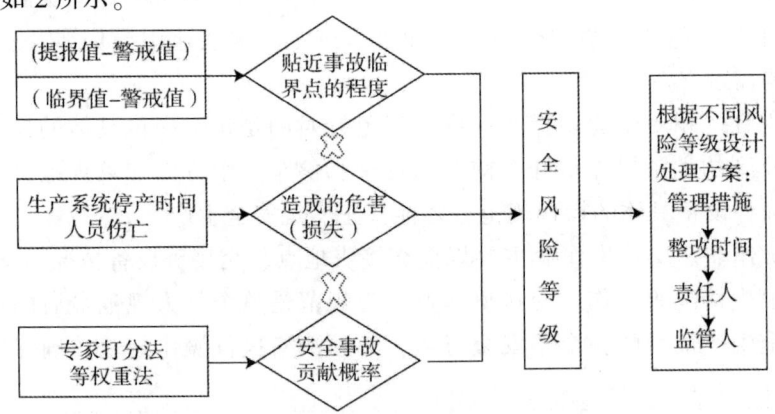

图2　安全风险等级动态评估建模思路

（3）安全预警模型。安全风险预警模型的建模思路：一是基于事故树分析的预警，即通过事故树分析，找到危险源之间的关联性，当某一危险源被提报为隐患时，将触发事故产生的其它关联危险源作为重点监控对象，从而切断事故发生的诱因，避免事故的发生。二是基于安全管理目标的预警，即将选煤厂的安全管理目标进行分解，落实到每个危险源，形成危险源管控标准，例如每年发生几次什么级别的隐患。安全管理过程中，将现实安全情况与管控目标进行比对，从而确定阶段性安全管理重点。安全预警建模思路如图3所示。

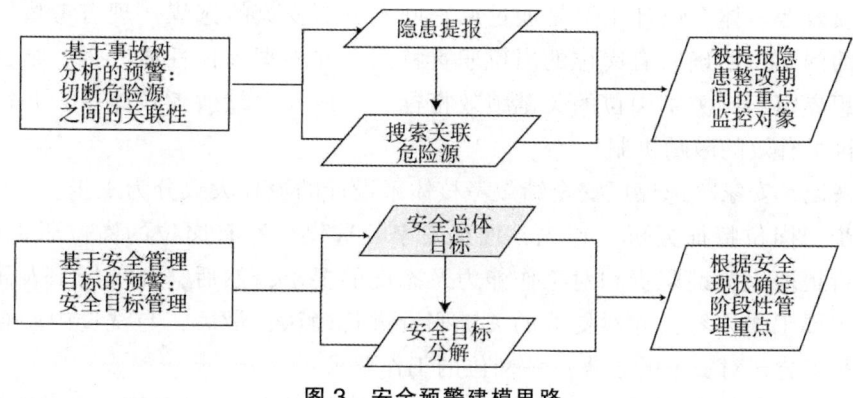

图3 安全预警建模思路

3.安全风险管理体系

安全风险管理体系是洗选中心开展安全风险预控管理工作的支撑，保障安全风险预控体系的贯彻执行。安家岭选煤厂安全风险管理体系主要从管理流程、保障体系两个方面进行构建。

（1）管理流程的优化。安全风险实时预控管理流程是洗选中心开展安全风险管理工作的工作流程。它是一个闭环循环的工作流程，是安全风险实时预警预控管理功能得以发挥的基本工作机制。

为实现安家岭选煤厂安全风险预控管理流程的优化，在梳理其既有管理流程的基础上，对安全风险管理流程中安全风险如何提报、如何整改、由谁整改、由谁复查考核、如何改进等工作流程进行优化，加入了安全风险实时预控管理理念，形成了从危险源被提报到危险源被处理一整套闭环、往复循环的闭环管理流程，确保了安全风险实时预警预控管理功能得以发挥。安全风险预控管理流程的先进性和优越性主要体现在实时性、全员性、动态性三个方面。

①实时性。安全风险实时预控管理流程的实时性体现在发现隐患要求立即提报，通过对讲机，告知危险源录入人员，及时输入到安全风险预控管理信息系统，实时追踪危险源的处理信息。

②全员性。安全风险实时预控管理要求全体员工参与，要求员工以主人翁的意识，发现危险隐患及时上报及时制止事故的发生，体现全员性。

③动态性。安全风险实时预控管理流程增添了风险预警和危险源动态等级评估，根据风险预警和动态等级评估的运算，针对不同的危险源等级，给出动态处理措施。

（2）安全保障体系的建立。安全风险预控保障体系的构建是为了保证安全生产风险预控管理系统得以顺利实现的重要保证。安家岭选煤厂安全风险预控保障体系从考核和文化两个方面进行构建，充分调动全员参与的积极性。

①安全风险预控保障体系的建立。安全风险预控考核体系，通过建立危险源提报机制，对提报人进行精神和物质奖励，采用打分制的方式，从提报数量、提报等级、隐患确认和整改及安全事故次数四个方面进行打分评定，最终得到安全风险预控考核

的得分，并根据得分结果进行物质奖励。

安全绩效考核体系设计主要是通过调查问卷分析安家岭选煤厂现有考核体系满意度及存在的问题，明确所有岗位的岗位职责特征，并根据岗位性质分类，结合安全风险预控思想界定不同类别岗位的关键绩效指标，形成安全绩效考核体系，并针对考核结果制定科学有效的激励机制。

具体来说，安家岭选煤厂安全绩效考核体系设计的流程大致分为三步：

第一步，岗位特征分析。首先，搜集安家岭选煤厂所有岗位的岗位职责说明书，并进行分析提取出关键职责和对工作能力及态度的要求；然后，和现场工人面对面交流，了解主要工作内容，并对提取的关键职责进行确认；最后，与洗选中心管理层进行沟通，明确公司对安家岭选煤厂各岗位的工作要求。

第二步，确定考核指标体系。为了保障风险预控管理体系的正常运行，采用关键绩效指标法来提取各岗位的关键绩效指标，采用两两比较法确定各指标权重，具体工作包括：

首先，确定考核指标。关键绩效指标法是指将安家岭选煤厂的业务重点和发展战略一步步细分到各个岗位上去，具体到每一个人的工作目标。做法是先通过平衡计分卡或者鱼骨图分析，从经济效益、生产管理、风险预控和保障制度四个维度提取出公司级KPI，再根据公司级KPI细化出各个岗位的个人级KPI。其中管理人员承担了安家岭选煤厂经济发展目标的实现，所以管理人员的关键绩效指标体系就是公司级KPI，而操作人员的关键绩效指标体系分为工作业绩、工作能力和工作态度三部分，工作业绩关键绩效指标的提取是通过公司级KPI细化、岗位特征、工作区域特征分析确定的，工作能力和工作态度关键绩效指标是通过专家意见和访谈法确定的。

然后，确定考核权重及标准。因安家岭选煤厂的绩效考核体系缺乏规范性，历史数据虽多但有效性不足，因此按照简便易行和不断完善的思路，采用两两比较法确定关键绩效考核指标的权重。具体做法是采用百分制，先确定一级指标权重，两两指标进行比较，重要性高的标记为1，次之标记为0，得出各项指标重要性得分，再根据得分总和/100得出单位分值对应的权重，然后按照重要性得分进行权重分配，使用同样的方法确定二级指标的权重。

根据安全风险预控管理体系内容、洗选办（2011）第17号关于印发2011年薪酬分配绩效考核单项指标考核实施细则、安家岭选煤厂生产数质量考核实施细则、安家岭区选煤厂质量标准化考核细则、安全目标管理制度、安全质量标准化管理制度及神华集团选煤厂本质安全管理考核标准等资料，确定各岗位考核指标的考核标准，评价方式摒弃扣分制，采用五分法，3分为标准值，表示岗位基本要求。分值越高，表明员工工作表现越好，反之员工工作表现不佳。

最后，确定考核结果的计算及评价等级。

绩效考核结果的满分为100分，各岗位人员绩效考核结果得分为$\frac{\sum 各项指标得分 \times 权重}{5}$，根据考核结果划分为四个评价等级，其中90分以上为"优秀"；80~90分为"良好"；70~79分为"及格"；70分以下为"不及格"。

第三步，制定激励机制。为解决现有考核体系存在的以处罚为主的问题和激励员工积极参与风险预控管理体系，共同将风险事故发生率降到最低，从以下几个方面入手开展员工激励：转变激励机制理念，确立"以人为本、奖励为主"的员工激励机制；充分考虑员工的个体差异，实行差别激励的原则；建立管理层与操作人员全方位全过程的激励沟通机制；培养员工的自我激励能力，发展员工职业生涯规划激励；为职工提供终生教育机会和良好安全的工作环境。

②安全风险管理文化体系的建立。安全风险管理文化体系从里到外可以分为四层：观念文化、制度文化、行为文化和物态文化。观念文化是安全文化的核心和灵魂，是形成和提高安全行为文化、制度文化和物态文化的基础和原因。

4.安全风险预控管理信息系统

安全风险预控管理信息系统是提高安家岭选煤厂安全风险管理工作绩效的系统平台，是传输和处理安全隐患的信息系统，是安家岭选煤厂风险预控管理体系的实施手段。

安家岭选煤厂安全风险预控管理信息系统由隐患管理、"三违"管理、事故管理、预控管理、绩效考核、其他管理和基础设置七大部分。

（1）隐患管理。隐患管理模块以"闭环管理"为思想进行设计，主要包括 PDCA 管理和隐患分布两部分。在 PDCA 管理部分涵盖了从隐患提报—隐患确认—隐患整改—隐患复查—整改完成整个隐患处理流程和"隐患退回"的部分。在隐患分布的部分则是显示隐患提报的具体位置，在工艺流程图上进行形象化的显示。当隐患被确认后，就会在流程图相应位置闪烁红灯，起到一个持续警示的作用。

（2）"三违"管理。"三违"管理详细记录了"三违"发生的时间、风险类别、违章人员、查处人、落实人及处理意见等字段，自动生成事故分析报告和事故的各种统计报表。

"三违"管理主要分成"三违"录入和"三违"统计两部分，"三违"录入是进行"三违"信息的添加、查看、修改、提交、删除、排序、筛选、导出、打印、统计等，而"三违"统计是统计最近 30 项"三违"事项，并以折线图的形式展现，便于直观展示"三违"情况。

（3）事故管理。事故管理详细记录事故发生的时间、地点、类型、等级、责任人、经过、原因以及处理意见等，系统会自动生成事故分析报告和事故的各种统计报表。

（4）预控风险。风险预控包括事故树分析、预警查询、LED 屏幕和短信四个功能部分，事故树分析是将前期梳理的事故和易发生的故障用图形显示出来，给使用者直观清晰的视觉效果。短信功能是指把预警短信，发送给相关人员的手机中，确保关联隐患得以重视。

（5）绩效考核。绩效考核包含隐患提报统计、安全绩效考核、考核制度查询三个部分。隐患提报统计主要是从被查部门、检查类别、被查地点等角度统计员工隐患提报数目。安全绩效考核则是根据隐患提报统计的结果，公布员工绩效考核成绩。考核制度是给员工提供安全考核管理制度，方便员工清晰了解考核制度。

（6）其他管理。其他管理主要是指证件管理及新闻管理两个部分。证件管理主要是对安全证件进行系统化、精细化和形象化的管理，在员工证件过期前，进行提前预警和提示，并形象化地显示各种证件的分布情况。新闻管理是指对新闻进行查询、添加、修改、删除等操作，而新闻添加既可以添加网址又可以自行输入。

（7）基础设置。基础设置包括系统的基础数据和权限分配、对登录密码设置、对用户角色管理、用户管理、部门编码、风险事故树等内容。

四、安全风险预控管理体系在选煤厂的应用效果

安全风险预控管理体系运行后，安家岭选煤厂在隐患管理、"三违"管理及事故管理上取得了初步的成效。

1. 隐患提报整改及时有效

在风险管理基础加强、管理流程优化、管理效果显著提升的基础之上，通过风险预控信息系统的应用和实施，安家岭选煤厂的隐患管理水平得到了大幅提升。

正式运行以来，截至2012年11月30日，共提报隐患3784条，其中D级隐患484条，C级隐患3296条，B级4条，A级0条。到目前为止，整改完成的3471条，正在落实整改的313条（隐患共分A、B、C、D等级，班组内部能够解决的为D级，需要厂部解决的为C级，需要洗选中心解决的为B级，需要平朔集团解决的为A级）。

针对上述隐患的提报数量和整改数量，可以分析得出，平均每日隐患提报数量为11.3条，平均每日隐患整改数量为10.4条，整改率达91.7%。由此可以得出，采用风险预控信息系统，可以实现隐患的及时提报和高效整改，使各种危险因素始终处于受控状态，降低事故的发生几率。

2. 员工"三违"现象逐渐减少

安家岭选煤厂风险预控项目，通过设计正向激励机制，转变员工思想，全厂员工进一步加强安全意识，与2011年相比，"三违"人次大幅下降。

2011年1月至2011年11月，全厂共发生"三违"19起，平均每月发生1.7起。风险预控项目正式实施以来，2012年1月到2012年11月30日，全厂共发生"三违"9起，平均每月0.81起。与2011年相比，同比下降了52.63%。由此可见，采用正向激励机制，可以有效提高员工的安全意识，从"要我安全"向"我要安全"转变，从"监管型管理"转向"自律性管理"的升级，做到"人人都是安全员，人人都是安全管理者"，提升其安全管理的执行能力。

3. 事故发生次数大幅下降

安家岭选煤厂通过风险预控项目的实施，不断夯实风险管理基础，加强隐患排查和整改力度，强化员工的安全意识，提升安全管理的执行力，全厂安全状况保持良好，与2011年相比，事故发生次数明显下降。

2011年1月至2011年11月，安家岭选煤厂共发生事故17起，平均每月1.5起；风险预控项目实施以来，2012年1月至2012年11月，全厂发生事故2起，与2011年相比，同比下降了88.24%。由此可见，实施风险预控项目，在很大程度上预防了事故的发生或使得事故征兆被尽早发现，促进了安家岭选煤厂安全生产的顺利进行。

（成果创造人：徐志远　赵　虎　李富春　袁耀武　赵　灿　郭连仓　王新煜　苑　伟　肖　鹏　赵志峰　刘志德）

TnP&PM 设备全面规范化与生产预防性维护管理体系的构建与实施

中煤平朔集团有限公司

中煤平朔集团有限公司是中国中煤能源集团有限公司的核心企业,是我国目前规模最大、资源回收率最高、多项指标位居全国领先水平的露井联采的特大型煤炭生产企业。1987年中美合作安太堡露天煤矿建成投产,推动中国煤炭工业露天开采水平一步跨越三十年,被誉为中国改革开放的试验田。2006年建成投产的平朔安家岭项目首创露井联采模式,被誉为中国煤炭工业的新标杆。2010年12月15日,平朔公司原煤产量首次突破亿吨大关,建成我国首座单一的露井联采的亿吨级矿区。2012年8月1日,中煤平朔集团有限公司正式开始集团化运作。

经过30年的建设发展,公司已拥有三座生产能力2000万吨/年的特大型露天矿,三座生产能力千万吨级的现代化井工矿,入洗能力1亿吨/年的六座配套洗煤厂,四条总运输能力1亿吨的铁路专用线。

一、TnP&PM 设备全面规范化与生产预防性维护管理体系的创新背景

设备是最重要的矿山生产工具,不但价值昂贵、品种繁多,而且功能多样、技术先进。在设备使用过程中需要投入大量人力、物力和财力来进行维护、保养和修理,生产成本中很大部分是设备的维护费用(超过40%)。

平朔公司目前的设备管理体系虽然都由关联部门在进行管理,但管理的目标性、系统性、关联性和激励机制存在不同程度的欠缺。因为维修成本和责任不在司机身上,使用设备者不爱护设备,不懂维护设备甚至损坏设备的现象时有发生;维修设备的部门不能监督设备操作,无论设备处于什么状态,他们的责任只是修理;维修者技能不高、维修质量不稳定,经常返修甚至发生质量事故。同时,设备的配件供应、库存、采购与维修部门责任关联性不强,责任不清,造成一方面配件短缺,影响设备出动率,另一方面配件的库存积压、呆滞和浪费。在煤炭市场低迷的大环境下,如何改善设备管理体系、降低设备的运行成本,成为企业的需改善的主要问题。

另外,设备的全寿命信息化管理、购置后评价、设备租赁调剂经营、报废标准评估问题、考核与运行监督等工作亟待加强。

井工设备维修中心运输设备维修车间承担着公司300多台井下运输设备的维护、大中修保养工作，其中主要的是各类支架搬运设备，防爆运输车辆，2010年以前采用TPM维修管理模式。由于井工矿使用条件的特殊性、设备的高（安全）可靠性、低（废弃、噪声）污染、高可用率、低故障率和低成本成为设备管理的主要目标。从2011年井工设备维修中心开始探索逐渐实行TnPM维修管理模式，经过两年的管理实践，2014年初，井工设备维修中心对TnPM管理体系进行了科学的发展，形成了比较适应公司要求的TnP&PM管理体系。

二、TnP&PM设备全面规范化与生产预防性维护管理体系的主要内容及内涵

1.什么是TnP&PM

TnP&PM（Total Normalized Productive & preventive Maintenance）是平朔公司井工设备维修中心总结提炼，并在该中心运输设备维修车间推行的最新设备维修管理体系。经过2年多的运行，已经形成了一套比较科学、完善并符合矿山实际情况的设备维修管理理论。TnP&PM管理体系以设备的最高生产率和综合效益为最终管理目标，以文化理念的落地为手段，以全面规范化的生产管理和预防性维修制度为管理内容，对设备的管、用、修进行全寿命信息化、精细化、标准化的管理。

2.TnP&PM管理体系的主要内容

TnP&PM管理体系主要内容由八个要素、五个"六"和五个"全"组成。

（1）八个要素。

①以最高的设备综合效率（OEE）和完全有效生产率（TEEP）为目标。

②以全系统的预防维修体系为载体。

③全车间所有班组都参与其中。

④从最高领导到每个员工全体参加。

⑤班组自主管理和团队合作。

⑥合理化建议与现场持续改善相结合。

⑦变革与规范交替进行，变革之后，马上规范化。

⑧建立检查、评估体系和激励机制。

（2）五个"六"。

①6S：整理、整顿、清扫、清洁、素养、安全。

②6I：改善效率、改善质量、改善成本、改善员工疲劳状况、改善安全与环境、改善工作态度。

③6Z：零故障、零缺陷、零库存、零事故、零差错、零浪费。

④6H：即清除6个源头（Headstream）——污染源、清扫困难源、故障源、浪费源、缺陷源、事故危险源。

⑤6T：即6个Tool，又称6大工具，其内容是：单点课程OPL体系、可视化管理、目标管理、绩效管理、团队合作、项目管理。

（3）五个"全"。

①以设备综合效率和完全有效生产率为目标，即全效率。

②以全系统的预防维修体制为载体,即全系统。
③以员工的行为全规范化为过程,即全规范。
④以全体人员参与为基础,即全员。
⑤以全面信息化 EAM 为手段,即全过程。

3.TnP&PM 管理体系的主要内涵

(1)文化理念的逐步渗透,转变了管理者和所有员工的态度,大家在工作中有统一的目标、标准,同时形成了规范的素养,极大地提高了管理效率。"全"由4全增加到了6全:全效率、全系统、全规范、全体员工、全寿命、全信息化。

(2)安全质量标准化由 6S 增加到 8S,即:整理、整顿、清洁、清扫、素养、安全、服务、节约。同时引入"四定一检查"和32个提升方法,形成了:外化于行,内化于心,言行一致,本质安全的理念。

(3)将 6I(改善)再增加3个改善,即:改善节能环保意识;改善职工作业环境;改善职工对企业的认同感。

(4)改善 6T 的 OPL,将单点培训时间延长到半小时,同时鼓励职工自学成才,中心另外采用师带徒培训、岗位技能练兵、技术比武等手段提高职工学习技术的积极性。

(5)创新 6H 中的污染源管理,强化油品的源头存储、加注、回收三个过程的零污染;在厂区污染治理过程中强化工艺的严格执行:整机清洗—分解—总成清洗—分解—零件清洗的三级清洗制度,车间实行接班后和收工前的清扫与工余时间相结合,一事一毕与左手扳手右手抹布相结合的管理模式。

(6)关于 FROG(Future Re-boosting-Operator' Growth)体系:中心在规范化关心员工的培训与成长的同时引入"双五满意"理念,建立各种激励平台,实行三维一体军事化五型班组建设。

(7)关于 JIT(just in time)管理:中心建立了配件严格寄售化的零库存管理理念,同时引入国产化、本地化和修旧利废、废旧物资回收的管理方法。

(8)关于6个不浪费:中心实行维修与生产相结合的"点对点"服务理念,延伸服务地点和服务时间,全天候与设备在一起:设备在井下,临故修理和配件更换在井下;设备在库房,检查在库房。

(9)关于规范化:这是一个所有部门、所有流程、所有内容、所有标准、所有考核都需要的而且是一个不断完善的体系。对于维修部门来说在未来的8个规范化的基础上,提出了延伸的"技术改造规范化"、班前会、手指口述、军事化一共10个规范化的管理办法。

(10)关于 SOON(Strategy Onsitinformation Organizing Normalizing)模式:这是预防性维修的核心理念,即"维修策略—现场跟踪信息反馈—采取组织行动—不断规范预防性维修"。

三、TnP&PM 设备全面规范化与生产预防性维护管理体系创建的主要做法

1.制定全面规范化生产维护—TnPM 实施方案

为进一步提高运输设备维修车间管理水平,从根本上扭转重生产、轻管理,重故障抢修、轻预防维修，操作维护不规范的设备管理现状，车间决定推行TnPM全面规范化生产维护，建立全系统的预防维修体制，使设备操作维护管理规范化，提高设备综合效率，为公司做大做强提供良好的设备保障。特制定如下实施方案：

（1）指导思想。以现场6S活动为切入点，以规范化作业为过程，以TnPM小组寻找和解决"六源"活动为动力，持续改进现场管理，提高员工素质，实现设备"管理、使用、维护、检修"四位一体的规范化管理，并建立完善的检查考核体系，使生产设备的现场管理达到较高的规范化水平。

（2）工作目标（分三阶段完成）。

第一阶段（2014年1~4月）：开展6S活动（整理、整顿、清洁、清扫、素养、安全），取得明显效果；清除"六源"活动（污染源、清扫困难源、故障源、浪费源、缺陷源和危险源），取得阶段性成果；基本实现现场管理、维修管理、前期管理、备件管理、润滑管理、设备技术改造和设备专业管理规范化。

第二阶段（2014年5~8月）：继续开展6S、清除"六源"和规范化管理活动，达到员工素养提高、六大损失降低，设备综合效率提高的目的，逐步形成具有中心特色的设备管理体系。

第三阶段（2014年9~12月）：持续改进，达到员工行为规范化，作业环境标准化，单台设备样板化，设备综合效率稳定在95%以上，争取达到集团公司设备管理先进单位标准。

（3）实施方法。

①车间将根据工作进度，适时编辑下发各种学习资料和指导性文件，各班组负责具体实施，并组织全体员工进行学习贯彻，车间管理人员适时指导。

②按照实施方案和推行手册，各班组自行推行实施，车间责成专人考核。推行过程中，重在结合各自的实际。推行的主要目的是规范现场管理、保证作业安全、避免浪费、提高员工素养、提高工作效率和提升公司规范化管理的综合效益。切忌僵化、死搬硬套，一切围绕主要目标进行。要逐层落实责任，层层分解，强制推行。

③车间将按照公司设备管理量化考核规定，对各班组的工作进展进行不定期的监督考核。同时，根据开展进度情况，将采取重点培训辅导、内部交流参观、外出培训和请专家授课等方式进行。

④开展TnPM活动的目的在于规范员工的行为和习惯，形成切合实际、规范化的工作流程和工作标准，通过员工自觉行为，创造中心最大的效益。因此，此项工作是一个长期、持续改进的过程，要充分发挥广大员工的聪明才智，在实施中创新，在创新中实施。通过持续改进，逐渐形成符合中心实际的，全新的具有特色的设备管理体系。

（4）实施步骤（分七步推进实施）。

第一步：建立组织。为使TnPM顺利推进，车间成立TnPM推进领导小组，办公室设在车间工程师处，负责日常工作。TnPM推进领导小组的职责：指导、检查、督促TnPM工作的全面推进工作。各班组也成立相应的TnPM推进小组，由班组长任推进小组负责人，由车间推进小组直接管理。

第二步：制定车间推进实施计划。

第一阶段（2014年1~4月）：宣传教育，强化意识。开展TnPM的教育培训工作及宣传攻势，提高各级人员的认识，强化意识，培养技能，有针对性地对操作人员、维修人员、技术管理人员进行系统的培训，营造全员参与TnPM的氛围。

第二阶段（2014年5~8月）：改善环境，规范操作维护。整改现场，解决设备污染源、清扫困难源、故障源、浪费源、缺陷源及安全隐患源，彻底改变现场面貌。完善标准规程，使操作者的操作、维护、润滑、点检更加规范化；维修人员检查、维护、修理、备件管理规范化。通过建立样板设备，全面推广，不断完善。

第三阶段（2014年9~12月）：提高素养，持续改善。TnPM在全车间内得到良好运行，职工广泛参与，积极提出合理化建议；操作人员日常点检水平明显提高，能发现和处理设备运行中存在的一般问题，主动投入到现场的改善中；维修人员设备检查水平提高，基本做到备件的定期预先提出，故障频率降低，停机时间缩短，建立起较为完善的设备预防维修体系。

第三步：TnPM启动及培训。车间将对TnPM活动的宗旨、意义、内容精髓和主要过程对全体员工进行介绍，以引起员工对TnPM活动的兴趣，调动广大员工参与的热情。同时，各班组员工要以自学为主，系统地学习TnPM知识，从不同层面承担起推行TnPM活动的责任。各班组要利用一切宣传手段，进行TnPM活动宣传，推动TnPM活动顺利开展。

第四步：以6S为切入点，开展TnPM。TnPM推进的突破口是6S活动。各单位按照《6S管理推进手册》，认真学习，让全体员工彻底了解6S的精髓和重要意义，按公司安排持续推进实施。

6S活动要循序渐进，从3S开始，即做好整理、整顿、清扫，逐渐发展到清洁、安全和素养。6S活动是从形式化→行事化（规范/制度化）→检查评估化→激励化→习惯化→向品格化变化的过程。

第五步："六源"的解决。重点解决在6S活动中遇到明显的"六源"问题，主要是污染源、清扫困难源和故障源，顺带解决6S中发现的安全隐患源、缺陷源和浪费源问题。解决"六源"问题，可采用灵活、短周期的目标管理方式，建立"六源"公示板，将近期需要解决的"六源"名称、解决方法、执行人、完成日期展示出来，鞭策员工，按时完成。

第六步：以规范化为主线，创建样板设备并推广。车间将围绕设备正常运行和保障设备正常运行两大系统，初步建立《车辆技术操作规程》《车辆维护规程》以及设备管理工作流程和工作标准等规范性文件，创建一套既适合设备状况又适应员工技术水平和劳动强度的操作、维护保养规范，把操作、清扫、点检、保养、质量保证、安全、设备润滑和小故障的处理融合一起，连贯起来，形成规范标准。各班组要结合中心开展的"五小科技创新"，从软、硬件管理着手，按照中心下发的各项规范标准认真落实执行，创建各自的样板设备，车间将组织对样板设备进行评比和推广。

第七步：建立TnPM考核评估体系和持续改进。车间将根据推进的情况建立考核评估体系，适时地对各班组进行检查评估。考核评估体系是TnPM持续进步的关键。应根据TnPM五阶六维中的六维评价内容指标，建立一个综合的考核评估体系，不断检验TnPM推进效果。从设备6S开始，深入挖掘和清除六源，逐步建立规范作业体系，在工作中不断提升规范，向自主维修和自主管理的高度迈进。

2.引入文化管理理念的渗透

根据管理目标和"若要利其器必先顺其治，若要顺其治，必先理其思"的思路，利用"五满意"工作理念、"快乐工作法"等，引导员工把岗位成才与中心的发展有机地结合起来，调动所有部门、所有员工的积极性，积极探索改善、提高设备寿命和维修质量。同时，在提高服务意识前提下，积极探索与设备的使用部门、管理部门、物资供应部门的主动合作，最终建立"管、用、修"一体化的设备维修模式。

3.发展完善TnPM中的T和n

把四全发展为六全：全效率、全寿命、全流程、全部门、全信息化、全员；规范化的服务理念：建立与相关部门的沟通机制，信息畅通，超前服务，主动承担。协助司机建立培训、点检、巡检管理，定期举办使用与维护部门的沟通会议，提高司机对设备的爱护理念，提前关注司机的需求。规范化的管理是把设备维护、大中修管理流程、维修标准和管理内容全面规范。

4.创新TnPM为TnP&PM

关于生产性维修（Productive Maintenance）目标优化主要是从生产率、可靠性、综合效益和如何与使用部门配合协助其搞好点检、巡检的工作上优化。关于预防性维修（Preventive Maintenance）目标优化主要是从保养、点对点临故维修与服务、技术改造、设备大中修、年检、油品保管、化验、司机调研、信息沟通方式等优化。除此之外，把降本和服务的理念融合在6S之中，将原来的安全质量标准化6S发展成为（6+2）S，推行标准化可以节约成本，安全就是最大的节约理念；推行绝对严格的油品管理无污染维修理念，把节能环保、修旧利废、降本增效工作融入到管理规范中去；主动跟进服务，设备在哪里使用，哪里就有临时故障处理人员跟进服务，设备在库房保管备用过程，也是维修人员进行检修的最好时机；通过定期沟通会议，对司机提出的噪音大、污染严重、报警和警告等一系列要求，主动承担技术改造的任务；主动承担设备管理租赁中心的设备检验任务；在配件管理方面推行寄售管理，配件只在使用后才进行合同结算；提升全员对设备管理的参与度，提高员工技能，培养员工爱厂如家的理念，实行四定（定人、定设备、定责任区、定责任事件）管理和一事一毕的标准化推进理念；全面推行EAM工单管理，严格领料与质检程序。

通过把文化理念引入到管理体系和创新工作相结合这两个重大举措，一个以设备高可靠性、高生产率、高综合效益为最终目标的全面规范化的生产性与预防性相结合的TnP&PM设备维修理念在运输设备维修车间逐步形成。

四、TnP&PM设备全面规范化与生产预防性维护管理体系六大支柱的具体内容

1.支柱一：自主维护和小组管理

和全员生产维修（TPM）管理体系一样，TnP&PM充分重视员工的自主维护和小组

活动的开展，相应的工作建立在生产现场的规范化的作业流程之上。

员工自主维护闭环包括四个主要环节：即建立从"清扫→检查监测→记录分析→维护行为（紧固、润滑、调整、更换、堵漏、防腐）"的设备维护体系。

当检查监测发现的问题现场操作员工难以解决，则跳出自主维护闭环，进入"诊断→维修"的专业维修闭环，从而形成双闭环完整的作业体系。认真执行该体系，就可以随时收集记录日常的微小故障和故障隐患，为将来的集中维修打下基础。

2. 支柱二：课题和建议

课题和建议是包括TnP&PM在内的很多管理模式强调使用的重要工具，在TnP&PM管理模式推进过程中，也被广泛推荐使用。

可用的题材来自生产、设备、质量、安全、环境和成本等各个领域。

3. 支柱三：系统规范化设计

规范是对行为的优化，是经验的总结。规范是根据员工素质和生产、设备实际状况而制订的最优运行、维护、维修行为方式，它高于员工的平均水准，而又是可以达到的。员工经过适当的培训，就可以掌握规范和执行规范。规范一旦制定，就应要求员工去自觉执行。从某种意义上说，规范也是企业的纪律，要求员工认真执行，逐渐由制度化到习惯化，再转变成性格化。TnP&PM是依靠"规范"来引导员工的自主维修行为的。

TnP&PM在员工的现场改善活动中，不断规范员工的行为。除了生产现场的行为，包括设备的润滑、备件管理、维修管理、故障管理、前期管理、资产管理都要寻求一个最佳的模式，把这个模式固定化、文件化，也就是使之规范化，从随机走向科学。

4. 支柱四：管理流程

在TnP&PM体系里，除了生产现场操作员工参与的规范化活动之外，精心设计的预防维修体系仍具有重要的实践意义。管理流程起着相当重要的作用。首先，根据不同设备类型及设备的不同役龄，选择不同的维修策略；然后通过现场的信息收集，包括依赖人的感官的点巡检、依靠仪器仪表的状态监测以及依赖诊断工具箱的逻辑推理，据此了解设备状况，进行故障倾向管理和隐患防范管理；下一步是维修活动的组织，包括维修组织结构设计、维修资源配置等；最后是维修行为的规范和维修质量的评价。

（1）设备维修体系策略。

①维修大策略的划分。一般而言，设备一生可分为初始故障期、偶发（随机）故障期和耗损故障期三个阶段。根据相应阶段的故障状况表现采取相应的维修策略。

②几种常用维修模式的界定。维修模式是指维修微观策略设计。微观维修策略关系到每台具体设备，或是设备部件。设计多种维修模式模型作为策略选择的参考。

（2）现场信息收集。该部分主要是通过建立依赖人的感官的员工点检系统，依赖仪器仪表的状态监测手段，依赖正确逻辑思维和经验积累方法的故障诊断方法库，形成故障诊断定位、快速反应的信息处理体系。

（3）维修资源组织架构和资源配置。通过维修组织优化设计，维修资源合理配置，实现维修效率最大化和成本最小化的目标。

企业设备管理所涉及到的维修资源，包括内部专业维修队伍、掌握多种技能的操作员工、合同化的外部维修协作队伍三方面的力量。

企业的设备配置应该遵循如下的规律：维修难度很高的设备，其数量和维修工作量不多，采用技术外协解决；反之，维修难度不高的设备，其数量和维护工作量不少，采用劳务外协解决；设备数量较多、维护量较大、维修难度也较高的设备由企业内部专业维修人员完成；设备数量较多、维护量大、维护难度较低的设备由企业内部多技能操作者完成。

（4）维修行为规范化。维修行为规范化也属于规范化体系的一部分。维修行为规范化实质上就是制定和执行维修工艺的过程。相当一部分企业的设备维修没有一套完整的拆装和维修工艺作为支撑，维修往往是经验型的工作，每次维修行为都存在差异。这样，损坏性的维修就难以避免。制定维修工艺是维修行为规范化的前提。

设备维修工艺可以参考设备说明手册，参考生产厂的装配工艺，也可以拍照和记录维修过程，根据维修经验总结提炼成维修工艺。将制定好的维修工艺对维修人员进行培训，使他们熟悉设备结构，熟悉拆装过程逻辑，熟练地应用维修工艺去检查维修设备，可以大大减少差错，降低维修损坏风险，保障设备维修质量。

5. 支柱五：员工能力培养

TnP&PM 的全员规范化体系是与员工的培训和成长同步进行的。员工进步促进企业发展，反过来，企业进步也应该带动员工进步。因此，企业的进步必须将员工能力成长纳入管理体系。TnP&PM 对员工成长进行了系统的设计，这一体系由以下过程构成：员工能力分析；员工成长约束分析；制定个人成长计划；建立自上而下的五维培训体系；推动和建立单点课程；培养积极思维和没有借口的团队；企业教练法则；企业知识资产管理与信息共享；行动至上和行为管理；员工和企业同步成长。

6. 支柱六：五阶六维的评价体系设计

（1）评价的五阶设计。企业 TnP&PM 的进步应该是循序渐进和阶梯式的，将设备管理体系的评价定义为六值逻辑，即建立由零阶到五阶的评价体系。零阶代表未通过一阶评审。一阶为最初级，五阶为最高级。

（2）评价的内容。评价内容分为六个模块：

①组织结构健全性。企业是否有健全合理的设备管理组织、TnP&PM 推进机构，各个基层生产部门是否有配套的推进组织，组织活动是否活跃。

②管理流程规范性。企业是否有简洁、优化的设备维修策略、维修模式、维修资源配置设计；在生产现场是否有设备操作生产工艺作业指导书（操作规范）；是否有维护保养规范（包括清扫、点检、保养、润滑四位一体，诊断、维修六步闭环）作业指导书和管理闭环流程指示；各个环节是否有相应时间承诺；是否有紧急情况的安全防护、环境保护处理流程；在检维修部门是否有覆盖主要设备的维修工艺作业指导书（维修行为规范）。

③员工士气和素养水平。小组活动开展是否活跃，员工参与提案、合理化建议是否活跃，月提案数占员工人数比例、提案的实施率、每月员工自主编写课件占员工人数的比例、员工的平均技能级别等。

④生产（办公）现场状况。生产现场定置管理状态，有无定置图、定置率多高、现场5S开展情况；生产现场可视化管理，是否将生产、设备、安全、健康、环境纳入可视化管理，视板是否生动活泼等。

⑤信息与知识资产管理。主要考核设备管理领域采用计算机辅助管理的应用面，以及设备维修领域知识管理的体系建立、覆盖范围、执行情况等。

⑥设备管理经济指标。评价的设备管理指标包括设备综合效率、完全有效生产率（维修费用占生产成本的比例）、单位产量维修费用、备件资金占设备资产比例、备件流动资金周转率、平均故障间隔期（平均无故障时间）、平均维修准备时间、平均维修时间、维修损坏率等。

五、TnP&PM设备全面规范化与生产预防性维护管理体系的实施效果

中煤平朔集团有限公司通过一年对TnP&PM设备全面规范化与生产预防性维护管理体系的运行实践，取得了以下成果：

一是提高了设备生产率。目前防爆胶轮车达到85%，支架搬运车达到了90%。

二是降低了维修成本。目前设备维修成本每年下降超过2%，三年来逐渐下降7%。

三是安全实现了零伤亡。安全质量标准化达到特1级，成为集团公司的示范点。

四是节能环保工作取得实效。清洗车间实现了中水多次复用；车间实现全天无照明和固体污染物的分类存放与回收。

五是员工快乐工作。实现了对企业的高度热爱与忠诚，提高了员工集体荣誉感，员工爱厂如家，自身技能得到不断提高。

六是管理规范。实现了信息化、精细化和规范化的管理体系。

七是维修质量稳定提高。设备总成件如发动机大修寿命超过了原装新发动机的寿命，达到了4000小时。

八是车间完善了定置管理，改善了作业环境。

（成果创造人：王东发　李全喜　陈庆旺　杜　龙　范　宇　张睿杰）

管理提升模型的研究与应用

中煤集团上海大屯能源股份有限公司

上海大屯能源股份有限公司（以下简称大屯公司）是中国中煤能源集团公司骨干生产企业，是淮海经济区重要的优质炼焦煤和动力煤生产基地，以煤、电、铝、运为主营产业，主要产品为煤炭、铝锭、电力、铝加工产品等。拥有四座生产矿井、四个选煤厂、一个发电厂、一个电解铝厂、两个铝加工厂、180公里的自营铁路专用线、一个机械制修厂和一个汽车运输等生产经营单位。公司煤炭主要煤种为1/3焦煤。主导产品为精煤（五级、六级）、洗选煤（特优、优1#、优2#），具有低灰、低硫、低磷、高灰熔点、高热值、炼焦性能好等特点，是良好的炼焦用煤和优质的动力用煤，在国内市场特别是华东市场享有很高声誉，在国际市场也有稳定用户，年产销率在99%以上。

一、管理提升模型研究与应用的背景

加强管理是企业永恒的主题。2012年受国际经济危机持续蔓延和欧债问题的影响，国内经济增速明显放缓，煤炭需求增幅出现回落，煤炭价格也从高位回落，在这种形势下，中煤集团大屯公司周边煤炭企业纷纷降价促销，大屯公司也被迫采取降价和销售落地煤等手段，以保证煤炭市场；而铝板块国内库存量仍然居高不下，前景不容乐观。在这种形势下，一些在经济形势好的情况下容易被掩盖、被忽视的薄弱环节和深层次问题更加显露出来，对公司保持平稳较快发展带来了严峻的挑战。

根据国资委《中央企业开展管理提升活动的指导意见》和《中煤集团关于开展管理提升活动的指导意见》文件精神，大屯公司自2012年3月至2014年2月开展以"强基固本、控制风险、转型升级、保值增值、做强做优、科学发展"为主题的管理提升活动，对大屯公司当前查找短板、提升安全、发展、经营管控能力，加快落实公司"十二五"发展规划具有十分重要的现实意义和长远意义。通过管理提升找出风险点，止住出血点，向管理要效益、要质量、要增长，保持公司稳中求进、实中求效的发展态势。

二、管理提升的主要内涵、核心内容、工作原则、工作目标

1. 管理提升的主要内涵

管理提升是以实现公司管理水平的总体提升为目标，通过全员参与，运用科学的

方法，查找管理领域中存在的短板和瓶颈问题，深入分析产生的原因，并提出有针对性的整改方案，通过实施持续性的管理改善，以夯实公司的管理基础，提升管理现代化水平，完善管理创新机制，从而实现公司综合绩效改善的过程。

通过调动全体员工的积极性，全面开展公司管理工作的自纠自查工作，以科学的、系统的方法，务实的态度，从客观实际出发，查找当前管理领域中存在的突出问题和薄弱环节，找准管理短板和瓶颈问题，研究并集结集体智慧，制定重点整改的方案，狠抓落实，确保短板消缺和瓶颈突破，使公司管理上一个新台阶，改善公司经营绩效。

在全面自查和诊断的基础上，进一步加强基层建设、基础工作和基本功训练，以全员消除浪费、创造价值、持续改进为指导，全面梳理制度，优化工作流程，有效运用精细化管理方法，建立系统、科学、实用的标准和制度体系，加强培训、严格执行、夯实管理基础。

在以解决突出问题和薄弱环节为重点、扎实开展短板消缺和瓶颈突破的同时，将管理提升活动覆盖到公司管理的各项领域，进一步完善专业管理各领域，健全体系，引入科学高效的管理方法，通过管理信息化水平，营造人人参与管理提升的氛围，通过构建一套有效的激励机制，建立起管理改善和管理创新的长效机制，将持续改善和管理创新纳入制度轨道，形成企业管理的闭环。通过管理提升，使企业成本费用、管理漏洞、重大风险得到有效的控制，综合绩效得到明显的改善。

2.管理提升的核心内容

企业管理涉及企业生产经营活动的方方面面，管理提升活动是一项系统工程，围绕业务线管理，梳理脉络、去繁就简、抓住核心、纲举目张，从战略规划管理、投资决策管理、风险管理、公司治理与管控、安全管理、生产管理、设备管理、基本建设管理、创新管理、信息化管理、技术管理、经营管理、财务预算管理、人力资源管理、国际化管理、供应链管理、民生管理、党建管理（反腐倡廉管理）和社会责任管理等方面提出专项改进与提升目标、标准和任务，抓基层、打基础、练内功，不断提升公司竞争力，实现企业管理的全面提升，见图1所示。

3.管理提升的工作原则

大屯公司围绕国资委提出的"立足自我与学习借鉴相结合、重点突破与全面提升相结合、从严治企与管理创新相结合、加强管理与深化改革相结合"四项基本原则，按照集团公司的要求，从公司实际出发，着重把握以下几点：一是全面展开，层层推进；二是紧扣主题，抓住关键；三是专项突破，全面提升；四是突出特色，注重实效。

4.管理提升的主要工作目标

大屯公司力争通过两年的管理提升活动，公司管理制度更加完善，管理工作流程更加顺畅，管理职权和分工更加清晰，公司管理活动运转高效，基层管理明显加强、管理现代化水平明显提升、管理创新机制明显完善、经营绩效不断提高、安全生产的风险得到有效的控制，实现管理规范化、集约化、专业化、精细化、信息化的"五化"目标。

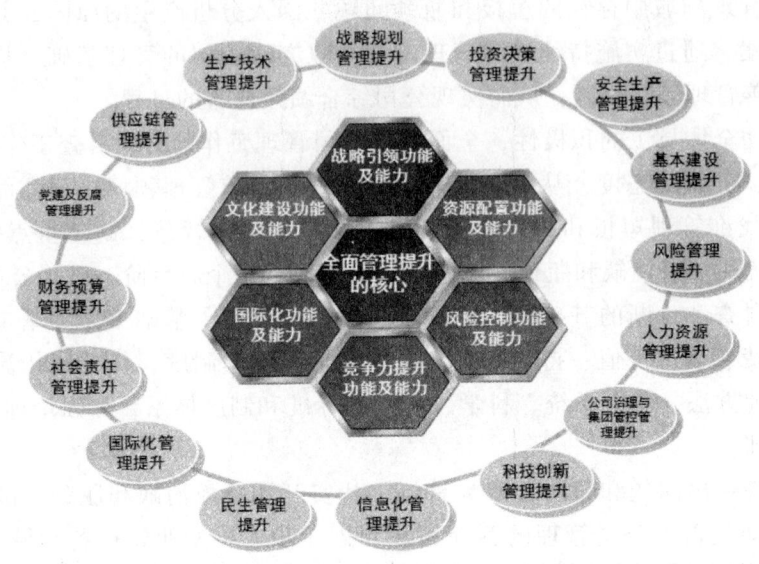

图 1 大屯公司管理提升核心示意图

三、管理提升的模型及步骤

1. 管理提升模型

管理提升是全员参与,从大屯公司总部机关到各直属单位的全方位诊断、评估、提升的过程。组织内部以及组织内外部间的持续性学习和沟通,是提升组织内各单位执行公司全面提升的重要方法和步骤。

企业的管理提升应当切实服务于战略引领、风险控制、资源配置、核心竞争力、国际化经营、文化建设等六项核心功能的建设,重点围绕支撑六项核心功能的13项重点管理领域,即战略管理、组织架构管理、集团管控、采购管理、人力资源管理、财务管理、全面预算管理、信息化管理、国际化经营、企业文化、社会责任、研究与开发、党建及反腐倡廉管理等,搭建内部学习沟通渠道,通过进行诊断和评价,发现各项管理领域中存在的管理短板和薄弱环节,有效促进各项管理领域整改与提升,从而以点带面地带动公司管理水平整体提升。管理提升活动总体上分为三个阶段,各阶段的工作重点及目标见图2、图3。

2. 管理提升的工作步骤及方法

管理提升是一种系统的、复杂的管理过程,只有方法得当、思路正确才能取得实效。大屯公司按照"全面启动、自我诊断","专项提升、协同推进","持续改进、总结评价"三个阶段的活动部署,循序渐进地提升重点领域。大屯公司认真贯彻落实集团公司部署和要求,将管理提升活动与形势任务教育、安全生产经营、加快改革发展以及管理创新等工作相结合,认真制定管理提升专项方案,规范各个阶段、各个环节的工作,使管理提升活动有序推进。

(1) 第一阶段:全面启动、自我诊断。第一阶段的工作主要分构建组织、动员启动;确定对象、诊断准备;自我诊断、找准问题;拟定报告、确认诊断四个步骤。

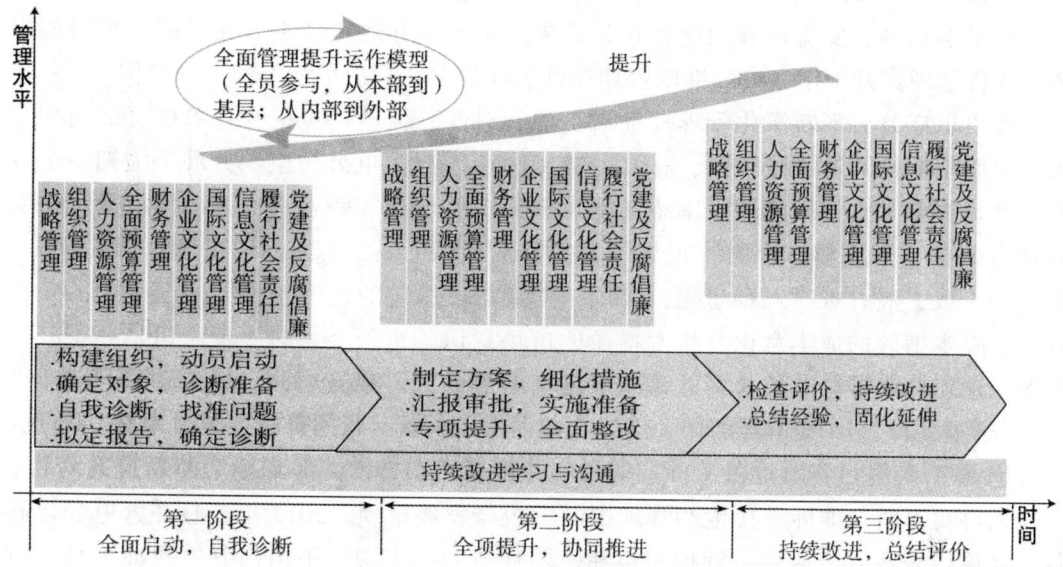

图2 大屯公司管理提升模型示意图

图3 管理提升活动阶段和主要环节

①精心组织，健全机构，形成有效工作机制。2012年3月，为确保管理提升活动取得实实在在的效果，大屯公司成立了管理提升活动领导小组，下设管理提升活动办公室，由公司领导、有关部门负责人和专业管理人员组成，负责公司管理提升活动的组织协调、方案制定、检查指导等工作。

根据集团公司《关于印发中煤集团关于开展管理提升活动的指导意见的通知》要求，大屯公司管理提升活动办公室制定了大屯公司开展管理提升活动指导意见和实施方案，经详细论证和征求意见后，印发公司各单位、机关部室中心执行，并将指导意见及实施方案上报集团公司。

2012年4月25日,大屯公司召开了管理提升活动动员会,传达集团公司管理提升活动动员会精神,安排部署大屯公司管理提升工作,并通过"报、刊、网"等新闻媒体,宣传管理提升工作亮点,推广管理提升工作经验,营造了浓厚的活动氛围。

②集思广益,不断深化管理提升活动的针对性。为进一步提升各单位、部门和广大干部职工查找问题的针对性、有效性,2012年5月大屯公司组织开展了为期一个月的"管理提升"大讨论活动,围绕转变思想认识、理清发展思路、找准短板差距、明确转型定位、形成整体合力、把握工作重点"六大目标",着重破除"等、靠、要、庸、懒、散、混、难"八种思想,牢固树立"居安思危的忧患意识、安全第一的安全意识、降本增效的成本意识、扭亏增盈的市场意识、止于至善的质量意识、守土有责的责任意识、令行禁止的执行意识、争创闯的进取意识"等八种意识。采取分产业类型、分管理层次组织全体干部、职工围绕拟定的35个问题进行学习发动、分析讨论,深入挖掘在思想上、作风上、工作上、廉政上与公司转型发展不符合、不适应的问题。

③自我诊断,准确查找生产管理中的短板与发展瓶颈。2012年5月在大屯公司和各二级单位查找发展瓶颈、管理短板和薄弱环节上,坚持"不怕揭丑、找准不足、对症下药"的原则,采取自上而下、上下结合的方式,分专业、分层面、分系统、分重点,从集团公司和大屯公司发展大局出发,开展内外部对标,坚持不回避矛盾、不割断历史,客观自我诊断,确定了影响公司发展最迫切、最关键的6个发展瓶颈、13个管理短板和薄弱环节,各单位共查找60个发展瓶颈、116个管理短板和薄弱环节,分板块、分专业进行了集中点评,制定了重点提升和专项提升计划,明确了管理改进和提升方向,组织开展了大讨论活动,推动了活动深入开展。

④点评问诊,着力解决生产经营中的实际问题。2012年7月,大屯公司领导班子成员带领督导组,分小组、分板块、分专业对公司各二级单位管理提升活动进行了点评。在管理提升活动点评活动中,点评组的领导不仅为各单位把脉问诊,帮助查找问题和管理症结,而且为各单位出点子、指路子。各单位在点评会议结束后,及时组织传达会议精神,重新修订了诊断报告。点评工作做到了不走过场、不走形式,通过点评各二级单位管理提升活动取得了实实在在的效果,各科区队、车间、班组共查找发展瓶颈160余个,管理短板和薄弱环节1200余个。

(2)第二阶段:专项提升、协同推进。在管理提升活动第一阶段的自我诊断、拟定报告的基础上,设计与之配套的详细提升方案,并以此指导管理提升活动有效开展,克服管理上存在的问题。

①专项提升方案制订周密,设计合理。大屯公司根据实际情况及管理提升活动第二阶段的具体要求,严格按照"目标指标化、指标数字化、管理模式化、模式特色化"的思路,细化分解措施,并认真贯彻落实。

抓好方案设计。按照"四定四落实"的工作要求,确定重点、制定方案、细化工作目标和工作措施,从公司战略发展和协同推进的高度做好方案的总体设计和规划,制定了《大屯公司2013年管理提升活动工作方案》,明确了公司2013年管理提升活动应着重加强的重点工作,各二级单位、部室中心以短板消缺和瓶颈突破为重点,以转变管理理念和深化管理创新为目标,把强基固本、降本增效贯穿活动全过程,统筹推进各专业系统的管理提升,以点带面,协同推进各项工作,推动管理提升活动深入开展。

细化方案措施。抓好关键点的管控,全面梳理优化工作流程,落实牵头部门和配合部门,始终坚持把方案的可行性和可操作性作为方案设计的第一要务,从严制订方案、从高确立标准,做到"关键节点有控制、执行过程有监控、核心环节有评价"。

②管理提升活动推进督促及时,活动执行规范有序。为确保管理提升活动第二阶段工作得到有效贯彻落实,避免"上面热、中间温、下面凉",防止管理提升工作"两张皮",一是加强组织领导,公司领导抓活动的宣贯和决策,各单位、部室中心领导抓落实,管理提升办公室树标杆做宣传;二是加强对专项提升的督促,各牵头部门制定、细化专项提升措施,确保各个专项提升活动顺利有序开展,管理部门加强对专项提升开展情况的检查,确保活动取得实效。

③明确责任,打牢管理提升活动基础。根据管理提升活动第一阶段查找出的6个发展瓶颈、13个管理短板和薄弱环节,成立了煤炭资源、电力发展等8个专项提升工作组,以及投资决策、安全管理等13个项目改进工作组,明确职责分工,抓好计划安排、方案制定、改进实施和优化改进等工作,确保专项提升有序推进。

④优化方案,落实管理提升活动措施。按照"四定四落实"的要求,采用ECRS分析方法,即对大屯公司现有的管理方法进行逐一的验证与审查:有没有可以排除的(Eliminate)、有没有可以合并的(Combine)、有没有可以调整顺序的(Rearrange)、有没有可以简化的(Simplify);5W1H1C(即对公司现有的做法逐一提出问题:在做什么事?为什么要做这件事?应该由谁来做这件事?应该在什么时候做这件事?应该在哪里做这件事?应该怎样做这件事?做这件事的费用是多少或效率是多高?)分析方法进一步优化专项提升方案和改进措施,对照专项提升计划和整改方案,明确责任,组织力量、制定进度表,从管理制度和现场管理方面入手,逐条逐项落实,做到工作再细化、措施再具体、重点再突出、力度再加大,确保取得突破。大屯公司各单位、部门共优化改进方案或措施187项,公司6个发展瓶颈、13个管理短板和薄弱环节全面推进提升,均已按照时间节点完成阶段工作,完善了管理制度及业务管理流程,达到了提升目标和效果。加大公司内部管理提升典型经验的宣传报道力度,编发公司《管理提升活动信息简报》,及时反馈和交流管理提升活动开展情况。

(3)第三阶段:持续改进、总结评价。大屯公司紧扣管理提升活动主题,精心组织、周密部署、扎实推进,顺利完成管理提升活动第二阶段各项工作任务,并认真对照"四看四评"要求,全面开展了自我评价。经大屯公司党委扩大会研究,确定自2013年9月30日转入管理提升活动第三阶段。

管理提升活动第三阶段工作分为两个环节,即检查评价、持续改进环节和总结经验、表彰先进环节,活动时间自2013年9月30日开始至2014年2月28日完成。活动开展范围覆盖大屯公司各直属单位、机关部室中心及基层各区队、班组。

经大屯公司管理提升活动领导小组研究决定,成立资源获取、降本增效、人力资源、煤炭深部开采、安全管理、铝板块6个经营持续改进工作组,分别由公司领导班子成员任组长、牵头部门主要负责人任副组长，相关单位和部门负责人为成员。

为进一步固化提升成果，持续改进管理瓶颈，大屯管理提升活动牵头部门积极协调成员部门与相关单位，集中力量、聚焦资源，抓住关键点，找准突破口，重新梳理完善整改方案，按照循环改进原则，重新确定整改目标、时间节点，细化整改措施，强化措施的落地执行，确保提升效果。

组织各单位认真总结管理提升经验、效能成果、优秀案例，根据大屯公司在管理诊断下基层试点活动中形成的最佳管理实践模板，按照发布一个推广一个的原则，推进适合公司管理需要的最佳管理实践模板在公司各单位推广。

总结完善"诊断—整改—提升—执行"整改方式，继续推行PDCA循环提升工作机制。通过管理提升活动，系统梳理在发展、安全、生产、人才、经营、资金、节能环保等方面的问题所在、风险所在，提出应对解决的有效措施，健全完善全面风险管理体系，加强内控体系建设，增强重大风险防范能力。积极推进价值创造管理体系研究，完善考核机制，实行目标管理、预算管理、运行监控、风险管理、绩效考核的闭环管理模式。

四、管理提升取得的成效

面对煤炭市场持续下行的不利局面，大屯公司上下全力以赴、共克时艰，认真贯彻集团公司工作部署，落实"四保一抓一促"工作举措，深化管理提升，狠抓降本增效，强化安全管控，调整产业结构，较好地完成了管理提升的各项工作。

1. 实现安全生产较长周期

大屯公司坚持以完善"四大体系"为抓手，调整安委会成员，修编"两制"，全面梳理专业技术管理体系，增强安全检查针对性；创新安全管理制度，制定了《安全闭环管理办法》等新规定；学习推广神华集团安全风险预控管理体系先进经验。深入开展"警示三月行""百日安全"等活动，加强党管安全实践研究，推进安全文化建设，徐庄、龙东煤矿分别荣获江苏省、全国安全文化建设示范企业称号。

2. 主要生产指标超额完成任务

大屯公司通过优化生产系统、改进生产工艺、合理劳动组织、强化生产调度，提高了生产效率，原煤单产同比提高6%。原煤生产克服工作面孤岛开采、涌水量大、小块段开采等困难，精细管理、细化措施，不仅完成生产任务，还创建了多个采掘精品工程。选煤生产在升级改造中，推行"22+2"生产模式，洗精煤量创新高。改变营销策略，建立稳定的销售渠道，实现了增销增收。围绕矿井深部开采、小煤柱开采等生产技术难题，积极组织科技攻关，11项科技成果获得全国、省部级和集团公司奖励。

3. 公司保持平稳健康发展态势

大屯公司加强企业管理，狠挖内部潜力，集中职工智慧，努力降成本、减费用、增效益。坚决杜绝设计、质量、进度、预算"四个过剩"；四矿不断优化设计，减少巷道掘进量，推行先喷后锚等新工艺，岩巷掘进每米降低成本1000多元；大力修旧利废，建立井下修复场地，全年修旧利废达5500万元；电解铝单耗继续保持行业同类先进水平，亏损降低；推广应用燃油监控装置，有效控制了运输成本。公司全年落实消化成本增支1.2亿元、成本费用净降1.58亿元，原煤成本比预算下降25.96元/吨；全年刚性核减非生产性费用9300万元，招待费等四项费用同比下降1996万元；清理房屋等闲置资产，提高了资产利用率；寄售物资完成1.2亿元。

4. 各项改革举措取得初步成效

大屯公司制定了优化劳动用工、提高生产效率和收入分配制度改革两个指导意见。推行工资总额和劳务费用包干管理，增加基层单位分配自主权，促进收入分配向关键岗位、艰苦岗位倾斜；压缩控制单项奖，促进收入分配更加公平合理。改进选人用人机制，坚决遏制托关系、拉选票、找路子的不正之风，在5家单位8个岗位进行了公开实名推荐干部；改进干部考核方式，完善"黄牌警告"制度。推进专业化管理，物资仓储集中管理优势显现，库存储备资金创10年来最好水平；启动了机电设备集中管理整合工作，制定了后勤社会化改革方案和新城嘉苑小区物业管理模式方案。

5. 推行精益生产，提升企业科学化管理水平

按照精益生产管理及高于现有标准的要求，对大屯公司龙东煤矿现有的管理制度、流程进行总结、提炼、修订、完善，共梳理生产管理制度30项、生产管理流程30项、岗位作业流程21项、精细化管理实施标准53项。编制完成了《大屯公司龙东煤矿采掘生产精益管理》报告，通过模块的建设实施及不断完善，力求实现采掘生产活动规范统一、精细管理，以获得最佳的安全生产秩序，提高安全生产管理水平和运行效率。

6. 提升生产效率显著

大屯公司按照"稳定存量、释放增量"的工作思路，科学组织原煤生产，有效提高生产效率和单产单进水平，原煤单产由2012年的13.37万吨/个·月提高到2013年的14.15万吨/个·月，原煤工效由2012年的7.35吨/工提高到7.45吨/工，本部四矿相继创出矿区单产、月产原煤最高记录。大屯公司孔庄煤矿三期改扩建和新疆106煤矿顺利试生产，进一步提升了公司产能，公司自产原煤量首次突破1000万吨。

7. 重点工作提升明显，短板和瓶颈问题实现突破

大屯公司专项提升方案按照时间节点，细化目标，落实各项改进提升措施，集中力量突破制约公司发展的关键瓶颈，评价、验证效果持续改进，确保各项措施实实在在落地，专项提升方案达到了预期目标和效果。

（成果创造人：义宝厚　许之前　姜　华　李志祥　崔　瞳　郑静静　李桂华　段建军　任艳杰　马　靖　许吉明）

企业文化体系建设研究与实践

中煤集团上海大屯能源股份有限公司

大屯煤电集团公司坐落在苏鲁豫皖交界的江苏省沛县境内，主要从事煤炭生产贸易、洗选加工、煤矿建设、坑口发电、铝加工、铁路运输、机械制造、职业技术培训以及相关工程技术服务等，在全国煤炭行业开创了"煤电运"联营的先河，被誉为"大屯模式"。在井工开采、坑口发电方面具有管理、技术、人才优势，安全质量标准化、经营管理、科技创新等方面在全国煤炭行业始终处于领先地位。截至2012年底，公司资产总额为131.96亿元，在册职工2.59万人。公司先后获得全国五一劳动奖状、全国产值利税最佳企业、"AAA"资信企业、煤炭工业优秀企业、质量效益型先进企业、国资委厂务公开先进单位、江苏省思想政治工作优秀企业、江苏省文明单位等数百个荣誉称号。

一、大屯煤电集团公司企业文化建设发展历程

大屯煤电集团公司自1970年开发建设以来，经历了从计划经济到市场经济的转变，从"煤电运"综合经营到"煤电铝运"一体化经营模式的转变。企业文化与企业发展相生相伴、相辅相成。公司员工来自五湖四海，带来了不同地域文化之间的碰撞与交融，使得公司企业文化从一开始就具有开放性和包容性。尤其是深受上海海派文化和苏沛地方文化的影响，大屯人形成了具有一种"待人包容大度、做事大气张扬、工作精细认真"的特质。大屯煤电集团公司40多年的发展史，也是企业文化的演进史，企业文化经历了建设初期的创业文化、改革时期的创新文化、重组以来的融合文化三个时期。

1.建设初期的"创业文化"

70年代初期，来自五湖四海的开发建设者，在条件极其艰苦的情况下，以只争朝夕、争创一流的大无畏气概，发扬煤矿工人"特别能吃苦、特别能战斗、特别能奉献"精神，以"有条件要上，没有条件创造条件也要上"的谋略胆识，不讲待遇、不讲条件、不等不靠，没有条件，就创造条件，设备跟不上，想办法创新；技术跟不上，集中众人智慧，边实践边摸索；人手跟不上，一人干两人活，一天当成两天用，谱写了一曲艰苦创业之歌。开煤矿、建电厂、筑铁路，在苏鲁交界的微山湖畔，建成了煤矿、

电厂、铁路运输一体化综合经营的格局，成为全国煤炭行业"煤电运"联营先锋，被誉为"大屯模式"。"艰苦创业"是这个时期企业文化的本质特征。

2.改革时期的"创新文化"

大屯煤电集团公司从计划经济步入市场经济之后，积极探索公司市场化、规范化运作，形成和建立起了全员劳动合同制、倒推成本、5S管理、标准化管理、全面质量管理、政工体系贯标等先进管理理念和先进管理方法。企业文化创新发展，相融合、相促进。经过酝酿和提炼，1985年形成了"艰苦创业、改革创新、团结奉献"的大屯精神；1990年制定了公司员工守则和行为规范；1991年发布了企业歌和企业标志。成立股份公司和上海能源股票上市之后，又提出了企业使命、愿景、价值观和管理方针，推动了企业管理的全面升级。"改革创新"是这个时期企业文化的显著烙印。

3.重组以来的"融合文化"

大屯煤电集团公司自1998年划归中煤管理后，在中煤事业的整体格局中思考和谋划自身发展，主动将企业文化融合到中煤文化中，大力开展中煤企业精神、核心理念、企业作风、员工行为规范的宣贯工作，强力推行中煤企业标志、企业旗等视觉识别系统，培育员工做中煤人的认同感、责任感和自豪感。以中煤"22255"发展目标和"1458"工作思路为指引，谋划制定了公司"十二五"发展规划，提出了"12531"发展战略，突出一个"煤炭"主业，立足"内外"两地发展，着力发展"煤炭、电力、铝业、机械制造和现代服务业"五大板块，力争公司"资产总额、煤炭产能、利润总额"三方面较大提升，加快建设全国一流的综合性大型能源企业，发展速度、发展质量明显提高。在融入中煤过程中，公司的技术、管理、人才源源不断走出矿区，服务于中煤发展；公司企业文化不断丰富和完善，尤其是安全文化、班组文化形成了自身特色，在全中煤推广实践。"融合创造"是这个时期企业文化的鲜明特色。

二、大屯煤电集团公司企业文化存在的不足

多年来，大屯煤电集团公司在培育文化理念、推动制度创新、塑造企业形象等方面做了积极探索，取得了明显成效，但是仍然存在一些不足之处：

1.与时代发展要求不相适应

企业文化是社会文化的一部分，根植于社会文化、历史传统、民俗信仰之中。在改革开放不断深化，科学技术飞速发展的新时代，尤其是在知识经济、网络时代，社会新思潮、新观念不断涌现，对企业文化建设提出了新挑战。企业文化建设必须与当前的社会潮流、时代要求相适应，体现出可拓展的空间，保有一定的开放性。大屯煤电集团公司"艰苦创业"的本质特征、"改革创新"的时代烙印和"融合创造"的鲜明特色，体现不同时期的企业文化内涵。随着社会进步、时代发展，企业文化要具有开放性，需要与时俱进。

2.母子公司文化融合存在不足

大屯煤电集团公司作为中煤集团的控股子公司，以发展中煤、贡献中煤为己任，必须在中煤事业的整体格局中思考和谋划自身发展，主动对接中煤发展目标和工作思路，技术、管理、人才源源不断走出矿区，服务于中煤发展。由于中煤集团成立时间较晚,大屯煤电集团公司不少员工在企业文化方面表现出优越感,甚至对母公司中煤集团企业文化具有排斥感,因此,在企业精神、目标远景、价值观乃至管理制度、行为方式等方面,仍需进一步融合。

3.与企业跨越发展要求还有差距

大屯煤电集团公司作为一个开采时间较久的矿区,面临着资源枯竭的发展瓶颈,加快"走出去"发展是最大的现实问题。目前正在晋陕蒙新等富煤地区积极寻求资源,新疆106煤矿、苇子沟煤矿以及山西玉泉煤矿等项目均在建设当中,有的即将竣工投产。但公司一些员工还存在"小富即安""守土恋家""等、靠、要"等思想观念,严重阻碍了企业快速发展的步伐。在公司异地扩张兼并重组的过程当中,公司对被兼并企业的文化统领和融合问题也逐步显现。因此,亟须构建符合公司发展战略、遵循文化发展规律、具有时代精神、员工普遍认同的统一协调的企业文化体系,来转变员工思想观念,引领企业科学、健康、和谐发展。

三、大屯煤电集团公司企业文化体系的构建原则和构建思路

1.大屯煤电集团公司企业文化体系领导

针对企业文化建设存在的不足和发展要求,公司领导高度重视,专门成立企业文化建设领导小组,由公司董事长、党委书记、总经理担任组长,公司领导班子成员担任副组长。成员由公司机关部室主要负责人和各单位党政主要领导构成。主要负责计划、指挥、组织和协调人财物、时间、信息等资源,对企业文化建设进行全员、全方位、全过程的领导和管理。

领导小组办公室设在企业文化部,主任、副主任分别由企业文化部正副部长担任,主要职责是根据公司发展战略,负责企业文化工作的规划和具体实施,策划、组织公司企业文化活动,组织实施企业文化的宣贯、实施、落地及内化,做好企业文化团队的建设、考核管理等日常工作。

2.大屯煤电集团公司企业文化体系构建原则

(1)系统协调原则。企业文化与企业战略、组织结构、人力资源管理等诸多方面共同构成企业管理体系,企业文化内部的四层结构也独具系统性,必须坚持系统性原则,使企业文化融入管理之中。企业文化关系企业生存与发展,涉及继承与创新、改革与发展、母子公司文化、区域特色以及长远与当前等矛盾和关系,要坚持用唯物辩证观点处理好这些矛盾和关系,统筹协调,将不利因素转化为有利因素。

(2)以人为本原则。员工是企业维系生存和发展的基础,以人为本是企业文化赖以生存的根基。坚持以人为本,以关心人、爱护人的人本主义思想为导向的企业价值观,是企业文化的本质和精髓。企业必须在经营管理中培育积极向上、以人为本的文化观念,不断激发人的积极性、主动性和创造性,形成强大的促进企业发展的根本动力。

(3)团队领导原则。企业文化的建设需要企业领导者持续不断地予以重视和引领,公司要层层建立企业文化领导小组,构建长效的工作机制,保持长久的工作热情,推动企业文化建设随着时间的推移而不断发展壮大。

(4)全员参与原则。在企业文化建设中,员工既是被改变的客体,也是变革的主体，没有员工参与的企业文化建设是没有生命力的。要激发员工的主动性，化被动为主动，全员发动、全员参与、全员建设。

（5）重在管理原则。企业文化就是管理文化，企业管理重在人本管理。煤炭企业管理的重中之重是抓好安全，煤炭企业文化建设的重中之重是抓好安全文化。把企业文化建设的重点定位在管理文化上，把企业文化建设的重心放在现场岗位及管理流程再造上，以企业文化建设推动企业管理创新升级。

（6）探索创新原则。企业文化创新是企业持续经营的文化力量源泉。要主动适应社会和企业内外环境变化，站在战略高度，展望未来，提出前瞻性的价值观，时刻保持企业文化的开放与创新。坚持传承和发展，兼容并举，鉴古知今。坚持紧密结合实际，循序渐进，讲求实效，重在思想理念创新、文化制度创新、管理模式创新、载体活动创新和文化个性创新，彰显特色品牌。

3. 大屯煤电集团公司企业文化体系构建思路

大屯煤电集团公司企业文化建设的总体思路为"14371"，即：

1——坚定一个目标。按照中煤集团企业文化建设总体要求，分步实施，狠抓落实，有序推进，努力建设融入中煤文化、体现历史积淀、凸显公司特色的文化大屯，以文化建设促进文化管理，构建企业核心价值观，促进员工良好行为养成，树立高度的文化自觉和文化自信。

4——构建四个层面。一是精神层。全面宣传灌输中煤集团和公司企业使命、企业愿景、企业精神、企业理念、企业战略等，形成全体员工共同遵守的企业价值观和企业理念，铸造企业"灵魂"。二是制度层。健全完善严密的制度体系和科学有效的考评机制，加大制度文化建设力度，有效规范企业管理行为，提高企业管理的科学化水平。三是行为层。修订完善《员工日常行为规范》，抓好日常行为规范和岗位作业规范，推动员工一言一行讲标准，一举一动守标准。四是物质层。发布《企业形象视觉识别系统》，规范企业各类标识。发挥公司发展史陈列馆作用，促进公司企业文化的历史传承和发展。运用物质形象建设手段，营造企业整体文化氛围，提升公司整体形象。

3——抓实三项工程。一是抓实"三基"工程（基层、基础、基本功），促进企业文化在基层落地。二是抓实"三行"工程（行为禁忌规范、日常文明行为规范、6S基本职业行为养成），促进企业文化在员工行为上落实。三是抓实"两管"工程（精细化管理、干部走动式管理），促进企业文化在工作现场生根。

7——深化七项子文化建设。在深入推进公司企业文化理念体系建设的基础上，着力推动安全文化、质量文化、和谐文化、廉洁文化、班组文化、群众文化和老年文化七项子文化的建设。

1——合力共筑一个梦想。企业关爱员工，员工忠诚企业，合力共筑"提升技能素养的大学校、劳动成长成才的大舞台、温暖忠诚和谐的大家庭"的"大屯梦"。

四、大屯煤电集团公司企业文化体系的构成

大屯煤电集团公司企业文化体系包含理念体系、制度体系、行为体系和物质体系四个部分。

1. 理念体系

企业文化理念是企业自身特有的企业精神、作风传统、使命愿景、价值观念和道德行为准则的综合,坚持继承与发展、融合与创造,既保障母子文化的有机统一,又富有时代精神、彰显大屯特色。

(1) 企业精神:敬业、求实、创新、争先。

敬业——恪尽职守,勇于负责,热爱本职工作,忠诚服务企业;求实——求真务实,真抓实干,勤俭办企,讲实话、办实事、求实效;创新——解放思想,勇于探索,坚持科学思维,提升创新能力,建设创新型企业;争先——开拓进取,勇攀高峰,对标先进,敢于超越,树立大屯品牌,争当中煤表率。

(2) 企业传统:艰苦创业、改革创新、团结奉献。

艰苦创业——艰苦奋斗,知难而进,创业攻坚,自强不息;改革创新——解放思想,与时俱进,创新驱动,科学发展;团结奉献——团结协作,顾全大局,和谐包容,无私奉献。

(3) 企业作风:恪尽职守、办事高效、运转协调、管理规范、从严治企、清正廉洁。

恪尽职守——按照岗位规范、工作标准和工作要求,认真履行自己的职责,爱岗敬业,扎扎实实地做好自己的本职工作;办事高效——提高办事和工作效率,讲求工作成功率,工作要积极主动,办事要及时准确,不拖拉,不推诿,不扯皮;运转协调——各单位、各部门要加强纵向和横向的沟通和联系,团结协作,密切配合,形成有机的整体;管理规范——按照国家的法律法规和各项管理制度办事,坚持工作标准,履行工作程序,使企业管理工作逐步走上现代企业制度的规范化轨道;从严治企——坚持有章必循,严格执行各项规章制度,敢抓敢管,敢于坚持原则,不怕得罪人,不当老好人;清正廉洁——领导干部要不断提高自身的综合素质和个人修养,自觉加强廉洁自律意识,严格执行中纪委新老"五条"规定和上级有关规定,树立良好形象。

(4) 企业愿景:建设全国一流能源企业。

做强做优,进入全国一流能源企业行列。

(5) 企业使命:提供优质能源、促进行业发展、创造美好生活。

提供优质能源——发挥产业优势,提高生产效率,推进煤炭转化和清洁利用,供应优质丰富能源,助力经济社会发展;促进行业发展——坚持"生产规模化、技术装备现代化、队伍专业化、管理手段信息化""高起点、高目标、高质量、高效率、高效益",加强集成创新,增强企业核心竞争力,促进行业发展,为建设新型煤炭工业体系贡献力量;创造美好生活——增强企业实力,建设和谐矿区,保护生态环境,造福职工群众,服务小康社会建设,增进人类福祉。

(6) 核心价值观:科学发展、安全高效、和谐共赢。

科学发展——以人为本,统筹兼顾,实现企业全面协调可持续发展;安全高效——坚持安全发展,提高效率和效益;和谐共赢——诚实守信,互利双赢,实现员工与企业、企业与企业、企业与社会之间的和谐共处、共同发展。

(7) 企业追求：同心共筑"大屯梦"。

企业关爱员工，员工忠诚企业，同心共筑"提升技能素养的大学校、劳动成长成才的大舞台、温暖忠诚和谐的大家庭"的"大屯梦"。

2.制度体系

企业有形的制度中渗透着文化，无形的文化通过有形的制度载体得以表现。公司要按照集团化、扁平化、专业化的要求，完善法人治理结构，制定和完善董事会、监事会、党委会、经理层相关规则，完善管理体制，健全内控机制，构建"一体化"制度体系，实现制度创新，为实施企业战略目标提供可靠保障。一是健全和完善生产管理制度、安全管理制度、财务管理制度、人事行政管理制度、岗位考核制度、物资采购制度、成本定额管理制度等基本管理体系；二是健全和完善与之相配套的安全、生产、经营、改革、发展以及文化风险预警、预防、预控体系；三是健全和完善与之相配套的考核、绩效评价体系，不断深化优化企业管理体制机制。

3.行为体系

（1）抓实三项工程。一是抓基层建设，注重班组自主管理机制建设和自主管理能力培育。注重抓好班组长这个"兵头将尾"，按照必备的能力要求，实行民主荐举、竞聘上岗，同时赋予现场管理等权力，全面推行"区队自治、班组自主、个人自律"管理模式。二是抓基础建设，筑牢安全生产防线。全面强化基本制度的完善和执行，不断加强和改进基础管理。强化安全文化系统推进，推广安全质量流程控制、岗位隐患防控、人体生物节律管理等先进做法，构建以建章立制、强化执行为根本，以强基固本、提高效能为目标的基础管理保障机制。三是抓基本功强化，开展员工素质登高工程。各级管理人员和每个在岗员工立足自身岗位职责，学理论、长知识、增才干、会创新。创建员工持续学习平台，发挥网络学院的作用，采取专训与业余相结合的方式，掀起全员学习热潮。

（2）抓好"三行"工程。一是抓行为禁忌规范执行。设定行为禁忌规范和标准，抓好督促落实。二是抓日常文明行为规范落实。设定文明用语、着装规范、社交礼仪规范，推行行走举止常规、卫生常规、使用公物常规、爱护公共设施及环境常规，促进员工的日常文明行为养成。三是抓6S基本职业行为养成。全面推行6S职业行为，促进员工提高品质技能，保持言行举止得体的良好行为习惯。

（3）推行"两管"工程。一是推行精细化管理。按照系统管理流程，实现管理的精细化、标准化。通过定标、认标、贯标、兑标、调标、对标、升标七个步骤，在一个流程完成后，经过升标，在更高更严更精细的基础上定标，形成螺旋式上升的精细管理走势。二是推行干部走动式管理。坚持各级领导干部、管理人员把主要精力放在作业现场，按照精细标准对作业现场、岗位操作实行全过程的精细化走动式管理，达到无死角、无缺漏的现场流程控制。制定走动式管理的标准体系和调控考核体系，进行点线面分级认定、走动时段与走动区域的时空闭合、责任落实考核及互动反馈，把干部跟班上岗提升为严密闭环的精细走动管理，依托信息化手段的强力支撑，促进现场管理步入科学化轨道。

4. 物质体系

(1) 企业形象视觉识别系统。在全面导入和推行中煤形象识别系统基础上，全力打造大屯文化品牌，体现出企业形象的整体统一和系统规范。《企业形象视觉识别系统》分基础系统、办公系统、环境系统三个方面，从应用规范、企业标志、企业旗帜、企业中英文名称、色彩应用、辅助图形、办公文化用品、标识服装等诸多方面作了明确规定，涉及到企业生产经营管理的全过程，提炼出企业文化的可视要素，把企业文化形象直观、具体地传递给每一位员工和社会公众，具有较强的指导性和可操作性。《企业形象视觉识别系统》是铸造大屯文化品牌的"模具"和"样本"，起到强化标识效果，宣传企业形象的作用；也是落实中煤标识应用规范要求，进一步加强企业形象标识应用的有力举措；更是企业文化建设历程中的新成果、新标志。对进一步展现企业整体形象，实施品牌战略，提升企业知名度和美誉度，产生积极的推动作用和深远的影响。

(2) 发展史陈列馆。大屯煤电集团公司发展史陈列馆，是一座集历史、文化、教育于一体，彰显企业精神，体现时代特色，设计领先、水平一流、功能先进的多功能陈列馆。采用"融物于景"的场景化展示手法，综合应用雕塑、实物、展板、图片及数字沙盘、数字影像等高科技的技术手段，充分体现时代感及主题特色。围绕视觉冲击力、形式吸引力、内容感染力策划展陈。突出"艰苦创业、改革创新、团结奉献"的企业传统和"敬业、求实、创新、争先"的企业精神，全面、客观、准确展示企业四十多年开发建设发展的光辉历程、主要成就和几代大屯人的精神风貌。主要收藏、整理企业发展过程中的图片、文字、音像和实物，历史文物，名人名家题词等，浓缩历史，见证历史，教育、激励企业员工继往开来，奋发进取。

五、大屯煤电集团公司企业文化体系运作和体系保障

1. 企业文化体系运作

结合工作实际，公司将企业文化体系运作分为6个阶段10个步骤：

(1) 第一阶段：学习宣传。

①召开企业文化建设推进会，对公司深入推进企业文化建设进行全面部署。公司主要领导亲自动员，明确要求。各大媒体联动，宣传造势，迅速营造深入推进企业文化建设的舆论氛围。

②深入普及企业文化基本知识。编制企业文化建设专题宣讲材料，利用企业报刊、广播、电视、网站等新闻媒体以及学习手册、宣讲队等载体，持续不断地对员工进行企业文化知识宣贯和教育，使全体员工认知、认同和掌握企业文化建设的基本知识。

③开展企业文化知识培训。一是采取"走出去"方式培训专业骨干；二是用上大课形式，聘请专家对管理人员进行企业文化建设专业知识培训；三是在全体员工中开展《员工手册》《公司形象视觉识别系统》《公司企业文化手册》《安全文化建设标识系统》的学习。

(2) 第二阶段：组织实施。

④规范企业文化标识系统的应用。按照《公司形象视觉识别系统》《安全文化建设标识系统》，完善管理办法，统一规范使用。

⑤开展"三基"、"三行"、"两管"工程，促进企业文化在基层落地、在现场生根、在行为落实。

(3) 第三阶段：指导协调。

⑥成立指导小组，对各单位企业文化建设情况定期进行检查指导，发现问题，制定措施，改进工作。

(4) 第四阶段：典型示范。

⑦根据工作进展情况，召开企业文化建设专题研讨会或企业文化建设现场推进会，发挥典型示范引领作用。

(5) 第五阶段：组织评价。

⑧制订《公司企业文化建设测评办法》。坚持定性与定量、共性与个性、工作与绩效考评相结合的原则，制定测评细则，对各单位企业文化建设情况进行一次统一测评。

(6) 第六阶段：巩固提升。

⑨召开企业文化建设工作会议，回顾总结企业文化建设工作成果，表彰企业文化建设先进集体和先进个人，汇编《大屯煤电集团公司企业文化建设成果集》。

⑩研究部署下阶段公司企业文化建设推进提升工作。

2. 企业文化体系保障

公司把企业文化建设作为企业的重要发展战略和主要抓手，形成强有力的领导体制、工作机制和运行机制，让企业文化渗透到企业的各项活动、各个层面和各个角落中，对内增强员工的忠诚度、归宿感，对外树立形象、创立品牌，提升企业核心竞争力。

(1) 加强领导，健全组织。各级领导坚持把企业文化建设作为统揽企业全局的一项重要工作，与其他工作同部署、同检查、同奖惩。各单位及时调整企业文化及各项子文化建设领导小组，确保企业文化建设的各项工作顺利推进。党政主要领导亲自抓，身体力行、率先垂范、带头实践，对企业文化建设进行系统思考，出思路、出对策，主导企业文化建设。

(2) 宣传造势，传播文化。充分利用报刊、电视、网络、宣传栏、公告牌等媒介，强化企业文化建设动态信息、典型案例、人物故事的传播。对内举行企业文化论坛，发动员工参加研讨，进行企业文化专题报道，大力营造企业文化建设浓厚氛围。利用意见箱、座谈会、网络论坛等渠道，增进管理层和员工之间的沟通理解。对外加强企业公关，通过新闻发布、电视报纸专访等形式，为企业文化造势，树立企业良好社会形象。

(3) 齐抓共管，各司其职。企业文化建设需要调动各方面的力量齐抓共管。公司注意发挥基层党组织和工团群众组织的作用，形成企业文化建设的合力。建立了企业文化建设联席会制度，定期对企业文化建设的情况进行分析研究，提出意见和建议，不断改进提高。

(4) 科学管理，讲求实效。公司建立了分工负责、关系协调的企业文化建设责任体系，加强调查研究，及时总结推广先进经验和先进典型，引导企业文化建设不断深入。加强企业文化的理论与实践研究，认真探索企业文化建设的特点和规律，搞好分类指导，提高企业文化建设水平。加强对企业文化建设骨干的培训，掌握企业文化专业知识。注重示范引领，务求实效。

六、大屯煤电集团公司企业文化体系建设的初步成效

公司企业文化建设在"14371"总体框架指引下，经过不断进行理论探索和深入实践，企业文化对企业安全生产、经济建设、改革发展、和谐稳定发挥了巨大的推动作用，焕发出强大的生机和活力。

公司努力将企业文化打造为管理文化，与企业经营管理深度融合，渗透到企业安全、生产、经营、管理、营销和员工生活等各个环节，使企业文化由理念变成行动，由空洞口号变成具体管理，由浮在空中变成落地生根，安全文化、质量文化等七大子文化建设成效显著。

1. 深化安全文化

抓住安全文化这个核心，始终坚持"安全为天、生命至尊"，提出了安全"四最"理念，把安全当作"最大的政治、最高的责任、最佳的政绩、最好的和谐"，全面落实党管安全责任，即管方向、抓保证监督，管思想、抓宣传教育，管引领、抓安全文化，管干部、抓作风建设，管党员、抓作用发挥，管基础、抓班组建设，管行为、抓素质提升，管群防、抓群众安全。建立了安全责任、技术支撑、现场执行、安全监督四大体系，制定了决策层、管理层、执行层、操作层安全生产职责，实行月度岗位绩效考核和安全绩效考核，对各级管理人员实行年度述职考核，形成了"一级抓一级、一级对一级负责、一级考核一级"的工作机制。全面推行安全质量标准化和精细化管理，设置岗位安全红线，深入开展安全文化示范区队创建，巩固强化"手指口述"法、安全危险预知、井下班前会、安全活动日和"一日一题、一周一案、一月一考"等载体，促进了员工安全从规范约束向职业行为养成转变。健全教育培训体系，不断优化和完善培训计划管理流程，形成了"一个标准、四张表"的"1+4"安全培训管理模式。广泛开展了"三大规程""安者为王——一站到底""敬畏生命"大讨论、矿区安全曲艺大赛、安全巡回宣讲等安全文化活动，从不同角度和层面开展宣传教育活动，安全已成为员工的自觉意识、自觉习惯、自觉行为。所属姚桥煤矿、徐庄煤矿、龙东煤矿3对矿井荣获国家级安全质量标准化矿井；徐庄煤矿实现连续安全生产10周年，荣获首批江苏省安全生产诚信企业，江苏省安全文化建设示范企业等称号；姚桥煤矿、龙东煤矿荣获全国"安全文化建设示范企业"称号。

2. 提升质量文化

突出质量文化这个保证，始终坚持"质量为本、追求卓越"，企业员工质量意识不断增强，各级干部管理水平进一步提高，形成了企业重视质量、追求质量，员工崇尚质量、关心质量的良好局面。通过多种形式和手段，广泛宣贯"产品即人品""追求零缺陷""质量是发展、质量是效益、质量是生命"等质量理念，将质量意识贯穿到企业计划、重大决策和经营管理中，将质量价值观融入到技术设计、生产制造、质量管理、产品销售各环节中。通过严格执行全面质量管理规范，不断完善全面质量审核体系，大力推广和创新了6S现场管理办法、精益管理等先进的质量管理方法，企业的质量标准化、精细化和无尘化"三化"建设走在中煤集团前列。坚持把质量作为提高

顾客满意度、扩大市场占有率、提高竞争能力的有效手段,加大科技攻关力度,全员、全方位、全过程重视产品质量,围绕煤电铝运主导产品,打造了一批"大屯煤""大屯铝""达腾""苏铝""屯工"等产品品牌,获得国家产品认证200余项、技术专利300多项。在保证上海宝钢用煤的前提下,大屯煤出口到日本,相关机械产品落地于新疆、山西、陕西、河南、内蒙等地。大屯煤电集团公司先后荣获全国重合同守信用企业、全国煤炭工业质量奖、上海企业百强、江苏省先进单位、江苏省质量管理优秀企业等荣誉称号。

3. 打造和谐文化

夯实和谐文化这个前提,始终坚持"人和道和、业和行和",突出了精神引领、行为规范、形象塑造,以"和"凝心、以"和"聚力、以"和"兴业,形成了"讲团结、讲包容、讲协作、讲正气"氛围,和谐共生、和谐共赢。通过建立健全和谐文化建设领导体系、责任体系、教育培训机制、考核评价机制、资金保障机制和成果转化机制,进行检查、指导和督促,保证了和谐文化建设的深入。在员工中开展了道德讲堂及"和谐人生"教育,让和谐理念和社会主义核心价值观深入人心,变成了员工的自觉行动。公司组织开展的精神文明建设新人新事评选,是深化文明创建、推动和谐大屯建设的一个主打品牌,迄今一共举行了七届,跨越了12个年头,共评选产生了72名当选者,并进行隆重表彰。健全和完善了员工培训中心、传统教育基地、文化体育场所、图书馆等文化设施,设立了和谐文化广场,坚持每年举办和谐文化纳凉晚会,经常开展和谐文化征文、书画展、演讲比赛、文艺演出等活动。在保障民生工程建设上,建造了6000余套新城嘉苑安居住房,同时谋划建设3000套保障房,从根本上解决大屯公司住房难问题。近年来,投入生活福利基金4.5亿元,实施天然气和中心区供电系统改造工程,新建和改扩建颐园、体育场、俱乐部、中心区道路、职工浴室,优化生活饮用水质,对中心区供暖管网进行改造等20多项重要民生工程,积极打造生活宜居环境,提升矿区职工群众幸福指数。公司被评为全国职业健康先进单位、全国安康杯优胜企业、中国扶贫基金会爱心包裹项目突出贡献奖、江苏省思想政治工作优秀企业、国务院国资委和江苏省厂务公开先进单位。所属姚桥、徐庄、龙东三对矿井获得"中国最美矿山"荣誉称号。

4. 推进廉洁文化

强化廉洁文化这个关键,始终坚持"遵纪守法、廉洁从业",做到干部清正、企业清廉、政治清明,工作环境风清气正,培育形成了具有企业特色的廉洁从业理念与价值观。发挥制度的导向、规范、保障功能,先后建立了《合同履行报告制度》《年报信息披露重大差错责任追究制度》《国有企业领导人员廉洁从业若干规定的实施办法》等内控管理制度,有效规范了党员干部从业用权行为,促进了公司反腐倡廉工作向纵深发展,形成了廉洁文化建设长效机制。通过抓好廉洁文化景观标识系统建设,设立廉洁文化活动场所和设施,精心打造廉洁文化示范窗口和平台。大力开展"诚信守法经营,共谋企业发展""讲法制,树新风""法在心中,文明出行"等法制专题活动,通过开展"习惯在监督的环境下工作、习惯在法制的轨道上用权"主题教育,有效提高了广大党员干部"接受监督、依法用权"的意识,促进了"两个习惯"的养成。在党员领导干部中开展了"监督、查处与关爱党员干部的关系"大讨论，2000余人参加讨论并撰写了心得体会，进一步端正了权力观、业绩观、法纪观。组织开展了新任中层干部及人财物重要岗位人员集体廉政谈话，开展廉洁承诺，分层签订《廉洁从业承诺书》，不断丰富廉洁文化建设活动载体。策划并实施了廉洁文化"十个一"系列活动，由纪委书记讲一次廉洁党课，每月和重大节日编发一条廉洁短信，在内部媒体开辟一个廉洁文化专栏，每月编发一期《廉文荐读》电子刊物，每年举办一次预防职务犯罪警示教育，开展一次廉洁文化书法漫画展，举办一次理论研讨活动，开展一次廉洁文化进车厢活动，对新任职务的领导干部进行一次集体廉政谈话，开辟一个廉洁文化宣传长廊，不断扩大廉洁文化的受众面和影响力。

5. 加强班组文化

深化班组文化这个重点，始终坚持"爱岗敬业、团结创新"，用先进文化引领员工、凝聚员工，打造"五型"班组，提升"五种"能力，促进班组建设水平，推动工作任务圆满完成。相继出台了《大屯公司班组管理实施办法》《大屯公司班组管理考核细则》《大屯公司班组管理规章制度》等10多个规范性文件，实现了班组管理流程化、制度化、科学化、信息化。创建安全合格班组率达到100%、优秀班组率达到50%以上。各基层单位建立完善了班组管理季度例会、月度抽查、季度考核，科队月度例会、月度检查考核等10多项班组管理规定，为班组文化的深入开展提供制度保障。在组织建设上，从公司到车间三级都建立了班组管理指导委员会，形成了工会牵头主抓，有关部门协调配合，基层科队落实，全员参与的新格局。目前大屯公司共有班组1480个，科队级班管委260个，厂矿级班管委19个，为班组管理工作的深入开展提供了坚强的组织保障。在消化吸收REM精细化管理模式的基础上，大力实施以"4344"为主要内容的班组管理法，形成了公司、厂矿处、科队、班组"四级阶梯"管理模式，建立了公司、二级单位、班组三个层级的垂直管理制度，严把准入关、培训关、聘用关、考核关"四个关口"，建立了班组数字化综合管理平台、班组定期检查制度、班组考核通报制度、班组评比奖惩制度，不断完善"四个程式"的奖惩考核机制。研发了一套班组数字化网络综合管理系统，通过网络平台及时将班组现场原始活动情况记录下来，实现了班组台账无纸化、管理规范化、班组信息化、内容系统化、考核数据化、评比公开化，形成了具有特色的班组文化。在班组中深入开展了班组质量标准化达标竞赛活动，近年来，公司及8家二级单位先后荣获全国"安康杯"竞赛优胜企业称号，7家二级单位荣获江苏省、上海市"安康杯"竞赛优胜企业称号，20多个班组荣获省、市级"安康杯"竞赛优秀班组称号。姚桥煤矿采煤三队班长闫凡华被授予"全国煤炭行业十佳班组长"，并荣获"全国五一劳动奖章"；徐庄煤矿赵呈坤班，连续35年没有发生二级以上机械设备和人身伤亡事故，年年超额完成任务，被授予"全国煤炭行业十佳班组"荣誉称号。大屯公司班组管理经验在中煤集团进行了推广，吸引了中煤集团内部乃至全国多家煤炭企业前来学习、交流。

6. 活跃群众文化

夯实群众文化这个基础，始终坚持"丰富多彩、自娱自教"，奉献给员工家属主题鲜明、内容丰富、形式新颖的群众文化大餐。通过整合文化阵地，加强广场、主要街道及居民区的牌板环境建设，先后在12个居民小区建立了文化活动室。通过整合文化资源，完善了培训中心、文体场馆、图书室和多功能活动室等文化设施，投资100余万元为职工改造了3D电影院，完善了体育场、颐园、文体馆等职工活动场所。建立健全了企业文学、文艺、曲艺、书画、摄影兴趣协会，定期开展职工书画展、摄影展、集邮展等文化活动。深入实施"职工阳光心理工程"，通过开设职工心灵驿站，举办心灵驿站健康知识讲座，给广大职工特别是新生代工人提供优质心理服务，进行心理宣传、心理咨询、心理疏导和心理援助，帮助职工舒缓工作、生活中的压力，打造高素质的职工队伍。通过整合文化品牌，在元旦、春节、"五一"、"七一"、"十一"等节假日组织广场文化、民俗表演、焰火晚会、歌咏大会、文艺演出等群众性文化活动。每年的"健康快乐、你我同行"万人长跑活动，"职工田径运动会""乌金杯篮球赛"等群众文化活动，形成了大屯的品牌和亮点。此外，职工钓鱼比赛已举办7届，职工游泳比赛举办了23届，职工趣味运动会、智力运动会、羽毛球赛、围棋赛、桥牌赛、拔河跳绳等活动深受职工群众欢迎。所属龙东煤矿荣获全国煤矿2011年全民健身活动先进单位，公司荣获国家体育总局颁发的2009~2012年度全国群众体育先进单位称号。

7.拓展老年文化

不断丰富老年文化这个载体，始终坚持"愉悦身心、延年益寿"，做到了老有所养、老有所医、老有所教、老有所学、老有所为、老有所乐。成立了矿区"金手杖"助老服务中心，通过"爱心敲门""爱心话聊"、代理事务等活动，为老同志提供助餐、助洁、助购、助医服务，形成了居家养老的新模式。组织开展了"离退休老党员教育子女监督安全生产""小红帽"社区巡视等活动，老党员与在生产一线、要害岗位工作的子女签订安全联保责任书，协助维护小区治安，发挥了余热作用。举办了矿区老年艺术节、离退休职工运动会、百人老年大合唱、老年舞蹈大赛、老年书法绘画作品矿地联展、老年才艺展演大赛、评选矿区"十大孝星"等活动。老年活动场所全天候开放，不论双休日还是节假日，全矿区每天30多个老年活动场所正常开放，开设了报刊阅览、棋牌、麻将、球类、健身等十多个项目，各老年活动场所已成为老同志谈心、交友、沟通的乐园。创办了大屯矿区老年大学，设立多媒体教室，配备投影仪等教学设施，开设电脑、音乐、舞蹈、器乐、剪纸、书法、绘画、太极拳、养生保健、文学讲座等13门课程，日常教学达到12个班级。切实为老年群体办实事，为生活困难老职工办理困难补助。节日期间，对老劳模、老干部、老工伤、老病号、老工人进行走访慰问，寄发慰问信，发放慰问金、慰问品。与徐州"俏夕阳"旅行社长期合作，组织部分离退休老同志去台湾港澳等地旅游，为老同志晚年游览观光提供了方便。有声有色的老年文化生活，吸引了中央电视台专程采访录制节目，并在《夕阳红》栏目播出。

（成果创造人：义宝厚　姜　华　李占福　张　进　李志祥　马　靖　张学农　崔　瞳　戚良登　李震奇　王晓东）

煤炭建筑企业价值管理探索与实践

中煤建设集团有限公司

中煤建设集团有限公司（简称中煤建设集团）是国有重点大型骨干企业中国中煤能源集团有限公司（简称中煤集团）的全资子公司，是集勘察、设计、施工、监理、咨询、煤炭生产、煤矿运营于一体大型建筑企业集团，是我国煤炭建设行业领军企业。中煤建设集团资产总额155余亿元，净资产61余亿元；现有各类工程机械及大中型装备2.3万余台套，其中大型盾构机10台，先进的机械化作业线27条；在册职工2.7万余人，其中，各类专业技术人员七千余人，国家注册建造师、注册建筑师、结构工程师、采矿工程师等国家各类注册人员千余人。

一、煤炭建筑企业价值管理存在的问题

1. 粗放式的经营管理

煤炭建筑企业受传统行业发展规律的困扰，和受市场经济条件下的内外部环境影响，多年来形成一种难以克服的商业模式——低价放量增长模式，这一模式必将带来"高投入，低产出，负债率高"的结局。

低价放量式扩张的最重要使用条件就是全社会基建规模的总量要保持增长趋势。如果总的基建规模没有一定的增长速度，甚至收缩规模，企业间的竞争就成为零和游戏，所有企业的增长都将被遏制。增长被遏制导致更惨烈的竞争，使价格不可能提高，企业就要步入严冬。所以，这种增长方式与宏观经济波动强相关。中国经济已经历了30年的连续快速增长，基建规模年年强势增长，使低价放量模式畅通无阻，使有关粗放式经营的理论解释黯然失色，再差的企业也没有倒闭，并且还在增长。但是，在这种内在规律支配下，企业沿着这条路径发展下去，冬天总会到来的。

低价是一种明显而直接的竞争方式，是许多竞争对手都可以学习和模仿的，因此不具备独特性，从长远来看，随着收入的提高，人们对质量和服务的要求将会越来越高，对价格的关注度也将越来越小，低价对顾客吸引力将会日益降低，也就无法创造长远的价值，因此不具备忠诚性和价值性。规模虽然是连锁超市发展的基础，但是，连锁店式的规模的扩大也不具有独特性。因此这种模式不是一种可持续发展模式。

2.价值链的失衡

从整个产业链条来说，附加值不是均匀分配的，在建筑产品的生产和流通过程中，产业价值链的价值增加呈现一个"U"字形。在这条 U 型曲线上，一端是高技术含量作业、高资本投入作业，另一端是装配、集成项目，中间是一般施工作业项目。传统煤炭建筑企业即"施工单位"长期定位在价值最低的生产环节，这个环节的特征就是附加值低、竞争惨烈、作业条件恶劣、安全风险高。

作为前端的设计、咨询业务具有智力密集型的特征，附加值远远高于生产作业环节。以中煤建设集团为例，所属一个公司约 1.8 万人，平均产值 50 亿/年，平均贷款 2.6 亿元左右；一个设计院约 900 人，平均存款约 4.3 亿元左右，收益率差别是巨大的。作为后端的总装集成、运营或销售业务，同样处于附加值的高端。在产业中一般制造或代工是低附加值，掌握了关键技术及关键零组件是高附加值。产品整合性的服务，因为结合了许多的附加值而变成另一高附加值的区块。

总体来看我国煤炭建筑产业的利润率是比较低的，这主要由于其利润来源大都来自竞争激烈而利润微薄的建筑施工环节，对现在建筑承包价值链条向施工前端和后端转移的趋势把握不好，对具有高附加值的融资承包模式像 BOT、PPP、EPC 等项目很少有涉及。

煤炭建筑企业即使利用人力资源优势、严格管理手段在生产作业这个环节取得一定竞争优势，但是在整个价值链的竞争上处于劣势，这就是我国企业国际竞争地位不高的基本原因。因为从本质上来讲，煤炭建筑市场的竞争已经成为产业链的竞争，而不仅是企业的竞争，如果不能认识到这一点，不管怎样努力地做，差距只会越来越大，企业价值无法提升，企业也无法取得竞争优势。

3.不完整的产品价值实现

由于建筑产品先招标后生产的特性，双方共同作用的是一个标的物而不是商品，并且建筑产品由于单件性的特点，没有交易数量问题。在招投标中，同等条件下，价低者得，所以能否中标取决于各企业的边际成本。如果其边际成本比其他企业低，则企业可以通过进一步降价而获得工程。竞争的白热化与残酷性，使实践中的煤炭建筑企业几乎没有根据利润最大化要求按照边际原则定价，而一般采用成本导向定价，即商品成本为生产成本、利润和税金之和。由于材料费一项就占到成本的 70% 左右，其实各家的成本差距极为有限，在招投标市场，常常看到几个亿的项目，报价也就差几十万元。因此，高价肯定不得标，但低价已接近无差别，对业主来讲，区别并不明显。而低于成本的低价一旦中标，对项目的质量和工期往往造成巨大风险。故而，对于建筑产品来讲，低价格对业主并不存在明显的价值实现。而对于承包商来讲，保持一个行业内较低的成本管理水平，是企业参与竞争的一个必要条件，没有这个条件，企业就站不到那个平台上去，有了低价不一定能得标，没有低价格一定得不了标。

4.绩效评价制度的缺陷

企业的绩效考核在企业管理和发展中发挥着重要的作用，既是企业发展战略的实施步骤，又为企业发展明确方向，还是企业各利益相关者利益分配的均衡器。

目前理论界存在两种相互对立的企业观——"股东至上"企业观和利益相关者企业观。"股东至上"企业观将企业假定为股东实现其权益主张的手段，并将企业的剩余控制权和剩余索取完全赋予股东，其他利益相关者只是股东实现自身利益的一种工具。

与"股东至上"企业观不同，以 Freeman、Donaldson、Clarkson、Jones、Metchell、Blair 为代表提出的利益相关者理论将企业当作是所有利益相关者实现其权益主张的载体，而非仅仅为了股东价值最大化。该理论认为企业的生存和发展并不只依赖于资本投入，也依赖于企业经营者、员工、顾客、供应商、政府、社区、环境等利益相关者的投入。在资本市场发达、投融资渠道多元化的经济环境下，特别是在当今知识经济、生态经济即人力资本在企业中发挥越来越关键作用以及急需生态文明发展的情境下，利益相关者理论受到越来越多企业和学者的关注。

由于人力资本承担了剩余风险，也应该参与企业剩余的分配。因此，企业的剩余应当属于财务资本和人力资本的提供者，即股东、经营者和员工。由此本文所指的绩效评价主体也就是财务资本和人力资本的提供者，即两类资本提供者从委托人的角度对作为代理人的经营者在企业价值创造中的贡献进行评价。

在我国企业中，经营者参与分配有类似于所有权的性质，有利于激励经营者，从根源上解决代理问题；员工参与企业剩余的分配有助于加强对经营者的监督，提升公司治理的效率，而且在我国现行的经济环境下，员工参与企业剩余分配一定程度上有助于在微观层面解决社会财富的公平分配问题。

二、中煤建设集团价值管理的提升途径

1.竞争性的战略定位与商业模式的确定

煤炭建筑企业属于完全竞争性行业，有效的战略管理理论和方法，有助于管理者分析和预测目前和将来的外部环境，采取积极行动优化企业处境，使企业抓住机遇，迎接挑战和风险，把握未来。詹姆斯·奈特认为"基于价值的管理是使公司的管理人员集中于公司的战略制定，提高管理人员的凝聚力，获取更高价值的一种途径"。这一新的管理理念，自 20 世纪 90 年代以来正逐渐为人们所接受，并成为企业经营管理的一种趋势。在内部组织目标上，汤姆·科普兰认为一般有两个目标，一是指导高管人员的财务目标，依据现金流量折现值确定，但需要短期的、客观的财务绩效目标（如EVA）；二是非财务目标，用于激励和指导雇员行为，财务上绩效卓著的公司通常在客户满意度、创新方面也很成功。具体目标必须与各部门的特点相匹配。

（1）确定战略定位与商业模式的步骤。中煤建设集团从战略和战略管理角度实现企业价值创造采取以下五个步骤：

①了解自己的起点。包括过去价值创造的源泉，内在基本面、投资者预期和自由现金流演变历史是怎样的，当前业务计划产生效果的审查，未来最重要的价值驱动因素，解释与最接近竞争者之间的估值倍数差异。

②确定组织的内部目标。企业价值最大化是企业的终极目标，但自身不能以此为尺度进行内部管理，则需要确定内部目标，高层管理者还必须明白如何权衡各项具体目标相对于企业价值最大化这一总体目标的轻重缓急。

③找出当前计划与目标计划的差异。模拟上市公司，通过变化财务战略在短期内缩短这一差异，如降低资产负债率，可以降低资本成本、提高市盈率，增加对风险规避型投资者的吸引力；加大股息发放，迫使企业将现金从运营或业绩不佳的组合资产中释放出来。

④将战略清晰地传达给业务负责人。将整体目标转化为部门经理人可以试试的量化经营目标，建立问责制度，设立投资者关系部门，实现投资透明。

⑤不断反思战略。关键之处在于任何时候都要知道公司、行业、投资者构成正处于整个周期的什么阶段，以及需要做什么才能相应转变价值创造三个维度之间的平衡。

（2）确定战略定位。鉴于此，中煤建设集团从以下几个方面确定战略定位，选择适应自己的商业模式：

①立足煤炭，向非煤领域拓展。中煤建设集团在煤炭基建领域发展多年，取得了优秀的业绩和广泛的业务关系网络，已形成品牌优势；有了一定的行业话语权。首先应立足、巩固并拓展煤炭市场；其次，利用在煤炭建设领域形成的技术、装备、人才以及管理上的竞争优势，积极进军非煤建设领域，有效规避煤炭建设市场的周期性风险。

②立足高端，向大客户、重点煤炭基地拓展。用好二八法则——建筑企业80%的市场来源于20%的大客户，80%的利润来源于20%的优质大项目；走精品化路线，避免陷入低端竞争，利用良好的品牌优势和市场声誉，集中优势资源积极拓展高端市场，加大对大客户、大项目的公关力度。

③立足国内，向国际市场拓展。在国内传统施工总承包领域，有近6万家猎食者，这一领域从关系经营到价格竞争，非常残酷，如果没有独特的自身优势和特长，大规模的增长和赢得较高的利润已经相当困难。在当前煤炭产能过剩，煤炭基建项目将大幅减少的情况下，中煤建设集团积极实施"走出去"战略，利用技术、管理优势抢占国外市场。

④立足建筑施工，向多元化方向发展。中煤建设集团由于受激烈的市场竞争和行业周期性低谷来临的影响，利润率降低的趋势也不能幸免，加快转型，走多元化发展之路显得尤为重要。通过多元化及不同周期的产业组合，有效降低企业发展受行业波动的影响。一是向煤炭生产和运营服务转型；二是以建筑施工为基础，向纵深扩展营销，深挖客户需求，增加客户其他服务项目；三是向房地产领域拓展。

（3）选择商业模式。在战略定位确定后，结合企业自身实际选择适合的商业模式，实现企业持续赢利：

①进行资本运营，走产融一体化之路。中煤建设集团积极进军资本市场，打造集团资本运作平台，提升企业发展水平和运作层次。积极发展资本运营，通过产权结构调整，内部资产重组，拓展资本运营渠道，实现资本与实体资源的结合。充分利用行业竞争优势，把资本和核心竞争力有机地结合起来，融投资者和承包商为一体，通过融投资带动工程总承包，积极探索采取建设-经营-转让（BOT）、建设-拥有-经营（BOO）、建设-拥有-经营-转让（BOOT）等方式，积极参与国内外的路桥、能源以及其他基础设施建设项目。

②整合产业链，走工程总承包之路。目前，EPC、MEPCT、DB、BT、BOT、BOOT这些被国际工程公司熟练运用的新模式正快速进入中国建筑企业的业务领域，被高端的建筑企业所接受。住建部几年前推动中国新的特级资质就位，其实质就是推动中国建筑企业从施工总承包向工程总承包转型。中煤建设集团通过纵向整合，即产业链上各个环节的有机整合，打通各业务层面的藩篱，使集团层面的共享要素在业务层顺畅自如地流动，确保业务层面在集团沃土的滋润下茁壮成长，同时通过协同机制使得业务层实现立体化协同作战，以应对商业领域大规模作战时代的来临。例如将设计、招标代理、勘察、施工、采购、监理、装修等产业链上的不同环节进行整合，进一步提升各产业间的协同及资源的共享，大力开展工程总承包，为客户提供整合的服务，更有效的进行风险管控。

③实施"走出去"战略，走国际化经营之路。中煤建设集团大力发展国际工程咨询服务，通过为业主进行项目的规划论证和可行性研究、设计技术方案和融资方案，进而进行项目的施工和运营，实现规划、设计、融资、施工、运营一体化，增强承包工程企业的整体实力和国际竞争水平；推动管理和技术创新，提高本地化、实体化经营的程度，提高利用当地金融机构、当地高级管理人员的能力；创新经营模式，实现业务升级，从承包项目转向为自己策划项目，把精力主要集中在运作项目等利润丰厚的环节上，逐渐向产业链的高端转移，向承接EPC、BOT、PPP等高端市场和高附加值等领域发展；充分认识到对外承包工程对人才要求的特殊性，逐步建立职业化的对外承包工程人才队伍，保证业务发展的需要。

④加强战略管控，走集约化发展之路。项目是建筑企业基础管理的立足点，是创造企业效益的源头。一些建筑企业以包代管，管理粗放，集团管理"集而不团"，项目管控"管而不控"，子公司各自为政，项目各自为战，造成企业仅在业务量上有所增长，但利润普遍不高。中煤建设集团以母子公司管控架构为方向调整组织结构，实施组织变革；合理设置母子公司机构，将人、财、物职权进行合理划分；在母子公司管控的平台上完善承包运营模式，充分体现母公司作为市场经营主体的地位和突出利润中心的定位，解决子公司与总部争利的问题；科学合理地设置项目部，做到人员精干高效，协调控制有力，实现项目人力资源、技术资源、设备资源等要素的最优组合，强化以责任成本管理为中心的各项管理，提高项目创效能力。

2.通过价值链拓展提升企业价值

从工程建设项目全寿命周期上看，工程项目中每一项价值创造活动都是工程建设项目价值增值的过程，因此对于煤炭建筑产业来说，在工程价值链各增值活动中寻求与本企业所从事业务一致或接近、进入成本最低、带来附加价值最大的事业组合，是企业开拓其新事业组合的基本途径。有能力的建筑企业可以通过在工程建设全链条上开展增值业务事业组合，并使之相互配合形成价值增值体系，从而创造价值、实现增值，完成企业价值链重构，实现煤炭建筑行业价值链体系创新。

中煤建设集团根据煤炭建筑市场发展对建筑企业在建项目全寿命周期管理中提供全方位综合服务的要求，结合煤炭建筑企业自身特点，打造向项目前期和后期拓展的纵向一体化经营模式，由此产生建筑企业的创新价值链系统。该体系包含投融资开发体系、工程咨询和项目管理服务体系、工程总承包体系三大体系。

（1）投融资开发体系价值链。中煤建设集团通过投融资开发体系与境内外机构协作开展资本运营，拓展企业投融资渠道，建立投融资运作项目风险评估体系和具体工作流程，建立与工程担保单位合作联盟，搭建融资平台，建立融资渠道，整合开发商（业主）、金融机构、担保机构和承包商的资源，变对立博弈关系为竞合关系，其价值链如图1示所示。投融资开发体系的建立，使中煤建设集团摆脱了在煤炭建筑市场竞争中诸如市场竞争同质化、产业成本过高以及利润空间日渐狭小等困境，在产业资本和金融资本之间搭建起沟通合作的桥梁。

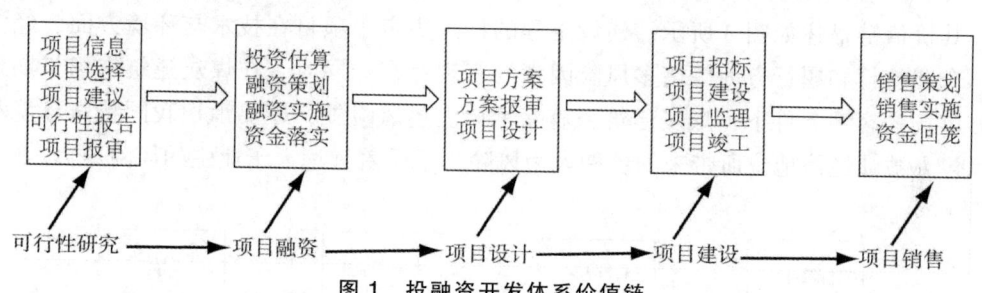

图1 投融资开发体系价值链

（2）工程咨询和项目管理服务体系价值链。中煤建设集团的工程咨询和项目管理服务体系包含全过程工程咨询服务、全过程工程项目管理服务和代建制服务等，其价值链描述如图2所示。其中，工程咨询是指咨询单位受客户的委托，在规定的时间内，运用科学技术、经济管理、法律等多方面的知识，为经济建设和工程项目的决策、实施和管理提供智力服务。其服务对象主要是银行、项目投资人、项目业主、工程承包商。项目管理是指项目管理单位受工程项目业主方的委托，组织运用系统的观点、理论和方法，对建设工程项目进行的计划、组织、指挥、协调和控制等专业化活动，其服务对象主要是业主。代建制是指政府投资占主导地位的建设项目通过招标等方式，选择社会专业化项目管理单位（代建单位），负责项目投资管理和建设实施工作，项目建成后交付使用单位的制度，其服务对象是政府投资部门和项目使用单位。

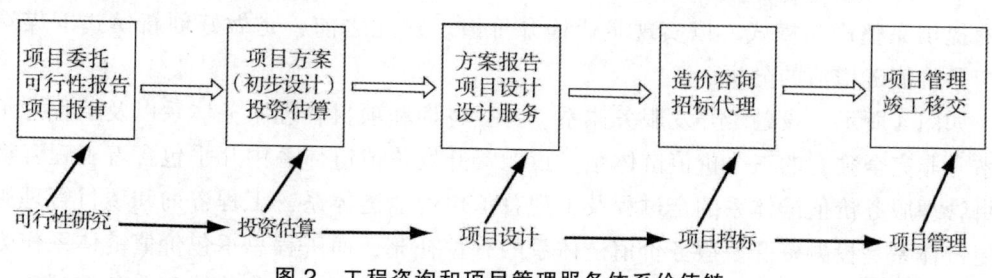

图2 工程咨询和项目管理服务体系价值链

近年来，煤炭建设领域投资主体的多元化发展以及国家投资体制和国有资产监管机制的改革，对我国工程咨询和项目管理服务提出了新的要求和严峻的挑战。中煤建设集团开发工程咨询和项目管理服务体系，是根据煤炭建筑市场的新的需求应运而生。

其工作重点为：提供建设项目全寿命周期咨询，包括规划咨询、专题研究、可行性研究、工程设计、招标代理、概预算审查、项目代建、工程监理、项目管理前、后评估、决策审查、咨询评估等咨询业务，并重视咨询服务及理论创新，拓展咨询领域、创新咨询方法和程序，全面提升咨询人员的素质；提供建设项目全寿命期管理服务，具体涵盖建设项目从策划、立项、规划、融资、招标、设计、采购、监理、施工管理到移交运营全过程；其特点是融合工程咨询与项目管理为一体的集成化服务体系，具有比较优势，能根据市场成熟度，针对不同项目提供多元化、多方位、单一性、复合性的服务产品，灵活地满足市场需求。

（3）工程总承包体系价值链。工程总承包体系包含建筑工程总承包和专业总承包等，其价值链描述如图3所示。建设工程的特点决定了项目在技术与环境方面、经济方面、合同签订和履行方面等诸多风险因素的客观存在。同时，在煤炭建筑市场长期处于买方市场的客观条件下，煤炭建筑企业除承担上述风险外，还要承担我国特殊环境和工程承包人被动经济地位所带来的各种人为风险，承受着远远大于业主的风险压力。

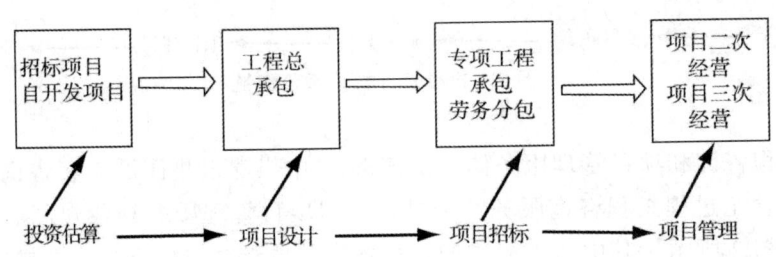

图3　工程总承包体系价值链

中煤建设集团积极探索投融资模式，通过自身信用平台和融资渠道优势，以工程建设和项目管理技术规避建设风险，并降低金融资本和产业资本之间的沟通成本及交易风险，加强企业内外诚信体系建设，以信用关系拓展为基础，开拓市场，承担应有的社会责任。

3.提供完整产品实现企业提升价值

中煤建设集团在实现价值链体系创新的同时，由传统的分段包干承建模式，向承包商提供完整产品模式，以实现企业提升价值。在此之前，是做好创新模式下煤炭建筑产品价值链增值的分析。

如图4所示，投融资开发服务体系、工程咨询和项目管理服务体系以及工程总承包体系并非完全独立的三个价值链体系。投融资开发价值链体系中几乎包含着工程咨询和项目管理服务价值链体系的全过程及工程总承包价值链体系，工程咨询和项目管理服务价值链体系是投融资开发服务价值链体系的有益补充，而工程总承包价值链体系作为三大价值链体系的重要组成部分，是另两个价值链体系成果的部分载体和业务的延伸，同时又可以通过工程咨询和项目管理服务价值链体系所提供的优质服务，减少项目的运营风险。随着中煤建设集团三大价值体系的形成，企业面向业务流程再造的价值链体系也随之形成，通过提供完整产品实现建筑产品价值链增值，提升了企业价值。

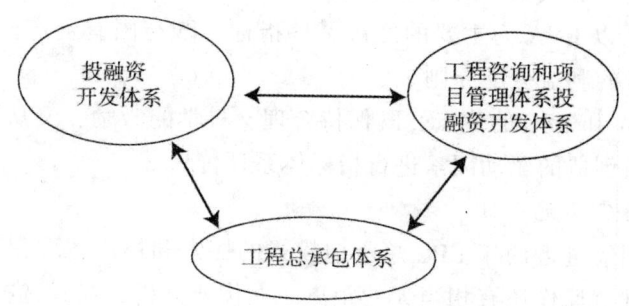

图4 建筑企业创新价值链系统

根据三大价值链体系的基本内涵,中煤建设集团通过业务流程再造,使得每个价值链体系中的每一项价值活动几乎都可以在企业内部得以实现。就投融资开发价值链体系而言,在对项目进行投融资开发的同时,可以提供全部的咨询服务、项目管理服务、项目设计、施工总承包等产品生产过程,形成价值链体系多次增值;而工程咨询和项目管理服务价值链体系则可以充分利用投融资开发价值链体系中所具有的融资策划功能实现咨询管理服务的增值,更重要的是还能在项目竞争中取得源头战略优势,并且实现价值链体系的自我增值;工程总承包价值链体系一方面可以在投融资开发及工程咨询和项目管理服务两大价值链体系的支撑下,赢得利润空间,另一方面工程总承包价值链体系也拓展了自我增值的空间,争取到更多的市场资源。

4.建立基于利益相关者理论的绩效评价体系

中煤建设集团建立了基于利益相关者理论的绩效评价指标体系。按照系统论的方法建立评价指标、评价标准等,其中最核心的问题是评价指标的选择。中煤建设集团从财务资本投入者和人力资本投入者等相关者的利益出发,借鉴EVA、BSC的思想,在遵循全面性、重要性、相关性、效益性、可行性等原则的基础上,运用专家评分法,从经济效益、社会效益两个层面分别筛选出有代表性的指标,试图构建一套科学合理的煤炭建筑业绩效评价指标体系。

一般而言,评价指标体系的制定要求尽可能做到科学、合理而且实用,而评价指标的多样性和层次性使得要达到上述要求很困难。可以采用专家评分法,即向煤炭建筑企业财务会计、经济、企业管理领域人员以及从事企业会计或经济科研人员、学者发出调查问卷,根据他们的专业知识和实际工作经验,对调查问卷中的备选指标作出选择和评定,最后构建出煤炭建筑业的绩效评价指标体系。

中煤建设集团的绩效评价指标体系主要体现以下主要特点:

一是内部因素与外部因素平衡、长远绩效与短期绩效平衡、经济因素与非经济因素平衡、财务因素和非财务因素平衡的基本原则。

二是基于对利益相关者理论和EVA作为企业剩余分配的机制的分析,指标体系中首次设计资本投入增值能力指标,包括经营者收入增长指标、员工收入增长指标以及财务资本保值增值率,分别考核管理层、员工以及股东财富增长情况,体现人力资本和财务资本在企业发展成果中的分享程度。

三是指标体系以 EVA 为主要的经济考核指标，既与国有资产监管机构保持一致，又体现利益相关者的利益分配原则。

四是结合 EVA 和 BSC 的优点，既保持合理、科学的激励，又从顾客、流程、学习与成长等几个价值创造的驱动因素进行指标体系评价。

5. 加快推进 EPC 示范项目

中煤建设集团经过近两年 EPC 总承包模式的探索和推广，取得了一定的经验，但相距国际惯例和规范运作还有相当大的距离。在优势分析、模式选择及其实施路径上，进一步寻找和实践价值提升途径。

(1) 在煤炭建设项目 EPC 总承包优势分析方面。

①较好地使用项目性能指标和行业技术标准描述工程的规模要求，如矿井生产能力、服务年限、生产工作区数、生产工作面数、采煤方法、吨煤耗电量、吨煤耗水量、选煤年耗电量、原煤成本、瓦斯抽采与综合利用率、矸石综合利用率、矿井水回用率、废气（废水、固体废弃物、粉尘）排放量以及原煤入选率等等，用行业内通用的客观性能指标进行描述，用适当的测试方法检验结果。对工程总承包模式给予总承包商以较大的设计空间和编制经济高效的解决方案。

②煤炭建设项目地质条件复杂，在设计和计划阶段面临较多的不可预见因素，造成施工过程中较易出现大量设计变更。为了在设计阶段尽量减少这些不利因素，中煤建设集团全程参与到设计过程中，工程总承包实施设计施工一体化安排，发挥可建造性技术，最大程度的减少传统设计施工分离的现象，对工程施工过程中可能出现的诸多复杂因素在设计阶段给予充分考虑，并能够确保在不增加成本的情况下提出设计解决方案。

③基于煤炭建设项目工期长、投资大的特点，工程总承包则兼具 CM 方式的快速路径优点，在单一责任的前提下最大程度地发挥内部协调作用，缩短建设周期，提高建设单位资金的价值创造水平。同时，业主也能尽早的预知项目建设成本，并要求总承包商在预算价格内遵循业主的项目需求和设计规范，有多种设计和实施方案的价值比选。

(2) 在选择 EPC 总承包模式方面。EPC 工程总承包作为一种先进的管理模式，在矿井建设等方面的合理运用，能够缩短项目工期、降低投资、提高工程质量。中煤建设集团采用 EPC 工程总承包模式，一是加强了业主方的 PMT (Project Management Team, 即由业主代表组成项目管理机构，主要负责项目建设立项、报批等前期工作)，即项目管理团队建设。二是在明确 EPC 总承包商职责和工作范围的同时，得到了业主方的支持，保持了工作的独立性，权利和责任对等，实现项目的预期目标。EPC 从总承包项目中标时即开始介入，实施勘察设计、采购、施工等全过程管理。

(3) 实施 EPC 总承包模式的原则。目前，中煤建设集团 EPC 总承包基本推行"PMT +EPC"的基本运作模式，按以下原则实施路径规划：

①总承包模式下的单一责任制。在承包商责任明确且唯一的情况下，一旦出现工程质量问题，就要承担全部责任，承包商应当更加注意工程质量。

②竞争性招标。在多家承包商竞争的情况下，承包商虚报投标价格，只会降低其中标的机会。因此，应当更谨慎地选择性价比高的技术方案和投标报价。

③施工管理。业主方的施工管理不再是监督承包商是否按图施工，而是确保总包商的设计与施工方案是否符合业主需求和项目性能指标。

④可建造性。美国建筑业协会认为可建造性是"在工程的规划、设计、采购、现场操作中最优地利用施工知识和经验以达到项目的整体目标"，总承包模式更适合承包商将其施工知识和经验整合到设计过程中。

⑤快速路径技术。快速路径技术是把整个工程分成合理的合同包（标段），每个合同包设计完成后即对此部分工程进行施工，而不是等到整个设计全部完成后才开始施工，总承包模式更有利于设计和施工的合理搭接。

三、中煤建设集团价值管理的实施效果

通过有效的价值管理，中煤建设集团实现了科学、安全、健康发展。一是促进了思想观念的转变；二是促进了管理行为和方法的完善；三是促进了基础管理和重点工作的相互衔接和整体推进；四是促进了经济效益的提高；五是有效遏制了财务风险；六是经济运行质量得以提升。近三年来，中煤建设集团总资产年均增长11.9%，营业收入年均增长7.5%，利润总额年均增长8.4%；2013年经营活动现金净流量是当年净利润的2.17倍，年末资产负债率处于同行业优秀水平；当年获得行业（部级）优质工程、"太阳杯"等各类奖项共计89项，荣获"鲁班奖"、国家优质工程5项。累计拥有的自主知识产权专利276项，其中发明专利27项；年均安置农民工近3万人。

（成果创造人：王文章）

基于 TRIZ 的技术创新管理体系的构建与应用

中煤张家口煤矿机械有限责任公司

中煤张家口煤矿机械有限责任公司（简称张煤机）是隶属于中国中煤能源集团公司的全资子公司，属国家大型一档企业。其前身张家口煤矿机械厂是新中国发展最早的三个煤矿专用设备制造企业之一。2000年企业改制为国有独资公司，2003年整体并入中国中煤能源集团公司，成为其属下中国煤矿机械装备有限责任公司的主体制造厂。公司产品遍布全国各大矿区，综采设备国内市场占有率一直保持在40%以上。部分产品还出口到美、英、德、日、韩以及澳大利亚、加拿大、俄罗斯等三十多个国家和地区。同时，公司拥有国家级技术中心、信息中心、国家认可测试实验室，科技创新和技术研发能力在国内同行居领先地位，公司技术中心现有百余名专业技术人员，具有雄厚的技术力量和先进的研发手段。

一、基于 TRIZ 的技术创新管理体系的实施背景

技术创新是企业赖以生存的支柱及持久发展的动力。技术创新是指一项新工艺、新产品从研究开发到投入市场并进入应用的一系列活动的总和，具有创新性、综合性和高风险性等特点。由于煤炭产品使用价值的不可转移性及其资源性特点，决定了其本身不存在类似于机械、电子行业的更新换代问题，因而煤矿机械企业的技术创新着眼点主要放在工艺技术创新上。工艺技术创新是企业技术创新的重要内容，是企业的生存发展的关键因素，是企业独特的、内在的本质内涵，对企业可持续发展能力的增强具有重要的现实意义，是企业生存发展的根本保证。

中煤张煤机从1926年建厂至今，随着企业产业结构的变化、体制的改革、产品的调整，工艺技术经过了数次的技术革命，从工艺制造的各个方面加快着技术的发展与进步。从"八五"技术改造到现在，企业实现了产品结构的有效调整，即由轻、中型刮板输送机向长运距、大运量、高可靠性、重型、超重型刮板输送机转变；在铸造、锻造、焊接、热处理、制链、加工、试验及检测技术水平等各个方面有了一定的提高，工艺和制造技术也上了一个台阶。但是，近年来，各项专业技术与世界水准的距离在逐渐加大，技术与质量严重制约了公司的快速发展。

由于企业技术创新环境建设滞后，阻碍着技术创新的发展，在分配上的"大锅饭"

严重制约着科技人员技术创新的积极性与自主性；创新体系的不完善，造成了创新人才的流失；创新观念与创新方法的陈旧，使科技人员缺少了创新思维能力与解决问题的能力。所以，建立新的创新管理体系，应用新的创新方法成为提高企业技术力量的必需。

自2001年，TRIZ引入中国后，TRIZ创新管理在中国开始逐渐推广应用。TRIZ提供的不仅仅是一种纯粹的创新理论，它还是一种分析式的思维模式，能够帮助我们形成一种系统的、易流程化的创新设计问题思考模式。随着煤机行业竞争的日趋白热化，快速开发具有自主知识产权的高技术，已成为提升企业技术竞争力的关键。为了改变公司自主创新能力和创新效率较低，且核心技术和关键技术受制于国外的不利局面，随着产业园区的建成，张煤机针对工艺制造技术提出了基于TRIZ的"自主创新，方法先行"的理念。

二、TRIZ创新管理的由来及基本内涵

1. TRIZ创新管理方式的由来

创新几乎可以发生在任何领域，但创新作为一个概念，最初是以技术创新的概念出现的。技术创新也最为重要，其他创新大多由技术创新推动，或与技术创新有关。有关技术创新最早的概念是由美籍奥地利经济学家熊彼特于1912年在其著作《经济发展理论》一书中首先提出的，此书在1934年译成英文时，使用了"创新"（innovation）一词。熊彼特把创新概括为发明的首次应用。可以说，"创新"就是"抛弃旧的，创造新的"，即在原有的基础上，提出独特的、新颖的、打破常规、能够带来改进（甚至是微小的）却富于成效的见解或思维。现在一般对技术创新的最简单、最直观的表述是：技术创新是科技新成果（包括概念、发现、发明和其他成果）转变成一种新的或改进的能够带来经济收益的新技术或新工艺。

伟大的思想总是惊人的相似。上个世纪40年代中期，前苏联发明家阿奇舒勒（Altshuller）及其领导的一批研究人员在分析了世界各国250万件专利的基础上，发现了发明创造所遵循的客观规律，以及解决各种技术矛盾和物理矛盾的创新原理和法则，创立了一个由解决技术问题和实现创新的有关原理、规则、方法、工具等组成的理论体系，即TRIZ理论。经过半个多世纪的发展，TRIZ理论已经成为一套成熟的解决创新问题的理论方法体系，并在国际许多著名高技术企业自主创新中得到了成功应用，效果显著。TRIZ的基本思想是"通过引入最少的外部资源消除创新过程中遇到的矛盾而使系统向理想状态发展"，基于这一思想，TRIZ发展了一种崭新的分析式的思维方法，即"将问题作为一个系统加以考虑，对问题着手解决之前首先勾画出理想的解决目标，进而设法消除创新设计过程中的矛盾"。

2. TRIZ创新管理的基本内涵

技术创新是企业实现持续发展的基础，是企业竞争力的重要来源。在市场经济及全球经济日趋一体化的形势下，企业没有技术创新，就很难在国内外市场上有立足之地。

TRIZ是被实践证明了应用于技术创新的有效方法。张煤机围绕公司"创新驱动、转型升级、强基固本、科学发展"的目标，为提高工艺技术创新力量，增强制造能力，提出了以TRIZ为基的工艺技术创新管理模式，一方面建立并完善技术创新管理体系，设计基于TRIZ理论的创新模式、管理方法及其应用保障机制，将"制度创新、理论创

新、方法创新"一起发展、相互依存、相互促进，成为系统的配套；第二方面将TRIZ理论应用到工艺技术创新中，针对面临的技术冲突问题，抽象转化为问题模型，利用创新原理找到理想的解，得到有效的解决方案；第三方面，通过TRIZ创新管理的应用，培养高素质的创新队伍，作为提高公司核心竞争力的关键。

三、基于TRIZ的技术创新管理体系的实施

1.建立TRIZ创新管理体系

为做好企业的工艺技术创新，有效推进TRIZ创新管理模式，改善工艺技术"创新愿望不强烈、创新不主动、创新机制不健全、创新体系不完善"的现状，张煤机形成了一整套管理体系，同时成立了TRIZ创新工作组。

基于张煤机的战略定位，技术部门针对企业技术现状进行技术创新的中长期规划、短期规划、方针、目标，并进一步分解为管理制度的制定、业务职能体系建设、日常管理等，制定公司一定时期的技术创新发展规划，并通过公司技术创新发展规划与发展战略的整合，实现张煤机的整体发展战略目标。同时，这一总体框架又是一个动态的系统过程，随着张煤机发展战略目标的调整，及时制定与之相适应的技术创新发展规划，从而使企业的技术创新管理体系进行动态调整和修订，确保由其形成的技术创新核心能力以及采取的技术创新模式和途径始终与技术创新规划相协调。具体的技术创新管理体系及运行过程如图1所示。

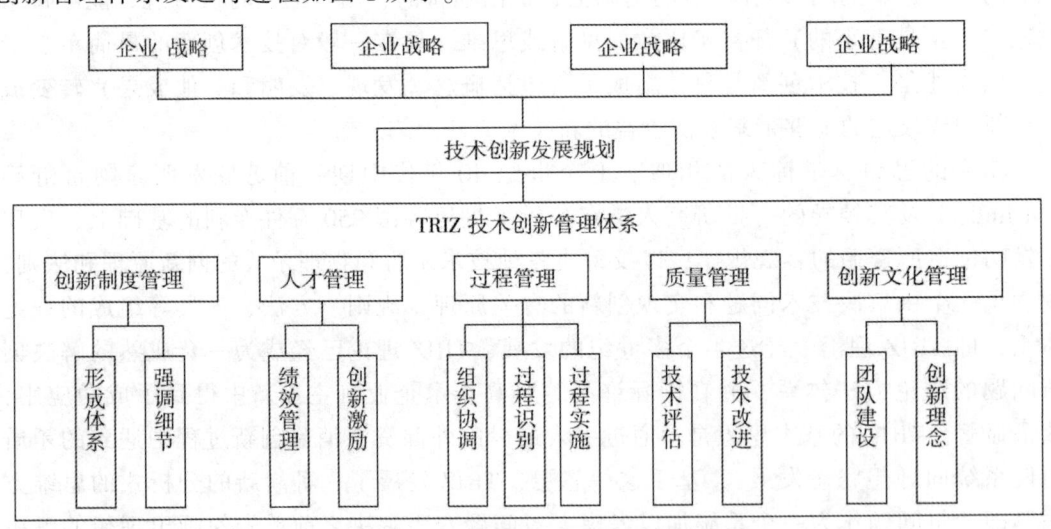

图1 TRIZ技术创新管理体系图

由图1可以看出，张煤机技术创新管理体系包括技术创新制度管理、技术创新人才管理、技术创新过程管理、技术创新质量管理、技术创新文化管理五个部分，每个组成部分，共同作用形成技术创新管理体系的总体框架。同时，这五部分内容之间是相互作用、相互制约的，只有使各部分都处于相对最优状态，才能保证管理体系总体功能的最大化，因而必须始终保持各组成部分之间的协调和互动。

2.设计基于TRIZ的工艺技术创新管理流程

技术创新管理的重点应是围绕着利用TRIZ理论解决技术创新问题的过程管理。因

此，结合了TRIZ理论解决技术创新问题的一般流程，张煤机将技术创新管理过程大致分为6个阶段，即识别问题、确定问题、解决问题、成果推广、技术总结、权利保护6个阶段，并设计了基于TRIZ理论的技术创新管理子流程，包括工艺研试项目管理流程、技组措项目管理流程、专机项目管理流程、技术改造管理流程等，见图2。

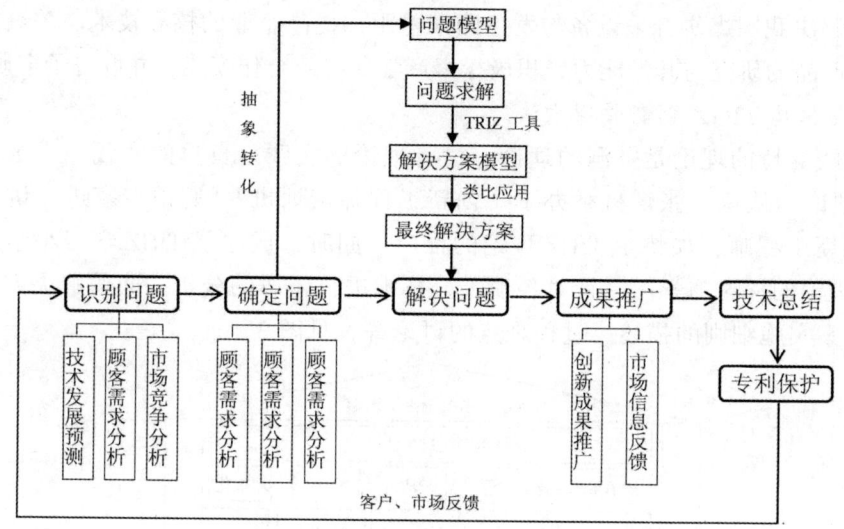

图2　TRIZ技术创新管理流程图

3.保障TRIZ管理机制

（1）人才保障机制。为更好地保障技术创新管理的实施，张煤机实施了人才培养与激励的战略机制，具体包括：后备人才导师制、创新人才培养、创新激励。

从2011年开始，为提高张煤机后备人员的综合素质，培养出符合公司发展要求的人才，公司推行了后备人才导师制，制订了导师制培养管理办法。由导师对培养对象进行思想文化、做事的方法、业务技能、管理技能等方面培训，明确培训时间、培训内容、培训目标等，并通过协议方式进行约定。导师制的推行，实现了企业自我培养人才，为公司打造出一个高效率、高技能、有竞争力的优秀团队。

通过"产、学、研"联合模式，依托技术创新项目，张煤机公司培养了大批工程硕士与创新工程师，人才发展成绩显著，为张煤机培养了一支具有创新实力的优秀团队。

为充分调动科技人员的创新积极性，张煤机公司采用创新科技人才绩效综合评价办法，建立以科研质量和创新能力为导向的科技人才评价标准，鼓励并支持科技人员创新。

（2）"引进技术、自主创新"机制。为了加快技术创新，张煤机采取了"引进先进技术，促进企业技术创新"的总体设想，利用"引进先进技术"作为赶超世界先进企业的一种好、快、省的办法，同时采取"摒弃重复、杜绝依赖"的理念，不断开创"自主创新"的机制。

利用后发优势和各种发展机遇，立足高起点、高标准，采用国际一流技术设备，发展企业，从而使技术创新成为企业发展的源泉，成为赢得和保持竞争优势的重要支撑。

近年来，在煤矿机械行业日趋激烈的竞争中，张煤机将目光紧紧盯在国际先进水平上,在工艺标准、技术参数等方面高标准、高起点,通过开发、应用核心技术,提升产品的技术水平,进一步占领和巩固了煤机市场,扩宽产品的品种和应用领域,形成新的经济增长点,使企业的技术创新能力和市场竞争力得到明显提高;加强产学研联合创新,利用公司与重点院校的长期合作关系和工作机制,进一步加强企业与院校在煤机领域的深入合作,解决我国煤炭开采设备与发达国家差距,提高企业的核心技术、关键技术工艺和重大新产品的研究与开发能力,积极探索产学研有效合作模式,并取得了丰硕成果。

4.培训与推广 TRIZ 创新管理方法

脱离实践支持的理论是空洞的理论,没有理论的实践是盲目的实践。为了加强对 TRIZ 创新理论的认识,张煤机举办了"创新工程师培训班",聘请专家进行讲授,培养了一批创新工程师,加快了 TRIZ 理论的推广。同时,成立了 TRIZ 学习小组,定期组织 TRIZ 理论的探讨与学习,针对各项工艺技术进行矛盾的分析、问题解决方案的确定、解决方案实施细则的描述、过程难点的讨论等,见图 3。

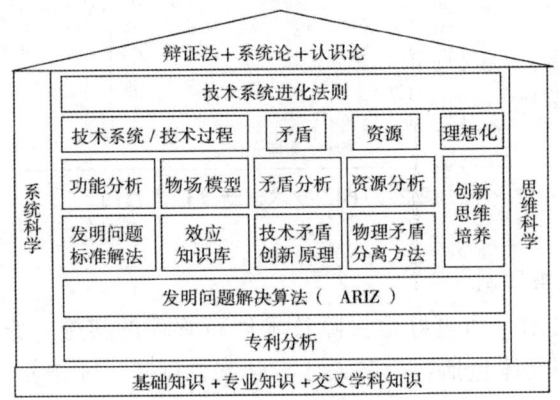

图 3 TRIZ 法体系结构图

5.应用 TRIZ 创新理论(实例)

张煤机公司的创新管理实行统一管理、分块运作,依托各种创新模块下的项目,应用 TRIZ 理论进行技术创新,就"中部槽焊接专机焊缝定位技术、行星架复合加工技术、齿圈铣削加工技术、中部槽整体加工专项技术、链轮齿形机器人切割技术、复合钢板增材自动化堆焊技术、中部槽底板内焊道掏焊技术"等方面,利用 TRIZ 法进行了分析、讨论、技术研究、开发。TRIZ 创新方法的应用举例如下:

(1)举例1——TRIZ 在"中板自动化堆焊技术"中的应用。

①问题背景。随着煤炭工业的不断发展,综合机械化采煤的产量不断提高,对煤炭输送设备的使用寿命提出了更高的要求。由于输送设备所承载的主体为大负荷的夹矸毛煤,毛煤靠刮板的刮移实现转载运输,因此,毛煤及刮板链对承载各部位的机械磨损问题就不可避免。据不完全统计,全国煤炭系统每年因磨损需要更换的机械设备价值高达 10 亿–20 亿元,煤矿开采行业为之付出了沉重的代价。对于张煤机公司来说,设备的严重磨损失效,经常返厂更换中板或更换槽体,增加了岗位工的劳动强度、严重降低了整套设备的寿命、降低了产品的竞争力;同时,也给客户造成了损失。此项技术主要

针对链道处不耐磨的现象，对转载机顺槽中板链道处进行耐磨堆焊的研究及应用，提高中板链道处的耐磨性、提高产品使用寿命及竞争力、降低使用成本和维修工作量。

②问题描述。为了提高过煤量，延长整套设备的使用寿命，对于容易磨损的输送机、转载机、破碎机中板，张煤机大部分都采用了高强耐磨钢来提高耐磨性，如 JFE-EH360、JFE-EH360A、JFE-EH400、JFE-EH450、HARDOX400、HARDOX450 等。

高强耐磨钢的应用在一定程度上提高了设备耐磨性，但是，由于煤矿井下工作条件非常复杂与恶劣，所以，使用过程中磨损情况仍然非常严重。根据矿方反应以及产品跟踪服务中发现，由于链条的硬度以及矸石的磨削，中板链道处还是经常呈现出磨损，尤其是链道部位，经常磨出沟渠或者磨漏。

A.因果分析。应用什么新材料，采用什么新的措施可以提高产品的耐磨性能？

堆焊是指借用一定的热源手段将具有一定使用性能的合金材料熔覆在母材的表面，以赋予母材特殊使用性能或使零件恢复原有形状尺寸的工艺方法。可以采用在易磨损部位堆焊高耐磨材料的措施提高产品的耐磨性。

目前堆焊耐磨材料主要采用马氏体和高 Cr 堆焊合金，对于马氏体堆焊合金耐磨性主要取决于堆焊层中 Fe-Cr-Mo-C 固溶形成的马氏体来抵抗磨损，由于马氏体的显微硬度远低于煤矿井下物料的显微硬度，且堆焊层中无耐磨碳化物存在，所以抗磨损效果不理想。而高耐磨高 Cr 铸铁堆焊焊丝，主要依靠堆焊层中弥散分布在铁基马氏体和残余奥氏体中的硬质来抵抗磨粒磨损。

B.冲突区域确定。

问题存在的冲突如下：高强耐磨刚是一种低碳低合金钢，热处理状态为淬火+低温回火，回火温度低，在 250 度左右，可是堆焊是一种热源手段，电弧的高温会使母材产生很大的软化区，使高强耐磨钢失去其固有的性质，更降低产品的耐磨性。传统的手工堆焊效率低下、堆焊质量差、操作环境恶劣。

C.理想解。采用强制冷却方式，降低堆焊软化区域，保证堆焊软化区不影响产品的耐磨性；用专机半自动堆焊方式替代传统手工堆焊方式，提高堆焊质量与效率。

D.可用资源。物质资源：焊接专机，装卡工装、冷却装置、焊材；场资源：重力场，焊接热能。

③发明问题确定。

A.解决问题的关键在于：降低堆焊软化区域；采用高耐磨材料，提高耐磨性；实现专机堆焊，避免手工堆焊的缺陷。

B.确定发明问题：在保证提高堆焊表面耐磨性的前提下，不会影响到中板——高强耐磨钢固有的特性。

④拟采取的解决方案。

A.创新理论。技术矛盾解决理论：解决技术矛盾的方法是局部质量和反向作用。

依据公司产品磨损的现状，在经常性的极易磨损的局部提高耐磨性；应用反向作用的原理降低堆焊软化区。

B.解决方案。主要针对中板链道处不耐磨的现象，对中板链道处进行耐磨堆焊，提高中板链道处的耐磨性；堆焊方法采用明弧堆焊；堆焊材料选择高耐磨高Cr铸铁堆焊焊丝，依靠堆焊层中弥散分布在铁基马氏体和残余奥氏体中的硬质来抵抗磨粒磨损；冷却方式采用焊道上下同时水冷的方式；堆焊设备采用四强堆焊专机，一次性堆焊双链道的各种形式。

上述方案在保证软化区极小的基础上，很好地解决了链道处不耐磨的问题，大大提高了整机使用寿命。

（2）举例2——TRIZ在链轮齿形机器人精密切割技术中的应用。

①问题描述。张煤机生产的主导产品是煤矿井下工作面综采刮板输送机，其链轮在整套设备中是主要的传动部件，在其转动过程中带动链条、刮板，链轮承受着较大的扭矩。链轮的生产是产品生产中一个重要分支。随着生产任务的加重，各种产品需要不断提高其制造技术与制造质量。目前链轮的齿形加工困难，严重影响了生产的进度。所以，现在提高链轮生产制造技术与提高生产效率是迫切需要解决的问题。

②问题分析。

A.因果分析。应用什么新工艺，采用什么新的装备可以提高链轮齿形加工效率？

火焰切割是快速而比较精确的切割技术，为了提高链轮的制造技术与效率，本项目中决定对链轮齿形采用火焰切割的制造工艺代替加工。精确的火焰切割需要先进的切割装备。

B.冲突区域确定。

问题存在的冲突如下：火焰切割链轮齿形是一种高效的加工方式，但是链轮的定位、双层齿形的一致性需要辅助工装；数控切割效率低下、表面质量差、操作不便。

C.理想解。采用辅助工装确保链轮放置平稳、双层切割齿形不错位、保护表面不受割渣烧伤；用机器人切割方式替代传统数控切割，提高切割质量与效率。

D.可用资源。物质资源：切割机器人、切割辅助工装；场资源：重力场，切割热能。

③发明问题确定。

A.解决问题的关键在于：提高生产效率；保证切割质量。

B.确定发明问题：采用高质高效的机器人火焰切割链轮齿形，代替传统的加工方式；重型矿用链轮火焰切割夹具，保证切割质量。

④拟采取的解决方案。

A.技术系统进化模式。采用"提高自动化程度和智能化程度"的模式。

B.创新理论。物理矛盾解决原理：矛盾特征的条件分离原理。

由于链轮制造系统的不均衡，所以在链轮齿形加工这一工序出现了薄弱环节，导致了矛盾的出现。

C.解决方案。主要针对链轮齿形加工效率极低的现象，采用高质高效的火焰切割方式，为了保证切割质量，提高制造精度，采用机器人切割的技术。上述方案在提高生产效率的基础上，节约了工时，降低了成本。

工艺试验：通过工艺试验确定火焰切割方式的可行性，同时进行切割工艺的评定；

工艺路线：粗车→调质→半精车→火焰切割齿形→回火→精铣齿→火焰淬火→喷

丸→精车→插键槽→总装。

切割方案：按图纸设计齿形周边不留量进行切割，分别切割各齿。

四、基于 TRIZ 的技术创新管理体系的实施效果

1.实现了技术创新的科学管理，保证了企业健康发展

张煤机建立了 TRIZ 创新管理体系，包括技术创新制度管理、技术创新人才管理、技术创新过程管理、技术创新质量管理、技术创新文化管理五个部分；设计了基于 TRIZ 的工艺技术创新管理流程，即识别问题、确定问题、解决问题、成果推广、技术总结、权利保护 6 个阶段；建立了保障 TRIZ 管理机制的人才保障机制、"引进技术、自主创新"机制，实现了技术创新的科学管理，保证了张煤机的健康发展。

2.培养了高素质技术创新团队，提高了创新能力

基于 TRIZ 的技术创新管理的实施是一项系统工程，其核心是寻找冲突，持续改进，系统提升，通过体系的建立、理论培训（包括外聘专家培训和公司内部人员组织的内部培训）、制度的制订及实施、TRIZ 的应用，培养了一支高素质的工艺技术团队，掌握了 TRIZ 的理论精髓、方法应用，培养了创新思维和解决问题能力。基于 TRIZ 的技术创新管理的实施，营造了"你超我赶、积极创新"的工作氛围，所有科技人员接受了开拓性的创新教育，拥有了自主创新的意识与能力，为全公司范围内的工艺制造技术的快速提高奠定了基础。

3.提高了工艺技术，实现了高水准制造

多年来，通过组织实施工艺管理与创新，在公司内部实现了"工艺流程化、作业标准化、现场目视化、加工专机化、焊接自动化，制造流水化"。

（1）按照张煤机新园区总体要求、各分厂实行了"独立化单元、封闭化生产"的模式，现已全部实现工艺流程化。

（2）通过"SOP 标准作业管理"方式，公司将各分厂关键工序标准化，编制了 437 项关键工序标准作业规程，覆盖了公司 80% 的关键制造工序。同时，员工通过培训考核上岗，并执行日常督查和季度考核。

（3）综合运用管理学、生理学、心理学、社会学等多学科的研究成果，以公开化和视觉显示为特征，积极推进现场目视化管理。

（4）张煤机实行"订单式"生产，同类部件数量大。为了与生产协同发展，公司引进了先进的加工设备和配套加工技术，培养了技术型人才，现已实现了加工的专业化生产。

（5）目前，张煤机拥有 2 条自动焊接生产线，以及 15 套焊接专机，1 套轨座焊接工作站，实现了产品的完美、高效焊接。

（6）基于 TRIZ 的技术创新，张煤机不断提高工艺技术装备与配套工艺技术的力量，目前已实现了工艺制造流水线，比如中部槽焊接生产线、铸造生产线、锻造生产线、热处理生产线，成为了行业的标杆。

4.改进创新方法，创新成果显著

自 2011 年实施 TRIZ 技术创新管理后，张煤机工艺技术创新成果显著，各项专业技术居行业领先水平，2011 到 2013 年工艺技术创新成果见表 2。

表 2 2011~2013 工艺技术创新成果统计表

序号	专业类别	创新成果
1	焊接	中部槽专机焊接焊缝定位研究及应用
2		选用高强韧性焊接材料，提高中部槽焊缝质量
3		高强耐磨钢板堆焊工艺研究及应用
4		耐磨复合钢板工艺研究及应用
5	铸造	铸造矿用驱动链轮研制与应用
6		高强高韧性铸造槽帮新材料研究及应用
7		大规格液力偶合器金属型铸造工艺研试及应用
8		铸造槽帮模型上箱金属模设计与应用研究
9		铸铝件砂型铸造应用金属模型工艺研试
10	锻造	以厚壁无缝管替代锻造环件工艺研究及应用
11		400KJ 生产线刮板、销轨等锻造工艺研究
12		超长刮板锻焊研究与应用
13	加工	YHK5180-3 数控插齿机加工程序改进
14		垂直减速器行星架组件加工方法的试验研究
15	切割	矿用链轮齿形火焰切割研究与应用
16	热处理	大规格链轮中频淬火工艺研究

5. 创新成果效益显著

（1）经济效益。张煤机自实施 TRIZ 创新管理以来，各项专业技术在不断地创新，各项新技术的成功开发与应用，直接转化为生产力，极大地降低了成产成本，提高了生产效率，创造了突出的直接经济效益，为张煤机具有可持续竞争力提供了技术支持，见表 3。

表 3 2011~2013 典型工艺技术创新成果经济效益

技术创新成果 1：中部槽专机焊接焊缝定位研究及应用				
	经济效益（万元）			累计（万元）
	2011 年	2012 年	2013 年	
新增产值	1104.000	1292.600	883.200	3279.800
新增利润	504.222	594.497	395.277	1493.996
技术创新成果 2：以厚壁无缝管替代锻造环件工艺研究及应用				
	经济效益（万元）			累计（万元）
	2011 年	2012 年	2013 年	
新增产值	——	——	——	——
新增利润	134.68	135.06	148.45	418.19
技术创新成果 3：铸造槽帮模型上箱金属模设计与应用研究				
	经济效益（万元）			累计（万元）
	2011 年	2012 年	2013 年	
节支总额	约 100	约 100	约 100	约 300
经济效益累计（万元）：5491.986				

（2）社会效益。各项技术创新成果的应用不仅提高了公司产品竞争力，使张煤机的技术水平处于国内外煤机行业领先地位，充分发挥了煤机行业龙头企业的带动作用，而且积极推动了科学技术的进步，促进了经济与社会的发展。

（成果创造人：郑民惠 张志卫 韩效寿 张彩霞 刘国良 翁永清 苗俊田 康韶光 单玉新）

煤炭企业以效益为中心的契约化管理体系建设

陕西南梁矿业有限公司

陕西南梁矿业有限公司（以下简称南梁公司）是中煤能源集团旗下的陕西省煤炭系统首家中外合资企业，成立于1998年，注册资金2.4593亿元，井田面积23.672平方公里，地质储量1.611亿吨，可采储量约9600万吨，煤炭质量优良，煤矿改造后年生产能力达180万吨以上。

一、以效益为中心的契约化管理体系的建设背景

南梁公司是陕西省第一家中外合资的煤炭生产企业，如何在《中外合资经营企业法》的法律框架下，建立以效益为中心的全新运行机制，有效解决董事会的治理效率与提升公司核心竞争力，保证南梁公司的持续盈利与持续发展，是南梁公司面对的一个新课题和要优先解决的一个迫切问题。

1. 超前应对合资公司的内部治理危机

数据表明，在中国的合资企业里，中外方合作顺利的不足30%，有70%的合资企业因为这样或那样的原因"婚姻不和谐"。在合资经营企业中，合营各方往往不能够始终坚持依据合资合同"同心同德、同心协力、同甘共苦"，很容易出现"同床异梦、同室操戈、同归于尽"的现象，合营企业要么成为个别大股东的"提款机"，要么沦为合营各方随意宰割的"唐僧肉"。合营各方通过相关关联交易影响和损害合资公司的健康发展。南梁公司同样面对着这样的危机。

南梁公司的合营股东包括6家单位，而且股权相对分散，各合营单位的股权比例见表1。

依据契约化的思路，南梁公司主动"设计"未来公司治理结构与管理模式，董事会与总经理以及高层管理团队以公司的年度经营预算为载体，形成体现契约化的公司治理体系，体现公司以绩效为中心的经营管理思想。

2. 积极应对煤炭行业的外部激烈竞争

进入2011年下半年后，受国内经济下滑的影响，煤炭行业出现了库存增加，价格下滑的情况。加之煤炭资源税改革方案可能出台，煤炭企业的经济效益和对未来的预期都将发生变化，将不可避免地对公司的发展带来一定的影响。同时，在市场环境变

表 1　南梁公司股权投资结构

序号	股东名称	股权比例
1	澳大利亚华光资源有限公司	32.0%
2	中煤能源股份有限公司	23.0%
3	榆林煤炭出口（集团）有限公司	26.0%
4	海南京铁实业贸易开发总公司	10.0%
5	宁波富兴电力燃料有限公司	5.0%
6	陕西煤炭运销（集团）有限公司	4.0%
	合计	100.0%

化剧烈的背景下，多重委托代理（发包与承包）关系引起的代理（监督）成本激增也是巨大的，一方面企业组织规模越来越庞大，企业管理层次已经多得难以有效运作；另一方面，与外部环境迅速变化相对，企业层级结构恰恰是一种对变化的快速感应能力和适应性的严重阻碍。

合营各方股东所具有的独特资源和优势，使南梁公司集成了资金、资源、管理、运销、政策等优势，具备了强强联合的先天基础和基因，同时也奠定了适合先进"契约化"模式生存的优良"土壤"，实现了一个煤炭生产经营企业的最佳"资源"配置。

南梁公司以业务承包合同为载体，形成了契约化的经营管理，在企业价值链中牢牢掌握核心价值环节，将非核心价值环节全部外包，形成独特的核心竞争力。

3.有效应对煤炭企业的安全管理挑战

南梁公司成立伊始便坚持和实践"安全为天，质量第一"的管理理念。南梁公司的核心管理人员、技术人员来自各个股东单位和社会单位，煤矿基层的生产工人和操作人员队伍来自全国各地，人员知识和素质状况千差万别，员工队伍有大学生，也有小学生，甚至还有部分文盲，虽然都是在南梁公司项目工作，但是这些人员与南梁公司契约运营管理关系中的不同企业、不同法律主体建立劳动关系，带着不同的目的、有着不同的需求，而煤矿企业安全管理是第一位的，所有的安全措施必须通过人来实现、来保证。

面对这样一个"来自五湖四海，条件五花八门"的员工队伍，如何能够形成一支有战斗力、凝聚力的南梁员工队伍？市场关系比官僚关系更有效率，这给南梁公司一个启示，假如能以契约关系代替权力关系，即签订正式的代理契约，将会给企业组织结构带来全新的变革。因此，南梁公司倡导"大南梁"的企业文化氛围，形成了以员工职业生涯为载体的契约化人力资源管理，形成了业绩导向的激励文化机制。

4.稳妥应对煤炭企业的社会责任管理

南梁公司的原煤生产基地地处陕西省北部的榆林市府谷县，煤矿的建设与开发在给地方经济发展带来好处的同时，不可避免地带来了环境污染与植被破坏问题。作为中外合资经营企业，如何有效协调地方关系，减少矛盾和冲突，获得良好的发展与经营环境,并切实履行企业社会责任?南梁公司选择了契约化管理模式。

南梁公司通过"事前承诺,有诺必践,接受监督,结果说话"的原则,为地方政府、当地群众办实事的机制,以发布《社会责任报告》的形式,形成了南梁公司契约化的社会责任管理,建立南梁公司负责任的良好企业公民形象。

二、以效益为中心的契约化管理体系建设的内涵

1998年合营公司刚刚成立,南梁联合西安矿业学院(现西安科技大学)的专家教授,对南梁公司的管理模式、组织机构、人员设置、管理制度、运作方式进行科学设计,开始探索和实践以效益为中心契约化管理体系。经过15年的实践和积累,南梁公司已经确立了相对成熟的以效益为中心的契约化管理体系,形成了南梁公司独特的"南梁模式"。

南梁模式的核心内涵就是南梁公司只成立项目管理公司,负责生产技术方案的确定和物资供应、产品销售以及工程进度、原煤产量、质量监督检查和考核工作;而矿井建设、辅助生产、后勤服务、产品运输等在坚持市场准则和股东利益最大化的原则下,通过市场机制,对外公开招标,以契约的形式委托专业承包商公司承担,可以是股东资源,但是必须体现市场化、专业化原则,这样保证南梁公司获得市场上最合适的专业公司的服务,从而整合股东资源、社会资源,充分利用和吸纳社会资源为南梁服务,实现业务运营的专业化、社会化和机构设置的扁平化、精干化,保证南梁公司对市场的反应速度和成本核心竞争力。

南梁公司契约化管理体系主要包括四个方面:一是以年度经营预算为载体的契约化公司治理;二是以业务承包合同为载体的契约化经营管理;三是以员工职业生涯为载体的契约化人力资源管理;四是以社会责任报告为载体的契约化社会责任管理,见图1。

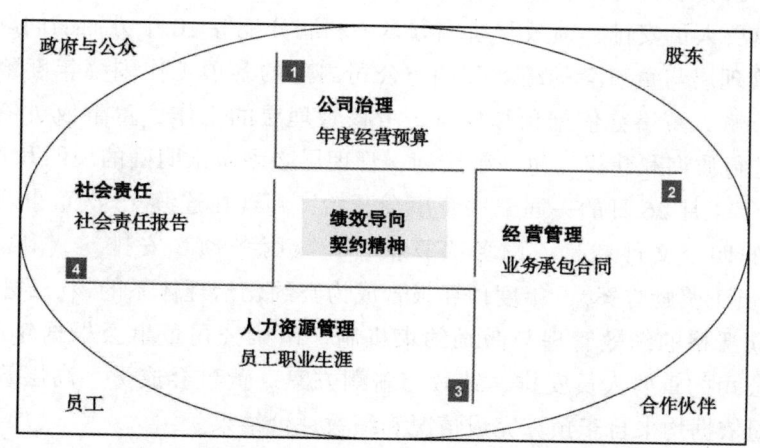

图1 南梁公司以效益为中心的契约化管理体系

南梁公司的契约化管理体系以科学发展观为指导思想,以绩效管理为主线,以效益为中心,努力处理好投资者、公司、员工、合作伙伴、地方政府以及社会公众之间的关系,积极履行社会责任,把南梁公司建设成为安全、高效、低碳、和谐、文明的

现代化安全文化建设示范煤矿。

三、南梁公司契约化管理体系实践的主要做法

1. 以年度经营预算为载体建立契约化公司治理

（1）建立规范的董事会运营机制。南梁公司为了保证董事会在公司重大问题上决策的正确与高效，并有效监督公司管理层能够忠实地履行职责，实现经营绩效和持续发展，建立如下运营机制：一是规定董事会人员组成，董事会成员由13名董事组成，构建一个相对大规模的董事会，保证董事会决策广泛性和决策能力的充分性；二是要求各合营单位做出承诺，必须选派合格的董事，同时保证董事成员有足够的时间参与南梁董事会的工作；三是董事会建立了规范的董事会运作机制、决策程序与决策规则，对董事会召开的资料准备、议案提出、决策责任、决策程序、表决形式、决策成立、执行与监督等做出了明确规定，例如董事会3年一届，每年召开两次例行会议，每次董事会会议不少于3天，董事会决策时严格按照一事一议的原则进行，保证讨论的充分性和决策的正确性。

（2）实施严谨的年度经营预算管理。南梁公司以契约关系代替权力关系，通过契约化改造提倡的是一种以结果为导向的思维方式。通过签订正式的经营管理契约，让经营管理层对企业经营结果切实负起责任。南梁公司选择了年度预算和决算报告作为董事会与公司管理层的契约载体，以全面预算管理为核心建立有效的契约化公司治理体系。南梁公司规定公司的一切重大事项必须纳入公司的年度预算与总经理工作报告中，依据年度预算与总经理工作报告，审核预算、批准预算、验收决算、评价绩效。

按照南梁公司的运营原则，每年总经理负责编制出当年年度经营决算预期与下年经营预算草案，提交董事会；年度预算（决算）报告必须明确说明年度经营目标、全年收支计划、投资项目安排、重大合同签署、重要合作伙伴选择、内部组织机构调整、定岗定编、重要人员安排、绩效与薪酬方案、利润分配等10个方面的问题。批准后的预算就作为管理层与董事会的绩效契约，公司内部的各项工作围绕年度预算进行计划安排和计划分解，董事会依据预算检查、考核管理层的工作，董事成员依据预算对管理层的工作进行质询和建议。每一个质询，管理层必须做出明确的说明和答复。

自2000年4月26日的一届二次董事会开始，到现在连续13次董事会，董事会每年必须讨论的四个文件就是《财务决算报告》《财务预算安排》《利润分配方案》《管理人员与员工奖励方案》，年度预算报告成为契约化治理体系的核心载体。

（3）建立严格的绩效管理与激励约束机制。南梁公司董事会根据年度决算报告，审核、批准公司的重要人员安排、绩效与薪酬方案。董事会成员、高层管理人员的所有奖励和惩罚依据均来自于预算完成情况和绩效评价结果。

南梁公司规定董事会成员主要负责企业战略制定、计划方案审批、目标检查督导、审核及投资者关系沟通等工作。董事会的业绩评估包括三个部分，即董事会整体业绩、董事长业绩、董事个人的业绩。对董事会的业绩进行评估时，核心的依据就是公司年度预算和合理性，以保证公司契约的一致性。同时，董事会要对自身完成基本职责方面进行考察，还要评估董事会自身的角色、结构与程序是否有需改善的地方。

公司的董事按照董事考核标准进行考核，其考核结果作为领取董事补贴和董事任免的主要依据。

公司的高管人员，按照高管人员考核标准进行考核，其考核结果作为高管年薪和高管人事任免的主要依据。对于执行董事，将对两个方面都进行考核，从而很好地解决了"双重角色"带来的考核难题。比如南梁公司根据2011年度业绩指标，参考陕西省2010年度企业工资平均增长政策，2011年度提取和兑现绩效工资291.2万元；辅助人员提取和兑现69万元，共计提取和发放绩效奖金360.2万元。

2.以业务承包合同为载体建立契约化经营管理

根据国内外矿井建设和煤矿生产管理理论与实践，通过对南梁公司外部环境和内部条件的分析，南梁公司矿井建设和生产经营均采用"对外承包"的模式，即矿建、原煤生产、后勤服务等通过招标的方式由一个或多个专业公司（承包商）承担，南梁公司仅负责技术方案和煤炭销售以及对工程进度、原煤产量、质量的监督、检查和考核工作。

(1) 市场化、透明化的业务外包模式。1999年，鉴于当时原南梁公司职工需妥善安置的现实情况，以及为了保持良好的投资环境和稳定的社会局面，矿井建设期间，除技术含量高、施工难度大和政策限制的工程外，其他工程和生产、生活服务项目，在坚持市场规则的前提下，均由榆林煤炭出口集团矿业开发有限责任公司（以下简称矿业开发公司）独立或联合专业工程公司承包，在合作初期矿业开发公司陆续承担了公司的后勤生活服务、生产系统检修、辅助生产和井巷工程施工，基本上能够完成合同规定的工作任务。

2003年，南梁公司通过市场机制对外招标，通过"契约"方式，选择了民安公司作为南梁公司安全生产业务的唯一承包方。运用同样的手段，南梁公司将生产辅助交由矿业开发公司管理，将煤炭铁路运销交由海南公司管理，将后勤服务、安全保卫和物业管理交由禾佳公司管理，一纸"契约"，各方职责清晰、责任明确。

(2) 集中统一的调度指挥模式，集体决策的调整机制。南梁公司对调度流程进行优化，采取统一指挥调度模式，设立统一的指挥调度中心，坚持"把好口子、看好巷子、控好关子、盯好数子、用好板子"的总体要求和基本方针，实现"无盲区"调度。通过调度系统，无论是管理者还是一线矿工，每个人的任务、目标更为明确。同时，统一调度使得公司可以及时发现问题并解决问题，提高井下指挥的效率，避免各种不安全事故的发生。以承包合同为载体的契约化经营管理，保证了公司安全生产体系的有效运行。

南梁公司按照"责权明晰、管放有度、扶持发展、监督到位"的原则，把有关的法律法规、政策规定和安全、生产、经营、维权等事项具体到契约中去，形成"放手不甩手、扶持不代替、监管不对立"的长效管理机制，对于外包合同的执行绝对严格、一丝不苟，用强有力的制约机制和奖罚机制来保证契约的执行，维持业务运营的正常运行。

同时，通过建立集体决策的契约调整机制，一切对承包合同的调整，必须经过充分的论证和调研，管理团队集团讨论后，才能在管理权限内进行调整，最终的决定权在董事会，从而保证契约在环境变化的条件下能够保持持续有效，契约各方能够实现持续的和谐共赢机制。

南梁公司在契约式经营管理运作当中，要求任何一个层级、一个部门、一个管理人员都只对有约定的行为、事物负责，而不对其他任何未经约定的行为、事物负责。管理层级中的上级只能在约定的范围内对下级行使管辖、约束的权力，而不在约定之外对下一个层级进行任何干预。下一个层级也只在约定的范围内对上级负责。同样，相同层次的机构之间也通过契约限定相互的行为分工、管理界面，任何一方只在约定的范围内行使职权，并对他方负责，从而保证了管理的有序性。

3.以员工职业生涯为载体建立契约化人力资源管理

南梁公司认为，契约主体本身的独立性使员工有了实现自我价值的渴望，所有为南梁发展服务的员工，不论属于哪个单位，都是南梁的大家庭的一员，南梁公司都应建立平等的契约环境，为其提供基于职业生涯发展的职位与待遇。

(1) 基于员工职业生涯的人力资源管理。南梁公司的员工队伍绝对不是南梁公司本部的64名员工，而是包括了所有为南梁提供服务、依托南梁安身立命的承包单位的管理人员、一线工人，以及南梁公司各方面合作伙伴单位的员工队伍。面对这样一支员工队伍，南梁公司必须建立一种机制让所有人"关心南梁、服务南梁、爱护南梁"，让南梁成为大家的寄托和归宿，形成真正的心理契约。为此，南梁公司探索建立了基于员工职业生涯的契约化人力资源管理。

南梁公司的人力资源管理在实践中做到了如下几点：一是以实现员工的自我管理为最终目标。南梁公司人力管理资源管理以消除人力资源浪费与实现员工自我管理为最终目标，建立公司与员工共同的愿景，使员工根据企业总目标自主管理好给定的工作任务，并根据企业的发展需要主动进行个人职业生涯管理，在工作中获得自我价值的实现和提升，从而最终消除人力资源的浪费。二是加强薪酬激励机制。考虑到对员工行为导向作用显著、与其他人力资源管理模块的高关联度等因素，依然选定以薪酬激励机制为切入点，以经济杠杆推动整个体系的重建。三是建立并加强灵活、有效的人才引进、选拔机制。四是根据公司实际建立其他配套机制。在建立并实施好"刚性"的制度性体系基础上，根据企业实际情况，不断补充所需的其他配套或专项机制，使整个人力资源管理始终围绕公司战略持续改进，发挥更大的作用。

(2) 倡导和实施"321"企业文化。南梁公司员工队伍的契约化管理集中体现在其独特的"321"企业文化中，即"三园、二本、一核心"的企业文化。三园，是指家园、校园、事业园。家园，就是要把企业建设成一个可以慰藉心灵的精神家园、温暖人心的和谐家园、充满关怀的互爱家园；校园，就是致力于把南梁建设成修身养性、提升素质，通过学习来武装头脑的地方；事业园，就是通过职业生涯规划，用人之事业园，通过职业生涯规划，用人之长，避人之短，挖掘员工潜力，将南梁建成员工施展才华的大舞台。二本，是指以人为本和管理为本。以人为本，就是以人的全面自由发展为本，关爱职工生命健康，提高生活为本，优化工作环境，融洽人际关系，使员工具有家的归属感，事业的成就感，自我价值的实现感。管理为本，就是致力建设规范完善的管理体系和高效务实的管理团队，以契约化管理和精益化管理为主要内容，实现社会资源和企业内部资源完美组合，最优利用。一核心，是指以安全生产为核心。安全生产，就是要充分体现对人的生命尊重和对健康的呵护，把安全生产作为企业以人为本管理理念落实首要部分，确立了"安全是最大的政治，安全是最大的效益，安全是最好的福利"的安全理念，实行"工人三班倒，班班跟领导"，决不以牺牲矿工的生命来换取公司经济效益的攀升。向安全要效益、以安全促发展、用安全求壮大，已成为南梁公司安全文化的显著标志。

"大南梁"的人文理念使公司全体员工产生一种巨大的向心力和凝聚力，形成了员工对南梁公司的心理契约。在南梁通过实行"平等的人际关系""平等的工作氛围""平等的学习环境""平等的生活待遇"，致力建设和谐的契约合作关系，建立充分尊重的沟通平台与机制，营造人格平等、换位思考、相互体谅的工作环境、合作环境、共赢环境，努力实现共存共赢共进，有效解决了契约化管理模式中雇用双方（或各合作方）不可避免的地位不平等、目标不同向、利益追求难平衡等诸多难题，丰富了企业文化的内涵和外延，促使契约关系中的各合作方，由简单肤浅的"利合"向水乳交融的"人合""文合""心合"转变。

4. 以社会责任报告为载体建立契约化社会责任管理

企业的发展离不开地方政府的支持和协助，南梁公司作为煤炭生产企业，在为地方经济发展带来税收和就业的同时，不可避免地带来了植被环境和环境问题。南梁公司坚持"事前承诺，有诺必践，接受监督，结果说话"的原则，积极与地方协调和沟通，提前与相关方达成契约关系。在企业发展的同时，不忘企业的社会责任，做到企业效益、社会效益、生态效益相统一，支持地方发展，关注地方民生，积极参与地方慈善事业。累计为地方教育、扶贫、新农村建设等社会地方教育、扶贫、新农村建设等社会事业捐资 4,000 余万元，树立了企业良好的社会形象。

2011 年 2 月南梁公司发布了陕西煤企首份《社会责任报告》，创造性地提出了企业经济责任、安全生产责任、创新管理责任、社会公益责任、环境保护责任、员工权益责任的"六位一体"的社会责任体系，彰显了南梁公司对促进我国煤炭企业社会责任管理"敢为天下先"的决心和勇气。

通过企业社会责任报告的编制与发布，南梁公司建立了以社会责任报告为载体的契约化社会责任管理。

四、以效益为中心的契约化管理体系建设的效果

1. 企业规范性和管理效能显著提高

南梁公司以契约化理念为基础、以效益为中心、以绩效管理为主线的契约化管理体系，最大限度地整合市场优势资源，取得最佳服务质量，有效地解决了生产与安全的矛盾、安全管理与安全监督的矛盾、长远利益与眼前利用的矛盾、契约双方法律上的障碍，进而实现了利益相关方共赢发展的目标；开创了南梁公司安全文化建设和企业和谐发展的新局面，为完善现代煤炭企业契约化理论和实践做出了积极有益的探索。

契约化管理模式的应用，使南梁公司以64名管理人员创造了3.6亿元的利润，创造了陕西省煤炭生产经营企业资本金回收、资金周转利用率较快和经济效益较好的纪录，同时企业安全管理效能与水平不断提高。

2.企业获得良好的经济效益和社会效益

截至2012年9月底，公司累计生产煤炭1232.8万吨，销售1445.6万吨，实现销售收入38.89亿元，利润13.19亿元，上缴税费10.88亿元，实现连续安全生产2526天,取得了良好的经济效益。南梁公司先后获得国家、省、市授予的"国家级标准化煤矿"、依法生产先进煤矿（国家发改委）、全国企业文化建设示范企业、中煤集团安全生产先进单位、中煤进出口公司优秀生产企业、陕西省先进集体、陕西省绿色文明示范单位、陕西省煤矿安全生产先进集体、榆林市安全质量标准化建设优秀矿井、榆林市优秀管理企业等上百项荣誉称号，并连续7年被评为榆林市"百强企业"。南梁公司以先进的理念、规范的管理、良好的效益、优秀的企业公民形象获得了社会各界的好评。

3.员工队伍素质和满意度显著提高

南梁公司的员工队伍素质不断提高，员工满意度稳步提升，基层矿工的主动离职率已经降到15%以下，员工综合满意率达到73.57%以上。特别是公司吸引了一大批高级人才，如民安公司董事长和总经理，都因为良好的契约化机制来到了南梁发展的舞台。其他不同身份的人员包括农民工都在南梁公司找到了自我展示和发展的平台，公司目前80%的班组长、40%的区队长都是公司培养的农民身份的矿工，在这里获得了尊重、关爱与发展。南梁公司成为他们安身立命、养家糊口的最好选择。

（成果创造人：张光耀　高静波）

煤机企业成本控制评价与改进

中国煤炭科工集团有限公司

中国煤炭科工集团有限公司（以下简称中国煤炭科工）是经国务院批准，由中煤国际工程设计研究总院、煤炭科学研究总院两家中央企业于2008年4月合并组建，是国务院国有资产监督管理委员会直接监管的中央企业。中国煤炭科工拥有工程总承包及工程设计、勘察、监理等十数项甲级资质；建设有24个煤炭工业重点实验室和7个国家级、6个行业级质量监督检验测试中心，国家煤矿安全技术工程研究中心等4个国家级工程技术研究中心以及国家矿用产品安全标志办公室等机构；5个博士后科研工作站、2个博士学位授权点、8个硕士学位授权点。

宁夏天地奔牛公司实业集团有限公司是中国煤炭科工集团下属天地科技股份有限公司的控股子公司，是国内煤矿专用输送设备研发、制造基地和自治区重点骨干企业。

一、煤机企业成本控制评价研究实施的背景

进入新世纪，我国煤炭工业经过十年快速发展，生产力水平有了很大的提升，煤炭生产和消费已成为世界第一大国。在煤炭经济快速发展的拉动下，煤机市场需求快速增长，煤机制造业也进入快速发展时期。在我国经济发展周期和世界经济低迷的影响下，2012年5月以来，煤炭经济进入新的调整时期。这既是按照市场经济规律进行周期性调整，也是按照煤炭工业发展规律进行阶段性调整，煤炭行业由快速发展转入平稳发展阶段。煤炭市场形势的转变导致煤机制造业由热变冷，由卖方市场转为买方市场。

在煤机制造行业中，国外竞争者有着产品技术含量高、资金雄厚等优势，具有较强的竞争能力。我国加入WTO后，不仅增加了国外煤机产品在我国市场的竞争力，而且许多国外煤机制造公司采取多种形式来华投资，与国内煤机企业争抢我国煤机产业快速发展带来的红利。同时民营煤机制造企业也借机快速发展起来，具有灵活的营销机制和手段，社会化协作程度高，在盈利能力、资产负债、发货期等方面具有优势。国有及国有控股煤机企业在体制和机制上存在固有缺陷，管理方面存在"大企业病"，成本管理过程控制不到位，对市场变化反映迟缓。在三足鼎立的煤机市场中，国有及国有控股煤机企业如果不及时采取应对措施，提升企业成本管控水平和市场竞争能力，有可能置企业于生存危险的境地。

煤机制造是煤炭科工集团重要的实体产业，由于我国煤机制造的产能已呈现过剩态势，煤炭经济转型将加剧煤机市场竞争，产品成本是影响煤机企业持续发展和市场竞争能力的重要因素。开展煤机企业成本控制评价，有利于提升企业成本控制水平，合理降低成本，增强竞争优势，促进企业健康发展。

二、煤机企业成本控制评价体系的构建

1.煤机企业成本控制评价体系的基本内涵

企业成本控制评价是企业内部控制评价的一个重要方面。目前大多数情况下，企业成本费用内部控制自我评价，是通过企业经营者、总会计师与相关部门的一系列专题讨论会的方式进行。企业内部审计转型升级，把内部审计工作重点逐渐转到以内部控制为重点的管理审计上来，内部控制评价成为内部审计的重要领域。根据国内外宏观经济形势和国内煤炭经济形势变化，煤炭系统企业内部审计机构更加注重成本费用内部控制有效性评价工作，通过建立成本控制评价体系，使企业成本费用内部控制的有效性得到系统的检查和评价，提出改进意见和建议，提高企业实现成本控制目标的能力和机会。

企业内部控制评价，一般按实施主体不同分为外部评价和内部（自我）评价。外部评价是企业董事会或类似权力机构委托社会中介组织，对企业内部控制的有效性、合理性进行全面评价。此种评价方式的优点是具有较强的客观性和公正性。自我评价是董事会或类似权力机构授权内部审计机构或其他相关部门，组织相关单位对内部控制的有效性、恰当性进行全面或专项评价。此种方式是一个互动的过程，主要由企业内部相关部门和单位对内部控制实施情况进行自查，其优点是通过内部控制负有实际责任的员工总结经验，找出差距，提出改进措施，具有较强的真实性和实效性。

2010年财政部发布的《企业内部控制评价指引》提出内部控制评价的定义：是指企业董事会或类似权力机构对内部控制的有效性进行全面评价，形成评价结论，出具评价报告的过程。这一定义更加体现了控制自我评价的基本内涵有三个基本要点。

一是由企业相关部门、单位和职工共同进行自我评价。这是一种规范性的程序，通过这种程序，企业成本费用内部控制的有效性和恰当性得到检查和评价。这种程序要求企业管理层或工作团队实施成本控制内部评价，并要求被评价单位相关部门和职工进行自我评价。不是由企业内部审计师、会计师、咨询师等专业人员个人进行评价。

二是关注成本费用内部控制的过程和有效性。企业成本控制的效果，不仅取决于内部控制的有效性，而且受外部经济环境的影响，不能仅用成本控制效果来评价内部控制的好坏，要注重成本控制体系设计和运行过程。本定义要求对成本费用内部控制的运行过程和控制的有效性、恰当性进行评价。

三是选择恰当的方法进行自我评价。企业实施内部成本控制自我评价，要对行业性质、企业文化、业务素质、领导和管理层的支持程度等因素综合分析，选择一个或几个恰当方法。本课题着重研究结构性指标评价法和同业标杆评价方法。

2.煤机企业成本控制评价体系的基本框架

（1）评价目标。煤机企业成本控制评价的目标包括以下三个方面：

①成本控制的有效性。煤机企业成本控制评价，要根据我国企业内部控制基本规范及其配套指引，结合本企业成本控制制度，围绕五要素对内部成本控制的有效性进行全面评价。企业成本控制体系设计有无缺陷，是否符合企业实际，直接关系着成本费用内部控制的有效性。通过评价发现缺陷，提出增补或改进意见，促进成本控制评价体系更加完善和有效。

②成本控制的恰当性。国家和地方政府对企业成本管理与核算，制定了一系列法规和政策，企业为执行相关法规和政策，结合实际制定了成本管理和控制制度及实施办法。企业成本控制活动必须遵守和执行相关法规政策和制度办法，成本控制的合法合规性是成本控制评价的重要目标和任务。

③成本报告和相关信息的真实性。成本报告及相关信息是财务报告及相关信息的基础，成本报告及相关信息的真实完整性，直接关系着财务报告及相关信息的真实完整性。特别是我国实施新的企业会计准则及其配套规范后，对企业产品成本和期间费用由企业按照准则的原则进行审定和核算。由于企业会计准则是比较原则性的，各行业各企业成本费用的发生又千差万别，导致成本费用控制与核算的多样化，严重影响了财务报告及相关信息的真实完整性。成本报告及相关信息的真实完整性是成本控制评价的重要目标和任务。

(2) 评价原则。企业内部成本控制自我评价的基本原则是企业成本费用内部控制自我评价实践的指导原则，是实施成本控制自我评价的总纲领。应遵循以下五项原则：

①全面性原则。企业成本费用内部控制是一项复杂的系统工程，进行成本费用内部控制自我评价必须遵循全面性原则。坚持全面性原则，才能通过评价活动，发现成本控制体系的设计缺陷和运行问题，发现各系统、各层级控制活动的优势和难点，提出改进意见和建议，推动企业成本控制能力和水平的提升。

②重要性原则。企业成本控制是多维度、多层次的网络化控制体系。在编制评价报告时，评价人员要按重要性水平对评价结论进行评估，防止评价报告对重大事项漏报或错报，以降低成本控制评价的风险水平。

③客观性原则。要客观评价企业成本控制情况，既要收集能够证明成本控制有效性的证据资料，也要收集成本控制缺陷的证据，专业评价人员应采取不偏不倚的中立态度进行分析评价，做出客观公正的评价结论。

④可操作性原则。企业成本控制评价大多采用自我评价方式，由专业评价人员与评价对象相关人员共同完成评价工作，应遵循可操作性原则。

⑤公正性原则。要按照科学规范的评价程序和方法进行企业成本控制评价工作，给被评价对象相关各方提供平等的评价调查机会，悉心听取各方代表的意见。在评价过程中有关企业某部分或个人在成本控制工作中的表现及影响，特别是发现有不足或缺陷，要给予其知晓和申辩的机会。评价人员要采取不偏不倚的中立立场编制评价结论和报告。

(3) 评价内容。企业成本控制评价的内容，应围绕企业内部控制五要素进行，结合煤机企业成本控制的特点，本课题确定煤机企业成本费用内部控制自我评价内容围绕内部环境、控制活动、控制风险、信息与沟通、内部监督等五个方面进行。

①内部环境评价，主要围绕与企业成本控制紧密关联的内部环境进行评价，包括成本控制系统组织建设、成本控制系统制度建设、企业计量和原始记录管理、定额和质量管理及相关企业文化等内容。

②控制活动评价，是成本控制评价的核心环节，对成本控制活动进行全面评价。主要评价内容包括成本控制流程、运行机制、推进机制等控制活动的基础性工作；企业内部市场控制、预算控制、核算控制、审批控制等具体控制活动；以及成本控制的有效性、恰当性、成本报表和相关信息真实完整性等控制效果。

③控制风险评价，主要是成本管理失控、经营决策失误、成本核算失真和核算制度不当等因素导致的成本控制风险。

④信息与沟通评价，主要围绕企业成本控制信息系统建设、信息沟通制度、信息沟通活动和信息作用的发挥进行评价。

⑤内部监督评价，主要围绕企业内部审计监督、职能部门监督、员工监督、考核和激励机制等进行评价。

3.评价指标体系

根据煤机企业生产经营特点和煤机产品成本核算制度，在深入调研的基础上制定了煤机企业成本控制评价指标体系，见表1。各企业在开展自我评价工作时，可结合实际对评价指标进行细化，使其更加切合实际。

表1 煤机企业成本控制全面评价指标体系表

一级指标	二级指标	三级指标	指标性质
成本控制环境	控制系统建设	控制系统组织建设	定性
		控制系统制度建设	定性
	成本管理基础	计量和原始记录管理	定性
		定额与质量管理	定性
	信息与沟通	信息系统建设	定性
		信息沟通制度	定性
		信息沟通活动	定性
成本控制活动	主要控制环节	研发与设计	定性
		技术工艺	定性
		采购环节	定性
		生产过程	定性
		销售与服务	定性
		物流管理	定性
		质量管理	定性
		设备管理	定性
	主要控制系统	核算控制	定性
		预算控制	定性
		内部市场化控制	定性
		审批控制	定性

续表

一级指标	二级指标	三级指标	指标性质
成本控制风险	合规性	核算制度	定性
		员工福利	定性
		生产环境与健康	定性
	成本管理失控	业务管理失控	定性
		成本决策失误	定性
	成本核算失真	核算信息失真	定性
		核算制度不当	定性
监督与考核	监督检查	内部审计监督	定性
		职能部门监督	定性
	考核激励	考核制度	定性
		激励机制	定性
成本控制效果	制造成本降低	直接材料成本	定量
		燃料和动力成本	定量
		职工薪酬成本	定量
		制造费用	定量
	管理费用节约	管理人员薪酬成本	定量
		办公费	定量
		业务招待费	定量
		其他管理费用	定量
	销售费用节约	销售人员薪酬	定量
		市场开发费	定量
		客户接待费	定量
		其他费用	定量
	财务费用节约	利息支出	定量
		其他费用	定量
	增效降耗	产值效率	定量
		万元产值综合能耗	定量
		万元产值水耗	定量
		万元产值钢材消耗	定量
		万元产值设计费用※	定量
	投入产出	成本费用利润率	定量
		研发投入比率	定量
		职工平均收入	定量

注：※万元产值设计费用为以设计装配为主的煤机企业专用。

（1）定性指标评价内容。煤机企业成本控制评价指标体系的三级定性评价指标的主要评价内容，见表2。

表 2 煤机企业成本控制评价定性指标主要评价内容

序号	三级指标	主要评价内容
1	控制系统组织建设	是否建立企业成本费用管控领导机构；确定企业成本费用内部控制主管机构和组织体系；建立支撑企业成本费用内部控制的信息平台；建立企业成本费用内部监督和考核体系等
2	控制系统制度建设	是否建立和实行成本费用管理责任制；建立和实施成本费用内部控制制度；实行成本费用支出授权审批制度；建立成本费用业务岗位责任制和考核奖惩制度等
3	计量和原始记录管理	有无健全的计量管理；生产经营各环节的原始记录是否健全；生产经营成本费用数据统计是否及时准确；成本费用原始记录和统计信息归集是否实现电算化
4	定额与质量管理	是否编制先进可行的劳动定额、消耗定额和费用定额；制定先进合理的作业成本和产品标准成本；制定先进合理的产品质量、作业质量和工作质量标准；编制企业定额管理、质量管理、标准管理手册
5	信息系统建设	是否建立企业生产经营全过程管理信息化 ERP 系统；是否建立企业财务信息化系统；是否建立成本控制信息化系统；信息系统是否适应成本控制的要求
6	信息沟通制度	是否建立企业成本内部控制月度预算例会制度，实施企业成本费用月度分析例会制度，成本费用控制问题与相关方及时沟通制度，成本费用内部控制重要事项报告制度等
7	信息沟通活动	成本费用内部控制数据发现异常，是否及时与相关方沟通，分析差异形成原因；成本费用内部控制主管机构经常与相关职能部门联系，保障控制机制顺畅运行
8	研发与设计	是否将研发和设计产品的目标成本贯穿于设计工作全过程，研发设计方案是否进行评估，是否积极采用新技术、新工艺、新材料降低研发设计产品成本，是否建立了设计的现代管理体系和手段
9	技术工艺	采用新技术、新工艺、新材料提效降本情况，采用先进工艺装备提效降本情况，采用合理化建议改进工艺提效降本情况
10	采购环节	是否建立和完善严格的采购制度，是否进行充分的采购市场调查和信息收集，是否采用现代采购方法降低采购成本，是否与供应商建立战略合作关系
11	生产过程	是否建立了生产成本控制全过程、全员责任制；是否建立和实施了工时、材料和能源消耗定额管理制度；是否优化了企业生产过程控制并建立了信息化控制系统
12	销售与服务	是否建立产品销售和服务管理制度，建立市场开发战略和措施，与重点客户建立战略合作关系和信息沟通机制，努力降低销售费用
13	物流管理	是否建立和完善公司物流管理制度，采用现代物流管理方法和信息化管理手段，定期分析库存现状，及时清理和处理呆滞库存
14	质量管理	是否建立公司质量目标，建立健全产品质量、工作质量和客户服务质量标准，建立健全公司质量管理制度，严格进行质量管理考核
15	设备管理	是否建立和完善设备管理制度，切实做好设备维修保养工作，合理降低设备检修成本，提升设备加工水平和产品质量保障能力
16	核算控制	是否制定并严格执行企业成本费用核算制度；开展车间和作业成本核算；建立企业成本费用定期报告制度并真实反映成本费用情况

续表

序号	三级指标	主要评价内容
17	预算控制	是否实施成本费用预算管理制度；将精细管理、对标管理等现代企业管理方法和信息化手段应用于预算控制，严格执行成本费用预算审定和调整手续
18	内部市场化控制	有无建立企业内部市场化控制体系；根据定额和预算指标制定企业内部结算价格和结算方法；确定增值作业和非增值作业，确定作业成本中心和非增值作业成本分配方法，确定内部市场结算与成本费用核算衔接方法，发挥内部市场机制的作用
19	审批控制	是否建立严格的授权审批制度；明确授权审批范围和权限；成本费用预算目标、开支标准及重大立项实行集体决策和审批；建立企业成本费用内部市场纠纷仲裁机制
20	核算制度	公司成本费用核算制度是否符合企业会计准则及有关规范规定，是否严格执行成本费用核算制度，是否建立和实施产品库存盘点和核销制度
21	员工福利	企业员工的年平均收入增长的合理性，职工生活福利合规性，企业员工的社会保障合规性，员工福祉满意程度
22	生产环境与健康	企业生产环境是否良好；车间生产环境和劳动保护是否符合规定，是否为职工进行定期健康体检
23	业务管理失控	企业成本费用管理与控制体系实施过程中，各个环节和各个职能部门有无管理失控或操作失误导致企业风险因素增大事项
24	成本决策失误	企业成本费用领导决策与部门管理失误导致企业风险因素增大事项，涉及经营合作伙伴、研发投入、内部分配等经营管理
25	业务核算失真	企业成本费用核算不能如实反映产品和服务成本费用支出，有无成本费用核算数据失真、成本费用核算精细化不足、成本费用归集和分配方法不当等
26	核算制度不当	按照会计法、企业会计准则和相关规定制定的企业成本费用核算制度是否存在不当，涉及成本费用构成范围、核算对象、核算项目和归集分配等方面的制度
27	内部审计监督	企业内部审计部门是否对成本费用内部控制进行审计评价；实施定期全面监督和专项审计监督
28	职能部门监督	财务部门是否实时监控成本费用核算执行情况；物流部门是否实时监控成本费用物耗预算执行情况；生产管理部门是否实时监控产品生产完成情况等
29	考核制度	是否建立成本费用考核制度；考核机构能否按期进行考核；坚持公开、公平、公正的考核原则
30	激励机制	是否建立成本费用考核指标完成激励机制；内部模拟市场利润即成本费用降低额，是否与责任单位工资挂钩；非内部模拟市场是否实施成本费用节约奖

(2) 定量指标计算公式。

①自我评价中降低类指标：

$$指标值 = \frac{同期实际 - 本期实际}{同期实际} \times 100\%$$

②自我评价中提升类指标：

$$指标值 = \frac{本期实际 - 同期实际}{同期实际} \times 100\%$$

(3) 测定评价指标的权重。通过构建煤机企业成本控制评价的递阶层次模型，确定煤机企业成本控制评价指标体系的权重，见表3。

表3 煤机企业成本控制自我评价指标权重表

一级指标	二级指标	三级指标	权重
内部环境 (0.1304)	控制系统建设	控制系统组织建设	0.0225
		控制系统制度建设	0.0225
	成本管理基础	计量和原始记录管理	0.0154
		定额与质量管理	0.0249
	信息与沟通	信息系统建设	0.0225
		信息沟通制度	0.0119
		信息沟通活动	0.0107
控制活动 (0.2671)	主要控制环节	研发与设计	0.0267
		技术工艺	0.0267
		采购环节	0.0256
		生产过程	0.0267
		销售与服务	0.0267
		物流管理	0.0125
		质量管理	0.0125
		设备管理	0.0125
	主要控制系统	核算控制	0.0280
		预算控制	0.0280
		内部市场化控制	0.0307
		审批控制	0.0105
控制风险 (0.1348)	合规性	核算制度	0.0175
		员工福利	0.0201
		生产环境与健康	0.0201
	成本管理	业务管理失控	0.0213
		成本决策失误	0.0132
	成本核算	核算信息失真	0.0213
		库存损失过大	0.0213
监督与考核 (0.0667)	监督检查	内部审计监督	0.0175
		职能部门监督	0.0105
	考核激励	考核制度	0.0253
		激励机制	0.0134

续表

一级指标	二级指标	三级指标	权重
控制效果 （0.401）	制造成本降低	直接材料成本	0.0439
		燃料和动力成本	0.0243
		职工薪酬成本	0.0293
		制造费用	0.0243
	管理费用节约	管理人员薪酬成本	0.0127
		办公费	0.0101
		业务招待费	0.0101
		其他管理费用	0.0169
	销售费用	销售人员薪酬	0.0120
		市场开发费	0.0249
		客户接待费	0.0119
		其他费用	0.0120
	财务费用节约	利息支出	0.0208
		其他费用	0.0139
	增效降耗	产值效率	0.0283
		万元产值综合能耗	0.0133
		万元产值水耗	0.0106
		万元产值钢材消耗	0.0156
		*万元产值设计费用	0.0395
	投入产出	成本费用利润率	0.0323
		研发投入比率	0.0133
		职工平均收入	0.0205

注：*万元产值设计费用以设计装配为主的煤机企业专用

三、煤机企业成本控制评价的实施

1. 自评开展情况

天地奔牛公司对成本控制评价工作高度重视，由公司纪检审计部和财务部组织成立内部评价小组，人力资源部、物管中心、管理规划部、安全生产管理中心、营销中心、固定资产管理中心等相关部门组成评价小组参与内部成本控制评价工作。评价小组将评价定性内容分解到相关部门，评价小组成员到各部门对照评价内容落实评价工作，涉及到的相关部门进行配合，提供数据并打分，并由管控部门负责人确认签字。

企业自评顺利进行，在自评过程中很好地解决了统计口径、指标调整、数据统计等过程中出现的问题，企业方与专家方均对天地奔牛公司成本控制有效性评价表示认同，得出了能够反映奔牛公司成本控制有效性实际情况的内部评价结果。

根据各项评价指标的细化和分解，通过企业各部门自评得出各个指标的得分；将各个指标得分与其权重相结合，通过计算得出天地奔牛公司成本控制评价的综合得分，各指标得分和计算过程如表4所示。

表 4 天地奔牛公司成本控制自我评价结果计算表

一级指标	二级指标	三级指标	部门自评	指标权重	指标相对分值
内部环境	控制系统建设	控制系统组织建设	89.33	0.0225	2.01
		控制系统制度建设	90	0.0225	2.03
	成本管理基础	计量和原始记录管理	92	0.0154	1.42
		定额与质量管理	98.66	0.0249	2.46
	信息与沟通	信息系统建设	96.25	0.0225	2.17
		信息沟通制度	80	0.0119	0.95
		信息沟通活动	90	0.0107	0.96
控制活动	主要控制环节	研发与设计	96.66	0.0267	2.58
		技术工艺	100	0.0267	2.67
		采购环节	100	0.0256	2.56
		生产过程	90	0.0267	2.40
		销售与服务	90	0.0267	2.40
		物流管理	100	0.0125	1.25
		质量管理	97	0.0125	1.21
		设备管理	90	0.0125	1.13
	主要控制系统	核算控制	90	0.028	2.52
		预算控制	89	0.028	2.49
		内部市场化控制	89	0.0307	2.73
		审批控制	85	0.0105	0.89
控制风险	合规性	核算制度	95	0.0175	1.66
		员工福利	92.5	0.0201	1.86
		生产环境与健康	100	0.0201	2.01
	成本管理失控	业务管理失控	82.5	0.0213	1.76
		成本决策失误	91.25	0.0132	1.20
	成本核算失真	核算信息失真	85	0.0213	1.81
		核算制度不当	95	0.0213	2.02
监督与考核	监督检查	内部审计监督	87	0.0175	1.52
		职能部门监督	95.25	0.0105	1.00
	考核激励	考核制度	92.5	0.0253	2.34
		激励机制	92.5	0.0134	1.24
控制效果	制造成本降低	直接材料成本	70	0.0439	3.07
		燃料和动力成本	76	0.0243	1.85
		职工薪酬成本	63	0.0293	1.85
		制造费用	67	0.0243	1.63

续表

一级指标	二级指标	三级指标	部门自评	指标权重	指标相对分值
控制效果	管理费用节约	管理人员薪酬成本	97	0.0127	1.23
		办公费	68	0.0101	0.69
		业务招待费	84	0.0101	0.85
		其他管理费用	78	0.0169	1.32
	销售费用节约	销售人员薪酬	100	0.012	1.20
		市场开发费	85	0.0488	4.15
	财务费用节约	利息支出	61	0.0208	1.27
		其他费用	60	0.0139	0.83
	增效降耗	产值效率	71	0.0283	2.01
		万元产值综合能耗	76	0.0133	1.01
		万元产值水耗	72	0.0106	0.76
		万元产值钢材消耗	78	0.0156	1.22
	投入产出	成本费用利润率	84	0.0323	2.71
		研发投入比例	73	0.0133	0.97
		职工平均收入	78	0.0205	1.60

天地奔牛公司成本控制综合评价得分为85.51分,评级为四星,处于行业领先水平。

通过对各个一级指标进行加权计算,可得各个一级指标的分值。经计算,"内部环境"得分为91.94分,评级为卓越;"控制活动"得分为93分,评级为卓越;"控制风险"得分为91.45分,评级为卓越;"监督与考核"得分为91.49分,评级为卓越;"控制效果"得分为75.46,评级为良好。其中,"控制活动"得分最高,"控制效果"得分最低,见图1。

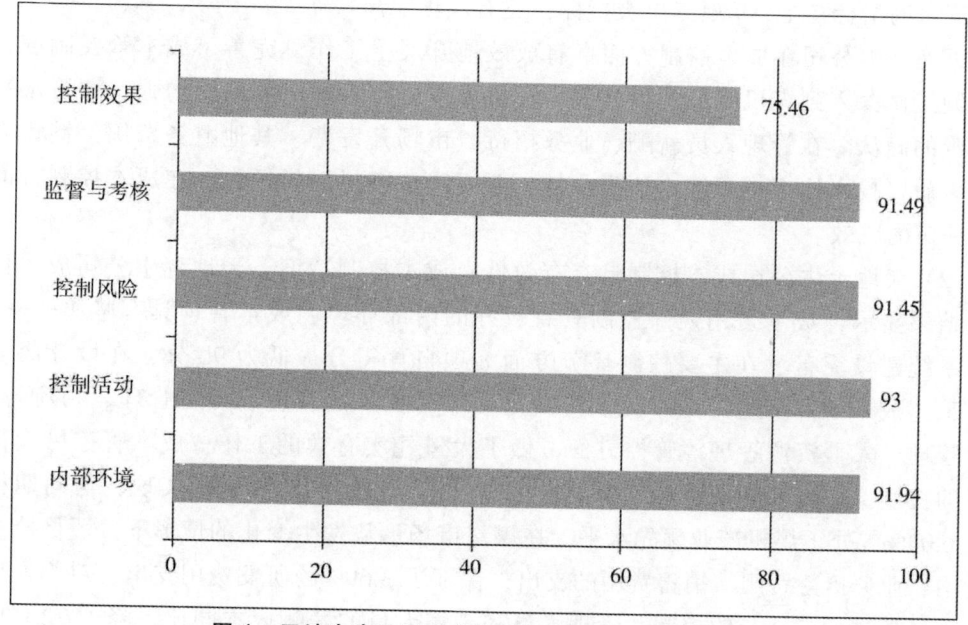

图1 天地奔牛公司成本控制自我评价一级指标得分

在各个二级指标中,"制造成本""财务费用"表现相对较差。其中"财务费用节约"为 60.52 分,为全部指标中最低分值;"控制系统建设""成本管理基础""主要控制环节"等十余项二级指标表现优秀,处于卓越或领先水平,见表 5。

表 5 天地奔牛公司成本控制自我评价二级指标得分

指标名称	分数	指标名称	分数
控制系统建设	89.67	成本核算状况	90.00
成本管理基础	96.11	监督检查	90.09
信息与沟通	90.48	考核激励	92.50
主要控制环节	95.38	制造成本降低	68.97
主要控制系统	79.78	管理费用节约	82.13
合规性	95.87	销售费用节约	88.00
成本管理控制	85.85	财务费用节约	60.52
增效降耗	73.75	投入产出	79.93

从各项三级指标评级分布看,评级为五星的指标有 24 个,占指标总数的 49.98%;评级为四星的指标有 11 个,占指标总数的 22.45%;评级为三星的指标有 9 个,占指标总数的 18.37%;评级为二星的指标有 5 个,占指标总数的 10.2%。

2.实施总体情况

(1) 评价结果反映了天地奔牛公司的基本情况是比较切合实际的。天地奔牛公司成本控制评价结果显示,反映成本管控工作的定性指标评价分数较高,都在 80 分以上,处于领先和卓越水平;反映成本管控效果的定量指标测评分数差别较大,达到四星和五星的指标 7 个,9 项三星级指标,还有 5 项二星。

天地奔牛公司在成本控制方面卓有成效地开展了工作,完善了成本管控制度,成本控制工作深入到煤机制造的各环节,煤机成本基础管理工作不断增强,评价水平给以客观的确认。在管理人员薪酬、业务招待、市场开发费、其他财务费用、销售人员薪酬、研发投入比率指标等均达到卓越,万元产值钢材消耗领先,在成本控制方面取得了一定的成效。

(2) 天地奔牛公司成本控制具有有效性,成本控制适度。天地奔牛公司成本控制评价结果显示,成本费用内部控制具有较好的内部环境,成本管理具有坚实的基础,控制系统建设完善,在主要控制环节方面 8 项自评得分最低为 90 分,在设计成本控制、工艺成本控制和生产成本控制等关键环节,在采购管理、设备管理、物流管理、质量管理、人力资源管理等管控方面,做了大量扎实有效的工作,成本管控风险得到较好的控制。在降低能源消耗和期间费用方面,保证了利润目标的实现,与同期相比增长 6.04%,处于煤机产业领先水平。在煤炭市场形势发生变化的情形下,严格控制办公费用、业务招待费用、销售费用的支出,保证了 3.69% 的研发费用支出,对于人均工资收入增长进行了适当的控制,管理人员和销售人员的薪酬成本同比下降了 22.17% 和

36.11%。

(3) 天地奔牛公司成本控制评价没有发现重大控制缺陷，但也显示出在成本控制方面存在着薄弱环节和问题。一是制造成本上升过快，直接材料成本同比上升5.07%、职工薪酬成本同比上升19.26%、制造费用成本同比上升11.65%，这些评价指标处于一般水平。主要原因是煤机市场需求不旺，导致煤机产品价格和产值下降，影响万元产值成本上升。近三年市场开发成本逐年降低，与市场形势是不匹配的。二是财务费用波动较大，万元产值利息支出和其他财物费用同比分别上升23.08%和25%，是表现最差的指标，说明煤机市场和专项资金变化对企业资金状况影响很大。

3.改进建议

(1) 积极探讨适合天地奔牛公司实际的有效的成本管理手段，提升成本控制水平。天地奔牛公司可以根据生产经营需要，结合自身特点，利用各种形式，对全体员工进行成本意识教育，调动员工参与成本管理的积极性，变成本管理为主动型、效率型。明确成本控制重点，降低制造成本，切实加强人力资源管理、材料管理、用电管理和资金管理，大力压缩非生产性支出，防止铺张浪费现象的发生。加强资金管理，加大应收账款回收力度，降低财务费用，对资金实行全过程的跟踪与控制，合理控制财务费用支出。

(2) 加强市场研究和信息反馈在成本管控中的应用。市场是企业赖以生存和发展的基础，也是企业成本管控的有机组成部分。天地奔牛公司成本管控水平能否随形势发展而提高，很大程度上取决于市场开发和应对反馈水平。在日益激烈的市场竞争环境中，要加强市场研究，及时了解环境、内部条件和竞争对手的变化，采取切实有效的措施，加大市场开发力度和占有率。还应建立市场预警分析系统，对可能出现的重大变化、可能面临的机会和威胁作出及时预报，使天地奔牛公司能够有充裕的时间作出反应。

(3) 加大技术创新力度，营造技术创新氛围。在煤炭工业发展由高速向中速发展转变的形势下，相关产业是否能提升技术创新能力将是决定生存与否的关键。无论企业强化成本优势，还是向中高端市场延伸，都需要具备更高层次的技术研发能力。对于天地奔牛公司而言，如何消化吸收外部技术，开发新产品，实现进口配件国产化，建立培养内部的技术创新的长效机制将是需要解决的首要问题。这需要建立起正确的人才培养、保持和激励机制，打造企业创新氛围将是天地奔牛公司更进一步发展必须跨越的门槛。

4.中煤科工集团其他单位实施情况

中煤科工集团西北煤机公司、上海采掘装备科技有限公司也实施了成本控制评价工作，在对相关人员组织培训的基础上，开展部门自我评价工作，组织企业评价人员对成本控制全面评价指标体系的定性、定量指标进行打分，并进行了试点查验和穿行测试工作，现场对企业成本控制制度、办法、标准等有关文件和现场进行抽查，形成审计确认与评价工作底稿。对企业成本控制评价定量指标值进行确认后，对定量指标进行测评分级，并对测评总体情况和特异性指标进行初步分析。在此基础上，召开企业成本管控有关领导、部门负责人和业务骨干的座谈会,对自我评价和审计确认评价结合起来,形成评价共识。评价工作组依据自我评价、现场查验、穿行测试、访谈座谈、指标测评等评价情况的资料,进行汇总和分析,确认成本控制成效和问题。并对成本控制问题进行分析,确认轻重缓急和等级,形成工作组综合评价初步意见,并与企业进行沟通,达成共识。召开企业领导和有关人员参加的通报会,工作组组长向企业通报成本控制评价意见,征求与会者意见。在2013年度研究的基础上,煤机企业成本控制评价试点扩大了试点范围,把试点企业由1家扩大到3家,提升了研究成果的科学性。

四、煤机企业成本控制评价与改进取得的直接和间接效益

1. 直接效益

2012-2014年,中煤科工集团天地奔牛公司实施了煤机企业成本控制评价工作,进一步完善了企业成本控制自我改进机制。通过对企业成本控制体系全面系统的评价,肯定成绩,找出差距,落实改进措施,进一步提升了成本管控水平,实现了经济持续稳定运行,发挥了积极的推动作用。天地奔牛公司实施企业成本控制评价活动效果显著。一是节能降耗取得成效。2013年万元产值钢材消耗同比下降3.45%,万元产值综合能耗同比下降17.28%。二是企业管理费用和销售费用大幅度下降。2013年万元产值管理费用为990元/万元,比上年的1063元/万元下降了6.9%;万元产值销售费用为391元/万元,比上年的454元/万元下降了13.9%。三是保障了利润指标的完成。2013年在煤机市场下行的情况下完成利润33751万元,比上年增长6.04%。四是职工平均收入适度增长。2013年职工平均收入5.98万元/年·人,比上年增长2.75%。

2. 间接效益

从隐性成效看,首先煤机企业成本控制评价体系的研究与实施,进一步完善了成本控制自我改进机制。如奔牛公司领导班子主动调整内部分配机制,降低了公司高中层管理人员年薪收入,提高了工人年薪收入。再者本课题研究与实施是促进企业领导人更加关注和重视成本管理工作,上海分公司全面深入地分析成本管理存在的问题,提出成本管理改进思路和措施,努力完善成本管理体系,提升企业成本管控水平和市场竞争能力。同时,在转型发展中更加重视战略成本管理,更加注重市场开发成本投入,积极开发煤炭行业外部市场。

(成果创造人:王一玫　佘晓梅　杜耀波　唐东萍　孙　林　高　峰　单体恩　海　涛　杨志军　刘建华　梁　湘　陈利明)

"三软"煤层安全、绿色开采管理体系构建与实施

国投煤炭郑州能源开发有限公司

国投煤炭郑州能源开发有限公司（以下简称国投郑州公司）位于河南省登封市，是国家开发投资公司（国投集团）控股成员企业，是国投集团在河南省第一个投资项目，始建于1992年，主要从事煤炭的生产与销售。截至2013年底，拥有资产总额约4.9亿元。先后获得全国高产高效矿井、河南省一级质量标准化矿井、郑州市首家一类安全煤矿、河南省"五优"矿井等荣誉称号。

一、"三软"煤层安全、绿色开采管理体系构建与实施的背景

国投郑州公司主采二$_1$煤层采用长壁式放顶煤采煤法，井田内滑动构造发育，属典型的"三软"煤层，是郑州矿区开采"三软"煤层矿井的代表。2009年之前，矿井采煤工作面全部采用单体液压支柱炮采放顶煤工艺，这一工艺存在劳动强度大、安全性差等诸多弊端，长期以来井下回采巷道支护及回采工作面顶板控制效果不理想，放煤工艺参数不合理，回采巷道断面收缩、变形严重，回采工作面支护强度不够，顶板下沉量过大，造成回采工作空间狭小、作业环境差，严重影响开采安全，并且煤炭回采率低，产量上不去。同时，受滑动构造影响，"三软"煤层赋存形态变化频繁，工作面形状不规则，且顶底板起伏较大，不适宜于综采，传统的粗放采煤方法及管理方法，已成为制约"三软"煤层开采及安全管理的瓶颈。

因此，为改善支护状况，提高资源回收率，对支护工艺及采煤方法进行革新，探索新的顶板管理方法及提高资源回收率的途径，实现采煤作业管理精细化，构建适宜于"三软"煤层条件的安全、绿色开采管理体系势在必行。

二、"三软"煤层安全、绿色开采管理体系的内涵

为了改变传统的粗放采煤方法及管理方法，国投郑州公司2007年开始从强化顶板管理、改善支护质量、提高开采效率、研究绿色开采方案等方面入手，探讨安全、绿色开采管理体系，最终形成了由"三软"煤层矿压管理及顶板控制方法、悬移支架应用及标准化管理、悬移支架机采放顶煤工艺应用及多元化煤壁片帮控制方法、沿空留巷无煤柱开采模式、采空区复采管理组成的"三软"煤层安全、绿色开采管理体系，见图1。

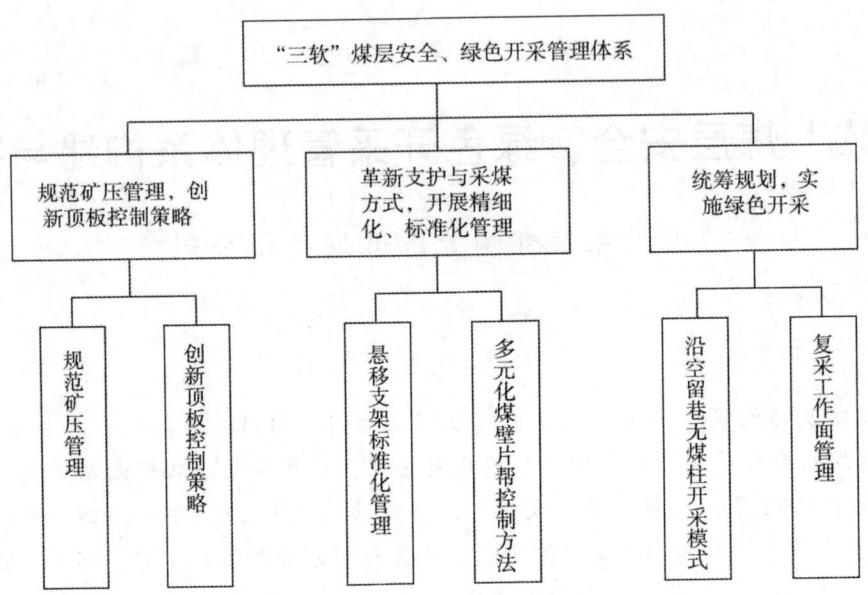

图1 "三软"煤层安全、绿色开采管理体系

"三软"煤层安全、绿色开采管理体系的内涵：一是通过细化矿压观测内容、方案与分析等，完善管理制度，强化落实和考核，规范了采场矿压管理；二是在矿压观测与实践的基础上，形成了顶板、底板、煤壁、放顶线——"顶板全方位控制"的管理方法，改善了采场支护质量；三是根据悬移支架工作面管理情况，拟定了工程质量管理标准，实施标准化管理，并实行结构工资考核；四是探索形成了"三软"煤层悬移支架机采放顶煤工艺，成功解决了该类煤层片帮等管理难题，为不适宜于综采工艺的豫西"三软"煤层开采指明了一个发展方向；五是对工作面顺槽采取沿空留巷管理方法，并将沿空留巷作为工作面设计的一项标准，消除了工作面间的煤柱损失，提高了资源回收率，减少了掘进工程量，缓解了采掘接替压力；六是针对矿井储量日益减少的突出问题，开展复采工作，规范了复采工作流程，形成了包括老空水治理、再生顶板管理、煤质管理等内容的复采工作面管理方法。

三、构建"三软"煤层安全、绿色开采管理体系的主要做法

1.规范日常矿压管理，创新顶板控制策略

（1）细化矿压观测与分析有关内容，完善矿压管理制度，强化落实与考核，规范采场矿压管理。

①矿压观测内容。采场支柱载荷、顶底板移近量；记录采场支柱支撑效果、煤壁片帮、顶板破碎等情况；测采场底板比压值；上、下顺槽超前支护的支柱载荷和顶底板移近量。

②矿压观测方案。

A.工作面矿压观测方案。在工作面内每隔一定距离布置1个观测站，实测支柱载

荷和顶底板移近量。

B.底板比压观测方案。在工作面内均匀选点（总测点数不少于10个），采用DZD40-A型静压外注式底板比压仪对底板比压进行测试。

C.回采巷道矿压观测方案。采用十字交叉法观测巷道表面位移量；超前支承压力观测，使用压力表进行全面观测。

③矿压分析。顶板来压包括直接顶初次垮落、基本顶初次来压和周期来压特征。顶板来压特征包括三个方面：来压显现特征、来压步距、来压强度。

A.来压显现程度指来压时与来压前的支柱的工作阻力，顶底板移近量、顶板破碎度来判断来压显现程度。

B.来压步距指基本顶初次来压步距和周期来压步距，确定方法如下：选取同一条件的观测值，以观测循环、观测日期和至开切眼的距离为横坐标，以选取的观测值为纵坐标，绘出矿压观测值至开切眼距离的关系曲线，看其有无明显的具有规律性变化的峰值。如果有此峰值存在，说明可能有基本顶来压现象。在初步判定基本顶有来压现象的前提下，计算矿压观测值的算术平均值和均方差，进一步确定基本顶来压峰值和来压步距。

C.判断来压强度：利用动压系数作为衡量指标，即基本顶周期来压时的工作阻力与非周期来压期间的工作阻力之比。

④完善管理制度，层层落实，实施绩效考核。

A.由采煤队跟班技术员负责现场支护质量与动态监测数据填写工作，监测内容主要包括支架初撑力、支架工作阻力、两巷端头支护初撑力及超前支护初撑力，每班监测一次，并在井下认真填写原始数据记录表。

B.采煤队主管技术员负责检查采面初撑力管理情况，并收集监测数据及时报主管科室，监督跟班技术员职责履行情况，对管理不善、工作不负责者予以处罚；

C.主管科室对采煤队矿压管理工作及主管技术员职责履行情况进行监督考核，每旬对矿压管理评分一次，月底根据评分情况进行奖罚考核。

D.矿委对主管科室工作开展情况进行监督考核，工作开展不力下降当月工资总额的10%，三次以上免除科室负责人职务。

（2）顶板控制策略。

①采场顶底双控制。在规范矿压观测与分析管理的基础上，针对底板软、泥岩遇水泥化、回采期间支柱钻底、支架高度难以保证，造成作业空间狭小的问题，国投郑州公司提出了控制"三软"煤层顶板必须实现"顶底双控制"的指导思想，即控制顶板的同时必须采取在支柱下部加穿柱鞋等措施，提高支架初撑力及支护刚度，降低煤壁压力，减少片帮次数及片帮强度，进而实现对顶板的有效控制。对顶板的管理，本着"支、护、稳、让"兼顾，以"护"为主的原则，采取了"加强护顶、支柱穿鞋、提高初撑力"三条主要措施。

②采场"顶、底、煤墙、老塘"全方位控制。国投郑州公司通过理论分析与实践，逐步形成了"三软"煤层顶板全方位控制方案：控顶必先控底，即为预防支柱钻底、

提高支护刚度，对支柱加穿铁柱鞋、双柱窝尼龙柱鞋等措施；把握控顶这一中心环节，从控顶和工程质量管理入手，更好地做好支柱工作压力管理，提高支架对顶板的支护强度；同时做好对煤壁的控制，采取煤壁浅孔注水、上下巷长钻孔注水、煤壁打设木锚杆等措施，消除或减弱煤壁片帮及其引发的冒顶事故；最后，加强对老塘的控制，使用好挡矸板及其下部的挡矸链，必要时使用荆芭等对老塘侧进行封闭，以防老塘放空，支架丧失稳定性。

2. 革新支护和采煤方式，拟定悬移支架工作面管理标准，开展标准化、精细化管理

由于国投郑州公司所采二$_1$煤层赋存不稳定，在长期的掘进和回采过程中，揭露出的煤层赋存形态变化较大，甚至造成局部煤层变薄或无煤，形成煤层包裹体等，采煤工作面推进过程中经常要经历仰采、俯采等情况，且工作面底板软，综采支架调整困难；采煤工作面形状不规则，回采期间往往要经历数次装架、下架的较长过程；资源储量有限，条件好的采煤工作面不多，综采一次投入大，并且应用率不高。国投郑州公司在分析这些因素的基础上，考虑到综采支架对"三软"煤层条件的适应性较差，决定使用相对轻便的悬移支架替代单体支柱配π型梁支护工艺，实现采煤工艺的改革。

（1）悬移支架安装应用及标准化管理。

①悬移支架安装实现采煤工艺改革。2009年之前，豫西"三软"煤层采煤工作面多采用单体柱配"π"型钢梁支护工作空间，这种落后的支护方式严重制约了煤炭企业的安全高效开采。

国投郑州公司应用 ZH1600/16/24Z 整体顶梁组合悬移液压支架替代这种落后的支护方式，成功解决了工作面延长及调向过程中上下端头增架、减架和推进过程中支架咬架、挤架等问题。具体实施办法及措施如下：

A.ZH1600/16/24Z 整体顶梁组合悬移液压支架的改进。利用液压系统实现支架集中控制、顶梁体前端加装伸缩梁、设计了中穿孔吊挂式柱鞋和 H 型后部挡矸板、增装保护阀组装置和架间隙喷雾装置，优化了操作工序、提高了支架的性能。

B.劳动组织及采煤工艺的优化。详细分析了工作面推进过程中顶底板的运移规律和顶煤回放规律，拟定了各工序所用时间、劳动组织。通过反复试验，确定了分段间隔多轮循环的放煤工艺，完善了悬移支架炮采放顶煤工艺。

C.自主研制端头步移支架，完成端头支护方式的革新。国投郑州公司自行研制了自动步移端头支架，端头支架全长 6.84m，宽 0.90m，每组支架采用前后两组并列顶梁，前梁由 6 根液压支柱支撑，后梁由 2 根液压支柱支撑，顶梁之间用弹性联接滑块连接起来，通过安放于底梁上的推进油缸实现迈步前移，解决了端头及安全出口管理上的难题。

②制定了悬移支架工作面管理方法和工程质量管理标准，实施采面精细化、标准化管理。

A.工程质量管理标准。煤墙柱、老塘柱站直，实行一条线管理，第一架与最后一架拉一条标准线，偏差不超过 100 mm；工作面支架顶梁平直，采面内随机选 3 个检查点，每点 10 架，在两端拉线检查，支架顶梁与拉线偏差不超过 30mm；支架中心距为

1000mm±20mm，相邻棚架间距不小于20mm，不超过60mm，保证采煤工作面无咬架现象；工作面煤墙无片帮现象，特殊情况下要保证片帮深度不超过100mm，并将片帮处闭严填实；支架销子配备齐全，缺少及时补齐；液压系统管路、阀组无漏液现象；工作面采高：溜子面以上为1900mm±100mm；托梁与顶梁接触面必须加肩垫。

B.在采煤过程中应尽可能保持沿底回采，保证工程质量，并且及时调整推进度，保证工作面垂直于上巷，托梁成一直线。

C.工程质量管理与考核。各区队队长为工程质量管理第一责任人，区队技术员和班组长为工程质量管理直接责任人。严格按照公司编制的《悬移支架采面工程质量管理标准》，安排各项工作，跟班技术员每班按照标准验收工程，不合格工程必须返工修整。区队每个班组必须严格执行现场交接班制度，接班人员要按工程质量标准对上班工程质量进行细致检查、验收，交班人员要将当班遗留的问题向接班人员交待清楚。接班后，接班人员对所接工程质量负责，若出现质量问题，对当班班组长进行罚款。区队要对每班工程质量验收的情况及遗留问题进行处理，交接班记录要保存完好，对所查出工程质量问题的解决情况有详细记录，各区队每班对工程质量进行自查，并有自查记录。培训达标办组织每月逢10号对区队工程质量进行检查、打分，每旬不定期对区队工程质量进行检查验收一次，检查验收得分、查出隐患情况在当天下午调度会上进行通报，区队建立工程质量台账。培训达标办每月月底对区队工程质量得分进行核算，并纳入月度考核，平均分低于90分，将区队及主管科室工资总额下调5%。

（2）多措并举，实现采煤作业机械化。国投郑州公司回采初期存在采煤机装煤效果差、采煤机割煤速度与移刮板输送机速度不匹配、底板软易导致支柱钻底、控顶距大支架梁头易下压、煤壁片帮严重、上下端头管理难度大等诸多问题。针对上述问题，国投郑州公司进行了一系列的安全改造，具体采取的措施如下：

①安装弧形挡煤板，解决了采煤机装煤效果差的问题。采煤机最初没有挡煤板，割底煤时滚筒装煤效果差，煤壁往往堆积约0.4m厚的浮煤，必须人工进行清煤，劳动强度大和清煤时间较长。针对这种情况，自行设计加工了可翻转弧形挡煤板，安装后有效地减轻了人员清煤工作量，消除了在煤壁作业时片帮冒顶伤人的不安全隐患，使作业时间缩短了1个多小时。

②安装液压移溜器，解决了推溜速度慢的问题。回采初期工作面前、后两部输送机之间互不联系，需要用导链起吊前部刮板输送机并清理底部浮煤后，再用单体液压支柱逐节推移刮板输送机（或用回柱小绞车拉移刮板输送机），工序复杂、费工、费时，并有单体柱滑落伤人的不安全隐患，液压推溜器的安装解决了该问题。推溜器行程和采煤机步距一致，并且采用操作阀控制液压管路推移刮板输送机，解决了机道清煤量大等问题，节约了该工序的时间，减轻了工人的劳动强度。

③垫设尼龙柱鞋，解决了支柱钻底的问题。工作面直接底为泥岩，厚0.3~1.5m，强度较低，导致支柱钻底严重、巷道高度过低，影响正常生产。为此，国投郑州公司设计加工了长960mm、宽450mm、厚100mm的尼龙柱鞋，垫设在前排支柱的下方。另外根据软底厚度，在保证设备正常运行的情况下，尽量沿底回采，预防支柱钻底，保证了采面的正常生产。

④加强支架管理，预防支架顶梁前端下压。国投郑州公司推架时，采取带压移架的措施，并用 2.5m 单体液压支柱支设在顶梁前端，防止支架下压；加强二次补液，由专人负责对前排支柱进行二次升柱作业，使采高控制在合适的范围内。

⑤采取煤壁打设木锚杆、煤壁浅孔注水、上下巷长钻孔注水等措施，保证了煤壁的稳定。国投郑州公司所采二$_1$煤层属典型的"三软"煤层，煤壁片帮现象比较普遍，严重影响了采煤机的正常割煤，制约了采面的安全生产，通过采取煤壁打设木锚杆、煤壁浅孔注水、上下巷长钻孔注水等措施，提高煤体的粘聚力和承载能力，大幅度地减少了片帮的次数、减轻了片帮的程度。

⑥自行研制加工了端头自动步移支架，解决了端头大跨度支护的难题。由于工作面端头控顶面积大，并且工作面推进的过程中要回收盲巷，端头管理难度较大，并且最初用 6m 长的 π 型钢梁支护，π 型钢梁变形严重，反复打设、移动单体住，造成安全出口经常达不到规定高度。为了改变这种状况，国投郑州公司自行研制了自动步移端头支架，端头支架全长 9.4m，宽 0.90m，每组支架采用前后两组并列顶梁，前梁由 6 根液压支柱支撑，后梁由 2 根液压支柱支撑，顶梁之间用弹性联接滑块连接起来，通过安放于底梁上的推进油缸实现迈步前移，解决了端头大跨度支护的难题。

上述一系列管理方法与措施，保证了悬移支架机采放顶煤工艺的成功应用，形成了"三软"煤层悬移支架机采放顶煤工艺，并取得了良好的安全和经济效益。

3.精细规划，实施绿色开采

（1）推广沿空留巷无煤柱护巷管理方法，减少资源损失。传统采矿方式中，为减轻采动影响及矿压显现，两采煤工作面间常留设 10~20m 的煤柱，这些煤柱无法回收，造成资源永久损失。为了取消传统采矿方式中留设的保护煤柱，最大限度地回收资源，国投郑州公司采用沿空留巷无煤柱护巷管理方法。沿空留巷进入采空区后，为加强采空区侧的支护强度，在支架顶梁下用 π 型梁、单体柱打设一梁三柱叉子棚，梁为 2.4m π 型梁，柱为 DZ 型单体液压支柱，靠采空区侧架设。每班安排专人负责维护，确保顶、帮严实，支护完整，无断梁折柱，缺失的撑杆必须及时更换、补齐。保持巷道净高不低于 1.6m，人行道宽度不小于 0.7m，断面最低不小于设计断面的 70%。

（2）采空区挖潜，形成采空区复采管理模式。受地质构造和传统粗放采煤方法的影响，原单体支柱放顶煤工作面局部顶煤和底煤未能完全采出，国投郑州公司对已开采区域残存煤量及开采可行性进行论证，实施复采，形成了"三软"不稳定厚煤层复采工作开展流程及相应的管理方法。

①复采区丢煤量的分析与计算。结合已开采区域地质条件与开采技术条件，分析复采区的残存煤量。

②分析复采区再生顶板及积水情况，论证复采的可行性与安全性。

③采空区老空水治理。坚持"预测预报，有疑必探，先探后掘，先治后采"的原则，掘进期间超前探水，回采前对局部低洼等有积水条件的区域进行探放水，消除积水威胁。

④开展矿压观测，根据来压情况采取应对措施。在初次来压和周期来压期间，采取加强支护强度、煤墙封闭管理、带压接顶移架、加快循环进度等管理方法，减轻矿

压对采煤作业的影响。

⑤再生顶板管理。对破碎顶板实行以"护"为主的控制方法。

⑥优化"三软"不稳定厚煤层复采工作面回采工艺。通过对放煤步距、放煤顺序、放煤口间距、一次放煤量等参数的计算分析与试验，形成"三软"煤层不同厚度条件下的放煤工艺。

⑦煤质管理。复采工作面多为煤矸混合体，必须分装分运，加强人工捡矸力度，合理调配出煤出矸时间，才能保证煤质和产量。国投郑州公司制定煤质管理办法，实施煤质精细化管理。

四、"三软"煤层安全、绿色开采管理体系的实施效果

1. 规范矿压管理，创新顶板控制策略，实现了良好的安全和经济效益

通过规范、精细化的矿压观测与分析，可超前掌握顶板压力显现情况，及时采取相应的控制措施，实现采煤工作面顶板初次来压及周期来压期间的安全回采；改变传统的控顶方案，应用"顶底"双控制、"顶、底、煤墙、老塘"全方位控制策略，有效地控制了顶底板移近量，提高了煤壁的稳定性，保证了采煤工作面的正常作业循环，实现了良好的安全和经济效益。

2. 革新支护和采煤方式，提高支护质量和开采效率，拟定悬移支架工作面管理标准，实现了标准化、精细化管理

（1）悬移支架安装应用及标准化管理。

①采煤工作面安全状况显著改善。一是工作面支架通过托梁系统联为一个整体，使支架稳定性明显增强，安全性显著提高。二是护顶面积大，对顶板实现了全封闭管理，消除了顶板掉矸的安全隐患。三是所有支柱均吊在顶梁上，消除了支柱倒翻伤人的安全隐患及放炮崩翻支柱造成空顶、冒顶的安全隐患。四是利用挡矸板和挡矸链，有效地防止了老塘窜矸，使老塘煤的混矸率大大降低，改善了煤质。五是在工作面推进的过程中，能实现及时支护，易于控制顶板。

②改善了工作面作业环境，减轻了工人的劳动强度。一是整体顶梁组合悬移液压支架支护比传统的单体液压支柱配π型钢梁支护减少了很多工序，且不需要人工搬运，减轻了作业人员的劳动强度。二是液压系统实现闭路循环，减少了乳化油的消耗，工人的作业环境得到改善。三是支架仅有2排支柱，工作空间宽敞，工人操作舒适。

③提高了工效，降低了生产成本。一是支架液压系统采用集中控制，移架速度快，操作灵活，极大地提高了工效。二是椽子、荆芭、坑木等软材料的使用量大大减少，仅此一项每吨煤可节约材料费0.97元，若年产量按35万吨计算，每年可节约资金34.0万元。三是液压系统实现闭路循环，减少了乳化液的消耗，既降低了成本又减少了对地下水的污染。

④提高了资源回收率。根据工作面煤厚、实际产量计算，悬移支架工作面煤炭回收率可达到96%以上，比单体支柱配π型钢梁支护的工作面提高2%以上，可延长工作面回采期限和矿井服务年限。

⑤经济效益。经计算，使用整体顶梁组合悬移液压支架取代单体柱配"π"型梁支

护工艺每年可产生效益6411.628万元。

⑥社会效益。整体顶梁组合悬移液压支架在豫西煤田有广阔的推广应用前景，对于年产90万t以下的中小型矿井比较适合采用整体顶梁组合悬移液压支架。豫西煤田现有45万t以下的小煤矿300对左右，目前均已被河南省五大煤炭企业集团整合。这些煤矿如果全面推广应用整体顶梁组合悬移液压支架，每年创造的经济效益可达20~30亿元。并且可以从根本上改变豫西煤田各矿区20年不变的传统的炮采放顶煤回采工艺，使得煤矿井下采场支护状况大为改善，顶煤放出率明显提高，为煤炭企业创造可观的经济效益。

（2）悬移支架机采工作面煤壁片帮预控管理办法的实施，保证了机采工艺的成功应用。

①利用采煤机割煤和装煤代替人工作业，节省了工时，大大降低了工人的劳动强度。

②自使用悬移支架机采放顶煤工艺以来，软材料的消耗量均显著减少，在同等条件下，正常日产量比炮采悬移支架工作面提高410t左右，工效比炮采工作面提高3.3t/工，降低了成本，提高了单产及劳动工效。

③支架高度可控制在2.0~2.6m，舍帮档矸板以下出煤方便，消除了液压支架局部煤体放不出的问题，回采率达95%以上，避免了资源的浪费。

3.精细规划，推广沿空留巷无煤柱护巷管理办法，形成采空区复采管理模式，提高了回采率，实现了绿色开采

（1）沿空留巷无煤柱开采管理办法实施效果。国投郑州公司沿空留巷无煤柱开采技术的应用，消除了两采面之间的煤柱损失，减少了掘进工程量，缓解了掘进压力，对提高采区回采率、延长矿井服务年限具有重要的意义。改变了采空区瓦斯运移方式，解决了回风隅角及回风巷瓦斯易积聚等问题，使瓦斯浓度控制在正常范围，保证了安全生产。2011年至2013年，采用该技术沿空留巷2750米，多回收煤炭资源28.5万吨，增加产值约1.43亿元，实现净利润7410万元。

（2）采空区复采实施效果。

①经济效益。近三年共复采煤炭资源41万t，新增产值1.6亿元，利润合计为8200万元，减少了矿井动用储量，延长了服务年限。与原单体支柱复采工艺相比，推进度每天增加0.6m，产量增加207t，年产量增加4万t，利润为200万元/万t，经济效益约800万元。工作面每班工作人数减少6人，回采人员工效提高22%。

②社会效益。近三年复采煤炭资源约41万t，新增产值1.6亿元；解决破碎顶板控制难题，实现安全开采；减轻了职工的劳动强度；作业空间增大，作业环境得到改善；减少矿井动用储量，延长矿井服务年限；推动郑州矿区典型的"三软"不稳定厚煤层复采煤工艺的技术革新。

（成果创造人：刘子晓　苏瑞锋　桑培森　高　剑　王　彬　都世锋　王向楠　王云涛　李要锋　卜向峰　王玉峰　张　帅）

煤炭企业财务精细化管控体系的构建与实施

冀中能源峰峰集团有限公司

冀中能源峰峰集团有限公司成立于2003年7月18日,是由始建于1949年的峰峰矿务局改制而成的特大型煤炭企业。2008年6月,与河北金能集团强强联合,组建冀中能源集团有限责任公司。峰峰集团在内抓扩能技改的同时,积极开疆拓土,在内蒙、山西、新疆、青海等地整合矿井资源,现已发展成为集煤炭采选、煤化工、电力、装备制造、建筑施工、现代物流等多产业综合发展的国有大型煤炭企业。2013年集团在册职工3.14万人,资产总额380亿元。

一、煤炭企业财务精细化管控体系的实施背景

1.加强集团集中管控的需要

峰峰集团近年整合力度加大,经营地域不断拓展,涉猎内蒙、青海、新疆、云南、山西等多个省份,内部产业链纵向延伸,行业发展多头并举、经营规模逐步扩张。在企业快速扩张发展的过程中,需要不断加强集团集中管控能力,做到政令畅通、运转有序、大而不散、快而不乱,而加强财务集中管控尤为重要。精细精准的财务管控和信息反馈是企业领导进行决策的重要依据,是有效控制投资风险、提高企业整体效益的关键环节。

2.有效规避财务风险的需要

随着企业的发展,筹资、投资、营运管理以及财务内部控制等方面风险也日益增加,财务人员要不断提高财务风险管理意识,加强对企业财务风险的甄别和预警,通过完善制度、规范管理,构建一种"事前预测、事中控制、事后反馈"严密精细的内部控制体系,为企业规范有序运行提供保障。

3.实现企业战略目标的需要

当前市场下行压力不断增大,煤炭行业面临严峻困难,保证企业战略目标的实现,必须眼睛向内,深挖内潜,通过完善财务运行机制,建立精准科学的指标体系、精确有效的控制体系,调动各级人员参与管理积极性,共同完成企业战略目标。

4.提升财务管理水平的需要

充分发挥财务的职能作用,要求财务管理从"财务会计"向"管理会计"转变,

财务人员由幕后的"账房先生"走出来直接参与管理,充分发挥财务预测、决策、分析、调控等管理职能,通过建立有效的管控体系,不断提高财务人员的整体素质,促进财务管理水平不断提升,实现财务转型升级。

基于以上原因,峰峰集团2012年下半年开始谋划构建适合集团自身特点的财务精细化管控体系,2013年在集团公司及二级单位全面实施应用,取得了显著的效果。

二、煤炭企业财务精细化管控体系的基本内涵

构建煤炭企业财务精细化管控体系是为了积极应对市场变化和企业快速发展的需要,促进企业从外延向内涵发展方式转变,构建以全面预算管理为主线,定额精细、控制精准、考核精确的预算管控体系;以资金管理为重点,集中管理、预算控制、日清日结的资金运转体系;以风险管理为核心,制度规范、内控严密、运行有序的风险控制体系;以制度执行和内部考评为保证,流程规范、职责清晰、考评有力的制度管理体系,通过将各项财务工作与企业生产经营有机结合,融入到企业管理全过程,辅以必要的信息管理手段,相互促进、有序运转,形成"精细化、流程化、信息化"的财务管控体系,促进财务转型升级,为企业持续、稳定、健康发展提供有力财务支持。

三、煤炭企业财务精细化管控体系的主要做法

1.精准的预算管控体系

(1)预算编制精细科学。通过梳理集团各专业生产工艺流程,统一作业项目和定额标准,根据历史数据、作业规程和工艺参数,建立完善分专业预算定额体系;在此基础上,将生产作业、预算定额和指标项目建立数学关系模型,借助计算机网络和现有信息资源,开发实施预算管理信息系统,促进"作业成本管理、预算管理、对标管理和计算机技术"的有机融合,按照定额对标选优的原则,编制集团及所属单位年度预算,实现预算管理的标准化和规范化,提高预算编制效率和指标数据的准确性,为预算执行奠定基础。

①规范统一作业项目。集团公司按照不同专业性质和生产作业特点,确定各类企业作业项目,制定统一的分类标准和若干级次,如专业类别项目分为原煤生产、洗选加工、焦化、电力、机械、物流、后勤服务等,而原煤生产企业又将煤炭生产的回采、开掘、机电、运输、通风、排水、提升、筛选等工序确定为生产链单元,再逐级分类到具体生产作业项目,如综采、轻放、炮采等。

②确定作业项目预算定额。首先根据作业项目确定需要的材料定额、电耗定额、人工定额、修理费定额、租赁费定额、费用类定额等定额分类。其次是确定各类定额的定额标准,如原煤综采材料定额,在充分考虑作业规程设计、安全系数和历史消耗等因素的基础上,综合确定需要哪些材料,各类材料定额消耗的数量及价格等。定额标准的确定主要依靠各单位生产实践中的历史积累,是一项不断完善和提高的基础管理工作。

③根据预算参数生成预算。预算参数项目是预算编制过程中的关键因素,是以预算定额计算作业项目预算价值量的基本项目,因在编制预算时不可能录入所有预算定额,按照"生产作业参数—预算定额—指标项目"之间的数学关系模型,只需录入生

产作业参数，就能生产预算指标。比如原煤产量、进尺、人数等，由系统计算出原煤成本指标。需要注意的是：预算参数项目的设置必须按照作业项目的分类进行设置，与作业项目形成规范的对应关系。具体工作中一般由集团按照产业板块和作业项目统一设置参数项目规则，基层填报预算参数值，由相关部门领导审核后生效，根据设置好的参数和定额关系模型即可自动计算出相关作业预算值，进而生成各单位预算年度目标值，自动完成预算编制过程。

（2）预算执行精细及时。将内部市场化管理理念引入预算执行过程中，运用市场化的运行机制，实现价格调控和利益引导，激发各级管理者的积极性，切实提高预算管理的效果。

每个作业岗位都是一个最基本的管理单元，都有自己的职责范围、服务对象、工作内容和标准，通过岗位整理确定主导岗位工序，以此按照生产计划，不同地区进行梳理，确立出每个工作面至地面的完整工序链，对每个工序链上的每个节点，都明确服务与被服务、考核与被考核的关系，从而形成了一个个"职责明确、利益对称"的工序链。

在此基础上，以定额预算为基础，测算每个工序链里包含的服务产品的价格，即上下工序之间的服务与被服务关系形成服务产品的买卖关系，以服务产品和价格的形式在上下工序之间进行结算和控制，使岗位的经济责任落实到"在预算目标基础上、降低消耗、提高自身收益"这一价值基准上，从而改变利益分配关系，由原来垂直行政管理的模式，变为工序间横向递次的控制模式。这样每个岗位、班组干工作不再是直接向区队或矿上"要钱"，而是通过给上一环节服务向上一级环节"挣钱"，从而达到在完成预算目标的基础上，实现了"岗位价值精细化、职工收益最大化"。内部市场化的引用使预算执行精细地反映到每个环节、每个岗位，确保了预算的执行效果。

（3）预算考核精确有效。在预算逐级考核时，由集团公司考核二级单位，二级单位考核到区队。对区队考核时以系统计算的"余额工资"为依据；区队对班组的考核以当月的"班组收支余额"为依据；班组对职工的考核以 ABC 三卡中记录的"日工资"为依据。将预算考核逐级向岗位延伸和推进，让每个职工都体会到考核与任务完成、节支降耗等工作紧密联挂，非常具体和清晰，从而激发了员工参与管理的积极性，提高了企业内部管理水平，保证预算考核的有效性。

2.精细的资金管理体系

资金管理是集团财务管理的关键，通过运用现代网络技术和理财手段，对企业资金实行全方位、全过程、高效率、高质量的管理，降低资金成本和运营风险，实现资金管理的精细化，为生产经营的有序运转和预算目标的有效落实提供有力保障。

（1）资金集中管理。生产经营预算通过二级单位的生产作业链来落实，但企业资金必须由集团集中管控，统筹兼顾、保证重点，促进各环节有序运转，充分发挥资金的使用效能，按照"集中管理、分户核算、预算控制、日清日结"的原则，对资金实行年度预算控制、月度以收定支、旬报监控调度的集中管控机制。

首先借助电子银行网络系统，在集团银行账户与各分、子公司银行账户建立资金归集关系，按照预先设定的余额目标、汇划时间、汇划金额等条件定时将各分、子公司账户资金归集到集团银行账户；同时又可将企业资金下拨各分、子公司账户，由集团统一安排资金结算，集中统一支付，对分公司账户采取最低限额控制，对子公司账户实行网上银行监控、限额审批。实现对资金的集中管理和有效分配，达到在集中控制资金的前提下进行分、子公司的独立核算的目的。

其次，为实现生产经营和资金预算有序链接，应用资金预算控制软件，实现资金预算实时监控。将生产经营资金预算划分为必保预算、专项预算和单位预算，按年度和月度分解，经预算管理委员会批准后实施。执行过程中，对工资、社会保险、税金、铁路运费、电费、利息等必保预算项目，优先保证支出；对重点项目和专项支出等专项预算单独审批、专款专用；对单位预算，实行总量包干，按总额和去向加强预算控制。同时为了积极适应市场变化，每月根据货款回收情况，按照"以收定支"的原则确定资金支付顺序，保证生产经营资金需要。

还有为了保证货币资金整体收支平衡，加大市场化直接债务融资和开展银行整体授信等集团化金融运作力度，在提高内部资金利用效率的同时，增强总体资金资源保障能力。

（2）资金收支两条线。采取资金收支两条线，即应用两个"账户"的资金管控模式，既可以降低管理成本，加强企业整体财务控制能力，又可以提高财务信息的透明度，实现日清日结。

根据收支业务量的大小，在各单位业务当地开设"收入""支出"两种类型结算户。"收入"账户只收不支，账户资金定时归集到集团公司主账户，"支出"账户只支不收。未开立银行账户的单位，由集团主账户统一办理银行结算业务。在资金预算控制范围内，每日上报资金使用计划，经集团公司审核同意后，次日由集团主账户向各单位支出账户下拨资金。每日各外部银行账户资金通过系统自动统一归集于集团公司总账户中，实现资金日清日结。

（3）外埠资金监管。随着企业规模的扩大，投资范围和经营区域不断扩张，对外埠单位资金管控愈加重要。通过利用先进的管理手段和完善的管理制度对外埠单位实施资金监管，对于防范投资风险、加强投资回收有至关重要的作用。

①实施网银监控。将外埠单位开立银行账户开通网上银行，实行"双U盾"分离管理，即外埠单位保管结算U盾负责网上银行基本操作和结算手续提交，集团本部管理账户授权审核U盾，负责账户结算手续审核批准和账户资金权限管理，实现外埠单位资金预算执行的实时监控。

②建立共管银行账户。在外埠单位所属地开立需投资各方共同监管的银行账户，将集团本部对该单位提供的借款、担保贷款及利润分配预留资金通过共管账户进行收支结算。账户资金使用全部实行单项审批，经集团本部批准后使用，对投资风险和投资回收起到有效的监控。

3.严密的风险控制体系

构建精细化的风险控制体系是企业实施风险防控、提高企业价值和实现战略目标的基本要求和企业运营的核心环节。财务风险控制的重点：一是建立健全企业内控制度，实现分工制衡和流程控制；二是防控运营风险，保证预算目标有效落实；三是防控资金风险，避免资金链断裂，保证企业经济稳健运行。

（1）内部控制制度体系。内部控制涉及各级管理者和各职能部门，包括人、财、物、产、供、销等各方面，峰峰集团根据企业自身管理实际，针对企业财务风险关键环节，制定了《资金管理》《对外投资》《筹资管理》《存货管理》《固定资产》《无形资产》《全面预算》《采购及付款》《销售及收款》《财务报告》《关联交易》《担保业务》等十二项财务内部控制制度，除列明各项业务的规则性要求外，重点突出实用性和可操作性，确保制度能够有效落实。

（2）运营风险防控体系。防控运营风险应贯穿于企业生产经营的各个环节，在市场不确定性增强的情况下，重点是如何避免市场萎缩、减少坏账损失、控制库存跌价损失、防止资产负债率快速上升等。要通过加强内部控制，明确销售、运输、资产、财务、企管等部门责任，确定风险预警指标，加强信息反馈与沟通，及时调整经营策略，确保企业稳健运行。

建立以市场为核心的风险防控机制从两个层面进行，一是集团层面，重点是调整管理职能、防控运营风险、控制投资规模；二是在二级单位层面，重点是通过调整指标考核体系、传递市场压力；深入对标挖潜、推进精细管理；严格以销定产、建立产销联动机制等。其核心就是在市场发生变化时，能够按照"以收定支、量入为出"的原则调控经济运行，即在经营管理上，按照收入降低幅度来确定成本压缩规模，确保在市场波动时能实现盈亏平衡；在资金管理上，按照货款回收总量安排资金支出，保持资金收支平衡，保证企业经济稳健有序运行。

① 转变管理职能。企业生产经营的主体是二级单位（各原煤矿厂），内部挖潜、减人提效、调整产品结构、提高煤质等都要从生产一线做起，企业决策、管理层作为上一级管理机构，要给二级单位充分的自主权，通过调整考核指标体系、制定激励政策、简化审批手续、提高办事效率，减少对生产经营过程的直接干预，强化"指导、监督、服务"职能，引导二级单位转变管理思路，主动适应市场需求，及时感受市场变化，促进加强内部管理。

②压缩投资规模。在市场发生剧烈波动时，要平衡好生产经营和投资关系，既要保证生产经营正常进行，又要抓住重点、兼顾长远，决不能以牺牲长远利益来保证近期目标完成。合理控制投资规模，是根据投资项目轻重缓急，有序压缩和控制非急需项目和非生产性支出。既要平衡好自有资金总量和筹融资规模，避免工程项目与资金脱节；又要严格界定成本和投资界限，避免资金相互挤占，保证项目进度和工程质量。

③调整指标体系。企业总体目标实现要靠各级管理主体共同完成，考核指标就像调控企业经济运行的"指挥棒"，构建市场运营机制，必须改变以生产指标为主的考核体系，重点突出二级单位的经营管理职责，将成本、质量、售价、产品结构调整等作为绩效考核主要内容，引导二级单位在保证生产安全的前提下，增产提质、增收节支、调整结构，以效益最大化为目标抓好生产经营。

④保持两个平衡。企业保持正常运转的基础一是不亏损、二是资金不断链,重点解决在煤价下滑的情况下如何保持盈亏平衡、在回款减少的情况下如何保持资金收支平衡的问题。在市场发生急剧变化的情况下,每月根据售价下滑幅度,确定成本费用压缩比例;根据货款回收情况,确定资金支出预算。及时向各级管理主体传递市场压力,促进内部挖潜、主动适应市场变化。另外,可借助市场下滑的不利局势,摸清企业成本底数、盘活呆滞资产、促进精细管理等,从而化危为机、顺势而为,掌握企业管理的主动权。

⑤深入对标挖潜。对标管理是促进内部挖潜的有效手段,可以把对标管理和预算管理有机结合,融入到企业生产经营全过程。通过建立完善分专业对标数据库,在企业内部开展纵向对标和横向对标,进行趋势分析、对比选优,选取历史最优值或各单位先进值作为预算指标参考,保证预算指标的先进性,实现执行预算的过程就是对标实施的过程。对不同专业选取行业先进指标作为奋斗目标,循环递进、阶段实施,并加大考评奖惩力度和政策支持,达到内部对标与外部对标有机结合的目的,建立起对标挖潜的长效机制。

⑥强化市场营销。在日常营销管理中,要构建"以销定产、以量保价、以质促销"的产销联动机制。以销定产就是要在保证销售顺畅的基础上,按照市场需要的品种和数量,调整产品结构,生产适销对路产品;以量保价就是通过稳定产品产量,降低产品成本,利用价格优势提高市场话语权;以质促销就是要千方百计提高产品质量,充分发挥煤种优势,提高市场竞争力,保证产品销售有序运行。其中最关键的有两点:一是要改变以生产为主的经营模式,变"生产什么卖什么"为"市场需要什么生产什么";二是要优化市场布局,扩展销售渠道,统一产品定价,避免内部无序竞争,真正发挥销售龙头作用,建立起以市场为中心的产销联动机制。

(3) 资金风险防范体系。防控资金风险重点是针对大额资金支付、对外投资、物流业务等关键环节,筹划风险应对策略,完善制度和手段。

①大额资金支付授权审批。建立大额资金支付风险管控机制,要在强化预算管控和资金集中结算的基础上,完善大额资金支付授权审批流程,对大额资金支付的审批原则、审批内容、审批权限和审批程序进行严格规定,单笔500万元以上的大额资金支付建立备案制。

②对外投资风险管控。梳理对外投资流程,制定对外投资内控制度,防范对外投资风险。明确对外投资授权审批规定,对外投资管理实行集体决策、程序控制。优化对外投资管理组织,基于投资项目评审和决策机制,综合考虑风险管理要素对组织机构的基本要求,实行全员参与风险管理,提高各方对投资项目评审、决策的风险管理意识;各层参与风险管理,保证投资项目风险管理的独立性和有效性,避免流于形式;专业参与风险管理,保证投资项目风险分析的权威性和专业性,以及投资项目评审和决策的科学性。

③物流资金风险管理。物流业务资产负债率高、占用资金量大,必须严加防范。对物流业务资金占用和周转方式进行全面的调查分析,从组织、制度、流程、信息沟

通等方面系统诊断，找出问题，分析原因，辨识风险。经过对大量信息的整理，制订物流业务风险管理手册，针对物流业务各个环节，共进行业务诊断25条，风险点30条，设置业务管理流程图15个，制定整理了《客户风险评估表》《客户信息库》《跟踪监控评价表》等6项专门管理模板，总结规范表单37种，监控客户信用、资金回收、真实交易、市场风险、资金链管理、合同管理、内部审核等重大风险点。

4.流程化的制度执行体系

财务工作制度规则性强，涉及企业经济运行的全过程。为有效解决制度多、落实难的问题，必须建立一套流程化的制度执行体系。这就是要求从细处着手，从每个人员做起，通过完善制度、固化流程、制订标准、规范操作，促进财会人员养成一种良好的工作习惯，在具体工作中保证制度有效落实，正确履行内控要求，形成管理的科学化、规范化。

（1）制定完善管理制度。对财务管理中的核心业务找出管理依据或企业规定，对依据的制度进行分析梳理，如与现行管理不相适应的重新完善，对没有制度依据的结合企业实际情况重新制定。2013年先后制定了税务检查、大额资金审批、内部往来结算、子公司财务管理等多项财务管理制度，为规范管理提供了制度依据。

（2）梳理业务管理流程。按照管理制度规定，对照业务内容绘制业务管理流程图，在绘制过程中要充分体现内部控制要求，明确每项业务的操作依据、每一环节管理要求、所属岗位、工作标准和备案资料等，通过将制度规定具体细分，落实到分管领导、责任科室和具体的工作岗位，制度执行时严格按流程操作，确保业务合法合规。

（3）完善岗位职责和工作标准。结合科室工作职责，对各岗位分管业务进行梳理，明确各岗位在业务执行中的具体职责。同时，对照业务流程图中岗位职责和每一环节制定要求，制定出可操作的工作标准。如：对外投资业务中，投资管理岗位需要进行的"财务尽职调查"环节，工作标准规定要调查提交4项内容：一是企业注册资本、股权结构、历史沿革；二是企业近三年经审计的财务报表、财务状况、偿债能力等；三是企业潜在风险，包括或有负债、未决诉讼等；四是企业盈亏分析、经济效益、投资回收测算。不管是哪个财务人员做这项工作都要按照这一标准进行操作，都要收集提交规定的资料和报告，从而实现精细化管理的要求。

（4）实行业务编码管理。为促进管理规范化，对每项业务进行编码管理，如大额资金审批编码为"FF1301"，指"峰峰集团2013年第1项关键业务"；"FF1301A"此项业务的第一个环节；"FF130101"指2013年大额资金的第一笔业务。为了便于岗位交接和新会计人员按规定操作，将业务流程图置于各岗位桌面，按照流程化进行操作，同时将岗位环节与工作标准建立链接，如点击业务流程图中"FF1301A"标志，就能找到大额资金审批业务第1个环节的具体工作标准，便于不熟悉该项业务的人员操作与使用。

（5）保留台账记录。对发生的每一笔业务，要详细载明其业务内容，按业务发生情况序时登记台账，明确专人记录并签字，做到可追溯、可查询，为今后工作标准化管理奠定基础。涉及领导签批、基层单位上报事项的要保存原件；涉及信息系统操作的要完善流程、权限和系统记录。

(6)分析修正更新业务流程。定期对工作记录进行分析，关注关键节点是否存在漏洞，针对问题提出下一步改进方案，对涉及规章制度、工作流程、岗位职责、工作标准等进行修改、补充、完善，及时更新和建立新业务管理流程。引导财会人员逐步养成按流程规范操作的习惯，保证财务精细化工作稳步推进。

5.以人为本的考评管理体系

靠制度约束来保证各项工作有效落实，是一种规定性要求。构建财务精细化管控体系必须将财会人员和队伍建设作为必要的内容，依靠每一名财会人员综合素质提高，推进财务管理水平稳步提升。

(1)推行财务人员AB角和轮岗管理。为确保财务各岗位的高效运转，防止出现由于人员变动影响工作的连续性，制定和实施AB角和轮岗管理制度。正常出勤情况下，AB角人员各自负责本岗位业务工作，A角人员因公出差、学习、休（病）假等原因临时离岗，B角人员要顶替A角人员上岗。B角人员应主动学习熟悉A角人员业务工作，遇有重要任务或工作量大、时间要求紧急时，A角人员召集B角人员共同研究商讨，协助配合完成工作任务。加强AB角岗位相互学习，AB角人员可通过相互复核和审查业务，达到应知应会。顶岗期间，B角人员除做好所顶岗A角人员工作外，仍要做好原岗位本职工作，双方保持联系畅通，保证业务工作有序运行。为增强每个岗位人员全面学习掌握业务知识能力，培养复合型财务管理人员，提高业务技能，各岗位还要实行定期轮岗制度。如：科长、副科长岗位1—2年轮换一次，科员在本科内1年轮换一次，跨科室1—2年轮换一次。不断轮岗必将促进人员加强业务知识学习，提高自身综合素质。

(2)严格财务系统内部考评。建立月度考核制度，考核结果与每个人员月度工资、奖金联挂。将管理创新、业务学习、工作业绩、临时工作等作为考核主要内容。按照制定的考核标准实行百分考核，得分多奖励多，得分少奖励少。同时在年度考评中，个人累计加10分及以上的人员、科室排名首位的科长，可推荐为集团公司年度优秀会计工作者；个人累计扣5分及以上的、连续两年科室排名末位的所属科人员，原则上不推荐各类、各级别先进个人表彰。在集团公司建立分子公司财务科长年度述职制度，每年评选集团公司级别的先进财务科长、优秀会计工作者。奖罚分明的考核机制，调动了全体财会人员工作的积极性。

(3)构建专业特色财务文化。财务文化是在工作目标、工作方针、工作原则、工作作风、工作理念上对财会人员提出具体的要求，体现了财会专业严谨、诚信、务实的专业特色，结合峰峰集团财务工作实际，印制了《峰峰集团财务文化》手册，集团内财务人员人手一册，作为财会人员工作学习指南，对每一个财务人员的行为起到约束和规范作用。通过内化于心、外化于形，不断提高财会人员综合素质，使每一个员工充分发挥自己的主观能动性，积极为集团公司财务工作献计献策，以各种方式转化成为经济效益，促进财务职能作用的充分发挥。

四、煤炭企业财务精细化管控体系的实施效果

财务精细化管控体系通过在集团公司一年多的实施，取得了明显的社会效益和经

济效益。

1. 社会效益

促进财务管控精细化，使集团集中管控能力不断增强，形成了"精细化、流程化、信息化"的财务管控体系；推进财务业务一体化，增强财务预测、决策、分析、调控职能，也对生产、供应、销售、投资等业务活动起到了规范和引导作用，推进了财务业务一体化的管理进程；实现制度管理规范化，注重加强人员素质培养和文化引领作用发挥，保证了财务工作有序进行；促进财务转型升级常态化，以精细、精准为目标保证财务信息真实可靠，财务信息和财务数据的综合分析和运用能力不断提高。市场发生变化及时调控经济运行，规避运营风险，为领导决策提供有力支持，财务管理效益不断提升。

2. 经济效益

通过财务精细化管控体系的实施，集团公司各项费用支出大幅降低，2013年本部煤炭完全成本预算556元/吨，实际为552.67元/吨，比预算降低3.33元/吨，直接创造经济效益5600万元。

经济效益测算方法：单项因素直接测定法（MTP）

成果实施后煤炭完全成本实际完成：Q_1=552.67元/吨

成果实施前煤炭完全成本定额：Q_0=556元/吨

成果实施年度矿区成本产量：r=1700万吨

所花的各种实施成果费用之和：$\sum C_a$=60万元

本成果经济效益为：

$$E_m=(Q_1-Q_0)\cdot r-(\sum_{a=1}^{n}C_a+I)-F=(556-552.67)\times1700-60-0$$

$$=5600（万元）$$

（成果创造人：张建峰　夏学英　高文赞　程宏滨　周　涛　窦如军　李高峰）

以点检制为核心的全面规范化设备管理体系构建与实施

冀中能源井陉矿业集团有限公司

冀中能源井陉矿业集团有限公司前身是井陉矿务局（以下简称井矿集团），现为冀中能源集团全资子公司，是一个具有开采百年历史的煤炭企业。在册员工1万余人，资产总额48亿元。现有井陉、山西左权2个矿区，拥有6对矿井、4座大型洗煤厂、1座百万吨焦化厂和10万吨硝盐化工厂等16个子（分）公司。已发展成为集煤炭开采、洗选加工、煤炭物流、煤焦化、电力、建筑、橡胶运输带制造等多个产业、多元发展的大型企业集团。

一、以点检制为核心的全面规范化设备管理体系的实施背景

推行以点检制为核心的全面规范化生产维护（简称TnPM）管理体系是满足企业对不断适应全球市场经济淘汰法则和不断发展壮大的需要，是打造井矿集团公司最具竞争力的煤炭企业集团的基石，是打造现代化企业的必然选择。

推行TnPM管理是井矿集团公司多产业、设备类型多、多种经营实行科学管理的必然要求，是企业实施现代化企业管理的迫切需求。

推行TnPM管理是以企业经济效益目标，以点检制为核心的规范化管理，以全系统预防维修体系为载体，以全员参与为基础的生产和设备系统的管理体系，充分发挥设备效能，降低生产成本，使技术管理和经济管理有机结合，并逐步建立完善的TnPM管理保证体系。

推行TnPM管理是促进企业提质增效，全面提升全员岗位管理和操作水平，快速提升员工队伍素质的方法和手段，是不断提升企业效益和竞争力的需要。

推行TnPM管理是塑造积极向上、追求卓越、敢为人先、奋发图强的井矿集团企业文化的需要。

二、以点检制为核心的全面规范化设备管理体系的基本内涵

全面规范化生产维护TnPM管理体系是规范化的TPM，是全员参与，步步深入，企业不断改善和拓宽的现代化企业管理体系。井矿集团推进TnPM管理是在借鉴国内外TnPM管理推行经验的基础上，针对目前设备与系统管理中存在的问题与不足，结合井矿集团实际，充分考虑现实生产条件、生产流程、作业内容的客观关系，改善管

理思路，创新管理方法，提升管理标准，以点检制为核心、以6S管理和六化管理为基石，以小组改善提案、焦点课题作为强力推行工具，全面提高员工问题意识、参与意识、改善创新意识，有效运用推行工具，改善现场不合理点，优化操作标准、规范操作工作程序及行为，解决影响生产瓶颈，降低生产成本，全面提升公司专业管理工作，全面提升公司核心竞争力。以点检制为核心、四个全（全效率、全系统、全规范、全员参与）作保障的TnPM管理体系，把设备维修以事后维修、预防维修方式为主逐渐转变为以点检制为核心的预知维修方式为主的管理模式。

三、构建与实施以点检制为核心的全面规范化设备管理体系的主要做法

1.建立组织机构，明确职责，构建全员参与体制

井矿集团建立以公司主要领导为主任的TnPM管理组织机构和管理体系委员会。TnPM管理体系办公室设在集团公司机电管理部，负责点检制及TnPM管理体系的全面策划、组织、实施、督导、考核等工作。各单位也相应成立矿（厂）、车间、班组三级点检制及TnPM管理体系推行组织。建立组织网络图并逐级明确职责，高标准、高起点制定工作安排、实施标准和考核办法，明确工作重点和实施步骤。

2.强化培训，构建TnPM管理人才育成机制

井矿集团公司先后分矿处级、科级、员工不同层次展开6批次TnPM管理的培训；对16个单位TnPM管理办公室进行实习培训；在各单位组织TnPM管理与点检制基础知识、可视化标准、整理整顿技巧、点检制制定要点等培训。利用集团公司电视、简报、网络、图板等媒体多角度、全方位宣传以点检制为核心的TnPM管理体系。实行每周召开现场办公会，了解现状，掌握资料，确定推进的基准和起点，订立下阶段的推进目标，并制定推进的框架计划和实施计划时间表，落实责任到人。同时掌握各单位实施进度，着重解决企业实施TnPM管理存在的问题，使其不断提升改善。

（1）构建各级领导者首先成为TnPM管理体系专家。TnPM管理体系推进首先是一场思想变革，推进过程中会不断遇到困难，如员工反应冷淡、观望被动，只要领导认同，亲自带领大家全面落实，所有困难才会迎刃而解。

①各级领导善学体系的精髓。各级领导深入学习体系的内涵，认识到体系对企业经营的促进作用，才能真正重视和支持体系的推进。在培训过程中，公司高、中层干部积极参加各种培训，与员工一同听课、讨论，直面公司存在的问题和差距，畅谈自己的想法和解决方法。领导的参与无形中鼓舞了广大员工士气，使员工愿意以最大的热忱投入其中。

②各级领导身先士卒，善行体系要义。体系的推进，不仅需要领导者正确认识其内涵，更重要的是身体力行。在TnPM管理体系的制订中，领导要组织制订体系发展战略，高、中层领导指导制订年度和月度计划。领导的行动充分保证了计划的执行力。在体系落实中，组织召开各种推进会和交流会，深入现场鼓舞员工发挥创造力，使体系深入人心，富有生命力。

（2）构建员工培训的长效机制。企业员工在TnPM设备管理培训的同时，井矿集团积极搭建班组长、班组员工成长的平台，为广大员工学习知识、获取信息、提高素

质、丰富文化生活提供方便，进一步促进了班组员工全面发展、激发了员工自主管理和团队协作精神。

①开展点检制理论学习知识培训，提高员工认知度。为使各层次员工正确认识点检制内容和操作方法，公司对全体中层及以上干部、班组长和管理骨干进行点检制理论集中培训，各单位对全体员工进行二次宣传培训。让员工明白点检制在企业生产和自身有重要意义，树立自主管理和团队协作精神，学会用发展的眼光看问题。

②培训和训练相结合。将空洞的理论和规范通过活动去开展，让大家感同身受；将公司内外优秀的案例展现给员工，在借鉴和实践中领会；先试点后推广，在试点取得成效，大家一致认可的情况下强力推广；持续培训。

③构建班组长培训交流机制。班组管理的好坏直接关系到企业的执行力和竞争力。强化班组基础管理、注重班组过程管理、提高班组长素质，是提升企业创造性和管理创新水平的基础支撑。井矿集团多次对班组长进行培训，各单位采取班组长培训、班组长论坛、经验交流会等多种形式，提供班组长相互学习的平台。在二届一次职代会暨表彰优秀单位及班组长会上受表彰的50多名"优秀班组长"，分三批到冀中能源集团先进单位进行对标学习。特别是走进相同工序班组和操作岗位，针对点检制运行情况、精细化设备管理、班组建设进行深入交流学习。及时组织"优秀班组长"撰写对标学习心得，并将班组长学习心得在集团公司《井陉矿工》报择优刊出，引起强烈反响。

3. 以点检制为核心，有序开展实施 TnPM 管理体系

以点检为核心的设备管理，在设备发生故障之前适时适度地维修，实行点检定修，防止设备的"过维修"和"欠维修"。其实质就是专职点检员按计划巡检设备，以收集设备运行状态的各种信息，通过监测反映设备状态的某些特征参数在运转过程中的变化，确定该设备及其部件可能的故障，以便在其失效前及时维修。这种设备管理方法能最大程度地挖掘设备潜力，降低生产成本。

（1）认真做好设备点检制十项基础工作，夯实 TnPM 管理基石。井矿集团率先从瑞丰煤业公司、元氏矿业公司两个煤矿和新晶焦化公司先进单位导入点检制，以企业的重点岗位及固定设备着手制定点检制度及标准。如配电室、煤矿的四大件（主通风机、压风机、中央水泵、提升机）、焦化厂的五大车（推焦车、拦焦车、熄焦车、除尘车、捣鼓机车）、风机房等。组织相关人员制定点检标准、点检表等十项点检基础工作标准，巩固 TnPM 管理。

① 定点：凡 A、B 类设备与 C 类设备的关键部位和薄弱环节列为点检对象。检查点选择数量过少，难以达到预定的目的；检查点过多，会造成点检工作量增大和经济上不合理。检查点一般包括：滑动部位、回转部位、传动部位、与工件接触部位、荷重部位、受腐蚀部位。

②定标：确定每个检查点的标准，如间隙、温度、压力、流量等。应根据设备制造厂家提供的技术要求和本单位的实践经验，制定出判定标准，标准要尽可能定量化。

③定期：点检周期过长，设备异常和劣化情况不能及时发现，失去了点检的意义；点检周期过短，会加大工作量，增加费用支出。一般情况下，日常点检 1 周以内，定

期点检 1 月以内，精密点检按预定计划。

④定项：通常把压力、温度、流量、泄漏、给油脂状况、异音、振动、龟裂（折损）、磨损、松弛等作为点检内容。

⑤定人：规定由谁来点检。日常点检一般由操作人员负责，因为他们比较熟悉。同时，操作人员的参与也有利于推行设备全员管理。定期点检由于技术要求高，由设备维修人员和点检人员、设备管理专职共同负责。

⑥定法：规定检查的方法，是凭人的五感检查还是用工具、仪器检查；是解体检查还是不解体检查；是停机检查还是不停机检查。

⑦检查：检查时作好记录，通过记录找出设备劣化规律。

⑧分析：点检记录每月分析一次，重点设备要每一个定修周期分析一次。每个季度要进行一次汇总整理，并存档备查。每年一次总结。

⑨改进：对检查、分析出来的问题要进行消除或改进。

⑩评价：定期（每半年或一年）要对点检工作进行一次全面、系统的总结和评价，提出下一阶段的重点工作计划。

按照点检实施要点，制定设备点检制度及规范。重新优化完善各项规章制度，把原有生产管理制度已经与现实脱节，不符合现实工艺及设备技术要求的，甚至与新工艺发生冲突的进行了完善。设备点检由操作人员、专业点检人员、专业技术人员、维修技术人员等"全员"的力量，在不同专业和不同阶段协调于同一目标下，使这些各类专业技术的各个层次的人相互配合、协调，形成完善有效的设备管理体系。

（2）实施设备点检制的三级管理。按作业时间间隔、作业内容的不同，点检分为"日常点检、专责点检、精密点检"。

①日常点检。日常点检由生产系统的操作人员实施，按照点检卡，每班对设备的有关部位进行外观检查并对设备进行清扫、润滑、紧固等简单维护，主要了解设备和环境的颜色、气味、声音、温度、油压等参数是否正常。

②专业点检。由区（车间）专业点检员实施，采用一定的检测工具，定期对设备的技术状况进行检查和测定。掌握设备的劣化程度，确定维修方式和维修时间。

③精密点检。由矿（厂）技术人员部门，针对设备的精度、性能、效率及主要故障隐患等特定项目，用红外线测温仪、振动测量仪、电动机故障检测仪等仪器对设备精密点检和故障分析进行综合测试。对设备的技术状况进行综合评判，制定设备维护计划。不能处理的申请外协解决，同时做好临时应急技术措施。

设备点检由操作人员、专业点检人员、专业技术人员等"全员"的力量，在不同专业和不同阶段协调于同一目标下，使这些各类专业技术的各个层次的人相互配合、协调，形成完善有效的设备管理体系，见图1。

（3）设备点检实施"六化"管理。公司 TnPM 管理办公室会同矿厂 TnPM 管理小组技术人员共同编制了《井矿集团设备维修与技术规范》，内容包括维修技术标准、点检标准、给油脂标准和维修作业标准等主要技术标准。结合煤矿及化工行业设备工作标准化、规范化、精细化、信息化等要求，对设备点检工作实施"六化"管理，规范

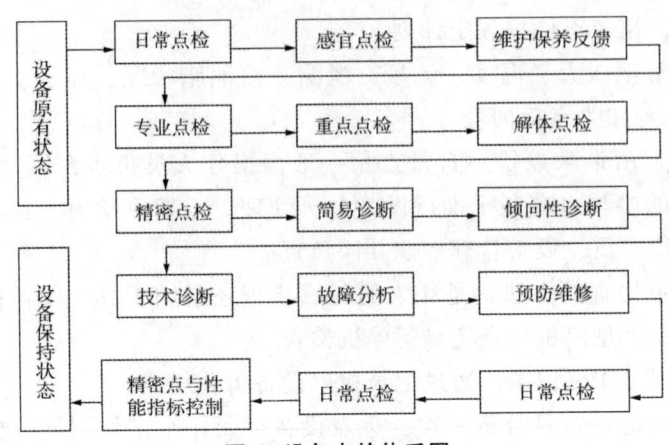

图 1 设备点检体系图

TnPM 管理体系。

①点检组织专业化。现代设备越来越先进，没有专业化队伍进行管理和维护，就无法搞好设备管理工作，设备也发挥不出它的最大效益。

②点检工作制度化。生产设备管理不是搞运动，它具有长期性、与时俱进性，必须使其制度化、形成一种企业管理文化、制度。

③点检工作内容化。点检工作具有实效性、有具体实质内容，不能走形式。

④点检过程规范化。不是盲目检查、维护，而是为员工安全考虑，也是为了保证设备维护质量。

⑤点检结果信息化。利用现代计算机软件去科学分析处理，使其更加高效、便捷。

⑥分析成果效益化。企业与员工是共同体，也是共同受益者。

4.深入展开点检 6S 管理，全面提升 TnPM 管理水平

深入开展点检 6S（整理、整顿、清扫、清洁、安全、素养）是企业各项管理的基础，可带来效益、品质、成本、安全等综合成效，是有效推进 TnPM 管理体系的基石。6S 对设备管理非常重要，一方面在煤矿和焦化厂粉尘较大的环境中，维护好的设备无一不是擦得一尘不染；另一方面清扫的过程就是点检的过程，在这个过程中很容易发现设备的一些不良情况。井矿集团以精细化管理为目标，深化 6S 管理，所有主体单位实施 TnPM 管理体系，从深度、广度两个方面加强 6S 管理工作。

（1）将 6S 管理和技术、质量、成本、效率、效益相结合。与优化流程、工艺、指标、环境相结合，查找不足，挖掘潜力，推动各项管理工作持续改善。

（2）拓展 6S 管理范围。将 6S 管理从单纯的环境，拓展到人、机、班组、车间、矿全方位、全专业管理工作，达到全岗位绩效考核，人人关心企业，企业培养每个人的全员参与的 TnPM 管理。

（3）将岗位点检标准、巡检标准、作业规范化、标准化、目视化。实施全员岗位标准可视化、规范化。

（4）在 6S 管理基础较好的瑞丰煤业公司、元氏矿业公司、新晶焦化公司等 16 个单位先后实施 TnPM 管理。

5.建立点检绩效、评价和激励考核机制

任何一项工作的推进要想取得实效，离不开过程控制、效果评价和考核。公司在推进 TnPM 设备管理过程中，为了使员工的工作热情持久，使遵守规范成为习惯，使现场状况不断改善，建立起一个可以量化的考核评价体系是十分必要的。针对每一项工作的落实，采取过程点检为主导、结果评价为基础，并辅以激励政策进行管理。一是过程控制有目标和措施；二是在实施过程中，不但执行单位进行过程控制与评价，公司 TnPM 设备管理办公室也进行跟踪控制，并对重点控制项目采用月点检制度实施考核，公司高层领导参加点评；三是制定评价机制，明确评价标准；四是制定相应激励政策，依据评价结果进行考核。

这个评价、考核机制可以评价班组乃至机台的进步状况和单位 TnPM 设备管理的表现、规范化作业及合理化建议状况；将这些评价结果加以综合，得到一个综合评估指标，然后和员工的奖酬、激励和晋升结合起来，对那些有突出贡献的员工给予特殊的奖励。所有这些激励政策做到制度化、透明化、公平化、长周期（半年）的评估。同时，对单位的经济指标，如能源消耗、备件消耗、事故率、废品率、维修费用加以评价，对团队的总体成就给予奖励，促进团队协作风气的形成。以一年、两年、三年为周期，不断制订新的发展目标，周而复始地螺旋上升推进。

6.以信息化建设为平台，实现 TnPM 管理网络化

TnPM 管理涉及物资管理、设计制造、计划调度、劳动组织、质量控制、经济核算等许多方面业务，汇集了企业多项专业管理的内容。结合各企业实际情况把各级工程技术、财务及生产组织管理者进行有机结合纳入 TnPM 管理体系，形成一个闭环式管理体系，使公司生产管理稳定运行，获得设备最佳经济效益。

井矿集团利用 OA 系统信息化办公平台，设备管理做到了设备的计划、验收、入库、领用、移交、回收、价让、报废、借入、调出等一体化管理，依据设备铭牌信息建立设备的基本信息库（包括设备编号、设备名称、型号、台数、存放/使用地点、生产日期、生产厂家、安装日期等）。设备台账可按设备类型、使用单位、特种设备等分类。建立设备维护记录和保存故障情况，建立故障原因分类、故障影响、故障类型等，并依据这些因素进行详尽的故障分析，生成设备定期检修预报表，以协助技术人员采取不同的预防和维护措施。按时间进行故障统计，各相关部门均可进行故障、参数等查询。真正实现了设备一生管理，使设备使用更加科学、使用价值更高。同时公司建立了设备、财务、预算等信息管理系统，丰富了 TnPM 管理内涵。

四、以点检制为核心的全面规范化设备管理体系的实施效果

井矿集团自 2012 年 4 月启动 TnPM 管理体系以来，各单位、全体员工明责举力、自主管理、团结协作，从大处着眼、从小处着手，按照总体部署，认真开展以点检制为核心，以 TnPM 管理体系为载体，全面提升公司市场竞争力。特别是企业生产环境、员工思想、企业文化、全效益及管理水平取得明显成效。

1.企业环境大幅改善，企业员工更加富有创造力

通过实施点检制、"六化"管理、6S 管理，历经 1500 人次的不同层次专项 TnPM

设备管理培训、重要场所标准化建设、提案改善劳动竞赛、班组长交流研讨等多种方式的有效开展，员工的作业规范、思维方式有了很大变化。自主管理、消除浪费、提升效率的观念已深入人心；自我发展、技术创新、团队协作、TnPM管理对企业与员工的内涵和意义理解逐步深入；对点检制实施六化管理、6S管理、可视化等概念在公司已不再陌生，使企业的向心力更加凝聚，形成人人关心企业发展的新局面。

2. 企业文化更加富有内涵、新意

公司推动TnPM管理两年多以来，已走上制度化、规范化、持续化、健康化发展道路。员工的自主管理意识和积极参与性有了很大提高，形成了良好的全员参与改善的氛围，促进了文化建设。在原有"艰苦奋斗、自强不息"文化基础上，逐渐增添了"奋发向上、敢为人先、追求卓越"的文化新内涵。员工的精神面貌、文化生活、企业形象都发生了翻天覆地的变化。

3. 促进了企业整体管理水平提升

通过TnPM管理推进力度不断深入，企业管理不断向精细化管理迈进，工作规范化、目标化、制度精细化成为公司推进TnPM管理所带来的明显亮点，逐步建立了公司、单位、班组不同层次的规范管理机制，逐渐在财务、审核、风险预警管理等多领域形成管理体系。搭建了全员、全方位、信息现代化的精细化管理平台，实现了由粗放式管理到精细化管理的转变，促进了企业整体管理水平提升。

4. 经济效益

通过实施设备点检制度及TnPM管理体系，进一步规范员工作业及行为规范、提升了员工自主管理，有效地增加了企业经营效益。经过分析，井矿集团公司2013年度新增设备原值8543万元，设备维修费用发生1663万元，在增加设备的情况下，比2012年降低修理费563万元；2013年设备损毁报废成本发生230万元，比2012年降低96万元总成本；相关设备备件库存2013年底比2012年底降低560万元，节省财务及管理费用30万元；2013年机电事故时间比2012年降低20%，增加煤炭及焦炭等产品相当价值约620万元。

经济效益计算用相关因素合成计算法（PCP），即：

$$E_p=\sum_{a=1}^{n} S_a-F-H-(\sum_{a=1}^{n} C_b+I)$$

$$E_p=S_1+S_2+S_3+S_4-F-H+\sum_{b=1}^{n} C_b$$

$$=563+96+30+620-6=1303 万元。$$

（成果创造人：李明朝　孙保敬　王延艇　乔矿生　祁雪来　王云峰）

以增强企业竞争力为导向的对标工作机制的建立与运行

冀中能源井陉矿业集团有限公司

冀中能源井陉矿业集团有限公司前身是井陉矿务局（以下简称井矿集团），现为冀中能源集团全资子公司，是一个具有开采百年历史的煤炭企业。在册员工1万余人，资产总额48亿元。现有井陉、山西左权2个矿区，拥有6对矿井、4座大型洗煤厂、1座百万吨焦化厂和10万吨硝盐化工厂等16个子（分）公司。已发展成为集煤炭开采、洗选加工、煤炭物流、煤焦化、电力、建筑、橡胶运输带制造等多个产业、多元发展的大型企业集团。

一、以增强企业竞争力为导向的对标工作机制的实施背景

近几年来，井矿集团解放思想、大胆实践、改革创新，生产经营和发展取得了长足的进步和历史性的突破，但仍然存在一些突出矛盾和问题，主要是支撑企业发展战略的各个产业无论从规模还是效益都还处于较低水平，企业的管理方式还比较粗放，产品竞争力不强，初级产品和低附加值产品多，优质和高附加值产品少，企业经营和发展面临的风险日益加大。标杆管理较好地体现了现代知识管理中追求竞争优势的本质特性，因此具有巨大的时效性和广泛的适用性，被广泛应用于国内外众多企业，而且取得了巨大成功。实施标杆管理，深入开展对标工作对井矿集团来说也具有十分重要的现实意义和长远的历史意义。

1.开展对标工作是井矿集团适应新形势，求生存、图发展的现实需求

综观2013年的经济形势，面临着各种困难和挑战。国际经济环境依然复杂多变，世界经济复苏曲折艰难，主要经济体增速放缓，国内经济下行压力不断加大，制约经济发展的不利因素还很突出，市场形势存在诸多不确定性，企业发展仍然面临着很多问题、困难和挑战。企业融资难度、融资成本不断加大；银行承兑贴现率持续上升，财务费用加大；原材料价格不断上涨，人工成本大幅提高，盈利空间缩小，企业经营压力逐渐增大；钢铁企业普遍降价、减产，出现亏损局面，对焦炭、煤炭市场形成压力。

就井矿集团来说，也面临许多现实困难。新晶焦化分公司、凤山化工分公司因行业产能过剩，市场竞争激烈，产品价格下降，利润空间收缩；山西左权三个矿仍属技

改矿井，不能正常生产，没有稳定收益，经营不好将会出现亏损；元氏矿业、瑞丰煤业开采条件复杂，生产能力受限，处在亏损的边缘；煤炭物流产业处于起步阶段，业务质量不高，占用资金多，应收账款余额大，抗风险能力极其薄弱；整合煤炭资源、重点项目建设、职工生活改善等需要不断加大投入，企业的资金缺口越来越大。企业经营风险不断加大，生存和发展面临着严峻的考验和挑战，所以适应形势需要，开展对标工作，改善管理，提高效益，势在必行。

2.开展对标工作是企业加快转变发展方式、调整产业结构，实现转型升级的有效举措

"十一五"期间，特别是2008年以来，在冀中能源集团的大力支持下，井矿集团坚持以科学发展观为统领，解放思想，更新观念，制定和实施了"稳定老区、向外扩张"的资源战略，以及"三步走、翻两番、再造新井矿"的发展战略，同步推进老区建设和新区开发，着力构建煤炭生产、煤炭物流、煤焦化三大基地，企业发展蒸蒸日上，实现了再造新井矿的战略目标，企业经营和发展取得了历史性的突破，与此同时应该清醒的看到，井矿集团的经营和发展还存在一些不容忽视的问题，主要体现在：一是发展方式粗放、发展质量有待提高。从近几年的发展来看，井矿集团主要是在"快"和"大"上做了文章，经济增长方式主要依靠加大投入、外延扩张，缺乏集约高效的内在动力，盈利水平还比较低。二是管理水平有待进一步提高。近几年管理水平虽然有了很大程度的提升，建立和完善了管理体系、取得了大量管理成果，但总的来说水平还比较低。三是煤炭资源不足，煤炭主业缺乏发展后劲，焦化、化工产业盈利能力下降，煤炭物流产业占用资金多，经营风险加大。四是资金短缺，制约着企业项目建设、生产经营和发展步伐的加快。开展对标工作是企业优化发展战略，转结构、调方式、实现产业升级的重要途径。

3.开展对标工作是提高核心竞争力、确保企业可持续健康发展的重要保证

随着企业面临的内外压力（资源、安全、环境、节能、劳务、成本、资金等）不断加大，以及产业结构调整和产业基础水平的提升，企业间的实力差别日趋缩小，如何在限定的资源条件下、在激烈的市场竞争中，实现企业规模效益、突显自身优势，已成为企业探索自身持续发展的重要课题。优质的产品和服务、明显的成本优势、良好的企业行为和资信及令人信服的发展态势，成为企业追求的目标。作为企业竞争优势的根本保障——企业核心竞争力，更多依赖于企业战略的不断优化和落实，依赖于精细化的质量管理体系、服务体系的有效建立和运行。开展对标工作，瞄准一流，持续学习，扬长避短，优化实践是提高企业核心竞争力、确保企业持续健康发展的重要保证。

二、以增强企业竞争力为导向的对标工作机制的主要内涵

1.对标工作机制的基本内涵

以增强企业竞争力为导向，依据标杆管理理论，建立和完善企业对标工作的组织体系、流程体系、管控体系、考核体系。其中：组织体系是保障，流程体系是核心，管控体系是手段，考核体系是激励与约束，四位一体形成了完整的对标工作体系。并且按照体系规范运行，深入对标、形成机制，通过规范化、科学化、常态化的对标工

作，努力转变发展方式，提升发展质量、发展水平和管理水平，促进企业绩效和竞争力的快速突破与持续提升。

2.对标工作的指导思想

以科学发展观为指导，以解放思想、理念创新为先导，以"增强竞争能力，实现跨越发展"为目标，以"寻标、定标、赶标、达标、创标"活动为主线，把为顾客、股东创造价值为取向，培育"持续学习、创新超越"的文化理念，深入开展对标工作。通过开展对标工作，全面提高企业的技术水平和管理水平，增强企业的核心竞争力，促进企业快速发展，实现企业规模与效益的跨越式发展与提升。

3.对标工作的基本原则

（1）坚持高标定位的原则。制定对标工作目标、确定对标标杆，要勇于挑战，敢于超越，瞄准一流，高标准定位。

（2）坚持系统优化的原则。在实施标杆管理的过程中，要坚持系统优化的思想，不要追求某个局部的优化，而是要着眼于企业总体最优。

（3）坚持注重实效的原则。要对自身的生产经营情况及内外部环境和条件进行深入调查和分析，紧密结合实际，设定指标，选定标杆，避免实施的盲目性。

（4）坚持突出重点的原则。为了节约对标成本、集中对标资源，在兼顾对标全面性的同时，要聚焦"短板"，突出关键内容及关键指标开展对标工作。

（5）坚持持续改进的原则。实施标杆管理不能一蹴而就，而是一个长期渐进、螺旋式提高的过程，每次的对标工作后，要注重总结，重新审视标杆管理的目标和实际效果，分析差距，为下轮对标工作打好基础。

三、建立和运行以增强企业竞争力为导向的对标工作机制的主要做法

1.建立对标工作的组织体系

组织体系明确了对标工作的实施者和管理者，是对标工作顺利开展的重要保障。为切实加强对对标工作的组织领导，全面、有效地推进企业对标工作，井矿集团从上到下、层层建立起了对标工作的领导机构和工作机构。

（1）集团公司。井矿集团在集团公司层面建立了以集团公司董事长为组长，集团公司总经理为常务副组长，集团公司其他领导为副组长，集团公司各部室负责人为成员的领导小组。

领导小组负责整个活动的发动、组织、指导、监督和考核工作。领导小组下设对标工作管理办公室，办公室设在企业管理部，具体负责对标工作的组织、协调、考核、推进和信息通报等工作。

（2）集团公司机关部室。集团公司机关各部室立足本职业务，由部室负责人挂帅，安排相关专业人员具体负责对标工作，除负责本部室业务范围内的对标工作外，还负责对所属单位对标工作的组织、指导和服务工作。

（3）集团公司所属各单位。所属各单位都成立了相应的领导机构和工作机构，负责对标工作的组织、管理和推进工作。为了保证对标工作的效果和深入开展，对标工作的工作机构主要以专业工作组的形式出现，吸纳有相关业务专长和丰富实践经验的

人员参加。

2.建立对标工作的流程体系

对标工作流程体系是对标工作的核心。依据标杆管理理论,井矿集团结合实际,设计构建了对标工作流程体系。井矿集团要求对标工作按照"寻标、定标、赶标、达标、创标"的工作流程,遵循现状分析、设定指标、标杆比选、指标赋值、制定方案、组织实施、分析评估、建模推广、考核奖惩、持续改进等十个步骤开展对标工作。

(1) 现状分析。现状分析是对标工作基础和前提,也是对标工作的起点。要求对标工作的主体单位(或部门)根据本单位的发展战略及目标,对自身生产经营状况进行调查摸底和深入分析,同时对本行业的发展状况及政策环境进行充分的了解和掌握,查找本单位存在的薄弱环节及其产生的原因,明确对标工作目标、重点、方向及关键项目,编写本单位《企业生产经营及发展现状分析报告》。

《企业生产经营及发展现状分析报告》要求的内容包括: 概述;本企业发展的指导思想、发展战略、发展目标;本企业所处行业的发展状况及政策环境分析;本企业经营及发展的内部条件和在同行业中的竞争性分析;本企业存在的问题及其产生的原因分析;对标工作的目标、重点、方向及关键项目。

(2) 设定指标。依据本单位的现状分析报告,设计对标指标体系。对标指标体系应服务和满足于对标工作目标的需要。对标工作包含管理对标和数据对标两个方面,因此广义的对标指标包含管理项目和数据指标两部分。

①管理项目。对标可以从功能性项目和通用性项目两个方面选择管理项目进行对标。功能性项目,如人力资源管理、营销管理、财务管理、供应管理等;通用性项目,如工作效率、培训及学习、员工素养、执行力、信息化建设、企业文化等方面。

②数据指标。数据指标包括财务指标、经济指标、技术指标、工艺参数等。在对指标的作用及相互关系进行分析的基础上,按照科学、合理、有效、完整的原则进行设置,并对指标历史最优值、历史最劣质、现状值等进行统计赋值,形成本单位《对标指标体系库》。

(3) 标杆比选(寻标)。

①标杆的内涵。所谓的标杆又称标杆伙伴(也称标杆对象),是指确定为被学习和借鉴的组织,是任何乐于通过与标准管理实施者进行信息和资料交换,而开展合作的内外部组织或单位。

②标杆的选择。标杆比选即选择标杆伙伴。依据本单位的现状分析报告,围绕对标重点、方向及对标项目和指标体系,广泛收集、筛选内外部企业信息,选取真正具有学习价值的、最适合自身实际情况的单位作为标杆单位。为了使标杆选择过程科学、规范,要求形成本单位《标杆比选分析报告》。

选取的标杆单位要有明显的先进性;要与对标重点、方向相匹配;要有成本的可行性、可操作性;要注重标杆的比较优势,只要是先进的思想、理念、工艺和做法都可以作为标杆,都要学习追赶,一个单位可以有多个标杆。根据标杆伙伴选择角度的不同,井矿集团将标杆分为五类。

A.内部标杆。标杆伙伴是井矿集团（或所属单位）内部的其他单位或部门。由于不涉及商业秘密的泄露和其他利益冲突等问题，容易取得对方的配合，简单易行，同时还可以促进内部沟通和培养学习气氛。但是其缺点在于视野狭隘，不易找到最佳实践，很难实现创新性突破。内部对标在井矿集团比较普遍。

B.竞争性标杆。标杆伙伴是行业内部直接竞争对手。由于同行业竞争者之间的产品结构和产业流程相似，面临的市场机会相当，因此竞争对手的信息对于企业在进行策略分析及市场定位有很大的帮助，收集的资料具有高度相关性和可比性。但正因为标杆伙伴是直接竞争对手，信息具有高度商业敏感性，所以难以取得竞争对手的积极配合，获得真正有用或是准确的资料，从而极有可能使对标工作流于形式。井矿集团按行业分主要涉及煤炭生产、煤炭洗选加工、焦化、硝盐、煤炭物流等行业，井矿集团及各单位立足实际，利用业务上下游合作单位、行业年会、网上公开信息等各种途径选择标杆单位进行对标，取得了一定成效。

C.非竞争性标杆。标杆伙伴是同行业非直接竞争对手，即那些由于地理位置不同等原因虽处同行业但不存在直接竞争关系的企业。寻找非竞争性标杆在一定程度上克服了竞争性标杆管理资料收集和合作困难的弊端，继承了竞争性标杆管理信息相关性强和可比性强的优点。其缺点是由于地理位置等原因而造成资料收集成本增大。井矿集团在这方面也进行了积极探索。

D.功能性标杆。标杆伙伴是不同行业但拥有相同或相似功能、流程的企业。其理论基础是任何行业均存在一些相同或相似的功能或流程，如物流、人力资源管理、营销手段等。跨行业选择标杆伙伴，双方没有直接的利害冲突，更加容易取得对方的配合；另外可以跳出行业的框框约束，视野开阔，随时掌握最新经营方式，成为强中之强。其缺点是投入较大，信息相关性较差，最佳实践需要较为复杂的调整转换过程，实施较为困难。

E.通用性标杆。标杆伙伴是不同行业具有不同功能、流程的组织，即看起来完全不同的组织。其理论基础是：即使完全不同的行业、功能、流程也会存在相同或相似的核心思想和共通之处。从完全不同的组织学习和借鉴会最大程度地开阔视野，突破创新，从而使企业绩效实现跳跃性的增长，大大提高企业的竞争力，这是最具创造性的学习。其缺点是其信息相关性更差，企业需要更加复杂的学习、调整和转换过程才能在本企业成功实施学到的最佳实践，因此困难更大。

③标杆比选分析报告。《标杆比选分析报告》要求包括以下内容：对标项目；对标项目改进方向；标杆单位的确定及原因分析；针对不同标杆单位的对标方法及策略。

（4）指标赋值（定标），即确定对标目标。根据选定的标杆，对照本单位的指标体系，组织数据信息的收集，可采取调查问卷，网络查询，组织实地考察等方法，充分了解标杆单位的情况，收集标杆企业及行业的相关数据，并在仔细研究标杆单位取得优良绩效原因的基础上，经过综合分析评估，确定对标指标目标值。

（5）制定方案，即制定改进（赶超）方案。认真分析标杆单位的优势及产生优良绩效的原因，针对对标指标，分析和查找自身差距、存在问题及原因，提出改进方案和措施，制定赶超路线图和时间表，形成本单位《对标改进方案》。

《对标改进方案》包括以下内容：对标项目及对标目标值；标杆伙伴取得优良绩效的原因分析；自身存在的差距及存在问题分析；改进措施及方案；赶超计划安排（路线图和时间表）。

（6）组织实施（赶标）。根据改进方案，将各项措施和目标分解至相关部门、班组、岗位及个人，明确责任，组织动员全体员工立足岗位积极开展对标工作，形成人人参与、上下互动、时时对标、事事对标、处处对标、及时赶标、积极创标的良好局面。在实际工作中要充分借鉴、学习标杆单位的有效方法和措施，结合自身实际，创新方法，组织实施最佳实践，不断监控和评估，及时调整、改进和提高，确保对标指标目标值如期实现。

（7）分析评估。对照对标改进方案，对对标工作进行阶段性的分析评估，结合对标目标的完成情况，分析总结对标实践过程中取得的效果和存在的问题，提出下阶段对标工作目标，形成《对标工作分析评估报告》。对未达标的项目要认真分析原因，制定改进措施，调整方案，加快赶超进度；对已达标或超标的项目，也要认真分析、评估、总结经验，为对标工作的深入开展提供参考。

《对标工作分析评估报告》包括的内容：对标实践取得的总体效果及目标完成情况；未达标项目及原因分析；对已达标项目的评估及经验总结分析；下一步对标工作安排。

（8）建模推广（达标）。

①管理方法的推广。对于对已达标或超标的项目，在进行认真总结、评估的基础上，编制最佳实践案例，形成本单位《对标最佳实践案例汇编》，作为对标成果在企业范围内进行发布、推广，使这种管理方法更加广泛的使用，形成模式。

②相关指标的固化。对于已达标或超标的指标在进行进一步分析、评估及衡量基础上，予以相对固化，形成新的标准（或新的定额），作为工作或生产经营常态化管理、考核及评价的依据，同时成为下一轮创标的基点。

（9）考核奖惩。集团公司及所属各单位均制定了考核办法，并对照对标工作方案实施了严格的阶段性考核奖惩，对于如期达标的部门和人员进行表彰奖励；对于未如期达标的部门和人员进行处罚，有效地促进了对标工作扎实有效的开展。

（10）持续改进（创标）。对标工作是一个持续管理的过程。要求各单位在做好阶段性总结的基础上，对照企业发展战略和发展目标，不断审视和分析企业内部条件及外部环境形势的变化，瞄准一流，突出重点，有的放矢，不断完善对标方案，制定绩效持续改进措施和创标计划，持续学习，组织实践，使企业步入持续改进和提高的良性循环。

3.建立对标工作的管控体系

（1）对标部署。为了使对标工作有条不紊的进行，要求各单位编制对标工作规划和对标工作计划。

①工作规划。各单位要根据本单位的发展战略和目标，正确分析单位面临的内部

条件和外部环境，评估本单位具有的优势与劣势、存在的机遇和挑战，制定具有较强指导作用的三年对标工作规划。对标工作规划要符合单位发展规划，脉络清晰、阶段目标明确、措施得力。

②工作计划。在对标工作规划的指导下，把对标工作纳入年度工作重点，编制对标工作年度计划，对对标工作进行详细具体的安排。对标工作年度计划内容包括：现状分析、标杆比选、对标项目及目标值，对标措施，组织落实等内容。

（2）调度制度。集团公司每月召开一次对标工作调度会，总结上月对标工作取得的成绩和存在的问题，同时安排部署下月的对标工作；要求各单位也要把对标工作纳入日常管理，与生产经营等其他工作同时部署、同时检查、同时调度、同时考核，一季度至少召开一次对标工作专题调度会。

（3）基础管理。要求集团公司机关各部室及所属各单位做好信息收集、对标记录、对标资料归档等工作。信息收集是对标工作能否取得实效的前提条件。各单位要通过各种行业协会、科研单位、专利单位、标杆伙伴、友好单位等渠道，采取多种手段，广泛收集信息，形成单位《对标信息数据库》；对标实践的记录要系统、完整、真实、全面，并及时归档。

（4）工作反馈。要求各单位要将对标规划、对标计划、对标流程中的所有报告和文档及时报集团公司对标工作管理办公室。对标工作管理办公室要进行认真的分析，以便于集团公司进行督导和考核。

4.建立对标工作的考核体系

为促进对标工作有序推进，深入开展，使对标工作取得实效，建立了对标工作的考核机制。

（1）组织机构。集团公司对标工作领导小组即是对标工作考核领导小组，负责对标工作考核体系的建立和完善、考核工作的指导及考核结果审批等工作。

企业管理部作为集团公司对标工作管理办公室，在集团公司对标工作考核领导小组的领导下，具体负责对标考核的日常工作。

所属各单位都成立了相应的考核机构，负责本单位对标工作的考核。

（2）考核内容及考核标准。依据集团公司对标工作管理办法，考核内容设置了工作部署、对标流程、对标效果、考核机制4个考核项目，共15项考核内容，并且制定了相应的考核标准。

（3）考核方法及程序。

①考核周期。对标工作考核以年度为周期。每年的12月份对标工作管理办公室根据单位的对标项目，组织有关部室深入单位，对照考核办法进行检查考核。

②考核方法。按照考核内容实行百分制考核。对标考核结果分为优秀、良好、合格、较差四个档次。

对标工作考核得分≥90分为优秀；80分≤考核得分<90分为良好；60分≤考核得分<80分为合格；考核得分<60分为较差。

③奖惩兑现。根据考核档次分别对单位和单位领导进行奖惩。

A.对单位的奖惩。根据单位规模及性质考核奖惩标准见表1。

表1 对单位的考核奖惩标准表

序号	单位	考核结果及奖惩（万元）		
		优秀	良好	较差
一	正明煤业、正珠煤业、正行煤业	15	8	-8
二	元氏矿、三矿、临城煤业	13	7	-7
三	新晶焦化	11	6	-6
四	凤山化工、新晶科技、瑞丰煤业、煤炭运销分公司	9	5	-5
五	建筑工程公司、工贸公司	7	4	-4
六	一矿社区管理处、三矿社区管理处、物业服务中心、医院	5	3	-3
备注	正数为奖励，负数为处罚。			

考核加奖：对标成果获得冀中能源集团公司奖励的加奖2万元；对标成果获得省级奖励（或获得省级"对标示范企业"）的加奖3万元；对标成果获得国家级奖励的加奖5万元。

B.对单位负责人的奖惩。对标工作考核结果与单位负责人薪酬挂钩。考核结果为较差的，在单位负责人年度绩效考核中，在考核总分的基础上扣减5分。

四、以增强企业竞争力为导向的对标工作机制的实施效果

1.企业管理水平明显提升，市场竞争力显著增强

通过对标工作的深入开展，在企业逐步培育形成了"持续学习、创新超越"文化理念，形成了全员对标、全面对标、全方位对标，"比、学、赶、超"的良好氛围，形成了对标工作的长效机制；认真分析、深度调研，明确了自己的优势与劣势，找出了制约和影响企业经营和发展的不足和问题；瞄准先进，制定措施，组织赶超，企业的盈利能力逐步增强、产业结构得到进一步优化、企业转型升级步伐明显加快，缩短了与标杆企业的差距；注重学习与创新，探索适合自身提高绩效的管理模式，企业的内在素质得到提升，增强了企业的市场竞争力，使企业发展全面步入追求卓越的良性循环。企业逐步实现了从机会型到战略型、从经验型到科学型、从外延式到内涵式、从粗放型到集约型的转变，为井矿集团建设现代化能源强企奠定了坚实的基础。

2.企业抗风险能力显著增强，运行质量稳步提升

2013年，井矿集团按照冀中能源整体部署，紧紧围绕"质量、效益"两大主题，深入开展"企业对标，管理提升"活动，落实"增量增效、提质增效、降本增效"三项举措，企业防御风险的能力得到增强。面对复杂的形势，井矿集团保持了安全生产、经济平稳、和谐稳定的良好局面，保持了企业生产经营平稳运行。全年完成原煤产量234万吨，同比增加51万吨；商品煤量1102万吨，同比增加143万吨；焦炭产量91.73万吨，同比增加8170吨；硝盐产量11.56万吨，同比增加1.59万吨；销售收入100.4亿元，同比增加11.7亿元；实现了安全生产。

3. 和谐企业建设持续加强，社会效益得以彰显

项目的实施不仅增强了企业的盈利能力，为提高企业的经济效益奠定了基础，而且和谐企业建设得到持续加强，社会效益明显。

一是加大环境治理，居住质量得以进一步改善。积极推进节能减排、生态建设，全年投入5346万元实施节能环保项目17项。新晶焦化实施广场绿化、生活水回收废水池、导烟车除尘系统、脱硫压滤机等工程，杜绝跑冒滴漏，各项指标符合环保要求。凤山化工安装使用锅炉烟气布袋除尘器，实现了达标排放。运销公司实施洗煤尾煤系统改造、矸石山治理，安装原煤场棚、挡风抑尘墙、洒水车远程喷雾机等，推进了洗煤厂、货台升级改造。通过加大环境治理，职工的工作、生活环境得到极大改善。

二是坚持民生优先，职工幸福指数不断提高。在企业生产经营非常困难、资金十分紧张的情况下，老区各单位保证了职工工资按时发放。解决了124名大学生住房问题，和兴家园300多搬迁户如期回迁，老区结束了居住危陋平房的历史。医疗保险社会统筹运行平稳，为职工群众的身体健康提供了保障。投资7000万元的医院综合楼全部完工，2014年春季投入运行，将彻底改善职工、离退休家属就医环境。关心帮助弱势群体，筹措资金500多万元，开展了困难职工走访慰问、金秋助学、一日捐救助等送温暖活动，为企业发展营造了和谐稳定的环境。

4. 经济效益测算

本成果采用单项因素直接测定法（MTP）计算成果的经济效益。

MTP的通用计算公式为：

$$E_m = (Q_1 - Q_0) \cdot r - (\sum_{a=1}^{n} C_a + I) - F$$

$Q_1 - Q_0$：2013年元氏矿业、瑞丰煤业原煤材料单位成本同比分别降低10.84元/吨、26.69元/吨。

r：2013年元氏矿业、瑞丰煤业原煤产量分别为27.95万吨、28.67万吨。

$\sum_{a=1}^{n} C_a$：实际投入使用的各种实施成果费用之和48万元（包括印刷费、差旅费、活动奖励）。

I：单因素计算未包含的综合性损失费用-1370万元（2013年办公费、差旅费、招待费、会议费、车辆运行费同比减少1370万元）。

F：非本成果实施所产生的效益为0。

成果经济效益：$E_m = (10.84 \times 27.95) + (29.69 \times 28.67) + 885 - (48 - 1370) - 0 = 302.98 + 880.90 + 1322 = 2505.88$万元。

（成果创造人：李明朝　李春生　辛保文　赵来朋）

推进两化深度融合
加快煤炭产业优化升级的创新实践

开滦（集团）有限责任公司

开滦集团始建于1878年，已有136年的历史，创造了多个中国近代工业的第一，享有"中国煤炭工业源头""北方民族工业的摇篮"等盛誉。现已建成集煤炭生产、洗选加工、煤化工、现代物流、金融服务、文化旅游、装备制造、热电、建筑施工等多产业并举的大型企业集团。形成了五大区域、七大战略基地的生产格局，分布在河北唐山、河北张家口蔚州、内蒙古鄂尔多斯、新疆准东、山西介休和国外加拿大盖森地区。集团下辖46个分公司、67个子公司，拥有1个能源化工上市公司。到2013年期末，总资产701亿元，在册员工67637人。

2012年企业进入世界500强，2013年在世界500强中排名第415位，在中国500强企业排名第73位，在中国煤炭企业排名保持前10强。

一、推进两化深度融合，加快煤炭产业优化升级提出的背景

党的十八大提出"要坚持走中国特色新型工业化、信息化道路，推动信息化和工业化深度融合。"围绕贯彻落实国家重要方针政策，开滦集团结合大型煤炭企业加快两化深度融合的实际，持续加大两化融合推进力度。2013年初，开滦集团"两会"明确提出："要加快推进两化融合，具备条件的矿井以全息数字化为依托，构建集中控制和软件建设平台，推进两化由辅助向采掘延伸，用1—2年的时间实现井上下设备远程集中控制、重要岗位可视化、固定岗位无人值守、有人巡视；整合企业管理信息应用系统，构建综合管理平台，建立领导决策服务支持系统，打造全息数字化矿山"。为把推进两化融合工作落到实处，开滦集团提出积极推进两化深度融合，加快煤炭产业优化升级重大课题，课题的提出主要基于以下五个方面的需要：一是大力推进两化融合科学发展观要求，将全面提高煤炭产业开采科学化水平，实现绿色低碳开采、安全高效利用，促进煤炭产业全面协调可持续发展；二是推进两化深度融合符合国家整体发展战略和产业政策要求，易于获得国家和省市相关政策支持；三是信息化、自动化与煤炭工业有机结合，将进一步加快现代化安全高效矿井建设；四是推进两化深度融合有利于提高生产、经营、管理等综合效率和效益，降低企业各项成本费用支出；五

是依托两化融合能够最大限度减少井下作业人员，实现"少人则安、无人则安"，提高煤矿安全生产水平。

二、推进两化深度融合，加快煤炭产业优化升级的内涵

近年来，开滦集团把加快推进两化融合作为优化提升传统产业、增强行业竞争力的重要路径。创新优化顶层设计，明确发展战略，构建组织体系，健全完善机制；在推动落实中，统筹做到深入推进与宣传引导、加快建设与生产经营、深度融合与科技创新、提档升级与行业对标、狠抓落实与考核督导"五个有机结合"；加强煤矿重大危险源监测监控系统、矿井综合自动化生产系统和综合信息化经营管理平台"三大系统"建设；并推进两化融合积极向煤化工、现代物流、装备制造拓展延伸，建设开滦云计算系统，全力打造全息数字化矿山，为开滦集团加快转型发展做出贡献。

三、推进两化深度融合，加快煤炭产业优化升级的主要做法

1.创新优化顶层设计，筑牢两化融合发展平台

坚持高标定位、高端发展、高效推进理念，制定两化融合发展战略，健全完善体制机制，筑牢两化融合发展基础。

一是决策层高度重视，明确发展战略。集团董事会和总经理办公会多次提出："开滦集团作为百年资源型老企业，加快两化融合是支撑企业转型发展的战略性工程，是优化提升传统产业和提高企业效率效益的需要，要坚定不移地抓紧、抓实、抓好"。在把握行业发展趋势基础上，明确了两化融合发展战略：即大力推进企业信息化、自动化深度融合，加快实现生产过程集中控制、重要生产部位可视化、专家决策支持系统、固定岗位无人（少人）化、安全标准化、事故自动预警预报、企业效益最大化，全力打造行业一流两化融合示范型企业。科学的发展战略，为加快推进两化融合明确了发展方向和目标。

二是构建组织体系，强化组织保障。成立由集团总经理为组长，副总经理为副组长，副总工程师和相关部门负责人为成员的两化融合推进领导小组。创立两化融合专家委员会，开展信息化战略研究、规划和重点项目评审。构建二三级单位两化融合专业机构，形成横纵到边、全面覆盖、管理顺畅、运转协调的三级两化融合组织网络体系，实现两化融合从原始设计到实际应用的紧密结合，形成强大推进合力。

三是健全制度体系，强化机制促动。先后制定实施《开滦集团十二五信息化自动化发展规划》《加快推进煤炭产业两化融合实施意见》等10余项政策机制，涉及两化融合发展战略、网络布局、项目建设等20多个领域，有力地促进了两化融合的不断深入。自主研究制定的《开滦集团信息化与自动化融合技术标准》，优化提升了综合自动化信息化集成平台、生产过程自动化系统和数字化监测系统3大板块16个子系统，填补了煤矿现场作业两化融合标准空白，在煤炭行业尚属首创。

2.全面加强统筹协调，确保两化融合整体推进

在全力推进两化融合中，开滦集团精心组织，统筹推进，坚持做到"五个有机结合"：

一是把深入推进与宣传引导有机结合。深入开展两化融合主题宣教，开设"开滦

集团工业信息化管理专网",推广交流企业内外先进经验和做法,引导广大员工打破矿老条件差、员工素质不适应等陈旧观念,冲破原有思维定势,统一思想,凝聚共识,为全面深化两化融合提供思想保证。

二是把加快建设与生产经营有机结合。坚持两化融合与安全高效矿井建设两手抓、两手硬,把两化融合纳入各单位预算保证体系,超前做好资金预算,专款专用,及时划拨。同时实施分线管理,加强与生产经营统筹协调,促进两化融合与生产提效齐头并进、共同提高。

三是把深度融合与科技创新有机结合。积极与科研院所建立战略联盟,拓宽引才引智渠道,集团两化专业人员40%以上达到专家型人才资格,为加快两化融合提供人才支撑;开展两化融合立项攻关,提高两化融合科技含金量。集团先后获得国家软件著作权5项,国家专利6项。"矿山大功率高性能电力传动关键技术与应用"项目荣获国家科技进步二等奖;开滦集团和"煤矿井下重大危险源识别、检测及灾变预测、预警系统"项目,被国家工信部分别确定为全国首批两化融合促进安全生产重点项目承担单位和重点推进项目。

四是把狠抓落实与考核督导有机结合。把两化融合建设纳入各级领导班子绩效考核,严格奖惩兑现;层层制定督导推进机制,对重点项目实施动态、定期督导检查,及时发现、解决问题,确保两化融合扎实推进。

五是把提档升级与行业对标有机结合。先后组织网络、机电专家100多人次,专赴山西阳煤、西山煤电、神华宁煤等先进企业对标学习,拓宽思路,取长补短,提升弱项,巩固强项,推进集团两化融合高层次、高水平发展。

3.依托重点项目建设,提升两化融合效益水平

近年来,开滦集团投入资金近7亿元,举全集团之力,加强煤矿两化融合"三大系统"重点项目建设,安全生产、减人提效、经营管理取得突破性成效。

一是加强重大危险源监测监控系统建设,提升安全管理水平。强化重大事故隐患超前预防排除,在集团所有生产矿井推进水、火、瓦斯、顶板等煤矿重大危险源监测监控系统建设,创建危险源信息库,把危险源辨识信息与综合自动化实时数据分析有机结合,在生产控制中实现危险源辨识、预防、控制和解决方案一体化运行,把危险超前排除在萌芽状态,促进员工生产作业条件持续改善,提升安全生产水平。在2012年安全管理创出好水平基础上,2013年百万吨死亡率为0.075,优于上年同期水平,力争实现安全生产最好年。

二是加强矿井综合自动化生产系统建设,提高生产管理水平。坚持"少人则安、无人则安"理念,减少人员配置,提高生产效率。加快建设采煤、掘进、皮带运输、提升、通风、供排水、洗选等关键生产环节集中远程控制系统,在保证安全生产的基础上,最大限度实现减人提效,提高生产效率,降低成本费用。

三是加强综合信息化经营管理平台建设,提升经营管理水平。搭建综合信息化经营管理平台,将企业物资、财务、定额、计划等管理子系统高度集成,由系统自动提取、分析材料消耗、能耗、人工费用等数据信息,为经营管理科学决策提供有力支撑,

实现成本管理由粗放型向精细化、由静态控制向动态控制、由事后控制向事前和事中控制转变,全面提升经济运行质量。

4.着眼行业发展前沿,促进两化融合拓展延伸

在大力提升煤炭产业两化融合发展水平的同时,开滦集团立足当前、着眼长远,把两化融合作为企业布局未来、破解发展瓶颈最见成效、最有保障、最有作为的举措,围绕构建"两主一新"产业发展新格局,瞄准两化融合发展前沿,持续推进两化融合实现新突破。积极与中国科学院开展战略合作,投资1亿元成立开滦中滦科技公司,发挥中科院先进技术优势和开滦集团品牌资金优势,专业开展矿山物联网研究、开发与建设,将人员、设备、环境等要素全面高速连接,建成"全面感知、自动控制、智能管理"的矿山物联网体系,提升企业信息自动化水平,加快培育开滦新一代电子信息产业。与此同时,推进两化融合向多层次多产业多领域延伸,全力推动企业转型发展。向煤化工产业延伸,优化升级ERP系统,把两化融合融入到提高产品产率和延伸产业链条中,提升产品附加值;向现代物流产业延伸,积极推进电子商务、信息采集网络化,增强物商互动,提高物资仓储质量和物流集散效率;向高端装备制造业延伸,把两化融合融入到产品研发、精密制造、检验检测等关键环节,加快传统制造业向数字化、网络化、智能化转变。建设开滦云计算系统,全力打造开滦全息数字化矿山,更好地服务企业转型发展。

三、推进两化深度融合,加快煤炭产业优化升级的主要成效

1.两化融合大幅提升经济效益

6座主要生产矿井已完成综合信息自动化平台建设,提高系统效率20%,年可创效4.57亿元;选煤厂集中控制年增加原煤入洗800万吨,创效1.74亿元;通过实施节能变频改造,年可节约电费4000多万元。累计可实现综合效益近8亿元。

2.矿井信息自动化程度明显提高

矿井提升、通风、压风、排水、供电、运输等重要生产环节实现自动监测监控无人值守或减人值守,员工劳动强度大幅降低,安全保障性大幅提升,矿井现代化建设水平明显提高。

3.安全生产水平明显提升

通过加大两化融合推进力度,逐步实现"无人则安、少人则安"目标,2013年百万吨死亡率为0.070,创出安全生产较好水平。

4.减人提效取得明显成效

可减少井上下操作员工2100多人,降低人力成本投入2.16亿元。

5.企业影响力显著增强

开滦集团先后被国家工信部和中煤协会评为"国家级两化深度融合示范企业""全国煤炭工业信息化十大示范企业"。

(成果创造人:裴 华 付贵祥 王满福 韩建国 毛雅军 王晓琪 仲伟超 王硕鹏 李 敬 毕孝君 王 卓 陈英琦)

煤炭企业"三按"管理体系的构建与实施

开滦(集团)有限责任公司

开滦集团始建于1878年,已有136年的历史,创造了多个中国近代工业的第一,享有"中国煤炭工业源头""北方民族工业的摇篮"等盛誉。现已建成集煤炭生产、洗选加工、煤化工、现代物流、金融服务、文化旅游、装备制造、热电、建筑施工等多产业并举的大型企业集团。形成了五大区域、七大战略基地的生产格局,分布在河北唐山、河北张家口蔚州、内蒙古鄂尔多斯、新疆准东、山西介休和国外加拿大盖森地区。集团下辖46个分公司、67个子公司,拥有1个能源化工上市公司。到2013年期末,总资产701亿元,在册员工67637人。

2012年企业进入世界500强,2013年在世界500强中排名第415位,在中国500强企业排名第73位,在中国煤炭企业排名保持前10强。

一、煤炭企业"三按"管理体系的实施背景

2013年,是开滦集团公司在世界500强中争先进位、实现"十二五"目标的攻坚年,是加快转型发展、打造行业"航空母舰"的关键年,煤炭企业"三按"管理体系的构建与实施对集团公司实现健康可持续发展和战略发展目标具有重大意义。

在宏观方面,国内外经济普遍不景气,煤炭市场供大于求。在目前我国经济进入深度调整期、经济增长速度放缓的大背景下,煤炭行业十年黄金期业已结束,供大于求将会在一定时期内成为常态。煤炭行业下游的钢铁、焦化、电力、建材等高耗能产业整体上也是产能过剩,使得煤炭需求大幅减少。况且由于我国煤炭行业十年来的投资高速增长,积聚了大量产能,近2—3年内也会集中释放,这就更加使得煤炭资源供给严重过剩。而且由于国外煤炭价格普遍较低,使得造成进口煤炭大量增加。国内煤炭行业的龙头企业已带头多次降价,大多采取低价竞争的销售策略实现以量补价的目的,这些都使得国内的煤炭市场竞争程度进一步加剧,甚至都可以说到了生死存亡的时刻。

在微观方面,多年来在煤炭生产组织中设计、准备、采煤不尽协调和各工序脱节等管理粗放问题,一直是制约生产集约化、精细化发展的关键问题。在煤矿生产过程中,一是在井巷掘进以及回采安拆的工程设计、工程施工和工程验收上普遍都存在着

沟通较少和工作脱节现象，设计人员、施工人员和验收人员在工作中难免有时会出现扯皮和推诿等现象；二是在具体的基层单位施工过程中，主要是在岩巷开拓、煤巷掘进、支架安装、煤炭开采以及支架回撤等生产各个环节上也是各自为政，比如上道工序为下道工序服务意识不强，一体化、协同化意识淡薄，甚至有时还会出现人为制造困难等现象；三是在同一单位的内部点班上，各个班次也是衔接不畅，导致正规循环时断时续，大部分员工的团队意识较差等等。以上这些原因导致了公司内各级管理人员疲于应付内耗，协调各种关系，使得劳动效率不高，员工工作积极性和主观能动性不能有效发挥，以及经济效益不佳等状况都是普遍存在。

基于以上原因，煤业公司领导班子提出了"以安全为统领，转观念、抓基础、树形象"的工作思路，构建了按规范设计、按设计施工、按标准验收的"三按"管理体系，制定了质量标准、考核机制和培训方案，进行了动态跟踪管理，在各个矿业公司之间，全面深入开展了对标活动，找寻自身差距，制定和落实追赶先进的战略方案和措施，促使矿井各项指标进一步调整和优化，增强可持续发展能力，努力实现所属矿井各项经济运行指标的良性增长。制定相应的绩效考核办法，认真落实"三按"管理体系的相关任务，结合自身实际，研究制定了相应的管理机制，做到层层传递压力，以实现利润最大化为奋斗目标。

二、煤炭企业"三按"管理体系的主要内容

1.基本内涵

煤炭生产"三按"管理是指在煤炭生产过程中设计部门按规范设计、生产部门按设计施工、安全部门按标准验收的"三按"管理体系。该体系立足于"系统思维的理念，流程管理的方式，科学规范的运作"，以理念培育为引领，以先进技术设计为前导，以生产准备规范施工为前提，建立以"系统、科学、规范"为要素的开拓、掘进、安装、回采及回撤"五位一体"的无缝衔接流程管理方式。无缝衔接是开拓、掘进、安装、回采、回撤工程系统化、规范化、科学化管理的基础，是系统思维方式在生产过程中的集中体现，是实现安全高效矿井建设目标的有效途径，是煤炭企业实现降本、提质、增效的必要措施。其中开拓是基础，掘进是关键，安装是保障，回采是重点，回撤是重要环节，各个环节相扣，密不可缺。因此，要全力把握先导，夯实基础，把住关键和环节，抓住重点。

2.工作标准

任何一个先进管理体系的构建与实施都需要建立工作标准。在推进"三按"管理中，首先对各矿井不同情况分别建立了"三按"设计标准，把系统工程、免维护等理念融入到设计中，把先进技术、工艺和提质降本增效有效做法纳入到设计当中，进一步增强采区工程设计的规范性和科学性。在此基础上，开拓、掘进准备工作严格按照设计标准和"上道工序为下道工序做好准备""无缝衔接"的管理理念进行施工。从开拓掘进开始，就要超前考虑安装、回采、拆除工作的需要，支护方式、供电、排水、运输、设备安装调试、管线布置、轨道铺设等方面要体现出前瞻性，下一道工序如安装、回采需要的设备、设施要尽量在掘进准备中一次完成，并通过加强掘、安、采、

撤各工序间节点管理，验收不合格不许交付，进而实现掘、安、采、拆工序间的无缝衔接。"三按"管理体系具体标准见表1。以此为模板，就可以制定出开拓、掘进、安装、回采及回撤的"三按"管理检查验收考核标准。

表1 开滦集团煤业公司"三按"管理体系检查验收标准

检查项目	具体内容	标准分数	检查标准	减分原因	得分
管理体系健全(10)	1.各矿成立"三按"管理组织机构	2	无组织机构，不得分；组织机构不健全减1分		
	2.组织机构成员有明确的责任分工	2	无责任分工减2分，有责任分工但不明确减1分		
	3.各矿有自己的"三按"管理办法，其中包括：三按设计，三按施工，三按验收办法、标准和流程，有考核办法	4	三按管理办法健全得满分，有办法但不全面，缺一项减1分，没有办法不得分		
	4.建立"三按"设计终身负责制。要根据巷道的用途、服务年限充分考虑：巷道顶底板条件，地应力的大小、方向，局部应力集中情况，是否受动压、水患影响等因素。从巷道的开始到回撤，设计人员要全程负责。有相应的考核奖惩	2	有制度且明确得1分，有考核得1分		
按规范设计(30)	1.三按设计要符合法律法规及规程规定的要求	2	三按设计有一处不符合法律、法规的该项不得分		
	2.设计要按"五位一体"的要求，具有系统性和前瞻性。主体工程设计包括：支护设计、机电设计、排水设计、通风设计、运输设计	10	主体工程设计缺一项减2分		
	3.设计要按"五位一体"的要求，具有实用性和可操作性。辅助工程设计包括：特殊地点（巷道交叉点、皮带机头、车场等）支护设计，绞车窝、排水站、临时配电硐的设计，泵窝、水沟、绞车基础、斜巷台阶等设计	5	辅助工程设计缺一小项减1分		
	4.设计图纸齐全、文字说明内容翔实。图纸包括：巷道平剖面布置图、巷道断面图、辅助工程施工设计平剖面图；要说明巷道规格、支护材料、工程量表、相关尺寸、巷道坡度、轨道（皮带机、水沟、台阶）布置等情况	5	图纸缺一项减1分，文字说明缺1项减1分		
	5.支护设计。要按巷道用途和服务期内免维护的要求，根据巷道顶底板条件，地应力的大小、方向，局部应力集中情况选择合理巷道支护型式、断面	4	巷道断面不能满足用途的减2分；交掌前需要巷修的减2分		
	6.设计要经过相关部门会审，要经过相关专业的技术、安全、生产等部门共同会审	2	设计必须有相关部门会审，参加会审人员签字得满分；有设计不会审减1分，无设计不得分		
	7.支护设计模板。各矿要认真总结本矿巷道支护的实际效果，按照免维护的理念，不断进行改进。针对不同的区域和煤层总结出最佳的支护型式，作为支护模板	2	有总结，得1分；确定支护模板的，得1分		

续表

检查项目	具体内容	标准分数	检查标准	减分原因	得分
按设计施工（40）	1.电缆敷设。三按施工标准中应明确：电缆吊挂距底板的高度，不同等级电缆之间的吊挂间距，不同型号电缆的位置关系，电缆与其他管路的位置关系，电缆勾的型号、吊挂间距要明确	4	现场对照标准进行检查，一处不符合减1分；无标准的，一项减1分		
	2.供水、压风、排水、瓦斯抽放管路敷设。三按施工标准中明确：管路的数量、位置、用途，路的间距，管路的吊钩形式，吊挂间距，管路过巷方式等	4	现场对照标准进行检查，一处不符合减1分；无标准的，一项减1分		
	3.一通三防。施工标准应明确：风机、风筒吊挂标准，防火门墙施工标准，隔爆水槽吊挂标准，净化水幕、转载点喷雾标准，瓦斯管理等标准	4	现场对照标准进行检查，一处不符合减1分；无标准的，一项减1分		
	4.皮带运输	8			
	(1) 按照"五位一体"的要求，顺槽掘进优先选用皮带进行运输	2	现场检查，顺槽使用皮带的得2分，不使用皮带的不得分		
	(2) 当采用皮带机运输时，在储仓段适当位置做出水窝和水沟，水窝尺寸不小于：长1.5m宽1m深0.6m、水沟：宽0.3m深0.3m，水窝、水沟优先选择混凝土浇筑	2	现场检查，有水沟，尺寸不符合减1分；无水沟减2分		
	(3) 皮带机的各种保护齐全，急停开关的拉线要实用，行人跨越皮带处必须安设行人过桥，过桥优先选用可拆卸（移动）金属过桥	2	现场进行检查，一处不符合减1分		
	(4) 下顺槽掘进时，运道应将回采所用皮带运输机一次安装到位，掘交时不再更换皮带运煤设备且皮带的位置不再调整	2	现场进行检查，运道掘进不使用皮带的减2分；摆放位置不一次到位的减1分		
	5.排水设施	4			
	(1) 在巷道低凹点有水的地点，若不设永久水窝，可设临时水窝，临时水窝规格：长2m、宽0.8m、深0.6m。临时水窝优先选用混凝土浇筑	2	有水不设水窝的一处减1分，水窝尺寸不足的一处减1分		
	(2) 水量较大，巷道内做水窝不能满足排水要求时，建立巷道集中排水站（永久水窝），永久排水站泵窝的规格：长2m宽1.5m深0.8m，永久排水站泵窝必须采用混凝土浇筑	2	水量较大集中不设排水站(永久水窝)的，一处减1分；排水站尺寸不足的，一处减1分		
	6.轨道运输	6			
	(1) 小绞车边缘距离轨道大于500mm	2	现场检查，一处不符合减1分		
	(2) 小绞车的稳固方式、基础尺寸或锚杆参数、护绳装置、排绳装置应在施工标准中明确规定	2	现场对照标准进行检查，一处不符合减1分；无标准的，一项减1分		
	(3) 轨道运输的各种安全设施应在三按标准中明确要求	2	现场对照进行检查，一处不符合减1分；无标准的，一项减1分		

续表

检查项目	具体内容	标准分数	检查标准	减分原因	得分
按设计施工（40）	7.料场管理。在三按标准中应明确料场的码放高度、码放距轨道间距、料垛之间间距、挂牌管理要求等	2	现场进行检查,一处不符合减1分;无标准的,一处减1分		
	8.各工序间的无缝衔接。	8			
	(1) 风道掘进辅助运输应使用轨道船或轨道矿车运输,风道使用轨道船运输时应优先采用双轨道船。	3	现场检查,使用双轨道的得3分,单轨道的得1分		
	(2) 运道掘进辅助运输应使用轨道船或轨道矿车运输。	2	现场检查,使用双轨道的得2分,单轨道的得2分		
	(3) 管路布置、照明、电缆吊挂、载波电话等设施掘进期间一次到位,下一工序不再二次返工。	3	现场检查,把所列设施一次到位的得3分,中途有一项返工的减1分		
按标准验收（20）	1.各矿有三按检查验收流程、标准和考核办法	3	一项不全减1分		
	2.要成立三按检查验收组织。矿业公司至少要明确区科、安管部、矿业公司专业小组三个层次的验收组织,并且明确验收的频度。	3	检查相关制度是否齐全,缺1项减1分		
	3.矿业公司要按验收流程、标准进行验收,要求有记录,有考核结果,存档备查	5	检查验收记录,缺一次验收减1分,缺一次考核减1分		
	4.掘进期间矿业公司每月要按《河北省煤矿安全质量标准化标准及考核评级办法》进行验收,结果存档	6	检查验收记录,有一个月达不到90分的,减2分;不验收或无验收记录的,每缺一次减1分		
	5.每个三按管理的工作面都要制作课件,进行总结和成果展示	3	制作课件且内容齐全,得满分;只有总结而不制作课件的,得1分		
合计					

3.工作目标

煤炭生产"三按"管理就是以理念引导、设计规范为前提,在设计、开拓、掘进、安装、回采、回撤生产各环节建立按规范设计、按设计施工、按标准验收的协同、科学、规范的流程管理体系,提高生产集约化水平。进而和按设计预算,按预算经营,按标准结算的经营"三按"管理进行有效对接,为实施市场化精细管理打下有力基础。

(1) 建立管理理念体系。推行新的管理模式要从更新观念抓起,为此根据"三按"管理的要求,针对管理中的弊端,分别对技术、生产(包括准备)、经营、安全建立了

"四四"理念体系,如对技术管理提出了地面工程设计、免维护、技术进步和技术创新等理念,对生产管理提出了安全生产型和经营生产型等理念,对经营管理提出了强化生产过程控制管理和价值形态管理等理念。通过理念培育促进技术设计,增强系统性、规范性和先进性,促进生产管理提升集约管理水平,促进经营管理和生产管理的紧密融合。

(2)按规范设计。就是设计人员综合巷道用途、使用时间、顶底板性质、以前周边采动和目前工程布置等一系列情况,按规程、规范进行设计的过程。2012年对各矿井建立了统一的"三按"设计标准体系。

①巷道免维护,就是从巷道交付到使用结束,不进行二次维护。具体方法为,采用大断面设计,即使巷道发生一些变形也可以满足运输和通风的要求;采取架棚、锚注、复合等支护形式,提高坚固度,承载破坏力。

②上道工序为下道工序服务,就是上道工序能做的事项不留给下道工序。对综采来说,采完后需要把综采设备拆卸打包,运到新工作面附近的巷道进行组装,然后安装到工作面。组装的地点需要大断面巷道。生产技术部门把设计交给掘进区,掘进区施工到组装地点后,扩大断面,加固台棚,一次成巷。如果无此设计,安装队进入后则要拆卸原来的巷道,刷扩断面,重新支护,不但形成二次施工,浪费人力,而且围岩遭受二次破坏,留下安全隐患。

③"无缝"衔接,就是上道工序完成后,下道工序能够马上开始,没有"缝隙"。巷道掘进时,因为煤量少一般采用0.8米宽度的皮带进行运输。巷道掘完以后,掘进区拆卸皮带撤出,安装队进入,在巷道内重新安装1米或以上宽度的皮带,供回采生产使用。一拆一安至少需要1至2个月的时间,形成了工序间的"缝隙"。技术人员在设计时,把掘进使用的皮带设计成一米或以上宽度,巷道掘完后,掘进区不用拆卸、安装队不用安装,自然形成了"无缝"衔接。

(3)按设计施工。就是施工的工艺和技术,所用的材料和设备、现场的环境和操作,完全符合设计要求的施工过程。

①安全文明施工。进入作业场地,首先进行安全确认,检查迎头、顶板、支护有无异常情况,瓦斯、矿压、涌水在不在正常范围,供电、通风、排水是否正常通畅;其次检查供电设备有无失爆情况,施工机械是否正常完好;然后检查职业危害防治,工装鞋帽自救器是否穿戴整齐,降尘喷淋能否达到要求,经过培训的急救员和临时急救的医用品是否在场。开始施工以后,保持现场整洁,空间宽敞,后路畅通。

②精干高效用工。综采工作面的溜子、皮带和乳化液泵站,每班用工3人;生产出来的煤炭经主运道用皮带运往井口,每部皮带用工1人,但由于井深巷远,需用多人看管多部皮带。装备了视频监测、远程控制系统后,实现了有人巡视、无人值守,用工大量减少。由于皮带是直的,每当巷道拐弯则要再加一部皮带。工程技术人员设计出了拐弯皮带,既节省了人力也少用了设备。

③正规循环作业。正常地质条件下,综采工作面每个生产班的割煤刀数是固定的,不因地质条件变化就少割煤或多割煤,而是随着设备更新、工艺改进、操作熟练而调

整割煤刀数。

(4) 按标准验收。就是按照规程、规范对设计、施工、工程规格和质量进行验收的过程。

①设计完美。生产技术部门做出设计后，提交生产、通风、地测、机电、安全等部门进行会审。会审中对地质资料的准确性、自然灾害的预见性、区域衔接的合理性、采区设计的规范性、技术措施的可行性、安全生产的可靠性等进行广泛审议。生产技术部门按会审意见修改后，下发到施工区队，由区队对照图纸和说明书进行施工前准备，对开工起始点的选择是否有利于劳动组织展开具有迅速性，风、车、水、电接口点的选择是否为最佳路线、具有经济性，材料设备存放点的选择是否具有方便性等，指出修改意见。

②施工规范。设计正式下达后，施工区队进入现场，准备工具、材料，调试设备、设施，制定、学习作业规程，申请、领取开工许可证。施工开始后，矿和区队领导与工人同上同下，工程技术人员跟班盯岗，安管人员现场监察，班队长现场指挥，各岗位工人规范操作，安全完成当班的作业计划。

③质量达标。岩层大巷工程，要求巷道宽敞，地面整洁，墙壁粉白，灯光明亮，电缆吊挂成线，轨道锃亮伸展，小溪顺着水沟流淌。煤巷架棚工程，要求棚子规格一致，木板长短相同，无里出外进，无高低不平，同样间距，同样坡度。综采工作面，要求液压支架一字排开，钢板护顶坚固平整，溜子顺着煤壁笔直铺设，割煤机开动起来平稳顺畅。

2013年煤业公司把掘进"三按"管理作为重点，进一步夯实深化，做实做细做优，同时积极拓展"三按"管理的范畴，把开拓、安装、回采和回撤等环节纳入"三按"管理范围，倡导各矿参照掘进"三按"管理体系和标准实施管理。既要突出重点，更要整体推进，并且要把开拓和掘进工作面的"三按"设计、开门施工和竣工移交验收作为重点环节牢牢把握。

三、煤炭企业"三按"管理体系的构建与实施

1. 成立组织机构

为确保煤炭企业"三按"管理体系的顺利实施，工作目标圆满实现，煤业公司成立了专门的组织机构——"三按"管理考评领导小组。组长由公司总经理、党工委书记担任，副组长由各副总经理担任，成员包括生产技术部、安全管理部、机电部、通风部、地测部、人力资源部、经营财务部负责人和有关业务人员。

考评领导小组办公室设在公司生产技术部。各矿超前做好开拓、掘进工作面的"三按"设计并上报，生产技术部及时组织设计的会审和优化。所交的开拓和掘进工作面全部进行专项验收，覆盖面100%。为进一步提高检查验收效果，做到严格、规范和公平，煤业公司还要专门组成"三按"管理专项验收考核小组，明确制定出验收的时间流程、验收程序、细化验收检查方法和质量标准。

2. 明确职责分工

(1) 煤业公司"三按"管理考评领导小组负责研究、制定工作目标规划、标准流

程、奖惩办法，统筹协调工作中出现的问题，督导各矿业公司落实煤业公司要求，推进工作进程。

(2) 生产技术部负责采掘开工程和其他井巷工程的"三按"施工，完善设计管理体系，对重点工作面进行督导，对申请验收的工作面组织相关部门进行验收、考评。

(3) 安全管理部负责"三按"管理的日常检查督导、问题整改。

(4) 机电部、通风部、地测部负责本专业范围内的"三按"管理体系的建立和检查考评。

(5) 人力资源部、经营财务部根据考评结果兑现奖惩。

3.制定实施计划

本项目从2012年1月开始着手构建，整个项目共分为四个阶段实施。

第一阶段，充分、系统地对"三按"管理体系进行研究，构建起科学的"三按"管理体系，2012年3月底前完成。

第二阶段，制定培训计划，对煤业本部及所属单位高管、中层及相关管技人员和班组长开展培训，2012年6月底前完成。

第三阶段，自2012年7月份起，在煤业公司所属7个生产矿井试推广运用"三按"管理体系，促进公司安全、生产、经济效益的全面提升。

第四阶段，自2013年1月份起，在煤业公司所属7个生产矿井及股份、蔚州、内蒙等二级公司的10个生产矿井正式全面推广运用"三按"管理体系，力求取得最大效益。

4.加强业务培训

(1) 课件制作。由荆各庄矿按照"按规范设计""按设计施工""按标准验收"三个模块分别制作了培训课件，主要领导亲自把关进行审核，提出修改意见，审定合格后，要求荆各庄、唐山、钱家营、林南仓等矿业公司分别制作了开拓、掘进、回采、安装和回撤五个专业的标准课件。

(2) 人员培训。课件制作完毕后，在荆各庄矿分批、分期组织了煤业公司内各公司高管、区科中层和基层班组长等三个层次的培训。培训包括了所有相关业务人员，不能及时参培的人员也进行了补课，做到了不漏一人。

(3) 成果推广。各矿业务人员培训完毕后，回矿对基层单位生产员工进行了全员培训，力求每名员工对"三按"管理模式入脑入心，在工作中，自觉运用"三按"管理理论指导生产，实现了工作上台阶，培训见效果，"三按"管理体系得到了广泛推广。

5.全面推进落实

(1) 进一步提高认识，加强组织领导。深入推进"三按"管理，全面提高工程、工作质量，改善作业环境，是煤业公司2013年重点推进的工作。公司上下必须提高认识，加大推进力度。各矿业公司参照煤业公司，成立相应领导组织，明确主管领导及部门分工，结合实际制定具体的目标规划及奖惩措施，确保"三按"工作深入有效开展。

(2) 各矿业公司坚持以"三按"管理为引领，推进基础管理不断加强，促进生产集约化、管理精细化。一是进一步拓展"三按"管理工作内容。采掘开、机电、运输、通防各单项工程都必须有规范的设计，所有工程都必须按设计施工。二是运用系统化的思维，健全完善体现"五位一体"的、上道工序为下道工序服务的"三按"管理流程。做到设计规范、合理，现场落实、材料设备、设施要做到规范统一，避免各工序间的重复性工作和不必要的浪费。

（3）全面实施"三按"施工建档管理，要求每一项工程都必须建立施工管理档案，资料要准确翔实。所有建档工程完成后要进行认真的总结、分析。

（4）加强检查督导、信息反馈和问题整改，确保工作进展。各级生产、技术、安全管理部门日常检查要把"三按"管理作为重要检查内容，检查问题要及时反馈到基层单位和主管部门，及时整改。不按"三按"标准施工，工作面验收不合格的将分析原因，追查相关人员责任。

6.建立考核机制

煤业公司建立"三按"管理绩效考核机制，把所属各矿井全年掘交工作面全部纳入考核范围，要求各矿业公司按照"三按"标准每掘出一个工作面后，向煤业公司提出验收申请，煤业公司按工作标准进行验收评估，达到合格及以上的对矿业公司以薪酬奖励形式进行激励，纳入矿业公司月份薪酬考核予以兑现；不合格的不予奖励。

（1）煤业公司"三按"管理考评领导小组是考评系统的责任主体，负责按标准考核煤业公司所属各矿业公司。

（2）考评领导小组由下设办公室负责召集，对各矿业公司申请验收的工作面进行一次集中检查、验收。

（3）考核评比按考核标准实行百分制考核（依据煤业公司准备工作面"三按"管理检查验收标准），85分（含85分）以上为合格，85分以下为不合格。

对各矿业公司申请验收的工作面，当被考评工作面考核分数在85分（含85分）以上时，根据工作面顺槽长度奖励矿业公司专项奖励资金；85分以下时不再对矿业公司进行奖励。

（4）煤业公司年终将对各矿所有"三按"施工的工作面进行总评，排名前三名的矿井将给予特别的奖励。

四、煤炭企业"三按"管理体系的实施效果

1.完善了煤炭企业生产全过程的量化、细化管理

量化管理，是现代化管理的重要标志之一。量化管理的标志，是规范化、数据化，而不是经验化，基本特性是具有全员性、全面性和全过程性。通过煤炭企业"三按"管理体系的构建与实施，实现了煤炭企业生产全过程的量化管理和量化考核，促进了煤炭企业生产管理的规范化、标准化和科学化。

2.使对标管理规范化、动态化，逐步形成长效机制

在收集近几年来国内外同行业先进煤炭企业生产的关键参数和开滦集团公司各生产矿井的详细参数，建立了较为完整的标杆指标体系。比照标杆指标，分规模、分步骤地在煤业公司范围内全面开展对标活动，查找存在的差距，分析存在问题的原因，制定改进方案和措施。通过一段时间的努力，逐步缩小了与同行业先进企业的差距，逐步达到了或接近于同行业先进水平，实现开滦集团公司整体经济规模和效益水平跨

越式发展。对标管理工作走向了规范化、常态化,逐步形成了长效机制。

3.实现了管理创新,全力推进了减人提效工作

煤炭企业"三按"管理体系的构建与实施极大地促进了各单位完成减人提效指标。通过"三按"体系这一管理创新,企业在煤炭生产过程中做到了有章可循,实现了各生产矿井的良性有序生产,减少了掘进巷道的重复套修等工作,使得这一科学管理模式有效地推进了减人提效工作,扭转了开滦集团公司各单位过去"增产靠增人"的传统观念,有力地促进了各单位规范用工管理,标准化、规范化生产,稳定了员工队伍,实现了煤炭生产的科学用工、合理用工和规范用工。

4.经济效益和劳动效率明显提升

自 2013 年 1 月至 2013 年 12 月,煤业公司所属 7 个生产矿井按照"三按"管理准备了 29 个工作面,其中赵各庄矿 2 个,林西矿 2 个,唐山矿 4 个,荆各庄矿 6 个,林南仓矿 3 个,钱家营矿 7 个,东欢坨矿 5 个,累计节省劳动用工 53121 个,操作员工 212 人,平均提高劳动效率 12.58%,创效 11797.51 万元,其中工资 1062.26 万元,无缝衔接创效 1165.57 万元,材料设备节约 2186.31 万元,免维护大断面创效 2990.88 万元,单进提高创效 1465.46 万元,工期提前创效 2129.95 万元,安全创效 3500.88 万元。由于实施"三按"管理致使大断面增加成本 2703.80 万元。

由于所取得的经济效益构成因素是单项因素,因此采用单项因素直接测定法(MTP)计算,所产生的经济效益为:

$$E_m = 1062.26 + 1165.57 + 2186.31 + 2990.88 + 1465.46 + 2129.95 + 3500.88 - 2703.80 = 11797.51(万元)$$

(成果创造人:张文学　裴　华　李建民　李树兴　刘双勇　汤守会　郑晓东　王永瑞　刘连富　苤建强　郑丽红　甘　泉)

以信息平台为基础的动态经营调度系统的构建与实施

开滦集团国际物流有限责任公司

开滦集团始建于 1878 年，迄今已有 130 多年历史，有"中国煤炭工业源头"之称。开滦集团国际物流有限责任公司作为开滦集团所属全资子公司，是我国煤炭行业首家物流业务剥离独立运作的物流企业，公司注册资本 11.567 亿元，资产总额 26.14 亿元，下辖铁路运输公司、港口储运公司、进出口公司、香港公司等 11 个子分公司。2013 年营业收入完成 615 亿元，比 2012 年增加 166 亿元，增幅为 36.97%，企业利润完成 7780 万元，比 2012 年增加 1582 万元，增幅为 25.52%。

公司构建了"一个中心、两大体系、三大特色、四大园区、五大区域、六大板块、七大基地、多种服务"的综合物流产业体系；大力发展煤炭加工物流、物资仓储加工配送物流、运输服务物流、国际物流、钢铁物流、汽车物流；开工建设了曹妃甸国家级数字化储配煤基地、唐山湾炼焦煤储配基地、古冶物流中心三大园区，同步规划河北、内蒙古、山西、新疆、海外五大区域物流网络，形成了较完善的现代物流产业体系。

一、以信息平台为基础的动态经营调度系统的实施背景

1.适应社会及物流产业发展的需要

随着计算机技术的快速发展，动态经营调度系统在近几年也越来越完善，并广泛地应用于电力、交通、煤炭运输等多个领域。而物流企业作为影响经济发展的重要行业，在经营与管理过程中也应该加强对动态经营调度系统的应用力度，提高自身管理水平，加快物流发展速度，这样才能进一步促进我国物资的流动和经济的快速发展。

2.降低企业经营成本的需要

现代的物流企业经营管理是物流、资金流、信息流的综合全面管理，是一项复杂繁重的工程，只有在信息全面自由准确传递的基础上才能实现真正意义上的管理，从而进行有效的成本控制。煤炭物流企业的经营管理更应加快融入信息化建设的时代洪流中，尤其是与交易平台、生产基地等重要阵地建立即时、全面、准确的信息关联，通过经营调度与信息系统的有效衔接，对各种历史数据科学分析，对能够开展控制的成本项目进行压缩，做到事前预防、事中监控、事后分析，实现网络化管理与经营实

际相结合，从而有效降低企业的生产成本与管理成本。

3.加强企业内部控制的需要

利用信息平台，通过预警雷达把企业的关键KPI进行预警设置，可以实时对企业状况进行扫描，一旦发生异常，及时进行报警，并能对异常详情进行分析，报告异常原因，从而能够及时发现风险，及早规避风险，加强公司内部控制。

4.为领导提供辅助决策支持的需要

通过开发的物流决策支持系统，能够及时、准确地提供辅助决策的信息，从而大大增加基于定量的决策。公司决策层所需的信息资源都以结构化的数据存储在决策系统之中，经营调度对系统模块及报表数据随时进行查询，及时提供领导决策所需要的信息，辅助决策者做出科学、合理的判断。

5.完善动态经营调度管理系统的需要

2011年以前，物流公司经营调度数据采用比较传统的上传模式，各子分公司通过电话、email、纸质报表等多种方式上传经营调度数据，经管部根据基础数据手工汇总生成经营调度报表，没有实现信息处理的网络化和自动化。数据采集后，也没有相应的分析系统，也没有形成统一的数据采集、加工、处理和分析的信息管理系统。完善的动态经营调度管理系统，能通过计算机网络和技术，充分利用各子分公司的数据网，建立以数据为中心的集中与分布式相结合的网络管理信息系统，实现经营调度管理业务处理网络化，保证经营信息及时准确上传，充分发挥计算机对信息的深加工、快速处理的作用。

二、以信息平台为基础的动态经营调度系统的基本内涵

动态管理就是指管理主体依据所要管理内容的发展进度以及管理的环境所出现的变化以及造成这一变化的因素进行系统的管理，在管理过程中要依据实际状况不断修正管理目标、原则、方式。这种管理方式与传统的管理方式相比，更具科学性，能够时刻掌握事物的发展状况，并及时选择适当的管理方法。

以信息平台为基础的动态经营调度系统就是在这一理论基础上形成的，这一系统是在企业的经营管理过程中，随着企业经营状况与环境的变化，利用信息技术，选择动态的调度方法，从而使企业的各个方面得以统一的管理。物流企业在经营发展过程中存在很多变量，如果采取固定的管理模式不仅不会对物流企业的经营管理产生促进作用，还会阻碍企业的正常发展，而构建信息平台与动态经营调度衔接系统，能够适应物流企业流动发展的特性，促进物流企业的发展。这一系统目前已在开滦国际物流公司得到了广泛的应用，并对整个公司的发展起到了极大的促进作用。

三、构建以信息平台为基础的动态经营调度系统的主要做法

1.综合物流信息系统的开发

开滦国际物流公司综合物流信息系统体系由基础环境层、业务处理层、管理决策层组成。

（1）基础环境层：包括硬件平台、功能规划、开发环境。

①硬件平台：包括两台数据库小型机，四台应用服务器、网络设备、网络操作系

统、大型数据库、数据备份设备等。

②功能规划：主要是软件的功能设计、物料、往来单位的编码标准、业务流程规划等。

③开发环境：即这套软件系统所采用的计算机开发环境和开发语言。

(2) 业务处理层：包括供应链管理、实施范围、与财务、资金、生产等管理系统的接口和GPS、RFID及远红外等物联网系统的接口。

①供应链管理：物流管理（含铁运、港口储运、仓储、配送等）、电子商务、公共平台、决策支持等功能模块。

②物流信息系统和集团财务、资金、生产管理、设备管理等系统接口。

③物流信息系统和GPS（全球卫星定位系统）、RFID（射频识别）、条码等物联网设施接口。

(3) 管理决策层：包括管理驾驶仓、雷达预警、绩效考评和决策分析等功能。

2.综合物流系统中的经营模块分析

国际物流公司的动态经营调度系统主要涉及综合信息系统中的经营管理模块、财务分析模块、业务及资金模块三大模块，三大模块通过财务报表、资金系统、业务系统的数据共享，完成取数分析，把信息化延伸到动态经营调度系统，见下图所示。

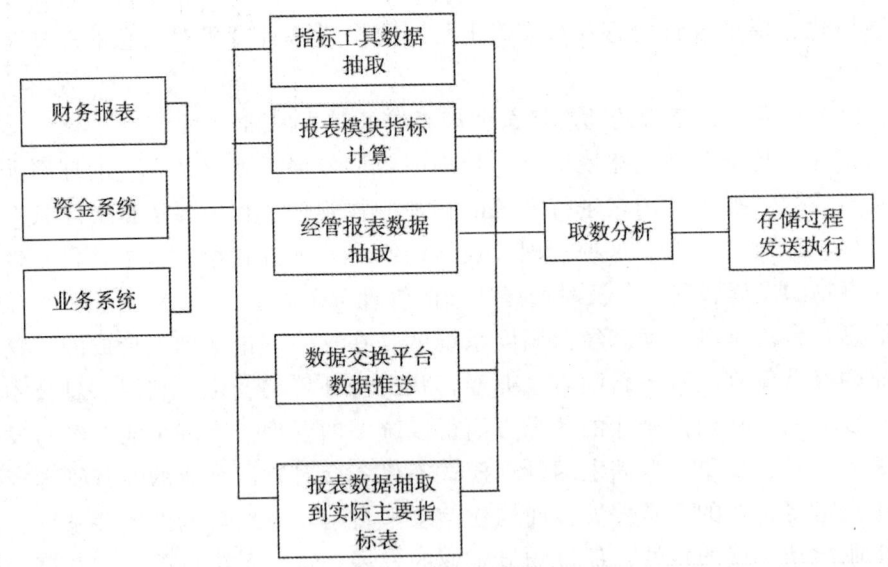

(1) 经营管理模块：经营管理模块涉及主要指标表、实际指标表、经营驾驶舱及经营调度表。

①主要指标表：主要是各公司根据当月的业务情况及历史经营状况填报，以便掌握各公司业务情况。

②实际主要指标表：主要经管指标的实际值，不需要手工填报，直接从财务数据和业务数据中获取。

③经营驾驶舱：选取主要指标表和时间主要指标表部分数据作为指标，分析预算完成情况及预计和实际的差异。

④经营调度表：结合业务系统及财务系统，在数据录入及时的情况下可以及时反映经营状况，主要包含收入、成本、费用、利润等项目。

（2）财务分析模块：主要通过财务数据进行偿债能力及资产负债分析，利润表分析，盈利能力分析，资产运营状况分析。

①偿债能力分析：针对资产、负债、流动资产绝对值指标和资产负债率，流动比率，速动比率等组合进行展示。

②资产负债表分析：汇集资产负债表主要项目，横向及纵向进行展示。

③利润表分析：对利润表中的收入、成本、营业税金及附加、销售费用、管理费用、财务费用、利润总额及净利润等具有相关性的项目集中展示，可以方便快捷地掌握同期累计、本年累计及当期数据情况。

④盈利能力分析：主要针对几种相对值（比率指标），汇集后综合显示，可以从不同角度评价各公司的盈利能力。

⑤资产运营状况：主要对应收账款周转率、存货周转率、流动资产周转率、固定资产周转率、固定资产周转率、应收账款周转天数、流动资产周天数、固定资产周转率进行分析，展现公司的资产运营状况。

（3）业务及资金模块：通过各子分公司对每笔业务信息的及时输入，通过调度方式及时查询所需信息。

①业务信息：通过合同台账、采购台账、销售台账、收付款台账、业务购销明细表展现贸易业务信息；通过资源链接区查询港口近期抵港船舶、过港船舶汇总、过港结算情况，铁运公司运输成本、运量结算单、过磅量实时查询、运输结算单明细等。

②资金信息：通过内部账户余额表、收付款监控、展现资金信息。

3.综合物流系统与动态调度衔接的系统主要作用

（1）利用报表和万能查询等功能，编制和补充经营报表、经济手册、财务指标分析，提升经营管理水平。为经营管理部开发了一系列考核报表，包括外购煤预计完成情况表，自产煤预计完成情况表，应收款项、存货预计完成情况表等，实现了对各子分公司考核垂直管理和报表自动处理；开发了大量查询报表，包括铁路运量、运费、结算，港口公司过港量、库存、支出明细、磅单查询和进出口公司贸易台账等，能够按任意时间段查询相关业务数据。

（2）利用资金接口，实现各公司的资金实时监控，控制资金风险。国际物流公司把资金风险防控纳入了物流贸易全过程，坚持贸易合作与风险防控紧密结合，从合作伙伴的信用审核到合同条款的订立、执行都严格管理，并将合同台账及时输入业务模块，同时对资金流向进行监控，做到源头规避、过程控制，提高贸易风险防控能力。

（3）搭建预警平台，对主要KPI（关键绩效指标）指标进行监控，提高经济运行质量。通过预警雷达把企业的主要KPI进行预警设置，可以实时对企业状况进行扫描，当实际指标超出预算时，及时进行报警，从而能够让管理者对发生的主要KPI指标进行合理的控制，提高经济运行质量。

（4）短信平台发送KPI等关键指标和分析，随时掌握公司经营动态。通过短信平台把数据按天、按周、按月及时发送给相关领导。一是每天将发生的资金收款金额大于1000万、资金付款金额大于2000万的往来账款发送给各子分公司经理及相关部分负责人；二是每周一把港口公司的过港量、库存量、装船量及铁运公司的铁路运量发送给港口及铁运公司相关领导；三是每月财务报表出来以后，把收入、成本、利润、费用、应收账款等绝对值指标，资产负债率、流动比率、毛利率、净利率、周转率指标等相对值指标，经管考核的八大费用指标，贸易额排名前五的供应商，铁运运量、社会运量及对应收入，港口过港量、社会过港量及对应收入及时发送给党政领导及经营经理。

四、构建以信息平台为基础的动态经营调度系统的保障措施

1.建立完善的动态经营调度体制

要想在公司的经营管理过程中进一步发挥动态经营管理系统的作用，就要建立完善的调度机制，明确各个部门的调度职能。

（1）建立直接的动态经营调度管理部门，对公司经营过程中的各个过程进行直接的调度和管理，加快企业管理速度，国际物流公司的经营调度管理部门设在经营管理部，专人负责经营调度管理工作，综合物流信息系统的管理部门设在规划发展部，专人负责系统的维护、更新，经营调度员对各种数据、报表进行实时调度、汇总，保证数据的及时性及准确性。

（2）在整个公司中树立动态经营调度理念，使得物流公司各子分公司及机关各部门在经济运行过程中高度重视工作中出现的各种变化，并且及时上报到经营管理部及相关部门，发现问题，采取适当的方式加以解决。开滦国际物流公司下设11个子分公司，在经营管理过程中要加强对这些公司的管理，并对这些公司进行统一的调度，使得物流公司能够获得更多市场信息，提高企业的竞争能力。

2.规范动态调度系统运行程序

国际物流公司在运行动态经营调度系统时，严格制定该系统的运行程序，保证各子分公司达到平衡发展的状态。

（1）按照总体规划，合理安排信息系统各子系统的工作进度，确保每一个数据在规定的时间内上报，为公司实施动态经营调度系统提供强有力的支持。

（2）进行公司业务流程控制。通过先进的信息管理系统跟踪业务流程，对业务进行全程控制。通过新系统的开发建设，有效理顺物流贸易流程，并针对贸易操作关键点、关键环节，加入有效的风险控制，将贸易风险降低到最低。

（3）对公司的相关设备进行统一的调度。在经营过程中设备起着十分重要的作用，因此在调度过程中必须要对相关设备进行统一的调度，要不断完善物流基础设施，合理调配设备，满足公司发展需要。在进行设备调配时必须要遵循统一的程序，使得公司设备能够得到有效利用。

（4）建立人员的统一调配程序，在公司的经营过程中，很多工作人员是需要不断进行调配的，比如信息系统管理人员、运输人员、经营管理人员等等，为了进一步提高经营效率，不断加强对这部分人员的调配力度，建立统一的程序和章程，使得这一系统得到更好的使用。

3.提高管理人员素质，实现动态调度

人才在企业发展过程中所发挥的作用是十分重要的。为了在经营管理过程中更好地应用动态经营调度系统，国际物流公司高度重视相关人才的培养，对物流公司中的管理人员进行定期培训。2013年先后进行了综合信息管理、经营管理、物流管理知识讲座，使其能够更好地掌握这一系统的相关内容以及操作过程中需要注意的问题，使得管理人员真正在公司的经营管理过程中实施动态经营管理系统。

4.建立经营工作事前防控体系

为了进一步提高经营管理水平，打造物流企业经营管理新模式，充分利用综合物流信息系统及BI系统，实现了管理信息数据的及时统计、汇总和分析，为促进经营决策和事前控制提供支持，同时全力推行经营活动周调度、月分析制度，尤其对贸易资金、应收款项等风险类指标，实施了跟踪管理，定期分析，确保了经营风险的超前防控。

五、以信息平台为基础的动态经营调度系统实施的主要效果

1.实现了系统整合，数据共享的动态经营管理新模式

综合物流信息系统实现了财务、物流、设备系统的资源整合，销售、调度、铁运、港口的数据共享，京唐港2#码头集港复磅、集港复检一体化，铁运公司磅房系统与电视监控、红外控制系统的集成，避免了信息孤岛，关键业务数据能够实时反映，把信息化延伸到经营调度管理体系，打造了公司的动态化经营管理新模式。

2.经营管理业务环节公开、透明，实现了过程控制信息化及经营管理的动态化

国际物流公司的经营管理业务被纳入综合物流管理系统，所有业务数据对领导及经营管理人员公开透明，杜绝了手工操作。所有的业务信息一经发生，在系统能实时查看，对各个业务环节起到了监督和控制的作用。同时，仓储、机车、汽车等都由计算机管理，使开滦物流与社会物流资源相互衔接相互整合，实现了过程控制的信息化，贯穿于动态经营管理的全过程。

3.降低了企业运营成本，达到了成本领先战略

通过对信息平台的有效利用，规范了企业管理流程，实现了对业务各环节的跟踪，细化了对业务流程的管理、动态掌握情况，及时了解业务进展和突发状况，降低了管理成本，缩短了处理反馈时间，提高了工作效率。这种模式消除了业务壁垒和管理屏障，更体现出公司的整体利益，降低了企业的运营成本，达到成本领先战略。

4.提高了企业经济效益和竞争力

通过物流综合系统的开发，提升了国际物流公司的经济运营效率，减少了流动资金占用，提升了物流服务质量。新系统能追踪单据传递的部门和处理时间，提高单据处理速度，使工作效率提高15%以上。因此经营周期缩短，相关资金周转加快，资金时间价值就会为企业产生经济效益，也将给企业带来更多的收入与竞争优势。2012年物流贸易收入实现449亿元，物流利润实现6198万元，2013年物流贸易收入实现615

亿元，物流利润实现7780万元。

5.经济效益计算

（1）成果经济效益计算方法及公式。

①计算方法与公式。采用"MTP"计算法，其公式为：

$$E_m=(Q_1-Q_0)\cdot R-(\sum_{a=1}^{n}Ca+I)-F$$

②列出计算项目，见下表所示。

计算公式子项一览表

项目	单位	2013年
Q_1 实施年度外销额	万元	6152565
Q_0 前一年度外销额	万元	4493283
Q_1-Q_0 两年差额	万元	1659282
R 销售利润率	%	0.13
C 成果实施费	万元	59.7
I 实施损失费	万元	2
F 非本成果因素效益	万元	1000

③计算2013年度的E值：

E2013=(6152565-4493283)×0.13%-(59.7+2)-1000=1095.3(万元)

2013年通过构建与实施以信息平台为基础的动态经营调度系统为企业带来经济效益为1095.3万元。

（2）计算贡献率（成果效益额与利润总额的比值）。

2013年度利润总额为7780万元

G2013=E2013/P2013×100%=1095.3/7780×100%=14.08%

效益贡献率为14.08%。

（3）计算投入产出率（成果投入百元费用所产出的效益额）：

X2013=E2013/(C+I)×100%=1095.3/(59.7+2)×100%=1775%

成果投入产出率为1775%。

（成果创造人：张文学　张　文　张子春　白松波　赵玉芝　温永平　蒋　冕　李景刚　闫玉荣　王利国　刘延文　刘伟佳）

推行"五全管理"提高企业核心竞争力的实践

山西焦煤汾西矿业(集团)有限责任公司

山西焦煤汾西矿业(集团)有限责任公司(简称汾西矿业),其前身汾西矿务局,成立于1956年1月;2000年8月,经山西省人民政府批准,改制为国有独资的山西汾西矿业集团公司。2001年10月,加入山西焦煤集团有限责任公司;2005年12月,由山西焦煤集团有限责任公司、中国信达资产管理公司、中国华融产业管理公司、中国建设银行股份有限公司共同出资重组为山西焦煤汾西矿业(集团)有限责任公司。历经"两次西进"和煤炭资源整合煤矿兼并重组,汾西矿业现已发展成为一个以煤炭生产加工为主,集建筑、建材、发电、化工、机械修造、物流贸易等多种产业门类为一体的特大型国有煤炭企业。汾西矿业现有生产矿井12座及配套选煤厂,在建矿井28座,生产建设经营单位58个,原煤生产、入洗能力达到"双三千万吨"。

一、推行"五全管理"提高企业核心竞争力的背景

近两年来,受全球煤炭产能过剩、煤炭进口持续增长的冲击,造成煤炭企业经营压力越来越大,出现了销售困难、煤价下跌、贷款高居不下的情况发生,煤炭行业走入了低谷。为了解决煤炭企业长期以来粗放型管理带来的各种问题,同时从应对市场危机、防范经营风险、实现降本增效、确保企业生存发展考虑,汾西矿业于2013年1月先后两次奔赴山东能源肥矿集团进行调研,并果断做出在全集团推行全面预算内部市场化管理(以下简称全面预算管理)的决策。通过汾西矿业广大干部职工的共同努力,本着真信、真学、真用、真干的"四真"精神,经过近一年的运行,全集团已初步构建起预算体系完整、支撑体系完善、要素市场完备、总体运转顺畅的全面预算内部市场化运行机制,并取得了较好的效果。在此基础上,又推出全面质量管理、全面风险管理、全面对标管理、全面业绩管理,同全面预算管理有机集成整合,形成集汾西矿业特色的五全管理。

管理创新是企业持续发展的不竭动力和永恒主题,五全管理本身就是管理创新的结果。推行五全管理,能最大限度地激发所有单位和岗位的能动性,把战略管控、过程控制和责权利有机统一,实现"单位自主、班组自治、职工自律";能全面优化企业管理机制,全面提升经济效益和工作效率,全面提升企业管理水平,增强总体效能和

整体合力，形成管理优势和品牌，打造设计先进、运行科学、精炼高效的现代企业管理模式，实现"岗位增值、职工增收、企业增效"，促进汾西矿业从严峻的煤炭形势危机中走出来。

二、"五全"管理的涵义

"五全"管理是指把全面质量管理、全面预算管理、全面风险管理、全面对标管理、全面业绩管理有机集成、创新、融合、导通，形成一种高度集成化、信息化、现代化的管理过程和系统性的方法，实现企业管理集成管控、协同运作、持续创新，全面提升企业效率、效益、综合管理水平和核心竞争力的一种管理方法。它的寓意是：全面、全员、全过程、全覆盖、全动态。

"五全"管理实质是管理流程的再造、责任的再细化、权力的再调整、利益的再分配，是坚持以人为本、岗位为基点，集成管理要素、优化管理流程、降低管理成本、激活管理潜能、提升管理效能，做到所有工作明职责、控流程、重结果，实现全面、全员、全过程、全覆盖、全动态管理，由传统的"管理人"向"规范岗"转变，达到各子系统的标准化、一体化、协同化、智能化，建成全面标准化智慧企业。

1. 全面质量管理

全面质量管理是为在企业的生产、经营、管理范围内获得最佳秩序，对现实或潜在的问题制定共同使用和重复使用条款的活动。企业标准体系包括技术标准体系、管理标准体系和工作标准体系，其中技术标准体系是主体，管理标准体系和工作标准体系是企业主要基础管理工作之一，它所具有的统一、简化、协调、选优功能，使多样、重复、矛盾、混乱、不能互相配合、不能共识共遵、不能互通互联的事物达到一致，使互相不协调达到互相适应、配合、平衡和稳定，使各种事物都达到最优状态，从而促进企业管理水平的提高。标准化工作是各项工作的基础，技术、生产、经营有了标准，管理流程才能得以优化，劳动效率才能得以提高，资源配置才能得到优化，安全生产才能得到保证，市场化运作、业绩考核、风险预控才能具备前提。

2. 全面预算管理

全面预算管理是将全面预算的战略控制功能与内部市场化的过程控制功能有机融合，充分发挥预算的全面管控和内部市场化的绩效激励作用而形成的一种集战略目标可控化、资源配置市场化、责任主体人本化、绩效考评动态化于一体的现代化企业创新管理模式。其能够有效实现企业预算的刚性约束和内部市场的有序运作，对促进企业转换经营机制、提升管理水平、从资源依赖型向创新驱动、资源节约型发展方式转变具有重要意义。

3. 全面风险管理

全面风险管理是使企业在实现其未来既定目标的过程中将不确定性因素所产生的影响控制在可接受范围内的过程和系统方法。风险管理旨在对风险的不确定性及可能性等因素考察、预测、收集分析的基础上，制定出包括识别风险、衡量风险、积极管理风险、有效处置风险及妥善处理风险所致损失等一整套系统而科学的管理方法，目标在于以最少的成本实现企业最大安全保障的效能。

4.全面对标管理

全面对标管理指企业持续不断地将自己的产品、服务及管理实践活动与最强的竞争对手或那些被公认为是行业领袖的企业的产品、服务及管理实践活动进行对比分析的过程，实质上是指一种为促进企业绩效改进和提高而寻找、分析并研究优秀的产品、服务、设计、机器设备、流程及管理实践的系统方法和过程，目的是提高每个岗位的工作标准，把标杆作为管理实践中的参照系，通过对标传导市场竞争压力，促进企业发现短板、消除瓶颈，持续提高企业经营绩效。

5.全面业绩管理

全面业绩管理是针对各岗位所承担的工作任务，突出"减冗员、控流程、重结果"，科学应用定性和定量相结合方式，对员工行为的实际效果及其对企业贡献或价值进行综合考核与评价，从而形成员工能进能出、职位能上能下、薪酬能高能低的科学、规范、量化的激励约束机制，促进全员恪尽职守、诚信履职，实现任务层层落实、压力层层传递、员工层层激励，达到凡事有章可循、有据可查、有人负责、有人监督，责任落实到每个系统、每个环节、每个岗位、每个员工，从而提升企业经营管理水平、管控能力、管理效能。

汾西矿业实施五全管理创新的目的是构建以全面质量管理为基础，以全面预算管理为主线，以全面风险管理为保障，以全面对标管理为动力，以全面业绩管理为手段，最终以全面预算管理内部市场运行为落脚点的五全管理体系，达到五位一体、五线并行、有机融合、协同推进。

三、推行"五全管理"的实施方法

汾西矿业以全面预算内部市场化管理为契机全面推行五全管理，推进企业管理转型升级，从整体提升企业管理素质和核心竞争力。

汾西矿业选取试点单位推行五全管理，明确主题，成熟一个推开一个，每项管理都留有接口，在试运行成功的基础上，其他单位届时可以直接引用，最终在汾西矿业集团实现五全管理的全面运行。

为保证五全管理的顺利实施，汾西矿业成立董事长为领导的工作组，并将各项管理分设专业组，进一步明确分工、落实责任，规定各项职责和考核制度。

1.全面质量管理实施方法

（1）工作目标。建立以安全质量标准化、存量矿井质量标准化、基建矿井质量标准化、洗煤质量标准化、地面质量标准化、后勤质量标准化六大专业为主的全面质量管理体系。通过实施全面质量管理，让每个岗位、每项工作都有标准化的概念，以事事有标准、时时有标准来加强工作流程的过程控制，使管理流程和资源配置得以优化，劳动效率得以提高，安全生产得到保证，为市场化运作、业绩考核、风险预控提供前提条件。

（2）基本流程。梳理汇总各专业标准；组织学习各类标准。

（3）实施步骤。

①第一阶段：实施准备阶段。制定实施办法；梳理汇总各专业标准；完善各类标

准，确保无缺项、漏项；组织学习各类标准。

②第二阶段：运行完善阶段。完成试运行，总结经验和不足并进行完善。

③第三阶段：全面运行阶段。在试点成功的基础上，在全集团公司全面开展全面质量管理工作。

2.全面预算管理实施方法

（1）宏观做法。通过与山东能源肥矿集团对接，汾西矿业构建起全面预算内部市场化运行管理模式——"23610"总体框架。

①"2"代表两级预算体系：

A.一级预算。每名矿级领导为一条管理线，把以预算管控为主的矿、管理线等责任主体作为一级预算，实行预算指标控制。矿根据集团公司下达的年度指标编制预算方案，形成各项预算目标，然后将各项预算目标分解落实到一级预算主体的各管理线，形成一级年度、月度预算，确保不突破矿预算目标，构成一级预算体系。对管理线的考核，正职由集团公司实行千分制考核发放，考核指标分为质量指标、刚性指标，其中质量指标600分，刚性指标400分，副职由集团公司实行千分制考核后下拨工资总额，最终由各单位负责考核与发放。

B.二级预算。把区队作为二级预算主体，根据全矿整体预算目标、各管理线的月度预算指标，以确保一级预算目标实现为主线，以成本控制为重点，向各区队下达预算工作量和预算价格，形成预算收入，构成二级预算体系。

②"3"代表三级市场结算。矿与区队、区队与区队之间的交易形成一级市场结算，实行月清月结；区队与班组、班组与班组之间的交易形成二级市场结算，实行日清日结；班组与职工个人之间的交易形成三级市场结算，实行班清班结。

③"6"代表六大支撑体系：

A.组织体系。成立四个委员会，即：全面预算内部市场化管理委员会、全面预算管理委员会、内部市场价格委员会、内部市场仲裁委员会；组建一个中心，即：全面预算管理中心，下设生产预算组、经营预算组、核算结算组、管理评价组四个小组，形成组织体系。

B.制度体系。制定《全面预算内部市场化管理推行方案》《全面预算内部市场化管理运行办法》等20余种支撑制度，《仲裁管理制度》《检查考评制度》等5种保障制度，以及单项工作和阶段性任务安排的跟进制度、区队运行办法等四种类型的各项制度，以制度来规范日常工作行为，形成制度体系。

C.价格体系。针对生产要素所涉及的工序、物资、服务等，运用定额测算法、历史数据测算法、现场测定法等，组织专业人员对工序、电力、物资、设备租赁、维修等价格进行测算，形成10.9万余种价格并汇编价格目录手册，形成价格管理体系。

D.计量体系。计量是市场化运行的前提条件，为工作量统计、交易结算核算和控制考核提供良好平台。为保证内部市场各类产品、服务工作量真实可靠，凡有量可计的工作和场所，都配备了相应的计量器具，共计安装水表953块、安装电表3998块、皮带秤53台，形成计量体系。

E.结算核算体系。结算核算体系是全面预算中心与各专业市场、区队、班组、个人之间进行结算的体系，各矿完成设计和完善区队月清月结表、班组日清日结表、职工班清班结表等各类结算表格百余种，形成结算核算体系。

F.信息化体系。完成信息系统的编程工作，并与物资市场、安全市场、产品市场等联网互通，堵塞了管理漏洞，为全面预算内部市场化管理提供了良好的自动化管理平台，形成信息化体系。

④ "10"代表十类要素市场：十类要素市场是企业内部市场体系的重要组成部分，构建内部要素市场是内部市场运行的基本条件。

A.产品市场。矿井单位以原煤产量、精煤产量、掘开进尺、钻探进尺、单项工程及自制加工件等为产品，地面单位以实际产品或者服务为产品，对形成的产品组织有关部门验收，确保产品质量，并作为与区队结算收入的依据，形成产品市场。通过产品市场的运行，对各区队当日的产品进行统计汇总，进行日清班结，让每个职工都知道自己当班的产品数量和质量及经营成果，使职工工资收入更加透明、公正、公平。

B.物资市场。整理物资管理制度，明确物资管理内容，规范各类物资的计划、仓储、使用、回收、复用等管理流程，明确内部买卖关系，杜绝了丢失、浪费等现象的发生，同时建造物资超市，降低了储备资金占用，通过物资的供求关系形成物资市场。

C.资金市场。资金市场是内部市场化运行的核心市场，是一种"虚拟"的内部资金交易运作场所，为一、二、三级市场主体设立账户，建立借贷关系，独立核算，实现资金往来交易。通过对各项预算、结算与资金管理相结合，实行成本控制，实现对资金的交易管理，形成资金市场。

D.电力市场。对市场主体用电定额进行了明确，通过安装电表对电力进行计量，以用电量和电价对用电单位结算电费，形成电力市场。

E.租赁市场。就是租赁行为发生的市场，具有融资和融物双重性质。依据设备新旧程度、周转频率测算租赁费收取标准，对设备、支护用品等实行租赁，杜绝占用设备多使用效率低的现象，达到节约闲置设备占用资金，降低费用支出的目的。

F.服务市场。辅助区队工作量按服务价格结算，合理界定区队、班组工作性质、工作范围，确定项目种类，测定工作量，制定服务费收取标准，由提供服务方直接与接受服务方结算，实行服务与受服务单位之间相互约束的链式结算。

G.安全质量市场。以安全质量标准化为目标，对各种安全隐患、质量标准化隐患、行为性违章、地面规范化隐患等制定计价回购价格共7421种，进行相应的考核，形成安全质量市场。

H.劳务市场。劳务市场是企业内部建立劳动力流动的有偿中介服务及内部待岗安置的市场运作体系。二三级市场主体通过协商进行劳务的输入、输出，相应支付、收取劳务费用，形成劳务买卖关系，同时实行职工培训有偿化和人力资源管理动态化，逐步建立职工能进能出、竞争上岗、双向选择的劳动力市场。

I.修理加工市场。以"内修为主、外修为辅"为原则，严格修理费用控制考核，逐步扩大自制加工范围以减少外购，节约费用开支，形成了修理加工市场。

J.技术市场。实行技术成果收购制,二三级市场主体通过向一级市场主体出售技术成果、创新成果、"五小"成果、优秀 QC 成果等取得收入,把取得成果过程中发生的各项费用作为支出,收入减支出即为各二三级市场主体获得的技术报酬,形成技术市场。技术市场运行以来,共有 124 项技术成果纳入全面预算内部市场化管理。

(2)具体做法。2013 年 3 月,汾西矿业以水峪煤业为试点展开推行工作。为加强对全面预算内部市场化管理工作的领导,集团公司于 4 月份成立以董事长、总经理为组长,以总会计师为常务副组长的全面预算内部市场化管理工作领导组,下设办公室,明确了工作职责,制定了详细工作要求;同时为了推进此项工作向广度和纵深发展,制定了全面预算内部市场化推行方案,5 月份正式在其他存量矿井和地面生产单位展开推行,并且成立了全面预算内部市场化管理督导小组,将推行单位根据区域进行划分,明确了督导组职责。目前,包含存量矿井、地面单位、资源整合单位在内的所有单位已全部开展全面预算内部市场化管理工作,推行覆盖率达到 100%。

对此项工作的推行,汾西矿业分为四个阶段进行:

①宣传发动阶段。各单位广泛开展宣传活动,通过电视、广播、手机报、牌板、OA 等各种形式及载体,进行全员、全方位的宣传,并开辟专栏,跟踪报道工作进展情况,逐步提高各层级人员对全面预算内部市场化管理的认识,同时制定推行方案,对工作目标、各阶段、各节点工作进行安排部署,明确奖惩办法。

②培训学习阶段。安排各单位分批进驻水峪煤业进行为期 10 天的蹲点现场学习,并建立四级培训机制。一级培训:由集团公司主办,完成对二级单位领导班子成员和主要科室科长的培训;二级培训:由各单位负责完成对科、队、车间负责人和主要操作人员的培训;三级培训:由科、队、车间完成对班组长和主要岗位业务骨干的培训;四级培训:由班组负责完成对所有人员的培训,确保培训覆盖率达到 100%。各单位采用专题培训、班前班后、周五例会等形式,对各类人员进行针对性的培训,累计培训 430 余批 62859 人次,从干部到职工全部树立起全面预算内部市场化管理的意识。

③实施准备阶段。各单位成立全面预算内部市场化管理组织机构,成立四个委员会,抽调专业人员,组建全面预算中心,根据管理层次的划分,成立了矿、基层单位、班组和个人的三级组织体系;先后制定下发了 20 余种支撑制度和 5 种保障制度,对预算编制方法与程序、预算执行与控制、预算分析与调整、预算考评与激励以及内部协调等作了详细规定,对内部市场化的机制建设、专业市场、结算流程以及在结算过程中涉及各职能部室的职责范围进行界定,同时各基层单位都制定了本单位的内部市场管理运行办法;组建三级市场,制定了百余种结算核算类表格;针对生产要素所涉及的工序、物资、服务等,运用定额测算法、历史数据测算法、现场测定法等进行测算,形成 10.9 万余种价格并汇编价格目录手册;完成计量系统的安装,共计安装水表 953 块、安装电表 3998 块、皮带秤 53 台;与立新科技公司共同开发了全面预算内部市场化管理系统,与物资市场、安全市场、产品市场等联网互通,搭建起全面预算内部市场化管理 "23610" 框架。

同时为扎实推动全面预算内部市场化管理工作,汾西矿业召开大型推进会共 6 次,下发推行安排、工作考核等文件12份，情况通报、工作安排等便函10份，每周推行简报30期，工作进展统计台账9期。

④运行阶段。各单位按照先生产、再辅助、后地面其他、机关的顺序，首先在生产部门试点运行，通过试运行完善支撑体系，试点成功后取得经验，在辅助部门试运行，然后在其他地面部门、机关科室试运行，最终由点到面，实现全面推行。为进一步推进各单位的工作，汾西矿业组织企管处、督导组、水峪煤业专业人员组成工作组、邀请白庄煤矿专业人员组成工作组先后两次对各单位运行情况进行会诊，对各单位提出的问题予以解答，对发现的问题提出改进措施，并对工作进度快、质量高的单位进行了表彰奖励，在全集团公司形成比学赶超的氛围，有效地激励各单位的工作积极性。

同时，集团公司建立督导考核制度，成立了以计划处、企管处、劳资处、财务处为牵头处室的督导组，协调解决推行过程中遇到的问题。对各单位工作完成情况进行督导检查和计分排名考核，通过简报的形式将集团公司及各单位推进情况、督导考核、经验介绍等予以通报，将对排名靠后的单位由单位一把手向集团公司述职。

集团公司对各单位领导班子成员建立年度薪酬千分制考核制度，对日常各单位管理线副矿级所分管预算指标完成情况实行"上挂下联"考核，即与全矿主要预算指标完成情况挂钩考核，与分管单位预算指标完成情况联责考核。每名专业副总为一条专业线，与分管副矿级领导预算指标完成情况挂钩考核。

3.全面风险管理实施方法

（1）工作目标。建立以安全风险、经营风险、廉政风险为主的风险防控体系，通过实施全面风险管理，对风险的不确定性及可能性等因素考察、预测、收集分析的基础上，制定出包括识别风险、衡量风险、积极管理风险、有效处置风险及妥善处理风险所致损失等一整套系统而科学的管理方法，目标在于以最少的成本实现企业最大安全保障的效能。

（2）基本流程。收集风险源；风险的识别和分析；风险的衡量和评价；风险的管理；风险的处置；风险所致损失的处理。

（3）进度安排。

①第一阶段：实施准备阶段。试点单位结合自身实际制定风险管理实施方案，收集安全、经营、廉政风险源信息；完成三大风险识别、等级划分，建立风险等级库，制作权力流程风险点预警图，梳理、建立主要经营风险业务流程，制定防控措施；建立岗位风险源识别诊断卡、应对卡制度，制定岗位风险源管理表、不安全行为分类表、岗位风险管理标准和措施表，达到安全闭环管理，建立信息库和风险防控体系。

②第二阶段：运行完善阶段。在建立风险防控体系的基础上试运行，总结全面风险管理运作流程的经验和不足，并进行完善。

③第三阶段：全面运行阶段。在试点成功的基础上，在全集团公司全面开展全面风险管理工作。

4.全面对标管理实施方法

（1）工作目标。建立安全质量、生产技术、经营管理、财务资金、人力资源、基本建设、科技信息、党政后勤等八大类涵盖所有专业和岗位的对标体系，通过开展全面对标管理，学习借鉴先进经验，开拓创新，比学赶超，激发企业活力，实现可持续发展，进一步完善工作标准、管理标准和规章制度，变粗放型管理为精细化管理，全面提升工作质量和管理水平。

（2）工作流程。开展全面对标管理要明确各阶段工作目标、工作内容及工作要求。汾西矿业围绕建标、追标、对标、升标四个流程，形成自我分析、寻找标杆、对照分析、制定措施、落实整改、总结评价、循环提升的七步闭环管理运作机制，确保对标管理取得成效。

①第一阶段：建标。

第一步：自我分析。主要任务：试点单位及职工个人从自身基础和条件出发，进行全面自我分析，收集、汇总、整理反映生产、经营、管理的各类实际指标，进行全面剖析。

第二步：寻找标杆。主要任务：本着积极可行的原则，寻找与本单位内部资源和管理基础相近、发展阶段与本单位相近或略微领先的单位作为标杆，既可以选择可比性较强的一家企业，也可以选择多个企业从不同方面进行对标。

②第二阶段：追标。

第三步：对照分析。主要任务：把确立的标杆与本单位进行全方位、多层次的对照分析，从总体工作和专业工作两个方面查找剖析存在差距的根源和背景。

第四步：制订措施。主要任务：根据确立的标杆和标杆值，研究制定对标实施方案和赶超办法、时间安排，明确改进提高的具体措施，并把目标任务分解落实到生产经营相关环节、岗位和具体责任人。

③第三阶段：对标。

第五步：落实整改。主要任务：严格落实对标实施方案，优化业务流程，加强检查指导，确保各项措施落实到位，及时分析和纠正对标工作中存在的问题和偏差，检查对标成效，不断提升实施效果。

④第四阶段：升标。

第六步：总结评价。主要任务：按照未达标、达标、超标三个等级，加强考核评估并纳入全面业绩管理范畴。未达标的，认真分析原因，制定整改措施，加快赶超进度；已达标或超标的，重新确立更高一层的标杆单位和标杆值。

第七步：循环提升。主要任务：全面对标管理是一个长期的、渐进的、增量循环的过程，每一个循环结束的同时也是另一个更高循环的开始。随着自身的提高和标杆的不断变化，要不断调整优化所对之"标"，及时确立新的目标。

（3）进度安排。

①第一阶段：实施准备阶段。试点单位确定标杆企业，结合自身实际制定对标管理实施方案，建立对标指标体系和四个流程、七步闭环的对标机制。

②第二阶段：运行完善阶段。在选定标杆企业，建立对标指标体系的基础上，组织专业人员对相关指标进行分析研究，开展调研与学习，掌握标杆企业实际情况，查

摆差距原因，制定追赶措施；总结全面对标管理运作体系和具体流程上的经验和不足，并进行完善。

③第三阶段：全面运行阶段。在试点成功的基础上，在全集团公司全面开展全面对标管理工作。

5.全面业绩管理实施方法

（1）工作目标。实施工作有标准、管理全覆盖、考核无盲区、奖惩有依据的全面业绩管理，建立以工作业绩、行为业绩、管理业绩为主的涵盖所有专业和岗位的绩效考核评价体系。全面业绩管理主要是针对在岗员工所承担的工作，科学地应用定性和定量方式，根据不同的考核对象科学合理地确定全面业绩考核内容、考核指标、考核办法，对员工行为的实际效果及其对企业的贡献或价值进行考核和评价，并将考核结果与薪酬分配、岗位调动、职务升降、评先创优、劳动合同管理等挂钩，考核动态、静态相结合，考核结果联岗、联薪、联职、联责。通过实行全面业绩管理，切实将目标任务分解到位、岗位责任落实到位、考核激励兑现到位，从而"减冗员、控流程、重结果"，不断提高集团公司的整体管理水平，确保实现各项工作目标。

（2）工作流程。确定各层级和岗位考核指标库；制定诚信履职评价表；制定考核方案，实施考核。

（3）进度安排。

①第一阶段：实施准备阶段。试点单位完成各项考核制度的收集、整理、汇总工作，结合自身实际制定全面业绩管理实施方案；制定诚信履职评价表；划分考核类别，建立指标体系，制定全员业绩考核办法，建立数据库。

②第二阶段：运行完善阶段。根据考核办法试运行，总结经验和不足，完善考核流程及指标体系。

③第三阶段：全面运行阶段。在试点成功的基础上，在全集团公司全面开展全面业绩管理工作。

四、推行"五全管理"提高企业核心竞争力的措施

1.加强领导，明确责任

各单位党政负责人要本着"四真"要求，亲自抓、亲自做、认真学，要将推行五全管理工作作为一把手工程，明确分工，落实责任，切实有效地推进五全管理工作。

2.提高认识，更新理念

实施五全管理是企业管理的自我超越、不断创新，要实现岗位增值、员工增收、企业增效的目的，要树立观念更新就是发展、责任落实就是效益的理念，要把各项工作真正落到实处，保质保量按时完成。

3.强化培训，提高素质

通过多种形式抓好五全管理的宣传工作，有针对性地做好四级培训工作,使每位职工掌握具体工作的标准、流程和方法，把每个职工都是企业的"经营者"落到实处。

4.结合实际，学以致用

领会五全管理的实质，结合单位实际，加强理论研究，掌握各项规章制度和业务流程,将五全管理融入到实际工作中。

5. 制定计划,稳步推进

根据实际情况制定实施方案,落实工作标准、完成时间、责任部门、责任人和考核措施并严格督导,建立能体现本单位生产特点和主要工作内容的管理体系,推动五全管理各项工作顺利实施,并做好阶段经验总结工作。

五、推行"五全管理"提高企业核心竞争力的实施效果

1. 经济效益提高

2013年,集团公司原煤完全成本大幅降低,成本管理水平进一步提高,全年原煤完全成本实际完成410元/吨,比计划降低45元/吨,同比降低15.62元/吨;水峪煤业原煤完全成本实际完成291.3元/吨,同比下降21.67%,这是汾西矿业首个原煤完全成本降至300元以下的矿井。

2. 管理方式转变

构建"23610"管理模式,实现了企业管理由粗放型向精细化、干部职工由生产者向生产经营者的转变,企业管理水平得到较大提升。实行全面预算管理以来,管理者从以前只关注产量、进尺转变为既关注效益,又关注投入、产出的比例,区队自觉地把生产过程中的各类费用作为自己的费用进行管理,逐步树立了效益意识,由原来的被动管理转变为主动管理,创新了区队管理模式。

3. 管理制度完善

结合安全、生产、经营实际,制定内部市场化流程再造、价格测算、结算、监督、仲裁评判等一系列管理制度,以及各个队组运行办法,使全面预算内部市场化做到有章可依。

4. 职工积极性得以提高

现在,变"要我干"为"我要干"已经成为普遍现实,许多单位在完成任务情况下,纷纷向市场要活计、揽工程,职工生产工作主动性充分显现,达到了控制成本、提高效率的目的。

5. 分配方式的变革

生产单位向服务单位支付报酬,主导工序向辅助工序支付报酬,服务围绕生产转、辅助工序围绕主导工序转,通过链式运作,初步形成了"干多少拿多少"的分配格局。职工工资变计分分配为货币化分配,由月底统算改为当日结清,通过触摸屏可以查询当日工资收入,职工干着算,算着干,增加了经济分配的透明度。

6. 将企业领导从繁琐的事务中解脱出来

全面预算管理使各部门都成为利益主体,各算各的账,关系也由原来的协作关系变为现在的供需价格关系,企业领导可以从具体的管理和协调中解脱出来,集中精力研究生产经营中的重大问题。

(成果创造人:李贵生 高汾勤 汪潜峰 贾进锋 张启禄 马步才 王清亮 郝树根 张新治 王裕照 程仁先 李虎广)

煤矿"三违"人员现象及心理援助管理的实践

大同煤业股份有限公司燕子山矿

大同煤业股份有限公司燕子山矿始建于1980年,1988年12月20日正式投产,设计矿井生产能力为400万吨/年,2005年核定生产能力为480万吨,2010年8月被大同煤业有限公司收购。全矿采、掘、装、运全部实现机械化作业,矿井机械化程度达100%。矿井先后获得全国文明煤矿、行业级高产高效矿井、双十佳矿井、山西省文明和谐单位、山西省模范单位、中国煤矿康居建设小康矿、中国企业文化建设优秀单位、全国煤炭工业企业文化示范矿、中国最美矿山等多项殊荣。

一、煤矿"三违"人员现象及心理援助管理研究的提出背景

1.是煤矿安全管理的需要

安全是煤矿企业得以生存和健康发展的重要条件,是企业的重中之重。"安全第一,生产第二"是一个永恒不变的话题。据统计,在我国煤矿安全事故发生的原因中,由于人的不安全行为("三违"行为)而引起的事故占事故总数的90%以上。所以,要想保障煤矿安全生产,必须应先消除工作中的"三违"现象。

2.是改革创新煤矿"三违"管理的需要

绝大多数煤矿在处理"三违"时,一般都以经济处罚作为首选手段,配以对"三违"员工行为上的思想说服教育。这两种方式虽然能让"三违"员工认识到自己所犯的错误,但只能起到治标不治本的作用,不能让"三违"员工从深层次认识到发生的"三违"其实是由自己的不安全心理决定的。只有让员工充分认识自己的不安全心理,再通过针对性的心理辅导和心理疏导来消除、克服、纠正它,才能从源头遏制"三违"发生。所以,这是一种改革创新煤矿企业"三违"管理的需要。

3.是进一步提高煤矿作业人员素质的需要

以前说到提高员工素质,一般都侧重于员工的技能提升和管理培训方面。现在提出以引入EAP为主要内容的心理援助管理为切入点,是通过有效途径和手段提升员工的心理素质,更加注重员工的全面发展、改善提高,是提升煤矿作业人员素质的务实举措。

二、煤矿"三违"人员现象及心理援助管理的概念、研究的支持理论、研究原则、研究目标和研究方法

1. 概念的界定

（1）煤矿"三违"的定义。煤矿"三违"是指违章指挥、违章操作、违反劳动纪律。

①违章指挥：是指各级安全生产管理人员违反安全方针、政策、法律、条例、规程、规章制度和有关规定，安排或指挥生产的行为。

②违章操作：是指作业人员违反煤矿"三大规程"，不按安全和技术规定的要求作业或不听有关人员的劝阻，冒险蛮干的行为。

③违反劳动纪律：是指员工违反生产经营单位的劳动规则和劳动秩序，即违反单位为形成和维持生产经营秩序、保证劳动合同得以履行，以及与劳动、工作紧密相关的其他过程中必须共同遵守的规则，可能造成危害后果的行为。

（2）心理援助的定义及发展现状和规模。本课题提出的心理援助管理，是指引入EAP管理与煤矿企业现状相结合的一种管理模式。

EAP（员工帮助计划）是企业组织为员工提供的系统的、长期的援助与福利项目。通过专业人员对组织以及员工进行诊断和建议，提供专业指导、培训和咨询，帮助员工及其家庭成员解决心理和行为问题，提高绩效及改善组织气氛和管理。简而言之，引入EAP是企业用于管理和解决员工个人问题，从而提高员工与企业绩效的有效机制。目前，世界500强企业中有90%以上的企业都建立了EAP。

本次课题所研究的心理援助，是在引入EAP的基础上，根据燕子山矿实际需要，更加关注员工心理和行为健康与煤矿安全生产管理方面的有机结合。通过利用心理学的知识，帮助员工树立心理健康意识，预防和缓解心理压力，解决心理和行为问题，最大限度地改变员工原有的错误的心理认知、情绪、行为和意志，消除症状，治疗心理疾病，优化心理品质，培育员工良好心态，从而提高工作效率，促进企业安全、健康发展。

2. 研究的支持理论

（1）墨菲定律。事情如果有变坏的可能，不管这种可能性有多小，它总会发生。

（2）破窗效应。一个房子如果窗户破了，没有人去修补，隔不久，其它的窗户也会莫名其妙地被人打破。任何坏事，如果在开始时没有阻拦住，形成风气，最后改也改不掉。

（3）责任分散效应。对某一件事来说，如果说是单个个体被要求单独完成任务，责任感就会很强，会作出积极的反应。但如果是要求一个群体共同完成任务，群体中的每个个体的责任感就会很弱，面对困难或遇到责任往往会退缩。"责任分散"的实质是人多不负责，责任不落实。

（4）鸟笼逻辑。挂一个漂亮的鸟笼在房间里最显眼的地方，过不了几天，主人一定会做出下面两个选择之一：把鸟笼扔掉，或者买一只鸟回来放在鸟笼里。鸟笼逻辑的原因很简单：人们绝大部分的时候是采取惯性思维。所以，可见在生活和工作中培

养逻辑思维是多么重要。

（5）晕轮效应。所谓晕轮效应，就是在人际交往中，人身上表现出的某一方面的特征，掩盖了其他特征，从而造成人际认知的障碍。

（6）霍桑效应。是指那些意识到自己正在被别人观察的个人具有改变自己行为的倾向。

（7）习得性无助实验。指因为重复的失败或惩罚而造成的听任摆布的行为。因此，我们在学习和生活中应把自己的眼光再开阔一点，看到事件背后的真正的决定因素，不要使我们自己陷入绝望。

（8）罗森塔尔效应。指人们基于对某种情境的知觉而形成的期望或预言，会使该情境产生适应这一期望或预言的效应。

（9）虚假同感偏差。指人们常常高估或夸大自己的信念、判断及行为的普遍性，它是人们坚信自己信念、判断正确性的一种方式。

3.课题研究原则

（1）科学性原则。心理援助强调加强对员工进行"心理疏导"和"心理辅导"，预防和缓解心理压力，增强心理调适能力，协调关系，解决问题，化解矛盾，帮助员工处理好环境适应、自我管理、工作成长、人际交往、人格发展和情绪调节等方面的问题，可以时刻以良好的心态、乐观的态度对待工作和生活，促进全面发展。

（2）理论与实际相结合原则。更加注重心理学知识在矿井安全生产中的运用，对于煤矿不同的"三违"员工更注重分析其不同的违章心理，然后有针对性地进行心理辅导，从根本上消除"三违"，实践性较强。

（3）完成研究与管理改革相结合原则。燕子山矿从2009年8月~2014年2月底，共接待"三违"员工300名，接受心理帮扶后的员工5年内再无"三违"的比例为96%，援助效果显著。

4.研究目标

（1）全面解决"三违"的问题。通过对"三违"员工以经济处罚为手段和行为上的说服教育的方式之外，重要的是和他们进行深入沟通，分析其违章心理，先让员工认识到自己的不安全心理，再利用心理咨询技巧，了解其违章的深层原因，找到切入点，有的放矢地进行疏导，同时按照员工心理健康工程"六大方法"对其进行针对性援助，使员工发生"三违"的不安全心理的根本原因解决了，不安全心理也就消除了，煤矿"三违"也从根本消失了。可以说，通过心理援助管理对煤矿"三违"人员现象进行了全面的总结分析，完善了"三违"防范手段，堵住了管理死角。

（2）调整心态与工作状态的最佳关系。独具燕子山矿特色的心理援助"五步、六法、一助一"工程，分阶段、分层次、系统全面地对员工进行关注、关怀，将调整员工心态工作常态化，努力倡导员工保持平和、良好心态，实现工作起来更安全、更高效，生活更健康、更幸福的目标。

（3）激发正能量。燕子山矿通过开展"心海扬帆，释放自我"心理素质拓展训练、"家有考生"考前心理辅导、举办"锻造意志力，精彩人生路"意志力提升讲座、"岁月如歌，夕阳绚烂"老年讲座、"缓解压力，学会适应"压力调适讲座、"观看心理电影，保持阳光心态"心理援助电影下基层等系列活动，让员工真切感受到企业为其身心健康发展从方方面面所做的细致的关怀。企业关怀员工，千方百计为员工着想，员工也会感恩企业，更加凝聚精气神，激发正能量，用加倍的努力工作和高效的安全生产来回报企业，推动企业又好又快发展。

5.研究方法

（1）调查法。

①利用对日常"三违"人员访谈，了解"三违"人员的心理情况是否有消极情绪及人数比例。

②利用每周四主题心理活动日，发放调查问卷，了解员工工作压力情况及工作热情度。

③对"三违"人员和"不放心人"进行回访、家访，了解情况，安排针对性的援助方案。

④分系统开展座谈，根据不同的主题内容，请员工代表说出自己的想法，从中了解、分析员工的现状及需求。

（2）个案分析法。对300个案例中比较突出，有代表性的28个不同系统的"三违"案例的违章现象、员工的年龄、职务、违章心理、有无特殊事件进行总结分析，找出根本原因，并将分析总结出来的结果和适应的辅导方法及提前预防的措施在本系统推广，由本单位兼职心理辅导员监督执行。

（3）经验总结法。分系统执行后，总结出的好经验再在全矿普及执行，最终确定为燕子山矿"三违"心理帮扶、"三违"预防的有效途径与方法。

三、煤矿"三违"人员现象及心理援助管理的研究内容

1.广泛调研

2009年8月，燕子山矿在同煤集团首家成立了员工心理咨询服务站，建立了专兼职咨询员队伍，对全矿员工及家属提供心理辅导及心理疏导服务，在基层单位开展个人心理咨询和团体培训辅导的过程中，结合企业实际情况有针对性地开展了"三违"员工心理帮扶。

在2011年6月，充分借鉴先进企业的经验，又在此前开展心理咨询和心理辅导的基础上，在同煤集团首家引入了"员工心理援助计划"（简称EAP），经过不断摸索，自创了具有燕矿特色的心理健康工程六法，利用多种方式开展服务，全方位地实施人文关怀，取得了一定效果。

燕子山矿员工心理咨询服务站从成立起到撰写课题前，共接待"三违"员工300名。此次，就300个"三违"援助案例进行分析、研究，从中找出"三违"心理的共性和规律，研究出有效的预防措施，努力将不安全行为消除在萌芽状态，保障矿井安全生产。

工作人员经过研究，将员工违章的心理归结为侥幸型、麻痹型、冒险型、松懈型、情绪型、惰性型、凑乎型、从众型、逆反型、迷信型等。

（1）侥幸型心理。侥幸心理是"三违"发生的主要心理原因。有这种心态的人，

不是不懂安全操作规程或缺乏安全知识,也不是技术水平的原因,大多数是"明知故犯"。在他们看来,"违章不一定出事,出事不一定伤人"。

在本次调查中,因为侥幸型心理而"三违"的员工占了25.7%。而深究其原因又可分为认为不会被发现、家庭原因、安全意识淡薄、不良生活习惯导致班前没有休息好、为了赶进度等。

①安全意识淡薄。熟知安全知识,而没有当回事,认为只要现在舒服就行,出不了大事。此类员工主要都是参加工作时间长,有职业倦怠的老员工,或是刚参加工作不久,还没有真正融入煤矿的新员工,占调查总人数的12.7%。

②认为不会被发现。这类员工没有任何客观理由,只是抱着只要不被安监工发现就万事大吉的心理,而不考虑安全与否。"三违"现象主要是违反劳动纪律,占调查总人数的4.3%。

③不良生活习惯导致班前没有休息好。这种情况主要发生于在工作时间(尤其是夜班)睡觉员工。长期的不良生活习惯,导致在休息时间没有保证睡眠时间和质量,一闲下来的时候就犯困,而且总认为"就稍微打个盹,一有动静我就起来了"。此类人员占总调查人数的4%。

④为了赶进度。有些员工为了能多完成任务,多挣工分,在工作中不按规程作业,投机取巧,抱着不一定会出事的想法,在作业中"缺柱少梁"。此类员工占总调查人数的3.4%。

⑤家庭原因。这类员工虽然也是抱有侥幸心理,但究其原因却是因为家庭原因牵挂而不能全身心投入工作,占总调查人数的1.3%。

(2)麻痹型心理。一些员工在长期的工作中对违章行为司空见惯,习以为常,认为赶进度完成任务要紧,而且以前这样干过也未出事,心里就满不在乎,而将矿井安全置之不理,属于思想麻痹型。

在本次调查中,因为麻痹心理而发生"三违"的员工占到23.7%。而深究其原因又可分为认为是小问题不会影响安全、由于自己的不良习惯造成事故。主要"三违"现象为不系帽带、不背自救器等违纪行为和支护不到位、瓦斯探头和风筒吊挂问题等违章操作。

①认为是小问题,没事儿。有些员工在作业时只想着能快速赶进度,不按规程支护,而是等打完进度一起支护,认为这么干又快又省事,也出不了事。此类员工占总调查人数的12%。

②自己的不良习惯。有些员工由于自己的不良习惯总是认为自己怎么舒服怎么办,长期的井下工作让他对安全已经有了麻木的心理。此类员工占总调查人数的11.7%。

(3)冒险型心理。有些员工迫于生产压力导致在工作中冒险蛮干,此心理类型占总调查人数的21%。详细又可分为下列类型:

①重生产赶进度,轻安全。很多员工为了赶进度、超额完成任务,能多挣点工分;也有些员工认为按操作规程会影响生产速度,所以在生产作业中忽略了安全,违章操作。此类员工占总调查人数的11.7%。主要"三违"现象为缺少锚栓、锚索、护帮或探

眼不明正常掘进等行为。

②工作时间长，想早点出班。煤矿作业的特殊环境原因，会导致有些员工长时间工作感到劳累，只想早些下班赶紧出井，不想因完不成任务而出不了班，所以在工作中偶尔会有一些冒险行为。此类员工占总调查人数的4%。

③过度自信。有些老员工凭借自己多年的工作经验，认为有些操作即使不按规程也不会有安全问题，生产任务要紧，所以就违规操作或指挥。此类员工占总调查人数的3.7%。主要"三违"现象为支护不到位、瓦斯和风筒问题上。

④缺乏安全知识，对危险不自知。主要指一些新员工还没有真正融入矿山，对矿井安全知识还没有完全理解，在工作中身入危险境地而不自知。此类员工占总调查人数的1.6%。

（4）松懈型心理。现代矿井生产环境相对较好，这让有些员工便产生了松懈心理，占总调查人数的19.3%。一些员工认为环境、条件、设备都很好，安全上有保障，可以松口气，结果工作起来马马虎虎，从而造成违章，占总调查人数的13.3%；另外还有些员工平时都是按规程作业，只是偶然一次由于着急赶进度松懈了操作规程，造成违章，占总调查人数的5.7%；个别员工是因为责任心不强而对工作松懈造成违章，占总调查人数的0.3%。

（5）惰性型心理。有些员工在工作中总想省点事、偷点懒，而忽视了安全。比如一些坐皮带、趴车的员工就抱有这种心理。也有个别是在生产作业中为了自己省事而对现场操作中的小缺陷、小隐患视而不见而造成违章。此心理类型占总调查人数的4%。

（6）从众型心理。个别员工看见别人违反劳动纪律或违章作业，明知不对，却也照着做。比如，在工作时间睡觉等。此类员工占总调查人数的2.3%。

（7）凑乎型心理。个别员工在工作中抱着只要过得去就行的心态，在工作时注意力不集中，凑乎过关，只看数量不求质量，不按规程作业造成违章。此类员工占总调查人数的2%。

（8）情绪型心理。人在社会中，每天都会接触和处理各种各样的事情，从而会产生各种复杂的情绪，这些情绪往往对一个人的心理产生直接或间接、显见或潜在的影响。有些员工是因为在工作前发生了令自己不愉快的事情，而自己没能很好的将情绪疏通平和就下井工作了，在工作中又时不时被坏情绪而干扰造成"三违"。此类员工占总调查人数的2%。

另外根据有关人士的总结，还有逆反型心理（由于工作中受处分或家庭发生矛盾等原因，精神不快，思想上产生报复和抵触情绪，工作起来粗暴蛮干，发泄不快）、迷信型心理（受迷信的影响，认为人的命天注定，只要命中注定要死，不违章也会发生事故，命中注定不死，违章也不会出事），但在本次调查中未出现此两类型员工。

2.探索实践

接受援助后的300名员工5年内再无"三违"的比例为96%，援助效果比较显著。另外4%中一年内"三违"两次的有4人，都是违反劳动纪律；两年内"三违"两次的有7人，2人为违章指挥，其余都是违反劳动纪律；三年内"三违"两次的有1人，一次是未实行军事化管理,一次是质量标准化差。

3.运用成果

一是通过采用表格分析、季节分析、节假日分析等方法后,有针对性地对"三违"人员进行心理帮扶,并在特殊时期(节假日或其它影响正常工作生活的情况)开展形式多样的活动,为员工做好心理防预工作。针对开展心理援助后员工的调查结果显示,96%的"三违"员工无二次"三违",效果显著。

二是员工的心气顺了,干劲更足了。通过对员工心理情感的关注与疏导,并对一些发现的问题苗头及时干预,使员工增强了自我调控能力,能正确对待困难和挫折,保持了健康向上的精神状态。

三是员工对企业的认同感和归属感大大增强,并产生了强大的凝聚力和向心力,企业亲和力明显提升。根据最近的一次调查统计,全矿员工的幸福指数达到了99%以上,真正感受到了体面劳动的光荣和快乐。

四、煤矿"三违"人员现象及心理援助管理研究的实施

1.对目前一些现象的剖析与研究

(1)员工迫于压力而"三违"。一是生活压力。为了改善生活境遇,想通过多完成任务,多挣工分,来提高自己的收入。二是生产压力。生产任务紧,如果完不成生产任务,大到企业会蒙受损失,小到区队班组都会受到牵连罚款。这两种压力都需通过赶进度、多出煤来释放缓解,在此过程中,人为的心理变化就会使部分员工行为出现不同的变化取向,一些不安全心理也会根据情况变化出现,致使"三违"现象发生。

针对性心理援助指导:

A.通过认知疗法帮助"三违"员工分析生产与效益、效益与生命、生命与安全、安全与生产的关系,使员工明白欲速则不达、心急易出事的道理,从而真正做到珍爱生命保安全,真正做到为自己而安全、为亲人而安全、为工友而安全、为企业而安全。心理援助管理的作用在这里就是使人人都明白的道理,在适当的时机提醒一下,避免有时因"一时糊涂"酿成不该发生的安全事故。

B.对于因压力大且感觉疲惫的员工,要进行放松练习的学习,帮助其身心放松。

C.通过观看安全警示教育片,从事故直接、间接原因、心理原因等方面来分析片中人物的心理,对照自己的违章心理,使"三违"员工从"知道"到"做到",从而在工作中实现安全操作。

D.通过日常开展心理素质拓展活动,帮助员工缓解压力的同时,培养自信乐观的心态。

(2)员工心存侥幸而发生"三违"。有的员工尽管受过系统的安全培训,掌握了基本的安全生产知识,但有时明知不该却因一时"糊涂"作为而发生"三违"。

针对性心理援助指导:

A.通过认知疗法帮助"三违"员工重新审视自己的不安全行为,交流探讨其隐藏的"三违"心理特点以及不安全行为的自我强化管理,充分认识到如果发生"三违"会对企业安全生产及个人安危带来的危害,从而杜绝"三违"现象发生。

B.通过厌恶疗法帮助"三违"员工克制侥幸心理。当脑海出现类似"就这一次应该没事儿吧"等一些侥幸想法时,就狠狠掐自己一下,用疼痛来警告自己不要抱有侥幸心理。重复几次后,只要脑海一有侥幸想法,疼痛感便会充斥整个身体,令自己放弃侥幸想法。

C.真诚建议帮助克服侥幸心理。要增强安全的责任感。让员工认识到,我们的生命并不仅属于个人,我们是家庭的顶梁柱,我们是父母的期望,我们是妻子的依靠,我们是儿女的天。我们既肩负着企业安全生产的责任,也身系着工友生命安全,大家是一个共同体,一荣俱荣,一损俱损。安全规程的每一条都是用鲜血写成的,为了保证安全生产,我们在任何时候、任何情况下都要严格按照规程的要求去做。

(3) 员工思想麻痹而发生"三违"。麻痹心理是导致人为事故最常见的心理原因。其主要表现通常形象的叫作"三乎":马虎、凑乎、不在乎。他们认为规程的有些规定"繁琐碍事",在开始时还相对能遵照执行,但偷偷违反了几次规程后,发觉也没出事,所以就慢慢地产生了麻痹心理。

针对性心理援助指导措施:

A.通过认知疗法分析"三违"员工产生麻痹心理的原因,并探讨其带来的危害性。"鲜血写成的规程,不要再用鲜血去验证。"只要麻痹心理存在,就早晚会付出血的代价。国内外的调查和统计资料表明,思想麻痹、轻视松懈是带有普遍性的重大危害因素,对此应该引起注意。

B.观看安全警示教育片,用血淋淋的事故案例来警醒"三违"员工不按规章制度要求执行,一意孤行的行为是要不得的。重要的是分析片中人物的心理来对照员工的违章心理,通过对照使员工自己明白哪些心理会害人害己,不能有,从而端正自己的工作心态,安全作业。

C.通过厌恶疗法帮助"三违"员工克制麻痹心理。先在手腕上套一个橡皮筋,当脑海出现类似"一直这么干的,不会有事儿"等看惯、干惯了不按规章作业的想法时,就拉动橡皮筋抽自己一下,用疼痛来警告自己不要让麻痹心理左右自己的行为。重复几次后,只要脑海里一有不按规章作业的想法,疼痛感便会充斥整个身体,令自己放弃错误的想法。三周以上的重复动作会形成习惯,三个月以上的重复动作会形成稳定的习惯。好的生产习惯能使员工避免很多不安全行为。

(4) 员工过度自信而"三违"。有的员工在日常工作中凭经验、想当然,对自己过度自信,有点"英雄主义"的味道,不按安全规程操作造成"三违"。

针对性心理援助指导:

为"三违"员工从心理学的角度解释为什么有人遇事会马上凭经验做出反映。在心理学上,这叫思维定势,是指在过去经验的影响下,反映在思维活动上的习惯性。它使人们观察问题、解决问题时会带有一定的倾向性。

在不变的情境中,思维定势有助于人们快速地作出反应、解决问题,然而煤矿井下地质条件复杂,管理工艺复杂,永远处于动态变化的状态。思维定势影响人们的正常思维,会使人局限于以往的经验,形成机械、盲目习惯反应的倾向。事故统计表明,

"我们都是这么干的，从没感到什么危险，生产任务照样顺利完成"或"至今为止没出过事故，我很有经验"等等定势心理状态所造成的事故占相当大的比例。

员工应该努力培养思维的灵活性，碰到问题，首先要细心观察，在借鉴以往经验的同时要注意是否有新的、实质性的变化，然后再下结论。同时，还要注意根据实际情况的变化而勇于创新和探索，使个人和企业的安全生产水平不断提高。

（5）员工安全意识淡薄而发生"三违"。因长期的井下工作而对工作有一种轻视的态度，不把安全规程当回事，总是抱着现在舒服就行，出不了大事的思想而造成"三违"。

针对性心理援助指导：

A.通过交流探讨改变"三违"员工原有想法。煤矿工作生产工艺复杂、环节众多，而"五大灾害"又时刻对矿工产生威胁，因此作为煤矿员工必须具备足够的安全知识和技能，尤其是要对工作保持敬畏之心，才能保证工作的安全顺利进行。

B.观看警示教育片。用已发生的一次次安全事故，用血的教训诠释安全事故的危害、健康平安的宝贵，唤醒员工对安全的警醒。煤矿"三大"规程正是通过一次次事故，总结提炼出来的精华，从事煤矿井下作业的人员，必须严格按照科学、合理的规程操作。

（6）员工情绪不稳而发生"三违"。由于工作或生活中发生了令自己不愉快的事情，在工作中被坏情绪干扰造成"三违"。

针对性心理援助指导：

情绪不稳，是指遇到特定事件时，情绪或高涨或低落，都是在情商的范畴内。而情商是一种能力，是一种技巧。既然是技巧就有规律可循，就能掌握，就能熟能生巧。只要我们多点勇气，多点机智，多点磨练，多点感情投资，就能营造一个有利于自己生存的宽松环境，创造一个更好发挥自己才能的空间。

另外，要想彻底消除"三违"，还需要从矿井安全投入、制度完善上等方面不断提升企业管理水平。

2.对典型共性案例的分析与研究

（1）找出"三违"发生的根本原因，及时解决。虽然"三违"现象、"三违"心理各有不同，但有些案例却有共性之处，那就是发生"三违"行为背后的真正原因。找出共性的原因，在"三违"人员辅导帮扶时便可参考类似援助方案，起到事半功倍的作用。

①因生产压力大，想赶进度完成任务而违章操作或指挥的占到了40.5%。比如，有很多违章指挥就源自此原因，一般援助方案便可相互参考。

②因长期井下工作，已经产生职业倦怠感（麻痹侥幸、过度自信、安全意识淡薄）而"三违"的占到了56.2%。比如，一些老工人违章操作和由于不良习惯导致的违反劳动纪律等，一般援助方案可根据不同情况分别制定。

③因家庭、个人情感原因自己不能及时解决、疏导而发生"三违"的占到了3.3%。比如有一些在作业中注意力不集中而违纪或违章操作等，要先稳定员工情绪，改变偏

差认知，再运用后顾之忧解除法解决员工"三违"的根本原因，最后让员工一身轻松的安全上岗作业。

了解员工"三违"心理产生的直接原因、根本原因，对症下药，及时疏导，可以有效消除其违章心理，避免"三违"行为的发生。当然，有些员工摆不正自己的位置，被动接受管理，甚至想方设法逃避管理，这时可以借助舆论引导、亲情感化，促使其自觉安全作业。

(2) 找出"三违"发生的时间的共性，提前预防。根据实践分析研究发现，每年的三季度是"三违"发生的高峰期。调查发现，提前对员工进行心理干预和安全理念灌输及技能再提升，让员工意识到此时间段的特殊性，而加倍重视安全，这样便可减少或遏制"三违"的发生。

3.管理方法的探索与研究

(1) 继续做好煤矿员工安全心理教育和心理保健工作，保障煤矿员工身心健康，促进煤矿安全生产。

①从井下一二线向地面逐步做到全覆盖。一个煤矿、一个区队、一个班组，员工队伍若有一个较高的整体心理健康水平，这支队伍就会始终和谐团结、精神振奋、斗志昂扬、勇挑重担和不畏困难，使企业在安全和生产两方面都能持续稳定、健康地向前展。要把现在工作重心在一、二线员工的基础上逐步向地面单位延伸拓展，努力做到全覆盖。要把工作重点从杜绝"三违"的心理形成向主动掌握安全技能，实现安全零事故转变。

②从被动接受心理保健到主动寻求保持阳光心态的转变。要对焦虑、抑郁等心理障碍或精神状态不好、家庭有负性事件的员工提前进行主动干预，让他们正确认识心理调适，保持心理健康。要深入开展员工心理素质拓展训练，在现有活动的基础上，借鉴运用新的方式方法，使员工从实现被动接受心理保健到主动寻求阳光心态的转变。

个人的阳光心态是靠自己保持的，家庭的乐观向上是要每个家庭成员共同呵护的。在加强员工个人心理保健方面，还要从单纯地加强员工心理健康的传统思维模式中跳出来，向实现员工家属全覆盖方面探索前行。这可能需要一个漫长的过程，但要坚持不懈去做，一点一点改进。

(2) 运用心理学的知识来预防煤矿安全事故。

①深入开展学习心理学知识活动，规避安全事故。长期以来，由于人们认识上的误区，对煤矿事故发生的内在规律没有进行深入的研究，特别是对人的心理因素与事故发生的关系问题没有足够的认识，对煤矿特殊的生产过程、艰苦恶劣的作业环境，以及不利的社会因素和管理缺陷等给煤矿员工心理和行为造成的影响没有作过深入探究，因而所采取的预防措施常常简单而肤浅。这造成很多本来可以防止的人为因素的隐患没有被消除，进而导致大大小小的事故不断发生。

要以现在所取得的工作经验为基础，继续发挥出心理学研究煤矿安全事故与人的心理因素内在联系的一门科学的作用，运用这门学科的知识来预防煤矿事故。

②引入新的心理学知识与安全管理结合起来。要将人对所感所知所觉的规律运用到日常生产管理中，以保证矿井安全生产。比如，个人容易出现的注意力不集中问题便是安全生产的大忌，因为注意力集中是安全心理的第一要求。另外还有意志与安全生产的关系、思维定势与安全生产的关系等等，这些都是煤矿安全心理学所研究的内容，要积极运用它们到矿井安全生产中。

（3）开展积极心理学在煤矿企业中的作用的研究。

①积极心理学主张研究人类积极的品质，充分挖掘人固有的、潜在的、具有建设性的力量，促进个人和社会的发展，使人类走向幸福。

具体研究分为三个层面：在主观的层面上，研究积极的主观体验：对过去的幸福感和满足、对现在的快乐和幸福流、对未来的希望和乐观主义；在个人的层面，研究积极的个人物质：爱的能力、工作的能力、勇气、人际交往技巧、对美的感受力、毅力、宽容、创造性；在群体的层面上，研究公民美德和使个体成为具有责任感、利他主义、有礼貌、宽容和有职业道德的公民的社会组织，包括健康的家庭、关系良好的社区、和谐的企业等。

本课题研究的重点是积极心理学中的主观层面上的积极的情绪和群体层面上的健康的家庭、和谐的企业等。目标是使煤矿员工获得幸福，时刻保持阳光心态，消除不良情绪，振奋精神，打造企业积极的内部环境，释放企业内在活力和潜力，使"保安全、促发展、绘和谐、创幸福"的正能量在煤矿中持续兴起。

②要开展感恩文化建设。感恩是一种良好的工作、生活态度，是员工成熟的重要标志之一。要结合积极心理学要求，围绕"感恩祖国、感恩社会、感恩企业、感恩父母、感恩员工、感恩同事"等六大元素，开展形式多样的活动，让员工认识逐步实现从"感"到"恩"的转变，不断增强工作中的责任感和使命感，形成知恩惜福、报效企业的良好氛围，提升企业引领力。

五、煤矿"三违"人员现象及心理援助管理的研究成果

经过几年的认真学习、探索实践，燕子山矿的课题研究取得了一定的成果。

1.通过心理援助管理在企业管理中的运用，燕子山矿员工实现了身心健康，心态平和，素质得到了全面改善和提升，反"三违"管理工作成效显著

通过课题研究，从理论和实践层面上初步构建起了一整套可复制、可推广的、符合煤矿实情的管理科学与管理艺术相融合的模式，燕子山矿管理人员队伍素养得到了有效的发展，员工队伍素质得到了明显的提高。

一些习惯"硬性"管理行为管理人员适应了"情感"管理，他们的转化也使员工的认知和行为发生变化，企业管理层和执行实现了高度融合，让企业管理焕发出新的活力，有效保证了矿井安全管理水平的稳步提高。

2.课题成果丰硕

在此期间，燕子山矿先后组织编写完成了《员工心理援助手册》《心灵之约》《员工心理援助案例精选》等一系列工作丛书，创新推行了员工心理健康"五步"工作流程，实施了"员工心理援助六法"，全面完善了具有独具特色的"五法六步一助一"员工心理

援助工程。这些工作成果，都不同程度地影响和促进了矿井安全发展、和谐发展。

3.课题特色鲜明

工作中亲情氛围的营造，使"三违"倾向员工不仅矫正了不安全行为，而且消除了不安全心理，从根源上杜绝了"三违"的发生，保障了矿井安全生产、健康发展。燕子山矿在申报全煤系统"五精"管理样板矿期间，因为在安全管理工作上的创新发展和成效明显（申报全煤系统"五精"管理样板矿要求企业连续三年无安全事故），得到了专家验收组的一致认同，2013年被授予全煤系统第五批"五精"管理样板矿（前五批共计50个），实现了山西省和同煤集团"五精"管理样板矿零的突破。

六、煤矿"三违"人员现象及心理援助管理研究的思考与启示

煤矿"三违"的主体是人，是由人的不安全行为而造成的。心理学认为，人的行为是由思想和心理决定的。所以，只要员工有了正确的心理认知，或者进行及时有效的心理干预和治疗，就可以消除不安全心理，防止"三违"行为的发生。燕子山矿从对煤矿"三违"人员现象及心理援助管理实践研究的工作中，得到了如下启示：

1.煤矿企业要重视对员工心理资本的开发

从保持员工的心理健康问题入手，积极主动地开展心理咨询和心理治疗活动，并在遇到突发性事件时，尽早进行心理干预。

（1）重视员工的心理资本开发。心理资本是开发员工潜力的核心方法之一。积极心理资本的标准有：自我效能（自信）、希望、乐观和韧性。大量的实证研究证明，只有提高员工的积极心理资本，才能使企业真正获得可持续的竞争优势。积极的心理资本也是个人持续进步的重要动力与源泉。

（2）增强对员工心理健康的重视程度。通过电视、报纸、网络等媒体开展多渠道、多层次、多形式的宣传教育，营造企业员工认识了解、自觉调适、保持心理健康的浓厚氛围。

（3）健全关爱员工心理健康激励机制。企业要制定员工心理健康总体实施方案，由点带面，有计划、有步骤推进。对于组织架构完善、经费保障到位、措施具体有效的单位、机构以及从事该项工作的优秀个人给予相应的精神和物质奖励等。

（4）加强员工情绪管理的能力。情绪管理是对个体和群体的情绪感知、控制、调节的过程。员工情绪管理能力强可以保持稳定的心境，平和的心态，拥有良好的人际关系，提高生活质量。情绪管理能力具有后天可培养性、可塑造性，企业应该将员工情绪管理能力作为一项培训内容。例如，怎样观察自己和他人的情绪、怎样对待情感波动、如何战胜压力和焦虑、如何积极交往、如何跟同事共享成功喜悦、如何培养相互的信任感、如何激励自己与他人等。员工管理情绪的能力高了，会激发工作热情，促进企业发展。

2.安全管理是一项基础工作，需要有一整套完整的制度和机制去加以约束和激励，并在生产实际中层层落实安全生产责任制，有效提升员工队伍素质，才能确保煤矿的安全生产

（1）部署周密，规范管理。单位管理者要做到靠前指挥、深入井下、深入现场，

严密控制各个生产环节，理顺工作过程，细分工作职责，明确目标任务。对每项工作、每个任务，都要安排到人、安排到位，不留任何死角和盲点，做到事事有安排、有落实，为企业实现安全生产起到积极作用。

（2）超前预防，完善制度。在现有的一整套包括组织机构设计、职能分工、岗位职责说明、符合煤矿科学原理的工作流程以及各种专业的工作标准和管理制度上持续完善、不断改进，让员工工作中切实做到有章可循，有规可守。要考虑制度和标准对于实际生产作业中的可操作性，用严格的制度和标准规范员工的每一个行为，使员工自觉执行，真正体现出规范性和执行力。

（3）落到实处，责任到人。要强化责任落实，建立完善的岗位责任制，量化分解各项工作，实现从区队、班组到个人权责清晰、责任明确。不按规定违章操作的，要进行责任追究。

3.煤矿员工要提高自身安全素质，重视发生"三违"对自身的危害，确保安全生产

（1）由过去的"要我安全"转变为"我要安全""我会安全""我保安全"的主动预防上来。

（2）重视并认真对待自己的心理健康问题，做好日常的自我心理保健，遇到心理困惑及时寻求心理帮助渡过心理难关，保持健康发展、积极向上的心理。

（3）通过多种方法学习，学会掌握管理自己情绪的能力，及时对不良情绪进行调整，避免负面情绪的影响。

（4）工作过程中多想一想、多看一看、多检查一下、多提醒一声，对及时发现的问题要彻底处理，杜绝各种事故隐患。

（5）自觉遵守规章制度，认真执行标准化操作，提高安全防护意识，养成良好的安全行为习惯，形成以安全生产为荣的良好风气。

（成果创造人：冯　超　张久儒　王　强　杨月和　秦明利　吴文剑　王　璐　刘　刚　薛向英　王凤艮　郝　莹）

PCHVF 绩效管理体系的探索与实践

山西晋城无烟煤矿业集团有限责任公司寺河煤矿

晋煤集团寺河煤矿属于国家"九五"期间重点建设项目，是我国首座高瓦斯条件下的千万吨级现代化大型矿井。矿井于 1996 年 12 月 30 日开工建设，2002 年 11 月 8 日通过国家级验收正式投产。截至 2013 年 3 月，寺河煤矿共有在册员工 5672 人。其中，管理人员占 10.67%，专业技术人员占 5.96%，岗位操作人员占 83.45%；一线员工占 27.05%，二线员工占 26.88%，地面生产人员占 25.05%，地面辅助人员占 21.02%；研究生及以上学历占 0.4%，本科学历占 10.06%，中专及大专学历占 28.69%，技校学历人员占 12.69%。矿井采用"一矿两井"生产模式，东井区为高瓦斯矿井，核定安全生产能力 800 万吨/年；西井区为煤与瓦斯突出矿井，核定安全生产能力 400 万吨/年。

一、PCHVF 绩效管理体系的实施背景

随着寺河煤矿开采条件的不断变化，人力资源成本已成为生产最大的成本。面对当前持续下行的煤炭经济形势，加强矿井绩效考核，最大限度地发挥人力资源优势，成为企业降本增效，提升发展质量的关键所在。

1.员工队伍结构年轻化、多元化，对绩效管理工作提出了新要求

从员工队伍基本构成来看，寺河煤矿 35 岁以下员工占到了全矿员工总数的 70%以上。年轻人兴趣广泛，精力充沛，但是对于个人工作绩效和薪酬期望值较高，对于自身成长成才愿望迫切。此外，操作层、技术层、管理层员工需求的多样性对矿井绩效管理提出了更高要求。

2.严峻的市场形势要求企业必须充分发挥绩效管理的导向作用，引导企业走内涵式发展道路

近两年来，随着煤炭市场的下行压力持续加大，煤价一路下跌，倒逼煤炭企业大幅压缩成本减员增效，走集约化、内涵式发展道路。这对煤炭企业提高生产效率，降低吨煤生产成本提出了更高要求。

3.加强绩效管理是提升管理效率，实现矿井安全生产的内在要求

安全生产的特殊性，要求矿井必须实行扁平化的管理组织架构，减少管理层级，实现管理指令的高效执行。寺河煤矿分东、西两井区，管理层级涉及操作层、执行层、

管理层，管理思路的落实需要绩效管理体系发挥导向作用，提升团队的执行力。

4.传统的薪酬分配机制不能切实反映员工的贡献率

煤炭生产一线工作苦、脏、累、险等特点，已经严重制约了员工从事一线工作的积极性。执行岗位的传统绩效管理中薪酬主要由生产奖、安全奖、单项工作奖整合后减去各类考核罚款组成，岗位个体薪酬支付标准难以从宏观上把握，导致员工收入失衡。管理岗位工作量化考核难度大，存在平均分配倾向，打消了一部分管理人员的工作积极性。这也要求企业以绩效为导向，在薪酬分配体现员工贡献率，达到更加公平合理的目标，提高员工工作主动性、积极性、创造性。

5.直线-职能制的传统管理组织架构缺陷逐渐暴露，影响了工作效率

传统的管理组织架构导致职能部门之间的协作和配合性较差，职能部门的许多工作要直接向上层领导报告请示才能处理，一方面加重了上层领导的工作负担；另一方面也造成办事效率低。

三、PCHVF绩效管理体系的内涵及主要做法

1.绩效管理内涵

所谓绩效管理是指管理者与员工之间就目标与如何实现目标达成共识的基础上，通过激励和帮助员工取得优异绩效从而实现组织目标的管理方法。其目的在于通过激发员工的工作热情和提高员工的能力和素质，达到改善企业绩效的效果。

绩效管理的好坏关系着企业的生死存亡，企业没有绩效等于人力资源管理没有实现，管理更无从谈起。绩效管理是现代企业战略性人力资源管理的核心部分，对于提升员工的绩效和企业的竞争力具有巨大的推动作用。无论企业处于何种发展阶段，绩效管理对于提升企业的竞争力都具有巨大的推动作用。当前，严峻的市场形势以及矿山管理提升都要求煤矿企业必须走出、走好绩效管理新路子，挖掘管理生产力的巨大宝藏。

2.主要做法概述

建立绩效管理流程是绩效管理的重头戏。绩效管理是一个完整的闭合循环系统，由绩效计划制定（Plan）、绩效监控（Control）、绩效帮助（Help）、绩效评价（Valuation）、绩效反馈（Feedback）以及绩效结果应用六个环节构成。绩效管理要取得成效，这六个环节的工作必须"环环相扣"，否则就不会达到提升绩效的效果。

基于以上认识，为了使绩效管理更加科学合理，晋煤集团寺河煤矿坚持将绩效管理作为一项重要工作来抓，列入年度重点工作加以推进，形成了"四步走"的有效做法。

第一步是确定绩效管理的目标，选择科学合理的考核指标，建立绩效管理流程；即PCHVF闭合循环绩效管理流程，如图1所示。

第二步是对全体员工、绩效管理人员进行相关的系统培训，促进绩效管理的实施。

第三步是畅通绩效管理的沟通渠道，形成绩效管理的闭合循环回路，根据反馈信息不断改进绩效管理。

第四步是健全绩效管理制度，形成配套的管理体系，将考核结果与薪酬、奖励、晋升、培训等人力资源管理方式结合起来，共同形成一个以绩效为导向的全面人力资源管理系统。

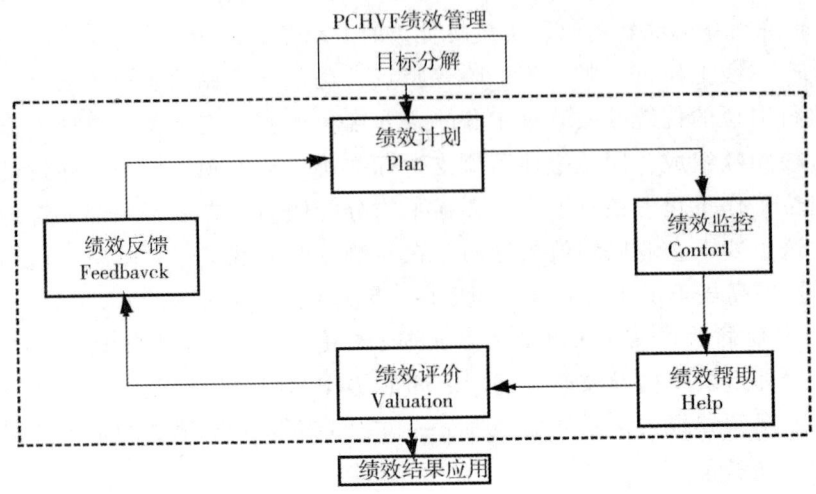

图 1 PCHVF 绩效管理流程图

绩效管理的终极目标是提高企业的绩效而不是单纯地对企业和员工进行业绩评价。安全生产压力大、采掘衔接关系紧、生产经营难度高是寺河煤矿面临的主要矛盾，这些矛盾的解决与每一个员工的绩效都息息相关。因此，绩效管理必须与这些中心工作紧密结合，通过层层分解指标任务，建立保证各单位具体目标实现的考核体系，并将此考核结果与薪酬、晋升等挂钩，从而引导员工从本职工作做起，为此共同目标努力奋斗。

3.实施步骤

（1）绩效计划（Plan）。绩效计划是绩效管理的起点，也是绩效管理的核心环节，制定科学合理的绩效计划才能确保绩效考核的有效进行。绩效计划的制定应由绩效管理人员与员工进行双向沟通，管理人员要表达观点，员工也要积极表达自己对工作目标的看法、工作中可能遇到的障碍以及需要组织给予的帮助和支持。

晋煤集团寺河煤矿坚持把绩效计划编制和企业民主管理相结合，把该项工作纳入每年年初职代会进行研讨，广泛征求员工意见，层层分解全年工作目标任务，把《工资分配方案》《劳动竞赛方案》拿出与员工代表广泛研讨，确保了绩效管理办法得到大多数员工的认同。围绕企业总体目标，各部室、区队将全矿目标层层分解到每个班、个人，分别建立自己的绩效考核办法，共同形成了一套完成的绩效管理体系。根据煤矿企业的特点，寺河煤矿把考核分为安全指标、生产任务及重点工程、安全质量标准化、预算管理、和谐文明及评议（领导动态评议和基层评议）等六项量化指标。同时，根据矿按照单位业务特性将所有单位分为 ABCDE 五类，A 为一线生产单位，B 为一线辅助单位，两者由各牵头业务部室根据分管业务不同分别制定考核项目并进行考核。C、D 类单位即生产业务部室和辅助业务部室的考核，根据业务分工和管理重点不同划分各项指标的考核权重。E 类单位因工作特殊性，工作完成情况无法进行量化，考核重点将放在生产任务及重点工程（绩效督办）、预算管理、和谐文明及评议这四项指标中。简单来说就是将所有单位分成五类，按照各自不同的业务特性将考核指标以不同的权重进行绩效考核。

（2）绩效监控（Control）。绩效监控是指考评者始终关注下属的各项活动，以保证他们按计划进行，并纠偏的过程。在绩效考核的计划阶段顺利完成后，工作重点转移到了绩效监控。作为连接绩效计划与绩效考核的桥梁，绩效监控对于绩效计划的顺利执行和绩效考核公正客观的执行起着极其重要的作用。

在绩效监控阶段，寺河煤矿主要采取了以下四方面措施：

一是矿级领导坚持定期包队调研。每月至少深入所包单位一次，深入调查研究，找出根本原因，修正单位绩效目标或者提供帮助。比如，针对大学生成长成才问题，寺河煤矿专门制定了大学生成长成才路径，提高了大学生成才积极性。

二是加强重点工程督办。对于涉及系统和全局的重点环节工程，坚持半月一督办，落实不力的及时拿出处理意见，确保重点工程如期推进。由于传统管理组织架构的缺陷，寺河煤矿在推行大部制改革的基础上，涉及部室之间的业务实行业务交接单制度，很大程度上避免了推诿扯皮。此外，重点关注单位目标与单位绩效出入较大的单位，通过面谈和实地调研等方式缩小绩效目标与实际绩效的差距。

三是加强日常考核。对于日常工作出现失误的单位及时记录，根据情况量化为具体指标，月底考核兑现。例如，由考核部门统计各业务部室影响生产时间，进行影响因素分析考核，提升了各部室主动服务意识。

四是定期召开绩效管理分析会。每月月底通报绩效考核情况，认真分析工作绩效完成情况，实行单位绩效红黄旗竞赛，完成好的介绍经验并表扬奖励，给予红旗嘉奖，差的做出检讨，分析查摆原因，给予黄旗示警。通过绩效管理人员与各单位的绩效信息员建立良好沟通渠道，形成稳定真实的绩效考核信息来源，确保绩效管理持续改进。

（3）绩效帮助（Help）。绩效帮助的作用在于能够前瞻性地发现问题并在问题出现之前解决，还在于能将绩效管理者与考核对象紧密联系在一起，需要两者经常就存在和可能存在的问题进行讨论，共同解决问题，排除障碍，达到共同进步和共同提高，实现高绩效的目的。

在此阶段，绩效诊断箱和治疗箱是一个很好的绩效帮助方法。寺河煤矿定期将此方法用在绩效考核成绩不佳的单位身上。从知识、技能、态度和外部障碍四个维度上分析绩效不佳的被考核对象，以此来诊断绩效不佳的原因，并分别从这四个维度上提出解决方案。并且寺河煤矿以整体为对象，自主开展绩效诊断，做出绩效治疗方案。

在知识维度上，寺河煤矿逐步推进"教考分离，以考促学"全员培训方案的实施，不断充实包括六十余种岗位工种题型和矿内外时事专题在内的知识题库，每月组织全体员工参加全员考试并对成绩优秀者给予一定奖励，全面提升员工的综合素质和专业知识储备。除此之外，针对煤矿员工平均学历偏低的情况，设立中专班，分批次地对中专学历的员工进行系统培训。

在技能维度上，寺河煤矿坚持"干部上讲堂、培训到现场"的优秀传统，针对矿山瓦斯含量高、地质构造复杂的具体生产实际，每周由优秀干部专题讲演，对员工进行专业技能培训。同时，近年建立的大师工作室也为专业技术人员的技能提升提供了良好的技术支持。

在态度维度上，寺河煤矿提出扩大组织生活会，使员工代表和基层领导参与矿山决策常态化，听取基层意见和建议，及时了解和掌握基层员工的心理动态，想员工群众之所想，急员工群众之所急，尽力为员工群众解决生活和生产上的各种问题。2013年筹建的寺河影厅、万德福超市以及美食一条街等，为寺河人创造良好的生活生产环境，使员工以良好的身心状态投入到生产上。

在外部障碍维度上，由于瓦斯抽采难度增大导致掘进紧张，寺河煤矿现今煤矿主体专业、高级技能等级及生产经验丰富的员工需求增大。对于这些矿山自身不能解决的问题，寺河煤矿领导积极与集团公司沟通协调，寻求外部帮助。

（4）绩效评价（Valuation）。由于绩效考核的结果会影响到员工的工资、奖金、晋升和培训机会，所以，寺河煤矿在设计绩效考核制度的时候，都会把公平作为一个重要因素加以考虑。如果绩效管理者对被考评者评价能做到公平公正，那么绩效考核就可以鼓励业绩优秀的单位和员工，鞭策业绩低下的单位和员工，起到正确的积极导向作用。反之，如果考核结果不能保证公平，会使员工陷入低落的情绪当中，生产积极性受到限制，怨言和懈怠的情绪将在企业蔓延，极端的情况下，优秀的员工可能会选择另谋高就，这是大家不愿意看到的结果。当然绩效考核中人为因素的影响要完全消除是非常困难的，也不可能做到绝对的公平，但并非不可降低，因此企业必须在制度设计和安排的时候进行全面考虑，加以系统解决。

寺河煤矿主要从考核方式上来增加绩效考核公平性：一方面按照岗位特点，将所有单位分成五类，将总目标层层分解细化到各单位的绩效指标，如掘进进尺、质量标准化等具体指标，可量化、易衡量，操作性强。另一方面根据岗位特性对五类单位制定考核体系，其中六类考核指标所占比重不同，力求体现岗位区别的同时建立可量化、可比较的平台。例如CDE类科室因工作特殊性，工作完成情况无法进行完全量化，考核重点将放在生产任务及重点工程（绩效督办）、预算管理、和谐文明及评议这四项指标中。其中，F类机关科室相对于C、D类单位，评议的考核权重将进一步加大。

（5）绩效反馈（Feedback）。许多管理者认为绩效考核结果不用告诉员工，只需要汇总给人力资源部门就行。因为他们害怕把结果告诉员工后，会和员工站到对立面，甚至会和员工发生争吵，从而影响到工作关系。这种害怕和担心是可以理解的，毕竟绩效考核的结果会直接影响员工的切身利益。但考核结果并不是管理者制造出来的，而是员工自己干出来的，绩效考核结果早在员工的意料之中。

因此寺河煤矿以科、队务公开等形式，及时详尽地将绩效考核细则和结果公布出来，帮助员工了解绩效管理的考核办法和依据，这样不但不会和员工站到对立面，反而给员工一种印象，绩效反馈是帮助员工正确认识自己的表现，是帮助员工改进绩效。绩效考核结果的公平性和考核程序的公正性也会得到提升。除此之外，寺河煤矿还建立了绩效管理的申诉渠道。各单位员工对绩效结果有不同意见时，可以越级向主管领导申请，并向绩效管理部门进行申诉，申请重新进行绩效评估或者协商绩效指标。

开放、公正的绩效考核不仅能获得员工的认同和支持、有利于绩效管理的推行，而且从反馈的信息中可以不断修正、调整绩效考核指标甚至体系，从而进入下一个更科学合理的绩效考核流程，通过闭合循环回路实现绩效考核系统提升的螺旋上升。

（6）结果应用。许多企业在绩效考核结果的应用上出现一些误区，如与员工的切身利益结合不紧密，与员工培训和个人发展没有很好结合，结果应用方式单一，结果应用形式化倾向严重等等，容易引起员工对绩效管理的恐惧心理和抵触情绪。寺河煤矿为了实现绩效考核的最佳应用，把考核结果应用于人员调配、薪酬、奖金、岗位晋升、培训与开发和职业生涯规划等方面，并使其制度化和常态化，落到实处。只有这样，才能真正对员工产生激励作用。

这些人力资源激励工具中，薪酬激励无疑是激励效果最明显的。现今经济飞速发展，中青年对物质的需求日益增长，生活压力日趋增大。作为中青年占绝对主导的寺河煤矿来说，薪资激励在人力资源管理中占主要地位。为了增强绩效考核与个人薪资紧密联系，寺河煤矿建立了以绩效为导向的薪资分配制度。

在该制度中，寺河煤矿先对全矿所有单位按照各自考核体系进行考核，将所有薪资在单位间进行分配，然后各单位制定自己的二次分配方案，将单位总薪资在员工之间进行分配。其中正科级以上的干部直接以各自单位的单位绩效为衡量指标得到绩效工资，所有员工都是在技能加岗位工资的基础上加超额奖金，AB类员工超额奖金主要以出勤为依据，CDE类员工由于岗位工作的不易衡量性，在技能加岗位工资加超额奖金的基础上，以领导评议和会议督办为依据设立个人单项奖。

除了薪酬激励，寺河煤矿还采取一些方式来进行荣誉激励。五型班组、队组，以及质量标准化的红黄旗竞赛等激发基层队组的员工为了集团荣誉认真工作。每年的"五小成果发布会"会将观念、技术提出者的名字命名该项成果，以及"XX大师工作室"等激发员工的成就感、荣誉感，增加员工的积极性、主动性和创造性，提高绩效。

通过前阶段的绩效考核，寺河煤矿掌握了员工的工作表现和工作贡献，因此可以按照图2所示，通过这两个维度的交叉分析，将员工划分成四种类型。针对不同类型的员工采取相应的人力资源政策。

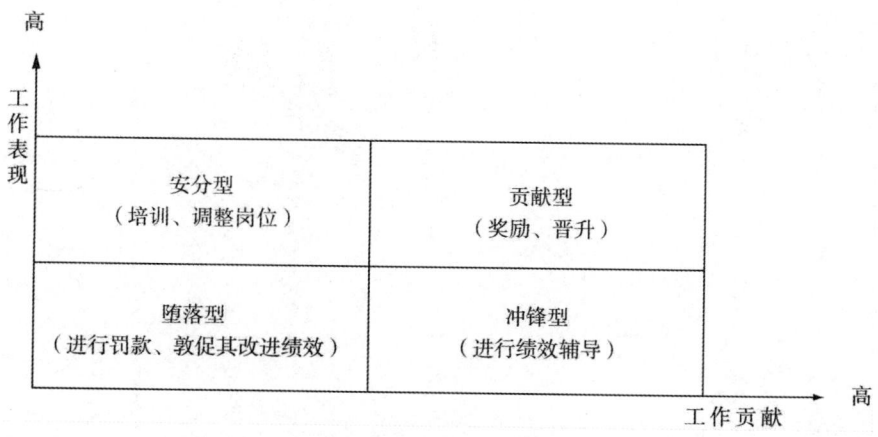

图2　人力资源政策选择

四、PCHVF 绩效管理体系的实施效果

通过推行 PCHEF 绩效管理体系，极大地提高了各部门和员工的积极性，为企业应对市场危机，提升竞争力提供了有力支撑。具体表现在以下五个方面：

一是员工工作积极性显著提升，工作效率迅速提高。由于绩效管理中薪酬分配本着向苦脏累险生产岗位员工倾斜的原则，一线操作岗位员工出勤率迅速回升，各区队平均出勤率由原先的 68% 提升到 85% 以上，在人员不增加的条件下，矿井掘进日进尺由原先的 100 米左右攀升至 170 米，增长率达 170%。

二是区队创新意识不断提高，企业抗风险能力显著增强。在积极应对市场危机的宏观形势下，寺河煤矿结合高瓦斯矿井安全生产实际，推行持续生产、动态检修作业制度，有效提高了生产效率。在施工工艺方面，优化工艺流程，推行小工艺、小革新、小发明、小创造，降低了传统作业的劳动强度，吨煤完全成本显著降低。

三是安全生产持续向好，实现了较长周期。在科学的绩效管理体系指导下，矿井实行自主管理、层次管理，确保了安全调度指令的高效传达落实，有效避免了部门与部门之间的推诿扯皮，降低了内耗，提高了管理效率。矿井多年保持安全事故为零的良好记录。

四是同心、敬业、奉献、超越的企业精神更加深入人心。推行 PCHEF 绩效管理体系以来，寺河煤矿员工主动融入矿井发展战略目标，立足岗位努力实现自身价值，同心、敬业、奉献、超越的理念逐渐渗透到员工日常行为，成为员工工作准则和基本遵循。

五是突破了传统煤炭企业的绩效考核，走向了现代化全面绩效管理。传统的煤炭企业绩效考核偏重于考核，而对于引导和激励有所忽视，没有与其他的人力资源手段形成整合效果，不符合现代企业绩效管理的发展方向。而 PCHVF 绩效管理体系偏重于绩效帮助和支持，通过激励和引导员工取得自身优秀绩效的同时，实现企业总体目标，达到员工与企业双赢效果。

（成果创造人：牛保炉　刘　军　杨赛峰　闫　旭　靳文军　王青亮　王剑强　张　燕）

企业法律事务信息化系统的创新与实践

山西晋城无烟煤矿业集团有限责任公司寺河煤矿

晋煤集团寺河煤矿是国家"九五"期间重点建设项目,是我国首座在高瓦斯条件下建成的千万吨级现代化大型矿井。矿井于1996年12月30日开工建设,2002年11月8日通过国家级验收正式投产,目前在册员工5674人。矿井采用"一矿两井"生产模式,东井区为高瓦斯矿井,核定安全生产能力800万吨/年;西井区为煤与瓦斯突出矿井,核定安全生产能力400万吨/年。自2005年至今,矿井连续八年产量保持在千万吨以上水平,采煤机械化程度达到100%,原煤入洗率100%,采区回采率达到85%以上,瓦斯抽采率达到81%以上,年抽采利用瓦斯5亿立方米。

一、企业法律事务信息化系统创新的实施背景

1.矿井安全、科学、可持续发展需要强化风险管控

寺河煤矿经过十几年的建设、发展,当前处在重要的历史转型期、能力检验期、发展攻坚期。生产布局、开采模式、采掘环境的变化,致使矿井需要由"一矿一井"开采模式向"一矿两井"、多水平开采的生产组织模式转变,在矿井安全生产、西井区投产达产、东区扩区建设、15#煤延伸等一系列过程中,必然涉及大量法律事务工作,需要强化风险预警体系建设,实施科学的风险评判与持续有效的管理,才能保障依法建矿。

2.原有的法律事务管理已不能满足发展需求

"十二五"时期,煤炭行业竞相发展、跨越发展格局已经成型。随着时间的推移和形势任务的转变,寺河煤矿原来的管理模式已不再具有引领优势,有的甚至转变成了发展瓶颈,不能完全适应矿井发展要求。特别是法律事务管理方面,暴露出法律人才短缺;法律事务工作制度系统性不够,执行力有待进一步提高;法律顾问制度职能尚未充分发挥;业务部门法律意识不强,法律知识欠缺等一系列问题。因此,迫切需要进一步提高认识,把"法律风险防范当成重要生产力",增强紧迫感、责任感和自觉性,加强法律风险预警建设,推动企业依法经营、依法决策、依法维权,维护企业资产安全。

3.建立企业法律事务信息化系统的紧迫性

(1)法律风险控制难以深入落实到业务操作层;无法过程跟踪业务,导致管理层无法及时获得企业生产经营的过程分析数据;面对竞争白热化的市场,由于信息技术

的滞后导致管理层不能实时全面地掌控经营信息。

（2）极少部分法律事务信息化且信息孤立，统计简单，难以适应矿井的高效率运转，从而引发了企业对法律事务管理全面信息化需求的迫切性。

（3）从总体情况可以看出，法律意识正在逐步加强，但法律事务工作的方式方法相对滞后。

（4）采用先进的信息化管理手段可以尽快满足企业法律风险防范体系建设的要求。

二、企业法律事务信息化系统的内涵和主要内容

1.企业法律风险管理的涵义及其概述

企业法律风险管理：是指企业法务部门为实现企业既定的经营战略，制定合理法律风险控制目标，并为实现该目标而对组织所拥有的资源进行有效的计划、组织、领导、协调和控制的过程和活动。企业法律风险管理不是处理具体法律事务，而是管理法律风险。

企业法律风险预警体系的建立是指企业根据法律风险的特性，建立起由企业决策层、各管理部门和全体员工共同参与的，在企业生产运营管理的各个环节中，通过识别、评估法律风险，确定法律风险应对策略，对法律风险进行防范、控制和化解的一整套制度和流程。

寺河煤矿法律事务信息化系统建设目标：构建科学、高效、全面的经营风险防范、风险控制、风险事后补救的三大体系，以法律工作的精细化管理推动企业在法治的轨道上可持续、健康发展。目前寺河煤矿作为集团公司首批使用法律事务信息化管理系统的单位，已在合同管理、领导查询、授权委托管理等三个领域实现了网络管理，并初步构建本单位合同全生命周期信息化管理。

2.构建企业法律信息化系统应遵循的原则

（1）事先防范原则。事先防范是基础。建立企业风险防范体系，全面贯彻企业经营管理制度，优化管理流程，体现企业管理思想，规范企业日常运营管理，推动企业的执行力。

（2）事中控制原则。事中控制是关键。建立企业风险控制体系，实现经营业务的在控管理，使企业决策者实时掌控企业的经营状况并能够提供决策数据依据。

（3）事后补救原则。事后补救要主动。建立企业风险补救体系，实现经营风险历史经验库和历史切片分析，能够为企业健康持久的发展提供可自我完善的平台。信息系统能够快速提供有效的分析数据，快速部署新的补救体系，从而能够实现事后及时补救的法律工作目标。

3.主要内容

（1）加强企业经营管理制度建设，结合企业实际情况，构建企业法律风险预警管理制度。

（2）以合同全生命周期管理为切入点，建立事前预防、事中控制、事后救济的法律风险预警机制。

（3）用实证方法建立符合矿井实际的法律风险识别、预防、评估、应对与整改法

律事务风险预警管理机制。

（4）以重大决策为纽带，以法律信息化系统为依托，将法律事务管理嵌入企业经营管理流程，建立法律事务风险预警机制。

（5）企业法律顾问通过"在线"服务，将法律事务管理渗透到企业经营管理的各个环节之中，建立法律事务风险预警机制。

三、企业法律事务信息化系统创新与实践的主要做法

寺河煤矿面临环境和自身发展的需要，从防范法律风险的角度构筑企业法律风险防范体系，主要内容为：以控制法律风险为主线，加强企业法律事务管理制度和管理体制建设，深化规章制度、经营决策、经济合同三类审核，提升法治文化建设、重点工程项目、知识产权管理、诉讼纠纷处理四项服务水平，完善法务人才成长、信息化管理、法务立标对标、法律风险预警、法律事务考核五大机制。寺河煤矿构建完善企业法律风险防范机制主要做了以下五方面的工作：

1.强化企业经营管理制度法律审核，建立健全企业法律风险预警管理制度

法律事务部进一步强化企业经营管理制度的法律审核，以《寺河矿"三重一大"事项决策实施办法》为指针，结合矿井合同信息化管理的实际，法律事务部制定了《寺河矿经营行为法律审核管理办法》《寺河矿重点项目法律顾问管理办法》《法律事务管理系统操作步骤及网上合同审核流程》《合同经办人员操作规程》《寺河矿法律风险管理暂行办法》等法律事务管理制度。法律事务部还根据矿上的统一安排，对经营活动重要管理制度进行法律审核。两年来，通过OA办公自动化系统累计审核15个与安全生产经营相关的规章制度，进一步完善各项安全生产经营管理制度和工作流程，做到"管理制度化、工作流程化、考核定量化"，实现了法律事务的精细化管理。

健全企业规章制度是保障。企业涉及经营活动的规章制度应当由法律顾问和法律事务机构负责牵头起草或实施合法性审查，确保制度符合国家法律法规和国资委监管规章制度，提高规章制度的可操作性。涉及企业发展的重大事项，应当由法律顾问和法律事务机构全程参与，提出法律意见或出具法律意见书，确保企业重大决策合法合规。经过探索，现已建立了与企业发展相适应的"上下联动、信息通畅、工作顺畅、管控有力"的法律事务风险预警管控制度体系。

2.以合同全生命周期管理为切入点，建立事前预防、事中控制、事后救济的法律事务风险预警机制

用信息化技术强化合同管理，建立合同全生命周期管理机制。通过信息化建设提升决策层对合同经办单位及合同经办人员的直管能力；进一步强化对合同起草、审核、生效、履行、变更、归档网络化、规范化管理。寺河煤矿作为晋煤集团首批合同信息化管理系统的试点单位，通过管理创新、流程优化，实现了对合同全生命周期管理。

寺河煤矿高度重视合同风险的管控，不仅重视合同签署风险，更重视合同履行风险，法律事务部充分利用信息化手段来管理合同。从合同前期意向沟通、谈判、招投标、签署、授权，到履行、变更解除、合同争议解决等进行了研究分析，理顺全过程所有参与者的角色和职责、关键环节、主要风险点和具体操作流程。为实现对合同进

行实时、透明、全程的管理与监控，寺河煤矿将合同的审核签署、履行终止及信息数据全部纳入电子系统进行管理。通过合同全过程法律信息化管理，建立贯穿矿井所有管理层级的、预防控制救济为一体的合同生命周期法律风险管理预警机制，用信息化手段来管理各类合同，提高合同的管理效率。寺河煤矿还及时总结合同审核经验，针对不同的合同类型，编撰合同审核信息化标准，实现系统内合同审核经验共享。通过信息化手段，使寺河煤矿的各类合同审核成为不可逾越的节点，嵌入网上合同审核流程，建立、健全法律信息资源共享机制，提高矿井法律管理沟通互动的效率，使法律信息化系统成为法律管理的平台，法律顾问学习交流的平台和全体员工学习的平台。通过法律信息化系统加强对矿井采购合同、重点工程合同、技术合同、维修合同监管，组织相关部门对开展合同检查，对发现的问题及时督促整改、开展合同从起草、审核、履行、变更、归档全生命周期管理，使全矿的合同管理做到事前防范和事中控制，有效防范了合同风险。另外，法律事务部还打破传统的合同分类方法，紧密结合生产经营实际，细分合同类型，使合同信息管理与合同统计工作与企业的预算管理和经营业绩紧密结合，积极发挥合同系统全面反映企业经济气象表的重要作用。

3.以重大决策为纽带，将法律事务管理嵌入企业经营管理流程，建立法律事务风险预警机制

建立和完善企业规章制度是有效防范企业法律风险的重要内容。寺河煤矿根据自身参与市场竞争的内外部环境，对涉及法律风险的事项，按照集团公司的总体要求，以规章制度的形式对事前预防、事中控制和事后补救做出明确规定。同时，根据企业的发展和市场竞争环境的变化，适时做出相应的修改，保证规章制度合理合法并满足市场竞争的需要。企业的法律风险，一部分是由于管理人员的疏忽、故意或者素质问题产生的，而这些法律风险也可能因专业、敬业的员工得以避免。因此，寺河煤矿非常重视人力资源制度的系统化、科学化建设，注重从法律风险预防的角度，对矿领导以中心组学习的方式进行法律知识学习，对中层业务管理人员予以培训，并对其管理行为的法律后果予以评价。

4.通过案例梳理和分析，用实证方法建立符合矿井实际的法律风险识别、预防、评估、应对与整改法律事务管理预警机制

为认真落实《法律风险管理暂行管理办法》的文件，全面识别矿井法律风险，矿井初步建立了法律风险管理框架。寺河煤矿创新思路，独辟蹊径，突破传统上对企业风险一般性研究所采用的专业概念解说和演绎式推理，采用实证分析方法，将近年来发生的典型案例，逐一进行梳理和剖析，针对每一起案件提出管理建议和整改措施，成为鲜活的法律知识学习资料，为法律风险防范全面融入企业经营管理奠定了坚实基础。

目前法律风险识别、预防、评估、应对与整改法律事务管理预警机制主要靠法律顾问手工来操作，尚未建立信息化、动态、资源共享风险管理系统。

5.企业法律顾问通过"在线"服务，将法律事务管理渗透到企业经营管理的各个环节之中，建立法律事务风险预警机制

强化法律风险意识是识别风险、化解风险的前提，也是建立健全法律风险防范机

制的思想基础。寺河煤矿十分注重增强企业的法律风险防范意识，开设专门课程，通过"寺河大讲堂"、中心组学习，提高矿领导的法律风险意识。同时，注重加强企业员工的法律知识培训，在全矿深入开展全员法律宣传教育和培训学习，使全体员工逐步形成依法获取权利、行使权利和维护权利的思维方式，逐步养成按章操作的行为习惯。特别是加强重要岗位、关键环节人员的法律知识，使大家在每个风险控制点各司其职，充分发挥作用，筑牢法律风险防范根基。

企业作为经济组织，其经营行为在本质上表现为谋利行为，因此在经营中难免发生各种法律纠纷。对潜在的法律纠纷，寺河煤矿充分评估其显性化的可能以及将会对企业造成的影响，针对性地做好方案准备，提前化解法律风险。在解决法律纠纷过程中，邀请集团公司专业人员和外聘律师，科学制订详细方案和步骤，准备有关的法律文件，切实做到防患于未然。

企业法律顾问应当具有较高的政治素质，精通法律业务，熟悉企业经营管理，具有处理复杂法律事务的经验和能力。寺河煤矿不断加强法律人才队伍建设，提高法律顾问素质，落实法律顾问待遇，让真正精通法律和企业经营管理的人员参与到企业决策和管理，切实增强防范能力。

为员工家属提供法律咨询，有效化解矛盾，构建起和谐劳动关系。畅通和规范员工法律诉求渠道，引导和帮助员工依法维护自身合法权益。寺河煤矿法律事务部收集汇总相关法律法规、集团公司和矿规章制度，制成电子版，方便职工查阅。在矿信访接待大厅设立法律咨询台和法律知识书架，由法律事务部有资质的法律人士面对面向广大职工、家属提供法律咨询服务，有效化解了职工、家属各类矛盾，支持职工家属依法维权。

四、企业法律事务信息化系统创新与实践的效果

1.降低了人力成本，提高了合同审核效率

2012年9月信息化系统运行以来，合同审核周期由以前每个合同审核最少20天到2013年10天内审核完毕，合同经办人由以前的60人减少到30人就能办理全矿的各类合同，节约了一半人力和1倍工效，节省资金120万元。在总结经验的基础上，寺河煤矿建立起了各类合同的审核和经办时限，利用集团公司法律信息化系统对各类合同从起草、审核、履行、变更、解除、归档等环节进行全生命周期管理，有效提高了合同的审核效率，规范了合同管理。通过合同信息化管理系统，寺河煤矿在集团公司的子（分）合同的信息化管理上领先一步，得到了在全公司范围内的典型示范推广。2013年度晋煤集团子（分）公司法律事务工作绩效考核中，寺河煤矿名列第一。

2.法律信息化管理系统的运行，有效地防范了企业法律风险

寺河煤矿充分运用信息化手段，创新合同管理，解决了因企业经营场所分布相对分散、广泛，出现的合同统一管理成本高、规范签约行为难度大的问题，提升了合同管理水平，发挥了对企业经营活动的支持作用，提高了企业管控能力。法律信息化管理系统从2012年9月1日运行以来，寺河煤矿共审核合同1415份，金额234615.25万元，其中采购合同212份，金额为16467.19万元；建设工程合同401份，金额为

178318.19亿元；维修合同486份，金额为23759.82亿元；技术合同26份，金额为989.83万元；其他合同288份，金额为15011.5亿元。通过管理系统的运行，不仅提升了合同管理水平、完善了合同管理体系，而且有效降低了合同签订、履行过程中企业所承担的风险。运行两年来，实现了合同管理与纠纷、授权委托、法律意见的紧密结合，经营性合同审核率为100%，经审核过的经营性合同未发生经济纠纷。

3.坚持部门联动，共同参与，降本增效成果显著

为积极应对日趋严峻的煤炭市场形势，寺河煤矿引导职工树立过"紧日子"思想，深入开展"苦练内功强管理、人均节支一万元"主题活动，以选煤厂技改提效为突破口，通过建立井口材料超市，强化修旧利废等一系列应对危机、增收节支的有效举措，在全矿范围内营造了深厚的节支创收氛围，成功承办了集团公司选煤厂提块增效暨技术改造现场会，超额完成了全年增收节支指标，充分发挥了主力矿井的引领示范作用。通过法律事务部、招标办、监察科、审计科、财务科部门联动，规范招标秩序，依法依规开展招标，充分利用合同信息化管理系统，2012年为企业节省资金141.93万元，2013年为企业节省资金771万元。

(成果创造人：牛保炉　刘　军　许国泰　王世清　崔晓兵　闫　旭　杨赛峰　李亚飞　成向阳　何晋平　王慧芳　司悠悠)

国有大型煤炭集团
打造现代化矿井建设"升级版"的实践与创新

山西潞安矿业（集团）有限责任公司

山西潞安矿业（集团）有限责任公司（以下简称潞安集团），位于山西省长治市，成立于1959年1月1日，是全国第一个现代化矿务局，山西省七大国有重点煤炭企业集团之一，是国家重要的优质动力煤、化工原料煤生产基地和喷吹煤生产基地。目前，集团总资产1442亿元，拥有子分公司75个，两次获全国"五一"劳动奖状，两次被评为"中国十大最具影响力企业"。

一、国有大型煤炭集团打造现代化矿井建设"升级版"的实践与创新的实施背景

煤炭是我国不可或缺的一次能源，未来很长一个时期煤炭仍然是我国能源生产消费的主体。对煤炭企业来讲，煤矿转型的关键是现代化。现代化矿井建设，既是加快传统产业转型升级，调整优化产业结构，提高经济运行质效的战略需要；也是加快煤炭经济发展方式转变，促进高碳能源低碳利用、黑色煤炭绿色发展，推动煤炭工业由量变到质变，实现煤炭工业科学发展的重要举措。

1.打造现代化矿井建设"升级版"是实现煤炭工业科学发展的必然要求

近年来，在国家产业政策的大力支持下，涌现出了一大批大型煤炭基地和企业集团。同时，也出现了一些新情况、新问题和新挑战，要求企业必须加快现代化矿井建设，以现代化的企业理念、工作标准、运行模式，进一步巩固煤炭在我国能源结构中的主体地位，完善我国煤炭工业生产体系，推进煤炭生产力的发展，提高煤炭产业集中度，优化煤炭生产结构，带动煤炭产业转型升级，提升煤炭行业生产力水平，加快煤炭工业发展方式转变，提升煤炭经济发展质效。实践证明，现代化矿井建设能够带动煤炭科学技术的发展与进步，带动矿井装备的升级与配套，能够推进煤炭技术和装备的现代化，实现煤炭工业发展的科学化。

2.打造现代化矿井建设"升级版"是山西煤炭产业转型发展的现实需要

随着国家产业结构转型升级的提速，对传统的煤炭优势产业造成巨大冲击，成为山西新一轮经济发展的必然要求。山西的优势在煤炭，山西转型某种意义上就是煤炭的转型。要实现煤炭成功转型，就必须抓住山西特征，突出山西特色，发挥煤炭比较

优势，全面加快现代化矿井建设。这既遵循煤炭资源开发的规律，又符合煤矿自身发展的规律，还有助于推进煤炭产业本身的转型发展，实现煤炭产业绿色发展、低碳发展，推动煤炭行业的现代化、科学化发展。实践证明，现代化矿井建设是山西煤炭工业转型发展的必然选择，是建设山西煤炭品牌、打造精品矿井的现实需要，更是建设山西煤炭经济"升级版"的重大举措。越是现代化的矿井，抵御市场风险的能力越强，在市场低迷中更能激发潜在的活力，增强煤炭发展后劲，更好地推进煤炭产业转型发展。

3.打造现代化矿井建设"升级版"是实现潞安"三地一新"战略的科学选择

现代化矿井建设是煤炭行业转型跨越发展的正确方向，这对提升煤炭在全国、全世界能源领域的影响力和话语权起着至关重要作用。基于这种认识，潞安集团审时度势、高瞻远瞩，大力实施"三地一新"战略，为企业的长足发展指明了方向。对潞安来讲，煤炭是企业发展的基业、基石、基础，更是企业发展的灵魂，企业的优势是煤炭，发展的重点也是煤炭，只有走好现代化建设之路，坚持煤炭重点发展、优先发展，全面加快现代化矿井建设，大力实施煤炭集约化生产，形成规模优势、品种优势、效益优势，才能确保在激烈的国内外市场竞争中立于不败之地，推动企业转型跨越发展。实践证明，实施现代化矿井建设，实现了减人提效、提质增效目标，提高了煤炭产业素质、核心竞争力和持续盈利能力，推进了产业结构升级和转型发展，为建设具有国际竞争力的能源品牌企业奠定了坚实基础。

4.打造现代化矿井建设"升级版"是构建煤矿安全生产长效机制的客观需要

安全是煤炭企业永恒的主题。安全质量标准化管理是现代化矿井建设的重要内容，是构建矿井安全长效机制的最有效保证。多年来，煤矿安全工作经验和教训告诉我们，要实现煤矿安全生产的长治久安，就要抓好安全质量标准化管理工作，实现人、机、料、法、环的高度和谐统一；就要抓住现代化矿井建设这个根本，建立健全安全生产长效机制，有效防范事故，真正达到本质安全型矿井的目标。实践证明，现代化矿井建设的标准化体系，能够实现用标准定位、用标准引领、用标准推进的目标，现代化矿井建设找准了安全与发展的最佳结合点，进一步提高管理水平。在新的形势下，要抓好煤矿安全，就必须落实安全质量标准化，越是现代化的矿井，建设标准越高，安全系数越高。

二、国有大型煤炭集团打造现代化矿井建设"升级版"的实践与创新的基本内涵

潞安集团认真按照国家煤炭产业政策，牢牢把握山西转型跨越发展的战略机遇，以加快转变发展方式为主线，以提升矿井科学化水平为目标，坚持科技装备引领、人才素质保障、科学管理支撑、安全发展为本，积极构建了以"生产集约化、装备现代化、队伍专业化、安全系统化、管理科学化、矿区生态化"为核心的"六位一体"现代化矿井建设模式（详见图1），探索出了一条符合产业发展实际、山西特征和潞安特色的现代化矿井建设之路。

1.生产集约化

大力实施集约高效生产，不断提升矿井集约化程度和数字化、信息化、智能化建设水平。对新矿井坚持"六高"建设方针，积极优化采掘衔接，不断调整工作面部署，

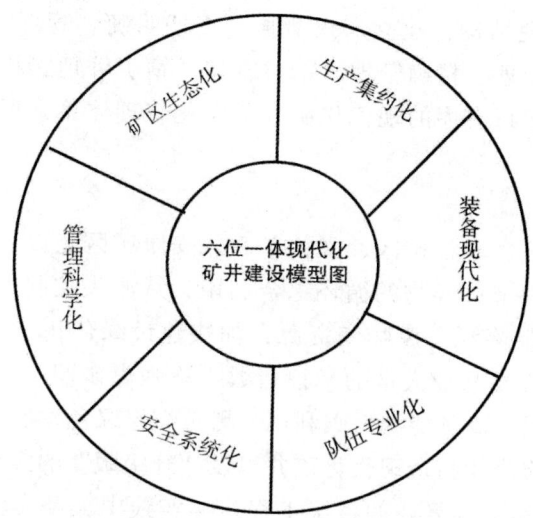

图 1 潞安集团"六位一体"现代化矿井建设模型图

有序推进大长厚工作面,切实提高高产高效水平;对老矿井积极进行环节挖潜改造、系统优化和数字化、自动化、智能化建设,实现无人值守,推进矿井减人提效、提质增效;对整合矿井积极推进"一井一面两头一条运输线"的高度集约化生产模式。

2. 装备现代化

综合运用国内外先进的科技成果、设计理念、生产工艺和技术装备,实施矿井装备升级改造,矿井工作面全部使用综采综掘装备,矿井机械化程度达到100%。同时,积极采用数字化矿山技术,建立健全综合自动化系统、计算机管理信息系统、通信系统,推进装备自动化、智能化建设,实现了煤炭产业由粗放型向集约型、由劳动密集型向技术密集型的根本转变。

3. 队伍专业化

人是生产力中最活跃最积极的因素,是保障煤矿安全生产最重要最关键的因素。在现代化矿井建设中,紧紧围绕经营管理、专业技术和高技能人才队伍建设主线,积极建立健全了各类人才的引进、培养、激励等工作体系,构建了具有国际竞争力和潞安特色的专业化队伍管理机制,培养了一大批具有煤矿特点的高素质的专业化人才,为现代化矿井安全生产、科学发展提供了有力支撑和根本保障。

4. 安全系统化

始终坚持"安全第一"位置不动摇,着力构建以安全理念体系、安全运行体系和安全管理体系为内容,以实质安全、本质安全为核心的高可靠国际化大安全新模式,实现安全工作的全方位、全时段、全员、全过程的系统化管理,形成现代化矿井建设的安全生产长效机制。同时,积极应用综合集成创新的系统工程法,加大监测监控、人员定位、紧急避险、压风自救、供水施救、通信联络等安全避险六大系统建设,实现系统可靠、队伍可靠、行为可靠,确保矿井安全高效发展。

5. 管理科学化

牢固树立现代煤矿企业的发展意识和时代特征,坚持与时俱进、科学管理的理念,健全完善公司法人治理结构，建立产权清晰、责任明确、管理科学的现代企业制度，实现精细管理、精准管理、精确管理、精益管理、精美管理，积极构建系统完善、内容全面、管理高效、运行有序的现代化矿井科学化管理体系，形成文化软实力，提升现代化矿井管理水平。

6.矿区生态化

积极推进绿色矿区、幸福矿区、文化矿区、安康矿区建设，大力发展绿色循环经济，加大矿井生产各环节废弃物的循环综合利用，从源头控制污染物的产生，减少污染物的排放，实现节能降耗、废物变资源，加快建设绿色化、园林化、生态化矿山，彻底改变矿容矿貌，提高从业人员的幸福指数，增强煤矿职工的从业自豪感，提升煤炭行业发展新形象，促进高碳能源低碳利用、黑色煤炭绿色发展。

三、国有大型煤炭集团打造现代化矿井建设"升级版"的实践与创新的主要做法

现代化矿井建设是一个复杂的系统工程。在实践中，潞安集团着力从安全生产、科技创新、标准建设等多方面入手，系统推进、高效推进、科学推进、全方位推进现代化矿井建设，逐步建立健全了一整套的现代化矿井建设体系，构建了具有自身特色的现代化矿井建设新机制，促进了现代化矿井建设的持续高效发展。

1.坚持安全发展，高标准构建矿井安全生产长效机制

安全是现代化矿井建设的前提和基础。在实践中，潞安集团坚持把安全生产摆在现代化建设的首要位置来抓，牢牢把握安全工作这个关键环节，不断构建安全生产的长效机制，以高标准确保高安全，以大安全保障大发展。

（1）确立"三个第一和三大核心"安全理念。三个第一：即安全是企业第一底线，企业最大政治和最大民生；安全是企业第一要务，安全发展是最硬发展，安全指标是最硬指标，安全工作想不到就是失职，做不到就要问责；安全是企业第一形象，是企业核心利益，是对各级干部品德和能力的检阅。三大核心理念：即"敬畏生命、敬畏责任、敬畏制度"理念、"从零开始、向零奋斗"理念和"赢在标准、胜在执行"理念。

（2）建立安全管理的大平台大体系。全面构建透明水文地质管理平台、立体瓦斯治理平台和高可靠安全预警管理平台，提升了矿井抗灾防灾能力；构建扁平化的组织体系和全产业的垂直安全监察体系，形成大环节、大系统的全方位安全管理格局，特别是2013年组建忻州、晋中和临汾3个区域安监分局，实现了安全工作专家治理、区域管理、专业监管；构建"六位一体"新型变化管理机制，实现变化管理的精细化、标准化、流程化和系统化。同时，加大干部安全问责力度，强化特殊时期的安全特别管理，提高安全工作执行力，完善了以实质安全、本质安全为核心的跨区域、全方位、立体化大安全管理新格局。

（3）创新安全管理新举措新模式。坚持源头治理抓安全、以人为本抓安全、系统管理抓安全、超越安全抓安全，以"高端化的源头安全、高可靠的变化安全、高标准的动态安全"的安全管理为重点，大力推行领导包保制、分级变化管理制、安全红线管理制、隔离开采及锁定管理制、领导干部"三必到、三走到"和值班带班制，以及"三个百分百""三个全覆盖"达标活动等一系列安全管理新举措。

与此同时，形成安全管理三大特色：一是体现系统化管理，构建了生命安全、经济安全、政治安全、环境安全、质量安全"五位一体"大安全体系；二是树立国际化视野，超越安全抓安全，由生命安全向健康安全、心态安全、心理安全、心灵安全延伸，构建全员、全方位、全过程的立体化大安全格局；三是践行"安全零事故、管理零失误、制度零缺陷、职工零违章、作业零伤害"，打造零事故的本质安全。成为全国唯一一家连续14年蝉联"安康杯"竞赛优胜企业的单位。

2．坚持集约发展，强力打造矿井集约高效发展的新模式

集约发展是现代化矿井建设的主要特征。在实践中，潞安集团以布局建设"大矿、好矿、强矿"为抓手，有力地推动了矿井的集约高效生产和现代化建设。

（1）布局建设"大矿、好矿、强矿"。大矿，就是产量大、产值大、储量大；好矿，就是安全好、环保好、煤质条件好；强矿，就是核心竞争力强、可持续发展能力强、上下游结合能力强。一是以建设千万吨高产高效矿井为龙头，带动"大矿、好矿、强矿"建设。2014年，余吾煤业将建成潞安第一座千万吨矿井，2015—2017年高河、常村、砂墩子、古城建成千万吨矿井，形成千万吨高产高效矿井群。二是对现有主力矿井进行环节系统改造，挖掘潜力，有序推进整合矿井现代化改造，打造具有规模效益和竞争优势明显的好矿、强矿。三是对储量不足、安全条件差、预期效益不好的矿井实施停建缓建。目前，已停建缓建12座整合矿井。

（2）以提质增效为目标，打造"三大基地"。一是进一步发挥潞安煤低硫、低磷、低灰、环保、发热量高、市场信誉度高、价格稳定，被电厂誉为"细粮"的优势，加快推进千万吨矿井建设，以及煤电一体化园区建设，努力打造中国优质低硫环保动力煤基地。二是进一步发挥潞安喷吹煤技术、环保、品牌和市场占有率高的优势，大力实施配套洗煤厂改造工程，不断调整煤炭产品结构，加大喷吹煤生产销售，努力打造中国最大的喷吹煤基地。三是进一步发挥潞新公司丰富的煤炭资源优势，低钠、低硫煤所具有的腐蚀性低、环保性好、发热量高、综合利用高的煤质优势，以及素有"绿色煤炭"美誉和新疆著名商标的品牌优势，加快优势资源配置，调整产业产品结构，全面推进千万吨矿井建设，努力打造新疆乃至中国优质低钠低硫动力煤基地。

（3）全方位推进集约高效现代化矿井建设。近年来，潞安集团大力实施《主体矿井煤炭集约高效生产实施纲要》《整合矿井现代化改造推进纲要》和《新建矿井安全高效实施纲要》"三个纲要"管理创新机制，极大地促进了现代化矿井建设的高效发展。并在实践中，全面将矿井的现代建设纳入集团"大调度"和大超前管理体系，进行统一调度，超前协调；严格实行定目标、定责任、定措施、定时间、定资金、定考核的"六定管理"，编制施工网络图，把握关键路线，抓住关键节点，做到一周一通报、一月一总结、一季一考核。通过实施现代化矿井建设，不断巩固和提升了煤炭产业的核心竞争优势。

3．坚持创新发展，着力推进生产技术和装备的现代化

创新发展是现代化矿井建设的灵魂。在现代化矿井建设的实践中，潞安集团坚持"引进、吸收和消化兼顾"的原则，始终瞄准国内外的新技术、新工艺、新设备，持续

推进采煤主导技术创新和装备升级,有力地推动了现代化矿井建设的纵深发展。

(1) 推进采煤主导技术创新。采煤主导技术创新是潞安的优势,也是潞安的传统。近年来,潞安集团开展特厚煤层、松软煤层沿空留巷集约高效生产技术研究为核心,采煤主导技术创新再次实现新突破。特别是自主创新的"特厚煤层安全开采关键装备及自动化技术"达到国际领先水平,获得国家科技进步二等奖。成功实施7.2m大采高综合配套技术,沿空留巷、沿空掘巷等无煤柱开采技术得到广泛应用,加快推进了厚煤层一次采全高工业化试验,推广"大长厚"工作面布置方式,探索急倾斜煤层和薄煤层集约高效开采模式,持续保持潞安的采煤技术领先优势。

(2) 推进高效掘进技术创新。掘进效率始终是制约矿井集约高效生产的瓶颈。在实践中,潞安集团以掘进技术创新为突破口,坚持"一矿一策,因矿制宜"和低端优化、中端突破、高端引进相结合,进一步优化提升掘锚一体化、凿岩台车、机载式临时支护等新工艺、新设备,积极优化巷道布置方式,实现两个工作面共用一条巷,依靠提高掘进效率、减少巷道掘进量,破解了制约高效掘进的瓶颈,实现了减人提效目标。

(3) 构建立体化的瓦斯抽采新模式。按照"核心在掘进,关键在打钻,根本在抽采"的指导原则,坚持"抽采掘"并举,探索推广了"U"型、"U+高抽"型和"U+高抽+低抽"型工作面布置方式,以及CO_2预裂增透快速抽采技术、井下区域预抽和模块化抽采、松软低渗透煤层地面井等实用型新技术,完善"采前预抽、边采边抽、采空区抽放"的立体化抽放,形成以高抽岩巷、裂隙带抽采和地面抽采为重点的井上下立体化瓦斯抽采新模式,全面提升了企业的瓦斯治理能力和管理水平。

(4) 积极开展"三下"采煤技术研究。稳步推进村庄下膏体充填开采技术试验,为有效解决"三下"开采问题探索新路子,确保煤炭资源回收最大化。尤其是成功攻克了5米厚小煤柱开采技术,使采区回收率较传统开采方法提高了5%-8%,煤炭资源采区回收率达到85%。

(5) 推进相关配套技术和装备升级。装备是衡量矿井建设水平的重要标尺。潞安集团在引进、消化、吸收的基础上,实现自主创新,更新配备了大型煤矿技术装备,提升了矿井装备水平。比如,引进矿井多绳摩擦提升机、双恒减速功能的制动系统及具有远程控制及故障诊断功能的国产化全自动控制系统,实现了矿井提升机无人值守;开发了稀油强迫润滑防爆变频电动机、高效节能矿用主通风机、高压变频闭环自动控制,实现了主通风机多种模式自动切换,年节约电量9000万千瓦时;研发了综掘交错式超前支护装置,在一定区域内实现了连续掘进与连续支护的自移行走;研发了自移悬挂式设备列车,解决了设备列车至转载机之间电缆悬挂和移动问题;推广使用主扇风机变频控制方式,"2+0.5"或"2+1"供电方式,提升了矿井供电可靠性和安全性。

4. 坚持系统优化,持续提升矿井的现代化建设水平

实现集约化生产,必须从根本上变革传统矿井设计思路和建设模式,最大限度简化、优化矿井系统,这是集约高效生产的根本出路。在实践中,潞安集团通过优化环节系统,实现了减人提效目标,降低了事故发生率,为矿井安全生产奠定了坚实基础。

(1) 优化矿井开拓系统。尽可能采用平硐开拓方式,在大巷两侧布置综采工作面,取消井底车场，改变多盘区生产布局，最大限度地简化了生产系统，提高了矿井的开拓效率。

（2）优化工作面参数。积极改盘区开采为条带式开采，加大布置大长厚工作面，实现了工作面的大型化、重型化、自动化，工作面长度延长到240~300米，推进长度延长到2000~4000米，单个工作面的可采储量增加到300~500万吨，大大减少了工作面的搬家次数。

（3）优化通风系统。巷道采用大断面、多通道，以及"U"型、"U+高抽"型和"U+高抽+低抽"布置方式，实现了低阻力通风，极大地改善了通风条件，优化了通风系统，有效地控制了煤层自然发火和瓦斯爆炸等事故的发生，确保了矿井安全生产。

（4）优化运输系统。矿井主提升系统实现了自动化，主运输系统实现了胶带化集中控制，对辅助运输系统进行系统优化和提速改造，实现了快速高效运输，保障了辅助运输的及时性、准确性，为矿井生产提供系统保障。

（5）优化供电系统。取消中央变电站和盘区变电站，井下供电采用地表箱式移动变电站，从地面通过钻孔直接向井下工作面顺槽供电，既满足了工作面长距离供电的要求，又缩短了供电距离，减少了供电环节多给安全管理带来的压力。

（6）优化采掘工艺。坚持长壁为主、短壁为辅、长短壁结合的回采工艺，致力实现采、掘、支、运的机械化；实施"连续采煤机、连续运输机、履带行走式液压支架短壁机械化开采工艺"，使不宜布置长壁工作面的边角块段煤层得到高效安全回采。

5.坚持标准管理，着力构建质量标准化精品矿井建设新体系

（1）突出质量标准化工作体系建设。一是强化组织领导，从集团和基层都成立了质量标准化工作领导组、各专业委员会和专门管理办公室，明确各自职责分工，构建了质量标准化层层把关、逐级负责、联动考核的责任体系。二是强化对标管理，在立足内部对标的同时，更加注重外部对标和对标管理考核，做到了对标管理目标、完成时限、责任主体、实施措施的"四明确"。三是强化大超前管理，建立健全了以"大衔接、大系统、大布局"和地质超前、设计超前、通风超前、抽采超前、装备超前、支护超前为内容的"三大、六超前"运行机制，构建"横向到边、纵向到底"的高标准大超前预控管理体系。

（2）狠抓质量标准化创建水平提升。一是抓动态达标。推行动态检查方式，实现质量标准化检查的动态化；深化动态达标体系建设，做到质量标准化过程达标、动态达标、一次做好、只做一次；建立动态达标举报制度，有效杜绝了重大质量缺陷、安全隐患、违规作业等，形成了动态达标全员化管理体系；二是抓变化和非正规环节达标。实行变化环节时间和空间锁定管理制、重大变化挂牌督办制、变化管理"六个必须"制、变化管理标准化制等一系列管理制度，确保变化管理的精细化、标准化、系统化，建立从上到下、自下而上的变化管理标准化体系，实现变化条件下的质量标准化动态达标。三是抓关键环节达标。对瓦斯管理，实施"瓦斯抽采量比照煤炭产量、打钻进尺比照掘进进尺"考核制，建立立体化瓦斯抽采网络；对防治水管理，做到采掘面"一面一策"和防治水安全评价；对防灭火管理，建立自然发火预测预报制度；

对顶板管理，进行顶板压力显现规律分析和建立顶板管理橙色预警机制，构建了透明的顶板管理平台等等。

(3) 夯实质量标准化管理基础。一是建立健全采掘机运通等十四项专业管理制度、十七项安全基本制度、十五项应急管理制度、九项调度管理制度、各级人员岗位责任制，实现了基础资料的档案化管理；大力推行"三个百分之百""三个全覆盖"活动，"四五六"班组管理新模式和以规范现场作业与体现岗位价值为特征的精益化管理，实现了基础管理的新提升；二是积极构建了集设计源头、技术源头和管理源头为核心的质量标准化源头管理提升新体系，实现了源头治理的新提升。三是深入开展"五精""五品"质量标准化精品文化、精品工程、精品矿井达标创建活动，营造了人人学标准、用标准，个个上标准岗、干标准活的良好氛围，提升了质量标准化建设水平，打造了一大批高标准的免检工作面和精品示范矿井，实现了精品矿井创建工作的新提升。

6.坚持人才优先发展，构建高素质立体化的人才保障体系

现代化的装备和信息化的管理需要专业化队伍来支撑。在实践中，潞安集团不断加强人才队伍建设，全面实施了素质提升工程，着力构建了面向转型跨越发展的立体化人才管理模式，为现代化矿井建设提供了强有力的人才保障。

(1) 建设三支队伍。就是建设一支具有国际视野、战略思维和创新能力的经营管理人才队伍，建设一支技术水平高、业务能力强的专业技术人才队伍，建设一支现场经验丰富、岗位操作能力强的高技能人才队伍。

(2) 推进十大工程。就是着力推进经营管理人才培养、后备干部人才建设、高层次人才引进与培养、新兴产业紧缺人才吸纳、优秀毕业生选聘成才、优秀青年人才培养、首席专家与首席工程师培育、高技能人才培育、优秀班组长素质提升和员工岗位成才"十大人才工程"。

(3) 实施"五个一"人才工程。就是加快引进10名行业一流标志性人才，100名专业化高端型人才，培养1000名专业急需型人才，招聘引进1000名成熟专业技术人才，培养10000名高技能实用型人才。

(4) 创新人才培养模式。积极推行"变招工为招生"制、大学生岗位培养锻炼制、研究生工作导师制等一系列人才培养的创新举措，吸引和培养了一大批高素质人才，构建了具有国际竞争力和潞安特色的人才管理体系，更好地满足现代化矿井建设及转型跨越发展对专业化人才、专业化队伍的需要。

与此同时，潞安集团还专门设立了1000万元/年海外高层次人才专项基金、1000万元/年优秀专业技术人才培育基金、1000万元/年高技能人才培育基金和1000万元/年后备人才培育基金"四个1000万"专项基金。全面启动实施了专业技术人才"十百千"计划，进一步加强高层次人才引进、高端化国际化人才培养、优秀技术人才团队建设，打造高技术人才培育基地，为现代化矿井建设提供了智力支持和人才保障。

7.坚持系统集成，以"两化融合"为主题，打造"数字化矿井"

按照"两化"融合的要求，集团坚持以信息化带动工业化，以工业化促进信息化，大力推进矿井信息化、自动化、数字化、智能化建设，不断提升现代化矿井建设的信

息化水平。

（1）大力推进自动化矿井建设。特别是王庄矿建立了具有煤炭企业特色的"多网合一"的综合信息化网络平台，在安全生产环境监测、生产过程自动控制和企业经营管理等方面，实现了信息化技术的全面覆盖；漳村矿采用先进的自动化控制、通讯、计算机、工业电视等现代化技术，建成了国内首家井下千兆光纤局域网平台，构建了数据、视频、音频三网合一的综合自动化系统；司马煤业坚持以矿井综合自动化信息平台为主体，融入SCM（供应链管理）思想、OA构架和煤炭企业管理特色，采用矿用光纤工业以太环网和工业现场总线等技术，构建了综合数字化信息传输平台，建立了符合煤炭企业实际的物联网管理体系。

（2）大力推进数字化矿山建设。建成了集监测监控、远程集控、视频监测、应急指挥、生产调度、视频会议、远程会诊等功能于一体的综合调度指挥系统，搭建了集团总部、子（分）公司、煤矿三级信息网络平台，实现了煤矿监测监控和综合信息管理系统的网络化、胶带运输和辅助生产系统的自动化、井上下变电所、风机房、抽水等岗位的自动控制和无人值守；生产矿井全部建立了完善的监测监控、产量监控和人员定位系统，安装了井下移动通讯系统；井下所有固定设备均实现了远程监控、监测和诊断，在调度室就可以监控多达上万个点的生产运行状况。目前，集团的视频监控系统涉及58个下属单位。

（3）大力推进感知化矿区建设。采用10GRPR骨干承载环网技术，将现有各种数据业务与RPR传输网业务相结合，实现了以公司机关所在区域为核心，覆盖11个主体生产矿井、37个整合矿井、13个下属公司等60余个业务环节的网络布局，系统覆盖井下安全生产、井上业务工作、后勤服务保障等多个环节，特别是与中国联通、中国移动、中国电信进行联网，实现了光纤到路边、光纤到小区、光纤到楼寓视频信号的传输和数据信息传输，形成了感知化矿区建设的新亮点、新特色、新标志。

8.坚持绿色发展，进一步完善生态化矿区建设的新机制

低碳经济是世界潮流，绿色发展是大势所趋。潞安集团认真贯彻落实山西省"低碳创新行动计划"的战略部署，围绕煤炭安全高效开采、资源循环转化、清洁高效利用，全力推进"黑色煤炭绿色发展，高碳资源低碳发展，资源型产业循环发展"。

（1）全面启动实施"绿色煤炭发展计划"。潞安集团积极依靠科技进步，创新采煤方法，对现有煤炭资源进行精采细采、清洁生产；加大村庄搬迁力度，加强充填技术推广应用；特别是与北京蓝色以太公司采用BOT合作方式，在高河能源建设乏风氧化发电示范项目，项目能将矿井乏风中95%以上瓦斯氧化，年处理乏风量94亿 m^3，年可发电2亿千瓦时，年温室气体减排160万吨，是目前全球规模最大的煤矿乏风氧化利用项目、全球装机最大的乏风发电项目，也是全国第一家煤矿乏风氧化利用项目、全国瓦斯利用率最高的乏风项目，目前，即将建成投运。从而实现了资源利用高效化，并探索出了一条超低浓度瓦斯利用的新路子。

（2）全面开展"三废"综合利用工程。潞安集团坚持把"废品"变"产品"，实现了废气、废水、废渣的综合利用。一是在废水治理方面，矿井全部建设配套水处理厂，

水处理率100%，复用率达到97%；开展井下高效智能水处理技术攻关，建成污水处理能力为600m³/h的井下生态净化水中心，实现了矿井水源头治理、达标排放、循环利用。二是在废气治理方面，仅2013年新建地面永久瓦斯抽采系统4座，井下移动抽采泵站5座，新增额定瓦斯抽采能力2000m³/min，瓦斯抽采量达到3亿m³，综合利用757万m³。推行低浓度瓦斯发电，瓦斯电站装机容量达10.5MW，"十二五"以来累计利用低浓度瓦斯2772.81万m³，发电6841.03万千瓦时。三是在废渣治理方面，坚持选用先进支护技术和回采工艺，从源头减少矸石排放；工业固体废物综合利用率达100%，建成1.95亿标块/年规模煤矸石砖生产线和装机容量59万千瓦的煤矸石综合利用电厂。"十二五"以来累计矸石制砖3亿标块，发电85.64亿千瓦时，消化利用煤矸石573.63万吨。

（3）探索构建矿区生态环境综合治理新体系。潞安集团以生态环境综合治理为主线，探索出了一条资源型企业生态修复的新路子。一是实施矸石山综合治理工程。先后完成五阳、石圪节、王庄、常村、漳村等废弃煤矸石山的整体规划、生态重建与景观恢复，使昔日的矸石山变成了风景优美的生态景观。二是实施采煤沉陷区生态修复工程。比如，司马煤业投资2900万元，治理600亩土地。一部分是农田复垦区，采取填土造田，形成梯田式耕地，恢复耕种；一部分是人工湖区，对难以恢复耕田的塌陷区进行人工造湖、造林绿化，并利用人工湖水灌溉农田，使塌陷区形成了一个休闲、垂钓、观光为一体的生态休闲公园。三是实施矿区生态景观工程建设。通过实施矿区绿化、美化、香化、亮化改造，初步构建一个景观化、艺术化、生态化的绿色新型生态化矿区，为职工家属创造了一个优美、舒适的工作、学习和生活环境。截至2013年，矿区绿化面积达到467万m²，绿化覆盖率达到42.4%。

四、国有大型煤炭集团打造现代化矿井建设"升级版"的实践与创新的主要成效

通过推进现代化矿井建设，实现了煤炭产业的做大做强做优，提升了企业的核心竞争力和综合实力，取得了显著的成效。

1.提高了企业经济效益

实施现代化矿井建设，有力地推进了企业快速成长、做大做强。特别是2011年煤炭产量达到7718万吨，营业收入达到1138亿元，实现利润45亿元，在全国500强排名第84位，建成了营业收入、资产总额"双千亿"企业；2012年煤炭产量达到8008万吨，营业收入达到1710亿元，实现利润26亿元，位列世界500强第430位；2013年煤炭产量达到8878万吨，营业收入达到1985亿元。随着现代化矿井建设的深入推进，企业的核心竞争力和综合实力显著增强。

2.增强了企业核心竞争力

积极推进现代化矿井建设，大力实施安全、清洁、高效、绿色开采，构建了复杂地质条件下的集约高效生产新模式，煤炭产业持续做大做强，亿吨煤炭基地初具规模；积极推进自主创新，在采煤主导技术、绿色开采技术、数字化矿井建设技术等方面实现了优势嫁接、优势集成，特厚煤层安全开采关键装备及自动化技术获国家科技进步二等奖；贫煤、贫瘦煤高炉喷吹技术达到世界领先水平，建成了"中国喷吹煤基地"；

拥有中国煤炭系统唯一的国家级"高新技术企业";随着煤炭产业的做大做强,有力地推进了企业的产业结构调整,加快了企业经济发展方式的转变,促进了产业转型升级,实现了企业转型跨越发展,有效增强了企业的综合实力和核心竞争能力。

3.确保了企业安全生产

实施现代化矿井建设,不断提升企业基础管理水平,确保了管理规范化、系统化、精细化、标准化,有效杜绝了安全管理漏洞,杜绝了瓦斯、煤尘、水、火、顶板、运输等重大事故,杜绝了重大非伤亡事故,地面单位杜绝了轻伤事故,安全生产保持了持续稳定健康发展的态势。"十二五"以来百万吨死亡率远低于全国平均水平,整体工作全国领先。连续14年荣获"安康杯"竞赛优胜企业,是全国唯一一家。

4.培育了企业管理的优秀团队

实施现代化矿井建设,在引进高技术人才的同时,加强了企业内部人才的培养,不仅提高了企业生产管理人员的学历层次和技术素质,而且打造了业务精良、经验丰富的企业生产管理新团队,成为推动企业现代化建设的重要力量。目前,潞安集团"六长"和副总工程师专业学历、从业资格全部达到省厅规定的年度推进目标;通过委培、定向招生、订单式培养等形式,先后招生3200多人补充到生产一线岗位,许多已成为骨干技能人才。截至2013年底,全集团研究生以上学历员工1282人,本科学历员工10123人,占员工总数的16%;取得国家职业资格证书49825人,拥有高级职称员工892人,高技能人才20753人,占到全部技能人才的41.7%,占到生产技能性岗位的55.3%以上;首席专家、首席工程师、首席技师达到63人。

5.构建了新时期潞安现代化矿井建设的新模式

在现代化矿井建设中,潞安集团依托技术引领,打造了现代化矿井建设的新优势,特别是构建了高瓦斯矿井"分区通风、分区抽采、集中生产、实质安全"生产新模式,实现了安全高可靠、生产高效率;构建了"煤巷临时支护支架化、岩巷掘进机械化"的高效掘进新模式,形成了独具特色的快速掘进新体系;加快了厚煤层一次采全高回采工艺、巨厚煤层开采新工艺等新工艺的研究与试验,构建了高效回采新模式;构建了"三高三好"队组管理新模式,培育了一大批矿井高产高效队伍;构建了机电设备检修管控新模式,实现了各单位错峰检修,确保了集约高效均衡生产。

(成果创造人:李晋平 玉 福 王志清 刘海滨 修成智 郭成刚 郭日平 张路刚 彭景跃 申志勇 郑 伟)

大型煤炭集团企业
洗选及储装运系统设备安全管理体系创新与实践

山西潞安矿业（集团）有限责任公司

潞安集团是山西省属七大煤炭企业集团之一，是以煤为基、多元发展的能源企业集团。潞安集团坚持开展地面洗选及储装运机电设备安全管理创新，以高可靠性装备保障高安全，以高标准设备保障高生产，为集团全局整体推进及实现长远发展目标奠定稳固的基础。截至2013年底，潞安集团资产总额1442.8亿元，拥有全资和控股子公司46家，分公司14家，参股子公司21家。2013年煤炭产量8878万吨，营业收入1985亿元，实现利润6.02亿元。在2013年世界500强排行榜中，潞安集团首次跨入并排名第430位。

一、大型煤炭集团企业洗选及储装运系统设备安全管理体系创新的实施背景

1.是建设煤炭集团企业发展的客观要求

近年来，按照国家转变经济增长方式的要求及山西转型跨越发展的战略部署，随着潞安集团12座主力矿井及48座整合矿井、电厂、30万吨/年甲醇二期或焦炉煤气制油及化学品、30万吨/年焦油深加工、21万吨/年煤基合成油、180万吨/年高硫煤清洁利用油化电热一体化等项目的陆续落地、建成投产，地面洗选及储装运设备规模迅猛增加，安全管理压力骤然增加，而传统的安全管理方式已无法满足现今设备管理需求。因此，如何实施洗选及储装运机电设备安全管理体系创新，实现设备安全运行，保障潞安集团稳定持续快速发展，成为潞安集团亟需解决的新课题。

2.是企业持续稳定发展的内在需求

随着潞安集团的快速发展，新型产业的陆续投产，洗选及储装运系统作为煤矿生产系统的终端和煤化油电地面单位生产系统的源头，担负着煤矿和煤化油电地面单位原料煤的分流运输任务，该系统的性能优劣对整个系统的生产有着举足轻重的作用。如果任何一个环节出现故障将造成巨大损失，洗选及储装运系统的稳定性和可靠性已经成为煤矿及煤化油电地面单位增产增效需要考虑的必要问题。因此，洗选及储装运设备是否安全稳定运行，直接关系着企业能否更快更好地发展。为此，实施洗选及储装运设备安全管理体系创新，成为潞安集团转型跨越发展的内在需求。

3. 是国家法律法规不断完善、监管力度不断加强的必然趋势

近年来，涉及洗选及储装运设备的法律法规、条例日益完善，如《中华人民共和国安全生产法》《煤炭工业矿井设计规范》《煤矿安全规程》《选煤厂安全规程》《选煤厂机电设备完好标准》等，这些制度分别从洗选及储装运设备的使用、作业管理、隐患排查与治理、事故责任追究等方面做出了强制性规定，为洗选及储装运设备的安全管理提供了有力依据。

因此，实施洗选及储装运设备安全管理体系创新，杜绝洗选及储装运设备事故发生，是潞安集团抓好洗选及储装运设备安全管理工作，实现转型跨越发展的必然趋势。

二、大型煤炭集团企业洗选及储装运系统设备安全管理体系创新的内涵

洗选及储装运系统机电安全管理体系创新，是以"以人为本理念，科学发展观"为指导，基于"12358"洗选及储装运系统设备安全管理体系，即紧紧围绕"一个核心"，打造"两大目标引领体系"，坚持以"装备、管理、培训"三并重原则，构建"五大管控平台"，严把"八个关键节点"，对集团洗选及储装运系统设备安全运行全方位管控，为有力推进企业"本质安全、持久安全、转型发展、跨越发展"提供了坚强保障。其立体构架见下图。

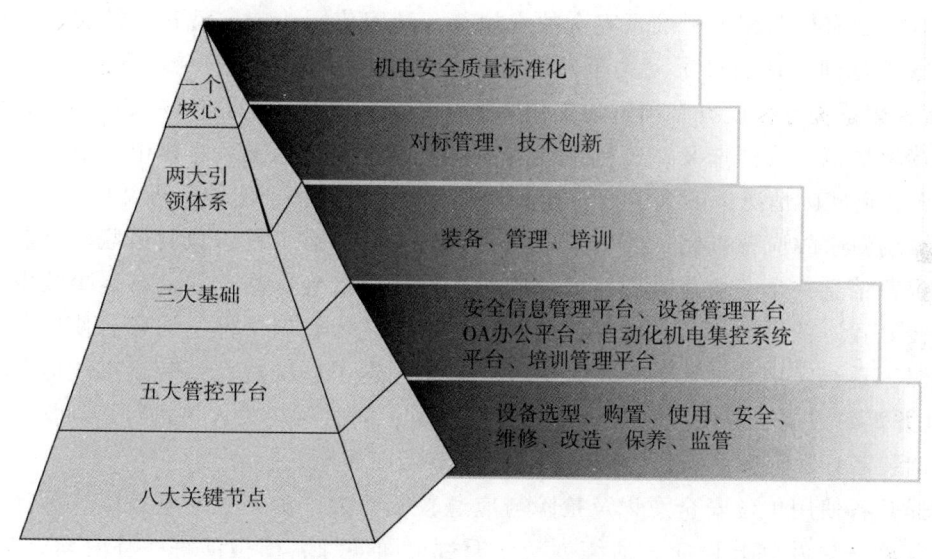

潞安集团洗选及储装运设备安全管理立体构架图

基于"12358"洗选及储装运系统设备安全管理体系的具体含义如下：

一个核心：以机电安全质量标准化标准为核心，确保安全。

两大引领体系：建设对标管理、坚持技术创新两大引领体系。

三大基础：坚持"装备、管理、培训"三并重原则。

五大管控平台：全面构建设备管理平台、安全信息管理平台、设备购置管理平台、OA办公平台、自动化机电运行集控系统平台、培训管理平台。

八个关键节点：严把设备"选型、安装、检验、使用、维修、改造、保养、监管"八个关键节点，确保设备持续安全有效运行。

三、大型煤炭集团企业洗选及储装运系统设备安全管理体系创新的具体做法

1. 目标引领体系创新

（1）对标管理。潞安集团在收集近五年来国内外同行业先进煤炭企业的关键参数和集团公司各所属分公司的详细参数，建立了较为完整的标杆指标体系。比照标杆指标，分规模、分步骤地全面开展对标活动。

①对标先进企业机电安全质量标准化标准。潞安集团要求各单位把工作做到正规化规范化，并有考核标准、奖惩办法，能更好地监督员工做好工作。根据本单位的实际情况、自身安全方面的不足、平时出现的各种问题以及各种文件、规章制度制定了《质量标准化管理制度的管理办法》《矿级领导和生产经营管理人员跟班带班制度》《事故隐患排查、治理、报告制度》《安全质量检查及跟踪处理制度》《安全监测监控联合职守制》《安全办公会议制》《安全目标管理及奖惩制度》《安全技术审批制度》《安全教育培训制度》《设备器材检查维修管理制度》《入厂检身和出入厂人员清点制度》等。同时，按照动态化、常态化、专业化和精细化的考核要求，洗选及储装运专业每月进行3次考核，保证每旬一次，3次平均得分为本月最终得分；其他专业每月一次。考核的具体时间由安全质量标准化工作组自定。

②对标国家行业相关标准及安全技术规范。潞安集团为夯实洗选及储装运系统机电安全管理基础，特制订了《关于开展洗选及储装运系统机电安全管理活动的通知》《洗选储装运系统特种设备专项整治工作的通知》《潞安集团公司洗选及储装运系统电气设备接地规范》《洗选及储装运系统防爆电气设备检查标准》等机电会战文件。同时，结合各矿实际情况，汇编了《洗选及储装运设备技术特征汇编》等文件。

（2）创新事故应急机制。潞安集团建立洗选及储装运事故应急救援联动机制，包括事故报警信息共享、快速响应、安全监管互动等，以确保洗选及储装运事故发生后及时救援处置。依据国家相关法律法规和洗选及储装运管理文件，结合各使用单位的实际情况，重视实用性、操作性、及时性，起草制定了《洗选及储装运事故应急救援预案》，并汇编成册，分发至各矿（厂）一线班组；同时对相关人员进行培训学习，使洗选及储装运日常管理、操作、监督考核等环节走向规范。

为提升各使用单位安全意识及抢险与应急救援能力，潞安集团坚持以实战演练为手段，实施洗选及储装运应急演练创新，通过桌面演练、模拟演练、临时紧急演练、联合演练等方式，主动为相关人员进行洗选及储装运基本知识、安全技术规范、操作技能和救援技术进行培训，组织相关单位部门人员进行定期实战演练。为加强应急演练监管，要求各使用单位组织实施一年一次的应急救援抢险演练，并邀请市安监局相关单位部门人员现场观摩和指导。通过不断的演练，充分发挥各自优势，做到资源共享、优势互补，不仅丰富了应急救援演练的内容，而且提高了每一位员工的安全意识和应急救援能力。

（3）创立基于"三个三分之一"工作法。"三个三分之一"的安全管理工作法，即用三分之一时间走下去，深入基层，了解实际，解决实际问题，做到心中有数，工作有序，管理有效；用三分之一时间走出去，到先进企业进行参观学习交流，对标一

流企业洗选及储装运设备安全管理，取长补短，促进安全管理水平提升；用三分之一时间走进去，尽职尽责本职工作，以"装备、培训、管理"相结合为切入点，坚持洗选及储装运系统机电安全管理创新。

(4) 安全管理创新。

①创新安全检查模式。潞安集团为夯实安全生产基础，结合各使用单位的实际情况，积极探索并实施洗选及储装运设备风险预测管控手段，以时间上超前主动，空间上超前布局，思维上动态优化为原则，将安全系统工程和风险管理理论全面引入洗选及储装运设备安全管理工作中，按照安全生产风险管理的原理、程序和方法，重点集中于设备本身及其操作、维修等人员的风险防范上，进行机电设备风险预测管控。

一是静态检查。公司要求以"隐患五定规范、问题条数量化、人人评价总结、对标量化创新"为准则，对所查隐患，指定专人每日对基层各单位机电变化环节和隐患整改进行收集、汇总和分类处理。

二是动态检查。公司组织相关职能部门，不定时对各单位进行突击检查，做到认认真真查隐患、诚诚恳恳听建议、实实在在帮整改、兢兢业业保安全、深深耕种自家田、助人帮已为集团。

三是季度检查。公司根据洗选及储装运相关标准及规范，实行表格化检查，将各检查标准分条细化，检查内容紧密结合安全生产；在季度安全检查中要求所有参检人员在检查结束后，依据相关管理规定及标准，每人写一篇不仅深刻剖析被检单位所存在隐患而且要阐述被检单位工作亮点的心得与体会，进一步提升参检人员和被检单位的安全管理水平。

②创新机电设备检修管理。为强化洗选及储装运系统机电设备检修管理，潞安集团下大力气抓非正规作业标准化和变化环节管理标准化，严格执行《潞安集团非正规机电设备检修作业质量标准化标准》，提高设备日常检修作业质量，减少了节假日集中停产检修时间；优化了检修作业工序，实现了一定时间范围内检修项目数量最大化；同时加大了设备检修集团层面管控力度，实现了矿井间错峰检修，以设备安全保煤炭装车外运。同时，每一项检修工作完成后，要求员工围绕"我们本打算做什么；实际发生了什么；为什么会出现这种情况；下次我们将怎么办"的"四部曲"，不断提高员工技术与管理的综合能力，以使机电安全工作做得更好。

③实施全员班组管理新模式。潞安集团开展了联动班组长活动，全力打造本质安全型班组。在洗煤厂各队组中深入推广联动班组长活动，并不断探索联动班组长的工资和任命新模式，取得了良好效果，实现了"要我安全"到"我要安全""我会安全""我能安全"的思想转变，切实提高了每名职工主动意识和责任意识。同时，创新"三个全覆盖"达标工作。组织业务科室编"三个全覆盖"顺口溜、在职工公寓、职工餐厅等地方摆设"三个全覆盖"知识牌板，将"三个全覆盖"知识做成MP3格式在全厂系统播放，真正使职工耳濡目染、入脑入心，营造了良好的达标氛围。

(5) 推广安全管理创新成果。为提高洗选及储装运系统机电安全管理水平，公司进行了企业管理科学化工作的开展，通过引入、创造新的管理理念、方法、手段和组织形式，按照全员参与、全面覆盖、全程管理、系统优化的原则，坚持改进管理工作方式，从集团管控、安全管理、全面风险管理、精益管理、节能减排与绿色低碳经济等方面，对公司各单位洗选及储装运系统管理成果进行了评选，并将各单位优秀管理创新成果在全公司进行推广。潞安集团石圪节矿按照《洗选及储装运系统机电质量标准化标准》和《潞安集团公司地面储、装、运、选系统安全标准》要求，从实际出发，结合公司安全管理要求，对地面洗选及储装运系统防爆区域进行等级归类，划分为A、B、C三类等级区域，并进行机电作业分类管理。通过对洗选及储装运系统防爆区域的划分，规范了洗选及储装运系统防爆区域机电作业管理，加强了员工安全意识，进一步提高了洗选及储装运系统安全可靠性，防止煤尘和瓦斯积聚事故，杜绝煤尘和瓦斯爆炸等重大事故发生。

（6）开展机电技术攻关。公司为破解生产棘手难题、优化生产工艺、提高设备安全性能、实现集约高效生产，每年度开展"机电技术攻关、创新增效竞赛"活动，鼓励广大员工积极踊跃参与，同时，各单位成立了洗选及储装运科技小组、QC小组，对系统、设备安全方面进行研讨，取得了多项优秀成果。其中，常村矿的《快开式防爆集控箱设计与应用》，五阳矿的《皮带机机头护罩改造》《落煤斗堆煤保护技术改造》，石圪节矿的《跳汰机排料方式改造》，漳村矿的《原煤防大块装置改造》等项目被评为全公司优秀成果，不同程度地保证了设备安全运行。

2. 构建五大管控平台，严把"八个关键节点"

针对机电设备的选型、安装、检验、使用、维修、改造、保养、监管八个关键环节信息不能实时共享的问题，潞安集团从安全、设备、培训、工业自动化、OA办公五个方面考虑，利用计算机技术、物联网技术建立了面向洗选及储装运系统五大信息管控平台，对全公司洗选及储装运系统机电设备安全进行全方位管控，为使用单位、安全监管部门等开展洗选及储装运设备信息化、物联管理提供了基础数据支撑，保障了洗选及储装运设备的安全。

潞安集团五大管控平台分别为：安全信息管理平台、设备购置管理平台、OA办公平台、自动化系统运行集控系统平台、培训管理平台，具体内容如下：

（1）安全管理信息平台。包括安全技术管理档案及记录管理、定期检验周期管理、动态变化实时数据、安全隐患信息管理。

①安全技术管理档案及记录管理。安全技术管理档案系统包括子系统洗选及储装运设备的设计文件、制造单位、产品质量合格证明、使用维护说明等文件以及安全技术文件和资料；洗选及储装运设备运行记录（巡检记录、交接班记录等）；洗选及储装运设备的日常使用检验和定期自行检查记录；洗选及储装运设备的日常使用状况记录；洗选及储装运设备及其安全附件、安全保护装置、测量调控装置及有关附属仪器仪表的日常维护保养记录；洗选及储装运设备运行故障和事故记录。

②定期检验周期管理。根据洗选及储装运设备安全技术规范要求，管理系统对洗选及储装运设备及操作人员定期检验周期设立预警功能，包括对超期未检设备预警、

作业人员预警、证书预警等服务，从多个层面防范洗选及储装运设备安全事故的发生。

③动态变化实时数据。对潞安集团重点关注的洗选及储装运设备的实时运行参数进行实时监控，如主洗旋流器、跳汰机、振动筛、磁选机、重介泵、离心机、浮选机、带式输送机等重要参数的运行以及各类保护的投运情况，从而掌控设备的运行情况，确保洗选及储装运设备运行安全。

④安全隐患信息管理。包括安全隐患登记管理、安全隐患复查管理、安全隐患汇总统计三个子系统。

安全隐患登记，包括检查人员、检查时间、检查地点、隐患类别、隐患内容、整改措施、责任部门及人员、整改限期、隐患复查记录、复查确认时间等。

安全隐患复查管理，设有隐患整改到期提醒功能，复查内容包括隐患复查记录、复查确认部门及人员、确认时间等，可实现隐患整改的及时整改闭合。

安全隐患汇总统计，可对已整改的隐患进行销号，对到期未整改的隐患进行归类统计，可增强洗选及储装运设备安全管理的监管效率。

(2) 培训管理平台。潞安集团设立了独立的洗选及储装运设备作业人员培训学习系统，利用数据库技术、网络技术，用户可在局域网上浏览集团公司下发的相关洗选及储装运设备管理文件、国家相关法规标准及洗选及储装运设备岗位操作规程。

员工培训系统建立了培训计划制定、报名登记、培训信息登记（包括登记参加培训人员的信息、培训项目、培训地点、考核时间、报名时间、文化程度、培训费用、交费情况等信息）、组织考核（包括登记理论考试时间、实践考试时间、理论考核成绩、实践考核成绩等考核信息）、证书打印（打印参加培训、通过考核的人员的证书，保存操作人员的作业种类、资格项目、证书编号、发证机关、发证时间、发证有效期等信息）、汇总统计（按培训项目、培训时间、有效期限等类别统计培训考核信息）等环节，便于公司集中培训，提高培训效果。

(3) 设备购置管理平台。招标采购投标人Internet网上报名系统主要是解决符合设备技术要求的厂商进行网上报名这个环节，同时在设备信息项目中能够方便快捷地查询到所要了解的设备各种信息，从而提高报名效率和准确率，改善服务质量，同时快捷精准地了解所需招标设备的所有详细信息和资料。主要包括以下模块：

①设备信息公布。在设备购置计划管理中，将所需招标设备的数量、技术要求等信息进行公布，并具有打印、查询等功能。

②报名厂商统计管理。对任一公告项目的报名厂商可进行自动汇总、自动生成表格；同时能反映出报名厂商的相关信息。

③报名时间限定。准确、及时的报名时间限定功能要求报名厂商必须在设备一次或二次公示后一周时间内进行报名，超出报名时间限定后，将不能进入系统进行报名。

④数据的检索功能。模块化设计模式可以任意对系统数据对象进行扩充，包括各投标厂商信息、设备信息、项目信息等。

此外，机电设备购置管理系统主要针对设备购置工作中，前期计划管理、招标、决策、合同管理、领用、验收及其过程中的台账管理等繁琐过程，借助计算机辅助管理的方式，将其程序化、透明化。其内容主要包括以下5个模块：

①计划管理：对每年度全公司的计划进行管理。主要包括维简资金、安全费用、环保资金、基本建设资金、整合矿井技术改造投资等计划，可通过使用单位、设备类别、关键字等多种方式进行查找，执行编辑、备注等操作。

②决策管理：在对计划金额不足30万的设备进行采购时，可在系统中查询往年同类设备购置价格，同时可在供方名录档案中查询拟采购产品生产厂商是否有不良记录，为设备采购人员提供依据，此外还可以生成相关表格，主要包括设备购置集体议价表、商务谈判记录、中标通知书等。

③合同管理：计划中经过招标形式采购的设备，在经过商务谈判后，生成中标通知书及合同；集体决策会确定采购的设备，直接通过系统生成合同。

④台账管理：信息主要来源于计划、议价、谈判、合同、验收领用和付款，生成各类计划的总台账，不同等级的管理员可以在其权限范围内进行查看。

⑤机电设备管理：对设备的验收领用信息进行管理。包括设备名称、规格型号、到货时间、合同号、供货商、验收日期、开箱情况及参与验收的人员等信息进行记录。

（4）自动化系统运行集控系统平台。综合自动化平台不仅仅是对所接入系统的信息综合，更关键的是把数据分类、共享，建立有效的管理系统，为领导决策提供依据。系统最基本的功能包括：

①信息的综合功能。洗选及储装运工业控制环网将需接入的各子系统信息通过标准的数据交换方式与综合监控中心进行数据存取，并将各子系统的信息进行综合处理。矿井综合自动化平台负责将实时、历史及综合分析后的信息提供给系统中的用户。要求网络功能完全满足需求，具有良好的可靠性、兼容性、扩容性，支持 C/S、B/S 模式。

② WEB 浏览功能。洗选及储装运综合信息化网络平台可将各子系统显示的各类实时动态图形（符合要求的）转换为 HTML 或 XML，供客户通过 IE 浏览。同时在综合监控调度中心组态综合实时动态图形供用户浏览。

③数据系统分级管理。设定不同权限，实现安全监测信息、设备运行信息及其他安全信息的分类显示。在不同的工作站，不同的操作人员，进入不同的系统需要设置不同的访问权限。

④实时报警故障记录。洗选及储装运综合信息化网络平台为用户提供各类监测系统的实时报警信息，包括超限报警、开关报警、系统在线设备的故障记录。

⑤完整的事件记录。对所有涉及系统配置操作，对子系统实施控制的操作及一些重要的操作，系统都进行完整的记录，包括：操作时间、操作者、操作码及描述、节点名等，为系统的事故追查及重演提供重要的信息。

⑥扩展功能。矿井综合信息化网络平台采用统一标准的数据接口采集各监测系统的数据，保证采集数据的准确性。接口数据具有实时性与可扩展性，可满足实时数据的要求。当监测数据有增、减等变动时，应自动反映到系统中。同时，可将各监测系

统的数据进行专业级处理后,作为上一级信息网的信息源。选用计算机和系统软件应留有备用容量和接口,可以很方便地进行扩展,以满足将来全矿井的需要。

⑦系统安全性。系统健壮、抗干扰能力强、容错性好,具有优良的安全验证体系,支持系统的安全恢复,支持数据备份,保证系统安全可靠。网页的访问必须通过口令,没有授权的用户不能查看网页。通过对网络加设路由器及防火墙,安装网络版防病毒软件,具有网络冗余、备份数据机制,最大可能地实现网络数据的安全性。

⑧故障报警分析统计。系统自动统计出昨日、当日、当前的报警故障个数,并可点击查看相应详细信息,可以按子系统、类别、等级、日期段等条件查询和统计历史报警或故障信息。

⑨综合查询。系统可以查询任何系统中设备的开停情况,如开停事件、次数等,可查看累计信息及统计图表,还可查看整个系统的网络故障信息,方便用户管理。

⑩系统总图。《洗选及储装运自动化系统总图》中可以快捷查看某设备的开停统计、故障统计,设备固有参数等信息的查询。

⑪历史曲线。系统选择日期查看某测点历史数据的曲线,在曲线的值坐标上可以自定义刻度。

(5) OA办公平台。OA办公平台包括以下功能模块:

①个人办公系统。个人办公系统包括待办事宜模块和日程安排模块。待办事宜模块集中了用户当前需办理的工作和需处理的事务,用户登录系统后,各类待办事宜分类列出,点击相应链接即可进入相应页面办理,起到引导用户完成工作的作用。日程安排模块方便个人安排每天日程,方便领导安排监督下属工作任务。

②网络通讯系统。此系列模块功能提供一系列通讯模块,包括电子邮件、即时通讯和通讯录,为协同办公提供方便。电子邮件是基于WEB的邮件系统,每个账号自动带一个电子信箱,可以接收、发送、回复电子邮件及超文本邮件。即时通讯以WEB方式向在线用户和非在线用户发送消息。通讯录模块集成了个人通讯录、公共通讯录、单位内部通讯录三部分,既可独立使用,又可被电子邮件等模块调用。

③公共信息系统。公共信息系列模块提供了一个信息发布和共享平台,满足了个人之间、上下级之间、集体间交换信息的需求,包括公告栏模块和论坛模块。公告栏模块用于发布单位的公共信息如新闻、领导讲话等。论坛模块给员工提供了一个交互沟通的平台。

④辅助办公系统。此系列模块提供了一般单位日常事务的计算机网络管理方式,包括会议管理等模块。会议管理模块实现了会议的智能化管理,用户可查看各个会议室的当前使用情况避免使用冲突,授权用户可直接召开会议,发布会议通知和一般用户可提出会议计划。

通过五大安全管控平台的成功应用,公司洗选及储装运系统设备"选型、安装、检验、使用、维修、改造、保养、监管"八个关键节点得到了全面管控,帮助全公司洗选及储装运设备管理人员告别了人工处理大量复杂数据信息的工作,将更多精力投入洗选及储装运设备安全管理创新工作中,全面提高了潞安集团洗选及储装运设备安全管理水平。

四、大型煤炭集团企业洗选及储装运系统设备安全管理体系创新的实施效果

1. 设备可靠，产能提升明显

通过五年来洗选及储装运系统设备安全管理创新与实践，设备完好率为100%，机电设备及小型电器失爆率为0%，机电设备综合完好率维持在97%以上的高水平，机电设备事故率、机电设备待修率分别实现了0.22%、2.8%的低指标运行，杜绝了机电重特大事故，百万吨死亡率为0.028，所完成的主要机电综合指标均达到国际先进水平，保证了矿井安全集约高效生产。

2. 对标管理工作规范化、常态化，逐步形成长效机制

通过五年来洗选及储装运系统设备安全管理创新与实践，逐步缩小与同行业先进企业的差距，逐步达到或接近同行业先进水平，为潞安集团公司转型跨越发展提供了有力的保障。

3. 员工素质提升，技能成果丰硕

通过公司管理与技术创新引领体系的成功实施，为企业培养了一大批"政治强、业务精、纪律严、作风正"的智慧型员工，从业人员素质得到大幅提升，各类技能大赛成绩显著，机电系统形成浓厚的创新氛围，各类科技成果丰硕。截至2014年公司高级技能人才占到生产技能岗位人员的50%，技术工人占职工总数的76%。公司所获国家、省、市煤炭行业奖20余项。潞安集团荣获全省唯一的国家技能人才培育突出贡献奖。

4. 经济和社会效益显著

通过五年来洗选及储装运系统设备安全管理创新与实践，潞安集团百万吨死亡率始终保持在0.03以下，生产系统持续稳定，共节约成本约6000万元。同时符合"以人为本"的人本安全理念，促进了洗选及储装运设备安全管理向专业化、人性化转变，实现了安全性与经济性的高度协调与统一，有利于经济、社会发展，为潞安人民幸福生活提供了有力保障，为企业建设具有国际竞争力的新品牌能源企业，打下了坚实的基础。

（成果创造人：刘克功　白宏峰　靳志强　李卫东　陈亚平　李书善　李利凤　刘　坤　刘兰芳　陈广其　赵晓艳　宋　丽）

国有煤炭企业构建立体化创新发展模式的探索与实践

山西潞安矿业（集团）有限责任公司王庄煤矿

潞安集团王庄煤矿于1966年12月建成投产，原设计能力为90万吨，经过两次改扩建和多次环节技术改造，目前，年核定安全生产能力达到710万吨以上，拥有两支年生产能力达600万吨的高效综采队、两支年单进水平达10000米以上的高效综掘队和一座配套的选煤厂。矿井先后获得全国企业管理金马奖、全国五一劳动奖状、全国煤炭工业双十佳煤矿、全国环境保护先进企业、全国质量诚信示范企业、全国安康杯竞赛优胜企业等130多项国家和省部级荣誉。被誉为"中国煤炭战线的一盏明灯""矿井现代化建设的排头兵""中国煤矿全面发展的典范"。

一、国有煤炭企业构建立体化创新发展模式的实施背景

1.国有煤炭企业构建立体化创新发展模式是顺应发展大势、实现资源依赖向创新驱动转型的时代要求

如今经济社会中，企业与企业之间的竞争越来越表现为集体创新力的竞争。国际金融危机发生以来，世界主要大国都在对自身经济发展进行战略筹划，策动新一轮的世界科技革命和产业变革。十八大报告中明确提出"科技创新是提高社会生产力和综合国力的战略支撑，必须摆在国家发展全局的核心位置"。这是党中央放眼世界、立足全局、面向未来作出的重大战略决策。在新的历史时期，创新驱动已成为我国当前及未来发展的主旋律。

资源有限，创意无限。煤炭产业作为资源型产业，在世界经济的发展浪潮中，既面临着科技进步和产业革命对传统发展模式带来的严峻挑战，又面临着向绿色低碳转型升级的重大机遇。如何顺应发展大势，把握主动权、抢占制高点，构建立体化的创新发展模式，巩固和提升企业的持续竞争优势，是王庄煤矿作为一个中国煤炭工业品牌矿面向世界、面向未来的崇高使命和责任担当。

2.国有煤炭企业构建立体化创新发展模式是落实潞安集团"三地一新"战略，并在潞安转型跨越发展中发挥引领示范作用的现实需要

进入"十二五"以来，潞安集团大力实施"三地一新"战略，坚持以"打造创新型企业，培育智慧型员工"为主线，大力倡导实施创新驱动战略，推进创新资源集聚，

实现优势放大、优势嫁接，全面建设具有国际竞争力的能源品牌企业。由于各个产业的基础不同、各类矿井的条件不同、各个单位的情况不同，创新发展不可能"一刀切""齐步走"，必须统一筹划，以点带面，分步实施，梯度推进。王庄煤矿作为潞安集团产量最高、规模最大、实力最强、效益最好的主力矿井之一，具有科技创新的优良传统、人才体系完善的平台优势、敢为人先的文化传承、在全国具有较高的知名度和影响力，有决心、有责任，也有能力发挥好引领、示范和带动作用，成为潞安创新发展的新典范。

3.国有煤炭企业构建立体化创新发展模式是王庄煤矿确保安全生产、提升发展质量和效益的必然选择

一方面，安全是企业的生命工程。在所有发展中安全是最硬的发展，在所有指标中安全是最硬的指标。作为一座建矿近50年的老矿，王庄煤矿面临着点多、线长、面广等诸多特点，特别是随着矿井的持续开拓延深，瓦斯涌出量不断增大，地质条件日趋恶劣，并呈现出新旧水平交替生产，旧水平向新水平衔接过渡的特征，承压开采、孤岛工作面、边角煤开采增多，搬家倒面频繁，给矿井的安全生产带来新课题和新挑战。随着全省煤矿现代化建设步伐的全面加快，原有的生产系统、建设标准、工作要求等已经不能满足实际需要，必须创新思路，创新举措，破解制约安全生产的"短板"和"瓶颈"，实现安全发展。

另一方面，受宏观经济的影响，煤炭市场持续低迷，企业经营活动受到巨大冲击。作为一个大矿、强矿、老矿，王庄煤矿要科学应对市场挑战，必须实施系统创新工程，不断提升企业的综合盈利能力、核心竞争力和可持续发展能力，实现资源价值最大化和综合效益最优化。

二、国有煤炭企业构建立体化创新发展模式的基本内涵

在实践中，王庄煤矿紧紧围绕安全生产和核心竞争力提升的目标，坚持依托技术创新和经营管理双轮驱动，有序推进系统创新、持续创新、全员创新，构建了以"全方位、深层次、开放型、可持续"为主要特征的立体化创新发展模式。

1.全方位

在实践中，王庄煤矿积极将创新工作融入到企业发展的方方面面、各个领域。不仅注重领导层顶层设计的创新，而且注重科室、队组及班组层面等执行层和操作层在现场作业与管理上的创新；不仅注重围绕安全生产、集约高效的技术创新，而且注重围绕经营管理、后勤服务、党建工作等方面的管理创新；不仅注重源头创新、自主创新，而且注重过程创新、持续创新、集成创新。创新工作涵盖和渗透了全员、全方位、全过程。

2.深层次

实践是检验真理的唯一标准，实效是检验创新的重要标尺。王庄煤矿构建立体化创新发展模式的导向定位为"求真务实、真抓实干、务求实效"，既注重主导技术、核心技术、关键技术的攻关与突破，又注重围绕生产经营、岗位实践的小改小革，一切以安全生产和经营质效为中心，依托创新驱动增强企业的内生力，提升核心竞争力。

3.开放型

王庄煤矿在构建立体化创新发展模式中,坚持"走出去""请进来",积极同科研院校合作,优势嫁接、优势叠加、优势互补,全力推进协同创新、一体化创新、引进消化吸收再创新,构建了产学研相结合的开放型创新体系。

4.可持续

在实践中,王庄煤矿注重将创新工作中的好经验、好做法,上升到制度层面,通过制度创新进行固化。同时,注重营造创新环境、创新氛围,促进创新成为一种企业文化特质、一种职工价值追求、一种可持续发展的动力支撑。

三、国有煤炭企业构建立体化创新发展模式的主要做法

在实践中,王庄煤矿坚持从解放思想、组织建设、项目突破、激励机制、人才保证等环节入手,形成了独具特色的立体化创新发展模式,为品牌矿的转型跨越发展提供了强大的动力源泉。

1.*解放思想,转变观念,着力破除"不愿创新、不敢创新、不会创新"的不良思潮和现象*

思想是行动的先导,是创新发展的"总闸门",思想的闸门打开了,创新的因子才能喷涌而出。王庄煤矿在构建立体化创新发展模式中,首先从解放思想、转变观念入手,着力破除三种不正确思潮和现象。一是"不愿创新",认为王庄各方面工作都不错,不需创新也能保持领先优势,骄傲自满,小成即满,看不到日趋激烈的竞争态势,意识不到自身潜在的危机;二是"不敢创新",生怕探索失败,枪打出头鸟,丢面子、摘帽子、去位子,安于现状,固步自封;三是"不会创新","为了创新而创新",投入大量人力、财力,结果事倍功半,甚至既没有"开花",更没有"结果"。

针对以上思潮和现象,王庄煤矿加强宣传教育和思想政治工作,明确提出要"让王庄高位运行二十年"的目标,围绕这个目标,开展了解放思想大讨论,教育广大干部职工牢固树立五种创新意识:一是"创新发展正当其时、势在必行"的机遇意识;二是"创新发展人人有责、敢为人先"的担当意识;三是"创新发展面向世界、面向未来"的引领意识;四是"创新发展久久为功、持之以恒"的坚韧意识;五是"创新发展强基固本、开花结果"的实效意识。在解放思想中统一思想、形成共识、集中智慧、凝聚力量,为企业创新发展奠定了坚实的思想基础。

2.*健全体系,搭建平台,依托机制创新为构建立体化创新发展模式提供组织保证*

王庄煤矿将创新工作作为"一把手工程",成立了以矿长、书记为组长的领导组,在潞安集团首家成立专职创新工作办公室,各科、队配套成立创新工作小组,同时,构建了矿、科、队三级创新组织管理体系,为创新工作的健康有序开展提供了强有力的组织保证。重点体现为以下三大体系建设:

(1)建立目标责任体系。王庄煤矿对全矿创新工作制订《目标责任分解表》,制定矿、科、队的月度、季度、年度创新项目《计划任务书》,定目标、定时间、定措施、定责任人、定考核,确立各级、各阶段的创新工作目标,明确各级、各阶段的创新工作内容,做到一级抓一级,一级带一级,一级促一级,层层抓落实,逐步构建职责清

晰、目标明确、管理科学的创新工作责任体系。

(2) 建立工作流程体系。王庄煤矿坚持技术与管理"双轮驱动",并以制度创新为保障,积极形成了从课题调研—选题—立项—实施—考评—奖惩等管理环节为一体的一整套完整的技术创新管理体系。在此基础上,以创新办为载体,先后制定了《创新工作办公室工作职责》《创新工作管理流程》《重点创新项目实行专家组评审验收并规范评审验收程序》等一系列创新管理办法,创办《创新导报》季刊,优化创新工作机制,规范创新工作环节管控,形成了以畅通创新工作获取渠道为核心的一体化、科学化、规范化的创新工作流程体系。

(3) 建立绩效考评体系。王庄煤矿每年将创新工作进行"三个纳入":一是纳入年度职代会重点工作目标责任中;二是纳入党建工作绩效管理中;三是纳入干部年度考评中。坚持"公平、公开、公正"的考评原则,积极量化考评分值,规范考评程序,严格考评条件,在强化创新项目领域、数量和质量考核的同时,更加注重创新项目的推广与应用,大力实施创新项目考评结果公示制度,每月一次考核,每季一次阶段评比,每年一次奖惩兑现,考核结果定期在报纸、电视台进行公示,构建了一套系统健全、管理科学、运行规范、注重实效的创新工作考评体系,使创新工作同各级干部的票子、面子和位子相结合,促进了工作绩效的提升。

3. 突出重点,注重实效,凸显技术创新在安全、集约、高效生产中的独特效应

在实践中,王庄煤矿牢固树立"从实践中来、到实践中去,解决问题的过程就是创新的过程"的理念,突出重点,注重实效,促进创新工作的纵深发展。

(1) 咬定采掘主导技术、核心技术创新进行攻关。科技创新是王庄煤矿的立矿之本、强矿之基。继大采高自动化综放工作面技术、自动化掘进工作面关键技术、煤巷自动化快速掘进自动纠偏与煤岩识别技术等采煤主导技术创新之后,再一次瞄准新的目标,致力抢占行业采煤主导技术的制高点,在集团率先开展厚煤层一次采全高工艺试验,即将建成集团第一个一次采全高工作面,在采煤主导技术上再一次实现大的突破和提升。同时,进一步推进配套综掘、综采装备的全面升级,特别是随着300和315新型掘进机及配套端头支架、液压钻车等掘进配套设备的广泛使用,将解决采大于掘的现状;大型综采及配套设备的推广应用,将进一步提高矿井集约化程度,促进现代化建设向更高水平迈进。

(2) 注重破解安全集约高效生产的"短板"和"瓶颈"。围绕矿井安全生产,王庄煤矿积极开展了一系列创新工作,有效解决了安全生产的难题,促进了矿井集约高效生产。比如,采用抛物线原理,在主皮带机头安装双齿辊破碎机和在主皮带机头落煤点安装分矸器,实现了煤与矸石的自动分离,降低了主皮带堵口的概率,增加了原煤运输有效时间,每天可多提煤1000吨,每年可多提30万吨;在540新井实施输料孔工程,有效解决三分之一物料运量,缓解了辅助运输压力,每年节约辅助运输成本7000余万元;在61B3工作面布置及61B2工作面进行通风系统优化和设计修改,少掘进巷道201米,节省工期20天,增加可采储量2.5万吨。

(3) 大力推进自主研发与自主创新。王庄煤矿通过自主研发与创新,进一步优化环节系统,提高运行效率,有力地推进信息化矿井建设。比如,针对以往综采工作面收网靠人力,既费时费力,安全又难以保证的实际,研制自动收网装置,提高了安全系数和工时利用率;针对皮带转载点喷雾开关麻烦的实际,研制皮带机头自动喷雾装置,实现喷雾系统自动喷水和出水量自动调节,减少水煤的拉出;利用位移断电停机原理,制作转载机断链保护装置,实现转载机断链自动保护;针对采煤过程煤尘大的问题,研制风水联动喷雾降尘装置,实现风、水、降尘剂的联动降尘;针对新井掘进喷浆量大、任务重的实际,研制喷浆泵自动筛料装置,减轻了职工劳动强度,减少了粉尘对职工身体的伤害等等。

(4)积极倡导开展小改小革。王庄煤矿通过开展小改小革,有效降低职工的劳动强度,提高工作效率,保证矿井安全生产。比如,针对巷道高度限制安装锚固剂困难的问题,自制高顶树脂药卷引导装置,大大提高了工作效率;针对大巷道岔多、弯道多,容易将集电弓拌坏的实际,改进机车司机拉弓方式,采用耐磨损的细钢丝绳代替以往的细麻绳,减轻司机劳动强度,减少司机频繁更换拉绳的麻烦,节约了成本;针对乳化液人工配比不达要求,甚至损坏支架的问题,利用工作面风压,采用风力自动配比添加乳化液装置,降低了职工体力劳动,减少乳化油的浪费,提高乳化液配比的精确性,保证了支架正常支护作用的发挥等等。

4.完善制度,多元激励,让广大员工充分享受到创新发展带来的收益

在实践中,王庄煤矿坚持"大项目大激励,小项目小激励","不能亏待实实在在动脑筋、出主意、想办法的人"等工作理念,健全了一整套创新工作激励体系,促进了创新工作的持续化发展。主要构建了创新激励"三个平台":

(1)构建物质激励平台。既要激励创新工作的组织者、支持者、管理者,也就是科队长层面的,也要激励出谋划策的业务骨干,还要激励主要参与其中的实施者。具体为:

①对科技创新成果的激励。王庄煤矿实行高激励举措,一是对列入科技计划的重大技术创新项目,加列总费用的10%作为劳务费;二是对科学研究、技术创新与开发、成果推广和产业化类科学技术进步奖分设一、二、三等奖,分别奖励50000元、30000元和15000元;三是对矿技术革新项目,在项目完成并经专门机构评审,成果达到一定水平,且拥有完全自主知识产权的分设一、二、三等奖,分别奖励15000元、10000元和5000元;四是对发明专利奖5000元,实用新型专利奖2000元;五是对技术标准奖分设国家、行业和企业三个标准奖,分别奖励30000元、15000元和5000元。

②对合理化建议的激励。王庄煤矿对合理化建议的激励,坚持"集体建议对集体奖励,个人建议对个人奖励"的原则,将奖励分采纳和不采纳两类,对生产业务类建议,采纳后每条奖励1000元;对非生产业务类建议,采纳后每条奖励500元;对于有一定价值但没有被采纳的,每条建议奖励200元,作为合理化建议征集的激励奖,以此提高全体职工参政议政的积极性和主动性。

③对创新项目的激励。王庄煤矿将创新项目分为生产业务、经营创新、生态创建、后勤服务、政工创新、人才培养六大类。对生产业务类和非生产业务类创新项目,分

别评出一、二、三等奖。对获一等奖的部门或团队一次性奖励50000元，牵头人奖励5000元；对获二等奖的部门或团队一次性奖励30000元，牵头人奖励3000元；对获三等奖的部门或团队一次性奖励20000元，牵头人奖励2000元。

④对创新项目坚持激励与约束相结合。王庄煤矿积极推行创新项目抵押制和集中奖励制，对创新项目既体现激励，又进行约束。对生产业务副总和科长抵押5000元，对非生产业务科室副总和科长抵押2000元，对完成项目既定内容的全额返还抵押金并进行对等奖励；对完不成项目既定内容的扣除抵押金。同时，把创新工作纳入年度评先评优奖励体系，专门设立专项奖励，对个人一次性奖励10000元，对集体一次性奖励10000元。

(2) 构建个人成长平台。个人成长就是实实在在让创新人才从物质收获、自信提升、精神鼓舞、个人发展等多个方面有所体现，实现创新人才的个人综合价值。

①设立创新人才向外展示形象、自我实现精神鼓励的窗口。创新部门把每日调度会、每季度的《创新导报》、井上下的创新牌板、道德之窗、创新成果汇编等作为展示创新成果、展示创新人才的有效平台，会议现场表演，牌板、导报上标明创新工作的主要参与人员，把动脑筋、想办法的人展示出来，让全矿干部职工认识他，让创新人才内心受鼓舞，精神受激励，精神感受上得满足，同时作为不断提高个人能力的精神动力。

②创新工作作为评先评优最重要的依据。在每年年底的各类表彰、评先评优活动中，先进集体的选拔以集体创新工作的大小、多少为依据；先进个人的选拔以参与创新工作的情况、创新工作价值大小为依据。

③创新工作作为入党提拔的一项重要指标。个人在创新工作中参与的多少，参与的项目实用性强弱，解决的问题是否及时有效，各项指标都要进行统计分析，聘请专业人员进行评审排名，把优秀的创新人才推荐到组织人事部门，推荐给矿领导，为矿领导和组织人事部门提拔重用提供最直接、最有效的依据，把创新工作真正作为最有效的动力，把创新人才推到更重要的工作岗位上。

(3) 搭建成果转化平台。以往开展的一些创新工作，总结的少，深层次推广应用的就更少。基于此，主要是对有推广价值的项目进行推广，对科技含量高的申报集团、市、省、国家级科技创新成果，对具有价值的项目申报专利。

①申报科技创新、管理创新成果、国家专利。每年都要对创新工作进行总结、筛选，对实用性强、科技含量高的项目，要与上级相关单位沟通协调，积极申报国家、行业的创新成果，申报国家专利，保护企业和创新人才的知识产权。

②鼓励发表科研论文和开展科研交流活动。对开展的创新工作，鼓励创新人才积极撰写科研论文发表，同时，企业积极创造条件，向行业杂志进行推荐，并且在适当的时候组织相关技术人员、科研单位开展交流活动，从理论层面巩固创新成果。

③与科研院所及厂家联合把创新成果转化为生产力。对实施的创新项目，特别是行业内普遍性的，具有推广价值的项目，积极与科研院所和厂家联系沟通，从理论和实践上充分进行完善，实现产品的精细化、规模化生产，在行业内广泛进行推广，真

正把创新成果转化为提高经济效率的直接生产力。

5.培育人才，提升素质，为构建立体化创新发展模式提供高素质的人才保障

人才是企业发展的第一资源，也是创新发展的第一要务。为了进一步创新人才梯队，优化人才队伍，满足矿井创新发展的需要，王庄煤矿采取了一系列行之有效的举措，为创新工作的开展和企业发展提供了强有力的人才保证。

（1）倡导人才理念创新。按照集团公司"好人+能人"的用人标准，在人才选拔、干部任用方面，确立"最硬的关系是工作关系，最好的关系也是工作关系"和"淡化学历、淡化来历、淡化资历，注重品行和能力"的人才培养理念；坚持"三个倾向"和"三个优先"：即倾向于德育品行，倾向于基层一、二线，倾向于专业技术，优先于担任过队长书记的人员，优先担任过副队长的人员，优先担任过主管技术员的人员；坚持外圈用才，内圈用德，以德为先，德才兼备，打造"品行好、专业精、能力强"的良性循环人才梯队，实现效益大矿向人才大矿的转型。

（2）推进人才机制创新。一是健全选人用人机制，大胆选人用人，积极将最优秀的干部配置在最重要的岗位上。"80后""85后"的大学生由于工作业绩突出、作风过硬，直接提拔，走上了调度室主任、矿总工程师等"重量级"的岗位上。二是健全人才培养机制，推行双主任工程师、双技术员的双岗制；实行主体专业大学生"3+2"或者"4+1"五年成长机制，在井下基层单位担任主管技术员和副队长满5年，自动转为正队级。三是健全人才输出机制，把人才当作"商品"一样向外推销、往外输送，全面盘活企业人才资源。仅2014年以来，累计向余吾煤业、李村矿等兄弟单位输出各类优秀人才30余人。四是健全人才激励机制，实行优胜劣汰和竞争上岗制，实现人才能上能下；创新薪酬分配制，将员工个人收入与岗位贡献挂钩，做到"一流人才、一流业绩、一流报酬"。五是设立了以推荐人才为主要内容的"伯乐奖"，举荐出优秀人才，先奖"伯乐"，后奖"千里马"。

同时，王庄煤矿狠抓干部管理创新，明确提出"选择比努力更重要、行动比心动更重要""实践和理论一样重要""品德和能力一样重要""成长和成功一样重要"，大力倡导培养结果思维、辩证思维、战略思维、创造性思维和开放性思维"五种思维"，培育领悟、思考、表达、计划、指挥、控制、创新、协调、管理和领导能力等"十种能力"，从理念导向、机制激励、绩效考评等方面，不断提升干部人才综合素质与能力，使全矿干部人才工作充满了勃勃生机，为转型跨越发展注入了源源不断的活力。

6.优化方法，统筹兼顾，为创新工作的协调稳定可持续发展注入了生机和活力

创新工作是一项长期的、系统的工程。为此，王庄煤矿本着"协调稳定可持续"的原则，讲方法，讲策略，多种方法结合推进创新工作。

（1）坚持"顶天"与"立地"相结合，实现创新工作的连贯性。"顶天"，就是要思路顶天，在战略层面注重顶层设计，瞄准和对标世界前沿技术的研究，不断增强企业的自主创新能力；"立地"，就是要执行立地，在执行层面注重底层创新，坚持立足岗位创新、立足实践创新，积极探索和解决实践中的问题。王庄煤矿通过"顶天"与"立地"相结合，既突出采煤主导技术的高端创新，又注重生产源头、作业岗位的底层

创新，以高端创新带动了底层创新，以底层创新提升了高端创新。特别是坚持"创新为了实践，创新源于实践，创新高于实践，创新成果用于实践"的理念，积极构建了具有自身特色的"从实践中来到实践中去"的创新工作模式，促进了创新工作的高标准、高质效发展。

（2）坚持"宏观"与"微观"相结合，确保创新工作的全面性。"宏观"，就是要牢牢把握矿井的大环节、大系统，通过实施环节系统的重大技术、关键技术创新，实现环节系统的安全可靠运行；"微观"，就是要注重工作实践和作业现场的实用新型技术的创新，以及局部性的、细节性的管理创新。王庄煤矿通过"宏观"与"微观"相结合，既坚持从大处着眼，着力解决了一大批制约矿井安全生产、集约发展的"瓶颈"环节，又坚持从小处着手，切实把好创新的每道工序、每个工种、每个岗位，做到了"抓大又不放小""抓大抓小两手抓两手都要硬"，确保了创新的系统化、全面化、协调化发展，提升了创新的层次与水平。

（3）坚持"内部"与"外部"相结合，把握创新工作的主动性。"内部"，就是要眼睛向内，注重从内部挖掘创新潜力、整合创新资源、优化配置各种创新要素，让更多的人参与到创新工作中来。"外部"，就是要眼界向外，实施主动"走出去"战略，进行对标管理，开展产学研一体化技术攻关，实现开放型的创新。王庄煤矿通过"内部"与"外部"创新相结合，既激活了创新的内生力，又提升了创新的源动力，推进了全员创新、持续创新、一体化创新，构建了内外联动创新的工作体系。如今，创新已成为王庄煤矿的一种时尚、一种潮流、一种文化和职工的自觉习惯。特别是通过实施技能大师工作室创建活动，不仅培养和涌现出了一大批高技能人才，也为企业转型跨越发展增添了一张"新名片"、一个"新品牌"。

（4）坚持"瞻前"与"顾后"相结合，保证创新工作的系统性。"瞻前"，就是要"眼界向外看"、勇于面向"行业领先、国际一流"，把握行业最前沿技术信息和应用行业更高端、更新型技术、装备及工艺，营造重创新、敢创新、能创新、会创新的舆论氛围；"顾后"，就是要注重科技成果的转化，使创新成果转化成为现实的生产力，产生实实在在的效益。王庄煤矿通过"瞻前"与"顾后"相结合，既注重创新的"头"、又注重创新的"身"和创新的"尾"，更加注重创新成果的转化和创新工作的可持续，做到了创新有计划、有执行、有考核、有评价、有奖惩、有实效，构建了创新工作的一体化运行体系，实现了创新的系统化。

（5）坚持"增量"与"提质"相结合，提升创新工作的持续性。"增量"，就是要扩大创新的数量，增加创新的总量；"提质"，就是要提高创新的质量，提升创新的效益和应用价值。王庄煤矿通过"增量"与"提质"相结合，不只追求创新的数量，更加注重创新的质量和应用价值，并在实践中产生了实实在在的效益，实现了创新工作的优化升级和可持续发展。创新办成立一年来，共征集职工群众的合理化建议328条，累计实施并完成科技创新、小改小革创新、引进创新、管理创新项目150余项。

三、国有煤炭企业构建立体化创新模式的实施成效

王庄煤矿立体化创新模式的构建，取得了显著的综合效益，进一步提升了矿井的可持续发展能力和核心竞争能力，全面推进了矿井的转型跨越发展。

1.提升了矿井集约高效水平

立体化创新模式的构建，有效带动了矿井采煤主导技术，信息化、数字化矿井建设技术及装备配套技术的大提升，提升了矿井的现代化建设水平，实现了减人提效、提质增效的目标。特别是随着工作面自动化集控水平的提高，工作面支架前移、放煤、推溜等工序均实现了自动化，正规循环率提高了20%，劳动生产率全面提升；随着综放工艺参数、设备配套的优化，以及工作面自动化放煤技术的应用，工作面回收率达到92%以上；采用掘进机自动控制技术，实现了掘进工作面切割的机械化，提高了成巷速度和掘进效率等等。目前，全矿掘进效率大幅提升，最高月单进水平达到了近800米。

2.确保了矿井的安全生产

立体化创新模式的构建，促进了流程再造，提升了安全生产管理水平，增强了矿井的防灾抗灾能力，一批制约安全生产的"老大难"问题得到有效破解。进入"十二五"以来，瓦斯超限和人身伤亡事故连续实现"零"的目标，各类零打碎敲事故得到进一步控制，矿井安全生产进入了持续稳定发展的轨道，实现了安全管理的"六个转变"：一是安全追求由"无事故"向"无违章"转变；二是安全管理由"静态管理"向"动态管理"转变；三是管理方式由"被动约束"向"综合激励"转变；四是安全素质由"思想认知"向"行为体现"转变；五是安全态度由"要我安全"向"我要安全"转变；六是安全整顿由"单项治标"向"标本兼治"转变。连续11年获得全国"安康杯"竞赛优胜企业荣誉称号，成为煤炭系统唯一的一个煤矿，山西省唯一的一个企业，全国唯一的一个二级单位。

3.提升了矿井的经济效益

立体化创新模式的构建，有力地推进了企业快速成长、做大做强。进入2012年以来，面对煤炭市场疲软、价格下降、销售困难的实际，王庄煤矿树立"开源与节流并重，增收与节支并举"和"以增量保增长，以品种保增效，以增效促发展"的工作思路，坚持深挖内潜、降本增效，积极推进产品结构调整，加大品种煤和效益煤比重，提高煤炭产品附加值，最大限度提高了企业经济效益，持续保持了在集团的效益优势，不断提升了综合实力和核心竞争力。近两年来，王庄煤矿顶住了煤价下滑、市场低迷带来的压力和挑战，始终保持了健康稳定发展态势。其中，2013年煤炭产量835万吨，销售收入40.52亿元，实现利润11.50亿元，顺利完成全年各项主要生产经营指标。

4.增强了可持续发展后劲

在立体化创新模式驱动效应下，王庄煤矿一是积极推进集约化发展，构建了老矿井复杂地质条件下持续高产高效生产的新模式，保持了在集团产量大矿和效益大矿的领先优势，为集团煤炭产业做大做强和亿吨煤炭新基地建设奠定了坚实基础；二是积极推进采煤、掘进等主导技术、数字化矿井建设技术创新，实现了资源要素的优势嫁接、优势集成，特厚煤层安全开采关键装备及自动化技术获国家科技进步二等奖；三是积极开展精采细采、应收尽收工艺技术创新。尤其是推行"5米行动""班组置信度评价"等举措，提升了矿井回收率；四是积极推进540水平开拓延深工程，保证了矿井持续稳产高产;压煤村庄搬迁工程持续推进,解放了村庄压煤资源,延长了矿井服务年限;整合矿技改工程进展顺利,为企业增添了新的经济增长极,不断增强了企业发展后劲。

5.创新发展得到进一步延伸和拓展

一是创新向整合矿延伸,就是将主体矿创新的经验、做法、成果成功嫁接到了整合矿,使创新之花在整合矿落地生根、开花结果,拓展了"以矿带矿"的新内涵。比如,通过岗位系统描述法在整合矿的全面推广,进一步规范了整合矿职工的操作行为,实现了生产作业的规范化、标准化,确保了矿井安全生产;二是创新成果向兄弟单位延伸。王庄煤矿通过输出优秀人才、开展技术交流等形式,推动了创新成果向兄弟单位的移植、嫁接和集成,带动了兄弟单位的创新发展。

(成果创造人:崔树江　宋卫军　吴效东　张日林　汪健民　李宗涛　郭成刚　张路刚　侯志丽　武宇经　杨校宏　郭森赟)

基于价值链的煤炭企业内部市场化管理体系构建与实施

山西潞安集团司马煤业有限公司

司马煤业公司为山西潞安集团下属子公司，下辖一个主体矿井、两个整合矿井和一个控股子公司。矿井于2003年9月18日开工建设，到2005年6月18日形成完善的生产系统，仅用了21个月，创造了国内同规模、同类型矿井建设的最快速度，被誉为"司马速度"，并被入选为中国企业新纪录，同年10月31日司马煤业有限公司正式成立。2007年至2009年，司马煤业公司积极开展资源整合工作，先后整合了左权佳瑞煤业公司和阜生煤业公司，增加煤炭资源近2亿吨，并控股建设了山西潞安司马铁路运输公司，形成了以煤炭生产为主、煤炭深加工、煤炭运营为辅的"一驾多驱"发展布局和"一体两翼"的经营模式。

一、基于价值链的煤炭企业内部市场化管理体系构建与实施的背景及目标

1.实施背景

进入市场经济以来，煤炭企业在生产经营活动中都不同程度地重视了经营管理机制的转变和成本管理，采取了一些卓有成效的企业管理方法和成本管理方法，促进了经济效益的提高。但从目前煤炭企业管理的现状来看，司马煤业有限公司在不同程度上存在很多问题，主要表现在：

（1）在管理的思想上，往往将成本管理当作权宜之计，而没有意识到市场竞争归根到底是成本的竞争，没有将成本管理作为企业管理的永恒主题。成本意识淡化，企业成本管理的主动性不强，尤其在企业效益好时表现的更为严重。

（2）在核算分析上，广度和深度不够。一是矿级核算分析的多，区队（部门）、班组、岗位成本核算分析少；二是只重视材料、电力等成本项目的核算分析，没有重视其他成本构成项目的核算分析；三是只重视产量成本核算分析，而没有重视质量成本、安全成本的核算分析；四是适应外部会计要求核算的多，围绕内部管理需要核算的少，致使成本核算资料有用性很差，不能很好地为制定成本控制方案和措施提供依据。

（3）在成本管理控制上，深度、广度不够，缺乏系统性。主要表现在：一是在管理控制深度上，往往只重视生产过程的节约，而没有向成本与技术、成本与安全、成

本与质量的最佳配合上寻求控制。二是管理控制的范围仅限于产品的生产过程，缺乏有效的前馈控制和反馈控制。三是在管理制度上，不配套、不健全，致使管理没有形成制度化、规范化、标准化和科学化。四是管理手段、方法落后，管理控制主要靠行政命令，而计算机控制等现代化控制方法和手段很少被应用，更谈不上系统应用，难以发挥方法、手段综合运用的最优成果。

（4）在管理考核和分配上，一是考核力度不够，管理控制成果没有直接与职工利益相挂钩；二是只重视生产区队、班组的考核，忽略了职能管理部门、岗位和辅助生产区队的考核；三是考核指标不配套不协调，没有纳入煤炭企业统一的考核分配体系，致使管理控制存在许多空白；四是不按成本习性进行区别考核，而是只与某一计划水平下的单位成本对比考核，造成评价责任不清，成本升降的原因不明，给基层单位留下了通过提高产量降成本的余地，不利于矿井的可持续发展。

（5）成本管理模式有待于进一步改革。我国进入市场机制后，煤炭企业的管理体制、分配机制等发生了一系列变化，但大部分煤炭企业仍沿用计划经济时代的原有成本管理模式，市场观念、市场机制等还没有真正引入到成本管理中，仍有待于进一步深化改革。

司马煤业有限公司面临竞争日趋激烈的外部环境和加强管理的内部需要，因此，针对司马煤业有限公司经营管理的现状，在司马煤业有限公司内部价值链进行梳理与优化的基础上，将其内部的各个生产环节归并为若干经济单位形成内部的市场主体，企业与其内部各市场主体之间及内部各市场主体之间模拟市场机制配置资源要素，建立各单位之间的以经济关系构建业务关系。

2.研究目标

基于价值链的煤炭企业成本管理体系通过有组织地、系统地运用预测、决策、计划、控制、核算、分析、考核、分配等方法，对影响成本的各种因素及影响成本管理与控制的各个经营环节实施管理与控制，以达到降低成本，提高经济效益的目的。具体来说主要达到以下技术目标：

（1）为司马煤业有限公司甚至其他煤炭企业经营决策和成本管理提供有力的成本管理思想、管理理论和方法，能为生产经营活动的监控提供方法和手段，为相关煤炭企业提供可供借鉴的管理模式。

（2）将成本管理、价值链管理同市场机制结合起来，构建一套完整科学、具有煤炭行业特点、符合煤炭企业实际的科学、合理，具有可操作性的市场化管理模式。

（3）把市场机制引入司马煤业有限公司成本管理，转变司马煤业有限公司管理机制，为司马煤业有限公司成本管理提供机制保障，充分调动全员参与成本管理的积极性和主动性。

（4）在流程优化的基础上，提出信息系统集成的方案，使"信息孤岛"变为信息共享，达到各系统的融合。

二、基于价值链的煤炭企业内部市场化管理体系的系统概述

1.煤炭企业内部市场化管理系统概念与内涵

煤炭企业内部市场化管理信息系统的研制是实施煤炭企业内部市场化管理的重要

保障，信息系统在整个保障体系中起到沟通渠道的作用，其主要功能是进行基于内部市场的交易和结算，并进行预算控制，将有关的各种信息及时、准确地传递给各方，同时反馈有关各方的意见。本系统为定制式、专业化的管理信息系统。系统以煤炭企业内部市场化管理信息系统的业务实际和管理需求为开发导向，以煤炭企业内部市场化管理信息系统的相关方案和模型为业务逻辑进行开发和设计，系统的实施优化了煤炭企业成本管理的业务流程，实现了相关信息系统的数据集成和应用集成。因此，在煤炭企业内部市场化管理信息系统的研制过程中，煤炭企业各系统信息的集成、业务流程和系统流程的分析及匹配是系统开发的关键技术问题。

内部市场化管理，就是按照市场经济原则，充分利用价值规律、经济杠杆和竞争机制的作用，使员工个人与基层单位、基层单位与公司之间变单纯的行政隶属关系为行政隶属和经济关系有机结合的管理机制，使单位之间及单位与公司之间的协作关系和管理关系转变为等价交换的经济往来关系。

基于价值链的内部市场化管理是导入作业理念，引入市场机制，改进传统标准成本制度的结果。它是以作业为基础，以标准作业成本为核心，以内部市场机制为途径，通过界定增值作业和非增值作业，比较实际作业成本和标准作业成本，进而揭示无效成本的内涵和成因，从而以成本本源为视角，实施战略化、系统化成本控制的成本管理模式。

本系统根据煤炭企业的实际情况，结合内部市场化方案实施的步骤，运用软件系统集成的思想，进行分模块设计、实现与实施，先期实施材料管理系统，然后再实施内部市场结算管理系统。

2.煤炭企业内部市场化管理系统特征

（1）现代化管理。通过内部市场化管理系统，实现内部经营管理业务处理和业务管理的信息化、网络化，改变了企业的内部经营管理手段。

（2）数据支撑。通过内部市场化管理系统，在网络平台下实现协同工作，数据集成共享，为预算及核算、生产管理等提供迅速、准确的数据支撑。

（3）高效的管理机制。通过内部市场化管理系统，促使煤矿从内部市场化的角度出发，对企业的管理业务进行重新梳理、规范和优化，使业务流程更加清晰，业务人员的职责更加明晰，为煤矿建立起信息化条件下高效的业务运行管理机制，为全面提升煤矿的整体管理水平奠定基础。

（4）降本增效。通过内部市场化管理系统，使得煤矿的原煤生产、巷道进尺、材料消耗、电力消耗、维修加工、设备租赁、运输、员工工资、预算、结算、经营管理费用等业务环节有机衔接并相互监督，提高业务信息反馈的及时性、准确性和全面性，保证企业各级管理人员可以随时、方便跟踪并掌握煤矿生产动态和内部经营状况，进而提高煤矿的生产监控力度和工作效率，降低成本。

（5）决策支持。通过内部市场化管理系统，进一步标准化并规范经营管理基础资料，建立内部市场经营信息的收集和管理机制，为企业的经营决策提供信息支持。

（6）煤矿科技信息化积累经验。通过内部市场化管理系统，进一步加强煤矿的信息化建设、同时也为煤矿科技创新、信息化、经营管理等方面积累宝贵经验。

三、基于价值链的煤炭企业内部市场化管理体系的构建

1. 设计思路

基于价值链的煤炭企业内部市场化管理体系是以成本管理为基础，在标准成本制定方法上引入作业成本思想，在标准成本管理实施过程中引入市场机制，以内部市场转移价格为纽带，通过内部市场的诱导机制，来实现企业成本控制的一种企业经营管理模式。

基于价值链的煤炭企业内部市场化管理体系构建的基本思路主要表现在以下几个方面：

（1）在管理体系上，以标准成本管理为基础。通过成本标准制定内部市场价格，主要包括成本标准的制定、标准成本的控制，成本差异揭示及分析、业绩考核及兑现四部分内容。

（2）在成本标准制定上，引入作业成本思想。从而进一步加强企业的成本管理工作，为企业的管理决策系统提供更准确、更及时、更相关的成本信息，以达到改善企业经营状况、提高企业竞争力和效益的目的。

（3）在管理实现方法、手段上，引入市场机制，改变成本控制主要靠行政命令。以市场机制为主要实现手段，计算机控制等现代化成本控制方法和手段得以系统应用，发挥成本控制综合运用的效果。

2. 体系框架设计

基于价值链的煤炭企业内部市场化管理体系是以建立多层次、全系统的成本控制网络和动态控制机制为基础，以基于作业的标准成本的科学制定为前提，以基于价值链（网）的内部市场化管理和成本核算、分析与绩效评价为手段，以组织、制度、技术为保障，以集成化的动态成本信息管理系统为实现途径，将煤炭企业成本的前馈控制、过程控制和反馈控制有机结合的动态成本管理模式。以期形成全员化的成本管理格局，达到系统化管理成本的目的。该模式的建立，有助于煤炭企业引入市场机制，实现成本标准制定的科学化、成本管理的全过程化、成本管理网络的全员化和成本管理的信息化。整个系统由前馈控制子系统、过程控制子系统、反馈控制子系统和保障子系统构成，其系统模式如图1所示。

基于价值链的煤炭企业内部市场化管理体系的结构模块如图2所示。

4. 各子系统主要功能

（1）前馈子系统。所谓前馈控制，就是在产品形成之前，通过成本预测等手段，根据市场制定成本控制标准，进而为司马煤业有限公司内部市场价格制定奠定基础，为成本控制的目标指明方向，同时为基于价值链的煤炭企业内部市场化管理体系的过程控制子系统的顺利实施打下基础。

基于价值链的煤炭企业内部市场化管理体系前馈控制子系统关键技术主要包括司马煤业有限公司生产系统作业识别及作业中心的划分、基于作业的标准成本的确定和煤炭企业成本管理预算体系中针对不同成本项目预算方法的选择三个方面。

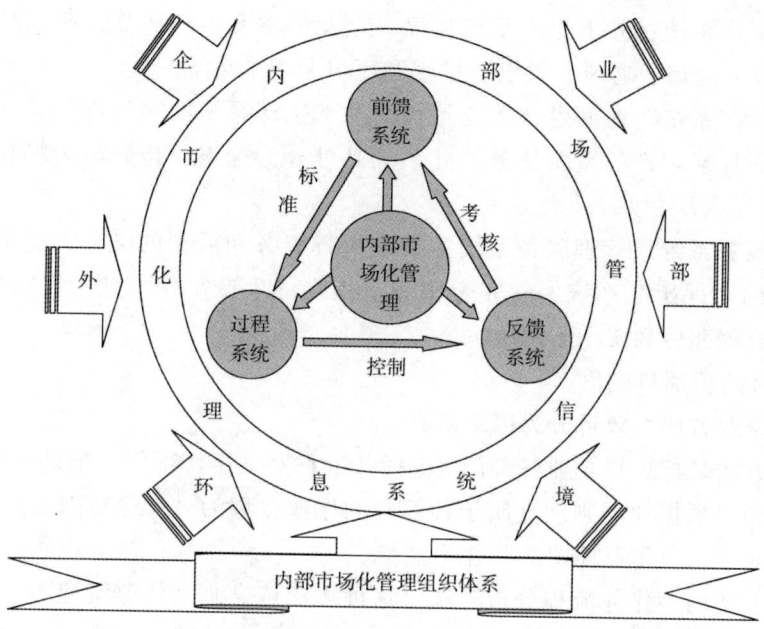

图1 基于价值链的煤炭企业内部市场化管理控制模式

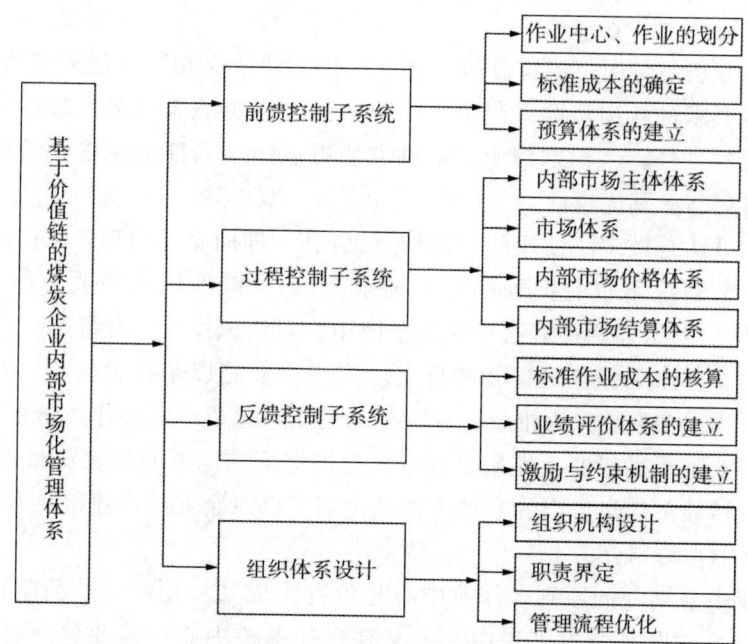

图2 基于价值链的煤炭企业内部市场化管理体系系统模块

①煤炭企业生产系统作业识别及作业中心的划分。

A.煤炭企业生产系统的构成分析。煤炭企业以煤炭资源的开采为主形成了围绕生产、生活、服务为一体的煤炭生产经营单位,其生产系统主要包括井下生产系统、地面生产系统和管理服务系统。

◇井下生产系统：井下生产系统是煤炭企业的主要生产环节，此系统又可分为采煤、掘进、提升运输、通风、供电、排水和压风七个子系统。

◇地面生产系统：地面生产系统是辅助井下生产系统的顺利进行，并与井下生产系统一起完成煤炭生产的重要任务。此系统又可分为选煤、排矸与运料和地面管线三个子系统。

◇管理服务系统：管理服务系统主要是履行服务和后勤的义务，此系统可以称之为煤炭企业的"保姆"系统，它完全服务于煤炭的生产工作。此系统主要包括供应、外销、地面管理和后勤四个子系统。

B.作业链的识别与优化。

◇识别作业方法大致可分为以下四种：

第一种方法是把煤炭企业各部门（包括井上科室、生产部门、辅助生产部门等）画成详细的地图，根据地图判别直属于各部门的作业，称为"作业地图法"。但是存在较多跨部门作业时，"作业地图法"并不妥当。

第二种方法为"作业流程分析"法。这种方法依靠画"作业流程图"，即把为完成煤炭生产所要求的各种作业步骤，画成一张张系统的流程图。通过在图上加注各步骤所需人员，所耗时间等，来计量、分析作业及其效率。对于与煤炭生产直接相关的作业，用此方法最为合适。

第三种方法是"岗位流程分析"法。这种方法依靠画"岗位流程图"，即把为完成某项任务所要求的各岗位联系起来，画成一张张系统的流程图。通过在图上加注各岗位需要完成的工作，来识别作业。这种方法更适用于局部范围作业的划分，尤其是针对管理部门更凸显其优越性。

第四种方法是被广泛使用的"征询意见法"，即向企业内部各部门的主管或工作人员询问（少数情况下也有向外部专家请求咨询），以确认某些关于作业的关键问题。"征询意见法"与上述两种方法不妨结合使用，对认识作业大有帮助。

◇煤炭企业主要作业链框架与特点。煤炭企业是以采掘为核心，其他相关作业为辅助，多过程，多环节，大批量，单一产品的生产过程。主要作业链框架如图3所示。

煤炭工业是采掘工业，煤炭生产过程是把埋藏在地下的煤炭资源通过开采或剥离，实现场地的转移。煤炭生产的这种特殊性决定了煤炭企业的作业链具有自己的特殊性。

C.作业中心的划分。

◇作业中心划分的原则。作业中心是负责完成某一项特定产品制造功能的一系列作业的集合，它既是成本汇集中心，又是责任考核中心。因此建立时应遵循责、权、利相结合原则、可控性原则、及时性原则、成本动因原则。

◇作业中心的确定。司马煤业有限公司各单位划分为若干级作业中心，根据各单位工作性质的不同，把矿属各单位划分为生产作业中心和非生产作业中心两个一级作业中心等。

②标准成本的确定。本系统制定的标准成本，主要是围绕煤炭井下的生产环节，制定的成本项目包括各个内部市场主体的直接材料费用、电费、维修费、直接人工费

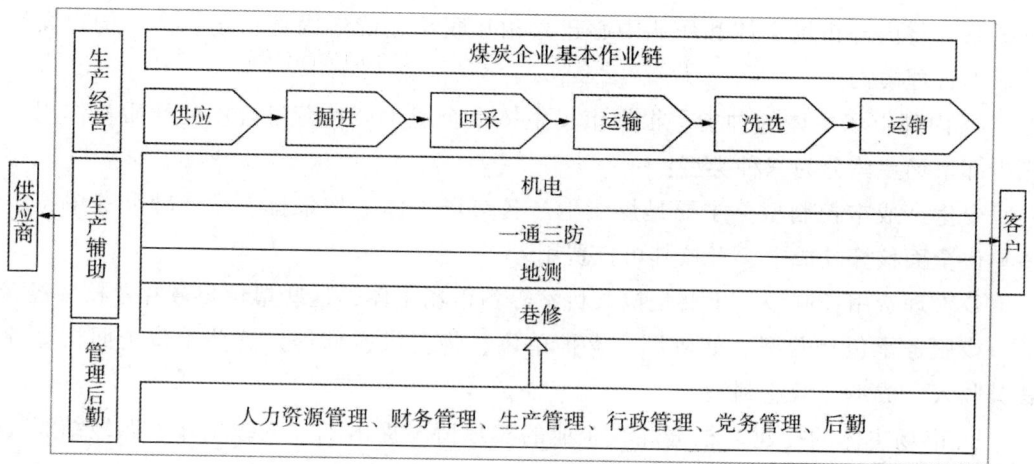

图3 煤炭企业生产经营作业链框架

等标准成本。

③企业成本管理预算体系的建立。煤炭企业动态成本管理预算系统是煤炭企业成本管理的事前控制，是在煤炭企业实际生产之前，在具体作业识别、作业中心划分以及作业、作业中心标准成本确定的基础上，根据不同的成本性态，采用相应的成本预算编制方法，确定预算成本，并将其进行横纵分解，以达到改进工作质量、提高劳动效率、降低资源消耗，实现煤炭企业成本控制的流程化和精细化的目的。

（2）过程子系统。本系统主要从引入市场机制，以基于作业的成本标准与内部市场价格的相互关系为纽带，以市场机制为实现动态，以成本控制为指导思想和手段进行基于价值链的煤炭企业内部市场化管理过程子系统的设计。通过引入市场机制，建立基于作业的内部市场化管理实现其过程控制，主要包括内部市场化管理总体框架、市场主体、市场体系、价格体系和结算体系的设计。

①内部市场化管理体系总体框架。司马煤业有限公司内部市场是企业内部各交易主体之间建立的生产要素及产品交易的规则体系，企业内部市场需要结合企业的组织架构、管理基础、人员素质、运营模式等进行整体设计与逐步推进，在结算体系、考核评价等方面需要进行设计并优化。内部市场化管理体系框架如图4所示。

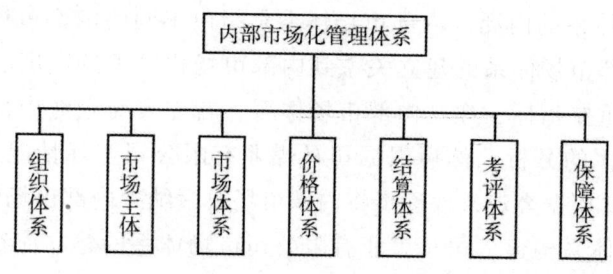

图4 内部市场化管理体系框架

②内部市场主体。内部市场主体的确定主要是根据内部市场主体和作业中心的相

互关系，将内部市场主体和作业中心建立相互联系，确定内部市场主体，构建煤炭企业成本管理模式。

A.内部市场主体的种类。根据市场主体在企业生产经营过程中的性质与作用，可把内部市场主体分为三种类型：

◇生产成本控制型。主要是煤炭生产各市场主体，如采掘、生产辅助等单位，这些单位全面核算其成本，考核其可控费用。

◇管理费用控制型。主要是机关科室等各市场主体，这些单位核算并考核其经费。

◇服务承包经营型。如机厂、支护单位、物资供应部等，这些单位全面核算并考核其收入、成本、营业利润。

B.市场主体的构建。根据煤炭企业的实际情况提出了"五级主体、四级结算、四级价格"的市场主体、结算体系和价格体系，市场主体划分如下：

◇内部市场主体的确定。根据独立核算、有偿转让、等价交换、利益相对独立的原则确立内部市场主体，建立核算点。按照分线管理、分块核算的原则，建立煤炭企业与区队的一级市场；按照按点管理、按点核算的原则，确立二级市场运作的区队；按照班组管理、班组核算的原则，确立三级市场运作的基层班组，形成市场主体体系；按照精细管理，岗位价值的原则，确立四级市场运作主体工序或作业。

◇内部市场主体的划分。

一级内部市场主体为司马煤业有限公司。

二级市场主体为原煤生产口。根据内部市场主体与作业中心的相互联系，二级内部市场主体基本等同于二级作业中心。

三级内部市场主体为原煤生产口所属各单位，根据内部市场主体与作业中心的相互联系，三级内部市场主体基本等同于三级作业中心。

四级内部市场主体为原煤生产各单位所属的班组、车间。根据内部市场主体与作业中心的相互联系，四级内部市场主体基本等同于四级作业中心。

五级内部市场主体为班组、车间所属各工序、作业或个人。根据内部市场主体与作业中心的相互联系，五级内部市场主体基本等同于五级作业中心。

③内部市场体系。

A.内部市场体系的内涵。内部市场体系是指由不同的内部市场要素所构成的要素市场的总称。内部市场体系的建立关系到内部市场化管理的广度、深度，是衡量内部市场程度的一个重要指标，建立内部市场体系，首先要对企业内部要素市场（生产客体）构成进行具体的分析，然后根据司马煤业有限公司实际情况建立各类要素市场，健全市场体系，并根据客观条件逐步将内部市场要素纳入内部市场管理。

B.内部市场体系构建。司马煤业有限公司市场体系的建立应符合企业实际，并能适应内部市场化管理的要求，根据企业内部市场机制不断发展和完善，逐步建立健全内部要素市场（生产客体）。司马煤业有限公司内部要素市场主要有以下几种，如图5所示。

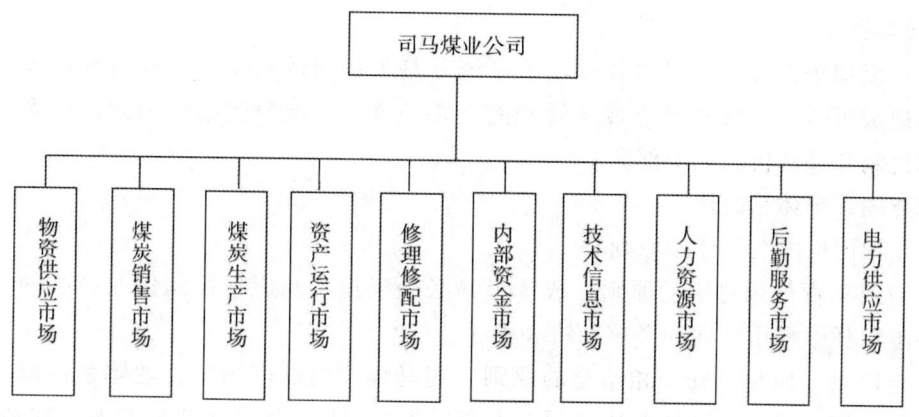

图 5　煤炭企业内部市场体系

市场体系的建立要根据市场化推进程度分步走，将各内部要素逐步纳入内部市场化管理，根据司马煤业有限公司的实际，首先建立煤炭生产市场、电力市场、融合资产运营市场、修理市场、内部资金市场、物资供应市场；然后建立资产运营市场、物资供应市场、内部资金市场；最后建立技术信息市场、人力资源市场、后勤服务市场。

④内部市场价格体系。内部市场价格体系是利用市场经济的价值规律，以价格为纽带，将企业内部岗位、上下作业之间的关系由行政关系变为服务与被服务之间的关系和等价交换的经济往来关系；用价格结算的方式解决用人多和各个作业成本指标超支的矛盾；个人收入上不封顶，下不保底，利用市场机制优化企业资源配置，从而最大限度地挖掘人、财、物的潜力，实现企业效益的最大化。司马煤业有限公司内部市场价格体系的构建主要经过以下步骤：

A.成立业务工作小组。为保证各要素市场价格测算保质保量顺利开展，司马煤业有限公司成立价格测算工作小组，这是该项工作的组织保证。

B.内部价格制定方法的确定。司马煤业公司从企业生产经营活动的实际出发，内部价格制定方法确定为"以成本定价法为主，辅以协议定价法"的方式。

C.内部市场价格测算依据。测算依据有很多。

D.确定测算内容。分为:工资单价测算组；物资定额消耗测算组；各类设备、支护用品、租赁单价测算组；工作量统计测算组。

E.制定价格体系。以上各测算组测出了各成本要素的单价后，要对各类价格进行汇总，在汇总过程中要按需要的成果和独立核算单位所构成的成本要素进行合成。通过汇总合成办法，测算出矿产品、工序和劳务项目的价格，形成了一套有机构的内部价格体系。

⑤内部市场结算体系。内部市场结算体系是市场化管理的重要手段和基础，是正确处理企业内部各核算单位之间交换和结算关系的一项根本制度。司马煤业有限公司在该阶段设立结算机构、明确结算主体和结算依据、设计结算票据、建立数据传递制度和各类台账、进行指标分解、制定各类结算办法，初步建立了司马煤业公司内部市

场结算体系。

(3) 反馈子系统。司马煤业反馈子系统是基于价值链的煤炭企业内部市场化管理的重要组成部分，是实现动态成本管理的必要环节。该部分包括业绩评价体系、激励与约束机制和仲裁机制三个部分。

①业绩评价体系的建立。

A.业绩评价体系设计的原则。

◇与成本责任相对应的原则。成本考核必须根据不同成本控制作业中心的工作性质和成本责任，采用不同的考核办法和程序。

◇与产量、质量、安全相结合的原则。司马煤业内部市场化管理体系强调的是成本的系统控制，成本控制的考核必须同生产任务、质量、安全等指标的考核联系起来，以促使广大职工以尽可能节约的方式保质、保量、保安全地完成各自的生产经营任务。

◇重点考核与一般考核相结合的原则。司马煤业的内部市场化管理的业绩评价体系是一个完整的体系，若要实现评价体系有利于企业各项生产经营活动协调发展、互相促进，就要求将现行的各种单项考核方法综合起来，建立统一的考核体系。

◇定量考核与定性考核相结合的原则。司马煤业应结合各内部市场主体的岗位性质、内容和特点，分别采用定量指标或定性指标予以反映。

◇双向考核的原则。通过双向考核，把生产经营单位和职能管理部门的经济利益紧密结合在一起，实现上下左右成本控制工作的协调，共同为控制消耗、降低成本而努力。

B.业绩评价体系的设计。司马煤业内部市场化体系的设计坚持"管理考核与绩效考核"并重的原则，改变了传统成本考核过于重视绩效考核的做法。司马煤业成本管理模式的业绩评价体系的具体结构如图6所示。

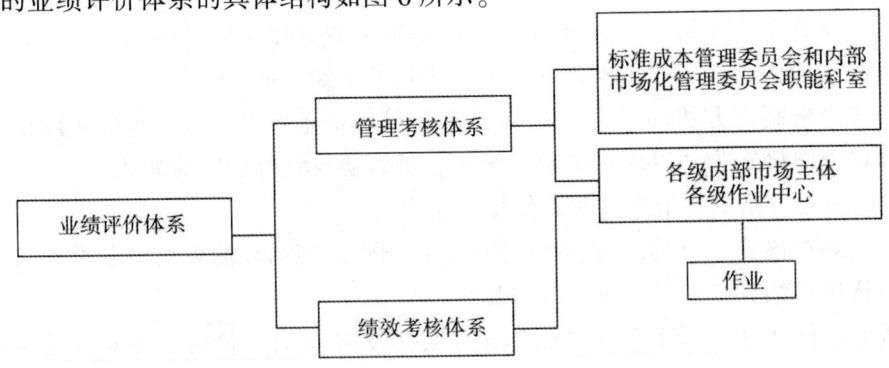

图6 煤炭企业内部市场化管理业绩评价体系结构图

②激励约束机制的建立。

A.激励机制的建立。通过市场机制的引入，该体系内其他各个机制的运作，发挥激励与约束监督的综合作用，在实现经营目标合理利益的同时，使成本控制在内部制度的约束与外部市场机制的压力下，真正以包括职工在内的各相关者的利益最大化为努力目标，促使司马煤业公司的成本控制绩效水平不断提高。

B.约束机制的建立。

◇建立内部仲裁机制。为了保证激励机制的科学性，保证激励机制的公正合理，对于内部市场化管理过程中出现的问题进行内部仲裁是必不可少的。

◇建立广泛征求意见的机制。激励机制的建立和考核办法的制定，其最终受益者是广大职工，因此，在建立激励机制和形成考核办法的过程中，必须广泛吸取全体职工的意见。

◇建立责任细化的机制。为了杜绝员工之间相互推卸责任、互相扯皮的现象，各奖惩方案落实到内部市场主体后，内部市场主体负责人应组织人员将责任细分。

③内部仲裁机制的建立。

A.内部仲裁机制的建立原则。

◇权威性和公正性。仲裁机构对纠纷问题的采掘必须具有权威性和公正性，这样才能达到成本管理的"法"制要求，真正使纠纷各方信服和承认，实现有序管理和健康发展。

◇及时性。仲裁机构可以定期或不定期进行平衡协调，对内部生产线或经济往来过程中出现的工作、质量、责任等纠纷进行及时批评和裁决，把问题解决在萌芽状态，为成本控制的顺畅和高效运行提供保证。

B.内部仲裁机构的建立。司马煤业内部仲裁机构由矿领导班子、工会、调度室、财务部、劳资科、矿办、综采专业各区队、机电部、掘进专业各区队、生产技术部等部门组成。

针对于基于价值链的煤炭企业内部市场化管理，其职责主要突出表现在以下几个方面：

◇因客观条件而影响作业量的情况进行仲裁。

◇对价格管理委员会制订的各类内部市场价格进行监督。

◇对生产一、二线因辅助单位供料不及时，送料不到位，造成一、二线生产任务、安装或撤除任务完不成而出现的纠纷进行仲裁。

◇对生产一线因地质条件变化，如出现断层、过压、出水等情况造成一线生产计划没按期完成而出现的纠纷进行仲裁。

◇对井下因供水、供风、供电、排水等因素造成生产任务、安装任务、撤除任务没按期完成而出现的各类费用纠纷进行仲裁。

◇对因技术设计、机电安装失误或开掘进尺中因测量、送线不准而造成的有关损失及各类费用纠纷进行仲裁。

◇对在收产、收尺过程中出现的产量高低、进尺多少、巷道断面大小、岩性类别而出现的各类费用纠纷进行仲裁。

◇对在结算及考核过程中引起的材料、工资、电力及其他有关费用纠纷进行仲裁。

（4）组织体系设计。司马煤业有限公司组织体系的设计与实施是指为保障基于价值链的煤炭企业内部市场化管理体系的顺利进行，实现对煤矿生产经营活动的耗费进行全员、全过程、全方位的动态控制而建立起来的组织及其职能的有机结合。

①组织保障体系设计的原则。

A.全面性原则。司马煤业公司组织保障体系的设计必须树立统筹兼顾的观点，这样才能使成本得到有效的控制，达到整体经济效益最优。

B.精简原则。精简是指对控制和管理成本的人力、物力和财力的节省。精简是提高成本控制效率的核心，它表现为以较少的人力、物力和财力的投入得到较大的产出。

C.归口分级管理原则。要使成本控制真正有效，必须按照经济责任制的要求，将各级内部市场主体的职责、权力和利益有机结合，只有做到奖惩分明，才能更好地调动员工的积极性和主动性。

②组织体系的设计。司马煤业内部市场化管理的组织体系可以划分为决策层、管理层和执行层三个层次。

A.决策层。决策层是基于价值链的煤炭企业内部市场化管理的高级阶层，它从全局出发，对内部市场化管理工作实行综合指挥和统一管理。其基本职能是进行全矿内部市场化管理的重大决策。

B.管理层。管理层是基于价值链的煤炭企业内部市场化管理的中级阶层，也是核心阶层，主要负责协调、监督各级内部市场主体（作业中心）的成本管理和控制活动。其基本职能为：明确内部市场主体（作业中心）和作业的划分标准；协调、监督各级市场主体的各项活动；组织进行各种定额和计划价格的制定、审核和修订；内部市场价格的制定、审核和修改；拟定供决策使用的煤炭成本备选方案；编制成本计划，分解成本控制目标并监督、考核成本控制目标执行情况；分析成本偏差、计算成本控制成果等。

C.执行层。执行层是基于价值链的煤炭企业内部市场化管理的基层，其基本职能为：按照上级下达的成本管理指令，进行日常的成本管理工作；对作业的变更负责审查，并向上级汇报；对生产经营过程中发生的料、工、费实施有效的控制；对各种具体的生产耗费失控现象进行及时妥善处理，并向上级呈报等。

③部门与相关人员的职责设计。司马煤业公司具体执行内部市场化管理的机构主要是内部市场化管理委员会及其下设科室，其人员配备和相互关系如图7所示。

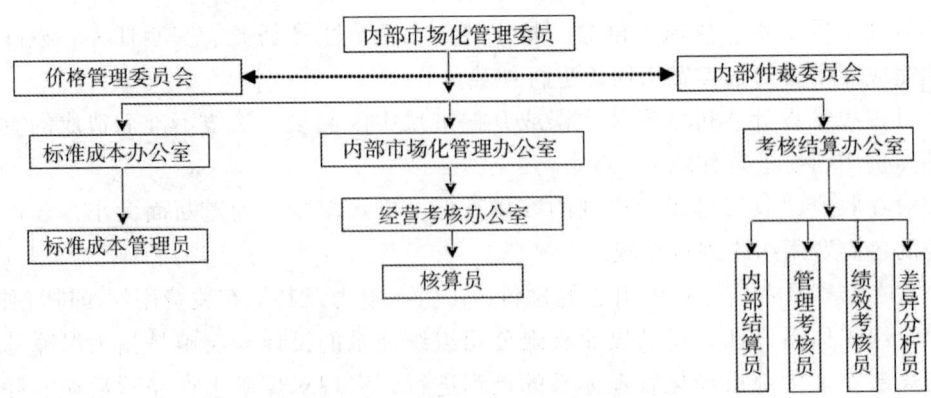

图7　内部市场化管理机构与人员结构图

④工作流程研究与设计。

A.内部市场化管理的工作流程的研究与设计。司马煤业公司内部市场化管理体系的工作内容主要包括作业成本标准的确定、内部市场价格的制定、内部市场主体作业成本预算的编制、实际作业成本的归集、标准作业成本的计算、标准成本和实际成本差异分析和业绩评价七大部分。

◇作业成本标准的确定。成本标准确定的核心是明确每一作业各项成本项目的定额和计划价格。

◇内部市场价格的制定。以前面形成的各类成本费用要素的作业成本标准为主，制定各级内部市场主体和作业的内部市场价格。

◇作业成本预算的编制。编制作业成本预算的依据是标准办公室提供的作业成本标准和矿下达的生产计划和内部市场价格。

◇实际作业成本的归集。实际作业成本的归集包括两大分支：一是生产性内部市场主体（生产作业中心）实际作业成本的归集；二是非生产性内部市场主体（非生产作业中心）实际作业成本的归集。

◇标准作业成本的计算。标准作业成本的计算工作主要集中在生产性内部市场主体（生产作业中心），由各内部市场主体（作业中心）的成本核算员通过操作成本管理信息系统来完成。

◇标准成本与实际成本的差异分析。每月月初考核结算办公室将本月各内部市场主体（作业中心）发生的实际成本和标准成本进行比较分析，填制成本差异分析表，并做出差异分析报告，将出现的差异逐级分解，找出差异产生的原因，提出解决方案，上报内部市场化管理委员会。每季度期末，考核结算办公室根据各月成本差异分析表，汇总本季度的成本差异分析表，做出差异分析报告。年度成本差异分析过程同上。

◇业绩评价。业绩评价体系是对动态成本管理绩效的考核过程。

B.内部市场化管理相关流程的研究与设计。

◇材料管理程序。搞好材料管理工作，降低吨煤材料成本，提高经济效益，确保完成矿年度吨煤材料控制指标。

◇回收复用管理程序。加强废旧物料的回收、存放、修理、处置，减少新材料的投入，降低成本，提高效益。

◇计量管理程序。为强化计量监督，加强计量管理，充分发挥计量工作的技术基础作用，促进生产经营发展，提高经济效益，特制定本程序。

◇节能管理程序。为搞好节能管理工作，降低生产成本，提高经济效益，完成集团公司下达的各项成本指标，特制定本程序。

◇统计管理程序。为及时、全面、准确记录生产经营过程中各项指标，保证统计信息的准确、及时和全面性，并使统计工作逐步规范化、信息化，通过对数据的分析发现经营管理中的问题，提高矿的经营管理水平，为领导决策提供可靠的依据。

四、基于价值链的煤炭企业内部市场化管理体系的实施效果

基于价值链的煤炭企业内部市场化管理体系在潞安集团司马煤业有限公司得到实

施和推广应用后,优化了企业成本管理的流程,引入了市场化机制,建立了完善的基于价值链的煤炭企业内部市场化管理的前馈控制体系、过程控制体系、反馈控制体系、保障体系和运行机制,并研制开发了相应的内部市场化管理信息系统,重点在采掘、辅助、煤炭洗选、供应、电厂等内部单位进行了应用,给企业带来了明显的变化,取得了较好的效果。

1. 提高了管理水平

基于价值链的煤炭企业内部市场化管理的实施,提高了经营管理水平,加大了现场材料消耗的管理力度,基本上杜绝了浪费现象。材料定额员根据现场作业规程及材料消耗定额对材料消耗实行了严格的过程控制。人工、电力、租赁及其他标准成本的实施效果也表现突出。通过基于作业的动态标准成本的实施,建立了成本管理的量化标准和组织与制度保障,形成了全员、全方位和全过程的成本管理格局,提高了管理决策的有效性和正确性,增强了全员成本节约的意识。

2. 转变了干部职工观念

司马煤业公司通过市场经济机制的引入,以内部市场化管理作为企业实现成本管理的手段,把干部职工的经济利益和本单位经营效益紧密地联系在一起,干部职工都学会了算大账、算细账,自觉节支降耗,降低成本,效益观念、市场观念得到了确立。以前,对工人的管理主要靠行政手段,但效果不理想,部分工人把干活视为负担,积极性难以调动。现在,职工自我管理、自我激励,那种原来生产不到点盼升井的现象没有了;以前设备故障总是送上井修理,实行市场化管理后,凡当班能修的,不再运到井上,井下现场能解决的故障基本都是自行修复。

3. 强化了区队自主管理

内部市场化从管理上体现了分权经营思想,区队生产经营自主权扩大了,区队管理从传统的以生产为中心转变为以效益为中心。区队管理层逐步树立起了效益观念,以效益衡量自己的贡献,围绕效益组织生产。区队能把精力集中在内部班组、职工管理上,结合内部市场运作需要,制定区队内部价格目录、班组结算、绩效考核、收益分配、安全质量标准化等相关管理制度,并严格考核兑现。在推广应用的各二级单位,在基于作业的煤炭企业动态作业成本管理体系的指导下,不断进行自主创新管理。

4. 实现了降本增效的目的

降低成本,提高效益,是推行基于价值链的内部市场化管理工作的直接目的。实行基于价值链的内部市场化管理后,各市场主体自觉地把生产经营过程中所发生的各类费用变为自己的费用进行管理。各个单位的工资收入等于价格结算总收入减去总费用支出,单位材料费用支出多,工资就减少,材料费用支出少,工资就增加,这就激励职工注意节支降耗,努力减少费用支出,使生产成本不断降低。

(成果创造人:王建强　曾金元　成　瑜　李金华　朱庆斌　张丽娟　王国锋　刘　伟　魏　鹏　郝　明　琚斌峰　霍石磊)

构建煤矿特色安全文化的探索与实践

铁法煤业（集团）有限责任公司晓南矿

铁法能源公司晓南矿于 1980 年 9 月 28 日移交投产。矿井原设计生产能力为 90 万吨，改扩建后设计年生产能力达到 150 万吨，目前核定年生产能力为 210 万吨。1999 年通过 ISO9001 质量管理体系认证，安全评估被确定为 AAABB 级矿井。矿井先后被授予全国"五一"劳动奖状、全国特级安全高效矿井、全国煤炭工业双十佳煤矿、全国企业文化建设品牌矿、全国安全文化建设示范企业、辽宁省先进集体、辽宁省思想政治工作优秀企业等荣誉称号。

一、煤矿特色安全文化的创建背景

1. 构建煤矿特色安全文化是时代发展的必然要求

安全生产是煤矿永恒的主题，平安和谐是煤矿职工和家属的美好愿景。随着时代发展和社会进步，科学发展和安全发展成为全社会的共识，以人为本、珍爱生命、关注健康等理念深入人心。习近平总书记关于安全生产工作的重要讲话精神，以及煤矿"双七条"规定的实施充分说明，国家对安全工作的要求不断提升，安全目标不断拉高，对事故的问责追究力度空前，生命至上，坚守红线，成为煤矿安全发展的主旋律。

2. 构建煤矿特色安全文化是煤矿安全管理的客观需要

煤矿作为高危行业，水、火、瓦斯、煤尘、顶板五大自然灾害时刻威胁着员工的生命安全与健康。煤矿行业的特点，不仅直接影响着员工的思维和行为方式，而且也直接影响着煤矿安全文化的走向，打造煤矿特色安全文化，培育本质安全型员工，实现矿井长治久安，是煤矿安全管理的客观要求。通过对晓南矿近些年安全事故的综合分析中不难看出，在煤矿安全生产的五大要素（人、机、物、环、管）中，人是事物矛盾的内因，起决定和主导作用，诸多事故的发生，都是由于人的不安全意识和不安全行为造成的。因此，积极培育安全文化，提升员工安全意识，规范员工安全行为，培育我敬安全、我要安全、我能安全、我会安全的本质安全型员工，推动矿井不断向零缺陷、零事故的目标迈进，是煤矿安全发展的现实需要和客观要求。

3. 构建煤矿特色安全文化是煤炭企业安全发展的生命线

如果说安全生产是企业的生命线，安全文化就是生命线中流淌的血液。煤矿员工相对较低的文化素养、简单的劳动技能和闭塞的社会视野制约着安全生产。由于人在安全生产中处于主体地位，人的行为的不确定性，成为安全生产中的一个极大变数，成为制约安全生产的最主要因素。习近平总书记关于安全生产工作的重要指示中，明确提出要把安全生产作为一条不可逾越的红线，为深入做好煤矿安全工作进一步指明了方向。以人为本，敬畏生命，坚守红线，安全发展是煤矿必须牢牢坚守和把握的生命线。因此，煤矿要以安全文化建设为依托，坚持文化引领，以文化人，改善员工心智模式，构建安全生产长效机制，实现安全生产长治久安。

基于上述认识，晓南矿以科学发展观为指导，以打造本质安全型矿井为目标，整合矿井安全管理经验，融合现代企业安全管理优秀成果，坚持矿井安全、地面安全和健康管理"三并重"原则，在四个层面上融合融入，拓展创新，培育和形成了具有煤矿特色的安全文化。

二、煤矿特色安全文化的基本内涵

煤矿特色安全文化包括四个层面：

一是安全精神文化。安全精神文化是员工安全文明生产的思想、情感和意志的综合表现，是员工长期实践形成的心理和思维的产物。主要包含：安全价值观、安全目标理念、安全造势、安全思想教育、员工素质培训、员工行为养成等方面，集中反映了企业安全形象的塑造、安全目标的追求和员工安全素质的提升。

二是安全物态文化。安全物态文化是形成观念文化和行为文化的条件，安全物态文化反映企业的安全认知、安全管理理念和矿井安全硬件建设投入等，主要包含：加强矿井质量标准化建设、打造安全质量文化、推进矿井科技进步和技术创新，其目标是营造矿井本质安全环境。

三是安全管理文化。安全管理的主体是对人的管理，树立以人为本的管理理念，首先要靠文化，文化是企业的灵魂，是管理的最高境界。安全管理的落实，关键是要"责权一体"，要有一系列行之有效的规章制度和管理办法，富有成效的安全管理模式和强劲的执行力作保障。主要包含：安全规章制度、安全精细化管理、岗位描述、四预养成、安全诚信管理。

四是安全亲情文化。亲情文化不仅体现了一种人文关怀和以人为本的全新理念，同时也充分体现了企业关爱员工，视员工为兄弟姐妹的拳拳之心，发挥亲情感召、凝聚和激励作用能够使员工心中充满感激和对幸福的渴望，增强员工的归属感、稳定感与成就感，从而改善员工心智模式，更加珍爱自己的生命，降低"三违"行为的发生率，达到安全生产的效果。如果安全规章树起了安全生产的第一道防线，那么亲情教育则是构筑了坚不可摧的安全第二道防线。主要包含：亲情化感染、人性化教育、人情化帮助、人本化管理。

三、煤矿特色安全文化的主要做法

1. 培育安全精神文化，坚持理念引领，以文化人

（1）坚持目标理念引领，用先进的理念鼓舞人。大力宣贯铁能公司安全愿景、安全目标和安全理念。确立晓南矿安全愿景和安全理念，建立和形成个人—班组—区

队—矿的金字塔式的安全目标体系。通过强力宣贯渗透，使安全目标理念内化于员工心灵深处，成为员工的最高行为准则。

（2）加强安全文化阵地建设，用浓厚的氛围感染人。兴建安全文化广场、副井口安全文化长廊和井下安全文化巷道，形成井下运输大巷安全灯箱"一条龙"；地面工业广场安全牌板"一条街"；员工安全教育培训"一基地"；区队班前会议室全家福"一园地"；安全电化教育"一阵地"，形成安全视觉、听觉识别系统，营造浓郁的安全文化氛围。

（3）创新员工安全思想教育，用灵活的方法教育人。充分运用广播、电视等宣传媒体，广泛开展八德安全观、安全价值观、安全道德观和安全荣辱观教育，实现安全宣传教育全天候实时动态化。确立安全思想教育活动日，实行每周一主题一案例一提纲教育。开展"我诚信，我履责，我的誓言我遵守，我的行为我负责""落实七条规定，求真务实保安全"等安全大讨论。推行安全重点人排查、人体生物节律分析、"三违"讲评、"三违"人员过七关等安全思想教育新方法，不断增强安全思想教育针对性和实效性。

强化班前安全教育。统一配备投影仪和笔记本电脑，使用班前会课件，实现班前会多媒体教育。规范班前会程序和内容，把班前会开成群言互动班前会、案例警示班前会和亲情启迪班前会。让事故责任者讲经过，老工人讲经历，新工人讲感受，全员讲亲历。邀请员工家属参加班前会，让员工在浓浓的亲情氛围中受到教育。

（4）强化员工素质培训，用多种途径培育人。以创建学习型企业为目标，推进素质工程建设。采取脱产培训、以师带徒等形式，强化知识功底、专业功力、技能功夫、身心素质、职业素养5个方面的全员性基本功修炼，开展"工人学技能，干部学管理"读书实践和岗位技术练兵比武活动。实施"双五"星级员工攀升评比办法，把本质安全诚信岗、质量标准规范岗、创新创效增值岗、学习成长成才岗、快乐和美文明岗五个岗作为五星级员工攀升评比的前提，开展好争创"五岗五星"攀升活动，全面提升员工队伍整体素质。

（5）促进员工行为养成，用正确的标准规范人。制定实施员工基本行为规范和准军事化管理实施细则，采取学习指导、现场演练、检查纠偏、制度约束、全面规范的措施，对井上、井下各个岗位、工种的操作规范及共同遵守的语言、行走、开会、着装、乘车、入井等一系列共同行为规范进行了补充修订，对员工行为规范、劳动纪律、地面环境卫生治理、井上员工日常行为、井下员工操作行为规范进行了全方位监察及管控，对不良行为实施必要处罚，养成全员佩戴胸卡、按线行走、排队乘车、列队升入井的良好习惯，增强员工服从意识和执行力。按照循序渐进，持之以恒的原则，从井上到井下，由简单到复杂，从职工易于接受和易于做到的问题入手，然后逐步深入到纠正多年形成的一些不良习惯和行为模式。在全矿管理人员和员工中强制规范了员工反映强烈的热点问题和习惯性"三违"，严查管理人员值班、跟班和带班执行情况，严查手拉手现场交接班执行情况。全力推进"6S+1"行为规范养成、十三种安全行为养成和准军事化管理，让员工在队列行走，规范班前会宣誓等方面进行军事化训练，向员工灌输服从命令、听从指挥、令行禁止、整齐划一的行为理念，保证员工从班前会、入井到生产岗位全过程全部受到行为规范的约束，使行为规范养成逐渐定型固化为员工的职业习惯，全矿员工精神面貌发生深刻变化。

2.打造安全物态文化，营造矿井本质安全环境

(1) 创新提升，大力推进矿井质量标准化建设。结合矿井发展实际，合理确定质量标准化建设标准，实行井下标准化线路区域分级管理。把现场管理的重点放在工程质量、设备检修质量和人的操作行为上。坚持以点带线、以线带面，打造精品工程，实现采掘区域精美化、运输大巷地铁化、管线吊挂艺术化，地面和住宅区环境整洁美、精彩美、舒适美。

(2) 依靠科技进步，提高矿井现代化装备水平。以推进企业技术创新和管理创新为目标，实施科技兴矿战略，不断提高矿井现代化装备水平。先后装备使用国家"八五"期间重点科研项目——日产7000吨成套综采设备和德国全自动化刨煤机生产设备，填补国内薄煤层开采技术的空白。装备大功率综掘机、凿岩钻机等设备，通过采用扇形回采工艺，实现运顺侧75度转角开采，为国内外大角度扇形回采积累了宝贵经验。全面升级改造了J-2000瓦斯监测系统，引进使用KSS-200煤矿自燃火灾束管监测系统。完成了调度生产指挥系统、主井提升机转子变频系统改造等科研技改项目，实现了采掘生产机械化、辅助系统自动化、安全监测数字化、企业管理信息化，大大提高了矿井安全生产系数。

(3) 打造"九零九化"品牌，提升安全管理水平。将历史积淀与现代理念有机融合，经过系统整合和提炼，形成了"九零九化"质量文化品牌。"九零"，即工程质量零缺陷、作业质量零失误、产品质量零投诉、安全质量零缝隙、服务质量零距离、现场管理零盲区、信息覆盖零死角、精确管理零偏差、环境质量零污染。"九化"，即工程质量精品化、作业质量精确化、产品质量品质化、安全质量标准化、服务质量规范化、现场管理精细化、设施装备现代化、信息管控智能化、行为养成文明化。通过完善质量文化体系，形成质量文化理念系统，编写质量文化手册，建成质量文化展室，命名十大品牌形象大使，实施岗位描述、手指口述、安全质量确认法和精优作业法，实施精品一条线管理，全面提升工程作业质量。优化生产源头、运输环节和洗选加工环节控制，提升品质、提高品位、打造品牌，全面提升产品质量；搭建岗位作业、三项制度、五精管理三个平台，全面提升安全质量管理水平。

(4) 积极推进技术创新，为矿井安全发展提供技术支撑。在矿山设备、供配电系统、井下管网、图牌看板、安全标识等方面推广使用色彩技术；推广应用人机工程技术，在设计、生产、安装、人力资源配置等环节中，首先把人的适应性、安全可靠性放在首要位置。井下挡车器、运输道岔、采煤机牵引均使用遥控设备，实现了远程自动控制。设立矿井科技进步奖，对矿井科技创新成果和专业技术人才、技术专家、学科带头人定期进行评审表彰，在全矿形成科技兴矿、创新发展的浓厚氛围。

3.建设安全管理文化，不断提升矿井安全管控力

(1) 以规导行，夯实安全管理基础。制定《安全生产管理奖惩规定》《"三违"积

分管理规定》《安全诚信员工考核评比办法》等一系列安全管理制度和管理办法。通过建章立制，用责任监督工作，用制度管人管事，有效规范了干部员工的安全行为。建立党政工齐抓共管，制度文化治标治本，多管齐下营造氛围，全员参与本质安全的安全管理长效机制，为实现矿井安全生产长治久安奠定了坚实基础。

（2）实行隐患付费管理办法。为强化隐患排查治理工作，最大限度减少事故隐患，保证安全生产，晓南矿推行了隐患付费管理实施办法。按照2008年国家总局的隐患划分标准，将事故隐患分为重大隐患和一般隐患，凡违反集团公司《生产矿井不安全不生产管理规定》的，均属于重大安全隐患；凡违反集团公司《生产矿井不安全不生产管理规定》中以外的隐患，属于一般隐患。隐患的确定方法是，各级管理人员排查出安全隐患后，填写干部走动巡查C卡，由井口安全信息中心登记、统计。每月由矿安全隐患认定小组审查、认定。隐患付费方法是，根据隐患类别制定隐患价格，由隐患制造单位或部门按价格付费。安监处根据各单位出现的隐患情况，认定隐患级别，按级别计算付费数额，重大隐患每条付费500~1000元，一般隐患每条付费50~500元，属于问题范畴的，免于付费，但必须认真落实整改。出现各类隐患后，必须按规定落实整改，否则，加倍付费。各单位每月的隐患付费总额，由人力资源科从各单位奖金总额中扣除。同时对排查出有效安全隐患的人员，重大隐患每条奖励200元，一般隐患每条奖励50元，个人当月最多奖励金额为500元。通过实行隐患付费管理办法，有效减少了事故隐患，保证了矿井安全生产。

（3）实行"三卡一牌"安全管理办法。在生产过程中发生的"三违"，视"三违"情节和性质，对一般"三违"人员下白卡，对比较严重"三违"人员下黄卡，对特别严重"三违"人员下红卡；对发生严重事故的责任单位，给予挂"黄牌"警告。通过实施"三卡一牌"安全管理办法，有效规范了员工安全行为，使员工"三违"率和事故率大幅下降。

（4）推行安全精细化管理。深化"三三整理""安全确认""手指口述"三项制度，形成具有特色的手指口述安全确认、手指口述"三三整理"安全操作法。在"三三整理"上，实现整理时间、整理内容、整理标准的规范化。在安全确认上，确立"岗位交接、安全环境确认、设施完好确认、设施运行确认、文明生产确认、上岗作业"六大程序。在手指口述上，严格执行手指口述操作规范，实现人、机、物、环、管五要素闭环管理。

（5）坚持干部走动管理。完善走动管理系统，制定管理人员走动巡查管理制度，严格规定巡查区域、走动次数、走动时间和工作标准，合理确定管理级点。制定了《晓南矿"十定十五查、六带六拓展、八到位"干部走动管理实施办法》，对干部走动管理的内容、方式、要求等进行了拓展延伸。每月制定科室和基层区队管理人员走动巡查计划，结合公司安全管理平台系统，将走动巡查计划录入平台，管理人员按计划路线巡查完成闭环，由安监处进行考核。同时，对管理人员C卡进行改版，新版C卡融合了公司管理的工作重点和晓南矿走动管理的实际特点，能够将走动管理的每个点连成线，将走动的途径地点、停留时间、岗位人员、重点问题全部直观地显示在C卡上，巡查路线清晰，增强了功能性和实用性。并增设了上级领导检查随机指导的记录功能和岗位达标考核等内容，不仅完善了走动巡查的功能，丰富了走动管理的内容，而且也进一步增强了走动管理人员的责任意识和主动意识，做到了有计划、有考核、有奖罚，将走动巡查真正落到实处。与此同时，晓南矿还充分利用人员定位、远程监控、安全信息平台等技术手段，推进走动管理系统升级。通过点、线、面分级认定，全矿形成了严密闭环的干部责任体系和时空全闭合、功能全方位的干部走动式管理体系，实现了现场管理零盲区、时空覆盖零死角。

（6）推行岗位作业指导书。根据不同岗位的工作性质，按照采煤、掘进、机电、维修安拆、保安五大系统，编制岗位作业指导书，岗位作业指导书内容定为十二项，即岗位描述、岗位工作目标、安全职责、岗位职责、巡回检查路线和检查标准、工作规范、所在岗位危险预知描述、操作规程、工种流程图、管理制度、应急预案及避灾路线、说明书和图纸。为加快该项工作的推广，首先在岩掘二队和运转队进行试点，在总结经验、制定措施的基础上，各区队结合各自特点，围绕"人、机、物、环、管"安全要素，制定岗位作业指导书，并将每个岗位的作业指导书印制多份，挂置在岗位现场，除日常坚持在班前会上组织学习培训外，还利用集中培训日，由职能科室组织专业技术人员对岗位员工进行培训，确保岗位操作中有效实施。

（7）推进岗位描述和"四预"养成。按照岗位性质、工作任务和工作职责等要素编制岗位描述标准，全面推行岗位描述，并逐步深化为专家型岗位描述、钻石级岗位描述和岗位双述。普通版的岗位描述在全矿普及及格率达到了100%。专家型岗位描述已在井下18个单位25个主要工种岗位得到应用。通过采取一月一赛的形式，奖励优胜，正向激励，不断推进岗位描述工作向更高层次迈进，2013年共有85名员工参加比赛，69名选手取得名次，累计发放奖励24600元。从2012年年末开始，全矿对专家型岗位描述层次进行了升级，把区队长纳入了考核行列，坚持井口每天一考。对全矿井上下21个单位的党政正职进行了专家型岗位描述考核。全面实施以"预想、预知、预测、预防"为内容的"四预"安全管理办法，制定了各个工种岗位的"四预"标准，有效减少了人的不安全行为和物的不安全状态，使"三违"现象逐年减少。

（8）探索实行"机环双检"和人机系统。搭建机电设备全生命周期管理平台，利用现有优势技术、整合资源和功能，实现对设备全过程的实时动态管理，达到机环双检的目的。根据人机工程学原理，确定人机工程系统优化项目和具体措施。优化项目包括采区及采煤工作面两顺轨道运输、采区及采煤工作面的行走线路以及施工地点的有效防护与监护共三大部分、23个方面，保证了人机系统工程顺利开展，使整个矿井"人、机、环境"系统达到协调舒适、安全高效。

（9）推进安全诚信管理。煤矿安全生产诚信机制建设，是构筑安全生产长效机制的系统工程。近年来，晓南矿大力推进安全诚信管理。建立安全生产承诺制度、安全诚信考核奖惩制度，完善员工安全诚信档案，员工个人与班组签订《安全生产承诺书》。完善《晓南矿安全诚信优秀员工、安全诚信员工评选办法》《晓南矿科室安全诚信及安全管理责任考核办法》，并将安全诚信评比考核内容纳入《晓南矿区（厂）、队管理人员奖金安全管理责任考核》之中，以手指口述、工作绩效、联责联保等为考评内容，开展争当安全诚信员工和安全生产创纪录活动，把安全诚信积分作为评选安全诚信员工的基本条件，考核结果同员工绩效考核挂钩。从而让诚信建设固化于员工心智，体现于日常操作行为之中，推进了全矿安全生产诚信机制建设常态化。

4.形成亲情文化，积聚安全生产的巨大合力

(1) 发挥亲情感召作用，实现亲情化感染。在副井口识别定位系统输入员工全家福和亲情寄语，使入井员工每天都能看到亲人的笑脸，听到亲人深情的嘱托。"爸爸，我要上大学，你要注意安全""孩子，我不要金山银山，只要你一生平安"等一声声深情的呼唤，一句句温馨的祝福，在员工心灵深处产生强烈的亲情感染力。开展"让诚信进到家，把安全带回来"亲情家书征集活动，让员工在班前会上宣读亲情家书。组织采掘一线员工家属下井参观，使她们加深对丈夫工作环境的了解。搭建员工与家属相互沟通的平台，以区队为单位，每月组织召开员工家属座谈会，发挥员工家属在安全工作中的重要作用。

(2) 发挥文化凝聚作用，实现人性化教育。导入传统文化，将弟子规、孝道与安全理念有效融合，把传统文化融入安全文化建设：树立遵章守纪就是善；违章指挥、违规作业就是恶；制止"三违"是善行；排除隐患是积德；保证安全就是孝；安全联保就是悌；执行制度不走样就是忠；安全工作不糊弄就是信；安全互助就是礼；安全尽责就是义；按章办事就是廉；出现"三违"事故就是耻的安全理念。开展"信因果、知感恩、守仁义、懂廉耻"教育，让员工深知违章违纪是因，出现事故是果，牢记善有善报，恶有恶报的因果关系，感恩安监员的工作，敬畏制度、敬畏规程、敬畏生命，安全诚信，守规尽责，保证安全。大力倡导慈孝、友善、博爱、诚信的和谐理念，组织员工参加"全赢人生"培训，引导员工感恩父母，感恩企业，回报社会。开展创建和谐家庭、感恩尽孝一日行等系列活动。坚持开展安全签字、井口送温暖、安全文艺演出、安全趣味运动会等安全文化活动，不断增强员工的安全归属感。

(3) 发挥群防群治作用，实现人情化帮助。坚持党政工团齐抓共管，对"三违"人员以及安全重点人员进行重点管理，建立重点人员管理档案，制定"三违"人员帮教制度，开办"三违"人员素质提升班，对"三违"人员除了采取过七关的方法进行帮教外，还运用师徒帮扶、员工联保、家属协保、领导包保等方法，动之以情，晓之以理。充分发挥党群组织作用，广泛开展党员安全责任区、安康杯竞赛、职工代表视察、青安岗员凌晨行动、兄妹情协管等活动，构筑牢固的安全生产防线。

(4) 发挥引导激励作用，实现人本化管理。坚持严爱相济，严情并举，刚性考核，柔性管理，提倡严管干部，善待职工，带着感情抓安全。通过举办安全心理学专题讲座等形式，对员工进行安全心理疏导和正向激励。开展"六好区队、五型班组"创建活动，学习白国周班组管理法，从严选聘班组长，打造家庭式区队班组，实现区队自主、班组自治、员工自律，实现员工由"要我安全"为"我要安全"的转变。

四、煤矿特色安全文化的实施效果

煤矿特色安全文化的构建与实施，在矿井安全生产中发挥了积极作用，不仅促进

了矿井安全局面的持续稳定，而且也促进了全矿各项工作又好又快发展，矿井呈现出平安和谐、稳步发展的良好局面。

1.促进了矿井安全形势持续稳定

通过深入推进安全文化建设，安全理念深入人心，形成了党政工团"四位一体"的安全共管机制，促进了矿井安全形势的持续稳定。近年来，员工"三违"率、工伤事故率大幅度减少，矿井消灭了水、火、瓦斯、煤尘等重大事故和非伤亡列级事故，截至2014年6月30日，晓南矿连续安全生产5855天，实现了安全生产16周年，受到国家安监总局和国家煤矿安全监察局的通报表扬，荣获了全国安全文化建设示范企业称号。

2.构建了煤矿安全管理新秩序

通过深入推进安全文化建设，全面实施精细化管理考核、走动式管理、岗位描述、安全确认、三三整理、手指口述、隐患付费等先进安全管理办法，矿井安全管理机制不断完善，安全保障能力不断增强，本质安全化程度不断提升，人、机、物、环、管日趋和谐统一，构建了矿井安全管理新秩序。

3.提升了矿井安全质量标准化整体水平

通过深入推进安全文化建设，倾力打造"九零九化"安全质量文化品牌，全面加强矿井安全质量标准化建设，实现了安全质量标准化和现场文明化整体动态达标，实现了采掘区域精美化、运输大巷地铁化、管线吊挂艺术化，塑造了美观亮丽的新型煤矿形象，矿井安全质量标准化建设成为辽宁省煤炭战线的一面旗帜，相继获得了全国一级安全质量标准化矿井、全国文明煤矿等荣誉称号。

4.培育了本质安全型员工队伍

通过深入推进安全文化建设，员工安全理念、自主管理意识日益增强，安全行为养成逐步规范，安全技能和整体素质持续提升，"安全第一、生产第二，凡事安全先、万事安全大"的安全理念深入人心，"我的安全我负责，他人安全我有责，班组安全我联责，企业安全我尽责"成为广大员工的思想观念和行动自觉，培育了我敬安全、我要安全、我能安全、我会安全的本质安全型员工队伍。

5.提升了矿井经济运行质量和经济效益

通过强力推进安全文化建设，用文化管理企业，积极推行现代化企业管理方法，使矿井告别了粗放管理，矿井效率、资金、薪酬等管理要素得到合理有效配置，有效提升了企业综合管理水平和经济运行质量，促进了矿井经济效益稳步提高。2013年，矿井实现利润572万元，比计划增盈1523万元。

（成果创造人：张　军　高春生　张金玉　石振文　林式巨　张国旭　李恩越　段　彬　孟　厦　王　曦　关有利　关明杰）

原煤生产成本预测数学模型构建与应用

黑龙江龙煤矿业集团股份有限公司鹤岗分公司

龙煤股份公司鹤岗分公司（简称鹤岗分公司），是原鹤岗矿务局改制而成的国有重点煤炭企业。矿区1917年开发，1945年建企，1998年由中央直属下放黑龙江省管理，2002年改制为国有独资公司，2004年重组为龙煤矿业集团所属分（子）公司，2009年分立为龙煤股份公司鹤岗分公司。矿区现有煤炭地质储量14.3亿吨，可采储量8亿吨，煤种以1/3焦煤和气煤为主，煤质低硫、低磷、中灰、高发热量，是符合环保要求的优质能源。现有9个生产矿井，年核定能力1468万吨；1个在建矿井，年设计能力120万吨；有6座选煤厂，年设计入选能力1270万吨；企业在册职工6.66万人，总资产152亿元。建企以来累计生产原煤7.1亿吨，上缴税费110亿元。

一、原煤生产成本预测数学模型的构建背景

成本管理是现代企业管理的重要组成部分。当前，随着全球经济一体化和市场经济的日益发展，成本管理的功能越来越受到社会各行业的关注，人们对成本管理科学化的要求和愿望与日俱增。成本管理的基本目标是使生产的组织管理者和全体员工能在产品或劳务的生产转移过程中尽量节约生产费用，最大限度降低成本水平。成本管理的基本内容包括成本预测、成本决策、成本计划、成本核算、成本控制、成本考核、成本分析、成本检查八个方面。这八个方面共同组成了一个互相配合、互相依存的工作整体。多年来，煤炭企业始终坚持把降低成本作为提高经济效益的根本途径，不断探索和实践具有自身特点的成本管理的新思路、新方法，但是在成本预测方面由于原煤生产存在着复杂性和不可预见性，并且缺乏成熟的系统理论作支撑，致使绝大多数煤炭企业原煤生产成本预测失控、决策失误，使确定的成本目标失去应有的约束与激励作用。因此，科学预测原煤生产成本已经成为煤炭企业成本管理中一个亟待解决的问题。

二、原煤生产成本预测数学模型的构建原则

1. 原煤生产成本预测的复杂性

从企业外部看，主要有两个方面：一是政策性因素。煤炭生产成本受国家对煤炭工业实行新的经济政策影响极大。如2004年财政部、国家发展改革委、国家煤矿安全

监察局在征求中国煤炭工业协会意见的基础上，联合制定了《煤炭生产安全费用提取和使用管理办法》和《关于规范煤矿维简费管理问题的若干规定》，为建立煤矿安全生产设施长效投入机制，建立煤炭生产企业单独提取安全费用制度，同时规范煤矿维简费管理。这些政策性增支因素均导致煤炭成本大幅度上升。二是市场因素。在市场经济条件下，煤炭企业从事生产经营活动的生产要素越来越依赖于市场，材料、设备购入成本的变动必然会直接影响煤炭企业的生产成本。

2.原煤生产成本预测数学模型构建的原则

构建原煤生产成本预测数学模型作为一种技术经济分析，必须要遵循一定的原则，否则就难以保证其结果的可靠性和有用性，给经济决策和实际生产造成误导带来损失。建立原煤生产成本预测数学模型需要遵循实质性、系统性、连续性的原则。

（1）实质性原则。构建原煤生产成本预测数学模型，主要的目的是为成本计划的编制和执行提供科学的依据，必须抓住影响原煤生产成本水平变化的主要矛盾和主要影响因素进行实质性的计算、分析和研究，使成本预测的结果具有指导生产经营活动的实际价值，充分发挥预测效益。

（2）系统性原则。在建立原煤生产成本预测数学模型时，应将原煤生产全过程作为一个完整的系统来综合考虑，既要关注各经济量之间的独立性，又要充分考虑系统内各经济量之间的相互联系。

（3）连续性原则。原煤生产过程是一个周而复始，不断运行的连续过程，企业的资金耗费具有一定的运动规律。从某种意义上来说，构建原煤生产成本预测数学模型就是要揭示这种规律。因此，构建原煤生产成本预测数学模型，要经常性地开展修订完善工作，随时搜集、整理资料和信息，使构成原煤生产成本预测数学模型的数据资料具有连续性，更能接近成本变化的实际规律。

三、原煤生产成本预测数学模型构建的步骤

1.确定原煤生产成本项目

生产成本亦称制造成本，是指企业为生产一定种类、一定数量的产品所支出的各种费用数量之和。依据煤炭行业规定，原煤生产成本按照成本项目可分直接材料、直接工资、职工福利费、直接电力和制造费用。制造费用还可划分为材料、工资、职工福利费、电费、折旧费、修理费、提取的维简费、提取的安全费用、提取的造育林费和其他支出。因其他支出项目较多，且在一定时间和一定业务量范围内基本可认定为固定性支出，所以将其视为一个成本项目，以利于原煤生产成本预测数学模型的构建。

2.划分原煤生产系统成本

（1）开拓系统成本。为了开采煤炭，从地面向井下直到采区或盘区，开掘一系列岩巷，如井筒（立井、斜井、平硐）、井底车场、主要运输大巷、采区石门、总回风道、总回风石门、风井等，为全矿井或水平服务的井巷称为开拓巷道，而这些井巷的形式、数量、位置、及相互联系和配合总称为开拓系统。由于本文研究的对象是已经投入生产的矿井，因此所提及的开拓系统，是指采区石门及岩石的采区运输、回风上下山。就岩巷的施工工序来说，主要包括破岩、装运、支护三个环节。破岩和支护成

本直接构成巷道形成成本，列入开拓系统成本，目前我国煤矿破岩方式为炮掘。装运成本以采区石门为界，采区石门内部装运岩石的成本列入开拓系统成本，采区石门外部装运岩石的成本列入机运系统成本。

（2）回掘系统成本。为了开采煤炭，从采区石门见煤点开始，开掘一系列煤巷，如运输机道、回风道、切眼等，这些井巷的形式、数量、位置及相互联系和配合总称为回掘系统。目前，从煤矿所应用的破煤方式划分，可分为炮掘和综掘两种，主要区别是综掘对煤层倾角有一定要求，范围一般为–5至+15度之间，而炮掘没有具体限制条件。炮掘和综掘工序主要包括落煤、装运、支护三个环节，但炮掘落煤方式为爆破落煤，综掘落煤方式为机械落煤。落煤和支护成本直接构成巷道形成成本，列入回掘系统成本。装运成本以采区煤仓为界，采区煤仓以内装运煤炭的成本列入回掘系统成本，采区煤仓以外装运煤炭的成本列入机运系统成本。

（3）采煤系统成本。采煤是指煤炭的开采过程。从采煤方法上划分，主要分为水采和旱采两大类。其中，水采主要是柱式整层开采；旱采又分为柱式和壁式两种形式，柱式为整层房式和整层房柱式，壁式分为整层单一长壁、整层放顶煤和水平分层、倾斜分层、斜切分层、水平分段放顶煤等。从落煤方式上划分，主要有炮采和机采两类。其中，机采又分为普采和综采两种。按鹤岗分公司现有的采煤方法划分，主要有炮采、π放、滑移、普采、综采和综放等形式，其中炮采、π放和滑移的落煤方式为放炮落煤，工序为安装、打眼、放炮、出货、移架、移溜、运输、回撤八个环节；普采、综采和综放的落煤方式为机械，工序为安装、开缺口、推溜进刀、移架支护、运输、回撤六个环节。以上各采煤方法的生产环节中，除运输环节外其他环节成本都列入采煤系统成本。运输成本以采区煤仓为界，采区煤仓以内的运输成本列入采煤系统成本，采区煤仓以外的运输成本列入机运系统成本。

（4）通风系统成本。矿井通风是指为保证连续不断地供给井下作业地点足够的新鲜空气，以冲淡和排除井巷中有毒物质（气体）、生产性粉尘，并保持或改善井巷气候条件，使矿井具有一个正常、良好、舒适的生产环境所需要设备、设施的总称。具体包括：通风、防火、防尘、瓦斯抽放等工作。本文所提的通风系统成本，是指以"一通三防"为主的投入，包括建立或完善通风系统、监测系统、抽放系统、防火系统和防尘系统等的投入。

（5）运输系统成本。矿井运输分为矿物运输和辅助运输。矿物运输是指矿井采掘出的物料通过井下巷道及井筒运输至指定地点的过程；在运输矿物的同时，还需要运输矸石、材料、设备和人员，这就是辅助运输。其主要设备包括刮板运输机、皮带运输机、单轨吊、卡轨车、提升机、罐笼、箕斗、矿车、电机车、绞车、无极绳运输和配电设备等。本文所指运输系统是指采出的物料、材料、设备、人员在采区范围以外的输送过程，主要包括大巷运输、井筒运输。其中井筒运输又可分为主井提煤，副井升降人员、材料、设备。运输系统成本是指在大巷和井筒运输过程中发生的支出。

（6）供电系统成本。矿井供电是指为煤炭生产提供电力，主要供电设施包括受电线路、变电所、配电网。供电系统成本是指为矿井提供电力过程中发生的支出。

(7) 压气系统成本。矿井压气是指为井巷开掘打眼设备提供压气动力，主要压气设施包括压风设备、管网。压气系统成本是指为矿井提供压气动力过程中发生的支出。

(8) 排水系统成本。矿井排水是指将矿井涌出的地下水排至井上的过程，主要设施包括水仓、集水设施、排水设备。排水系统成本是指矿井在排出地下水的过程中发生的支出。

(9) 供水系统成本。矿井供水是指为机械设备冷却、井下防尘、灌浆注砂提供工业用水，主要设施包括自备水源、矿用除水及加压设备、管网。供水系统成本是指矿井在提供工业用水过程中发生的支出。

(10) 供热系统成本。矿井供热是指为矿井工作环境提供热能的过程，主要设施包括受煤、锅炉、热风炉、管网。供热系统成本是指在为矿井提供热能过程中发生的支出。

(11) 通讯系统成本。矿井通讯是指利用矿井内部的通话系统进行工作联系，主要设施包括交换机、通讯网络、受话设备。通讯系统成本是指矿井通讯过程中所发生的支出。

(12) 机修系统成本。机修是指对矿井生产用机械、设备、材料进行维修的过程。机修系统成本是指维修过程中发生的支出。

(13) 其他系统成本。除上述系统以外，所发生的支出为其他系统成本。

3.建立原煤生产成本预测数学模型

原煤生产成本预测总的数学模型，是由13个分系统成本预测数学模型构成，而每个分系统的成本预测数学模型，又分别由若干个成本项目预测数学模型构成。每个成本项目数学模型，又由若干个不同生产工艺、生产过程、生产条件的成本预测数学模型构成。按上述成本预测数学模型构成，所有具体的数学模型累计将达到上千种。鉴于成本数学模型构建的复杂性，为了更清晰地反映数学模型的构建过程，以原煤生产系统中最核心的采煤系统为例，简要说明如何构建成本预测数学模型。

(1) 采煤系统直接材料成本预测数学模型构建。采煤系统的直接材料成本属混合成本性质，需按一定方法将其划分为变动成本和固定成本，在一定相关范围内，可以用 $y=a+bx$ 这样一个数学模型来近似地描述它。

① π 放工艺采煤直接材料成本预测数学模型。

π 放材料总成本 (y_i) = 安装工作面材料固定成本 (a_i) + $b_i x_i$ $(i=1\cdots\cdots n)$

a_i 代表不同长度工作面投入的安装成本，b_i 代表不同厚度煤层投入的单位变动成本，x_i 代表原煤产量。由于 π 放工作面回撤时不需要投入材料，所以 π 放工艺采煤直接材料成本预测数学模型中不存在工作面回撤材料固定成本项目。

A.a_i 成本的数学模型。当工作面长度不变时，π 放工作面安装投入的材料是固定不变的；当工作面长度变化时，工作面投入的安装成本是变化的，可表述为 $y=a+b(x-11.2)$，其中 y 代表安装总成本，a 代表安装的固定成本，b 代表安装的单位变动成本，x 代表工作面长度。

按《作业规程》规定，每对 π 型钢梁间距为0.8米，π 放工作面在安装过程中常数 a 包括三部分：一是上下出口和超前支护所用的2.2米长单体液压支柱；二是上下出口支护所用的 3.2 米长 π 型钢梁；三是上下两道超前支护所用的 0.8 米长铰接顶梁。其中，单体液压支柱共需要 276 根，金额 202860 元；3.2 米长 π 型钢梁共需要 30 根，金额 12960 元；0.8 米长铰接顶梁共需要 156 根，金额 34320 元。那么，常数 a 应为 202860+12960+34320=250140 元。

常量 b 应包括两部分：一是投入 2.2 米长单体液压支柱的单位变动成本；二是投入 2.4 米长 π 型钢梁的单位变动成本。每 0.8 米需要 6 根单体液压支柱，金额 4410 元；需要 2 根 2.4 米长 π 型钢梁，金额 648 元，合计 5058 元。那么，常量 b 应为 5058/0.8= 6322.5 元/米。

B.b_i 成本的数学模型。根据回采程序，每回采每平方米面积的煤层投入的材料成本保持不变，但开采不同厚度的煤层，按产量计算时单位变动成本与煤层厚度呈反比变动，也可表述为 $y=a/(1.4\times0.85x)+cz$，其中 y 代表单位变动成本，a 代表回采每平方米面积的煤层投入的材料成本，1.4 是煤的容重，x 代表煤层厚度，c 为每吨煤运输一米所需消耗配件的单位变动成本，z 代表吨煤平均运输距离。

常量 a 包括项四部分：一是每平方米铺网的单位变动成本；二是每平方米放炮装药的单位变动成本。按《作业规程》规定，工作面硬帮打眼为五花眼，装药量为上边眼两个药卷（0.30Kg），中间眼和下边眼均为 3 个药卷（0.45Kg）；三是每个炮眼需一发电雷管的单位变动成本；四是每平方米投入风煤钻、煤钻头和煤钻杆的单位变动成本。其中，铺网数量为每平方米 1.02 平方米，金额 11.73 元。每平方米装药量为 0.82Kg，金额 4.9 元；每平方米电雷管为 2.05 发，金额 1.84 元。每平方米投入风煤钻、煤钻头和煤钻杆分别为 0.00043 台、0.020 个、0.0086 根，金额合计 1.38 元。在原煤生产过程中，除上述主要材料投入外，还需要投入品种繁多，但数量少、价格低的其他材料，通过分析历史数据，测算出其单位变动成本为 1 元/平方米。那么，常量 a 为 20.85 元/平方米。经计算，常量 c 为 0.0021 元/吨·米。

C.x_i 成本的数学模型。根据煤炭实际赋存情况，每回采每平方米煤层，应产出煤量也可表述为 $y=1.4\times0.85x_1x_2x_3$。其中，x_1 代表工作面倾斜长度；x_2 代表工作面走向长度；x_3 代表煤层厚度。

②综放工艺采煤直接材料成本预测数学模型。

综采材料总成本（y_i）=安装工作面材料固定成本（$a1_i$）+回撤工作面材料固定成本（$a2_i$）+b_ix_i（$i=1\cdots\cdots n$）

$a1_i$ 代表不同长度工作面投入的安装成本；$a2_i$ 代表不同长度工作面投入的回撤成本；b_i 代表不同厚度煤层投入的单位变动成本；x_i 代表本工作面所产出的原煤吨数。

A.$a1_i$ 成本的数学模型。当工作面长度不变时，综放工作面安装投入的成本是固定不变的，当工作面长度变化时，工作面投入的安装成本是变化的，可表述为 $y=a+b(x-7.5)$，其中 y 代表安装总成本，a 代表安装工作面的固定成本，b 代表安装工作面的单位变动成本，x 代表工作面长度。

构成综放工作面安装常数 a 包括八部分：一是安装端头液压支架；二是安装采煤机；三是安装转载机；四是安装破碎机；五是安装前后部运输机头尾；六是皮带运输

机；七是安装变电站；八是安装其他设备。按设备安装材料定额，常数 a 应为 479000 元。

常量 b 应包括两部分：一是安装 1.25 米宽的液压支架的单位变动成本；二是安装 1.25 米宽的前后运输机的中间部分的单位变动成本。每安装一架液压支架需要 2210 元，安装一节前后部溜子槽需要 245 元。那么，常量 b 应为 (2210+245)/1.25=1964 元/米。

$a2_i$ 成本数学模型 $y=bx$。b 代表液压支架单位回撤成本，x 代表回撤架数。根据历史数据测算，b 的值在 100-110 之间，一般取为 105.37 元/架。

B. b_i 成本的数学模型。根据回采程序，每回采每平方米面积的煤层投入的材料成本保持不变，但开采不同厚度的煤层，按产量计算时单位变动成本与煤层厚度呈反比变动，也可表述为 $y=a/(1.4 \times 0.85x)+cz$，其中 y 代表单位变动成本，a 代表回采每平方米面积的煤层投入的材料成本，1.4 是煤的容重，x 代表煤层厚度，c 为每吨煤运输一米所需消耗配件的单位变动成本，z 代表吨煤平均运输距离。

综放工作面在正常生产过程中常量 a 包括四部分：一是开采每平方米投入截齿的单位变动成本；二是开采每平方米投入乳化液的单位变动成本；三是开采每平方米投入油脂的单位变动成本；四是开采每平方米投入其他材料的单位变动成本。在原煤生产过程中，除上述主要材料投入外，还需要投入品种繁多的数量少、价格低的其他材料，通过分析历史数据，测算出其单位变动成本为 0.3 元/平方米。那么，常量 a 为 16.48 元/平方米。经计算，常量 c 为 0.0012 元/吨·米。

C. x_i 成本的数学模型。根据煤炭实际赋存存情况，每回采每平方米煤层，应产出煤量也可表述为 $y=1.4 \times 0.85 x_1 x_2 x_3$。其中，$x_1$ 代表工作面倾斜长度；x_2 代表工作面走向长度；x_3 代表煤层厚度。

（2）采煤系统直接工资成本预测数学模型构建。

①π 放工资总成本 $y=bx$。b 代表吨煤工资，x 代表原煤产量。

②综放工资总成本 $y=bx$。b 代表吨煤工资，x 代表原煤产量。

（3）采煤系统职工福利费成本预测数学模型构建。

①π 放职工福利费成本 $y=bx$。b 代表福利费提取标准，x 代表职工工资总额。

②综放职工福利费成本 $y=bx$。b 代表福利费提取标准，x 代表职工工资总额。

（4）采煤系统直接电力成本预测数学模型构建。

①π 放工作面电力成本 $y=bx$。b 代表生产过程中吨煤电费支出，x 代表原煤产量。

b 的数学模型为 $y=bx$。b 代表每吨煤每运一米的电力成本；x 代表吨煤平均运距。经测算，π 放工作面在应用 40T 刮板运输机运煤时，b 的平均值为 0.0056 元/吨·米。

②综放工作面电力成本 $y=b_i x$。b_i 代表生产过程中不同煤厚和不同运距的吨煤电费支出，x 代表原煤产量。

b_i 的数学模型为 $y=a/(1.4 \times 0.85x)+cz$，其中 y 代表单位变动成本，a 代表回采每平方米面积的煤层投入的电力成本，1.4 是煤的容重，x 代表煤层厚度，c 为每吨煤运输一米所消耗的电力成本，z 代表吨煤平均运输距离。经计算，常量 a 为 4.95 元/平方米，c 为 0.0085 元/吨·米。

（5）采煤系统制造费用中折旧费成本预测数学模型构建。

①π放工作面设备折旧成本 $y=bx$。b 代表月折旧额，x 代表生产月份。π放工作面一般 6 台 40T 型刮板运输机，经计算，常量 b 为 11721 元/月。

②综放工作面设备折旧成本 $y=bx$。b 代表月折旧额，x 代表生产月份。综放工作面主要有采煤机、液压支架、前后部运输机、转载机、破碎机等设备。经计算，常量 b 为 248004 元/月。

（6）采煤系统制造费用中修理费成本预测数学模型构建。

①π放工作面设备修理成本 $y=bx$。b 代表月修理额，x 代表生产月份。根据π放工作面设备原值计算，常量 b 为 1812.5 元/月。

②综放工作面设备修理成本 $y=bx$。b 代表月修理额，x 代表生产月份。根据综放工作面设备原值计算，常量 b 为 302703 元/月。

（7）采煤系统制造费用中提取的维简费成本预测数学模型构建。

①π放工艺提取的维简费成本 $y=bx$。b 代表维简费提取标准 8.7 元/吨，x 代表原煤产量。

②综放工艺提取的维简费成本 $y=bx$。b 代表维简费提取标准 8.7 元/吨，x 代表原煤产量。

（8）采煤系统制造费用中提取的安全费用成本预测数学模型构建。

①π放工艺提取的安全费用成本 $y=bx$。b 代表安全费用提取标准 20 元/吨，x 代表原煤产量。

②综放工艺提取的安全费用成本 $y=bx$。b 代表安全费用提取标准 20 元/吨，x 代表原煤产量。

（9）采煤系统制造费用中提取的造育林费成本预测数学模型构建。

①π放工艺提取的造育林费成本 $y=bx$。b 代表造育林费提取标准 0.15 元/吨，x 代表原煤产量。

②综放工艺提取的造育林费成本 $y=bx$。b 代表造育林费提取标准 0.15 元/吨，x 代表原煤产量。

（10）采煤系统制造费用中材料费成本预测数学模型。

①π放工艺制造费用中材料费成本 $y=bx$。b 代表材料费定额 1000 元/月，x 代表生产月份。

②综放工艺制造费用中材料费成本 $y=bx$。b 代表材料费定额 1500 元/月，x 代表生产月份。

（11）采煤系统制造费用中电费成本预测数学模型。

①π放工艺制造费用中电费成本 $y=bx$。b 代表电费定额 628 元/月，x 代表生产月份。

②综放工艺制造费用中电费成本 $y=bx$。b 代表电费定额 785 元/月，x 代表生产月份。

（12）采煤系统制造费用中其他成本预测数学模型构建。

①π放工作面制造费用中其他成本 $y=bx$。b 代表其他成本定额 90000 元/月，x 代表生产月份。

②综放工作面制造费用中其他成本 $y=bx$。b 代表其他成本定额 112500 元/月，x 代

表生产月份。

由于对采煤区实行的是吨煤工资包干政策，制造费用中的工资及职工福利费已经包含在直接工资及职工福利成本之中，所以未建立成本预测数学模型。

四、原煤生产成本预测数学模型的应用

原煤生产成本预测数学模型主要可应用于两个方面，一方面可用于即将开采煤层成本预测，确定目标成本；另一方面可用于各种采煤方法的投入产出预测，确定最优的采煤方法。

1. 富力煤矿采煤系统原煤生产成本预测

富力煤矿位于鹤岗煤田中偏南侧，距鹤岗车站约 7.5 公里。矿井于 1958 年建设，1959~1960 年简易投产，原设计能力 108 万吨/年，经多次改造和扩建，矿井设计生产能力为 180 万吨/年。截至 2013 年末，富力煤矿剩余地质储量 7777.3 万吨，剩余可采储量 4916.8 万吨。目前，在岗职工 4431 人。

这次测试，将 2007 年富力煤矿 278 采煤队开采的 π 放面列为测试面。该面位于-310 水平，开采的是-310 水平南 11 层南扩区，走向平均长 320 米，倾斜平均长 126 米，煤层平均厚度 7 米，煤层平均倾角 27 度。煤质松软，节理、层理较发育。煤层自然发火期 8 个月。相对瓦斯涌出量 1.66 立方米/吨。直接顶为 9.77 米厚的细砂岩和粉砂岩，老顶为 32.39 米厚的细砂岩和粗砂岩，底板为 17.1 米厚的细砂岩，采高 1.8 米，采放比 1:2.89。工作面主要设备为 1 台 SGW-40T 型刮板运输机，机道为 3 台 SGW-40T 型刮板运输机，石门为 2 台 SZB-720 型转载机。循环进度为 0.8 米，工作面放炮采用五花眼布置，顶眼装药量 0.3Kg/孔，中间眼和底眼装药量 0.45Kg/孔。

（1）直接材料成本 2035283.1 元。

材料总成本 y_i = 安装工作面材料固定成本 $a_i + b_i x_i$（i=1……n）=975963+3.154×335865.6=2035283.1 元

①安装 126 米工作面材料固定成本=250140+6322.5×(126-11.2)=975963 元

②开采 7 米厚煤层单位变动成本=20.85÷(1.4×0.85×7)+0.0021×310=3.154 元/吨

③走向平均长 320 米、倾斜平均长 126 米、煤层平均厚度 7 米的块段原煤产量=1.4×0.85×126×320×7=335865.6 吨

（2）直接工资成本 3117685.8 元。

工资成本 y=bx=9.3×335865.6=3117685.8 元

（3）职工福利费 436476.01 元。

职工福利费成本 y=bx=0.14×3117685.8=436476.01 元

（4）直接电力成本 583062.68 元。

直接电力成本 y=bx=1.736×335865.6=583062.68 元

吨煤电力成本 y=bx=0.0056×310=1.736 元/吨

（5）制造费用中折旧费成本 152373 元。

折旧费成本 y=bx=11721×13=152373 元

生产的月份数 y=320÷(0.8×30)=13.3 月。考虑到每年有 7 个大月的因素，按 13 个

月计算

（6）制造费用中修理费成本 23562.5 元。

修理费成本 y=bx=1812.5×13=23562.5 元

（7）制造费用中提取的维简费成本 2922030.72 元。

提取的维简费成本 y=bx=8.7×335865.6=2922030.72 元

（8）制造费用中提取的安全费用成本 6717312 元。

提取的安全费用成本 y=bx=20×335865.6=6717312 元

（9）制造费用中提取的造育林费成本 50379.84 元。

提取的造育林费成本 y=bx=0.15×335865.6=50379.84 元

（10）制造费用中材料成本 13000 元。

材料成本 y=bx=1000×13=13000 元

（11）制造费用中电力成本 8164 元。

材料成本 y=bx=628×13=8164 元

（12）制造费用中其他成本 1170000 元。

其他成本 y=bx=90000×13=1170000 元

此块段应用 π 放工艺开采，预测生产成本合计 17229329.65 元，单位成本为 51.3 元/吨。而该块段实际生产成本 17039807.02 元，实际原煤产量 327963 吨，实际单位成本 51.96 元/吨，比预测单位成本高 0.66 元/吨，升幅 1.3%。成本升高的主要原因是该块段回收率下降，影响产量下降 2.35% 所致。

2.南山煤矿采煤系统综放工作面原煤生产成本预测

南山煤矿位于市中心南五公里，井田面积 10.63 平方公里。矿井于 1937 年建矿，1970 年由斜井群改造为立井，设计能力 150 万吨/年，后经改造现年生产能力为 300 万吨/年。截至 2013 年末，剩余地质储量 12688.9 万吨，剩余可采储量 7001.2 万吨。目前，在岗职工 5368 人。

这次测试，将 2007 年中南山煤矿综采二队开采的综放面列为测试面。该面位于盆底区，开采的是盆底北翼区 15 层二分段，走向平均长 490 米，倾斜平均长 120 米，煤层平均厚度 8 米，煤层平均倾角 9 度。煤质松软，节理、层理较发育。煤层自然发火期 3-6 个月。相对瓦斯涌出量 5.48 立方米/吨。不存在直接顶，老顶为 60 米厚的灰白色中砂岩，底板为 2.5 米厚灰白色中砂岩，采高 2.2 米，采放比 1:2.6。循环进度 0.6 米。工作面主要设备有 MG-150/375-W 采煤机 1 台，SGZ-630/180、SGZ-730/320X 运输机各 1 台，SZB-730/160 转载机 1 台，PLM-1000 破碎机 1 台，SSJ-1000/125 皮带运输机 2 台，BRW-200/315 乳化泵 2 台，KSGZY-630/1140 变电列车 3 台，KSGZY-500/660 变电列车 1 台，JH2-14 撤柱器 4 台，以及 ZF-3000/17/26 过渡支架 6 台，ZF2800-16/24B 液压支架 90 台。

（1）直接材料成本 2035283.1 元。

材料总成本 y_i=安装材料固定成本 $a1_i$+回撤材料固定成本 $a2_i$+$b_i x_i$（i=1……n）= 699950+10115.52+2.037×559776=1850329.23 元

①安装120米工作面材料固定成本=479000+1964×(120−7.5)=699950元
②回撤120米工作面材料固定成本 y=bx=105.37×120÷1.25=10115.52元
③开采8米厚煤层单位变动成本=16.48÷(1.4×0.85×8)+0.0012×255=2.037元/吨
④走向平均长490米、倾斜平均长120米、煤层平均厚度8米的块段原煤产量=1.4×0.85×120×490×8=559776吨

(2) 直接工资成本3078768元。

工资成本 y=bx=5.5×559776=3078768元

(3) 职工福利费431027.52元。

职工福利费成本 y=bx=0.14×3078768=431027.52元

(4) 直接电力成本1504677.89元。

直接电力成本 y=bx=2.688×559776=1504677.89元

吨煤电力成本 y=a/(1.4×0.85x)+cz=4.95÷(1.4×0.85×8)+0.0085×255=2.688元/吨

(5) 制造费用中折旧费成本1488024元。

折旧费成本 y=bx=248004×6=1488024元

生产的月份数=490÷(0.6×5×30)=5.4个月。考虑到设备故障影响可能丢掉的循环数，生产时间按6个月计算

(6) 制造费用中修理费成本1816218元。

修理费成本 y=bx=302703×6=1816218元

(7) 制造费用中提取的维简费成本4870051.2元。

提取的维简费成本 y=bx=8.7×559776=4870051.2元

(8) 制造费用中提取的安全费用成本11195520元。

提取的安全费用成本 y=bx=20×559776=11195520元

(9) 制造费用中提取的造育林费成本83966.4元。

提取的造育林费成本 y=bx=0.15×559776=83966.4元

(10) 制造费用中材料成本9000元。

材料成本 y=bx=1500×6=9000元

(11) 制造费用中电力成本4710元。

材料成本 y=bx=785×6=4710元

(12) 制造费用中其他成本675000元。

其他成本 y=bx=112500×6=675000元

此块段应用综放工艺开采，预测的生产成本合计27192246.11元，预测原煤产量559776吨，预测单位成本48.58元/吨。而该块段的实际生产成本28334320.45元，实际原煤产量592704吨，实际单位成本47.81元/吨，比预测单位成本低0.77元/吨，降幅1.59%。成本降低的主要原因是在实际生产中因采区加大了现场管理力度，原煤回收率得到提高，实际产量比预测产量增加5.88%所致。

3.两种采煤方法成本投入与产出情况预测对比

为深入论证采煤系统生产成本预测数学模型的实用性，本文选取了南山矿综采一

队已经开采的块段，作为综放和π放两种采煤方法生产成本投入与产出情况的预测对比。该块段位于盆底区，开采的是盆底区南翼15-2层二分段，走向平均长310米，倾斜平均长150米，煤层平均厚度7米，煤层平均倾角8度。煤质松软，节理、层理较发育。煤层自然发火期3-6个月。相对瓦斯涌出量9.1立方米/吨。不存在直接顶，老顶为60米厚的灰白色细砂岩，底板为20米厚灰色粉砂岩。采区按85%的回收率计算，预测原煤产量387345吨。

（1）按π型钢梁放顶煤开采工艺预测。采用π放工艺其采高为1.8米，采放比1:2.89。工作面主要设备为1台SGW-40T型刮板运输机，机道为3台SGW-40T型刮板运输机，石门为2台SZB-720型转载机。循环进度为0.8米，工作面放炮采用五花眼布置，顶眼装药量0.3Kg/孔，中间眼和底眼装药量0.45Kg/孔。

①直接材料成本2264173.2元。

材料总成本 y_i=安装工作面材料固定成本 $a_i+b_ix_i$(i=1……n)=1127703+2.934×387345=2264173.2元

安装126米工作面材料固定成本=250140+6322.5×(150−11.2)=1127703元

开采7米厚煤层单位变动成本=20.85÷(1.4×0.85×7)+0.0021×205=2.934元/吨

走向平均长320米、倾斜平均长126米、煤层平均厚度7米的块段原煤产量=1.4×0.85×150×310×7=387345吨

②直接工资成本3602308.5元。

工资成本 $y=bx$=9.3×387345=3602308.5元

③职工福利费504323.19元。

职工福利费成本 $y=bx$=0.14×3602308.5=504323.19元

④直接电力成本444672.06元。

直接电力成本 $y=bx$=1.148×387345=444672.06元

吨煤电力成本 $y=bx$=0.0056×205=1.148元/吨

⑤制造费用中折旧费成本152373元。

折旧费成本 $y=bx$=11721×13=152373元

生产的月份数=310÷(0.8×30)=12.9月。按13个月计算

⑥制造费用中修理费成本23562.5元。

修理费成本 $y=bx$=1812.5×13=23562.5元

⑦制造费用中提取的维简费成本3369901.5元。

提取的维简费成本 $y=bx$=8.7×387345=3369901.5元

⑧制造费用中提取的安全费用成本7746900元。

提取的安全费用成本 $y=bx$=20×387345=7746900元

⑨制造费用中提取的造育林费成本58101.75元。

提取的造育林费成本 $y=bx$=0.15×387345=58101.75元

⑩制造费用中材料成本13000元。

材料成本 $y=bx$=1000×13=13000元

⑪制造费用中电力成本 8164 元。

材料成本 y=bx=628×13=8164 元

⑫制造费用中其他成本 1170000 元。

其他成本 y=bx=90000×13=1170000 元

此块段应用 π 放工艺开采，预测生产成本合计 19357479.7 元，单位成本为 49.98 元/吨。

（2）按综采放顶煤开采工艺预测。应用综采其采高 2.2 米，采放比 1:2.18，循环进度 0.6 米。工作面主要设备有 MG-150/375-W 采煤机 1 台，SGZ-630/180、SGZ-730/320X 运输机各 1 台，SZB-720/110 转载机 1 台，PLM-1000 破碎机 1 台，SSJ-1000/125 皮带运输机 1 台，BRW-200/315 乳化泵 2 台，KSGZY-630/1140 变电列车 3 台，KSGZY-500/660 变电列车 1 台，JH2-14 撤柱器 3 台，以及 ZF-3000/17/26 过渡支架 6 台，ZF2800-16/24B 液压支架 114 台。

①直接材料成本 1632969.68 元。

材料总成本 y_i=安装材料固定成本 $a1_i$+回撤材料固定成本 $a2_i$+$b_i x_i$（i=1……n）=758870+12644.4+2.224×387345=1632969.68 元

安装 150 米工作面材料固定成本=479000+1964×(150−7.5)=758870 元

回撤 150 米工作面材料固定成本=bx=105.37×150÷1.25=12644.4 元

开采 7 米厚煤层单位变动成本=16.48÷(1.4×0.85×7)+0.0012×205=2.037 元/吨

走向平均长 310 米、倾斜平均长 120 米、煤层平均厚度 7 米的块段原煤产量=1.4×0.85×150×310×7=387345 吨

②直接工资成本 2130397.5 元。

工资成本 y=bx=5.5×387345=2130397.5 元

③职工福利费 298255.65 元。

职工福利费成本 y=bx=0.14×2130397.5=298255.65 元

④直接电力成本 905225.26 元。

直接电力成本 y=bx=2.337×387345=905225.26 元

吨煤电力成本=a/(1.4×0.85x)+cz=4.95÷(1.4×0.85×7)+0.0085×205=2.337 元/吨

⑤制造费用中折旧费成本 1488024 元。

折旧费成本 y=bx=248004×4=1488024 元

生产的月份数=310÷(0.6×5×30)=3.4 个月。考虑到设备故障影响可能丢掉的循环数，生产时间按 4 个月计算

⑥制造费用中修理费成本 1210812 元。

修理费成本 y=bx=302703×4=1210812 元

⑦制造费用中提取的维简费成本 3369901.5 元。

提取的维简费成本 y=bx=8.7×387345=3369901.5 元

⑧制造费用中提取的安全费用成本 7746900 元。

提取的安全费用成本 y=bx=20×387345=7746900 元

⑨制造费用中提取的造育林费成本 58101.75 元。
提取的造育林费成本 y=bx=0.15×387345=58101.75 元
⑩制造费用中材料成本 6000 元。
材料成本 y=bx=1500×4=6000 元
⑪制造费用中电力成本 3140 元。
材料成本 y=bx=785×4=3140 元
⑫制造费用中其他成本 450000 元。
其他成本 y=bx=112500×4=450000 元

此块段应用综放工艺开采，预测的生产成本合计 19299727.34 元，预测单位成本 49.83 元/吨。

（3）两种采煤工艺的对比结果。该面预测原煤产量 387345 吨，采用综采放顶煤采煤工艺回采，开采时间为 4 个月，预测生产成本 19299727.34 元，预测单位成本 49.8 元/吨；而改用 π 型钢梁放顶煤采煤工艺回采，开采时间为 13 个月，预测生产成本 19357479.7 元，预测单位成本 49.98 元/吨。采用综放工艺比使用 π 放工艺开采，单位成本低 0.15 元/吨，开采时间短 9 个月；如果再综合考虑综放工艺比 π 放工艺回收率要高出近 10 个百分点，综合投入将增加。因此认为，该块段开采的最佳采煤方法应为综采放顶煤工艺。

五、原煤生产成本预测数学模型的构建应用结论

本文从龙煤鹤岗分子公司管理工作的实际出发，通过对原煤生产过程中最为复杂的采煤系统生产成本预测数学模型进行构建和应用，得出主要研究结论：即原煤生产成本形成是有规律可循的，运用成本性态理论构建原煤生产成本预测数学模型进行成本预测是可行的。在构建原煤生产成本预测数学模型过程中，应结合生产实际进一步细化和完善，要充分考虑到生产过程中各种主客观因素变化，导致生产成本变动等情况，在模型中应加入相应的修正系数，以便使成本预测更能接近实际。本文以全新的思路和方法，初步解决了困扰煤矿多年的成本预测不科学问题，为煤矿实施标准成本管理奠定了基础。同时，构建原煤生产成本预测数学模型是一项庞大的系统工程，需耗费大量的人力、物力和财力，更是一项惠及长远的效益工程，也必将为煤炭企业加强经营管理提供一个很好的方法和途径。

2010 年以来，鹤岗分子公司通过这种数学模型，对所开采的煤层进行了全面论证，感觉到以综采、综放为方向，是企业建设安全高效矿井的一条重要途径。截至 2013 年末，鹤岗分子公司综采、综放工作面由 2009 年的 10 个增加到 13 个，应用综采、综放工艺多开采 17 个块段，所有块段平均开采期限为 6.5 个月，月均少投入直接工资成本和福利费 60 余万元；所有块段开采完，通过多回收煤炭，增加效益 1000 万元。累计为企业增加效益 17×6.5×60+17×1000=2.36 亿元。

（成果创造人：孙成坤 孙丕云 王贵军 李金龙 严祥武 王延彬）

大型企业集团完善董事会运行机制的实践与探索

山东能源集团有限公司

山东能源集团是山东省属国有独资公司，2011年3月正式成立，注册资本100亿元，总部在山东省济南市，下辖新汶、枣庄、淄博、肥城、临沂、龙口"六个矿业集团"、内蒙、贵州"两个区域公司"、山能国贸、山能国际"两个物流公司"和四个直属机构，现有员工23万人。权属企业分布在山东、山西、陕西、内蒙古、新疆、贵州等10多个省（自治区）及加拿大、澳大利亚等国家和地区，是世界500强企业。

一、山东能源集团完善董事会运行机制的重要意义

1.加强董事会建设是完善公司法人治理结构，建立现代企业制度的客观要求

公司治理是一项非常关键的制度安排，良好的公司治理对于防范风险及促进企业稳健高效运营，具有不可替代的基础性作用。董事会作为企业治理结构的核心部分，是整个企业治理结构效率发挥的关键。近年来，国有企业改革发展虽然取得了明显成效，但仍有些突出问题尚未得到有效解决，公司法人治理结构不完善所带来的问题越来越突出，一些大型企业即使按《公司法》改制为国有独资公司，建立了董事会，也是董事会、经理层、党委（组）会重合，企业的决策层与执行层没有分开，仍然是一把手负责制的领导体制，权责不明确、管理欠科学、机制不灵活等问题仍不同程度的存在。在这种形势下，企业的决策尤其是涉及企业生存和发展的重大决策显得尤为重要，决策的科学性要求更高，风险防控的任务更加艰巨，构筑完善国有企业持续稳定发展的制度基础迫在眉睫。因此，山东能源集团建设一个规范的、高质量的、有效率的董事会，完善公司法人治理结构，符合国有企业现阶段稳定发展的内在需要，能够有效解决决策机构与执行机构职责不分的问题，做到各司其职、各负其责，形成有效的制衡机制，这对完善公司法人治理结构，加快推进现代企业制度建设意义至关重要。

2.加强董事会建设是企业做大做强、实现持续稳健发展的必然选择

公司治理作为现代企业理论的重要组成部分，随着社会经济的发展、经济体制的变化和企业改革的深化，已经逐步产生并演化为事关企业生存发展的重大战略问题。面对国内外市场竞争越来越激烈的严峻形势，国有企业要想在激烈的市场竞争中长期

立于不败之地，其管理体制和领导制度就必须科学化、必须适应市场经济的要求、符合企业发展规律。在企业中，董事会把握企业发展的方向，决定企业的重大事项，对于企业发展具有十分重要而又不可替代的作用。董事会的决策能力，关系着企业的兴衰成败。具体到山东能源集团来讲，目前正处于战略转型和发展的重要时期，业务领域向多元拓展，业务范围从国内走向国际，经营环境的复杂性大大增加，企业经营管理的行业跨度和区域跨度越来越大，涉及发展战略、重大投融资的决策事项越来越多，决策的难度越来越大，迫切需要完善公司法人治理结构，建立规范有效的董事会，形成科学的决策机制。建立外部董事制度后，由于大多数董事不在执行层兼职，不负责执行性事务，有利于实现决策权与执行权分开，在重大决策方面可集中集体的智慧，强调制衡，不搞一个人负责制；在执行性事务方面提高效率，令行禁止，下级服从上级，强调个人负责，不互相掣肘。这是实现谨慎决策、科学决策，避免决策失误、控制投资风险的必然选择。

3.加强董事会建设有利于维护国有资产出资人权益，实现国有资产保值增值

一方面，董事会是股东利益的代表，是保护股东合法权益、体现股东意志的制度依托，是实现出资人职责到位的最终体现。另一方面，董事会负责企业的重大决策，对企业进行战略性监控，并负责选聘、评价、考核、激励经理人员，是企业内部深化改革、加强管理、提高效率的重要保证。董事会能不能充分发挥作用，在很大程度上决定着公司治理的有效性，这是国有企业改革的一个核心问题。山东能源集团建立规范的董事会后，外部董事在董事会占多数，有利于实现企业的决策权与执行权分开，有利于实现董事会集体决策，有利于实现董事会成员结构的优化和互补提高董事会的决策水平，有利于实现董事会管理经理层既能实现出资人职责到位，又能确保企业依法享有经营自主权。这是因为：外部董事受省国资委委派，是国有资产出资人代表，对国有资产的安全和保值增值负责，直接参与公司董事会的活动，与内部董事地位平等，享有同等的权力和义务，对企业的重大事项在决策前和决策过程中进行把关和监督。此外，一般情况下，外部董事对该职务没有依赖性，更多地是做贡献，除了在董事会上的表决权外，也无其他权力，在个人利益和权力上比较超脱。这种角色，有利于其更好地代表出资人的利益，客观、妥当地处理出资人、企业、经理层、职工等各方面的利益关系。

二、山东能源集团完善董事会运行机制的主要做法

集团组建以来，董事会按照《公司法》《公司章程》和省国资委要求，立足企业自身实际，在加强董事会建设、完善公司治理结构方面做了大量的探索和创新。通过完善董事会机制建设，建立推行外部董事制度，从根本上发挥董事会的作用，有力地推进了企业的改革和发展。

1.完善董事会组织架构

一是完善董事会组织结构。目前，能源集团董事会共有董事7名，其中外部董事5名，居于多数，董事会下设战略、提名、风险管理与审计、薪酬与考核四个专门委员会，风险管理与审计、薪酬与考核委员会主任和成员均由外部董事担任。2013年8月，

能源集团部分领导职务变动后，按照《公司章程》有关规定，及时履行董事会程序，对战略委员会人员组成进行了调整。在权属公司组织架构设计中，本着"因企制宜、一户一策、分类指导、区别对待"的原则，立足企业实际，对新成立的山能国际有限公司建立了外部董事制度；山能国贸有限公司、内蒙盛鲁能化公司、贵州矿业公司设立了执行董事。

二是确保外部董事行权履责。按照山东省国资委《外部董事履职评价办法》和《国有独资公司外部董事管理试行办法》要求，董事会利用召开董事会、组织开展调查研究、召开专题研讨会等形式，积极创造条件保障外部董事充分履职、发挥作用，外部董事均履职出勤在30天以上，符合山东省国资委有关文件精神和规定要求。

三是注重发挥专门委员会辅助决策作用。按照山东省国资委有关要求，不断规范专门委员会运作方式，对董事会决策的事项，先由专门委员会进行专题研究、提出建议，再提交董事会审议，为专门委员会履行职责奠定了基础。如在董事会决策"为泰安市泰山投资有限公司发行企业债券提供担保""投资建设山西朔州平鲁煤机工业园项目"等事项时，专门委员会分别从防范投资和经营风险的角度提出了建设性意见，得到了董事会和经理层的采纳。

2.加强董事会制度建设

一是继续加强基础制度建设。能源集团董事会在抓好《董事会议事规则》《战略、提名、薪酬与考核、风险管理与审计四个专门委员会工作细则》《董事会秘书工作规则》等制度落实的基础上，借鉴国内大型央企董事会运作经验，本着规范性、前瞻性、系统性和流程化、可操作性的原则，制定了《董事会相关机构及岗位工作规范》，对董事会会议组织召开、决议落实、议案拟订与审核、会议表决、人员列席、各专门委员会联系人职责以及做好外部董事信息保障等作了进一步明确，理顺了董事会运作流程，提高了董事会议事效率和决策质量。

二是加强信息沟通。定期向董事报送企业经营情况分析、财务报表、工作简报、企业报纸等信息资料，邀请外部董事参加集团重大会议活动，使各位董事充分掌握企业经济运行情况；及时向外部董事通报省国资委关于董事会建设的有关制度和规定，有效解决了与外部董事信息不对称的问题。

三是完善调查研究和工作督导机制。为提高董事会决策的科学性和实效性，围绕董事会的决策事项及有关项目，先后组织外部董事对省内权属企业和省外江苏江阴、内蒙呼伦贝尔、鄂尔多斯、贵州毕节、陕西咸阳等地调研考察，实地查看董事会决策的在建项目推进情况和拟建项目的基础情况，充分感受项目建设的成效，深入了解投资条件，为做好决策的前期评估和后评价、加强对决策项目督导创造了条件。

四是探索建立党委会参与重大决策机制。继续实行党委会集体研究董事会拟议案制度，在董事会召开前，将各项议案一并送达能源集团党委委员审阅，召开党委会研究形成专门意见后供董事会参考，充分体现了党委组织参与重大问题决策的政治原则，也进一步提高了董事会决策的科学性和民主性。截至目前，能源集团党委会先后对董事会拟审议的218项议案进行了研究并提出了意见和建议。

3. 规范董事会规范运作程序

按照《公司法》《公司章程》《董事会议事规则》及省国资委有关要求，能源集团董事会突出规范和效率两个目标，按照会前、会中、会后三个阶段，进一步完善以决策质量为中心，以风险防控为重点，包含沟通、决策、督导一体化的规范运作机制。

一是严把会前关。提前将会议召开时间、内容、议案及相关材料提交各位董事审阅，确保会议信息畅通，以便决策时各位董事能充分发表意见。所有会议议题在按规定提前提交董事时，也均召开经理办公会议和党委会研究讨论，并根据相关人员提出的修改意见以及党委会形成的意见及时修正。

二是严把会中关。各位董事对审议的议案，独立、充分地发表自己的意见，确保各位董事行为和职责的独立性。严格执行"一人一票制"和"董事多数表决"的方式，让每个董事在决议上签署自己的表决意见，以此落实决策的责任。

三是严把会后关。对于每位董事的发言要点和表决情况，以《会议记录》的方式与董事见面，经董事审阅并签署意见后，作为检验董事会决策水准和董事会决策业绩的资料予以保存，确保了"集体决策，个人负责"议决规则的落实。为确保董事会决策事项的落到实处，由董事会办公室负责督办，明确时限，跟踪调度，及时反馈，确保了各项决策有部署、有检查、有落实、有考核。经理层按照董事会决策部署，定期召开会议研究各项决策和重点工作的实施进展情况，保证了董事会决策和各项重点工作的贯彻落实。

三、山东能源集团完善董事会运行机制取得的成效

能源集团董事会自设立以来，按照省国资委关于开展董事会试点工作的有关要求，董事会及成员积极行权履责，科学理性决策，规范运作程序，注重风险防控，提高决策质量，有效保障了能源集团的健康平稳有序发展。

1. 坚持科学民主决策，为企业健康持续发展提供了保障

2013年以来，面对复杂多变的外部经济环境和内部整合重组的多重压力，能源集团董事会按照《公司法》《公司章程》等赋予的权利，坚持把握全局，科学决策，认真贯彻落实省委、省政府和省国资委的一系列决策部署，紧紧围绕主题主线，在集团发展战略、重大投资项目、资本运作特别是对重大决策、重要人事任免、重大项目安排及大额度资金运作事项认真行权履责，严格把关定向，强化风险控制，优化资源配置，进一步提高了董事会科学决策的水平和质量。特别是通过加强企业战略管理，完善企业发展规划，制定和完善相关会议决策制度，建立和实施完善的授权机制、决策程序以及科学的决策方法，在加强企业战略管理、完善企业发展规划、增加煤炭资源储备、提升投资项目决策水平、推进管理创新、加强内部整合和业绩考核、推动企业技术进步、提高劳动生产率等方面做了大量工作，公司的价值创造能力、经营管理水平和核心竞争力有了明显提升，发展目标、发展思路和战略举措进一步明确，为能源集团的科学、健康、有序发展提供了有力保障。经理层按照董事会的决策部署认真抓执行，通过创新提升、挖潜增效，采取了一系列"度危求进"的措施，企业经济运行保持了基本稳定。2013年能源集团在内外部环境极其严峻的形势下，完成营业收入

2297.23亿元,同比增加481亿元,增幅26.48%;年末资产总额2256.16亿元,比年初增加193.83亿元,增幅9.4%;实现利润总额42.05亿元,盈利水平位列全国煤炭行业和省管企业前列,2013年位居世界500强第373位。

2.充分发挥外部董事的作用,董事会决策的思路更加开阔

推行外部董事制度是董事会建设的重点,可有效避免公司在决策过程中陷入"内部人控制"的局部利益格局和随意性、盲目性问题。能源集团外部董事分别来自政府机关、煤炭、钢铁、石油等多个行业的资深专家,他们有不同的理念、不同的经历、不同的智力资源,想问题、做决策的方法和角度焕然一新,通过高水准外部董事的进入,改善了董事会成员的知识结构,拓宽了董事会的决策视野,提高了董事会的决策水准和质量。近年来,外部董事积极主动履职,主动调研了解企业情况和外部经营环境,主动跟踪研究企业所处行业的发展态势,主动研究企业发展中面临的重大问题;经常性深入企业,开展调研,实地了解企业发展状况,董事会决策项目执行情况,研究分析业务模式,评估风险控制,了解行业发展趋势,学习借鉴同行先进经验,进一步明确企业发展思路。针对能源集团权属企业正处项目投资高峰期、部分产业盈利能力差、缺乏高端核心技术和人才、缺少资本运营平台等实际,先后提出了建立重大投资项目跟踪落实机制、防范企业经营风险、加强亏损企业治理、尽快启动企业上市等建议和意见,均得到了董事会和经理层的采纳和落实。

3.规范董事会程序,决策的质量水准和效率明显提高

原来是"一把手"个人决策、一个人说了算,现在建立了一种制衡机制,实现了真正的集体决策,使决策的质量和科学性明显提高,出现重大决策失误的可能性大大降低。近年来,能源集团董事会成员本着对企业高度负责的精神,严格履行议事程序;董事会办公室严格审查把关和筛选,对不符合条件的议案一律不提交董事会审议,所有拟上会议题均于董事会正式召开之日前10天送达各位董事,确保各位董事有充足时间对拟上会议题进行理性分析、科学研判。针对能源集团已承接管理职能、各项工作全面展开,需董事会层面决策的事项日渐增多这一实际,建立了董事会会前沟通制度,在每次董事会正式会议前,先由董事会秘书组织召开外部董事沟通协调会议,对上会议题所涉及项目的科学性、可行性进一步研究探讨,在广泛讨论、协商一致的前提下方可提交董事会正式决策。据统计,在能源集团审议的218项议案中,有15项议案因时机不成熟、条件不完备、风险较大被缓议。

4."三会一层"关系逐步理顺,公司治理结构初步构建完善

目前,能源集团法人治理结构健全,董事会、党委会、监事会和经理层"三会一层"紧紧围绕企业中心工作,按照"三重一大"决策程序,依法依规行使职权、履行职责。

一是探索建立了党委参与重大决策的有效途径。对能源集团重大决策事项,采取先经党委会研究,再提交董事会决策的方式,坚持定期召开党政联席会议,以此为平台定期向党委会通报企业发展的有关情况。通过这种方式,既充分发挥了党委会的政治核心作用,同时也切实尊重了董事会的决策核心地位。

二是充分发挥监事会监督职能。按照董事会议事规则的有关规定,能源集团所有

拟提交董事会审议的议题在呈送党委会和总经理办公会研究讨论的同时一并呈送监事会成员，并按照规定邀请监事会成员列席董事会会议，自觉接受监事会对董事会审议和表决事项的质询和建议。

三是及时加强董事会与监事会和经理层之间的沟通对接。注重发挥董事长在内部董事与外部董事之间的桥梁纽带作用，强调不管是内部董事还是外部董事，都是公司团队的一员，董事之间、董事与经理层之间都要密切协作。目前，能源集团董事会一方面定战略、做决策、管大事、把方向，一方面积极指导和促进经理层创造性地开展工作，维护经理层对生产经营工作的自主权，认真接受监事会对董事会重大决策的监督，做到了不缺位、不越位、不错位。

四、关于下一步完善公司治理结构的建议与思考

一个良好的公司治理结构和运行有效的董事会是企业竞争优势之源，也是国有企业长期应追求的目标。在国有独资企业完善公司治理结构，目的是在不动产权的情况下，建立起权责明确、运转协调、制衡有效、规范运作的现代公司治理结构。省国资委作为出资人，通过派驻董事会、监事会和财务总监，由董事会、监事会和财务总监代表出资人行使决策权和监督权。通过这样的设计，目的是将国有独资公司出资人的"虚位做实"，从而实现决策权与执行权分权制衡，消除"内部人控制"的弊端，进而实现国有企业公司治理的科学化和规范化。具体操作过程中，必须围绕"一个目标"，处理好"四个关系"，把握好"五项重点"。

1.围绕"一个目标"，即以建设学习型董事会为目标，打造高素质决策团队

董事会在公司治理中处于核心的地位。董事会能否充分发挥作用，决策的科学性如何，决策水平的高低，主要取决于董事个人综合素质的高低。一位优秀的董事，除具有良好的职业操守，工作上勤勉尽责，具有丰富的知识和经验之外，关键是通过学习，研究国内外行业发展变化的趋势，不断增强个人的履职能力，根据不断变化的市场形势对未来的发展做出准确的预测和判断，针对企业改革发展中出现的各种问题，能够不断地提出解决问题的新思路和新办法。为此，必须把"建设学习型董事会、打造高素质决策团队"作为推进董事会试点不断深入、促进企业不断发展的强大助推力。

第一，"请进来"加强理论学习。邀请国内外公司治理的知名专家举办专题讲座，组织外部董事和相关工作人员从法律法规、风险防控、资本运作等方面进行专业培训和系统学习，不断提高董事的履职能力。

第二，"走出去"参观考察。组织董事到省外知名企业调研、到国外参观考察，学习借鉴公司治理的先进经验，进一步拓宽视野，提升境界。

第三，加强内部沟通交流。定期组织召开外部董事座谈交流会，在董事之间搭建相互学习、沟通和交流的平台，通过董事之间的思想交锋破解公司治理中遇到的瓶颈和难题，实现董事之间资源共享、优势互补，进一步提升董事的履职能力和决策水平。

2.处理好"四个关系"

第一，集团管控集权与分权的关系。能源集团是在重组六家企业基础上成立的。各权属企业无论从发展战略、内部管理等各个方面都自成体系。如何科学设置集团管

控体系，真正做到"统分结合，统出合力、分出活力"，这是能源集团面临的一个重大问题。在如何能够最大限度地发挥上下两个层面的积极性等方面还需进一步探讨。

第二，决策质量与决策效率的关系。目前完善公司治理结构的出发点和落脚点在于如何防范决策和运营中的风险。风险防控对于企业来讲固然十分重要，但是企业的第一要务是"发展"。防范风险与推动发展虽然不矛盾，但在实际运行过程中仍不时存在冲突。特别是在当今的竞争环境中，机遇通常与风险相伴，且稍纵即逝。如何建立能够兼顾质量与效率的董事会决策机制还需继续探讨研究。

第三，"三会一层"之间的关系。目前，能源集团已经探索建立了党委参与企业重大决策的方式和途径。重大决策提交董事会审议之前必须先提交党委会研究。经理层提交的议案，也必须由经理层事先研究把关。监事会成立后，在建立监事会监督企业重大决策的机制方面也进行了积极探索。但从实际来看，现代公司治理最重要的是处理好董事会与经理层的关系。

第四，双层董事会之间的关系。目前，山东能源集团及各权属企业都建立了董事会，根据集团管控体系设置，能源集团定位为战略管理中心，在这种情况下，母子公司董事会如何界定权限、理顺关系？集团管控的边界在哪里？权属各单位董事会应该如何定位等仍需要在今后的工作实践中作进一步探索。下一步，能源集团将根据省委、省政府和省国资委关于深化国有企业改革的总体部署，按照"尊重历史、正视现实，区别对待、分类指导"的原则，探索实践各项改革措施，科学界定能源集团与权属企业两级董事会的管理权限，研究提出下一步权属企业董事会架构意见建议，为在新一轮深化国企改革中科学健康发展提供体制保障。

3.把握好"四项重点"

第一，在董事会定位方面。着重把握职责定位，把该管的事管好，将其职能定位在"管战略、管决策、管考核、管督导、管风险"上，使董事会成员从纷繁复杂的事务性工作中彻底摆脱出来，集中精力考虑企业的大事、要事和长远发展问题。

第二，在各专门委员会职能发挥方面。随着董事会各专门委员会的健全完善，积极探索各专门委员会充分发挥作用的途径和方式，对于提交董事会的各项议案，必须由专门委员会事先研究讨论。

第三，探索公司治理各层面协调运转、相互制衡的新机制。主要是健全完善董事会决议的执行机制、反馈机制和考核机制，探索监事会参与公司决策、执行工作的途径和方式，正确处理"新三会"与"老三会"（党委会、工会和职代会）的关系。

第四，探索建立全新的公司治理文化。现代公司治理带来的不但是企业体制机制的变革，更重要的是对企业管理文化和思维方式的变革。对于传统国有企业来讲，行政管理色彩浓厚，习惯于整齐划一、步调一致的执行，而现代公司治理最需要的却是不同的观点、质疑的声音，需要在今后工作中下大力气建立平等、民主、包容、开放、透明的现代公司治理文化。

（成果创造人：卜昌森　李位民　李绍进　刘国昌　明志国　刘英峰　冯晓艳　韩福生）

国家认定企业技术中心体制建设管理创新研究与应用

山东能源新汶矿业集团有限责任公司

新汶矿业集团建立于1956年，是"世界500强"企业山东能源集团有限公司最大的子公司，是以山东新巨龙、内蒙能源长城煤矿、贵州能源、新疆伊犁四大煤炭基地为基础，煤化工、装备制造、现代服务业多种产业共同发展的大型企业集团。2012年企业完成原煤产量4337万吨，实现销售收入680亿元，利税103.08亿元。2011年在中国煤炭工业100强中位列第15位，在中国企业500强中位列第172位，技术创新能力位列全国煤炭行业第9位。

一、国家认定企业技术中心体制建设管理创新研究与应用的背景

2005年10月18日《中华人民共和国国家发改委、财政部、海关总署、税务总局公告》（2005年第64号）文件规定新矿集团成立国家认定企业技术中心。

目前中心设有博士后科研工作站、"院士工作站"等研发平台，下辖13个研究所、127个研究室、2个试验室、1个检测站、31个试验基地，研发人员1318人。多年来集团公司面对老区矿井深部开采、新建矿井问题不断涌现的实际，提出"科技兴企""科技制灾"的科技战略，取得了一系列重大科技成果，相继获得7项国家科技进步奖，促进了企业安全状况持续稳定好转，实现了集团公司稳产高产。

1.企业管理提升的要求

2012年末和2013年初，上级部门和集团公司制定一系列管理办法，对集团公司技术研发管理提出了新的要求。

（1）2012年9月，集团公司下发《新汶矿业集团公司机关组织人事制度改革实施方案》，总部机关由41个部室调整合并为20个部室5个中心；人员晋升分为行政、技术两个序列。国家认定企业技术中心体系应进行调整。

（2）2012年8月，山东能源集团有限公司《关于印发山东能源集团有限公司科技创新工作管理等五个暂行办法的通知》文件对技术研发工作提出了总体要求。参照文件应制定相应管理办法。

（3）2012年10月，集团公司下发《关于开展全面风险管理与内部控制自评价工作的通知》，对科技内控体系建设、重要业务流程等17项内容进行调研评价，在组织体

系、运行机制、投入机制、评价考核机制、平台支撑等方面提出缺陷型、增值型风险点，并限期整改。

（4）2013年2月，集团公司下发《集团公司全面预算管理办法》，要求健全预算管理体系，强化内部约束机制，优化内部资源配置，确保战略目标顺利实现。2005年以来集团公司每年研发预算投入10亿元以上，制定完善研发预算编审机制，保证集团公司投资安全，成为研发管理工作重点。

（5）2012年7月，山东省经济和信息化委、省科技厅、省国税局和省地税局联合下发《山东省企业研究开发费用加计扣除管理操作指南（试用）》，进一步强调了企业加计扣除的标准要求，同时山能集团下发新研发会计归集科目。结合新规定进一步完善研发费用归集操作，充分享受国家税收优惠政策，成为研发费用管理重要任务。

2.企业建设发展的要求

随着企业体制改革、走出去、多元化经营发展，技术创新体系、体制建设，企业内、外部研发资源优化配置，多专业研发战略制定实施，优势产业的高端研发及新兴产业的高起点发展带来更多技术难题的解决都将是企业发展的重中之重。随着集团公司"千亿新矿、亿吨集团"新一轮发展战略目标的实施，解决生产经营中的重大技术问题，不断增强企业自主创新能力和进一步提升关键技术核心竞争力，成为技术创新工作的重要任务。

二、国家认定企业技术中心体制建设管理创新研究与应用的内涵及主要做法

1.规范国家认定企业技术中心管理体系，落实管理责任

《新汶矿业集团公司机关组织人事制度改革实施方案》规定技术研发部为集团公司技术研发专业行政主管部门，《技术研发部主要职责》明确技术研发部承担集团公司技术研发平台建设、研发管理、项目研发、研发服务、人才培养五大管理行政职能；各二级单位相应成立专职机构业务对接。改革后行政管理体系明确，为完善国家认定企业技术中心管理体系打下坚实基础。

（1）中心总部设在新矿集团总部，各二级单位设分中心（省级中心相当于分中心），并对应行政管理体系。建立完善由技术委员会、专家委员会、技术中心办公室、各级研发机构组成的决策层、咨询层、管理层、研发层组织机构体系，构成技术创新业务管理网络。首次规定企业设置的国家级、省部级等创新平台作为高端平台纳入国家认定企业技术中心体系管理。

（2）各级研发机构建立完善由院士工作站、博士后工作站、专业研究所、研究室组成高端层研发、应用层改进、运行层完善的技术研发创新层次。研究所按照专业划分设置在集团公司各专业部室，二级单位对应各专业研究所设置专业研究室。实现内外部、高中低端研发资源统一管理，各层研发任务合理分配。

2.规范国家认定企业技术中心管理机制，提高管理水平

（1）完善技术创新工作管理制度，实现工作全过程管理。2013年初，集团公司根据机关机构改革和山能文件要求，进一步规范集团公司技术创新工作，下发了《集团公司技术创新工作管理办法》《集团公司技术创新项目管理办法》《集团公司专利工

作管理办法》《集团公司技术创新奖励管理办法》《集团公司博士后工作站管理办法》《集团公司研发费用管理办法》六个工作管理办法，进一步明确了研发工作责任、分工、流程三个工作管理要求和定指标、严考核、重奖惩三个考核激励办法；提出了项目调研查新、分专业汇总审查，合并攻克共性难题、集中研发重大成果要求；规定了创新项目按月调度，创新工作月总结、季检查，创新成果年底考核评比制度，实现了研发工作全过程管理。

各单位根据技术创新工作管理办法、国家认定企业技术中心管理要求完善本单位管理体系、管理机制，加强了技术创新工作管理制度化。

（2）完善研发项目管理流程，实现项目全过程管理。

①按照技术创新体系、创新制度完善了技术研发项目流程，消除了内控风险点。

中心编制集团公司技术创新工作规划，年度技术创新工作计划；指导各单位编制修订本单位规划、计划。

各单位年度创新计划项目严格按照项目调研，可研评审、立项审查、项目调度、项目评议（鉴定）验收、项目评奖流程进行。可研评审、立项审查由技术中心组织专家委员会专家进行审查，技术委员会进行审核批准，必要时组织项目实施方案审查。项目立项明确知识产权计划，创新绩效目标，重点项目列入年度考核指标。

②完善技术研发工作检查监督机制：项目实行月调度；研发工作每月总结、每季检查，了解各单位研发项目进度及存在问题，及时提供内外部技术支持，整改存在的问题。

③组织制定企业知识产权保密规定，明确合同中知识产权保密条款，项目进行中注重知识产权成果保密，杜绝泄露企业秘密。

④运用指标考核和奖励激励机制，促进及时总结保护项目知识产权、成果奖项。

（3）完善研发资金投入管理，实现研发项目预算化管理。

①科学设定技术研发经费数额范围。按照国资委鼓励企业科技投入占主营业务收入的比重年平均值达到或超过3.5%和国家认定企业技术中心考核规定企业科技投入占主营业务收入的比重不小于3%的要求，制定文件规定每年各单位应按照不低于下年度主营业务预算收入的3.5%预算科技活动经费投入；结合科技贡献率估算年度研发经费预算范围，严格组织项目预算审查，科学确定项目研发经费投入。

②加强立项项目资金来源审查，保证项目资金落实。研发项目预算在投资计划、专项计划、成本费用中列支；集团公司机关研发经费列支机关专项费用。研发预算报经营管理、财务部门，按照相关管理办法履行资金审批、资金拨付手续。立项阶段项目可行性研究报告、预算说明书、立项建议书中均注明资金来源，保证项目资金落实。

3.加强技术研发管理工作数据分析实现科学决策

2013年，集团公司技术研发部对集团公司老区矿井进行了科技贡献率分析、科技转化对科技贡献率影响分析、科技贡献率相关影响因素量化分析。

（1）建立数据统计分析台账。

①建立研发工作统计数据台账，为研发转化环节对科技贡献率分析提供数据支持，同时为规划、计划制定工作及完成情况分析提供数据依据。

②企业科技活动及相关情况汇总研发资金、人员、合同、专利、税收优惠资金等科研统计数据，为影响科技贡献率的因素进行分析提供数据支撑。

（2）科技成果转化与集团公司经济增长关系分析，可以辅助研发项目决策管理。科技成果转化与集团公司经济增长关系分析即科技贡献率分析。《新汶矿业集团有限责任公司"十二五"科技发展规划》提出：力争2015年新矿集团的科技进步贡献率达到55%。

1992年国家计委、国家统计局联合下发《关于开展经济增长中科技进步作用测算工作的通知》（计科技[1992]2525号），《国家科委体制改革司关于印发<县（市）科技工作达标验收实施细则（试行）>补充说明的通知》要求采用索洛余值法建立数学模型对科技进步贡献率进行测算。

索洛余值法基本思路是：经济增长要素中扣除劳动力、资本投入因素之后，剩余的所有因素的总和都归纳为科技进步。产出增长减去全要素投入的增长之后得剩余，即为索洛剩余。其增长速度方程为：

$$y = a + \alpha k + \beta l$$

其中，y表示经济增长率，a表示科技进步增长率，k表示资本增长率，l表示劳动增长率，α表示资金的产出弹性系数（其它条件不变，资金每增加1%时，产出增加α%）。β表示劳动的产出弹性系数（其它条件不变，劳动每增加1%时，产出增加β%）。新矿集团为工业企业建议选择参数为：α=0.2-0.3，β=0.7-0.8。

2013年，集团公司在索洛余值法的基础上，通过科技统计数据科学计算α，β值，并引入生产要素的潜在影响系数（势效系数），采用索洛—势分析法，把资源和资源发挥效能的程度放在同等重要的位置，为生产函数的随机抽样都成立奠定了基础，使计算结果更加符合集团公司实际。

势分析是以经济系统资源（资金和劳动力）和它发挥效能程度为基础揭示经济体系与运行规律的理论和方法，把资源和资源发挥最大的效率程度放在同等地位，通过势效系数进行分析。

势效系数r是用来描述某生产要素发挥效能程度的指标。r越大，则表示该生产要素发挥效能程度越大、越充分，反之则存在着潜在的资源闲置。

势分析法基于C-D生产函数进行计算得出弹性系数。

$$Y = Ak^{\alpha}L^{\beta}$$

引入表示资金和劳动投入发挥能效程度势效系数r_1和r_2，得到：

$$Y = A(r_1K)^{\alpha}(r_2L)^{\beta}$$

$$r_1 = \frac{K_1}{K_0} \quad r_2 = \frac{L_1}{L_0}$$

其中，$K_1=Y/K$为报告期资金产值率，$L_1=Y/L$为报告期劳动生产率，K_0和L_0分别为基期资金产值率和劳动生产率（一般取前一年为基期）。规模报酬不变的假设下，α+β=1。α、β是时点函数，与样本大小及样本均值无关。

在索洛余值法的基础上引入势效系数，整合后得增长速度方程式为：

$$y=a+\frac{\ln L_1-\ln L_0}{1-\ln K_1-\ln K_0}k+\frac{\ln K_1-\ln K_0}{1-\ln L_1-\ln L_0}l$$

通过 Excel 软件编制程序对集团公司进行科技贡献率计算，结果见表1。

表1　2008-2013年新矿集团科技贡献率计算表

序号	年度	营业收入	职工人数	固定资产投资	营业收入增长率y	生产投入增长率k	劳动增长率l	资本贡献率	劳动贡献率	技术进步贡献率
1Y0	2008	645377.45	42085	112996.72						
2	2009	556926.61	43342	97316.29	-13.71%	-13.88%	2.99%	51.44%	-10.72%	59.28%
3	2010	679062.44	43626	104757.05	21.93%	7.65%	0.66%	17.71%	1.47%	80.82%
4	2011	730577.14	42685	127183.37	7.59%	21.41%	-2.16%	143.37%	-13.99%	-29.38%
5	2012	638425.34	41052	138843.67	-12.61%	9.17%	-3.83%	-36.93%	14.92%	122.01%
6	2013	558560.1	37675	138622.4	-12.51%	-0.16%	-8.23%	0.65%	32.35%	67.00%
								35.25%	4.81%	59.94%

新矿集团老区矿井科技进步与经济增长之间的关系为：y=a+0.491k+0.508l；2008-2013年间新矿集团老区矿井科技贡献率平均值为59.9%；2014年老区生产矿井计划营业收入为435000万元；计划固定资产投入141454万元；按照科技贡献率预计2014年投入研发经费约为29942万元，约占营业收入的7%，符合国家认定企业技术中心要求不小于3.5%的要求。2014年实际立项申报研发经费投入约为34958万元，其中列入集团公司计划项目研发项目预算为18070万元，自立研发项目预算为16888万元，满足经营目标实现所需研发投入资金数额。

（3）科技成果转化与科技进步贡献率关系研究，可以辅助研发成果管理。利用 Fagerberg 模型在"技术差距理论"的基础上，通过分析经济增长因素来构建经济增长模型。该模型指出影响煤炭企业经济增长的因素主要包括：企业利用知识能力的增长、企业技术创新水平的增长和国内外技术扩散情况。

$$y=\beta_1 d+\beta_2 n+\beta_3 c$$

本文通过扩展，模型具体变量解释：d 为煤炭企业研发项目投资变化率，n 为成果数变化率，c 为技术合同金额变化率，β_{1-3} 分别对应其弹性系数，y 表示经济增长率。

通过借鉴 Fagerberg 模型优化 C-D 生产函数，构建出科技成果转化与科技进步贡献间的定量模型，得到测算科技成果转化对科技进步贡献率作用的表达式：

$$EA=\frac{r_1 m}{r_1 m+r_2 p+r_3 f}+\frac{r_2 p}{r_1 m+r_2 p+r_3 f}+\frac{r_3 f}{r_1 m+r_2 p+r_3 f}$$

式中，EA 为科技进步贡献率，r_1、r_2、r_3 分别表示技术研发项目投资、成果数和技术合同金额变化的弹性系数；m、p、f 分别表示项目投资变化率、成果获得变化率、技术合同金额变化率。

科技项目投资对科技进步贡献率表达式：

$$\frac{m}{E_A}=\frac{r_1 m}{r_1 m+r_2 p+r_3 f}$$

获得成果数对科技进步贡献率得贡献率表达式：

$$\frac{p}{E_A} = \frac{r_2 p}{r_1 m + r_2 p + r_3 f}$$

技术合同金额对科技进步贡献率得贡献率表达式：

$$\frac{f}{E_A} = \frac{r_3 f}{r_1 m + r_2 p + r_3 f}$$

采用 excel 软件进行回归分析，选取 EA 为因变量，m、p、l 为自变量，通过最小二乘法来确定系数，分别计算出各要素（科技项目投资、获得科技成果数量和技术合同金额）对科技进步贡献率的贡献率。新矿集团老区煤矿企业计算如表2所示。

表2 科技成果转化与科技进步贡献率关系计算表

年度	年度总产值	职工人数	固定资产投资	研发项目投资	合作项目投资	项目成果数	项目投资变化率	对外合同变化率	项目成果数变化率	项目投资贡献率	合作项目贡献率	项目成果贡献率
2008	645377	42085	112997	11750	4796	83						
2009	556927	43342	97316	10609	5421	91	-9.71%	13.03%	9.64%	-30.77%	6.67%	110.98%
2010	679062	43626	104757	17602	6238	85	65.92%	15.07%	-6.59%	153.27%	5.66%	-55.69%
2011	730577	42685	127183	16536	5464	81	-6.06%	-12.41%	-4.71%	38.73%	12.81%	109.32%
2012	638425	41052	138844	26871	4493	82	62.50%	-17.77%	1.23%	96.26%	-4.42%	6.91%
2013	558560	37675	138622	35481	5526	81	32.04%	22.99%	-1.22%	89.86%	10.41%	-12.42%
										69.47%	6.23%	31.82%

由计算结果可以看出：

①集团公司技术研发项目目前分为基础研发、新技术研发、新技术应用再创新。新技术研发、新技术应用再创新在年度创新项目中约占项目总数的100%，均在项目中结合生产、建设进行，转化率接近100%，年度科技项目投资对集团公司科技贡献率影响最为突出。

②集团公司目前外部技术引进集中在产学研联合研发合作上，注重通过相近项目合并统一研发，集团公司专业部室推广新技术的模式节省研发资金外部支出和新技术吸收再创新及推广。对外合作技术合同基本上集中在重大难题高端研发，对科技贡献率影响能力受推广范围限制，研发合同投资较少，成果推广范围较大，合同投资直接影响科技贡献率体现并不突出，计算结果符合集团公司目前项目审查中合并同类项目集中研发，节省对外支出现状。

③项目取得成果对科技贡献率有较大影响，这与现实相符，体现了目前老区经济增长主要依靠科技攻关的发展模式。项目成果代表了项目完成情况，技术水平体现了技术创新的有效程度。目前集团公司技术创新成果一般集中为大课题上报，影响科技贡献率效果与对外合作研发相似。但也存在总结工作尚待完善，有些项目完成后没有总结成果通过鉴定（评议）获得成果，致使获得成果影响并不十分显著。

（4）科技成果转化影响因素的灰色关联度分析，可以辅助研发工作管理。从主体因素、环境因素、推广因素、成果因素四个角度构建新矿集团老区煤矿科技贡献率影响因素体系，通过采用灰色关联度法得到科技贡献率技术创新影响因素，提出提升科技进步贡献率的对策。新矿集团技术研发因素影响体系见表3。

表3 新矿集团技术研发因素影响体系

分类	符号	因素名称	因素含义
主体因素	X_1	科技经费占主营业务收入比重	反映集团公司科研经费投入强度
	X_2	科技活动人员占从业人员比重	反映集团公司科技开发人员投入情况
环境因素	X_3	减免税占科研经费投入比重	反映政府对集团公司科研得支撑力度
推广因素	X_4	创新项目经费占生产投入的比重	反应集团公司创新推广力度
成果因素	X_5	对外合作项目投资	反映集团公司外部技术引入情况
	X_6	专利授权数量	反映集团公司自身创新能力

灰色关联度分析：

①行为序列的构成。设 xi 为系统因素，设 F 为序列算子。

②绝对关联度：

$$\varepsilon_\infty = \frac{1+|t_0|+|t_1|}{1+|t_0|+|t_i|+|t_i-t_0|}, \quad (i=0, 1, \cdots, n-1)$$

③相对关联度：

$$r_{oi} = \frac{1+|t'_0|+|t'_1|}{1+|t'_0|+|t'_i|+|t'_i-t'_0|}, \quad (i=0, 1, \cdots, n-1)$$

④综合关联度。设 $\alpha \in (0, 1)$，假设绝对量和相对量之间的关系同等重要，本文选取 $\alpha=0.5$，则综合关联度为：

$$\rho_{oi} = \alpha\varepsilon_{oi} + (1-\alpha)r_{oi}, \quad (i=0, 1, \cdots, n-1)$$

求出的 ρ 值越大，表明该因素与输出结果的关联度越大，反则反之。新矿集团老区煤矿科技贡献率灰色关联度计算表见表4所示。

①主体因素：集团公司科技投入、集团公司科技人员投入反映了集团公司投入技术研发的人力物力，在灰色关联度排名中分别占第一、第二位，说明在目前老区矿井深井开采带来的冲击地压、水、火、瓦斯、高温等生产困难不断增加的条件下，集团公司加大难题攻克，人力、财力投入是保证老区煤矿稳产的有力措施。

②环境因素：集团公司技术研发项目加计扣除企业所得税自2008年以来每年减少税收支出3000万元左右，增加了集团公司创新资金来源，通过管理办法制定本项工作的奖励办法，提高企业和科技人员的创新积极性。

③推广因素：老区生产投资中占有相当比重的研发和新技术引进经费，在当前研发体系机制下建立高端平台研发，专业研究所引进研究推广，各生产单位应用完善的转化体制，提高转化效率，是提高科技贡献率的有效途径。

④成果因素：授权专利反映了自身成果应用水平，授权专利数与科技贡献率关系

表 4 新矿集团老区煤矿科技贡献率灰色关联度计算表

	科技贡献率	科研经费占主营业务收入比重	科技人员占从业人员比重	减免税占科研经费投入比重	授权专利数	技术合同成交额	科技投入占生产投入比重
2009	0.5928	0.01905	0.020996	0.11896	133	5421	0.10902
2010	0.80817	0.02592	0.017879	0.14197	172	6238	0.16803
2011	−0.2938	0.02263	0.018976	0.24764	116	5464	0.13002
2012	1.22007	0.04209	0.019975	0.13382	160	4493	0.19353
2013	0.67003	0.04025	0.0215	0.14612	198	5526	0.16217
	科技贡献率	科研经费占主营业务收入比重	科技人员占从业人员比重	减免税占科研经费投入比重	授权专利数	技术合同成交额	科技投入占生产投入比重
afa	0.5						
绝对关联度		0.981	0.974	0.884	0.502	0.507	0.872
相对关联度		0.843	0.982	0.912	0.955	0.997	0.892
综合关联度		0.912	0.978	0.898	0.729	0.752	0.882
排序		2	1	3	6	5	4

较为松散，通过统计数据分析可以看出老区矿井项目研发成果申请专利技术较少，已授权专利分类较为离散，与科研成果关系不紧密。为此集团公司加强专利集群化管理，以利于形成企业核心技术，并在管理文件中对技术研发项目做出了专利指标的规定，提高科技人员成果保护意识，同时提高专利技术含量。

对外合作项目投资反映了引进技术应用水平。集团公司技术合作多集中在尖端领域，从相对相关度看出，科技贡献率提升、外部合作支出不一定增加，说明集团公司立项审查中合并相似项目集中研发以节省外部支出措施的模式效果显著。

4.研究国家各类优惠政策充分享受国家政策、资金支持

目前企业技术创新国家优惠政策主要有税收优惠政策、财政优惠政策，国家认定创新平台建设。

（1）以税收减免为主的税收优惠政策。

①税收优惠政策。2008 年至今国家通过《中华人民共和国企业所得税法》《2008 年新企业所得税法实施条例》《国家能源局、财政部、国土资源部、环境保护部关于印发〈煤矿充填开采工作指导意见〉的通知》《关于印发〈企业研究开发费用税前扣除管理办法（试行）〉的通知》等文件出台一系列技术研发服务、知识产权转让优惠政策，鼓励技术创新、成果转化。

②研发费用归集标准化，充分享受企业研发费用加计扣除企业所得税政策。2013 年集团公司修订《集团公司研发费用管理办法》规范核算研发支出，在财务系统中建立多维核算体系。一是在财务系统中设置"研发支出"总账科目与"费用化支出"和"资本化支出"两个二级明细科目以及相关三、四级明细支出科目进行账务处理；二是对"研发支出"下的相关明细科目定义"技术开发项目""技术开发研究所""研发项目类别""研发项目负责单位""研发是否专职分类"五个辅助核算项，做到多维核算。

（2）以扶持资金为主的技术创新项目专项财政优惠政策。按照国家发改委、经信委、能源局、工信部等国家部门专项扶持要求，积极参与国家课题研发，利用自身优势获取扶持资金促进企业科技进步。

（3）以集中社会研发优势力量为主的国家认定创新平台建设。目前国家发改委、经信委、能源局等国家部门均设立有研发平台建设项目，企业充分发挥自身技术优势，积极申报国家创新平台。通过平台建设，不断提升企业创新能力；通过承担重大课题，促使技术持续升级；通过平台规范的商业运作得到技术研发服务、工程化输出收益，享受国家优惠政策，进而整合全社会专业力量，形成技术垄断。

5.国家认定企业技术中心管理信息化建设，提高研发管理效率

新矿集团国家认定企业技术中心管理信息系统采用 MIS-WEB、B/S 结构。

软件部分：包括信息管理系统（MIS）、信息发布系统（IDS）、信息分析系统（ISAS）、报表系统（RS）、外部交流系统（ICAES）、专家在线即时通讯软件（EOIMS）、创新辅助系统（AIS）七大部分。

网络部分：依托集团公司网络架构，MIS、IDS、ISAS、RS 在内网私有 ip 环境下运行；ICAES、EOIMS、AIS 在防火墙 DMZ 区公共网络运行。

硬件部分：包括 EOIMS 服务器、ICAES、服务器、AIS 服务器、数据库服务器+磁盘阵列、IDS 服务器、主服务器。

（1）网络架构。新矿集团主干网络带宽 1000 兆，互联网出口方面重点部署了信息审计系统、防火墙、入侵防御系统、上网认证系统、上网日志等安全系统，能够有效的保证网络出口的可控性及安全性；网络环境符合《互联网安全保护技术措施规定》，满足国家认定企业技术中心传输带宽、数据保密要求。

（2）系统程序结构及主要功能。按照决策层决策、咨询层审查、管理层预审、执行层填报为系统分工，按层次、专业、单位划分权限。

①信息管理系统（MIS）。按照研发规划计划、资源分配、项目立项及过程管理、成果管理、工作管理的思路以研发项目管理为主线，以专业、业务为分类，以各研发机构为划分，对研发工作进行信息化管理。

②信息分析系统（ISAS）。信息分析系统是系统数据高级分析部分。通过对信息管理系统信息获取，系统采用灰色相关度、CD 生产函数等数据统计分析算法，以本企业行业、专业、业务划分为基础，对创新资源分布、创新绩效数据分析。

③报表系统（RS）。按照中心技术研发工作管理要求，形成创新工作报表。

④信息发布系统（IDS）。在中心内部网络发布、交流技术创新信息。

⑤外部交流系统（ICAES）。面向社会发布科技供求信息，介绍创新团队、创新成果、创新能力；重点作为研发平台承担社会研发、推广项目发布交流平台；力争建成行业技术创新信息权威发布、交流网站。

⑥专家在线即时通讯软件（EOIMS）。产学研合作中相关内外部专家、项目组、科研管理人员、科研组织即时通讯交流，及时解决创新相关问题。

⑦创新辅助系统（AIS）。由内外部研发技术信息查询、"萃智"学习型方法库、创新方案辅助系统组成技术方案的辅助制定、专家诊断系统。

三、国家认定企业技术中心体制建设管理创新研究与应用取得的效果

通过构建国家认定企业技术中心管理体制模型、创新工作数学分析模型、创新管

理信息化模型三大管理模型和企业成果通过平台规范转化商业模式，形成了新矿集团国家认定企业技术中心规范化管理模式，并取得丰硕成果。

1．完善国家认定企业技术中心体制建设

（1）基本完善国家认定企业技术中心体系，适应集团公司体制改革要求。依托行政序列落实岗位自责，依托技术序列落实研发责任，形成由各级研发机构、专职人员组成的创新业务网络；在高中低端研发层次上合理分配内外部研发资源。完善了国家认定企业技术中心管理体系，保证技术创新业务流程顺畅。

（2）基本完善国家认定企业技术中心机制，消除研发管理风险。通过下达管理办法、流程、检查细则、标准化资料文本，完善技术研发制度化、标准化建设。

2．进一步提升研发项目管理水平

（1）研发项目决策。

①结合上级规定、预测计算，合理确定年度研发投入上下限区间，规避研发项目过度投资和投资不足风险，保证企业经营目标实现。

②通过项目审查充分利用集团研发优势，采用集团研发、集团牵头研发形式合并相似项目，减少合同费用。

③研发项目资金从集团公司专项、基本建设投资列支，加强了预算管理，保证了项目研发资金来源，结合专项、基本建设资金审查，加强了研发资金管控。

2014年申报集团公司立项科研项目312项，其中48项合并为17项重点项目，共立项目153项。

（2）研发项目成果。2013年进行技术研发项目276项，其中国家级项目1项，省部级项目5项，列入2013年山东省技术创新项目立项108项，投入研发经费7.5亿元。承担国家能源局下达的能源领域行业技术标准制修订计划8项，183件专利被授权，53项成果通过省部级鉴定，鉴定新产品21项，获得山东省煤炭科学技术奖41项，省部级奖项15项。

（3）项目成果转化。

①2013年研发项目成果内部转化情况。通过冲击地压治理技术推广应用，解困煤炭储量1361万吨；应用充填开采技术充填置换煤量325万吨；应用沿空留巷技术留巷达18145米；高温深井采用深井降温技术安全采出煤量1159万吨。通过实施系统优化提升采掘效率，集团公司17对生产矿井在原煤产量同比提升330万吨的同时，减少生产采区4个、减少采煤队4个、减少掘进队9个；老区矿井减少原煤生产人员4159人，向省外矿井输出23支采掘队伍，加快了新区矿井的正常建设投产，最大限度延长了老区矿井服务年限。

②研发项目成果外部转化情况。针对现有知识产权保护机制解决侵权问题成本高、风险大的现状，制定通过国家认定高端平台以技术服务输出、工程输出为主要形式的成果外部转化新模式。

3．充分利用国家优惠政策

（1）财政扶持资金利用情况。2013年共获取国家创新能力建设扶持资金500万元，山东省创新项目扶持资金1500万元,山能集团项目资助资金460万元,这些补助资金有效地推动了项目的开展。

(2)税收优惠政策利用情况。研发管理制和财务多维核算体系建立,使集团公司研发费用管理符合(鲁经信技字〔2012〕355号)及相关文件要求,理顺了集团公司研发费用统计、归集口径。2013年立项山东省企业技术创新项目108项,预计归集资金25614万元,减少所得税收入3177万元。

(3)集中优势技术申报国家级创新平台,调动社会资源开展研发。集团公司老区矿井较早进入深井开采时期,在深井支护、冲击地压防治、充填开采,深井降温、沿空留巷等方面掌握多种核心技术,形成了相应的专利集群。

集团公司煤矿充填开采技术已形成了以"三下一上"安全开采和提高煤炭回收率为目的,适应薄及中厚煤层走向及倾斜壁式采煤不同开采条件的五种处于国内领先水平的矸石换煤成套技术,拥有27项专利,其中发明专利10项,建立了充填开采技术研究和工程化、产业化所需的试验基础设施和科技开发、技术推广人员队伍。

2013年6月18日,国家发改委发改办高技【2013】1425号文批准新矿集团承担建设"煤矿充填开采国家工程实验室"项目,扶持资金共计4000万元。实验室未来以高新技术企业模式运营享受税收优惠政策。通过向国内外其他煤矿企业提供充填开采工程技术服务等,预计年销售收入30000万元,利润6000万元。

目前集团公司在多个领域达到利用国家创新平台、项目扶持政策的标准,2013年集团公司完成"山东省矿井制冷降温与热能综合利用工程技术研究中心"和"煤炭工业协会深井开采工程研究中心"项目申请提交工作。

4.新矿集团国家认定企业技术中心信息化管理

为加强新矿集团国家认定企业技术中心信息管理工作,技术研发部按照国家认定企业技术中心信息化设计架构,自行开发了国家认定企业技术中心信息发布系统(软著登字第0795417号)和国家认定企业技术中心管理信息系统(软著登字第0795421号),初步实现了MIS、ISAS、RS、IDS功能。

(1)充分利用目前集团公司信息化平台实现公文发布。集团公司内研发管理文件、各种申报评审材料通过办公平台,实现网上传递,无纸化办公,研发人员通过即时通讯交流信息。

(2)国家认定企业技术中心管理信息系统。国家认定企业技术中心管理信息系统由创新规划、创新资源、创新项目、创新成果、创新管理、系统维护六大部分组成。

(3)国家认定企业技术中心信息发布系统V 1.0,实现了中心内部信息共享。主要内容包括通知公告、科技新闻、科技信息、科技供求、学习资料、文件汇编、荣誉展台、创新交流论坛模块。

(成果创造人:张 文 庞继禄 刘元明 巩华刚 袁清国 苗 健 张功厚 孙本波 刘志钧 刘媛媛 李 强 韩 琨)

完善、深化、普及市场化管理　打造集团管控新模式

山东能源新汶矿业集团有限责任公司

山东能源新矿集团建企于1956年，为"世界500强"企业山东能源集团有限公司最大子公司，是一家以煤炭为主，煤化工、装备制造、现代服务业多种产业共同发展的大型企业集团。自上世纪九十年代初期开展内部市场化管理以来，取得了巨大的成功，形成了煤炭企业管理的一面旗帜，同时在新矿集团内部形成了浓厚的市场化管理文化，实现了"人叫人不干，机制带动一大片"的企业管理氛围。2012年新矿集团通过对近20年内部市场化管理成功经验、失败教训的总结和提炼，提出了全面深化市场化管理，形成了全面市场化管理管控新模式。

一、市场化管理发展历程及背景

市场化管理是山东能源新矿集团在煤炭行业首创的一项企业经营管理制度。自1993年开始探索内部市场化管理以来，新矿集团市场化管理大致经历了三个阶段：

1.探索创立阶段（1993年-1998年）

1993年，华丰煤矿运用价值链分析法，把市场机制引入煤炭生产环节，提出"实行内部价格结算，加强内部经营管理"的思路，内部市场化管理工作正式起步。1997年，新矿集团组织权属单位学习了华丰煤矿生活后勤单位实行价格结算、有偿服务的做法。推行内部市场化管理以后，华丰煤矿逐步走上脱贫解困、活力发展之路。1995年，华丰煤矿一举扭转多年亏损的局面，并进入持续盈利的良性经营轨道，即使在煤炭行业形势最为严峻的1998年到2000年，华丰煤矿仍然分别实现利润3373万元、2328万元、3058万元。

2.推广深化阶段（1999~2011年）

华丰煤矿内部市场化管理取得巨大成功，引起新闻界、企业界和学术界的广泛关注，也得到国家经贸委、煤炭工业局等上级部门的充分肯定。1999年，新矿集团下发《关于学习推广华丰矿内部市场化管理模式的通知》（新矿发字〔1999〕36号），开始在各权属单位推广华丰煤矿内部市场化管理经验；2001年1月，新矿集团在华丰煤矿召开内部市场化管理经验推广会，内部市场化管理模式在各权属企业全面推开并走向深化，相继催生了泉沟煤矿"岗位货币化"管理、协庄煤矿"链式管理"、翟镇煤

"差异化管理"、孙村煤矿"精益管理"、鄂庄煤矿"闭环管理"等一大批以内部市场化为基础、各具特色的管理模式,为内部市场化管理赋予了更为丰富的内涵。经过近20年的实践和积淀,内部市场化管理已经成为新矿集团特色管理文化的精髓。

3.拓展提升阶段(2012年~)

进入21世纪第二个十年,世界经济形势发生较大变化,特别是2012年以来,煤炭市场持续下行,煤炭行业"黄金十年"结束,煤炭企业发展再次面临严峻挑战。在这一背景下,新矿集团在内部市场运作的基础上,借鉴其他先进企业的经验做法,于2012年初提出了实施全面市场化管理的思路,推动市场化管理领域由生产领域向经营及其他领域横向拓展,市场主体由二级单位向集团公司总部层面延伸,管控模式由对内的成本控制中心向对外的利润管理中心和对内的成本控制中心共同作用、开源与节流并重转变,结算手段由原来的纯手工录入或半自动化录入向信息集成、数据共享的全自动化升级,并在孙村、华丰、翟镇三个矿井进行了试点。

回顾新矿集团市场化管理发展的三个阶段,每个阶段的起始都基本与国家经济和煤炭行业形势三次波动与调整的脉络相吻合。探索与创立,切合了煤炭行业从计划经济向市场经济过渡的特殊要求。市场手段的引入,扭转了华丰煤矿作为老矿井机制不活、持续亏损、发展乏力的被动局面。推广与深化,切合了上世纪末、本世纪初煤炭企业应对并渡过亚洲经济危机的现实需要。内部市场化的推广与深化,使新矿集团这样一个生产条件复杂、企业负担沉重的老煤炭企业有效应对了经济危机的冲击,催生了"二次创业"的跨越发展。拓展与提升,则切合了国家能源结构调整、煤炭行业"黄金十年"结束、煤炭企业发展面临新的严峻挑战的客观形势。新矿集团将全面市场化作为应对新一轮能源行业洗牌与经济危机冲击的主动选择,开始了市场化管理的新探索和新实践。实践证明,市场化管理是提高企业运行质量的有效途径,在经济形势向好的时期,这种作用往往为高煤价、高利润所掩盖,不易引起关注,但在经济形势恶化、煤炭市场低迷的特殊时期,其作用会得到真实反映。

二、全面市场化管理的创新点及主要做法

全面市场化管理的"灵魂"是体现以人为本,"意义"是提高全员、全过程的市场意识,"核心"是引入竞争机制挖掘企业潜能,"手段"是通过市场价格体现劳动成果价值,"目的"是提高企业效率和效益。全面市场化管理一是有利于清晰市场主体和客体关系。通过划小市场核算单元,实现市场客体的细化;二是有利于具体价值的体现。通过引入市场经济机制,对市场的产品或服务价值进行量化体现,促使各市场主体用效益衡量自己的贡献,用工资、盈亏或利润体现生产经营能力;三是有利于确定责任主体。在各级市场的交易过程中,双方的内容、标准及责任通过内部市场管理方式确定,经过监管部门的审核平衡,以市场规则明确交易活动中各环节的责任主体,实现每一次的交易能够有章可循;四是有利于效益提升。全面市场化的开展,坚定了员工对企业的信心,转变了员工的思想观念,实现了生产经营效益的全面提升;五是有利于分配的公开透明。在全面市场化机制运作下,实现了各项成本的提前预算,成本核算更加真实,各级市场的实际收入、支出更加透明;六是有利于廉政和稳定。

全面市场化运作实现了各级市场的无缝隙连接，监管部门负责全程监督监管，把控全过程中的利益关系，通过结算有效解决了生产经营过程中出现的各类问题。

全面市场化管理是科学承载全面预算管理、全员业绩考核、全面风险管理、全面质量管理、全面对标管理等各项先进管理方法的有效载体，市场化管理科通过借助全面对标管理、全面信息化管理等手段，全面落实全面预算管理、全员业绩考核、全面风险管理、全面质量管理等，有效地融合了省国资委、能源集团提出的各项现代化管理理念、方法。全面市场化管理作为企业管理的一种载体，涵盖了集团或企业各层级管理中的安全、生产、经营等领域，能够有效地反映外部市场供求关系，通过价格调整有效传导外部市场信息。事实证明全面市场化管理不仅适用于煤炭企业，也适用于各行各业，能够实现企业外部开源节流、内部节支降耗，使企业效益最大化。

1. 全面市场化管理要素

新矿集团全面市场化管理包括组织领导、市场规则、市场主体、市场客体、交易价格、交易量、交易中心、文化氛围等要素。组织领导指按照管理层次和职能设立的推行全面市场化管理的各级管理组织；市场规则指为保障市场化正常运作制定的各类规章制度；市场主体指能够提供或接受产品和服务，具有独立核算能力的组织或个人；市场客体指市场主体间通过市场进行交易的指向物，在此主要指各类成本费用和经营指标；交易价格指在市场主体间发生供求关系、经济活动中，所提供产品和服务的价值体现，即结算价格；交易量指利用计量工具和手段，对市场主体间提供产品和服务进行度量的结果；交易中心指对市场主体间交易行为确认、核算的平台，即核算点；文化氛围指充分利用各种宣传方式，有意识地强化市场化管理理念，正向引导员工价值观念营造的气氛和环境。

2. 全面市场化管理运作方式

新矿集团明确了集团公司、权属单位、管理线、区队、班组、岗位等全面市场化管理六级市场主体，实行六级市场运作，具体见图1。

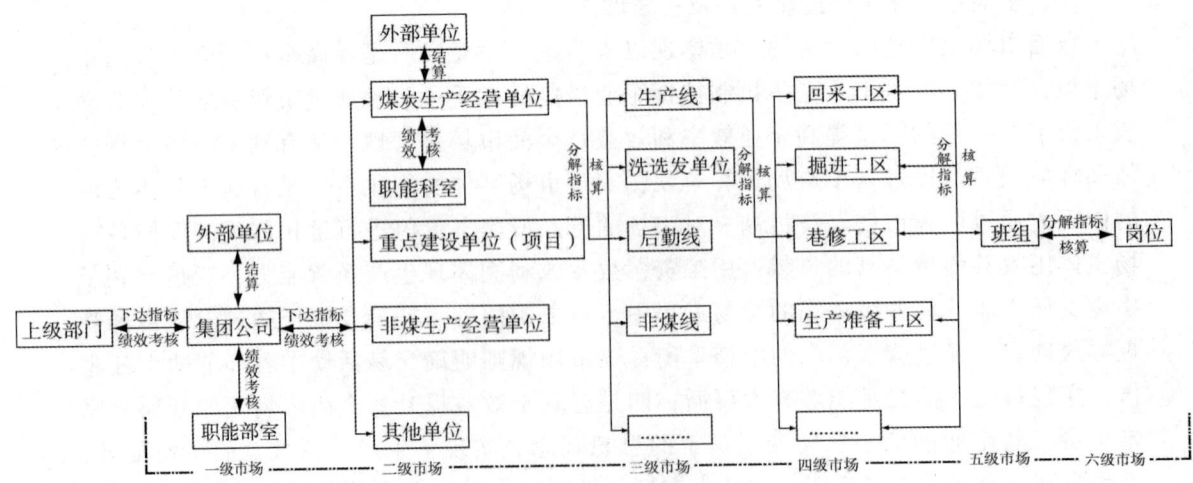

图1 新矿集团六级市场管理体系结构图

（1）一级市场运作。公司总部为一级市场主体，总部各职能部室（中心）是一级市场主体的组成部分，与上级管理部门、外部业务单位及各权属单位的往来结算形成一级市场，并根据不同关联方设立不同核算点，对上级管理部门、职能部室（中心）、权属单位核算点设在经营管理部，对外部业务单位的核算点设在财务部。

一级市场运作分为四个层次：一是对上级部门，以全面预算的形式分解上级部门下达的各类考核指标，落实到职能部门（中心）和权属单位；二是对外部单位，按交易行为及相关活动的结算关系，形成煤炭市场、物资市场、资金市场、人力资源市场等外部市场，为企业创造更大价值；三是对职能部室（中心），实行绩效考评，按照相关工作职责、岗位规范等确定相应绩效联责指标，突出岗位贡献、责任、价值，实行薪酬绩效考核和费用限额考核；四是对权属单位，下达各项生产经营预算指标。制定下发年度经营预算、年度工资总额预算管理办法和权属单位负责人经营业绩考核办法等相关办法，对各项指标进行量化，通过绩效评价标准，对权属单位经济运行质量和经营业绩进行考核，并以此为依据确定权属单位负责人的年度薪酬。

（2）二级市场运作。各权属单位为二级市场主体，所辖各职能科室是二级市场主体的组成部分，与公司总部、外部单位及下属管理线（指生产线、洗选发运线、后勤线、非煤线等）的往来结算形成二级市场，各权属单位财务部门为二级市场核算点。一是对公司总部下达的各项生产经营预算指标，通过全面预算方式，向所辖各职能科室及管理线分解，并向公司总部及时提报完成情况，反馈指标争议调整意见。二是对外部单位，按市场交易行为及相关活动的结算关系，形成物资市场、人力资源市场、修理加工市场等外部市场。通过加强市场调研、规范招标比价、引进优秀人才等经营管理手段，提高企业盈利能力。三是对所辖各职能科室，实行绩效考核，按照科室工作职责、岗位规范等确定相应绩效联责指标，实行薪酬绩效考核和费用限额考核。四是对下属管理线，分解生产经营预算指标，考核结算。考核项目包括生产经营指标和成本费用两部分，成本费用分为相对可控成本费用和相对不可控成本费用，单位难以分解到下属管理线的成本费用，由单位负责控制，对各管理线主要考核与其相关的生产经营指标和管理线可相对控制使用的成本费用，各项成本费用均形成结算价格，以考核结算方式，分年度、月度依据单位控成本费用指标完成情况，联责考核单位负责人，依据管理线各类成本费用指标完成情况，联责考核各科室相关人员和各管理线负责人。

（3）三级市场运作。各管理线为三级市场主体，与上一级管理单位及所辖区队的往来结算形成三级市场，各权属单位经营管理部门为三级市场核算点。一是对上级管理单位下达的各项生产经营预算指标进行测算分解，通过经营预算方式，向所辖区队分解上级管理单位下达的生产经营预算指标。二是对所辖区队考核项目，包括生产经营指标和成本费用两部分，管理线难以分解到所辖区队的成本费用由管理线控制，对各区队主要考核与其相关的生产经营指标和区队可相对控制使用的成本费用，各项成本费用均形成结算价格，以考核结算方式，分年度、月度依据线控成本费用指标完成情况，联责考核线负责人，依据区队各类成本费用指标完成情况，联责考核区队长。

（4）四级市场运作。区队为四级市场主体，与上级管理线及所辖班组的往来结算形成四级市场，区队核算组或综合服务大厅为四级市场核算点。一是对上级管理线制定的本区队各类成本费用考核预算指标进行测算分解，通过经营预算方式，向所辖班组分解上级管理线下达的各项生产经营预算指标。二是对所辖班组考核项目，包括生产经营指标和成本费用两部分，区队难以分解到所辖班组的成本费用由区队控制，对各班组主要考核与其相关的生产经营指标和班组可相对控制使用的成本费用，工资指标以计分标准形式分解，非工资成本费用实行数量和金额承包考核或结算价格形式分解，在考核结算过程中，依据区队控成本费用指标完成情况和分解到班组的各类成本费用指标完成情况，分别联责考核区队长、班组长。

（5）五级市场运作。班组为五级市场主体，与上级区队及下属岗位的往来结算形成五级市场，区队核算组或综合服务大厅为五级市场核算点。班组对上级区队制定的班组价格体系进行测算，对下达的工作任务进行分解，通过经营预算方式，向所属岗位分解上级区队下达的各项任务指标。班组难以分解到岗位的成本费用由班组控制，对岗位主要考核岗位可相对控制使用的成本费用，工资指标以计分标准形式分解，非工资成本费用实行数量和金额承包考核或结算价格形式分解，在考核结算过程中，依据班组控成本费用指标完成情况和分解到岗位的成本费用指标完成情况，分别考核班组长、岗位人员。

（6）六级市场运作。岗位为六级市场主体，与上级班组及其他岗位的往来结算形成六级市场。岗位人员积极参与市场化管理，协助其他岗位人员工作时，依据班组计分标准，分析自身工作量和得分是否匹配，培养每个岗位人员自我绩效管理意识。

在六级市场主体框架下，允许有条件的单位根据自身实际情况适当增加市场主体和市场层级，如目前华丰煤矿、孙村煤矿和翟镇煤矿均在管理线与区队之间增加了专业这一市场主体，相应的市场层级也由五级变为六级（不考虑公司总部一级市场主体）。

3.全面市场化管理支撑体系

新矿集团为保障全面市场化管理顺利推行，构建了全面市场化管理六大保障体系，即组织管理体系、价格管理体系、计量管理体系、核算管理体系、对标管理体系、信息化管理体系。

（1）组织管理体系。一是成立领导小组。按照管理层级和职能划分，成立各级市场领导小组，负责全面市场化管理工作的组织领导、宣贯和正常运作。二是规范机构设置。按照全面市场运作的条件要求，明确全面预算管理、内部价格管理、考核结算及仲裁督查等部门，及时解决市场化运作中出现的重大问题，仲裁各市场主体间的经济纠纷，监督检查价格预算执行情况，维护核算结果的严肃性，保证市场化收入分配的公正性。三是健全管理规则。重点制定价格管理、定额管理、核算管理、计量管理、信息化管理、仲裁管理等各项规章制度，对市场化运作的机制建设、价格测算原则、考核结算流程以及在考核结算过程中涉及各职能科室的职责范围进行界定。四是加强宣传引导。充分利用企业文化导向、约束、凝聚、激励、辐射作用，通过电视、报纸、宣传栏等媒介对全面市场化进行宣贯，引导员工积极参与市场化管理。

（2）价格管理体系。结算价格是全面市场化运行的关键。新矿集团及权属各单位依据历史资料、生产现场实际，采用"水平法""零基预算"等科学的计价方法，对各项经营成本指标以经营预算的形式进行逐级分解，建立以工资、材料单价为基本构成，突出岗位贡献、责任、价值，收入与企业效益、岗位职责和劳动成果挂钩的价格体系。建立完善价格制定、执行、控制、考核、分析、调整机制，根据内外部市场的变化情况及新技术、新工艺、新设备、新计量手段的应用或市场细化，及时补充、修订结算价格，确保各级市场价格的全面性、准确性。

（3）计量管理体系。计量是全面市场化管理运行的基础。按照量化考核、绩效评价、奖罚分明的原则，结合岗位职责，统一计量标准，配齐计量器具，加强计量管理人员的培训和管理，建立各类消耗台账，将各项重点指标自上而下层层分解，推行目标管理和承包管理，建立规范计量的流转程序，保证计量工作的系统化、程序化和标准化，使计量管理体系为工作量统计、交易量核算和控制提供良好平台。

（4）核算管理体系。核算管理体系是对各级市场主体的各项收入、支出及工资进行核算，关系市场化能否正常运行及运行的效率、效果。首先，设立各级市场核算点，负责对市场主体各类成本费用指标的制定、统计汇总、考核、结算和兑现，核算遵循总体控制、不突破预算目标、以丰补欠的原则，做到公平、公正、公开。其次，确定各级市场主体间考核结算方式和结算方法，采用采掘直接结算、辅助链式结算和单项工程结算、机关科室绩效考核等多种结算方式，形成运行良好的核算管理体系。

（5）对标管理体系。不断与市场化管理先进单位进行比较，学习借鉴先进经验，找差补短，推动全面市场化管理持续改进和超越。一是结算价格主要依据"水平法""各类定额标准"测定，即：根据历史平均水平、各类定额标准，测算下一年结算价格，本身就是与历史发生额、定额标准对标的过程。考核结算中，对实际发生额与预算指标、计划指标进行分项对比分析，查找日常经营管理中的不足，进一步改进完善管理手段。二是在权属单位内部选取市场化管理先进管理线、区队、班组、岗位作为标杆，促进其他区队、班组、岗位学习借鉴，追赶超越。三是在公司内部选取市场化管理先进单位作为标杆，促进各权属单位提高全面市场化管理水平。四是公司总部、各权属单位通过选取市场化管理水平较高的外部企业进行对标，提升整体全面市场化管理水平，增强集团节支降耗、开源增收能力。

（6）信息化管理体系。在全面优化各市场化要素的同时，整合企业内部原有的财务、安全生产、非煤、煤销、供应、设备管理、基本建设等十个信息化子系统，搭建了一体化信息管理平台，并将企业市场化基础信息、交易流程、生产调度、绩效考核、成本控制、经营计划等业务全面纳入信息管理平台，将各级市场结算标准化、表格化和流程化，实现了各级市场数据的综合查询、统计与分析，解决了"市场结算手段"的问题。依托一体化信息管理平台，一方面，降低人为因素的影响，确保市场化考核的公平、公正、公开；另一方面，解放大量的人力、物力和财力，降低管理成本。

三、全面市场化管理推进的难点

1. 考核指标分解是否合理

各级市场分解的考核指标应是本级市场所能控制使用的，本级市场不能控制使用的考核指标应由上级市场控制，否则考核结算成果与实际出入过大，易挫伤市场主体的工作积极性。例如各类津补贴应由矿控制，不能分解落实到各条管理线。

2.结算价格制定是否准确全面

各级市场结算价格要准确制定，原则上当生产条件变化不大时结算价格一经确定年度内不能随意调整，目的是保持结算价格的稳定性，减少人为因素，但如确实遇特殊生产条件时，价格管理委员会、仲裁委员会应依据实际对结算价格进行及时补充；制定的结算价格要全面，尤其对于工作量分散的区队，如巷修工区、安装工区，主要以单项工程形式进行结算，只有结算价格细、全，才能真正达到市场化结算的目的。

3.每级市场是否明确市场化管理员

市场化运作是一个持续推进的过程，是不断统一思想→认识差距→明确路径→采取行动→持续改进的过程。每级市场均要明确市场化管理员，在市场化运作过程中起到上传下达的作用，及时比对、查找本级市场管理存在的问题，向上一级管理员进行反馈共同解决，同时对本级市场各类人员进行市场化管理理念宣贯、业务指导、答疑解惑，使每级市场管理人员业务娴熟、深谙市场化管理真谛。

4.市场化的氛围是否形成

市场化管理是否适合本单位、本行业，多年的实践证明市场化管理氛围的形成尤为关键，市场化管理对于职工来说是易于接受的，干活有量可计、有价可循、结算透明规范，是受广大职工欢迎的；对于管理人员来说是简化了管理行为，实现了制度化、程序化、信息化，但从另一方面来讲，是削弱了"一部分"管理人员人为管控的权力，拿走了少部分有权利欲望的管理人员的"奶酪"。要实行市场化，就要坚定信心，建立良好的文化氛围，要树立"不换思想就换人"的决心，否则难以达到预期效果。

5.是否避免伪市场化

伪市场化就是虚假的市场化，"两张皮"的问题。一是组织架构是否精干高效。市场化管理是否带来了组织机构改革、机关科室职能重新界定、区队撤并、重组等组织改革。二是业务流程是否集约优化。是否存在重叠、交叉、空白业务，管理信息是否失真、业务流程是否存在梗阻、不顺畅。三是各类管理工具是否相互融合。全面预算管理、全面质量管理、全员业绩考核、全面对标管理、全面风险管理、全面信息化管理等先进管理方法是否与全面市场化管理相互融合。四是市场要素涵盖是否全面。一方面，是否有未成为市场主体的组织或个人；另一方面是否有未成为市场客体的产品和服务。五是是否设立了必要的调控机制。价格管理委员会、仲裁委员会是否设立，且起到了相应的作用。

四、全面市场化管理取得的效益

新矿集团在2013年煤炭经济形势低迷的情况下，原煤单位综合成本由2012年的575.37元/吨，下降到2013年的434.61元/吨，同比下降140.76元/吨，降幅为24.46%。经计算，2013年原煤综合成本总额比2012年降低70608.28万元。

(成果创造人：张　文　葛茂新　朱　昊　孙立民　桑林林)

新汶矿业集团新型生态工业发展模式创新与实践

山东能源新汶矿业集团有限责任公司

新汶矿业集团建立于1956年，是"世界500强"企业山东能源集团有限公司最大的子公司，是以山东新巨龙、内蒙能源长城煤矿、贵州能源、新疆伊犁四大煤炭基地为基础，煤化工、装备制造、现代服务业多种产业共同发展的大型企业集团。2012年企业完成原煤产量4337万吨，实现销售收入680亿元，利税103.08亿元。2011年在中国煤炭工业100强中位列第15位，在中国企业500强中位列第172位，技术创新能力位列全国煤炭行业第9位。

一、新汶矿业集团新型生态工业发展模式创新与实践的背景

1. 研究背景

煤炭是中国的基础能源和重要原料，在国民经济中具有重要的地位，是中国能源安全的基石。煤炭行业的发展对中国经济的快速发展起着重要作用，但在其过去几十年粗放式发展模式下煤炭的生产与消费，也使中国发展过程中所面临的资源与环境困境日趋严峻。

新汶矿业集团为解决随着企业发展逐渐显露出的煤炭资源面临枯竭、开采难度加大、煤矸石污染严重及矿区生态环境恶化等问题，以生态经济和循环经济发展理论为基础，大力发展加工、转换和综合利用等关联多元化产业链，重点打造了煤炭—电力、煤炭—选煤加工—焦化、煤炭—气化—发电—化工产业链、煤炭—精煤（煤泥）—水煤浆产业链等纵向产业链；煤矸石—电力产业链、煤矸石—建材厂—建材产品产业链、煤矸石—充填（复垦）—土地资源—工农业用地产业链、电厂—粉煤灰—建材产业链、煤炭采掘—矿井水—水处理站—供水产业链、岩盐—化工—建材产业链等横向产业链。通过构建生态产业链的方式，达到能量梯级传递，资源高效利用，促进经济与生态和谐发展。

但新矿集团和其他资源型企业一样，在其目前的发展过程中，也面临着一系列的挑战。目前，一方面，由于受困于宏观经济环境的制约，国际和国内煤炭市场低迷，煤炭价格普遍走低，新矿集团以煤炭为主业的产业结构，在经济效益上受到一定程度的影响。

另一方面，新矿集团在生态文明建设中，还有很多新的课题需要解决。在生态产业链建设中首先表现为生态产业链涵盖物质还是以传统的煤矸石、煤泥、伴生矿物等物质为主，产业链拓展的深度和广度有限，特别是涉及到跨产业的生态旅游、农业和林业等生态产品的生产能力亟待提高；第二，产业链各节点能量联系和物质联系紧密度不够，导致物质分布零散，缺乏集团公司层面的物质集成、能量集成和水资源集成的大系统，生态产业链有待网络化；第三，集团内的部分生态工业链成熟度和耦合度，横向和纵向产业链条与链条之间共生耦合度和集成度，有待依托生态技术的创新，进一步提高，实现生态工业的网络化和集成化发展。

生态工业发展模式是一种新型的可持续发展模式，是工业生态学和循环经济理论在实践中的运用。新矿集团面临着宏观经济和煤炭市场的压力，煤炭资源耗竭和生态环境的挑战，以及"十六大"提出的走新型工业化发展道路，"十八大"中提出的加大自然生态系统及环境保护力度和"增强生态产品生产能力"的客观要求，在其可持续发展的道路上，如何致力于完成矿区经济增长方式的转变和生态化转向，打造和完善以煤炭为核心，以煤化工、装备制造、现代服务业为主体的现代化产业体系，构建贯穿煤炭产业上下游"全产业链竞争"的商业模式，实现"煤炭产业集中化、非煤产业集优化、产业发展生态化"，是摆在新矿集团面前亟待解决的重要课题之一。

鉴于此，本课题以新矿集团可持续发展过程中亟待解决的生态工业发展模式问题为研究对象，探讨新矿集团如何在现有循环经济建设体系的基础上，创新中国煤炭行业独特的"新矿集团生态工业发展模式"，加快实现新矿集团"千亿新矿、亿吨集团"的目标，同时实现矿区经济效益、生态效益和社会效益高度协调的可持续发展。

2.主要研究意义

本项目的研究意义如下：

(1) 研究提出的"新矿集团生态工业发展创新模式"是新矿集团创新商业发展模式的统领，也是新矿集团商业模式创新体系的重要组成部分。该模式的提出，将以全新的生态工业理念引导资源型企业走新型生态工业发展之路，为中国煤炭行业生态文明建设和生态工业发展打造一种新型的创新发展模式，使新矿集团成为煤炭行业商业和生态模式创新的典范，对中国煤炭行业生态文明建设有着重要的示范和引领作用。

(2) 在新矿集团现存循环经济体系中，对"大产业链的纵向主导产业链和矿区横向耦合共生产业链的优化和网络化研究"，将为新矿集团实现技术集成创新的路径选择提供决策依据和指导，也为进一步提高新矿集团的"生态产品生产能力"，使新矿集团的循环经济建设系统得以升级，"从企业、生产基地等经济实体内部的小循环，产业集中区域内企业之间、产业之间的中循环，升级到以整个社会、集团公司、环境的物质、生态循环为着眼点，构筑包括生产、生活、自然生态环境的大循环。这也是打造以集团公司全产业链商业模式为主干，各单位商业模式创新为分支的商业模式创新体系构建的基础和前提条件。

(3) 本课题从理论上对新矿集团循环经济建设实践及成功经验进行系统分析和理论概括，提炼出"新矿集团生态工业发展创新模式"；在此基础上，提出新矿集团生态工业发展模式的路径与实施方案,将为新矿集团实施"安全、绿色、转型、和谐发展为根本方式的产业升级、企业转型",奠定坚实基础;在对新矿集团生态工业园区仿真与模拟的基础上,评价预测新矿集团未来经济、生态和环境的发展趋势,为新汶矿业集团下一步生态工业模式发展的战略制定提供决策依据;同时,对新矿集团生态工业发展的关键种企业,新巨龙公司生态产品的创新驱动因素分析,将为新矿集团完善产品结构,提高生态产品生产能力和经济效益起到示范和统领作用。

二、新汶矿业集团新型生态工业发展模式的主要内容及创新点

1.主要内容

本研究主要包括以下几个部分:

(1)新矿集团循环经济发展模式及其生态系统运作现状研究。应用循环经济和系统科学的理论与方法,在新矿集团循环经济建设的基础上,从理论上概括出"新矿集团循环经济发展模式";研究"新矿集团生态系统的系统构成及其运作机理",为新矿集团生态工业发展模式研究奠定基础。

(2)新汶矿业集团生态产业分析及生态产业网络构建。首先在理论上,基于多目标混合整数非线性规划模型,确定了新矿集团生态工业发展的重点矿区翟镇、新巨龙矿和协庄煤矿为"关键种企业",进一步优化以煤炭和煤系共伴生资源开采加工为基础的纵向主导产业链;设计和完善矿区多条横向耦合共生产业链,构建"新矿集团生态产品的全产业链网络";提出新矿集团生态工业发展模式的路径、支撑体系和生态工业园区建设方案。

具体已完成以下研究:

①新汶矿业集团现有生态产业链分析。新汶矿业集团近年来以生态经济学和循环经济发展理论为基础,大力发展加工、转换和综合利用等关联多元化产业链,重点打造了煤炭—电力、煤炭—选煤加工—焦化、煤炭—气化—发电—化工产业链、煤炭—精煤(煤泥)—水煤浆产业链等纵向产业链;煤矸石—电力产业链、煤矸石—建材厂—建材产品产业链、煤矸石—充填(复垦)—土地资源—工农业用地产业链、电厂—粉煤灰—建材产业链、煤炭采掘—矿井水—水处理站—供水产业链、岩盐—化工—建材产业链等横向产业链。通过煤炭深加工、煤矸石和矿井水综合利用等,实现了产业间副产品、废弃资源的交换利用,横向拓展了产业领域,纵向延伸了产业链,提升了资源利用的深度和广度。以新巨龙公司为中心的下属企业,进一步拓展和延伸了产业链的宽度,形成了集团公司层面的生态网络雏形,给集团带来了较好的经济效益、环境效益和生态效益。

②新汶矿业集团生态产业网络构建。生态产业网络构建遵循了多样性原则、与自然生态系统相结合原则、系统集成原则和软硬件建设并重等原则。构建的生态产业网络包括了核心网络、辅助网络和外围网络三个层次,如图1所示。

核心网络是企业之间通过副产品、废物交换,资金相互交流为纽带相互联系在一起,企业之间模仿自然生态系统,各自扮演着生态系统中的生产者、消费者、分解者,实现企业之间产品、能源和水资源的循环流动而形成的网络,核心网络的构建需先确

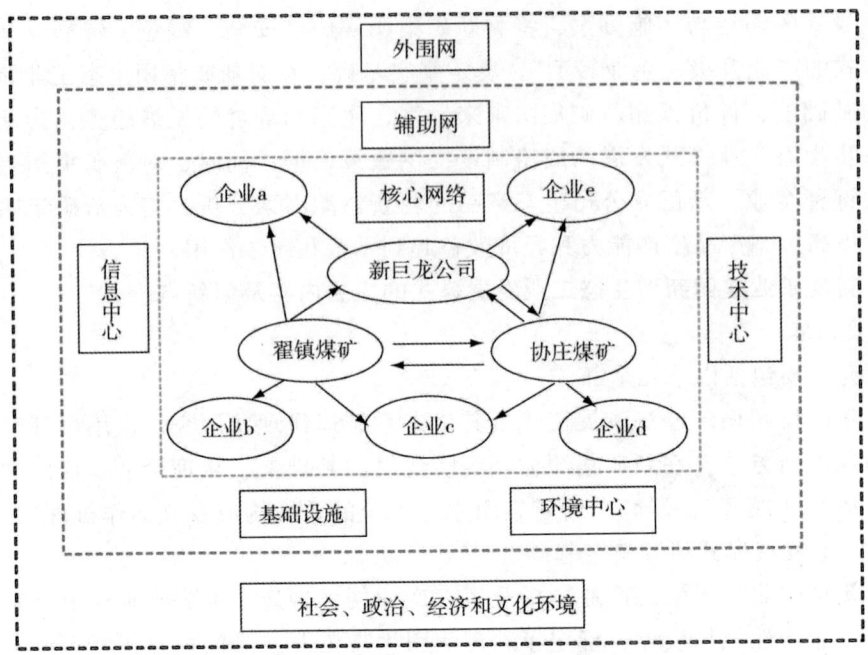

图1 新矿集团生态产业网络层次图

定关键种企业,包括翟镇煤矿、新巨龙煤矿和协庄煤矿,然后根据物质、能量、水资源流动,分别选择各自的围核企业,建立物质循环链条、能量递级利用循环链条和水资源循环利用链条,最终形成高耦合度和高协调度的集成生态产业核心网络。辅助网络是为核心网络而服务的,提供核心网络运行实施所需的各种支持,主要包括基础设施和信息中心、技术中心和环境中心等服务的建设。外围网络主要是指企业所处的外部环境的总和,包括社会、政治、经济和文化环境等。

本研究利用 UCINET 软件绘制了新矿集团生态产业网络图,并通过网络整体密度、中心度和小群体等量化指标的计算分析,确定新矿集团的围核企业,分别设计新矿集团生态网络的物质产品、能源和水资源的循环流动集合系统,提出新矿集团优化现有产业链,实施生态工业发展的网络图及实施路径。

(3)新矿集团生态工业园区的系统仿真与模拟。通过进行系统设计与软件开发,对构建的多主体的新矿集团生态工业园区进行仿真和动态模拟。首先构建了系统动力学模型,在此基础上,包括环境及市场、政策及法规等外部参数的变化对园区演化的影响模拟和预测;生态工业园区经济效益、生态效益、社会效益及剩余物治理成本和生态生产能力等指标进行模拟调控及评价,完成新矿集团生态工业园区的系统仿真及其发展的动态可视化管理。

①新矿集团生态工业园区的系统集成分析。在新矿集团生态工业园区建设的基础上,运用生态经济学和系统论的理论与方法,对新汶矿业集团生态工业园区的生态工业产业链和园区的系统集成进行了分析,包括了园区内物质集成、园区内能量集成和园区内水资源集成分析。

园区内物质集成主要包括煤炭资源的开采加工、煤炭的深加工、伴生矿物、主要废弃物的利用、矿用物资的集成。煤炭资源的开采加工就是在煤炭的开采阶段进行物质集成，通过对各个矿井情况的统计汇总，在学习先进技术和吸取成功经验的基础上，对矿井的开采投入资源不断优化，提高煤炭的产出率和副产品的回收率，同时合理开发共伴生资源，优化资源产出关系，尽量减少资源的投入，合理利用资源之间的关系进行循环利用，加强矿产的分级处理，形成合理的资源的投入产出集成关系。图 2 为煤炭资源综合利用的物质集成基本情况。

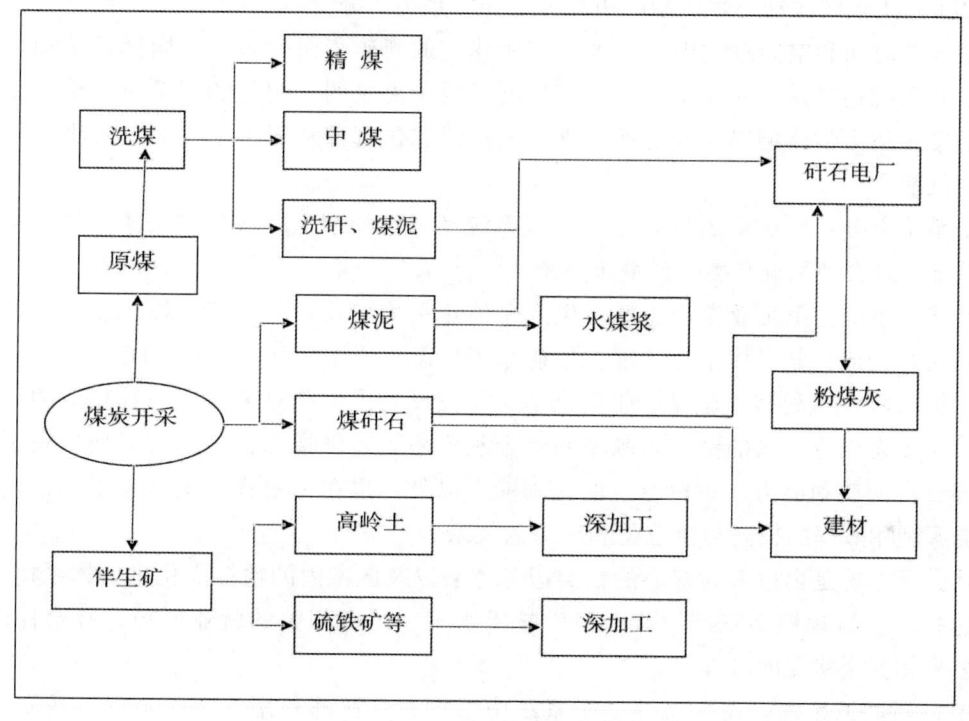

图 2　煤炭资源的综合利用

园区内能量集成是在对整个系统的能量供求关系进行分析的基础上，通过能量的有效匹配，达到合理利用能量、节约能源的目标。系统的能量集成包括：能量综合利用、减少能量消耗以及可再生能源的开发和清洁能源。能量集成不仅要求园区内各企业寻求各自的能源使用实现效率最大化，而且园区要实现总能源的优化利用，最大程度地使用可再生资源。新矿集团新巨龙公司在热能集成利用的同时，拓展了生态林业和生态农业产业链的网络化，为新矿集团和煤炭行业做出了示范。新矿集团近五年的万元能耗指标呈现出连续下降趋势。

园区内水资源集成是物质集成的特例，其主要任务是节水。水资源集成是把整个用水系统作为一个有机的整体来看待，合理分配各用水单位的水量和水质，以使水资源在整个系统中的循环利用率达到最大，废水排放量最少，尽可能实现零排放。水资源的集成包括两方面内容，一是水的循环利用，二是水的多用途使用。在满足生产要求的情况下，将上一级用水单元产生的"废水"用于下一级用水单元，或将废水处理后再利用。矿区水污染主要包括矿井水、生活废水、洗煤水以及焦化废水污染等，其中矿井水和生活废水占矿区水污染的绝大部分。

对矿区来说，首先矿区生态工业园区的水资源利用主要就是利用好丰富的矿井水资源，其次还有在生产过程中的工业废水、生活废水及塌陷区积水等，都可以经过处理之后，依据水质情况分级利用。据有关统计，我国平均每开采一吨原煤需要排放两吨矿井水，而矿井水的循环利用率却只有20%左右，新矿集团在此方面已远远超过这个指标。

②生态工业园区动力学模型的边界界定和子系统划分。

系统的时间和空间维度界定：本研究所建立的新矿集团生态工业园区系统动力学模型，其系统边界是由时间维度和空间维度界限所界定的，构建的新矿集团生态工业园区的系统动力学模型以及改进模型进行的预测和仿真都从属于上述时空二维空间所界定的范围。

子系统划分：新矿集团生态工业园区系统动力学模型主要包括三个子系统——经济子系统、社会子系统和生态环境子系统。

经济子系统是由工业生产总值、生产总值年平均增长率、经济产投比、经济产业结构等内容构成，其具体指标体现在新矿集团生态工业园区就是园区GDP、年平均增长率、销售收入、利润、非煤产业贡献率、科技投入占生产总值比例及其相应的同比增长。而生态工业园区的资产贡献率和资金利税率等经济指标，除了常规地反映了企业全部资产的获利能力、评价企业的盈利能力以外，也在一定程度上体现了园区内资源和能源利用效率的提高与企业盈利能力的关系。

社会子系统是由以人为核心的社会服务体系以及区域内的精神文化生活体系构成。具体包括：人口规模、基础设施、科学技术水平，还有相关的就业形势、社会保障、社会公平和安全状况的改善等。

生态环境子系统：在生态环境子系统中，提高资源的利用率不仅可以节约资源，减少资源消耗，同时还能降低废弃物的排放，改善园区环境。在新矿集团生态工业园区内，资源的利用率主要体现在水资源重复利用率，其次是固体废弃物重复利用率，能量的梯度利用。生态子系统中另一个重要的方面就是污染物的排放和治理。在矿区生态工业园区，生态子系统的自然环境中最重要的是煤炭资源的可使用年限，因为整个工业园区是建立在煤炭的开发利用的基础上的，对煤炭进行科学合理的开发，是生态工业园区健康发展的基础。

③因果关系分析、因果关系图和流图。在确定状态变量、决策变量、速率变量和辅助变量基础上，针对新矿集团生态工业园区的运行现状，参考各个子系统内部的系统分析和生态工业产业链，进行了因果关系分析得出各子系统的因果关系图及新矿集团生态工业园区系统流图，见图3。

④新矿集团系统动力学模型构建与检验。运用Vensim软件，导出系统结构方程，并选取新矿集团生态工业园区系统动力学模型中的近5年的利润、单位产出的能源、"三废利用率"、产业链的耦合度及人口等经济、生态变量，运用历史数据检验、参数

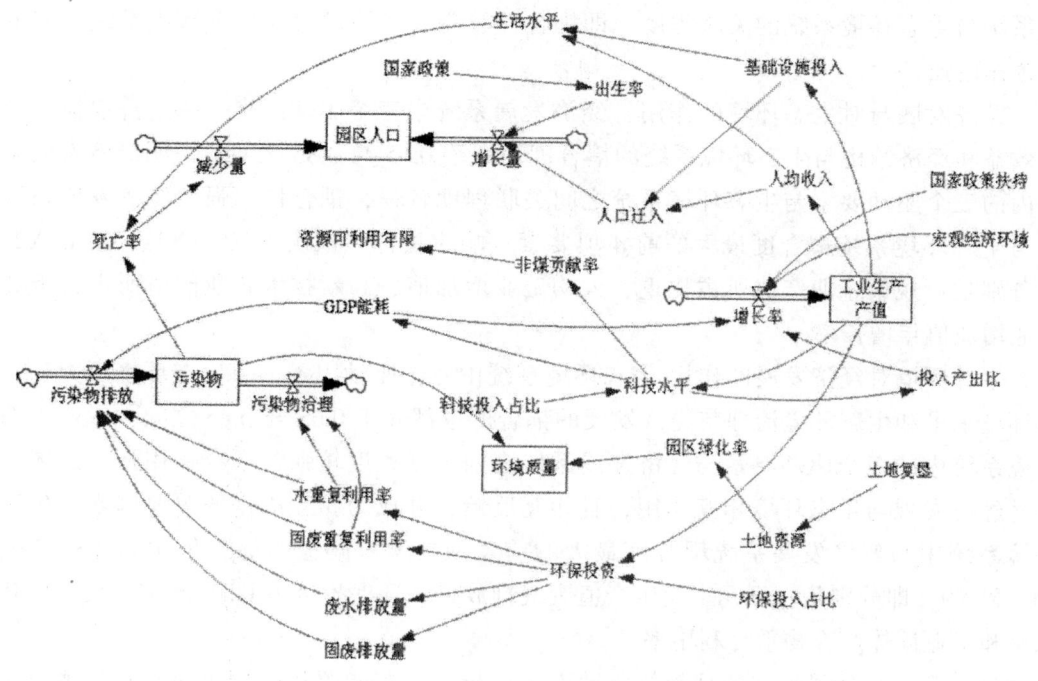

图 3 生态工业园区系统流图

灵敏度检验和运行检验,对构建的新矿集团系统动力学模型进行修正。

⑤新矿集团系统动力学模型的仿真及建议对策。基于构建的新矿集团系统动力学模型,选取 2009 年为初始年份,以 2009~2025 年的数据为调试约束条件对模型进行仿真调试,实现对经济子系统、社会子系统、生态子系统和环境碳子系统的仿真和预测。并对经济、社会、环境和生态各指标进行模拟调控和评价,依据仿真结果,对新矿集团生态工业园区的发展提出建议和对策。

(4) 新矿集团生态产业链设计优化及耦合分析。

①新矿集团生态产业链的设计优化。对新汶矿业集团生态工业园区产业链进行优化,针对其不足,按照分析现有产业链、物质集成、能量集成、整合现有产业链和引入补链的程序对其生态产业链进行了改进。其中,分析现有产业链包括分析煤炭产业、煤化工及煤焦化产业、装备制造产业链以及生态林业和农业养殖产业链;物质集成环节对煤矸石、煤泥、伴生矿物和水资源进行集成以增加产业链各环节联系;能量集成环节主要涉及电能和热能的集成。

②新矿集团经济发展与生态环境耦合性分析。在对新矿集团生态产业链进行设计优化的基础上,构建新矿集团经济发展与生态环境耦合模型,基于灰色理论,计算新矿集团经济发展与生态环境的耦合关联度,进行经济发展与生态环境的耦合分析,判断其是否可以达到经济发展与生态环境的共赢。

新汶矿业集团经济发展与生态环境的综合耦合关联度为 0.7391,根据关联系数与关联程度的关系:当 $0.65 r_{ij} 0.85$ 时,关联程度较强,两指标耦合作用强。说明经济发展系统与生态环境系统的关联程度,即耦合性较高,经济发展与生态环境系统之间的耦合作用强。

经济发展与对生态环境的作用:经济发展系统中三个驱动因素——经济规模、经济效益和经济结构与生态环境系统的耦合度均介于0.65与0.85之间,说明经济发展系统内的三个驱动要素与生态环境系统之间关联程度较强,耦合作用强。经济发展系统中与生态环境系统耦合度最大的前4项要素(响应指标)依次为X5、X1、X7和X2,即分别是:规模企业产值所占比重、人均工业增加值、高新技术企业产值所占比重和工业增加值年增长率。

生态环境对经济发展的作用:生态环境系统中三个驱动因素——生态环境压力、生态环境水平和生态环境治理与经济发展的耦合度也都介于0.65与0.85之间,说明生态环境系统内的三个驱动要素与经济发展系统之间关联程度较强,耦合作用强。总体来讲,经济发展与生态环境相互作用,且相互反馈,并成为相互决定的重要因素。生态环境系统中与经济发展系统耦合度最大的前4项要素(响应指标)依次为Y3、Y6、Y11和Y9,即分别是:万元工业生产值废气排放量、环保投资占GDP比重、集中供热比率和工业固体废弃物重复利用率。

(5)新巨龙公司生态产品创新驱动因素分析。山东能源新巨龙龙固矿井是由新汶矿业集团公司投资开发建设的国家"十五"重点建设项目,系统实际装备能力达到1000万吨/年以上,为目前山东省最大矿井。新巨龙公司近年来为了全面贯彻落实党的"十八大"精神,坚持"绿色开采、循环发展、和谐搬迁、生态开发"的原则,初步探索形成了以"采煤不见煤、出煤不用煤、抽水不排水、资源不丢弃、沉陷不荒废、复垦不减地、失地不失业"为特色的生态文明示范矿区建设模式,呈现出"绿色开采与生态建设同步、节能环保与资源利用统一、矿区发展与区域发展融合"的协调发展、多方共赢的局面。经过近几年的发展,已逐渐形成煤炭、电力、建材、机械制造、物流贸易、房地产、物业托管、光伏产品、矿井设计服务、旅游、矿山设备维修、盐化工、热力、造纸、农产品等多种产业共存的多元化产业结构。图4为新巨龙公司近5年的主要经济指标,图5为新矿集团与新巨龙公司利润比较。可以直观看出,在受到宏观经济环境和煤炭市场萧条的影响下,新巨龙公司的利润减幅明显低于集团公司的平均值。

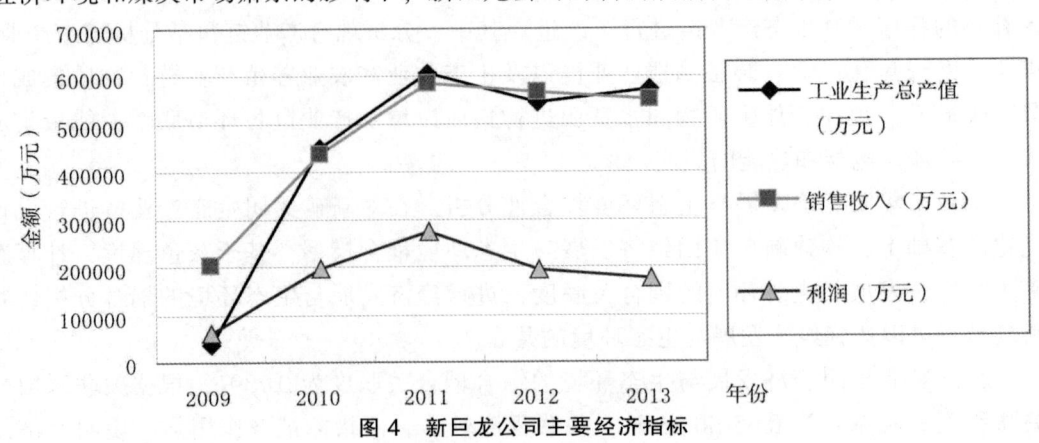

图4 新巨龙公司主要经济指标

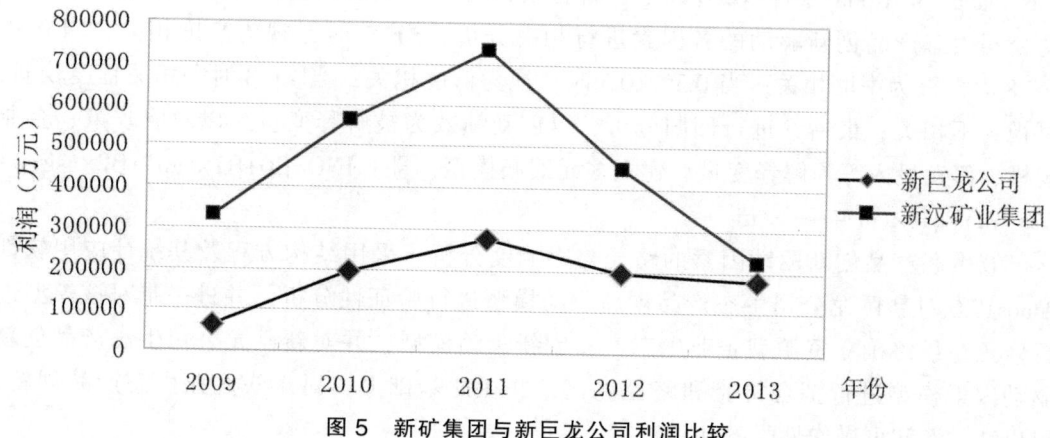

图 5　新矿集团与新巨龙公司利润比较

从新巨龙公司 2012 年产品销售收入和利润的情况上看，新巨龙公司现代服务业的销售收入几乎占总销售额的一半，高于新矿集团的平均值；其次是煤炭。由此可以看出，虽然煤炭在产品结构中仍占据主导地位，但新巨龙公司的发展模式正逐渐由煤炭行业传统的高污染高能耗的道路向循环经济发展模式转变，其生产的产品正在由传统的煤炭产品向无污染的现代服务业、设备再制造、生态农业、林业及旅游等多元化产品结构转变。特别是在生态产业链的拓展和生态产品技术创新方面，探索了一条生态工业发展的成功路径。

鉴于此，本研究对新巨龙公司的创新因素进行了实证研究，找出煤炭企业生态产品创新的驱动因素，探索各创新驱动因素对创新绩效的贡献程度具有重要意义，其研究结论，对全面提升新矿集团和煤炭产业的生态产品创新能力和生态产品的生产能力，以及相关创新政策的制定，具有重要的参考价值和指导意义。其主要研究包括：

①新巨龙公司现状调研及生态产品创新驱动因素的问卷设计与调查。首先，通过现场调查了解了山东能源新巨龙公司生态产品，特别是其生态农业、生态林业和生态畜牧业及旅游业的发展现状，在此基础上，设计开发了新巨龙公司生态产品创新驱动因素的问卷并实施调查，然后对问卷进行整理、信度效度分析和描述性统计分析。

问卷设计从市场、政府、消费者、企业资源投入等若干影响生态产品创新的因素入手，采用五点李克特量表（Likert Scale）进行测量，请被调查者判断每个条目对企业生态产品创新的重要性程度。此外，为避免遗漏，问卷在最后还请被调查者根据自身经验对生态产品创新驱动因素进行必要的补充。本次调查以新巨龙公司和新矿集团公司的有关管理者、技术人员和相关员工为调查对象，主要通过电子邮件和实地调查相结合的方法，获得研究所需数据。

②新巨龙公司生态产品创新驱动因素分析与提取。首先，通过因子分析，按照特征值大于 1 的标准共萃取出 8 个影响企业生态产品创新的关键因子，分别是企业文化、企业技术能力、市场因素、政府政策、政府补助、消费者因素、员工创新意识、企业家创新精神。通过对各因子内部一致性进行检验，8 个分部分的内部一致性系数

(Cronbach's Alpha)均在0.50以上,符合Nunnally所提出的信度标准。然后,对新巨龙公司生态产品创新驱动的各因素进行相关分析,当|r|≥1时,视为高度相关;当0.5≤|r|<0.8时,视为中度相关;当0.3≤|r|<0.5时,视为低度相关;当|r|<0.3时,相关程度较弱,可视为不相关;最后,进行回归分析,以创新绩效为被解释变量,以政府政策、企业规模、研发投入等为解释变量,建立多元回归模型,即:INO=β0+β1×(gp)+β2×(size)+β3×(rd)+β4×(m)+……+ui

③生态产品创新驱动因素的路径与影响度分析。采用结构方程及其统计应用软件Amos17.0对新巨龙公司生态产品创新驱动模型进行验证性分析,并进一步对该模型进行修正,最终确立资源型企业生态产品创新驱动模型,并对新巨龙公司生态产品创新驱动因素模型进行拟合检验和路径优化,并在此基础上,对煤炭企业生态产品创新,提出针对性和可操作性强的建议对策。

建立了创新驱动模型,提出新巨龙公司的生态产品创新驱动主要来自于市场因素、政府因素、企业因素、消费者因素等方面。此外,本文对各创新驱动因素之间的相关关系及其对创新绩效的重要性程度进行了定量和定性研究,其中,企业的生产技术水平、技术人才和研发资金投入等因素对生态产品创新绩效的影响程度最大。

(6)构建生态工业园区综合效益评价模型,在上述实证研究的基础上,提出"新矿集团生态工业发展模式"的理论概况。本部分以生态经济学和循环经济学为理论基础,综合运用系统科学的评价方法,结合生态产业链和煤炭生态工业园的特点,设计了煤炭企业生态工业发展模式的评价指标体系,用熵权层次分析法确定各指标的权重,构建了煤炭企业生态工业园区的建立评价模型;最后,通过现场调查和相关指标数据的收集,运用模糊综合评价法对新矿集团生态工业园的综合效益进行了评价。

在通过对新矿集团生态工业模式发展的实证研究基础上,从理论上概括性地提出了"新矿集团生态工业发展模式"。

2.创新点

基于上述研究,本研究创新点如下:

(1)在对新矿集团实证研究的基础上,首次提出"新矿集团新型生态工业发展创新模式"的理论概念模型。该模式的提出,将以全新的生态工业理念引导着资源型企业走新型的生态工业化发展之路,对中国煤炭行业生态文明建设有着重要的示范和引领作用。这是本课题在煤炭行业生态发展模式方面的实践性创新。

(2)以新矿集团为承载主体,提出"矿区纵向主导大产业链优化和矿区横向耦合共生产业链优化";以翟镇煤矿、协庄和新巨龙公司为关键种企业,首次构建了"新矿集团生态产品的全产业链网络",提出了新矿集团生态工业园区示范工程建设的路径、支撑体系及建设方案,并给予各部分研究结论,提出了针对性和可操作性强、具有重要参考和借鉴价值的建议对策。这是本课题在生态工业发展领域的应用研究创新。

(3)应用系统科学的理论与方法,构建多主体的"新矿集团生态工业园区仿真与动态模拟系统",实现生态工业园区发展的仿真与经济运行的动态模拟可视化预测。这是本课题在生态工业园区领域的研究方法与手段创新。

（4）构建了具有普适性和重要借鉴参考价值的"生态产品创新驱动模型""生态工业园区系统动力学评价模型""矿区生态产业链优化路径及其耦合灰色系统模型"及"生态工业发展模式综合效益评价模型"等，为煤炭产业生态工业发展模式研究构建了理论研究框架，也为资源型企业生态工业发展方面的研究，提供了新的思路，从而拓展了应用生态学和综合效益评价理论与方法。这是本课题在生态工业发展领域研究的理论创新。

3.主要做法

按照项目进度计划安排，新矿集团主要做法：

（1）前期现场调研和资料收集。新矿集团环保部有关领导和山东科技大学课题组成员，在集团公司和矿领导的支持和指导下，首先进行了新矿集团的生态工业发展现状调查；在确定了关键种企业后，深入新巨龙公司和翟镇煤矿，进行现场参观和访谈，原始资料收集。经过环保部有关领导的努力和有关部门的共同协作，基本整理收集了本研究实证部分所需的指标和有关规划材料。

（2）完成了文献研究和理论研究方法的选用，并购买了有关仿真应用系统软件。利用山东科技大学、山东大学和加拿大阿尔伯特大学有关中外文献数据库和图书馆等，了解到国内外生态工业发展的最新研究动态和研究方法，完成了文献研究和文献综述部分。

（3）外出调研，参加了2次学术会议，全面了解了本研究领域最新研究成果与实践。先后去了清华大学生态工业研究中心、中国科学院环境生态研究所、中国矿业大学和中国煤炭行业协会等有关部门，走访了有关专家进行座谈和咨询，征求部分初稿的反馈意见。

（4）完成了项目研究中的主要内容。已经完成"新矿集团循环经济模式及其生态系统运作机理研究"及"新矿集团生态产业链分析与优化设计""新矿集团生态产业链设计优化及耦合分析""新矿集团生态工业园区综合效益评价模型的构建"。"新矿集团生态工业园区的系统仿真与模拟""新矿集团生态产业网络构建"及"新巨龙公司生态产品创新驱动因素分析"已完成理论研究，有关调查问卷的实施后，即可完成全部实证研究内容，从而提出"新矿集团生态工业发展创新模式"的理论概况。

（5）已形成"新矿集团生态产业链设计优化及耦合分析"及"新矿集团新巨龙公司生态产品创新驱动研究"学术研究论文初稿2篇。

三、新汶矿业集团新型生态工业发展模式产生的效益及应用前景

1.产生的效益

（1）对新矿集团生态系统运作机理研究及其循环经济体系中纵向主导产业链的优化、矿区横向耦合共生产业链的设计，将进一步推进新矿集团及其矿区的产业布局和结构优化。基于研究结论的建议实施，通过仿真模拟预测，在2015-2020期间，承载主体的主要经济指标每年可以提高8%~10%，各种资源综合利用效率可提高4%~6%的同时，以期使新矿集团生态产品能力提高12%~15%，由此带来的生态产品对新矿集团企业总体经济效益的贡献率提高10%~15%，生态产品创新战略的实施，间接地减少了

对煤炭等资源的过度开采，可使矿区环境得到改善和恢复，促进生态环境的改善，实现新矿集团经济、环境和生态的协调可持续发展。

（2）依托新矿集团生态工业园区示范工程，将进一步促进企业集成技术创新的实现，极大地提高企业的自主创新能力，进一步提升新矿集团的社会影响力及其行业竞争力，以期使新矿集团在创新能力和行业竞争力排序位次提高2-3位，全面提升新矿集团在中国煤炭行业中的核心竞争地位。

（3）打造中国独特的"新矿集团新型生态工业发展创新模式"，实现新矿集团经济、环境和生态效益的多赢，使新矿集团成为中国煤炭行业走新型工业化道路和实现生态工业发展模式创新的典范，把新矿集团基于大产业链生态网络构建的生态工业园区，成为资源型企业的示范工程，这将对中国资源型企业实现生态工业发展，有着重要的指导意义和社会效益。

2.应用前景

（1）对"新矿集团循环经济系统运作机理的研究"，将为新矿集团实现由循环经济建设的小循环到生态文明建设大循环的升级，提供重要的决策依据。

（2）对新汶矿业集团生态产业链的优化可指导新汶矿业集团的生态产业链优化实践。特别补链和关键种企业的大产业链构建，可以加快生态产业链的网络化进程。构建的生态产业网络，可以引导新巨龙和翟镇煤矿等关键种企业，采用新技术，进行生态产品创新，实现绿色开采、清洁生产，从源头杜绝污染。生态产品创新驱动因素的研究结论，可引导生态农业、林业和养殖业的发展，使集团内的物质、能量、水资源沿着物质循环链条、能量循环利用链条、水资源循环链条在整个网络内高效流动，形成以煤炭开采部门的集约开采和绿色开发为基础、以煤炭精深加工部门的洁净煤产品生产为核心、以伴生资源综合利用部门的伴生资源利用为支柱、以高新技术为依托、以其他关联部门的相关多元化为补充的一种"煤伴联"综合发展模式。

对新矿集团经济与生态的耦合分析的研究结论应用，可以指导其在促进经济与生态协调发展中，根据耦合分析的结果，制订政策，引进技术，通过改善相关指标，来达到经济与生态的协调发展。

（3）提出的"新矿集团新型生态工业发展创新模式"，将为中国煤炭行业生态文明建设打造一个光辉典范，为中国煤炭行业探索一种新的生态发展模式，这在煤炭行业和其他资源型行业都有重要的推广和应用前景。

（4）在理论研究方面，构建了"生态产品创新驱动模型""煤炭企业生态工业发展全网络模型""生态工业园区系统动力学评价模型""矿区生态产业链优化路径及其耦合灰色系统模型"及"生态工业发展模式综合效益评价模型"等，可用于生态工业发展理论研究，为生态工业发展和煤炭产业可持续发展提供了科学实用的理论研究方法和评价工具。

（成果创造人：张　文　佟　强　辛恒奇　王忠刚　田　伟　潘　哲　单绍磊　夏　慧　刘树森　刘　佳）

基于金融创新的供应链一体化管理

山东能源新汶矿业集团物资供销有限责任公司

新汶矿业集团建立于1956年,是"世界500强"企业山东能源集团有限公司最大的子公司,是以山东新巨龙、内蒙能源长城煤矿、贵州能源、新疆伊犁四大煤炭基地为基础,煤化工、装备制造、现代服务业多种产业共同发展的大型企业集团。2012年企业完成原煤产量4337万吨,实现销售收入680亿元,利税103.08亿元。2011年在中国煤炭工业100强中位列第15位,在中国企业500强中位列第172位,技术创新能力位列全国煤炭行业第9位。

一、基于金融创新的供应链一体化管理的构建背景

1. 全球大宗商品市场蓬勃发展,金融属性不断强化

大宗商品涵盖了包括能源、化工、钢铁、金属、粮食在内的生产资料、生活资料,大宗商品产业体系关系到国计民生及社会生活的方方面面。国际市场尤其是以中国为代表的新兴市场和发展中国家对大宗商品持续保持着较为旺盛的需求,从根本上推动了全球大宗商品交易的蓬勃发展。近年来,随着经济全球化、资产证券化、商品金融化、交易网络化的发展,全球大宗商品的金融属性越来越强。大宗商品的金融属性体现在三个不同的层次,除作为投机工具和资产类别外,还被用作融资工具,特别是电解铜等有色金属因其良好的自然属性和保值功能,历来作为仓单交易和库存融资的首选品种,吸引了众多金融机构、具有现货背景的大型贸易商进行融资操作。大宗商品流通的蓬勃发展及其金融属性,为主要围绕大宗商品贸易进行的供应链一体化管理提供了可能。

2. 煤炭企业亟需结构转型,现代物流贸易成为选择

煤炭企业作为典型的不可再生资源企业,普遍面临资源枯竭和环境约束的双重挑战,是"转方式、调结构"的重中之重,特别是进入2012年以来,受产能过剩、需求下降等因素影响,煤炭市场形势急转直下,煤炭企业更加迫切地需要培育新的经济增长点。现代物流贸易以高人力资本、高信息含量和高技术含量为特征,能源资源消耗低,环境污染小,有利于推动煤炭企业发展方式向依靠科技进步、内涵发展、服务创新转变,有利于煤炭企业节能减排,实现产业结构优化升级。

3.传统物资流通企业面临发展"瓶颈"，必须进行模式创新

随着现代市场经济和信息技术的发展，传统物资流通企业单一的盈利模式和管理模式已经不能适应企业发展的需要，货物溢价的空间越来越小，利润越来越低，特别是大宗商品价格极度透明，单一的买进卖出只有微利甚至零利润。并且随着市场竞争的不断加剧、企业联盟的建立和发展，今后的竞争不再是企业与企业之间的竞争，而是不同供应链之间的竞争。作为供应链上的核心企业，必须担负起整合各方资源，从独立创造价值走向合作创造价值，实现链上企业共赢的使命。依托供应链对上下游企业提供全面金融服务，可以巩固供应链运行基础，降低整体运作成本，并通过金融资本与实业经济的协作，构筑银行、企业和供应链互利共存、持续发展的产业生态，最大限度地发挥供应链联盟企业的整体优势。

4.企业已具备供应链一体化管理的基本条件和素质

近年来，公司按照建设现代化流通企业的战略定位，努力实践"大营销、大市场、大合作、大流通"经营理念，在做好集团内部安全保供的同时，加大国内社会市场拓展力度，积极参与国际分工，物流贸易初步实现了系统化、专业化，公司的竞争力和影响力不断提升。2011年，公司销售收入超百亿元，规模效益显著提升。在国内10多个省区成立了50多个销售部或分公司，形成了辐射全国的销售网络；先后在阿联酋、伊朗、巴西、香港等国家（地区）成立办事处或公司，积极搭建国内外市场资源对接的桥梁，框架布局全面铺开。在继承"两项成本谈判""经营市场""经营授信"等经营理念的同时，把握产业演化新趋势，推进商业模式变革，取得了初步成效。这些成绩的取得，为公司基于金融创新，进行供应链一体化管理提供了基本条件和素质。

二、基于金融创新的供应链一体化管理的内涵

供应链一体化管理的核心是内外贸一体化、贸易金融一体化。该模式与传统的供应链经营管理模式相比，在市场经营的广度、深度、技术含量等方面均有较大突破。供应链一体化管理利用国内国外"两个市场、两种资源"，充分发挥"外需内供、内需外引"作用，特别是打破内贸与外贸的界限，通过国内外供应链的交叉经营实现资源整合、价值增值，做到内贸、外贸有机结合；供应链一体化管理以物资流通为载体，发挥银行授信优势，为供应链上下游企业提供信用支持，创新开展供应链金融业务，在有效整合供应链资源的同时，改善企业盈利结构，形成基于金融创新的供应链价值裂变模式。

三、构建基于金融创新的供应链一体化管理的主要做法

1.以大宗商品贸易为主体，大力推进内外贸一体化

（1）上控资源，下控网络，供应链实现闭合经营。围绕大宗商品贸易，公司利用与世界知名矿业公司长期以来建立的合作关系，发挥能源集团"世界500强"品牌优势，直接向国外大型生产商采购，以第一手货源确保有优势的进口价格。在获取第一手资源的同时，紧盯终端消费市场，积极接洽金属加工企业等终端用户，通过供应链金融业务建立了庞大的终端用户群；并借助矿业集团煤炭销售渠道，直接将进口铁矿石销往大型钢铁企业，减少货物流转环节，从而降低客户的原材料成本，提升企业利润空间，供应链实现闭合经营。

(2) 因地制宜，因时而异，多种贸易方式组合创效。根据国内外大宗商品价格关系，及时调整贸易方式，确保收益最大化：在国内商品价格高于进口成本时，开展一般进口贸易，通过保值及时锁定利润、规避价格波动风险；在国内商品价格低于进口成本、直接进口出现亏损时，则开展转卖业务，货物不必入境报关直接转卖第三方客户，保持业务的连贯性，稳定供应链上下游关系，确保在行业内长期立足。

(3) 打破瓶颈，有效衔接，内外贸一体化协同发展。公司在拓展国内社会市场的同时，积极"走出去"参与国际分工，打造内贸、外贸两个平台。并打破传统思维，在对外合作中，利用长期积累的内外贸客户资源，根据公司与客户的多种需求，以同一客户或同种商品为纽带，将原本独立的国际贸易与国内贸易链接在一条供应链中，或与同一客户就不同商品开展内贸或外贸，或围绕同一商品与不同客户开展内贸或外贸，通过内外贸有机结合实现了供应链价值的裂变式增长，见图1。

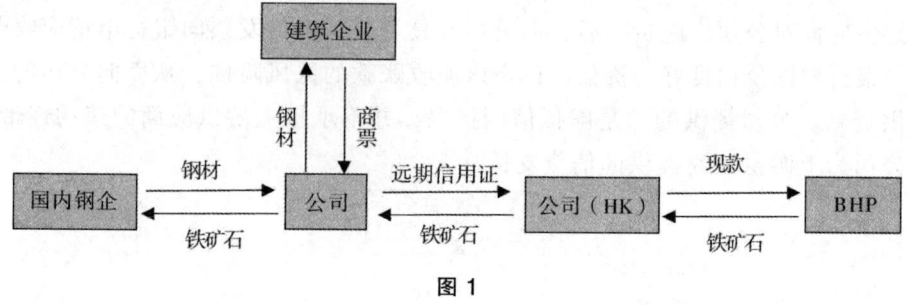

图1

从图1可以看出，围绕铁矿石贸易，通过境内银行向公司（香港）开具远期信用证，香港公司贴现后用现款向国外生产商采购，确保价格具有竞争优势；钢铁企业作为铁矿石贸易下游客户，为公司反向提供适销对路、具有价格优势的钢材产品，公司将钢材用于与建筑企业的战略合作。

2.以经营银行授信两翼，大力推进贸易金融一体化

(1) 经营银行授信。近年来，公司依托矿业集团雄厚的整体实力和品牌优势，随着内外贸一体化进程不断加快，争取了巨额银行授信，这与大量没有授信或授信额度较小的中小企业相比，是一笔巨大的财富。公司将银行授信作为产品来经营，在大宗商品、设备配件进口业务中利用银行授信对上游客户开立远期信用证，信用证到期时再借助银行押汇、海外代付等方式继续延期付款；对下游客户销售则利用即期托收，或通过香港公司接收信用证在境外低成本贴现等手段实现快速变现。通过以上方式，实际融资成本年化利率只有3%–4%，较银行一年期贷款利率6%节约了2-3个百分点，从而在集团公司拨付资金极为有限的情况下，通过借助银行产品，不但做大了国际贸易，还为集团公司提供了低成本融资途径。

(2) "1+N"供应链金融业务。在信贷资源日趋紧张的推动下，供应链金融技术领先、资信优势明显的核心企业通过出让企业信用，使其上下游分享更便利的融资渠道和更低的融资成本，可以使核心企业在采购、库存、销售等方面获得优化，以增强自身供应链的巩固度和产业竞争力。公司在巩固传统贸易金融业务的基础上，依托资信

实力，牵手合作银行和供应链上下游企业，以贸易方式介入供应链需求环节，灵活运用商票贴现、跨境结算、保理、第三方担保交易等手段，为前端采购到末端销售提供业务支持，大力发展"1+N"供应链金融业务，促进了产—供—销供应链条的稳固和顺畅流转，提升了企业品牌影响力和市场竞争力，见图2。

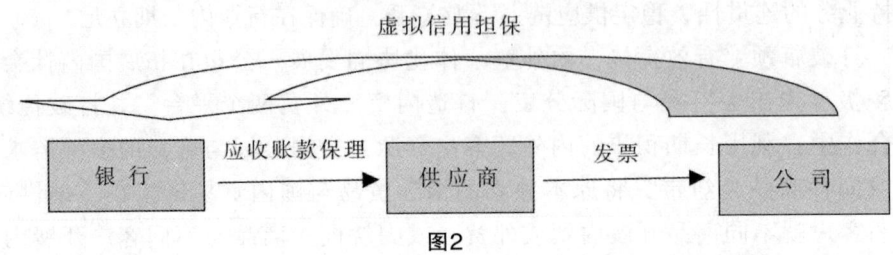

图2

上游供应商对公司供应货物后，向公司开具发票，凭借发票向银行申请应收账款保理业务。银行根据公司良好的资信，认定该应收账款的低风险性，从而向公司的上游供应商提供贷款。公司提供的只是虚拟信用担保，并不承担上游供应商的违约连带责任。图3是公司为上游供应商提供的信贷支持。

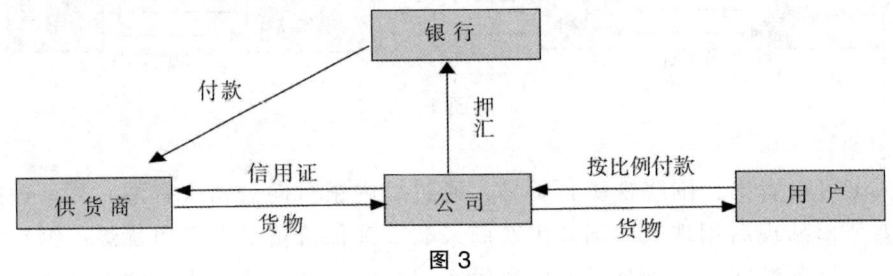

图3

公司凭借自身巨额银行授信，通过信用证、押汇等远期付款方式取得上游供应商的货物，货物到港后，下游客户根据自己的生产进度分期提货、按比例付款。下游客户实际占用的是公司的银行授信。图4是公司为下游客户提供的资金支持。

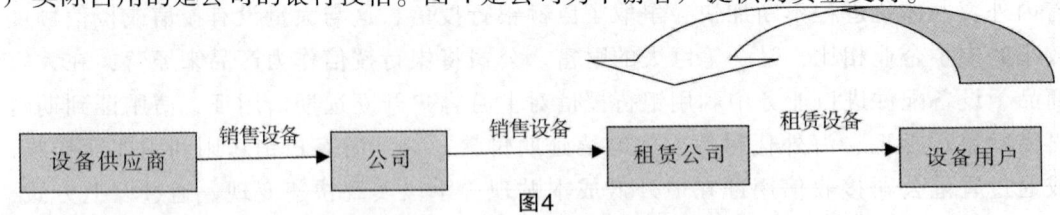

图4

公司采购设备后，销售给租赁公司，租赁公司即时向公司付款。租赁公司将设备租赁给设备终端用户，用户逐年支付租赁费用。该模式下，设备为租赁公司固定资产，因此终端用户不仅缓解了资金压力，还实现了轻资产运营，降低了资产负债率。

3. 加强与国内大型企业集团的战略合作，实现联合创造价值、协同产生增量

（1）积极构建"战略联盟"。

一是与国内大型流通企业建立战略合作关系，发挥双方在有色金属、煤炭、铁矿

石贸易等不同领域的比较优势,共享购销渠道,相互借鉴对方成熟的运作经验,在全方位合作中实现取长补短、共同发展。更重要的是,公司将对标管理工作融入与先进流通企业的战略合作中,着重对造成差距的经营理念、商业模式、人力资源等因素进行了对比分析,制订了追标措施,有力促进了公司现代化水平的提高。

二是进一步巩固与大型建筑企业集团的战略伙伴关系。按照"小供应、大流通"的物流管理总体设想,公司在石家庄、济南、青岛、天津、银川和西安等地成立了10多个项目供应部,专门服务于工程项目建设,得到了施工单位的充分认可,切实做响做亮了"新矿物流"品牌。

公司通过煤钢互保取得客户需要的钢材,供应给建筑企业,建筑企业向公司支付商票,公司将商票通过银行贴现,及时获得现金流。商票到期后,银行要求建筑企业付款,公司承担违约连带责任。这种业务建立在公司对客户实力、资信的严格审查基础之上,见图5。

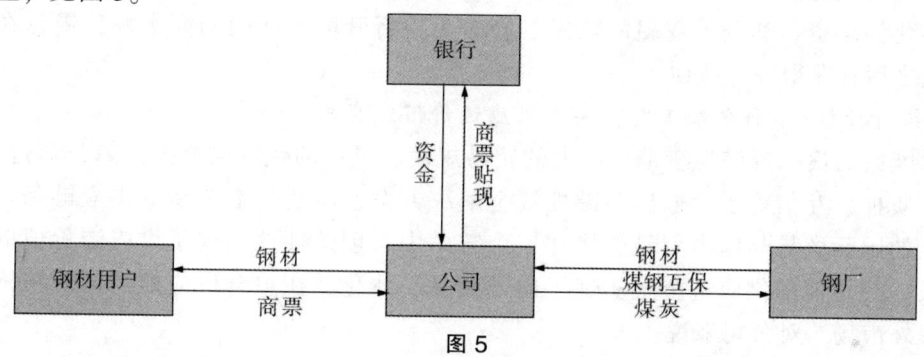

图5

(2)扎实推进"煤钢互保"。充分发挥钢材经营的专业优势,依托矿业集团与大型钢铁企业建立的战略合作框架协议,从计划、采购、结算等环节详细进行责任分工,积极同大型钢厂深入洽谈合作,在确保不影响集团公司正常回款的前提下,利用以煤抵钢材优势,采购适销对路的产品,在确保集团公司钢材需求的同时,加大了外部市场销售量,实现了及时变现。

四、基于金融创新的供应链一体化管理的实施效果

1.金融"导航",租赁先行,提高资金利用率

为了缓解公司的资金压力,在材料和设备的采购上,公司将往日单纯的销售模式升级为销售金融一体化的租赁模式。对于短期的、临时的或季节性的设备,公司采用的是经营性租赁模式;而矿井上长期需要使用且有回收利用价值的设备,公司采用的则是融资租赁。这两种租赁模式的引入,在满足矿井日常生产的同时,大大缓解了公司资金问题。

2.依托保理业务,协同攻克融资难题

利用银行对公司的信任,通过应收账款保理业务为上游供应商获得银行的低利率贷款。公司与供应商签订采购合同,并按30%-40%比例付款;银行从供应商购进以单据表示的对公司的应收账款,并根据账款金额为供应商提供低利率贷款。通过开展此

项业务，对于公司来说，供应商在获得融资的同时会对公司的付款比例、期限做出较大让步，公司因此可以降低付款比率从而延长付款周期，获得短期融资。对于供应商来说，保理业务使供应商获得基准利率贷款，资金迅速回笼，在加快资金周转，增强销售能力的同时也提高了企业的竞争力。

3. 借助商业承兑汇票贴现，稳定并扩大客源

公司为了更好地整合供应链核心业务，在提高企业销量的同时依托商业承兑汇票贴现为下游客户缓解资金压力。公司在与下游客户合作时，下游客户开立商业承兑汇票给公司，公司用此商业承兑汇票去银行贴现，6%的贴现息由下游客户一次性支付，然后公司利用贴现回来的资金去购买原材料并销售给客户。有效开展此项业务为公司、客户和银行均带来了诸多好处。首先，公司在构建信誉链中得到了稳定的销售群体，获得了长期可靠的合作伙伴；其次，满足了公司快速变现的需求；第三，下游客户获得了稀缺的信贷资源。借助公司的信用，通过银行贴现的形式将下游客户的商业承兑汇票转化为融资，达到了双赢的效果。同时为银行开辟了新的利润来源，银行在扣除贴现息之后，获得一笔款项。

4. 银行授信+多种金融工具，实现供应链价值裂变式增长

以庞大的银行授信为纽带，巨大的贸易规模、灵活的融资渠道为保障，通过贴现、担保、质押、互信等手段输出关键性资金解决方案，激活打造全新的供应链条。将原本独立的国际贸易与国内贸易链接在一个链条中，创造性地实现了供应链价值的裂变式增长。公司借助供应链金融实现了内外贸一体化，在整合供应链的同时将链条延伸到海外市场。对公司来说：

（1）灵活运用金融工具，带动各环节增值。一是利用银行授信对外开立3-6个月远期信用证延期付款，年化息仅为2%左右；信用证到期时通过押汇继续延期，年化息为4%，都不同程度低于银行贷款利率；二是利用人民币对其他主要外币兑换比例的规律变化，通过远期结售汇使押汇时间和还汇时间成为变动操作，适时锁定有利汇率，从而额外实现较大的汇差收益。

（2）煤钢互保，稳定供应防风险。为进一步深化战略合作，实现互惠共赢，促进双方科学快速发展，依托矿业集团与大型钢厂建立"诚信合作、互惠互利、共同发展"的煤钢互保合作模式。通过煤钢互保模式，合作双方都可以更好地控制成本、锁定原料来源、提高市场风险防范能力。煤钢互保是缓解集团公司资金紧张、降低企业财务费用的有效举措。煤钢企业整合重组，不仅有利于煤企加快延伸产业链，也将有利于钢企获得稳定的战略供应，实现"煤钢互保"的双赢。

（3）深化合作，实现更大共赢。从供应链层面上看，公司借助供应链金融将上下游企业联系起来，企业之间相互协作、利益共享、风险共担，不仅降低了双方所需物资的成本，提高市场竞争力，而且还在巩固与扩大产品贸易、煤钢互保、技术交流合作成果的同时，积极推进在企业管理、科学文化、资本合作等方面的交流与合作，在合作中实现更大共赢，在共赢中实现更深合作。

（成果创造人：李　健　王培忠　贾振超　秦喜庆）

资源型企业以持续发展为目标的全面责任管理

山东能源新汶矿业集团有限责任公司华丰煤矿

新汶矿业集团华丰煤矿是一个有着百年历史、千米深井、万名员工、亿元利润的国有老矿区,核定生产能力为 120 万吨/年。矿井储量可采期在 30 年以上,采掘工艺使用综放、综采及综掘技术,安全监测、主运、主排、供电、洗选等辅助系统实现自动化。煤炭品种为优质气肥煤,发热量在 21.8 兆焦以上,拥有自主品牌的"双八"精煤(灰分小于 8%,硫分小于 0.8%)是十分理想的工业、化工、发电和动力燃料。

一、华丰煤矿以持续发展为目标的全面责任管理的实施背景

1.社会背景

随着经济和社会的发展,企业的活动对社会产生的影响日益受到人们的关注,起源于美国的企业社会责任理论是 20 世纪以来凸现于企业管理领域的一个重要概念,以其所体现的企业伦理学理念,引起了当今各国法学者、立法者、公司经营者、股东和社会各界的广泛关注,对企业社会责任(CSR)的研究也成为学术界和企业界研究和讨论的焦点。近年来,我国越来越重视企业履行社会责任工作。新《公司法》也明确将企业社会责任作为企业的一项基本原则,对企业提出了强制性的运作要求。

对企业社会责任这一概念,目前比较一致的看法是指企业在创造利润、对股东利益负责的前提下,要负起对职工、消费者、商业伙伴、社区等相关利益方和自然环境的责任,包括安全生产、职业健康、保护劳动者的合法权益、提供安全的产品和服务、遵守商业道德、支持慈善事业、热心社会公益、保护自然环境等等。具体而言,企业在生产经营过程中,除了要考虑企业本身的利益之外,还应适当考虑与企业行为有密切关系的其他利益群体及社会的利益;除了要考虑其行为对自身是否有利外,还应考虑对他人是否有不利的影响;它是企业自愿确立的前进标杆,向利益相关者和公众昭示企业的价值观,指引企业前进方向,规范企业行为。

2.行业背景

煤炭企业作为资源型企业,其社会责任既具有一般企业社会责任的共性,又具有资源型企业自身的特殊性。煤炭企业不仅要实现自己的战略转型,还要在国家的能源安全、资源型城市的转型、生态环境的保护以及社会福利的增进等方面承担责任。作

为煤炭企业来讲，由于其行业性特点，除要对员工、债权人、供应商、销售商、所在社区的利益等承担社会责任外，要承担的社会责任更为广泛和复杂，涉及到了整个国民经济社会。主要表现为：煤炭资源关乎国家经济命脉、煤炭资源的合理利用关乎国家能源安全大局、煤炭企业安全生产关乎社会安定、煤炭企业生态环境状况关系到环境友好型社会建设、矿工权益关系到社会和谐劳动关系的建设。

3. 企业背景

华丰煤矿作为一个国有老矿，在企业发展的进程中，一些矛盾和问题逐渐凸显，必须切实增强实施全面社会责任管理的紧迫性和责任感。

（1）煤炭资源日渐萎缩。华丰煤矿是一个具有百年开采史的老矿，开采深度已达-1200米。随着矿井开采的不断进行，煤炭资源越来越少，对于以煤炭为主的工业体系产生了重要影响，阻碍了企业的持续发展。这就要求企业必须充分考虑资源储量的有限性，兼顾当前与长远利益，科学确定开采规模，努力提升煤炭开采、洗选和加工利用技术水平，提高资源回采率和利用率，切换履行好煤炭资源节约开采利用的社会责任。

（2）安全压力不断加大。华丰煤矿地质条件复杂，随着矿井开采年限的延长和开采深度、强度的加大，生产条件恶化，自然灾害增多，井下水、火、瓦斯、煤尘、顶底板等各类矿井灾害严重，工作面倾角大，最大处达40度左右，尤其是存在着世界性采矿难题——冲击地压，对矿井安全生产构成极大威胁。随着党和政府对煤矿安全工作的重视程度不断加大，更加要求煤炭企业切实履行好安全生产的社会责任，为构建和谐社会营造一个安定、祥和的社会氛围。

（3）环保问题日益突出。随着矿井开采的不断加深，工业"三废"越来越多，环境污染尤其严重，每年要向地方环保部门支付赔偿几十万元，不但严重污染了矿区环境，影响了员工生存质量，损害了企业形象，也给发展背上了沉重的包袱。这就要求企业必须履行好生态环境保护的社会责任，打造一个良好的生态环境平台。

（4）人员安置负担沉重。华丰煤矿作为一个国有老矿，现有在册职工1万余人，矿区4万多职工家属，各方面负担较重。随着人口的增长，对社会基础设施、生活耗能的需求将会大幅增长，最主要的是大量剩余劳动力急需安置，就业压力将直接导致诸多社会和经济的问题。与普遍的煤炭企业一样，华丰煤矿地处远离大城市的偏僻地区，特定的区域位置和艰苦单一的工作岗位，造成职工可转移性很差，多数职工一旦择业于这类企业就基本确定了他一生的工作岗位，即使在劳动力完全市场化的条件下，作为国有企业也不能不考虑本企业职工的就业出路问题。这就要求企业千方百计持续扩张发展，努力创造更多就业岗位，切实履行好国有企业安置职工、对社会尽责的社会职责。

（5）和谐稳定压力倍增。随着企业改革发展的不断深入，矿区经济成分、组织形式、就业方式和分配方式出现多样化，职工群众思想活动的独立性、选择性、多变性、差异性明显增强，利益诉求多元化特征日益突出；企业可供分配的经营成果与职工的高期望值存有差距；矿区困难群体、弱势群体和特殊群体仍然存在等，成为企业社会责任管理进程中务必解决的问题。

4.成果实施的理由和动力

基于以上考量,华丰煤矿认为研究探索企业社会责任管理成果,既是政府和社会对企业的期望、要求与约束,也是企业提升核心竞争力、实现持续健康发展的内在需要。

(1)从外部期望看,积极履行社会责任是国有煤炭企业落实科学发展观,服务和谐社会建设的必然要求。作为国有煤炭企业,承担国有资产保值增值的经济责任,与对国家和社会承担政治责任和社会责任有着内在的统一性。特别是在当前严峻经济形势下,国有煤炭企业积极履行社会责任,意味着企业与政府和民众共克时艰。国有煤炭企业只有自觉承担社会责任,积极与有关各方合作,形成抵御危机的有效合力,才能尽快走出危机,实现企业的可持续发展。

(2)从内在需要看,企业认真了解利益相关各方的期望和要求的过程,就是对企业定位和使命的认识不断深化、丰富和完善的过程;全面关注企业运营对社会和环境的影响与作用的过程,就是企业分析发展环境,把握机遇,应对挑战,明确战略发展方向的过程;积极回应利益相关方需求、充分考虑对社会和环境影响的过程,就是推动企业不断学习创新,持续提高管理能力和服务水平,改进绩效,培养核心竞争优势的过程。

二、华丰煤矿以持续发展为目标的全面责任管理的内涵、目标及准则

1.华丰煤矿全面社会责任管理的内涵

华丰煤矿作为一个资源型企业,利用利益相关者现代管理思想,实行全面社会责任管理,积极履行安全生产责任、经济发展责任、员工发展责任、资源利用责任、环境保护责任、和谐稳定责任和风险管控责任,实现了社会效益和自身持续发展的双赢。

2.华丰煤矿社会责任目标及准则

华丰煤矿提出了积极倡导企业和社会可持续发展协调统一的社会责任观——

(1)社会责任目标:"开采光明、奉献温暖",牢固树立"一代人要有一代人的作为,一代人要有一代人的贡献,一代人要尽一代人的责任"的崇高信念,继续发扬"严管理、严制度"的优良传统,继续加强"严管干部、善待职工、转变作风"的三项要求,大力弘扬"诚实做人、认真干事"的优秀品质,提升企业核心竞争力,全面履行企业社会责任,促进经济发展、社会和谐。

(2)社会责任准则:"以人为本、相融共生",善待员工、善待客户、善待伙伴,真诚服务、共谋发展,实现企业利益、行业利益、社会利益的协调统一。发展企业,确保企业可持续发展;服务行业,推动煤炭工业可持续发展;做好企业公民,促进经济社会可持续发展。

3.运用的现代管理科学原理与方法

(1)利益相关者理论。1984年,弗里曼出版了《战略管理:利益相关者管理的分析方法》一书,明确提出了利益相关者管理理论。该理论指企业经营管理者为综合平衡各个利益相关者的利益要求而进行的管理活动。利益相关者包括企业的股东、债权人、雇员、消费者、供应商等交易伙伴,也包括政府部门、本地居民、本地社区、媒体、环保主义等的压力集团,甚至包括自然环境、人类后代等受到企业经营活动直接

或间接影响的客体。

(2) 运用该原理与方法的理由。利益相关者管理理论为企业社会责任提供了一种理论基础。企业社会责任思想和利益相关者理论原本是两个相互独立的研究领域,前者探讨企业对社会所承担的责任,后者研究社会各利益群体与企业的关系。自20世纪90年代以来,公司社会责任和利益相关者两大理论出现了全面结合的趋势,利益相关者理论被认为是可用于评估公司社会责任的"最为密切相关"的理论框架。在这个理论框架里,企业社会责任被明确界定在"企业与其利益相关者之间的关系上"。引入利益相关者的视角后,企业社会责任就是企业对其利益相关者所应承担的以社会利益为目标的必要责任,其内容应包括经济、法律、道德和慈善等诸多方面,其指向对象应该就是其利益相关者。

三、华丰煤矿以持续发展为目标的全面责任管理的流程分析

1.建立企业社会责任管理相关方沟通机制

华丰煤矿的利益相关方由七类群体构成,分别是政府、投资者、客户、员工、供应商、同业者和公众。

针对不同的相关方群体,华丰煤矿形成了常态化的沟通机制。在此基础上,华丰煤矿进一步提升了相关方沟通的主动性,力求让有效的相关方沟通,成为华丰煤矿不断改进和提升CSR表现的重要推动力。

表1 华丰煤矿企业社会责任管理相关方沟通机制表

利益相关方	代表成员	沟通机制和形式	沟通内容
政 府	省煤炭工业局、煤监局泰山市政府、宁阳县政府、华丰镇政府	日常沟通、工作会议汇报、调研指导、项目合作、监督检查	落实政府管理要求、地企共建、公益慈善项目合作
投资者	省国资委、山东能源集团有限公司、新汶矿业集团有限责任公司	经营业绩考核、日常管理监督、交流会议、调研指导	国有资产保值增值、经营风险防范
客 户	济钢、莱钢、杭钢	客户满意度调查、客户管理、座谈	提高煤质、提升服务
员 工	全体职工	职工代表大会、员工培训、信访调解工作、投诉与举报	员工安全保护、员工参与企业经营、员工权益保护、员工职业生涯发展
供应商	集团公司供销公司	座谈交流、物流管理、质量管理	完善物流机制、提高产品质量
同业者	孙村、协庄等集团公司兄弟矿井	论坛、会议、交流活动	行业发展前景和潜在机遇、提升CSR管理经验分享
社区公众	矿区职工家属、附近城镇居民、农村村民	社区沟通、工农关系、宣传机制、社会公益活动	环境治理、压煤村庄搬迁、关注帮扶弱势群体、提供灾害援助

2.确定企业社会责任管理范畴

企业社会责任管理的范畴非常广泛,华丰煤矿根据煤炭行业特点和企业自身发展实际,确定其核心范畴则在于安全生产责任、经济发展责任、员工发展责任、资源利用责任、环境保护责任、和谐稳定责任和风险管控责任。

(1)安全生产责任。安全生产是煤炭企业的重中之重,安全生产责任是煤炭企业的最核心责任。华丰煤矿地质条件复杂、矿井灾害严重,对矿井安全生产构成极大威胁。一旦发生事故,将会造成无法挽回的政治影响、经济影响和社会影响。务必要从推动企业科学发展、安全发展、和谐发展的角度,时刻把安全作为各项工作的重心,切实履行安全生产职责,千方百计保障安全生产。

(2)经济发展责任。华丰煤矿作为一个国有老矿,经过几十年来的发展变化,正处在生产经营的重大转型期,现有在册职工7000余人,矿区职工家属达3万多人,各方面负担较重。同时,随着企业产业结构同组织结构之间矛盾日益严重,原有的煤炭生产车间式的企业组织结构已经不能适应目前跨区域、跨行业、跨所有制的企业管理要求。此外,煤炭主业萎缩带来的经济总量小与人口多、负担重之间的矛盾仍然突出,安徽、内蒙古等省外新区矿井建设任务十分繁重,一个时期内仍难以承担起资源接替任务。华丰煤矿的发展现状决定,只有深化体制机制改革、建立现代企业制度、提高运行质量、推动企业不断向前发展,通过经济效益不断提升、综合实力持续增强,才能为社会提供更多的就业岗位,才能保障解决职工的生存问题,才能为区域经济发展做出更大贡献。

(3)员工发展责任。员工发展责任是指维护员工合法权益、提高员工福利待遇、稳定员工队伍、实现员工与企业共同发展的责任。对于煤炭企业而言,首要关键的是要建立职业安全健康管理体系,充分利用企业资源,减少和控制职业安全健康危害,降低职业安全健康风险,实现保护员工及其他人员的安全与健康的目标。此外,随着企业产业结构调整和经济成分多样化的发展,带来了经济成分、组织形式、就业方式、利益关系和分配方式的多样化,经济关系和劳动关系日趋复杂,必须妥善处理好发展与稳定、公平和效率之间的关系,继续改善和优化井下职工的福利待遇,不断强化和完善员工权益保障,实现企业与员工的共同发展。

(4)资源利用责任。资源利用责任涵盖资源保护和资源节约责任,是煤炭企业一项特殊的社会责任。华丰煤矿由于开采时间较长,煤炭储量有限,随着矿井开采的不断进行,煤炭资源越来越少,这对于以煤炭为主的工业体系产生了重要的影响,对于企业的发展产生了阻碍,更加需要充分考量煤炭资源的稀缺性和不可再生性,努力提高资源利用效率,做到资源开发与节约并举。

(5)环境保护责任。环境保护是煤炭企业全面协调可持续发展的本质要求。华丰煤矿随着矿井开采的不断进行,工业"三废"越来越多,需要大力推广应用清洁开采和洁净煤技术,继续实施"以矸换煤"工程,努力建设"绿色矿区"。

(6)和谐稳定责任。维护社会和谐稳定是国有煤炭企业承担的重大责任。华丰煤矿作为一个国有老矿,通过长年的发展建设,带动了矿区周边区域的经济发展,形成了一个开发性较强的社区，同时也给治安稳定工作带来了重大责任与挑战。此外，随着企业改革的不断深入，新形势下职工的思维方式、交往方式、生活方式和价值观念都在发生着改变，企业用工呈现多元化，人员素质良莠不齐，许多深层次的矛盾日益凸现。这些问题都关系到企业是否能够稳步发展、矿区是否能够安定有序、职工群众是否能够安居乐业。

（7）风险管控责任。随着改革发展的不断深入，完善企业法人治理结构、建立现代企业制度、促进依法治企、依法经营，已成为华丰煤矿上下的重要共识。提高法律意识、履行法律责任是煤炭企业的安全、发展、员工、资源、环境、稳定等核心责任的出发点和关节点。主要存在于合同签订、资源整合、人力资源管理、财务管理、安全生产等方面的法律风险。同时，腐败预防与惩治也是风险管控的重要内容。只有完善内审内控机制，严格按照相关法律规范要求积极履行相关义务，才能保障前述社会责任的实施，更好地保障煤炭企业承担其核心社会责任。

3.构建企业全面社会责任管理体系

为持续改进和提升企业社会责任管理水平，华丰煤矿以科学、规范、有效为目标开始构建社会责任管理体系，建立了相关组织框架与工作机制，成立了企业社会责任指导委员会。

华丰煤矿企业社会责任指导委员会，由矿长、党委书记任主任，生产副矿长、党委副书记、总经济师、安监处长任副主任，各职能部门负责人任委员。委员会初步拟定每年进行一次全体会议，对华丰煤矿企业社会责任战略、目标、规划和相关重大事项进行审议与决策。委员会下设办公室，设于企业管理部，负责横向协调各职能部门，纵向指导下属各公司开展企业社会责任相关工作。

华丰煤矿企业社会责任指导委员会职责：

（1）负责华丰煤矿整体企业社会责任管理的领导和决策工作。

（2）审议、批准华丰煤矿企业社会责任管理相关政策及制度。

（3）审议、批准华丰煤矿企业社会责任战略目标、规划、年度计划以及重大项目。

（4）审议、批准华丰煤矿年度企业社会责任的相关目标、计划和重大项目的调整方案。

（5）审议、决策华丰煤矿企业社会责任管理的其他重大事项。

4.构建完善工作运行机制

华丰煤矿企业社会责任工作运行机制主要包括四大部分：

（1）策略管理。从企业责任观出发，根据公司战略方向，确定企业社会责任管理的阶段性目标、工作重点、实施策略和工作计划，并分解落实到各职能部门及下属运营各公司，实现统一目标、协同推进。

（2）执行管理。针对年度重大企业社会责任项目，保障资源配置，实施事前分析、事中跟踪和事后评估的闭环管理，确保资源效用最大化。

（3）绩效管理。建立华丰煤矿企业社会责任指标体系，落实指标责任，通过针对性的改进提升与追踪监控，逐步将关键企业社会责任绩效指标纳入企业绩效考核体系，促进华丰企业社会责任绩效的全面提升。

（4）沟通管理。建立内外统一的沟通平台，形成企业与利益相关方的良性互动机制。

5.制定实施方略

履行社会责任要求企业战略和日常运营认真了解和回应利益相关各方的期望，统筹应对企业发展对社会和环境的影响，充分考虑社会可接受性与可持续发展要求，努力实现经济、社会和环境绩效的协调统一。针对国有煤炭企业自身实际，华丰煤矿在探索和实践的过程中充分认识到企业社会责任管理的重要性，将企业社会责任管理的系统工作当作"一把手"工程来抓，防止流于形式，大力推进企业全面社会责任管理的实施，确保社会责任管理真正落到实处。重点把握好了以下基本原则：

（1）坚持科学发展。坚持"煤基多元化"发展战略，这是符合华丰煤矿的实际、由华丰煤矿生产规模、企业历史以及员工构成等要素决定，并经几十年生产经营的实践所做出的科学选择，是落实科学发展观的具体方案，要始终如一地坚持好、发展好；要进一步强化科学理念，准确把握国家宏观经济政策导向、市场经济发展规律和现阶段企业发展基本特征，从煤炭企业实际出发，善于用科学发展观分析新形势、研究新问题、谋划新思路、制定新举措。

（2）坚持以人为本。始终把企业总体利益和职工群众的根本利益作为一切工作的出发点和落脚点，实现好、维护好、发展好职工群众的根本利益，不断满足职工群众日益增长的物质文化、精神文化需求，让职工群众充分享受到企业改革发展的成果。

（3）鼓励全员参与。员工是履行企业社会责任的参与主体和最直接的利益相关者，要充分调动"全员参与、人人负责"的积极性和主动性。提升企业社会责任意识并非一日之功，要运用各种方法实施员工培训，利用演讲会、交流会强化企业社会责任意识，潜移默化地影响人、感染人，使履行社会责任意识深入员工内心。

（4）推进自主创新。要创新思维、科学谋划，探索观念创新、制度创新、管理创新、科技创新在安全生产、经营管理、资源整合、项目建设、产业提升、节能减排等方面的新思路、新举措，进一步增强企业的竞争优势和持续发展能力。

（5）坚持共同发展。加强沟通交流，重视地企关系，以和谐的利益相关方关系促进企业与社会的协调发展，实现地企共赢、共同成长。

（6）强化形象建设。对内发挥好部门之间、员工之间的团队协作精神，形成与企业同呼吸、共命运的浓厚氛围；对外协调处理好各方关系，树立诚实守信的企业形象，凭借过硬的产品、优质的服务，赢取客户的信赖。

三、华丰煤矿以持续发展为目标的全面责任管理的重点工程及实现效益

国有煤炭企业要把实现社会基本价值与自己的生产经营实践统一起来，切实履行好自己的社会责任。华丰煤矿在实施全面社会责任管理的实践进程中，针对相关方关注的重点CSR议题，注重在企业内部营造各个利益主体之间的和谐氛围，在企业外部主动承担对自然环境及社会各利益相关者的义务和责任，以全面社会责任管理带动企业全面发展，开展了一系列社会责任管理重点工程建设，针对性和系统化提升了企业CSR承担水平，实现了经济效益和社会效益和谐统一。

1. 全力实施安全工程

安全是实现全面企业社会责任管理的重中之重，是煤炭企业最核心的社会责任。华丰煤矿按照安全发展的要求，坚持"安全第一、预防为主、综合治理"的方针，从安全文化、安全法制、安全责任、安全科技和安全投入等方面加强建设，完善安全生产管理体系，全面提高安全生产水平。

一是坚持"以人为本、安全第一"的理念，尊重生命，把员工安全放在第一位并视为企业最大的效益。

二是大力加强安全文化建设，打造特色安全文化，增强职工的安全自保互保意识，不断提高职工的安全文化素养。

三是加强安全教育培训。健全安全培训体系，强化安全生产管理人员和特种作业人员培训，重点抓好生产一线职工和农民工的安全培训，提高职工的安全技术素质。

四是强化灾害治理。同国内外的科研机构合作，探索有效方式，治理水、火、瓦斯、煤尘、顶板、高温热害等矿井灾害，特别是坚决治理冲击地压灾害，确保矿井长治久安。

五是强化科技兴安。完善科技创新制度，建立科技创新激励机制，对各类灾害的治理实现新的突破；不断推进"三化"改造，提高矿井自动化水平；广泛开展群众性创新活动，鼓励职工立足岗位自主创新，以科技创新加快安全高效矿井建设。

六是强化执法监察。突出安监部门职能，不断完善监察制度，探索符合矿井实际的安全监察新模式。

2. 科学实施发展工程

保持良好的经营状况和持续盈利能力，既是煤炭企业生存和发展的基础，也是履行社会责任的根本保证。华丰煤矿牢记发展是第一要务，不断提高持续盈利能力。科学决策、正确制订企业发展规划，合理统筹安排生产经营各项活动，及时适应经济社会发展趋势，开拓创新，加强管理，挖掘潜力，降低成本，提高生产效率，提升经济效益。同时，进一步深化企业改革，建立现代企业制度，形成对社会、对股东、对员工负责任的公司治理结构，从根本上建立起确保资产保值增值的治本之策。2013年完成原煤产量176万吨，创建矿以来最高水平；商品煤销量174.13万吨（其中精煤销量71.5万吨），商品煤收入8.1亿元，实现总收入12.16亿元。同时，在煤价持续下滑、效益大幅回落的情况下，全年员工人均收入基本与上年持平，并保障了工资的正常发放。

3. 深入推进地企共建工程

和谐的地企关系是企业履行社会责任的重要外部环境。华丰煤矿积极营造和谐的外部环境，保持地企友善。

一是积极探索"合作共赢"的竞合方式，加强与外部企业之间的联合，形成竞争有序、经营有道、合作有力、共同发展、多方共赢的和谐局面。

二是做好与当地政府、周边农村、大专院校的沟通与联系，本着"互惠互利、共同发展"的原则，在社会公众中树立良好的企业形象和社会信誉度，搭建起和谐广阔的发展平台。

三是支持地区发展的公共政策,为慈善、教育、文化活动多做贡献,营造和谐外部环境。

4.强化实施风险防控工程

完善全方位的风险识别和评估体系,采取了有效的风险管理和控制举措。

一是完善内审内控机制。系统化、规范化了各类审计程序和办法,定期对下属各公司进行专项审计。

二是深化法律风险管理。建立了前移风险关口法律风险防范体系,以事前防范、事中法律控制、事后法律补救为主导的企业法律风险工作思路,以规范化、个性化、合同化为指导思想,加强指导协调,提升法律风险防范效率。

三是强化腐败预防和惩治。以惩防体系建设为主线,加强反腐倡廉建设,加大源头防腐力度。积极采取多种形式开展廉洁从业教育,深入推进廉洁文化建设。下发了《领导干部廉洁勤政、转变作风十条规定》,细化完善了"违纪嫌疑"及"廉洁听证会"两项制度,进一步完善反腐倡廉制度体系,注重加强制度体系的建设,提高了制度的执行力。

5.广泛开展创新工程

华丰煤矿牢固树立"科技是第一生产力"的思想,坚持以科技推进发展,以科技保障安全,以科技提升效益,健全企业科技创新体系,打造科技发展支撑平台,推进科学技术同安全管理、生产实践相结合,相继完成了冲击地压预测预报与防治成套技术研究、大倾角高应力区岩巷高抗剪锚杆耦合让压支护技术、千米深井巨厚砾岩下强冲击煤层开采技术、大倾角厚煤层分层综采技术、掘进综合机械化技术研究、大倾角破碎煤层易自燃综放工作面末采防火技术、深部矿井围岩控制及矿井运输、数字化矿井建设等一大批科研成果。2013年完成科研成果202项,创直接经济效益938万元。

6.全面推进绿色工程

一是继续走可持续发展之路。华丰煤矿在"煤、电、建"核心产业链的基础上,实现纵向和横向的延伸,高度关注密切相关、优势突出的产业,不断优化循环经济发展模式,实现经济规模和经济效益的同步提升。

二是切实加强节能减排。构建了节能减排成套技术体系:在源头上,开展了矿井冲击地压灾害防治技术研究,解放煤炭资源、最大限度地回收煤炭资源,实现煤炭资源节约;在工艺上,对传统选煤生产工艺进行技术创新改造,提高精煤回收率,实现洗煤水闭路循环,洗煤水零排放;在运行上,研究运行节能减排技术,积极开展合同能源(EMC)项目技术合作,降低设备能耗,实现单机节能;加大重点污染源监控力度,确保了矿区环保达标。矿井被授予"山东省节能先进企业""山东省环境友好企业"等荣誉称号。

7.始终坚持员工发展工程

职工发展与企业发展同样是和谐矿区建设的重点内容,要从物质上、精神上关心职工的发展,让职工始终保持工作热情和向上的力量,与企业同发展共成长。

一是关心职工成长。不断完善职工教育培训规划,"采取送出去,请进来"的学习培训方法，最大限度满足职工学习的需要，为职工争取和创造良好的学习条件、学习氛围，搭建成长的舞台；健全激励机制，多层面、多领域选拔培养一批关键岗位上的技术骨干、解决生产难题的技术尖子和掌握绝活绝技的技能人才，鼓励职工自学成才、自觉成长；要为职工设计职业生涯，将职工的职业发展融入企业的长远发展之中，将职工的职业发展与企业的发展需要紧密联结起来，企业通过事业的持续发展为职工创造更宽广的发展空间，实现企业与职工的共同成长。

二是不断改善职工物质文化生活。积极发展项目新增就业岗位，保障矿区充分就业；在收入、社会福利保障方面，纳入统一的社会保障管理体系；逐步解决住房紧张问题，提高职工居住质量；加强公共设施建设，对社区布局进行优化，满足职工群众生活娱乐、健身需求；强化社区服务职能，以快捷便利的物业服务，为职工创造绿色洁净的小区环境、安定祥和的治安环境，使社区居民生活质量不断提高；繁荣矿区文化事业，倡导健康、科学、文明的生活方式，丰富职工的文化生活。不断改善矿区生态环境。开展生态环境建设活动，对工业"三废"进行治理，努力减少水资源污染和废气污染；对矿区进行合理绿化，提高全矿人均占有绿地面积和绿化覆盖率，全矿人均绿化面积达到了41.2平方米，绿化覆盖率达到43%。建成了"园中有矿、矿中有园、绿树成荫、花香四季、环境优美"的"绿色家园"，为职工创造了良好的生态环境。

8.系统实施文化工程

全面履行企业社会责任，需要先进的企业责任文化作精神支撑。

一是打造强势文化。大力推进文化创新，形成具有华丰控股集团特色的企业文化体系，用文化引领企业的发展，逐步实现企业由科学管理向文化管理的转变。

二是营造和谐文化氛围。培植崇尚和谐、追求和谐的文化精神，形成以和谐为特征的文化理念；以"百年华丰"系列活动为契机，创造和谐共建、和谐共享的良好氛围；进一步完善矿区思想道德体系，倡树团结友爱、诚实守信、和睦相处、平等互助的良好人际关系，提升矿区文明程度。

三是培育良好价值观。融合华丰煤矿近百年发展中的文化积淀，从区域文化、现代市场经济理论、科学发展观理论中汲取历史的和时代的文化元素，培育和谐共享价值观，实现企业经济效益、社会效益、员工收益的共同提高。

9.大力实施慈善工程

扶贫济困、奉献爱心是一个企业公民特别是国有企业应当履行的责任。华丰煤矿十分重视矿区困难职工群体，大力实施扶贫解困送温暖工程，明确提出三个"不让"，即：不让一户职工家庭因经济困难吃不上饭，不让一名有劳动能力和合理上岗要求的职工无工作岗位，不让一户家庭的子女因经济困难交不起学费而辍学，履行了企业的社会责任。

四、关于以持续发展为目标的全面责任管理的进一步思考

1.实施过程中遇到的问题

（1）全面社会责任管理仍未实现"全面"。大部分员工甚至部分中高层管理者对于企业社会责任管理重要性认识仍然不足。全员社会责任管理意识仍需进一步加强。

(2) 全面社会责任管理仍未进入"战略"层次。目前企业全面社会责任管理仍处在策略管理阶段，没有真正上升到企业战略管理的高度去认识、去实施。

(3) 企业对各利益相关者承担社会责任的权重如何分配。华丰煤矿认为，企业只有履行对各利益相关者的社会责任，才能实现企业的持续发展，那么企业对各利益相关者承担社会责任的权重是等量齐观的吗？显然不是，那么如何确定这种权重便成为了华丰煤矿继续思考和讨论的问题。

(4) 企业对各利益相关者承担的社会责任应该如何恰当的量化。如何量化各项社会责任指标是评价企业对各利益相关者承担社会责任的关键所在，也是使其更具有可操作性的基础。因此，华丰煤矿可以借鉴西方发达国家的经验，建立社会责任评价指标体系，例如循序编制社会责任型投资指数、公司治理指数、环保责任指数、可持续发展指数等评价指标。

(5) 各利益相关者如何影响企业履行社会责任。企业各利益相关者由于社会身份不同、所处的地位不同、与企业的关系不同，对企业履行社会责任的影响力自然不同，各利益相关者在自己的能力范围内，如何影响并敦促企业履行社会责任，建立对企业履行社会责任的各种形式的监督机制便成为了华丰煤矿需要进一步解决的问题。

(6) 全面社会责任管理的宣传、沟通、培训等工作仍需进一步深化。

2. 改进方案及下一步努力方向

(1) 进一步提高对继续深化社会责任工作的认识。深化社会责任工作是企业加强内质外形建设的战略举措，对进一步发挥履行社会责任的表率作用，提升公司核心竞争力，塑造良好的企业形象，推动企业与社会和谐发展具有十分重要的作用。国有煤炭企业承担着实施国家能源战略、增强国家经济实力、弘扬良好社会风尚、自觉接受政府监管和社会监督的重任。深化社会责任工作是全面落实科学发展观、服务和谐社会建设，自觉实践公司在经济社会发展中的使命和责任的必然选择。

(2) 将社会责任管理纳入企业发展战略。企业发展战略是指对企业主要目标、经营方向、重大经营方针、经营策略和实施步骤做出长远的、系统的和全局的谋划。国有煤炭企业能否从战略的高度来认识企业社会责任问题，将成为制约其持续发展的关键。要主动采取全面企业社会责任战略，将社会责任理念融入企业战略发展目标中，以提升企业的核心竞争力。在设计企业社会责任战略时，要统筹考虑政府、员工、客户、商业伙伴、社区等利益相关方的意见和建议，将其作为决策信息的来源。重视把握企业对社会和环境的影响，注重经济、环境和社会绩效的协调统一，统筹考虑政府与社会的期望和要求。在企业社会责任计划的设计时充分根据国有煤炭企业生产经营特点，以承担社会责任为愿景，将安全为天、诚信经营、节约能源、爱护环境、善待员工、热心公益的理念贯穿在整个企业的生产经营流程之中，提高企业社会责任管理的可操作性，提升企业社会责任项目的达成率，更加有效地整合社会资源，创造有利于企业经营和发展的内外部环境，切实提升企业的社会责任竞争力，保证企业可持续发展。

(3) 准确把握深化社会责任工作的总体思路。全面落实科学发展观，建立健全企业社会责任工作体系和利益相关方参与机制,统筹考虑企业发展对社会和环境的影响与作用,认真落实可持续发展要求,全面、全员、全过程、全方位地深化社会责任工作,努力成为履行社会责任的表率。

(4) 构建完善煤炭企业社会责任综合评价指标体系。基本思路就是首先通过对企业社会责任的分类,筛选出适合我国煤炭企业具体情况的分类方法,在此基础上再对各类社会责任进一步划分为若干不同的项,这样该方案才具有现实的可操作性,才能更具体、全面、完整地反应企业社会责任的履行情况和结果,并对煤炭企业社会责任履行情况进行综合评价。

(5) 把社会责任理念和要求全面融入企业各项工作。各单位主要负责人要高度重视社会责任工作,把履行社会责任作为企业战略的重要组成部分,全面融入日常工作。要切实加强对企业社会责任工作的组织领导,建立健全组织保障机制,明确社会责任工作归口指导部门,整合资源,协调各方,强化社会责任工作的检查与考核,加强对外沟通和宣传;明确各部门、各层级的社会责任工作职责,确定工作标准和程序,全面加强社会责任工作。每位员工都要加强学习,转变观念,更多地由外而内地认识公司的使命和责任,深刻理解履行岗位职责与承担社会责任的紧密关系,积极促进企业内质外形建设,推动企业和社会可持续发展的协调统一。

(6) 切实加强社会责任工作的总结和对外交流。各部门、各单位要从履行社会责任的要求出发,系统梳理各项工作,加强有关社会责任实践的策划、统计、分析、提炼和考核,并建立常态工作机制。要加快建立顺畅的对外沟通机制和渠道,加强向政府有关部门和集团公司的汇报沟通,广泛听取社会各界的意见和建议,促进企业社会责任工作健康发展。

(7) 大力开展社会责任全员培训。各单位要按照深化社会责任工作的总体要求,制定和实施社会责任培训计划,纳入企业教育培训的总体规划和年度计划。以强化社会责任理念和认识为重点,采取集中培训、远程教育等多种方式,分层次开展培训工作,确保培训的覆盖面和效果,不断提高广大干部职工履行社会责任的素质和能力。

(成果创造人:唐 军 许兴胜 陈 涛 曹 林)

以流程闭合控制为核心的煤矿安全管理模式

山东能源枣庄矿业（集团）有限责任公司柴里煤矿

山东能源枣矿集团柴里煤矿（以下简称柴里煤矿）是以煤炭为依托、煤电为主体的滕南矿区较大的国有现代化矿井，始建于1960年，1964年建成投产，迄今已有近50年的开采历史。现生产能力为275万吨/年，拥有职工1万多人。

一、以流程闭合控制为核心的煤矿安全管理模式的实施背景

1.煤炭企业的特殊性决定了强化安全管理流程闭合控制是保障矿井安全生产的必然选择

安全生产是煤炭企业的生命线，是煤炭企业各项工作的重中之重。煤炭企业属于自然条件艰苦的危险行业，水、火、瓦斯、煤尘、顶板等五大自然灾害时刻危及井下作业的矿工。同时，工作环境差、劳动强度大、各类事故多、人员伤亡多。从煤矿行业的特殊性而言，任何安全生产行为都必须遵守国家法律法规、企业管理制度、现场操作规程，离开了法规制度的制约，安全上就会出问题，这是一道不可逾越的鸿沟。但是如果在落实法规制度的流程上出了问题，一切都无从谈起，事故就无可避免，安全就无法保证。因此，迫切需要建立一套适合煤矿安全管理特点的、安全工作落实流程闭合控制管理模式。

2.在对事故的深刻反思中发现，法规制度落实流程的"中梗阻"现象成为矿井安全生产的最大障碍

柴里煤矿井下自然条件差、隐患威胁重，1999年以前，每年都会发生几起人身事故，甚至同一个区队在两天内连续出现安全事故。在对事故的深刻剖析和反思中发现，作为一个建矿多年的老矿，各项管理制度虽然较为健全，关键是在流程管控上出了问题，基层区队的执行力出现了问题，没有形成一个好的落实闭合机制，没有形成安全法规和制度落实的监督考核体系，往往造成上边雷霆万钧，下面和风细雨；上层领导吹胡子瞪眼，基层干部睁一只眼闭一只眼，出现了严重的"中梗阻"现象；甚至出现了上有政策、下有对策的现象，形成了领导层和基层的对立。这些不良现象的出现，严重阻碍了矿井的安全发展。

3.生产流程中人的不安全行为，成为导致煤矿事故频频发生的主要原因

作为煤矿，其中95%以上的事故都是违章操作、违章指挥和违反劳动纪律等人的

不安全行为造成的。"违章者安全文化素养不高、缺乏遵守安全规章的自觉性，对行为后果的危害性认识不足，操作流程出现失控"是事故发生的关键因素。要想从根本上预防煤矿企业事故的发生，必须从强化现场的标准流程操作入手，努力提高职工的安全技术水平和安全防范能力，构建安全管理的长效机制，完善矿井安全管理体系，做到标本兼治。

4.在安全生产的实践中不断完善，以流程闭合为核心的煤矿安全管理模式逐步形成

自2000年以来，柴里煤矿以提高执行力为目标，以落实闭合为主要特点，以规范工作落实闭合流程和规范干部员工的生产操作流程为重点，逐步形成了一套适合煤矿安全生产特点的流程闭合控制模式。在安全管理制度的贯彻落实、工作任务的顺利实施、现场人员的规范操作等方面打造了卓越的执行力，推动了企业安全管理状况的稳定好转、持续提升。

二、以流程闭合为核心的煤矿安全管理模式的内涵

以流程闭合为核心的煤矿安全管理模式的内涵，就是对矿井安全生产管理各项工作分别建立规范化的管理流程，按照精细化管理的要求实行全过程追踪闭合管理，从而确保安全工作和安全法规制度落实的执行力。柴里煤矿针对安全工作落实，建立了"分析、计划、实施、检查、督改、复查、考核、闭合、奖惩"的闭合流程，使每一件事情都有目标、有管理、有标准、有验收，做到"件件有闭合，事事有回音"，保证把安全生产工作落到实处（见图1）。针对隐患治理闭合流程，建立"分析、计划、检查、落实、整改、复查、督改、再复查、考核、闭合、奖惩"的闭合流程，对隐患排查治理的每一个环节实施全方位、全过程的流程管控。针对职工岗位安全操作实施标准流程操作控制，全面推行岗位标准流程操作法，对各岗位人员的上岗操作流程实行全方位、全过程的控制。对安全工作落实流程实施监督考核，做到所有的工作都分解落实，工作流程中的每一步都有人负责，落实的每一项工作都纳入考核，每一个考核结果都严格兑现。

三、以流程闭合为核心的煤矿安全管理模式的主要做法

1.实施安全质量管理流程再造，全面推行安全精细化管理

在长期的安全质量管理过程中，柴里煤矿根据不同时期的不同情形，先后实施了一系列的安全方法和管理举措。这些措施对当时安全生产的确发挥了一定的作用。但随着矿井安全生产形势的不断发展变化，有的方法或措施就无法适应安全生产的需要，迫切需要对安全管理的流程进行优化和再造，重新设计和安排企业的整个生产、服务和经营过程，使之合理化。

柴里煤矿遵循清除、简化、整合、自动化的原则，特别是突出"简化流程"的原则，通过对企业原来安全管理和生产过程的各个方面、每个环节进行了全面的调查研究和细致分析，对其中不合理、不必要的环节进行彻底的变革。一是对原有流程进行全面的功能和效率分析，发现其存在的问题。二是重新设计新的流程改进方案，并进行评估。三是制定与流程改进方案相配套的组织结构、人力资源配置和业务规范等方面的改进规划，形成系统的流程再造方案。四是组织实施与持续改善。通过流程再造，企业安全管理的流程进一步简化，效率大大提高，达到了预期的目的。

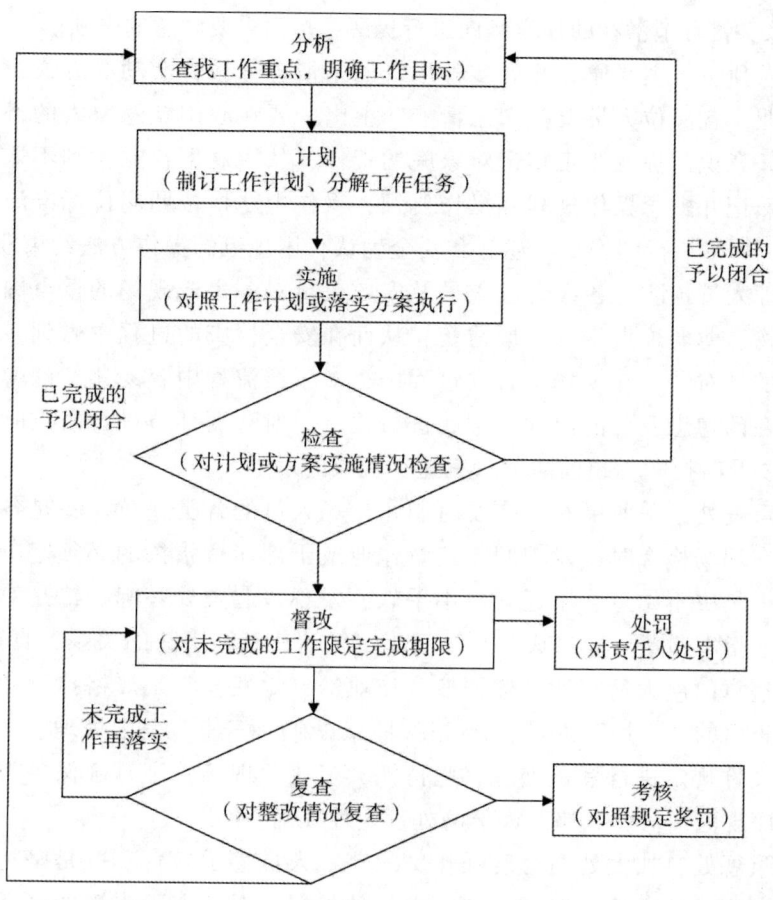

图1 安全工作落实闭合流程图

2.建立"三违"预防机制,加强人的不安全行为流程控制

(1)实施方法。

①事前重预防,突出关键环节,抓好生产流程预防性提醒提示。

一是区队预防。主要抓好规程措施和应知应会知识学习提升职工素质。各区队采取多种形式,组织职工强化规程措施和应知应会知识的培训与考试,变换工作单位或岗位的要重新学习规程措施并考试。突出重点开好区队班前会。各区队每班班前会都要对生产现场的重点隐患或关键环节做出针对性的安排,特别是在现场条件发生变化或更换工作地点的情况下,要提醒职工在现场安全操作过程中必须注意的事项,让每一名职工做到心中有数,在现场操作过程中自觉规避风险、远离违章。

二是班组预防。重点抓好安全薄弱人物的预防。班组长在安排工作前要摸清每一名职工的技能、脾气、性格等因素,认真抓好职工的安全指数评估,对排查出的薄弱人物要采取针对性的措施进行处置,并按照"技能相当、性格互补"的原则,科学合理安排配对作业人员,使他们在操作过程中取长补短、相互促进,防止因工作安排不当或人员安排不合理导致"三违"现象的发生。班组长及跟班副区长在安排工作或现场巡查的过程中,及时提醒各岗位人员现场存在的重点隐患,指出隐患可能造成的危害及防范措施;

对薄弱人物及关键环节潜在的违章倾向进行提醒，指出需要注意的事项。

三是个人预防。主要通过开展多种形式的亲情感化教育活动等方式，用亲情提醒职工遵章作业。各岗位人员要持"亲情卡"上岗，要在心中默念家人的寄语，增强遵章作业的责任意识，提醒职工牢记对家庭的责任，从主观上自觉做到不违章。职工上岗操作前要熟记并默念操作规程和操作要领，操作中严格按照岗位标准流程操作法进行规范操作，严格执行"手指口述"和安全确认，用规范的操作方法约束职工不违章。

四是管理人员预防。各级管理人员及安监人员对各生产现场的重点岗位、重要环节、关键人物、薄弱地点都要掌握清楚，从而在安全检查的过程中做到有的放矢，增强安全工作的针对性。在现场检查的过程中，对生产流程中容易违章的薄弱人员进行叮嘱，对存在的隐患及可能出现的问题进行提醒，对薄弱环节进行重点盯防，发现有违章倾向的要及时提醒，超前防范"三违"现象的发生。

②事中重查处，采取果断措施及时制止现场人员的各类违章。一是各级管理人员及安监人员在现场检查时，发现职工违章作业或干部违章指挥的必须坚决果断予以制止，对违章人员决不姑息、不迁就、不手软，发现一起查处一起。二是对违章人员严肃批评教育，指出违章可能造成的严重后果，认清违章与事故的关系，真正让"三违"人员认识到违章的巨大危害性，增强按章作业的自觉性。三是严格执行"三违"登记制度。对于查出的"三违"人员，严格按照柴里矿"三违"登记处理、"三违"界定标准等有关文件规定进行登记处理。坚持抓"三违"现场签字，确保各类登记处理手续齐全、程序规范，对"三违"人员的处理定性准确。

③事后重惩处，加大处罚力度强化"三违"人员警示教育。一是坚持"三违"查处重奖重罚制度，从重抓好对"三违"人员的处罚，对井上下出现的轻微、一般、典型一般、严重"三违"严格按照文件规定给予罚款。二是坚持管理干部违章重罚制度，对直接参与违章或在安全生产条件不具备的情况下强令职工冒险违章作业的管理干部一律撤职，对根据现场事实追溯分析属违章指挥的责任人一律免职。三是坚持安全联责捆绑处罚制度和"三违"人员交保证金制度，以及专业安全管理责任连带处罚制度。通过对"三违"及相关人员的处理，真正起到警示教育作用。

(2) 保障制度。

①建立"三违"预防提醒及措施落实签字记录制度。井下盯头盯面的跟班安监员，发现隐患或违章倾向要及时提醒，并做好记录，由班组长或现场职务最高的负责人(或施工地点的安全负责人)签字并予以确认。各级管理人员在现场检查中发现隐患或有违章倾向的人员要及时给予提醒，并在写实簿上做好记录，由班组长或现场职务最高的负责人(或施工地点的安全负责人)签字并予以确认。

②建立溯源式追查分析处罚制度。一是从现场岗位操作人员溯源分析。矿安监处不定期在现场抽查职工关于区队班前会、班组长、安监员及管理干部现场检查提醒的内容，对弄虚作假的人员一律给予追究处理。二是对典型一般及严重"三违"溯源分析。分析区队班前会、班组长、安监员及管理干部现场检查是否提醒或采取预防性措施，分析提醒的内容或制订的预防措施是否落实执行到位，并对典型及严重"三违"

人员进行规程措施和应知应会知识的考试，凡是考试不及格的（90分及以上为及格），要追溯区队管理人员的安全教育责任。

3.建立"五环六步"隐患防控机制，加强隐患排查治理流程控制

（1）运行方式。从加强人的安全行为控制抓起，首先实施了岗位隐患防控，把隐患排查治理延伸到了每一个工种岗位和安全生产管理的全过程，在此基础上不断拓展，逐步推行了班组隐患防控、区队隐患防控、专业隐患防控、矿井隐患防控，形成了五个层次的隐患闭合控制，每一个层次都是完整的闭合循环，称之为"五环"。"六步"，是指"五环"中的每一个循环都包含排查、记录、公示、整改、验收、考核等六个步骤，称之为"六步"，从而形成了全员、全过程、全天候，科学化、规范化、精细化的"五环六步"隐患防控体系。

一是岗位隐患防控。建立了岗位安全流程描述制度，要求每一名职工上岗前都必须对本岗位安全环境、隐患点、假想事故处理等进行系统描述，从而做到了心中有数，到岗后对岗位隐患和周围安全环境按照六个步骤进行排查整改闭合。第一步：排查，细致排查岗位隐患；第二步：记录，将排查出的隐患随时记录在《岗位安全隐患防控日志》上；第三步：汇报，将排查的隐患向巡查的班组长和安监员汇报，紧急情况下直接向矿调度室汇报；第四步：整改，自己能够整改的隐患立即整改，自己解决不了的由班组长协调力量进行处理；第五步：验收，开工前由班长和安监员联合对各岗位隐患整改情况进行验收，确认无威胁安全生产的隐患后再组织生产，否则一律不准开工；第六步：考核，由班组长对职工岗位隐患防控情况进行班考核，纳入本人绩效工资日清日结，并根据排查和治理的隐患等级给予奖励，对发现和治理隐患及时、避免重大事故的有功人员给予重奖。对现场存在隐患查不出，或查出隐患不整改而冒险作业的一律按"三违"论处，情节严重的给予严肃处理。

二是班组隐患防控。第一步：排查，由班组长牵头，每班开工前对班组所辖范围内的安全隐患进行排查，同时检查和收集各岗位隐患排查情况；第二步：记录，将排查出的隐患记录在《班组隐患防控日志》上；第三步：公示，按照查出的隐患等级和类型，分别标识在隐患分布动态防控牌板上，同时在与牌板对应的实际地点悬挂相应类型的隐患点标志牌；第四步：整改，本班组能整改的隐患要立即进行整改，把隐患及时消灭在现场，无法整改的由工区组织力量进行处理，威胁人身安全的要立即把人员撤到安全地点；第五步：验收，由跟班干部、班组长和安监员联合，对班组隐患整改情况进行动态检查、集中验收；第六步：考核，由区队负责对班组隐患排查治理情况进行严格考核，根据班组隐患排查治理情况进行奖罚。

三是区队隐患防控。由区队负责，对所辖范围内的隐患每周排查一次，建立隐患排查治理台账并及时做好记录，分别制订治理措施并向干部员工公示，严格按照整改措施进行整改，需矿协调治理的及时上报专业科室，隐患治理完成后由专业科室负责验收并进行考核，按照文件规定兑现奖罚，确保区队隐患防控到位。

四是专业隐患防控。由各专业负责人牵头，实行旬排查、旬验收、月考核，对排查出的隐患由专业科室组织人员进行治理，安全监察部门组织有关人员进行严格验收

和考核,实现专业隐患防控的闭合循环。

五是矿井隐患防控。由总工程师牵头,对全矿范围内的重大隐患进行旬排查、月上报、月考核,排查出的重大安全隐患,由矿长组织力量按照"九关、六卡"的模式实施程序化治理。"九关",即隐患排查关、专业审查关、筛选汇总关、会议审定关、下卡落实关、部门配合关、整改闭合关、检查验收关、考核奖惩关等九道关口;"六卡",即隐患排查卡、资金计划卡、治理实施卡、部门监督卡、检查验收卡、监督考核卡,每一关每一卡都由具体部门负责,在谁的环节上出现了问题就追究谁的责任,从根本上解决了以往隐患排查治理落实不力的问题。

"五环六步"隐患防控体系的核心就是"精细管理、闭合循环",主要特点体现在三个方面:一是全员性,每个职工、每个岗位、每一天、每一个班都要进行隐患排查和整改,做到了人人参与。二是严密性,每一级闭合循环防控系统,都有上一级的防控系统监督,做到了层层管控。三是科学性,把"PDCA"循环的管理理念引入隐患防控,每一级隐患防控都是一个完整闭合的循环,环与环相扣,步与步闭合,小循环推动了大循环,所有的循环周而复始地运行,不断地解决新问题、排除新隐患,保证了"五环六步"隐患防控系统的科学、高效运行,促进了矿井本质安全建设的持续提升、稳步发展。

(2)保障措施。

①完善隐患防控记录,建立"四簿两板一纪要",保证了隐患防控有据可查。"四簿",即《岗位安全隐患防控日志》《班组隐患防控日志》《区队隐患防控记录台账》《专业隐患防控记录台帐》。"两板",就是隐患防控日志存放牌板和现场隐患点公示牌板。"一纪要",即矿每月召开一次重大隐患排查治理会议,把排查的隐患和治理情况纳入《安全办公会议纪要》下发全矿。

②坚持六个原则,严抓治理流程,保证了隐患防控的规范运行。一是严排查,现场存在的隐患必须检查到位;二是严落实,查出的隐患必须落实到位;三是严整改,落实的隐患必须整改到位;四是严闭合,整改的隐患必须闭合到位;五是严奖惩,重复出现的隐患必须处罚到位;六是严兑现,奖罚的结果必须兑现到位。达不到上述规定的一律按"履职不到位"论处。

③健全管理制度,做到奖惩分明,调动了全员隐患防控积极性。提出"制造隐患有代价、发现隐患有奖励,治理隐患有报酬",建立了漏查隐患"问责"制、隐患查处奖励制、隐患治理"限时"制、过期隐患"回购"制等隐患查处奖惩制度,建立了隐患查处公示、重大隐患挂牌督察、闭合消号制度,增强了基层单位隐患排查治理的责任心。为加强安全隐患超前防范,建立了安全隐患预警系统,实施了"近危险行为报知""安全环境评定准入"、薄弱环节排查监控,强化了安全隐患的源头控制。

4.建立质量标准化管控模式,强化质量管理流程控制

按照本质安全质量标准化建设要求,提出了"层层把住毫米关口,环环打造精品工程"的质量管理理念,按照PDCA循环的管理模式,进一步强化了质量标准化建设的目标管理、动态管理、系统创建、监督检查、保障措施,促进了质量标准化建设水

平的螺旋上升。

(1) 实施方法。

①强化目标考核。建立了质量标准化建设目标考核制度，分别制订了月度、季度、年度规划目标，由安监处牵头，对各专业质量标准化目标完成情况分别进行月度、季度和年度考核，并下发考核通报，在全矿公示，严格奖惩兑现，实现了目标考核的清晰化、透明化。

②抓好质量竞赛。开展安全质量管理"树优抓尾"活动。将各采掘、辅助区队和地面各专业公司分成两大区域进行考核，每月评出"优胜单位"和"末尾单位"，分别在地面和井下现场召开正、反面典型现场会，同时让"优胜单位"的区长在矿月度大会上做经验介绍、"末尾单位"的区长在会上做表态发言，在全矿营造了比学赶帮超的活动热潮。开展精品工程创建，坚持抓好月度考核和验收，严格兑现奖罚政策，调动了区队抓质量标准化建设的积极性。

③抓好系统创建。围绕矿井安全生产流程中的各个环节，分别制订了矿及各专业系统创建的规划，根据工作内容分别画出了鱼骨图，严格抓好工作面设计、掘进、安装、采煤、回撤、封闭环节的流程控制。上道工序要对下道工序负责，设计要对生产的全过程负责，确保设计科学合理、节省人力物力、节约煤炭资源，实现降本增效；上道工序要为下道工序创造条件，掘进要为安装、采煤创造条件，采煤要为撤除创造条件等；下道工序对上道工序验收，在安全上、质量上达不到系统创建要求的，下道工序不予接收。通过实施质量标准化系统创建，最大限度地减少了重复创建和重复劳动，保证了创建的协调性、整体性、系统性。

④抓好监督考核。建立了"四级质量动态验收"制度，在坚持抓好班组动态验收的基础上，抓好旬检月验和安全大检查验收，并实行了质量监理制度。由监督稽查科对质量验收情况进行监理、开展"查后查"，保证了质量监督到位。在坚持抓好30%质量工资考核的基础上，推行了质量管理综合积分优差考核，除执行原有各项安全质量管理制度外，对井下各采掘头面和辅助单位质量管理工作实行综合积分考核，每月考核评比一次，根据积分评出最优、最差头面或区队，给予对等奖罚，调动了专业、区队抓质量标准建设的积极性。

(2) 保障措施。

①抓好制度保障。进一步完善了内部质量自检制度，要求各专业、各区队要主动开展质量自检，增强了工作的主动性；实行了抵押金制度，凡是内在质量达不到规划目标的，抵押金一律扣除；建立了工程质量分析预警制度，发现质量问题及时下发预警通知单，制订针对性的预防措施，实现了质量标准化建设的超前防范。

②强化责任追究。针对个别单位质量标准化创建不彻底的问题，实施"抓尾巴"工程，建立"尾巴工程回购制度"，对质量标准化亮点创建中出现的"尾巴工程"，一律由施工单位实行有偿"回购"。坚持"孽债工程"追究制度，凡因工程质量低劣给安全生产留下隐患工程一律视为"孽债工程"，对原施工单位和施工人员进行追究，无论时间多长、责任人是否在岗都要进行"秋后算账"，进一步增强干部职工抓质量的责任心。

5.建立安全素质教育培训机制,强化安全教育流程控制

(1) 建立四项机制。

①建立约束机制,让员工认识到"必须学习",做到考核到位。建立必要的约束机制,是确保员工培训学习取得实效的基本条件。印制了《柴里煤矿安全教育培训制度汇编》,包含学员考勤、学员守则、考场制度、补考制度等4大类28项约束机制,使他们切实感受到了学习的压力,增强了学习的动力。

②建立激励机制,让员工从"要我学习"转变到"我要学习",做到引导鼓励到位。一是增强"考试"在培训工作中的重要性。考试中如果发现有作弊现象不仅对作弊者给予处罚,而且对监考人员也要给予一定考核。二是增强培训方式在培训工作中的灵活性。将课堂教学由"填鸭式"拓宽为互动式,将培训教材由"单一型"拓宽为"实用型",增强培训手段在培训工作中的多面性。

③建立管控机制,让教师重视并管理好员工的培训学习,做到服务支持到位。一是注重抓班级管理,打造完美教学秩序。在培训班的教学实践中创新推行班主任"六步管控机制",取得了很好的效果。"六步管控机制"主要包括:制定培训计划;加强班级管理(一日四点名、"一周一通报、一期一评比");实施"双向评比"(授课教师互评和学员评教);坚持"教考分离";落实"双向验证"(特殊工种复考);搞好跟踪调查。二是注重抓管理机制,塑造教师良好形象。健全了教育培训体系和领导小组岗位责任制,完善考核办法,形成了较为完善的职工教育培训管理运行机制。三是注重抓培训提高,促进教师专业成长。派出教师分别到枣矿集团安全培训中心和泰安安全培训中心、省局宣教中心(青岛)进行学习;认真开展教学教研,要求专职教师坚持每月下井1次,开展教学实践活动;积极开展论文评比、优质教案评选、学员评教、教师互评活动。

④建立创新机制,让教师用心做好教育培训创新工作,做到培训创新到位。

一是开展教育培训创新评审。出台了《关于开展安全教育培训创新的实施意见》,进一步加大了对教师创新管理工作和基层单位安全教育创新的考核力度,先后创新推行了"情景再现培训法"、心理疏导法、"121"培训法、"222"安全教育法、"3+3"管理法、"5个1"安全教育学习法、案例警示教育"大课堂"等30多项教学方法。

二是探索形成"safety(安全)"培训模式。始终把提高员工的技能素质放在首位,努力克服呆板式的培训,不断适应矿发展变化和培训需要,千方百计研究新方法,探索新路子,达到了"培训主体鲜明化、培训师资合理化、培训形式多样化、培训内容灵活化、培训效果满意化和培训管理规范化"的理想效果。

三是推行"九环联动立体培训管理模式"。通过"九环联动立体培训管理模式"(一抓基地建设、二抓实操"演练"、三抓"订单"培训、四抓网络教学、五抓班级管理、六抓培训考核、七抓教考分离、八抓档案管理、九抓安全学习)的有效推行,在基地建设、订单培训、网络教学等方面狠下功夫,取得了显著成效。

(2) 保障措施。

①基地建设。先后投入资金300多万元新建爆破工实训基地和电钳工等六大实训

基地，投入 100 多万元对电钳工实训基地进行了搬迁和升级改造，现能够模拟井下电钳工和爆破工的实际操作，大大提高了职工操作水平。投资 26.8 万元上了 HLVT-Ⅱ综掘机操控一体化交互平台，投资 10 余万元对机房进行升级改造，方便学员进行实景培训，实现了"理论+实景"培训模式的有机结合。

②实操"演练"。将培训课堂搬到生产作业场所，现场教学以学员人人"动手"为基准，实行现场"演练"。教师结合案例及现场实物讲，学员对照真实场景学，边听理论边动手操作，学员的积极性被充分地调动起来，培训效果明显增强。

③培训考核。创新提出了"90+100"培训考核法，即：理论考试达到 90 分，操作考试达到 100 分方为合格。根据岗位操作规范和安全注意事项，分别制定了操作考核细则，将操作的每一步进行量化，采取"百分制"考核。

④教考分离。建立了考核机制，完善了考核办法，细化了考核台账。考试时，由人力资源科、安监处派人进行监考，考试采用国家局统一的机考题库，监考人员严格执行有关规定，做到了公平、公正、严肃、认真。

⑤档案管理。在档案管理上，不断完善和改进，实行封皮、教案、试卷、准考证、学员登记表、考试记录、点名册、教师考评、学员跟踪调查记录、监考登记等档案管理"十统一"，并将每期培训档案整理汇总、装订成册，设专人管理，建立健全了电子档案"培训档案管理系统"，方便查询统计。

⑥安全学习。要求每周一安全学习，对基层单位周一安全学习情况坚持不定期的检查，在规范安全学习的同时不断创新方法。在周一安全学习中，坚持实行每日一题、每周一案例、每月一考、每月一交流、每季一评比，提高了职工的学习积极性和趣味性。

6.建立三大安全监察机制，强化安全监察流程控制

在长期的安全监察工作中，柴里煤矿逐步形成了以"专项检查、落实闭合、考核激励"为主要内容的安全监察管控机制。

（1）专项检查。一是针对矿井安全生产工作的重点、难点、薄弱点，每周排定专项检查计划，按照"六大步骤"长年累月、持续不断地开展专项检查活动，确保每天一个专项，每天一个通报。凡出现问题整改不及时的，从直接责任人到分管矿领导实行"五级追溯"处罚，形成了独具柴里矿特色的"六五联动追溯闭合安全监察机制"。二是坚持开展解剖性安全检查，对存在问题较多、管理较为薄弱的区队，采取了解剖性检查的方式，从现场管理、操作行为到地面资料、安全学习等进行全方位的剖析，帮助区队找出存在的问题，弄清问题的根源，有的放矢采取针对性的措施，强力推动区队安全管理工作的提升。三是在节假日或政治敏感期，组织开展专项、拉网式安全大检查，及时消除生产现场及职工不安全行为造成的隐患，确保矿井安全生产形势稳定。

（2）落实闭合。一是对所有安全管理文件、各项安全工作任务，全部严格按照"六落实"抓好闭合，进一步明确工作任务、责任单位、责任人员、工作要求、完成期限、考核部门。二是对落实的每一项安全工作、出台的每一个安全管理文件，都明确专人负责督促和调度；开展的每一次安全检查或落实的每一条安全隐患问题，到期全部进行复查。

(3) 考核激励。坚持"严"字当头，"铁制度，刚兑现"，制订了20多个大项，近100个小项的考核标准，由安监处牵头，每月组织一次安全质量管理月度综合考核，对各类安全质量管理文件进行专项考核，分别形成《安全质量管理月度综合考核通报》和《安全质量管理专项考核通报》，考核结果直接与责任单位、责任人员及相关人员的工资挂钩，严格兑现奖罚措施，对在安全质量管理工作中表现突出的给予奖励，出现较大安全质量问题或工伤事故的，严格按文件给予责任追究直至行政处分。做到了有制度必有落实，有落实必有考核，有考核必有奖惩，着力推进从严管理制度的考核落实兑现。

7. 建立"4321"岗位标准流程操作模式，强化岗位标准流程控制

(1) 主要内涵。针对矿井安全生产过程中存在的"现场难管、流程难控"的关键问题，柴里煤矿对生产现场的"四种情形"（单人单岗、双人双岗、多人多岗、复杂情形）、"三种状态"（正常状态、异常状态、紧急状态）、两大载体（手指口述、安全确认）、1个关键（规范操作的关键）全面推行了"岗位标准流程操作法"，形成了"4321"岗位标准流程操作模式。实质就是以"手指口述、安全确认"为基础、规范职工岗位操作和标准流程控制的管理方法，它吸收借鉴了"精优作业、卓越管理"的理念，不但是一种管理方法，而且是一种操作规范，立足于"人"的岗位安全行为控制，突出操作行为的标准化、规范化、系统化管理，从而使各岗位人员能够熟练掌握岗位安全技能、安全规章制度和安全操作规程，并严格正确执行。同时又是一个管理过程，它突出动态管理与过程控制，把岗位潜在风险、突发自然灾害预控与岗位操作流程控制作为重点。

(2) 实施方法。"4321"岗位标准流程操作模式的实施，要做到"四个注重""三个延伸"，严把11道关口。

① "四个注重"：一是独立岗位注重标准操作，突出关键步骤和流程控制，按照"手指口述"操作要诀进行自指自述。职工对操作中的重点环节、容易出现问题的关键步骤，容易导致的事故、需要采取的防范措施等，都要做到心中有数，从而采取针对性的措施加以防范。二是集体作业注重统一指挥，突出班组长在现场工作中的核心地位。各岗位工种人员按照"手指口述"的要求，执行"一主多从"操作要诀。三是交叉作业注重协同作战，突出各工种、各岗位间的协作与配合，按照"手指口述"操作要诀进行"互指互述"，实现互保联保。四是特殊地点注重关键环节控制，突出系统安全，从而使整个系统都处在有效的掌控之中。

② "三个延伸"：一是从"手指口述"延伸到"流程确认"。各岗位职工严格按照"手指口述"要诀进行操作，每个操作步骤都做到操作前准备充分、操作过程严密控制、操作后进行状态确认。二是从"手指口述"向流程细节控制延伸。要对各岗位的操作流程都进行细化、优化，对流程中的每一个细节都作明确的要求，职工不但要熟悉本岗位的操作流程、熟悉每一个动作的操作要点、熟悉每一个操作步骤如何衔接，而且要熟悉上下道工序的操作流程，熟悉上下道工序如何衔接，从而消除操作过程中流程不当或衔接不好而造成的事故。三是从"手指口述"操作向本质安全管理延伸。在特定的工作岗位，采用本质安全型的设备、设施，强制职工严格按标准流程操作，

从根本上解决标准流程操作在现场执行不到位的问题，从而有效消除岗位人员在无意识下的误操作现象。

③严把"11道关口"。即每一个岗位的人员安全上岗操作，都要严格把住岗前安全资格确认、安全指数评估确认、工作流程描述熟知确认、入井安全确认、井下行走安全确认、井下重要地点安全确认、安全环境准入、岗位安全风险确认、岗位隐患排查、岗位标准流程操作、班组安全交接等各道关口，对每一个环节、每一个步骤都按照标准流程进行规范，从而保证职工在不同的状态下都能做到有条不紊、处乱不惊。

(3) 推进措施。

①强化宣传教育，向职工讲清推行岗位标准流程操作的目的和意义；要切实发挥专业管理职能。做到专业主导、区队负责、班组推进，区队在区队会议室设立岗位标准流程操作竞赛台，班前会或现场安排工作重点强调岗位标准流程操作。

②明确推进重点，有的放矢抓好推进工作。一是地面重基础，确保人人熟练掌握岗位描述。二是井下重操作，各岗位人员要掌握标准、熟知流程、遵章操作、规范上岗，在现场操作过程中要边说边干，做到"说与做、练与用"有机结合。三是检查重流程，现场检查重点考核实际操作流程。

③结合岗位实际，抓好岗位操作规范的修订。本着精炼、实用的原则对各岗位操作规范进行校正、修订、精简、优化，做到言简意赅、简单易行、符合规程要求，力求口语化，修订后抓紧组织职工学习。

④树立标杆典型，充分发挥标杆示范作用。坚持全面推开、重点培育的原则，专业选取典型区队、区队选取典型班组、班组选取典型个人作为标杆，以点带面带动其他区队、班组全面推开，带动其他岗位人员自觉实施。各专业分别选取有代表性的工种拍摄专题片，在矿内部有线电视上反复播放，让干部职工认真观看、对照学习。

⑤发挥典型引路，召开岗位标准流程操作推进会；充分发挥管理人员的率先垂范作用，带头执行岗位标准流程操作；建立专业和区队包保制度，专业包区队、区队包班组；各专业必须坚持每月在现场召开一次岗位标准流程操作"大课堂"推进会。

⑥抓好特殊群体帮扶，对基础较差、文化程度低的人员，区队采取师傅带、工友帮、会上提、现场教等形式靠上去帮扶，各单位利用班前会提问、现场抽考等方式，鼓励职工大胆、大声地讲出来，在工作中习惯成自然，做到自觉应用。

三、以流程闭合控制为核心的煤矿安全管理模式取得的成效

1. 实施成效

以流程闭合控制为核心的煤矿安全管理模式的实施，推动了柴里煤矿安全生产、经营管理等各项指标的全面提升。

(1) 矿井安全生产创出了较长周期。作为一个建矿50余年、人员众多、基础薄弱、生产条件极为复杂的老矿，连续11年实现安全生产，在山东煤监局安全程度和职业卫生评估中连续10年被评为"A"级矿井。

(2) 人身事故率大幅度下降。2003年以来，杜绝了重伤以上人身事故，千人轻伤率下降到了0.3以下；2013年工伤费用与2001年相比下降了98%。

(3) 安全质量标准化水平持续提升。矿井十大专业均保持了一级安全质量标准化水平，被山东省煤炭工业局授予"质量标准化建设一级矿井"称号；被国家安监总局、国家煤监局授予"一级安全质量标准化煤矿"称号。

(4) 职工收入稳步增长。安全工作的稳步好转促进了企业经济效益的稳步提高，职工收入大幅提升，人均工资由2002年的1.09万元，提高到2013年的6.8万元，增长了5.23倍。

(5) 安全管理创新取得了新突破。近两年共开展小改小革近268项，省级以上创新成果36项，其中13项获得实用新型专利或发明专利，许多经验做法在全省或全国得到推广。其中"五环六步"隐患防控的经验做法曾经在国务院安委会主办的《全国安全生产简报》第31期上刊登，受到了国家安监总局、国家煤监局等领导的肯定。

(6) 干部职工综合素质显著提高。职工安全意识明显提高，安全生产流程不断规范，实现了从"要我安全"向"我要安全"的转变，"三违"人数大幅度下降；干部职工精神面貌发生了巨大变化，营造了共同的核心价值观；企业的凝聚力和向心力大大增强，矿井内部形成了齐抓共管的浓厚氛围。

(7) 企业形象全面提升。先后被授予全国安全文化示范企业、全国文明煤矿、全国煤炭工业"双十佳"煤矿、全国企业文化建设先进单位、全国煤炭工业企业文化示范矿、国家级安全质量标准化煤矿、山东省管理创新先进单位、省级煤矿安全文化建设示范矿井、省级煤矿安全生产诚信建设示范矿井等一系列荣誉称号。

2.现实意义

以流程闭合控制为核心的煤矿安全管理模式，是全面贯彻落实安全发展理念的具体行动，是柴里煤矿安全管理实践中形成的完整体系、系统理论和有效方法。这一模式的建立和应用，无论是对于行业还是企业，都具有相当重要的现实意义。对于煤炭行业而言，它提供了全新的安全管理模式，实现了安全管理理念的全方位提升和跨越，实现了传统安全管理方式的根本性转变，具有时代性的标志，具有很强的前瞻性。对于煤矿企业来说，是有效的管理方法，能够推动企业安全管理机制在实践中发展和完善，事关企业的可持续发展和管理水平的全面提升，把企业安全管理和文化建设推向了一个更高的层次。

(成果创造人：徐永和　杨传常　李　文　杨　明　顾洪利　冯路平　陈福辉　杨关艳　陈向晓　齐电生　曹士喜)

"五层级"运营管控体系的创建与应用

山东能源枣庄矿业（集团）有限责任公司田陈煤矿

田陈煤矿是山东能源枣矿集团骨干矿井之一，核定生产能力170万吨，资产总额11.5亿元。2013年实现销售收入11.27亿元，利润总额9033万元。近年来，田陈煤矿从单一的煤炭开采加工，发展成为融机械加工制造、煤矸石发电为一体，跨行业、多元化生产经营的新型现代化矿井。

一、"五层级"运营管控体系创建与应用的背景

近年来，煤炭市场供大于求现状已深入显现，煤炭企业从卖方市场变为买方市场已成为不可否认的事实，并且未来一个时期内国内煤炭将长期处于供大于求趋势。煤炭市场竞争的加剧，迫使煤炭企业必须夯实内部管理基础，对任务完成和成本的控制提出了更高、更严格的标准，要求经营管理必须在精细化和流程化上深挖细掘，在考核体制和管理机制上持续创新。

1.提高企业市场竞争力的迫切需要

田陈煤矿自1989年投产以来，已有25年的开采历史。现在的田陈煤矿面临内外双重压力，外部销售市场、内部开采、成本控制和人力资源管理的难度达到空前程度。一方面要面对着煤炭市场竞争压力大、买卖困难、煤炭价格低的外部形势。目前田陈煤矿混煤市场价已低于成本价，提升原煤如不经过洗选加工直接销售，每销售一吨就要亏损一吨。另一方面，田陈煤矿背负着地质条件复杂、人员多、成本管控难度大的历史包袱。大埋深、多断层、地温高、战线长、涌水量大、冲击地压等客观因素严重制约着矿井开采，人员众多但年龄结构和知识结构失调。经麦肯锡公司经营诊断，认为田陈煤矿之所以面临这种困境，除了极端复杂的地质条件之外，矿井内部精细化管理措施执行不到位、不彻底，经营管控水平普遍不高，日常管理中流程不畅、管控机制弱化，是制约矿井经济效益提高的主要因素。因此，只有进行经营体制创新，固化运营管控的理念，才能让内部管理满足市场经济体制要求，进而层层落实责任，分担压力，最终通过科学创新实现安全和高效，从而降低企业成本，提高煤炭产品的市场竞争力，形成良性的产销循环。

2.实现企业增效、员工增收的内在需求

田陈煤矿的决策层提出了"企业增效、员工增收"的企业愿景。如何实现双赢局

面，成为田陈煤矿管理人员着重思考的现实问题。近年来，集团公司改变了沿用多年的经营管理方式，推行货币化结算，工资、税金、土地塌陷补偿、村庄压煤搬迁等所有项目资金支出，全部由二级生产矿井自行承担。可以简单理解为，每个下属煤矿获取收入以后，除去各项成本支出，有钱就发工资，没钱就不能全额的发工资。指标的落实力和成本管理力已经从上级对矿井考核的间接相关，转变为决定职工收入的直接相关。

这种情况下，矿决策层提出了如何看，怎么办？经过近一年的实践，田陈煤矿探索出一个初步答案，那就是：基于考核运营过程管控，强化市场化运作，将市场机制植入企业内部，使经济杠杆作用有效裂变辐射，激活生产经营过程中的各个要素，使企业软实力有效聚变，管理更加精细化，经济运行质量获得提升。实践证明，突出运营管控的"五层级"考核，是发挥企业员工积极性、主动性、创造性和全员参与管理的有力举措，更是提高企业经济效益和员工收入的良好途径。

3. 提升企业经营管理水平的客观要求

通过运营管控，实行五层级考核运作，能够从管理机制上解决企业成本管理薄弱、经营效益差、职责不清、职能交叉、考核不到位、传统路径依赖等管理粗放、方式落后的问题。在运营过程中，做到市场主体确认到位，即"跟谁结算"，生产要素管理到位，即"结算什么"，价格体系建立到位，即"怎样结算"，绩效管理考核到位，信息系统支持到位，强化挂钩考核，形成制度化刚性管理和倒逼算账机制，是明确考核对象和方式方法的直接要求。基于考核运营体系，搭建完善的全方位多层次的绩效考核模式、公平效率兼顾的薪酬分配体系、科学合理的人力资源管控体系，能够进一步提升企业经营管理，形成高效合理的管理格局。同时，搭建起制度化精细化考核市场化运作平台，才能真正体现按劳分配，持续改进提升企业管理水平，提高企业经济效益和职工收益。

二、"五层级"运营管控体系的内涵及框架

1. 运营管控的概念

运营管控在煤炭企业经营管理中具有鲜明特色的概念。体现在煤炭企业的运营管控以传统经济学、管理学理论为基础，又在管理和控制方法上有着细致的差别。煤炭企业的运营管控是以信息网络作为平台，以企业的业务管理流程为主线，从关键目标的预算分解为起点，以成本管理、质量管理为重点，以市场化运作、精细化考核为方式，以绩效考核为评价的综合管理过程。为保障运营管理的执行力度，对企业内控制度进行刚性监督，对专业线的运营情况进行诊断。同时，建立考核运营网络信息平台，公开各类管控运营信息，开通管理问题反馈中心，实时接受运营评价并予以改进。

2. 运营管控的原则

（1）安全创效原则。坚持"安全就是效益"的管理理念，在生产经营过程中，将安全与效益紧密挂钩，严格考核奖惩，营造安全创效的浓厚氛围。

（2）量入为出原则。内部市场化不同于外部化，有一定局限性，按照"收入－支出＝收益"的市场原则，所有指标、单价的分解与测算，必须在确保完成集团公司下达

的考核指标前提下,坚持量入为出,合理分解,科学定价。

(3) 宏观调控原则。充分发挥全面预算管控职能,加强生产经营过程管控,强化刚性管理,确保宏观调控有力,过程管控到位。

(4) 效益优先原则。生产经营过程中的一切活动,必须坚持以效益优先为着力点,全员、全方位、全过程地追求综合效益最大化,创造性地开展工作。

(5) 合理定价原则。根据生产经营各个环节的人、财、物具体情况,合理分解指标,科学测算价格,建立多种价格形式的价格体系;结合内外部市场的变化,及时对价格体系进行修正和增删;根据监督评价和运营诊断中发现的价格不合理问题,进行价格仲裁,调整纠偏,使价格趋于合理,以不断完善价格体系。

(6) 人力资源优化配置原则。一是坚持按劳动定员标准核定工资成本,实行"增人不增资、减人不减资";二是根据工作需要,动态配置人力资源;三是为保证人力资源利用的精干高效,定期清理非正常出勤人员。

(7) 注重效率、兼顾公平原则。坚持工效挂钩考核,提高劳动生产率,合理确定煤矿生产"三类人员"的收入比例,坚持向生产一线倾斜、向特殊人才倾斜、向高效率人才倾斜的原则。

(8) 正向激励原则。坚持薪酬分配、绩效考核、人力资源队伍建设等方面的正向激励,通过精细化考核市场化运作,充分挖掘各生产要素的最大潜力,释放考核运营的最大红利。

(9) 系统思考原则。精细化是市场化状态下的管理手段,是有机结合的整体,不可分割;精细化是工作的精细化,不是投入的大量化,要与成本控制、人力资源配置协调统一,不能因精细化而增加管理成本;刚性化制度管理与人性化的管理要有机结合。

3. 运营管控体系的框架

运营管控构建以"一个平台为手段、两项职能为保障、三种类型为对象、'四条线'管理为主线、五个体系为基础、六项机制为支撑、七大市场为核心"为考核结算持续运营体系框架。

(1) 一个平台:信息网络系统化管理平台。充分利用现有的信息化手段,设计完善相应的管理信息网络,实施企业内部市场网络运行管理。

(2) 两项职能:全面预算管理职能、制度化刚性考核职能。

①全面预算管理职能:进一步完善全面预算管控制度,在"业务指标预算、资金预算、财务预算、资本预算"等方面,层层分解,明确分工,责任到人,做到宏观调控有力、过程管控到位。

②制度化刚性考核职能:按照"凡是考核者都是被考核者"的工作理念,实行"考核之考核"的闭环管理,对各项考核工作,实行"考核决策层、审核监督层、主办考核层、落实执行层"的四级闭合管理,使各项交易制度化、程序化、定量化,为考核结算持续运营提供制度支持。

(3) 三种类型:生产经营型、辅助服务型、绩效考核型。

①生产经营型:采煤区队、掘进区队、安装准备工区、修理市场(综修车间、支护

车间、机电修理厂、节约办)、选煤厂、煤质运销科、恒邦公司、富源电厂、水电气服务队、承包车辆。

②辅助服务型：巷修工区、机电运转工区、通防工区、环卫队、公寓、澡塘、生活区物业、富田物业、幼儿园、食堂。

③绩效考核型：供应科、采购中心、保卫科、物业站、机关"三部一处一室"。

(4) 四条线管理：根据工作性质和职责范围，将全矿各相关单位划分为"原煤生产、后勤服务、经营管控、非煤产业"四条线，分线管理。

(5) 五个体系：价格体系、结算体系、执行体系、监督体系、运营诊断体系。

①价格体系主要包括：定额价格，以劳动定额和材料定额为依据计算编制的价格；市场价格，以社会市场价格为依据确定的价格；测时写实价格，通过现场测时写实确定的价格；竞标价格，部分承包工程，推行竞标价格。

②结算体系：建立矿、区队、班组、个人四级结算体系。结算主体之间，实行票据结算，矿结算到区队，区队结算到班组，班组结算到个人。

③执行体系：全矿各单位按照分线管理、分工负责的原则，分层级全员参与，对生产经营的全过程进行管控。

④监督体系：由矿考核结算持续运营领导小组、价格仲裁小组、经营督查队、审计、纪委、工会等部门进行动态监督，制度文件刚性考核形成监督制度。

⑤运营诊断体系：实行月度预算计划会、生产经营动态平衡会、月度运营诊断分析会制度，建立考核结算运营通报制度。

(6) 六项机制：管理机制、市场机制、价格机制、运行机制、交易结算机制、监督评价机制。

①管理机制：整合工资、财务、考核等业务专职人员，组建考核结算持续运营中心，全面负责全矿的内部精细化考核市场化运作工作，强化考核结算持续运营中心的管理职能。

②市场机制：坚持"遵守市场规则、完善体系建设、交易结算公平、责任落实到位、奖惩兑现严格"的原则，建立"生产经营成本控制、辅助服务量化考核、绩效管理挂钩考核、后勤服务质量评价"的市场机制。

③价格机制：对全矿生产经营各个环节的人、财、物等生产要素进行单价测算，循序渐进，逐步建立完善价格体系，通过市场化运作，形成生产经营行为过程中的价格机制。

④运行机制：通过信息网络系统平台，建立"预算指标下达→过程动态管控→运营结果定时考核→运营诊断分析→调整下达预算指标"的闭合运营机制，保证经营管理工作始终处于良性循环。

⑤交易结算机制：依托信息网络系统平台，建立"运营中心→专业市场→主体单位→班组→个人"的内部市场交易结算机制。

⑥监督评价机制：建立各部门联合的动态监督、制度文件刚性考核的制度监督、运营诊断分析相结合的监督评价体系。

(7) 七大市场：以"四条线"管理为依托，构建"物资供应、洗煤运销、修理加工、电力供应、车皮供应、人力资源、资金供应"七大市场。

三、"五层级"管控体系的创建与应用

运营管控平台搭建以后，需要对平台各要素的正常运作进行监督和检验，确保运营的持续性和高效性。层级考核体系是确保考核运营系统正常运作的重要步骤，也是检验考核运营成效的有效方法。通过实施"五层级"考核，能够在横向上清晰明确相同层级的任务目标，使运营任务的分解在具备完整性的同时，又具备公平合理性；在纵向上鲜明的展现层次关系，一条线的串联管理责任，杜绝推诿扯皮和任务不清的问题。

1. 核心要素的获取

企业管理的根本在于管人和管事。运营管控必须抓住关键人物和关键指标两个重要要素，将关键指标落实到关键人物身上，建立起行之有效的考核体系，是田陈煤矿考核体系建立的基本思路。

(1) 关键指标。关键指标来源于集团公司每年下发的生产经营指标，这些指标不仅是为量化考核企业负责人而设立，更重要的是它成为企业管理的目标，是企业的短期的奋斗纲领，也将作为企业全员绩效考核的总纲领和依据。田陈煤矿运营管控的关键指标主要有：产量、进尺、现金净流量、利润、毛煤综合成本率、万吨掘进率、经济增加值、总资产增长率、净资产收益率、商品煤销量、营业收入、内部资金占用、单位商品煤销售综合成本、三个煤量、应收账款周转率、发电量等。

(2) 关键人物。关键人物指承担指标责任的相关人物。关键人物是完成关键指标的灵魂，是为实现企业整体目标、不可或缺的、必须取得满意结果的领域，是企业关键成功要素的聚集点。抓不住关键人物的积极性，指标完成就无从谈起。矿井生产经营的关键人物主要有：副矿级领导、副总、部门负责人、机关管理人员、基层区队工班长。

2. "五层"级管控平台的构建

(1) 层级划定。田陈煤矿针对不同员工的工作责任和业务分工，采取不同的考核办法，以点带面，抓住关键，以此调动各层次的积极性。五个层级包括：矿领导作为第一层级，机关部室为第二层级，绩效运营类部门为第三层级，生产经营型和辅助服务型区队作为第四层级，员工为第五层级。

(2) 各层级的管控方式。

①对第一层级实行目标责任考核。该层级的考核范围包括采煤副矿长、总工程师、掘进副矿长、机电副矿长、安全副矿长、后勤副矿长等副矿级领导。在执行集团公司薪酬考核的基础上，年度收入由基本年薪和绩效年薪两部分构成，比例分别为30%和70%。年薪标准按照承担的工作量和责任大小确定，采煤副矿长、掘进副矿长、安全副矿长执行党政正职的0.8倍，总工程师、机电副矿长执行党政正职的0.75倍，后勤副矿长执行党政正职的0.7倍。为了强化基薪的考核，与责任人签订目标责任书，围绕安全、任务、质量、成本四要素，根据分管领导职责进行分解落实，制定绩效考核标准，每月根据工作完成情况进行考评，考核结果与收入挂钩。

②对第二层级实行岗效工资考核。该层级的考核范围包括副总、部室负责人、科室副职、机关工作人员。业绩考核主要以"811"内容为主，工作业绩、劳动纪律、作风素质，每个岗位制订一套业绩考核标准。在关键指标、一般指标之间合理设置好权重，制订了360余条考评标准，实行百分制考核。对各层级人员按个人业绩来考核，按得分拿工资，体现了责权利的结合，充分发挥岗效考评的导向作用。

工作业绩考核：根据承担的工作职责，按百分制考核，考评细则采取定性与定量相结合的方式。根据所属岗位的岗位责任制内容、动态工作、工作任务完成情况细化量化每个指标分值，制订了37套业绩考评标准，分为安全、任务、成本、质量、纪律五个要素进行考核量化。部室副职、机关工作人员根据实际情况进行自评，部门负责人进行审核打分。

能力素质考核：按百分制考核，包括劳动纪律（50分）和作风素质（50分）。其中劳动纪律包括考勤签到、精细化考核等内容，由各部门负责人日常监督检查。作风素质包括"SC"精细考核、日常管理等内容，各部门负责人季度组织测评。部门副职测评方式，部门正职打分占40%，互评占30%，本部门员工打分占30%；工作人员测评方式，正职打分占40%，副职打分占30%，互评占30%。

③对第三层级实行绩效考核。这一层级的部门包括供应科、采购中心、保卫科、物业站、环保节能中心等主要提供后勤、物资供应等服务工作的基层单位。此层级工作的特点是没有鲜明的指标和任务，大多数的工作无法定量衡量，根据单位工作性质不同，采取不同的绩效挂钩方式。根据单位承担的工作任务，明确工作职责，依据权重设定绩效分值，变抽象工作到具体标准，变定性描述为定量得分。例如：对于采购中心建立以采购质量、任务、廉洁采购、成本控制为主要内容的绩效考核细则。对供应科建立以物资供应、材料费用控制为主要内容的绩效考核分配细则。对物业站所属单位，结合服务对象和服务方式，建立以服务量和服务质量为主要内容的业绩考核细则。对网能大学以培训目标为核心，按照培训任务核定培训单价，对工作质量建立绩效考核。

④对第四层级实行市场化运作。该层级的考核范围包括采煤、掘进及辅助区队，实行内部市场化运作，制定了采掘生产、修理加工和运输服务等内部市场价格3万余种。对采掘区队，实行以定额为基础的市场化结算模式，以劳务收入作为工资收入的基础，以费用节约奖励作为提高工资的激励措施，以此来调动基层区队的工作积极性。对辅助区队，根据服务采掘的侧重不同，制订不同的劳务服务单价，以劳务服务收入作为工资收入的基础。对修理市场，健全完善各类复修物资价格体系，建立以工时定额为基础的市场化结算模式，工资收入取决于工作量，体现多劳多得和工作公平性。

同时，与结构工资考核挂钩。其中：工作任务和经济指标占30分，安全管理占30分，质量管理占30分，技能素质占10分。工作任务的考核依据对区队工作任务完成情况的考核，主要从单位完成的月度生产任务目标情况，以及完成矿安排的临时性、应急性工作任务情况考核。工作任务计划如因特殊原因造成计划变动的，需提交经分管领导签批的计划调整申请。安全管理的考核依据对区队长的安全管理考核情况，主要围绕"三基·九大体系"建设,安全质量管理长效机制健全完善情况等。依托于区队长隐患整改落实卡、党支部书记薄弱人物帮教卡、班组长现场写实簿"两卡一簿"制度,形成区队长抓物(隐患)、党支部书记抓人、班组长抓现场的区队班组安全质量管理机制。质量管理的考核依据对区队长的质量管理考核,主要从精细化管理各方面进行考核,重点考核"四个质量"(工程质量、工作质量、产品质量、服务质量)情况。深化安全质量精细化闭合管理,形成规范的操作程序、标准工序流程和完善的工作体系,各项工作都要有计划、有落实、有闭合、有考核、有奖惩。依据动、静态检查工程质量进行量化考核。技能素质的考核由安全教育培训考试和素质提升考核两部分构成,比例各占50%。考核内容主要从基层单位领导、班组长本身应具备的技能水平和应达到的素质修养方面考核,重点考核专业技能、职业道德、健康体能、科学文化、作风纪律、思想政治、素质提升等方面。考核方式为每月按规定时间组织相关考试,参加考试人员范围为本单位全员的5%,要求必须有单位领导、班组长、管理人员参加。月考评一次,考评结果与市场化工资挂钩。

⑤对第五层级实行精细化考核。对操作工人的考核主要采取精细化考核的方式,日事日毕,每月一总结。

一是计分管理精确化。由区队制定完善工资分配管理制度,区长、书记、员工代表和车间工会签字以后生效。管服人员单独抽离,明确工资系数,其他员工按积分比例分配工资。由区队将工作任务分解到班组,统一"大分"的口径。月度根据矿考核运营中心结算的单位收入,将收入分配到班组。班组长负责日常班组成员工作任务的计量,根据本班组收入和各成员的"小分"将工资分到操作员工。

二是看板管理精细化。区队在地面设立区队务公开牌板,用于公示任务目标、成本费用的完成情况,公开各班组之间的计分结果,公开收入、奖惩情况。在井下设立现场管理牌板,用来公开职工岗位精细化管理考核标准,内容包括各种卫生责任区划分、岗位责任制、现场物资管理等,使考核过程做到凡事有章可循、有据可查、有人负责、有人监督,实现考核的公开、公正。每名操作员工都可以看到自己每天的积分,了解自己与同事之间的差距,从而成为提升自我的空间。

三是动态管理的多样化。按照员工SC行为规范6项20要素考评为基础,建立起了以工程质量交接验收台账为载体的计分平台。员工自评、班组长测评、验收员动态检查相结合,量化内容包括了工程质量、劳动纪律、出勤、工作量、作业规范等多个方面的内容。考核结果与职工收入挂钩,实现了按劳分配和精细化考核的有机结合。

四、"五层级"运营管控体系的保障措施

为保障考核运营体系的顺利运行,田陈煤矿在组织机构建设、制度监督流程和信息化公开结果三个方面做好管控的配套基础。

1.组织机构建设

(1)机构设置与职能:成立了考核运营领导小组负责考核运营的政策决策、价格仲裁和统筹领导工作。领导小组下设置考核运营中心,负责考核运营各项工作的具体落实。并围绕经营管控的各个环节,以及各项经营文件、纪要、领导临时安排的工作落实情况进行督查，下发督查通报。

（2）运行方式。

①设计完善管理流程。充分利用现有的信息化手段，重新设计完善相应的管理信息网络图，按照"工作落实、检查分析、问题整改、持续提升"的闭合管理模式，一方面反映当前的运行状态、存在的问题、处理情况；另一方面，反映今后改善、推进的方向。

②建立运营转型通报制度。实行旬、月、季、年定期检查通报与不定期检查、抽查通报制度。

③严格奖惩制度。设立运营转型奖励基金，明确奖励目标，重点对运营转型小组人员的奖励，根据工作开展情况，对工作的改善、提升、创新等关键点，经过评估认可后，给予正向激励。

2.制度监督流程

为确保各项管控措施的落实力和管控力，监督各项制度执行的流程，建立了制度考核机制。将各运营管控类的管理文件纳入到内控制度考核范围，建立起开放式的考核体系。按照"分口组织落实，主办具体负责，督办审核汇总"的原则，对各项内部管理政策，明确责任分工，建立健全管理制度的执行、落实、督办体系，切实形成一级抓一级，一级对一级负责的管理格局，确保各项制度落实到位。由相关职能部门组成审核监督层，负责对考核责任部门进行监督考核，同时对各项管理制度和管理措施的考核落实情况实施监督检查。为简化考核程序，增强考核效果，对每个管理文件实行表格化考核，建立考核台账，并利用信息网络平台，设计制作网络化考核网页，实行网上考核办公，促使考核工作更公开、公平、公正。考核运营中心进行抽查考核，形成专项文件的考核通报，发布上网。全月对文件的执行状况、执行效果和管理效果进行汇总分析。建立制度考核评分细则，根据制度执行的效果和完整程度，分ABCDE五个级别进行量化，直观地向领导和职工传达制度执行印象。同时，等级也决定了制度执行中存在焦点、难点问题的信息，方便各级管理部门进行分析处理，给出整改措施，提出建议和要求。

3.建设考核运营信息平台

建设考核运营信息化办公平台，是确保运营信息和考核信息及时准确的公布和公开的必要，也是有力监督经营过程的举措。

（1）为有机融合考核业务的整体性和统一性，固化流程管理，提高业务能力服务效率；同时，较好地解决考核人员办公分散，交流障碍多的问题，田陈煤矿成立考核运营中心，将考核运营业务的相关人员实行集中办公，窗口化管理。办公室内设立信息大屏，实时显示各类考核运营管理信息，提高信息传播的速度和效率。

（2）田陈煤矿基于互联网技术，采用B/S结构，结合VBScrip、JavaScript语言和ActiveX技术，利用Access数据库管理数据，建立了考核运营信息化平台。主要用于：

①查看各类考核运营数据信息和相关通报，监督制度考核的流程和评定结果。

②用于各单位上报考核、结算资料，所有考核运营小组的成员均可以在网络上共

享数据资源。

③建立无纸化文件查询系统，开通权限的成员均可在系统中查读田陈煤矿的管理文件，实现了节约和高效的目的。

④设立了聊天咨询平台，矿上每一名员工均可在系统中与考核运营中心进行在线互动沟通和交流。

⑤开通了"管理问题反馈中心"，矿上人员可无记名反馈各类考核不严格、弄虚作假、分配不合理、照顾人情等不符合规定的问题及其他管理漏洞，以监督考核结算的公正公平性，提高管理健康度。

⑥建设了服务部门网络测评系统，用于对各服务单位进行在线测评。

五、"五层级"运营管控体系的实施效果

1. 搭建了运营管控和考核量化的平台

运营管控以市场化运作为基础，体现了精细化、持续化的管理思想。以抓实关键人物和关键指标的五层级考核体系，基于运营管控平台，覆盖了从矿领导到部门到管理人员到操作员工的每一名成员，内容涵盖了指标预算、分解、成本管控、业绩量化、绩效评价、运营改善等各个方面的内容。五层级考核体系实现了运营管控和绩效考核的有机融合，绩效分配有章可依，有据可循。考核管理层级非常鲜明，提高了经营管理的操作性和直观度。

2. 降低了生产成本

通过实行层级考核，各项成本考核指标切切实实的落实到了每一名的责任人手中，并逐一建立起了相应的考核标准，每一个人都能感到指标的压力和动力，使任务的执行从被动转为主动。在材料管理方面，2013年材料消耗12198.9万元，比年初下达的指标节约3257.1万元。在电力消耗方面，每月同比节电近20万kwh。每年仅控制胶带有效运行就可节电240万kwh，可节省电费192万元。在设备租赁费支出方面，突出非生产性设备占用，力降非生产设备的租赁费用。在产品结构上，侧重于结构变化的偏差影响，通过合理调整产品结构，匹配好商品煤销售量，来降低单位商品煤销售综合成本。2013年度矿原煤生产成本实际完成413.93元/吨，同比下降9.38元/吨，成本降低总额2173万元。

3. 促进了管理水平的提升

健全完善的考核体系，促进了管理水平的提高。一是考核指标的量化，正确引导了企业管理层和员工的行为，较好地解决了干多干少、干与不干一个样的弊端，较好地解决了综合素质不强、工作质量不高的"顽症"；二是提高了工作满意度、企业向心力和凝聚力，增强了团队精神，推动企业管理水平不断改进和持续提高。三是信息化平台提高了经营管理的效率和公开度。材料从计划、到货验收、领用、现场管理、使用、回收、维修、报废等各个环节在系统上均能反馈和控制。管理人员能够准确细致的统计分析，查找管理的薄弱点，有的放矢地抓好控制落实。考核运营信息平台体现了无纸化办公的特点，制度的传递和落实更加透明高效。管理问题反馈和服务部门网络测评平台是层级考核体系的补充，从实际运行层面上保障了

考核运营的公正公平。

4.明显增强了员工的工作积极性、主动性

考核制度体现了多劳多得的原则，并且考核结果同收入和评先荐优挂钩，从而发挥了激励和导向的作用，有效地调动了全员的工作积极性和主动性，为实现安全生产和矿井安全管理工作的长效管理工作机制探索出一条积极有效途径。

5.提高了经济效益

成果应用以来，矿井原煤产量比上年同期提高6.93万吨，精煤产量提高13万吨；原煤成本同比下降9.38元/吨，利润同比上升6810万元。

六、跟踪与反馈

1.实施中遇到的问题

"五层级"运营管控体系，是落实市场化运作和精细化考核的具体形式，是绩效考核的深化和延伸，是田陈煤矿经营管控体系的升华，是企业不断完善自我、健全机制的有机产物。目前，体系中的条款不但成为企业绩效考核和薪酬分配的纲领，而且成为全年工作的总抓手。通过运行，考核体系收到较好成效，但在细节管控方面还存在着一些问题。比如：个别人员认识不够、现场考核相对薄弱、部分标准制定脱离实际、服务型部门的绩效评价不够完善等，需要今后工作中持续改善和提升。

2.解决方法与建议

着重处理好以下几个方面的问题是下一步提升考核运营效果的关键：

（1）注重指标的分解。合理地分解好关键指标，落实关键人物，是考核运营的重点环节。考核框架搭好了，才能确保运营管理的正常开展。

（2）实行平稳过渡。坚持从基础工作入手，对生产经营过程中的各个要素充分考虑，循序渐进。成熟一项，推进一步。

（3）扎实深入现场。只有深入现场，了解到第一手的资料，亲眼看到、听到，才能客观公正地对每个层级的工作进行评价。

（4）倾听结果反馈。对于被考核者提出的反馈意见要认真地听取和吸纳，维持好考核的积极性。

（5）侧重于考核体系的PDCA循环。"五层级"考核不是一个一步到位的过程，是一个互动、循环、纠偏的过程，不断通过计划、实施、检查、修正四个步骤的循环逐步完善和落实，为建设开放式考核体系提供基础和平台。

（成果创造人：曹允钦　董汉伟　吴靖军　王明贤　董红建　李　方　徐延鹏）

三环五级流程管控体系在煤炭企业中的构建及应用

山东能源枣庄矿业（集团）付村煤业有限公司

山东能源枣矿（集团）付村煤业有限公司是一座核定生产能力270万吨/年的现代化国有煤矿，1998年建成投产，井田面积为23.48平方公里，工业储量2.6亿吨，开采储量1.01亿吨。目前在册职工4331人。矿井配套建有入洗能力200万吨/年的现代化洗煤厂、装机容量2×12mw煤矸石热电厂。矿井先后被评为全国煤炭行业安全高效矿井、全国煤炭工业"双十佳"煤矿、全国煤炭工业"五精"管理样板矿、全国煤炭行业企业文化示范矿井、全国文明煤矿、全国煤炭工业先进集体、全国安全文化建设示范企业、省级安全文化示范矿、山东省现场管理样板矿等190余项荣誉称号，连续12年被评为安全程度评估A级矿井。

一、付煤公司"三环五级"流程管控体系的实施背景

1. 企业管理创新是企业谋求发展的必由之路

近期以来，由于国民经济增长放缓，煤炭下游行业经营困难，煤炭产能过剩，煤炭产量增加量持续超过需求增加量，导致煤炭市场疲软，产品供过于求，库存积压比较严重，整体销售价格持续下滑，煤炭企业经济效益呈大幅度下滑趋势。在经济全球化进程加速、技术创新频率加快、市场经济日趋完善的形势下，依靠管理创新提高企业的竞争力，成为企业求生存、谋发展的重要举措。付煤公司努力在企业内部管控上做文章，想方设法节约挖潜，降本增效，提高企业经济效益，结合公司实际提出了精细化、市场化"三环五级"流程管控体系。煤矿企业实行"三环五级"流程管控体系，是煤矿企业从落后的粗放型管理向现代化集约型管理迈进的转折点，是煤矿创新发展的必由之路。

2. "三环五级"流程管理在企业管理中的地位

当前，大多企业都着眼于加强内部管理，努力适应市场经济发展的要求。在当前形势下，付煤公司坚持科学化、市场化、现代化三个导向，抓住制度建设、流程管理、创新管理、对标管理、考核保障、激励约束等要素，大力倡导降本增效、节支降耗，持续加强企业管理，推进管理创新，向管理要质量、要效益，以管理水平的全面提升推动企业健康可持续发展。

"三环五级"流程管理是适应市场经济发展与加强企业内部控制机制的要求。以往的内部控制机制已不能满足于传统意义上的查弊纠错和保护资产安全，从企业经营机制的角度和企业战略的角度理解"三环五级"流程管理，其目标已延伸到提高效率和效益，兼具监督、激励及分配功能，既能够解决企业内部的管理问题，又能达到提升职工的成本理念、提高成本管理水平和实现煤矿成本全面控制的目的，从而保证企业能够适应市场经济的发展。

3."三环五级"流程管理是企业管理的有效手段

煤矿企业实行"三环五级"流程管理，是煤矿企业谋求更快、更好、高效发展不可缺少的重要手段。"三环五级"流程管理是现代企业实施科学有效管理的重要方法之一，是企业预测经济效益、控制经营指标的重要途径和基础保证。"三环五级"流程管理是企业管理组织的所有关键问题融合于一个体系之中的管理控制方法。"三环五级"流程管理是市场经济下量化的计划管理手段，是企业内部经营管理工作的需要，是由粗放管理向精细管理的重要转折。

二、付煤公司"三环五级"流程管控体系的基本内涵和主要思路

1.基本内涵

"三环五级"流程管控体系是将企业内部的各生产经营系统、各单位以及单位内的各班组、各道工序，用市场用户的关系加以链接，使各系统、各单位、上下道工序所提供的产品或服务，转化为用内部价格所衡量的价值和为下道工序所认可的商品，实行有偿往来结算，以达到激励员工、降本增效的目的。按照"三环五级流程管控是精细化管理的主线"的思想，通过系统建设，使付煤公司在管理思想、管理机制、管理基础、业务流程、组织结构、规章制度、基础数据、信息集成和处理、员工素质、决策水平、企业形象以及竞争力和应变力等方面发生明显的改进和提高，使各种生产要素在市场机制的作用下实现合理流动和优化配置，最终建立符合生产力发展、管理有序、运转顺畅、监控到位、责权利明确、以市场交易关系联接内部生产经营活动的企业精细化管理新机制。

"三环五级"流程管控提出了"系统思考、总体规划、分步实施、稳步推进"的总体思想，坚持抓住建立内部市场、确立市场主体、进行市场链接、内部市场结算和严格绩效考核分配五个主要方面，构建内部市场体系。确定区队、班组、职工为微观市场主体，市场主体之间严格按内部市场规则进行平等、有偿交易；构建市场主体之间的链式网络关系，使公司与单位之间、各单位相互之间、单位内部各道工序之间形成服务链、责任链、价值链、结算链，形成包括工资、材料、电力、运输、修理等类型的单一价格及采掘的综合价格，确定了结算的基本方式，变过去的区队、班组的统计核算为会计核算；建立内部市场绩效考核分配体系，将岗位职责、服务标准、安全质量标准化、行为规范、日清日结等具体要求，分别纳入基本考核指标之中，同时实现与内部市场化运作的有机融合，见图1。

2.主要思路

付煤公司坚持技术创新、制度创新和管理创新相结合，结合目前付煤公司正在运

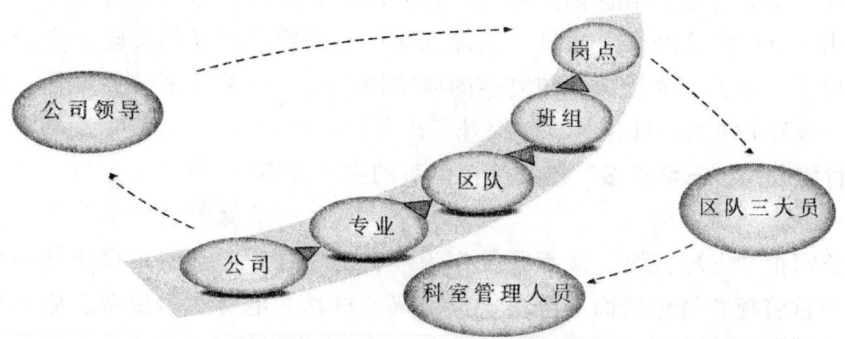

图1 "三环五级"流程管理法

行的全面预算管理、全面对标管理、全面风险管理、全员绩效考核、全面质量管理（简称"5全"），寻找相互之间的内在联系和互动提升的结合点，突出预算管理的计划性、对标管理的分析性、风险管理的预防性、绩效考核的指标性和质量管理的控制性，植入"三环五级"流程管控这条主线，以内部市场化运作为引导，合理利用市场价值规律，以价格为纽带，统一价格、统一结算方式，将企业内部上下工序之间的关系和服务与被服务之间的关系由行政关系变为等价交换的经济往来关系；用价格结算的方式解决用人多少和各个生产环节的各种矛盾；促进企业生产型向经营型转化，形成"三环五级流程管控体系"，达到在内部市场运作过程中的闭合管理，在"5全"管理中市场化考核，实现经营管理的系统化、流程化和科学化，使企业管理和市场机制相结合，责、权、利相统一，见图2所示。

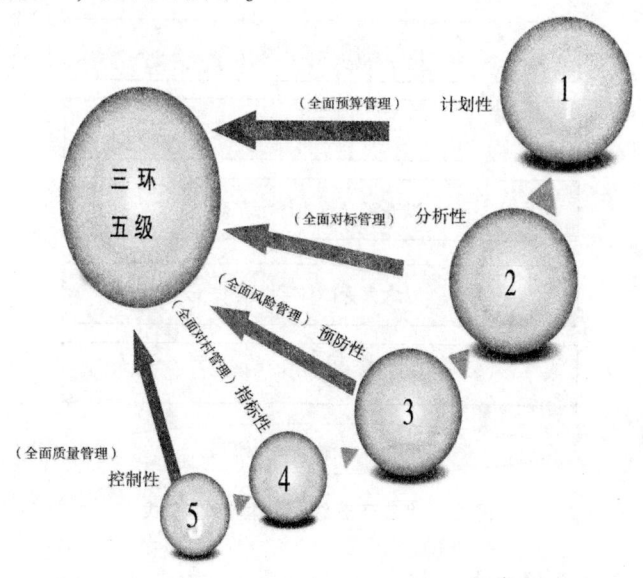

图2 "三环五级"流程管理基本思路

经过一年的探索实践，付煤公司创建了以成本控制为中心、以考核结算为辅助的"三环五级"流程管理模式，实现了全员参与、全程控制、全面考核，这一模式是内部市场化管理、预算管理和信息化管理三者有机结合的成果，是经营行为分解、动态控制、信息化运行的模式结合。通过"三环五级"流程管控体系的实施，完善了内部市场机制、规范了财务管理行为，使复杂的事情简单化、简单的事情标准化、标准的事情流程化、流程的事情软件化，有效提升了矿井管理水平。

三、付煤公司"三环五级"流程管控体系的主要内容

1.总体框架

付煤公司把"三环五级"流程管控作为经营管理过程向基层单位延伸细化的有效载体，将经营管理总目标全面分解落实成工资、材料、电费、租赁费、修理费、服务费、管理费、安全、质量、任务、现场文明生产（清洁生产）、技术革新、管理创新等各项具体指标，再根据预算产量、进尺、工作量等，测算出预算价格，作为内部市场结算价格。通过内部市场化运作，把预算指标分解落实到区队、班组直到个人，实行日清日结。把市场的杠杆原理和竞争机制引入到"三环五级"流程管控模式中，充分发挥自主创新意识。在各级市场主体及相互之间，根据工作量及消耗大小确定收入高低，形成公平、公开、透明、高效的内部市场供求关系。

付煤公司按照生产、安全、经营管理活动的前后关系、上下游关系，以物资流通、服务提供为轴线，形成相关活动的买卖关系。设立三个委员会，即"三环五级"管理委员会、"三环五级"价格委员会和"三环五级"仲裁委员会；组建一个中心，即结算中心；组成六大体系，即组织体系、制度考核体系、计量管理体系、内部价格体系、内部结算体系以及信息化体系；确立十大市场，即产品市场、物资市场、资金市场、电力市场、租赁市场、服务市场、安全质量市场、劳务市场、修理加工市场以及技术市场，见图3。

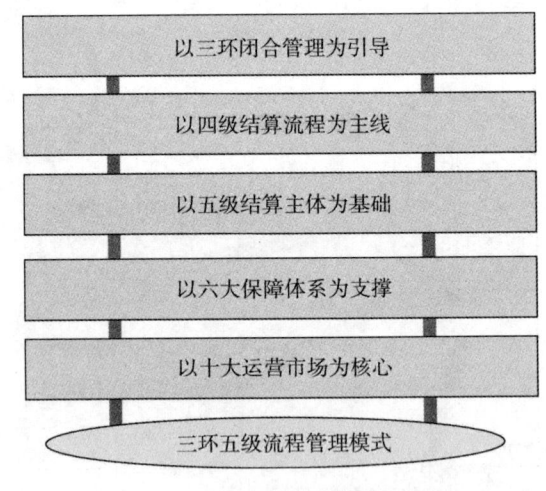

图3 "三环五级"流程管理模式

2.内部市场价格体系的构成

稳定的内部市场价格是各市场主体间进行正常结算的有力依据，建立完善的内部市场价格体系是"三环五级"流程管理有效运行的基础和保障。"三环五级"流程管控主要实行五级市场主体结算，建立四级价格体系。

(1) 价格体系。

①一级价格体系是公司与专业、专业与专业之间的结算价格，主要是采掘工程价格、单项工程价格、产品加工维修价格、服务价格等，由公司价格委员会负责制定。

②二级价格体系是专业与区队、区队与区队之间的结算价格，主要是采掘工程价格、单项工程价格、产品加工维修价格、劳务价格等，是由公司价格委员会汇同各专业线负责制定。

③三级价格体系是区队与班组、班组与班组之间的结算价格，主要是采掘工程单价、岗位价格、劳务价格、工序价格等，由各区队制定，报"三环五级"流程管理委员会备案。

④四级价格体系主要是班组与岗位、工序、个人结算价格，四级价格体系由三级价格体系分解而成。

(2) 价格的分类。结算价格是"三环五级"流程管控体系正常运行的基础和保障。没有价格就不能进行结算；价格不准确、不合理，也不能进行正常的结算，否则就会出现经济纠纷和诸多矛盾，因此，在制定内部结算价格时，应力求价格准确、全面、合理，并编制成册，内部发行。同时，根据内外部市场的变化情况，及时对价格进行修订和增删，使价格趋于合理，以不断完善价格体系。

结算价格主要包括单一价格和综合价格两种。

①单一价格是指价格中只含有唯一要素的价格。主要有：人工费、材料费、电费、租赁费、劳务费等。

制定的依据主要是：年度单项预算、全年总预算工作量（用量），有定额的按定额执行，没有定额的，根据历史数据测算。

单一价格由经营考核办公室、结算中心组织制定。制定出的单价为基础单价，每月根据下达的月度计划目标按比例增减，原则上1年之内不对基础单价进行修订。

②综合价格是指包含两个及两个以上要素的价格，分为两大系列：一是产品系列综合价格；二是服务系列综合价格。

产品系列综合价格包括：各采煤工作面的原煤产量综合价格、各掘进工作面的掘进进尺综合价格、各开拓工作面的开拓进尺综合价格、各单项工程的综合价格。测算的依据是：各相关费用的单价和相应服务综合价格等，按照工作面的不同条件测算。制定出的综合价格为基础价格，每月根据下达的月计划目标按比例增减，原则上1年之内不再对基础价格进行修订。

服务系列综合价格是产品系列综合价格的基础。付煤公司目前服务系列综合价格包括：原煤提运价格、主井提煤价格、矿车运输价格、矿灯服务价格、自救器服务价格、仪器仪表服务价格、火药发放服务价格、雷管发放服务价格等。制定出的价格为基础价格，每月根据下达的月度计划目标按比例增减，原则上1年之内不再对基础价格进行修订。

(3) 价格管理的原则。

①公司总体预算要确保完成集团公司下达的年度生产经营预算目标，公司对各专业、单位实行全过程目标管控和市场化核算。

②经营考核室与结算中心对专业、区队的价格测算要确保完成月度生产计划。各种工作要素不同，对应的结算价也不同，结算时根据实际情况分别采用不同的结算价。一级、二级结算价由内部市场管理领导小组负责组织测定。

③三级、四级价格体系是基层单位与各班组、员工之间的结算价格，由一级价格体系分解而成，主要是工序价格、零星工程、岗位价格，由各基层单位根据工作范围和现场实际自行制定，必须形成涵盖各生产环节的结算价格体系，并报结算中心备案。

④工作量的统计和测算要符合工艺流程和要求，要有代表性和先进性。

⑤价格测算主要依据劳动定额手册、材料消耗定额手册和计划价格，测算中工资无定额可套的，按岗位员工工资测算；消耗无定额可套的，按前2年实际发生加权平均；经费测算，按当前承包指标分解，或按前2年的实际发生加权平均。

(4) 价格管理的程序。

①确定单一的成本要素价格。

②确定市场主体之间，工程、工序之间链式服务关系。

③测算工作面、工程、工序、服务的直接费用价格。

④计算工作面、工程、工序、服务的综合价格。

⑤三环五级流程管理委员会对测定价格进行审定。

⑥发布执行审定的价格。

3. 主要内容

(1) "三环"闭合管理。以构建区队三大员相互联责、副总和生产科室管理人员挂靠区队、公司领导包挂片区的"三环"层级追溯闭合体系管理，达到一级抓一级、一级严一级、一级保一级，形成相互制约，相互监督，相互补充的安全质量管理格局，通过级级负责，层层落实，规范安全操作行为。构建"三环"层级闭合管理，前提是明确各级管理人员的督查职责，核心是形成安全质量联管、现场问题联带、岗位责任联究的环环相扣联合体，目标是以稳步提升的安全质量和规范的操作行为力保实现安全生产。

① "三环"闭合管控体系各部分的督查职责。

◇区队三大员的督查职责。对本工区现场安全质量管理负第一责任，负责督查岗位标准流程操作、安全确认、危险源辨识、隐患人排查及监护、规程措施落实、制度落实、清洁生产、设备维护检查等工作，实现当班无"三违"、无隐患、无事故。

◇生产科室管理人员（包括副总）的督查职责。按照年初下发的包保文件规定，生产科室管理人员（包括副总）包保区队制，负责对区队三大员职责的履行情况进行监督检查，督导所包保区队抓好安全质量、措施落实、系统建设、工作规划，实现包保区队无"三违"、无隐患、无事故。

◇矿领导的督查职责。按照专业分工，矿领导不再包保具体区队，实行矿领导包挂片区制，矿领导的职责主要负责对区队三大员、生产科室管理人员（包括副总）职责履行、工作作风、系统建设、安全培训、制度落实情况的监督检查，督导所包挂片区抓好安全质量。

② "三环"闭合流程管控体系考核办法。

◇对区队三大员考核处罚规定。跟班区长、跟班安监员、班组长必须严格交接班。接班后，掘进迎头由安监员牵头，三人共同对作业区域进行一次全方位解剖式检查。一个跟班区长同时在两个迎头跟班的，可先在一个地点排查隐患后，再去另一个地点进行检查。采煤工作面在接班前，必须由安监员进行分工，三人中的两人走材巷，一人走运巷，轮换变更（具体行走路线分工由安监员根据现场实际情况决定）。对采煤、掘进工作面全方位解剖式检查后，由安监员牵头召集副区长、班组长召开隐患落实会，逐条分解、分条落实整改。然后，再由安监员分工，三人分别重点盯靠隐患的整改落实。未及时发现的问题视为本班发生，承担相应责任。

跟班区长、班组长必须抓好现场所有隐患问题的落实整改。凡是发现隐患问题的，一律在"菜单"中体现。否则，一经被其他管理人员查出，以《管理干部下井汇报卡》签字为准，对跟班区长、班组长按《煤矿井下隐患大全手册》规定进行罚款。

能当班整改的隐患问题，不能留给下一班，不能当班整改的隐患问题，依据《煤矿井下隐患大全手册》规定的罚款数额进行买卖，并注明整改时间，到期未完成整改的，将对相关责任人同等处罚。

◇对生产科室管理人员（包括副总）考核处罚规定。生产科室管理人员（包括副总）在完成业务工作的同时，重点对所包保区队督查。

生产科室管理人员（包括副总）查处"三违"和罚款主要对象是区队三大员、跟班副区长、班组长，"三违"考核指标及罚款指标严格按照付煤字 [2013] 1 号文件和付煤字 [2013] 76 号文件执行。所有罚款指标必须落实到具体责任人，不准罚区队。否则在考核中扣 10 分。

生产科室管理人员（包括副总）发现现场存在隐患问题，而区队三大员、跟班副区长、班组长没有查出的，以《管理干部下井汇报卡》签字为准，对其按照《煤矿井下隐患大全手册》规定进行处罚。

◇对矿领导的考核处罚规定。矿领导在完成业务工作的同时，每月对所包挂片区解剖式检查不少于 2 次，每少一次罚款 100 元；矿领导的抓"三违"和罚款主要对象是生产科室管理人员（包括副总）、区队三大员；矿领导发现现场存在隐患问题而没有被查出的，以《管理干部下井汇报卡》签字认可为准，对生产科室管理人员（包括副总）和区队三大员按照《煤矿井下隐患大全手册》规定进行处罚。

(2) 五级市场主体。公司实行五级市场主体，建立四级考核结算流程体系。

五级市场主体是指公司、专业线、区队、班组、岗点（个人）。五级市场相互联责，达到一级抓一级、一级严一级、一级保一级，形成相互制约，相互监督，相互补充的安全质量管理格局，通过级级负责，层层落实，规范安全操作行为，实现安全质量管理水平稳步提升，确保矿井安全生产。

四级考核结算流程，包括公司对专业线的一级考核结算，专业线对内部区队的二级考核结算，区队对班组的三级考核结算，班组对岗点（个人）的四级考核结算。

其中，区队是实行市场化的主体，是节约挖潜、降本增效的关键，因此将市场化经营权放到区队，延伸到班组，实行人人抓成本、人人降消耗，人人"算着干"的生产经营局面，形成每级市场主体既是生产者又是经营者的管理体制。

四、付煤公司"三环五级"流程管控体系的主要做法

1. "三环五级"流程管控体系的考核结算流程及方式

"三环五级"流程管控体系主要实行"五级市场、四级结算"的市场化考核结算模式，见图4。

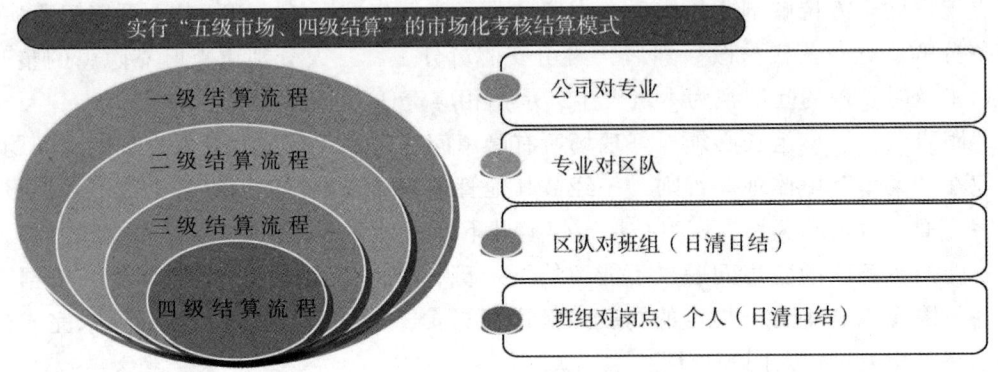

图4 市场化考核结算流程及方式

(1) 一级市场结算（公司对专业）。

①年初由公司与专业线按照安全:质量:任务指标:培训为"3:3:3:1"的比例，签订专业线考核目标责任书，明确各专业全年的目标任务，作为对专业考核的依据。

②每月根据月度分解指标完成情况，按照吨煤工作单价、材料费单价、电力单价、修理费、租赁费等费用的核算专业收入和实际消耗核算支出。

③总收入是指专业线考核目标责任书规定的吨煤或进尺单价乘以实际产量或进尺，总支出是除工资外的所有成本费用。

★公式：结算工资总额=总收入-总支出+（-）奖罚

各类奖罚是指依据《付煤公司经营承包考核办法》对材料费、电费、修理费、租赁费节约或超支按比例进行节奖超罚。

(2) 二级市场结算（专业对区队）。

①每月由公司考核、结算部门根据当月生产任务计划安排汇同各专业线测算各类结算单价，并经专业领导审定后，实行采掘竞标确定各单位工作任务和结算单价，签订竞标合同，作为对单位结算的依据。辅助单位根据工作性质和工作任务测定结算单价，直接签订市场结算合同。

②月末，根据各单位生产任务完成情况和实际消耗情况，结合月初签订的合同规定的具体内容和单价对区队的收入、支出进行考核。

③收入包括单价乘以产量或进尺形成的生产性收入、各项服务收入、单项工程收入、定额外收入及其他收入，支出是《压缩成本、控制非生产性支出实施意见》中规定的成本费用。

★公式：结算工资总额=总收入–总支出+（–）奖罚

各类奖罚是依据《付煤公司各专业市场化考核细则》对材料费、电费、修理费按比例节奖超罚；职能科室对区队的各种奖励和罚款：包括安全、隐患、质量、菜单式管理、优差评比、"四位一体"、工序流程验收、材料检查、机电设备管理竞赛等其他工作奖罚。

（3）三级市场结算（区队对班组，班清班结）。

①预算：月初，区队按照公司核定产量、进尺、竞标单价及材料、电量、租赁费等消耗定额，进行分解指标，落实到班组，细化到每一天，作为对班组考核的基础。

②考核、结算：区队根据班组每天的安全管理、质量（工程质量、工作质量）、生产任务、材料消耗、现场清洁生产（文明生产）、小改小革的完成情况，按照《区队精细化市场化流程管控实施细则》验收评分标准进行考核。依据当班完成工作量和核定单价计算收入，减去成本费用（材料费、电费等），加减奖罚，得出当班总收入，达到班清班结。

★公式：结算工资总额=总收入–总支出+（–）奖罚

③月末，区队根据当月结算情况，对区队进行二次分配，核算分值，进行工资分配，并将分配结果在区队公布。

（4）四级市场结算（班组对岗点、个人，日清日结）。

①根据各岗点工种的工作特点制定《岗位工种精细化市场化考核细则》，明确岗位工种的安全、质量、任务、消耗、文明生产（洁净生产）等内容的考核标准和工作要求，作为班组长当班考核的依据。

②每天班前会由班组长分配任务，办好验收各工种、岗点、人员的工作完成情况。

③由班组长根据工种、岗点、人员、劳动强度大小等考核结果，按照《岗位工种考核细则》进行当班收入分配，形成当班当天个人收入，达到日清日结。

2.付煤公司信息化支撑平台

为了使"三环五级"流程管控体系的内部市场化工作和量化考核工作得到高效运行，付煤公司将开发信息化软件，运用网络技术建立信息化支撑平台，通过支撑平台将复杂的事情简单化、简单的事情标准化、标准的事情表格化、表格的事情流程化、流程的事情软件化。使得成本指标的分解、岗位价值工资的量化考核以及价值工资的分配通过系统自行完成，自动分配的同时在系统屏幕和计算机上及时地反映，相关的职能部门、经营部门、矿领导及各单位都能够在计算机上随时看到。以"三环五级考核结算查询系统"为市场化运行结算基础，逐步丰富公司"精细管理系统"，实现工作过程精细化，运作数据信息化，市场化结算电算化。

（1）"三环五级"考核结算查询系统。日清日结是"三环五级"考核结算的基础，是体现区队自治、班组自主的重要举措，使区队和班组既有生产权，也有经营权，区队管理从传统的以生产型转化为效益型。为职工算明白账，每天完成多少工作量，按什么标准干，消耗了多少费用，节约了多少成本，获得了什么结果，由区队班组核算，多劳多得，少劳少得，并通过大屏公布和在线查询，实现了公开、公平、公正、透明管理。

系统通过任务分解模块、生产任务完成模块、班组消耗模块、日清日结检查模块中六个子菜单（安全因素、工作质量、日清日结、消耗、生产任务、班组存在问题）全面显示了每一个区队、每一个班组每一天、每一班的安全、质量、消耗、任务完成、班组得分情况。系统运算结果实现了结算中心、经营考核办、区队信息互联共享，每名职工通过系统输入个人工号，能实时查询到个人当班实际得分。

"三环五级"流程管控体系，围绕提质提效、降本增效，强化岗位价值理念，严考核、严结算，是以构建公司、科室、区队"三环"，公司、专业线、区队、班组、个人"五级"相互联责、利益共享的精细化市场化流程管理，是区队自治、班组自主、个人自律的一种管理手段。把安全生产任务、经营指标细化分解到各个区队，区队对每一个班组、每一名职工每天的工作任务进行量化，工作过程达到标准化，成本消耗定量化，工作结果由区队班组核算化，考核部门全程跟踪，利用结算信息系统操作平台集成数据，实现了收入班清班结，职工日清日结，可以流程在线查询、全视角展示。真正把外部市场压力转化为内部市场动力，提升了内涵式发展，形成"人人都是经营者、岗位都是利润源"的全新运营机制，促进公司基层区队管理科学化、制度化、规范化，全面提升矿井管理效能和经济运行质量。

系统秉承公司→专业→区队→班组→岗点（个人）逐级分解、逐级负责的宗旨，一级保一级，一级对一级负责，各层级之间形成闭合管理。工作有目标、有措施、有落实、有考核、有兑现，形成一个高效、紧凑的结算体系。

（2）精益管理系统。通过设计市场化精细管理的组织结构、业务流程、成本管理等模式，来谋划"三环五级"管理的实施；通过研究制定预算管理、成本—收益核算、绩效评价、调控仲裁、信息化建设等实施对策，为市场化、精细化三环五级流程管理的运行提供可行性。

"三环五级"流程管控模式具有鲜明的前瞻性，通过精细管理系统把市场机制引入企业内部，在管理流程再造的基础上，提高企业的管理水平和运行效能。煤矿精细管理实施的途径正是流程间的链式管理。通过管理流程、工序流程、服务流程将企业内部各单位之间的相互关系进行市场链接。

五、付煤公司"三环五级"流程管控体系的实施效果

付煤公司通过"三环五级"流程管控体系的实施，取得了卓越成效。

1. 安全管理得到进一步强化

借鉴"三环五级"流程管理模式，强化了经济对安全工作的激励约束作用，进一步完善了安全工资制度、安全风险抵押金制度、安全绩效考核制度、安全档案管理制度等，"安全就是效益""安全就是职工最大的福利"意识得到进一步强化，有力促进了安全管理由"要我安全"向"我要安全"的转变。

2. 生产管理效率得到进一步提高

通过将各项费用直接分解到岗位、个人，建立动态宏观调控机制，职工收入与个人工作实效关系进一步密切，激发了职工生产积极性，从根本上走出了长期存在的

"困难越大、条件越差越没人干活,越没人干活困难就越大、条件就越差"的怪圈,工作质量、工作效率均得到了质的提升。通过优差评比、工程质量验收等一系列措施,对优差区队、科室进行奖罚,达到了"标准化管理、规范化作业""项目管理有效、工艺操作规范、质量结果优良"的效果。

3. 区队班组管理意识得到进一步加强

"三环五级"流程管控体系从管理上体现了分权经营思想,区队生产经营自主权扩大,区队管理从传统的以生产为中心转变为以效益为中心。区队管理层逐步树立起了效益观念,以效益衡量自己的贡献,围绕效益组织生产。区队把精力集中在内部班组、职工管理上,结合"三环五级"运作需要,制定区队内部价格目录、班组核算、绩效考核、收益分配、安全质量标准化等相关管理制度,并严格考核兑现。对员工的每日工作量、奖罚情况进行公示,使班组管理形成良好氛围,促进了团队的和谐和凝聚力。

4. 职工自我管理能力有了质的提升

通过实施"三环五级"流程管控体系,使每个单位、每个岗位、每位职工都成为了管理主体、市场主体、增收节支的主体,自我管理、自我经营成为职工的自觉行动。同时,由于"三环五级"管理建设的深化和职工收入来源的多元化,职工间、班组间、单位间共荣共衰的关系进一步密切,横向协作能力得到进一步加强,在全矿形成了齐心协力谋发展的良好局面。

5. 节约型矿井建设取得明显成效

由于"三环五级"流程管控体系使费用与收入关系变得非常直观易懂,使职工真正明白"成本就是工资、工资就是成本""节约就是增加收入"思想的真正意义,降本增效积极性得到进一步强化,在全矿形成矿、专业、区队、班组、岗位齐抓成本控制,共建节约型矿井的良好局面。自"三环五级"流程管控体系实行以来,付煤公司在节支降耗方面取得新成效。付煤公司自2013年8月至2014年4月材料费从1573.9万元下降到879.1万元,用电量从675.4万度下降到454.8万度,材料费、用电量均呈下降趋势。

6. 修旧利废工作得到有效开展

近一年以来,付煤公司以"节支降耗"为切入点,本着"厉行节约、效益优先"的原则,利用"三环五级"流程管控体系狠抓修旧利废工作,取得了明显效果。通过"三环五级"流程运行后,运用经济杠杆和内部法规来调整和规范各单位的经济往来,调动了广大员工加强内部管理的积极性,堵塞漏洞挖掘潜力,经济运行质量明显提升。经统计,2013年全矿回收废旧物资560.1万元,复用价值485.05万元,加工自制价值31.59万元,修旧价值251.03万元,变现价值92.65万元,共计减少新材料投入1076.74万元。废旧物资回收额平均占生产材料费的8.3%,复用材料平均使吨煤成本下降了1.61元。

(成果创造人:徐亚民 韩 涛 商祥君 贾广水 蒋建刚 宋照峰 杨 涵 李 强 张 昆 徐 晗)

资源型企业以价值创新为导向的竞争策略

山东能源淄博矿业集团有限责任公司

山东能源淄博矿业集团有限责任公司（简称淄矿集团）是由原淄博矿务局改制而成的国有独资公司，是一个以煤为主、多业并举的跨地区、跨行业、跨所有制的大型现代企业集团。公司拥有分支机构、控股子公司和文教卫生单位22个，产业涉及煤炭、医疗器械及健康、水泥建材及新材料、煤化工、现代物流、矿井装备、建筑安装、房地产等多个领域，主要生产经营单位分布在鲁、陕、蒙三省区的淄博、济南、济宁、咸阳、鄂尔多斯五市。淄博矿区煤炭开采历史悠久，文化底蕴丰厚，先后涌现出11个全国先进集体、16名全国劳动模范，"五四"采煤队被原煤炭工业部确定为全国煤炭战线十面红旗之一。2013年，实现煤炭生产2068万吨，销售收入312亿元，利税总额30亿元，资产总额达到346亿元。

一、资源型企业以价值创新为导向的竞争策略实施背景

淄矿集团应用以价值创新为导向的竞争策略，主要基于以下几个方面的原因：

1.煤炭是主要能源的格局并没有变

现今，我国已发展成为世界第一大煤炭生产国、第二大能源消费国，形成了以煤炭为主要能源的社会产业结构和经济体系，在一次能源消费中，煤炭所占的比重多年来始终保持在70%左右，"富煤贫油少气"的能源格局短期内不会改变。煤炭作为我国的主要能源，为保持国民经济持续健康快速发展，降低能源对外依存程度，保障国家能源安全，发挥了重要的作用。所以，煤炭价格虽然从"黄金十年"的不合理高位"跳水"，但整个行业在国民经济中的重要性并没有降低，目前面临的问题主要是由于经济结构调整、产业升级而引起的"阵痛"。

2.煤炭企业受到各方面的严峻挑战

虽然煤炭行业的前景是光明的，但也应看到现在正是煤炭行业大浪淘沙、重新洗牌的关键时期。就煤炭企业而言，谁的竞争力强，谁就能在这一轮调整中脱颖而出；反之，就会被淘汰出局，成为产业升级的牺牲品。综合分析，煤炭企业主要面临以下几个方面的挑战：一是来自涉足能源领域的其他资金密集型行业的潜在进入者威胁；二是风能、水能、核能、太阳能、生物质能等储量丰富，开发和利用前景很好，且受

国家的大力扶持、利用技术取得突破等因素影响，目前开发利用的规模和速度逐年提升，对煤炭的替代压力不容忽视；三是我国煤炭消耗大部分集中在华东地区，且主要集中在电力、钢铁、化工和建材等四大行业，下游行业集中度较大决定了顾客讨价还价能力较强；四是虽然煤炭企业对材料供应商有较强的议价能力，但部分供应商也会通过降低质量、弱化服务等方式造成材料成本变相增加；五是国内各大矿业集团主动出击，利用自身区位、资本、规模、效益等优势，积极实施构建大集团战略，在市场上均具有较强的竞争力。

3.煤炭行业整体转型升级势在必行

2011年以来，受国际金融危机加剧和国内经济增速放缓的影响，国内煤炭市场需求萎缩，加之上述各方面因素的威胁，导致大部分煤炭企业遭遇了十年来最严重的效益下滑、经营困难的局面，2012年6月份以后煤炭市场更是跌入低谷，一些煤炭企业甚至面临着生存的危机，煤炭行业产能过剩愈演愈烈。分析其原因：一是世界经济持续低迷，国内经济困难增多，导致煤炭消费增幅下降。二是煤炭固定建设投资大幅增加。三是国际能源生产消费格局出现新的变化，欧美等主要经济体煤炭需求下降，国际煤炭价格下跌，使得我国净进口大幅增加。四是随着我国经济发展转方式、调结构力度的加大，导致煤炭需求相对下降。五是随着许多在建的铁路运输大通道在"十二五"期间陆续投入使用，我国煤炭运输瓶颈制约也得到极大缓解，东部沿海地区煤炭企业多年来的区位优势正在逐步弱化。这些因素，都将对未来一个时期煤炭行业的持续健康发展形成重要的制约。因此，煤炭工业发展所面临的环境发生了很大变化，已经到了战略转型的关键时期。

4.价值创新是摆脱困境的必然选择

通过以上分析可以看出，随着我国经济发展转方式、调结构力度的加大，煤炭行业传统的以扩量增产为手段的粗放式发展模式已经不符合时代要求，单纯靠低成本战略进行同质化竞争，不仅损害全行业的利益，造成资源的浪费，而且对企业自身的长远发展也不利。因此，必须转变发展思路，另辟蹊径，摆脱资源型企业发展不可持续的"魔咒"。当然，扭转这一局面不是一朝一夕，更不是一举一措所能实现的。经过淄矿集团多年来的实践摸索，逐步形成了以价值创新为导向的新型竞争策略体系，通过多管齐下、综合施策，使一个有百年历史的老矿业集团走上了转型发展、良性发展的路子，在全国煤炭企业普遍经营困难、发展乏力的特殊时期，实现了弯道超车、逆势发展。

二、资源型企业以价值创新为导向的竞争策略的内涵和做法

以价值创新为导向的竞争策略是淄矿集团在系统总结煤炭行业"黄金十年"结束以来，实行的多种应对举措所取得的经验和教训的基础上形成的，它所强调的创新不再是单方面的创新，而是各个企业发展战略子系统的全方位、多层次的整体战略内核。其主要内涵是，以科学发展观为指导，以转型发展为目标，以价值创新为导向，结合企业现行发展框架，确立了包含商业模式创新、营销模式创新、市场化管理创新、品牌价值创新、产业整合创新等五个方面内容的竞争策略体系。它是淄矿集团在当前市场条件下应对竞争的关键举措,是关系到淄矿集团能否实现持续健康发展的创新之举,也是在新一轮行业大洗牌中决定生死存亡、得失荣辱的战略抉择。

1.商业模式创新策略

所谓商业模式创新,就是企业价值创造提供基本逻辑的变化,即把新的商业模式引入社会的生产体系,并为客户和自身创造价值。通俗地说,商业模式创新就是指企业以新的有效方式赚钱。结合相关理论,淄矿集团商业模式创新主要分为以下几种:

(1)煤炭产业的商业模式创新。对生产矿井,主要是构建轻资产、专业化的模式,推进商业模式创新。轻资产,就是坚持"非禁即入"的发展思路,拓宽轻资产运营的领域、重点和层次,在企业非核心业务全面实施外包、托管运营,尤其是在推动技术改造、优化升级、结构调整等全过程推广实施轻资产运营,能引进设备的绝不投入,能引进技术的绝不购买,能多元持股的绝不独资,进一步减少自身投入,实现借力经营、借势发展。专业化,就是对工作面安撤、探放水、物料运送、设备维修、污水处理等方面实施专业化管理,对食堂、物业、绿化、保安等实施社会化管理。

对衰老矿井主要是着力打造无资源开采企业,发挥老矿井人才、技术和管理优势,成立矿业类管理服务型公司,从勘探、设计、施工、服务、生产托管等方面提供"保姆式"服务,实现从输出劳务向输出技术、管理、服务转变。大力推进转产转移转方式"三转"工作步伐,由煤炭生产企业向矿山管理服务企业转变,摆脱资源枯竭的束缚。

(2)水泥建材产业模式创新。下属的东华水泥公司,依托其丰富的管理营销经验、规范的管理流程、科学的管理制度、社会各方面的关系资源、充足的原料获取和整合能力、响亮的企业品牌、合理的人力资源、现代化的企业文化等八项优势资源,运用公司品牌营销能力、生产技术能力、原料供给能力、事务管控能力等,输出品牌,输出管理,用杠杆原理充分整合小水泥企业资源,以最低的投入,实现价值的最大化,实现由固定投资到虚拟企业的转变。通过实施轻资产运作,可以以有限的资金,盘活合作企业的"重资产",时间短、见效快、费用低、效率高,不仅节约大量的基建、设备投资,而且使企业在较短时间内实现规模扩张,大大降低生产成本,取得较好的效益。今年,东华水泥公司计划通过输出技术、管理和原料委托加工水泥产品200万吨,占水泥产量的60%以上。

(3)医疗器械产业商业模式创新。新华医疗器械公司的主要客户是医院和制药公司,每个新项目的建设,都会面临多家设备供应商和施工单位,协调的工作量非常大且不专业,很多结合部的工作没人做或不好协调。如果提供整体解决方案(交钥匙工程服务),一方面可以发挥新华医疗专业领域的技术优势,解决客户的后顾之忧,增强公司的核心竞争力、扩大企业规模,同时也有利于社会化专业分工发展,使客户能专注于自身擅长和核心业务的发展。因此,对于新华医疗器械公司,着力推进由卖单一产品转变为提供整体解决方案,即由"卖产品"转变为"卖服务"。目前,新华医疗已累计向用户提供整体解决方案400多套。其中,中心供应室整体解决方案、放射诊疗整体解决方案和大输液工程整体解决方案,在产量、质量和市场占有率上均已占据全国第一。同时,将积极推进"轻资产"管理模式,通过输出新华医疗掌握的自有品牌、行业标准和核心技术，将低效益的非核心业务外包，专注核心业务发展，实现快速扩张。

(4) 现代服务业发展模式创新。在淄矿三大物流企业中，运用电子商务手段，实现在思路上由"依托内"转向"拓展外"、在经营领域上由"单一"转向"多元"，真正从"企业物流"转向"物流企业"，实现从传统贸易向整体供应链、价值链和服务利润链转变。

2.营销模式创新策略

营销模式创新是现代企业管理的核心，其指导思想是：企业的全部经营活动都要从满足顾客的需要出发，以提供满足顾客需要的产品为责任，以满足顾客要求、使顾客满意为经营目的。煤炭企业的营销模式创新，最重要的是明确谁是煤炭企业的客户，客户的需求是什么，一切以客户需求为中心。客户需要的不仅是煤炭，还需要高效快速稳定的供应、便捷的配送服务、尽量少的库存和资金占用、更高的能源使用效率、最低的排放和污染、最低的成本以及最佳的经济效益。作为供应商，客户的需求就是煤炭企业转变的方向，在物流配送、库存管理、资金结算、资源废弃物再利用、客户产品需求使用环节以及品质要求等方面，要有一个系统的解决方案。切实把煤炭销售模式从过去提供单一产品转变到提供能源解决方案上来，由过去的"产品生产—寻求客户—签订合同—煤款回收"四个环节，转变到"原煤制样分析—客户需求信息收集—能源解决方案研究—与客户进行方案沟通—满足客户价值协议签订—持续改进服务"六个环节上来，在为顾客提供最大价值的同时，实现企业价值的最大化。

淄矿集团实施营销模式创新，核心是以市场为导向，最大限度地使顾客感到满意，追求顾客满意与企业长期利益的高度一致。具体从以下几个方面着手：

(1) 搞好煤炭多用途分析化验工作。实施营销模式创新策略，产品质量是根本保障。为进一步详细了解新建矿井的煤质特性，为选煤厂工艺技术选择和煤炭产品研究开发提供有关基础资料，从高炉喷吹、气化、液化等高端高质煤炭产品对煤质性能的要求出发，对煤芯煤样、煤层煤样或生产煤样，进行全面的分析，进一步确定煤种、灰分、硫分、发热量、粘结性、可磨性、煤灰熔融性、泥化特性、煤的燃烧性、爆炸性、热稳定性、反应活性、着火点、煤岩结构、焦油产率、元素分析、灰成分、比表面积和密度等指标，从而尽早确定矿井的资源价值及今后煤炭产品加工利用的方向，实现煤炭产品的价值最大化、资源的合理利用以及产品市场定位。

(2) 加大对客户需求信息的收集。客户的需求信息是调整产品结构、合理组织生产的依据。要充分利用煤炭运销协会、互联网、走访老客户等信息渠道，了解掌握市场信息，通过收集整理客户需求信息，及时了解客户及行业动态、动向、需求，为企业创造更多销售机会。在此基础上，按照市场需求和客户信息，不断改进新工艺、新产品，适应客户需求。

(3) 深化能源解决方案研究。在对煤炭产品进行制样分析后，按照产品的用途和客户的需求，进行市场定位，围绕客户使用环节及对品质的要求，对煤炭产品进行合理的洗选加工，生产出满足用户需求的产品，并在物流配送、库存管理、资金结算、资源废弃物再利用等方面为客户制定一个系统的解决方案，提供"一条龙"服务，建立起长期的合作关系，实现双赢目标。

（4）加强与客户进行方案沟通。由于煤炭产品同质性强，差异化小，因此，建立与顾客沟通的长效机制在营销管理中显得很重要。能源解决方案制定后，能否得到用户的认可，还需要通过进一步与客户进行沟通交流后才能确定。与客户加深沟通交流，达到双方都满意的要求，并通过能源解决方案的实施，达成与客户的战略合作关系，实现订单生产，确保企业生产经营的稳定性，确保客户能源供给，提高双方抵御市场风险的能力。以老客户作为能源解决方案实施的重点，加强与老客户的联系，定期进行走访沟通，听取他们的意见和建议，解决他们提出的问题和困难，以此来稳固现有的产品市场。

（5）满足客户价值协议签订。在产品定位、价值定位的基础上，给用户提供的能源解决方案就是要满足客户的价值需求，让客户感受到不但是给他们提供产品，而且也是提供全方位的能源解决方案，产品不但是价质最优的，而且是客户最需求的。通过让客户满意，双方达成一致意见，签订协议并成为战略合作伙伴。

（6）持续改进服务。最后，始终把为客户服好务作为重要的手段，永远视客户为上帝，不断改进服务质量，用良好的服务来赢得用户的信任，建立起一个长期、稳定、良好的营销网络。

3.市场化运营创新策略

市场化经营模式创新，就是依靠内部市场体系，将单位内部之间的产品、劳务、服务形成买卖关系，按照"收入－支出＝工资"的原则，确定新的分配方式，从根本上实现"人人都是经营者，岗位都是利润源"的目标。通过重新构建内部业务流程和核算体系，提高内部生产和管理人员的积极性和主动性，降低各生产经营环节的成本浪费和损耗，挖掘新的内部价值，从而实现价值创新。

（1）构建内部市场化运营模式。以全面预算管理、全员业绩考核、全面对标管理、全面质量管理、全面风险管理为基础，以信息化为平台，在企业内部建立全面的内部市场化运营模式。一是构建五大市场主体。将市场化关系逐渐向班组和岗位延伸，建立矿、专业、区队（厂）、班组（车间）、岗位五大市场主体。突出各个主体的平等性，以及企业目标与个人目标的一致性。二是构建各个市场主体的市场关系，即制定交易规则。按照"收入－支出＝工资"的原则，合理确定各级各主体收支结算内容和工资结算办法。三是构建各级市场的价格体系。在全面分解分析各项产品、服务的成本构成要素的基础上，结合各单位成本管控模式，以成本投入定额、现场写实为基础，结合历史水平、预算目标和对标值等情况，综合测定出了内部产品、服务、劳务、消耗等价格，形成"横到边、纵到底"的内部价格体系。四是构建各级市场的业绩计量体系。凡是纳入内部市场化管理的产品、服务都有量可计，凡是发生的交易行为都有准确、可靠的计量数据，实现各级市场主体创造价值的公正衡量和科学测定。五是制定分级、分市场的业绩核算体系。把"考核"变"核算"，按照"工资＝收入－支出"的原则，以信息化为平台，四级市场做到班清班结、三级市场做到日清日结、一二级市场做到日清月结，简化结算流程，降低交易成本。

(2) 完善"全覆盖"的内部市场。纵向管理市场化方面，以全面预算管理为基础，把经营指标、市场压力（如商品煤售价、材料价格）层层传递到各个市场主体，实现千斤重担全员共担，将企业目标转化为个人目标。纵向建立五大市场主体，形成矿对分口、分口对区队、区队对班组、班组对岗位的四级市场，实行分线管理、独立核算、自负盈亏，构建完善的"五大市场主体四级市场"运行体系。横向交易市场化方面，规范设立产品、物资、电力、服务、技术、维修、劳动力（培训劳务）、资金、租赁（设备使用、损害赔付）、安全质量等十大生产经营要素，并将十大要素全部纳入内部市场，将市场关系延伸到生产经营的每一个节点，形成"横到边、纵到底、全要素、全过程、全方位、全覆盖"的内部市场交易体系。

4. 品牌价值创新策略

所谓品牌价值创新，就是在一定的成本范围内，在不断改进产品、服务的基础之上，用新的品牌价值去满足顾客对原有产品或服务的更高价值目标的追求。品牌价值创新可以是更改品牌价值属性，也可以是赋予品牌全新的价值属性（比如对现有品牌深度、广度和相关度的开发延伸，拓展品牌新的领域)，还可以是企业通过品牌新的经营策略，实现对品牌价值的管理和维护，达到品牌价值创造和价值增值的目的。

煤炭行业属于强周期性行业，随宏观经济波动而波动，行业特点决定了煤炭集团品牌战略发展普遍落后于其他行业。受传统观念和落后经营方式的影响，煤炭企业在品牌竞争意识方面普遍不强。未能将品牌运作上升到战略层面，缺乏系统性，品牌定位不明确，集团品牌战略实施与其他相关战略实施脱节，核心价值概念模糊，品牌差异化、品牌传播随机性和品牌架构规划缺乏。

事实上，同其他行业一样，煤炭企业也需要品牌价值创新战略，这是因为企业通过品牌价值创新可以提高顾客感知价值，一方面可以降低顾客对成本的敏感程度。通过品牌价值创新，有助于顾客整理、加工有关品牌价值信息，简化顾客购买程序；能够增强顾客购买信心，提高忠诚度，降低购买风险；能够增加产品的形象价值，提高顾客心理情感感知价值，降低顾客成本敏感程度。另一方面是品牌价值创新可以为企业创造价值。通过品牌价值创新，能够增强顾客对相关产品广泛持久的信赖关系，增加重复购买的频率和购买种类；可以促进品牌声誉的价值溢出，促进品牌资产的扩张；可以建立竞争对手进入的有效屏障。因此，淄矿集团在品牌创新方面也进行了全方位的尝试与深化。

(1) 树立"济北精煤"品牌。在煤炭与效益主产区——济北矿区，利用原煤全入洗这一有利条件，充分发挥洗煤厂提质调质作用，全面推行精煤战略与"订单式"生产，着力打造"济北精煤"品牌，以优质的服务和产品，赢得客户的信赖，取得良好的经济效益和社会效益。

(2) 打响"双欣低硫煤"品牌。淄矿集团下属内蒙古双欣矿业公司发挥产品低硫优势，主动与电厂、钢厂接洽，通过开展经济性分析、商务洽谈，帮助客户改进喷吹煤工艺、提供增值技术服务等措施，与大用户签署长期稳定的合作关系，实现由"卖产品"向"卖技术""卖品牌"的转变，打响"双欣低硫煤"品牌。

（3）扩大新华医疗品牌效应。发挥新华医疗作为国家医疗器械行业协会会长单位的优势，积极参与国家医疗器械的技术标准制订和标准创新，提高行业内的权威性和发言权，进而提高自身的竞争力；利用新华医疗的品牌优势在行业内实施扩张，与技术方、资产方进行合作，实现多赢。

（4）利用合作单位品牌实现共赢。淄矿集团所属的几大医院在一些专科门诊和大型医疗设备上，与一些知名专家和医疗器械厂家签订长期合作协议，实行业务分销和收入分账。淄矿集团中心医院在大型设备投入、大液体供应室建设和化验设备投入方面已经开始运用新模式运作。埠村煤矿医院引进先进的医疗器械，扩大医院医疗医护服务范围，大力实施"医+商""医+药""医+医""医+企"合作项目，开展微创椎间孔镜治疗椎间盘突出症、全自动尿液显微镜分析业务；和国内著名大药房连锁企业合作经营矿社区的药房，与地方医疗单位签署了医疗废弃物处理协议；同时，还合作开展了无痛胃肠镜、高压氧治疗、动态心电图治疗项目，与周边部分厂、矿企业开展了医疗定点服务，并实施"医疗品牌导入"合作项目；将矿医院挂靠山东省肛肠病附属医院，借助其医院的社会品牌效益着力增收。

5. 产业整合创新策略

产业结构调整包括产业结构合理化和高级化两个方面。产业结构合理化是指各产业之间相互协调，有较强的产业结构转换能力和良好的适应性，能适应市场需求变化，并带来最佳效益的产业结构，具体表现为产业之间的数量比例关系、经济技术联系和相互作用关系趋向协调平衡的过程；产业结构高级化，又称为产业结构升级，是指产业结构系统从较低级形式向较高级形式的转化过程。产业结构的高级化一般遵循产业结构演变规律，由低级到高级演进。

就淄矿集团而言，为应对当前严峻的生存挑战，提出的产业整合创新策略，其实质就是在产业结构调整的基础上，不断完善产业发展体系，打造以煤炭产业为基础，医疗器械及健康产业、建材为支柱，现代服务业为支撑的"121"产业体系升级版。

（1）强化煤炭产业的基础地位。坚持把煤炭产业作为核心主业加快发展，增强企业的综合竞争力。按照形成三个煤炭生产及深加工基地的规划，在通过技术改造稳定济北矿区产能的基础上，加快推进陕西彬长、内蒙古鄂尔多斯两个矿区建设。在省外矿井的建设中，坚持"人均万吨"理念和"六化"模式，从根本上颠覆传统的生产运营模式，使巴彦高勒、杨家村、高家堡三个轻型大矿建设迈出新的步伐。

（2）放手扩张医疗器械制造业。控股新华医疗后，急需抓住国家振兴装备制造业和完善公共卫生医疗体系的机遇，迅速将医疗器械产业做强做大，咬定"国内领先、国际一流的医疗器械生产商"这个目标，着力在"规模、规范"上做文章。一方面通过资本运作等手段，做大总量规模，销售收入突破50亿元，占居全国行业前两名位置；另一方面规范并购企业的管理，进一步提高其对经济效益的贡献率，力争2015年成为全国医疗器械行业中的"龙头企业"。

（3）稳妥发展水泥建材和新材料产业。针对国家限制水泥产业发展的现实，坚持轻资产运营与资产并购相结合，抓住省内水泥产业结构调整的机遇，积极推进区域产能整合，尽快把东华水泥培植成区域内的龙头企业。对于济南泰星公司，在掌握核心知识产权的基础上，着重在新产品的产业化、规模化、市场化上下工夫，为实现跨越式发展奠定基础，尽快把阻燃材料打造成新的支柱产业。

（4）谨慎取舍煤炭下游产业。受产业政策影响，发电业受到限制，无法进一步扩大规模和产能，按照有进有退的原则，逐步将发电业从主业中退出；同时，按照内蒙古自治区政府新建矿井必须有相应规模的现代煤化工配套产业的政策要求，加快相关配套产业的调研工作，并加快予以落实。

（5）加快发展现代服务业。充分发挥集团公司品牌、区位、资源优势，继续壮大发展现代物流服务产业，逐步形成辐射功能强劲的物流集聚区。

三、资源型企业以价值创新为导向的竞争策略的实施效果

通过实行以价值创新为导向的竞争策略，淄矿集团主要取得了以下几个方面的竞争优势：

1. 经济运行质量高，人均优势突出

淄矿集团通过实施以价值创新为导向的竞争策略，企业取得了较好的生产经营业绩，经济运行质量在同行业中处于领先地位。在2012年以来煤炭形势发生逆转、煤炭企业普遍降薪的情况下，集团公司职工工资收入没有降低、实现了总体稳定略有增长。2013年，单单依靠内部市场化管理创新就实现降本增效2.8亿元。同时，淄矿集团一直把均量作为衡量一个企业价值创造能力的核心要素，随着内部市场化管理创新的系统推进，系统深化，用人少、效率高、成本低已经成为淄矿应对困难和挑战的核心竞争优势，为我国煤炭企业的精细化内部管理提供了借鉴。

2. 煤炭后备资源好，且开发速度快，市场竞争力强

淄矿集团通过实施以价值创新为导向的竞争策略，一方面，大力实施"走出去"发展战略，在山东煤炭行业中率先走出省门，开发省外的煤炭资源。通过资本运作、市场化购买等方式，先后在陕西、内蒙古等省份获取煤炭资源量50多亿吨，这些后备资源、整装、优质、高效、低害，而且手续齐全，全部在国家规划的十三个大型煤炭基地之中，为企业可持续发展奠定了坚实的基础。另一方面，加快资源优势向效益优势转化的力度，进一步壮大煤炭主业规模，完成了山东济北、陕西彬长、内蒙古鄂尔多斯三大煤炭生产矿区和深加工基地的构建，规划煤炭产能为4300万吨。不仅如此，用新思路、新模式建设新矿井，提高了企业的市场竞争力。在济北矿区建设中，淄矿集团紧紧依靠技术进步和管理创新，建设安全高效现代化矿区，取得了显著成效。目前的煤炭产量达到1000万吨/年，人均效率为10吨/工以上，处于全国先进水平。淄矿集团在省外五个大型矿井建设上，打破了煤矿用人多、效率低、技术含量低的旧模式，提出了"人均万吨"的效率标准，以建设国际先进、国内一流的矿井为目标，按照采掘机械化、装备自动化、管理信息化、生产运营市场化、生产辅助专业化、后勤服务社会化的"六化"生产管理模式，全部建成轻型大矿、效益矿井。可以说，这些矿井的建成，用人少、效率高，具有很强的市场竞争力，将为淄矿集团应对经济危机、实现可持续发展提供重要保障。

3. 产业结构优，特别是医疗器械及健康产业发展迅猛

淄矿集团通过实施以价值创新为导向的竞争策略，坚定不移地优化产业结构，着力培育有价值的非煤产业，终于实现了煤与非煤相得益彰、齐头并进的良好局面，特别是医疗器械与健康产业撑起了集团发展的半边天。2009年，淄矿集团收购了新华医疗器械股份公司29%的股权，成为第一大股东。之后把医疗器械及健康产业作为企业的支柱产业，全力支持新华医疗做大做强，打造"全国领先、世界一流的医疗器械生产商"，企业步入了快速成长期。近几年来，新华医疗每年都以40%以上的速度增长，经济总量由2009年淄矿控股之初的8.86亿元，发展到2013年的40亿元，2014年提前实现"十二五"末50亿元的发展目标，成为能源企业多元扩张发展的成功典范。目前，新华医疗在高端产品上形成了一批具有自主知识产权的核心技术，先后承担了7项国家科技支撑计划和火炬计划项目；有2项荣获国家级自主创新产品，消毒灭菌设备的品种和产量已跃居世界第一，放疗设备等系列产品已达到或接近国际领先水平，已经成为国内医疗器械行业的龙头企业。

4. 技术攻关能力强，产学研机制趋于合理

淄矿集团在技术创新和产品研发上从来都不遗余力，充分利用现有的国家级和省级两个技术中心及一个博士后科研工作站，先后与中国科学院、山东大学、中国矿业大学、山东科技大学等20余所高校和科研单位建立了长期合作关系，形成了产学研合作机制。不断加大技术难题攻关力度，取得了一大批优秀科技成果。综采放顶煤和薄煤层开采技术、"三下"压煤开采研究、充填式开采、置换式开采、瓦斯综合治理新技术、大型矿井快速建井综合技术等都处于国内领先水平。仅"十一五"以来，完成科研成果转化600余项，有260项达到国内领先或国际先进水平，"千米埋深矿井建设技术及应用"和"建下条采矸石置换开采综合技术研究"两项具有国际国内先进水平的科技成果，荣获了国家科技进步二等奖。

5. 文化底蕴深厚，企业凝聚力优势得以充分发挥

创新文化在淄矿集团传统中由来已久，可以说是淄矿文化的基石之一。企业文化是形成企业核心竞争力的深层次因素，有了全体职工共同认同的价值观。这个价值观无形中就形成了对员工的激励，使他们为此而奋斗，形成独特的核心竞争力。淄矿集团作为一个有着百年开采历史的老企业，在创造光辉业绩的同时，也形成了厚重的文化积淀，孕育了健康向上的企业文化。2002年企业整体改制以后，始终把企业文化建设作为培育核心竞争力的重要举措来抓，经过多年沉淀、提炼，逐渐形成了开拓创新、与时俱进的企业文化体系。近年来，成功开展了以安全文化系统推进、岗位价值精细管理、"五精管理"等为主题的企业文化创建活动，管理层次和水平得到进一步提升。先后荣获全省企业文化建设先进单位、全国企业文化优秀奖等称号，大大激发了广大员工的自豪感，增强了企业的凝聚力和向心力。可以说，淄矿集团在经济规模不断扩展、竞争力不断增强的过程中，独具特色的企业文化起到了很重要的支撑作用。

（成果创造人：张寿利　孙中辉　李景慧　刁兴建　马忠德　王利民　王德龙　李　琦）

煤炭企业廉洁风险防控体系的构建与实施

山东能源肥城曹庄煤矿有限公司

曹庄煤矿是肥城矿业集团公司、山东东岳能源有限责任公司的骨干企业。现有职工4435人、职工家属14000人,是1965年建井投产、原设计生产能力65万吨、现核定生产能力130万吨、洗选能力90万吨的现代化矿井,是集团公司的利润大户,被誉为煤矿质量标准化的发源地,荣获过全国质量标准化矿井、中国统配煤矿现代化矿井、全国能源工业先进集体、全国职工体育先进单位等称号。

一、煤炭企业廉洁风险防控体系的构建与实施的背景

1.企业背景

煤矿是一种特殊行业,抓不好安全,伤的是职工的自然生命;抓不好廉洁,伤的是干部的政治生命。作为质量标准化发源地,肥矿集团坚持管理人员安全和廉洁两手都要硬,但也有一些管理人员存有落后的、传统的习惯思维,考核机制、管控模式的缺失还时常让不廉洁人员心存侥幸,有的造成终生遗恨。每次处理管理人员时,矿领导是既痛心又痛苦。煤矿每一名管理人员都是经过几年、十几年,甚至几十年的时间培养和锻炼出来的,既有个人的艰苦努力,又有组织的培养心血;既经过组织的认可,又需群众的肯定,才从一位普通职工走上管理岗位,掌握一定的权力。每名管理人员都是企业的财富,每毁掉一名管理人员都给企业造成一次资源严重浪费和资产的重大损失。不强化廉政建设,不对人才严管严控,都是对管理人员的放纵和对企业发展的不负责。分析所有受处理的管理人员,既有内在的自我约束缺失,又有外在的制度缺陷,还存在世俗观念的波动。有的随着权力的增长,慎小慎独慎微的思想渐渐淡化;有的限于制度的缺失,吃点用点拿点的私欲不断膨胀;有的受世俗观念的影响,在内在的变化和外在环境的双重推动下,逐渐滑向贪腐的深渊。因此,建立管理人员的廉洁风险防控体系,是对企业发展和管理队伍的双重保护。

集团公司查处违纪管理人员的事实再次证明,权力无大小,有权就有风险。不严管严控,小岗位也可能带来大损失,大权力会造成大麻烦。新班子成立以来,放眼先进有差距,放眼山能有距离,面临脱困和发展双重压力,面临内部提升和外向发展双重任务,无论是发展规模、速度,还是发展质量、层次,都需要一支自身过硬的管理

队伍，经不起管理自身的损失和管理人员的腐化内耗。为此，集团公司积极推进全面标准化建设、全面预算管理、全面对标管理、全面风险管理、全员业绩考核"5F"管理工程，从而把管理人员的廉洁管控推到一个保证发展的高度，强化干部队伍的廉洁建设，保证经济运行质量不掺砂子，发展速度不掉链子，发展的规模、层次不卡壳。让廉洁的润滑剂，时时刻刻保护每一个部件完好无差错地运行。

2.管理背景

（1）岗位廉洁风险防控体系是有效预防企业从业人员腐败的必然要求。岗位廉洁风险防控体系在评价结果运用上充分体现了党委统领反腐倡廉建设。一是依据一定阶段的"廉洁指数"分析报告，发现问题，分析原因，找准岗位廉洁风险点，有针对性的置顶整改措施，强化薄弱环节的监督管理。二是对评价发现的问题，有针对性地进行反馈谈话，提出明确整改意见，限期整改，并注意跟踪监督。三是对廉洁指数较低的从业人员，及时教育警示，实施三级预警机制。对"廉洁指数"在70~80分之间的，实施三级预警，对本人和部门主要领导进行教育谈话，提出明确要求；"廉洁指数"在60~70分之间的，实施二级预警，对本人和部门主要领导进行警示谈话，查找问题，深入剖析，提出具体措施，限期进行整改；"廉洁指数"达不到60分的，实施一级预警，视情况分别对部门主要领导进行诫勉谈话，对个人"黄牌"警告或及时做出组织调整，问题严重的，进行调查，跟踪督办，专项整改。四是对存在问题较多的单位和个人，实施廉情重点监管。因此，从有效预防腐败的角度讲，是防止企业从业人员失足的"预警器"。

（2）岗位廉洁风险防控体系是对企业从业人员有效监管的必然要求。长期以来，由于没有坚强的他律体制作后盾，在对企业从业人员的监管上，主要依靠自律。这种自律变的很消极。不少从业人员习惯于被动工作，上级抓的紧一紧，下级动的紧一紧，上级不抓，下级不动。究其原因，就在于没有建立起一套科学有效的激励与惩戒机制。岗位风险廉洁指数评价体系在设置机理上，注重了从正反两方面体现量的积累到质的变化的客观规律，激励着从业人员时刻充分注意自己所管的工作和自身的形象。因此，从有效监管的角度讲，是提升企业从业人员自省自励的"长效针"。

（3）岗位廉洁风险防控体系是激励企业从业人员奋发向上的必然要求。岗位风险廉洁指数评价体系设置遵循动态管理、奖惩分明的原则和上封顶、下不保底的办法，体现了渐进式和渐退式的特点。如此设置，既可以防止因一时一事而对人"全盘否定"或"全盘肯定"，避免了因人而异，较好地体现了现代社会所要求的以制度看守企业的精神。因此，从激励进取的角度讲，是激励企业从业人员奋勇拼搏的"加力器"。

（4）岗位廉洁风险防控体系是对企业从业人员客观评价的必然要求。岗位风险廉洁指数在设置时，将对单位的评价与对领导干部特别是主要领导干部的评价"捆绑"在一起，从机制上解决了行为与结果、权利与责任的对等关系。要求领导干部不仅要管理好自己，而且要管理好班子，带好队伍；所管的单位不仅不能乱作为，不作为，而且必须有效作为。否则，任何管理不到位，都会通过点滴积累反映出来。因此，从评价结果运用的角度讲，是客观评价企业从业人员"等高尺"。

二、煤炭企业廉洁风险防控体系构建与实施的内涵和做法

1.廉洁风险防控的基本内涵和框架模式

岗位廉洁风险防控体系就是运用风险管理、分权制衡、质量管理、流程再造等理论和方法，紧紧围绕腐败现象易发多发的重要领域、重点部门、关键环节，认真查找思想道德、工作职责、业务流程、制度机制、外部环境等"五类风险"，科学划分风险等级，通过多种手段将企业从业人员所涉及的具有廉情可比性的各项工作及具有特别性的各类廉情情况，赋予不同的分值，得出对企业从业人员一定时段内的指数评价，并进行数字转化和分析，有针对性地运用教育、制度、监督等手段，通过前期预防、中期监控和后期处置"三道防线"措施，形成"分岗清权、排查风险，分险设防、防范风险，分权制衡、处置风险，分级预警、控制风险，分层追责、化解风险"的防控模式，实现岗位风险最小化、廉政效能最大化、发展环境最大化的目标。

岗位廉洁风险防控体系的基本框架为"五四三三"模式，即"五类风险、四项指标、三级指数、三级预警"工作模式。"五类风险"就是指企业从业人员可能存在的思想道德、工作职责、业务流程、制度机制、外部环境等"五类"岗位风险。"四项指标"包括自我评价、群众评价、组织评价、奖罚评价。"三级指数"就是对从业人员的廉洁指数评价按得分高低分为廉洁、比较廉洁、不廉洁。"三级预警"就是对"比较廉洁"和"不廉洁"的从业人员，按廉洁指数不同分别实施一、二、三级预警。

2.廉洁风险防控的内容

（1）自我评价。包括廉洁自律、自我认定评价内容，通过分值换算计入"廉洁指数"。

（2）群众评价。包括班子评价、单位职工评价、服务对象评价三项评价内容。采取集中问卷评测，满意票计100分，较满意票计60分，不满意、弃权票、作废票均计0分，三个层次的评价得分分别换算计入"廉洁指数"。

（3）组织考核。包括思想道德、岗位职责、工作流程、制度机制、外部环境五项评价内容。

思想道德评价包括放松世界观改造，理想信念动摇，政治素质低；背离社会主义荣辱观；不思进取、得过且过，漠视群众、脱离实际，形式主义、官僚主义，弄虚作假、虚报浮夸，铺张浪费、贪图享受，阳奉阴违、我行我素，独断专行、软弱涣散，以权谋私、骄奢淫逸等。

岗位职责评价包括违反民主集中制原则，独断专行或软弱放任；滥用职权，失职渎职；利用职务上便利谋取私利；违反程序、超越权限；不履行"一岗双责"或履行不到位；对职责范围内的工作不履行、不落实，或敷衍了事；对违反程序的行为、不符合规范的现象，视而不见，不制止，不反映，致使单位、部门或本人及所属人员发生违纪违法问题等。

工作流程评价包括工作流程过程监督机制缺失；工作流程缺乏权力制衡机制；工作流程各节点达不到工作标准缺失处理机制；工作流程各节点应负监督职能缺失。

制度机制评价包括对工作实践中暴露出来的普遍性、倾向性和苗头性问题，未能

及时制定或完善相关制度，致使管理过程中存在着漏洞和薄弱环节；制度贯彻落实不到位，工作流程出现漏洞；对人、财、物管理等重要事项未能严格按照制度办事，致使权力没有按规范要求公开运行；对重要和关键的环节能够事前谋划，制度出台比较及时，对次要和非关键的环节关注不够，到急需时才开始制定制度；一些管理制度原则规定多、具体细则少，难以落实到位；一些制度禁止规定多、配套惩罚少，起不到警示效果；有的制度对权力的制衡、约束机制比较宽泛，不能发挥有效的监督与制约作用；有的制度照抄照搬其他的管理办法，针对性、操作性差，在执行的过程中可能一句话就被修改，削弱了管理制度的严肃性。

外部环境评价包括因工作需要出入一些高消费休闲娱乐场所；来自合作单位的物质与非物质利益的诱惑；一些客户奢华的物质条件的渗透、侵蚀；公关活动支出及职务消费等等。

上述五项评价得分分别换算计入"廉洁指数"。

（4）优劣评价。个人发生违纪违法问题、部门年度综合考核排名、在纠风、廉洁教育、效能监察、廉洁自律、专项治理、专项检查工作中被通报表扬（批评）或媒体褒奖（曝光）的，实行优劣加减分，直接计入"廉洁指数"。

3. 岗位廉洁风险防控体系的要素和机制

岗位廉洁风险防控体系管理工作以月度为单位，以季度为周期，通过对党员管理人员"行权用权、风险处置、分险设防、分权制衡、风险控制、风险防范及分级预警、分层追责"等环节的管理活动，加强前期预防、中期监控、后期处置等工作手段，控制和约束权力运行，防范和消除廉政风险。

（1）明岗清权，认知风险。清理权力是排查腐败风险的前提，排查风险是预防腐败工作的基础。围绕权力运行流程再造和岗位职责排查风险，重点在腐败现象易发多发的重要领域、重点部门、重点岗位、关键环节排查风险，经有关部门审核后在一定范围内公示，接受监督。在理清岗位权限基础上，对梳理出的权力事项进行流程优化和再造。各职权岗位按照廉洁、效能、便民的原则，制定业务流程图，明确业务办理的条件、承办岗位、运作程序、办理时限、监督制约、相对人权利以及投诉举报途径和方式，确保程序规范、效率提高、简明清晰、方便办事。在此基础上，将风险岗位职权目录和业务流程目录明示公布，对群众普遍关心、涉及群众切身利益的权力事项，公开其办理程序和办理过程，确保办理事项从受理到办结全过程可查可控，接受社会和群众的监督。

（2）严格考核，控制风险岗位。

一是考核职权因世界观、人生观、价值观被扭曲而发生的腐败行为。主要表现为：放松世界观改造，理想信念动摇，政治素质低；背离社会主义荣辱观；不思进取、得过且过、漠视群众、脱离实际、形式主义、官僚主义、弄虚作假、虚报浮夸、铺张浪费、贪图享受、阳奉阴违、我行我素、独断专行、软弱涣散、以权谋私、骄奢淫逸等。

二是考核职权人员履行职责乱作为或不作为而发生的腐败行为。乱作为的主要表现是违反民主集中制原则，独断专行或软弱放任；滥用职权，失职渎职；利用职务上便利谋取私利；违反程序、超越权限等；不作为的主要表现是不履行"一岗双责"或履行不到位；对职责范围内的工作不履行、不落实，或敷衍了事；对违反程序的行为、不符合规范的现象，视而不见，不制止、不反映，致使单位、部门或本人及所属人员发生违纪违法问题等。

三是考核工作程序不规范、不严谨、不完善而发生的腐败行为。主要表现为：工作流程过程监督机制缺失；工作流程缺乏权力制衡机制；工作流程各节点达不到工作标准缺失处理机制；工作流程各节点应负监督职能缺失。

四是考核管理制度不健全、不完善而发生的腐败行为。主要表现为：对工作实践中暴露出来的普遍性、倾向性和苗头性问题，未能及时制定或完善相关制度，致使管理过程中存在着漏洞和薄弱环节；制度贯彻落实不到位，工作流程出现漏洞；对人、财、物管理等重要事项未能严格按照制度办事，致使权力没有按规范要求公开运行；对重要和关键的环节能够事前谋划，制度出台比较及时，对次要和非关键的环节关注不够，到急需时才开始制定制度；一些管理制度原则规定多、具体细则少，难以落实到位；一些制度禁止规定多、配套惩罚少，起不到警示效果；有的制度对权力的制衡、约束机制比较宽泛，不能发挥有效的监督与制约作用；有的制度照抄照搬其他的管理办法，针对性、操作性差，在执行的过程中可能一句话就被修改，削弱了管理制度的严肃性。

五是外部环境风险主要指公职人员受社会不良习气、风气的诱惑和影响而发生腐败行为的可能性，是腐败风险产生的诱因。主要表现为：因工作需要出入一些高消费休闲娱乐场所；来自合作单位的物质与非物质利益的诱惑；一些客户奢华的物质条件的渗透、侵蚀；公关活动支出及职务消费等。

（3）分险设防，防范风险。

①制订岗位风险点管理措施。由岗位所在人员对照与业务工作相关的各项法规制度，提出防范控制风险的具体措施和办法，由所在单位负责人或分管领导把关、签字，报所在党支部审定。

②制订科室风险点管理措施。科室针对岗位人员提出制订的防范措施（办法）进行梳理，归类汇总，修改完善，科室会议讨论后上报所在单位岗位风险廉洁指数评价体系管理领导小组办公室审定，并统一以流程图或表格等形式在一定范围内予以公开。

③制订单位风险点管理措施。在岗位、科室制订的防范措施的基础上，讨论修订本单位岗位廉洁风险点管理措施，进一步健全完善防控风险的相关规定制度，明确防控风险任务要求和工作标准，形成风险岗位廉能管理上下一体、左右联动的通畅、有效运行机制。防控措施经本单位岗位风险廉洁指数评价体系管理领导小组审定后，在本单位范围内公示，并报纪委备案。

（4）分权制衡，处置风险。班子成员之间合理分权，坚持重大问题集体决策，落实票决制、末位发言制等措施，实行审批事项"1+X"审批程序，即一项权力运行完成必须由2人以上负责实施；提拔重用、评先表模、奖励处罚等实行实名推荐、差额考察、差额票决等制度和程序。科室之间科学制权，将决策与执行、审核与批复、调配与使用、调查与处理等各项工作权力分离,由不同业务部门和科室完成,形成各业务部门和科室之间的相互牵制、相互制约。岗位与岗位之间规则量权,对所有涉及岗位自由裁量权的事项,均依据事实程度的不同,对裁量标准进行量化、固化,压缩公职人员利用权力寻租的空间,变弹性为刚性,变自由裁量为有规则裁定,限制行权用权的随意性。

(5) 分级预警,控制风险。以构建从业人员廉洁预警机制为目标,通过采集从业人员从业行为有关信息并建立实施岗位风险"廉洁指数"评价体系,将从业人员在廉洁方面的各种表现展现为具体分值,进行量化相加,用数值的形式反映一个从业人员在某一阶段的廉洁程度,分级预警,控制风险。

(6) 分层追责,化解风险。坚持党委统一领导、党政齐抓共管、纪委组织协调、部门各负其责、依靠群众支持参与的反腐败领导体制和工作机制,明确党政"一把手"反腐败的职能定位和责任分工。根据检查考核中存在的问题和薄弱环节,纪委跟踪督导各单位不断总结腐败预警防控管理经验,纠正问题、完善制度、修正方案,对已界定的风险,建立长效管理机制化解风险,对新出现的风险,及时制定防范措施,加大防控力度,推动预警防控工作进入新一轮循环。

4.突破壁垒、稳步推进,破解廉洁风险防控难点

廉洁风险防控作为一种机制的创新,需要一个系统科学、规范有序、合理管控的体系构架,矿纪委重点抓了三个问题:

(1) 破题"防控谁"。按照权力管理者总是站在贪腐边缘的理论,有权力就有风险。因此,要杜绝权力产生的腐败,必然把权力管理者作为廉洁风险防控的重点。为此,在对象上突出"人、财、物"三种岗位和"产、供、销"三个环节;在途径上突出权力"身份证",重点对"一把手"和"四管"(管钱、管物、管人、管事)及"三重一大"(重大事项决策、重要人事任免、重大项目安排和大额资金使用)人员。又根据岗位性质和职务级别,将上述人员划分为操作岗位风险、中层岗位风险、领导岗位风险三个层次,使"廉洁风险防控"覆盖所有权力岗位、所有拥权人员,"没有不能考核的岗位、没有不能考核的人员",把权力防控置于行权用权的全员、全过程、全动态。

(2) 破题"防控什么"。廉洁风险防控试点工作以来,矿对每个单位及岗点的主要职权和廉洁风险点逐一进行了盘点,通过个人自查、单位内查、领导评查、组织审定"四个环节",逐步理清权力风险"清单"。针对清理出来的权力,开展风险分析。看权力行使过程中,在什么时间、哪些环节容易发生哪些不廉价行为,或违规违纪违法问题,发生频率高不高,发生腐败问题后会带来哪些政治经济损失,梳理出风险表现、发生频率和危害。按照职权风险性质不同,把属于单位风险的,由单位部门负责人填写《单位(部门)廉洁风险识别防控表》;属于岗位风险的,分别填写《操作岗位岗位风险识别防控表》《中层岗位风险识别防控表》《领导岗位风险识别防控表》。

(3) 破题"如何防控"。

一是完善制度,分险设防。针对各职权、流程中风险的特点,为防范权力"出轨"设置运行"轨道",矿组织各单位分别填报《矿廉洁风险层级管控表》。属于操作岗位

的，由岗位所在人员对照与业务工作相关的各项法规制度，提出防范控制风险的具体措施和办法，由所在单位负责人或分管领导把关、签字，报所在党支部审定，报纪检部门备案；属于科室（区队）风险的，经单位廉洁风险防控管理工作组审定，确定本单位风险管理重点，由学位党政"一把手"制订出针对性的防范措施，明确防控风险的相关规定制度，在单位科（区）务公开栏内公示，并报矿纪委备案；矿在岗位、科室制订的防范措施的基础上，通过自己找、同志提、领导帮、群众议、组织定的形式，汇总各管理岗位、权属部门职权，完善风险防控具体要求和工作标准，并予以公示。

二是量化指数，分级预警。为切实强化风险识别，做到岗位风险熟知熟记，个人风险入心入脑，矿广泛开展了岗位风险描述活动，风险岗位人人填绘《权力运行流程廉洁风险管理图》，把个人职权以及存在的思想道德、制度机制、业务流程、外部环境的风险描述和防范措施汇集于一张图上，张贴悬挂于明显位置，来经常自醒自警自励。在此基础上，进一步延伸《权力运行流程廉洁风险管理图》功效，将风险岗位人员存在的思想道德、工作职责、业务流程、制度机制、外部环境等"五类"岗位风险和自我评价、群众评价、组织评价、奖罚评价"四项指标"以及在廉洁方面的各种表现评价为具体分值，进行量化相加，形成个人岗位风险廉洁指数。依据"廉洁指数"，按得分高低把风险岗位划分为廉洁、比较廉洁、不廉洁；对廉洁指数较低的从业人员，实施"蓝、黄、红"三级预警机制，形成了"五四三三"的岗位风险"廉洁指数"评价体系，从而建立起"权责明晰、程序严密、运行公开、制约有效"的前期预防、中期监控和后期处置三道防线，形成以岗位为点、以程序为线、以制度为面的廉政风险防控机制。

5.严管严控、依靠科技，破解风险管控实施难点

建立健全不想、不愿、不敢、不会的廉洁风险防控体系，个人的自觉自愿是基础，组织的强势监督是手段，基础靠手段加以固化，手段靠基础起决定作用。重点抓住"三律一考"，依托信息化支撑，形成了"四位一体"廉洁风险防控机制。

（1）实施"三律一考"模式，构建廉洁风险防控平台。"三律"就是针对每个风险管理岗位和风险管理点普遍实施"自律、律他、他律"活动。"一考"是由纪检监察组织针对每个风险管理岗位和风险管理点计量考核。对照各权力点行权用权情况，按照"谁行使、谁清理"的原则，采取自下而上和自上而下相结合的办法，进行排查和清理，看每个岗位都在行使哪些权力，哪些权力宜产生腐败行为，哪个行权用权环节最容易滋生腐败，把该管理岗位的一般风险标出来、隐性风险找出来、重点风险亮出来，并经个人、群众和组织一一确认，找准风险点，理清风险源，确保权力风险不漏项、不失控。在此基础上，每季开展一次个人自查、领导排查、群众监督和组织考核活动，使内控管理与外部监督相结合，改进权力运行机制，从而有效建立起权力运行内控机制，减少廉洁风险存在的土壤。

（2）运行智能监督手段，实现风险自动追踪预警。解决风险监督不及时、风险监管人情因素多的现时困难，借助电脑及网络技术，积极构建廉洁风险防控科技智能考核管理系统。该系统是以"智慧矿山"建设为平台，结合信息化建设整体规划，建立的以计算机考核为主、人工考核为辅,动态考核与静态考核相结合的廉洁风险防控考核管理。它主要是立足于岗,着眼于责,根据权力流程中风险的数量、级别,考核管理人员履职尽责情况。通过界定"思想道德风险、岗位职责风险、业务流程风险、制度机制风险、外部环境风险"五个板块,形成了数据自动抓取、考核结果自动汇集、评价信息自动反馈、诚信结果与薪酬自动挂钩的廉洁风险考核体系,实现了工作实绩与相关数据"定性"和"定量"的分析以及结果分析,确保了廉洁风险考核流程科学、运转畅通、考核到人、客观可行。"动态考核"是记录季度内被考核人发生的考核事件及联责人员信息。当廉洁风险某一事件发生时,计算机将自动抓取该事件相关责任人以及被扣减的分数,如财务科现金出纳员违规支付应付账款超5%时,根据廉洁风险廉价指数及每户次超支1%扣1分的规定,该出纳员将被计算机自动扣减5分,财务科分管副科长联责扣1分,财务科长联责扣0.5分,财务总监联责扣0.25分,这个事件就被记录下了。如果在确定的考核周期内被考核人也发生了其他事件就可以采取同样的方法进行记录。当考核事件被一一记录下后系统会对考核结果进行综合评估,从而一一形成管理人员廉洁风险防控评价指数,系统自动生成了一个"考核评价表"。这一结果可以通过手机信息、电子邮件的方式发送给被考核人员。在此基础上,依据"廉洁风险指数评价体系",做出某个职权岗位的分析报告,区别出"风险人",根据风险级别,实施三级色差预警机制,有效减少和消除腐败滋生的条件和土壤。推行岗位廉洁风险防控管理是一项长期的系统工程,既要创新驱动,勇于实践,又要抓住重点环节,不断完善,持续改进。

6.把握重点、提高质量,建立风险管控长效机制

廉洁风险管控主要针对权力运行过程中的长效机制,关键在督查,核心在及时查处,重点在适时调整风险点和风险级别。

(1)确保廉洁风险防控的质量,关键在督查。廉洁风险根子产生在权力上,失去监督的权力必然导致腐败。开展廉洁风险防控管理,根本任务就是规范和制约权力,确保权力正确行使,确保企业领导人员、经营管理人员和关键岗位人员少犯和不犯错误。公权去除私自运用的有效方法,就是让公权公开运行,内部牵制,岗位分离,分权分责,阳光操作。在廉洁风险防控过程中,针对工资分配权,全集团全面运行厂(区)务公开制度,工资计算方法、工资考核办法、个人得分情况、工资分配结合,实行考核员、计分员、直接分管负责人员"三签字认可",分配结果实行车间工会主席、纪检组长、基层支部书记、区队长"四盖章",并全部一月一上墙一公开,厂(区)公开领导小组一月一检查,一季一考核。针对权力流程风险,如物资采购、工程招标、废旧物资处理,实行事前发布,运行过程使用单位、计划部门、企管处室、供应部门、纪检监察部门共同参与,事后由纪检监察专项跟踪监督。针对资金计划、工程造价、货款支付等内容,实行分级审核、分层把关、网上签署、在线监督。针对干部提拔、人事任免、荣誉推荐等,实行事前公告、单位部门推荐、组织人力资源部门考察、领导集体研究、结果公示、岗位试用。在此基础上,针对风险岗点多、风险人员差异大、流程风险点性质不一样等廉洁风险防控问题,除一线预报预警考核之外,实行分类考

核和分项考核。肥矿集团将所属风险单位和风险点划分为八组,由纪委牵头,党务工作部、工会、审计等共同参与考核,较好地解决了纪委人员少、检查不到位以及风险人员和风险点监督不及时的问题。

(2)确保廉洁风险防控的质量,核心在惩处。考核结果公平公正,违规违纪行为处理及时,奖罚均衡,正负激励,是廉洁风险管控的重要手段。集团将廉洁风险管控考核全部纳入全员业绩考核之中,使廉洁综合评定得分与个人薪酬分配、职级升降、创先争优、合同签订或解除等挂钩,实现联责、联薪、联职、联岗。通过联责追究考核模式,矿实现了对相关管理人员联责考核。比如,二季度曹庄采煤一区发生了一起廉洁案件,不仅采一区支部书记被扣分,与其相关联的政工科室承包人员、采煤副总工程师、生产矿长,都根据责任大小依次被扣除相应分数,实现层级联责考核。同时,每一个联责得分,又根据不同专业、不同岗位设定不同考核对象的岗位绩效薪酬,计算个人实得薪酬,确保了廉洁结果与个人分配联薪。针对廉洁风险管控检查出的问题,矿有针对性地进行集体培训、个别辅导,促其学习提升,弥补廉洁短板。对廉洁风险管控不到位、有廉洁问题不能胜任本职工作的,被升级"预警"的管理人员,及时依法依规处理。

(3)确保廉洁风险防控的质量,重点在适时调整风险点和风险级别。在岗位廉洁风险排查过程中,本着权责查找全、风险排查准、权力运作流程划分细、风险级别定位实的原则,在全集团编制了岗位廉洁风险表、业务职权流程运行图,实施了岗位风险防控查检考核运行流程图。但不廉洁的行为总是隐藏在暗处,掩盖在大众之下,权钱交易、权物交易、物钱交易以不同的方式单独进行,为反腐倡廉增设了重重壁垒。因此,针对不同的权力和岗位人员,适时调整风险点风险权重,从细节处入手,区分风险级别,深入排查权力行使过程中容易发生腐败问题的节点,从制度上规范企业领导人员、经营管理人员和关键岗位人员的行为,做到早预防、早提醒、早发现,防微杜渐。

三、煤炭企业廉洁风险防控体系构建与实施取得的效果

1.企业领导高度重视,加速推进了廉洁从业治理力度

开展廉洁风险防控以来,矿纪委把风险防范理论和质量管理方法应用于反腐倡廉实践,全面落实了廉政风险防范管理的设想,积极开展源头防治腐败的有益探索和研究,有力地推动了企业管理各项事业的廉洁发展,这项创新性工作受到了矿党委、矿行政的高度重视,也得到了各部门的一致认可。目前,廉政风险防控工作呈现出内容不断深化、领域更加拓展、覆盖面逐步扩大、成效日益显现的良好发展态势,为从源头上防治腐败积累了经验、提供了借鉴。

2.防控内容明确,制度逐步完善

矿针对廉政风险防控的重点对象、重点领域和重点环节,通过建章立制,形成靠制度管权、管事、管人的有效机制,最大限度地减少了因制度漏洞而出现的各种廉政风险。一是突出重点对象,加强党政领导干部特别是"一把手"廉政风险防控。二是突出重点领域,加强腐败易发多发领域廉政风险防控。三是突出重点环节,加强权力

行使关键节点廉政风险防控。

3.防控措施得力，成效初步显现

各部门着力规范权力行使的各个环节，充分发挥现代信息技术的支撑作用，实现廉政风险和业务风险同步防范。一是运用科技手段，规范权力运行。二是加强统筹协调，实现同步推进。在权力运行网的基础上，将电子监察系统和预警监控系统并网运行，并纳入5F协同管理法的智慧矿山建设，实施"五网并轨"运行，将廉政风险、经营风险、安全风险分级和防范措施等嵌入业务运行流程，把权力行使与电子预警、技术监控、行政监察、社会监督融为一体，在权力运行过程中系统自动预警提示，全程自动监控并生成风险信息分析数据，自行记入考核系统，实现了对行政权力运行预警提示、过程防范和事后考核。

4.对预防腐败的效果明显

从工作实践来看，廉洁风险防控措施对预防腐败的效果是明显的，主要体现在：一是有效预防腐败的能力进一步增强；二是权力运行得到进一步规范；三是制度建设水平进一步提高；四是反腐倡廉建设的合力进一步增强；五是信访举报呈明显下降趋势，违纪处置同比下降了50%，全矿形成了"以廉为荣、以贪为耻"的干事创业局面；六是通过廉洁风险过程管理，2013年，矿纪委共开展专项工作监督8次，盘活资金、资产200多万元，监督处理废旧物资和招投标19次，涉及资金500多万元，查结管理人员7人，其中正处级干部一名，副科级以上管理人员5人，一般党员1人，严肃了企业经营管理制度和党员管理人员工作制度要求，教育警示了在岗党员管理人员，较好地维护了企业快速发展的稳定大局。

(成果创造人：李明君　褚衍稳　颜　晓　冯乃水　李　丽　马　俊　许　伟　赵素红)

煤炭企业加快转型发展打造产业升级版的实践研究

兖矿集团有限公司

兖矿集团是以煤炭生产销售及煤化工、电解铝及机电成套装备制造、金融投资为主导产业的山东省属特大型能源企业，2013年末资产总额1916亿元，拥有全资、控股子公司95家，分属煤业、东华、煤化、事业发展、电铝5个专业公司和贵州、山西、陕西榆林、新疆、内蒙古鄂尔多斯、澳大利亚、加拿大7个区域能化公司。控股子公司兖州煤业股份有限公司是我国煤炭行业第一个同时境内外发行股票并在香港、纽约和上海三地成功上市的企业。

一、加快转型发展打造产业升级版的实施背景

1. 保障国家能源战略安全的迫切需要

能源资源是国家安全的命脉和国民经济发展的重要基础，能源问题是一个国家乃至全世界可持续发展的重大问题。谁占有资源，谁就拥有发展的主动权。世界发达国家无不重视战略资源储备。据统计，全球10大煤炭公司中，6大公司的业务地域涵盖了各大洲，力拓公司生产业务遍及19个国家，必和必拓公司遍及17个国家。生产企业所在国丰富的煤炭资源为企业持续健康发展奠定了坚实基础。

我国以高耗能、资源型行业为主的产业结构没有得到根本调整，能源消费处于高碳消耗状态。煤炭等能源消耗居全世界第一，化学需氧量、二氧化硫排放量居全世界第一，单位GDP能耗是发达国家的8~10倍。资源利用效率低，我国煤炭已查明资源储量仅占资源总量的18%、可供建井利用的精查资源量仅占20%；但全国煤矿平均资源回收率约40%，小煤矿仅为15%左右。传统资源型企业要实现持续健康发展，必须着眼于保障国家能源战略安全，结合企业长远发展，建设国际化企业集团，增强企业资源储备能力和对经济发展的能源保障能力。

2. 破解经济社会发展环境约束的迫切需要

全球经济社会发展面临气候变化与可持续发展的问题。据《气候变化国家评估报告》预测，未来50~80年全球平均气温将升高1.8℃~4.0℃。全球气候变暖将造成冰川融化、海平面上升、生态系统退化、自然灾害频发，深度触及农业和粮食安全、水资源安全、能源安全、生态安全和公共卫生安全，直接威胁人类生存和发展。

环境污染与经济社会可持续发展的矛盾日益突出。我国环境污染是发达国家的30倍,二氧化硫总排放量约2000万吨,排放强度比世界平均水平高出30%以上,其中75%来源于燃煤和矸石山自燃;全国煤矿煤矸石堆放量已累计超过35亿吨,占压土地超过15万亩;每年排放工业废水约36亿吨;采煤造成地表塌陷超过50万公顷。环境污染和碳排放总量持续较快增长,可持续发展问题将更加突显。

在这种形势下,环境保护已成为决定企业生存和发展的重要因素。搞好环境保护,企业就能进一步增强创新力、竞争力和发展力,实现持续健康发展。搞不好环境保护,企业就会在宏观调控和市场竞争中被淘汰、被关停、被消灭。传统煤炭企业必须大力发展低碳经济、循环经济、绿色经济,探索建立资源循环利用、污染达标排放、清洁文明宜居的生态型矿区,推动资源型城市、资源型企业转型升级和可持续发展。

3.顺应国内外煤炭产业竞争趋势的迫切需要

在世界经济全球化、市场一体化、科技高新化、信息网络化的发展形势下,世界煤炭产业发展势头迅猛,核心竞争力更加突出。一是国际化。全球10大煤炭公司都实现跨国经营,其中3家公司海外经营盈利能力超过本土。二是集中化。战略性重组已成为世界煤炭工业的发展趋势,澳大利亚、美国、加拿大、南非等国家和地区的煤炭企业逐渐重组为几家大型煤炭销售跨国公司,并控制世界80%的煤炭出口量。三是产业主体相关多元化。除皮博迪公司以经营煤炭产品为主外,全球10大煤炭公司中有6家属于相关多元化大型集团公司,从事矿产品开采、煤炭、煤化工、电力、电解铝、港口等相关的生产和销售业务。

我国煤炭产业核心竞争力明显增强,呈现大变革、大整合、大重组的发展趋势。一是大变革。煤炭行业黄金期已经过去,面临超出预期的严峻形势。新一届中央领导集体执政理念有重大调整,传统的高速发展模式难以为继。煤炭行业正受到市场、环保、运力、进口四大因素的严重冲击,煤炭结构性过剩和社会库存保持高位成为常态。二是大整合。以资源为中心的整合,国家规划建设13个煤炭大基地和45个煤炭国家规划矿区,山西省、河南省、内蒙古自治区等规划实施煤炭资源整合。三是大重组。神华集团快速扩张重组,煤炭产量突破年产4亿吨。山西省组建山西焦煤集团、大同煤矿集团,实施煤炭资源整合。部分电力、钢铁企业纷纷进驻晋陕蒙宁新等富煤区,开展资源重组争夺。

4.促进企业可持续发展的迫切需要

兖矿集团自矿区开发建设以来,就充分认识到煤炭企业以开采不可再生资源为对象,整体效益受资源递减规律影响十分明显,可持续发展问题成为传统煤炭企业面临的紧迫而又必须解决的重大课题。基于这种认识,1993年兖矿集团在全国煤炭行业率先提出"以煤为本,煤与非煤并重"的发展战略,把非煤产业摆到与煤炭生产同等重要的位置,以解决煤矿转产开发和企业可持续发展等问题。1995年兖矿集团实施非煤产业"双十亿"工程,1998年深化为非煤产业"4106"工程,非煤产业发展取得巨大成绩。2005年以来,兖矿集团又提出实施"依托煤炭产业比较优势,培育煤炭、煤化工、煤电铝及机电成套装备制造三个支柱产业"的发展战略,优化调整产业结构,初步探索出一条传统资源型企业实现科学发展的新路子。

但是，兖矿集团发展中仍存在一些深层次问题：一是发展方式不科学。企业发展过度依赖资金等要素投入，重规模轻效益、重外延轻内涵、重速度轻质量。二是产业和产品结构不合理。产业结构调整尚未到位，外部新区尚处于建设期，短期内无法形成规模效益反哺企业。产业定位不科学，区域布局不合理，业务板块多，产业集中度低，协同效应未能有效发挥。非煤产品大多处在产业链低端，附加值低，市场竞争力弱。三是本部煤炭资源储量不足。"三下"（村庄建筑物下、道路下、水体下）问题在全国煤炭系统最为突出。经过30多年开采，本部有效可采储量急剧减少，兖矿集团已进入不搬迁村庄就无法开采时期。四是资产质量不高。资产存量大与资产结构不合理、利用效率低下并存，"财富管理"理念尚未树立，筹融资成本高，现金流异常紧张，低成本优势弱化。五是节能减排压力加大。兖矿集团所属单位大多地处国家"南水北调"工程、淮河流域治理和山东省"两湖一河"碧水工程的控制区，排污治理时间紧；任务重，排污收费和治理成本高。解决上述深层次矛盾和问题，推动企业可持续发展，迫切需要转型发展，转变经济发展方式。

二、加快转型发展打造产业升级版的目标任务

兖矿集团坚持以科学发展观为指导，主动对接国家经济布局、产业发展趋势和区域发展规划，制定实施加快转型发展、打造产业升级版的总体思路、目标任务、区域定位和发展路径。

1. 加快转型发展、打造产业升级版的总体思路

树立"优化煤、延伸煤、超越煤"的理念，以转型升级为主线，以改革创新、科技研发为动力，突出抓好本部基地永续发展、煤制油项目规模发展、兖煤澳洲公司高效发展，推动产权多元化、产业新兴化、产品高端化、体制精干化、机制高效化，加快建设优势突出、核心竞争力强的国际化企业集团。

2. 加快转型发展、打造产业升级版的战略目标

树立"争创一流、搏击世界"的发展境界，实施"三步走"战略构想，推进以产业转型升级和员工转型发展为特征的"二次创业"，2014~2015年，建成亿吨级煤炭集团，重回中国企业100强；2016~2020年，力争进入中国行业前10强，挺进世界500强；2021~2025年，力争进入中国行业前5强，跨入世界能源企业先进行列，到2025年，经济总量在2013年基础上"翻两番"，建成企业综合实力强、员工幸福指数高的新兖矿。

3. 加快转型发展、打造产业升级版的区域定位

发展"四基地两新区"，推动集团发展向速度快、效益高、优势突出的区域集中。

稳步发展本部基地。通过战略合作、产业升级、产业链带动，建成煤炭精细开采、精细化工、装备制造、金融投资和现代服务业综合发展的大型基地，2016年煤炭产量保持4000万吨、化工产品产量达到500万吨、营业收入实现1000亿元、利税实现100亿元。

加快发展陕蒙基地。建设大型现代化高产高效矿井和现代新型煤化工产业，培育

未来发展的主要经济增长极和利润源，陕蒙基地年煤炭产量5000万吨、油品100万吨、甲醇150万吨，形成有规模、有效益、有品牌、有影响力的产业基地。

稳健发展贵州基地。突出抓好安全风险防控和达产达效、增产创效，建成以煤为基础，煤电、煤层气一体化开发的能源基地，2016年煤炭产量达到600万吨、50万吨合成氨项目扭亏为盈。

优化提升澳洲基地。扩大优势矿井盈利能力，推行精益成本管理，抓好财务、供应、销售、风险四大管控，实施债转股工作方案，建成国际化的能源基地，2016年煤炭产量达到4000万吨、营业收入实现200亿元、利税实现20亿元。

稳妥发展新疆新区。按照"做优做强现有产业，审慎发展后续项目"的思路，完成硫磺沟煤矿技改，引入战略合作者适时开发五彩湾矿井。

有序推进加拿大新区。争取国家政策支持，实行项目运作与资本运营相结合，推动钾矿项目高效勘探、快速发展。

4.加快转型发展、打造产业升级版的战略路径

实施"双翼伸展、双轮驱动、双轨并进、双转协同、双域拓展、双值提升"的"六双战略方针"。实施科技创新和变革治理的双翼伸展，实施产业运作和资本运营的双轮驱动，实施传统产业和新兴产业的双轨并进，实施产业转型和员工转型的双转协同，实施国内外两个空间领域的双域拓展，实施企业价值和员工价值的双值提升，聚集集团转型发展合力与市场竞争实力，创新推进资源经营和资本运营，增强集团内外部资源优化配置能力，构建集群化、高端化、低碳化、高效化的新型产业体系，高效优质地实现集团"三步走"的战略目标。

5.加快转型发展、打造产业升级版的产业目标

制定符合产业实际的提速提质提效方案，打造传统产业新型化、新型产业规模化的发展格局。

一是推动煤炭产业高效发展。坚持本部"挖潜提效"、省外"量效并重"、国外"优化发展"的思路，推动实施本部、陕蒙、贵州、新疆、澳洲"五个煤炭基地"建设。实施老区矿井系统优化升级，推动煤炭生产由传统的"增头增面增系统"向"减头减面减系统、提速提质提效"转变，优化采区布局和工作面设计，推进采掘技术装备升级，提高掘进效率，对于具备条件的矿井实行一次采全高。简化辅助运输系统，实行大工区制管理，合理归并生产辅助区队。创新省外矿井开发建设模式，用最先进的设备、最精简的系统、最精干的人员、最高效的管理，加快建设金鸡滩、转龙湾、石拉乌素、营盘壕四对特大型矿井。

二是推动煤化工产业转型发展。优化煤化工产业产品定位，坚持本部"转调优化"、外部"高端集群"的思路，本部着力发展高附加值的深加工产品，建设精细化工基地；新区重点发展煤制油、煤制气等现代新型煤化工产业。陕蒙基地依托资源和技术优势，打造规模优势突出、市场竞争力强的煤电煤化工一体化基地。贵州基地依托磷煤化工产品基础条件，打造煤制洁净燃料供应基地。新疆基地依托西气东输等基础条件，打造成本优势突出的煤化工基地。坚持一手抓扭亏，一手抓发展，积极引进战

略投资者，破解资金、技术、市场、管理等瓶颈，力争2015年盈亏持平。

三是推动装备制造产业高端发展。坚持"转型升级，迈向高端"的思路，把握国家推动重点产业发展和山东"做大做强装备制造业"的发展契机，积极推广"高精专特"产品，发展差异化服务。以轻合金高端产品研发和市场开拓为突破口，瞄准系统制造业和军工行业，加快资源整合，实施战略合作，推动转型发展。以高端化、自动化、成套化为方向，推动机电产品由煤炭行业向非煤行业拓展，销售模式由单一产品销售向成套装备销售、高端战略用户合作转变，股权结构由单一国有资本向多元投资转型。加快再制造项目发展，获得山东省煤机再制造基地称号。

四是推动现代服务产业创新发展。抓住国家支持现代服务业发展的政策机遇，培育发展亮点和经济增长点。在物流贸易产业上，坚持物流与贸易并重、规模与效益并举，整合物流商贸资源，探索发展多边贸易、国际贸易、第三方物流，初步形成"大物流、大贸易"格局。在房地产业上，加快资源整合，明确发展定位，创新商业模式，优选职业经理团队，提升资质等级和规模当量，打造中垠地产品牌。在医疗后勤服务业上，按照公益性和产业化发展相结合的思路，探索发展健康服务、家政服务项目，提高自我造血、生存发展能力。

五是推动金融投资产业突破发展。摒弃高负债、低效益、粗放型的发展模式，整合平台资源，打造高端资本运营团队，组建融资租赁公司和风险投资公司，加快企业由实体型向金融投资控股型跨越，实现产融结合、高效发展。

六是推动战略性新兴产业加快发展。高效推进榆林煤制油项目建设，努力在北斗导航、无线传感网络等关键技术研发和产业化上取得突破。

三、加快转型发展打造产业升级版的主要措施

1. 建技术创新体系，引领产业升级转型发展

技术创新是提升产业发展水平和核心竞争力的决定因素，也是加快转型发展的中心环节。兖矿集团坚持自主创新、重点跨越、支撑发展、引领未来的方针，把创新研发能力转化为技术优势、产业优势和竞争优势。充分发挥企业技术创新主体作用，完善科技创新体制机制，增强自主创新能力。

（1）落实企业主体地位提高创新能力。面向市场开发创新，面向行业提供服务，面向社会整合资源，实现研发机构企业化、科技成果市场化。充分发挥国家级技术中心、水煤浆气化国家工程中心、博士后工作站等科研机构的作用，发挥支柱产业建设对高新技术的吸纳转化作用，形成为主导产业服务的高新技术研发基地、高新技术产业孵化基地、高新技术人才培养基地。

（2）完善研发体制提高创新发展活力。着力构建三个机制：企业化经营的技术创新机制、以企业为主体的产学研联合机制、符合市场规律的科技成果产业化创投机制。强化创新研发三项措施：建立实施研发项目和资金合同管理制，建立首席科学家负责制，建立适应科技创新的薪酬制度，提高核心技术、关键技术工艺和重大新产品研发能力。建立以集团公司技术委员会为决策层，以专家委员会为咨询层，以技术中心为管理层，以煤液化及煤化工国家重点实验室、国家级技术中心、水煤浆气化及煤化工

国家工程中心、博士后工作站等专业技术研究所和校企共建研究机构为研发层的技术创新体系。实行研发项目和资金合同管理制、首席科学家负责制、科技创新奖励制度，构建企业化经营的技术创新机制、以企业为主体的产学研联合机制和符合市场经济规律的科技成果产业化创投机制。

（3）加快核心技术研发提高自主创新能力。制定科技攻关中长期规划，立足产业升级和产品转型，集中力量突破制约矿井安全高效、新井快速建设、非煤改造升级的关键技术，加大对煤炭洁净利用、高效转化、精细化工、高端装备制造、高端铝型材加工等构筑未来竞争优势的技术攻关力度。开展"国家级知识产权示范企业"培育工作，加快推进专利技术产业化、资本化、商业化，实现由卖产品向卖技术的转变。

2.构建资本运营体系，加速产业升级转型发展

资本运营是加快转型发展的重要手段。兖矿集团坚持资本扩张与资本收缩并重、收购资源和收购生产矿井并重、投融资与核心技术资本化并重，高效推进资本运营和规模扩张。

（1）积极推进融资多元化。发挥兖州煤业上市公司平台作用，创建多币种直接融资渠道。坚持投资金融机构与引进金融机构投资并举，加快整合各类金融资产，利用金融、期货及衍生工具，拓展信贷、电子商业汇票、套期保值等业务。

（2）积极推进并购高效化。着眼于煤炭产业扩大规模、增强实力，煤化工、电解铝和机电成套装备制造产业拉长产业链、发展高端产品，瞄准具有资源、技术、人才、市场等优势的企业，把握机遇实施兼并重组，加快优势项目上市，推动企业跨越发展。优化资本、产业和市场结构，通过兼并、收购、控股、参股等形式，与优势企业建立战略联盟，优化资产负债结构。清理退出劣势企业，盘活呆滞资产。

（3）积极推进资本证券化。借助兖州煤业上市公司平台，通过股权增减、定向增发、配股等手段，实现资本市场最佳收益。探索换股交易方式，实现兖煤澳洲公司股权结构最优化、投资回报最大化。强化资本运营及财务风险防范控制，积极稳健地实施资本证券化。

3.构建内部管理体系，推进产业升级转型发展

适应产业一体化、布局区域化、发展国际化新形势，集成管理体制、管理模式、管理方法和管理手段等管理要素，建立健全促进转方式调结构的经营管理体系。

（1）优化创新体制机制。

一是完善企业管控模式。按照决策中心、利润中心、成本中心三级管理的总体架构，明确集团公司、专业公司、矿处单位职责定位，突出人事、资金、采购、销售、项目建设、安全技术"六条线"，区分培育期、成长期、成熟期、衰退期"四个阶段"，把握产权结构、规模当量、所处区域"三个维度"，构建层级分明、责权对等、运行高效、充满活力的集团管控体系。

二是转换经营管理机制。坚持分类指导、一矿（厂）一策，对基础较好、保持盈利的单位实行受聘经营，扩大经营自主权；对长期亏损、扭亏无望的企业实行竞聘经营，建立以经营团队市场化选聘、契约化管理、经营目标责任制考核为主要内容的经

营机制。探索发展混合所有制经济，围绕做强骨干企业、搞活中小企业，以创新思维和开放视野，对重点产业引入战略投资者，实现强强联合；对中小企业实行股份制改造试点，通过经营者、员工持股等方式，探索产权多元化的有效途径。

三是推动"三项制度"改革。完善干部选拔任用、轮岗交流和绩效考核机制。淡化管理人员行政级别，实行聘任制、任期制。健全完善市场化的经营考核和薪酬分配机制，更加注重经济效益、运营质量和个性化激励，增强业绩考核的科学性、激励性和可操作性。按照效益决定工资原则，锁定经营指标，工资切块预算，下放工资分配权；赋予区队、车间劳动用工自主权，增人不增资，减人不减资。

（2）优化创新经营模式。

一是以开展"瘦身强体"行动为载体减负提效。制定实施定岗定编定员方案，通过清理非在册用工、清退违反劳动合同人员、及时办理退休等措施减少本部人员；对省外项目实施对口支援、市场化承包，三年内转移本部人员1.5万人。按照"关、破、合、改、强、建"的思路，一企一策落实亏损企业治理责任、限期扭亏措施和考核激励政策。

二是以生产经营综合评价为抓手管理创效。从经营管理、规划基建、人力资源、综合管理等方面，对6个区域能化公司、34家生产经营和项目建设单位开展综合评价诊断，查找整改经营管理中的突出问题。建立月度经济运行分析制度，对经济指标完成情况实行月度排名、末位剖析。

三是以内部市场化建设为重点降本保效。将市场机制引入企业内部，建立六级市场主体和价格、计量、结算、仲裁等市场化管理体系，以经济杠杆优化资源配置，以市场化手段推动管理升级。构建"大成本"管理格局，制定实施优化设计降成本、优化系统降成本、优化技术装备降成本、优化生产组织降成本的综合措施。

（3）优化创新管理方式。

一是强化全面对标管理。瞄准国内、省内同行业先进企业，完善对标指标体系，逐系统、逐环节、逐设备对比分析，明确赶超目标，制定实施赶超措施，实现赶超目标。

二是强化企业风险管理。加强重大投资管理，健全投资决策和项目法人约束机制，健全重大投资项目论证制度和投资决策失误追究制度。实行会计委派制，加强财务监督和控制。强化监督管理，加大审计、纪检监察力度，实现由事后审计向过程监督、超前控制转变。建立法律风险防范机制，提高识别风险、规避风险、控制风险和化解风险的能力。

三是强化全面预算管理。实施全面预算管理，把集团公司业务、资本、筹资和财务等所有生产经营活动和内部单位全部纳入预算管理，严格按照预算支出资金。

4.构建项目建设体系，拉动产业升级转型发展

项目建设是加快转型发展的重要载体，也是培育发展后劲、增强产业竞争力的重要手段。兖矿集团围绕做优做强主导产业、实现高端发展，探索建立科学、规范、高效的基建管理体制，强化质量、工期、造价、安全控制，提高了基建管理水平。

（1）严格项目建设手续办理。完备的手续，是项目推进的前提条件。把项目手续办理作为头等大事，按照定责任、定人员、定时限、定奖惩的要求，充分调动和发挥集团公司内外部的优势资源和力量，全力以赴加快项目手续办理。明确责任，项目单位作为手续办理的责任主体，明确专人负责；驻外联络处作为牵头部门，加强信息传递，密切沟通协作。建立重点项目手续办理报告制度，认真梳理手续办理过程中的关键事项和重点问题。

（2）严格项目建设四项控制。投资、工期、质量、安全"四项控制"是项目建设成败的关键。在投资控制上，严格按照集团公司优化批准后的概算，科学安排投资计划；把握资金投入的时点和节点，实现投入时机最优化、资金价值最大化。在工期控制上，牢固树立"抓工期就是提效益"的观念，找准制约工期进度的关键环节和重点问题，严格内部节点划线考核，保证项目按期投产。在质量控制上，明确建设、勘察设计、施工、监理和供应方的质量责任，实行质量终身追究制度；加强设计、施工监理和设备监造，实施全过程质量监督，提高建筑、安装工程质量的可靠性。在安全控制上，树立事故"零容忍"的理念，明确施工现场建设、监理、施工各方责任，严格外来施工队伍、人员、装备安全准入，严禁以包代管、以罚代管。

（3）严格项目建设基础管理。重点抓好设计、资金、采购、竣工验收结算四个环节，做到"四个强化"。强化项目设计管理，从设计源头抓起，采用委托咨询机构、聘请外部专家等方式，严抓进场施工图会审，避免设计标准过高，导致质量过剩；避免设计变更造成返工浪费。强化项目资金管理，落实资金月度平衡例会制度，强化建设资金管理，确保资金链安全；规范筹资行为，加强借款计划管理，严格执行贷款审批程序。强化物资设备采购管理，严格落实集团公司物资集中采购谈判办法，抓好边际效益、生产成本"两项成本谈判"，签订长期供销协议，实行厂家代储、按需送货、无偿维护维修。强化竣工验收和结算工作，深入细致地做好设计、设备、工程验收工作，提高结算资料的规范性、完整性，及时办理转资手续，尽快转入正常生产。

5.构建人才开发体系，支撑产业升级转型发展

人才资源是第一资源、人才优势是最大优势。兖矿集团实施"人才强企"战略，创新人才工作理念，完善人才引进、培养开发、选拔任用、流动配置、激励保障体系。

（1）健全人才引进机制。解放思想，打破常规，用市场化机制引进一批资本运营、国际贸易、战略性新兴产业等方面的高端人才。探索实行首席科学家制度，培养引进高层次的技术研发人才和行业领军人物。

（2）健全人才任用机制。根据不同人才成长规律，科学制定员工职业生涯规划。建立健全管理、技术人才成长双通道晋升和公开竞聘机制。全面推行管理、技术岗位分设，加大管理技术人员轮岗交流力度，不断优化人才年龄、专业和知识结构。从健全岗位目标责任制入手，把品德、知识、能力和业绩作为衡量人才的主要标准，做到不唯学历，不唯职称，不唯资历，不唯身份。

（3）健全人才培养机制。以经营管理人员素质提升、专业技术人员知识更新、职工岗位技能提高为重点，实施"素质提升工程"，开展职工系统化教育培训，着力提升

人才支撑发展能力，打造高素质技术服务团队。发挥党校、工贸学院等培训机构的作用，采取与高等院校、职业培训机构联合办学、函授教育、委托培养等方式，完善多层次、开放型人才培训体系。

（4）健全人才激励机制。坚持以经营业绩考核为依据，以岗位绩效工作为基础，精神激励与物质激励、短期激励与中长期激励相结合。根据区域、行业、岗位差异，科学制定薪酬分配方案，推动薪酬分配向驻外开发人员、艰苦重点岗位、价值创造的关键环节倾斜。加快制定实施驻外开发配套政策，提高驻外开发人员政治、经济待遇，鼓励引导干部职工"走出去"创业。

6.构建三集中管理体系，推动产业升级转型发展

（1）实施物资集中供应。全面推行竞争性谈判，按照"货找源头、厂家直供、低价采购"的原则，实行物资设备主渠道采购，签订长期供销协议，实行厂家代储、按需送货。挖掘市场潜力和供应商潜力，抓好边际效益、生产成本"两项成本谈判"，实现集团公司效益最大化。健全供应商及客户信息库，选择技术实力、经济规模、产品档次位于行业前列的战略性供应商，坚决取缔中间供应商，确保厂家最优、性能最好、价格最低。加强物资供应中心储运基地和外部开发物流配送基地建设，构建一体化、集约化的物流配送机制。严格调剂使用管理，建立集团公司统一的库存管理调剂制度，加大清仓利库、修旧利废和闲置资产盘活力度。创新物资供应商业模式，推动物资供应与物流贸易、金融服务相结合，拓展业务范围，提升盈利创效水平。

（2）实施销售集中管理。加快建立国际国内一体化营销体系，实现产品全球布局、区域互补、统一定价、战略协同，推动境内外资源向高价位市场集中。整合区域煤炭市场，选择周边运行规范的煤炭企业，探索代购、包销、收购式管理，减少区域内低价竞争。挖掘产品潜在价值，推动本部煤炭产品由动力煤为主向炼焦配煤转变，实施新区矿井动力煤改性技术攻关。发挥煤业上市公司、日照储配煤基地、山东煤炭交易中心平台协同作用，逐步整合区域煤炭市场，推动煤炭产品网上竞价销售，提高市场"话语权"。探索"市场换市场""产品换市场"战略联盟和营销模式，扩大产品销售和增盈渠道。

（3）实施资金集中管理。完善现金池管理模式，落实存贷款最佳余额、承兑汇票收支、税务、优惠政策利用"四个筹划"。按照"控制总量、把握方向、调整结构、严格考核"的原则，加强资金计划管理，集中力量实施重大装备升级和技术工艺改造项目。扩大现金流量，提高资金周转率，增加资金效益。加强两金管理，坚持以销定产，压缩产成品资金占用，大力压缩存货；落实清欠责任，加大应收账款清欠力度。

7.构建循环经济体系，驱动产业升级转型发展

节能环保是加快转型发展的重要手段，也是企业极其重要的社会责任。兖矿集团坚持把节能减排摆在转型发展的重要位置，转变经济发展方式，构建循环经济、低碳经济发展模式，建设资源节约型环境友好型企业。

（1）突出节能减排管控能力建设。深化目标责任管理，严格落实一把手负责制和一票否决制，制定195项产品单耗控制指标和环保指标，纳入年度目标管理，逐项分

解、严格考核。深化能源统计计量管理，全面推行产品能耗定额管理。加强能源计量设施建设，主要用能厂点和设施均单独安装计量器具。深化节能环保信息化管理，组织实施"数字环保节能"工程，建成煤炭行业第一个在线节能环保管理系统，实现公司内部单位全面联网。深化全员节能环保管理，组织开展节能减排全民行动、对标竞赛和示范单位创建活动。

（2）突出抓好节能减排重点工作。抓好二氧化硫减排，建设电解铝厂尾部烟气氨法脱硫设施，实施电厂锅炉改造和余热供暖。推进节能环保重点工程建设。强化节能环保基础管理，组织开展能源审计和清洁生产审核，加强节能环保设施运行管理。大力发展低碳经济，认真分析低碳经济对企业发展的影响，开展二氧化硫排放调查摸底，研究实施减排治理和资源化利用方案。

（3）突出绿色低碳生态矿区建设。实施煤矿废弃物综合利用工程。组织建设三座煤矸石制砖项目，年消耗矸石70万吨。实施污水回收综合利用工程，实施一批矿井水、生活污水深度处理和复用工程。采用充填复垦工艺，实施土地塌陷综合治理工程。

8.构建安全管理体系，保障产业升级转型发展

牢固树立安全"红线"意识，把安全工作摆到"高于一切、重于一切、先于一切、影响一切"的位置，积极探索符合兖矿实际的分级分类安全管控模式，推动企业由高危行业向安全行业转变。

（1）始终把安全生产作为"天"字号大事，建立纵向到底横向到边的安全责任机制。始终以战战兢兢、如履薄冰的心态敬畏生命、敬畏安全、敬畏职责，引导干部职工算好经济、社会、政治、生命、家庭"安全五笔账"，做到所有工作首先确保安全工作，所有投入首先保证安全投入，所有责任首先落实安全责任。明确集团公司、专业公司、矿处单位安全职责定位。集团公司突出安全管理体系和制度建设、重大灾害治理、重大事故防范和安全考核奖惩；专业公司突出专业技术管理、重大工程设计、安全制度监督执行；矿处单位突出安全规程措施落实、安全双基建设和系统安全高效运行，切实把安全责任落实到每一个层次、每一个环节、每一道工序、每一名干部职工。

（2）始终把超前预防作为安全工作的根本保障，建立安全评价预控管理机制。从安全评价、预控制度、隐患排查三个方面入手，强化安全超前预防，实现安全评价覆盖各单位、预控管理贯穿全过程、隐患排查治理辐射全方位。建立专家查隐患、部门抓督查、单位抓整改"三位一体"安全评价机制，从基础管理、系统优化、灾害防治、技术装备等方面开展安全综合评估，实施"评价诊断、落实整改、考核奖惩、优化提升"闭环管理。把安全预控管理制度建设放在突出位置来抓，完善176项风险预控管理制度，编制258项岗位标准化操作标准，形成规范化、系统化、精细化的安全预控制度体系。强化隐患排查治理，严格落实"七级排查"制度，做到隐患治理责任、措施、资金、期限、应急预案和监控手段"六落实"。

（3）始终把科技创新作为安全工作的重要支撑，建立安全技术管理机制。大力实施"科技兴安"战略，健全安全投入保障机制，提高安全费用提取标准，在经济形势十分困难的情况下，每年仍安排资金15亿元用于重大灾害治理和安全系统装备升级改

造。颠覆传统办矿理念，优化生产系统、开采设计、劳动组织和技术装备，推动煤炭生产向减头减面减系统、提速提质提效"三减三提"转变，提升安全高效生产水平。加大重大灾害防治技术攻关力度，形成集超前预防、准确预报、高效防治于一体的防控技术体系。树立"无人则安"的理念，实施安全供电智能化、提升运输数控化、胶带运输集控化、安全生产监测监控自动化改造，井下主要胶带机、水泵房、变电所实现远程监控和无人值守。

（4）始终把提升素质作为安全工作的治本之策，建立安全基层基础管理机制。坚持抓基层、强基础、练队伍、提素质，深化安全质量标准化、区队班组、教育培训"三项建设"。牢固树立"朴素的质量标准化、本质安全的质量标准化、以人为本的质量标准化"理念，分专业制定高于国家、行业标准的考核细则，开展"精品工程"创建活动，确保安全质量标准化高位动态达标。开展"六好区队""三无班组"竞赛活动，提高区队班组管理精细化、规范化、科学化水平。大力实施全员安全素质提升工程，强化案例教育、实践教学、岗位实训，做到理论知识不掌握、现场表述不准确、实践操作不达标"三不上岗"。实施"首席技师"和"金蓝领"工程，定期开展岗位技能比武和优秀技术技能人才评选活动，发放优秀技术技能人才岗位津贴，充分调动职工岗位成才的积极性。

（5）始终把从严治企作为安全工作的重要手段，建立安全目标考核问责机制。突出目标、检查、考核、追究"四个从严"，将从严治企落实到全员、全方位、全过程。强化安全目标管理，逐级签订安全目标责任书，严格执行领导干部安全述职和绩效考核制度。强化安全监督检查，制定红黄牌和严重"三违"界定标准，实施不定时间、不定路线、不定地点"三不定"、解剖式安全检查，做到全面检查不留死角，日常检查长抓不懈，专项检查盯住重点工程和薄弱环节。强化安全激励约束，推行全员安全风险抵押，实行安全重奖重罚，严格评先树优安全"一票否决"制度。强化安全追究问责，对各类安全违规行为和突出问题，无论是否造成后果，一律按"四不放过"剖析处理；对各类侥幸和生产事故，无论是否造成重大损失，一律比照人身事故进行公开分析警示，坚决防止同类隐患和事故重复发生。

四、加快转型发展打造产业升级版的实施效果

1.提升了产业高端高质高效水平

着力打造传统产业新型化、新型产业规模化的发展格局，加快建设山东本部、陕蒙、贵州、新疆和澳大利亚、加拿大"四基地两新区"，积极推进煤炭高效生产、洁净利用和深加工，初步建成世界一流的清洁能源基地、铝型材加工基地，国内先进的煤化工基地、机电成套装备制造基地，形成煤化工、煤电铝、机电成套装备制造三个非煤"百亿级"产业群。在国内外累计拥有煤炭资源400亿吨，年生产能力达到1亿吨以上，2013年煤炭产量8500万吨。化工产品年生产能力800万吨，名列2012中国化工企业500强第31位。新型煤化工技术研发和产业化取得积极进展，榆林100万吨煤制油项目油品装置主要界区设备安装完成；上海能源科技研发公司在大型高温与低温费托合成多联产技术、费托合成油品提质催化剂技术、天然气制油技术等方面取得突

破,为煤化工产业转型发展提供了有力的技术支撑。装备制造产业由低端向高端、由零部件向成套装备再制造转型,东华重工位列2012中国煤炭机械工业50强第6位。

2. 提升了经济规模和发展实力

兖矿集团主要经济指标连续多年保持同行业先进水平。2013年营业收入1056亿元,同比增加54亿元,增长5.38%;年末资产总额1916亿元,总资产增长率6.4%。兖矿集团位列2013年中国企业500强第122位,同比上升7位。

3. 提升了自主创新能力

建成"一院四中心"的科研体系,即集团公司技术研究院,上海、济南、西安、澳大利亚等区域研发中心。2011年以来,获省部级科技奖励115项次,其中一等奖7项,获奖数量及等级位列煤炭行业之首,取得授权专利183项,技术转让收益6.3亿元。"煤炭安全高效开采与洁净利用技术创新工程"被评为2013年度国家科技进步二等奖。

4. 提升了资源综合利用能力

完成山东省政府下达的节能减排指标,获得中华环境友好煤炭企业、首届低碳中国突出贡献企业等荣誉。污水处理率达到100%,矿井水复用率为91%,生活污水复用率为70%。累计利用1390万吨煤矸石充填塌陷区,复垦土地2640公顷。资源节约和综合利用工作始终保持全国同行业领先水平。

5. 提升了企业品牌影响力

兖矿集团先后获得全国优秀企业(金马奖)、中国质量效益先进企业特别奖、"五一"劳动奖状等荣誉。被大公国际评估公司评估为"AAA"级信用企业。15个产品获得国家级、省级名牌产品称号。"兖矿煤"入选首届中国品牌500强名列第68位。兖州煤业公司是煤炭行业唯一获得全国质量管理奖、中国质量鼎和亚太国际质量大奖的企业,连年名列我国上市公司50强。

(成果创造人:李希勇　许金新　徐西超　朱建国　韩钟琦　李　彬　路　涛)

面向"双服务"的"人本和谐型"工会管理实践与探索

河南能源化工集团有限公司工会委员会

河南能源化工集团有限公司(以下简称河南能源)是经河南省委、省政府批准,于2013年9月12日由原河南煤化集团、义煤集团两家省管大型煤炭企业战略重组成立的一家集煤炭、化工、有色金属、装备制造、物流贸易、建筑矿建、现代服务等产业相关多元发展的国有特大型能源化工企业集团,是河南省最大的煤炭企业,在2014中国500强企业榜单中位列第60位。集团总部设在河南省郑州市,拥有在岗职工20多万人,下设490余个子分公司,分布在河南、贵州、新疆、内蒙古、青海、安徽、四川、山西、陕西、上海等省(自治区、直辖市)以及澳大利亚等国家,其中大有能源、银鸽投资两家公司在沪上市,九天化工在新加坡主板上市。

一、面向"双服务"的"人本和谐型"工会管理模式的实施背景

近年来,随着国内外环境的深刻变化,煤炭经济处于下行通道,市场竞争日趋激烈,给企业生产经营管理带来了巨大的挑战。随着全面深化改革、加快转变经济发展方式的不断推进,影响和制约煤炭企业发展的深层次矛盾和问题非常突出,给煤炭企业的职工带来巨大的压力和思想冲击。同时,企业的发展需要劳动关系的和谐稳定,要求工会工作担当维权、维稳责任,工会民主管理、民主监督要求更高、难度更大。在新的历时背景下,如何创新工会管理工作是煤炭企业工会面临的重要课题。河南能源工会为了适应工会工作的内外部环境要求,坚持以人为本,创造和谐,提出并实施了面向"双服务"的"人本和谐型"工会管理模式。

二、面向"双服务"的"人本和谐型"工会管理模式的基本内涵

河南能源工会将现代管理理论与工会管理相结合,提出并实践了"面向'双服务'的'人本和谐型'工会管理",其管理模式框架见图1。其基本内涵如下:

1. 以"人本"和"和谐"理论为指导

首先,通过人性化管理,充分凝聚职工的合力,挖掘职工的潜能,调动职工的积极性、主动性和创造性。其次,以"和谐理论"为指导,通过多种途径,团结和动员广大职工,参与改革,促进和谐;投身企业发展,巩固和谐;维护职工权益,保障和

谐；提高职工素质，推动和谐。

2.面向职工和企业的"双服务"

一方面，搭建各种平台，服务好职工，让职工的合理需求得到最大的满足，职工深层次地参与企业管理，为生产经营献计献策；另一方面，服务企业，为企业发展营造健康和谐的企业氛围。

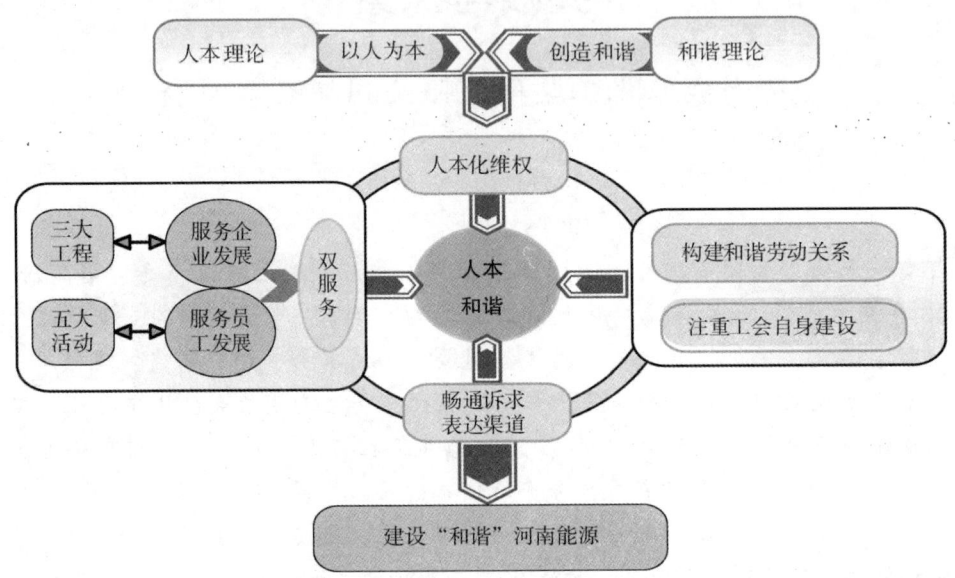

图1　面向"双服务"的"人本和谐型"工会管理模式框架

3.构建和谐劳动关系

在建立、运行、监督、调处劳动关系等方面，保持劳动者和企业之间的关系始终处于公正合理、运转顺畅、和谐融洽的良好状态。

4.不断夯实"人本化维权"基础

从"以人为本"出发，采取多种措施，实施"人本化"维权，将职工合法权益的维护落到实处，做合格的职工维权者和代言人。

5.畅通诉求表达渠道

建立健全职工反映诉求的组织保障机制、党员领导干部直接联系群众机制，搭建多种形式的沟通平台，进一步畅通职工诉求表达渠道，实现合理的职工利益诉求。

6.注重工会自身建设

围绕"企业所需、职工所急、工会所能"的基本要求，注重加强工会自身能力建设，不断提高工会干部的服务水平，提高工会组织的凝聚力、影响力与号召力。

三、面向"双服务"的"人本和谐型"工会管理模式的主要做法

河南能源工会坚持把工会工作放到集团改革发展大局中来谋划、来推进，创新工作机制、活动载体、工作方法，提出并实施面向"双服务"的"人本和谐型"工会管理。

1. 面向"双服务",实现企业与职工双赢

"面向'双服务'的'人本和谐型'工会管理"以"人本和谐型"工会管理为载体,大力服务企业发展,实施"三大工程";坚持服务职工,开展"五大活动",不断提高服务企业、服务职工的能力和水平。

(1) 实施"三大工程",服务企业发展。围绕集团公司的中心工作,大力推进"群众安全工程""职工素质工程""班组建设工程"三大工程,更好地发挥工会组织服务企业发展的积极作用。

①实施群众安全工程,服务企业安全发展。紧紧围绕集团公司安全生产目标,把群众安全工作纳入公司安全管理工作体系,不断创新群众安全工作形式和载体,构建群众大安全工作格局,打造出了专业型、高素质的群监队伍。一是设立群众安全监督检查机构,扎实推进群安工作;二是成立女职工家属协管机构,协助企业做好安全工作;三是明确奖惩机制,使群众安全监督检查落到实处。

②实施职工素质工程,服务企业创新发展。集团工会把实施职工素质工程当作服务企业发展的重点工作来抓,出台了《河南能源化工集团工会管理创新实施办法》,通过提升职工素质,服务于企业创新发展。一是开展工会管理创新活动,表彰优秀创新成果;二是设立全国首批煤炭行业技能大师、全国技术能手游弋的名字命名的职工学习创新"游弋工作室",从技术支持和人才支撑角度服务于集团公司创新发展;三是在基层单位工会开展全员岗位大练兵、技术大比武的基础上,集团工会每年组织一届职工技能竞赛,选拔、培养职业化高技能人才。

③实施班组建设工程,服务企业持续发展。一是实施班组建设"十百千"工程实施意见,每年评选表彰10个班组建设示范单位、100个标杆班组、1000名优秀班组长;二是切实抓好班组安全生产,把好安全生产的第一道防线,确保职工在生产过程中的安全与健康;三是从建章立制和完善生产记录等基础资料入手,以落实岗位责任制为重点,以出色完成安全生产任务为目标,促进班组管理科学化;四是从班组工作实际出发,采取灵活多样的方法和班组成员易于接受的形式,深入开展创建安全生产型、质量效益型、学习创新型、文明和谐型班组活动,积极引导班组成员学习新知识、钻研新技术。五是在继续坚持和完善班务公开制度的同时,积极探索班组民主管理的新途径和新形式,保障职工的知情权、参与权、监督权和决定权,不断完善班组民主管理;六是建立班组长培养、选拔、任用机制,选配具有一定文化程度、责任心强、作风正派、技术熟练、敢于管理、善于团结人的优秀职工担任班组长。七是实施激励考核,对各单位每半年考核一次。

(2) 开展"五大活动",服务职工群众。河南能源工会坚持以人为本,牢固树立群众观念,扎实推进服务职工群众的"五大活动",着力提升服务职工群众能力,以实际行动让职工群众真正感受到工会组织是最可信任的"职工之家",工会干部是最可信赖的"娘家人"。

①坚持开展民主管理活动。以坚持服务于职工为目标,积极推进民主管理,不断完善以"职工代表大会制度、企务公开制度、职工董事和职工监事制度"为基本形式

的民主管理、民主监督机制，积极探索建立"集团型""公司型""矿厂型""区队型"等多级民主管理体系，提升民主管理工作水平。

②坚持开展"两送一助"活动。河南能源工会深入开展以"冬送温暖、夏送清凉、金秋助学"为主要内容的"两送一助"活动。在活动开展过程中，集团工会不断创新帮扶形式，在下属永煤、鹤煤等多家单位尝试成立了"困难职工帮扶中心"，建立了以成员企业帮扶中心为依托、区域子公司帮扶中心为支撑、基层矿（厂）帮扶站为主体的帮扶工作网络，形成了帮扶工作的长效机制，使困难职工帮扶救助工作实现了常态化、规范化。

③坚持开展"三最"调查活动。坚持以人本理念为指导，结合集团公司战略管控模式、产业构成、地域分布以及深化改革、加快发展、促进稳定的实际需要，针对职工最关心、最直接、最现实的利益问题开展"三最"问卷调查，不断建立健全职工诉求和关注点信息管理机制，形成集团管理层和职工群众之间信息的对流、对称、对接机制，及时掌握和切实解决职工"最关心、最直接、最现实"的利益问题，促进各级管理人员改进作风，深入实际，联系职工，更好地服务职工群众。

④坚持开展选树典型活动。河南能源充分贯彻尊重劳动、尊重知识、尊重人才、尊重创造的重要方针，以集团工会为主要实施单位，评选劳动模范、技能大师、首席职工、最美矿工、最美女工等先进模范人物；同时，坚持公开、公平、公正和群众公认的原则，建立劳动模范的评选制度和劳动模范的奖惩制度。树立劳动最光荣、劳动最崇高、劳动最伟大的企业风气，唱响"劳动光荣、工人伟大"的时代主旋律，用典型人物的优秀品质和先进事迹感召广大职工群众，激发其积极性、主动性和创造性，使全体职工共同进步。

⑤坚持开展工会品牌活动。工会活动是工会工作的有效手段和重要载体，也是激发工会生命力、提升工会地位和形象的重要形式。河南能源工会着力实施品牌战略，全力打造工会工作品牌，广泛开展内容丰富、形式多样、有益于职工身心健康的文娱活动，丰富职工的精神文化生活。引导各级工会组织充分利用节庆日和工余时间开展形式多样、内容丰富的职工文化活动，不断探索职工文化工作的新途径，支持、引导职工群众追求文明、健康、有益的生活方式。组织各级工会开展职工篮球、排球、乒乓球、羽毛球、太极拳、健美操等比赛体育活动，强化职工团队意识，提高职工身体素质，增强企业凝聚力；组织开展安全生产小品小戏、职工歌手大赛、广场文化演出等文艺活动，宣传集团优秀文化理念，营造企业安全生产氛围，丰富职工业余文化生活，不断满足职工群众精神文化需求，提高职工群众幸福指数。

2.畅通诉求表达渠道，实现职工合理利益诉求

河南能源工会建立了一套解决职工诉求的工作机制，及时收集反馈基层和职工的呼声，拓宽职工诉求表达渠道。这一工作机制包括：职工诉求表达机制、落实机制、双维护机制、反馈机制和激励机制五个方面。其中，表达是前提，落实是关键，双维护是目的，反馈是动力，激励是手段。五个机制互相结合、相互补充，构成一个严密的工作体系。

(1) 表达机制。要建立职工诉求机制，首先要做到能够及时地倾听到职工的意见和建议，要让职工说话，要给职工说话的平台。利用现代科技手段——中国移动推出的飞信业务，建立"和谐飞信"信息平台，免费输入全体干部职工的手机号，为职工创造了一个十分方便的提议、交流、沟通平台。

(2) 落实机制。建立职工诉求机制的目的是合理妥善处理职工的意见和建议，对合理的给予采纳，不合理的给予解释，错误的给予纠正，好的给予奖励。因此"答复办理"是建立职工利益诉求机制的关键，也是工作的主要内容。

(3) 双维护机制。建立职工诉求机制的目的是维护职工的合法权益，但绝不是撇开企业的整体利益而单方面维护职工自身的权益。职工生活在企业这个大家庭里，在市场经济体制下，彼此实际上已经结成了一个利益共同体。只有企业发展了，才是职工权益保证的源泉。因此，建立职工诉求机制的目的，是要做到维护企业的整体利益和职工的具体利益相结合。通过合理化建议的采纳和应用，实现了"双维护"。

(4) 反馈机制。建立职工诉求机制，就要把职工的意见和建议的落实情况及时地反馈给职工，让职工心里清楚、肚里明白，只有这样才能激发广大职工的参与热情，才能不断地推动这项工作的开展。在职工餐厅前安装"回音壁"电子显示屏，定期对职工建议、领导答复、办理情况以及对合理化建议奖励情况进行公布，及时进行反馈，赢得了党政的支持，职工的拥护。

(5) 激励机制。建立职工利益诉求机制，必须建立激励机制。对于能产生正向效能的合理化建议，给予一定的表彰奖励。

3.不断夯实"人本化维权"基础，维护职工的合法权益

河南能源采取多种措施，将职工利益的维护落到实处，健全完善"源头"参与机制，强化"源头"维护，创新维权载体，完善维权方式，做合格的职工维权者和代言人，想职工之所想，急职工之所急，体现人文关怀。

(1) 健全完善"源头"参与机制。一是工会积极加大职工参与企业政策制定的力度，使职工的呼声、要求和主张在有关政策中得以体现。二是引领职工全程参与企业的生产经营活动及各项规章制度的修订工作。三是工会代表参与制定涉及职工切身利益的政策、措施，充分反映职工群众的诉求和工会的主张。四是建立完善规范的职工董事、职工监事制度。五是扎实推进民主管理和平等协商两个机制，充分发挥职工的民主管理和民主监督作用。

(2) 建设职工联络员和劳资矛盾调解员队伍。一是把政治素质优、群众基础好、参与热情高、工作作风实的职工推选出来担任职工联络员和劳资矛盾调解员，其中联络员由职工民主推选或企业根据职工意愿选定，调解员一般由在职工会主席或干部兼任。二是工会与企业充分做好协调沟通工作，一定程度上授予职工联络员和劳资矛盾调解员代表工会行使职权的权力，并定期组织开展"职工联络员和劳资矛盾调解员"交流培训活动，加强维权信息传递、经验交流，切实提升他们的业务能力。

(3) 明确工会职能。把宣传、沟通、监督、帮扶、协调五项工会职责作为固定制度确立下来，广泛推行"五心"工作法。其中"五心"是指在工作过程中热心，不计

个人得失；真心，诚恳反映情况；贴心，与职工打成一片；知心，认真倾听各方意愿；细心，善于把握职工动向。

（4）提供强有力的保障。提高工会组织维权的能力和水平，充分发挥工会的组织优势、阵地优势，积极创设条件，为职工维权在各方面提供强有力的保障，切实维护广大职工的合法权益。

（5）实施制度监督。随时监督企业有关制度实施情况，特别是事关职工权益的根本性制度，重点是"三制度一公开"实施情况，即劳动合同制度、工资集体协商制度、集体合同制度和厂务公开，包括是否有漏订合同现象，权利义务是否明确，是否存在不平等条款等，根据职工需求随时向企业或工会了解工资集体协商和集体合同签订情况，对厂务公开中职工存在的疑问及时提出意见和建议，必要时由工会出面调停。

（6）做好职企沟通。在职企之间做好上情下达、下情上传工作，及时沟通双方意愿，特别是生产生活方面，如劳动条件优化、硬件改善、设施更新等生产问题和餐饮、住宿、交通、业余活动等生活细节，根据职工需求和愿望及时向企业反映，遇到问题由工会出面协商解决，同时把企业意见解释给职工群众，促进职企双方相互了解，避免因误解或不知情引发劳资纠纷。

4.坚持人本管理，创造和谐型工会

河南能源工会在认真调查研究的基础上，提出坚持人本管理，创造和谐型工会，提升职工幸福感，为企业的和谐健康发展注入恒久动力。

（1）创建和谐型工会干部队伍。创造和谐型工会干部队伍，一是实现职工之间的和谐；二是实现工会干部与职工的和谐。一方面，要真正做到信任、尊重、关心、理解和成就每一位工会干部，不因其兴趣、性格、特长、学历、资历背景等不同，而产生不公平的机会和不平等的发展空间；另一方面，要建立健全工会干部管理机制，加大教育培训力度，力争使工会干部都成为工会工作的行家里手。

①建立工会干部学习成长机制。一方面，以丰富工作人员相关领域知识为目标，多元化地设计培训课程和培训内容。另一方面，以提升理论认识水平和破解实践工作难题为导向，根据培训需求选择不同培训方式。

②建立工会管理创新机制。制定了《河南能源化工集团工会管理创新实施办法》，规定集团公司各级工会组织凡当年创出的工会工作经验、做法和成果，具有创新性、可推广性，均可参加评选。

③建立工会干部表彰示范机制。河南能源工会为激励各级工会组织和工会干部围绕中心，服务大局，扎实工作，为集团公司职工发展更好地服务，制定了先进工会、优秀工会干部评选办法和评选程序，对优秀工会干部予以表彰奖励，受表彰集体和个人均作为集团先进通报表彰。

（2）打造和谐型基层工会组织。基层工会组织充分发挥自身的特点，从以下三个方面来实现构建和谐基层工会组织：

①建立内部协作的工作机制，为创建和谐基层工会组织提供组织保障。按照集团统一管控原则，集团工会充分发挥"建球场、定规则、当裁判"的角色作用，以"宏

观管控、日常调研、发现亮点、推广经验、交流学习、共同提升"为基本思路,把具体工作放在基层,给基层以广阔空间,放手让基层工会结合本单位工作需要和自身特点自主发挥,充分发挥基层工会的积极性、创造性和主观能动性。集团工会采取召开座谈会、交流会、观摩会、推进会等形式,实行工作互检、集中考核、成果交流等手段,不断推进集团公司所属各单位工会之间的协同联系,促进了工会工作水平的整体提升。

②处理好"三个关系",实现基层工会中人与组织间的和谐。一是处理好工会组织与本单位党政的关系;二是处理好工会主席与工会委员会的关系;三是处理好工会干部与职工(会员)的关系。

③建立职工"服务机制",为创建和谐基层工会组织打下基础。基层工会组织能否为职工服务,树立长期的服务意识,是衡量一个基层工会作用发挥好坏的重要标准之一。基层工会组织大力实施职工得到实惠的"服务工程""爱心工程",如对职工开展"三必探",即:职工生病住院必探望,职工的喜事和丧事必探望,特困职工家庭节日必探望等,解决了职工的实际困难和问题,为创建和谐的基层工会组织打下基础。

5.构建和谐劳动关系,使劳动者和企业处于融洽的良好状态

和谐劳动关系的构建就是在建立、运行、监督、调处劳动关系等方面,保持劳动者和企业双方之间的关系始终处于公正合理、运转顺畅、和谐融洽的良好状态。在河南能源工会面向"双服务"的"人本和谐型"工会管理模式中,创造和谐是工会工作的终极目标。构建和谐劳动关系创造和谐的重要组成部分,也是工会工作面临的一项重要而紧迫的课题。河南能源集团工会在构建和谐劳动关系方面主要从以下几个方面为着力点:

(1)确定和谐劳动关系标准。河南能源工会以全国总工会对和谐劳动关系的定义为指导,从以下八个方面来衡量劳动关系的和谐与否:一是严格签订执行劳动合同,劳动用工规范,内容合理、公平;二是平等协调和集体合同制度;三是保障职工的劳动经济权益,包括劳动报酬、社会保险、劳动保护;四是完善职代会和厂务公开,保障职工的民主管理;五是维护精神文化权益,包括教育培训、个人发展、业余休闲活动;六是劳动争议解决;七是女职工特殊劳动保护和未成年合法权益保护;八是完善工会组织建设。

(2)创建和谐劳动关系的实施内容。

①重视劳动合同签订。河南能源共有职工20多万人,根据不同岗位和工种,劳动合同签订率达到90%以上。在重视劳动合同签订的同时,向职工普及劳动合同条款和常识,包括合同期限、劳动条件、劳动报酬、福利、保险、劳动纪律、违约责任等。使职工充分意识到劳动合同在职工与企业关系中的重要作用。

②保障职工劳动经济权益。职工通过劳动应获得与之相匹配的经济权益、劳动经济权益,包括货币工资、实物奖励和社会保障福利等三个方面。河南能源工会通过开展集体协商、集体劳动合同等制度方式,充分发挥工会的建议建言和维权作用,为职工劳动经济权益的获得提供了支持和保障。

③推动职工民主参与。河南能源工会主要通过职工代表大会、厂务公开来推进职工的民主工作，保证广大职工享有企业重大事项的知情权和决策权。

④确保职工精神文化权益。职工精神文化权益主要是通过开展活动满足职工的精神文化需求，包括职工的教育培训权、个人发展、业余休闲。河南能源工会在以人为本的工会管理体系指导下，开展五大活动，服务于职工发展。

⑤做好特殊劳动保护。特殊劳动保护主要体现同工同酬和劳动安全保护方面。河南能源工会不断加强女工工作，实行女工权益保护，保证用工平等，同工同酬。另外，煤炭企业众多岗位属于劳动危险系数较高，河南能源工会不断开展劳动安全宣教工作，并取得了良好效果。

⑥积极解决劳动争议。劳动争议是企业与职工关系间普遍存在的问题，河南能源工会作为调节职工与企业关系的第一道防线，努力做到在第一时间将争议在企业内部解决。同时，集团工会也向职工普及相关法律与维权意识，使职工了解劳动仲裁和法律诉讼在保障职工权益方面的作用。

⑦加强工会组织建设。工会组织是构建和谐劳动关系的组织保障。在河南能源化工集团28家子公司中，其中26家已建立了基层工会组织，另外两家正在建设筹备中。所有基层工会接受集团工会的统一管理，代表全体职工利益。

6.注重工会自身建设，提高服务水平

建设和实施人本和谐型工会管理模式需要采取有力的行动去落实，需要人去实施，这离不开工会自身建设。河南能源主要从以下几个方面强化自身建设：

（1）建设新型工会组织网络体系。按照集团公司党委和上级工会的要求，不断建立健全各级工会组织，配齐配强工会干部，形成全方位、多层次、广覆盖的新型工会组织网络体系。

（2）健全工会各项管理制度。以制度建设为根本，加强基础管理，进一步建立健全工会各项管理制度和工作机制，加强对各级工会的科学管理，用制度规范工会管理工作。

（3）工会干部队伍的综合素质。积极创新教育培训模式，通过多层次、多渠道、多形式的培训，增强广大工会干部学习的积极性、主动性和自觉性，全面提升集团公司工会干部队伍的综合素质。充分发挥工会组织在服务职工群众、服务企业改革发展大局、促进集团公司安全和谐发展中的职能作用。

（4）强化考核激励。

一是分类制定考核标准。对各单位"和谐型"工会的检查考核适用集团级考核标准，对各单位下属二级单位（矿、厂、子公司）的考核，采用各单位的考核办法。对各单位工会的考核分为两部分，第一部分：对各单位工会自身的考核（占考核得分的60%）；第二部分：对随机选取的各单位下属1~2个基层工会的考核（占考核得分的40%）。

二是考核方式灵活多样。根据集团公司点多面广线长的特点，采取灵活多样的方式对各单位"和谐型"工会工作进行检查考核，考核采取听、查、看的方式进行。即听成员单位和基层工会关于半年工会工作的自查报告；查文件资料、活动图片、管理档案等；看职工之家、公开栏、宣传栏等阵地建设。考核既强调日常管理，又突出管理创新。

三是半年考核与全年考核相结合。对各单位"和谐型"工会创建活动实行半年度考核，全年考核结果为上、下半年考核得分的平均值。

四是重视考核结果运用。考核结果分为四个档次，90分及以上为优，89~80分为良，79~70分为中，70分以下为差。根据考核结果进行通报与奖励，并将考核结果作为对各单位工会和工会干部绩效评价以及评选"和谐型"工会创建活动先进单位和先进个人的重要依据。

（5）注重营造好的舆论环境。通过多种手段，加强工会宣传力度，着力营造关心支持和推动工会工作的良好环境，让职工了解工会，认识工会。

四、面向"双服务"的"人本和谐型"工会管理的实施效果

1.促进了工会更好地全面履行四项基本职能

面向"双服务"的"人本和谐型"工会管理模式促进了河南能源工会能更好地履行其维护、建设、参与、教育四项基本职能。

（1）有效地维护了职工合法权益。一是进一步规范和完善了各级职代会制度和厂务公开制度；二是建立了规范有序、公正合理、互利共赢、和谐稳定的社会主义新型劳动关系；三是扎实开展"三最"问卷调查、合理化建议征集、民主评议领导干部等专项工作，维护了职工合法权益。

（2）不断改善工会工作，加强了工会建设。集团两个基层工会获得河南省工会理论政策研究先进单位，集团工会下属鹤煤工会获河南省企业工会工作十面红旗，15个基层工会获省模范职工之家称号。

（3）通过服务职工、给职工创造良好的工作环境和成长空间，激发了职工爱岗敬业的热情，参与企业建设，建设和谐企业，有效发挥工会平台的参与职能。

（4）职工群众的思想道德素质和科学文化素质不断提高。

2.提高了职工素质和创新能力

（1）提高了职工素质。2013年，河南能源有34名职工获得了全国、省、行业五一劳动奖章，13名职工获省管企业劳动模范称号；8个单位分别获全国、省、行业工人先锋号称号，9个单位获省、行业五一劳动奖状，5个单位获省管企业先进集体。职工游弋获评全国第十三届职工道德标兵，另一名职工获评省第十四届职工职业道德建设十佳职工。

（2）提高了职工的创新能力。游弋工作室以"双元培训实现素质登高、以建议征集实现潜能开发、以技术创新实现成果转化、以导师带徒实现人才化育"的四级运行模式得到了各级专家领导的充分肯定。目前，集团公司已陆续建立了170多个"游弋工作室"。"游弋工作室"的首创单位永煤公司车集煤矿自组建以来，共完成各类创新成果450余项，专利授权28项，发表省部级论文29篇，对于解决矿井安全、生产中遇到的实际问题，保护企业独有知识产权做出了突出贡献。游弋团队所带徒弟有46人

次在矿级以上技术比武中获得名次，工作室有 3 名成员获得河南省"技术创新能手"称号，3 名成员获得河南省"百名技术英杰"称号，6 名成员获得河南省"五一劳动奖章"，于来平成为集团公司专利转化为产品第一人，游弋本人先后获得"全国煤炭工业百名优秀青年矿工""全国技术能手"、全国首批"煤炭行业技能大师""全国职工职业道德模范标兵个人"等光荣称号，2013 年 10 月被授予全国五一劳动奖章。

3. 提升了企业效益

(1) 安全效益。不同程度上提升了职工的生产技能和安全意识，从而促进了企业的安全生产，大大降低了生产事故的发生率，促进了企业安全效益的实现。

(2) 经济效益。广大干部职工参与自主创新工作的积极性明显提高，班组长、技师、技术工人主动针对生产现场的实际进行自主创新，把现场制约生产、安全的关键环节作为研究方向和重点，成果的科技含量显著提高，创新成果向生产现场应用的转化步伐明显加快。比如"于来平绞车控制器""于金忠地质锤""游弋钢丝绳全自动化除尘环""孙金瑞感应式水幕控制系统"等，都是结合实际工作中的问题而研制转化为成果的设备，促进了企业经济效益的提升。

(3) 品牌效益。近年来，河南能源工会先后荣获全国能源化学系统先进工会、省先进基层工会、河南省厂务公开民主管理工作先进单位、河南省"金秋助学"活动先进单位、全省妇女"创先争优"先进集体、省职工技能竞赛优秀组织单位等多项称号。在中国能源化学工会三届二次全委会上，集团公司职工学习创新工作室的经验做法得到表彰和推广。树立了游弋、陈国栋等一大批蓝领品牌职工，为职工的成长发挥了品牌示范作用；创建了职工技能大赛、游弋工作室、"两送一助"等品牌活动，为工会相关工作的开展树立了方向和标杆。

(成果创造人：邓文兴　潘明祥　宋录生　杨　枫　陈松涛　李宗庆　曹其跃　李　涛　王冬梅　潘德方　侯欣立　王晓歌)

基于追溯对冲机制的
安全生产约束因子数值评价系统设计与应用

永城煤电控股集团有限公司

永城煤电集团有限责任公司位于河南省永城市，成立于1997年11月。2007年6月变更为永城煤电控股集团有限公司（以下简称永煤集团）。永煤集团煤炭产业现有11个控股子公司，拥有生产矿井34对，在建矿井6座，核定生产能力达到3975万吨、洗选能力超过2000万吨。非煤产业有装备制造、有色金属、化工、发供电、铁路运输、矿建、物流等分、子公司70多家，形成了以煤为主、适度相关、多元发展的格局。营业收入由2010年的861.25亿元上升至2012年的1014.15亿元，资产总额由2010年的793.26亿元上升至2012年的935.90亿元，成为河南省发展最快、效益最好、贡献最大的企业。

一、基于追溯对冲机制的安全生产约束因子数值评价系统设计与应用的背景

1.追溯、对冲机制是在安全状态形成与维护之买多、卖空期权交易手段在现场安全管理方式上，纠正组织及环境约束力失控的机会主义现象的理论延伸

在矿井生产能力持续提高的同时，一方面原有配套的选煤系统经过一系列扩能改造后，设备、工艺环节和操作单元相应增加，在解决系统扩能改造和矿井产量提升不匹配问题的选择方面，大部分洗煤厂都是选择延长开机时间来保证矿井煤炭处理量这一方法，这样必然要压缩停机检修时间，使洗选工序及洗选设备持续满负荷运行，岗位职工在生产作业过程中持续忙碌、紧张，容易出现忙中出现差错的不安全行为；另一方面，受煤炭企业用工制度影响，选煤系统员工流动较为频繁，多数劳务工因合同到期而离职，入职新员工没有对应的工作经历作支撑，安全生产意识、安全作业习惯、岗位安全技能等还没有达到对应的程度，不安全行为时常发生。而且选煤系统作业现场时常发生的是可接受的行为过失及一般性不安全行为，如何有效控制这些不安全行为成为选煤系统作业现场安全管理的重要课题。

2007年，永煤集团首次在国内外提出了强势安全导向机制及安全工作高端发展态势的定位，以及安全资源配置、运营与交换之安全商品市场体系的理论体系。2012年又提出了煤矿安全期权交易方式的系统设计与应用。安全期权交易方式是对安全资源

配置、运营与交换在煤矿安全状态形成与维护的买多、卖空期权交易手段的系统设计。2013年永煤集团在《中国矿大学报》发表的《基于累积负积分制的不安全行为约束机制》一文，是运用期权理论在现场安全管理的追溯、对冲机制方面的延伸和实践，在导入安全生产主导要素控制方法所对应的人、机、物、环境、作业过程、组织过程、控制过程及其结构关系等相关生产因素、安全因素，变以惩罚不安全行为为主的事件管理为不安全行为累积负积分档案之安全管理新模式。其目的就是采用基于强化期、约束期、改正期、对冲期的约束因子评价数值评价系统去纠正组织及环境约束力失控的机会主义现象。

2.追溯、对冲机制拓展的强化期、约束期、改正期、对冲期之功能是提升区队综合管理水平的有益尝试与需求

如何最大限度地提高矿井的安全管理水平和经济效益，是所有煤炭从业人员不断研究的课题，也是煤炭行业发展的主题。区队是构成矿井整体的主要价值单元，区队的综合管理水平一定程度上体现了矿井的管理水平，区队质量标准化成本控制直接影响了整个矿井的形象和竞争力。本课题以矿井综采区队管理为基础，针对区队、班组的特点进行理论研究和实践，旨在找到一种科学、合理、有效的综合管理手段，提高区队综合自治水平，以期实现矿井自主、系统自控、区队自治、班组自理、员工自律的"五自"管理体制。

拓展强化期功能，可以使现场作业人员对作业过程其全部权益所对应损失东西的价值进行重估；拓展约束期功能，可以使现场作业人员对作业过程其全部权益的核算方式进行反算，"看看"不按作业标准及工序流程作业是否"合算"；拓展改正期功能，可以使现场作业人员自主按照作业标准及工序流程去作业；拓展对冲期功能，可以使现场作业人员"鞭策"自己时刻按照作业标准及工序流程去作业。

3.追溯、对冲机制是当前强化市场化管理方式中突出以人为本的有益补充

在企业实行以效益为中心的运行模式下，各级管理部门及基层区队均推行市场化管理手段。实施市场化管理手段带来的直接效果就是以效益为目标的绩效管理，管理方式主要以"遵循"各项规章制度以罚代管"了事"。这种管理模式就是只看结果、只看事物的最终影响程度，而不管事物的过程及影响大小，导致的结果就是一味使用市场化手段去管理一切事物。

但事物的发展是有过程的，影响也是有大小之分的。如果所有事物都只看结果而不论其影响因素及影响程度的大小，只去"运用"市场化手段就会导致片面性及一刀切的弊端时常发生。

为此，运用追溯、对冲机制是为了更好地去管理市场化手段及其他管理手段对一些处于罚与不罚之间的小事进行强化管理，对安全生产过程提供约束因子去进行追溯和对冲，从而给基层单位的自治管理提供空间和手段，为人性化的管理提供一种新的思维和手段，也为机关管理中使用量化手段去管理推诿扯皮等事项所出现的问题、难点提供一种新的管理方式。

二、基于追溯对冲机制的安全生产约束因子数值评价系统的内涵和主要做法

常规管理方法大都采用点对点的权益考核方式，将很多与之关联的因素"人为"

淡化。本课题采用强化、约束、改正、对冲的负积分方式，变以惩罚不安全行为为主的事件管理为不安全行为累积负积分档案之安全管理新模式。同时，将这种方式延伸到对基层区队、机关部室之全方位、全过程的权益量化考核，有效解决了班组盲目生产追求产量、机关科室工作机会主义现象其相关负权益评价所面临的纠偏、纠正问题。

问题的提出：

■现场作业活动中可接受的行为过失及一般性不安全行为（处于罚与不罚之间的小事）在不同岗位重复发生，其后果时常被"淡忘"而难以得到有效控制，究其原因是缺少一个与之相关并使其"揪心"的东西去时常约束之。

■现场作业过程"挑肥捡瘦"；作业现场尾巴（零星工程、收尾工程）多；零星杂活难以管理；事故、隐患的重复出现。究其原因就是由于其过程的断续性而缺乏量化管理的工具，导致缺少一个与其权益相关联并使其"不得不关注"的东西去约束之。

■机关工作推诿扯皮、职责不清；工作计划执行不力；经常出现不应该的加班。究其原因也是由于其过程的断续性而缺乏量化管理的工具，导致缺少一个与之工作相关联并使其需要"密切关注"的东西去约束之。

■突出表现在：可接受的行为过失及一般性不安全行为（处于罚与不罚之间的小事）时常被"淡忘"；现场作业过程中容易挣分的活抢着干、突击挣分，不容易挣分的活（如零星工程、收尾工程、隐患处理等）没有人愿意干；机关科室中易发生机会主义倾向的事件（如推诿扯皮）以及经常出现事到关口搞临时突击的现象。

解决方法：针对现场管理过程中运用经济利益手段片面化、绝对化的弊端，在应用组织行为学、管理心理学等有关理论的基础上，运用基于累积负积分的不安全生产行为的约束机制，实行不安全行为负积分的累积周期方式，导入安全生产主导要素控制方法所对应的人、机、物、环境、作业过程、组织过程、控制过程及其结构关系等相关生产因素、安全因素，建立基于强化期、约束期、改正期、对冲期的约束因子评价数值评价系统（在时空特征下"追溯"之，在协同特征下"约束"之，在维护特征下"改正"之，在核算特征下"对冲"之），用负积分的累积及追溯方式去约束和强化，使其"揪心"之；用负积分的累积及对冲方式"迫使其"改正和改变，即用相关负积分之数值评价的方式去追溯、对冲，从而变以惩罚安全生产过失行为为主的事件管理为评价安全生产过失行为其约束因子的系统控制，实现安全生产过程的有效约束。在现场施工管理事项中导入与安全、生产、质量、执行力、管理绩效五维度之密切"不得不关注"的因子去强化、去约束。机关科室采用"四负"考核体系，科室人员考核采用"六负"考核体系去强化、去约束。

本课题围绕解决问题的方法在以下方面进行了理论框架的搭建与创新，在实现执行力的泛化管理与平衡管理方面进行了系统设计与应用。

1.设定强化期、约束期、改正期、对冲期之约束因子的理论支撑

（1）组织行为学中的负强化理论。诺贝尔经济学奖获得者卡尼曼通过心理学研究发现了人类决策的不确定性，即人类的决定常常与根据标准的经济理论做出的预测大相径庭。他断言：在可以计算的大多数情况下，人们对所损失东西的价值估计，比得

到相同价值时的估价高出两倍。而且，当所得比预期多时，人们会很高兴；而当失去的比预期多时，就会非常愤怒痛苦。关键在于这两种情绪是不对称的，人们在失去某物时愤怒痛苦的程度远远超过得到某物时高兴的程度。美国心理学家斯金纳认为人或动物为了达到某种目的，会采取一定的行为作用于环境，当这种行为的后果对他不利时，这种行为就减弱或消失，人们可以用这种负强化的办法来影响行为的后果，利用强化物抑制不良行为的重复出现，通过负强化可以使人感到物质利益的损失和精神上的痛苦，从而主动放弃不良行为，改邪归正。

(2) 管理心理学中的近因效应。众所周知，最近发生的事件留给人们的印象最深刻，事件发生的时间越远，被人们淡忘的越彻底。采取累积负积分管理机制，当某个职工发生安全违章行为并接受安全负向累加积分和经济处罚时，他本次的行为受到上次行为的"牵连"，在这之前发生的安全违章产生的结果从时间上被拉近，与本次行为产生的结果同时发生作用，使行为及结果"远因"变成"近因"，变以惩罚不安全行为为主的事件管理为控制不安全行之安全资源配置、运营及交换。

(3) 工序流程边际状态控制理论。实行安全行为负积分的积分方式，导入安全生产主导要素控制方法所对应的人、机、物、环境、作业过程、组织过程、控制过程及其结构关系等相关生产因素、安全因素，用负积分的方式进行统计、归类，并且按照其相关生产因素、安全因素的作用关系结果，将不安全行为分为可接受的行为过失、一般性不安全行为、严重不安全行为三种类别，用对应的分值进行"表达"，进而有目的性地针对不同类型不安全行为进行对应控制。

(4) 组织及环境约束力作用。受知识水平、思维方式、工作经验、习惯及心理因素、情感因素或意识形态等因素的影响，每个员工接收、储存、检索以及处理信息的能力呈现明显的差别，以及让其他员工理解他本人的认识和感觉的语言能力的限制，在相关安全事项的处理方面，会出现其决策内容脱离利益相关方所共同约定的安全合意条款方面的偏差，导致个别员工个体行为的失控。当员工的理性边界约束条件发生变化，特别是在单人或少数人的作业活动中，其外部环境及利益相关方之环境的约束能力减弱，个体处理相关安全事项的理性能力受到限制时，个体行为的极端表现便是完全脱离利益相关方所共同约定的安全事项之合意条款，萌发并选择合乎自己偏好及价值取向的机会主义和自由主义意愿，从而导致安全合约不确定性状况的发生。

2.安全生产约束因子累积负积分制的评价方式设计

建立基于强化期、约束期、改正期、对冲期的约束因子评价数值评价系统，用负积分的累积及追溯方式去约束和强化，用负积分相对应的权益核算及对冲方式"迫使其"改正和改变。其评价方式设计如下：

(1) 设计框架。根据安全生产管理实际经验，可以得出以下函数关系式：

$$P = Q\frac{T}{C}$$

P：再次发生不安全行为的概率

Q：系数

C：前次不安全行为产生的后果

T：前次不安全行为发生至今的时间

这三者间的关系是：P是C的减函数，即前次不安全行为产生的后果越严重，再次发生的概率越小；P是T的增函数，即前次不安全行为距今时间越长，淡忘得越彻底，再度发生的概率就越大。从以上分析可以看出：要降低不安全行为再度发生的概率，关键在于强化不安全行为产生后的处罚后果，有效"拉近"前次不安全行为距今的"时间"间隔。

因此，基于组织行为学中的负强化理论、管理心理学中的近因效应以及工序流程边际状态控制理论、安全生产主导要素控制方法等理论知识的应用，为有效约束不安全行为，提高安全资源运营的效率，有效控制作业工序过程中出现的操作行为非受控边际因素，遏制其边际状态的存在和发展，防止事故发生，维护持续的安全生产状态，设计了对不安全行为进行累积责任追究的负积分制约束机制，按照人、机、物、环境、作业过程、组织过程、控制过程及其结构关系等要素，设计出岗位出入、岗位组织、岗位控制、文明作业、环境维护、设备管理、工序交接、信息传递等可接受的行为过失、一般性不安全行为、严重不安全行为之职工不安全行为积分要素及积分标准，采取反向的负分累积规则，并且对同一性质的违规行为，即某个人再次发生与前次同等程度的安全违章行为时，采取其行为产生的负向积分结果也即处罚结果要强于前次行为产生的结果的负强化方法。随着类似情况次数的增加，这种行为的负向结果将会不断放大，在同样的时间里，实行效果负强化的过程和时间会不断拉近，用负积分的方式进行统计、归类其对应的分值也"表达"的更加充分，约束的作用也就不断"放大"，职工的不安全行为发生次数就会产生"拐点"而朝递减的方向去"循迹"。

（2）评价方式。针对可接受的行为过失、一般性不安全行为、严重不安全行为等不同行为性质，采取不同的负分累计规则，可接受的过失方面的行为一般不会直接影响到安全生产，不会造成人身事故和设备事故，因此本着以人为本的原则，针对此方面，第一次发现违反规定的情况时不予处罚积分，只给予警告，以说服教育为主，违规次数要计算，以后再有类似情况发生将进行打分并累积，可接受的行为过失方面打分随次数增加每次递增2分；发生一般性不安全行为和严重不安全行为的，第一次就开始积分，以后随着次数增加，逐次按比例递增，一般性不安全行为每次递增5分，严重不安全行为每次递增10分。不安全行为负积分规则可以用以下公式表示：

可接受的行为过失：第n次出现此行为的负分值为Fn=2×(n−1)，n∈N,n≥1；前n次总积分为Zn（可接受）=n×(n−1)

一般性不安全行为：第n次出现此行为的负分值为Fn=5×n，n∈N,n≥1；前n次总积分 $Z_n（一般）=\dfrac{5\times n\times(n+1)}{2}$

严重不安全行为：第n次出现此行为的负分值为Fn=10×n，n∈N,n≥1；前n次总积分 $Z_n（严重）=\dfrac{5\times n\times(n+1)}{2}$。

不安全行为发生次数与积分值对照见表1。

表1　不安全行为发生次数与积分值对照表

次数 积分 类别	第1次	第2次	第3次	第4次	第5次	…	第n次	前n次累计
可接受的行为过失	0	2	4	6	8	…	2×(n−1)	n×(n−1)
一般性不安全行为	5	10	15	20	25	…	5×n	$\frac{5 \times n \times (n+1)}{2}$
严重不安全行为	10	20	30	40	50	…	10×n	5×n×(n+1)

某个职工的总积分为：Z(职工姓名)=Z(可接受)+Z(一般)+Z(严重)。

与负积分累积"核算"的不安全行为次数在一个年度内进行累计，下一年度积分清零，进入下一个积分累积周期。

3.基于对冲、追溯机制的煤矿区队千分制综合绩效评价方式设计

煤矿区队千分制综合绩效评价是将时空特征下"追溯"功能、在协同特征下"约束"功能、在维护特征下"改正"功能、在核算特征下"对冲"功能，都融入于以下四个约束因子数值评价子系统中。

(1) 安全项积分，占50%。安全考核分两块：安全分和隐患分，实行千分减分制。基础分为1000分，以月度为单位进行考核，班组出现事故则安全考核得分为零分。安全考核：出现"三违"、严重"三违"1次扣200分、300分，当月出现2次严重"三违"，则安全考核得分为零分。隐患考核：以班组为单位，对所有班组生产期间产生的隐患进行统计，根据不同检查单位不同隐患级别扣除相对应的分数。

(2) 生产项积分，占20%。生产分实行千分积分制。基础分为1000分，以月度为单位进行考核，生产分以当前班组工分管理为主，完成当班生产任务（以班前会要求为准，如有变更，以队部通知为准），按验收制度进行积分。若按要求完成当班的工作量，给予当班200分的奖励；超额完成任务的，超额部分按照正常生产积分的1.5倍进行积分；若未按照要求完成当班工作量，验收人员根据工作量大小和当班工作饱和度给予0~200分扣分。

(3) 质量项积分，占20%。工程质量实行千分减分制。基础分为1000分，以月度为单位进行考核，矿科室及安检人员查出工程质量问题一处则扣30分，矿领导及公司领导查出工程质量问题一处则扣40分，验收员及跟班队长根据现场查出的工程质量问题则扣5~50分。如果检查出公司规定的重大质量问题，则当班质量考核分为零分。

(4) 执行力项积分，占10%。人员考核实行千分减分制。基础分为1000分，以月度为单位进行考核，主要考核两块：人员出勤、材料管理。每班出勤率在90%以上，加50分；出勤率低于90%，扣50分；出勤率低于80%，扣除100分。材料实行交接班制度，交接班时进行材料、工具器交接，发现工具乱丢乱放，每件扣50分；材料码放乱，扣50~100分；材料没有按规定进行回收，一处扣50分，工具器损坏，扣50~200分。此外，在人员考核方面还对员工文明施工方面做出相关规定：人员说话污秽的，扣100分/次；顶撞上级、拒不服从安排的，扣500分/次；作业地点卫生差、有白

色垃圾的，扣 50 分/处。

（5）跟班工队长管理绩效综合评价。综合评价实行千分加分制。每天入井后，验收员出井前，跟班队长对当班安全、生产、隐患、质量等内容进行一次综合评价，并及时将评价结果告知当班验收员。评价分 A、B、C 三个等级，评价为 A 级者，综合成绩加 20 分；评价为 B 级者，综合成绩加 10 分；评价为 C 级者，综合成绩扣 10 分。

4.机关科室"负积分"评价方式设计

机关科室"负积分"综合绩效评价是将时空特征下"追溯"功能、在协同特征下"约束"功能、在维护特征下"改正"功能、在核算特征下"对冲"功能，都融入于以下两个约束因子数值评价子系统中。

（1）机关科室"四负"评价方式：机关科室绩效负积分以月度为单位，按十分制进行扣减。"四负"体系方式：指标完成情况、日常业务流程节点考核、综合评价、基层评价。机关科室"四负"评价方式设计见表 2。

表 2　机关科室"四负"评价方式设计

"四负"体系内容	分值所占权重	责任部门	备注
指标完成情况	45%	企管部牵头，各责任科室、单位共同完成	动态指标考核
业务流程执行情况	25%	企管部牵头，汇总业务关联科室评价	
综合评价	20%	领导小组	
基层评价	10%	分公司班子	

（2）科室内部人员"六负"评价方式：科室人员绩效负积分以月度为单位，按十分制进行扣减。"六负"体系：当月科室绩效得分应用、岗位职责履行情况、出勤情况、值日情况、公司处罚、其他评价。科室内部人员"六负"评价方式见表 3。

表 3　科室内部人员"六负"评价方式

"六负"体系内容	分值	考核责任人	备注
当月科室绩效得分应用	25%	科室负责人	
岗位职责履行情况	40%	科室负责人	
出勤情况	15%	科室负责人	
值日情况	5%	科室负责人	
公司处罚	10%	科室负责人	
其他评价	5%	科室负责人	

5.约束因子数值评价系统的运行

(1) 安全约束因子数值评价系统的运行。

①运行方式。根据《一般性不安全行为和严重不安全行为界定办法》《双基考核办法》《安全质量标准化考核办法》及上级安全管理有关规定对不安全行为进行动态考核，采取洗煤厂内部不定期随机检查，车间和班组定期检查两种方式，上级安全检查考核部门在本单位检查出的问题也要列入职工负积分累积范围。

②交换方式。建立职工不安全行为累积负积分档案，按照可接受的行为过失、一般性不安全行为和严重不安全行为三大类，分别记录不安全行为的来源性质、次数、日期和详细内容以及积分值，只要发现职工的不安全行为就要实时进行登记，做到信息更新动态化、常态化。

根据互保联保规定，负主要责任的职工在积分的同时违规次数累加，负连带责任的职工按互保联保规定的比例积分，但相应类别不安全行为次数不累计。班长、副班长、同伴分别按照主要责任人的0.5、0.4、0.5倍比例计算负积分。

③负积分机制下的正积分纠正办法。在负积分运行过程中"穿插"了正积分的奖励，即职工发生某一类不安全行为后，如果三个月内不再重复发生，则对本次负积分减半，即设置0.5的纠正系数，给职工正积分的奖励；如果三个月以后再发生类似不安全行为，则当次的积分还是按照规定的积分规则进行打分，如此循环执行。通过有条件的正向激励，包容职工的行为，从感情上给其改正的机会，这使累积负积分机制更加符合以人为本、安全发展的理念。

④结果（交换）应用。积分与"双基"考核安全经济责任挂钩，每积1分扣罚安全结构工资10元，在月度工资结算中兑现。

设立积分榜，对积分进行排名，每月张榜公布职工安全负积分情况，做到负向宣传和激励。

月度积分累计超过20分者，给予警告并通报批评；季度内累积积分超过30分者，单位要和其进行谈心，开展帮扶教育，避免类似不安全行为的再次出现；季度内累积积分超过50分者，对其停工培训，待培训考核合格后才能重新上岗；季度内累积积分超过70分者，将责任人交到厂人力资源市场，另行分配工作；年度累积积分超过200分者，解除劳动合同，予以辞退。

按照相关规定与职工个人诚信账户挂钩，按一定的折合比例扣除诚信账户分，记入诚信账户档案。

安全负积分与各类评优评先、晋升班组长、后备干部提拔等挂钩，累积负积分较高者，取消其相应资格。

(2) 生产现场约束因子数值评价系统的运行。

①安全项积分分值=（标准分1000-班组违章扣分）×30%

②隐患项积分分值=（标准分1000分+当班主动整改隐患条数得分-当班出现隐患扣分）×15%

③生产项积分分值=（标准分1000分+当班完成工作量得分）×25%.

④市场化项积分分值=（标准分1000分+当班回收材料得分-当班浪费、损坏材料扣分）×10%

⑤质量项积分分值=（标准分1000分-当班出现质量问题扣分）×10%

⑥执行力项积分分值=（标准分1000分-当班出现其他问题扣分）×10%

⑦跟班队长评价项积分分值=（根据当班综合生产情况）评价A得10分，B得0分，C扣5分，得分计入总分。

⑧作业当班实得积分分值=生产项积分分值+生产积分分值+隐患积分分值+质量积分分值+市场化积分分值+执行力积分分值+跟班队长评价积分分值

（3）机关科室约束因子数值评价系统的运行。

①机关科室"四负"约束因子数值评价系统的运行。

指标完成积分：由企管部牵头、相关业务科室、单位配合进行考核，实行动态考核，考核指标根据公司安全生产及发展需要及时进行修订，积分扣减指标设置应明确、细致、具有可操作性。

业务流程节点积分：由企管部牵头汇总，具体业务流程执行由责任科室具体负责、业务关联科室密切配合完成考核，数据次月1日下班前汇总到企管部。凡牵涉相互协作业务，由业务下游科室负责提供时间节点要求、工作质量标准和考核评分细则，业务上游科室严格按照标准贯彻执行。各业务流程下游科室必须建立流程执行台账，月末严格按台账记录进行评价打分，打分表经分管领导签字确认后报送企管部汇总。

综合评价积分：由服务态度、业务水平、管理执行力、月度重要工作完成情况四个部分组成。

基层评价：由分公司班子成员，从服务态度、业务水平、管理执行力、指导效果四个方面对参与机关绩效考核科室进行定性评价。

结果应用：部门月度工资=部门岗效工资基数×机关效益系数+机关绩效负积分对标奖励+其他奖罚。

②机关人员"六负"约束因子数值评价系统的运行。科室人员绩效负积分以月度为单位，按十分制进行扣减。

"六负"体系：当月科室绩效得分应用、岗位职责履行情况、出勤情况、值日情况、公司处罚、其他评价。

科室内部员工"负积分"考核细则以本科室主要业务内容而定。针对每个员工岗位设置共性积分细则和岗位积分细则。其中共性积分细则根据部门当月在公司考核中的成绩应用兑现、影响科室外部形象、科室共性管理内容等制定；岗位积分细则根据每个员工具体岗位当月工资完成情况、受表彰情况等制定。

结果应用。成绩汇总：以十分制进行分值倒扣，扣完为止，科室人员根据考核内容所占权重进行折算。

对标奖励：每月对科室人员进行负积分考核并进行对标排序，给予排名第一人员500元资金奖励；积分小于9分且排名倒数第一人员处罚500元；积分大于9分且排名倒数第一不予处罚，给予通报批评。

6. (安全) 约束因子数值评价系统特征的功能延伸

(1) 时空特征（进行追溯）。在对某职工某次不安全行为进行负积分打分时，当次积分的数值跟发生此类行为的累计次数成正比例的函数关系，将本次不安全行为的时间也"追溯"到之前很长时间，从时空概念上给职工的安全作业表现进行评价，其积分值也被赋予了一定时空内涵，使其在一个特定的时空段上能够回顾自己的行为及行为习惯，进而产生符合作业现场安全管理模式的知行合一的认识和思维定势，为青工在安全行为习惯的培养方面提供了正确的引导和感知手段。

(2) 协同特征（进行约束）。基层单位安全管理效果的好坏，不是取决于哪一个人，而是取决于整个团队的安全协作。累积负积分制规定了互保联保连带责任的打分规则，职工本人的不安全行为积分会影响其他职工的安全积分，而其他职工不安全行为积分也会影响到本人的积分累积情况，这就有效增强了职工履行岗位自保、同伴互保、相关人员联保的协同责任，理顺了职工与同伴之间、职工与其他岗位之间、职工和班长之间的安全协同作业关系。

(3) 核算特征（进行改正）。通过对不安全行为进行累积负积分，对职工不安全行为活动、行为过程和行为结果进行跟踪和数值评判，进而完整地"表达和核算"了职工的安全作业效果，使职工安全效果由单一的定性表达方式向分类别的定量核算方式转变，从而进一步激活职工规范行为、确保安全的内生性动力。对职工安全作业行为表现的数值化核算，使职工有了自己可以主动进行自我核算的安全"资源"，职工在掌握自我安全"资源"的同时，充分发挥安全"资源"配置、运营与核算价值，让其转化为自我安全素质提升的考量因子；单位也能通过对员工安全"资源"的有效配置、运营与核算，进一步优化安全管理结构，提升作业现场安全管理效果。

(4) 维护特征（进行对冲）。安全管理的一个主要任务就是维护安全资源的配置、评价与交换，只有实行有效的安全资源的配置、评价与交换方式、方法，这种维护过程才能促进安全工作的持续进行、安全绩效的持续保持。通过将选煤系统不安全行为分为可接受的行为过失、一般性不安全行为和严重不安全行为的分类方法，并且通过实行负积分核算及累积周期的跟踪，进而有效简化了选煤系统安全资源的配置、评价与交换方式、方法，使得广大员工都能够按照这种简单的方式去主动核算自己及周围可供交换的安全资源（对应不安全行为的负积分数值），进而共同自觉地维护自己及周围相关的安全资源，实现全过程的安全资源主动维护机制。

7. 约束因子数值评价系统的追溯、对冲方式

(1) 不安全行为的追溯对冲方式。原则上，上一季度发生的可接受的行为过失、一般性不安全行为，若本季度不再重复发生的其对应的负积分值可对冲之；上一年度发生的严重不安全行为，若本年度不再重复发生的其对应的负积分值可对冲之。

(2) 区队千分制综合绩效评价方式的追溯对冲方式。本着以事故隐患责任人得到教育，其他人员得到警示为原则，不以经济处罚为目的，设责任人的对冲、追溯和强化改正考核。事故隐患发生的第一个月为对冲期，在该时间段内责任人表现良好，工作积极，没有再出现违章行为，处罚减半执行。在责任人安全度过对冲期的基础上，

进入第二个月的追溯期,在追溯期内,隐患责任如果再次出现违章行为,将会被处以规定处罚额度的两倍、三倍处罚。在对责任人个人进行对冲、追溯考核手段的基础上,设立班组强化、改正机制,即班组内同一种隐患不得重复出现,别人犯过的错,其他人不允许再犯,如果再次发生,将对班组安全分进行两倍扣罚。特别是运用负积分方式对作业人员执行力的泛化管理,以及跟班工队长管理绩效综合评价方式,将每个作业人员的安全、生产、质量、执行力之积分都与跟班工队长的管理绩效建立点对点的密切联系,使得作业现场管理能够实现理想化的平衡管理。

(3) 机关科室"负积分"评价方式的追溯对冲方式。

负积分追溯机制是指部门员工在连续两个月中累犯同样的问题,将对积分进行加倍扣罚。

负积分对冲机制是指部门员工在每月工作中,下一个月能对上个月发生的问题进行整改,避免同一问题再次发生,将对上一个月的扣分予以清零。

三、基于追溯对冲机制的安全生产约束因子数值评价系统的实施效果

通过实施不安全行为的负积分累积方式,同时导入安全生产主导要素控制方法所对应的人、机、物、环境、作业过程、组织过程、控制过程及其结构关系等相关生产因素、安全因素,变以惩罚不安全行为为主的事件管理为控制不安全行为之安全资源的配置、运营及交换,实现职工不安全行为的有效约束。

通过以惩罚安全生产过程中机会主义行为为主的事件管理为评价安全生产过失行为其约束因子的系统控制,将以往以产量为全部权益核实为中心的区队管理模式,转变到将区队以安全、生产、质量、执行力四个部分之全方位、全过程的权益量化评价,进行追溯、对冲式的平衡管控,有效解决了班组盲目生产追求产量的痼疾。

通过机关科室"四负"评价方式及科室内部人员"六负"评价方式,充分"释放"了约束因子数值评价系统其在时空特征下"追溯"之、在协同特征下"约束"之、在维护特征下"改正"之、在核算特征下"对冲"之的功能,有效控制了机关科室中时常"泛滥"的机会主义现象。

1.城郊洗煤厂实施的效果

通过实施累积负积分机制,员工安全意识和自律意识大幅增强,"从零开始,向零奋斗"的安全理念在员工思想中得到巩固。职工不安全行为得到约束,岗位安全操作由"随意型"向"标准型"转变。通过对不安全行为非受控边际因素的有效控制,使安全生产处于受控状态,现场安全管理水平不断提升,促进安全"五自"管理为主体的安全生产主导要素控制方法在基层安全管理中落地生根,推动安全管理精细化、作业行为规范化、岗位考核标准化的落实,有力保障了安全生产持续良好运行,现场安全管理水平不断提升,连续5年未发生等级伤亡及非伤亡事故,有力推动了企业经济效益不断攀升。

2.顺和煤矿综采队实施的效果

在顺和煤矿综采队实施基于对冲、追溯机制的煤矿区队千分制综合绩效考核办法,对各个生产环节和要素进行综合治理,对隐患整改效果的持续约束,不再单纯地以产

量为中心，将区队管理量化为安全、生产、质量、执行力四个部分进行平衡管控，质量标准化水平由公司第五名上升至第二名，隐患发生率显著下降，班组综合自理水平得到充分释放。

3.龙宇钼业机关科室实施的效果

机关科室通过开展"四负"评价方式，重点工作"谁牵头、谁规划，谁分管、谁负责"的原则得到贯彻，做到了责任合理分解，工作任务量化、细化，责任明确化；重点工作推进有计划、有落实，扣分有依据。公司战略性重点工作作为项目工程进行单项评价，实行单独奖罚。

科室内部人员通过开展"六负"评价方式及其评价结果对标排序后的张榜公示，有效解决了机关工作推诿扯皮、职责不清之难点问题，提高了机关服务基层质量和效率，充分发挥了机关人员管理、指导、服务和监督四项职能，有效控制了机关科室中时常"泛滥"的机会主义现象。

（成果创造人：曹志安　戚志伟　张云生　王瑞海　吴　林　景自中　黄学志　杨浩基　姜福领　郝旭军　林　旭　石　磊）

选煤厂内部市场化管理模式构建

永城煤电控股集团有限公司

永城煤电集团有限责任公司位于河南省永城市，成立于1997年11月。2007年6月变更为永城煤电控股集团有限公司（以下简称永煤集团）。永煤集团煤炭产业现有11个控股子公司，拥有生产矿井34对，在建矿井6座，核定生产能力达到3975万吨、洗选能力超过2000万吨。非煤产业有装备制造、有色金属、化工、发供电、铁路运输、矿建、物流等分、子公司70多家，形成了以煤为主、适度相关、多元发展的格局。

一、构建选煤厂内部市场化管理模式的背景

煤炭企业实施内部市场化管理，将企业内部的各生产系统、各单位以及单位内的各班组、各道工序用市场关系加以链接，实行有偿往来结算，可最大限度地激活各生产要素，充分达到激励员工、控制成本、提高经济效益的目的，并将助推企业实现长远改革和发展。

1.实行内部市场化管理，是选煤厂转变干部员工思想观念，树立危机感、紧迫感的迫切需求

选煤厂推行内部市场化管理，把价格机制、竞争机制等市场机制引入企业内部，划小核算单元，使"车间、班组、个人"都成为市场主体，将市场压力传递到每位职工身上，通过市场的利益机制、竞争机制、风险机制调动职工的积极性和创造性，彻底解决"干与不干一个样，干好干坏没区别"的弊端，切实增强干部、员工的经济效益观念。

2.实行内部市场化管理，是选煤厂建立实用有效的经营机制、灵活应对煤炭市场复杂形势和降耗增效的重要选择

在市场经济日趋完善和煤炭市场发生巨大变革的形势下，选煤厂实行内部市场化管理，可正确引导物资、资金、技术、人力等诸要素的合理流动，使有限的资源得到合理配置，将传统的行政管理模式改变为市场链管理模式，依靠机制作用，推进企业进行内部管理、技术创新，使企业适应外部市场的变化，降低企业经营的风险，最终达到提高企业经济效益的目的。

3. 梳理、归集和构建内部市场化管理模式，是推动选煤厂内部市场化管理向系统化、规范化和可推广化迈进的重要保障

对选煤厂市场化一整套做法进行梳理、归集和分类，形成可推广和应用的选煤厂内部市场化管理模式，进而成为应对复杂、严峻的经济环境下提升内部管理、提高效益的有效管理模式，在当前的经济形势下，具有很强的现实意义。

二、基本概念

1. 什么是内部市场化管理

内部市场化管理是在企业内部按市场体系要求建立模拟市场，把价格机制、竞争机制和风险机制引入企业内部，在企业内部各单位间形成一种市场契约关系，使企业管理由传统的行政管理体系，转变为自我约束、自我规范、自我发展的一种精细化管理方法。内部市场化管理是以员工为中心，给员工充分的经营自主权力，由单纯的生产者转变为生产经营者，发挥员工的主观能动性，通过员工"自治"，达到责、权、利的统一，实现企业目标与员工目标的高度一致；内部市场化是以效率和效益为中心，企业的各个核算主体都要紧紧围绕效率和效益来运作；内部市场化是以顾客为中心，下道工序就是顾客，只有顾客满意，才能生存和发展。内部市场化管理以规范化（标准和流程）为保障，以制度化为基础，以市场机制为核心，以激活生产要素、激发员工积极性和创造性、实现人企合一为目标的科学管理体系。它的核心思想是把市场机制引入企业内部管理。

2. 什么是内部市场化管理模式

内部市场化管理模式，是煤炭企业综合运用现代管理的理论、方法和手段，围绕内部市场化管理实施的一系列制度创新、技术创新和管理创新的生产经营管理方式的总称。选煤厂构建内部市场化管理模式的最终目标是构建规范化的、系统化的和可复制的市场化管理运行体系，它的特点是层次分明、内容翔实、做法可行、易于推广，以此最终达到加强企业内部管理和降耗提效的目标。

三、构建内部市场化管理模式的主要做法

1. 构建内部市场化管理模式的准备工作

在选煤厂内部市场化管理模式中，构筑内部市场、模拟市场运作是内部市场化管理的核心内容，市场与价格是模式运转的关键。开展内部市场化管理，必须以制度化、标准化、信息化为基础，建立健全内部市场组织体系、计量体系、定额价格体系、核算体系、结算体系和仲裁调控体系等，最终形成一整套保障内部市场化管理运行的体系。

（1）宣传发动工作。在内部市场化管理思路出台后，要进行层层发动，使广大干部职工明确其意义，增加动力，增强信心和决心，减少阻力。

（2）建立内部市场化组织体系。构建内部市场化组织架构是实施内部市场化管理的前提和基础，只有建立健全完善的组织机构，形成分工明确、沟通到位的组织体系，才能够有效保障市场化管理顺利运行。

①厂级市场化管理组织。选煤厂成立以厂长任主任的内部市场化管理委员会，下设若干专业领导小组；在企管科成立市场化管理办公室，作为内部市场的综合管理机

构,在内部市场化管理委员会的领导下,负责全厂内部市场管理工作;各车间建立本单位内部市场化管理领导小组,由单位正职牵头,成员包括相关副职、班长、负责经济核算的工作人员,负责基层单位市场化建设。

②车间市场化管理组织。各车间内部市场化管理领导小组由各车间主任组成,成员由副主任、技术员、班组长、核算员组成。

(3) 分析企业内外部环境,制定市场化工作方案。方案准备是开展内部市场化管理最主要的准备工作,它包括确定企业生产经营的价值活动,构建方案实施的领导机构及运行机制,确立方案的实施步骤及中心环节,形成方案的实施标准等。

①成立具体业务工作小组。具体工作小组有:工资单价测算组,材料消耗定额及单价测算组,机电设备维修测算组,各类工作量统计测算组,电力计量组,综合管理协调组等。

②明确测算原则。测算中应把握三项原则,一是全厂总体价格的测算基数要确保完成公司下达的收入、利润和成本指标;二是各基层单位的价格测算基数不超过全厂分解的成本指标;三是工作量的统计、测算要符合生产工艺要求,具备科学性、合理性和先进性。

③确定测算依据和方法。测算主要依据是集团公司下发的劳动定额手册、材料消耗定额手册和计划价格。工资无定额可套的,按公司下发的岗位定员工资测算;消耗定额无定额可套的,按前三年实际发生数测算;对于电力费用的测算,按前三年实际发生数和当年的生产特点综合进行测算;对于计量不明确、无定额可套的各类单价的测算,可采取经验估算进行测算,在进行上述工作后,将各类测算价格汇总合成,进行价格平衡。如价格不合理,可对生产经营活动的某些环节进行重新评估核价,或根据经营形势调整相应价格。

(4) 划分市场核算主体,制定结算办法。根据选煤厂生产组织特点,在坚持核算主体相对独立性、相对稳定性、完全经济性以及有效竞争性等原则基础上,对指标层层分解、层层落实、层层考核,合理确定三级市场主体的核算指标体系。

①划分市场核算主体。目前,各选煤厂均分为三级市场核算主体:一级市场核算主体是指厂对各车间、科室的结算,由各厂结算中心进行结转和核算;二级市场核算主体是各车间对其班组之间的结算;三级市场主体是各班组对员工之间的核算。

②确定核算、结算的凭证或依据。主要采取内部考核凭证、内部结算凭证核算或结算。

(5) 严密组织、精心测算内部价格。

①收集资料。收集整理各项定额、预算资料(包括:劳动定额、材料消耗定额、设备定额、能源消耗定额及各单位年度成本预算等);收集、整理、分析历年的生产费用资料;了解掌握产品的生产工艺过程,生产组织形式及技术复杂程度等有关资料。

②审议资料。对收集到的资料,要进行认真的审议,特别是各部门提供的基础资料,找出合理因素和不合理因素。

③试算平衡。确定目标价格;预测各种潜力;组织试算、综合平衡;价格方案的

确定。

④上报审批阶段。价格领导小组要对拟定的价格方案广泛深入地研究，在总体水平达到科学、合理的情况下批准实施。

⑤价格发布。价格体系构建后，经厂价格委员会批准，予以发布和实施。

⑥信息反馈阶段。价格下发执行后，在实际结算过程中，由于各种因素的变化、干扰等导致结算结果出现偏差，价格管理部门要对价格执行过程中存在的问题，进行调查分析，提出处理意见，完成价格管理的循环过程。

⑦规范过程运作。首先，要明确市场主体单位之间的从属关系，严格管理，建立互相制约的运作机制；其次，要构建内部的价格结算关系和规章制度。

（6）实施综合调控。

①实行经济仲裁。各厂均成立了由单位一把手任组长、各分管领导为成员的经济仲裁委员会。各市场主体发生纠纷不能解决时，由经济仲裁委员会进行仲裁。

②进行价格调控。各厂成立了价格管理委员会，一方面不断对该厂价格体系进行完善，另一方面根据不同时期的要求，对各类价格不断进行调整，以适应内部市场化管理的需要。

2. 构建系统化、体系化、规范化的选煤厂内部市场化基础管理体系

实施内部市场化管理的基础工作归纳起来分为两大部分：一部分是标准化工作系统，包括规章制度、标准化工作、定额工作，是企业管理控制的主要手段，也是内部市场运行的基础和保障；另一部分是信息工作系统，主要包括信息工作和计量工作，为市场运行提供数据支持和决策资料。

（1）制度体系。企业规章制度大体上分为基本制度、工作制度和责任制度三类。推行内部市场化管理，必须要建立健全包括但不限于安全、机电、生产、煤质、技术、物资、经营、人力资源、教育培训、文明创建、后勤服务等全方位的制度体系，并在此基础上，各市场主体均要建立和完善市场化管理制度和考核办法，以此规范市场化运作程序和市场主体行为，确保市场化管理有效运行。

①基本制度。目前各选煤厂的制度管理体系由安全管理、生产调度、机电运输、创新管理、经营管理、人力资源、物资供应、培训教育、党群工作、纪检监察、综合管理等十一方面的制度组成，这些制度涵盖了各项专业管理的业务范围、工作流程和考核监督等内容，共同对企业管理的各个方面进行了规范和约束。

②内部市场化制度。选煤厂内部市场化制度保障体系包括了三个层次四方面内容：第一层次是内部市场化管理制度，就选煤厂内部市场化管理进行总纲性规定；第二层次是基础管理层级，制定定额管理、价格管理、计量管理、仲裁管理等方面制度，对市场化运行基础进行规范，形成巩固的管理基础；第三层次分为核算、结算、专业市场建设及二、三级市场建设等四方面内容。实施办法规范了管理要求，核算相关制度规范了市场化核算，而专业市场相关制度及车间市场化管理相关制度则对市场化管理深度与广度进行了规范。

（2）定额管理体系。定额是企业在生产经营活动中，对人力、物力、财力的配备、

利用和消耗以及获得的成果等方面所应遵守的标准或应达到的水平。定额管理是经济核算、考核与分配的基础，没有定额，内部市场价格就难以确定，市场化管理也就成了一句空话。

①定额体系内容。选煤厂根据其主要生产经营内容划分为：劳动定额、物资定额、能源消耗定额、管理费用定额等。

②修订程序。定额修订程序如下：定额管理领导小组根据定额分析中发现的问题及定额使用中各单位反映的情况确定定额修订范围；定额管理办公室召集相关科室及车间管理人员商讨出测算方案；有关人员进行定额测算，测算可采用经验分析、技术经济分析、现场测试等方法；定额分管科室依据定额测算情况分析现有定额适用情况，并针对不适用之处提出修订方案；定额管理领导小组论证修订方案后，提出最终定额修订意见；定额管理办公室汇总整理，编制新的定额手册后下发使用。

（3）计量工作体系。计量工作包括计量的检定、测试、统计、化验、分析等方面的计量技术和计量管理工作。它主要是用科学的方法和手段，掌握和管理生产经营活动中量与质的数值。计量工作的关键在于准确、完备、计量单位统一和计量器具运行正常。要确保内部市场化规范化、深入性推进，必须尽可能地完善计量手段，要确保需要核算、结算的来源必须有量可计，都要有相应的计量器具，并统一计量单位，培训计量人员，使计量工作规范、可操作和准确。

3.构建可推广、可复制、可操作的选煤厂内部市场化运行管理体系

选煤厂通过建立健全市场化管理组织体系，确立了科学的三级市场主体后，建立市场化运行机制，创新经营管理，引入市场机制，把企业内部单位划分为不同的经营主体，进行自主经营管理、独立核算、按劳取酬。经营主体之间的业务往来模拟市场交易，变职工个人与基层单位、基层单位与厂之间的行政隶属关系为行政隶属和经济关系有机结合的管理机制，通过对经营收支、损益的核算，对单位和员工的生产经营活动行为进行有效的调控与督促，从而使劳动生产率不断得到提高，资源不断得到优化利用，成本逐渐降低，最终实现企业整体效益不断地提升和职工收入的稳步增长。

（1）构建三级市场核算机制。由于内部市场化延伸到所有单位，根据选煤厂各单位的职能关系和运作流程，在内部核算方式上主要实行三级市场运作。各内部市场主体之间严格按内部市场规则进行平等、有偿交易，确定三级市场的结算办法，形成市场结算体系。

①三级市场主体。

一级市场运作主体：各车间、科室，即各专业市场体系的主要运作单位，参与一级市场运作，按一级市场核算结果确定市场收入，对二级市场实施调控。

二级市场运作主体：各车间下属的各班组，参与车间市场运作，结算市场收入，对三级市场实施调控。

三级市场运作主体：班组内的全体员工，直接参与班组市场运作，以量计分，以分计资。

②三级市场核算内容。主要核算内容：一是工作绩效"量"的结算，主要手段是

三级内部市场结算,对各单位进行"收入-支出"等价格结算;二是工作绩效"质"的考核,主要手段是三级市场百分制绩效考核。

一级市场核算内容:选煤厂与各车间、科室以及各车间、科室之间进行的结转和核算,根据各一级市场主体结算数据分析、归类、汇总而成,具体核算结果通过一级市场结算单进行反映。厂层面编制《一级市场结算办法》和《一级市场绩效考核办法》,执行一级市场项目,并监督、指导二、三级市场考核等。

二级市场核算内容:各车间对各班组进行的结转和核算,依据来源于各市场主体及主体间相互提供劳务产生的收支业务。其核算结果通过内部市场结算单、收支明细表、工资日报表进行反映。

三级市场核算内容:各班组对员工个人的结转和核算,具体核算结果通过工资日报表进行反映,根据对员工个人每日打分情况,按月汇总结算员工个人工资。

(2)制定结算价格。各厂根据公司下达的收入、利润和企业生产总成本进行总测算后,层层分解至每一个基层单位、每一个单位价值活动,形成单位价值活动间产品交换的价格,最终进行市场交易结算。

①价格体系内容。

车间(班组)内部市场结算价格:根据公司及厂年度生产经营工作目标,分别测算和核定厂对车间(科室)的一级市场结算价格和车间对班组的二级市场结算价格,这是厂对车间、车间对班组效益工资分配的主要依据。

个人工作量"积分制"价格体系:即生产岗位工作量价格和机修计分价格,实现"以量计分、以分计资",作为对员工个人工资分配的依据。

内部物资价格:主要由厂供应部门按照市场需求制定合理、完善的内部计划价格体系,同时及时变更或调整价格,作为对各单位进行材料费结算的依据。

内部劳务价格:即内部市场各项临时性杂务的价格。

②价格测算准备工作。为了做好价格管理工作,需要做好三方面工作,即成立分工明确的价格测算小组(包括工资单价测算小组、材料费单价测算小组、电力单价测算小组、影响时间单价测算小组、链式结算单价测算小组、综合价格测算小组),严格遵守价格测算原则,按价格测算程序工作。

③价格测算方法。主要测算方法包括:经验估算法、技术计算法、统计分析法和协商定价法。

④价格分类。针对不同的工作内容、不同的产品、不同的产品质量制定不同的市场价格,具体可涵盖人工费、产品产量、材料费、电费、影响时间等,通过归类,各选煤厂内部市场价格具体可分为三类:一类是单项价格,二类是综合价格,三类是单项价格与综合价格的交叉使用。

⑤测算程序。确定单一的成本要素价格[成本要素包括劳动力(工资)、材料、电费等]→确定市场主体之间、工序之间链式服务关系→测算劳动定额、材料消耗定额→依据定额测算价格→试算平衡→由价格监督或仲裁部门审批测定价格进行公示→在全厂范围内执行内部价格。

⑥实施与管理。价格一旦确定,使用过程中要维持价格的科学合理性,任何单位不得私自调整、变更。价格要根据实际情况进行修订和完善,但并不是所有的定额变化都要进行修订,必须要符合价格修订的条件。实施过程中,因价格原因出现争议,提出争议方可写出裁定申请,由厂内部市场化经济仲裁领导小组进行裁定,保证价格制定公开、公正、公平。

(3)一级市场结算办法。各选煤厂根据自身的管理特点,分别构建了符合本单位实际的内部市场结算办法。主要包括对车间结算:(收入-支出)×绩效考核分数;对科室结算:责任目标考核。

①对车间结算="量"的结算+"质"的结算

A.对车间"量"的结算。主要特点是直接结算+辅助链式结算。具体结算内容为:

◇原煤车间:总收入=直接收入+链式收入

直接收入=手选矸石量×手选矸石单价+生产块煤量×内部块煤单价×效益系数

链式收入=洗煤车间入选原煤量×入选原煤单价×原煤质量系数

总支出=材料费+电费+影响时间+罚款

说明:原煤质量系数是指原煤车间生产管理过程中的工作质量情况。具体考核要求:全月无发生30分钟(含30分钟)以上事故;生产作业环节不因自身工作不到位影响洗煤生产;全月未发生,系数为1.05;全月发生1起,系数为1.0;全月发生2起,系数为0.95,依次类推。由生产技术科提供考核结果。

◇洗煤车间:总收入=直接收入+链式收入

直接收入=商品煤产量×内部商品煤单价+本车间生产精煤量×内部精煤单价×精煤灰分系数×精煤水分系数×效益系数+块煤产量×内部块煤单价×效益系数

链式收入=浮选车间生产浮精产量×内部浮精单价×浮选入料质量

总支出=入选原料煤支出(链式支出)+材料费+电费+影响时间+罚款

说明:精煤灰分系数、精煤水分系数指外运商品精煤质量情况;浮选入料质量指洗煤车间供给浮选车间的原料煤质量情况,以提高洗煤车间加强工艺管理,向浮选车间提供质优的原料煤,根据浮精灰分和尾矿灰分加权平均计算,由生产技术科提供具体数据。

◇浮选车间:总收入=商品煤量×内部商品煤单价+浮选精煤量×内部浮选精煤单价×精煤灰分系数×精煤水分系数×效益系数+煤泥产量×内部煤泥单价×质量系数

总支出=原料煤支出(链式支出)+材料费+电费+影响时间+罚款

说明:精煤灰分系数、精煤水分系数指外运商品精煤质量情况;浮选精煤效益系数与厂整体精煤效益系数挂钩。

◇装车车间:总收入=商品煤量×内部商品煤单价+块煤量×内部块煤单价×质量系数×效益系数

总支出=材料费+电费+影响时间+罚款

◇机电车间:总收入=商品煤量×内部商品煤单价×工作绩效系数

总支出=材料费+影响时间+罚款

说明：机电车间工作绩效系数指全月有无对全厂整体的机电事故影响。

◇车队：总收入=商品煤量×内部商品煤单价+运输量×运输服务单价+掺配工作量×单价+劳务量×单价

总支出=燃料消耗+影响时间+罚款

B. 对车间"质"的结算——绩效考核。为深化各车间的专项管理，对各车间开展绩效考核。主要考核各单位安全管理、机电管理、煤质管理、培训管理、企业文化建设、创新管理、内部市场化管理等项目，见表1所示。

表1 车间一级市场百分制考核办法

序号	考核项目	考核内容	分值（分）
1	安全管理	按照《"双基"安全结构工资考核办法》执行	20
2	机电管理	按照《机电管理考核细则》执行	20
3	煤质管理	按照《煤质管理办法》执行	20
4	培训管理	按照《员工培训考核办法》执行	15
5	创新管理	按照《科技市场绩效考核办法》执行	10
6	企业文化建设	按照《企业文化建设考核办法》执行	10
7	内部市场化管理	按照《内部市场化管理考核细则》执行	5
合计			100

◇车间效益工资结算：

总收入=直接结算收入+链式结算收入

总支出=实际发生的各项费用之和（含原料煤支出、成本费用、影响时间及罚款等）

内部货币净收入=总收入−总支出

效益工资=各单位内部货币净收入×各单位一级市场百分制考核分数×内部汇率±当月预留（借支）金额

②对科室一级市场结算。对机关科室主要实行责任目标考核，根据业务分工，制定年度工作有规划，将重点工作分解至各科室，要有成本、质量、资金、库存管理方面的量化考核指标。具体考核办法见表2所示。

考核结果应用：科室绩效考核成绩作为科室内所有员工效益工资发放的依据，与其个人的三级市场百分制考核挂钩。

（4）二级市场结算办法。二级市场结算即是将各班组作为相对独立的内部市场计算主体，依据其所生产的合格产品乘以相应的内部产品单价作为总收入，把在生产过程中自身实际发生的各项成本费用（包括材料、电力及影响时间等）作为总支出。总收入减去总支出即为单位内部货币净收入，并以此作为班组结算效益工资收入的依据。

表2 科室一级市场百分制考核办法（通用考核+个性考核）

项目		通用考核指标	分值（分）
1	分管的各类专项管理在上级对厂各项专项检查中取得的业绩以及日常管理情况等	具体包括：①质量标准化②"双基"③企业文化④工会各项考核⑤内部市场化⑥"双创"⑦节能减排⑧人力资源管理⑨培训管理⑩供应管理等	50
2	企业文化建设	按照《企业文化建设考核办法》执行	10
3	创新管理	按照《创新绩效考核办法》执行	10
	合计		70
序号	科室	个性考核指标	分值（分）
1	综合办	1、服务管理	15
		2、后勤服务效果	15
2	政工科	1、通讯报道	15
		2、信访管理	15
3	机电科	1、事故管理	15
		2、设备管理	15
4	安检科	1、完成安全工作目标	15
		2、上级专项检查	15
5	生产技术科	1、生产管理	15
		2、煤质管理	15
6	企管科	1、全厂成本、非生产性支出	15
		2、供应管理	15

即：总收入=∑班各产品产量×内部产品单价

总支出=∑实际发生的各项成本费用

举例洗煤车间对班组的结算办法，如下：

①对班组"量"的结算：主要根据本车间的生产工艺特点，确定对班组的商品煤生产总量、精煤产量、块煤产量进行结算。

生产班总收入=商品煤量×商品煤量单价+精煤产量×内部精煤单价×质量系数×效益系数+块煤产量×内部块煤单价×效益系数。

生产班总支出=材料费+电费+影响时间。

②对班组"质"的考核。对班组"质"的考核主要侧重于生产技术指标、生产工艺管理、安全质量标准化以及其他班组管理内页资料等内容，目的旨在提高班组长的"自主管理"水平和提升员工的"自制能力"。

③班组实际结算效益工资。

公式：(生产班总收入-生产班总支出)×二级市场绩效考核分×内部汇率

其中，内部汇率确定原则：根据厂对车间应结算工资总额与车间应结算工资总额进行对比，确保工资全额核算到各班组，车间无扣留班组工资的权利。

(5) 三级市场结算办法。三级市场结算，即厂对中层管理人员、科室对一般管理人员以及班组对组员的考核与结算。它是对个人当月工作质量、数量的一种度量。

目前，各厂对各级管理人员的结算均采取绩效考核的方式×岗位效益工资标准进行结算，对岗位一线员工、机修工的结算按照"积分制"进行，即工作量分合计×绩效考核分数×工作量单价计算。

①厂对中层管理人员的三级市场结算。厂对中层管理人员的结算以"三级市场百分制考核"内容为主。包括"中层管理人员所在单位的业绩以及个人业绩的完成情况"两部分。其个人当月结构工资=岗位效应工资标准×月度百分制考核分。具体考核办法见表3所示。

表3 中层管理人员百分制绩效考核办法

项目		分值（分）	考 核 内 容
单位业绩部分		70	以各单位一级市场百分制绩效考核结果为基础进行折算
个人业绩部分	执行力	15	①完成厂领导安排的各项工作或任务；②出勤
	创新能力	5	季度本单位至少有一项创新成果
	学习考核	10	自学手册（5分）：主要采取自学方式，每季度学习主题要按照厂总体安排，自学手册记录内容要如实反映厂要求
			理论考试（5分）：涵盖公司及厂各项要求、规章制度及个人发挥题

②厂对一般管理人员的三级市场结算。厂对一般管理人员的结算以"三级市场百分制考核"内容为主。包括"一般管理人员所在单位的业绩以及个人业绩的完成情况"。其个人当月结构工资=岗位效应工资标准×月度百分制考核分。具体考核办法见表4所示。

表4 一般管理人员百分制绩效考核办法

项目		分值（分）	考核内容
单位业绩部分		80	以各科室一级市场百分制绩效考核结果为基础
个人业绩部分	纪律考核	10	①劳动纪律；②出勤
	学习考核	10	自学手册（5分）：主要采取自学方式，每季度学习主题要按照厂总体安排，自学手册记录内容要如实反映厂要求
			理论考试（5分）：涵盖公司及厂各项要求、规章制度及个人发挥题

③班组对员工的三级市场结算。班组对员工的三级市场结算公式为：个人"积分制"收入×个人绩效考核分数

A.积分制：积分制是员工"以量计分、以分计资"的依据，具体表现为"岗位员工干什么岗拿什么分，机修工干什么活拿什么分"。

B.绩效考核。

考核内容：考核分为实际考核、理论考核，其中实际考核占90%，理论考核占10%。

考核项目：

工作数质量（45分）：工作量分（35分）+出勤得分（10分）。

安全生产（30分）：包括影响时间（15分）和"三违"（15分）。影响时间考核以调度记录及各种事故追查为依据；"三违"以厂罚款规定为依据。

生产指标奖罚项：主要对重点岗位分解的生产指标进行考核。

文明创建（15分）：以厂部、车间、班组文明卫生检查为依据。

理论考核总分（10分），自学手册、理论考试各占5分。

（6）组建内部专业市场。通过对选煤厂生产经营和管理活动进行分析，按照生产经营和管理活动的前后关系、上下游关系，以物资流通、服务提供作为轴线，形成相关活动的买卖关系，自上而下建立了物资、劳务、技术、服务等要素市场，形成了按价值规律自我约束、自我发展的运行机制，构建内部专业市场体系。

①内部物资市场。该市场承担厂与各车间之间的物资供应关系。按照"小供应、大流通"的原则，构建了内部物资市场。主要运作方式是：全厂所用物资一律由供应科负责办理。供应科按照公司规定的招标和比价采购的划分范围，分别开展自购和统购工作。各单位在使用物资时，供应科以内部结算的方式卖给各单位，使供应科和各车间形成一个物资集散市场。各单位用领料单领取所需物资，月底由供应科进行汇总、统计，并上报厂结算中心进行统一结算。

②安全市场。各选煤厂把市场机制引入安全管理，主要是在全厂范围内推行了全员安全"双基"结构工资制，通过安全市场化管理，有效提升了安全管理效果。

通过制定《"双基"安全结构工资考核办法》《安全奖罚举报制》等一套安全管理办法，引入市场内部竞争机制，提出安全收入与安全支出的安全考核新概念。在厂第一层考核的基础上为科室、车间搭建第二层考核平台，将厂到车间个人二级安全管理细化为厂到车间、车间到班组、班组到个人三级管理。安全管理重点放在车间，管理的主角放在个人。拉大了工资的分配比例，实现了安全管理压力从厂到车间、车间到班组、班组到个人的自然垂直传递，达到了纵向到底、横向到边、不留死角的安全管理理念。从本质上革新安全管理方法，实现安全关口前移、重心下移。总之，通过把市场机制引入安全管理，推行全员安全结构工资和安全目标考核，建立安全工资的收入、支出意识，使安全工作与职工的工资收入紧密地联系在一起，调动了每个单位和职工做好安全工作的积极性。

③内部人力资源市场。该市场承担厂各类人员供求管理之间的交易。坚持"以人

为本、精干高效、公平竞争、自由流动、动态转换"的原则，着眼于提高职工队伍的整体素质，为内部市场化高效运作奠定坚实的人力基础。内部人力资源市场运作方式是：将人力资源划分为中层管理人员和职工两部分，前者由政工科负责开展、后者由厂劳资部门负责开展。通过构建人力资源储备市场，动态转换人力资源，形成"管理干部能上能下、工人能进能出"的良好局面。

④内部科技市场。该市场承担创新单位与厂之间的市场交易。通过构建上述内部市场，使煤炭企业内部的行政关系转变为经济关系，原来的生产部门划分为若干价值活动，转变成为相对独立的经济单元。主要内容是建立完善科技管理体系，成立了以厂长为主的人才使用、资金投入的保障体系、以技术厂长为主的工程技术人员科技创新、科技攻关和技术改造网络体系、以全员参与小改小革发明创造的"五小成果"推广应用体系，并在全厂员工中广泛开展科技创新与小改小革活动。

（7）构建内部市场化仲裁调控体系。实施内部市场化仲裁调控，是为了更好地协调、规范企业内部市场化行为，及时解决内部市场化运行过程中出现的各种问题，化解争议，确保内部市场的高效、顺畅运行。

①仲裁组织机构。成立监督和仲裁委员会。该委员会由选煤厂厂长任组长，并设置主管科室，一般在各厂的工会部门，主要负责一级市场主体之间发生纠纷不能解决时进行仲裁；二三级市场要设置仲裁部门和工作人员，对市场运行中发生的纠纷进行调控和仲裁。

②仲裁原则及范围。各级市场发生的争议分别由各市场主体管理部门进行仲裁。其中，一级市场仲裁争议由企管科负责，二、三级市场仲裁由二、三级内部市场管理部门进行仲裁。各市场主体管理部门不能解决争议时，上报厂市场化管理委员会协调解决。

③仲裁方法。仲裁方法为两种，一是调查研究：包括现场勘察、查证成本及有关资料等；二是分析原因：即分清是主观原因还是客观原因，根据不同原因提出不同的处理意见。

④仲裁期限。各部门、员工在内部市场化运行中发生的争议，可随时按照程序进行上报。仲裁主管部门受理争议后，要在3日内交由各级市场管理办公室进行处理。各级市场管理办公室要在7日内向争议对方出具处理结果；不能处理的，要交由主管领导或市场化管理小组进行裁决，确保在1个月内向员工、部门出具仲裁结果。

4.构建高效率、高速度、高运转的内部市场化信息系统体系

信息化建设是市场化管理的必由之路。随着管理的精进，企业市场化管理的需求不断上升，这就要求市场化管理必须借助信息化工具来提高工作效率。实践证明，信息化系统是提升煤炭产业技术等级、促进安全生产和提高企业运行效率的最佳途径。

（1）系统主要构成。选煤厂内部市场化信息管理系统包括物资系统、设备系统、定额系统、内部市场结算、安全闭环管理、科技管理系统、生产计划系统、经营分析系统等一体化的系统。

（2）各个系统模块的作用。

①基础管理系统：用于对经营管理进行基础性设置，包括对管理部门、管理业务层级划分、管理模式设置、费用分摊、核算结果运用等的管理。这些预先设置都通过基础管理模块完成，如管理模式发生变化，修改时不涉及代码编写，方便使用。

②定额管理系统：用于对人工费结算、材料（电力、加工费、修理费）等定额进行管理，包括定额类别维护、名称管理、参数定义、公式定义、定额收入计算等。所有定额都建立自动参数查找式生产定额计算模式，系统能够自动到相应计划、市场化核算表单中寻找有价值数据，完成生产车间定额计算。

③计划管理系统：用于对选煤厂生产计划进行管理。为了便于管理，将生产计划细分为生产计划、产品结构计划、产品质量计划、修理计划及各类成本、费用计划，分别针对各类计划进行管理，作为费用预算与过程控制的依据。

④日清日结系统：主要用于车间自我过程管理与科室监督。科室费用过程控制主要通过系统审批完成，而车间自我过程管理通过日清日结模块完成，主要内容有两项，即内部各班组生产日报管理与费用日清日结管理。前者结合生产计划可形成每日生产任务完成进度表，用于全厂整体监控与对标排序，确保全厂生产任务完成。后者通过车间定额管理完成车间费用过程控制，结合物资供应模块完成费用完成进度控制，确保车间成本得到有效管理。

⑤核算管理系统：核算管理分为车间、班组、个人三级，逐级完成对车间、班组的生产经营完成情况考核与结算。其中车间核算涉及生产收入核算、成本核算、安全市场考核以及其他各项专项管理考核（培训考核、生产考核、创新考核、企业文化考核及其他奖罚），系统分别提供了管理子模块，保证系统功能全面且逻辑清晰，便于不同部门共同使用，完成分管业务工作。

⑥设备管理系统：针对选煤厂设备进行管理，能够完成设备台账、设备入厂、设备修理等方面工作的管理，使厂各单位精细化管理设备，提高设备周转率。这一模块有助于提高系统的集成性，便于系统维护与数据共享。

四、构建选煤厂内部市场化管理模式的效果

1.是应对严峻复杂经济形势的一把"金钥匙"

内部市场化管理的根本点在于把日常的行政管理、生产经营、后勤服务等，按测定的内部价格进行量化，使原来不易看清、枯燥乏味的分工协作关系变为显而易见、实实在在的价值、效益和报酬，出工有效益才有报酬，人人都来关心成本和效益，从而充分调度每个人、每个环节、每个部门进行减员增效、开源节流的积极性和创造性，进而把企业的价值和命运与每个人的价值和命运紧密地、有机地联系在一起，使企业具备无限的生机和活力。

2.进一步增强企业内在活力

内部市场化管理模式的构建，把质量、效益、服务、汇率等理念科学地引入内部市场结算体系，体现了不同质量产品和服务具有不同的价格、不同的产品结构有不同的收益，充实和完善了内部市场竞争激励机制；把材料、电力、修理、劳务、影响时间等所有可控项目全部纳入市场运行体系，丰富和完善了内部市场。通过严细的绩效考核和市场化管理手段，促进组织以及组织内的员工都为了实现切身利益而主动工作，企业的活力进一步得到增强。

3.促进集团内各选煤厂生产经营指标不断优化

永城煤电控股集团有限公司下属各选煤厂自构建和实施内部市场化管理模式以来，通过持续改进、不断创新，各项技术经济指标持续优化，各类生产指标、成本指标均达到同行业先进水平，充分调动了员工主观能动性，激活了各种活力和潜能，成为持续提升经济运行质量和效益的有利工具，在当前的经济形势下，具有很强的现实意义。

（成果创造人：上官书民　金　新　孙　乾　李　英　余光辉　储瑞斌　周　展　李文慧　牛海棠　卢尚刚）

大型煤矿积极安全管理模式研究与实施

永城煤电控股集团有限公司

永城煤电集团有限责任公司成立于1997年11月，2007年6月变更为永城煤电控股集团有限公司。永煤集团煤炭产业现有11个控股子公司，拥有生产矿井34对，在建矿井6座，核定生产能力达到3975万吨、洗选能力超过2000万吨。非煤产业有装备制造、有色金属、化工、发供电、铁路运输、矿建、物流等分、子公司70多家，形成了以煤为主、适度相关、多元发展的格局。

陈四楼煤矿是河南能源化工集团永煤公司第一对矿井，始建于1990年7月，1997年11月6日建成投产，设计生产能力240万吨，2009年核定生产能力450万吨，2012年完成标煤产量508.62万吨，实现利润13.68亿元，2013年完成标煤产量502.67万吨，实现利润13.95亿元。

一、陈四楼煤矿积极安全管理模式研究与实施的背景

矿井安全就是最大的经济效益。没有安全就没有员工的家庭幸福，没有安全就没有干部的政治生命，没有安全就没有企业的经济效益，没有安全就没有矿区的稳定发展。

但是根据安全事故致因理论研究，煤矿事故的发生，主要原因在于人的不安全行为、物的不安全状态和环境的不安全因素，其中人的不安全行为是主要因素，有研究表明导致中国煤矿重大事故的直接原因中人因所占比率高达97.67%以上。因此几乎所有的煤矿都非常重视对人的不安全行为的管控，但事实上目前我国大部分煤矿安全管理仍然侧重于事后管理，注重对违章行为产生后或事故发生后的处罚，事故防控工作尚未到位。

为此，陈四楼煤矿长期以来认真践行"安全第一，预防为主"的煤矿安全工作方针，高度重视安全管理工作，坚持安全投入，推广安全技术，并不断探索安全管理模式和机制创新，创造出安全伙伴、隐患买卖制、安全股票等一系列安全管理创新成果，对构建矿井安全管理长效体系贡献了重要力量。但是，陈四楼煤矿认为零散的安全创新不足以完成维护矿井安全生产秩序的重任，有必要基于先进理念，对矿井安全管理模式进行整体梳理与优化，这就是陈四楼煤矿积极安全管理模式。

二、陈四楼煤矿积极安全管理模式的内涵

陈四楼煤矿在积极安全管理理念的引导下,以煤矿发展高效、安全、健康、绿色为目标,以打造一个积极、健康、安全的煤矿企业为任务,构建积极安全管理体系。

积极安全管理模式旨在确保安全生产的前提下,实现企业和员工的共赢,促进员工、组织多层次的健康和安全。在积极安全管理理念引导下,各系统安全主体应秉持"幸福为追求"的安全管理理念,更注重全面的责任体系,关注组织与员工之间的责任交换,落实矿井、科室、区队、班组、职工五个层面安全主体责任,并于此基础上构建完整的管理秩序,实现积极安全自主管理。各系统主体以基础建设及基层管理为责任,推进积极基层团队管理,保持基层团队管理中各项机制的永久活力,触发积极现象及积极安全行为,实现安全管理的不断超越。以"三大机制、四大体系"为制度保障,构建积极组织制度环境,强化并支撑积极基层团队建设及积极安全自主管理。在个体性管理层面,通过"安全股票"及"隐患买卖"管理方法的引导,营造积极的安全氛围;积极促进能量网络的构建,强化员工业务能力,以塑造积极关系;各级管理者通过帮助个体挖掘潜力及优势,以构建积极的沟通机制,最终实现个体积极激励管理,培养员工积极心态,使得煤矿员工身心健康,积极、自主实施安全行为,确保自身与他人的安全,最终打造煤矿积极、健康、安全的企业。

三、积极安全管理理论研究

1. 安全行为选择作用机制的理论

(1) 安全行为选择的过程激励模型。人是自我主义的、理性的和效用最大化的,个体是否选择某类行为取决于个体对该行为能给自身带来效用的判断。

①行为选择的效用决定因素。结合煤矿安全生产,构成行为效价的指标包括生理和心理效价、经济效价和时间效价,而行为成本则分解为法规执行成本和危险压力成本。因而,以煤矿企业矿井作业人员不安全行为和安全行为选择为例,决定个体行为选择效用的函数为:

$$W1=D1-D2=(SX1+JJ1+SJ1-FG1-WY1)-(ZX2-ZC2)$$

式中,SX1——不安全行为选择满足生理心理需要的效价;

JJ1——不安全行为选择可以带来经济性收益的效价;

SJ1——不安全行为选择可以带来时间节省的效价;

FG1——不安全行为选择可能导致处罚而需要付出的成本;

WY1——不安全行为选择对生命及健康威胁而需要付出的成本;

ZX2——安全行为可能带来的效价;

ZC2——安全行为可能付出的成本。

②基于效用判断的行为选择过程。人的任何不安全行为都存在着行为的动机,进而产生不安全行为需要,人的行为选择依据是在其对该行为的收益和成本的判断。因此,作业人员在产生不安全行为动机之后会根据一贯的经验判断该行为的绝对收益(每个个体的绝对收益判断是不相同的,会受到个体传记特征、个性特征、组织特征、工作特征、环境特征、关系特征等各层面的因素的综合影响),行为主体对行为绝对收

益的判断直接决定其行为选择。

（2）引入心理契约的安全行为选择模型。

①心理契约概念的相关研究。心理契约这一概念是在社会交换理论和公平理论的基础上提出来的。它的基本假设是：组织与员工之间是一种互惠互利的相互关系，双方均需要有一定的付出，也需要得到一定的收益。

②基于个体与组织双视角的行为选择收益判断。从纯个体的角度分析行为选择的收益，事实上矿井作业人员处于煤矿企业组织之中，其行为选择带来的不仅仅是个人感知到的效用，而且还会对组织的收益产生影响。如个体施行故意性的不安全行为是为了可以即时获得的收益（如省时、省力、图省事、加快工作进度、获得奖励等），但是其负的外部效应则由组织来承担，如组织的事故损失。

2. 积极组织管理理论

20 世纪末，时任美国心理协会主席的 Martin Seligman 号召心理学界将视点转移到人性、组织和社会中积极的一面上来，研究人的积极品质和积极力量，积极心理运动由此开启。在此之后，伴随着积极心理运动的蓬勃发展，积极组织管理成为组织管理研究和实践中的一股浪潮，管理者被要求在管理过程中关注组织中的积极现象，激励员工的积极行为，发掘员工的积极潜质，对员工进行人本关爱和情感鼓励。大量的研究成果开始涌现并形成了一些较有影响的学说，比较有代表性的包括积极心理学（PP）、积极组织行为学（POB）、组织发展（OD）、积极组织学说（POS）等。

3. 积极安全管理理念的内涵及特征

积极管理包含四个关键点，一是重视员工能力培养及自身优势的挖掘，具体管理措施包括培训与发展、绩效反馈、构建学习型组织；二是通过合理的管理流程设计满足员工的自主需要，具体的管理措施，合理的工作自由度，解释工作原理和及时准确的工作反馈；三是构建积极的工作氛围，具体的管理措施包括领导支持、同事合作；四是提高员工的心理资本及构建积极网络。积极组织管理一方面通过合理的管理程序及领导方式，帮助员工挖掘自身潜力及优势，提高自我效能感，设计自主管理流程，提高员工的自主权及自我管理程度，帮助员工进行自我实现，从而促使员工建设积极的心理资本，另一方面，通过给予企业内部群体或工作团队自主决定的权限，促进积极工作氛围的构建，打造积极网络。积极组织管理通过个体及团队的积极心理建设，进行个体行为渗透及集体能量爆发，最终挖掘组织层面的积极力量，实现组织目标。

4. 陈四楼煤矿积极安全管理理念设计

煤矿积极领导即各级管理阶层（矿分管领导及区队长）充分考虑员工利益、尊重员工，鼓励煤矿员工主动参与安全生产，引导其自主实施安全行为，提升积极安全绩效。其强调在管理过程中营造积极的安全氛围、推动积极关系的塑造，建立与员工的积极沟通、引导员工发现自身优势，实现价值与意义。其模式如图 1 所示。

积极安全管理理念的落脚点在于其安全性，打造积极执行理念，实现煤矿全面性

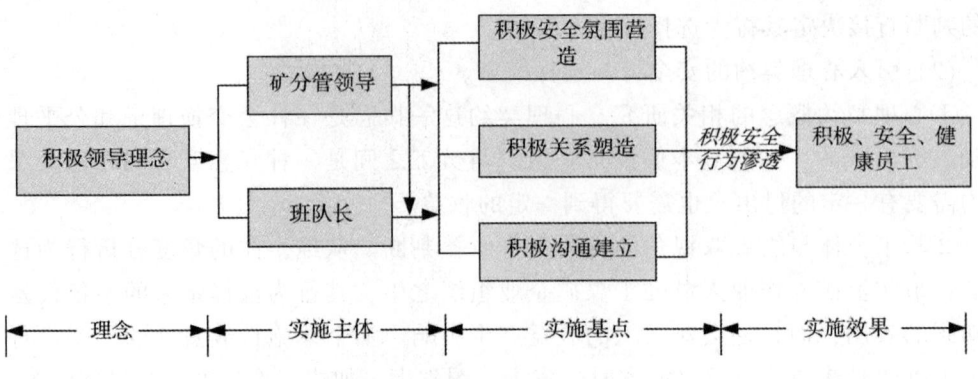

图 1　积极领导理念模式

本质安全。积极执行理念在于塑造矿井、系统、区队、班组及员工共同安全目标，并坚持不懈地为安全目标努力，提倡始终将"安全"工作摆在首位，实现矿区、系统、区队、班组和个人的一体化安全，打造积极的安全管理系统，合理地处理在安全执行及生产过程中的挑战和障碍，创造积极的有益于身体健康的工作环境，以促进人、机、物、环等诸要素各自的"安全可靠"与相互的和谐统一，促使煤矿企业产生新的行为惯例，提升煤矿面对新的问题或事故时的应急、建构和修复的能力，增强煤矿企业自身的韧性，最终实现煤矿企业安全绩效的长期性及可持续性发展。

积极执行理念的运作，主要是通过由上而下的执行理念引导，即构建系统风险自控理念，区队安全管理理念，班组安全价值理念，员工岗位安全理念将积极安全管理核心理念进行层层渗透，理念引导促进积极执行理念的运作；通过安全目标的层层分解，统一全矿安全认知；通过构建积极安全支持系统，实现整体系统的自主管理，即研究个人积极自主策略与方法带动员工积极性，进一步开发基于积极心理建设的班组自主安全策略与方法，触发班组积极能力，进而形成一个积极执行理念的金字塔运作机理，如图 2 所示。

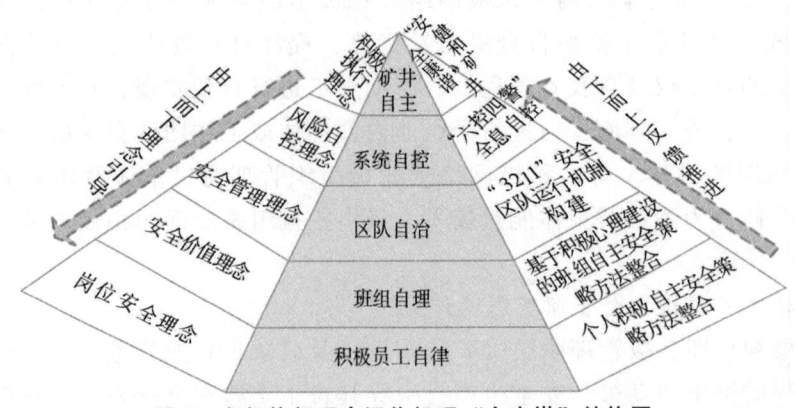

图 2　积极执行理念运作机理"金字塔"结构图

综上所述，陈四楼煤矿积极安全管理理念主要由积极领导理念、构建积极安全管理体系，以实现不安全行为及煤矿事故的积极预控，切实提高安全生产水平。

四、陈四楼煤矿积极安全管理的体系设计

在积极安全管理理念的引导下，以煤矿发展高效、安全、健康、绿色为目标，以打造一个积极、健康、安全的煤矿企业为任务，构建陈四楼煤矿积极安全管理体系，如图3所示。

积极安全管理模式旨在确保安全生产的前提下，实现企业和员工的共赢，促进员工、组织多层次的健康和安全。在积极安全管理理念引导下，各系统安全主体应秉持"幸福为追求"的安全管理理念，更注重全面的责任体系，关注组织与员工之间的责任交换，落实矿井、科室、区队、班组、职工五个层面安全主体责任，并于此基础上构建完整的管理秩序，实现积极安全自主管理。

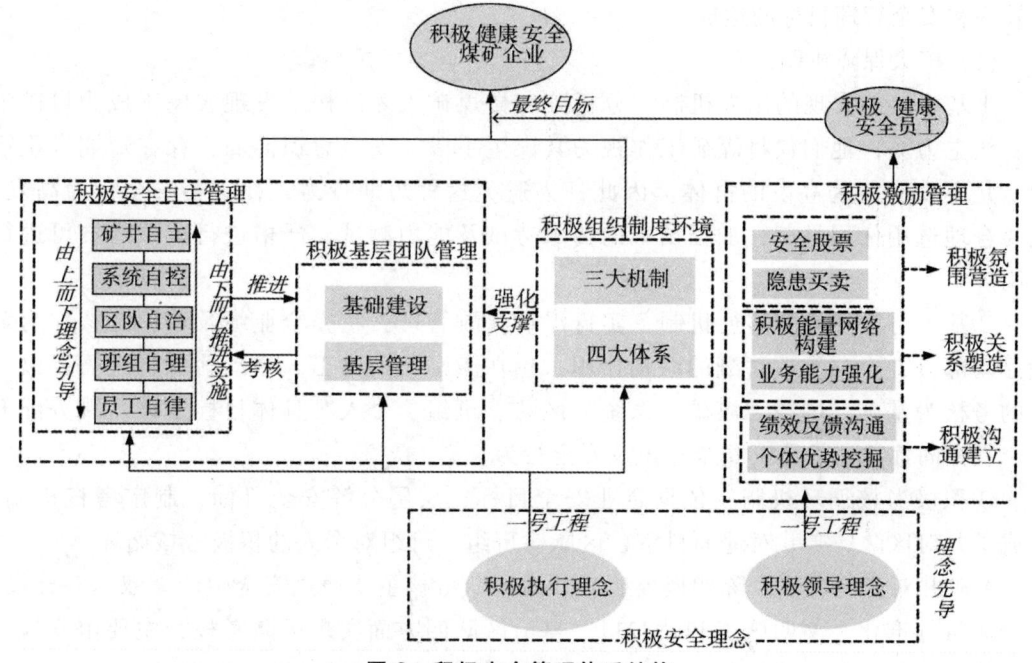

图3 积极安全管理体系结构

1.积极安全自主管理

积极自主管理在传统自主管理的基础上更加注重自主管理主体的系统性和层级性，实现层级间由上而下的理念引导和推动，由下而上的逐级完善推进，层层推动组织内积极现象的产生，真正营造出"人人抓安全、层层管安全、个个会安全"的良好氛围。陈四楼煤矿积极安全自主管理的核心在于，构建以"员工自律、班组自理、区队自治、系统自控和矿井自主"为基础的"五自管理体系"。

2.积极基层团队管理

基层建设是矿井安全生产的组织保障，主要是为员工、班组、区队提供一个积极的工作环境和氛围，从根本上规范各级管理人员的安全管理行为，规范职工的安全操作行为，杜绝不安全行为。基层建设需要推进层次化管理，进行矿井、系统、区队、班组、人员的层级管理，实现"双基"工作与积极自主管理的相辅相成。构筑责任体

系，落实安全生产责任制，将"双基"建设责任细化到区队及班组，积极推进"双基"建设，调动员工参与的积极性。健全相关管理制度，如安全生产责任制度、安全会议制度等18项管理制度，以加强基层制度环境及硬件环境的建设。

3.积极支撑制度环境构建

组织制度环境对组织的生存和发展起着决定性作用，是潜在的影响企业运行和绩效的因素或力量，能促成积极现象的产生。而积极的组织制度环境是指能够触发和带动企业内部积极力量的软环境。而对于煤矿企业，积极的组织制度环境更为重要，不仅能促成积极的员工成长和自我发展，同时制约着煤矿员工的士气和配合程度，进一步极大地影响员工工作积极性、安全行为和安全绩效，进而决定了煤矿企业安全管理的效率和安全管理目标的达成。

（1）三大保障机制。

①基于潜能实现的用人机制。分析陈四楼煤矿人才结构，发现农民工成为煤矿生产一线主力军，他们仅将煤矿工作视为其谋生手段，安全意识薄弱，存在短期寻租行为，是不安全行为高发的群体。因此，为避免这种短期行为，杜绝不安全行为高发，就要合理选用任用员工，加强员工的技术考试及能力测试，严格进行审核后方可进行任用。

②基于行为引导的奖惩机制。实行浮动薪酬管理，将安全业绩及培训考核作为薪酬浮动部分，充分发挥薪酬的激励作用，重在激励奖励员工。浮动薪酬管理需要以完备的考核为基础，围绕"煤矿、系统、区队、班组、个人"具体目标设计薪酬分配方案，有方向性地诱发员工安全意识及安全行为。

③积极考核循环机制。依据企业安全目标，层层分解安全目标，制定考核机制，形成矿井对区队、矿井对地面科室、区队对班组、班组对个人的积极考核循环。

A.矿井对区队考核。陈四楼煤矿矿井对区队考核主要通过安全生产"双基"建设、安全质量标准化、文明施工和"3211"自治区队四方面实现区队考核，主要由安检科全权负责，各科室进行配合，进行多主体考核，考核周期以月度考核为主。

B.区队对班组的考核。班组考核需要围绕其安全目标机制为主要工作内容来进行。根据陈四楼煤矿安全生产实际，通过安全"6+2"考核实现班组考核。其中"6"是指制度落实、持证上岗、"三违"、隐患、班组创新成果、安全效果。"2"是指岗位描述手指口述、应知应会。班组考核结果与浮动薪酬挂钩。

C.班组对个人的考核。陈四楼煤矿察控到的不安全行为多是无痕、瞬时性/过程性的，而原有的检查方式对具有无痕、瞬时性特征的不安全行为是失效的。故而考虑通过对"三违"、事故、安全培训及隐患的自控管理评选安全诚信之星，一方面检查员工安全工作，另一方面对员工起到正向引导与激励的作用。

D.矿井对地面科室及各系统的考核。地面科室考核实行互检，依据"双基"建设内容、各科室具体工作内容及目标设定考核内容。系统考核主要是矿井对"采、掘、机、运、通、防治水"六大系统等进行安全风险评估，安检科为主要考核主体，其他相关科室辅助进行考核。

（2）四大支撑体系。四大体系主要指积极安全生产保障体系、积极安全效果评价体系、积极安全应急救援体系、积极安全责任追究体系，是积极自主管理及积极团队管理运行的基本保障，四大体系之间相互推动，形成一个良性循环，为安全生产提供源源不断的外在性支持。

①积极安全生产保障体系。积极安全生产保障体系是煤矿进行安全生产的基础，也是煤矿文化及积极安全管理理念导向的体现。在积极安全管理理念的引导下，实现保障的全面性，陈四楼煤矿安全生产保障体系为：安全知识和技术培训保障，群监的安全监督保障，安全检查与专业达标的保障，安全投入保障。

②积极安全评价体系。积极安全评价是以安全系统工程理论和方法为基础，合理选择评价方法，对煤矿存在和潜在的危险、有害因素进行识别和分析，并提出合理可行的安全技术和安全管理对策，实现安全预控管理，为行为主体创造一个良好的、安全的工作环境。而建立一套煤矿安全评价体系对陈四楼煤矿来说势在必行，为积极安全管理理念的执行提供良好的外在环境。煤矿安全评价主要包括安全预评价、安全验收评价及安全现状综合评价。

③积极安全应急救援体系。由于煤矿特殊的作业环境，事故发生具有突发性、复杂性、危险性等特点，在应对煤矿安全威胁面前，人类控制自然能力有限，在这种情况下，事故预案的制定非常必要。提前制定重大事故应急预案，组织、培训救援队伍，以便在重大事故发生后，及时按照预定方案实施，将事故危害减少到最小。积极应急救援体系注重平时对员工进行消防和应急救援知识的学习，使其了解应急预案，以便在紧急的情况下，能最快有效的反应，积极配合救援。成立应急领导小组，包括应急指挥部、应急救援队、社会应急救援组织，并设计合理的应急救援流程。

④积极安全责任体系。在前文分析中，煤矿企业在与员工进行心理契约构建过程中，应起主导作用，主动承担应有责任，促使员工主动建立良好的契约，触发积极能量，实施安全行为。落实安全责任，是煤矿安全生产管控的重要环节，积极安全责任体系是一个系统工程，关键在于安全责任的主动承担与动态落实。

安全思想教育责任的内涵在于陈四楼煤矿有义务帮助提升员工安全意识，倡导安全积极执行理念，始终将安全放在首要位置，对员工进行安全教育，并开展一系列安全活动，将"安全"根植于心。现场安全管理责任在于加大安全投入，精心备好不同类别的现场支护材料，完善供电、供风、供水系统，配备好灵敏可靠的安全仪器、安全设施，装备好性能良好的运转机械设备，创造好现场开工生产（作业）环境，具有完备的防灾、避灾预案和安全畅通的避灾路线。

4.积极激励管理

在传统煤矿安全管理中，企业与员工往往处于一个对立面，他们往往将员工视为"经济人"，认为员工追求的只是高工资，而企业本身也将高利润作为首要目标。但是，实际情况是，企业的安全生产不仅仅受物理的、生理的因素影响，而且受到个体心理因素的影响。因此，在实际的管理中，应该了解员工的需要、欲望、情绪、动机等因素，进一步研究员工行为规律，并利用这种规律性的认识来预测和控制人的行为以实现管理的目的。

（1）积极安全氛围。积极的安全氛围是真诚、平等、安全的工作氛围，对于煤矿企业而言，在积极安全氛围下，员工与上级、员工与企业之间有着积极的关系，积极贡献自己的能量，行使安全行为，并调整自身行为，以利于企业安全目标的达成。

（2）积极沟通。

①积极意义沟通与反馈。由于煤矿工作的特殊性，员工往往将工作作为提供经济、物质财富的一种手段，从工作本身中没有体验到个人的满足，这往往容易导致员工的短期行为，从而影响煤矿企业的安全绩效。通过积极有效的沟通，让员工明确组织所希望其行使的行为，同时了解员工需求。组织在满足员工需求的基础上，激发员工去获得与企业更具参与性的关系，提高组织承诺度，协助员工建立目标，进一步采纳、认同企业安全目标，促使其行为符合企业安全价值理念。个体工作意义感越强，越是能产生积极的组织成果及安全绩效。

②个体优势挖掘。积极领导理念下，煤矿实行积极沟通主要是对员工优势、能力及潜能的关注，以推动组织内部的积极现象，帮助员工实现自我价值，提升工作自我效能感及积极情绪，进一步提升工作安全意识及积极状态，从而实现企业积极目标。进行积极沟通挖掘个体优势并不是忽略煤矿企业在安全生产过程中出现的消极事件，而是用一种积极的管理方式，创造消极事件或安全生产问题所不能体现的价值和机会，进一步发展积极结果，提升煤矿安全管理绩效。

③积极关系。

A.积极能量网络构建。积极能量者能为别人创造和提供活力，能够影响他人的行为及态度，而与积极能量者的互动能让对方感受到活力和激情。积极能量者通过推动他人更好的表现来使其组织受益，帮助别人成为更好的能力者，因为形成了有优势的人际关系，个体间的合作、工作完成效率都会受到积极能量者的积极影响。领导者一般通过促进积极能量来影响组织中的人际关系，从工作场所中分辨出积极能量者，把积极能量者分配在与他人的互动工作中，促进积极能量网络的建立。

B.员工业务优势强化。相关研究表明，如果领导者将注意力集中于员工自身优势或正向绩效，并着力帮助员工改善自身短板，那么部门或企业的整体生产力会提高两倍。而在企业中，如果员工每天都有机会做他们擅长的事或者证明自身的优势，并有充足的培训机会加强业务素质培养，提高胜任力，员工工作兴趣会有较大的提升，自身潜能也会得到激发，从而推动积极关系的建立，产生一起为实现企业目标工作的氛围。

五、陈四楼煤矿积极安全管理的结构设计

煤矿积极安全管理结构设计研究是通过对不同结构层次（矿井层、系统层、区队层、班组层、员工层）进行积极安全管理制度的制定，来推行积极领导理念及贯彻积极执行理念，支撑企业积极安全管理体系运行。根据陈四楼煤矿积极安全管理理念及管理模式，研究从积极安全自主管理、积极基层团队管理、积极激励管理三个层面进行积极安全管理制度设计思路的梳理，并将现有安全管理制度纳入积极安全管理体系中进行修正性设计。

1. 积极安全自主管理制度设计

积极安全自主管理制度设计应注重各层级内在潜力的开发，引发各个层级的内生成长性，并保持各个层级之间及其与煤矿企业发展的一致性，实现个体状态及组织文化积极特征的永久活力，促进制度的整体性融合。根据各个层级在安全生产过程中的特点，基于积极资本构建及积极能量触发的思想，初步设计陈四楼煤矿积极自主管理制度体系，如图4所示。

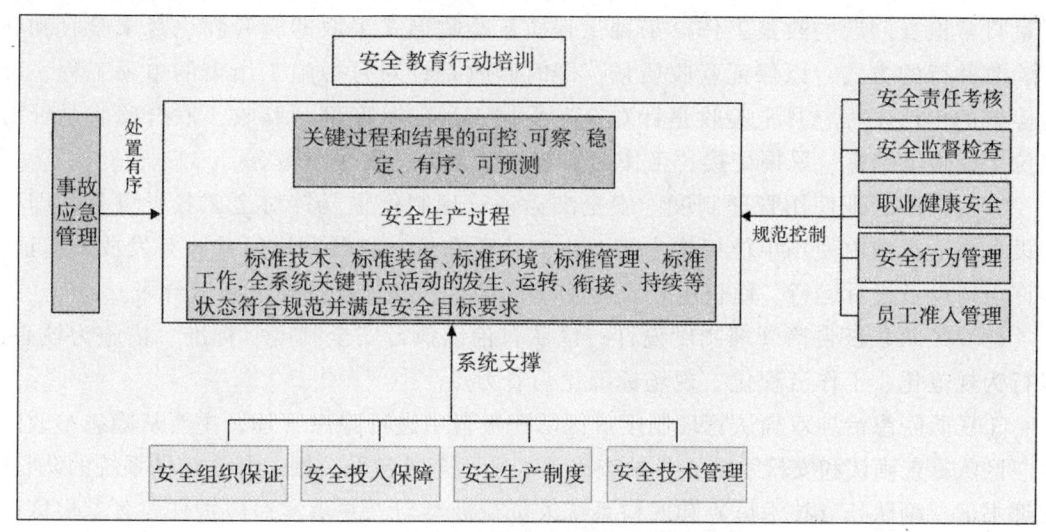

图4 积极安全自主管理制度设计思路

（1）矿井积极自主管理制度设计。矿井自主就是要构建先进理念、引进管理科学、健全制度体系，实现关键过程可控、可察、稳定、有序、可预测。

①"三违"管理制度。在积极执行理念的引导下，"三违"管理的重点是诱发员工行为的积极性。陈四楼煤矿对"三违"行为进一步采用积极引导为主，负向强化为辅的区队、班组及个人自主管理的方式，进行"三违"行为积极管理。传统的"三违"管理仅仅停留在罚款、惩罚等方式上，在积极安全管理领导理念指导下，进行"三违"诚信保证金管理手段的创新。同时，对于员工违章行为要给予一定惩罚，增加其违章成本，也起到一定的警示作用。

②生产安全事故管理制度。生产安全事故管理主要进行专业管理，即根据各个科室所属专业按事故分类落实事故管理责任，如机电科负责组织对机电运输非伤亡事故的调查、分析和处理工作。事故发生后，应立即进行事故报告工作，同时进行现场急救，分析事故致因，按专业成立事故调查小组，对事故进行调查、分析，并提交事故调查报告。进一步制定事故调查小组工作制，提高事故处理规范性。

③隐患排查与整改制度。事故排查与整改是实现安全预控的主要方法与手段，积极执行理念下的隐患排查与整改制度不仅仅依靠安检员的监督与隐患排查，激发员工主动进行隐患的发现，并配合相关机构进行隐患整改。对于隐患治理过程中发生的不符合规定的行为，或没有按照计划进行隐患处理，应比照事故给予责任追究和相应的惩罚。

(2) 系统积极自控管理制度设计。系统自控就是要形成系统层面的标准技术、标准装备、标准环境、标准管理、标准工作,全系统关键节点活动的发生、运转、衔接、持续等状态符合规范,满足矿井层面的安全目标要求。

①煤矿采掘工程质量管理制度。陈四楼煤矿采掘工程质量管理采取日常检查与验收相结合的方法,对工程质量日常检查规定内容进行检查验收。采掘工程质量日常检查主体包括上级领导、矿领导及生产科等相关科室,并可由生产科统一负责采掘工程质量日常检查问题的收集工作。采掘工程质量验收形式采取即时验收、月末验收和联合验收并行的方式,以保证验收质量。即时验收是针对月中施工结束的单项工程、临时停掘的单位工程,月末验收是针对全矿采掘工程的月度例行验收,联合验收是针对单位工程施工结束、采掘交接、工作面安装、试生产、收尾回撤等。

②安全准运证使用管理制度。安全准运证管理制度主要针对全矿各类设备,即矿井设备在运行前由使用单位提出申请,由安检科和机电科共同进行验收并发放准运证,准许申请设备进行运行。而机电科及施工单位建立、健全设备安全准运台账。

(3) 区队积极自治管理制度设计。区队自治以执行安全制度、标准、措施为核心,以行为规范化、工作流程化、现场标准化为着力点。

①区队隐患治理双确认管理制度。区队积极自主进行隐患管理,主要从隐患整改闭环、区队复查确认和安检系统人员抽查确认入手,全矿各采、掘、开、辅助系统的队长、支部书记、副队长(技术员)和安检系统人员积极参与,并落实对应责任。各基层区队相关人员入井跟班或日常入井检查需做好隐患自查登记台账,由队长和技术队长审核认定后,按照规定隐患治理流程进行隐患整改,安检科定时对区队自查隐患进行抽查。

②区队安全生产"双基"建设考核制度。安全生产"双基"建设是全矿安全管理的一项重要工作。矿井"双基"建设需要以区队、班组"双基"建设为基础,矿井"双基"建设为区队"双基"建设提供方向及理念的引导,区队、班组的"双基"建设推动矿井"双基"建设的落实。区队"双基"建设是区队进行自控管理的基础。区队安全生产"双基"建设的意义在于通过加强积极安全管理,为安全生产提供基础性保障,全面提高员工素质,规范员工工作行为,实现不安全行为及事故的预控。

(4) 班组积极自理管理制度设计。班组自理以规范操作、杜绝人为制造事故与隐患为目标,以当班班前科学组织、班中动态监督、班尾安全收工管理为着力点。

对于班组,通过提升管理素质和管理创新方法,推进班组自主,具体包括做好现场管理,健全和完善"双基"建设考核制度,交接班制度,促使班组职工围绕作业环境、生产系统、施工工序、机电设备、操作方法等方面进行自主安全效果提升。同时,建立班组员工岗位责任制,提高其安全意识、组织能力、业务素质、大局意识和坚持原则性等,并构建考核体系,促使员工对安全生产有高度的认知感、责任感、扎实的业务能力和工作效率,带动安全管理及安全生产工作顺利开展。此外,构建班组安全检查与奖惩制度,引导员工岗位工作行为,促进安全行为的积极实施,提高班组安全管理效果。

(5) 员工积极自律管理制度设计。员工安全自律以员工具有导向安全目标的自主工作行为和安全技能为核心。

①安全诚信之星管理制度。通过对员工岗位实施主要内容，包括应知应会、岗位描述手指口述、隐患自查、反"三违"进行评比与考核，促进积极执行理念的落实，构建诚信氛围。为保障安全诚信之星的管理，应成立管理领导小组，由矿长及党委书记领导，负责制定安全诚信之星考核评比的标准，保障评比过程的公正与公平，下设办公室以管理诚信之星评比考核的相关文件及档案。

②问询式安全检查实施制度。问询式检查管理方式主要是在工作现场随机抽查作业人员，采取口头问询方式，做好问询记录，将检查结果和正确答案现场告知被检查人员，帮助其进行自我提高。问询式检查内容围绕员工日常工作进行，需包括安全警示卡内容、岗位描述、手指口述、岗位操作规程、作业流程、周边不安全因素等内容。

2.积极基层团队管理制度设计

矿井积极基层团队建设主要围绕基层建设及基础建设两个方面。基层建设是为班组、区队提供积极工作环境和氛围，进行积极安全型人才队伍培养与激励。基础建设在于对井下班组区队的信息资料台账实行动态化管理，以支持团队决策，提高团队政策及制度执行的效率。

据此设计"双基"建设标准及考核制度、积极自主培训管理制度、信息资料动态化管理制度，支撑积极基层团队运行，触发积极力量，带动群体积极性。积极基层团队管理制度体系如图5所示。

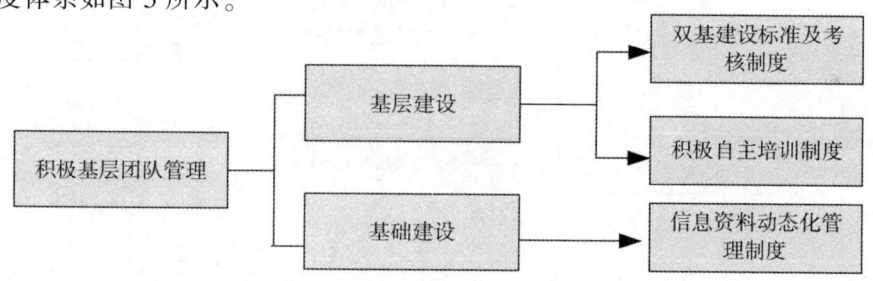

图5 积极基层管理制度设计思路

（1）"双基"建设标准及制度。"双基"建设主要内容是完善各系统、区队、各班组的制度建设与落实，加强区队、班组建设，消除安全隐患，实现管理重心下移，促进区队班组自主性管理。构建专业安全管理预防预控体系，推进基层团队的精细化管理，打造本质安全型团队。

同时，构建配套考核奖惩机制以保障"双基"建设工作质量与进度。安检科负责"双基"建设的考核，每月组织相关人员对各个科室、各个区队、班组"双基"建设责任范围内的工作进行考核，考核结果可作为浮动薪酬参考依据。

（2）积极自主培训管理制度。积极自主培训的目标在于培养和激励积极型人才队伍，提高员工安全意识，引发员工学习的积极性，推动积极安全行为的规模效应，为积极团队建设提供智力支持。积极自主培训以积极执行理念为切入点，实行自主培训、实操培训、拓展训练，分层次、分系统、分专业地进行培训工作，进一步满足积极执行及员工积极发展的需求。

为提高安全培训效果，针对培训教师，设立安全培训信用金制度，激励兼职教师优化培训任务，提高安全培训效果，技师、技术员及副科级及以上管理人员在缴纳一定的信用金，经过管理领导小组培训评估后，兑现信用金；未完成教学任务的，则取消兑现信用金。培训教师考核可以年为周期，考核结果优秀可给予一定奖励，鼓励其积极工作行为。

3.积极激励管理制度设计

陈四楼煤矿提高员工的积极性和创造性，激励员工积极行为及员工内在潜力，就是要对员工实现积极激励管理。通过营造积极的安全氛围，促使员工将企业的安全目标放在首要地位，而不是盲目地追求个人的利益，在对自身工作满意的基础上，积极构建与同事、上级的融洽关系，提高自身集体认同感，全心全意朝着组织的方向努力，最终实现员工行为渗透。

为提高组织安全管理效率，充分挖掘员工内在潜力，引导员工自我成长，创建一个有利于员工自我实现与企业发展的双赢环境，设计陈四楼煤矿积极管理制度，为其提供制度支撑和保障，在增加员工心理安全感的同时促进企业组织建设。基于前文激励管理内在机理分析，设计积极激励管理制度如图6所示。

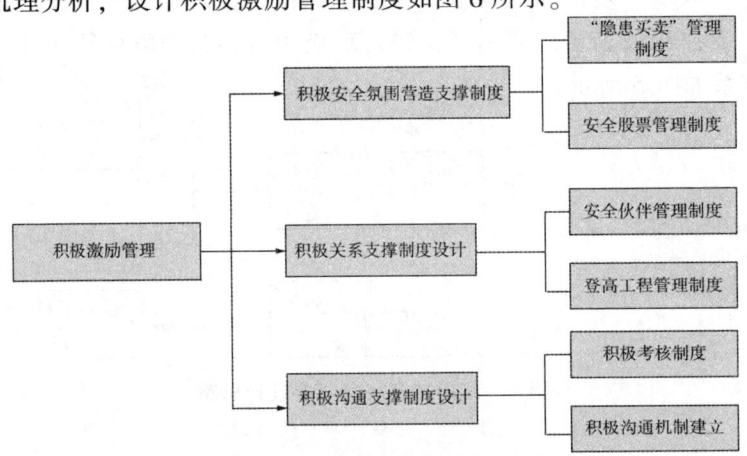

图6 积极激励管理制度体系设计思路

（1）积极安全氛围营造支撑制度设计。陈四楼煤矿首先应树立一种方向标，通过采用创新性的安全管理办法，引导员工积极安全意识及行为，进而营造一种积极安全氛围。针对陈四楼煤矿的实际，本研究主要采用"隐患交易"及"安全股票"两种积极激励管理方式，创造积极安全氛围，引导员工行为。

①"隐患交易"管理制度。"隐患交易制"核心思想是用"正向"的经济激励手段来鼓励隐患识别与治理，以内部市场化管理为基础，以严格的内部控制为保障，在实践应用中，在创造和谐稳定、快乐工作的工作氛围的同时，创造优异的安全管理业绩。其目的在于落实各级人员现场安全责任，根治现场隐患的低水平重复出现的问题。树立隐患市场化的管理理念，通过内部市场化的管理机制，将安全主要因素纳入商品

化管理，利用市场交易的能动性，调动员工的积极性，实现务实、有效的安全绩效激励，使现场安全隐患大幅减少，营造积极的安全氛围。

②"安全股票"管理制度。"安全股票"管理制度即是将员工持股计划的市场运行模式运用到安全管理当中，员工持股计划是一种由员工持有本企业股权或股票的股份制形式，调动职工实施安全行为的积极性，营造自主安全的氛围，可进一步完善煤矿安全长效机制。"安全股票"管理制度在运作时，可通过虚拟的内部股份制体系，进一步建立长期的激励和约束机制。同时，可将"安全股票"的收益性、风险性引入管理机制中，以保障安全管理效果。

（2）积极沟通支撑制度设计。积极沟通一方面可通过积极考核管理制度，促使员工明确自身短板及优势所在，积极考核机制关键点在于正向激励员工，着重于就考核结果与员工形成积极互动与沟通，改善其绩效，提高胜任力。另一方面，建立积极沟通机制，积极发现自身优势，并在工作过程中强化这种优势，同时通过积极沟通对员工进行心理疏导，帮助其解决在工作过程中遇到的问题。

①员工积极考核管理制度。积极领导理念下，员工考核着重于正向激励员工，而不仅仅是惩罚，积极进行考核反馈，帮助员工进行绩效改进，提高胜任力，与企业共同成长与发展。

②积极沟通机制建立。一方面通过积极沟通帮助员工改进绩效以外，另一方面，上级领导应该有意识地通过沟通帮助员工发现自身优势，提高自我效能感，带动员工工作积极情绪及对工作的热情，并采取积极的对策，引导员工反复使用、强化这种优势，用于工作实践，从根本上避免工作中不安全行为，并保证安全行为实施的长期性。同时，通过反馈消极信息，在讨论的基础上，提出合理化建议，帮助员工提高自身胜任力。

（3）积极关系支撑制度设计。处于积极能量网络中的煤矿员工，一般具有细心、值得信任、安全导向的，他们通过与他人的互动建立活力，并影响他人的行为，通过推动他人安全行为行使提升企业的安全绩效。陈四楼煤矿应该以该类员工为核心，通过安全伙伴的创新性激励管理机制，主动构建积极能量网络，促进员工之间的互动性影响，提升安全绩效。

①安全伙伴激励管理制度。"安全伙伴"管理激励机制，是指每月的月末同一班或同一组的每两名或者三名员工结成"伙伴"，并分别签订"安全"协议，形成一个利益共同体，也即构成积极能量网络，共同承担安全责任，而这一个共同体内，可安排一名绩优者，以引导、规制其他成员的安全行为。在月末进行考核时，安全伙伴同时达到安全目标，则陈四楼煤矿给予一定的奖励。

安全伙伴管理以自愿为主，因此要加大对安全伙伴管理的宣传，促使员工以积极开放的心态投入到"安全伙伴"的推行应用之中，激发员工推行"安全伙伴"方法的自觉性、积极性和创造性，在工作过程中互相监督安全行为、安全操作和安全意识，并及时提醒和纠正偏差，共同提高业务素质和技能，实现岗位安全和谐，构建员工与员工之间，团体与团体之间的相互影响机制，打造积极能量网络。

②登高工程管理制度。登高工程主要在于发现员工中的优秀人才及其主要业务能力及优势，并通过安全伙伴的相互带动，实现员工之间的扩展性影响，同时帮助员工了解制约自身发展的瓶颈问题，制定有针对性的培训计划，提高其业务技能及安全素质。

陈四楼煤矿成立登高工程管理领导小组，负责登高工程前期调研工作、量体处方培训方案设计工作、对标培训实施即培训内容催化等工作。前期调研是登高工程的基础性工作，管理领导小组在深入管理现场的基础上，对影响和制约员工业务绩效的瓶颈问题展开调查，根据调查结果，以问题为指导，为员工量身定制个性化培训方案，即"量体处方"，结合员工发展瓶颈问题，专门设计典型案例，通过起点、精进、迷茫、困惑、成熟五个节点的提问和学、习、思、悟四个环节的启示，促使员工重新审视自己的职业能力，找准其在工作中存在的问题，寻求解决方法，帮助员工发现自身优势，弥补业务素质的短板，实现自我超越。

六、陈四楼煤矿积极安全管理的实施效果

一是安全自主管理取得新成效。构建煤矿积极安全管理模式，固化安全伙伴、隐患买卖、安全股票等长效机制。与上年相比，违章人次减少16.2%，轻伤起数减少75%，消灭重伤及以上事故。

二是隐患排查治理取得新成效。全年区队安全评估46次，累计评出A级头面636次、B级头面20次，排查一般隐患20200条，较上年降低5.6%，无挂牌督办重大隐患。

三是重点区域管理取得新成效。加强防治水管理，全年完成8个工作面底板注浆加固，解放资源360余万吨，开展物探22次，探放老空水5.38万m^3，实现了水害零事故。加强工作面安拆现场专盯，全年安装工作面7个、拆除工作面8个、安拆支架1728架，保证了薄弱环节和特殊地点的安全生产。

四是安全培训工作取得新成效。全年"三项人员"取证培（复）训939人次；开展自主培训640期，培训员工9820人次；开展岗位能力认证26期，参加687人次，吊销证件10人次；全员机考累计1.43万人次，促进了员工素质提升。矿井先后获得河南省教育厅首批省级高等职业教育示范综合实训基地、全国职工教育培训示范点等称号。

五是安全对标排序取得新成效。建立安全"五自"管理体系标准，加强内业精细管理和专业系统考核，狠抓现场标准化提升，安全基础更加牢固。全年本部矿井"双基"对标排序7次第一，全年8项安全指标综合排名公司第一，连续五年保持"国家级安全质量标准化煤矿"称号。

六是提高了矿井综合效益。安全管理局面的向好带来了矿井各项工作的全面提升，实现了矿井综合效益的提高，经测算实现年平均综合效益368.5万元。

（成果创造人：王 珏 邢顶门 陈群忠 张四新 牛遂旺 王华辉 吴 晨 李红涛 孙宏权 于春晓）

契合市场实时需求煤炭洗选模式的构建与实施

永城煤电控股集团有限公司

永城煤电集团有限责任公司成立于1997年11月,2007年6月变更为永城煤电控股集团有限公司。永煤集团煤炭产业现有11个控股子公司,拥有生产矿井34对,在建矿井6座,核定生产能力达到3975万吨、洗选能力超过2000万吨。非煤产业有装备制造、有色金属、化工、发供电、铁路运输、矿建、物流等分、子公司70多家,形成了以煤为主、适度相关、多元发展的格局。

永煤集团陈四楼选煤厂为矿井型动力煤选煤厂,入选能力可达450万吨/年。主要洗选产品有洗精煤、洗中块、洗小块、粒煤、筛末煤、煤泥以及沸腾煤等,用于冶金、电力、化工、造气、民用等行业。其中,洗精煤、筛末煤取得"出口煤许可证",产品远销巴西、东南亚等地,被中国质量检验协会授予质量合格好产品称号。陈四楼选煤厂先后获得质量标准化选煤厂、优质高效选煤厂、全国十佳选煤厂等光荣称号。

一、契合市场实时需求煤炭洗选模式的构建与实施背景

1.构建和实施契合市场实时需求的煤炭洗选模式是应对危机、挖掘潜力的需要

随着国家建设节约型社会目标的提出及煤炭形势持续严峻,煤炭行业处于结构调整向纵深发展的攻坚时期,煤炭企业必须增强机遇意识、忧患意识,与市场接轨、调动内生动力迫在眉睫,这就要求企业必须建立能够发挥每个员工创新能力和责任心的管理机制,把外部市场压力传递给企业内的每一个员工,最大限度地把每一个员工的创新力发挥出来,把工作目标由完成任务转变成挖潜增效,减少企业人力、财力、物力的浪费,进而聚集出企业的整体活力。

2.构建和实施契合市场实时需求的煤炭洗选模式是眼睛向内、节能降耗的需要

企业要发展壮大,需要突破思维定势,需要与时俱进,需要有效运用文化、技术、智慧等来引导、加快企业的进步。煤炭企业在发展过程中,必须不断突破自身发展定势,通过"外观、自省",对标同行业煤炭洗选企业的先进管理经验和先进指标,深入调研和学习,科学分析和对比,明确自身与先进企业的差距,发掘自己的优势,培植自己的强项,从而构建不断发展和提升的动力,提升企业核心竞争力。

3.构建和实施契合市场实时需求的煤炭洗选模式是创新管理、提升效率的需要

随着企业的发展，企业"硬件"设施不断完善，同时，企业的创新管理工作体系也日渐成熟，创新氛围浓厚，尤其是陈四楼选煤厂在生产管理过程中，积累了大量经验，这就为企业加强企业"软件"方面的培育和塑造，从管理理念、管理方法、管理手段等多个层面实施创新，进而推动企业管理各个环节的与时俱进奠定了坚实的思想基础和理论基础，总体而言，契合市场实时需求的煤炭洗选模式的实施条件已经非常成熟。

二、契合市场实时需求煤炭洗选模式的内涵、实施原则和实施步骤

1.内涵

契合市场实时需求的煤炭洗选模式是指紧密结合当前煤炭形势，根据煤炭市场变化需求实时开展产品结构调整，运用"精益思维"，全面推行"以算着生产保障算着卖"和"产出不合格产品的生产就是无效生产"的管理理念，通过采取"市场需要什么产品就生产什么产品""怎么挣钱多就怎么搞生产"的工作思路，创造性地推行"以销定产、以质保价、以量增效"等措施，使全厂上下眼睛向内，在为客户提供满意产品的同时，促进企业内部各种生产要素、资源得到高效利用，做到产品生产时刻围绕市场快速准确反应，满足市场实时变化的需求，以最小资源投入创造出尽可能多的价值，进而发挥现有生产系统的最大效率和内部管控的最大效用，实现最优经济效益。

2.实施原则

（1）紧密契合市场需求原则。契合市场实时需求的煤炭洗选模式立足市场实时变化的需求，实时调整产品结构，让产品步伐时刻追随市场脚步，做到快速、准确反应，在当前严峻市场形势下力争稳定和扩大市场销售。

（2）细节管理原则。契合市场实时需求的煤炭洗选模式借助细节管理，强调组织内每个岗位、每位员工都要把自己的事情做好，想方设法去完成任务，把生产过程中的每个细节做好，把每个操作步骤都做好。

（3）目标管理原则。契合市场实时需求的煤炭洗选模式根据目标管理原则，认真分析同行业内各项先进指标，对目标进行有效分解，转变成各个部门以及各人的分目标，并根据分目标的完成情况对下级进行考核、评价和奖惩，形成协调统一的目标体系，逐步推行，长期坚持，不断完善。

（4）稳步提高原则。陈四楼选煤厂把契合市场实时需求的煤炭洗选模式的构建作为一项长效性工作来抓，力争该项创新成果稳扎稳打地不断提升。

2.实施步骤

陈四楼选煤厂在构建契合市场实时需求的煤炭洗选模式上，采取了四个步骤稳步推进，确保推行效果得以顺利实现。

（1）详细制定推进计划。陈四楼选煤厂各部门、每位员工都结合各自实际，客观分析工作现状，进行自我梳理诊断，对照目标，认真查找存在的各种问题，找准切入点，如果是系统问题就从优化入手，是环节问题就从理顺环节入手，是制度问题就从完善制度入手，是操作技能问题就从提高操作技能入手，是责任问题就从明晰责任入手，是组织问题就从调整结构入手，并相应制定针对性强、操作性强的工作措施。全

厂所有部门及其每位员工都按照工作计划开展各项工作，加强内控，减少生产经营过程的随意性和盲目性，使产品结构调整有目标、有方向。

(2) 严格落实各项工作实施。陈四楼选煤厂制定了针对性强、操作性强的措施和实施方案，由点到面、由线到面，合理划分各部门工作职能，优化整个流程，清晰界定各方责任，根据不同岗位要求，分别制定出具体的成本工作标准和规范的操作标准；并落实到每个人、每个工种、每个岗位、每道工序、每项作业、每个动作，搞好各系统间的综合平衡和协调工作，挖掘最大潜力，确保管理全流程低成本运行，实现安全、生产、效益的最佳结合。

(3) 全面加强实施过程监控。对契合市场实时需求的煤炭洗选模式实施效果进行"回头看"，认真评估实施效果，并对效果进行展示，客观评价成败得失，对行之有效的做法和经验用制度的形式固定下来，进行全力推广；对执行过程中出现的各种问题，及时反馈、及时分析、及时纠偏，实现管理水平的有效提升。在此基础上，着眼于提高整个系统的运作效率，进行系统思考，加以整合提炼，最终形成一套完整的契合市场实时需求的煤炭洗选模式管理制度。

(4) 持续开展改进提升。把固化下来的契合市场实时需求的煤炭洗选模式的手段和理念在实践中加以检验，进一步再分析、再完善、再总结、再提高，做到循环递进、螺旋上升，最终形成持续改进、不断创新的工作机制。

三、构建契合市场实时需求煤炭洗选模式的主要做法

陈四楼选煤厂倒逼人、机、物各环节管理，通过采取"产品生产'零'障碍、产品结构实时调整'零'障碍和产品销售'零'障碍"等"三零"手段和"五自"管控（自主检查、自主测算、自主提升、自主对标和自主管控），榨尽每一吨煤炭的价值，实现"市场需要什么产品就生产什么产品"的工作目标。其中："三零障碍"是产品结构持续调整优化的手段和目标，"五自"生产管控是产品结构持续调整优化的有力保障和核心工具。

1."三零"障碍倒逼选煤厂人、机、物各环节管理，有效保障"优质生产、实时调整、高效销售"，力争实现"市场需要什么产品就生产什么产品"

为了实现市场需要什么产品就生产什么产品这一工作目标，陈四楼选煤厂立足市场需求，实时掌握原煤质量与产品质量的变化动态，"以算着生产保障算着卖"，做到产品生产时刻围绕市场快速准确调整，满足市场实时变化的需求。

(1) 以市场需求为导向，时刻响应市场变化，确保适销对路产品生产"零"障碍。陈四楼选煤厂提出了以"生产围绕销售、销售围绕市场"的工作理念，采取"市场疲量质优，市场旺量质合格"的产品质量管理思路，做到"哪个品种有市场，就多生产哪个品种"，重点提高高附加值产品的产率，并满足客户的"不同"需求，力争实现产品结构效益的最大化。

①末原煤、末精煤产品结构调整。以"抓好两头，做精中间"为生产重点，采取"质好多洗少筛，质差多筛少洗"的生产模式，根据不同客户对末原煤、末精煤的需求量不同和市场价格变化，随时准备好产品结构调整措施，灵活生产末原煤、末精煤产品。

②块煤产品结构调整。根据市场情况及矿井毛煤抗碎强度，实时调整块煤分级筛的筛孔尺寸，生产出适销对路的块煤产品。如2014年以来陈四楼选煤厂根据块煤市场疲软的特殊情况，立刻调整质量生产思路和筛孔尺寸，降低了块煤限下率，提升了块煤质量，并将装车误差控制在"正"误差以内，有效维护了块煤的质量声誉。此外还合理计划外运粒煤车皮，避免因装车不及时导致粒煤仓满外排的现象，保证了粒煤产率。

③副产品结构调整。陈四楼选煤厂严格开展矸石、煤泥等副产品的质量检查，有效控制水洗末矸、煤泥等副产品的质量，将其纳入生产的重点管控指标。采用先进的配煤技术，自动实时检测末原煤产品的灰分，根据末原煤产品的发热量随时调节低热值末矸的掺配量，稳定末原煤的质量，降低高附加值产品的损失，提高低附加值末矸的综合售价。

(2) 以持续提高煤炭洗选工艺的灵活性和可靠性为手段，灵活开展洗选工艺优化，确保产品结构实时调整"零"障碍。陈四楼选煤厂广泛收集行业信息，根据生产现场的具体情况实时优化洗选工艺系统，持续不断地对跳汰机、煤泥水系统等重点生产环节进行改造，完善重要生产工艺处理系统，增强洗选工艺的灵活性；充分发挥调度指挥中心的作用，强化现场管理，努力搞好各系统间的综合平衡和协调工作，保证煤流系统和各生产环节正常运转；优化工艺流程和生产岗位，使每个系统的各道工序和各个环节都得到有机衔接，实现安全、生产、效益的最佳结合。

①粗煤泥分选新工艺。陈四楼选煤厂根据跳汰浮选工艺的特点、粗煤泥粒度组成和可选性，选择其相适应的煤泥分选机，优化粗煤泥分选新工艺，使粗煤泥充分回收，避免全厂煤泥水系统的恶性循环。研发的粗煤泥分选新工艺处理能力达到40吨干煤泥/小时以上，精煤回收率达到75%以上，分选精煤产品符合末精煤产品质量要求；吨煤成本不增加；与其他洗选系统作业协调配合，在保证产品质量的前提下，最大程度地提高经济效益。

②煤泥水系统工艺优化。陈四楼选煤厂通过采用增设自动配药加药装置系统，以减轻工人的劳动强度；在浓缩池入料管道上增设管道混凝反应器系统，以提高混凝反应效率；对浓缩机中心部系统改造，采用先进的浓缩处理技术以及制定调控底流排放等措施，可强化混凝反应效果，确保药剂投加量的准确性，保证沉降池溢流水浓度远低于15g/L，减少细泥内部恶性循环，改善主洗、粗煤泥回收和浮选效率，实现清水洗煤；在较低溢流水浓度的基础上，即停用一台20m的浓缩机做备用，增加沉降池底流的浓度和助滤性，有利于压滤机的高效脱水，避免了因扩大煤泥水处理能力而增设占地面积较大的浓缩池，可减少设备投入资金260万元，并大大降低了能耗和人工等成本。

③浮选精煤脱水工艺优化。陈四楼选煤厂通过采用三台350m^2高效快开隔膜精煤压滤机进行浮选精煤脱水，代替现在使用的加压过滤机。改造后使用的高效快开隔膜精煤压滤机脱水工艺较加压过滤机脱水工艺节能方面主要有三点：一是采用高效快开隔膜精煤压滤机比加压过滤机处理量大，即在脱水相同量的浮选精矿时，可减少高效快开隔膜精煤压滤机的开机时间和能耗；二是采用的高效快开隔膜精煤压滤机在脱水过程中80%的时间采用给料泵本身的压力进行脱水，最后的压榨脱水仅需20%的时间，

供风为间断性,螺杆压缩机不需要长时间的满负荷运行;三是在大功率循环泵和给料泵上加设对应型号的 ABB 系列变频器,通过降低泵的运行电流,实现低耗能、效果好、成本低这一工作目标。

(3) 以构建严格的改进持续机制为保障,搭建"后勤保障"平台,确保产品销售"零"障碍。

①成立生产研究专题小组。陈四楼选煤厂将全厂专业技术人员进行"整编",成立生产管理研究小组,就生产过程的微变化和各工艺设备的效率进行精细化研究,打破以往的经验生产管理模式,将大学实验室"搬到"厂房进行,对生产数据进行定量化,为产品结构调整和质量控制提供科学的数据支撑。例如对以往煤泥量根据销售量确定,无法精确到每日生产量,小组利用取样测密度法,测定出了每台设备的实际处理量。此外,小组还完成了对水泵效率的测量,对精煤小时产量的实验统计等,为产品结构的调整和质量的控制提供了精确保障。

②狠抓责任落实。陈四楼选煤厂建立办事高效、运转协调、行为规范的管理体系,狠抓各级管理人员带头落实各项制度,增强工作责任心,带动全厂职工,扑下身子,注重每一个细节,抓好每一个细节;陈四楼选煤厂建立产品结构考核体系,把精煤产率、块煤率作为有关科室和生产车间主要负责人及部分岗位的重点考核硬指标,实行重奖重罚,确保产品结构调整目标的实现。

2. "自主检查、自主测算、自主提升、自主对标和自主管控生产",力争实现"以销定产、以质保价、以量增效"

陈四楼选煤厂充分发挥选煤厂全体干部员工精益生产的自身能动性,自我加压,全面推进"五自"生产管控,引导全体员工追求优质高效,做到敬业爱岗,以高度的责任心高效工作,全面提高每个岗位的工作质量。

(1) 自主检查。自主检查的关键词是快速和信息化。其做法是通过时刻的自我检查生产环节的信息源头,实施产品生产信息预警机制,形成与公司销售部门、质量部门及厂各生产环节的"三合一"信息沟通协调机制,将产品市场信息及时"上行"和"下传"至各个环节,以此充分了解市场变化和客户需求,进而及时地为销售部门提供了生产信息的支撑,做到了产销存的平衡。

①加强与公司、矿井的沟通联系,每月根据公司、矿井生产计划组织生产,划分产量和产品结构,不仅保证了生产的检修时间,而且为销售部门提供了产量计划信息,促进其合理安排销售计划。

②时刻关注质量,发现质量波动,立刻汇报销售部门,并及时做好质量试验,为销售部门提供产品质量谈判依据。

③根据生产情况,每天沟通地销和外运的主管部门,合理协调各方的装运量,根据销售部门的要求,随时调整地销和外运的分配比率,做到"生产围绕销售转"。

④加强产品质量检测,对每一钩产品进行采制化三次,即每装好 5 节时进行采样和化验,待结果符合产品质量要求后再装车,如不合格,立刻采取仓内外排落地、重新组织等措施,保证产品质量符合要求,实现了商务零纠纷。

(2) 自主测算。自主测算的关键词是准时和准确。其做法是通过科学计算煤炭各产品的利润空间，构建生产组织方案模型，实施"算着卖"的管理理念，构建"量价互保、效益最大化"的最佳平衡点，精确各环节的最佳掺配方案，进而实现既保煤质又保效益的目标。具体措施：

①创建生产质量测算模板，严格践行"宁可终止生产也决不生产一两次煤"的生产理念。将全厂生产过程中的各过程产品的数质量信息，采用人工化验、核子秤、灰分仪检测以及经验数据等方法，输入生产质量测算模板后，自动测算出末精煤、末原煤的灰分和水分的加权平均指标，根据测算结果随时调整各过程产品的数质量，精确各环节的最佳掺配方案，为用户提供质量稳定的煤炭产品。

②定期对原煤数质量计量的核子称和灰分仪进行校验比对，依据矿井原煤质量情况，随时测算各环节各品种的数质量情况，及时调整生产组织模式和各生产关键节点的控制措施，确保生产出合格稳定的产品。

③根据市场情况的变化，合理组织各品种的试验分析，对每一个品种建立质量管理档案，随时可以查询历来的质量情况，建立质量波动曲线，一旦波动较大，则立刻汇报销售部门，避免因质量变化造成销售被动的局面。

④定期对浮选、跳汰、粗煤泥等工艺节点进行单机检查，采取5天一试验，一月一综合分析的方法，及时掌握其洗选效率，为生产提供指导。

(3) 自主提升。自主提升的关键词是持续改进和优化。其做法是实施"煤炭产品质量精细化控制"体系，加强工艺环节和生产环节的调控，持续改进和优化生产工艺机制，进一步提高生产各环节的最大效率。自主提升的关键措施是："精"——少投入、少消耗资源、高质量；"益"——多产出经济效益。具体措施：

①细化工艺流程，将全厂工艺系统划分为原煤、跳汰、浮选、粗煤泥、装车等多个控制关键节点，对每个节点进行重点管理，在保证设备检修完好的前提下，加大各节点的处理能力，不断通过优化产品结构提高经济效益。

②通过优化改造块煤防破碎装置和工艺流程，制定了一系列行之有效的块煤防破碎系统，较好地提高了块煤产率；加强全厂所有的块煤防破碎点的检查频次，保证设施的完好；保持原煤仓和块煤仓的仓位，减少落差，防止块煤破碎；坚持与矿井同步开停机，减少原煤进仓缓存的破碎。

③开展质量管理技术改革，进一步稳定产品质量。如针对末原煤进仓后末原煤掺配筛末煤、末矸、粗煤泥等过程产品混合不匀问题，进行了专项技术改革，在末矸入料处加设"爪式"刮煤器，保证末矸的掺配均匀，确保了末原煤发热量偏差控制在100cal/g以内。

(4) 自主对标。自主对标的关键词是降低成本和提高效率。其做法是通过开展内部对标，挖掘潜力，消除浪费，进而促进工作效率提高。具体措施：

①优化质量考核指标，保证产品质量符合市场需求。陈四楼选煤厂规定了末精煤灰分、水分考核区间分别为10.00%—11.00%、7.8%—9.0%，保证了产品质量指标的下限，同时提高考核上限，使质量司机大胆操作，尽可能地稳定煤炭产品质量指标，同

时对于接近合同指标要求的每一批产品进行奖励，鼓励质量岗位司机提高煤炭产品质量。

②制定《生产及煤质管理办法》，将煤质指标层层分解，责任到人，每月详细检查和考核各单位产品质量的管理和控制情况，并将考核结果纳入到一级市场百分制中，与各单位的月工资总额挂钩，对于在煤质管理方面做出突出贡献的单位和个人，给予奖励；对于完不成煤质指标的，加大处罚力度。

③加强考核对标。开展"三四五六"精细对标管理体系，即"三项"对标管理体系：厂对中层管理人员"四精"对标管理项目、厂对车间"五精"对标管理项目和厂对班组"六精"对标管理项目。对标指标有：主要生产经营指标计划比水平、同期比水平；对标集团公司内同类企业横向的排序，通过制定"分层级"的详细对标考核办法，严格兑现对标结果，确保对标工作发挥实效，实现持续推进。

（5）自主管控。自主管控是构建契合市场实时需求煤炭洗选模式的考核激励手段，利用工资分配杠杆推动生产各环节成为一个互保联保的整体，确保整个生产工艺环节一体化运行，基层车间和职工要想挣得更高的工资，必须确保产品结构和产品质量符合市场需求。

①创新内部市场化链式结算体系，扩充各生产主体间的结算方式，即利用工资分配杠杆推动生产各环节成为一个互保联保的整体。

具体做法：根据选煤厂生产工艺特点，实施上下道工序间的内部市场化链式结算，确保整个生产工艺环节一体化运行。选煤厂整个生产工艺单位包括原煤车间、洗煤车间、浮选车间和其他辅助单位，为了使产品生产过程实现无缝对接，陈四楼选煤厂创新上下道工序间的内部市场结算，如：原煤车间链式收入=洗煤车间入选原煤量×入选原煤单价×原煤质量系数（原煤质量系数是指原煤车间生产管理过程中的工作质量情况，不同质量情况对应相应结算系数）；洗煤车间链式收入=浮选车间生产浮精产量×内部浮精单价×浮选入料质量（浮选入料质量指洗煤车间供给浮选车间的原料煤质量情况，不同质量分别对应相应结算系数）。基层车间要想获得最多收入和最少支出，必须保证上道工序向下一道工序提供质优的原料煤。链式结算体系的构建和实施使陈四楼选煤厂生产工序形成了闭路循环的生产组织体系，消除了各个工序间的推诿扯皮的行为。

②实施外部市场与内部市场"压力对接"，调动全厂各个组织细胞的积极性，即紧跟煤炭市场形势，车间和职工要想挣得更高的工资，必须实施生产各环节的精益控制，以确保产品结构和产品质量符合市场需求。

具体做法：加大产品质量和产品结构在市场化结算体系中的力度，每月均根据市场形势和矿井煤质情况设置精品煤产品结构和关键质量指标的控制台阶，不同的质量系数、效益系数代表不同的结算价格，有精煤灰分、精煤水分、煤泥灰分、块煤限下率、后勤服务质量等质量指标以及块煤产率、精煤产率等效益指标，不同的质量区间分别对应不同的结算系数；此外，针对精煤、块煤等精品煤的结算价格也设置不同结算系数，如精煤、块煤产率超计划效益单价上浮5%、与计划持平效益单价不变、未完成计划效益单价下浮5%。外部市场压力转移到内部市场上，使煤炭企业从依赖市场转为构建内生机制,从依靠"外部市场"吃饭转为依靠内控机制,促进企业各项生产经营指标向同行业最先进水平看齐,在为客户提供满意产品的同时,把企业内耗降低到最低程度。

四、契合市场实时需求煤炭洗选模式的构建与实施效果

1.应对当前煤炭形势下的有益探索

契合市场实时需求煤炭洗选模式紧密结合当前煤炭企业面临的严峻经济形势,使企业做到了对市场需求的快速反应,不断促进洗选产品结构和产品质量持续调整和优化,稳定和扩大了产品销售,使企业发挥了现有生产系统的最大效率。

2.对企业形成倒逼管理机制的有效实践

通过开展契合市场实时需求煤炭洗选模式一系列实践活动,覆盖了企业管理全过程中的各环节管控,使企业眼睛向内,把企业各项工作落脚点放在提高效益和效率上,确保企业内部管理"做实、做精和发挥效用最大化",形成了全员、全过程、全方位的管理氛围,倒逼企业管理,使每个员工、管理者时刻充满紧迫感。

3.在严峻形势下保障各项生产经营指标不断优化

契合市场实时需求煤炭洗选模式的建立,使陈四楼选煤厂的洗选产品具有了良好的市场信誉和良好的产品信誉,树立了自己的名牌产品、"拳头"产品,塑造了企业对外良好形象,确保产品销售持续稳定和扩大,尽最大努力实现了企业效益最大化。

(成果创造人:孙　乾　汤秋林　李兆忠　薛占强　杨　明　李　英　杨　丽　张小刚　张　丹　傅　平)

基于价值链的物资管理模式在煤矿中的研究与应用

永城煤电控股集团有限公司

永城煤电集团有限责任公司成立于1997年11月，2007年6月变更为永城煤电控股集团有限公司。永煤集团煤炭产业现有11个控股子公司，拥有生产矿井34对，在建矿井6座，核定生产能力达到3975万吨、洗选能力超过2000万吨。非煤产业有装备制造、有色金属、化工、发供电、铁路运输、矿建、物流等分、子公司70多家，形成了以煤为主、适度相关、多元发展的格局。

车集煤矿是永煤集团的骨干矿井，于1992年10月开工建设，1999年12月29日正式生产，矿井设计能力为180万吨/年，2009年核定生产能力为280万吨/年，井田面积为57平方公里，资源储量为4.7亿吨，煤种为特低硫、特低磷、低灰、低砷、高发热量的环保型优质无烟煤，是冶金、化工、建材、电力等行业首选原材料和动力用煤。

一、基于价值链的物资管理模式的实施背景

当前，我国煤炭市场持续呈现总量宽松、结构性过剩态势。煤炭市场价格持续走低，虽然2013年9月份以来出现了小幅回升，但在市场需求增幅回落、产能建设超前、进口煤影响范围扩大和煤炭企业税费负担与历史包袱较重等多重因素叠加影响下，煤炭行业经济效益大幅下降、企业亏损面扩大，多数老矿区煤炭企业经营困难的问题十分突出。从成本要素来讲，资源成本、人工成本、土地成本、融资成本、环保成本等，已经进入加速上涨阶段，煤炭行业"黄金十年"的高需求、高价格、低成本难以再现。面对复杂严峻的经济形势，如何把内部管理作为主要手段，立足于向内看、练内功、挖内潜，降低库存资金，提高资金周转率，是降低成本、提高效益的重要手段。

近年来，全国各大煤炭企业逐步认识到物资供应管理在企业生产运营中所具有的重要作用。为了满足企业自身实现可持续发展、提高企业核心竞争力的需要，对物资供应管理先后进行了积极的探索和实践，力求应用科学先进的物资管理模式，构建科学完善的物资供应管理体系，保证企业物资供应在经济、及时、配套、均衡的模式中平稳运行，但仍然存在一些问题，概括起来主要表现在以下几个方面：一是重复采购或无计划采购使储备资金大幅上升；二是物资供应管理信息化不完善，管理成本较高；三是应急、特种储备不足，不能有效保证矿井安全生产；四是物资供应管理、仓储管

理滑坡；五是缺少有效的监督制约机制和手段。

因此，在当前形势下，构建物资管理新模式，对煤炭企业降低成本，提高经济效益有着重要的意义。

二、基于价值链的物资管理模式的内涵

企业所创造的价值，来自企业价值链上的某些特定的价值活动，企业在竞争中的优势，尤其是能够长期保持的优势，说到底，是企业在价值链某些特定的战略价值环节上的优势，抓住了这些关键环节，也就抓住了整个价值链。价值链在经济活动中是无处不在的，上下游关联的企业与企业之间存在行业价值链，企业内部各业务单元的联系构成了企业的价值链，企业内部各业务单元之间也存在着价值链联结。价值链上的每一项价值活动都会对企业最终能够实现多大的价值造成影响。

所谓物资管理的价值链，是指企业在生产过程中，对本企业所需物资的采购、使用、储备等行为进行计划、组织和控制过程中产生价值的环节。物资管理的目的是，通过对物资进行有效管理，以降低企业生产成本，加速资金周转，进而促进企业物资管理盈利，提升企业的市场竞争能力。企业的物资管理，包括物资计划制订、物资采购、物资使用和物资储备等几个重要环节，这些环节环环相扣、相互影响，任何一个环节出现问题，都将对企业的物资供应链造成不良影响。因此，在市场异常活跃的今天，物资管理已不能用"计划""配额""定量"等几个简单概念进行诠释，它已经成为现代企业管理的重要组成部分，成为企业成本控制的利器，成为企业生产经营正常运作的重要保证，成为企业发展与壮大的重要基础。

基于价值链的物资管理模式有别于传统的物料管理、采购管理，它是以现代信息技术为支撑、以相互协调为中心的现代化物资管理模式。首先，它是企业规范物资管理的新途径。基于内部价值链的物资管理模式可以规范物资管理，提高管理、采购效率，降低采购管理成本，减少资金占用，为物资管理提供公开、透明的管理工具和管理制度；其次，基于内部价值链的物资管理模式是提高企业经济效益的要求。传统的煤矿存在"财大气粗，家大业大"的管理思维，普遍存在储备过头的现象，在煤矿的物资储备中，遗留物资和备用配件较多，使用率低，占用大量资金和储存场地，库存信息不能有效交流和共享；再次，随着煤炭市场竞争日益加剧，煤炭企业越来越关注企业价值链的管理，开始考虑如何从矿井层面提高物资管理水平，关注如何集中采购，联合储备降低物资成本，关注如何采购降低物资采购价格，关注如何利用信息化手段降低物资管理成本。物资管理业务价值链见图1。

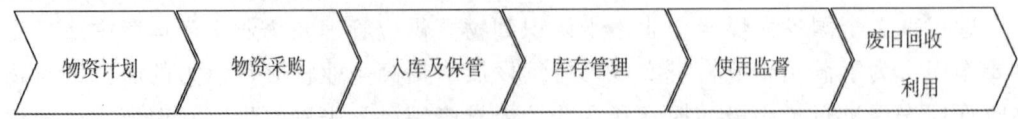

图1　物资管理业务价值链

因此，企业价值链物资管理是一条企业物资管理结构链条，不仅是一条实物链、信息链、资金链，而且是一条增值链，物资在供应链上因计划、采购、出库、使用、

回收、报废等环节而增加其价值实现,给相关企业都带来收益。

三、实施基于价值链的物资管理模式的主要做法

1. 加强物资计划管理,把握源头增值工作

煤矿生产是一项复杂的工程,涉及井下采、掘、通、运、机、瓦斯综合治理,地面辅助单位的生产建设、后勤保障等方面,涉及的材料配件、物资设备的品种上万种。作为煤矿物资供应部门,根据生产计划提前编制生产物资计划,是配合生产的重要工作之一。然而,一些物资部门的计划员往往凭领导的旨意或经验,编制计划,为保证所谓"足够的库存",致使编制的物资计划的准确率大打折扣,导致库存量加大、材料积压、淘汰物资增多,甚至出现配件几十年用不完的现象。

为提高物资计划的准确率,作为物资部门,应根据矿井生产不断变化、机械化水平的提升、设备材料的更新换代这些新情况,以全新的思维,务实的作风,紧跟矿井安全生产的进度去筹划、编制物资计划。在计划的编制实施过程中实行"四要":一是要在生产方案、计划制定时就及时介入,随时关注;二是要及时与采、掘、通、运、机等各生产单位经常取得联系,准确掌握他们的生产进度和所需物资、材料情况;三是要经常深入生产工作面,现场考察材料设备的使用情况,掌握材料消耗规律及反馈的信息;四是要广泛收集产品的质量、价格、生产周期等信息。在综合上述因素的基础上认真编制物资供应计划,适时组织采购,确保安全生产的物资供应。具体做法有:

(1) 区队。首先根据实际需要,认真编制材料、配件计划,切实提高计划的预见性和准确性;其次,计划编制人员必须是熟悉生产、设备情况的技术人员,队内明确责任和奖惩措施。再次,节约使用材料,杜绝浪费。

(2) 专业科室。一是要认真编制分管业务范围内纳入矿统管费用的物资采购计划(主要包括大型材料、大中型配件、专用工具仪器、小型设备等,批量金额较大),建立健全"在用、备用、周转、修复、租赁、采购"接替台账,严格控制采购数量,合理把握采购时间,满足生产前提下尽可能压缩物资储备的数量和周期,按需采购、到货即用。二是严格对分管业务范围内区队物资计划进行审批,切实结合现场实际,能少批不多批,能批旧不批新,对所批材料负责跟踪落实,发现浪费、挪用、造假严格处罚。三是选择物资规格型号要合理,杜绝贪大求洋,减少功能过剩,节约成本。四是各专业科室负责对分管业务范围内的物资尽量统一规格型号,提高各区队之间的通用性,可以有效降低储备数量。

(3) 供应科。一是加强与专业科室、区队的沟通,能分批采购不集中采购,避免因需求变化造成积压;能推迟采购不提前采购,缩短资金占用周期;能改用、代用在库物资、闲置物资,或能使用废旧物资不采购新物资,减少资金投入。二是对区队、专业科室的物资计划做好跟踪落实,严格进行考核,纳入市场化综合绩效。三是对计划编制失误造成积压浪费的严重情形,按事故进行追查和处罚,切实提高各层级管理人员的责任心。

2. 创新物资分类,节约采购成本

传统的物资类别划分,是基于帕累托定律的 ABC 管理法,以某类物资库存品种数

占总品种数的百分比和该类物资库存金额占总金额的百分比为标准，将库存物资分为A、B、C三类，进行分级管理，一般A类物资数目占全部库存物资的10%左右，而其金额占总金额的70%左右；B类物资数目占全部库存物资的20%左右，而其金额占总金额的20%左右；C类物资数目占全部库存物资的70%左右，而其金额占总金额的10%左右。对于制造和零售企业，物资需求的可预见性强，而库存物资品种相对较多，仓储和物流成本较高，采用ABC管理法可以有效运用"经济批量模型"实施库存控制。然而，对于煤矿企业而言，受生产条件和工艺的影响，物资需求具有很大的不确定性，为保障安全生产顺利进行，同时要考虑库存的安全性和经济性。

为此，车集煤矿根据历史数据和当前生产实际，逐项分析物资的采购、消耗、库存规律，划分出"ABCDE"五大类别，并有针对性地采取采购措施，提高采购效率。主要是利用"采购计划性和需求连续性""物资需求比例和库存比例"两个维度替代ABC管理法中的"物资品种"和"库存金额"维度，将物资分为A、B、C、D、E五大类（见图2），以下称之为ABCDE分类法。

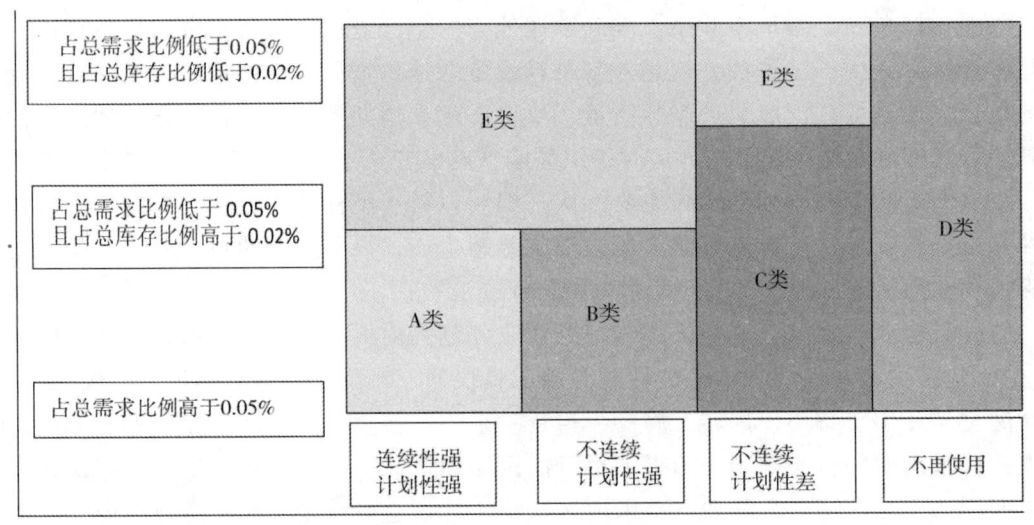

图2 "ABCDE"物资分类图

A类物资：采购计划性和需求连续性强，年度内几乎每月均在采购和领用，用量稳定；单项物资累计出库金额占总出库金额的0.05%以上。包含支护材料、建工材料、火工品、油脂、其他材料中的钢材、专用工具中的风镐、风钻等。此类物资用量较大、稳定，可预见性强，合理安排采购批次，可最大限度地压缩库存；月末进货容易造成库存增加。

B类物资：采购计划性强，年度内一次或分批采购，需求连续性不强，非每月领用；单项物资累计出库金额占总出库金额的0.05%以上。包含大型材料中的风水管路、瓦斯抽放管路、输送带、电缆、专用工具中的矿灯、自救器等。此类物资采购批量大，如采购时间过早或采购批次过于集中，会造成短期内无法出库，增加库存。

C类物资：采购计划性差，需求不连续，长期备用物资，领用时间不确定；单项物资库存金额占总库存金额的0.02%。此类物资多为大中型配件，价值较高，根据设备检修情况投入，无法预测时间，但是只要设备在用则必须储备。

D类物资：已经淘汰，长期积压不再使用的物资，此类物资长期占用库存，不再采购，等待调剂或报废处理。

E类物资：A、B、C、D类别以外，低值易耗以及零星物资，价值较小，出库金额和库存金额较小。

根据经济批量采购、定量采购、定期采购的测算，确定五大类采购策略，具体见表1。

表1 五大类采购策略

物资类别	采购策略	具体措施
A类	经济批量采购	1.根据需求量大小，确定经济批量，分别按天、周、半月等周期实施小批量多批次采购 2.同时打好"时间差"，避免在月末集中进货，造成月末库存增加 3.对于部分小件物资，占用空间较小的，可实行带储代销模式
B类	定量采购	加强与分管业务科室沟通，提高需求计划的准确性，做到"适时"采购，"分批"采购，打好"提前量"，尽量做到当月到货入库、当月发放领用，实现"零库存"
C类	定量采购	1.结合设备使用情况，严格计划审批，避免重复采购和过度储备 2.加强与兄弟单位沟通，同机型配件各矿都备但少备，实现资源共享 3.充分利用龙宇能源总仓库库存，能在总库备的，尽量少在矿上储备
D类	不采购	1.加强与兄弟单位协调，如能用上的尽可能调拨给其他单位使用 2.与主机厂家协调，按照合同价格实行"以物易物"，用闲置积压物资换成现用物资使用
E类	定期采购	确定最低库存额，当库存量下降到预定的最低库存数量时，按规定数量进行订货补充

3.建立物资管理信息平台，实现资源共享、信息对称

煤矿物资管理系统的内容涵盖了物资需求计划制订、采购计划制作、物资出入库管理、项目管理、物资核算、物资分析等物资管理的全过程，通过填写日常出入库单，自动完成物资的库存管理，并提供多种口径进行物资统计，可自动生成所需的物资报表和统计分析表，进行有效物资控制。满足了物资使用人员、物资计划员、仓库管理人员、物资管理人员、财务人员、决策管理人员等各对象的使用要求。物资供应管理系统能达到的效果如下：

（1）支撑物资供应管理的统购和自购的多元化采购模式，实现过程跟踪，优化采购成本。

（2）支持包括计划价格、移动加权平均价、批次实际价、先进先出法等多种存货核算方法，实现材料消耗的实时核算。

（3）强调计划管理，实现以生产计划拉动物资使用计划、物资需求计划、物资采购计划的三级计划管理模式，构建企业快速供应链体系，保证安全生产并降低物资消耗。

（4）优化边际库存，建立统一垂直的库存体系，二级库存统一调配。

（5）业务地点分布式管理，数据分析集中控制。系统支持多类型、多地点的仓库管理，通过对物资库房的科学管理和物资信息的动态跟踪，实现物资的合理配送与发放控制，最终实现对成本的控制。

（6）通过建立供应商协作关系，实现物资超市的管理思路，节约采购成本，优化平衡库存资金。

（7）通过统一物料编码标准化管理，计划体系控制，信息共享，环环相扣、简化流程，实现流程化管理的高效率和准确度。

（8）加大职能部门依据计划进行业务活动的责任，高层管理者通过信息实时查询来监督业务的过程，不直接参与业务链活动。

物资供应管理系统从统一采购管理的角度出发，以生产为龙头，合理地平衡、制定需求计划和采购计划，合理安排配套物资的搭配比例，科学降低库存资金占压，使企业获得更大的经济效益。运用信息化的平台，将分散的仓库物资管理信息通过联网集中及时传送，解决仓库多而散、管理难的问题，并以此为契机，帮助企业理顺内外部关系，强化管理，真正达到提高物资管理水平、控制成本和提升生产效率的目的。

4.转变观念，降低储备资金

为最大限度地减少储备资金或实现零库存目标，车集煤矿转变观念，实行市场化运作，逐步把库存办成超市，建立"矿区淘宝网"，实现闲置物资网上交易，提高企业的经济效益。车集煤矿采取的主要措施有：

（1）设立"井口超市"，实现常用物资"快供应、低库存"。车集矿原物资供应库房距离井口较远，领料时从申请、审批到出库，再发放到班组，所用时间较长，区队无法在当班入井前领用当班下井材料。这样一来，区队对常用小件物资往往批量领取，通过二级库发放使用，增加了库存占用，降低了劳动效率。为解决这一物资供应上的弊端，车集矿设立了物资供应"井口超市"，将生产过程中常用的小型配件和其他材料等300余种物资纳入井口超市集中管理。在物资发放模式上将以前区队按"箱、袋"的领发方式转变为班组直接消费的"超市"模式，所有物资无论大小，一律按件、米、根直接选用。区队可以根据井下实际情况，当班需要多少、就审批多少、领用多少、发放多少，解决了以前区队图省事批量领取或者供应部门批量发放的现象，在一定程度上降低了材料费的投入，既方便又节俭。井口物资超市的运行，使该类物资储备平均降低30%以上，有效减少了区队二级库库存，"井口超市"发放的物资在区队二级库做到了"零库存"，消除了仓库货物积压、资金占用、劳动成本较高的弊端，真正达到了控制经营成本、提升生产效率、提高物资管理水平的目的。

（2）创建"淘宝网"，实现闲置物资"不积压、能盘活"。车集矿"淘宝网"的建立源于区队间物资调剂的需要。长期以来，由于施工工艺变化以及基层区队在施工过程中，客观条件、工作方式等发生变化导致部分物资不再使用，造成闲置、积压。因此，车集矿创建了闲置物资的网上自助交易平台。通过该交易平台，各基层区队可以将本单位长期积压的可用物资放在"网络货架"上出售，形成"网上超市"。哪个区队需要什么样的材料，只要点一下鼠标，就可以在这个内部网站上以更低的价格"购买"到合适的东西，各区队之间实现了资源共享，激活了内部交易。同时，各职能科室还可以根据网上的清单了解掌握全矿及各区队的库存情况，进行随时调配，控制材料库存。这不仅盘活了各区队长期积压物资，而且降低了新材料投入成本，提升了经济效益。

5.建立"三集中""三分离""三加强"物流管理模式

根据供应链管理原理，通过物流再造对物流资源进行整合优化，实行了"三集中"（集中采购、集中储备、集中配送）、"三分离"（市场采购权、监督考核权、质量检验权）、"三加强"（加强物资计划管理、加强采购合同管理、加强消耗定额管理），在建立有效运行机制的基础上，形成了"中央储备、大区布点、集中配送、信息平台"的矿区现代物流管理服务体系。

通过改革原来的物流模式，重组整合内部物流管理方面的人、财、物资源，明确各方面的管理职能，实现各负其责、各司其职、相互制衡、高效运作的目标。变原来的两级采购、两级储备为集中采购、集中储备、集中配送。把供应部门作为专业化的物流队伍，实现集中采购、集中储备、集中配送，统一结算，降低物流费用，提供高效、快捷服务。把使用单位作为成本管理中心，对物资需求计划进行编制，对材料费进行控制，对消耗进行消耗定额现场管理，加强材料成本管理。明确质量技术监督部门负责矿井采购物资质量计量管理、监督检测和资质证件的审查，确保采购物资的质量合格、证件完备、安全可靠。确定监察管理部门负责调查研究、制定政策、协调仲裁内部物流纠纷，对物资计划、采购渠道、合同、价格、储备进行监督检查，强化考核。同时，建立健全与高度垄断的物流体制相配套的制约机制，即市场采购权、监督考核权、质量检验权三权分立。

6.做好废旧物资增值工作

车集煤矿从节约和提升价值角度合理再利用，发挥废旧物资的最大效益，大力实施废旧物资循环再利用，努力打造物资价值的增值作用。

（1）加大物资回收力度，奠定物资回收基础。对生产过程中可回收的物资，结合工作实际，每月向各单位下达回收计划，并把回收计划完成情况作为对该部门绩效考核的重要指标；对回采面物资，按种类、数量与回采区队单位负责人签订物资回收协议，根据工作面实际条件，核算物资回收率，月中跟踪监督验收，月底按实际回收率考核；成立井下物资回收站，发动广大干部职工积极参与。

（2）合理挑拣分类，提高复用速度。矿成立废旧物资鉴定小组，每周两次对废旧物资进行鉴定，根据可利用程度，分出直接复用、可修复加工、废品三大类物资，建立三大类物资专项管理台账。对可直接复用的物资，有供应科直接调配到各单位使用，加速了物资周转；对待修复物资，根据修理的难易程度，把修理任务合理分解，机修厂进行维修，不能维修的进行外委修理。

（3）开发使用价值，实现变废为宝。对不可复用的报废物资，采取三种措施，实现对报废物资的价值再造。首先是回炉再造。利用边角余料自制加工成生产中需要的小件物资；其次，物资代替。报废物资中，有些仅需简单加工改变其原来形状便可替代其他物资，比如用报废工字钢加工铁背板，利用掉落喷浆料打水沟等；三是技术革新。充分发挥技术人员才智，积极倡导以技术革新为手段的废旧物资再利用活动。

（4）强化质量管理，保障安全生产。在综合利用废旧物资进行复用或新价值开发的基础上，坚持以"安全第一"为原则，把循环使用的废旧物资质量作为一项重要内容来抓，成立由企管、供应、安检、检察等部门组成的质量联合验收小组，充分对修复和价值再造后的物资入库前和入井前进行两次质量把关，不经验收或验收不合格物资严禁入库、入井，提高安全性能，为生产提供良好的安全保障。

四、实施基于价值链的物资管理模式取得的效果

1. 提高了物资计划的准确率

通过基于价值链的物资管理模式的实施，提高了物料计划的准确性、及时性和规范性。督促了各生产部门在各环节及时处理计划、整理反馈的信息，协调处理现有的问题，加强了物资维护需求管理计划工作，进一步提高了采购效率。各生产部门物资计划准确率 2012 年为 78.2%，2013 年为 97.4%，提高了 19.2 个百分点。

2. 降低了库存资金

通过基于价值链的物资管理模式的实施，实现了对使用物资动态、周转进行规律统计，及时反映了物资收发存动态、超储、积压和不合理库存物资信息，有利于库存资金分析，优化库存结构，合理资金周转。2012 年库存金额为 2155.15 万元，2013 年库存金额为 1453.53 万元，下降幅度达 32.6%。

3. 优化了库存管理结构

通过基于价值链的物资管理模式的实施，有关部门能够适时进行库房物资调整，对多年不用的物资、超过使用时限物料进行处理，有序地进行积压物资处理，及时消除不良资产，减少库房积压待废的设备材料，避免资金占用。2012 年闲置积压物资金额为 237.06 万元，2013 年闲置积压物资金额为 12.6 万元，下降幅度达 94.7%。

4. 增加了废旧物资的价值

在价值重塑管理上，通过对废旧物资复用和新价值的开发，实现了物资使用价值的提升，打造了节约型企业，增强了职工的节约意识，物资管理步入正规的良性发展阶段。2013 年回收各类规格物资 739 种，金额 1856.2 万元；复用各类规格物资 625 种，金额 1390.13 万元。

（成果创造人：宁　兵　孙国栋　何东升　郝明月　黄文建）

煤矿物资全过程闭合管理

永煤集团股份有限公司

新桥煤矿位于河南省永城市境内，隶属于永煤集团股份有限公司，是永城煤电控股集团有限公司在永城本部开发的第四对大型现代化矿井。矿井于 2004 年开工建设，2007 年 8 月提前 10 个月实现联合试运转，同年底通过竣工投产验收，建井速度、质量创造了华东地区同类矿井建设史上的最好成绩。矿井设计生产能力为 120 万吨，核定生产能力为 180 万吨，主要生产优质无烟煤。2013 年实现主营业务收入 11.96 亿元，利润总额 6.40 亿元。

一、煤矿物资全过程闭合管理的实施背景

新桥煤矿作为永煤集团的主要盈利单位之一，在经管管理方面一直不断地进行探索和研究。进入 2012 年，随着井下开拓范围的不断延伸，受各种客观因素制约进一步明显，企业在成本控制过程中遇到了瓶颈，如何进一步优化成本结构，挖掘降耗潜力，对于企业适应严峻复杂的经济形势有着重要意义。

煤矿物资管理是各项成本要素中管理环节最多、涉及面最广、空间跨度最大的一项基础工作，同时也是最能通过管理手段实现迅速减少消耗的。新桥煤矿物资全过程闭合管理体系就是利用信息化的手段，按照物资集中管控的理念，实现物资计划、采购、验收、存储、领用、运输、使用、回收和报废等程序的闭环管理。因此，煤矿物资管理具有十分重要的现实意义。

二、推行煤矿物资全过程闭合管理的主要内容和做法

新桥煤矿物资全过程闭合管理体系是由物资供应信息化系统、物资运输自动化信息系统、标准仓储系统、物资统一配送系统、现场材料对标系统和物资考核结算系统等六大系统组成，是按照物资的流转链，对关键节点的系统控制。六大系统相互交叉又相对独立，共同构成物资的全过程管理。

1. 物资供应信息化系统

（1）系统概况。为处理物资存、领、用过程中产生的大量数据，减轻工作量，提高劳动效率，实施了煤矿物资供应信息化系统。煤矿物资供应信息化系统按照现有物料管理流程，不打破管理现状，联合研发单位共同开发而成。采用 Visual Studio .NET C# 设

计开发，具有多层架构，设计了"只能模糊输入组件"，可以用代码、拼音手写、汉字等方式输入材料，操作非常简便。分别采用 C/S 结构和 B/S 架构实现业务录入和综合查询。

（2）系统主要功能。

①采购管理。按照图1的采购计划流程，新增材料计划由材料员选择计划类型以及计划月，采购部门、审批部门、需要材料的编码以及需求数量。用户能利用系统调出上月计划并进行修改后形成本月的材料计划。材料计划审批部门收到审批请求后，视实际情况对材料计划进行审批，同意进行采购的，可以录入审批数量；不同意采购的，退回材料计划，材料计划返回申请部门。采购计划制定部门根据基层单位的材料需求，综合考虑库存情况、材料消耗的相关规定等确定采购计划。

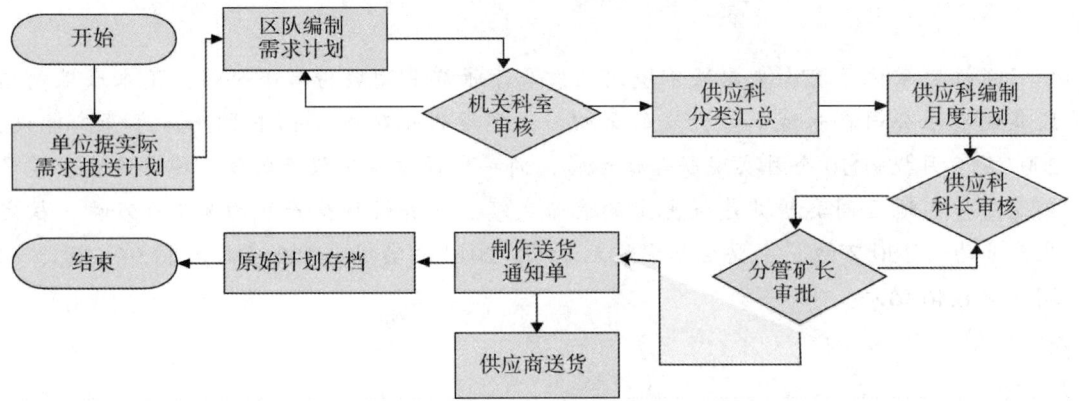

图1　材料采购计划申报流程图

②物资领用管理。材料员根据自己的部门需要，可以新建领料单，选择领料部门和领取的物料以及数量，选择材料的费用来源（该笔材料费用属于什么费用项目），判断该笔材料是否需要主管审批，如果需要，选择相应的主管。完成料单填写工作后，可以点击送审，把料单发到相应的审批人员那里。针对某些特殊类型的材料，矿上要求必须由领导进行把控，主管审批完之后，才进入到材料审批员审批流程。由材料员自己在申请领料时根据矿上的相关规定，选择相应的主管进行审批，对于不需主管审批的料单，直接转给材料审批员。批料主管可以在系统的基础编码和安全维护功能中进行设定，并且可以根据需要，对不同的材料员设定不同的材料审批主管。对已经通过主管审批的料单和不需要主管审批的料单，由矿上的材料审批员进行审批，审批员可以结合实际的库存，申请部门材料的计划数量、本月已经消耗数量，确定是否需要审核该张料单。料单通过审批后，可以由料单审批员进行料单的打印。打印后，材料员凭料单到仓库进行领料。仓库保管员直接输入料单编码，就能调出该张料单，然后录入实际发料数量，就能把该笔材料计入领料部门的消耗，并且从库存中减去相应的数量。但是对于需要交旧的材料，必须进行材料交旧后才可以进行领料。

③物资库存管理。物资供应信息化系统可以根据库房的收、发、存数据，自动生成财务结算的信息传递给财务接口，自动生成库房的库存分析、材料消耗去向表等各种库存上报报表，自动生成材料收入表、消耗表、储备资金分析表等各种物资供应综

合分析报表，并支持多方位、多角度的物资信息综合分析，从资金占用、物资积压、物资消耗、物资发放等方面提供丰富的分析功能。对实物的库存管理在内部物流管理模块中得到体现。内部物流管理模块是为了仓库保管员对仓库物资的出入库进行信息化管理所设计，主要包括初始库存登记、仓库调拨、入库、库存预警。

——初始库存登记。录入系统投入使用时的仓库实际库存信息，录入完毕之后，开始记账，可以根据后续的实际业务发生的出入库操作记录自动更新仓库的库存信息。

——仓库调拨。用来管理把一批物资从一个仓库调拨到其他仓库的业务。

——入库。用来管理从集团总库发来的或自购的物资的仓库入库。

——库存预警。根据预先设定好的各个物资的最大库存和最小库存量，当实际库存值不在此范围内时，系统自动在库存预警模块显示库存数量异常的物资，以供仓管员查看，达到精细化管理，减少库存占用的目的。

④物资分析管理。物资供应信息化系统具有丰富的查询分析功能。包括以下功能：

——申请领料查询。查询材料申请单的信息，包括审批状态、申请材料、申请数量、以及历史审批记录（审批人和审批时间）等。

——消耗台账。查询一段时间之内的物料领用明细记录。

——按编码消耗汇总。按照物料编码统计一段时间内的总消耗。

——按名称消耗汇总。按照材料的名称（可能编码不同）统计一段时间内总的消耗。

——按部门消耗汇总。按照部门统计一段时间内各个部门的材料消耗情况。

——按类别消耗汇总。按照材料类别统计一段时间内各个类别总消耗情况。

——按消耗用途统计。以图表形式按照材料申请单的费用来源类型进行汇总统计。

——按消耗分布分析。按照部门对比分析一段时间的消耗情况。

——按消耗趋势分析。统计某部门一段时期内的材料费消耗趋势。

2.物资运输信息系统

（1）系统概况。新桥煤矿物资运输信息系统调度控制中心设在地面调度室，对矿井大巷的物资运输车、人车等运行实现监控和自动调度。能实时显示大巷物资运输车位置、车号及信号灯、道岔状态和区段占用情况，指挥列车安全运行。能生成管理报表和列车循环图；整个系统无动触点，采用电隔离，可靠性高。

（2）物资运输信息系统功能。

①控制主机采用直观、清晰的显示屏作为物资运输车监控系统的显示界面。根据信号设计布置和区间划分，系统具有区间联锁，敌对进路联锁，信号机、计轴器和转辙机联锁等功能。具有16种工作模式的动态信号机指示机车运行，包括系统停、停车、准备、询问、谨慎前进、谨慎后退、谨慎左行、谨慎右行、响铃前进、响铃后退、响铃左行、响铃右行、前进、后退、左行、右行。为了达到行车安全的目的，信号机的开放和关闭具备严格的条件限制，系统通过对经过轨道计轴传感器车辆的感应输出信号进行采样、处理，能显示各物资车位置、车皮车辆数、车速以及行车方向，区段占用情况，使物资运输车运行状态一目了然。

②每台物资运输车安装能发送出不同编码的无线收发信号机，在大巷监控点安装

接收装置（通讯分站），以定点接收反映不同的物资运输车编码信息，同时司机可通过机车头安装的无线收发信号机内置天线发射装置进行作业申请，也能达到司控道岔的功效（按进路区段控制）。系统通过对轨道计轴传感器过车数量的综合统计，能对所过车辆数量做到自动统计分析，在指定的统计点能显示物资运输车通过总数、当前机车数、当前车辆数，并生成报表供辅助运输管理部门查询分析，以便合理调整运输方案，提高运输效率。对井底车场及运输大巷的主要道岔实行集中系统控制，道岔执行设备具备就地、集中两种操作方式。分站对控制执行设备定期巡检，在故障条件下能够自动解锁执行设备。

③物资运输信息系统解决了以下问题：物资车辆长期不卸车造成的推诿扯皮；物资车辆运送不到指定地点，材料出现丢失现象；升井废旧物资装车不规范；卸车不干净造成浪费。

3. 标准仓储系统

为科学地打造物资全过程闭合管理体系，在物资仓储管理上，采取集中管控的扁平化模式，即区队不设置二级库，井下需要物资随需随下，所有物资由矿级库房统一管理。并根据管理需要，灵活设置库房地点，以便提高工作效率。

（1）库存预警，设定物资储备限额。对各项物资预定好最大库存量和最小库存量，当实际库存值不在此范围内时，系统自动在库存预警模块显示数量异常的物资，以供仓管员查看，达到精细化管理的目的。同时每年根据生产实际，测算并下达年度物资储备限额。矿级库房按照材料类别及仓储分类设定限额，并明确责任人。区队井下用料按照不同地点、进度设定储备期限额，进一步减少了资金占用。

（2）利用"五五"和"四号定位"法，提高取货效率。所谓"五五"标准化库房管理模式就是利用便于收发、盘点的物资"五五"化摆放方法，配合库内货区号、货架、层号、位号和物资的编号统一对应，物资存放位置与精益系统明细账四号定位所列相符的管理方法。"五五"化是运用运筹学的原理，根据人们日常生活中"一五、一十"的计数习惯，在物资堆放上就以"五"为计量基数，按照各种材料的不同形状、体积、份量来发计以"五"为基数的不同堆放形式。所谓"四号定位"就是把存放材料的库内货区号、货架、层号、位号四者统一编号，利用矿井精益系统和材料的编号统一对应。发料时，库管人员只要看准材料的名称、规格，就可以知道材料放在几号货区、几号货架的哪一层，哪个位置上。例如，某种材料在材料账上的编号是6—4—1—2号，即知该材料的位置是在第6货区，第4号货架，第1层，第2号货位上。

（3）推行代储代销模式，开展"以租代购"。针对越来越严峻的经济形势，为优化仓储结构，减少库存积压，进一步降低采购与管理成本，灵活运用采购手段，新桥煤矿推行了代销代储采购模式。各项物资采购前，包括代储代销类物资送货前必须履行送货通知单审批手续，消耗性物资当月到货当月领用出库，代储代销类物资6个月内使用完毕，减少物资库存，提高周转效率。梳理排查可代储物资明细，做好与供应商的沟通、协调工作，争取以代储代销方式改签协议，不断扩大代储代销采购范围，减少库存资金占用；开展"设备租赁"业务，对矿井暂时不用的设备，对外开展租赁，对矿井需要的设备超前与外界联系、沟通,开展"以租代购"活动。

(4)取消区队二级库,建立井口、井底物资超市。引入先进的超市化管理理念,把物资超市延伸到井口,为厂商代储,采用使用后付款的方式来实现双方共赢。井口超市分设7个货架,涉及采煤机类配件、安全仪器、通讯器材、各种钻头、五小电器、风镐配件、风钻配件、锚杆机配件、各种滑轮、各种通用件、电工电料及杂品等13个系列300多个材料品种。井底超市专设钻杆长材货架,专门用于存放开掘区队使用量比较大且不便于携带的各种风钻杆、湿式煤钻杆、麻花钻杆、尖掀、镐把、备用风动工具及各种钎子等。井口、井底库房管理员不设专职人员,均为区队兼职人员,供应科库管员定期核对账目。

4.物资统一配送系统

新桥煤矿启动物资统一配送系统,作为物资信集闭管控体系的一个重要组成部分,解决了两个主要问题。第一,优化了资源配置,进一步提高了生产物资流通率,保障了生产物资及时供应,解决了矿井新旧物资及时装卸问题,更好地服务区队。第二,减少了物资配送过程中存在的人员冗繁,劳动效率低下等问题。具体实施步骤如下:

(1)成立物资装卸小组。成立新桥煤矿物资装卸小组,实行定员定编,整合原有铲车一台,叉车两台。由运输队管理,配备班长一名,参与具体装卸工作。

(2)物资装卸工作范围。

①入井物资(含机电设备):矿井正常生产中所需要的木材及木制品、支护用品、大型材料、配件、建工、油脂及乳化液、其他材料等所有需要矿车下井物资的装卸、配送(除变电所、工作面等大型机电工程的安装回撤物资外)。

②升井物资(含机电设备):卸车、挑拣、分类、整理、码放。

(3)职责划分。

①使用单位负责用料计划的审批手续办理,并对装卸组运送物资数量、质量、限送时间进行验收确认;负责入井材料的卸车;负责井下升井物资的装车、自用升井物资的卸载等。

②装卸组负责用料单位所需物资装运工作,运送到用料单位指定地点;负责对升井废旧物资进行卸车、挑拣、分类、整理、码放。

③调度室负责材料的装卸运输组织协调、监督、管理责任。

④业务分管科室负责对分管范围内物资装车情况进行监督指导。

⑤供应科负责指定升井废旧物资的卸车地点,并负责验收及开回收物资单据。

⑥企管科负责日常装卸工作的检查巡视和对用料单位与装卸组工作过程中产生的各种纠纷进行仲裁,并落实奖罚兑现。

(4)装车管理流程。

①用料单位物资需要装运时,提前一天填写《新桥煤矿送料单》,将次日下井装车计划报至装卸组,送料单注明物资名称、数量、装车时间、运送地点、接料人、联系方式等信息,并对接收物资数量、质量进行签字确认。送料单电子版及纸质版每天中午12:00之前送装卸组。送料单必须经使用单位当天值班队长签字确认。

②用料单位要超前考虑，及时报送用料使用计划。原则上提前一天报送装车计划，特殊情况注明紧急用料。紧急程度分一般、紧急、特急三类，一般情况为正常需要物资，紧急为8小时用料，特急为即时用料。

③除特殊材料（如内部单位当天到达当天下井的物资）的小票不能及时打印时可由供应科人员签字，装卸组方可先行装车。其他物料小票必须与送料单同步跟进，送料单与小票缺一不可，否则不予装车。

④使用区队送料单和所打印的小票物料数量与装卸组实际装车数量有出入时，以使用单位和装卸小组现场核对的数量为准。

⑤运送地点要填写清楚。如：具体填写到车场、外段或大巷通尺××米处。由于运送地点填写不清导致区队不能按时收到材料影响生产的，责任由使用单位承担。

⑥在为使用单位装物料时，使用单位必须有材料员或指定的临时负责人在现场进行数量核对并签字确认。

⑦特殊情况下，使用单位中夜班需要下料时，由运输队临时调剂队内人员进行下料，保证正常生产。

（5）卸车管理流程。

①井下升井物资由各使用单位负责在井下现场装车，并填写《新桥煤矿升井物资单》并注明运送地点、明确卸车单位。

②需装车升井的物资装车后，及时联系物资运输信息系统控制中心，说明升井物资车辆数，以便装卸组及时调度车辆。同时，需要自卸物资时，要及时通知队部升井物资内容、数量，升井物资原则上24小时内卸完，否则，按调度管理规定进行考核，自卸物资丢失时由使用单位负责。

④供应科根据物资种类指定地点（分管科室负责分管物资的指定）、由装卸组运送至指定地点并负责卸车，空车由装卸组及时运走。

⑤运输队按照用料计划合理组织人员进行卸车，没有卸车料单时运输队有权拒绝卸车。在为使用单位卸物料时，使用单位必须有材料员或指定的临时负责人在现场进行数量核对并签字确认。

⑥运输、卸料过程中出现物料丢失、损坏的由运输队承担。

5.现场材料对标系统

在物资信集、闭、管控体系实施中，引入现场材料对标系统，促使杜绝现场材料浪费行为，规范材料使用。具体实施步骤如下：

（1）成立现场材料管理领导小组。矿长任组长，经营副矿长任副组长，成员由副总以上矿领导及各区队、科室负责人组成。下设现场材料管理办公室，办公室设在企管科，负责日常检查和考核工作。

（2）制定现场材料管理标准。

①材料码放标准：各施工地点要设置专门料场，料场长度不得超过100m，料场设置在无积尘、无积水、无淤泥、无杂物的地方。物料放置在不影响通风、行人及运输安全的地方，原则上除料场和迎头备用材料外，其他地点不允许码放物料。所有物料、

工具实行挂牌管理，标志牌规格要统一，高低要一致。物料必须分类、集中码放，码放做到横竖成线，高度不超过 1.5m，距离轨道不低于 0.6m。各类物料尽量上架摆放，小型材料、配件等要入箱存放，备用工具必须放在专用工具架上，高压胶管必须盘置整齐，每堆物料的间距控制在 0.5~1m。对水泥、速凝剂、锚固剂等易受潮失效的材料，严禁放置在巷道有淋水、积水的地方，要采取相应的防潮保护措施。

②材料现场管理标准：支护材料、米石、喷浆料、黄沙按《作业规程》或《施工安全技术措施》的要求使用；所有单位的搬家倒面要做到工完料净场地清，剩余材料必须在队伍撤离前撤出；工程调整的施工地点原则上由接收单位接管剩余材料，由企管科组织，相关科室到现场办理交接手续并列出物资交接清单，交接清单双方单位负责人签字后复印件交业务科室及企管科各一份备案，防止物资交接后出现推诿扯皮现象。井下运输大巷按要求存放材料，其中轨道、可复用的道木、流水槽等回收物资直接转至临时性材料周转库；各单位在回收道木、高压胶管时，必须100%回收道木上面的道钉，高压胶管两端的直通、三通球阀及U型卡，以及其他类似性质的包括但不限于以上两种材料的辅助性材料配件；区队在施工地点材料存放处应设材料管理台账，及时登记材料存、用情况，日清日结；各区队装水泥前必须把矿车里的水、矸石、煤泥等杂物清理干净，装水泥期间必须采取防水措施保证水泥不能受潮；运输队必须把完好的袋装水泥交到施工单位，否则，施工单位有权拒绝接收；对于井下备用混合料的管理，除开拓区队喷浆使用可直接发放外，其余用途的发放必须有计划外审批单，否则，运输队拒绝发放。

（3）对标原则。本着"编码管理、对标排序"的指导思想，突出"分项管理、重点考核"的管理重点，抓住一个重点，宣传一个亮点，即一项重点举措，选出一个亮点区队。

（4）考核方式。

①将现场材料检查问题分为五大类，分别为：材料混装、材料存放不规范、材料随意浪费、材料使用不规范、材料回收周转不及时等。每一类扣分值不同。

②采取分系统对标考核，即采煤系统、掘进系统（综掘队、综掘二队）、开拓系统、辅助区队对标。

③现场材料检查考核分为日常检查和集中检查的相结合方式。日常检查由企管科材料管理人员每天入井检查，集中检查每月由企管科牵头，其他成员科室共同参与的方式进行检查。

（5）对标结果。

①每月评比出一个"现场材料管理最优单位"和一个"现场材料管理最差单位"，并制作锦旗，在月度经营分析会颁发至相关单位负责人。

②"最优单位"和"最差单位"在次月经营分析会上作典型发言，"最优单位"对本队好的做法及管理经验进行传播，"最差单位"对本队存在的不足进行分析总结。

③对"最优单位"进行奖励，对"最差单位"进行处罚。

6.物资市场结算系统

物资市场结算系统是物资全过程闭合管理体系中最关键的一环，是物资管控的最重要手段。其特点是引入市场交易原则，实现物资的闭环管理，引导全员参与物资管理的积极性。具体实施步骤如下：

（1）物资归口管理。根据各业务科室分管专业不同，实行业务科室归口管理。生产科负责木材、支护材料、火工品、专用工具、建工材料、自救器、矿灯、风筒等材料的审批；机电科负责轨道及附件、道岔、配件、油脂及乳化液、7.5kW以上电动机、水泵、200A以上低压防爆开关、10kW以上变压器、局扇、矿车（包括平板车、花车）、综合保护器、皮带、φ50mm及以上钢管、φ12.5mm及以上钢丝绳、电缆（发放电缆要打号，10mm^{2}以下电缆除外）、排水管等材料的审批；调度室负责人员定位、矿井监测、监控、通讯工程用料的审批；人劳科负责劳动保护用品审批；企管科负责其他材料、自用煤审批和计划外材料的审批、记账和考核；供应科负责对各单位定额内和计划外材料的审核及发放。

（2）编制物资消耗定额。

①定额是市场结算的基础，不仅是企业编制生产经营计划的依据，也是企业挖掘生产潜力、提高生产率的重要手段。物资消耗定额是衡量区队材料管理水平高低的重要依据。

②定额的测算方法：主要按照技术测定法、统一资料分析法和经验估计法。技术测定法是按照正常的施工条件和采掘工程设计技术规程为基础的测定材料消耗，主要用于支护用品、火工品、大型材料及建工材料的定额测算。统一资料分析法是依据历年的实际物资消耗水平结合矿内部实际采取的分析方法，主要用于木材、油脂、配件及其他材料的定额测算。如表1所示。

表1 综采工作面物资消耗定额表

序号	产量/万t	木材		配件		油脂		其他材料	合计
		m³/万吨	元/万吨	元/月	元/万t	元/月	元/万t	元/万t	元/万t
1	<5	0.6	588	5000	3950	2000	1700	1800	8038
2	<6	0.6	588	5000	3950	2000	1800	1800	8138
3	<7	0.6	588	5000	3900	2000	1800	1800	8088
4	<8	0.5	490	5000	3800	2000	1900	2200	8390
5	<9	0.5	490	5000	3850	2000	1900	2200	8440
6	<10	0.5	490	5000	3800	2000	1900	2200	8390
7	<11	0.4	392	5000	3200	2000	2100	2600	8292
8	<12	0.4	392	5000	3000	2000	2100	2600	8092
9	<13	0.4	392	5000	2800	2000	2100	2600	7892

③根据现场条件的变化，按照一定的系数进行修正。原则上定额每年调整一次。

（3）物资市场结算管理。按照物资市场交易原则，采取月度对区队结算。结算结果=定额收入+增补计划-实际支出。增补计划为计划外工程或单项零星工程产生的物资消耗投入。月度市场化材料费支出，以物资管理信息化系统各单位二级库出库金额为准。

①采煤区队材料费考核分为四种结算形式：一是工作面安装结算；二是工作面回采结算；三是工作面回撤结算；四是单项工程结算。当新安装一个工作面时，材料以安装

费用结算，包括采煤机配件结算、液压支架配件费、转载机配件费、喷雾降尘配件费用、其他费用。一般费用核定以100m面计算，考核时以实际面长为基准，乘以相应系数。

②开掘区队根据每项工程的支护形式、规格、断面、喷厚、岩性、工程量等相关参数，结算过程中套用相关定额进行结算。

③辅助区队结算根据月度材料消耗相关限额作为收入，实际消耗作为支出进行结算。

（4）回收、修复等物资收购管理。为进一步加强废旧物资的回收复用管理，提高物资回收复用率，降低原煤成本，新桥煤矿对回收、复用进行统一管理，下达年度内部回收复用指标，并将年度指标进行月度分解。供应科设专人专库（或地点）专管物资回收和修旧利废工作，建立齐全的收、发、存台账，修旧台账，复用台账，每月25日前编制一份可复用物资报表，分别报生产科、机电科及企管科，业务科室在计划外材料审批过程中作参考，供应科严格按照"有旧不发新"原则进行发放。对回收、复用物资实行收购管理，按照回收单价及完好率对收购的废旧物资进行结算，按照复用单价对区队复用物资进行复用结算，严格按照"谁回收、谁受益"的原则，回收奖励直接兑现到回收人员，队管理人员严禁参与分配，切实提高广大职工参与回收的积极性。

三、推行煤矿物资全过程管理体系的管理效果

经过近两年来的运行，物资全过程闭合管理体系进一步夯实了管理基础，极大地促进了矿井的经营管理水平，不论是经济效益还是社会效益均取得了较好的效果，使企业在当前经济形势下依然保持健康发展，人员素质得到更好的提高，成本结构得到进一步优化。

1. 经济效益

利用单项因素直接测定法，从节约人力资源成本、减少材料投入、物资回收周转等三个方面，对推行物资全过程闭合管理体系进行经济效益分析。

（1）人力资源成本减少。在物资全过程闭合管理体系的实施过程中，通过引入物资供应信息系统，减少仓储保管人员及材料结算人员机关人员7人。通过推行运输自动化系统，减少现场材料及运输人员5人。通过推行物料统一配送管理，减少地面装卸料人员21人。按照完全人工成本每人每月最低薪酬费用5000元计算，自2012年6月推行以来，共计23个月。节省人工成本费用：（7+5+21）×0.5×23=379.5万元。

（2）材料费用逐步减少。通过物资的闭合管理，严格考核兑现，杜绝了大部分的材料浪费，节约了直接投入。在开拓范围不断延伸，矿井地质条件不断变差的情况下，材料费投入仍不断保持减少。2012年全年投入材料费用6305万元，2013年投入材料费用5424万元。其中，大型材料投入上，2012年费用1139万元，2013年费用228万元，管控效果明显。按照项目成果转化率30%计算，累计节省材料费用528.6万元，年度节约265万元以上。

（3）储备资金进一步下降。通过取消二级库，优化库存结构，推行井口、井底超市管理，开展代储代销模式，储备资金大幅下降。2012年6月份，物资储备资金1365.7万元，2013年物资储备资金987.8万元，减少377.9万元，减幅为27.67%。平均储备期由原来的30天降低到20天。闲置物资资金由2012年6月份的409.02万元降

低到2013年的38.13万元，降低370.89万元。盘活资金累计370.89万元。

（4）物资回收、周转率显著提高。2012年回收物资金额1589万元，2013年回收物资金额2440万元，较实施前增加53.56%。2012年复用物资金额908万元，2013年复用物资金额1130万元，较实施前增加24.45%。

总体计算，物资全过程闭合管理体系的实施，为新桥矿累计创造效益1200万元，平均年度效益额为700万元。

2.社会效益

新桥煤矿物资全过程闭合管理体系的实施，在为企业创造出良好经济效益的同时，还具有良好的社会效益。

（1）物资全过程闭合管理体系是管理机制上的重大创新，在通过体系创新的同时，也带动了相关某一环节的创新。

首先，新桥煤矿物资全过程闭合管理体系的实施，在涉及物资供应、运输、使用闭环环节中，通过推行信息化提升管理基础，创新物资统一配送、物资编码管理、建立井口、井底超市、打造标准化库房、推行代储代销等，均是打破原有模式的未知尝试。事实证明，在物资全过程闭合管理体系的带动下，一系列的尝试是成功的。

其次，引入市场理念，把物资管理各项流程用市场交易进行控制。如装卸市场，市场双方按照工作量支付报酬，运输市场按照运输有偿，采用矿车票支付，物资回收市场按照明码标价进行收购，变过去的"要我干"为现在的"我要干"，改变过去行政命令式管理，大大地激发了干部员工参与的积极性。

（2）物资全过程闭合管理体系的实施提升了物资配送的准确性和及时性，杜绝了物料管理过程中产生的安全事故，产生了较好的安全效益。

首先，在物资全过程闭合管理体系的设计上，对物料存储、运输、装卸过程中会产生的安全事故进行超前分析，发挥多上设备少上人的优势，充分利用信息化、自动化的管理优势。在物资的装车上，改变过去的人工装车，全部采用机械化，不仅提高了工作效率，并极大地减少了劳动强度，从本质上保证了人身安全。同时，专业化的装卸队伍易于管理，实现了扁平化的管理效果。

其次，在物资全过程闭合管理体系的实施中，充分体现出以人文本。在考虑到小件物品不易集中运输，影响正常生产效率时，在井口、井底设置超市，先领用，后出库，不仅减少了职工在井底等料的时间，同时也省去到库房取料的路程，减轻了职工的劳动强度。

最后，在物资全过程闭合管理体系的执行中，优化了人力资源结构。信息化系统的构建，进一步提升了物资供应人员的整体素质。成立专业的物资装卸组后，装卸料人员由70人减少为12人，节约人员58人，同时发挥了队伍的专业性，大大简化了物料运输流程，提高了工作效率。

（成果创造人：王太续　郑向民　王中华　李志友　安忠林　马玉武　仲前成　徐显锋　冯建洋　徐振杰）

以需求分析为导向的多元岗位培训模式创建

永煤集团股份有限公司

永煤供电处隶属世界500强企业河南能源化工集团,主要承担永煤本部矿区生产、生活供电任务。经过20年的建设发展,企业目前拥有110千伏变电站6座、35千伏变电站4座、10千伏变电站19座,总容量483兆伏安,分别向五对生产矿井、煤化工、水泥厂、辅助企业区、中心居住区供电。输电线路54条,线路总长300余公里,供电面积275平方公里,年供电量约5.5亿千瓦时,最大供电负荷10万千瓦,人均劳动生产率300万度/人·年,各项安全生产经营数据位居全国重点煤炭供电企业前列。

一、以需求分析为导向的多元岗位培训模式创建的背景

1.培训缺乏针对性,大量培训无靶向性

永煤供电处通过实地参观了解,并连续多年对超过20家大型煤炭企业培训相关工作进行梳理研究发现,大部分单位在开展培训工作时存在只注重形式和数量,培训缺乏针对性,并且未从企业发展战略高度结合企业当前形势深入分析企业面临的培训需求,导致培训计划制定不科学,不能满足企业实际需要。各单位对培训成果的转化及培训效果评估工作重视程度不够,培训结束后缺乏对员工的跟踪反馈,导致培训效果不明显,培训投资回报率较低。

2.培训方式种类繁杂,切合各单位实际需求的乏善可陈

目前广泛存在于煤炭行业的各类安全资格培训、操作人员技能培训及全员业务轮训等经常性教育,平均每人每年接受教育培训5.6次,全行业培训覆盖率也达到98.5%以上。但从实际反馈效果及教学评估来看,多数培训是重复性、低层次的知识培训,并且目的性呈现单一化(通过取证考试实现上岗等),由于无差别化,且与员工自身知识需求切合度不高,培训效果不高。

3.培训与员工职业发展联系不紧密,缺乏长效激励机制

大部分单位未将员工培训与绩效考核、职业发展和岗位(职务)晋升紧密相连,导致员工对参加培训缺乏动力,主动学习意识不强,培训质量和员工素质都难以得到有效提升,缺乏长效激励机制。因此,需要积极构建员工培训与个人和部门绩效考核结果挂钩,员工培训后的能力提升情况与个人职业发展、岗位(职务)晋升紧密联系

的培训激励机制,将员工培训体系与集团公司推行的管理、技术、技能职业通道体系有机结合,激发员工学习的内生动力,从根本上提高员工培训积极性,变"要我学"为"我要学",实现员工综合素质的持续提升。

4.开展需求分析是进行培训设计及结果应用的基础

培训的目的就是最大限度地使员工的职能与现任或预期的职务相匹配,进而提高员工现在和将来的工作绩效。尤其是矿井供电企业特殊性的要求,更需要受过良好训练并具有丰富经验的人去操作,以保持矿区电网的安全平稳运行。因而搞清楚一线员工最真实、最迫切的业务培训需求,是确定培训目标、设计培训规划的前提,也是进行培训评估和结果应用的基础,具有十分重要的现实意义。

二、创建以需求分析为导向的多元培训模式目的及意义

永煤集团供电处在了解员工实际情况的基础上,最大限度地切合员工岗位及职业发展要求,为员工提供量体裁衣式的培训,自主开发运行了适合煤炭供电企业的培训需求分析及效果评估应用体系。该体系指在规划与设计培训活动之前,由培训部门、主管人员、工作人员等采用各种方法与技术,对各种组织及其成员的目标、知识、技能等方面进行系统的鉴别与分析,以确定是否需要培训及确定培训内容的一种活动或过程,并针对培训结果建立科学合理的评价导向机制,最大限度地使员工的职能与现任或预期的职务相匹配,进而提高员工现在和将来的工作绩效。

培训需求分析是培训活动全流程的首要环节,是制定培训计划、设计培训方案、培训活动实施和培训效果评估的基础。因此,正确的培训需求分析十分重要,如果这一步忽略了或出了差错,随后进行的所有的工作效果会大打折扣。因此,开展前瞻性的需求分析对于增大培训效果有着重要的现实意义。矿井供电系统多元培训分析模型见图1。

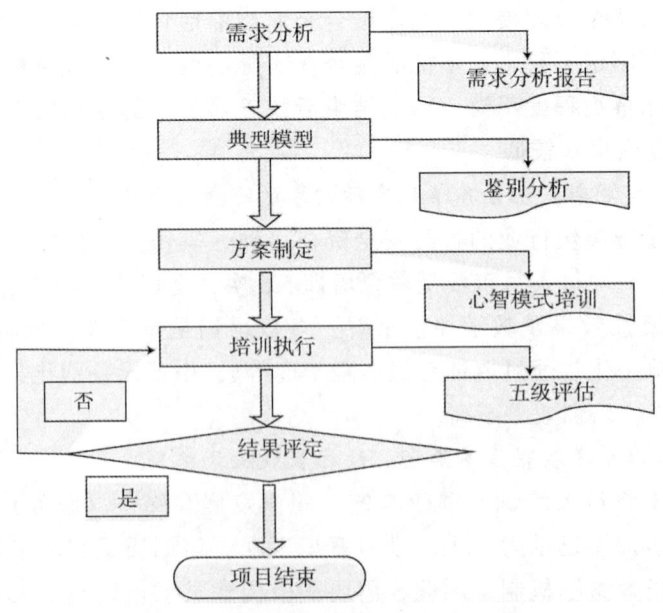

图1 矿井供电系统多元培训分析模型

三、基于矿井供电系统的"三级需求分析"及"五级评估"培训体系的构建

1.文件制度保障

供电处紧密结合职务岗位要求制定了培训制度和政策，其核心是确保培训、考核、使用、待遇一体化之配套措施的实行。相继出台了《员工培训需求分析管理办法》和《员工培训考核及结果应用办法》，以需求分析为导向、结果应用为抓手，全面推动企业培训体系构建。需求分析培训管理办法主要从利于找出差异、确认培训目标，确认绩效的应有状况同现有状况之间的差异或预期的绩效之间的差距为主要内容。需求分析是指开展的各个环节以及相关经费、实施步骤等几个方面对需求分析工作进行全面规范，是构建企业培训体系的基础。结果应用办法则从考核方式入手，改变传统的以查阅资料为主的考核方式，以理论实操考试为主要手段，直接检验培训效果，并根据考核结果兑现培训结构工资，同时将考核结果纳入对各部门的年终业绩考核。

2.员工安全档案管理

由于矿井供电系统人多面广给安全生产和安全管理带来一定困难，为进一步加强对员工的安全管理，特制定了《员工安全档案管理规定》，对员工安全档案实行了分层管理。员工安全档案包括：员工基本情况、员工教育培训情况、员工安全奖惩情况及其他安全情况。

（1）根据员工从进入供电处以来所参与的各项培训进行电子归档，建立包括电业安全生产情况及安全生产基本知识、本单位安全生产规章制度和劳动纪律、从业人员安全生产权利和义务及有关事故案例等的厂级安全教育卡片。

（2）建立以工作环境及危险因素，所从事职业可能遭受的职业伤害和伤亡事故，所从事职业的安全职责、操作技能及强制性标准，自救互救、急救方法、疏散和现场紧急情况的处理，安全设备设施、个人防护用品的使用和维护，本科室（工区）安全生产状况及规章制度，预防事故和职业危害的措施应注意的安全事项，有关事故案例等为内容的科室（工区）级安全教育信息明细表。

（3）建立以岗位安全操作规程、岗位之间工作衔接配合的安全与职业发生事项、有关事故案例及其他需要培训的项目为主要内容的职工安全教育台账。

通过建立员工安全档案，安监部门将个人安全信息以奖罚记分形式记入个人安全档案，年度为统计周期，跨年度存档管理。这样，便于统计分析员工个人及单位安全生产和安全管理状况，随时掌握企业安全生产动态，为企业确定安全生产管理重点和安全生产奖罚提供客观详实的依据。

3.开展三级需求分析调查

将矿井供电系统培训需求分析看成一个系统，进行层次上的分类，它使培训需求分析的对象不再局限于对员工或对组织，而是通过将组织、任务、人员的需求进行整合，使得培训需求更加全面化，分析结果更加科学化。供电处将培训需求分析分为组织分析、任务分析、人员分析三个部分，其分析重心、分析目的、分析方法各有侧重，将使企业的培训计划更有针对性、全面性。

（1）从企业层面做好培训需求调研工作—企业分析。企业分析指确定企业全范围

内的培训需求，以保证培训计划符合组织的整体目标与战略要求。根据供电处的运行计划和远景规划，预测企业未来在技术上及组织结构上可能发生什么变化，了解现有员工的能力并推测未来需要哪些知识和技能，从而估计出哪些员工需要在哪些方面进行培训，以及这种培训真正见效所需的时间，以推测出培训提前期的长短。

（2）从部门层面做好培训需求调研工作——工作分析。工作分析指员工达到理想的工作绩效所必须掌握的技能和能力。目的在于了解与绩效问题有关工作的详细内容、标准和达成工作所应具备的知识和技能。工作分析结果也是将来设计和编制相关培训课程的重要资料来源。工作分析需要富有工作经验的员工积极参与，以提供完整的工作信息与资料。

（3）从岗位层面做好培训需求调研工作——个人分析。个人分析是将员工现有的水平与预期未来对员工技能的要求进行比照，发现两者之间是否存在差距。另外，由于培训要讲求成本收益，在进行个人分析时，要看培训能否促进员工的个人行为发生所期望的转变。如果不是培训所能解决的问题，不需要培训。若存在的问题培训能够解决时，则进行员工培训，并设计具体的培训方案，下发全处全员，接受全员意见反馈，从中寻找出不足，积极改进。

（4）得出年度个人培训需求的重点及培训意愿调查情况。通过统计，28%的受调查者选择了"岗位专业技能"项，14%的受调查者选择了"个人自我管理能力"项，3%的受调查者选择了"职业道德与素养"项，19%的受调查者选择了"职业生涯规划"项，17%的受调查者选择了"行业、市场及产品信息"项，11%的受调查者选择了"人际关系及沟通技巧"项，5%的受调查者选择了"企业文化"项，3%的受调查者选择了"企业规章制度"项。说明多数的员工最先关注的还是个人专业知识及技能重要性，也从一定层面上反映出员工对受训方向的认识。

4.结合需求分析评价记过，以"点对点"方式开发培训新手段，补齐培训短板

在具体执行层面，供电处重点抓好以下六个方面的培训重点工作：强化技能培训，提升生产技能人员岗位胜任能力；深化专业技术培训，探索建立专业技术和一般管理人员综合测评机制；强化竞赛及调考培训，促进技术、技能水平不断攀升；不断完善培训设施建设，提高培训实效；统筹安排职业技能鉴定工作，提升职鉴通过率；发挥渝东北片区培训分中心作用，提升片区培训工作整体水平。通过这些重点工作，深化全员教育培训，确保人才当量密度、兼职培训师贡献率、竞赛调考、职业技能鉴定、培训资源建设等教育培训目标任务顺利实现。

（1）开发电网3D动态故障仿真处理及培训体系。利用3D系统集图形图像、数据库等技术于一体的特点，将现场所有设备全部建立起演示模型，实现现场场景及运行状态的全部展示，主要包含室内、外两部分的电气设备。如室内的主控室、蓄电池室、6KV开关室，室外的变压器、互感器、避雷器、设备、电抗器、母线等及设备连接状况展现在屏幕上。由于3D技术采用高速三维图形加速卡，三维图形的绘制速度、分辨率都很高，其动态、逼真的电力系统模型加上360度的视角使员工学习兴趣高涨，员工由知识的被动接受者变成了虚拟环境中的参与者，带给员工体验式学习的愉悦经历。

在培训中，员工可在一次设备、二次设备以及监控画面上进行相应操作，采用鼠标和键盘相结合的操作方式，简单、直观，能很快熟悉要操作的实际设备，缩短了培训周期。在培训中可结合仿真系统中的3D角色（如刀闸操作、检修停电、一次设备巡视等）的动作，完成操作流程，进一步提高了操作人员实际操作的能力，避免产生误操作及一些不规范的操作。

采用自动化信息采集技术实现系统运行参数与动态仿真系统的实时信息传输与交换，为故障模拟提供准确的状态参数。通过对在线监测和诊断技术的研究，使电力设备的运行状态进行在线监测，及时发现故障隐患并对累计性故障做出预测，提高了电力系统的运行可靠性，减少了设备维修停电时间和次数，节约了大量人力和设备成本。

（2）编制电力安全工作规程漫画图集。安规是每一个电力企业员工必须遵守的基本安全生产规程。对安规的深刻理解及严格执行，是保证电力安全生产的重要条件。从目前来看，安规学习大都采取传统的方式（如老师授课等），以宣读条文为主，教学形式单一；因受授课时间限制，讲课内容有所侧重，不能系统讲述。从培训效果来看，安规培训形式单一，缺乏生动性，不能形象化地联系生产实际，知其然不知其所以然，可以说远没有达到应有的培训效果。

为此，供电处组织精干力量，对规程内容逐条进行解析，配备大量事故案例，以动漫、视频、图片等综合手段，生动形象地展示规程条文制定的初衷，更好地理解安规条文的内涵。紧密结合现场，习惯性违章的列举，以及事故案例和视频展示相结合的方式，使安规的学习更加贴近现场实际。

（3）拍摄微视频，为反习惯性违章教育提供很好的系统平台。根据《供电处2001-2013年度典型事故、故障异常案例汇编》的内容，在划分的行为违章、装置违章和管理违章的基础上，对典型违章200条进一步分类。供电处把每条违章的具体现象进行细分，每个现象又通过视频的现场拍摄进行展现，同时，还拍摄了正确的操作方式进行比较，并根据实际情况提出相应的防范措施。软件不仅结合相应的安全法规说明违章现象，还用动漫制作事故案例等展现典型违章的现象、本质及其危害。

（4）建设多媒体安全警示教育培训室，真正实现寓教于乐。安全警示教育培训室以现代化多媒体技术为手段，以电力生产安全多媒体系列软件为支撑建设而成。安全警示教育培训室分为安全文化区、安全知识区、安全警示区、安全案例分析区、现场急救培训区、违章纠错区、安全工器具区、安规解析区、安全理念区等9个区域。其中，违章纠错区，利用多媒体软件采用寓教于乐的游戏形式进行培训，在限定时间内找到所用习惯性违章点后，软件系统将自动记分并过关，让学员在游戏中不知不觉地产生了对安全知识的积累；现场急救区采用电子模拟人培训，在急救动作不到位或按压力度不够时，电子模拟人可以自动发音指示错误要点，同时该区还装设有一套摄像系统，能将被培训人员的动作及时录制保存，并可以通过回放功能将该学员的急救培训过程重播，以便对之逐一点评；安规解析区采用多媒体3D漫画、动画、图片等形式结合规程、风险辨识进行分析，形象生动，可提高学员自主学习的兴趣，加深对安全规定、规程的理解。

安全教育培训室以培养一支高水平、本质化安全生产队伍为核心，通过软硬结合的方式，形成员工"教、学、练、考""交互、体验"的综合培训模式，为电力职工领悟安全文化、掌握安全知识、提高安全意识、强化安全技能，提供了一个专业的高科技、高数字化专业的培训平台。

四、培训效果——"五级评估"体系

（1）反应层评估：主要了解学员对培训项目的满意度，包括学员对培训班策划、课程设计、培训师授课水平、劳资科管理水平以及培训设备设施是否满足培训要求等方面的评价。劳资科在培训结束后，根据《学员满意度调查要求（培训效果反应层评估）》组织学员填写《学员满意度调查问卷（培训效果反应层评估）》，并在满意度调查结束后两周内完成撰写《学员满意度调查评估报告（培训效果反应层评估）》。劳资科根据《培训师满意度调查要求（培训效果反应层评估）》组织培训师填写《培训师满意度调查问卷（培训效果反应层评估）》，并在满意度调查结束后一周内完成撰写《培训师满意度调查评估报告（培训效果反应层评估）》。

（2）学习层评估：衡量学员通过培训对所学知识、技能的把握和熟练程度。观念类培训学习层评估采用学员自我报告的方式。劳资科在培训结束后，根据《学员自我报告要求（观念类与知识类培训：学习层评估）》组织学员填写《学员自我报告调查问卷（观念类培训：学习层评估）》，并在学员报告提交后两周内完成撰写《学员自我报告调查评估报告（观念类与知识类培训：学习层评估）》。

知识类培训学习层评估应采用学员自我报告或笔试的方法。如采用自我报告评估方法，劳资科在培训结束后，根据《学员自我报告要求（观念类与知识类培训：学习层评估）》组织学员填写《学员自我报告调查问卷（知识类培训：学习层评估）》，并在学员报告提交后两周内完成撰写《学员自我报告调查评估报告（观念类与知识类培训：学习层评估）》。

如采用笔试评估方法，劳资科根据《笔试要求（知识类、技术业务技能类培训：学习层评估）》组织笔试和进行结果分析，并在笔试结束后两周内完成撰写《笔试评估报告（知识类、技术业务技能类培训：学习层评估）》。

技术业务技能类学习层评估应采用笔试或现场测试。如采用笔试评估方法，劳资科根据《笔试要求（知识类、技术业务技能类培训：学习层评估）》组织笔试和进行结果分析，并在笔试结束后两周内完成撰写《笔试评估报告（知识类、技术业务技能类培训：学习层评估）》。

采用现场（模拟）测试方法，劳资科应根据《现场（模拟）测试要求（技术业务技能类培训：学习层评估）》组织现场（模拟）测试，并进行结果分析。现场测试应在培训结束后一周内进行，劳资科应在现场（模拟）测试后两周内完成撰写《现场（模拟）测试评估报告（技术业务技能类培训：学习层评估）》。

（3）行为层评估：评估培训对学员在实际工作中的行为所产生的影响，掌握学员从培训项目中所学到的技能和知识转化为实际工作行为改进的程度。技术业务技能类培训行为层评估应采用学员自我报告和评价的方式。劳资科应结合实际情况，在培训

结束后一至三个月内实施。劳资科根据《学员自我报告要求（技术业务技能类培训：行为层评估）》，组织学员填写《学员自我报告调查问卷（技术业务技能类培训：行为层评估）》。劳资科根据《学员评价要求（技术业务技能类：培训行为层评估）》，组织学员填写《学员评价调查问卷（技术业务技能类：培训行为层评估）》。

劳资科在自我报告提交和评价调查结束后两周内分别完成撰写《学员自我报告调查评估报告（技术业务技能类：培训行为层评估）》和《学员直线评价调查评估报告（技术业务技能类：培训行为层评估）》。管理技能类培训行为层评估应采用学员评价和学员下级评价的方式。劳资科需结合实际情况，在培训结束后三到六个月内实施。

劳资科根据《学员评价与学员下级评价要求（管理技能类培训：行为层评估）》，组织学员和学员下级分别填写《学员评价调查问卷（管理技能类培训：行为层评估）》和《学员下级评价调查问卷（管理技能类培训：行为层评估）》，并在调查结束后两周内完成撰写《学员评价与学员下级评价调查评估报告（管理技能类培训：行为层评估）》。

（4）结果层评估：判断培训对个人和组织绩效改善的贡献率。结果层评估可采用成本收益分析、个人业绩档案分析等方式进行。

（5）绩效层面评估：此类评估在引入绩效改进的过程监控和对照组试验时，可取得比较准确的评估结果。重点指标有：工作效率、盈利水平以及服务满意度的变动等。

五、实施"双控双调"机制，提升培训工作的结果应用导向作用

为进一步建立和完善绩效考核体系和激励约束机制，提高员工工作能力和业绩水平，供电处每年进行一次职工绩效考核工作。该项工作突出以业绩为导向，注重依据考核结果对部分员工工资薪点进行合理调整，达到调动员工积极性、实现与企业共同发展的目的。

一是注重业绩导向。绩效考核以员工绩效为导向，坚持"凭业绩取位、按贡献取酬"的原则，严格依据工作业绩和日常工作的现实表现进行考核。考核分为工作业绩和培训年度绩效考核两部分。其中，对工作业绩考核分三个维度：领导考核、员工互评考核、职工代表考核。培训年度绩效考核分培训态度、培训效果和结果应用三大类。考核采取定量与定性考核相结合的方式，进行多维度、多指标的考核，以公开、规范的程序追求公平、公正的考核结果。

二是突出考核结果的应用。对员工绩效考核评定结果主要作为奖励、培训等工作的依据。根据员工绩效考核情况给予一次性奖励。同时，年度考核评定等级较高的员工，在其他条件相同的情况下有优先接受各种培训的机会。在对培训结果的绩效考核中，考核结果为"优秀"的职工可晋升一个薪级，调整薪级的期限为一年，并优先安排深造性培训。绩效考核结果不理想的职工由部门按本部门的绩效考核办法给予一定的考核。同时，根据职工绩效考核结果，考核责任人与被考核者共同针对考核中未达到绩效标准的指标进行原因分析，制定相应的改进措施，纳入部门本月考核及下月工作计划。

通过不断完善绩效考核体系和激励约束机制，充分发挥绩效考核的导向、监督、激励作用,供电处营造了重业绩、比贡献、干事创业的良好氛围,以人员潜能的开发和队伍活力的激发助推企业转型发展。

六、以需求分析为导向的多元岗位培训模式的实施效果

一是全员实现"双证"上岗。员工同时具备煤炭行业的特殊作业资格和国家电网进网作业资格,现场管理水平、职工技能素质与国家电网标准实现接轨。在省、市电力公司组织的全省技术比武活动中,十余人次获得前三名的好成绩。

二是员工自主创新潜能迅速提高。先后开发应用了电网智能化控制及预判实时处理技术、多电源环网供电系统继电保护关键技术、随动性有源补偿技术、区域电网交互式故障侦测与自适应自愈技术等一大批高精尖科技创新成果,在解决诸多安全生产实际问题的同时,为企业创造6000多万经济效益。累计获得省部级科技创新奖3项,地厅级科技创新奖13项,永煤集团以上科技创新成果奖50余项,其中《矿区环网供电技术研究与应用》作为河南省煤矿安全生产重点推广项目向全省推广。

三是每年节省工人岗前及转岗培训费用52.78万元,节省进网作业及年度岗位技能培训费用62.7万,节省实操设备及场地建设费用98.25万元。仅此一项,每年为公司节约人工成本约213.73万元。

四是连续多年安全生产无责任性停电事故,职工的安全意识明显得到提升,违章指挥、违章作业现象明显减少,"三违"人次大幅度下降,供电能力和安全可靠性大大增强。

(成果创造人:胡宏军 郭云川 田立 许栋 史春光 李中伟 龚鹏 黄鑫 吕雅洁 杨功超)

基于内部市场的全面绩效评价与激励体系在煤炭企业中的应用

河南大有能源股份有限公司杨村煤矿

杨村煤矿是河南大有能源股份有限公司的大型现代化骨干矿井之一,位于义马矿区西南渑池县境内,现有职工3503人,各类技术人员454人,建制单位52个,其中生产区队22个,拥有固定资产3.56亿元,净值1.46亿元,属国家二级企业。1970年建矿以来,杨村煤矿从年核定生产能力60万吨,经逐步环节改造和科技创新,生产能力提高到180万吨。2013年,杨村煤矿生产原煤127.17万吨,实现利润8000万元,为国家煤炭经济建设做出了积极贡献。

一、基于内部市场的全面绩效评价与激励体系的实施背景

对于现代煤炭企业而言,绩效评价构成了管理控制的重要环节。各级管理者通过绩效目标设定→监控→评价→反馈的往复循环,了解所辖业务活动进展情况、绩效目标实现程度,及时发现存在的问题及其原因,并采取措施纠偏,从而有效推进企业战略目标实现。绩效评价最忌以偏概全,如果缺乏全面性,就会向员工传递错误信号,引导员工做出不合理甚至错误的行为和结果,阻碍企业战略目标实现。那么煤炭企业如何进行全面绩效评价?实行什么激励体系?利用什么手段达到全面绩效评价?对这些问题的不同解答,将直接影响煤炭企业全面绩效评价的方式和最终效果。杨村煤矿通过理论学习、实践探索、借鉴先进经验等方式,逐步形成了基于内部市场的全面绩效评价与激励体系,很好地解决了上述问题。

1.传统煤炭企业绩效评价方法的缺陷

从美国杜邦公司引进的杜邦财务分析体系,曾为国内部分煤炭企业所应用,但杜邦分析体系是一种因素分析法,就财务论财务,企业绩效评价和考核没有深入到经营管理的过程中去,不能全面、动态地反映过程中的问题,也不能与企业的战略目标及战略管理手段实现有机融合。

平衡计分卡被称作20世纪90年代煤炭企业最重要的管理会计创新,是针对杜邦体系在煤炭行业中的缺陷而设计的一种替代指标体系。但平衡记分卡首先是战略管理系统,其次才是业绩评价系统,业绩评价是建立在战略管理与日常管理基础之上的,

因此如果煤炭企业的管理水平尚未达到一定层次，就不适合使用这一方法。

EVA（经济增加值）克服了煤炭企业传统指标的上述缺陷，整个EVA系统的目的就是以价值驱动力和资本成本为中心，确定发放激励薪酬的基础并达成企业内部以及与投资者的良好沟通。但EVA就其性质而言仍属煤炭财务业绩的综合性评价指标，以其为中心的业绩评价系统侧重于财务战略，而忽视了对煤炭作业成本控制进行评价，具有针对性不强、不能分析具体的非财务业绩动因、解决问题的方向以及没有充分考虑相关的无形资产和智力资本的使用情况及其业绩评价等缺点。

综上所述，传统的绩效评价方法虽然各有优点，但也存在诸多不足之处，尤其是这些方法不能有效地把市场压力传导到各层级，也难以对各层级员工形成有效考核和激励。根据煤炭企业的特点和管理现状，建立一套切实可行的绩效评价与激励机制，成为很多企业关注的重点。

2.煤炭企业实施基于内部市场的全面绩效评价与激励体系的动力

(1) 可持续发展是全面绩效评价的核心目标。煤炭是我国最重要的一次能源，从长期来看，我国以煤炭为主的能源结构难以改变，煤炭企业的可持续发展问题已经不再单纯是一个企业的生存和发展问题，而是关系到国家经济、社会长期稳定发展的战略问题。煤炭企业的可持续发展，必须要做到市场、资源、机制、人员等多方面有机协同。如何引导全体员工自觉将个人目标与企业目标协调一致、个人行为与企业期望保持一致，从而实现管理上的"共振"，是可持续发展的关键。全面绩效评价与激励体系打破了企业与市场的物理边界和心理边界，拓宽了全体员工的视野，引导员工从更全面的视角看待企业、部门、岗位和行为，从更深层次理解绩效，进而全面理解、践行可持续发展的理念。需要指出的是，以可持续发展为导向的全面绩效评价与激励体系，强调充分发挥经济杠杆的调节和引导作用，以经济利益来引导员工形成正确的思想和行为，但并不否认思想政治工作和企业文化的作用，而是将三者有机结合，以思想政治工作和企业文化建设为基础，以经济利益为手段。脱离了任何一个方面，其他方面都难以发挥应有的作用。

(2) 内部市场运作是全面绩效评价的驱动力。绩效评价如何才能全面？换言之，用什么样的评价指标才称得上"全面"？作为企业的战略工具，绩效评价不能与市场脱节。因此，杨村煤矿认为，将市场建立在公司内部，使它能够像固定的外部市场一样有效地发挥作用，并以内部市场指标为基础构建的绩效评价体系，是真正的全面绩效评价体系。杨村煤矿将市场机制引入企业内部，建立了各种可能的模拟市场，使企业内部各单位之间形成一种市场经济的交易关系，并据此形成绩效评价指标体系和激励机制，提高了企业内部资源配置效率，使企业内部管理彻底摆脱传统的行政管理模式，转为自我约束、自我规范的新管理模式。

二、基于内部市场的全面绩效评价与激励体系的内涵

基于内部市场的全面绩效评价与激励体系可以概括为"一个核心、两种手段、一个载体"。一个核心是：全面绩效评价；两种手段是：全面预算管理和内部市场化；一个载体是：FMS精细化管理信息平台。

基于内部市场的全面绩效评价与激励体系的基本内涵为：以全面绩效评价为核心、以全面预算管理和内部市场化运作为手段、以FMS精细化管理信息平台为载体，通过监督、激励及分配体系，充分发挥内部市场优势，在企业内部建立一套以可持续发展为导向的全面绩效评价与激励体系，依靠考核的推动和激励的拉动效应，树立可持续发展观，引导员工形成正确的行为模式，从更高的层次、更宽的视角，在管理的基础上实现创新和突破。进一步通过全员、全过程的绩效评价，从根本上改变员工落后的思想意识，激励员工挖掘煤炭产品的利润空间，提高企业运作效率和生产效益，推动企业实现挖潜增效，实现企业和员工双赢。

1.以全面绩效评价为核心

必须认识到，利益机制是目前煤炭企业引导和激励员工的最有效机制。对利益的合理分配，既依靠有效的制度设计、公正的管理者，更要依靠合理、公平的绩效评价体系。所谓合理与公平，首先要有一个正确的出发点，其次要保证绩效信息的全面性，即要选择有效的绩效指标和绩效信息收集渠道，保证绩效评价导向正确、结果被普遍认可。

2.以全面预算管理和内部市场化为手段

全面绩效评价依赖精确的数据支撑。杨村煤矿建立的全面预算管理体系以财务管理为中心，以集中管理为重点，以"物流、资金流、信息流"三位一体，通过全员、全过程的成本控制，使企业在成本管理的每一个执行细节上都做到精确化、数据化，使各单位实现指标数量化、管理精细化，为全面绩效评价奠定了坚实的基础。内部市场化的核心在于以市场机制推动内部管理向更深层次演变。煤炭企业追求自身价值最大化的过程必须利用市场、服务于市场，市场能为管理工作提供最全面、最有效的信息。全面绩效评价以内部市场化为基础，结合全面预算管理，便能实现绩效评价的有效性、合理性。全面预算管理追求的是行为过程控制，内部市场化追求的是经济效益最大化，把二者有机结合，就形成了每一个生产者都是经营者、每一个生产要素都有价格、每一天都知道经营成果、每一个市场行为都能有效控制、每一项工作都讲究投入产出的良好局面，打造了"精细化管理、内部市场化运作"的新型管理模式，为部门和员工的工作提供了明确的激励和约束条件，使管理水平持续提升成为可能。

3.FMS精细化管理信息平台为载体

全面绩效评价是一种理念和工作思路，必须要有一个稳固的载体，否则难以落实。无论全面预算管理还是内部市场化，都要有一个强大的信息平台为载体，来沟通和处理大量信息，为绩效评价提供必要的数据支持。同时，全面绩效评价既是实现企业战略的工具，也是推动各单位和全体员工改进问题、提升绩效的工具。通过FMS精细化管理信息平台，可以建立起监督与反馈机制，能够及时发现工作中与预定目标不一致之处，通过沟通机制分析其中的原因，制定改进方案，从而将问题解决。精细化、网络化的绩效信息沟通，使绩效持续提升成为常态。

该体系的结构图如图1所示：

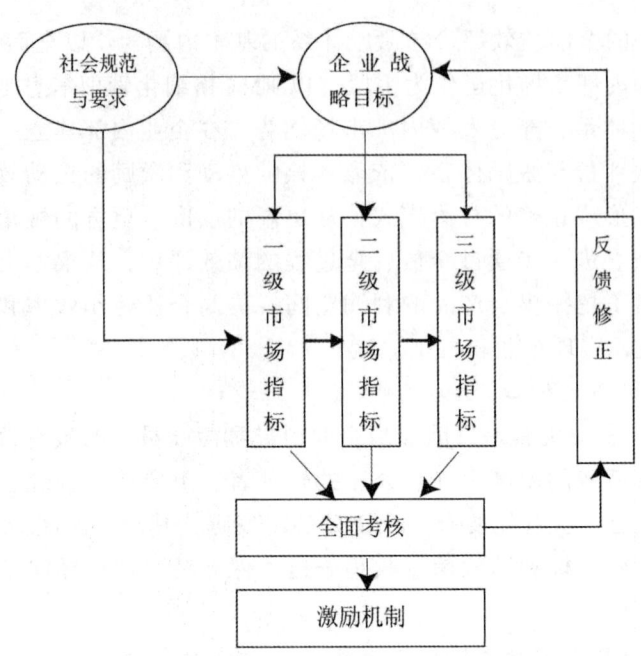

图 1 基于三级市场的全面考核与激励体系结构图

三、构建基于内部市场的全面绩效评价与激励体系的主要做法

基于内部市场的全面绩效评价与激励体系在各个企业中有不同的实践模式，并没有统一的标准，杨村煤矿通过理论学习、实践探索、借鉴先进经验等方式，摸索出了符合杨村矿特色的基于三级市场体系的全面考核与激励体系，在提高资源配置效率、激发员工士气、实现可持续发展方面取得了理想的效果，其主要做法如下：

1.精细化预算管理为前提建立内部市场

全面预算管理和内部市场化是实现全面绩效评价的两个手段。透过现象看本质，无论是全面预算管理还是内部市场化，都离不开精细化预算管理。因此，基于全面绩效评价与激励体系建立在内部市场的基础上，而内部市场又建立在精细化预算管理的基础上。显然，实现精细化预算管理是非常重要的环节。

（1）构建 FMS 精细化管理平台。杨村煤矿的精细化预算管理体系和内部市场化通过 FMS 精细化管理信息平台落实。该平台分为四大部分内容：

①整体运行方案。主要是建立健全各职能机构及职责、制度，理顺运行体系，再造内部流程，对全矿内部预算管理工作做出了详尽的布置、分工及人员权限配置。

②一级预算主体。将年度生产、经营预算指标分解到各级预算主体，按成本指标的节超比例与一级预算主体的风险抵押金挂钩，实行月度和年度两步核算考评。

③二级预算主体。根据二级预算主体的生产、经营特点，把各项成本指标与人工费用捆绑预算，加大考核力度，按节超额进行奖罚。

④三级核算主体。在安排三级核算主体核算工作时，把重点放到了岗位，引导各岗位结合自身特点，自定办法，自我管理，自我约束，自我考核。

为发挥 FMS 精细化管理平台的最大效能，杨村煤矿在原来企业综合门户平台的基础上，建起了一整套涵盖"综合信息网、OA 办公网、FMS 精细化管理平台、通讯系统、人员定位系统、监控系统"的"六网合一"信息网络基础设施平台，使公用资料、基础档案、采购管理、库存管理、存货核算、安全生产、预算管理、资金管理、人事管理、薪资管理、保险福利管理、员工自助银行、固定资产、总账和预算管理等业务子系统有效整合，使企业在每一个执行细节上都做到精确化、数据化，推动管理工作向"深、严、新、全"方向发展，从而实现"运行模式市场化，主体关系契约化，管理手段网络化，管理主体全员化，管理方式自主化"，达到物流、信息流、资金流、价值流及工作流高度统一。

（2）精细预算编制，合理有效配置资源。预算编制是全面预算管理的起点，是决定全面预算管理能否成功的关键。基于"资源配置最优化"的原则，杨村煤矿通过精细预算编制，将企业的长期发展战略转变为具体的、量化的阶段性目标。一是精化人员、细化职责分工，保证预算编制顺利进行；二是安排预算编制内容"权责对等、细化内容、精细到位"，保证预算编制内容全面完成；三是严把编制过程关。按照"固化流程、固化人员、固化时间"的原则，构建了预算编制和审批"七步法"流程（如图 3 所示）、成本预算编制流程和资金预算编制流程。

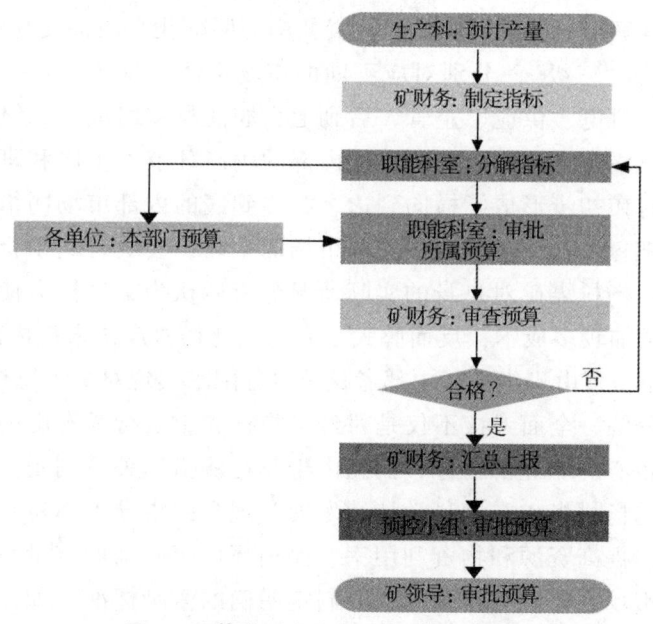

图 2　预算编制和审批"七步法"流程

（3）精细预算控制。内部市场体系要求适度弱化行政干预，充分发挥市场主体的能动性，使之能够成为独立核算的主体，但这并不意味着管理控制职能要退出。内部市场只是模拟市场，还不是真正的商品市场，企业必须对各主体进行有效监控。在资金管理方面，制定严密的业务流程，特别是企业主要负责人的严格把关和统筹安排，是必不可少的。成本管理是杨村煤矿财务管理的核心，也是全面预算管理的核心内容。

杨村煤矿基于"物料消耗合理化"的原则，在实践中探索出了成本管控的"5定管理法"，即"定额度、定责任单位、定流程、定审批权限、定奖惩办法"。定额度就是根据前期成本指标完成情况，综合考虑相关影响因素，测算出本期各项成本费用的具体额度；定责任单位就是按照"谁使用，谁控制，谁考核"的原则，将目标成本进行合理分解到部门、区队、班组和个人；定流程就是定成本预控流程、定资金预控流程、定费用预控流程和定实时监控预警体系；定审批权限就是根据分工规定，对相关成本费用授予各层管理人员以相应的审批权限；定奖惩办法就是依据相关规定，按完全成本指标情况给予奖惩。通过上述"5定管理法"，达到成本控制的目的。

2.以内部市场体系为基础开展全面绩效评价

内部市场引入了市场经济中最重要的协调机制—价格机制，在企业内部实现了权威配置资源和市场配置资源的结合。以内部市场作为绩效评价的基础，既能够将市场经济因素和非经济因素（尤其是可持续发展因素）纳入绩效评价范围，又可通过对内部市场导向的设计与执行，从部门层面上改善企业运行效率，从个人层面引导员工的行为，既能体现企业的战略要求，又能够优化具体业务环节的绩效，实现企业与员工双赢。

基于内部市场的全面评价与激励体系实施过程中，要抓住以下几个关键点：一是市场主体的确定，二是指标分解，三是内部市场的价格，四是内部市场的结算方式。

(1) 市场主体确定。杨村煤矿基于"责任中心明晰化、内部交易精细化"的原则，将内部市场划分为"三级"，分别对应不同的市场主体。具体是：一级市场主体由财务、劳资、生产、机电、供应、企管、后勤七大职能科室组成；二级市场主体为各区队、经济实体；三级市场主体为二级市场内部的生产环节、工序和班组。三级市场主体的确定，使杨村矿初步形成了横向到边、纵向到底的内部市场网络、考核体系。从理论上看，如果把每一名员工都变成内部市场的主体，会更有利于企业战略目标的分解和实施。但是，杨村煤矿对自身的实际情况分析后认为，这样会使企业在监督、考核、核算等方面增加较多成本，反而弊大于利。因此杨村煤矿未把内部市场细化到人，而是通过考核班组，再由班组进行内部考核及再分配来实现对员工思想和行为的引导。

(2) 指标的分解。全面考核不仅是对经济指标和个人行为态度的考核，更要包括以可持续发展为核心的非经济指标，而且由于非经济指标关系到企业的长期发展，所占的权重应较大。杨村煤矿在"科学持续发展"理念的指导下，每年将可持续发展指标（如节能减排、提高资源和物资利用率、保护环境等）采取定量与定性相结合的方式，分解成一级市场主体的考核指标，并制定明确的激励标准（如绩效考核风险抵押金）。在此基础上，一级主体将自己承担的指标在二级主体内部进行分配，形成二级主体的考核与激励体系；三级主体的考核与激励以此类推。通过层层分解，可持续发展的目标转变为各级内部市场主体的具体考核指标，按照考核结果进行激励，使每个人都成为可持续发展的积极参与者、实践者，摆脱了过去依靠行政命令推行科学发展的局面。

(3) 内部价格体系。没有合理的内部市场价格体系，内部市场不可能有效运行，全面考核就无从谈起。内部价格的制度实际上是企业内部利益的再调整，面临诸多困难。杨村煤矿采取了"由易到难、重点突破、全面推广"的"三步走"策略,最终结合实际制定了三部价格:一是对井下生产系统(一综、一采、一掘、二掘、三掘、一开、二开)7个单位,实行内部市场结算单价制;二是对生产辅助系统8个单位(六个机电队、运输、通风)和后勤服务中心以外的所有单位和机关科室,实行内部结算定额制;三是对后勤服务系统(后勤中心、招待所、招待所食堂、居委会、地面队、服务队、食堂、机六、电管所、幼儿园)10个单位,实行内部市场价格制。在此基础上,建立了内部市场网络、日清日结结算和信息管理系统等一体化的现代内部市场仲裁机制、运行规则,及时、方便、快捷地反映各个内部市场主体的经营成果,每一个员工每一天都能及时了解经营效果,能够有效地促进各单位抓好事前控制,强化事中管理,严格事后考核。

内部市场的定价方法与基本外部市场接近,普遍采用成本加成法、无关联企业价格比较法、市场价格折扣法等。

(4)内部市场的结算方式。采用集中管理与分级管理相结合,实行内部统一结算制,结算后的利润按照既定的方法在各单位和个人间进行分配。基本结算方式是:市场主体收入=(劳务收入-生产性支出)×调整系数。每个市场主体按其提供的产品或服务获得收入,扣除相应的成本支出后,经系数调整,形成该主体在当期的净收入。内部市场工资按月累计考核、分月兑现。应得内部市场工资收入小于或等于定额工资收入时,按照实际考核结果结算兑现;应得内部市场工资收入大于定额工资收入时,月度超额部分结转下月。全年内部市场绩效考核结算累计的超额部分,在年底兑现。

3. 以全面绩效评价为依托建立"五级闭环"激励体系

为了使"事前预算,事后考核,市场化运行"落到实处,杨村煤矿以"人人肩上有指标,项项指标有考核,考核结果必兑现"为原则,建立了符合杨村矿特色、立足内部市场、结合全面绩效评价的激励体系。该体系可以概括为:"全员参与、自下而上、五级闭环、逐级考核、全面激励",具体见图3。

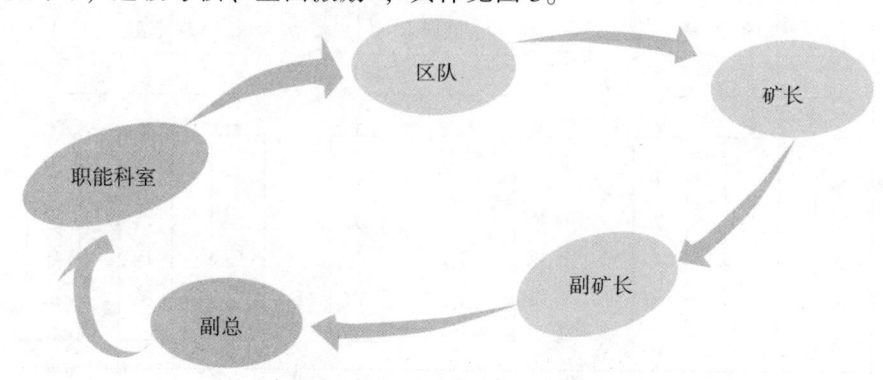

图3 杨村煤矿"五级"闭环绩效评价激励体系

(1)年初制定切实可行的绩效考核管理制度,分级别和业务范围拟定绩效考核标准,由包括矿领导在内的全矿干部职工统一缴纳绩效考核风险抵押金,矿财务在往来账上建立个人账户，实行单位考核，矿领导、副总、科室联包的考核体系，月考核、月奖惩、月兑现。

（2）矿财务将绩效考核指标层层分解到矿领导、副总、职能科室，职能科室将本科室范围内的绩效考核指标分解到全矿区队，区队将绩效考核指标进一步细化、量化到班组和岗位，实行层层考核、逐级负责的成本考核体系。矿领导、副总除承包自己业务范围内的绩效考核指标，还要联包一至两个区队的材料费和电费。凡没有绩效考核指标的矿领导、副总、科室一律联包区队材料费、电费，随区队成本的升降而沉淀或者奖励。

（3）绩效考核风险抵押金的沉淀和奖励严格按考核比例执行，并在网上公布，全方位公开透明，供全矿干部职工监督。职工领取风险抵押金奖励部分签字后，上交矿财务，矿财务封存入档，杜绝暗箱操作。

4.构建"人本化"辅助体系

基于内部市场的全面绩效评价与激励体系强调制度化管理，以完善的制度实现对人的约束、评价和激励。杨村煤矿认为，制度管理强调在工作行为、业务流程、制度的执行等方面做到严格规范，虽然有效却缺乏人性关怀，必须辅以人本化管理，才能增加员工的内在满足感，激发他们的工作热情。

在"人本化"体系建设过程中，杨村煤矿以"人为本、公允至信"价值观理念为引领，把"管理的人""人的管理"和"环境塑造"作为"人本化"体系建设的基本环节，为每个系统构建了由"管理的人""人的管理"和环境塑造三部分所组成的"人本化"体系，如图4所示。

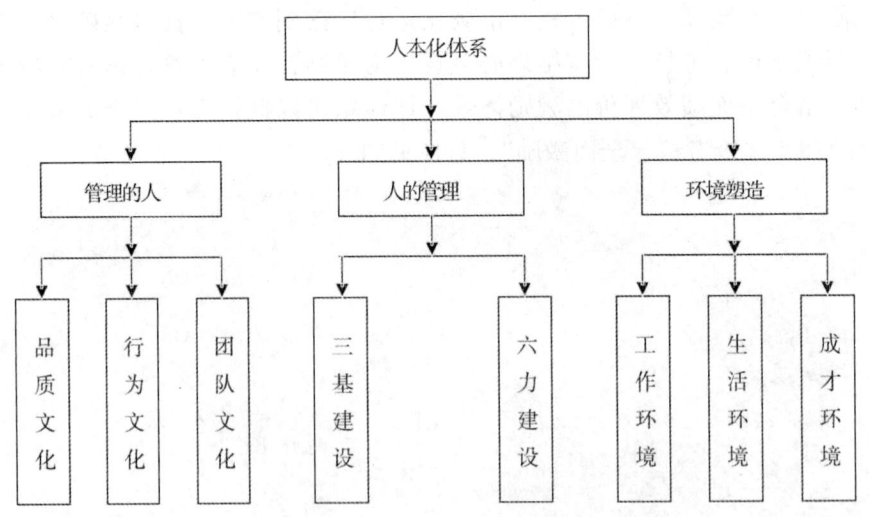

图4 "人本化"体系构成

（1）"管理的人"。目标是培养和提升员工思想和业务素养，实现职工结构的最优化。杨村煤矿提出了以打造人品、塑造态度为内容的"665"素质提升工程，把重点放在建立行为规范和行为养成模式两个方面。结合"6S"行为规范和"5E"标准，把员工的行为标准确定为"细、准、实、严",制定了《员工行为规范》,构建了以"建章立制、领导带头、树立榜样、长期强化"为主要内容的"四位一体"行为养成模式。

(2)"人的管理"的目标是打造高绩效优秀团队,通过贯彻"能位匹配"的原则,做到位得其人,人尽其才,充分发挥每个员工的积极性、主动性和创造性。杨村煤矿结合自身特点,构建了以"三基六力"为主要内容的"人的管理"建设模式。

在"三基"建设方面,一是抓基层,强化岗位建设,认真执行岗位责任制,实行政治、经济、精神三重激励,形成责任明确、上下联动的管理网络;二是抓基础,突出抓制度建设、装备配置、薄弱环节、重点工作;三是抓基本功,积极开展"创建学习型组织、争做创新型员工"活动,强化"业务知识、业务技能、身心素质、职业素养"四大修炼,对员工进行心智模式训练。

在"六力"建设方面,杨村煤矿主要做法:一是通过构建"一体两翼"模式,即"一体"为理念体系,"两翼"为民主管理和沟通协调,培育凝聚力;二是通过抓源头、保重点、促协调、立规矩等措施培育保障力;三是通过体系建设、教育培训、舆论宣传、考核监督等手段培育执行力;四是通过强化对人、部门、环境、工作、局势这"5要素"提升管控力;五是通过培育创新机制、打造创新队伍、突出创新重点、搭建创新平台增强创新力;六是通过转变学习理念、学习体制、学习方式提高学习力。

(3)"环境塑造"。目标是通过打造良好的工作环境、生活环境和成才环境来塑造人、激励人,规范员工的思想和行为,提高员工的满意度,为"管理的人"和"人的管理"提供保障。杨村煤矿构建了工作、生活、成才"三位一体"的有利于企业发展和职工成长的内部环境建设体系,从多方面、多角度充分发挥环境对人的思想、行为、态度的塑造作用,全面提升"人本化"管理水平。

四、基于内部市场的全面绩效评价与激励体系在杨村煤矿的实施效果

基于三级市场的全面考核与激励体系,突破了传统考核以经济指标为核心、重视短期利益、忽略长远发展的弊端,将可持续发展、企业经济利益、个人利益紧密结合在一起,强调考核的全面性(可持续发展指标与经济指标并重)和激励的全面性(对长期价值与短期收益的激励),符合杨村煤矿的特点和国家、社会的要求,也取得了较好的经济效益。

1.企业经济效益

基于内部市场的全面绩效评价与激励体系使企业的岗位、劳动、成本、技术等资源得到了合理配置,价值和能效得到了有机统一和体现,效果显著。2013年,杨村煤矿生产原煤127.17万吨,销售收入3.25亿元,实现利润8000万元。吨煤完全成本348.06元,较计划吨煤完全成本378.39元/吨,下降了30.33元,多项经济技术指标均创近年最好水平。

(1)生产经营状况良好。基于内部市场的全面绩效评价与激励体系的实施推行,充分发掘了岗位功能,提高了生产效率和效益。以一综采队为例,2013年该队在工作面组织生产,由于地质条件复杂,加上周边小煤窑开采破坏煤田,使一综采工作面上下巷长度相错40米,给回采造成很大影响。为提高回采率,该队干部职工严格依照生产方案，合理组织、精细安排，大胆采用扇型回采法和割斜切的办法，进行回收煤炭资源，多出原煤64434吨，为企业创造经济效益2029.683万元。

（2）成本管控显著。在实施基于内部市场的全面绩效评价与激励体系以前，由于管理不到位，考核不严格，管理水平处于粗放阶段，导致生产单位的物料码放混乱，材料丢弃现象普遍，材料浪费相当严重。实施以后，按照全面预算管理与岗位价值精细管理标准对各单位及各岗位一律实行材料、配件费用定额包干，责任到人。原来没有人愿用的旧道轨、旧管子，现在都抢着用；堆积如山的旧背木，区队也根据工作实际用在井下；原来随手乱仍的旧螺丝、旧道钉、旧道夹板也重新回到节约箱，以便下次再用。经过严细管理和严格考核，全年同比节约材料费28.65万元。

2.社会效益方面

通过基于内部市场的全面绩效评价与激励体系的实施，杨村煤矿不仅取得了显著的经济效益，也取得了良好的社会效益。

（1）员工的市场意识普遍增强。国有企业员工大多缺乏市场意识，不愿意关心市场信息，对外部市场的变化缺少敏感性，将企业当作避风港。在市场经济环境中，企业要承担市场风险，作为企业一分子的员工也要与企业一起承担市场压力，否则企业就难以生存和发展。提高员工的市场意识，是企业保持活力的重要途径。通过实施该体系，员工的市场意识逐渐增强，开始关心外部市场状况，关注内部市场价格的调整，更关注如何创造更多的价值。可以说，该体系使全体员工的思想观念发生巨大变化。

（2）可持续发展理念深入人心。虽然多年来杨村煤矿一直强调可持续发展，但由于考核体系不合理，可持续发展的理念一直没有被员工普遍接受。实施基于内部市场的全面绩效评价与激励体系后，通过将可持续发展的目标分解为市场化考核指标，真正将可持续发展与员工的利益紧密结合在一起，全矿职工开始重视、实践可持续发展的各项措施，使可持续发展成为职工的自觉行动，为杨村煤矿长远发展奠定了良好的基础。

（3）员工精神面貌发生很大改变。评价体系不科学、激励机制不合理的情况下，广大职工的工作热情和积极性不能完全被激发出来。在工作中士气低沉，气氛压抑，团队精神、奉献精神没有充分体现。该体系实施后，合理的绩效评价和有效的激励使员工的热情被极大激发，工作积极性显著提高，各种优秀事迹不断涌现，带动各项成本指标明显降低。后勤、服务部门一改过去懒、散、慢的作风，主动深入一线提供服务，形成了"掌握情况在现场、解决问题在现场、形成决策在现场、密切干群在现场、创造业绩在现场"的"五在现场"工作法；一线生产部门则逐渐克服了过去粗放管理的弊端，走上了精细化管理的道路，职工按照职业人的标准要求自己，言行举止与以前相比变化很大。

（成果创造人：周立春　张新芳　于拴友　郭纪功　王世遗　张向阳　杨帆　张轶　李春霞　荆伟　吴宇鹏　赵剑）

煤炭成本费用管控的创新实践

义煤集团宜阳义络煤业有限责任公司

义煤集团宜阳义络煤业有限责任公司（以下简称义络煤业）位于洛阳市区西南、义煤集团公司（简称义煤公司）东南的宜阳县境内，是义煤集团控股的河南大有能源股份有限公司的全资子公司，现有在职职工2400多人。矿井年生产能力为90万吨，煤种为焦煤，发热量在5000-6000大卡，主要用于电力、建材、化工等行业，煤炭产品畅销华中、华南、东南等省区。义络煤业是在义煤集团宜洛煤业有限公司破产重组基础上于2005年组建，注册资金8000万元，2013年生产原煤77.74万吨，年销售收入3.78亿元，年利润5027.50万元。

一、煤炭成本费用管控创新实践的实施背景

义络煤业是在原宜洛煤业公司破产、职工安置、生产自救的基础上经重组成立的，其前身是义马矿务局宜洛煤矿，于2000年被列入国家"14.40"工程，实施破产。历经多次变更，于2005年5月28日成立义煤集团宜阳义络煤业有限责任公司。由于义络煤业可开采煤炭资源有限、煤层赋存不稳定，且部分煤层呈鸡窝状分布，生产技术装备和采煤工艺方法选择具有难度，因此煤炭成本管理就成为企业需要高度关注的重要问题。

1. 煤矿生产技术条件限制的需要

义络煤业具有百年开采历史，由于矿区勘探精度不够，地质条件复杂，煤层赋存呈鸡窝状，只能采用普采和炮采工艺方法生产，致使井下生产点多、面广、战线长、环节多，同时义络煤业又属高瓦斯矿井，安全生产面临着巨大压力。在此情况下，如何既能满足安全生产需要，又能有效控制成本、提高企业经济效益就成为一个重要的管理课题。

2. 成本管控模式变革的需要

义络煤业作为破产重组的国有煤炭企业，存在员工素质较低，管理惯性较大，市场化基础较差，且业务部门之间管理职责不清，成本管理具有灰色地带。同时长期采用的传统成本管控模式管控的效果不明显。2012年以来，随着企业外部环境和生产技术条件的变化，越来越感到这种成本管控的方法不能适应企业发展的需要。因此，在

企业内部市场化基础上，通过目标成本设定，实施成本费用预算、责任成本考核和绩效评价为一体的煤炭成本费用管理模式，已成为企业转变经济发展方式的有效途径。

3.适应煤炭市场走势变化的需要

2012年以来，由于受宏观经济环境变化的影响，煤炭行业经济效益大幅下降，煤炭企业收入减少，利润空间不断受到挤压并已接近煤炭成本线。同时煤炭成本因原材料、人工、安全投入和环境保护等因素推动将持续增加，从而导致煤炭企业经营风险和压力进一步加大。在此条件下，构建以目标成本为导向的成本费用管控体系就成为在危机中把握机遇，推动企业持续健康发展的正确抉择。

二、煤炭成本费用管控创新实践的内涵和框架体系

1.煤炭成本费用管控创新实践的基本内涵

（1）煤炭成本费用管控创新实践的基本内涵。在煤炭企业面临着自身安全生产技术条件和外部经济环境的变化所带来的市场竞争压力下，成本优势的取得对于企业的生存至关重要。而成本优势的取得绝不能只限于成本本身，应站在企业管理的高度按照目标管理的要求，通过管理提升、优化生产流程去挖掘节支降耗和取得利润的潜力。坚持把简单的事情做精，把眼前的事情做细，树立科学的战略成本观，全方位、全过程、全面和全员参与成本费用的管控。

义络煤业煤炭成本费用管控创新实践的基本内涵就是以目标管理理论为指导，以目标成本及其构成的科学制定及分解为核心，以市场化管理为基础，以信息化系统为管理平台，以全面预算管理为前提，以全面对标管理为手段，以制度体系构建为保障，通过绩效评价和薪酬分配改革，形成责任清晰、成本核算准确、成本效益显著的煤炭成本费用管控新模式。

煤炭成本费用管控新模式主要体现在：构建企业内部市场化管理体系，模拟市场运作；运用信息化系统管理平台，进行成本信息化处理；建立三级滚动预算和核算体系，即实行公司、区队（科室）、班组三级预算和核算，区队实行区队、班组、岗位三级预算和核算，班组实行班组、岗位和个人三级预算和核算。形成五级联运、闭环运行的全面预算和核算体系；同时，完善绩效考核评价制度，即实施百分卡考核办法。

（2）煤炭成本费用管控创新实践的主要特征。

①坚持以科学的目标设定和责任定位为支撑。义络煤业作为河南能源集团义煤公司的内部生产单位，根据河南能源集团义煤公司发展战略的要求和年度生产经营任务，制定本公司年度成本管控目标，并以此为基础进行责任定位，明确其主要承担原煤生产、安全管理、成本控制等责任。按照责任定位科学进行目标制定及成本层层分解，使目标成本逐级落实到相应责任主体。

②坚持以内部市场化管理为基础。按照河南能源内部市场化管理标准及评分评级办法和义煤公司内部市场化管理实施办法的要求，本着"简单、务实、见效"的原则，建立内部市场化管理的组织体系、制度体系、定额体系、计量体系、核算结算体系、仲裁体系和考核机制，通过内部市场化管理的思维和手段，模拟市场运作，有效传导市场压力，切实提高企业管理水平，提升企业盈利能力。

③坚持以信息管理系统为平台。义络煤业在进行成本管控中，通过信息管理系统将责任成本目标分解到各专业归口系统、区队和班组，实现责任成本管理数据信息化，为成本费用管控提供有效的技术平台。

④坚持以全面预算管理为前提。根据企业内部预算管理的规定规范和细化内部单位结算主体，构建责任成本预算网络，按照三级五层次等不同责任主体，编制相应的责任成本预算指标，实行全面预算管理。

⑤坚持以健全完善成本费用管控制度为支撑。2013年初，义络煤业在全面预算管理的基础上，制定公司、归口科室系统、区队和班组四级责任成本管理、绩效工资考核办法等系列管理制度。从义络煤业实际出发，建立健全全方位的煤炭成本费用管控体系。

2. 煤炭成本费用管控创新实践的框架体系

义络煤业作为河南能源集团义煤公司的全资子公司，由于煤种为焦煤、且煤炭发热量在5000-6000大卡之间，在煤炭产品市场销售相对稳定的情况下，管理的重点体现在安全管理和成本控制两个方面。根据目标管理理论的内在要求，按照义络煤业制定的煤炭目标成本及目标成本要素的构成，以内部市场化管理为基础，以预算管理为前提，以全面对标管理为手段，以实现成本管控目标为核心，针对各流程成本管控对象，建立成本费用管理的框架体系。具体包括：成本管理组织体系、目标管理理念体系、成本管控保障体系、全面预算管控体系、成本管控评价体系，具体见图1。

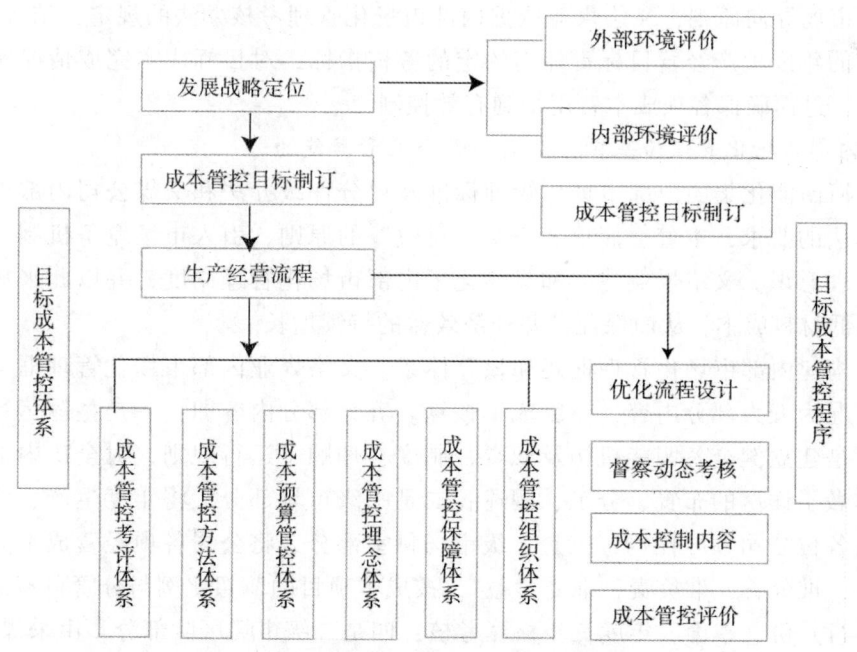

图1　义络煤业成本管控框架示意图

义络煤业成本管控体系的框架包括三个主要部分构成。第一部分，按照河南能化集团义煤公司下达的年度生产经营任务和相对稳定的煤炭销售情况，在对企业外部环境评价的基础上，结合企业安全生产技术条件和管理实际，进行企业发展战略定位；

根据成本管控的主要特征，科学制定成本管控目标，并将其视为基本框架的中心环节。第二部分，主要涵盖目标成本管理理念、成本预算管控内容、组织、方法和制度保障体系，成本预算管控内容、方法反映着目标成本管理理念在义络煤业的应用基础，是目标管理原理融入企业成本管控的具体体现，也是反映义络煤业"简单、务实、见效"的原则得到落实的主要载体，通过构建成本管控体系创新实践，利用低成本提升企业核心竞争能力。第三部分是对成本管控创新实践实施效果进行科学的评价。

三、煤炭成本费用管控创新实践的主要做法

1.科学制定矿级目标成本，构建目标成本责任网络

义络煤业按照河南能化集团义煤公司发展战略的要求和年度生产经营任务，制定本公司年度成本管控目标。

根据公司内部区队、科室的业务性质和职责定位，经过认真测算，将公司生产经营任务和目标成本逐级分解至区队、科室，公司与各区队、科室签订年度生产经营和目标成本管控责任书。按照义络煤业年度生产经营任务管理考核办法要求，将义煤公司下达的生产经营指标和本公司制定的成本管控目标进一步细化、分解；预算各项可控成本费用，其内容涵盖煤炭生产的全过程、全要素，实现全面成本预算管理。通过将年度成本管控目标量化、指标化，分解转化为月度目标成本，公司企管科根据月度生产经营计划、责任成本预算指标，组织生产经营活动。通过目标成本制定、分解落实，构建目标成本责任网络，有效实施成本管控。

按照市场导向原则，义络煤业依据内部市场化管理考核办法的规定，结合各区队、科室签订的年度生产经营目标责任书约定的考核指标，对目标成本完成情况实行月度考核兑现，进而确保各项成本费用得到有效控制。

2.以内部市场化管理为基础，全面提升企业管控能力

按照河南能化集团内部市场化管理标准及评分评级办法和义煤公司内部市场化管理实施办法的要求，本着"简单、务实、见效"的原则，引入市场竞争机制，强化成本费用管理意识。义络煤业建立和具体化了内部市场化管理制度，并以此来规范材料管理，降低材料成本，从而保证矿井经济效益的持续增长。

(1) 构建内部市场化管理框架和核算体系。义络煤业内部市场化管理框架和核算体系，概况为五大部分内容，三级成本核算。五大部分内容即：一是整体运行方案部分，主要是建立健全各职能机构及职责、制度，理顺了运行规则，对全矿内部市场化管理工作做了详尽的布置、分工、阐述；二是一级市场部分，将年度生产、经营指标分解，与各位公司领导挂钩；三是二级市场科室部分，将公司各项经营成本分解到各业务科室，谁分管，谁负责，谁受"益"，按成本项目的节超比例与分管科室工资全额挂钩，实行月份、季度、年度三步核算考核；四是二级市场区队部分，由采煤、掘进、机电、运输、皮带、通风等七大核算细则组成，不同的区队分别按相应的核算细则运行，充分考虑各单位生产、经营特点，把各项成本与人工费捆绑核算，加大考核力度，按盈亏额直接结算工资，极大地刺激了区队增产增收，节约减支的主动性、积极性；五是基层班组核算部分。三级成本核算体系即：一级市场、二级市场（科室部分、区

队部分）和三级市场（班组核算）。

（2）建立企业内部要素市场。义络煤业结合井下生产方式，优化内部市场主体设置，根据生产工艺特点和成本可控原则建立内部市场，按照科室管理分工，建立并运行产品市场、人力资源市场、资金市场、安全市场、生产技术市场、机电管理市场、科技市场、材料市场、煤质市场、后勤服务市场等十大要素市场。在此基础上，建立内部市场化管理的组织体系、制度体系、定额体系、计量体系、核算结算体系、仲裁体系和考核机制。同时按照以市场为导向，有效整合现有的调度、生产、技术、供应、企管等部门的力量，建立运转高效的生产运营体系；围绕以提升效益为中心，构建科学精细的管理控制体系；坚持以提升效能为重点，整合分散的督查考核职能，建设保障有力的监督考核体系。强化成本费用管控，着力现场动态管理，提升精细化管理水平。

（3）实行内部市场主体工资管理。

①内部市场主体工资结算。义络煤业内部市场主体工资结算依据《内部市场管理办法》和《内部市场结算管理办法》的相关规定，按照人工定额工资，材料预算单价、消耗定额，加工、修理、租赁、电力预算，零星工程及其他用工预算结算市场主体工资总额。

例如：采煤队结算工资总额=人工费+各项奖罚+材料收支余额+加工、修理、租赁、电力收支余额+零星工程及其他收支余额。

其中：人工费=块煤产量（T）工资+末煤产量（T）工资+地质条件变化调整+零星用工及其它人工。（产量=实体煤+矸石折煤）

材料费用：含坑木、支护用品、木柱鞋、配件等。

专用工具：按照《义络煤业专用工具管理办法》考核，以下各单位均按此规定执行。

其他材料若一队管理两面及以上且均在同一采区的在预算基础上给予相应系数调整。

加工修理费按照预算控制。

电费：按每月计划考核，由机电科每月提供各单位的收支余额（按50%进入结算）。

租赁费：机电科根据各区队占有的设备台数和时间进行考核，并提供各单位的收支余额（节超按50%进入结算）。

其他费用含矿车费等，使用矿车每车按照预算单价结算（分矸或其他特殊情况需要矿车时由调度室签证单独考核），按收支余额的50%兑现。

管理费：按照《义络煤业办公用品管理办法》执行。

②内部市场主体工资分配。义络煤业按照河南能化集团义煤公司矿厂岗位效益工资制分配方案，实行岗位效益工资制。

区队作为市场主体，按照内部市场管理办法、内部市场结算管理办法结算的岗位效益工资，通过结构工资计算区队实得岗效工资总额=内部市场结算工资总额×（55%×绩效考核系数+30%×安全考核得分/基准分数+10%×培训考核得分/基准分数+5%×企业文化考核得分/基准分数）。

科室岗效工资总额根据科室岗效工资基数、机关效益系数、科室绩效考核及科室"双基"考核情况确定，其中70%作为绩效工资与科室绩效考核情况挂钩，30%作为安

全结构工资与科室双基考核情况挂钩,即:

科室岗位效益工资总额=科室岗效工资基数×机关效益系数×(70%×科室绩效考核得分÷基准分数+30%×科室双基考核得分÷基准分数)

3.以信息化系统为管理平台,实施全面预算成本管理

义络煤业按照成本费用管控实施方案的要求,以信息管理系统为平台,通过全面预算实施目标成本管控模式,构建三级成本预算管理架构,创新成本管控流程。通过成本预算分解、现场走动管理和内部市场化结算,使成本管理迈出了创新的第一步。

(1) 义络煤业三级预算管理架构体系。义络煤业"三级预算管理框架体系"是以构建班组预算(核算)管理为基础,实现成本精细化管理为中心。三级预算管理包括:公司、系统、区队三级预算管理;系统、区队、班组三级预算管理;区队、班组、岗位三级预算管理;班组、岗位、个人三级预算管理。

(2) 义络煤业预算管理流程体系。主要包括:预算编制流程、预算管理流程、预算数据管理流程。

预算编制流程为:先是公司(预算管理委员会)按责任成本项目分解完全成本预算到系统(科室);系统(科室)分解成本项目预算至区队;区队分解成本项目预算至班组。再是班组上报责任成本预算至区队;区队上报成本项目预算到系统;系统上报责任成本预算至公司。

预算管理流程为:公司(预算管理委员会)按责任成本预算组织实施预算管理,考核各责任系统,并根据责任系统意见考核区队和科室,做出奖罚决定;各责任系统按成本项目组织实施预算管理,并提出预算调整和考核各区队和科室意见;区队负责本部门成本预算管理,并负责实施班组预算管理。

预算数据管理流程为:各责任系统和区队负责提供本单位的预算管理基础资料(数据和报表等);公司预算管理办公室负责组织各级预算管理人员将预算数据按成本项目、责任系统和部门(区队和科室)分别核算,录入信息管理系统,并负责向各级预算管理机构和人员提供管理数据(报表)。

(3) 三级预算管理体系的载体——预算表体系。义络煤业制定的预算分析表体系由四大部分构成:公司预算分析表、系统预算分析表、区队和科室预算分析表、班组预算分析表。

预算分析表体系,主要由公司办公自动化系统(OA)填报,通过信息管理系统核算和提取数据,为全面开展责任成本预算管理提供了强有力的信息支持平台,为开展班组预算管理奠定良好的基础管理平台。

(4) 建立绩效考核体系,深化责任成本管理。开展责任成本管理,不但要有一个可行的方案,一个可靠的技术平台,还需要一个执行结果考核评价制度。为此,义络煤业采用百分制管理考核办法,以促进成本预算管理工作的有序开展。

针对责任预算成本管理的特点,义络煤业制定的《义络煤业责任成本百分制管理考核办法》,把责任成本预算执行单位分为七类,即:采煤、掘进、机电、运输、通风、科室等。对各类单位分别制定了具体的考核内容和标准,考核按百分制,分为资

料管理和井下现场管理两部分,根据考核得分规定了三个等级:90分以上优秀;80~90分为达标;80分以下为不达标。考核得分达到优秀的单位奖励5000元;达标单位奖励2000元;不达标单位罚款2000元,并与本单位领导的工资直接挂钩;考核方式为系统归口科室组织日常自查、督导组不定期抽查、公司月底综合考核结合,对各预算执行单位进行全面系统考核。这套督查体系的运用,为推进责任成本预算管理发挥了积极的作用。

4. 从公司生产经营实际出发,采取必要的煤炭成本费用管控措施

义络煤业面对持续低迷的市场环境,结合自身实际,在理清工作思路的前提下,进一步完善管理制度,落实管理责任,强化督察考核作用,多措并举全面加强成本费用管理,促进企业降本增效。

(1)从生产技术层面入手,优化生产降成本。生产环节是成本控制的核心环节,也是目标成本管控关注的焦点。

①从设计上严控生产成本。一是分析研究矿井采掘接替关系,优化工程布局,原则上矿井两年内用不到的巷道,不安排施工,减少开掘巷道投入;同时,优化矿井巷道断面设计,降低支护投入费用。二是根据矿井地压测量数据和矿井工作面上下巷断面采煤工艺要求,将矿井工作面上下巷断面由 $10.5m^2$ 优化到 $7.1m^2$。三是合理整合资源,优化采煤工作面巷道布置,应用沿空掘巷及巷道外错式布置方式,变大煤柱(10-25m)为小煤柱护巷(5-6m)。优化巷道工程设计方案,全面推行加长工作面,减少隔离煤柱,提高回采率,有效抑制煤炭生产成本的攀升。

②优化矿井巷道支护方案,提高巷道的支护效果。义络煤业根据矿井巷道的不同种类、用途、位置、岩性等具体情况,合理确定支护方法和支护参数,并配合矿压观测等手段,及时验证支护效果。优化矿井巷道支护方案,不仅提高巷道的支护效果,同时有效降低支护成本投入。

③增加预防性投入,优化成本管理。安全成本、环境成本和质量成本属于战略性成本,安全投入、环境保护、生态建设和质量管理是煤矿企业成本的重要组成部分,通过科学合理增加预防性成本支出,为持续降低企业总体成本奠定坚实的基础。同时,根据义络煤业的地质条件和围岩特点,加大水、火、煤尘、顶板、瓦斯防治等自然灾害的安全投入,全面应用综合安全管理系统,建立安全质量标准化体系。

④加强设备点检管理,有效降低设备运行成本。设备点检制度是以点检为中心的设备维修管理制度。义络煤业构建了以岗位操作工、机电检修工为机电设备点检活动的主体,区队管理人员监督执行,机电科管理人员进行区域性覆盖检查的"三位一体"的机电设备点检、隐患上报、隐患处理、复查闭合的设备维护管理体系。实施设备点检维护制度,使义络煤业机电影响时间逐月减少、设备生产效率提高,设备维护成本大幅度降低。

(2)强化企业内部管理,提升管理降成本。依靠管理提升和创新,带动生产要素的优化配置,进而促进成本的降低和效率的提升。义络煤业面对复杂的市场形势,强化企业内部管理,创新管理方式方法,提高企业经济效益。

①推进全面对标管理。义络煤业通过研究和分析同类企业生产经营情况，结合对内、对外对标体系，围绕降耗提效这一主题，制定了降耗提效对标管理体系，共包括3项内容：生产指标管理体系、成本费用管控体系、专项管理控制体系。对内对标主要包括公司对中层管理人员对标管理、区队对标管理和班组对标管理三个部分；对外对标是公司主要生产指标完成情况及成本管控效能在义煤公司同类企业中的横向比、各类专项管理在义煤公司同类企业中的考核排名等。

②加强过程管理，严格控制材料消耗。义络煤业学习先进企业建设物资超市的典型做法，在井口建设物资超市，盘活现有存量资产；为做好材料管理基础工作，以建立台账为基础，在全公司分采区、巷道、区队建立材料领用存管理台账；严格材料审批、领用管理，按照《义络煤业材料领用管理规定》，推行项目与金额双向控制；加大材料回收复用、修旧利废力度，对公司大部分物资实行交旧领新制度；强化材料现场管理奖罚制度；实施材料闭环考核。

③优化人力资源管理，提升薪酬效能。义络煤业按照内部市场化管理要求，构建人力资源市场，优化人力资源结构，坚持自然减员不增员，缺员靠合岗、并岗、拆岗补充，重点合并岗位一专多能，通过严格劳动纪律，实行竞聘上岗等措施实现制度减员，对富余人员实行待岗。

同时，义络煤业以提升生产工效为基础，对公司所属区队管理技术人员实行市场化绩效考核。在各区队管理技术人员定岗定员基础上，实行区队管理技术人员与一线员工的工资分开单独结算，各区队管理技术人员的工资收入以本区队在岗全员工资为基数，与本单位的生产任务、工程质量、成本控制等综合管理效果挂钩切块浮动发放，将市场化作为公司调节工资收入和内部交流、约束的手段。实施全员积分考核，优化单项奖分配机制。按照公司制定的员工正常上班时间及特殊时间的积分标准、出勤台阶式积分和扣分标准，根据员工日常出勤、劳动纪律及安全生产情况积分兑现相应奖金，起到既优化单项奖金分配，又可节省保勤工资指标作用。

四、煤炭成本费用管控创新实践的实施效果

2012年至2014年上半年，义络煤业通过实施煤炭成本费用管控创新实践，使企业整个煤炭成本费用管理水平显著提高，各项工作都取得了明显的成效，主要表现在以下几个方面：

1.企业经济效益有效增加

2013年全矿全年生产原煤77.62万吨，销售煤炭80.40万吨，同比增销1.37万吨，增幅1.73％；实现销售收入3.78亿元；实现利润5023.51万元；吨煤完全成本389.46元/吨，较计划节约4.38元/吨；在岗职工人均收入5.30万元，人均利润2.43万元/人，社会贡献率达到49.13％。

2.安全生产管理得到加强

义络煤业把技术开发、安全、环境等成本投入作为战略性成本，视为增值性作业，通过投入的有效增加促进了矿井安全生产管理水平的提高。如35采区的优化设计，采用混合提升，把集中巷布置在一8煤层中，扩大石门间距，工作面上下巷道留6米小煤柱护巷，减少巷道底鼓变形量，直接降低支护费用 15 万元，节约巷修费用 10 万元以上。

3.成本管控效果显著提高

根据市场竞争和安全生产环境条件，实施人力资源结构优化、材料成本管理控制、责任成本预算管理等，使义络煤业在地质条件变差、自然灾害因素增多、采深加大，巷道支护困难、各项不可控指标攀升的情况下，实现了煤炭成本比预算降低，成本管理成绩显著的结果。

4.成本降低和控制的途径能够实现

义络煤业煤炭成本费用管理创新实践的实施，使企业明确了目标成本管理的科学理念，成本动因与作业增值的内在关系，找到了以运用市场化运行为基础、对标管理为手段、责任预算控制为前提的成本费用管理方法，达到了有效降低成本和控制成本的科学途径，具有较强的借鉴意义。

（成果创造人：张许乐　董志强　陈松泉　姚红军　付万里　范咏梅　安超军　任海军　黄绍光　王珂辉　梅　阳　陈姝珺）

煤矿班组标准分值的构建与应用

焦作煤业（集团）有限责任公司赵固二矿

河南能源化工集团焦煤公司赵固二矿是由河南能源化工集团焦煤公司与宝钢资源有限公司合资成立，注册资金16.2亿元，其中焦煤65%，宝钢35%。矿井设计规模180万吨/年，服务年限55.5年，主采煤层二1煤总资源储量3.39亿吨，可采储量1.4亿吨，为低中灰、特低硫、低磷、高发热量的优质无烟煤。矿井于2007年1月9日正式开工建设，2011年4月23日正式竣工投产。赵固二矿矿井机械化率100%，拥有河南省目前采高最高、支架工作阻力最大的6.5米一次采全高综采工作面。赵固二矿先后获得河南省安康杯竞赛优胜单位、河南省"五一"劳动奖状、河南省一级五优矿井、国家级安全质量标准化煤矿、国家特级高产高效矿井、中国煤炭工业思想政治工作先进集体、中国最美矿山等荣誉称号。

一、煤矿班组标准分值构建与应用的背景

受国内外宏观经济影响，煤炭行业总量宽松，结构性过剩，盈利能力减弱，企业内存在着"成本偏高，管理粗放"等问题；同时，员工井下工作，偏向工作量工作的统计，对成本统计尤其是材料费的统计不清，一般都是班组平均分配，不利于提高员工成本意识积极性；有些员工对工资构成不是很了解，只知道自己干了多少活，能挣多少钱不是很清楚，特别是在当前煤炭形势下滑的前提下，企业利润下降、工人工资收入下降，工人工作积极性下降，存在吃大锅饭、混日子现象。鉴于以上原因，2012年6月份赵固二矿为切实增强全员应对危机的责任感和紧迫感，尝试在班组建设中应用新型工资分配办法——标准分值核算方法。

二、煤矿班组标准分值的内涵及特征

1.标准分值的内涵

赵固二矿标准分值管理方法是将会计核算职能中核算职能引入企业内部管理中，并根据当前煤炭形势和指标情况，测算出各区队工资总额的指标，制定出每道工序的计分标准，根据各区队历史工作量测算出各班组的计分总和，得出相应的标准分值，最终实现员工上井后就能根据工作量得出一天的工资，让员工开开心心上班，明明白白挣钱。

标准分值=区队工资总额/各班组计分总和；员工工资=得分总和（根据计分标准计分）×标准分值±材料费考核结果±租赁费考核结果±电费考核结果±各项考核。

赵固二矿根据工作需要下发了《赵固二矿标准分值实施办法》，要求区队每天需要把各班组的工作量、个人的奖励和罚款情况、班控材料和个控材料及时上墙公布，实现日清日结，待月底核算到个人，避免出现吃大锅饭现象，提高了员工工作积极性和增强了员工成本意识，全面提升了矿井精细化管理水平，使矿井真正发展成为高效、科学发展的标杆。

2.标准分值的特征

（1）实施标准分值，能够提高班组的精细化管理水平。通过标准分值管理，严格细化质量标准，建立"纵到底、横到边、事事有人管、人人有专责"的岗位标准和操作标准，能够使各项精细化的管理渗透到每一个管理环节的"缝隙"，使得不同岗位的员工按照各自标准操作，减少了工作盲目性和随意性；标准分值要求控制现场生产的每一道工序，为每一道工序制定标准并使每一道工序结果符合规定的标准。根据煤炭生产的产品质量、工程质量和安全质量的要求，采取科学、有效的手段，通过对工序的研究，形成科学、规范、顺畅的生产流程，进而提高工作效率。

（2）实施标准分值，能够提高班组在生产经营中的核算能力。针对班组管理中存在的重生产、轻经营的习惯和在生产经营中只干不算、先干后算的问题，各市场化区队严格按照矿下达的月度生产作业计划，分解指标，确定相应的班组预算目标、各岗位预算指标，建立健全班组核算制度，并严格制度的执行，督导班组在生产过程中自觉开展核算工作，做到了成本控制关口前移。把干部职工的经济利益和本单位经营效益紧密地联系在一起，干部职工都学会了算大账、算细账，自觉节支降耗，降低成本，效益观念、市场观念得到了确立。

（3）实施标准分值，能够提高班组在生产经营过程中的成本管控能力。针对生产材料领用管理粗放、乱丢乱放严重、流程不规范、浪费严重的局面，通过标准分值实施，让材料管理与个人收入挂钩，让"人人肩上有成本，项项成本连收入"，将月度作业计划按三个管理层次分解下去，形成全方位执行责任体系，并制定相应的责任考核制度。规定消耗成本指标必须到个人，重点加强现场成本管理工作。推广实行"五个清楚"现场成本管理工作法，即：

一是预算分解清楚。区队根据月度作业计划把当月任务进行分解，把人工费、材料费、租赁费、电费和链式结算进行全面预算，把各项指标分解到班组和个人，区队干部要清楚每班任务情况和材料消耗指标，班长根据全面预算分解指标合理安排工作，了解材料消耗情况，把工作量和材料消耗情况考核到个人。

二是当班产量（进尺）清楚。月度作业计划以完成年度预算目标为前提，班组作业计划以完成月度预算目标为前提。月度作业计划下达后，以班组为单位，对当月生产任务进行分解，每个班组确认当班生产任务计划，并做好各项生产前的准备。

三是材料消耗清楚。班组确认当班生产任务计划后，根据矿井材料消耗定额计算出本班应耗材料，经材料分管部门审批签字后领用。材料审批部门保证各班组的材料领用，如遇特殊情况做相应调整并追加定额。

四是影响成本原因清楚。班组在生产作业过程中根据实际进度对照应耗和实耗，出现偏差时要进行分析，并找出影响成本消耗的原因。主要原因包括是否按设计规范操作、专用工具等的维护是否到位、材料配件的质量和保管是否存在问题等。

五是核算方法清楚。有关计算公式为：当班生产任务计划×材料消耗定额=当班应耗总额；当班实际完成产量×（应耗定额−实际消耗）=成本奖罚金额；实际产量或进尺/计划产量或进尺×100%=工资浮动系数。成本奖罚金额及工资浮动系数一并计入班组当月工资总额。

三、标准分值在班组建设中的实践

1.标准分值的原则

标准分值的确定是一项重要的基础性工作，若标准分值制定的过高，到月底不能兑现，容易挫伤员工工作激情，制定的过低，不能起到激励员工积极性的作用，所以标准分值的确定对于矿井挖掘生产潜力，提高生产效率起到至关重要的作用。赵固二矿测算标准分值坚持以下几个原则：

（1）简单实用原则。制定矿井标准分值的目的就在于适用于企业内部管理，具有可操作性。编制标准分值要全面贯彻简明性和实用性。贯彻标准分值的简明实用原则，关键是要做到标准分值项目设置完整、项目划分粗细适当，正确选择产品和材料的计量单位、适当利用系数并辅以必要的说明和附注。

（2）安全投入原则。为了预防煤炭生产过程中发生人身伤害、设备损毁事故，保证职工在生产过程中的安全与健康，在经营活动中均对应安全投入进行标准分值预算，以保证生产的正常和连续进行。安全投入标准分值确定的方法是寻找最佳安全投入点——安全失稳点和安全保障点，以此作为标准分值的指导。

（3）稳定可靠原则。标准分值一经确定，不得随意调整，要保证分值的稳定性、可靠性，同时为了充分发挥标准分值的杠杆、导向作用，分值应具有一定弹性和导向性。

（4）公开公正原则。标准分值的测算必须公开、公正，制定调整过程中各级市场主体要充分参与，分值目录要公示，使标准分值体系既符合矿作为一级市场主体的总体发展战略的需要，又反映二、三级市场主体的利益与要求。

（5）时效性原则。标准分值是企业一定时期内技术发展和管理水平的反应，所以在一段时间内表现出稳定的状态。但是这种稳定的状态又是相对的，还有显著的时效性。当标准分值不再适应市场竞争和成本监控的需要时，就需要重新进行编制和修订，否则会挫伤群众的积极性，甚至会产生负面影响。

2.标准分值的要求

为保证标准分值公平合理，满足生产和管理的需要，标准分值的确定应满足以下要求：

（1）制定标准分值的速度要"快"。应根据需要，及时制定各项标准分值，以满足生产和管理的需要。

(2) 制定标准分值的质量要求"准"。应使标准分值达到先进合理，且标准分值在不同区队间保持平衡，防止高低相差过于悬殊。

(3) 制定标准分值的范围要求"全"。凡是能实行考核的市场要素，都要实行标准分值管理。

在"快、准、全"这三方面中，"准"是关键。如果制定的标准分值质量不高、准确性差，即使制定得很快、很全，也难以发挥其应有的作用。

3.标准分值的确定

(1) 各二级市场化单位根据矿井下达的本单位的工资水平指标、本单位2011年和2012年上半年实际工资水平及历史市场化分值情况，测定2012年本单位的标准（固定）分值。

(2) 原则上每个二级市场化单位测定的本单位不同班组的标准（固定）分值应保持一致，该标准（固定）分值不得高于2012年平均分值。

4.标准分值的修订

(1) 标准（固定）分值应该相对固定，只有连续三个月按照标准分值核算工资总数与实际结算工资偏差较大时，可以进行调整。

(2) 班组月底实际结算工资与按照标准分值所算工资偏差超过10%时，班组可以向区队申请存（借）款，区队根据矿结算工资进行班组存借款或按比例调整。

5.标准分值的实施

(1) 建立组织机构。为了保证标准分值在赵固二矿的顺利推行，成立了以矿长为组长，副矿长为副组长，各科室科长为委员的价格管理小组；各区队也相应成立了价格测算小组，指定专人负责落实具体工作，保证了标准分值工作的正常推进。

(2) 细化各区队个人计分标准。首先以综采一队为样板区队，各相关业务科室深入工作一线，了解生产的各道工序，并对各道工序进行细分，让员工干每一种活都有计分标准。针对部分技术水平高、工作较踏实、能够独立处理问题的高水平技术工人，可以适当加分来提高职工积极性，同时，对那些工作效率不高、不思进取的职工可以降分，以鞭策后进。原来的计分标准有150种增加到494种，待综采一队运行成熟后在全矿区队进行了推广。

(3) 构建标准分值结算体系。各区队打分需要日清日结，每天需要在会议室张贴进行公示，对个人打分有异议的地方，核算员负责沟通解释；每10天向企管科上报各区队打分情况，企管科汇总，到月底根据打分情况和标准分值核定区队个人工资，个别班组结算工资不够按照标准分值给职工结算时，班组可以向区队申请借款，区队没有资金可借时，可向矿井申请借款，矿井原则上保证按标准分值计算工资发放到位。

四、煤矿班组标准分值构建与应用的效果评价

1.安全效果评价

通过标准分值的实施，对施工工序的细化，改变了原来单纯的工程以米以排（棚）计量方法，划小了核算单元，细化了作业工序，明确了每个工序的作业内容、工作标准、工序价格、材料成本，减少了交接班时不必要的争执，建立了班组间交接班的链

式结算关系，实行了班组之间的交接分核算。对于上班未完成的工程量、未当班处理的隐患要交接到下班，由下班进行整改处理，对照考核计分标准计入当班支出，收入计入整改班，减少了两班交叉作业，原来的交班时间由90分钟减少到现在的20分钟。截至2014年，赵固二矿没有发生二级非伤亡事故，增加了员工工作安全性。

2. 经济效益评价

（1）强化区队管理。标准分值管理从管理上体现了精细经营思想，区队管理从传统的以生产为中心转变为以效益为中心。区队管理层逐步树立起效益观念，以效益衡量自己的贡献，围绕效益组织生产。区队能把精力集中在内部班组、职工管理上，结合精细化运作需要，制定区队内部价格目录、班组结算考核、收益分配、安全质量标准化等相关管理制度，并严格考核兑现。

（2）分配方式发生深刻变革。在市场化机制下，内部市场买卖双方利益对称，有效地调节了交易双方的利益分配，较好地体现了多劳多得、不劳不得的分配原则。采掘等生产一线主导工序的中心地位突显出来，利益对称原则得以体现。干什么有什么价，干多少拿多少。这样，避免了分配上的随意性。同时，收入分配公开透明，杜绝了吃拿卡要的现象。

（3）提高劳动效率。过去基层每个区队都说人不够用，但人越多、扯皮越多、效率越低。实施标准分值后通过价格结算决定收入高低，新的利益分配机制促使各单位、岗位自发地合理安排工序，优化劳动力资源配置，杜绝了窝工现象。标准分值管理调动了广大职工的工作积极性，提高了劳动效率。

（4）降低成本费用。实行标准分值管理后，各区队自觉地把生产经营过程中所发生的各类费用变为自己的费用进行管理，在一定的预算前提下，成本费用相对不变，超支就要减少收入，节约则增加收入。如材料费用支出减少，工资就会增加；闲置不用的设备退租，节约的租赁费用和大修费用就归己。有了这种制约机制，每个单位、每个职工"成本就是工资，工资就是成本"的意识增强了，人人为成本而算，人人为效益而干，促进了节支降耗。

总之，通过运用标准分值管理体系，进一步提高了赵固二矿的精细化管理水平，在解决安全管理闭环、质量现场监督、吨煤成本控制、精细预算等方面实现了跨时代的进步，实现了真正意义上的"精准的安全管理、精益的生产管理、精品的质量管理、精细的经营管理"，突出了岗位管理价值，实现了节支增效，为赵固二矿可持续发展起到积极的推动作用。

（成果创造人：张长合 张五星 明根永 冯秀强 朱鹏飞 刘永杰 何宏伟 张建庄 邓小艳 杜秀珍 程艳敏 王国运）

煤炭企业成本预警管理方案设计与应用

平顶山天安煤业股份有限公司二矿

平顶山天安煤业股份有限公司二矿（以下简称二矿）位于河南省平顶山市中心北1公里，井田范围26.4km²，是平顶山矿区开发建设的第一对矿井。前身为诸葛庙矿，始建于1955年9月8日，1957年10月1日简易投产，原设计生产能力21万吨/年，服务年限20年。进入新世纪以来，二矿抓住煤炭市场形势好转的有利机遇，实施科技兴矿战略，改造生产系统，提升矿井生产能力，原煤产量稳步攀升，2003年原煤产量首次突破100万吨，2007年原煤产量突破200万吨，跨入集团大型矿井行列，2013年原煤产量达到282万吨，在同等条件矿井中居先进行列。自2008年以来，矿井先后荣获全国五一劳动奖状和全国煤炭工业五精管理样板矿、全国煤炭系统企业文化示范矿等称号。

一、煤炭企业成本预警管理方案设计与应用的背景意义

平煤股份二矿向来注重企业管理，在成本管理过程中，按照全面预算、捆绑考核的原则形成了"矿、区、队、组"四级管理考核体系，在成本控制方面严格控制成本支出，实现"谁使用谁管理"管理方式，并重点监控材料费、租赁费、修理费等成本支出大项，还开展回收复用、修旧利废等一系列活动进行成本的节约，已经具备了良好的成本管理体系。但现有的成本管理方法和理念均集中于对成本的事后控制，虽然起到一定的作用，但难免对企业造成一定的损失，不能起到防微杜渐的作用。所以，建立起更加科学有效的成本管理方案，是企业持续健康发展的迫切需求。

二、煤炭企业成本预警管理方案的基本内涵

企业预警管理是企业在发展过程中，针对可能发生的危机进行事先预测和防范的一种战略管理手段。成本预警管理是企业预警管理的重要组成部分，其实质就是对成本构成的要素进行综合分析，确定成本临界点，并作为预警目标，通过分阶段目标的控制和整合，最终达到有效控制成本的一种管理方法。其目的是以预算管理为基础，以灵敏的信息反馈为手段，根据实际情况适时调整计划，规避经营风险，使有限的资金发挥最大的效益。

煤炭企业成本预警管理体系以PDCA循环的四个阶段为主线，以危机预警理论为

核心，通过构建科学的预警指标体系，在成本管理中形成预警机制，并将贯穿于成本管理的整个过程，对成本活动中的风险进行实时监控，以达到降低企业成本、提高经济效益的目的。

三、煤炭企业成本预警管理方案设计与应用的主要做法

1. 平煤股份二矿成本指标体系的构建

（1）根据矿井全年目标成本，将成本指标分解细化，以2013年为例，见表1。

表1 2013年二矿主要考核指标

考核指标	考核指标值	责任单位	责任人
安全质量标准化	1.井下单位杜绝重伤以上人身事故和二级以上非伤亡事故，轻伤事故率同比下降30%；地面单位杜绝轻伤以上人身事故和三级以上非伤亡事故。 2.杜绝煤与瓦斯突出事故；杜绝1%以上（含1%）瓦斯超限责任事故；瓦斯抽放钻孔6万米，抽放量150万立方米。 3.保持国家级质量标准化矿井及高标准"五优"矿井，争创集团质量标准化示范矿井。 4.控制职业病发病率。	安检科	XXX
原煤产量	260万吨/年	采煤区	XXX
总进尺	16200米/年	开拓区	XXX
	其中：开拓进尺3300米/年		
煤 质	4100大卡/千克	煤质站	XXX
	己组入洗煤灰分43%		
利 润	9900万元	财务科 销售公司	XXX
原煤总成本	330.93元/吨	财务科 企管科	XXX
其中：			
材料费	51.06元/吨	企管科 物管站	XXX XXX
应付职工薪酬	145.46元/吨 全职工效3.6吨/工	工资科	XXX
电力	16.80元/吨	机运区	XXX
折旧	7.15元/吨	财务科	XXX
安全费用	55元/吨	财务科 计划科	XXX
维简费	8.50元/吨	财务科 计划科	XXX
修理费	1.31元/吨		
其它费用	45.65元/吨		

（2）平煤股份二矿的吨煤成本主要由材料费、应付职工薪酬、电力费、折旧费、安全生产费用、维简费、修理费等11项内容构成，图1显示了平煤股份二矿吨煤成本的构成以及各自的比例。从图中可以看到，在成本支出中工资和安全生产费用占有较大比重，两者相加超过了50%；其次分别是材料费，占17%的比例；其他支出占10%，电力费、维简费、修理费、折旧费等所占比例较小。因此在成本预警管理中二矿根据不同费用的占比设置不同的权重，从而提高预警的精确性。

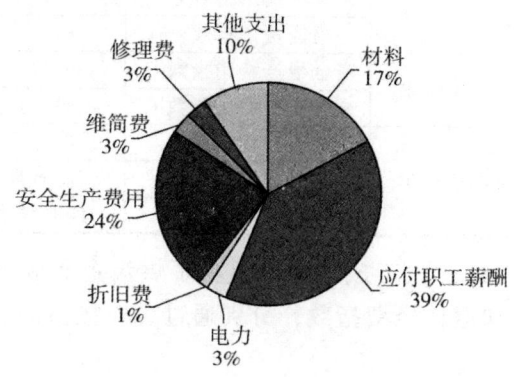

图1　平煤股份二矿吨煤成本构成

2.平煤股份二矿成本预警指标体系构建

风险预警指标是风险预警管理过程中非常重要的环节，其任务是对成本状况进行评价，并根据评价结果判断成本预警的级别，可以说指标体系选取的合适与否直接决定着成本预警方案的科学性、预警结果的可信性和预警管理的全面性。同时成本预警指标体系是承接成本管理现状和成本预警管理方案的接口，正是通过指标体系，成本预警方案才能实现企业成本信息的监控。因此，在指标体系构建的过程中，要采取科学合理的方法，才能保证成本预警管理有的放矢、事半功倍。

（1）成本预警指标体系建立的原则。

①科学性与实用性相结合原则。即建立评价指标体系要有科学理论为指导，有理论支持，还能反映实际情况，具有可行性和可操作性。

②可计算性原则。企业成本预警不同于其他预警方案，有大量的成本数据作基础。因此在成本预警过程中要根据企业现有的统计口径选取指标。同时考虑到成本预警的实时性和动态性，尽量不选取定性的指标。

③通用可比性与发展性相结合原则。建立的指标体系在不同时期，不同对象之间应该可以进行横向对比和纵向对比。

④全面性与简明性相结合。评价指标体系应该能充分反映各个方面的情况，同时应该简单明了。

（2）成本预警指标体系建立的步骤。

①指标选取。根据指标选取原则，结合平煤股份二矿的实际管理经验和需求，构建平煤股份二矿成本预警指标体系。主要选取人工成本指标、运营成本指标、环境成本指标和管理成本指标四个方面进行反映，如表2所示。

表2 成本预警指标体系

指标层		数据层	
一级指标	二级指标	实际发生数据	目标成本数据
人工成本指标 B_1	工资指数 C_1	应付职工薪酬 X_1	应付职工薪酬 Y_1
人工成本指标 B_1	退休经费指数 C_2	离退休经费 X_2	离退休经费 Y_2
运营成本指标 B_2	材料费用指数 C_3	材料费 X_3	材料费 Y_3
运营成本指标 B_2	电力费用指数 C_4	电力费 X_4	电力费 Y_4
运营成本指标 B_2	修理费用指数 C_5	修理费 X_5	修理费 Y_5
运营成本指标 B_2	租赁费用指数 C_6	租赁费 X_6	租赁费 Y_6
环境成本指标 B_3	安全生产费用指数 C_7	安全生产费 X_7	安全生产费 Y_7
环境成本指标 B_3	试验检验费用指数 C_8	试验检验费 X_8	试验检验费 Y_8
管理成本指标 B_4	财务费用指数 C_9	财务费 X_9	财务费 Y_9
管理成本指标 B_4	折旧费用指数 C_{10}	折旧费 X_{10}	折旧费 Y_{10}
管理成本指标 B_4	其他费用指数 C_{11}	其他费用 X_{11}	其他费用 Y_{11}

（成本预警指标 A 为综合行标题）

A.人工成本指标（B1）。人工成本指标反映了煤炭企业成本在员工方面的支出情况，主要包括工资指数和退休经费指数，分别通过企业提供的应付职工薪酬和离退休经费进行具体计算。

B.运营成本指标（B2）。运营成本指标反映了煤炭企业在为保持正常运营而成本发生情况，主要包括材料费用指数、电力费用指数、修理费用指数和租赁费用指数三个方面，分别通过材料费、电力费、修理费、租赁费进行计算衡量。

C.环境成本指标（B3）。环境成本指标反映了煤炭企业为保证企业生产正常进行而发生的成本情况，包括安全生产费用指数和试验检验费用指数两个方面，分别通过材料费、电力费、修理费和租赁费进行计算。

D.管理成本指标（B4）。管理成本指标用来衡量企业管理过程中发生的成本费用，包括管理费用指数、折旧费用指数和其他费用指数，分别用财务费用、折旧费和其他费用进行计算。

②指标含义及数量关系。表2分别显示了指标层和数据层两个层面，指标层是用以衡量成本风险状况的风险指标，数据层是用以考量风险指标的基础数据。成本预警指标 A 是反映整个企业成本风险状况的综合指标，也是风险预警方案中衡量的核心指标。成本预警指标 A 通过人工成本指标（B1）、运营成本指标（B2）、环境成本指标（B3）和管理成本指标（B4）四个方面进行反映。两层指标之间的数量关系如式（1）、（2）所示，其中 B_i 表示四个一级指标的值，ω_i、ω_{ij} 表示各个指标的权重。

$$A = \sum_{i}^{4} \omega_i B_i \tag{1}$$

$$B_i = \sum_{j}^{n} \omega_{ij} C_j \tag{2}$$

3.基于 AHP 的指标权重确定

确定指标的含义之后，需要对指标体系每个指标的权重进行确定，使指标体系能更加真实地反映现实情况，二矿采用层次分析法确定各个指标的权重。

层次分析法 (Analytic Hierarchy Process，简称 AHP) 是一种常用的多准则决策方法，即将决策中有关的元素分解成目标、准则、方案等多个层次，在此基础之上进行定性和定量分析的决策方法。这种方法的特点是在对复杂的决策问题的本质、影响因素及其内在关系等进行深入分析的基础上，利用较少的定量信息使决策的思维过程数学化，从而为多目标、多准则或无结构特性的复杂决策问题提供简便的决策方法，尤其适合于对决策结果难于直接准确计量的情况。

层次分析法在成本预警指标体系权重确定中的基本思路是：建立指标层次递阶结构；确定比较判断矩阵；计算相对权重及检验。

经计算，确定成本预警指标的权重如表 3 所示。

表 3 成本预警指标的权重

指标	权重	指标	权重
A	1.000	C4	0.157
B1	0.069	C5	0.272
B2	0.535	C6	0.088
B3	0.246	C7	0.750
B4	0.150	C8	0.250
C1	0.667	C9	0.258
C2	0.333	C10	0.105
C3	0.483	C11	0.637

4.预警范围的确定

方案将根据二级指标的情况计算出成本预警指标 A 的值。成本预警方案通过判断 A 值所处的区间选择是否报警；若报警，预警界别是多少。平煤股份二矿在实际调研的基础上，根据相关专家的讨论结果，设置成本预警指标 A 的预警区间如表 4 所示。

表 4 成本预警区间

成本预警指标 A 所处范围	预警级别	预警信号颜色
0<A<0.8	正常	绿色
0.8≤A<0.9	Ⅲ级预警	黄色
0.9≤A<0.95	Ⅱ级预警	橙色
A>0.95	Ⅰ级预警	红色

当成本预警指标 0<A<0.8 时，表明成本正常，不影响企业的正常运行，预警方案显示绿色；当成本预警指标处于 0.8≤A<0.9 时，表明成本的实际发生值已经快要达到预先设置的目标，成本预警方案发布成本黄色预警信号，提醒相关管理人员注意控制

成本，并按照黄色预警应急预案的具体要求进行快速处理；当成本预警指标处于 $0.9 \leqslant A<0.95$ 时，表明实际成本已经十分接近目标值，此时方案发布成本橙色预警信号，并启动橙色预警应急预案。当成本预警指标处于 $0.95 \leqslant A \leqslant 1$ 时，表明实际成本即将达到目标值，若不加以控制，将立马出现超支情况，此时，方案将发出红色预警信号，并提醒相关管理人员启动红色预警应急预案。当成本预警 $A>1$ 时，表明成本已经超过目标成本值，企业管理者需要予以特别的关注和处理。

5.各级预警对应的解决对策

（1）黄色预警应急预案。黄色预警属于低度成本预警，对企业成本控制管理影响不大，危害不明显，对经营主体的运营活动不构成重要影响。在成本预警管理的过程中，由于煤炭企业成本的不确定性和一些成本的突发性，可能黄色预警出现的几率比较大。企业管理者不必紧张，应该正确认识成本风险的双面性及可控性，客观认识到成本风险的普遍存在，继续保持原有的成本管理策略，不必对成本管理模式和成本规划做过多的变化。但企业管理层也不能忽视黄色预警的存在，应树立强烈的危机感和防范意识，以防小危机进一步转化升级。对于低度成本预警状态或者成本管理的正常状态，根据以上分析二矿确定了以下解决方案：

①规范企业成本预警管理，制定成本监控制度。在低度危机或无危机状态下，二矿根据企业的自身情况，规范企业正常成本预警管理活动，及时查找当前矿井成本管理过程中的问题，纠正在成本控制过程中的不和谐因素，提高管理效率和执行能力，规范企业成本管理，减少企业内部之间的小摩擦的发生，起到防微杜渐的作用。企业的外部因素难以控制，但是对于导致企业成本风险的内部因素可以通过预警进行预防排查，建立科学的预警管理制度，明确成本监控的目标和内容，对涉及监控目标的波动过程和相关成本来源作细致的监测，对监测信息进行分类整理，形成综合有效的监测结果，分析成本风险源有可能转化成危机的概率性和危害性，为下一步成本预警管理决策提供信息支持。在无预警状态或低度预警状态下制定成本信息监控制度，不仅有利于企业应对小危机的爆发，对于企业规范成本管理制度，完善企业发展规划也有非常好的帮助。

②制定企业成本预警预防方案。根据成本预警方案预测的预警征兆，采取超前应对措施，分析该危机可能对企业产生的影响程度和发展趋势，根据具体成本预警的征兆，制定成本预警预防方案，争取将成本风险消灭在萌芽状态。对于一时难以解决的成本危机，进行相关成本来源的重点监控制度，制定相应的应急方案，以防成本风险转化为危机爆发时手足无措。对成本信息进行监控，及时跟踪成本的变化情况，通过反馈制定应对方案，从而强化企业成本管理的抵抗能力，避免成本风险过大给企业带来损失。

③加强员工日常预警教育。企业的全体人员，上到高层管理者，下到普通员工，都应保持居安思危的想法，将成本的防控作为日常工作的组成部分。二矿要求每个部门、每个环节和每个人的行为都与企业命运密切相关，成本的预警管理有赖于全体员工的共同努力，全员危机意识更能提高企业抵御其他危机的能力，有效地防止成本危

机的产生，即使发生了较大的成本预警事故，也可以把损失降到最低程度。一旦企业形成了完整的日常成本危机教育，企业所有成员都具有了成本预警理念，时刻提防成本过高的威胁，在工作中从我做起，从现在做起，认真执行危机防范的计划与制度，使成本预警理念与防范行为实现高度统一。通过以上措施，二矿在很大程度上消除了各种成本费用浪费，真正做到防患于未然。

（2）橙色预警应急预案。橙色预警是煤炭企业成本预警管理中的Ⅱ级预警，相比黄色预警对企业成本控制工作影响较大，征兆较为明显，处理不当对企业目标成本的实现带来严重的威胁，甚至给企业带来损失，但一般不构成致命威胁。如不加以控制和调整，很有可能为企业日后的成本管理工作带来重大的隐患。因此，对此类程度的预警必须采取预警管理措施，消除成本风险，减缓损害，以期避免更大的影响。

①实行预算控制制度，强化目标成本管理。二矿结合企业的利润目标和控亏目标，制定出所属各单位合理、可行、科学的成本控制目标和成本计划。为调动各单位降低成本的积极性，还根据产量变化规律实行弹性目标控制成本。二矿生产成本预算严格按照企业制定的消耗定额来确定，也可以按照企业目标成本来进行制定，根据企业对各项成本测定的开支严格限制和监督，力求使预算在目标成本控制的基础上做到准确无误。

②制定成本预警应对方案。二矿根据成本预警警情的来源和严重程度，由企业成本预警委员会制定相应的成本预警管理应对方案，对陷入危机状态的企业成本进行人为控制，对列为重点监控对象的成本项目立即进行处理，以免延误最佳控制时机，从而造成连锁反应，扩大影响范围。Ⅱ级成本预警产生的初期较为容易控制，控制得当能够使问题得到立即解决，抑制潜在成本危机的发生。同时，在企业内部对企业相关成本预警资源进行合理分配，准备成本预警管理所需资源。在人力资源方面，培养员工危机意识、开展预警教育等；在组织结构方面，建立成本预警管理小组，明确小组成员及其职责，规定报警期间的沟通方式等；在规章制度方面，制定成本预警管理计划，为成本危机的预防和处理做好准备；在财务方面，把企业的成本预警管理列入日常的财务计划中，并拨出一定额度的资金作为专门预算，支持企业成本预警管理的相关活动。

③制定企业成本预警管理培训计划。根据企业目前存在的成本控制问题，二矿制定有针对性的企业成本预警管理培训计划，其中包括向员工告知有可能导致企业成本过高的情况、成本预警范围、掌握与自己岗位相关的成本预警管理专业知识；一旦发生成本报警时，不同岗位的员工处理所碰到危机的具体措施；对于技术岗位的、管理岗位的员工分别进行技术上的应对和成本管理方法的预警管理培训；结合案例对员工进行预警培训计划，或是教授其他企业实际预警管理中的成功经验和失败教训，有助于员工对当前预警管理的理解。培训计划还应该注重培训公司内各部门之间、员工之间危机时企业内部的沟通系统和成本预警应急反应计划，建立成本报警时期部门之间的沟通机制，将培训计划印成手册分发给企业员工，要求员工严格按照企业成本预警管理应对方案进行工作。这样可以有效避免企业内部由于成本过高或浪费而产生的管

理混乱，整体提高了企业员工应对成本危机的能力，即便有警情的产生也能够通过努力把损失降低。

（3）红色预警应急预案。红色成本预警是成本预警管理方案的最高预警，一旦发生，可能带来的后果较为严重，往往会威胁到企业成本管理的失控，使企业成本目标一时难以实现，甚至为企业带来重大的损失。红色预警是成本预警管理的特殊状态，企业进行成本预警的目的就是防止成本危机转化为高级预警状态。对于这类成本危机一旦发生征兆，必须立即预警并采取措施加以控制和处理，避免带来损失。

①严格考核目标成本并与激励机制相结合。成本控制必须和有效的激励机制紧密结合起来，才能达到预期的目的。二矿一方面严格考核，另一方面实行彻底的成本否决权，即目标成本指标一旦确定下达，一般在一年内不变动。为鼓励努力降低成本，在完成目标成本的基础上有降低再嘉奖，而且到年底再根据成本降低额计提效益奖；完不成成本指标，其他指标完成的再好，停发全部奖金，但只要今后通过努力把成本超支补了回来，即累计完成了成本指标，被停发的奖金还可以补发。通过以上措施，二矿建立了奖罚分明、按劳取酬的工资分配机制，提高了员工的成本控制意识。

②分析成本警报成因，制定危机应对方案。当企业成本处于高红色预警状态下时，应在最短的时间详细分析成本报警的影响及其成因，尽可能快速解决问题，抑制成本过高的负面影响。二矿通过成本预警管理方案提供的信息，从宏观面上把握企业成本控制的情况和发展趋势，对其进行全面的分析：成本报警产生的原因和时间、成本危机影响的状况及发展趋势、成本报警影响的直接和间接对象等等，这些成本危机基本情况是成本预警管理小组制定成本预警应对方案的依据，同时作为及时修改应对方案的依据。对于企业成本控制过程中出现的偏差和问题，成本预警管理小组快速制定出成本预警应对方案和备选方案，在对现实成本问题的调查和问题来源判断的基础上，对方案进行调整。二矿成本预警管理方案包括：一是确定可能受到影响的因素；二是最大限度减少成本过高对企业目标成本或企业利润空间的影响；三是确保成本预警管理有专业人员负责，平时应对有关人员进行相关技能培训。

③采用现代成本管理方法。在事前成本管理方面，二矿推广了ABC物资管理分类法：A类物资多采用定期控制法，C类物资多采用定量控制法，B类物资可视各物资的特点分别采用定期控制法和定量控制法，使成本预测、决策方法科学化、系统化。在事中成本管理方面，在财务成本核算方法与管理成本核算方法相结合的基础上，重点研究变动成本、标准成本和责任成本核算方法。在事后成本管理方面，加强成本的考核和分析，不是单纯以成本的高低作为衡量成本管理水平的唯一指标，而是加强对成本效益的考核，如费用成本利润率等。成本分析中，应加强材料采购成本和产品销售成本的分析，注重产品间的横向比较。

6.成本预警方案的具体实施

（1）成本基础数据。预警方案以平煤股份二矿2013年1~12月实际发生成本和目标成本为例，对几大核心指标进行分析，如表5和表6所示。

表 5 平煤股份二矿 2013 年实际成本（单位：元/吨）

	X_1	X_3	X_4	X_5	X_{10}	X_{11}	实际成本总额
1月	154.38	51.67	19.52	6.71	7.29	50.86	328.95
2月	170.96	61.91	17.91	3.7	6.65	81.26	380.9
3月	168.29	44.05	21.4	17.12	7.3	84.19	380.86
4月	166.11	81.19	18.09	17.03	7.31	87.55	415.77
5月	164.48	61.35	15.11	42.96	6.67	64.85	393.93
6月	171.01	62.41	15.55	43.82	6.38	45.04	382.73
7月	144.53	67.6	16.29	−15.37	6.69	52.91	351.17
8月	145.38	25.4	18.19	3.19	7	40.92	318.58
9月	129.6	30.06	16.95	3.63	6.56	37.37	302.67
10月	120.45	27.03	13.58	9.98	5.93	41.4	296.87
11月	114.01	39.91	11.86	8.36	5.59	33.07	291.3
12月	112.81	46.24	8.56	9.32	4.08	27.9	287.41

表 6 平煤股份二矿目标成本分解（单位：元/吨）

	Y_1	Y_3	Y_4	Y_5	Y_{10}	Y_{11}	目标成本总额
1月	150.37	46.15	16.80	1.31	7.15	45.65	219.60
2月	150.37	46.15	16.80	1.31	6.60	45.65	330.93
3月	175.37	46.15	16.80	1.31	7.15	45.65	330.93
4月	175.37	46.15	16.80	1.31	7.15	45.65	330.93
5月	175.37	74.13	16.80	1.31	7.15	45.65	330.93
6月	175.37	46.15	16.80	1.31	7.15	45.65	330.93
7月	175.37	46.15	16.80	1.31	7.15	45.65	330.93
8月	139.23	45.95	15.50	0.00	7.15	21.43	307.76
9月	139.23	45.95	15.50	0.00	7.15	21.43	307.76
10月	139.23	45.95	15.50	0.00	7.15	21.43	307.76
11月	139.23	45.95	15.50	0.00	7.15	21.43	307.76
12月	139.23	45.95	15.50	0.00	7.15	21.43	307.76

（2）预警结果分析。根据成本数据和成本预警方案，对 2013 年的成本预警结果如表 7 所示。

表 7 平煤股份二矿 2013 年预警结果

月份	预警指标 A	所在预警区间	报警级别
1月	1.12	A≥0.95	红色警报
2月	1.34	A≥0.95	红色警报
3月	0.94	0.9≤A<0.95	橙色警报
4月	1.76	A>0.95	红色警报
5月	0.83	0.8≤A<0.9	黄色警报
6月	1.35	A≥0.95	红色警报
7月	1.46	A≥0.95	红色警报
8月	0.55	0<A<0.8	不报警
9月	0.65	0<A<0.8	不报警
10月	0.59	0<A<0.8	不报警
11月	0.87	A≥0.95	黄色警报
12月	1.01	A≥0.95	红色警报

根据测算结果，红色警报6次、橙色警报1次、黄色警报2次，其中6次红色预警成本预警指标A全部超过了1，即实际发生成本超过了目标成本，4月份的情况尤其严重，成本预警指标达到1.76，表明实际发生成本已经超过目标成本76%，这说明平煤股份二矿在成本管理过程中存在一定的问题，需要进行及时分析和调整。二矿按照成本预警方案的提示，快速启动红色预警应急预案，按照预先设置的流程进行快速处理。从预警结果中还可以看出，2013年3月为橙色警报，这表明3月份的吨煤成本已经接近目标值，启动成本预警橙色应急预案进行处理。5月和11月的成本预警指标分别为0.83、0.87处于0.8和0.9之间，发出黄色警报，提醒相关管理人员实际成本已经快达到目标成本值，启动黄色预警应急预案，对主要成本进行重点关注。2013年8月、9月、10月的成本预警指标分别为0.55、0.65、0.59，均小于0.8，表明这几个月的实际成本控制较好，处于正常状态。

依照成本预警管理方案各级警报的应急预案应对报警情况，二矿均达到了预期效果。二矿使用成本预警管理方案对成本进行管理，使超支现象从一定程度上得以避免，从而将实际成本控制在目标成本以内。

四、煤炭企业成本预警管理方案设计与应用的实施效果

1.发挥了成本控制导向作用，吨煤成本显著降低

煤炭企业成本预警管理方案在实际应用中，能够根据采集的成本信息进行及时的分析评价和预警，提醒了相关管理人员加强对成本的控制，遏制了成本超过目标成本现象的发生。根据2013年平煤股份二矿的实际情况，吨煤实际平均成本为323.71元/吨，吨煤目标成本为330.93元/吨，吨煤成本较目标成本少了7.22元/吨。

2.创新成本管理方法，提升了企业管理水平

煤炭企业成本预警管理方案的实施弥补了企业在成本管理中的不足，完善了企业成本事前管理和控制模式，最大程度实现了成本的节约，防止了因成本虚高而造成的企业损失，保证了企业的成本优势，提高了企业的市场竞争能力和企业经营管理水平，促进了企业转变经济发展方式，实现了企业价值最大化，企业经济效益和社会效益得到提升，企业综合实力显著增强。

(成果创造人：宋合聚　秦海清　杨　灿　刘照辉　吴　龙　裴君雷　秦　鹏　王凤艳　范跃利　谢璐璐　孟朝阳　翟金凯)

煤炭企业以经营风险防范为目标的内控管理

平顶山天安煤业股份有限公司十矿

平顶山天安煤业股份有限公司十矿（以下简称平煤股份十矿），是中国平煤神马集团大型现代化骨干矿井之一。矿井于1958年8月开工兴建，1964年2月投产。原设计生产能力为180万吨，后经1986年、1995年两次改扩建，2006年矿井生产能力达到315万吨/年（最新核定生产能力为330万吨/年）。主要生产焦煤、1/3焦煤和肥混煤，其良好稳定的煤炭质量及优质的售后服务，在广大用户及销售战略伙伴关系用户中享有良好的信誉。

一、煤炭企业以经营风险防范为目标的内控管理产生的背景

煤炭在我国的能源结构中所占比例为60%以上，其在国民经济中占有重要地位。目前我国大部分煤炭企业都是国有控股企业，受传统计划经济管理体制的影响，国有煤炭企业普遍存在管理粗放、内部控制缺失、面临经营风险等问题，主要表现在：

1.内部控制环境基础薄弱

受传统管理和思维模式的影响，平煤股份十矿在实施内部控制时也发生了新老制度的交叉应用，造成新老制度不相融合，致使内部控制目标不明晰，片面地应用内部控制，缺少从战略的角度认识内控，不重视企业的长远发展，观念比较陈旧，员工面对不熟悉的内部控制活动无所适从，职责与权利交叉不明，制衡机制不明显，人为干涉内部控制，制度执行力差等问题始终得不到解决，从而严重制约了内部控制制度的运行，使内部控制缺乏有效的监督制约机制，很难发现内部存在的问题。

2.风险管理缺乏全面性和及时性

煤炭企业属于高危行业，企业风险预警及评估机制存在不完整、不科学性，具体表现在：一是对企业经营风险评估不够全面，大多将重点放在财务风险的估计与防范上，而对于煤矿经营风险估计不够，造成企业重大损失的往往是经营风险；二是风险预警不及时，存在很大的滞后性，不能走在市场的前面发现企业可能面临的风险，导致企业经营存在很大的不确定性因素，不利于企业管理层作出正确的经济决策及实现企业价值最大化的理财目标。

3.内部控制执行有偏差

内部控制全面性原则要求覆盖企业及其所属单位的各种业务和事项，但企业在实

施时往往有偏差。一是内部控制制度在逐级向下传达的过程中，由于各层级对其理解程度不同，员工的素质参差不齐，使其在执行中多少偏离初衷，表现为执行力度不够，不严格按照计划行事。二是内部控制活动缺少必要的检查监督，导致对内部控制约束的松散，不利于企业对内部控制绩效的评价。三是内部控制信息系统以财务信息为主，内部控制信息主要在执行部门之内闭塞运行，不能在全矿范围内有效的沟通传递，不利于内部控制系统的改进与完善。

针对企业存在的以上问题，"煤炭企业以经营风险防范为目标的内控管理"的课题应运而生。

二、煤炭企业以经营风险防范为目标的内控管理的基本内涵和主要做法

"煤炭企业以经营风险防范为目标的内控管理"的主要内涵：一是完善内控机制，优化组织结构，健全内部控制制度；二是构建经营控制体系，以经济活动分析，发现和解决经营管理活动中存在的问题的漏洞；三是以信息化技术为手段，构建企业信息管理控制体系；四是以完善的绩效考核制度，构建绩效考评控制体系；五是建立全方位的风险识别与评估，构建风险控制体系；六是以企业文化为引领，构建文化管理控制体系；最终达到提升企业管理水平，防范企业经营风险，实现企业既定的经营目标。其主要做法是：

1.完善内控机制，优化组织结构

近两年受经济危机的影响，煤炭也由卖方市场转为买方市场，煤炭产品滞销，煤矿效益下滑严重。为适应市场变化，平煤股份十矿开始构建全面内部控制管理机制，以提高企业管理水平，应对市场变化。

（1）优化企业组织结构，界定部门职责。

①建立扁平化管理模式。为提高企业运行效率，平煤股份十矿引入了现代企业组织结构——扁平化管理。扁平化管理就是优化中间管理层，使决策层和操作层之间的中间管理层减少，尽最大可能将决策权延至离高层最远的地方。平煤股份十矿结合企业实际，对扁平化管理模式进行探索，成立了最高决策机构管委会，下设三大中心，即以企管中心为核心的经营控制中心；以调度室为核心的生产指挥中心；以安检科为核心的安全管理中心，三大中心涵盖了企业经营、生产、安全的各个环节。三大管理格局的建成，有效地解决了政令不畅，信息闭塞，各自为战的管理局面，建立起事事有人管、人人有责任、工作有标准的管理模式。决策层发出的决策通过三个中心迅速传递到员工，员工在执行中遇到的问题也可迅速反馈到决策层，减少了多层管理造成的信息失真和损失，工作效率大大提高，也为内部控制的开展提供了基础。

②界定部门职责。随着企业的发展，企业原有的部门工作职责条款有的过时、有的已不适合新的组织结构的运作，为保障企业经济效益，需要对各部门的工作职责进行再界定，以保持各部门高效运转、协调配合、相互制衡。平煤股份十矿制定编印了《平煤股份十矿工作职责手册》，对采煤、开掘、机电、一通三防、安全、经营、后勤、多经等战线和机关各部门工作职责进行界定，提出具体标准和要求，明晰职责，优化管理、制衡、监管体系，在管理工作的实践中，逐步提高工作标准，提升执行力，为

企业发展提供有力保证。

（2）健全内部控制制度，实施内控管理。平煤股份十矿把内部控制向生产经营过程进行延伸，对各职能部门、各岗位的工作活动进行制度管理、风险控制、相互制约，从而避免各种风险的发生，实现企业经济效益最大化。

①建立内控管理体系。平煤股份十矿通过总结经验，深入调查，多方学习，在借鉴现代企业管理理论基础上制定了《平煤股份十矿全面内部控制与管理制度》，包括财务管理、投融资管理、经营管理、计划管理、供应管理、销售管理、工资分配管理、人事管理、考核管理、风险控制、制约机制等十一大类53个控制制度及管理办法，实现了内控制度全面性原则。

全面内部控制起到了规范管理的目的，建立了各部门业务相互牵制和协调配合机制，消除了管理中的漏洞，促进了企业整体管理水平提高，达到了控制经营风险的目的。

②设计内部控制监督体系。内部控制监督体系包括内控工作汇报制、内控管理问责制、内控管理考核制、管理责任追究制。目的在于加强制度的执行力，提高企业效益。

内控工作汇报制：通过平煤股份十矿经营管理平台，企管中心对全矿经营管理工作进行监控，各单位对经营中存在的问题及时向企管中心报告，企管中心汇集向管委会汇报，并提交解决方案。

内控管理问责制度：企管中心对全矿经营管理过程实施有效监控，发现偏差立即纠错，即对偏差事项向有关部门下发管理问责通知，并成立"专题调查"组，对偏差事项进行调查，分析原因，提出整改措施，落实执行。

内控管理考核制：企管中心建立了内部管理考核体系，考核体系涵盖安全、生产、质量、煤质、通风、瓦斯抽放与利用、打钻、物资、销售、工效、绩效、租赁费、成本利润、修旧利废、综合治理、罚款等16个大项，31个子项，月底企管中心组织各专业部门对全矿各生产单位进行考核，考核结果作为工资结算依据。

内控管理责任追究制：企管中心对具有经营性质的单位，由单位负责人对经营结果的真实性进行承诺，以避免违规行为和经营风险的发生，对在经营管理过程中出现偏差，在详细调查了解的基础上向管委会提交调查报告与管理建议书，同时对偏差事项单位负责人进行责任追究。

内部控制监督体系的运行，提高了企业制度执行力，避免了经营风险，使成本费用明显降低，增强了企业的竞争力，为企业的不断发展奠定了基础。

2.以经济活动分析，构建经营控制体系

经营管理是企业重要的管理职能，平煤股份十矿以经济活动分析为手段，把企业经营管理贯穿于生产全过程，实现企业经营管理目标。

（1）开展经济活动分析，保证企业经营管理秩序。

①召开经营分析会。经营分析会就是企业专业化经营和精细化管理之间的桥梁。通过经营分析会，使得精细化的管理活动能够支持企业专业化经营的需要。对于煤矿企业，除了三年或五年的战略规划、年度的经营企划外，最需要做的就是月度的经营分析。月度经营分析会议的水平，往往决定了企业经营目标执行的水平。

平煤股份十矿每月、每季度、半年、全年都要召开全矿经营分析会,会议对上个月、上季度、半年、全年经济运行情况进行分析总结,查找经营管理、成本管理、生产管理中的不足,制定有效对策,并对以后经营工作进行总结安排。经营分析会使企业管理者能够客观地评判企业经济运行情况,及时识别企业的经营风险,并做出决策避免风险的发生。同时经营分析会也是企业的一次微型环境扫描,便于企业应对市场变化的环境。

②以"专题调研"发现和解决经营管理活动中存在的问题。平煤股份十矿企管中心通过经济活动分析发现企业管理中存在的问题,成立"专题调研"组对问题进行调研,查出问题的症结、分析存在的原因、提出解决的办法,最终形成调查报告在每月经济活动分析会上进行讨论解决。如"矿工业广场及家属区用电调查""全矿租赁设备及租赁费调查""井下材料费使用调查""瓦斯抽放及利用调查""班组核算开展情况调查""教育经费使用情况调查""井下电缆使用调查""废旧物资处理情况调查""出门证管理调查"等等,通过这些专项调查工作,发现了管理中存在的不足及漏洞,及时修改管理程序,监督新程序的执行,消除了企业经营风险。

(2)制定全方位目标管理考核体系。为有效实施内控管理,平煤股份十矿制定了全方位目标管理考核体系,对全矿9个战线的130个指标实行月考核,季兑现。一是由内部结算中心对指标发生的合理性、合法性进行把关,从源头上把住指标使用的第一道防线。二是内部结算中心汇同企管中心及时跟踪各项指标的使用情况,随时掌握指标变化动态。三是指标考核,年初对130个费用指标制定计划,每月对各战线各项费用指标实际发生进行考核,全方位指标在使用过程中要控制使用不得超支,特别是有增拨指标后,无论任何情况都不得超支。每月对超支的项目分析超支原因,提出解决措施,督促有关部门落实整改。四是建立预警机制,对指标在使用时间过半且使用量达到60%时提出黄色预警,达到80%时提出红色预警,企管中心将通知责任部门采取措施,控制指标。

通过以上措施的执行,95%的指标都在受控状态下运行,取得了明显的效果。

3.以信息化,构建企业信息管理控制体系

(1)煤矿企业信息化工作方向。企业信息化是指采用先进成熟的管理思想和理念,依靠现代电子信息技术,对企业进行资源整合,管理流程的分析与再造,提高企业的效率与效益,增强企业竞争力的过程,是企业高层次、全新的管理革命。

信息化主要从三个方面展开工作。一是数字化,即数据的电子化,把安全信息、生产信息、瓦斯抽放信息、井下监测监控信息、库存信息、销售凭证、费用和采购凭证等等数据资料存入数据库中,方便随时查询和调用。二是程序化,即流程的电子化,把企业规范的流程用软件或其他手段固化,这样该流程所涉及的岗位员工的工作更加规范和高效。三是科学化,即对决策的科学支持,通过信息化手段对数据库中的原始数据进行科学的加工和处理,得到有助于管理层做出科学决策的有效信息,是一种辅助决策。

(2)构建企业信息管理控制体系。平煤股份十矿在内控管理体系背景下,结合煤矿企业信息化管理基础,构建了企业信息管理控制体系。

①企业信息化管理控制体系的标准:通过组织管理控制手段,保障系统、流程、数据均衡发展;明确企业计算机管理部门和专业部门之间的关系和责任;清晰定义分工和管理控制流程;正确划分信息系统的部门、管理者;加强对流程执行的管理控制,明确流程交接的边界和流程的负责者;充分发挥企业信息化建设工作的价值,确保信息化战略和企业战略相吻合,从而支撑企业的运营和管理。

②逐步建立专业化信息管理控制系统。平煤股份十矿通过多年实践建立和应用了财务管理 NC 系统、经营管理平台系统、物资管理系统、办公自动化 OA 系统、矿井综合自动化系统、矿井瓦斯监测监控系统、井下皮带运输机监控系统、掘进工作面顶板离层监控系统等。信息管理控制体系的实施:一是提高了企业业务流程的自动化程度,为内部控制的实施提供了高效载体与工具。二是推动企业的业务流程重构和组织结构优化,信息技术从根本上改变了组织收集、处理、利用信息的方式,推动组织结构的重新搭建,建立职责分工、相互制约的扁平化、动态化、信息化业务组织形式,更好地适应竞争日益激烈的市场环境。三是借助信息化手段,对企业价值链条上的各环节进行优化,可以卓有成效地改善企业成本结构。四是运用信息化管理系统,信息收集,处理分析,信息传递等可摆脱人工操作,增强了时效性,减少人为失误或有意错误的发生,防范经营风险。

4. 以人力资源管理,构建绩效考评控制体系

人力资源管理是企业完善内部控制的基础,企业人力资源管理与内部控制的落实不可分离,内部控制的落实需要人力资源配合,人力资源管理影响内部控制环境,内部控制影响人力资源质量,二者都是为实现企业发展目标服务的。

(1) 明确绩效考核基本原则,规范绩效考核细则。客观、公正、科学地评估员工对现任岗位的胜任程度,是员工薪酬变化和职位调整的客观依据,也是提高员工综合能力发展的有效途径。平煤股份十矿在绩效管理过程中探索和总结出全方位、精细化的绩效考核细则,体现在"岗位有标准、人人有责任、事事有考核"。通过制定不同岗位员工的绩效考核制度,规范员工的行为,细化、量化各岗位考核标准,依据标准对员工的业绩进行及时全面的考核,以实现企业的战略目标。

一是横向方面,建立完善了采煤、开掘、机电、一通三防、安全、经营、后勤、多经、政工等 9 个战线和安全、产量、进尺、质量、煤质、成本、稳定等 7 大指标共计 32 个程序文件、800 多条量化考核细则。

二是纵向方面,从矿领导到副总工程师(副总经济师)、机关科长、基层区队长、党支部书记、员工,建立了规范的考核机制。对各部门、各级员工的绩效考核实施每月一考核、一公布,奖罚兑现。对员工绩效考核的实施,有助于提升员工的知识能力和素质。

(2) 严格、科学地实施绩效考核体系。绩效考核是企业人力资源管理中一个十分重要的基础工作,是员工薪酬分配、岗位竞争的中心管理环节,通过考核提高员工工作效率,最终实现企业的目标。平煤股份十矿在绩效考核中明确员工对企业经济效益的贡献度,使其真正感受到自己在企业中的价值和作用,充分调动每个员工的积极性和创造性。通过绩效考核把有突出贡献的技术工人和科技人员的贡献与收入挂起钩来，实行一流人才、一流业绩、一流报酬、一流使用，使知识价值、人才价值在政治待遇、经济待遇和生活待遇上得到充分体现。

①管理人员实行百分制绩效考核。考核指标分为主要考核指标、辅助考核指标和否决指标。主要考核指标有安全、工程质量、生产任务、煤质管理、成本管理、工作质量、材料消耗等硬指标，旨在能够反映工作量、工作质量、经营管理水平等量化指标的完成情况，占总分的70%。辅助考核指标分出勤、纪律、技能、创新管理、获得荣誉、服从领导、团队协作等指标，占总分的30%。对发生安全事故实施一票否决。企管部门对每项指标都制定了具体量化考核内容和基本要求，体现岗位职责的一致，并根据岗位要求，对每项考核内容进行了权重设计，建立考核台账，每月考核一次，每季度汇总一次，在每月工作会议上通报考核结果。采用管理人员绩效考核表，汇总管理人员的绩效水平，据此作为管理人员工资分配、岗位升迁的依据。

②员工实施ABC三级员工考核。基层员工的考核由其单位直接领导负责，每天工作任务完成后，在工作现场填写每日的工作考核卡，工作考核卡由7项指标组成，分别是工作任务、工作质量、安全目标、成本消耗、团队协作、执行能力、工作创新等内容，由组长对员工打分，班长对组长打分，队跟班干部对班长打分。月底根据员工每天的工作考核卡得分情况评出ABC三级员工，A级员工为优秀，占30%的份额，每人奖励小组平均工资的10%；B级员工为良好，占60%的份额，不奖不罚；C级员工为较差，占10%的份额，每人按小组平均工资的10%处罚，本队支部书记或队长对其进行谈话诫勉。员工工作考核卡每工得分和累计得分由核算员当日在"区队公开栏"公布，月底评出ABC三级员工同样在"区队公开栏"中公布，结果作为员工月收入分配的主要依据。

③薪酬分配。薪酬分配向苦、脏、累、险的一线和技术含量高的岗位倾斜，并从工作环境到居住环境，想尽办法提高员工福利待遇，解决员工的后顾之忧，使其能够全身心地投入到煤矿生产之中。目前平煤股份十矿井下直接工与井下辅助工和地面工的工资比例是2.8：1.8：1，合理倾斜的薪酬政策，稳定了井上、下员工队伍，使员工最大限度地发挥自己的创造潜能，保证了企业的安全生产，促进了企业的可持续发展。

5. 以风险识别与评估，构建风险控制体系

市场经济中企业面临的风险有战略风险、市场风险、财务风向、法律风险、经营风险。平煤股份十矿是平煤股份公司下属的一个矿井，所面临的风险主要是经营风险、财务风险。经长期实践收集整理汇编了风险清单，将风险分为经营风险、财务风险二大类一级风险，并向下延伸、细分，形成264个二级风险、871个三级风险，对已识别风险通过调查问卷、访谈、专项会议等形式进行了较为科学的风险评估，确定了各类风险差异化的容忍程度。

（1）经营风险管理。经营风险是指因生产经营方面的原因给企业盈利带来的不确定性。主要体现在原材料采购和物资储备不能适应当前主导产品的生产销售，原材料供应地的政治经济情况变化等带来的供应方面的风险，新技术、新产品、新工艺开发

应用不能服务于企业长期发展、生产组织不合理等因素带来的生产方面的风险，销售决策失误等带来的销售方面的风险，此外还有劳动力市场供求关系变化，自然环境变化，税收调整以及其他宏观经济政策的变化等方面的因素，也会直接或间接地影响企业正常经营活动。

①对各项经营指标进行考核。每年年初平煤股份十矿都要下发"经营管理2号文件"，该文件是企业全年经营管理工作的纲领性文件，企管中心按照"经营管理2号文件"要求，对全矿130多个指标进行月考核、季兑现，对费用超支的单位提前预警，然后按照考核结果每季度进行奖罚，以此控制各项指标的发生，减少计划外支出，保证企业成本利润的完成。

②合同风险管理。平煤股份十矿合同管理由两个部门负责，司法所负责合同真实、有效性的审核，企管中心负责合同手续完善的审核，同时两个部门还具有相互监督的职能，上一个部门手续没有完成，另一个部门不办下一道手续，这样保证了合同的履约。

③物资管理风险。平煤股份物资管理实行由集团物资供应公司统一供应，对于各生产矿来说主要存在物资的使用、积压所带来的风险。一是设备配件储备过量，如以前使用的老式采煤机淘汰时，库房还存有大量采煤机配件，这些配件在现在使用的采煤机上不能通用；二是各区队材料库存放的材料积压，有的长期存放致使过期失效等等。物资的超量配置与存放造成资金大量沉淀，不利于企业效益的提高，为此平煤股份十矿使用了"物资管理系统"，全矿各单位材料使用与剩余情况在"物资管理系统"一目了然。材料计划一旦形成则不能修改，防止计划的超支。对于材料储备过多的区队实行"内部市场交易"进行调剂，从而使各区队材料物资的储备在一个合理水平。

（2）财务风险管理。财务风险管理是指经营主体对其理财过程中存在的各种风险进行识别、度量和分析评价，并适时采取及时有效的方法进行防范和控制。财务风险管理是一个连续的、循环的、动态的过程。

风险来源：一是筹资风险，二是投资风险，三是资金回收风险，四是收益分配风险，五是税收风险等。

防范措施：一是提高企业对财务管理的适应能力和应变能力，二是提高财务人员的风险意识，三是提高财务决策的科学化水平，四是科学控制财务风险。

6.以企业文化为引领，构建文化管理控制体系

企业文化本质上就是以人为本的管理文化，因地制宜，用企业文化引领企业发展，用企业文化引导和渗透企业员工的思想，驱动企业管理上升，发挥部门和员工之间的对标和标杆引领作用。

（1）构建企业文化体系。平煤股份十矿已有50年开采历史，积淀了丰富的文化底蕴，多年来经过不断的提炼，形成了独具十矿特色的企业文化，编写了《十矿学习型企业文化手册》《十矿安全文化手册》《激情十矿》《文明矿山》《和谐矿山》《德育矿山》《十矿宣传》等刊物，并以制度、文化为依托，以行为规范为支撑，逐步形成安全文化、管理文化、经营文化、质量文化、科技文化、诚信文化、人才文化、品牌文化、廉政文化、环境文化、团队文化等，从"一场一廊一路一文化"的格局（企

业文化广场、安全文化长廊、安全教育路、办公区域文化）体现出企业的管理，信息的反馈，知识的窗口，文明的传承。

平煤股份十矿连续7年来没有发生死亡和一级非伤亡事故，全矿牢固树立"不安全不生产，努力创造安全条件去生产""人人都是安全员、天天都是零事故""第一次就做对"等理念，扎实开展"干部走动管理、编码管理、'双述'工作法、'安全学谈'教育、党代表巡视、党员安全伙伴、英雄冠名行动、安全365行动、青年零点行动、导师带徒"等活动，通过这些活动的开展，构建一张紧密的文化管理网络，实现企业的安全生产。

（2）充分发挥班组作用，不断提升班组安全管理水平。班组是企业组织结构的基石，是落实安全生产的最基层的生产组织，是一切工作的出发点和落脚点。平煤股份十矿大力开展班组建设，夯实班组安全生产基础。

一是深入开展"白国周班组管理法"，把"白国周班组管理法"中的"六个三"内容和用心做事、爱心待人、恒心坚持的工作态度，通过规章制度落实到实际工作中，形成推动班组建设的长效机制。

二是突出查找班组安全管理工作中存在的问题和不足，不断加强和改进班组建设，打好安全基础管理。

三是突出抓关键和薄弱环节，根据工作特点和重点，抓重点、重点抓、一抓到底、抓出成效。

四是发挥班组建设研究室、班组长协会作用，参与制定矿有关班组建设的指导政策和实施意见；学习、传播有关班组建设的先进理论和工作成果，结合实际做好指导、交流、推广工作；逐步建立完善班组长协会会议制度、工作制度和民主决策制度；加大优胜班组、优秀班组长、明星班组、明星班组长先进事迹宣传报道力度；定期组织召开班组长座谈会、交流会，加强班组长之间的交流、沟通，推广班组管理工作经验。

五是创新"三个一"民主激励机制，强化班组安全管理。"三个一"即设立一个班组安全督导员，建立月度班组安全民主生活会制度，每季度召开一次安全"金点子"表彰会，各单位对安全"金点子"实行重奖。

（3）开展职工安全培训活动，不断提升职工安全意识。按照国家安全监管总局、国家煤矿安监局提出的"万名班组长安全培训工程"要求，每年对全矿班组长进行轮训，培训内容涉及安全、生产管理、形势任务教育、现场安全管理、经营管理、煤矿安全法律法规。培训结束后，统一考试，考试不及格的，重新学习补考，直至考试合格。各区队本着"急用先学、缺什么补什么"、一专多能的原则开展职工培训。同时，大力开展"每日一题、每周一课、每月一考、每季必评、每评必奖"活动，活动有考核、有记录。

平煤股份十矿用企业愿景激励员工、用企业精神凝聚员工、用核心价值观锤炼员工，通过企业文化实施对企业的有效管理。

三、煤炭企业以经营风险防范为目标的内控管理的实施效果

1.提高了企业管理水平

内部控制管理的实施，使企业的管理发生了很大的转变，由以前着重发现问题，

转向重视问题的改进；分析原因时由以前着重寻找个人因素，转向查找、分析体系缺陷；对内部控制运行不断进行跟踪评价制度的有效性，并实现持续改进。平煤股份十矿人人参与内控管理，全员遵守内控制度，在制度面前人人平等，任何领导不能凌驾于制度之上，必须按制度执行。两年来，通过内部控制管理，企业管理程序和制度执行力大为改善，促进了企业规范有序运作，降低了成本费用，增强了企业抗风险能力，提升了企业竞争力。

2.创造了显著的经济效益

在这两年的经济危机中，平煤股份十矿一是在外部环境中，加大对市场的调研，实时关注经济走势，及时走访战略用户，采取有效措施实现煤企与客户的利益共存。二是在内部环境中以内部控制为手段，强化制度管理，消减不合理支出，降低运营成本，充分利用好各项政策，调整煤炭品种，增加适销对路产品，在市场不景气的情况下，实现了产销平衡，保持了企业经济效益。

2013年全年产销商品煤268万吨，全年实现销售收入139451.38万元，利润23398.34万元。矿区安全生产形势持续稳定，连续7年没有发生重大伤亡事故，实现了安全、稳定、持续、健康的发展。

3.提升了企业形象

近年来，平煤股份十矿先后荣获中国煤炭工业优秀管理奖、河南省文明单位和思想政治工作优秀企业等殊荣。2010年被中国煤炭工业协会授予全国煤炭工业先进煤矿、全国煤炭工业企业文化示范矿等称号。

（成果创造人：郝相龙　闫学太　韩发堂　许伟功　牛大伟　孙相谦　杜思远　安秀荣　刘新　刘会丽　郜丽娜　任建强）

煤炭物资供应企业资金风险控制与管理

中国平煤神马能源化工集团有限责任公司物资供应分公司

中国平煤神马能源化工集团有限责任公司（以下简称集团）是一家以能源化工为主导的国有特大型企业集团，是我国品种最全的炼焦煤、动力煤生产基地和亚洲最大的尼龙化工产品生产基地。现拥有"平煤股份""神马股份""新大新材"三家上市公司。2012年，集团营业收入1290亿元，资产总额1100亿元，利税总额50亿元，职工总数17万人，成为河南省两家收入、资产"超千亿"企业之一。

中国平煤神马能源化工集团有限责任公司物资供应分公司（以下简称物资公司）是集团集中统一的物资采购供应单位，主要担负着集团煤炭采选业的物资采购、供应、仓储、配送服务等工作，履行集团矿用物资"管供并重、以管促供、确保安全"的重要职责，年供应额近40亿元。

一、煤炭物资供应企业资金风险控制与管理的实施背景

1.近年来煤炭企业货币资金管理的现状

近年来，国内煤炭市场产能过剩，形成供过于求的局面。与此同时，环保压力增大、能源结构调整以及进口煤的冲击，造成煤炭市场总体上呈现供应继续增长、消费增速放缓、库存持续高位和市场煤价处于低位的趋势，煤炭市场整体进入低迷期，致使国有大中型煤炭企业亏损严重，资金紧张，生产经营困难。集团作为我国品种最全的炼焦煤、动力煤生产基地，也不能独善其身，同样面临资金紧张的严峻挑战。

（1）2012年，随着国内外经济形势日趋下滑，煤炭市场整体进入低迷期，集团经营形势也日益严峻，煤炭销量下降，库存积压严重，煤炭销售价格创近年来新低，煤炭销售呈现量价齐跌的局面。由于市场整体经济形势影响，集团货款回款十分困难。应收账款数额居高不下，使用银行承兑汇票结算现象增多，现金流匮乏。

（2）随着市场形势的变化，保障供应与资金紧张的矛盾日益突出。物资公司作为集团物资集中采购供应管理部门，担负着集团煤炭生产所需物资的供应，采购物资品种复杂、采购方式多样、供应商遍布全国各地、每月采购物资所需资金数额大。由于煤炭行业的特殊性，即使在当前实行限产或停产的情况下，对减少材料投入的影响很小。但由于资金支付困难，应付账款数额居高不下，并有不断攀升之势，保障供应与

资金紧张矛盾突出，资金紧张给煤矿安全生产所带来的风险增加。

因此，集团要在当今煤炭艰难形势中站稳脚跟，平稳过渡，就必须抓住资金管理这个中心，深入研究聚财、生财和用财之道。采取行之有效的管理和控制措施，疏通资金流转环节，才能进一步全面提高经济效益。物资公司作为集团物资采购供应部门，每年的采购资金量达40亿元左右，资金风险管控和资金安全尤为重要。如何加强采购资金管理，规范支付流程，防范经营风险，确保资金安全，提高支付效率，构建高效的资金风险防控机制，是当前需要迫切解决的问题，也是物资公司多年来的探索和追求。

2.现阶段货币资金管理与控制面临的主要问题

（1）如何化解保障物资供应与采购资金紧缺的矛盾。近年来，集团规模不断扩张，物资公司承担了更多的供应任务，供应量大增。一方面，集团煤炭生产所需物资数量不断增加，每月采购及供应物资近3亿元。另一方面，受全国煤炭形势不利因素影响，集团货款回收困难，使物资公司在采购环节遭遇了前所未有的资金支付压力，每月付款额不足1亿元，应付账款急剧上升。资金形势的不断恶化，加大了材料采购的困难。因此，要保持生产经营有序开展，必须在化解"保障供应与资金支付困难"这一矛盾上进行探索突破。

（2）如何解决资金的高效利用，避免资金浪费。受集团资金运转困难影响，资金分配逐渐成为了矛盾的焦点。如何合理的分配资金，把有限的资金利用最大化，杜绝资金浪费，提高资金的使用效率，成为在经营困难时期资金管理的重中之重。

（3）如何加强货币资金的内部控制和管理，保证货币资金的安全。资金是企业的命脉，近几年发生重大资金案件，都与内控制度不健全或执行不到位有关。如财务印签由一人保管、银行余额调节表由出纳编制、保险柜密码和钥匙由一人保管、承兑汇票由一人领取、付款申请没有经过审批程序、大额资金支付没有执行联签、资金没有日清月结、没有坚持盘点制度、电子钥匙和密码没有分开保管、财务人员长期不轮岗、重要岗位人员没有强制休假制度、资金审批授权制不完备、监督检查不到位、检查人员长期不轮换等，都有可能诱发资金案件。企业越是困难，越要注重资金管理的内部控制。如何把控资金收支流程各个岗位的权利和义务，在资金运营的各个环节加强管理，加大监督，确保货币资金的安全也是企业一项常抓不懈的重要工作。

二、煤炭物资供应企业资金风险控制与管理的内涵及特点

1.煤炭物资供应企业资金风险控制与管理的内涵

在保证物资供应和资金安全的前提下，以防范资金风险、合理调度资金、提高资金使用效率为目标，以信息化为平台，以完善制度和各个节点控制为手段，通过资金风险控制与管理的实施，使每笔资金的来源和支出具有可追溯性，最终实现资金的"集中管理、统一调配"。

2.煤炭物资供应企业资金风险控制与管理的特点

（1）可操作性。一个企业管理模式的设计一定要具有可操作性，如果模式不能在实践中被应用，则这个模式设计的再完美、再严密，也是没有实际使用价值的，也不能给企业带来效益。因此，本成果通过资金收支流程的再造和完善以及信息化系统的

融入，明确了涉及资金支付流程的十余个岗位的权利和义务，制定了岗位操作步骤和操作手册，各个岗位分工明确，各个节点环环相扣，保证了资金收支的顺畅。

（2）安全性与效益性。企业资金风险控制与管理讲究的是"安全性、效益性"，并在确保资金安全性的前提下，使资金在其周转的速度与使用的效益方面得以提高。成果实施过程中，通过对资金的各个节点进行认真分析，找出风险控制点，对可能出现的风险制定相应的制度进行控制，把资金风险降到最抵，确保资金安全。通过合理调度货币资金等手段，使资金发挥最大的效益，以有限的资金保证材料物资的正常采购。

（3）完整性与合法性。资金是企业进行经营生产活动不可缺少的一个条件，企业进行资金内部控制与管理，对保障企业资产上的完整和资金收支更加合规有着十分重要的意义。物资公司通过资金风险控制与管理的实施，最大限度地确保了每笔收取的款项全部计入财务账户，防止出现账外账，预防私设"小金库"等侵占企业收入的违法行为出现。同时使每笔资金符合国家财经法规，签批手续齐全完备，杜绝不合理、不合法支出，防止舞弊行为发生。

三、煤炭物资供应企业资金风险控制与管理的主要做法

1.完善资金管理制度

物资公司先后制订完善了《货币资金管理制度》《资金支付审批办法》《财务印章管理办法》《保险柜管理制度》等，从源头上把好资金管控的第一关。

（1）现金及银行存款的管理。

①严格执行《现金管理暂行条例》及其实施细则的相关规定，凡是现金业务一律通过银行转账支付。

②收取的现金当天交存银行，交款单位填写款项说明后经单位负责人、财务科负责人签审后财务人员办理入账手续。

③取得的现金必须及时入账，不得私设"小金库"，不得账外设账，严格禁止收款入账的行为。

④加强银行账户的管理，根据集团的统一规定开立银行账户，不准出租、出借银行账号，不为单位和个人套取现金，不得私设账外账，不得公款私存。

⑤银行存款每日必须结账，做到日清月结，及时与银行对账。财务科长每月要认真审核银行对账单和银行存款余额调节表，如有问题，责成有关人员查明原因，及时处理。出纳人员不得同时从事银行对账单的获取、银行存款余额调节表的编制等工作。

（2）银行票据的管理。

①物资公司使用的银行票据主要有支票、汇票、银行承兑汇票。出纳是银行票据的第一责任人。

②各单位必须对收到的银行票据严格审查其真实性和规范性，对虚假和不能变现的银行票据不得接受。

③各单位收到银行票据后当天上交财务科，出纳填写《上交票据明细表》，经总会计师或财务科长、票据专管人员签字，由2名以上会计人员一起送交集团财务公司，由集团财务公司统一管理。

④银行票据的领取、上交必须两人以上专人专车专线办理。

⑤设置《银行票据登记簿》,详细登记每一笔票据的相关信息。

⑥领取银行票据必须持领票单位的授权委托书、收款收据、领票人身份证复印件,授权委托书必须先经基层单位审核并加盖公章。

⑦严禁未经授权的人接触银行票据。

⑧当天未支付的票据下班前必须存入公司保险柜,由两人共同办理,一人保管钥匙,一人保管密码,保险柜设在24小时专人看护的保卫科监控室。

⑨完善银行票据盘点制度,每天安排专人进行盘点,财务科长、审计科长不定期监盘。

(3) 财务印章的管理。加强银行预留印鉴和其他财务印鉴章的管理,实行分人保管、定期轮换,财务专用章应由专人保管,个人名章必须由本人或其授权人保管。严禁一人保管支付款项的全部印章。按规定需要有关负责人签字或盖章的经济业务,必须履行签字和盖章手续。

①公章及财务专用章的管理。指定不同的专人掌管本单位的行政章、财务专用章等公章;不得在空白凭证或单据上加盖公章;财务公章原则上不得由个人携带出机关或单位外使用,对确需带出使用的,应写申请单,载明原因、带出时间,经总会计师签字同意后,由两人以上共同前往使用,并由印章管理人员携带印章到场监印;建立财务公章使用登记簿,记载使用公章的时间、事由、批准人、经办人、公章名称、文书份数等事项;需要使用公章时,经财务科长审核后经办人在公章登记簿上详细登记后可用印,重大事项必须经总会计师签审。印章管理人员用印前,要认真审核,确认符合用印的手续,并详细登记台账后,方可用印。

②业务专用章的管理。财务科长根据业务需要及分工情况,指定人员分管收讫、付讫、转讫等业务专用章,并且备案存档,各人对其掌管的负责;使用业务专用章时,须对照审核过的凭证,核对经济业务事项、金额、附件份数等,严禁只盖章不作凭证现象的发生。

(4) 依托网银系统加强对资金的管制。

①按照集团要求使用集团统一的资金管理软件,所有资金收支业务均通过网银系统办理。

②网银系统的密钥是办理网银结算的唯一有效凭据,物资公司密钥分别由出纳、财务科长、总会计师掌握,各保管人应妥善保管密钥、证书及密码,密钥、证书或密码丢失应立即向集团财务公司报告并办理挂失手续。

③财务科长安排专人每天核对网银系统与财务系统资金余额,如不一致必须及时查明原因,并按照财务制度的规定处理。

④网银系统密钥保管人变更后必须第一时间到集团财务公司办理人员变更手续,吊销原密钥、证书,同时上交密钥。

⑤网银系统密钥要定期变更密码,密码长度不低于6位字符,并应包含文本字符、数字字符、特殊字符等两种或两种以上的组合,以满足一定的密码复杂度,并妥善保

管不得泄露。

⑥严禁未经授权的人使用安装有网银系统的计算机,计算机必须设置系统密码,安装自动更新的安全软件和杀毒软件。

2.构建资金支付流程

(1) 采购资金审批流程。

①物资公司实行资金平衡会制度。成立资金平衡小组,小组由相关领导及财务、纪委等部门负责人组成。每月集团资金预算下达后,组织资金平衡小组召开资金平衡会。针对采购资金合理的分配依据以下两个原则:一是优先保证集团安全生产急需材料与设备的资金支付。二是对现有供应商按"ABC"法进行归类,将集团战略供应商划为 A 类,占用每月资金预算的 50%;将集团一般重点供应商划为 B 类,占用每月资金预算的 30%;将其他散户供应商划为 C 类,占用每月资金预算的 20%。财务科根据集团下达的资金预算,以各单位上月末应付账款余额为基础,并结合上述原则提出资金分配方案,经资金平衡会研究同意后下发,各战线可在资金额度内调剂使用(需有战线主管领导审批的调剂说明)。

②各单位根据分配资金情况,根据申请额度不得超过上月末挂账余额,当月挂账当月不得付款的原则,编制本单位月度资金支付申请表,付款申请要求根据轻重缓急的原则,由单位负责人、主管领导审核,报总会计师、经理审批后,财务科执行。

③内部单位采购资金的支付根据资金平衡会确定的分配方案,由财务科填写付款申请表,报供应科室主管领导、总会计师、经理审批后执行。

(2) 付款流程。

①财务科资金组收到审核无误的付款申请单后,汇总上报集团财务公司,财务公司在集团预算指标之内核批现款或承兑,是现款的财务科会计根据核批后的付款申请单填制会计凭证。

②付款凭证经复核人员、会计主管审核后交出纳,出纳在网银系统录入付款单据,经财务科长、总会计师审核后报集团财务公司,同时上报纸质付款申请汇总表,付款申请汇总表经财务科长、总会计师签审。集团财务公司根据物资公司上报的付款申请汇总表逐笔在网银系统审核付款单,网银系统与外部商业银行联网,直接通过外部银行支付。付款成功后出纳在网银系统打印付款单据,作为支付成功的财务原始单据保存。

③集团审批为承兑的付款申请单,物资公司出纳根据集团审批的承兑票号、金额和对应的付款单位在网银系统中录入单据,经财务科长、总会计师审核后报集团财务公司,同时上报纸质付款申请汇总表,付款申请汇总表经财务科长、总会计师签审。集团财务公司审核后,公司安排两名以上出纳人员到集团领取承兑汇票,并填写背书人,集团财务公司再次对背书过的承兑汇票进行审核,并加财务专用章和法人印章,出纳将承兑汇票领回。

④出纳领回承兑汇票后填写《银行票据登记簿》,并在基层单位填报的付款申请单上标注承兑金额,将标注后付款申请单交会计,会计通知供应商领承兑汇票。

⑤供应商提供授权委托书、收款收据和领票人的身份证复印件领取汇票,授权委

托书要加盖单位公章、财务专用章，经法人签字盖章，授权委托书还要经公司填写款申请的基层单位审核，领票人的身份证复印件要加盖领票单位公章。

⑥会计审核供应商提供的领票资料，审核无误后，填制付款凭证，经复核人员、会计主管审核后交出纳，出纳再次复核领票人信息，领票人《银行票据登记簿》上签字确认，出纳发放承兑汇票。

⑦费用报销支付流程与材料现款流程基本一致，资金平衡会根据集团下达的经费预算，分解到各基层单位，各基层单位根据上月末费用报销挂账金额填写付款申请表，经基层单位负责人、主管领导、总会计师（财务科长）、总经理审批后，财务履行付款手续。

⑧当日未发完的承兑汇票，下班前由出纳、资金组长、财务科长（或指定人员）进行盘点后，存入公司保险柜，保险柜必须由掌握密码和钥匙的两人共同到场才可打开。如遇节假日，盘点后交存集团财务公司保存。

3.细化岗位责任制

物资公司资金管理实行统一领导，层级管理，明确资金管控各个环节、各个岗位的权利和义务，建立了完善的岗位责任制。

（1）资金平衡会：安排资金预算，分解资金预算指标，形成资金分配方案。

（2）总经理：全面负责公司资金运作，审批资金分配方案。

（3）主管领导：对资金支付进行初审，审核付款业务的真实性。

（4）基层单位：对付款业务的真实性负责，真实准确填写《付款申请表》，凡是超上月末挂账余额申请或填写付款信息错误的，对基层单位负责人、填表人给予一定的经济处罚。

（5）总会计师：在资金预算之内审批资金额度，超预算资金支付一律不予执行，对网银系统单据进行审核。

（6）财务科：资金支付的执行机构，复核《付款申请表》，按照财务制度的要求填制付款凭证，及时准确录入资金系统，上报集团财务公司。凡是不按照财务规定和付款流程进行业务操作的给予相应处罚。

而财务科的具体岗位中涉及资金支付的有：财务科长、资金主管、出纳、会计、凭证审核主管，只有经过层层审核的付款单据才可转入下一流程。

（7）集团财务公司：对物资公司上报的付款单据进行复核后，对外支付款项。

（8）领款人：必须提供完全符合要求的手续才可领取承兑汇票或领取款项。

任何一笔款项的支付必须经过12个不同岗位的审批才可办理，每个岗位都制定了相应的管理手册，每个岗位的工作只对流程负责，对制度负责，一切按流程办事，有效地保证了资金的安全。

4.重视关键节点控制

（1）付款申请：一是各单位在填写付款申请表时，必须以财务科提供的付款单位挂账余额为限如实填写，必须以真实采购业务为依据，避免无采购业务而发生资金支付形为，造成企业资金的被挪用、侵占，给企业带来资金损失；二是付款申请表须经单位负责人、主管领导、主要领导（总经理）、总会计师联签，避免资金支付由一人或一个岗位决定，降低资金风险。

（2）财务审核：一是审核申请额度不超挂账余额，避免了货款超余额支付，形成应收款项而带来的资金风险；二是审核签字手续是否完备，避免审批不严而造成资金损失；三是审核供应商信息是否准确，避免所支付款项被银行退回现象的发生；四是审核记账凭证是否正确，避免了付款金额不准确现象的发生。

（3）资金系统控制：登录资金系统必须要有经过集团授权的密钥与密码，避免未经授权的人员经办付款业务；每一笔资金支付必须经出纳、复核、主管三个岗位审核后才能传递到集团财务公司，审核资金系统单据内容与付款申请表、会计凭证内容是否一致，如不一致停办此笔业务；财务公司收到申请后也要经过经办人、复核、主管三个岗位审批后，通过银企联网系统支付资金，通过多重审核避免了付款单位与申请单位不一致、付款金额错误等现象的发生。

（4）票据管理：设置票据登记簿，详细登记每一笔票据的相关信息，领票人必须在登记簿上签字确认，避免票据发放后无据可查现象的发生；供应商领取票据要提供授权委托书、身份证、收款收据等相关证件，避免票据被冒领、错领等现象发生；对于5个工作日不能发出的票据及时交集团财务公司保管，确保票据的安全保管；不定期对供应商收款情况进行电话回访落实款项的支付，避免对方经办人收到票据后不及时上交财务部门的行为。

5.不断完善新的资金结算与管理模式

（1）内部电子结算单的实施。2006年上线了中矿资金管理系统电子结算单，各种付款单据的传递不再需要人为地在集团、物资公司和基层单位中间进行，通过内部电子结算单省了大量的时间，并提高了资金的安全使用，有利于材料、设备款的收、付结算。

①委托收款书。物资公司主要收款是集团各分公司、子公司材料款，都以托收形式收回。出纳根据会计提供的托收汇总金额表，录入资金系统，财务科长和总会计师二级审核后单据自动到集团内部银行。集团资金结算科经办人根据物资公司提供应付款单位托收确认单（托收确认单由对方财务负责人签字并加盖财务结算印章）对照金额经办，并由集团资金结算科科长和内部银行主管领导二级审核后，自动收到付款单位材料款，打印收款回单交会计做收款。

②外部收款。集团资金结算科根据银行回单，按付款单位备注的内部账号，集团资金结算科经办人录入单据，由集团资金结算科科长和内部银行主管领导二级审核后，自动收到付款单位材料款，打印收款回单交会计做收款。

③付款委托书。会计根据领导审批过的付款申请表做付款凭证，出纳根据审核无误的会计凭证录入单据，财务科长和总会计师对收款单位名称、账号、金额二级审核后单据自动到集团内部银行。集团资金结算科经办人根据物资公司提供付款申请兑换表对照金额经办，并由集团资金结算科科长和内部银行主管领导二级审核后，集团资金结算科经办人对银行发出银企付款，打印付款委托书回单附付款凭证后。

④内部结算。收款：由出纳定期打印收款回单，财务负责人签字确认收款后交会计做收款凭证。付款：由会计根据领导审批过的付款申请表做付款凭证，出纳根据审

核无误的会计凭证录入单据,财务科长和总会计师对收款单位名称、金额二级审核后单据自动到集团内部银行。付款金额 5 万元以下由集团资金结算科经办人直接经办,5 万元以上(含 5 万元)由付款单位提供发票复印件或合同复印件,集团资金结算科经办人核对确认后经办,由集团资金结算科科长和内部银行主管领导二级审核,材料款将自动支付,打印结算回单附付款凭证后。

⑤承兑汇票业务。由集团资金结算科分配承兑汇票,出纳根据集团分配的承兑汇票票号选出票面信息,核对无误后填写背书单位,财务科长和总会计师对收款单位名称、金额二级审核后单据自动到集团内部银行,并生成内部结算凭证,对内部单位付款。

集团内部结算中心封账后,由资金管理员根据内部银行收、付款明细,和用友财务系统收、付款明细对账。资金管理员可从中矿资金系统查询各项支出明细,提供财务分析,说明数据,提高资金安全管理和使用效率。

内部电子结算单的实施大大提高了工作效率和资金安全性,但与财务系统没有对接,两套系统之间不能实现资源共享。

(2) 资金管理信息化系统的实施。2012 年 12 月集团为实现数据共享,和用友公司共同开发上线了用友资金管理系统,输入关键字可以带出收、付款单位名称、账号等信息,并可从财务系统查询相关财务信息,节省录入单据时间,提高资金管理和资金使用效率。

①成员单位收款。

一是成员单位材料托收。出纳根据会计提供的托收汇总金额表,录入资金系统,财务科长和总会计师二级审核后单据自动到集团内部银行。集团资金结算科经办人根据物资公司提供应付款单位托收确认单(托收确认单由对方财务负责人签字并加盖财务结算印章)对照金额经办,并由集团资金结算科科长和内部银行主管领导二级审核后,自动收到付款单位材料款,打印收款回单交会计做收款。

二是内部单位结算收款。由出纳定期打印收款回单,财务负责人签字确认收款后,交会计做收款凭证。

三是外部收款。集团资金结算科根据银行回单,按付款单位备注的内部账号,集团资金结算科经办人录入单据,由集团资金结算科科长和内部银行主管领导二级审核后,自动收到付款单位材料款,打印收款回单交会计做收款。

②成员单位付款。

一是对外支付款项。会计根据领导审批过的付款申请表做付款凭证,出纳根据审核无误的会计凭证录入单据,财务科长和总会计师对收款单位名称、账号、金额二级审核后单据自动到集团内部银行。集团资金结算科根据物资公司提供付款申请兑换表对照金额经办,并由集团资金结算科科长和内部银行主管领导二级审核后,集团资金结算科经办人对银行发出银企付款,打印付款委托书回单附付款凭证后。

二是成员单位内部付款。由会计根据领导审批过的付款申请表做付款凭证,出纳根据审核无误的会计凭证录入单据,财务科长和总会计师对收款单位名称、金额二级审核后单据自动到集团内部银行。付款金额 5 万元以下由集团资金结算科经办人直接经办，5万元以上（含5万元）由付款单位提供发票复印件或合同复印件，集团资金结算科经办人核对确认后经办，由集团资金结算科科长和内部银行主管领二级审核，材料款将自动支付，打印结算回单附付款凭证后。

③承兑汇票业务。由集团资金结算科分配承兑汇票，出纳根据集团分配的承兑汇票票号选出票面信息，核对无误后填写背书单位，出纳根据集团分配承兑汇票票面信息，编写承兑汇票兑换表、收付款单位结算三联单，财务科长和总会计师对收款单位名称、金额二级审核后单据自动到集团内部银行。由集团资金科和收、付款三方单位盖章确认后，经办票据结算凭证，出纳依照承兑汇票兑换表填写背书单位，然后加盖集团背书单位财务专用章和法人章，由二人以上签字后领回。

（3）设立财务公司。为加强企业集团资金集中管理和提高企业集团资金使用效率，达到真正的网络化办公，由集团申请，中国银行业监督管理委员会批准，2013年1月17日，筹建了中国平煤神马集团财务公司，中国银监会要求财务公司于批筹之日起6个月内开业。3月22日，国家工商总局核准财务公司中文名称为"中国平煤神马集团财务有限责任公司"。财务公司实现了资金系统、财务系统与外部商业银行的数据对接，真正实现了资源的共享。

①外部账户收款。成员单位开设的收款户必须满足集团和财务公司资金归集的要求。允许设立的账户尤其是收款户必须满足集团指定银行，一般应在工、农、中、建四大银行开立账户。并与集团、财务公司和银行签订资金归集协议，实现货币资金的适时归集。

②内部结算收款。出纳根据会计提供的托收汇总表，填制对内单位托收结算单，经主管审核后，提交至财务公司。对于贸易性和强制性的委托收款采用按付方确认原则；若一直未确认，超过3个工作日（不含3日）后，则系统将指令自动默认托收生效。

③内部转账结算。成员单位通过财务公司将其款项支付给同在财务开户的收款单位。主要业务如下：出纳根据审核无误的会计凭证，填制对内单位结算单，经财务科长和总会计师二级审核后，提交至财务公司，结算起点在5万元以下的，资金结算部不需要审核，结算款项实时到账；结算起点超过5万元，资金结算部复核指令，将付款方成员单位资金转入收款单位。

④对外结算付款。财务公司在财务资产部结算中心下达的预算指标内办理成员单位对未在财务公司开户单位的款项支付。对外付款业务以成员单位的实名制支付，可克服财务公司模式下多单位共同用账户的缺点，以符合成员单位商务和法律要求。出纳根据会计做完审核无误的会计凭证，填制对外结算单，经财务科长和总会计师二级审核后，提交至财务公司。付款金额超150万元的，要提前一天对财务公司报寸头表。财务公司接该请求后，在预算指标内对照各成员单位的额度使用情况进行审核后直接对外支付。成员单位通过财务公司的资金结算系统打印后回单位附凭证后。

6. 严格监督检查

从加强资金安全的角度考虑，强化资金的监督检查是必不可少的环节。检查部门主要有集团财务公司、财务资产部、审计部等集团主管部门的检查；审计事务所、税务局、审计局等外部单位的业务检查；也包括物资公司内部相关部门的资金检查。主要检查各岗位是否按照业务流程规范操作，是否符合财务制度等，定期或不定期由公司纪委、审计部门与财务科一起对资金情况进行检查，具体检查内容有：

（1）资金每日是否盘点，盘点人员除出纳外，监盘人员是否不定期更换。
（2）《付款申请表》审批是否完善，印章是否齐全。
（3）《票据登记簿》填写是否规范，领票人手续是否齐全。
（4）会计凭证填制是否符合规定，是否经过相关的审核。
（5）财务印章是否由不同的专人保管，使用是否经过审批。
（6）资金系统是否与财务系统每日核对。
（7）资金系统密钥的使用和保管是否符合规定。
（8）未发放的票据是否及时存入保险柜等。

四、煤炭物资供应企业资金风险控制与管理的实施效果

通过煤炭物资供应企业资金风险控制与管理的实施，物资公司实现了付款业务流程中十个步骤、十多个岗位的相互牵制、相互制约，有效避免了付款审核不严格、付款方式不恰当、付款金额不准确等现象的发生，保证了资金的安全与完整。

尤其是在当前资金形势异常严峻的情况下，依托集团信息化平台，实现资金的集中管理、集中调配、集中使用，不断强化资金管控力度，通过资金有效平衡，有效缓解了保障供应与采购资金紧张的矛盾，不仅保障了集团煤炭安全生产所需物资的安全及时供应，防范了资金风险，确保了资金的安全，还降低了财务费用，提高了资金使用效率；不仅取得了较好的管理效益，同时也取得了一定的经济效益。

1. 降低资金风险，资金安全得到保证

目前物资公司在资金管理上采用人防与机防相结合的方式，最大限度地降低了资金风险。人防主要表现在制度层面和不相容岗位的设计上，不论是资金平衡会还是各个节点的审批，杜绝了任何一个节点存在一个人单独接触资金的机会，从制度和流程上减少了资金发生风险的可能。机防主要表现在能通过计算机处理的一律采用网络系统，并且通过计算机控制的每一个节点最少要经过两道审核程序，才可进入下一流程。通过严格的审核，截至目前物资公司的资金管控未发现重大安全隐患。

2. 应付账款上升，相应节约了财务费用

2013年末应付账款余额为296000万元，较2012年末上升106000万元，按占用供应商资金半年和银行贷款利率6%计算，可节约财务费用3180万元。

3. 资金存量得到保证，利息收入稳中有升

2013年通过合理调度资金，在保证物资供应的前提下，以有限资金支撑了近40亿元的材料采购，货币资金存量得到了保证，2013年实现利息收入290万元，较2012年增加110万元。

（成果创造人：杨新民　孙　洲　蒋自立　高　轩　马影华　梁　艳　李　晶　孙瑞红　丁亚凯　赵文龙　杨森森　黄　鑫）

基于医疗服务流程优化的数字化医院建设

平煤神马医疗集团总医院

平煤神马医疗集团总医院始建于1956年,经过58年的建设,目前已发展成为一所集医疗、教学、科研、预防、保健、康复为一体的综合性"三级甲等"医院。医院为国家安全监督管理总局矿山医疗救护中心平顶山(河南)分中心和新乡医学院非直属附属医院,是郑州大学医学院、新乡医学院、湖北医药学院(郧阳医学院)的临床教学医院,与北京大学人民医院,河南省人民医院有良好的协作关系,医院是省级卫生应急队伍单位,荣获了全国百姓放心示范医院、全国十佳优秀企业医院、省级文明单位、省医院管理创新先进单位、省"三好一满意"活动先进单位等称号,2003年通过了ISO9000、ISO14000双认证。

一、基于医疗服务流程优化的数字化医院建设的实施背景

1. 医疗资源配置不均衡与健康观念增强的矛盾突出

目前,我国医疗资源总体不足,我国人口占世界人口的22%,但医疗卫生资源仅占世界的2%,其中还有不少医疗资源水平不高,人民群众不能享受到优质的医疗卫生服务。同时,医疗资源80%主要集中在大城市、大医院,医疗资源的配置分布不均衡。由于大城市、大医院的医疗配置既集中又先进,随着社会的进步和生活条件的改善,居民对健康的追求不断增加,不少病人前往大城市大医院异地就医,增加了就医困难,也加大了经济负担,从而导致医院就诊看病的人员大幅增加。如何解决患者看病难的问题,成为全国各大医疗集团迫切需要解决的难题。

2. 现代医疗服务与传统医疗服务的矛盾突出

根据医院调查统计,患者对医院传统医疗服务方式的不满主要集中在挂号时间长、缺乏导医服务、候诊时间长等几个方面,近50%的受访者希望医院安排现代化自助服务设备。为适应患者对现代化医疗服务的需求,医院迫切需要改变传统医疗服务方式,合理设计现代化医疗服务流程,简化就诊程序,缓解就诊压力。

3. 信息化发展是提高医疗服务质量的有效手段

当前的医疗改革已进入到了攻坚克难的关键时期,患者看病难、看病贵等问题依然突出,医患矛盾频发,推动医疗服务的信息化是深化医改的一个方向。充分利用信息化手段,大力发展数字医疗服务,实现医疗服务的信息化、透明化、公平化等,能

有效提高医疗服务质量，缓解预约难、排队久、诊治烦等问题，为患者提供更专业、更便捷的医疗服务，缓解医患矛盾。

4.高效医疗服务是提高职工幸福指数的途径之一

平煤神马医疗集团总医院为矿区职工定点服务的唯一一家大型综合三级甲等医院，而三十多万职工、七十万职工家属、近百万的城镇社区居民到一家医院就医，必然使许多的矿区职工"看病难"的问题越来越严重。为了提高医院的管理水平和服务水平，建设快捷有效的医疗服务体系来改变传统的医疗服务质量，让职工能及时、便捷、快捷、简便、轻松的得到医疗卫生服务，积极和努力缓解"医院人满为患"的现象，达到高效医疗服务是提高矿区职工幸福指数的一个有效途径。

二、基于医疗服务流程优化的数字化医院建设的基本内涵

基于医疗服务流程优化的数字化医院建设是通过医院 HIS 内部管理系统的完美、兼容，向各类医保开放，针对患者就医过程中挂号、缴费、查询、领取检验结果等关键环节，提供自助服务，引导患者与医院一起打造优化的门诊服务和住院治疗服务流程；积极拓展医疗服务领域，开展以健康管理为导向的医疗服务模式，建立集团职工、群众健康信息化档案，实现医疗工作思路以治疗为中心向健康管理为中心的转变；根据集团公司的地域特征，本着满足企业安全保障，方便患者就近就医的布局建设，建立了统一指挥、协调的矿山医疗救护体系，以医疗集团总医院为核心，9家矿区二级医院、51家一级医院或社区卫生服务站为触角，通过集团公司医保管理地玮系统，连接而成的医疗网络体系，形成了以病人信息交流为核心管理和医疗信息贯通、便捷、高效的信息数字化医院体系。

三、基于医疗服务流程优化的数字化医院建设的主要做法

1.加快信息化建设，优化服务流程

（1）HIS 管理系统设计。HIS 系统是集医院内部管理及医疗技术于一体的相关模块间实现无缝连接、数据共享，工作站实现骨干网络万兆交换的大规模集成化 HIS 系统，是内网运行医院管理信息系统。

管理范围覆盖全院所有的临床和职能科室，运行的主要信息系统模块有门诊挂号、收费系统，门诊医生系统，住院医生、护士系统，药房药库管理系统，检验联机系统（LIS），医技图文报告系统（RIS），住院电子病历系统（EMR），PACS 系统，合理用药监测系统，院内感染控制管理系统，手术麻醉管理系统，药事管理分析系统，设备、物资管理系统等。

2013年医院实现了结构化电子病历系统，临床路径、单病种管理系统，同时实施抗生素用药分级管理系统，输血科管理系统等。2014年医院又完成了 CA 认证电子签名系统、医院成本核算系统和医院信息安全等级测评工作，建成了以病人信息交流为核心管理和医疗信息贯通、便捷、高效的网络化医疗管理信息系统，覆盖全面，有效地促进了医院全面建设。

（2）医保互联系统设计。医保互联系统设计是以"病人为中心"的主导思想，根据病人医保的种类，医院分别开放 HIS 系统，支持医保接口（集团地玮系统等多种医

保管理系统），方便患者就医。凭二代身份证与医保卡（集团医保卡、市医保卡、城合医保卡、新农合医保卡），在相关医保网上确认身份，然后输入医院HIS管理系统，医院根据患者身份进行专项管理，依照各类医保的基本保障制度进行管理，患者只须承担自费部分，其余由各类医保直补，减轻患者负担，缓解患者看病难的问题。

（3）自助终端系统设计。

①医院引进成熟的自助设备及终端系统。自助设备操作简单，具有清楚易懂的分步导航显示，并提供语音提示、动画引导，人机交互界面友好。从发卡到挂号/预约挂号、现金/银行卡充值、就诊缴费、检查报告打印、信息查询，患者可全程自助操作，可实现一个全功能的人工窗口功能。

系统采用实名制建卡，且诊疗卡为不可复制的IC卡，必须本人使用，可挂失，有助于保护患者资金安全。自助设备采用密码键盘，经过了银联中心和PCI2.0认证。二代证读卡器和机柜通过了公安部认证。收钞机具备钞票防伪功能。可提供摄像头摄像，保证应用安全。系统的日志文件详细记录操作步骤，重要步骤保存在数据库，终端业务数据每次启动系统时自动备份，保证数据的万无一失。方案采用软硬件产品设计，充分考虑医院的潜在需求，产品升级方便。

方案提供综合管理平台，可实时监控每台终端设备，具有自动报警、预警、更改运行参数、启动和暂停服务、记录统计交易数据等功能，方便设备管理和资金对账。

② IC芯片的诊疗卡和诊疗借记卡。

诊疗卡：内置射频式IC芯片诊疗卡，记录了患者身份证号，IC卡方便移动医务设备读卡。医院HIS系统跟此卡挂接，与患者姓名、缴费情况、治疗情况等就诊信息直接关联，可在医院自助发卡机具和人工柜台发放，在整个就诊过程中使用。

诊疗借记卡：为射频式IC卡和磁条二合一卡。IC芯片记录了患者身份证号，支持与医保系统、医院电子病历平台的连接。磁条内记录了患者的银行卡账号。此卡由中国银行发放，兼有银行卡和诊疗卡的功能。

③充值方式。患者可持诊疗卡或诊疗借记卡到人工窗口使用现金充值，也可以在自助设备使用现金充值。

（4）智能网络系统设计。平煤神马医疗集团总医院计算机网络是自助系统管理服务器，医院HIS系统连接各类医保系统。自助设备通过自助系统管理服务器与银行前置机通讯，进行金融数据传输，完成银医卡绑定和金融卡充值等功能。银行前置机通过自助系统管理服务器与HIS服务器通讯，完成预约挂号、开卡、银医转账等功能，形成了内、外网络物理隔离，内网运行医院管理信息系统，外网通过光纤与因特网相连的格局，整个网络采用核心、汇聚、接入三层架构，楼宇、楼层光纤互连，实现骨干网络万兆交换，桌面应用达到千兆。

目前，全院计算机工作站1200余台。医院内部管理信息系统，通过兼容、支持各类医保接口，向自助设备系统开放，大大方便了患者就医；通过建立办公自动化系统，大大提高医务人员、行政管理人员的工作效率；同时通过开放、兼容、支持，将各管理模块信息孤岛连接成智能化信息系统，形成了以病人信息交流为核心管理和医疗信息贯通、便捷、高效的网络化、数字化医院。

（5）系统实施保障措施。患者在自助设备上使用预交金缴费时，如输入密码，则必须建立完善的密码管理机制。包括：一是密码与后台系统之间不能明文传输；二是后台数据库中对密码的存储不能采用明文方式，都需要采取符合相关安全等级要求的加密措施；三是对加密算法的密钥管理必须足够安全，密钥注入采用多人使用密码信封等方式注入，密钥必须分开存放；四是提供更改密码的服务，必须患者本人到场，并出示身份证。

①制卡/卡挂失/补卡/退卡管理。IC芯片诊疗卡在发行前需要对卡片进行初始化。对于IC卡部分需要写入卡号（含条码ID）、读写密码和相关控制信息。诊疗借记卡的制卡主要是磁条信息的写入和基本IC信息的写入，IC中与医院相关的其他信息待患者到医院，激活时写入。

患者遗失集团公司医保卡，到医保部门在集团公司医保地玮系统上办理挂失、注销医保卡，并持本人身份证办理补卡手续；患者丢失医院发行的诊疗卡，可持身份证有效证件到医院柜台办理挂失；患者丢失诊疗卡借记卡，可持有效身份证件到中行开卡网点办理挂失手续。

患者就诊结束后，可以选择退诊疗卡。患者必须持身份证等有效证件到指定窗口办理退卡手续，同时退还卡内余额和卡的押金。诊疗借记卡的退卡必须持有效证件到中行网点的人工柜台办理。

②发票管理。部分患者在就诊缴费后需要打印一式三联的发票，自助设备不适合提供打印手工方式制作的发票服务。患者在就诊结束后到指定窗口打印发票，打印时需出示诊疗卡等凭证。

③设备管理。由于自助设备是由患者自行操作，设备的使用情况如果不能及时被维护部门所掌握，将导致设备不能使用等。如自助设备的钞箱满了需要提醒财务部门更换钞箱，发卡设备的诊疗卡用完了需要补充诊疗卡，打印纸用完了需要加纸，机器与网络掉线了或出现故障等需要维护。自助设备的管理系统将实时对设备的使用情况进行监控，并将相关情况通过预警或警告等方式通知相关部门及时处理。

④财务管理。自助设备支持现金充值，每台自助设备的钞箱最多支持1000张100元的人民币，此资金需要每天进行清理，清理完毕后还要做对账处理，需要制定专用流程来管理自助设备的现金。

流程管理：一是根据医院需求为管理账务的财务人员分配一张管理卡。当自助设备插入管理员卡之后，将显示终端管理界面，此界面的功能有：发卡数、废卡数、剩余卡数以及现金统计信息等；二是财务人员将管理员卡插入并被系统识别后，可查看每一台终端设备上的现金数；三是财务人员进行清机对账操作，系统打印一张对账凭条，清机对账之后机器上的剩余现金数将清零，此时财务人员必须取出所有的现金，否则将出错；四是必须保险柜钥匙和机柜钥匙同时在的情况下才能打开钞箱外门，取出钞箱并放入空钞箱；五是财务人员在保卫人员的保护下，把取下的钞箱搬到财务处，并将钞箱内的现金全部取出来。

2.以节点控制为核心的门诊服务流程优化

医疗集团总医院从病人的角度设置标示,增加导医导诊方便病人就诊,为患者提供了热情周到的诊疗服务,坚持夜间门诊,完善了"一卡通"就诊模式,实现了网络、电话等多种渠道的预约诊疗,为广大患者提供了便利的就诊服务。

(1) 挂号。

①自助终端挂号。自助终端安放在医院挂号区及门诊区,患者可持集团公司医保卡、诊疗卡或诊疗借记卡在自助终端上进行操作,省去排队挂号时间。

②医院柜台挂号。按医院现有流程,患者可持集团公司医保卡、诊疗卡或诊疗借记卡在挂号处柜台办理挂号,医务人员可通过系统读取磁条或IC芯片获取信息确认患者身份,收取挂号费(现金)或者使用其诊疗卡账户的余额进行缴费,完成挂号。

(2) 缴费方式。

①自助缴费。患者在医生诊室就诊后,医生根据患者病情开立电子检查单。患者可持集团公司医保卡、诊疗卡或诊疗借记卡在自助设备上进行缴费,患者可持卡到医技科室作检查。

②人工窗口缴费。医生根据患者病情和检查结果开出电子处方,之后患者也可持集团公司医保卡、诊疗卡或诊疗借记卡到医院收费窗口缴费,此时操作过程与原来的人工操作流程相同

(3) 自助导诊。患者在医院每做一步操作后,患者可以在自助系统上插入集团公司医保卡、诊疗卡或诊疗借记卡查询、打印导诊提示,患者按导诊提示进行正确就诊流程。

患者做完检查后,检查结果自动记录到HIS系统中的LIS检验系统。患者在自助打印工作站上插入集团公司医保卡、诊疗卡或诊疗借记卡后,自助系统连接LIS系统获取检查结果,并将可以打印的化验单列表显示在屏幕上,由患者确定是否打印检查报告。如果患者选择打印,自助系统将检查结果输出到打印机。

(4) 处方。

①处方查询。医生根据患者病情和检查结果开出电子处方,之后患者可在自助设备上插入集团公司医保卡、诊疗卡、诊疗借记卡,选择查询功能,并将之显示在屏幕上,由患者确定是否缴费。

②处方自助缴费。处方自助缴费只提供给持有集团医保卡、诊疗卡、诊疗借记卡的患者。

(5) 医生工作站自助缴费。持有集团医保卡、诊疗卡或诊疗借记卡的患者,医生问诊结束,在医生工作站处的读卡器刷卡,系统将缴费信息传回HIS,HIS同时读取患者的卡里账户余额,集团医保卡余额足够直接划到医院,诊疗卡内余额足够,患者在诊疗过程中只要完成一项诊疗服务,他预约账户上的这部分钱就被冻结上了,诊疗结束时一次性结算即可。当日缴费当日结算,如果当日不结算,冻结的费用会在当晚12点之前自动扣除。如果余额不足,则提醒充值或人工窗口进行缴费。

(6) 取药。患者缴费后,HIS将通过药房计算机系统提醒药房工作人员配药,并显

示、打印处方信息。取药窗口上方安装 LED 液晶显示屏，配药完成后，多次播放患者姓名到几号窗口取药，患者可持交费条取药。

（7）医疗费用结算。对于联名卡（包括已绑定中行借记卡的诊疗卡）可以在医保结算后到自助设备上进行最终结算。患者插入诊疗卡或诊疗借记卡后可先查询余额信息，然后选择银行转账，输入需要转账金额。自助系统将连接 HIS 获取诊疗卡账户余额信息，如果余额足够则回送确认信息给银行系统，银行系统将需要转账的金额从医院的对公账户转给患者绑定的银行卡账户。之后银行系统发送转账成功信息给 HIS，HIS 修改患者预交金账户余额，然后发送处理结果给自助系统，由自助终端显示转账成功信息并退卡。

就诊流程：

办理诊疗卡、集团医保卡、诊疗借记卡→患者自助或人工窗口挂号→预存现金或刷银行卡→医生问诊→医生根据检查项目刷卡，冻结卡内应金额→患者去各科室做各项检测→患者开药→最终结算

3. 住院治疗流程优化

由于传统的住院服务管理系统受到实际条件的制约，出入院收费处、各住院病区、中心药房和药库均使用人工操作。各部门之间通过传统的医嘱、治疗单来传递信息，不但速度慢而且容易造成差错。

（1）出入院流程优化。为了方便患者住院，医院按患者医保类别，凭身份证、医保卡在相应医保管理系统进行网上身份信息确认，输入 HIS 系统，办理入院手续，患者只需交纳自费部分金额即可。为了提高医院住院病区的管理水平，提高住院费用结算的自动化水平，提高工作效率，加大住院费用的透明度，具体包括：加快办理病人入院、出院的速度，实现病人的医嘱和费用资料在住院的全过程自动化管理；准确记录病人的各项医嘱和费用记录，实现病人费用每日清单和住院费用清单；可以快速地提供准确的各项统计；准确记录各种药品的购入和消耗情况，实现病区药品管理电算化和网络化。同时，为了给病人提供温馨的服务环境，让每一位员工都能成为医院的亲善大使，将各科的服务流程给予温馨提示，如：办理出入院流程、市医保、城镇居民、新农合出入院流程、工伤病人出入院流程等，同时将清单查询打印机摆放到每个病区，提供给需要清单的病人查询费用情况，需要的时候打印，降低了护士的劳动强度，同时也节约了成本。并把各科室及病区的位置、开展的新业务等装订成宣传页，要求每一位员工必须熟记，在遇到病人或来访人员询问时，均能准确给予指引。

为了防止意外情况发生，重新修订临床路径，尤其是畅通"120 急救、心肌梗塞救治、脑血管意外、创伤急救、糖尿病强化治疗"等绿色快速通道，一旦发现异常人员，工作人员立刻观察其生命体征，及时呼叫其他医务人员全力进行抢救，建立绿色抢救快速通道。

（2）住院流程优化。在保证有效住院治疗的基础上，做到"四规范"。

一是规范检查。临床诊断不需特殊检查的不让病人检查，能一般检查的不做特殊检查，在外院检查确认的不再重复检查。

二是规范治疗。建立三级医师查房制,由首席医师审核把关,避免误诊。为保证手术成功率,每台手术必须首席医师上台,尽可能避免术后并发症。对住院手术治疗的,尽量缩短病人术前和术后住院时间。

三是规范用药。能用一般药治疗的,不用特殊药物;能用低价药品的,不用贵重药品。

四是规范收费。严格执行国家收费标准,从药费到检查费、手术费,从诊疗过程到手术过程,一切公开、透明。认真落实有关规定,公示并严格执行单病种的最高限价,减轻了患者经济负担;严格按照药品比例、平均住院日等指标对临床科室进行综合考核,使医药费用得到进一步控制;制定并认真落实《关于对城市低保居民实行医疗优惠政策的通知》,大幅度为低保患者减免门诊、住院、检查费。

(3) 诊治流程优化。医生根据患者病情、医技共享的检查结果报告及手术情况在 HIS 系统医生工作站上填写电子病历,下电子医嘱、手术记录;护士通过 HIS 护理工作系统填写护理记录,执行医嘱;患者出院医生只需将电子住院病历提交确认,在 HIS 系统上办理出院结算,患者就可以在结算中心住院处办理结算手续。

4.开展健康管理为导向的医疗服务模式

医疗的真正目的是最大限度地维护人的健康,就是要求医生不但要治好病人的病,而且要把促进患者健康贯穿于诊断治疗的全过程中,帮助病人从身体、心理、社会适应性等方面恢复健康。为此,医疗集团总医院在平顶山市率先成立了健康体检管理中心,将关注的重点和服务的范围进一步延伸,开展了对团体和个人健康管理工作服务。在进行数字化医院建设过程中,针对职工群众日益增长的健康理念需要,总医院体检中心使用杏林信息系统,适时建立职工、群众健康信息体检档案,扎实开展平煤神马集团职工健康体检工作,提升集团职工健康服务管理水平。总医院体检中心一体化检查流程,方便职工、群众健康体检,集团职工用医保卡可实现信息化电子病历、各种医技检查结果的查阅。目前,总医院体检中心年体检量近 15 万人次,是资质可靠、服务到位、运作规范的大型体检中心。

(1) 导检流程规范化。

①为方便体检顾客、优化体检流程,分出三条体检流水线。女宾体检流水线、男宾体检流水线、VIP 客户体检专线,各专线在体检过程中既不会发生冲突,又更加方便快捷高质量的完成体检工作,导诊护士每人配备对讲机,以便了解各组体检动态情况,使体检过程更方便、更快捷。

②严格执行消毒隔离制度。对空气、地面、工作台以及康复体检中所用到的医疗器械等分别进行消毒,避免查体中交叉感染的发生。

③制定应急预案。职工、在职干部查体,每天体检人数在 300 人左右,还有零散客户,为了防止意外情况发生,特意制定了抢救应急预案,一旦发现异常人员,工作人员不得离开立刻观察其生命体征,及时呼叫其他医务人员全力进行抢救,并及时与急诊科联系,建立绿色抢救快速通道。如:发生低血糖的应急预案;晕针的应急预案;心跳呼吸骤停的应急预案;突然停电的应急预案;火灾的应急预案等,以上五个应急

预案都在进行综合演练。

（2）客户体检档案管理数字化。

①客户的体检结果全部实现数字化管理，使体检过程更为流畅、更有条理，更加便于管理，从而实现体检业务管理的自动化、信息化和规范化。既方便快捷，又可以减少体检者写名字领表的等候时间，避免了粘错化验单、分错化验单的现象，把错误降到最小化。

②体检结果服务：开通网络直接查询个人检查结果。体检结果出来后，体检中心给体检客户发送短信，登录网站输入个人的账号及密码，就可直接在网站上看到自己的体检结果，也保护个人隐私。检后做到"一对一、面对面"跟踪咨询服务，每天下午2:30—5:30有专家在体检中心进行反馈咨询，对需要复查的客户，进行电话通知，提醒客户及时复检。

（3）微笑式服务理念。在体检前，工作人员提示注意事项。健康教育厅播放"健康之路"科教片，让客户在查体之后享用早餐的同时增加健康普查知识。

一是强化礼仪培训，按照"我工作、我快乐"的服务理念，总结出"三声""十点"服务模式。三声：来有迎声、走有送声、弱有帮扶声。十点：微笑多一点，行动快一点，做事多一点，理由少一点，说话轻一点，脾气小一点，知识多一点，关心多一点，做事细致点，怨言少一点。

二是更换前台和导诊人员的白大衣，消除客户的恐惧感，从服装设计上体现出健康体检的服务理念。

三是人性化服务，让客户在整个体检过程中感受到医院体检人的人文关怀。使用标准文明用语，微笑服务；彰显细节。例如，做心电图时用的棉球，要保持恒温，内科大夫的听诊器听筒，不能太凉，以免给客户带来不适，等等。

（4）确保康复体检质量化。健康体检的最终产品是一份体检报告，是在各科体检结果上形成的体检结论。为确保体检人员总检报告的准确性，前台人员凭客户有效证件发放体检单，以确认身份；专科检查时医师或检验人员再次核对客户信息；整理结果，粘贴检查单时至少两名护理人员核对，严格执行"三查七对"。初检医师根据检查结果汇总提出意见或建议，由总检医师对体检结果进行全面、专业的报告。发现异常体征影响健康的危险因素，提出健康管理、健康促进的意见；发现需要接受治疗的疾病，提出需要观测的指标；并提出营养、运动、饮食的健康方案，审核签字。

（5）体检顾客回访。体检结束后，采用电话回访的形式，在固定的时间给当天体检总数大于20%的客户进行电话反馈，听取客户体检过程中提出的意见或建议，对客户的疑问耐心解释，对提出的意见及时整改。

通过积极的电话回访，有效地开展健康教育、健康促进工作。主要从体检客户的健康状况、当前慢性疾病发病特点及防治基本知识等方面，号召大家从"被动健康维护"向"主动健康管理"转变。同时又对健康、亚健康和慢病群体，实行预防、保健、治疗、康复和健康文化传播服务。此举不仅推动了临床业务发展，而且实现了医疗工作思路由以治疗为中心向以健康为中心的转变。

5.矿区医疗体系布局与建设

平煤神马医疗集团总医院隶属中国平煤神马集团,是独立核算、自主经营的非营利性法人单位。在集团公司的引领下,医疗集团总医院始终坚持以病人为中心,立足企业、服务企业,根据集团公司的地域特征,本着满足企业安全保障,方便患者就近就医的布局建设,建立了统一指挥、协调的矿山医疗救护体系,以医疗集团总医院为核心,9家矿区二级医院、51家一级医院或社区卫生服务站为触角,通过集团公司医保管理地玮系统,连接而成的医疗网络体系,形成了以病人信息交流为核心管理和医疗信息贯通、便捷、高效的信息数字化医院体系。全面提升了矿山安全生产保障能力,合理地配置了医疗资源,覆盖了整个矿区职工和家属的医疗服务,有效解决了"看病难"的问题,初步形成了大病进医院,小病进社区,康复回社区的医疗服务模式。

(1)功能定位。坚持"立足矿山,服务矿山"的原则,更好地为集团公司煤炭安全生产和职工家属服务,承担矿区职工家属的基本医疗保健任务,做好传染病防治及公共突发事件的应急处理,承担计划免疫预防保健任务,特别是把矿山安全当作第一责任,承担矿山突发性事故工伤的急救,统一集团公司医保管理地玮系统,实施"一卡通"(集团医保卡)方便矿区职工就医,运用数字化管理手段,构建了现代化医疗服务体系。

(2)服务结构。以医疗服务为中心,围绕安全救护、医疗保健、职业病防治"三条主线",构建集团总部、区域中心、社区站所"三个层面"。遵循"大而尖、中而强、小而近"的原则,即规模较大的三级医院发展高精尖技术,向医学中心方向发展;二级医院根据原有优势形成特色专科;社区卫生服务站向家庭医生方向发展;建立以三级医院引领社区卫生服务的医疗服务新模式,如图所示。

安全医疗救护线: 井口安全 —— 区域医疗安全 —— 集团总部医疗
　　　　　　　　 救护站　　　救护分中心　　　　救护中心

基本医疗保健线: 社区医疗 —— 区域医疗 —— 集团总部医疗
　　　　　　　　 服务站　　　分中心　　　　保健中心

职业病防治线: 基层职业病 —— 职业病医院 —— 集团职业病防
　　　　　　　 防治部门　　　　　　　　　　治中心

图　医疗集团总医院"三位一体"的三级安全、医疗、职业病防治服务体系

(3)医疗战略。医疗集团总医院的战略是走社区路,办特色院,强学科群,创多元化。

①走社区路是指以一级医院为基础,建立"社区医疗保健服务站"和"社区基本医疗保险站",实现小病进社区,大病进医院,彻底解决患者的负担,解决看病难、看病贵的问题,使居民享受到疾病预防等公共卫生服务和一般常见病、多发病的基本医疗服务。

②办特色院，强学科群是三级医院继续巩固发展技术、人才、服务、管理等品牌，推行名院、名科战略；以二级医院为依托，设立特色"区域中心"，西部大庄、高庄、韩庄地区医疗中心；由五矿、六矿医院及二分院合并组成的以妇幼专科为主的医疗中心；由一矿、二矿医院合并组成的以神经专科为主的医疗中心；以八矿医院为主组建的东部医疗中心；以十二矿医院为主组建康复中心；平煤卫校附属精神病医院；新峰矿区医疗中心；朝川矿区医疗中心；职业病防治中心。

（4）医疗体系建设及保障措施。

①加强双向转诊"绿色通道"建设，畅通人才上下流动的渠道。在国家基本医疗保障制度内，二级医院建立与实施双向转诊制度，加强转诊、转科患者的交接管理，及时传递患者病历与相关信息，职工凭医保卡通过集团公司地玛信息系统实现信息资源共享，居民凭相关医保卡享受看病直补等便民措施，确保为患者提供连续医疗服务，加强出院患者健康教育和随访预约管理，提高患者健康知识水平和出院后医疗护理及康复措施的知晓度。

实行"疑难危重病人进三级医院、常见疾病进二级和一级医院、康复治疗回社区"的就医路径，降低病人费用。实行无缝式管理的原则，建立起有效、严密、实用、畅通的上下转诊渠道，实现上转迅速，下转顺畅，为病人提供整体性、持续性的医疗服务。对符合省卫生部门规定的辅助检查项目，二级以上医院检查结果达到互认，不做不必要的重复检查，有效降低了患者费用。

②深入推行"百名医师支援基层卫生工程"。充分发挥三级医院作用，从医疗集团总医院各科室抽调高年资骨干专家100名，分批次对口支援一级以上医院。支援专家通过查房、手术示教、疑难病例和死亡病例讨论等形式开展临床教学和技术培训，加快基层人才队伍建设，提升基层卫生服务能力，实现技术、品牌优势与区位、网络优势的互补。

③积极发展社区卫生服务站，全面提升社区卫生服务综合能力，开设健康教育大讲台，向社区居民宣传医疗保健常识。推行"家庭责任医师"服务模式，医生、护士进单位、进社区、进家庭，向居民提供医疗康复服务；做好社区卫生服务中心标准化建设，做到"四到位、五统一"，即规划到位、业务用房建设到位、设备配置到位、服务功能到位；统一标识、统一社区诊断标准、统一健康档案管理、统一装修设计、统一视觉识别；开展健康社区行公益性活动，加强社区居民与患者对慢性疾病的认识与自我防治、自我管理的意识，实现"大病去医院，小病在社区"的医疗服务模式的转变。

四、基于医疗服务流程优化的数字化医院建设的实施效果

医疗集团总医院通过基于医疗服务流程优化的数字化医院创新管理，提高了医疗卫生资源利用效率，满足了工伤救治、群众基本医疗和多层次医疗需求，形成了三级医院引领社区卫生服务的"医疗服务新模式"，使医院的医疗质量与安全逐年提高，百姓健康权益得到切实保障，从而实现了医院社会效益和经济效益的双丰收。

1.经济效益

通过本方案的实施，在一定程度上缓解了集团职工与社会群众"看病难"的问题，解决了"挂号难、缴费难"的矛盾；提高了医生诊疗效率，患者就诊时间从2011年的2小时下降为2013年的近1小时，有效节约40%-50%的时间。同时由于合理的就诊和出入住院流程优化，出院病人增长26.7%，床位使用率提高25.2%，提高了医院的周转率，三级医疗体系的布局建设，有效利用了医疗资源，并给医疗集团总医院带来了巨大的经济效益。

（1）年门诊患者逐年上升：2011年133万人次，2012年135万人次，2013年达到158万人次。

（2）年出院患者逐年上升：2011年3.3万人次，2012年4.1万人次，2013年达到4.5万人次。

（3）年手术台次逐年上升：2011年1.15万人次，2012年1.34万人次，2013年达到1.45万人次。

（4）年平均住院日：2011年15.4天，2012年12.48天，2013年10.85天，

（5）病床周转次数：2011年18.7次，2012年22.81次，2013年25.01次。

（6）经营收入逐年上升：2011年实现经营收入6.03亿元，2012年实现经营收入7.07亿元，2013年实现经营收入8.3亿元。

2.社会效益

通过成果实施，医疗集团总医院建立了一整套科学管理制度和操作流程，将整个服务体系标准化、信息化、网络化，形成了全新的医疗体系服务模式。患者持卡挂号、开药、交费，提高了工作效率，减轻了工作强度，提高了服务质量，门诊医疗服务满意度平均上升6%，收费满意度平均上升15%，接诊医生、门诊、药房和门诊、医技满意度平均上升11%，病人对医院的总体满意度从2011年的97%提高至98.8%；患者投诉率下降15%，医院被平顶山市消费者协会评为"消费者最满意的医院"；外界就诊人数占总就诊人数的比例由2011年的33%上升到2013年的40%，医院知名度不断提升，连续被命名为"省级文明单位"等荣誉称号；由于医疗信息高度共享，患者可以通过多媒体导诊及患者综合查询系统查询自己需要缴费的项目，增加了医疗内容的透明度，达到了患者看病"提速"的最佳效果。通过双向转诊制度，使医疗集团总医院与院所间、院所与院所间实现资源共享，实现了医院、企业、患者三满意，让病人得到实实在在的方便与实惠，切实扭转"看病难、看病贵"的局面。

（成果创造人：王明君　孙晓维　张允春　刘汝涛　杨　媚　黄　炜　靳中旗　李磊锋　张　廷　刘克涛　朱文东　张俊华）

物料回收管理信息系统在煤矿企业中的推广及应用

河南神火煤电股份有限公司新庄煤矿

河南神火煤电股份有限公司新庄煤矿是上市公司河南神火煤电股份有限公司的骨干企业，地处河南省最东部，是一家年产原煤240万吨大型地方国有煤矿。矿井先后获得全国煤炭工业先进集体、特级安全高效矿井、全国煤炭工业双十佳煤矿、全国煤炭企业文化示范矿、五精管理样板矿、煤炭现场管理最佳企业、机电设备管理最佳企业、国家级绿色矿山试点单位、国家级安全文化建设示范企业，河南省五优矿井、河南省煤炭系统五一劳动奖状和河南省安全文化建设示范企业等多项荣誉称号。

一、物料回收管理信息系统在煤矿企业中推广及应用的实施背景

1.外部环境

近年来，国内煤炭产能过剩，煤炭吨煤成本居高不下，新能源在能源结构占比上升和进口煤冲击等因素的影响，中国煤炭行业正面临着"生存"与"挑战"状况。

如何走出困境，怎样走出困境，是目前我国煤炭企业要考虑的关键问题。企业要在逆境中生存，只有一个不变的真理，就是不断寻求管理技术创新，方能渡过难关。

2.内部环境

2014年公司要求矿级单位生产成本必须再次大幅度持续下降，来应对当前低迷的煤炭市场。近年来，新庄煤矿陆续创建了井口超市、班组核算、工资市场化管理及精细化连锁应用等一系列细化管理模式，细化管理逐步成熟，但在煤炭企业物料管理方面，由于过去重视新料的管控，而忽略了旧料回收管理的重要性。如何管控好物料回收，使其充分循环使用，是目前煤矿企业降低生产成本的一个关键点。为此，新庄煤矿在原有细化管理基础上，开发并推广应用了物料回收管理信息系统模式。

二、物料回收管理信息系统的内涵

回收物料管理闭环系统模式，是新、旧物料管理同步进行，涵盖了井上下所有材料、配件、设备的领用、回收、闲置、预报废、待修、修复及循环使用的控制过程。

依据矿回收物料分布管理形式，新庄煤矿建立了对应的物料回收管理信息系统。按照新庄煤矿目前回收物料分布情况，建立了回收待修设备信息系统库房，回收已修复设备信息系统库，回收材料、配件库，机修厂修复物料信息管理库，南院回收物料

信息系统库，北院回收物料信息系统库，大修配件回收信息系统库，分拣区物料回收信息系统等。各回收物料管理信息系统相互衔接，信息资源共享，各单位可通过物料回收管理信息系统查阅物料回收信息，新、旧物料信息管理都能达到智能预警和管控，促使煤矿企业物料回收管理逐步精细化。

物料回收管理信息系统延伸推广至公司其他相关单位，使各单位之间回收物料管理信息共享，便于资源调拨，达到回收物料调控范围最大化，促使回收物料有效循环使用。

三、回收物料闭环管理推广和应用的内容及主要做法

1. 建立物料回收管理信息系统，使物料闭环管理

（1）通过编码管理方案及细化管理模式，开发和设计回收物料相关考核信息模块，建立回收物料闭环管理系统，充分利用企业内部网络平台建立信息系统，资源共享。各基层单位通过计算机可自行下载安装物料回收管理信息系统，随时查阅各单位回收物料信息，和第一时间了解矿回收物料修复情况，在需要时直接领取入井，不用再申领新料，减少材料费用消耗。

（2）依据新庄煤矿回收物料管理形式，建立了对应的物料回收管理信息系统，包括依库房、库区为单位的回收待修设备信息系统，回收已修复设备信息系统，回收材料、配件库，机修厂修复物料信息管理库，南院回收物料信息系统库，北院回收物料信息系统库，大修配件回收信息系统库等。

（3）各物料回收管理信息系统相互衔接，达到了回收料同新料领取信息资源共享，可在同一个界面进行查阅新料领取及应回收物料信息。新、旧物料信息管理达到智能预警和管控，使回收物料管理逐步精细化、系统化。

2. 煤炭企业租赁设备回收管理创新

（1）建立租赁设备回收、退租管理信息系统，引用编码管理方案。所有租赁设备从领用到回收入库均为统一的身份码，回收的租赁设备依次录入系统，依照系统预先维护的租赁设备身份码，自动引入设备名称、型号、出厂编号、出厂日期，在回收租赁设备闭环管理系统中选择完好、待修、闲置、退租、报废等关键信息，系统将依据当天录入回收租赁设备情况，自动预警闲置、待修、退租、报废设备信息。

（2）租赁设备回收、退租管理信息系统，通过网络平台建立系统信息共享，相关单位可随时随地查阅全矿各单位租赁设备有关信息。

（3）租赁设备回收管理信息化、系统化、网络化运作，兄弟单位能及时了解新庄煤矿租赁设备回收信息，可调拨使用，减少了公司租赁设备购置成本。对于矿来说，节约了租赁费。

3. 回收物料修复管理系统化、标准化

（1）通过物料回收管理信息系统，查看预警提示栏，第一时间将待修复物料运至修复点进行修复，修复后物料及时录入回收物料管理信息系统，各单位可登录回收物料管理系统查看修复物料区的物料修复情况，以便及时领取。

（2）相关单位及职能科室通过回收物料信息管理系统，随时查看修复物料情况，

做到有修复物料不申请领新，有修复物料不批新。

（3）过去，回收物料未及时修复和使用。现在，通过物料回收管理信息系统，将所有回收物料进行分类录入，物料待修时间、修复时间、领取时间、报废时间等相关信息透明化、精细化，促使待修物料修复率和物料循环使用率得到提高，投入的新物料明显减少。过去回收物料修复率在50%左右，修复物料使用率在40%左右，目前在物料回收管理信息系统模式支持下，回收物料修复率及修复物料使用率均达到95%以上。

（4）建立设备维修攻坚队，将过去需外围维修的设备进行专项技术攻坚和研究，确保了各类设备都能在矿内自行维修，如，井下回收的托辊、滚筒、水泵、钉扣机、液力耦合器等。

4.新、旧物料管理信息系统有效对接

（1）建立物料回收管理信息系统，引用新料编码管理方案，新、旧料相同物资使用同一个编码，同新料管理系统建立回收物料子信息，如回收单位、回收日期、回收工作面、回收人员、验收人员、回收物料名称、规格型号、回收数量、物料状况（待修、修复、报废）、入库日期、入库人员等相关信息，可以在同一个界面或者同一个信息系统内查看新料领取情况和旧料回收情况。

（2）新、旧物料闭环管理，实现了物料自动环比及预警提示功能。通过物料回收管理信息系统，可直接对相关单位新料投入及物料回收进行细化考核。

5.回收物料管理信息系统提供分管科室人员细化考核数据

（1）通过物料回收管理信息系统，直接点选所承包区队，再选择需要查看的月份，当月回收物料信息将详细列出，可自动导入excel表格，发布至矿网页所对应的回收物料管理通报区，进行针对性考核，促使相关单位按规定时间回收物料。

（2）通过物料回收管理信息系统，查阅当天或特定时段应回收物料信息，如相关单位未按预定时间回收物料，打开系统内预先设置的应回收物料自动预警栏，可清楚查阅未回收物料详细信息，导入excel表格，在矿网页进行通报处理。

6.回收物料过程控制不断完善

（1）为避免回收物料都是通过回收矿车运至升井、矿车内回收物料无人问津的问题，在所有矿车上焊接识别码，也就是矿车号，矿车号一般为三位醒目数字，便于记录和查阅。指定相关运输单位记录回收物料工作面、物料明细、对应矿车号码，每天将记录结果汇报至调度室，这样，便可以第一时间查到回收物料对口单位，可以处罚到对应的单位，杜绝了过去回收物料追查不明确的现象。

（2）通过回收物料过程控制，强化了对口责任管理，各回收单位回收物料升井后，会安排人员按规定时间，自行办理回收物料入库业务，不再需要另外安排分拣人员对回收升井物料进行分拣和入库。

7.回收物料循环使用，做到变废为宝

（1）建立回收物料分析研讨小组，对矿回收闲置及预报废物料进行潜在使用价值分析。

（2）对回收废旧皮带进行分析。废旧皮带过去都是按报废处理，经分析后，可加工成锚梁使用，比购买的锚梁耐用，且易安装。一根 φ14×3000 的锚梁单价为 50 元，年平均井下使用按 2 万根计算，费用为 100 万元，现用回收废皮带代替锚梁，一年节约百万元费用。

（3）对回收的废旧螺栓、螺母进行分析。废旧螺栓、螺母过去当废铁处理了，现在有回收物料验收人员，按型号分类存放，进行油浸、除锈和机加工处理，循环使用，过去一年井下使用螺栓、螺母按 1000 万件预算，平均单价按 0.5 元计算，全年节约 500 万元。

（4）对矿回收的废旧电缆进行综合分析。过去电缆管理存在随机性，即为了井下安装方便，随意截取电缆，截取后的电缆存在很多短节，回收升井后，每年堆放有上百吨左右。现要求电缆进行压号管理，入出库的电缆都压上详细信息，如日期、米数、平方数等标准信息识别码。回收的电缆录入回收物料闭环管理信息系统，标注回收电缆详细信息。这样，再次回收的电缆，如有擅自截取现象，便可通过压号和信息管理系统发现，起到控制电缆损耗目的。

8.物料回收管理信息系统扩展为公司相关单位，达到回收物料信息资源共享

（1）物料回收管理信息系统，推广至公司其他兄弟单位，建立兄弟单位回收物料信息资源共享系统。如新庄煤矿需要查看薛湖煤矿回收物料信息资源时，只需要使用本地计算机登录物料回收管理信息系统，点选薛湖煤矿物料回收管理信息栏，便可查看相关回收物料信息。

（2）物料回收管理信息系统模式与公司兄弟单位信息资源共享，有关回收物料可进行调拨使用，盘活了闲置、积压和预报废物资。通过物料回收管理信息系统查阅和对应有关购置计划，如有关单位回收的物料闲置，包括电脑、配件、打印机、传感器组件开关、风机、水泵等等，各单位不得做购置计划，通过协调，调拨使用。全年约为公司节约 300 万元。

9.回收物料交旧领新管理实现系统自动锁控

承包科室管理人员可对未及时回收物料的单位，指定锁控某件新物料的领取，或指定锁控其单位所有物料的领取工作，指定后，系统将进行自动锁控。如，机三队回收物料由机电科承包管理员负责，机三队上月度未能及时回收物料，机三队承包管理员便可通过系统权限锁住机三队新料领取系统，使其无法再领取新料，只有当机三队将应回收物料回收后，承包管理员看到回收入库物料信息，方可解锁。

四、物料回收管理信息系统在煤矿企业中推广及应用的效果

新庄煤矿通过推广应用物料回收管理信息系统，材料成本消耗量和材料成本明显大幅度下降。

1.创造了经济效益、持续逐步降低吨煤生产成本

通过推广应用物料回收管理信息系统，有力遏制了过去材料费用居高不下、材料浪费严重现象，吨煤成本在原基础上逐步下降，全年共节约各项材料费用约 2000 多万元。

矿级单位信息资源共享，通过兄弟矿级单位之间回收物料的调拨及各类预报废、

积压库存、闲置物资再加工、再利用等,杜绝了物资闲置及积压报废现象,预计全年节约资金 300 万元。

2.促使企业内部管理机制不断变化

物料回收管理信息系统模式推行,填补了煤炭企业回收物料细化管理的空缺,逐步完善了企业内部管理机制,引领企业管理发展方向从传统、粗放式走向精细化、标准化。

3.引领公司兄弟单位综合管理水平快步走

物料回收管理信息系统模式,推广至公司相关单位,扩大了回收物料管理的运作范围,实现了管理职能的最大化,引领公司兄弟单位综合管理水平快步走。

4.提高了工作效率,减少了人力成本

物料回收管理信息系统的应用,使分管人员、材料员及相关管理单位承包人员摆脱了每天跑现场、手工记录、考核不明确、奖罚不具体、工作滞后的被动局面;改变了过去回收物料管理方面事倍功半现象。减少了分拣人员 10 名、材料员 25 名、管理员 15 名。全年节约工时及减少人工成本费用约 200 万元。

(成果创造人:刘永俊　朱心亮　唐文星　李振川　刘亚东　常进泽　粟书涛　刘凯凯　王康康　尉成洁　乔志伟　唐怀磊)

煤矿企业全员技术创新管理体系构建与实践

四川华蓥山广能(集团)有限责任公司

四川华蓥山广能(集团)有限责任公司(简称广能公司)的前身是原煤炭部直属企业——华蓥山矿务局,始建于1970年,1998年国家体制改革下放到四川省(广安市)管理,2000年改制为国有控股公司,2005年上划四川省国资委管理,成为川煤集团的全资子公司。2008年,川煤集团广能公司作为主发起人,联合广安发电公司、川煤勘设公司发起设立了四川省华蓥山煤业股份有限公司,旗下有绿水洞煤矿、李子垭煤矿等8个核算单位。川煤集团广能公司是一个集煤炭开采、洗选加工和机械制造、发电、物流、医疗等为一体的国有法人独资综合型企业,现有总资产40多亿元,职工8000余人。公司现有生产矿井5对,核定能力450万吨/年,基建矿井3对,设计能力190万吨/年,其他辅助单位9个,现有总收入超过20亿元的经济规模。

一、构建全员技术创新管理体系的背景

从"提议制度"到"持续改进",从"合理化建议"到"斯达哈诺夫运动",从"两参、一改、三结合"到"鞍钢宪法",从全面质量管理到全员技术创新,人们已经从创新摸索走上了理论与实践互相促进的循环。创新也由最初狭义的某部分专门人才的职能转化为企业所有部门全体员工共同参与的创新行动。创新能力是企业持续健康发展并且保持持续竞争优势所不可或缺的必要因素,这一结论已经得到学术界和企业家们的普遍认可。也正是因为如此,国内外一度掀起了创新研究和创新推进的热潮,并期许将创新融入到企业文化之中,形成充满活力和凝聚力的全员创新组织。但是从理论到实现的距离并非想象的那么近,不同行业、不同企业在技术创新推进中面临着各种特殊情况,实现全员技术创新仍有许多挑战。

煤炭作为我国社会经济发展的主要动力来源,其一线生产企业—煤矿一直受到社会的广泛关注,特别是其安全发展更是全社会的敏感问题。我国煤炭企业大都是新中国成立后计划经济时期开始建设的产物,其技术创新体系管理粗放,责任制落实不到位,导致煤炭企业技术创新发展较为缓慢,特别是上个世纪90年代,煤炭行业持续萧条,大部分煤炭企业长期在低谷、困境中徘徊,甚至面临生与死的严峻考验。位于四川省的华蓥山广能公司也无一例外,当时广能公司未建立统一的技术创新管理体系,未落实统计的技术创新经费制度,主要依赖于二级单位自主管理,广能公司各生产技

术部门兼职协助指导。由于各二级单位是独立核算单位,要承担成本亏损等责任,人财物的落实不到位,导致技术创新体系建设无法真正落实。在此种管理模式下责、权、利没有统一,管理层次重叠,无法落实管理责任。因此,公司与二级单位之间总存在着一些利益纷争和矛盾,严重影响管理效率,工程项目管理体制的创新构建势在必行。

二、构建全员技术创新管理体系的意义

1.开展技术创新是员工实现价值的有效平台

创新创效劳动竞赛活动作为群众性经济技术工作的重要内容,是企业在新时期、新形势下贯彻党全心全意依靠工人阶级根本方针的具体体现,是把广大员工的积极性、智慧及创造力更好地引导到为实现企业改革发展建功立业上来的重要方式。参与创新的主体不仅仅是企业的技术人员、专家队伍,更要依靠广大员工群众在本职岗位上进行改造革新,通过创新创效活动破解生产、管理和操作难题,提升员工自身素质。

2.开展技术创新是煤炭行业形势任务的内在要求

创新是企业赖以生存和发展的基础,只有通过开展员工经济技术创新活动,引导员工学知识、长本领,树立良好的创新意识,帮助他们提高劳动技能和创造才能,充分地将全体员工的创造热情激发出来,才能为企业的持续快速发展提供不竭动力。随着煤炭开采的不断深入,地质条件愈发复杂、用工紧张的压力以及安全环保形势等都要求公司不仅要在重大技术上不断创新,还要在管理方式和操作方法上不断转变观念、与时俱进,以"建设创新型组织,培育知识型员工"为目标,发动广大员工针对企业在生产、经营、管理中存在的问题出点子、想办法,为企业排忧解难。

3.实施技术创新是企业发展与个人发展的有机结合

在市场经济条件下企业要保持领先地位,唯一的依靠就是创新。创新意味着发展,创新决定着企业的前途。世界上现有的大牌公司几乎全是靠创新而成功的。暴力取胜、规模取胜、垄断取胜的时代已经一去不复返了。

创新对于企业是如此,而对于员工个人也具有重要的意义。只有选择创新、创业、催人奋进的生活方式的人,才能创造精彩的人生,自身的价值才能得到充分的体现和不断的提升。实施全员创新战略,最大限度地发挥所有员工的主观能动性,将企业的发展与员工个人的发展有机地联系起来,对企业和个人都具有重大意义。

三、构建全员技术创新管理体系的内涵

从上个世纪90年度中期开始,广能公司果断提出了走"科技创新助推企业安全高效可持续发展"道路,将"科技兴企"作为发展的原动力。一方面,深入挖掘制约企业安全高效发展的技术难题,进行逐个击破;另一方面,找准企业未来发展方向,明确路径实现可持续发展。通过不断的探索与创新,广能公司逐步形成了"一心两体五制"的全员技术创新体制,为企业扭转了被动局面,树立了煤矿企业实施全员技术创新战略的典范,实现了效益、荣誉双丰收。

全员技术创新管理"一心两体五制"中的"一心",即以公司技术创新总体目标为核心,实施总体部署、分级管理。"两体"分别是指以企业技术中心建立的专业技术分包管理和企业工会建立的职工创新管理两个体制。企业技术中心管理体制主要体现

在建立公司—矿两级技术中心，分别下设采掘、机电、通风、地测等煤矿主体专业研究室，负责开展重大技术项目攻关，解决制约企业发展的重大技术难题；企业职工（工会）技术创新管理体系主要体现在营造技术创新氛围，成立职工技术创新工作室，建立专业技术指导小组协助开展职工技术创新活动并实现常态化，提升企业创新能力。"五制"即技术创新责任制、科技投入保障制、技术人才培养制、创新管理考核制以及创新成果公开通报奖惩制，这是技术创新管理的基本措施，是责、权、利的具体落实，是人、财、物的具体保障。同时以技术创新薪酬制度、抵押考核制度等激励措施为配套，与"一心两体五制"共同构成完整、严密的全员技术创新管理体系，从而使技术创新助推企业安全高效可持续发展。

四、构建全员技术创新管理体系的主要做法

1.培育创新文化，构建创新组织体制

（1）培育创新文化。广能公司将创新文化作为企业文化的重要组成部分，紧紧围绕企业安全生产经营中心任务，以"创新为安全，安全为生产"为思路，以科普宣传为载体，积极动员广大职工参与到创新文化建设中来。一是大力开展重大技术攻关，解决影响制约矿井安全生产的技术瓶颈和难题；二是加强职工"五小"活动成果及合理化建议涉及领域和波及范围；三是建立数字图书学习平台，鼓励支持青年学技术、钻业务、提技能；四是建立"崇尚创新、宽容失败、支持冒险、鼓励冒尖"的职工创新成果奖励，营造创新氛围；五是积极响应"科技活动周""世界知识产权日""保护知识产权宣传周""全国科普活动日""全国科普行动日""爱科行动"等号召，策划举办各类创新文化及科普宣传活动，如科普知识有奖竞赛、创新知识问答、科普长廊宣传、创新论文征集等。

30多年来，广能公司经历了刀柱、倒台阶、长壁炮采、伪倾斜柔性掩护支架、高档普采以及大倾角、急倾斜综采的艰辛历程后，更加坚定了紧紧依靠科技进步，走采掘机械化、科技治灾、先进技术向先进生产力转化之路，走采掘技术成果向煤机拳头产品转化的创新发展之路，在全公司范围营造了尊重科学、崇尚创新、全员参与的浓厚氛围。

（2）健全组织机构。

①建立企业技术中心。企业开展技术创新工作离不开人才、资金、技术和机制等要素。建立企业技术中心，就是把这些要素整合到一块，将技术创新的工作组织落实。建立企业技术中心，利于充分利用技术开发的人力、物力和财力，实现基础研究与应用研究结合、产品设计与工艺设计结合、软技术与硬技术结合，极大地提高企业产品开发的能力和水平，加速实现技术开发主体向企业的转变，健全高水平的技术中心任务，是企业增强产品开发能力和技术创新能力的重要保证，更是增强企业市场竞争能力，促进企业成为技术开发主体的有效措施，是提高国家技术创新水平的重要举措。企业技术中心是技术创新的基地，是建立和健全企业技术创新体系及其运营的主要方式。

广能公司坚持以科技创新助推企业安全高效可持续发展，在企业技术创新体系建设方面，一是成立了"公司–矿"两级技术创新工作领导小组，明确行政主要领导牵头、技术负责人总工程师具体负责,切实增强技术创新工作的组织保障;二是成立专业研究室,公司在技术中心设置了煤矿主体各专业和煤机产品的研究室,并配备了专兼职技术开发人员;三是组建重点科技项目攻关课题组,对公司级重大科技项目实行责任制,由总经理与各攻关课题组组长签订目标责任状,落实攻关责任。

②建立职工"五小"活动机构。广能公司利用工会组织这一载体,积极开展群众性合理化建议和职工"五小"活动,在机构设置方面:一是成立"公司—矿"两级职工"五小"活动领导小组,明确党委书记牵头,工会主席具体负责,切实增强职工创新工作的组织保障;二是紧密联系技术中心专业研究室成立专业技术指导小组,协助指导或评审职工技术创新成果;三是组建"职工技术创新工作室",配备技术创新专项资金和创新能力较强的职工,做到群众性"五小"活动常态化。

(3) 制定创新规划。一是科学制定创新发展规划。广能公司制定了"技术创新中长期发展规划"和"五年科技发展(创新)规划",明确了公司打造科技创新型企业的发展规划、年度计划、重点研究方向和保障措施。二是每年下达"五小"活动计划,推进技术创新工作向基层职工、岗位现场延伸。

2.制度建设,构建全员创新长效发展机制

为保障全员技术创新创效活动的长期化和规范化开展,公司建立起一整套完善的活动运行机制,使创新创效活动有章可循、保障到位。

(1) 科技投入保障机制。

①对公司级重大科技项目下达资金补助计划保障科技项目攻关投入。针对公司级重大科技攻关项目,由公司集中人、财、物实施攻关,并对实施单位下达资金补助计划,项目结题验收后给予资金补助。

②矿级科技项目实行自有资金保障本级科技项目攻关投入。对未列为公司级重大科技攻关项目,由各二级单位自筹资金组织实施,并向基层科室、连队落实攻关任务,公司负责督促考核。

③集中列支群众性"五小"活动经费。公司每年从集中的科技经费中,预列专项资金用于群众性"五小"活动的开展与奖励,确保"五小"活动经费的足额到位。

④实施科技投入指标考核制度。要求各二级单位科技经费预算单独管理,技术创新活动实际发生经费在科技经费中以项目为单位按月分类别建立科技投入专项台账,要求年度投入经费不低于营业收入的3%。

(2) 完善技术创新激励机制。

①建立重大科技项目攻关运行机制。为确保公司重大科技项目的有序开展,成立了"公司—矿"两级专兼职研究室,由各专业技术带头人亲自挂帅组建创新团队,着力解决煤矿安全治灾、采掘机械化发展、煤机产品研发等方面问题。对涉及公司、矿安全生产、采掘接替的重大科技攻关项目,由公司组建课题攻关组、签订攻关责任状,实施项目抵押考核;对一般性技术进步、"四新"推广、技术改造等项目,由公司下达目标计划和日常督促监管,由矿级专兼职研究室组织实施;另外公司坚持"理论与实践相结合,自主创新与引进、消化、吸收再创新相结合"的原则,对实施难度加大、

技术要求较高、自身研发能力无法解决的重大、关键性技术难题，坚持产学研结合，借助外脑，实施联合攻关，不断增强技术创新能力。目前，公司已在煤炭开采与支护、煤矿机械、瓦斯和水害防治、爆破技术等领域，与煤科院及知名院校建立了广泛的合作关系，部分院校专家教授长期担任公司研究室技术专家及顾问，为顺利开展科技攻关、提高企业自主创新能力提供了有力保障。公司对完成科技攻关计划的项目，每年考核验收一次，根据项目报告质量、目标完成情况等进行挂钩考核并给予一定劳务费和项目经费补助；对技术水平较高、经济社会效益明显的项目，由公司组织评审申报省市级以上专家鉴定评奖。

②建立职工"五小"活动创新发展机制。一是积极组织职工开展合理化建议、小改小革、岗位技能竞赛等群众性"五小"创新活动，坚持每年召开职工"五小"成果发布及表彰会。二是建立技师"五小"任务摊派，成果数量与技师津贴挂钩考核激励机制。三是建立职工"五小"革新能手评选机制，对连续三年以上获得多项"五小"成果，且成果质量较高的职工评选为革新能手，并给予一定的岗位津贴。四是建立"职工技术创新工作室"，配备技术创新专项资金和创新能力较强的职工，充分发挥职工技术创新能力。近年，广能公司建立了5个"职工技术创新工作室"，其中绿水洞煤矿"何模洪技术创新工作室"被中华全国总工会命名为"劳动创新工作室"，公司被授予"全国职工技术创新工作先进单位"，成为四川省唯一获此殊荣的煤炭企业。

③建立企业技术创新考核评价机制。建立企业技术创新考核评价机制是加强企业技术创新工作，深化企业自主创新体系建设，落实各级技术创新工作责任制的重要措施。公司成立技术创新考核小组，坚持每年对二级单位技术创新机构及平台建设、技术创新机制建设、技术创新计划管理、技术创新人才培养、技术创新项目管理、技术创新成效等六个方面进行量化考核。对分数较高排名靠前的单位给予"技术创新优秀单位"授牌奖励，对重视不够、创新成果较少、分数较低的单位给予处罚和通报批评。

④建立全员创新激励机制。为充分调动广大科技工作者参与技术创新工作的积极性，广能公司坚持每年修订、补充和完善技术创新工作、专兼职研究室管理和绩效、技术报告撰写、职工"五小"活动等全员创新考核办法，严格逗硬考核，加大全员技术创新成果激励。对专利技术成果采取申请受理、授权、组织实施三个阶段进行分别奖励；对获得市级以上奖励的科技成果，分别按市、省、国家级成果给予不同倍数再奖励。对重大技术进步项目，签订专门攻关合同，实行悬奖重奖政策。"五小"活动根据成果的效益和水平，可获数千元奖励并落实到具体职工。

3. 加强人才培养，打造全员创新的精英团队

企业是创新的主体，人才是创新的具体实施者。目前一些单位创新能力不足，创新成果不突出，其主要原因是在创新机制上。为改变这一状况，公司坚持以人为本，做好人力资源的管理。

(1) 加强重点创新人才的培养。广能公司组织人力资源部、培训中心和各基层单位定期对员工进行管理知识、专业技术等方面的培训，制订严格的培训考核、评价与奖惩制度，确保培训效果；鼓励并安排部分员工到中国矿业大学、重庆大学、重庆煤

炭职业学院等院校在职攻读学位，或者脱产学习，对学有所成的人才提供相应的时间、学费等支持；同时，公司与西安科技大学、四川电子科技大学长期联合办学，开办了采矿、机电、通风安全等煤矿主体专业专科、高升本、专升本和采矿工程项目管理硕士研究生班，对企业员工进行针对性的深层培养。

（2）建设核心技术人才队伍。对于广能公司的重大技术项目，由课题组组长在全公司范围内抽调精兵强将，并有针对性地吸引相关科研院所的专家参与课题研究或技术会诊，聚集内部技术资源，发挥外脑聪明才智，着力增强核心研发团队的创新能力。广能公司立足社会及大专院校，加大煤矿主体专业、机械设计与制造、自动化控制等紧缺科技人才和学科带头人的引进力度，在自身的权限之内，尽力为创新人才办实事，为他们的学习、工作、生活和成长进步创造有利条件；对企业发展起关键作用的创新人才，千方百计留住，不仅在待遇上打破平均主义，给予和付出对称的薪酬，还在情感上留人，事业上留人。

对于公司职工队伍建设，采取拜师学艺、技术比武、职工夜校以及与设备制造厂专家交流培训、送一线优秀职工到先进企业考察学习、学校培养等方式，提高职工操作技能。

（3）激发全员技术创新活力。广能公司对全体职工薪酬实施了动态管理，岗动薪变，薪随岗走，将个人的物质利益与其贡献大小紧密结合起来；对职工岗位进行动态测定，科学划分档次，合理拉开差距，既达到精干、高效的目的，又增强了在岗职工的危机感和责任感，在企业内部形成一个"岗位靠竞争，收入凭贡献"的公平竞争、催人奋进的环境氛围。公司摒弃了计划经济体制下片面地将国有企业职工分为干部、工人身份的人事管理方法，致力于公平竞争，公开招聘录用，不断搅动干部、工人身份终身不变的一池死水，积极倡导能者上、平庸者下的观念，使企业员工逐渐形成接受变化、接受创新的心理态势。目前公司生产矿井已经开展了不同层次的制度创新，建立了工程技术人员业绩考核和职工贡献量化评比制度，企业的活力和员工积极性正在进一步提高，创新活动日益活跃。

4.依托重大项目，把握创新的重点与方向

（1）攻克重大技术难题。广能公司狠抓重大技术项目攻关，着力解决制约安全生产的重大技术难题。近年来，公司重点攻克了大倾角、急倾斜煤层综采、急倾斜煤层俯伪综采、薄煤层综采等技术及装备研制，为公司可持续发展提供了技术保障，多项技术填补了国内复杂地质条件综采空白。另外，公司还开展了岩巷装备配套及掘进新工艺研究，引进了岩巷液压钻机、侧卸式装岩机、钻装一体机等先进设备，提高了岩巷掘进机械化程度，并实现了坚硬（f=10-12）岩巷单进达200m/月以上。

（2）推进科技防灾治灾。广能公司围绕防治水、防治瓦斯和煤与瓦斯突出等安全工作重点，引进先进技术手段，重点完成了矿井瓦斯地质、低透气性煤层水压预裂增透消突、复杂水文地质条件下水害防治方法、溶洞裂隙带压水封堵技术等安全治灾项目的研究运用，初步构建了复杂地质条件下综合防灾治灾体系。近年来，广能公司杜绝了"一通三防"、防治水方面的重大安全事故发生。

(3) 提升机械化发展质量。公司积极开展大倾角、急倾斜及薄煤层综采技术的创新研究，大力推广应用煤巷掘进新技术、新工艺、新设备，成功解决了多项复杂煤层机械化开采及煤岩巷安全快速掘进等技术难题，提高了矿井采掘机械化发展质量。目前，公司综采、综掘机械化程度分别达95.5%、45.1%；倾斜、急倾斜煤层综采、薄煤层综采月单产和岩巷炮掘月单进均创下四川煤炭产业纪录，多项记录位于西南片区前列；五对生产矿井中已有两对矿井被中国煤炭工业协会命名为"行业级安全高产高效矿井"。

5. 强化基础管理，积极争取政府重大科技支撑计划

为充分享受税收优惠和政府重大科技项目经费补助等政策，广能公司坚持跟踪、研究相关优惠政策和年度技术创新项目扶持重点和方向，加强协调，掌握申报相关要求，作好基础管理和申报工作。公司制定了科技投入统计归集办法，把科技投入的统计工作质量纳入技术创新工作进行专项考核，确保科技投入明细、台账及相关凭证管理保存规范，为享受国家有关科技优惠政策提供了基础条件。近年，公司连续享受了科技抵税、重大科技项目专项资金补助等有关科技优惠政策，让企业职工尝到了甜头，为企业持续创新和实现安全高效发展提供了动力。

五、构建全员技术创新管理体系的实施效果

1. 扭转了企业被动局面，推动公司走出困境

通过全员技术创新管理体制的构建，公司很快开始了自主创新走机械化发展之路，顺利实现了高档普采到综合机械化的转变，大幅度提高了企业回采工效，降低了生产成本，摆脱了企业被动局面。同时，公司通过煤炭行业黄金十年的不断开拓创新，使企业成功改制为国有控股的有限责任公司，步入了良性发展的快车道。

2. 公司技术创新水平全面提升，自主创新硕果累累

自构建全员技术创新管理体系以来，广能公司将"科技兴企"作为发展的原动力。从早期的人工打眼、钻爆掘进、炮采、刀柱采煤，到高档普采，综合机械化掘进、采煤，推广应用岩巷钻装一体机，在依靠科技进步、自主创新发展的道路上，硕果累累：

1996年公司成立技术中心，汇聚了强有力的技术研发团队，在总结高档普采、轻型综采、波兰大倾角综采失败经验教训基础上，开始实施大倾角综采技术攻关。通过4年多时间的不断探索，终于攻克了大倾角综采这一世界性技术难题，为企业生存发展奠定了坚实的技术基础。该项技术获得1999年"四川省科技进步一等奖"。

2005年，广能公司成功研制出中国第一套具有自主知识产权适应45°~60°倾角的急倾斜液压支架，解决了急倾斜煤层综采支架装备的技术难题。该产品有4项技术在全国首次采用，荣获四川省第九届名牌产品，四川省2008年科技进步一等奖。目前，广能公司"嘉华牌"支架及配套装备已远销北京、山西、黑龙江、重庆、贵州、新疆等国内20多家大型煤炭企业。

2010年，针对李子垭煤矿下分层极薄煤层综采的技术难题，广能公司自主研制了极薄煤层"三机"配套设备，填补了国内极薄煤层自动化综采设备空白，成功解放了1059万吨煤炭，荣膺全国煤炭工业"行业一级安全高效矿井"称号。该项技术获得2012年中国教育部、四川省科技进步二等奖。

2010年4月,代表广能公司"三大一综一长"集约化大生产格局,西南地区唯一具有"一矿一区一面"年产百万吨级的龙滩煤矿建成投产。采面配备720kw大功率采煤机组,井下集中储煤仓可储原煤3000多吨。矿井主平硐6千米带式输送机,成为西南地区井下第一长距离带式输送机。

2011年,绿水洞煤矿+350主平硐皮带运输系统成功运行。该运输系统长6000米,有多处拐弯,可自动翻转,实现"一带两用":上带运煤出井,下带运尾矸入井。属西南地区亮点工程,被誉为西南"第一复杂皮带",获得四川省科技进步三等奖。

2011年4月,第一台全岩掘进钻装一体机落户李子垭南煤矿,月均进尺在170米以上,最高月进尺达172.4米。随后,绿水洞煤矿亦开始进行该项目的工业性试验,开始了凿岩台车自动钻布孔研制。

2012年,广能公司针对李子垭南二井瓦斯含量高、煤层倾角大、顶、底板及煤层松软等开采难题,再次向"双高三软"急倾斜突出煤层开采技术发起攻关,量身打造了急倾斜综采"三机"及配套设备并成功投入应用,使公司在设备制造及回采工艺上取得了长足进步。该项技术获得四川省科技进步一等奖。

同年,拥有自主知识产权的"大倾角煤层长壁工作面综合机械化开采技术和装备"荣获国家科技进步二等奖。

2013年,"急倾斜松软煤层伪俯斜综合机械化开采"技术工业性试验又在李子垭南煤矿获得成功,结束了广能公司唯一一个矿井无综采的历史。

目前,公司综采、综掘机械化程度已分别达94%、47%,各采区煤炭运输皮带化率达100%,掘进装载机械化达93%,掘进后续运输皮带化率达50%以上,李子垭、绿水洞、龙滩矿综采率达100%;综掘创西南地区复杂地质条件下薄煤层月单进488.3米最高记录,综采创西南地区月单产13万吨最高记录。

3.树立了煤炭技术创新典范,实现了效益、荣誉双丰收

广能公司从1996年开始研究技术创新体系建设,是首家在四川省煤炭行业中较系统研究企业技术创新体系构架的课题,至2003年初步形成了涉及技术创新政策、机制、经费提取、产品研发、专利及学术交流、成果奖励等方面的管理体系。

2004年至2010期间,广能公司进一步开展了"全员技术创新体系建设"研究。通过培育创新文化、营造创新氛围、构建创新型企业、健全专业研究室、制定创新长效机制、完善科技投入保障、强化人才培养、开展重大项目攻克、组织职工"五小"活动、争取政府重大科技支撑计划等举措,构建了以公司技术创新总体目标为核心,成立了工程技术人员(企业技术中心)、职工(工会)两级技术创新体制,技术创新责任制、科技投入保障制、技术人才培养制、创新管理考核制以及创新成果公开奖惩制等五项机制的"一心两体五制"全员技术创新管理体系。

自川煤集团于2008年开展四川省煤炭行业实施技术创新管理及实效评价以来,广能公司连续6年以排名第一的成绩荣获"技术创新优秀企业"荣誉,引来了多家煤炭企业到公司考察交流。目前广能公司从实践摸索出来的全员技术创新管理模式已在川煤集团内攀枝花、芙蓉、达竹等企业成功推广,并取得实质成效,为四川煤炭企业实

施科技兴企战略树立了典范。

近三年来,公司坚定科技兴企、全员技术创新战略,完成科技进步项目134项,发布并奖励群众性"五小"活动成果319余项,累计创经济效益1.1亿元,科技贡献率达40%左右;通过省部级以上重点技术进步项目鉴定16项,其中获国家科技进步二等奖1项,省部级科技进步一等奖2项、二等奖3项、三等奖6项;申请专利47项,授权26项,其中发明专利10项。公司还先后荣获了创新型企业、知识产权优势企业、省级技术中心、全国职工技术创新工作先进单位等称号。

(成果创造人:王灿华　梁立勋　刘富安　卓　军　符明华　王显银　王焕明　冯宗华　李　健)

大成本管理观在煤炭企业中的应用

陕西煤业股份有限公司

陕西煤业股份有限公司（简称陕西煤业）由陕西煤业化工集团公司作为主发起人，于2008年12月在西安注册成立的一家省属特大型煤炭企业。2014年1月28日，公司在上海证券交易所成功上市。公司主营业务包括煤炭开采、洗选、加工、销售和综合利用；现有全资及控股子公司17家，下属生产矿井28对，在建矿井1对，其中千万吨以上矿井3对，300-1000万吨矿井9对，总产能过亿吨。公司拥有的煤炭资源主要分布于陕西榆林、延安和咸阳地区。"十一五"期间，公司在陕北、彬长和黄陵矿区相继建成了一批大型现代化矿井，同时在陕北、神东和黄陇等国家大型煤炭基地，部署了多个在建、拟建项目，奠定了更加良好的成长性和巨大的发展空间。

一、煤炭企业的特点

成本是企业生产经营过程中发生的各种耗费的量化反映，研究煤炭企业的成本，就必须来总结一下它的特点。

1. 开采审批手续繁杂

新建煤矿，首先要根据国土资源部门的矿业权设置方案，以相应区块编制项目建议书，向发改委申请前期工作开展的批文，即"路条"。取得"路条"后，才可以委托具有相应资质的单位完成可行性研究、水土保持方案、环境影响评价、水资源论证、地质灾害论证、地震安全性评价和节能评估等专题报告，然后再报发改委核准后方可开工；煤矿建设完成后，要进行正常生产，还需办理采矿许可证、煤炭生产许可证、安全生产许可证、矿长安全生产资格证和矿长资格证这"五证"，在申请采矿许可证的同时需一次性缴纳高额的采矿权价款，这是一个漫长的过程。

2. 自然条件制约明显

煤炭生产的地质构造、煤层结构、埋藏的深浅、倾角的大小、涌水量等自然条件，决定了采煤方法、工作面布置、设备配备以及机械化程度的选择，进而影响着矿井建设总投入。另外，煤矿的地理位置、运力保障也是制约企业生产经营的重要因素。

3. 基础设施投资高额

煤炭开采首先要进行生产矿井建设，同时要进行运输设施配套，按照"三西"

（山西、陕西、蒙西）煤炭基地建设年产 1000 万吨的矿井估算，矿井建设投资额高达 40 亿元，如果再配套修筑铁路专用线，每公里铁路的造价亦高达 4000 万元。

4.生产作业环节复杂

我国煤炭生产以井工开采为主，矿井的基本生产作业包括工作面巷道掘进、巷道支护、底板铺设、管路安装、设备安装、回采生产、运输提升及地面洗选等；辅助生产作业包括通风、排水、照明、动力及设备维修等。可见，煤炭开采是一项庞大的系统性工程。

5.生产工作危险高发

煤炭生产受自然条件制约较大，矿井中瓦斯、水、火、煤尘、地压、破碎顶板及有毒有害气体等均严重威胁生产人员的安全。根据国家煤炭工业网发布的《2013 年度煤炭工业改革发展情况》报告不完全统计：2013 年全国煤矿共发生各类事故 604 起、死亡 1067 人。其中，重特大事故 14 起、245 人；较大事故 46 起、224 人；煤矿百万吨死亡率为 0.288。

正是煤炭企业的上述特点，决定了其成本构成的多样性和成本管理的复杂性。

二、煤炭企业的成本现状

煤炭企业受地理位置、开采条件、生产用工及披露口径等因素的影响，成本差异大、可比性差。形成如此大的差异主要是存在两个方面的因素，一方面是前述的煤炭企业特点形成了成本差异，另一方面是长期以来形成的成本归集、列报以及管理观念导致的差异。

传统成本归集与管理主要体现如下：根据行业惯例，大多数煤炭企业在成本管理中使用"完全成本"的概念。完全成本是企业一定时期为生产和销售一定数量和种类的产品或劳务所发生的全部耗费，包括了制造成本的部分，还将期间费用也纳入成本核算范围，即：完全成本=制造成本+期间费用，但是，完全成本中却不包括营业税金及附加。完全成本按其核算内容又被细分为：材料、职工薪酬、电力、折旧、修理费、地面塌陷补偿、维简及井巷费、安全费用、采矿权价款摊销和其他支出等项目。在以控制指标为主导的目标管理模式下，上级公司财务部将单位成本指标逐级下达，而各生产单位根据这个指标向各部门进行分解，物资采供部控制材料费用，人力资源部控制职工薪酬，机电部控制电力和折旧、安全部控制安全费用等。

这样的成本管理主要存在下述认识误区：

误区一，就成本论成本，认为生产单位是成本控制的绝对主体。一提到降低成本，首先想到的就是节材料、降工资、压费用，忽视了对生产经营全方位的管理，忽视了企业投资、建设、运营的全过程管理，未充分考虑成本项目中不属生产单位控制的方面。

误区二，降成本一味注重增产摊薄固定成本，忽视产品质量、安全风险因素。因为煤炭企业固定成本占比较高，提升产量摊薄固定费用，可以有效降低单位成本。因此，部分管理人员片面地认为"煤炭企业成本有啥可控制的，多出几刀煤就行了"。这个认识，没有充分考虑超产对安全的影响、超产受政策的制约，超产与产品质量的负相关性。

误区三：降成本单一理解为降运营成本，忽视了成本的广义和深意。在成本的观念上，局限于生产成本，而忽视了机会成本、边际成本、并购成本等。而现实中，成本管理包括方方面面，忽略其中的任何一个方面，都会招来损失。

误区四：成本控制被视为个别部门的事情，忽视了整体的战略性、全面性。谈到成本控制，很多人会误认为这就是财务部门的事，就该由财务部来做，即使财务部门将指标分解给其他各部门，往往是因为实际消耗的不是部门自己，而导致意见大、牢骚多、执行难。这个认识忽视了全体员工的作用，在成本管理方面，在不同的岗位上，都具有各自特定的作用。

正是因为这些认识误区的存在，导致部分煤炭企业成本管理意识狭隘，将成本管理中的困难多归咎于客观条件。因此，树立大成本管理观，是煤炭企业成本管理思想的一次改革。

三、大成本管理观的内涵及做法

大成本管理，是以"企业价值最大化"为目标、以"层级分工管理"为方式、以"权利与责任相结合"为原则，通过成本重分类及再分析，建立全方面、全过程、分层次、系统化的成本管理工程。

现以陕西煤业所属的 ABC 矿业公司为调研对象，依据大成本管理观的思路，将该企业的成本项目按其形成来源分类为：资源成本、矿建成本、安全成本、环境成本、税费成本和运营成本六大类，另外延伸分析物流成本和并购成本，以便寻求从源头上管理成本的方法。

ABC 矿业公司位于神府矿区，产能 1000 万吨 /年，产品为优质动力煤，固定资产原值 41 亿元，其中：弃置资产原值 2 亿元、环保设施原值 3 亿元、矿井建筑及设备等资产原值 36 亿元；矿建银行贷款 20 亿元，贷款年利率 6.5%；采矿权价款 13.8 亿元；井巷费用提取标准 2.5 元/吨，维简费用提取标准 8 元/吨，安全费用提取标准 15 元/吨，2013 年原煤产销量均为 1000 万吨，该矿全部为坑口销售。ABC 公司经重新梳理后的成本构成归类整理如表 1 所示。

表 1　ABC 公司成本构成归类表

成本项目	总成本（万元）	单位成本（元/吨）	占比
资源成本	4,600	4.6	3.1%
矿建成本	46,800	46.8	31.1%
安全成本	15,000	15.0	10.0%
环境成本	5,100	5.1	3.4%
税费成本	18,140	18.1	12.0%
运营成本	61,000	61.0	40.5%
合计	150,640	151	100%

因公司的煤炭产品运销工作由运销公司承担，上述成本不含煤炭出矿后的运输销售费用。假设该矿销量中的300万吨系运抵秦皇岛港销售，则相应的物流总成本为66,000万元（0.275元/吨·公里×800公里×300万吨），折合吨煤成本为220元。

具体计算方法如下：

1. 资源成本

资源成本是指资源的取得代价在生产过程中的补偿，具体表现为采矿权价款的摊销。煤炭资源的取得成本与区位、政策、品质等多重因素直接相关。自2003年6月国土资源部颁布《探矿权采矿权招标拍卖挂牌管理办法》以来，获取煤炭资源开采权的代价节节攀升，在煤炭业的"黄金十年"（2002年至2012年），自然赋存较好的煤田，转让价款由不到1元/吨，上涨到30-50元/吨。ABC公司采矿权价款13.8亿元，按30年摊销，单位成本4.6元/吨，占总成本的3.1%。

2. 矿建成本

矿建成本主要包括矿井资产（不含环保类设施）的折旧和建设贷款利息支出。ABC公司矿井资产36亿元，根据相应会计政策年折旧3.38亿元；因矿建产生的银行贷款20亿元，年利息支出1.3亿元。两项合计4.68亿元，单位成本46.8元/吨，占总成本的31.1%。

3. 安全成本

广义的安全成本是企业生产经营过程中与安全有关的费用的总和，包括为保证安全生产所发生的所有支出和所有因安全问题而产生的损失。2011年3月，国家安全生产监督管理总局和国家煤矿安全监察局联合颁布《煤矿井下安全避险"六大系统"建设完善基本规范（试行）》，要求所有煤矿都要完成监测监控系统、人员定位系统、压风自救系统、供水施救系统、通信联络系统和紧急避险系统。这"六大系统"的建设都归集在矿建中，要将该类资产进行单独汇总，是比较困难的。因此，狭义的安全成本，定义为根据财政部和安全监管总局印发的《企业安全生产费用提取和使用管理办法》提取的安全费用。办法规定：煤炭生产企业依据开采的原煤产量按月提取安全费用，煤（岩）与瓦斯突出矿井、高瓦斯矿井吨煤30元，其他井工矿吨煤15元，露天矿吨煤5元，并规定了"十项列支范围"。该办法以行政强制手段保障了安全生产资金的投入。ABC公司根据规定要求，按15元/吨提取安全费用，占总成本的10%。

4. 环境成本

煤炭开采企业从自然界获取资源，同时排出废弃物，影响甚至破坏了生态环境。按照现行的法律法规要求，企业应建设配套的防治设施，减少污染物的排放，降低环境负荷，做好生态恢复，并对未来矿井弃置时发生的生态恢复支出进行折现确认，同时对因生产过程中采区塌陷而造成的损失进行补偿。ABC公司的环境成本主要包括：环保设施折旧、弃置资产折旧、地面塌陷补偿和污染防治费用，单位成本5.1元/吨，占总成本的3.4%。随着经济不断发展，环境问题也越发严重，环境保护的法律、法规不断完善，环保要求更加严格，煤炭企业的环境成本也将呈现出逐步上涨的趋势。

5. 税费成本

企业在一个地区进行生产经营活动，就要根据国家及地方的法律法规履行相应纳税和缴费的义务。煤炭开采企业涉及的主要税费有：矿产资源补偿费、水土流失补偿费、水资源费、水利建设基金、印花税、土地使用税、房产税、资源税、城建税、教育费附加、煤管费和计量费等。ABC公司税费单位成本18.1元/吨，占总成本的12%。

6. 运营成本

煤矿一经建成投运，日常生产过程中主要的工作就是回采生产、巷道掘进、工作面接续布置、巷道维护、设备维修等。这些工作的消耗主要体现在：材料领用、电力耗费、职工薪酬、修理修配、生产工程和管理费用等。ABC公司运营成本61元/吨，占总成本的40.5%。

7. 物流成本

众所周知，物流运输成本在煤炭产品售价中的比重大，以2013年度ABC公司5000大卡的动力煤为例，坑口含税售价240元/吨，而该煤炭产品在秦皇岛港的含税售价460元/吨，运距约800公里，物流成本220元/吨。2014年2月，中国铁路总公司发布了《中国铁路总公司关于调整铁路货物运价的通知》，铁路运费涨幅达10%以上，大宗物资物流成本也将因铁路运费的上涨而升高。

8. 并购成本

煤炭企业进入同质化时代，企业靠生产规模和单项技术实现成本大幅降低几乎没有可能，煤—电—路—化—港联营模式的比拼成为当前的热点，其出发点就是通过循环经济拼综合成本。在过去的并购重组中，有的企业引入了资产组收益的概念来评价并购成本的高低，即联营后的综合成本比单个企业运营耗费更低。然而，有些企业并没有引入资产组收益评价体系，将并购视为简单的叠加，运营成本不降反升，企业付出了沉重的代价。因此，企业并购成本管理更值得大型煤炭企业关注。

通过上述分类及分析，陕西煤业结合目前三层管理架构情况，即股份公司-矿业公司-矿井单位，将成本责任定义如下：股份公司作为资本运作平台，通过战略布局、并购重组、协调沟通，落实资源、税费、并购成本；矿业公司作为资产管理平台，通过设备集中管理、资源优化配置，落实矿建、设备、环境成本；矿井单位作为产品经营平台，通过严把质量、加强组织，落实安全、运营、物流成本。要求各管理层级各司其职、相互协作，形成一脉相承的成本管理体系。

四、大成本管理观实践应用与取得的成果

1. 以占领优质资源，控制资源成本，作为企业持续发展的立足点

煤炭行业是资源性行业，拥有资源才能生存和发展，而优质资源是企业生存和发展的基础。陕西煤业充分认识到优质资源对企业发展的重要性，经过长期的积累，截至2012年底，公司煤炭地质储量达165.96亿吨，可采储量达97.30亿吨，在国内已上市煤炭企业中位列第三。这些资源中，品质优良且区位优越的陕北和彬黄区域占89.5%，该部分资源成为陕西煤业利润的主要来源。

2013年，公司加快具有区位优势的彬长矿区大佛寺煤矿二期项目进展，位于优质

动力煤基地的陕北矿区小保当矿井项目前期工作亦顺利开展。这些优质资源的开发，未来将进一步降低公司整体的综合单位成本，成为公司利润的新增长点。

2. 以争取优惠政策，控制税费成本，作为企业平稳发展的保障点

据不完全统计，目前涉及煤炭产业的税收共16项，行政性收费共31项。煤炭企业平均税费负担水平在35%左右，其中税收负担为21%，高于国内绝大多数行业。全国规模以上煤炭企业综合税率是国内工业行业平均水平的2-3倍。在煤炭价格持续下行，企业盈利能力普遍下降的形势下，陕西煤业积极与政府部门沟通，争取惠企政策：陕西省人民政府于2012年8月，暂停征收15元/吨的价格调节基金；2013年6月，陕西省物价局下发了《关于切实做好涉及煤炭收费监管工作的通知》，进一步规范了煤炭企业的收费；2014年5月，陕西省工信厅、财政厅、监察厅、物价局和地税局联合下发了《关于进一步规范煤企税费征收工作的通知》，停止了"价格调节基金""煤管费"等行政收费。

初步估算，2013年度，上述政策为企业减轻税费负担15亿元，预计2014年减负金额将达到19亿元。这些惠企政策可以减轻企业税负，但仍需要企业积极与省、地、市、县相关部门充分沟通，争取优惠政策落地，降低企业税收成本，为煤炭企业的健康发展提供保障。

3. 以开展战略合作，控制并购成本，作为企业成长拓展的孕育点

并购的内涵非常广泛，一般是指兼并和收购。并购对企业综合成本的影响主要体现在：一是减少产品流通的中间环节，降低交易成本；二是通过并购，企业规模得到扩大，能够形成有效的规模效应，使资源得到整合与充分利用，从而降低总成本；三是通过并购取得先进的生产技术、管理经验、经营网络、专业人才等各类资源，降低建设或购置相关资源的成本。成功的战略合作能起到"1+1>2"的效果。

陕西煤业所属运销集团，并购了株洲洁净煤股份有限公司，获取到湖南省首家电煤储备基地，主要开展煤炭仓储、洗选、掺配及配送等物流服务，服务于江南地区的电力、冶金及化工企业。这次并购，陕煤与湘煤构建了长期稳定的能源供需战略关系，通过优势互补应对市场风险，通过强强联合提升综合竞争力，对于增强双方在华南市场的话语权和影响力，有着重要意义。

4. 以加强项目管理，控制折旧成本，作为企业资产管理的中心点

项目建设投入往往是一次性的，项目一旦竣工，其对以后经营成本的影响就基本定局，即使要进行改变，也只能是继续追加投入进行改造。早在2011年，陕西煤业就敏锐地认识到控制投资的重要性，及时出台了《基本建设财务管理和会计核算若干规定》，严格概预算审批，强化资金管控，有效抑制了项目建设喜好"高大上"的风气，弱化了行业进入低迷期而折旧成本高居的风险。

2013年度，公司一方面加强在建的小保当等矿井的基本建设投资管理，跟踪优化设计，控制和缩减投资规模；另一方面加强各在产矿井的资产调配，减少更新设备的投入。这些措施，促使固定资产增长速度下降了17个百分点，夯实了公司未来的发展基础。

5. 以保护生态环境，控制环境成本，作为企业生产经营的基本点

一切社会生产的最终目的是为了改善人类的生存环境，但工业生产的同时也破坏着环境，煤炭行业表现的尤其明显，煤炭企业的生产过程，也是生态环境破坏和资源消耗的过程，因此保护环境、绿色开采，是企业的社会责任。

陕西煤业自成立以来，稳步推进矿山绿色开采、矿区"零排放"建设，始终坚持走高碳产业低碳运营的科学发展之路，通过合理增加环境保护与污染预防成本，减少生产环境损害成本，实现了近几年无环境污染事件发生的良好成果。公司所属煤矿建设成为"全国一流的环保型、花园式绿色矿区"，其中1家荣获"晋陕蒙接壤地区大型生产建设项目水土保持示范样板工程"称号，另外3家煤矿企业获得"中国最美矿山"称号。未来，公司继续以绿色开采为主题，优化设计，从采掘布局源头和采掘操作环节上减少煤炭含矸率，减少污染排放。公司还将紧紧抓住"城镇化建设"和"采空区棚户区改造"的有利政策，制定一揽子方案，解决采空区居民的安居问题，综合降低塌陷补偿成本。

6. 以落实安全管理，控制安全成本，作为企业可持续发展的生命点

"安全生产"是煤炭企业的头等大事，是企业发展的基石。为建立煤矿安全生产设施长效投入机制，国务院批准建立了煤炭生产企业单独提取安全费用制度，财政部、国家发展改革委、国家煤矿安全监察局在征求中国煤炭工业协会意见的基础上，联合制定了《煤炭生产安全费用提取和使用管理办法》，这些会计政策从资金来源上为安全生产提供了保障。

陕西煤业2013年加强安全投入管理，提倡树立安全投资观念，即安全投入也要讲成本、讲效益、讲效果，杜绝不产生安全效益的面子工程，降低无明确安全效益的硬件档次，增强预防性安全软件建设，提高人员自身的安全素养，合理配置有限的安全资金，安全项目严格审查，项目成本严格控制，全年安全支出环比下降3%，煤炭生产百万吨死亡率为0.0086，明显好于全国0.288的平均水平，实现了全年安全支出有所降低和安全生产达历史最好水平的"双赢"。

7. 以加强经营管理，控制运营成本，作为企业成本控制的着力点

煤炭企业一经步入生产经营，大部分成本都属于刚性支出，运营成本就成为经营管理的重中之重，如何把握好运营成本这个着力点，是企业全员要面对的问题。陕西煤业通过落实成本责任，确定了运营成本管理的"三心"——核心、中心、重心。

一是确定了生产部门为运营成本管理的核心。一方面，通过加强区队管理、材料审批、技术判定，合理控制材料消耗，规范费用使用标准；另一方面，通过合理布局、优化设计、技术创新等措施，从技术层面控制成本。

二是确定了财务部门为运营成本管理的中心。通过建立预算与定额管理体系，将核算向区队和班组延伸，开展成本对标活动，协助生产部门进行考核，使成本形成过程始终处于可控状态。

三是确定了人力资源为运营成本管理的重心。承担建立绩效评价、考核、兑现制度的责任，将增效节支的收益与相应岗位职工的奖金有效挂钩，激活成本控制的内在动力。另外，公司通过矿区成本分析，调整矿区产量结构，适当增加发热量高、吨煤毛利高的矿井煤炭产量，同步压缩关中老矿区劣质煤产量。同时，成建制转移富余人员去新建煤矿，开创了新老矿区人力资源优化配置新模式。

2013年，公司所属彬黄矿区煤炭产量3255万吨，同比增加464万吨，增长16.62%；陕北矿区煤炭产量6128万吨，同比增加558万吨，增长10.02%；公司非生产类费用下降了13.7%。在上述举措共同发力的作用下，公司综合原煤单位完全成本同比下降7.27%。未来，运营成本管理将从优化采掘比例，优化生产系统，提高设备和人力资源配置效率，控制成本工程支出，严格成本产量标准等方面进行提升。

8.以提高产品质量，节约物流成本，作为企业经营效益的增长点

据统计，物流成本在煤炭价格的比重高达48%，而大多数煤炭企业并不参与物流配送环节。表面看来，煤炭企业对物流成本失去了控制力，但陕西煤业经过深入调研，为各生产矿井列单算账：以陕北的煤炭运抵秦皇岛港为例，5000大卡的动力煤坑口含税价0.048元/卡，秦皇岛港的含税售价0.092元/卡。现假设在生产环节通过质量控制，减少矸石混入，把煤质提升至5260大卡，在以发热量计价的结算模式下，将直接减少煤炭运量5%，节约运输成本11元/吨（220元×5%）。由此可见，提质与降本殊途同归。

2013年，公司以产运需衔接为核心，加强井下煤质控制，提高原煤入洗率，全年实现洗煤产量增长25.14%，有效提升了商品煤的整体质量，实现了提质保价。目前，公司采用集中统一销售模式，以运输为主的物流成本管理创造的效益在运销集团的经营成果中得到体现，运销充分发挥自备列流向的选择优势，打通陕北至青岛港的战略通道，提升太中银与西康线的煤炭运量，其中对运距较短的华中、华东和华北地区销量同比分别增加34%、46%和54%，对煤炭稀缺的西南地区销量同比增加20倍，进一步巩固了行业地位和市场份额。

（成果创造人：王晓刚　朱　炜　朱　清）

附表1：

2002–2014年煤炭企业行业级及国家级管理现代化创新成果获奖情况

年度	行业级				国家级	
	特等	一等	二等	三等	一等	二等
2002–2004年	0	17	30	41	3	10
2005年	0	8	33	16	2	5
2006年	0	7	23	32	2	7
2007年	0	7	36	41	0	9
2008年	1	9	30	57	1	12
2009年	0	15	39	58	4	12
2010年	1	16	57	96	3	17
2011年	2	17	65	111	0	14
2012年	3	16	72	121	2	11
2013年	0	15	63	108	2	13
2014年	2	13	58	111	1	5
合计	9	140	506	792	20	115

附表 2：

2008–2014 年煤炭企业管理现代化创新成果简述（行业一等奖）

等级	成果名称	申报单位	主要创造人	参与创造人	主要特点
科技管理创新与项目建设（6 项）					
2013 年一等	大型企业集团投资项目后评价模型的构建与实践	冀中能源集团有限责任公司	王社平 张汝海	赵金鹏、王玉江 张振峰、高会春 苏晓梅、陈建壮 张建生、张纪军 武 玉、李安然	从国家投资项目后评价管理办法入手，按照国家有权部门、集团公司、各子分公司三级后评价管理模式，构建了大型企业项目后评价模型，对大型企业投资项目具有借鉴意义。
2010 年一等	大型煤炭企业集团科技创新长效激励机制的创建研究及其应用	辽宁铁法能源有限责任公司	韩有波 吴维权	郑家林、李国君 王 杰、刘天习 许长志、冯月珍 孙丽艳、吴文华 曹良华、刘金楞	通过建造科技创新支撑体系，制定长效激励机制方案，细化量化考核指标体系，创建量化评审、评比选优模式，提出了适应企业发展的科技创新长效激励模式，实现了"科技兴企、人才强企"战略目标。
2010 年一等	大型煤炭企业集团价值创新管理与实践	中国平煤神马能源化工集团有限责任公司	陈建生 梁铁山	徐建明、张友谊 赵海龙、王万恩 崔玉坤、余青海 张 琦、郑永泉 王启山、胡建华 林 东、张爱珍	创建了"以体制创新为导向、以信息化为依托、以内部资金控制为平台、以预算管理为控制手段"的价值创新管理模式，通过管理体制、内部资金控制、预算管理方面的创新实践，提高了企业的管理水平和经济效益。
2010 年一等	煤基多元化商业模型的创新与实践	山西晋城无烟煤矿业集团有限责任公司	朱晓明 张宏永	蔡开东、陈晋亮 陈立伟、任义勇	结合企业战略发展要求，依托丰富的煤炭和煤层气资源优势，优化要素配置，加强自主创新，形成完整的产业链，构建了符合企业实际和市场竞争需要的"煤基多元化商业模型"，推动了企业经济发展方式的转变。
2009 年一等	大型综合性能源企业科技创新体系建设与实践	神华集团有限责任公司	凌 文 顾大钊	徐会军、李小泗 陈振龙、张建民 毛亚林、张晋宇 唐 珂、于瑞雪	通过战略合作、项目合作、共建等形式整合科技资源，加强自主研发控制关键管理环节和掌握核心技术，构建了科技创新组织体系、管理体系、评价体系等三个重要体系科技创新模式，为企业发展提供了技术支撑。
2008 年一等	大型煤炭企业产业结构优化方案与实施	淮北矿业（集团）有限责任公司	王明胜 张国建	王言彬、战彦领	运用现代管理方法优化方案——基于层次分析法的模糊综合评价方法（AHP–PCE），对矿区产业现状进行了深度分析和研究探索，提出了煤炭企业产业结构优化的理论框架，有效增强了矿区可持续发展的能力。
安全管理与安全生产（16 项）					
2014 年一等	主导要素精准化并行控制安全管理体系的构建与实施	河南能源永煤集团股份有限公司	曹志安 胡宏军	戚志伟、郭云川 田 立、史春光 许 栋、仝铁军 龚 鹏、杨德印	通过建立"四维"系统并行控制要素体系和精准数学函数模型，计算安全生产稳定指数，及时发布预警信息，有效把控和消除安全隐患，实现了长周期安全稳定生产。
2013 年一等	煤炭企业安全生态体系的构建与探索	新汶矿业集团有限责任公司翟镇煤矿	何希霖 陈巍巍	于洪军、张志利 张新国	借鉴自然生态系统原理，从"以人为本"思想出发，参照典型事故致因理论，构建了一种依靠、调动、保护和发挥人的能动性的安全生态体系，丰富和发展了安全管理模式。
2013 年一等	煤矿安全期权交易方式的系统设计与应用	永城煤电控股集团有限公司	曹志安 杨联合	戚志伟、王 珏 刘 益、邢顶门	引用、扩展了期权交易理论，将安全管理与人的安全行为和安全生产状况量化，形成了企业内部安全期权交易方式，提出了详细具有可操作性的对策和方案。

等级	成果名称	申报单位	主要创造人	参与创造人	主要特点
2011年一等	"三位一体"安全管控体系的构建与实践	冀中能源峰峰集团有限公司	陈亚杰 赵兵文	赵鹏飞、李瑞敬 张生温、张青合 张术义、唐世忠 梁刚勇、李爱民	结合企业安全形势，将风险辨识预控、隐患排查治理、及时应急救援进行整合管理，形成了"三位一体"的安全管控体系，有效提升了从业人员的安全技术素质和规避事故风险的能力。
2011年一等	煤炭企业安全生产与绿色防灾减灾体系的构建	山东能源新汶矿业集团有限责任公司协庄煤矿	袁秋新 张万红	公建祥、王泮社 刘 君、杜长龙 何树国、刘 伟	以市场化的利益手段代替传统煤矿安全管理系统中机械说教与简单罚款的管理方法，提出了煤矿2S安全管理体系、煤矿安全责任经营化管理体系、煤矿绿色安全管理体系三种煤矿安全绿色减灾体系，构筑了煤矿安全系统工程。
2010年一等	大型煤炭企业以安全为中心管理体系的构建	山西潞安矿业（集团）有限责任公司	李晋平 王志清	范文斌、张建军 李保国、徐 杰 段爱虎、郭晓宁 陈亚平、刘祥龙 李 峰、刘满娥	将安全第一的管理理念，全面贯穿于组织管理、人事管理、生产管理、财务管理、营销管理的管理体系中，通过以安全为中心的"组织管理体系、人事管理体系、生产现场管理体系、收入分配体系、营销管理体系、应急救援体系"六大体系的建立与实施，构建了企业安全管理新格局。
2010年一等	大型煤炭企业"54321"安全生产体系的构建与实施	淮北矿业（集团）有限责任公司	王明胜 张国建	夏传云、李 伟 王世森、葛春贵 谢道成、姚中华 熊 放、欧阳长锦 高亚光、刁远程	通过夯实"安全五项基础支撑体系（理论、文化、素质、责任、制度）、抓住四个关键保障体系（技术、投入、环境、监察）、突出三个重点防控体系（防范、排查、整治）、推进两项管理操作体系（自主管理、现场管理）、实现一个安全目标体系"要素建设，构建了大型煤炭企业"54321"安全生产体系，推动了企业安全发展、科学发展、和谐发展。
2010年一等	煤矿安全检查追溯式管理体系的研究与实践	枣庄矿业集团付村煤业有限公司	徐亚民 何国家	殷 涛、郭庆春 顾金滕、孙洪灵 黎体发、刘金辉 刘德清、张玉相 杨春宇、纪 刚 赵丽娟、刘广明	借鉴国内外安全检查的主要模式和先进安全理念，构建了"隐患排查激励、治理程序控制和系统追溯否定"三大安全检查追溯式管理模式，通过安全文化、制度基础、安全培训、技术装备等方面建立运行管理体系的支撑保障，运用PDCA安全检查闭合管理模式提升了安全生产水平。
2010年一等	基于根源认知的启迪式安全管理	新汶矿业集团有限责任公司协庄煤矿	袁秋新 牛家成	刘 永、马晓贵 郎秀勇、王泮社 何树国、杨元庆 刘 君、王 伟	提出人的不安全行为是事故的重要原因，采用科普教育的方式，运用《煤矿安全十万个为什么》丛书为平台，从员工的基本认知入手，对员工进行安全启蒙教育，取得了显著效果。
2010年一等	基于"安全股票"的煤矿安全管理长效激励机制研究	河南龙宇能源股份有限公司陈四楼煤矿	杨青松 陈群忠	武梅良、邢顶门 王明臣、王启善 戚志伟、吴 晨	运用安全经济学、企业安全期权交易理论的研究成果，将安全管理各要素视为商品，开展安全内部市场化期权交易管理，构建了"安全股票"的煤矿安全管理新模式，形成了有效的安全激励机制，保持了企业安全生产的良好态势。
2009年一等	露天煤矿安全生产风险预控体系的创建与应用	神华准格尔能源有限责任公司	郭昭华 曹 勇	王有仓、战德仁 张 勇、韦海良 王俊良、张建成 郭占江、任宇航 王水龙、苏敬厚	提出了露天煤矿危险源辨识、风险评估、风险预控的方法和措施，采取了两级考核方法为保障手段，形成了露天煤矿安全生产风险预控管理体系的8个方面的内容，通过露天煤矿"人-机-环-管"的最佳匹配，实现了对安全生产全过程覆盖。

等级	成果名称	申报单位	主要创造人	参与创造人	主要特点
2009年一等	煤矿施工企业安全风险预警管理模式研究与应用	中煤第五建设公司	王天润 王金余	顾培中、杜勇 孔庆海、沈慰安 常胜秋、王传礼 张小美、王者尧 赵新彤、辛宝山 仇平	建立了"三违"行为与相关责任人的界定范围、岗位行为规范、危险有害因素辨识、风险评价与控制技术标准信息数据库,通过制定三级安全风险评价体系、三色安全风险预警模式,构建起"煤矿施工企业安全风险预警管理模式,实现了实时监控、跟踪闭环管理功能。
2009年一等	建模思维在煤矿安全管理过程中的应用与探索	新汶矿业集团有限责任公司翟镇煤矿	佟强 刘磊	陈巍巍	结合煤矿安全管理实际,运用变异设计和开发设计技术,提出了基于反求工程技术理论下的安全管理模式,达到了人性化管理和反求工程理论的最佳结合,构建了安全的管理网络,实现了安全生产。
2009年一等	煤炭企业员工安全诚信管理体系建设探究	山东鲁泰煤业有限公司太平煤矿	高恩银 王付清	李贻久、贾广海 齐胜春、袁学访 张敬民、王来文	综合人本管理、安全行为管理、安全文化建设和安全教育学等理论,将诚信管理引入到煤矿安全管理中,通过开展职工诚信承诺、诚信剖析、诚信档案建立、考核评优、召开听证会等方式,构建了安全诚信管理体系,创新了煤矿安全管理理念。
2009年一等	"隐患买卖"安全管理方法及其应用效果研究	河南龙宇能源股份有限公司陈四楼煤矿	曹志安 武梅良	邢顶门、李矿军 王太续、王利伟 王钰、刘益 王明臣、黄涛	从煤矿安全管理的实际出发,将安全隐患排查和整改设计相结合,提出了"隐患买卖"的煤矿现场安全管理方法,建立了安全隐患治理的内在机制,有效实施计算机信息管理考核系统,解决煤矿安全现场管理面临的实际问题。
2008年一等	以建设精品煤矿为目标的标杆管理	平顶山天安煤业股份有限公司一矿	李永生 程同军	刘彦昌、刘汝涛 汪建立、张胜利 向长军、马灵君	将标杆管理融入质量标准化管理,通过建树质量标准化"人员素质标杆、现场流程管理标杆、精品工程质量标杆、精细管理标杆和对标、定标、调标、升标"的闭合管理流程,提升了"本质安全型、资源节约型、管理效益型、科技创新型、和谐发展型"的现代化精品煤矿的价值和品位。
电子商务与信息化建设(13项)					
2014年特等	大型集团企业综合管理信息系统集中管控模式的构建和推广应用	中国中煤能源集团有限公司	都基安	张国平、陈建新 柴乔林、吴军 王乐、殷恋飞 雷东升、郑文 贺敏静、谢明铮 刘卓识	通过搭建覆盖财务、销售、采购、库存、设备、项目等多项业务的综合管理信息平台,突破传统分布式部署的信息化建设模式,采用多业态集中部署,纵向提升了公司管控力,横向加强内部企业间沟通,效益显著。
2014年一等	煤炭交易模式创新及电子交易平台的构建	中国(太原)煤炭交易中心	曲剑午 阎世春	申彦杰、李伟 那一平、白有茂 杨小平、高江文 王渊、郝乐 张乾、王政	提出了详细的可操作性的对策和方案,搭建的平台提供了涵盖交易、物流、金融和信息服务的煤炭现货交易服务体系,可为交易者提供全方位、一站式服务,极大的加强了交易中心的核心竞争力。
2013年一等	以信息资源共享智能库为核心的热电厂知识管理体系建设	铁法煤业(集团)有限责任公司热电厂	王雪波 孙艳华	刘洋、韩明飞 裴智	引用知识管理理论,通过对知识的收集、整理和再加工,建成了包含设备故障排除库、安全隐患消除库、成本浪费控制库的信息资源共享智能库为核心的知识管理体系,为企业发展注入了新活力。管理模式处于行业领先水平。

等级	成果名称	申报单位	主要创造人	参与创造人	主要特点
2012年特等	大型煤化工企业两化融合的创新与实践	义马煤业集团河南开祥化工有限公司	吴东升 于华锋	杨 刚、林发现 张向阳、任树明 赵作涛、常明强 林 伟、张 伟 张广华、张永强	以"门户建设、应用系统和数据中心"为主要内容，借助云服务理念，构建了云服务理念下煤化工企业两化融合框架，通过建立OA组织协同平台、NC业务流程管控系统平台、DCS精度管控系统和信息化管理体系，实现了企业内部资源有效集合、集成的管理信息模式。
2011年一等	大型煤炭企业安全信息系统管理体系建设	辽宁铁法能源有限责任公司	宫世文 李红军	吴维权、赵云霄 戚险峰、赵 伟 郭奎超、王 江 冯家元、田发成 陈荣华、李全军 李一鹏、刘 崇	通过采用动态交互式网页形式，完善安全检查、隐患管理、安全档案管理等安全管理功能，整合人员定位、瓦斯监测、安全培训等相关系统，构建了煤矿安全信息管理系统，实时、全面、准确掌握了安全生产动态。
2011年一等	在煤矿物资管理中应用物联网技术的探索和实践	黑龙江龙煤矿业集团股份有限公司七台河分公司	哈 达 钟志民	王洪木、刘英志 徐永祥、胡东波 宋海萍、崔广柱 张继贤、马利明 单秀国、肖 凯	结合物资管控现状，运用物联网技术，整合物资供应管理、煤矿租赁材料、地理信息系统以及物料消耗和物资配送GPS系统，通过可视化管理，实现了煤矿物资管理过程的管控一体化。
2011年一等	以数字信息化矿山建设为基础的煤矿多维预控管理系统构建	义马煤业集团股份有限公司跃进煤矿	宋录生 陈华振	孙德胜、张友红 于华锋、颜廷旭 霍宏伟、张朝晖 于 洋、张向阳 徐利国、董 燕	构建了多维预控管理系统，满足了企业对于安全、生产、财务、供应等领域的管控需要和相关领域的数据信息收集、汇总和统计、分析，实现了对企业安全生产和经营目标的多维预控管理。
2011年一等	"五精"管理模式的创建	河南大有能源股份有限公司杨村煤矿	周立春 张新芳	田秋生、郭纪功 张向阳、常韶辉 郭文卿、陈义成 王 鹏、王伟旺 吴金峰、马利国	利用现代信息化技术，构建了"123456"信息数字化精细管理体系，实现了通讯办公网、电视监控、无线通讯、井下人员定位系统等"六网合一"的集成化信息数字平台，实现了信息资源共享和网络化办公。
2010年一等	大型煤炭企业相关产业多元化体制及内部产业专业化管理研究	兖矿集团有限公司	许金新 马 磊	朱建国、李 俊 唐洪洲、韩钟琦 淳于江辉 王 鹏	构建了产业多元化体制下内部产业专业化管控模式和管理框架，通过创建"技术研发创新体系、安全生产保障体系、项目开发建设体系、资本运营体系、产品质量体系、物资采购体系、人力资源开发体系、循环经济体系和经营管理体系"九大管控体系，促进了产业结构优化升级。
2010年一等	基于地理信息技术的煤矿租赁材料综合管理系统的研究和应用	黑龙江龙煤矿业集团股份有限公司七台河分公司物资供应部	崔广柱 宋海萍	哈 达、钟志民 徐永祥、张继贤 马立明、王建庄 王春峰、刘庆伟 王 超、王吉军	通过计算机信息建设为平台，利用煤矿精益管理战略理念，把"井下立体巷道数据、各租赁材料井下分布情况"等地理信息技术有效融合于一体，实现了"以图管物、以物对图、以表汇总"三结合的管理新模式，实现了租赁材料井下跟踪管理，杜绝了无效投入。
2009年一等	数字露天矿的建设	华能伊敏煤电有限责任公司露天矿	姚常明 高登来	刘建国、宋成顺 贾祝广、史宏哲 李希耀、刘清勋 毕红卫、王兴涛 德令军、刘玉和 刘显喜、王兆义 李 继	结合和借鉴国内外露天矿开采技术与实际，提出了资源开发控制、物流管理、安全开采、绿色开采为核心的总体建设思路，构建了2大平台、6大层次、4大结构的数字露天矿的总体构架，开发了13个应用系统，通过总控平台实现功能调用的系统集成方法，实现了信息共享。

等级	成果名称	申报单位	主要创造人	参与创造人	主要特点
2009年一等	电铝企业全面经营管理与控制系统研究与应用	兖矿集团有限公司电铝分公司	闫吉太 孙晋步	王积成、岳增良 刘光进、石 彤 巩 勋、孔祥明	将资源计划管理理论（ERP）、全面预算管理理论、内部市场化理论及绩效考核集成为有机的经营管控体系，建立了以利润效益为目标、资金流量为纽带、成本费用控制为重点、经营与财务预算指标为依据的的经营管理与控制的集成化信息平台系统，实现了各业务体系的无缝连接。
2008年一等	基于信息技术的大型煤炭企业闭环管理体系的构建	辽宁铁法煤业（集团）有限责任公司	包 宏 刘 悦	于宝申、宋振海 李红军、张 敏 杨 光、林素荣 张大为、张 雷 潘 宇、王 晓 崔 健	在建立健全现场安全闭环管理体系和责任落实闭环管理体系的基础上，以信息技术为载体，运用PDCA循环理论，建立了"安全隐患排查管理系统、合理化建议闭环管理系统、工作计划与工作任务闭环管理系统"的十个功能模块和一个管理模块的煤炭企业闭环管理体系。
精益生产与现代基础管理（15项）					
2014年一等	煤炭企业VO-EC管理体系的构建与实施	山西焦煤霍州煤电汾河焦煤股份有限公司三交河煤矿	卫学林 马 勇	杨惠斌、韩 磊 张志忠、何国强 牛希星、王克勤 高志鹏、薛高建 张小亮、孙海涛	将内部市场化管理与全面精细化管理体系相结合，建立了企业安全质量标准化体系、工作岗位操作标准化体系和成本控制标准化体系，利用管理信息系统成功实现了企业各项精细化管控标准与规范的制定工作。
2013年一等	全面工序管理在大型煤机企业中的构建与实践	山西晋煤集团金鼎煤机矿业有限责任公司	闫振东	张 杰、王 星 程建祯、张为远 宋志强、高建强 牛小国、闫振德 安悬钟、张 义	从内涵和实质层面深入剖析全面工序管理与传统工序管理、标准工序管理的区别，诠释了工序内容、操作标准、安全质量标准、定额标准、考核标准等五大内容的闭环设计方式，并通过完整介绍其在煤矿区队、煤机制造车间和管理职能部门的实践，全方位展示了其实用性和推广性。
2012年特等	煤炭企业对标管理研究与实践	辽宁铁法能源有限责任公司	韩有波 苏立功	朱 瑜、尤德斌 赵家廉、郭 超 林式巨、高双喜 王 丹、燕波涛 李俊峰、尚闯红	引入对标管理机制，提出了企业在战略发展、安全生产、经济效益、节支降耗、管理创新等方面对标管理方法，构建了科学的对标管理模式和体系，通过明确对标管理目标、主要任务、指标体系、管理流程和考核评价等运行程序和方法，实现了对标管理与精细化管理的有机结合。
2012年一等	以打造一流品牌企业为目标的基础管理体系构建	中煤平朔集团有限公司	伊茂森 王天润	白 金、杨淑琴 倪 洁、崔雅玲 李光烨	结合企业自身实际及发展要求，以强化和改进运营管控及加强专业化管理为核心，提出了企业横向协作和配合流程运转高效的基础管理运作体系，通过对组织结构、流程体系、核岗定编、管理制度、企业文化等方面优化设计，推动了组织管理向扁平化和专业化发展之路。
2012年一等	大型能化企业机电设备管理创新与实践	山西潞安矿业（集团）有限责任公司	李晋平 白宏峰	翟生勤、李卫东 罗自明、秦卫斌 郝文清、魏红亮 曹 兴、耿新宇 张 宇、高 欣	根据设备管理的实际需要，将"人、机、物"管理进行了有效的科学融合，坚持"三个三分之一"工作法，构建了"机电设备管理信息系统"，通过对设备选型、招标、购置、日常管理、检修到设备报废的管理创新，解决了困扰企业安全高效生产难题。
2012年一等	煤炭企业"11756"班组建设体系探索与实践	太原煤炭气化（集团）有限责任公司	王良彦 胡耀庭	宋旗跃、谢 涛 麻国斌、雷永红 赵 凯、吴志明 赵鹏明	通过系统地对班组建设前景、内涵、主要做法、成效四部分的管理实践，提出了一套固化的"11756"班组管理体系，使得煤矿班组建设进入了规范化、标准化的轨道。

等级	成果名称	申报单位	主要创造人	参与创造人	主要特点
2012年一等	立体化综合对标管理在煤化工企业的探索与应用	河南煤业化工集团中原大化有限责任公司	陈国平 严 媛	周瑞庆、冯怀成 耿 健、常瑞英 陈 魁、张思维 岳婷婷、亓渊博 肖军英	将立体化的对标管理理念创新应用于煤化工企业，对管理方法、文化环境、思维模式等进行深层次的对标管理，建立了"横到边、纵到面、深到底"的立体化综合对标模型，覆盖了管理的方方面面。
2012年一等	大学生采煤班建设与管理	平顶山天安煤业股份有限公司六矿	张革委 宋伟毅	郑跃华、马伊安 尹光彩、刘慧勋 史建平、林生良 于冠军、童 柯 孙崇洋、郑成杰	将现代人力资源管理理论应用于煤炭企业班组建设，通过完善人才引入、培养、开发机制，创建了持续发展的人力成长平台，实现了人力资源的良性循环。
2011年特等	大型煤矿标准工序管理体系构建与实施	河南煤化集团焦煤公司赵固一矿	白云来 马国红	贾安立、崔炳雷 高怀参、刘世峰 毕晓华、张 雷 王中州、于 洪 申海军、张洪永 岳修宇	运用行为科学理论，完成了煤矿采掘、机电工序的24道标准母工序，125道标准子工序的作业程序标准，建立了煤矿标准工序管理体系，通过制定标准工序管理组织体系、实施过程体系、绩效考核体系三大方法和措施，带动了企业综合效益的提高。
2011年一等	高效的单翼开采矿井市场化管理	中煤集团大屯煤电公司孔庄煤矿	丁仁刚 窦红平	王明同、高道云 袁显芳、刘宝明 赵传存、蒋正前	按照市场经济的基本原则，建立完善了内部市场化"管理实施办法、网络结算系统、价格管理体系"等，把生产、供应、辅助服务等环节转化为市场链上的节点，以市场化模式进行虚拟货币交易，达到生产要素优化合理配置。
2011年一等	大型煤炭企业集团物资管理"四集中"体制的构建	开滦（集团）有限责任公司	张文学 殷作如	李 敏、王中昌 高焕民、傅同君 赵林根、陈瑞林 康玉龙、白春良 谷继学、王翠荣	按照物资管理集中采购、集中结算、集中仓储、集中配送的"四集中"体制，通过构建企业内部物流配送网络信息平台，建立了一体化的公开、透明、快捷、高效的物流体系，促进了企业安全生产。
2011年一等	白国周班组管理法与推广应用	中国平煤神马能源化工集团有限责任公司	白国周 梁铁山	杨建国、倪政新 杨玉生、方国平 吴跃峰、雷鸿聚 肖成胜、李保林 梁志山、许金魁	立足于煤矿班组实际，从班组安全生产、现场管理、技术创新、班组文化、民主和谐等方面，实现了刚性管理和柔性管理的有机结合，创建了"六个三"班组管理法（即：三勤、三细、三到位、三不少、三必谈、三提高；勤动脑、勤汇报、勤沟通）。
2009年一等	岗位价值精细管理的创新实践	铁法煤业（集团）有限责任公司热电厂	高国勤 黄庆海	孙艳华、刘 洋 李向兵、杨 晔	通过全面推行全面预算管理、经济运行管理、效益检修管理，构建内部模拟市场化体系，搭建ERP信息化管理平台的311岗位价值精细管理新模式，将管理和控制集成在一个平台上，充分利用自动积累的控制数据，有效地实现了管控一体化，达到了"岗位价值"最大化，员工自主经验意识明显增强。
2009年一等	兖州煤业公司煤炭营销模式研究	兖矿集团有限公司	耿加怀 王 信	杨德玉、王新坤 牛克洪、马金泉 张贤法、宋启建 宋瑞梅、渐 伟	通过探索和创新营销管理体制和机制，采用理论联系实际的研究方法，优化资源配置，构建了"12345"煤炭营销新模式，即：锻造一个品牌、加强两厂（场）管理、实施"三零"工程、坚持"四个优化"、实行"五统一"，保证了企业总体战略的有效实施和快速发展。

等级	成果名称	申报单位	主要创造人	参与创造人	主要特点
2008年一等	以价值增值为导向的煤矿精益管理	安徽皖北煤电集团有限责任公司	葛家德 龚乃勤	朱凤坡、王光平 周 军	应用精细化管理理论、流程再造理论、作业成本控制理论、全面预算管理理论、价值链理论等，提出了以价值增值为导向，以煤矿为主体，以班组为基础，以流程增值和作业增值为主要内容，以企业文化建设、人力资源开发、信息化建设为支持要素的煤矿精益管理模式。
财务管理与风险控制（19项）					
2014年一等	大型煤炭企业成本管控成熟度研究与实践	中国煤炭进出口公司	黄忠国 邹文堂	赵树业、王姝娥 朱传科	通过搭建要素维、流程维、支持维的三维度成本管理成熟度模型，建立了一整套评价标准体系，降本增效效果明显。
2014年一等	煤炭企业成本控制审计评价体系研究与实践	中国平煤神马能源化工集团有限责任公司	徐建明 盛 开	林 东、高 峰 赵全山、孙春升 胡建华、黄 磊 柏 科、宋银来 韩 梅、李 佳	提出了煤炭企业成本控制内部评价的指标体系，并通过对煤炭行业和企业操作实务在成本管控、核算、对标等实证分析，为煤炭企业成本内部评价提供了理论和方法指导。
2013年一等	集团管控视角下应收账款风险管理体系的创新与实践	中国煤炭科工集团有限公司	范宝营	张地峰、李 彦 张军辉、贾东旭 窦文英、郝晋雁 宋文忠、王 宏	采用全面风险理论，构建了制度体系、流程体系、应对体系等三位一体的闭环式应收账款风险管理体系，实现了较大的经济效益和社会效益。
2013年一等	大型企业集团公司全面风险管理体系的构建与实施	开滦（集团）有限责任公司	张文学 冬伯文	李树兴、龚立新 赵林根、李改革 王瑞海、潘继元 孙静娟、吕宏斌 高志强、朱 江	通过建立全面风险管理体系，加强了风险划分、甄别、评价、措施、运行、责任和考核体系建设，重点对经营、投资、财务、资本运作、法律、信访等方面进行风险控制，特色突出。
2013年一等	财务风险体检管控体系的研究及应用	枣庄矿业（集团）付村煤业有限公司	徐亚民 商祥君	韩 涛、徐国良 李继恭、杨 涵 宋照peak、袁培玲 李 强	通过财务和企业管理知识，选取18项重要财务指标，定量和定性相结合，对企业重大风险事项、资产、债务等内容进行综合体检。成果对提升煤矿风险防范具有重要意义。
2013年一等	大型煤炭企业经济责任审计创新与实践	淮北矿业（集团）有限责任公司	王明胜 袁兆杰	王声辰、武文斌 宫为敏、李坤华 刘国峰、周志平 孙文秀、张 玉 张华龙、李敬阳	从审计理论和权力制约理论出发，将经济责任设计与企业经济运行监督相结合，推行了审计公开、审计约谈、后续审计、审计问责、部门联动五大举措，取得了良好的经济效益和社会效益。
2012年一等	大型企业投资项目全过程工程造价管控模式的构建与实践	冀中能源集团有限公司	王社平 张汝海	赵金鹏、袁永军 赵中敏、苏晓梅 史贵书、徐晓静 耿俊利、武 玉 郭益人、雷爱平	深入研究了工程造价管理环节，把造价工程重点前移到建设前期阶段，变为主动控制和事前控制，构建了投资项目全过程工程造价管控模式，通过对"投资环境、设计、招标、合同签订、施工过程、竣工结算和后评价等过程阶段，掌控了企业投资建设管理大局。
2012年一等	基于煤矿企业兼并重组的财务策略研究与实践	山西潞安矿业（集团）有限责任公司	洪 强 杨广玉	李卫东、申秀凤 赵雪兰、孙晓光 郭成刚、陈亚平 闫凌云	结合企业兼并重组的财务实际问题，通过流程安排、制度规范聚合了财务系统资源，提出了财务审查、科学收购、认真评估、控制风险、多元融合的做法，实现了被兼并企业与母体企业在财务管理上的无缝对接。

等级	成果名称	申报单位	主要创造人	参与创造人	主要特点
2012年一等	大型企业产业链延伸风险管理体系的研究与应用	淮北矿业（集团）有限责任公司	王明胜 张国建	孙 方、张其广 战彦领	运用产业链理论、产业组织理论、演化经济学、计量经济学等理论，建立了一套风险控制及预警体系，通过建立产业链优化整合模型，从多个维度实施产业分化整合，有效降低了煤炭产业链延伸的风险。
2012年一等	煤炭企业材料成本管理体系的构建与应用	郑州煤电股份有限公司告成煤矿	周振东 郭矿生	邵治国、何华来 张绍伟、翟红伟 王仕文、吴跃刚	采用规范研究和实证分析相结合的研究方法，构建了"矿队系统、系统对科室、科室对区队、区队对班组"的四级管理模式，建立了"组织、责任、指标、信息反馈与控制、考核奖惩"五大支撑体系，实现了材料成本全员、全方位、全过程的立体网络管理。
2011年一等	以资本运作为手段的通信专网企业战略转型	河南郑州煤电股份有限公司通信分公司	王书伟 赵洪建	孙怀岭、陈顺生 牛立新、李效华 王召力、张绍伟	通过资本本身的技巧性运作，改变企业隶属关系，建立了有效的融资平台，盘活通信资产，激活发展内力，革新体制机制，多途径提升自身实力，推动企业的全面转型，实现可持续发展。
2010年特等	全面风险管理体系的构建与实施	兖矿集团有限公司	陈长春 谢汉林	高 程、黄春风 夏兴斌、辛庆福 王 良、杨 通 周 楠、王慎元 盛 斌、褚志国	运用定性与定量相结合的集成方法辨识、评估集团多层次风险因素，搭建了"一个保障体系、一个基本流程、一个信息系统和风险文化"组成的全面风险管理体系，建立了从风险辨识、风险评估、风险应对、风险监控与改进、风险报告到风险管理考核的闭环体系，保障企业目标实现。
2010年一等	"六位一体"材料成本及单耗管理体系的构建	上海大屯能源股份有限公司物资贸易部	许之前 向开满	李正标、任艳杰 缪广甫、钱祝银 王铭云、刘宝明	通过建立扁平式的物资消耗综合管理系统，构建了"组织保证、责任保证、指标保证、信息反馈和控制、现代化管理方法、考核奖惩"六大体系，实行PDCA闭环管理，使材料成本及物品消耗得到了有效降低。
2010年一等	煤炭企业成本预算智能管控系统的构建与应用	冀中能源峰峰集团有限公司	张建峰 齐敏江	高文赞、张火虎 刘永芹、乔增华 周 涛	将成本管理与生产实践紧密结合，引用分解模型、价值链、人工神经网络等理论，运用成本预算编制等数学模型，建立了一套完整的煤炭企业成本预算智能管控体系，通过"预算编制、预算分解、预算执行、预算控制、预算分析与考核"的网络管控平台，提高了成本预算管理水平。
2009年一等	基于信息集成系统的煤矿责任成本管理	义马煤业集团股份有限公司	武予鲁 翟源涛	马跃强、贺志强 杨随木、陈华振 刘建中、任树明 张 轶、于华锋 牛军党	采用ERP信息管理系统、财务系统和OA办公等信息集成系统，建立了责任成本管理体系、责任成本管理制度保障体系等、构建了三级责任成本预算管理架构，创新了成本管理流程，形成了科学、系统、完整的成本管理创新体系。

等级	成果名称	申报单位	主要创造人	参与创造人	主要特点
2008年特等	以风险管理为导向的内部控制体系	中国神华能源股份有限公司	凌文华泽桥	张克慧、李国忠、于顺利、刘江、闫斌、张东红、黄斌、王亮章、王义兵、牟峰、张剑、魏锦丽、袁丽霞、岳权、刘凤升	以内部控制理论、风险管理理论、组织理论、财务管理理论、信息化技术、价值链分析等为理论依据,确立了内部控制体系的目标与原则、体系建设、内控职责以及开展内控持续监控与评价、持续完善等5个方面,构建、推动和完善了以风险管理为导向的内部控制体系和控制方法。
2008年一等	4U2C1E财务集中及战略性与经营性成本管理创新	中国神华能源股份有限公司神东煤炭分公司	翟桂武郝建鑫	刘守德、贺鹏、常海荣、刘杰、郝静茹、杜芳田、杨栓、马占清、吕耀文、张文荣、彭志刚、刘建、赵艳霞、冯武、李建华、王凤兰、刘志新、王玉峰、王淑珍	建立了煤炭生产企业4U2C1E财务集中管理模式(即:4U--统一核算业务、统一税费管理、统一预算体制、统一财务制度;2C--资金的集中管理、财务人员的集中管理;1E--会计信息系统建设),融入"战略性成本、经营性成本"的管控手段和方法,有效提升了企业财务管理水平。
2008年一等	基于风险控制的煤炭企业集团财务管理体系的构建	冀中能源峰峰集团有限公司	刘凤朝王务平	张建峰、齐敏江、黄国良、李翁然、梁星、常叶青、张立泉、高峰、孙春升、徐亮、李强	结合煤炭行业面临的财务风险的实际要求,将企业经营管理、风险管理、财务管理三者进行了有机结合,构建了基于风险控制的煤炭企业集团财务管理体系框架,并从企业经营管理和财务管理两个视角出发,建立了二维财务风险分类模型和方法。
2008年一等	基于信息化的煤炭企业自主式成本管理模式	冀中能源峰峰集团梧桐庄煤矿	李文昌彭昱	吕永斌、张振平、张铁桥、孙鑫科、王雁茹、陈丽萍	结合企业自身发展实际,转变"过去煤炭企业被动接受指令式的成本控制"为"主动自我控制成本"观念,有效融入成本管理信息化系统,制定实施内部模拟市场化运作机制,实现了自主管理和成本管理的现代化煤炭企业管理新模式。
绿色发展与转型升级(13项)					
2014年特等	煤炭行业环境友好矿区评价体系构建及创新实践	兖矿集团有限公司	李希勇尹明德	杨继贤、殷馨、任毅、赵青春、刘福河、王公华、李斌、张国良、杨军、王峰	提出了环境友好矿区的概念,并从驱动力、行为、绩效三个方面构建了环境友好矿区的评价体系和指标权重,体系严谨,运算结果科学可靠。
2014年一等	环境综合治理管理体系在煤矿生产中的应用与实践	冀中能源邯郸矿业集团有限公司	班士杰苗贞然	王呈祥、朱达	从企业实际出发,通过构建环境综合治理管理体系,突出废弃物的"源消减",实现了节能、降耗、减污、低碳、绿色的发展目标,降低了生产成本,提升了经济效益和企业形象。

等级	成果名称	申报单位	主要创造人	参与创造人	主要特点
2014年一等	大型煤炭企业提升绿色低碳竞争力的创新与实践	山西潞安矿业（集团）有限责任公司	李晋平 翟 红	杨广玉、王东飞 张路刚、王 巍 杨 威、冯敏捷 田文香、高子伟 马泽锋、郭沁东	紧紧围绕企业"三地一新"发展战略，通过提升绿色低碳竞争力的创新和实践探索，丰富了潞安特色的绿色低碳发展模式，有效推动了企业转型升级，增强了企业核心竞争力，为打造升级版企业奠定了基础。
2013年一等	煤炭企业社会责任审计评价体系创新研究与实践	兖矿集团有限公司	张胜东 甄爱兰	高 峰、李兴奇 褚庆海、付 明 孙春升、郭建利 王克成、孙 政 栾海鹏、谢红兵	提出了煤炭企业社会责任成本理念、成本确认、计量和分析方法，构建了煤炭企业社会责任审计评价指标体系，为煤炭企业社会责任管理体系建立提供了理论支持和实践指导。
2012年特等	以创新发展方式为主线的和谐矿区建设	淮南矿业（集团）有限责任公司	王 源 孔祥喜		遵循资源开采型企业发展规律，围绕破解煤矿三个世界性历史性难题（煤矿安全、生态保护、工农关系），积极探索发展方式的创新，围绕"为了谁、依靠谁"、"发展什么，怎么发展"等一系列重大问题，提出实践了"和谐矿区建设"的发展思路。
2012年一等	"三位一体"式环境友好矿区创建	兖矿集团有限公司	石学让 冯 腾	陈聚武、杨继贤 李 斌、张秀兰 王洪记、黄淑丽 戴长青、王 峰	从煤炭工业污染和矿区环境保护的现状分析，提出了"三位一体"环境友好矿区建设模式，通过环境友好矿区三个支撑体系（管控创新体系、产业结构优化体系和技术支撑体系）的有机协调和运作，实现了可持续发展的煤炭矿区建设。
2011年一等	基于煤电一体化的主导产业型、资源延伸拉动型生态矿区的建设	淮南矿业（集团）有限责任公司	王 源 孔祥喜	鲍焕祥、杨 林 程功林、黄乃斌 董洤林、郑 群 张克兵、刘冠学	从区域经济发展的需要出发，把发展与资源环境的矛盾统一于循环经济，沿煤基产业链形成产业大循环，创建了煤电一体化的主导产业型、资源延伸型发展模式。
2011年一等	以提高资源保障能力为目标导向的煤炭资源开发体系研究	兖矿集团有限公司	许金新 李 俊	唐洪洲、朱建国 韩钟琦、淳于江辉 马 磊、王 鹏	分析了兖矿集团以提高资源保障能力为目标导向的煤炭资源开发状况，通过加快核心技术研发创新、完善人才资源开发管理、项目管理和资本运营等体系的建设，提出了详细的具有可操作性的对策和方案。
2010年一等	综合性大型能源企业节能减排管理创新与实践	神华集团有限责任公司	顾大钊 徐会军	崔立明、李全生 毛亚林、张晋宇 闫 颖、张晓煜 于瑞雪、刘 斌	将科学管理、科技创新、工程建设、结构调整、循环经济等进行了有机结合，创建了节能减排"三个体系"（节能减排组织管理体系、统计监测体系和考核奖惩体系），掌握了一批节能减排效果明显的新技术、新工艺，企业节能减排得到有效提高。
2009年一等	创建"项目集"管理方式科学组织实施节能减排百项工程	开滦（集团）有限责任公司	张文学 冬伯文	刘瑞芹、刘长青 袁树青、程丽霞 宋超杰、韩宗礼 倪剑锋、王军林	立足于节能减排指标的客观要求，将年度内需要办理的百项节能减排项目梳理为一体，构建了节能减排"项目集"的管理方式，强调节能减排项目的整体性，追求节能减排的整体优化，实现了节能减排全面系统地管理和控制。

等级	成果名称	申报单位	主要创造人	参与创造人	主要特点
2009年一等	矿区生态环境系统重构与可持续发展研究	山西潞安环保能源开发股份有限公司王庄煤矿	刘克功 肖亚宁	杨建立、贾乃银 郭成刚、程国平 周军安、王子祥 张斌武、张路刚 荣国民	从重构矿区生态环境的目标和框架出发，采用物质代谢分析和系统集成等方法，构筑了生态环境系统重点工程体系和生态产业链（网）为重点的七大矿区工程体系，形成了较为完善的矿区生态环境综合治理系统，实现了经济、社会和环境三者之间相互促进和协调。
2008年一等	基于集约高效、绿色和谐发展观的四元集成管理创新体系	潞安矿业（集团）有限责任公司	李晋平 唐军华	许鸿雁、吴增光 李卫东、李良兵 彭景跃、王晓林 聂启胜、陈亚平	结合围绕建设集约绿色、安全、和谐的国际化新潞安的指导思想，以现有的定性和定量评价技术方法为实现平台，提出了"三个十"动态管理的四元集成管理创新体系（即十大技术突破和完善、十大重点工程建设和十项基础管理的提升），实现了企业的管理创新。
2008年一等	煤矿瓦斯利用CDM项目开发与实践	淮南矿业（集团）有限责任公司	袁亮 程晋峰	王勇、张皖生 廖斌琛、廖玉林 李远和、陆秉华 柏发松、王岩 朱贵旺、尹建国	通过利用CDM规则，树立了"一先进三保护"（发展新进生产力，保护生命，保护资源，保护环境）的发展理念，积极创新和开发CDM项目和瓦斯治理技术，在煤炭行业第一家完成瓦斯减排碳指标交易，步入瓦斯治理和开发的良性循环轨道。
战略管理与系统优化（15项）					
2014年一等	传统煤炭企业打造能源综合解决服务商的转型升级管理	山东能源集团有限公司	卜昌森 王勇	李正明、崔振浩 李会战	提出了"能源综合解决方案供应商"的商业模式新理念，并初步形成了"煤炭供应解决方案服务商"、"煤炭生产技术解决方案服务商"等30多个方案及成果，实现了买卖双方互惠双赢和企业价值最大化。
2014年一等	新矿特色创新发展战略的研究与实践	山东能源新汶矿业集团有限责任公司	张文	葛茂新、陈传海 刘元明、赵志勇 苗健、谭永新 孙兆秀、韩琨	通过提出"3321"管控战略，优化了产业发展战略和商业模式，构筑了内部控制和外部保障的管控体系，为企业转型发展提供了持续动力。
2014年一等	基于价值链整合优化提升的集团管控模式创新研究	兖矿集团有限公司	张新文	许金新、徐西超 王鹏、马磊 李猛、赵健	从价值链理论、资源管理理论和系统理论出发，提出了基于价值链整合优化提升的管控模式，实现了企业提速提质提效，企业经济运行质量和转方式、调结构效果明显。
2013年一等	一体化模式下综合能源企业的全面计划管理创新与实践	神华集团有限责任公司	韩建国 吕志韧	王雪莲、王晓燕 白雪亮、齐清 王黎璐、王勐程 王鲁宁	引入全面计划管理理论，通过建立全面计划指标体系、统筹模型、执行监控、机制保障和管理流程设计，有效提升了集团计划管理水平，管理模式处于行业领先水平。
2013年一等	大型煤炭企业集团转型跨越发展的战略体系构建与实践	山西潞安矿业（集团）有限公司	李晋平 翟红	胡水龙、郭成刚 郭日平、贾和平 张成银、张路刚 王巍、杜赵伟 王振	把握山西转型跨越发展机遇，实施战略管理，强化创新驱动，构建了以"三地一新"战略为核心，以"三化三型"为方针，以"三个转型"为目标，以"5+5"产业格局为支撑，以十大体系为保障的转型发展新模式，取得了显著成效。

等级	成果名称	申报单位	主要创造人	参与创造人	主要特点
2013年一等	大型煤炭企业应对经济下行的管理流程再造	郑州煤炭工业（集团）有限责任公司	张明剑 郭矿生	张　毅、张绍伟 崔国利、尹万涛 郭伟顺、苏东红 李志勇	通过"砍、封、捂、压、提、分、考、盘"八字方针，加强了安全生产、专项资金管理、成本管理、薪酬管控、煤炭销售管控、资金链管控、产业结构调整及考核奖惩力度，经济效果明显。
2012年一等	以战略管理为导向的大集团对标管理体系的构建与实施	开滦（集团）有限责任公司	张文学 冬伯文	高焕民、李树兴 郝常安、张志友 刘瑞芹、龚立新 赵林根、吕宏斌 孙　进、邸守龙	在企业战略发展中，以过程控制和优化流程为手段，制定和落实了追赶先进的战略方案和措施，提出了"产品、技术、管理、工艺、人才"等方面可量化的对标指标管理方法，构建了现代产业体系。
2012年一等	基于战略管理的内部控制体系构建与实施	冀中能源股份有限公司	王社平 祁泽民	陈立军、郑温雅 崔　梅、石恒涛 赵文汀、姜艳红 张岭川	以战略管理为切入点，构建了"战略引领、风险导向、流程为纲、功能集成、一横两纵、奖罚成网"的内部控制体系，通过组织架构、流程整合、人力资源管理、投资管理、风险内控等方面的配套措施，确保了企业战略目标的实现。
2012年一等	以战略协同为导向的大型能源集团重组整合	山东能源集团有限公司	卜昌森	翟明华、彭业廷 东忠领、李君清 靳玉彬	从树立重组整合的指导思想和目标入手，通过重塑企业管控模式、优化产业结构、开展文化建设、完善人力资源体系、统一资源开发－技术－物资－营销－资金管理平台，实现了企业转型跨越发展。
2012年一等	南方煤炭企业重组的协同效应	福建省永安煤业有限责任公司	黄　和 陈荣万	宋文珍、唐福钦 苏始烟、石绍军 郑美加、周文裕 李光煌、连勇军 陈光龙	针对煤炭企业重组过程中的特点和特殊因素，通过建立现代企业法人治理结构、机构、管理制度等规范管理体系和实行人事、资金、物资、销售、安全质量标准化等精细管理体系的有效融合，实现了企业的转型发展，产生了巨大的协同效应。
2011年一等	大型煤炭企业跨地区资源整合的探索与实践	山西潞安矿业（集团）有限公司	李晋平 刘克功	张彦月、赵雪兰 王建林、张成银 孙志成、李旭红 郭成刚、籍志强 王德旺、陈　艳	结合当前煤炭资源整合的形势，重点研究了整合战略、实施整合阶段、整合生产模式和整合管理方法，提出了具有可操作性的跨地区煤炭资源整合策略和方法。
2010年一等	构建现代物流产业体系促进企业转型发展	开滦（集团）有限责任公司	张文学 殷作如	裴　华、李　敏 冬伯文、张志芳 王中昌、高焕民 赫长安、张国才 曹立国、傅同君 杨翠霞、张伯勇	根据集团战略发展的实际要求，转变发展观念，创新物流发展新体制和新机制，建立了覆盖多行业的煤炭专业物流发展模式，加大物资管理信息化系统的升级与改造，完善了风险防控机制和人才培养与引进机制，极大促进了企业的转型发展。
2010年一等	煤炭企业集团跨越式发展战略研究与实践	郑州煤炭工业（集团）有限责任公司	杜工会 张　青	邰振国、郭矿生 宋建成、张　毅 焦绪文、马汉滋 郭新法、李中州 张十川、孙晓震	在采用矩阵分析法对战略要素进行定性、定量分析的基础上，对企业"技术创新、煤炭产业链、产业结构"进行了战略调整，探索出了一套煤炭企业跨越式发展的立体战略定位方法，实现了企业跨越式发展。

等级	成果名称	申报单位	主要创造人	参与创造人	主要特点
2009年一等	山东省管煤炭企业核心竞争力分析与评价体系研究	兖矿集团有限公司战略研究院	牛克洪何迎庆	杜钟泉、马金泉钟 萍、张振岭周剑波、李君清	运用科学数学模型，对山东省管企业竞争力进行了测评分析，提出了核心竞争力体系结构框架，设计了核心竞争力判断方法和识别标准，提出了煤炭企业提高核心竞争力的对策建议，构建了山东省管企业竞争力评价体系，对提高和培育煤炭企业核心竞争力具有指导意义和借鉴作用。
2009年一等	打造大型煤炭企业集团软实力	冀中能源集团有限责任公司	王社平刘建功	张汝海、李笑文贾寅明、陈立军穆树琪、张振峰王玉江、曹银平	从创建大型煤炭基地和大型煤炭企业集团的实际出发，提出了打造跨区域煤炭企业集团软实力的客观要求和主要做法，通过对集团"三力"，即控制力、核心竞争力、企业文化力的打造，增强了集团软实力。
		人力资源建设与绩效管理（13项）			
2014年一等	基于全面预算管理的目标绩效激励体系的构建与实施	中国神华煤制油化工有限公司	石光华宋 艳	张 勇、张俊江冀全梅、王琴娟高 琦、万国杰李春雷、孔祥臣卢卫民、李鹏来	针对煤化工企业绩效考核内容、指标权重、时间节点和激励方式等问题，提出以全面预算管理为控制点，建立全过程管控的绩效考核激励机制，使预算管理与价值管理紧密结合，实现了全面过程管控的绩效激励。
2014年一等	大型煤炭企业职能管理部门绩效评价体系的构建和实施	开滦（集团）有限责任公司	张文学冬伯文	张志友、李树兴龚立新、李改革潘继元、高志强王瑞海、王素贤朱 江、孙广利	系统建立了全新的各职能部门的个性考核指标体系，加强了指标分类，提高了业绩考核的针对性、规范性和实效性，使对企业各部门的业绩考核更加科学合理。
2014年一等	基于信息化的煤业集团人力资源系统管理	郑州煤炭工业（集团）有限责任公司	任胜岳赵洪建	陈志忠、郭俊军尚会勤、张绍伟王东伟、郭永贵杜青锋、周东海刘永有、杨 艳	通过信息化与人力资源信息系统的相结合，构建了稳定、高效的人力资源管理平台，有效提高了人力资源管理的执行力，大幅降低公司人力资源管理成本和人力资本投入。
2013年一等	"三维一体"五型班组管理模式研究与实践	中煤平朔集团有限公司	王天润胡丕亮	马建军、李 霞	按照标准化、精细化、信息化的管理理念，将班组管理的内容、流程和规范通过可实时监控评价的班组管理手册和信息系统相融合，使班组管理更加精细和科学。
2013年一等	平衡计分卡在大型煤化工企业绩效管理中的应用	义煤集团河南开祥化工有限公司	吴东升林发现	张向阳、马朝卫任树明、李小彦梁桂新、赵作涛张广华、李瑞玲蒋 斌、王英坤	采取平衡计分卡方式对企业战略进行规划，建立了高度协同的全员战略管理体系，实现了成本管理与战略管理的有机结合，创新了绩效考评体系。
2012年一等	卓越绩效管理在中国大型煤炭企业的应用与创新	兖州煤业股份有限公司	李位民张英民	田丰泽、殷 馨张国梁、赵青春梅德琪、刘福河高 峻、戴长青	从创新再造企业业务链和价值链流程出发，通过对"企业文化、战略、顾客市场、测量分析改进、人力资源、技术创新、过程管理、经营结果"等方面的管理，树立了四个理念，导入了两个模式，实现了一个提升，构建起一套行之有效的绩效管理体系。

等级	成果名称	申报单位	主要创造人	参与创造人	主要特点
2012年一等	大型集团多元化分层次全面薪酬体系构建与实践	河南煤业化工集团有限责任公司	申顺更 陈祥恩	任 雷、曲鸣钟 张国平、石仁义 李红煜、龚 鹏 毛永生、司德木 程英豪、张 华	运用现代薪酬管理与人力资源管理理论，构建了一套多元化、分层次的全面薪酬管理体系，通过建立价值评价指标体系、制定工资总额管理办法、薪酬标准和业绩考核等管理方法和措施，聚合优化了企业要素。
2011年特等	大型企业集团面向转型跨越发展的立体化人才管理体系构建	山西潞安矿业（集团）有限责任公司	任润厚 李晋平	薛利民、胡水龙 王东飞、李荣欣 贾晓文、郭陈刚 郭日平、王丽玫 丁际交	从企业战略高度实施了人才强企战略，构建了立体化人才管理体系，通过"系统培养、公开引进、管理使用"形成了数量充足、结构合理、素质一流、配置优化的人才管理格局。
2011年一等	建立"绩效管理"与"6S管理"相结合的全覆盖管控模式的构建	山西煤炭进出口集团有限公司	杜建华 马 进	李苏龙、张雪琴 蒲宝彦、孟 岩	结合组织行为学和行政管理学理论，将"绩效管理"与"6S管理"有效结合，建立起一种全新的管控模式，运用绩效考核管理的导向作用，提升了企业管理水平，创造了良好的经济和社会效益。
2011年一等	煤企矿工心理检测量化评价在安全管理中的应用与创新	中煤矿山建设集团有限责任公司	赵士兵 刘星期	孟祥浩、陈忠兵 杨益荣、周庆业 王明辉、庞广锋 汪飞跃、何锋兵 程海云、赵 霞	应用心理学理论，建立起关键岗位"员工心理、全员建档、全程跟踪、全面监控"的安全心理管理机制与测量评价体系，切实增强了矿工的安全心理保障。
2011年一等	集团化人力资源管理"调结构、提素质"的战略与实践	河南煤业化工集团有限责任公司	陈雪枫 申顺更	陈祥恩、杨延华 刘慧发、任 雷 张国平、程英豪 毛永生、薛海龙 曲鸣钟、龚 鹏	综合运用现代管理理论与方法，构建了人力资源管理模式与体系，通过树立"大人力资源"观念、梳理人力资源管控体系、主导人力资源开发、打造人力资源信息平台、关注民生、健全组织机制等方面的研究，实现集团人力资源优势共享和价值最大化。
2011年一等	煤炭企业"动车组"管理模式应用与实践	陕西陕煤中能煤田有限公司	黄彬生 曹新友	李 飞	通过改变传统型的火车头带动管理方式，提出了车头"新文化引领、新机制激活、新科技推动"管理方法，创建了具有特色的"动车组"管理模式，解决了管理进步和在快速发展中制约企业发展的瓶颈问题。
2010年一等	构建引领百年老矿可持续发展的特色文化体系	义马煤业集团观音堂煤业有限公司	李中超 楚跃海	陈华振、张晓明 任富敏、于华锋 牛世华、韩建校 马武强、关随玲	应用企业文化管理理论并集成安全文化、历史文化、廉洁文化、亲情文化等先进文化管理理念，确定了特色文化的目标、原则和内容，构建、推动和完善了煤矿特色文化体系，实现环境友好、矿区和谐的目标。

中国煤炭工业协会

地址：北京市和平里北街21号

邮编：100713

电话：010 - 64463371 010 - 64463894

传真：010 - 64463614 010 - 64463986

E - mail：tougao@ coalchina. org. cn

http：//www. coalchina. org. cn